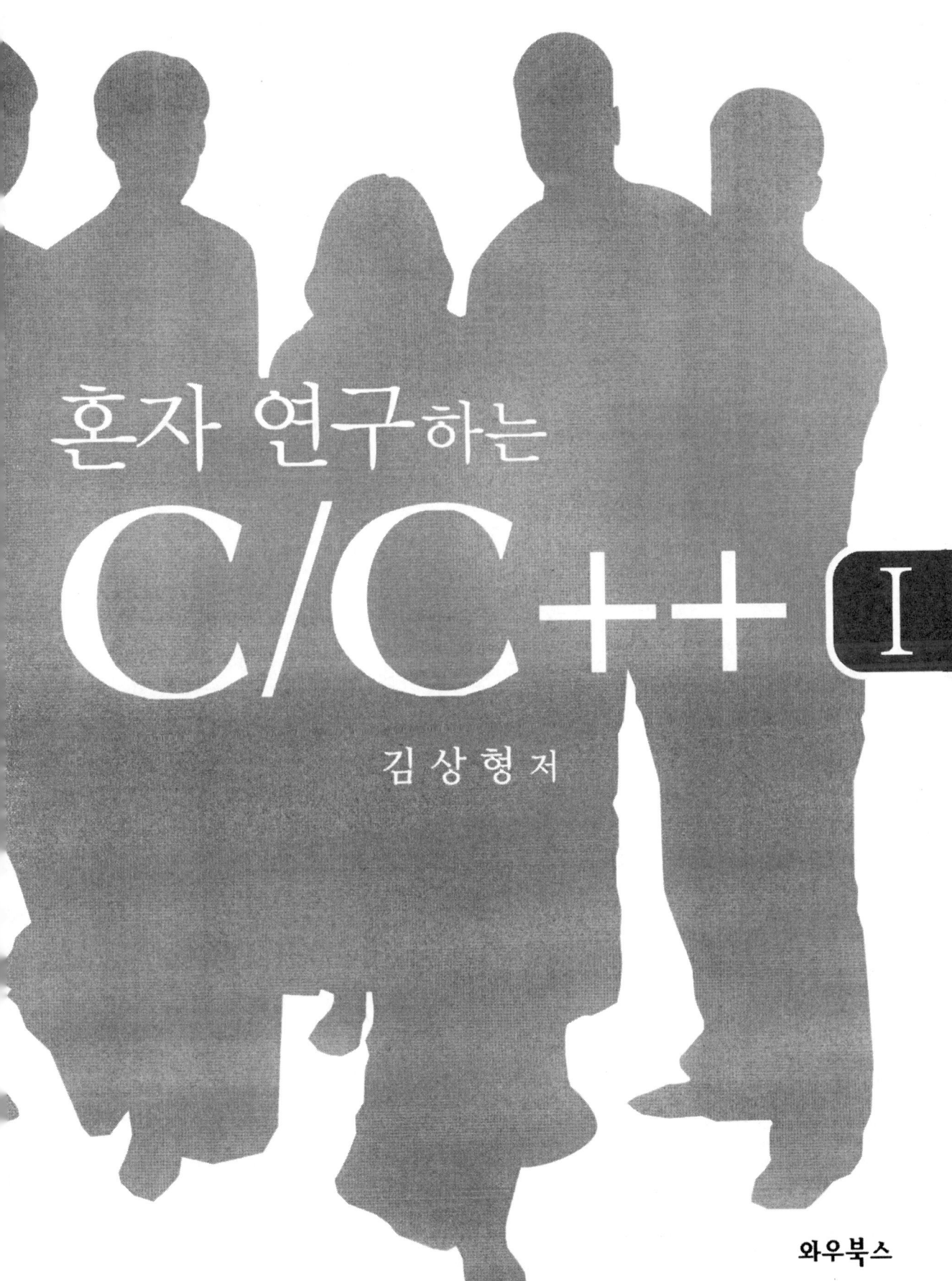

혼자 연구하는 C/C++ [I]

초판 3쇄 2018년 9월 5일

저자 김상형
발행 강유진
출판 와우북스
본문디자인 포인
표지디자인 포인

등록 2008년 3월 4일 제313-2008-000043호
주소 서울 마포구 연남동 223-102호 유일빌딩 3층
전화 02)334-3693, 팩스 02)334-3694
e-mail mumongin@wowbooks.kr
홈페이지 www.wowbooks.co.kr
ISBN 978-89-961038-8-2 (14560)
가격 29,000원

총판 서울북   전화 031)955-9771, 팩스 031)955-9770

머리말

　이 책은 C/C++언어에 대한 자습서이며 이 책이 의도하는 바는 "혼자 연구하는 C/C++"이라는 책 제목에 잘 나타나 있습니다. 혼자 공부하는 독학생도 충분히 읽을 수 있도록 쉬운 순서대로 내용을 배치하고 기본 문법에 대해 강의하듯이 상세하게 설명하므로 자습서로 충분히 활용할 수 있습니다. 단, 읽기만 한다고 해서 모든 것을 다 알 수는 없습니다. 스스로 예제를 실행해 보고 과제를 풀어 보면서 적극적으로 연구를 해야만 문법과 함께 실전 능력을 키울 수 있습니다. 그래서 "공부하는"이 아닌 "연구하는"입니다.

　이 책의 수제는 가장 대중적인 언어인 C/C++입니다. 현대적인 프로그래밍 환경은 C/C++외에도 자바나 C#, 비주얼 베이직 같은 배우기 쉽고도 편리한 언어나 개발툴들이 존재하므로 C/C++이 아니더라도 얼마든지 개발을 할 수 있습니다. 그러나 C/C++은 가장 많은 개발자를 보유하고 있으며 넓은 범위를 포괄하므로 프로그래밍에 입문하는 사람의 기초 필수 과목으로서 여전히 중요합니다. 이 책은 가장 범용적이고 실용성이 높은 언어인 C/C++로 프로그래밍 입문을 유도하여 차후 어떤 개발툴에도 쉽게 적응할 수 있도록 했습니다.

　총 4부로 구성되어 있으며 1, 2부는 C의 기본 문법과 고급 문법을 3, 4부는 C++의 기본 문법과 표준 라이브러리를 다룹니다. 또한 문법 외에도 초급 개발자가 익혀야 할 실전 프로그래밍과 기본적인 자료구조, 알고리즘 등을 포함하여 윈도우즈 등의 상위 환경 개발을 위한 모든 이론과 실습을 총망라하고 있습니다. 이 책의 모든 문법은 1998년에 제정된 C++ 국제 표준인 ISO 14882를 기준으로 하므로 표준을 준수하는 어떤 컴파일러로도 실습을 진행할 수 있습니다. 본문에서는 주로 비주얼 C++ 컴파일러로 콘솔 환경에서 실습을 진행합니다.

　C/C++언어는 프로그래머에게 가장 기본적인 언어이기도 하지만 나름대로 깊이가 있기 때문에 단기간에 습득하고 익숙해질 정도로 쉽지는 않습니다. 특히나 프로그래밍에 처음 발을 들여 놓는 사람에게는 생소한 개념이 많기 때문에 더욱 어렵고 난해합니다. 책을 부지런히 읽고 본문의 실습 과제를 풀어 보면서 진행하되 너무 성급한 결과를 기대하지 말고 꾸준히 연구하시기 바랍니다. 공부에는 항상 어느 정도의 절대적인 시간이 필요합니다.

　이 책은 자습서 형식으로 되어 있기 때문에 보통의 능력을 가진 사람이 보통의 노력만 하면 읽을 수 있습니다. 그러나 C/C++언어의 깊은 부분까지 포괄적으로 다루기 때문에 특정 부분에서는 쉽게 이해되지 않는 경우도 종종 있습니다. 이 책은 기본적으로 두 번 이상 읽는다는 가정 하에 쓰여졌습니다. 처음 읽을 때는 문법의 큰 줄기를 파악하는데 주력하고 두 번째 읽을 때부터 세부 문법과 고급 기법들을 터득하고 개발 중에는 문법 레퍼런스로 활용하십시오. 이 책으로 인해 단 한 명이라도 프로그래밍이라는 흥미진진한 세계에 들어오기를 바라며 대한민국의 IT 발전에 미력이나마 이바지하기를 바랍니다.

2009년 6월
김 상형

차 례

제1부 C 기본 문법

제1장 프로그래밍 입문

1.1 프로그래머
    1.1.1 프로그램 ·· 23
    1.1.2 프로그래머 ·· 24
    1.1.3 언어 ··· 26

1.2 C/C++언어 소개
    1.2.1 C/C++의 역사 ··· 28
    1.2.2 C++의 등장 ··· 29
    1.2.3 C/C++의 장점 ··· 32
    1.2.4 학습의 순서 ··· 33

1.3 개발툴
    1.3.1 컴파일러 ·· 37
    1.3.2 컴파일러의 종류 ··· 39

1.4 실습 준비
    1.4.1 비주얼 C++ ··· 41
    1.4.2 터보 C ··· 42
    1.4.3 gcc ·· 43
    1.4.4 실습 준비 ·· 44
    1.4.5 도움말 설치 ·· 46

제2장 첫 번째 예제

2.1 각 툴별 예제 작성법
    2.1.1 비주얼 스튜디오 2008 ··· 49
    2.1.2 비주얼 C++ 6.0 ·· 53
    2.1.3 TC20 ·· 57
    2.1.4 Dev-C++ ··· 58
    2.1.5 에러에 대한 대처 ·· 60

2.2 First 예제
- 2.2.1 First 분석 ·· 62
- 2.2.2 프로젝트 ··· 64

2.3 예제 실습
- 2.3.1 삼각형 그리기 ··· 67
- 2.3.2 숫자 맞추기 게임 ·· 68

2.4 프로그램의 구성 요소
- 2.4.1 구성 요소 ·· 71
- 2.4.2 프로그램의 구조 ·· 75

제3장 변 수

3.1 변수
- 3.1.1 변수의 정의 ·· 79
- 3.1.2 변수의 종류 ·· 81
- 3.1.3 변수의 선언 ·· 83

3.2 입출력
- 3.2.1 printf ·· 85
- 3.2.2 scanf ·· 90
- 3.2.3 그 외의 입출력 함수들 ·· 93

3.3 정수형
- 3.3.1 정의 ·· 99
- 3.3.2 정수형의 길이 ·· 101
- 3.3.3 정수형 상수 ·· 104

3.4 실수형
- 3.4.1 종류 ··· 105
- 3.4.2 실수형 상수 ·· 107

3.5 문자형
- 3.5.1 문자 ··· 108
- 3.5.2 확장열 ·· 111
- 3.5.3 문자열 ·· 112
- 3.5.4 3중 문자 ··· 114

3.6 열거형
    3.6.1 정의 ··· 115
    3.6.2 태그 ··· 117

3.7 유도형의 소개
    3.7.1 배열 ··· 120
    3.7.2 구조체 ·· 123
    3.7.3 포인터 ·· 124
    3.7.4 사용자 정외형 ·· 129
    3.7.5 논리형 ·· 130

제4장 제어문

4.1 조건문
    4.1.1 if문 ·· 134
    4.1.2 블록 구조 ··· 137
    4.1.3 else ·· 139
    4.1.4 if문 연습 ··· 142

4.2 for 반복문
    4.2.1 for문 ·· 145
    4.2.2 문자 움직이기 ·· 150
    4.2.3 무한 루프 ··· 153
    4.2.4 다중 루프 ··· 157
    4.2.5 for문 실습 ·· 162

4.3 while 반복문
    4.3.1 while ··· 166
    4.3.2 제어문 비교 ··· 168
    4.3.3 반복문 실습 ··· 170

4.4 switch 문
    4.4.1 다중 선택 ··· 174
    4.4.2 # 움직이기 ··· 178
    4.4.3 switch 실습 ·· 184

4.5 그 외의 제어문
    4.5.1 goto ··· 186

  4.5.2 break ··· 189
  4.5.3 continue ··· 191

제5장 연산자

 5.1 산술 연산자
  5.1.1 연산자의 종류 ··· 195
  5.1.2 산술 연산자 ·· 197
  5.1.3 대입 연산자 ·· 200
  5.1.4 증감 연산자 ·· 204
  5.1.5 복잡한 수식 ·· 207
 5.2 논리 연산자
  5.2.1 관계 연산자 ·· 209
  5.2.2 논리 연산자 ·· 214
  5.2.3 비트 연산자 ·· 218
  5.2.4 쉬프트 연산자 ··· 222
  5.2.5 쉬프트 연산과 곱셈 ··· 224
  5.2.6 회전 연산 ··· 226
 5.3 기타 연산자
  5.3.1 삼항 조건 연산자 ·· 229
  5.3.2 쉼표 연산자 ·· 231
  5.3.3 sizeof 연산자 ·· 233
  5.3.4 캐스트 연산자 ··· 236
 5.4 연산 규칙
  5.4.1 연산 순위 ··· 238
  5.4.2 결합 순서 ··· 241
  5.4.3 산술 변환 ··· 241
  5.4.4 구구단 예제 ·· 243

제6장 함수

 6.1 함수의 구성원리
  6.1.1 함수의 정의 ·· 251
  6.1.2 함수 ··· 252

  6.1.3 인수 ··· 255
  6.1.4 return ·· 258
  6.1.5 void형 함수 ··· 261
  6.1.6 함수의 다른 이름 ······································ 262
 6.2 헤더 파일
  6.2.1 함수의 원형 ··· 263
  6.2.2 원형의 형식 ··· 267
  6.2.3 헤더 파일 ·· 269
  6.2.4 모듈 ··· 270
  6.2.5 함수 제작 ·· 273
 6.3 함수 호출 방식
  6.3.1 값 호출 ·· 277
  6.3.2 참조 호출 ·· 278
  6.3.3 출력용 인수 ··· 281
  6.3.4 C++의 참조호출 ······································ 284
 6.4 전처리기
  6.4.1 #include ·· 285
  6.4.2 #define ·· 288
  6.4.3 매크로 함수 ··· 293
  6.4.4 Turboc.h ·· 299
  6.4.5 C프로그램의 구조 ···································· 304

제7장 기억 부류

 7.1 지역변수
  7.1.1 전역변수와 지역변수 ································ 307
  7.1.2 지역변수의 장점 ······································ 311
  7.1.3 외부변수 ·· 314
 7.2 정적변수
  7.2.1 정적변수 ·· 318
  7.2.2 레지스터 변수 ·· 320
  7.2.3 정적 함수 ·· 322

7.3 통용 범위
    7.3.1 통용 범위 규칙 ································· 325
    7.3.2 블록 범위 ······································· 327
    7.3.3 선언과 정의 ····································· 330
    7.3.4 설계 원칙 ······································· 331

제8장 표준 함수

8.1 수학 함수
    8.1.1 표준 함수 ······································· 337
    8.1.2 삼각 함수 ······································· 339
    8.1.3 지수 함수 ······································· 341
    8.1.4 정수화 함수 ····································· 342
    8.1.6 절대값 함수 ····································· 347

8.2 난수 함수
    8.2.1 표준 난수 함수 ··································· 349
    8.2.2 난수의 생성 ····································· 352

8.3 시간 함수
    8.3.1 time ·· 354
    8.3.2 시간 구조체 ····································· 356
    8.3.3 기타 시간 함수 ··································· 359

제9장 배열

9.1 배열
    9.1.1 배열의 정의 ····································· 363
    9.1.2 배열의 특징 ····································· 364
    9.1.3 다차원 배열 ····································· 371
    9.1.4 배열명 ·· 374

9.2 배열 초기화
    9.2.1 쓰레기값 ·· 376
    9.2.2 1차 배열 초기화 ································· 378
    9.2.3 초기식 ·· 379

9.2.4 2차 배열 초기화 ·········· 381

9.3 배열의 활용

9.3.1 불규칙한 정보 ·········· 385

9.3.2 재사용할 정보 ·········· 387

9.3.3 작업 결과 저장 ·········· 388

9.3.4 룩업 테이블 ·········· 390

9.3.5 미리 계산된 값 ·········· 396

9.4 소코반

9.4.1 게임 소개 ·········· 399

9.4.2 분석 ·········· 406

제10장 포인터

10.1 포인터 연산

10.1.1 T형 포인터 ·········· 413

10.1.2 포인터의 타입 ·········· 415

10.1.3 포인터 연산 ·········· 420

10.1.4 *ptr++ ·········· 426

10.2 void형 포인터

10.2.1 void형 ·········· 429

10.2.2 void형 포인터의 활용 ·········· 433

10.2.3 NULL 포인터 ·········· 435

10.3 동적 메모리 할당

10.3.1 할당의 필요성 ·········· 437

10.3.2 메모리 관리 원칙 ·········· 439

10.3.3 할당 및 해제 ·········· 440

10.3.4 재할당 ·········· 444

10.4 이중 포인터

10.4.1 이중 포인터 ·········· 447

10.4.2 main 함수의 인수 ·········· 453

10.4.3 동적 문자열 배열 ·········· 458

10.4.4 void 이중 포인터 ·········· 461

제11장 배열과 포인터

11.1 첨자 연산
- 11.1.1 배열의 내부적 처리 ········ 465
- 11.1.2 [ ] 연산자 ········ 469

11.2 포인터 배열
- 11.2.1 정의 ········ 474
- 11.2.2 포인터 배열의 활용 ········ 475
- 11.2.3 포인터와 배열 ········ 477

11.3 배열 포인터
- 11.3.1 배열 포인터 ········ 480
- 11.3.2 배열 인수 ········ 483
- 11.3.3 배열 인수 표기법 ········ 486
- 11.3.4 이차 배열 인수 ········ 489
- 11.3.5 이차 배열 할당 ········ 490
- 11.3.5 &ar ········ 494

11.4 배열과 문자열
- 11.4.1 문자열 상수 ········ 497
- 11.4.2 문자 배열 초기화 ········ 500
- 11.4.3 문자형 포인터 ········ 501
- 11.4.4 문자열 배열 ········ 504

제12장 문자열 함수

12.1 문자열 함수
- 12.1.1 문자열 복사 ········ 509
- 12.1.2 문자열 연결 ········ 514
- 12.1.3 문자열 비교 ········ 516
- 12.1.4 문자열 검색 ········ 518
- 12.1.5 문자열 변환 ········ 524
- 12.1.6 문자 관리 함수 ········ 526
- 12.1.7 메모리 관리 함수 ········ 527

12.2 수치와 문자열
- 12.2.1 정수와 문자열 ········ 530

12.2.2 실수와 문자열 ·················· 534
12.2.3 sprintf ·················· 535
12.3 문자열 연습
12.3.1 표준 함수 구현 ·················· 537
12.3.2 확장 함수 작성 ·················· 544

제13장 구조체

13.1 구조체
13.1.1 정의 ·················· 551
13.1.2 구조체 태그 ·················· 553

13.2 멤버의 참조
13.2.1 멤버 연산자 ·················· 556
13.2.2 포인터 멤버 연산자 ·················· 559
13.2.3 구조체 배열 ·················· 561
13.2.4 중첩 구조체 ·················· 565

13.3 구조체의 초기화
13.3.1 초기화 ·················· 568
13.3.2 구조체 대입 ·················· 572
13.3.3 깊은 복사 ·················· 576
13.3.4 Quiz 게임 ·················· 579

13.4 비트 구조체
13.4.1 정의 ·················· 583
13.4.2 활용 ·················· 587

13.5 공용체
13.5.1 정의 ·················· 589
13.5.2 이름없는 공용체 ·················· 592

제2부 C 고급문법

제14장 C 실습

14.1 Matrix

14.1.1 Matrix 예제 ··· 598
14.1.2 신호 구조체 ··· 601
14.1.3 시분할 ·· 603
14.1.4 카운트를 쓰는 방법 ··· 606

14.2 슈팅 게임
14.2.1 파이터 ·· 608
14.2.2 개작 ·· 617

14.3 Tetris1
14.3.1 테트리스 ··· 622
14.3.2 벽돌의 모양 정의 ··· 631
14.3.3 게임판 ·· 635
14.3.4 벽돌의 이동 ··· 637
14.3.5 벽돌 제거 ·· 638
14.3.6 개작 ·· 639
14.3.7 Hexa ·· 648

14.4 Couple
14.4.1 게임 소개 ·· 660
14.4.2 자료 구조 ·· 665
14.4.3 게임판 만들기 ··· 667
14.4.4 화면 그리기 ··· 669
14.4.5 main 함수 ··· 672
14.4.6 snake ··· 674
14.4.7 Frog ··· 683

제15장 포인터 고급

15.1 const
15.1.1 상수의 정의 ··· 693
15.1.2 포인터와 const ·· 695
15.1.3 const 인수 ·· 702
15.1.4 volatile ··· 705

15.2 함수 포인터
15.2.1 정의 ·· 707

15.2.2 함수 포인터 타입 ·············· 710
15.2.3 포인터로 함수 호출하기 ·············· 714
15.2.4 함수 포인터 인수 ·············· 716
15.2.5 함수 포인터 리턴 ·············· 720

15.3 가변 인수
15.3.1 가변 인수 함수 ·············· 722
15.3.2 가변 인수 함수의 조건 ·············· 727
15.3.3 매크로 분석 ·············· 732
15.3.4 가변 인수 함수의 활용 ·············· 736

15.4 레퍼런스
15.4.1 변수의 별명 ·············· 739
15.4.2 레퍼런스 인수 ·············· 743
15.4.3 레퍼런스의 대상체 ·············· 747
15.4.4 레퍼런스 리턴값 ·············· 750
15.4.5 레퍼런스의 내부 ·············· 752

제16장 함수 고급

16.1 호출 규약
16.1.1 스택 ·············· 757
16.1.2 스택 프레임 ·············· 759
16.1.3 호출 규약 ·············· 765
16.1.4 호출 규약 불일치 ·············· 769

16.2 재귀 호출
16.2.1 자신을 호출한다. ·············· 771
16.2.2 재귀호출이 가능한 이유 ·············· 775
16.2.3 디렉토리 검색 ·············· 777
16.2.4 계층적인 자료 표현 ·············· 781

16.3 인라인 함수
16.3.1 인라인 함수 ·············· 788
16.3.2 매크로 함수와 다른 점 ·············· 792

16.4 디폴트 인수
16.4.1 인수의 기본값 ·············· 793

16.4.2 디폴트 인수 작성법 ········· 795
16.4.3 디폴트 인수 활용 ········· 797
16.5 오버로딩
16.5.1 함수의 중복 ········· 799
16.5.2 중복이 안 되는 경우 ········· 803
16.5.3 오버로딩 활용 ········· 808

제17장 파일 입출력

17.1 파일
17.1.1 정보의 저장 ········· 811
17.1.2 C언어의 파일 지원 ········· 812

17.2 고수준 파일 입출력
17.2.1 스트림 ········· 813
17.2.2 파일 열기 ········· 814
17.2.3 파일 액세스 ········· 817
17.2.4 임의 접근 ········· 821
17.2.5 기정의 스트림 ········· 823
17.2.6 정보의 저장 ········· 826

17.3 저수준 파일 입출력
17.3.1 파일 핸들 ········· 836
17.3.2 저수준 파일 액세스 ········· 838

17.4 파일 관리
17.4.1 기본적인 파일 관리 ········· 841
17.4.2 파일 검색 ········· 842
17.4.3 디렉토리 관리 ········· 843
17.4.4 디스크 관리 ········· 846

제18장 C 고급 문법

18.1 타입
18.1.1 정수의 내부 ········· 849
18.1.2 음수의 표현 ········· 851
18.1.3 바이트 순서 ········· 853

18.1.4 부동 소수점 ·· 856
　　18.1.5 구조체의 정렬 ·· 862
18.2 전처리기
　　18.2.1 #과 ## ·· 867
　　18.2.2 조건부 컴파일 ·· 872
　　18.2.3 #if ·· 875
　　18.2.4 #undef ·· 878
　　18.2.5 미리 정의된 매크로 ······································ 880
　　18.2.6 #error, #line ·· 882
18.3 pragma 지시자
　　18.3.1 once ·· 883
　　18.3.2 pack ·· 884
　　18.3.3 warning ··· 885

제19장 자료 구조

19.1 동적 배열
　　19.1.1 배열 요소의 삽입, 삭제 ·································· 889
　　19.1.2 동적 배열 ·· 892
　　19.1.3 동적 배열 활용 ··· 898
19.2 연결 리스트
　　19.2.1 단순 연결 리스트 ··· 901
　　19.2.2 이중 연결 리스트 ··· 909
　　19.2.2 그 외의 연결 리스트 ······································ 918
　　19.2.4 연결 리스트의 활용 ······································ 921
19.3 스택
　　19.3.1 스택 ·· 926
　　19.3.2 스택을 이용한 계산기 ···································· 930
19.4 큐
　　19.4.1 배열로 구현한 큐 ··· 944
　　19.4.2 연결 리스트로 구현한 큐 ································ 949
　　19.4.3 프린터 큐 ··· 952
19.5 트리
　　19.5.1 트리의 용어 ·· 955

19.5.2 이진 트리 ··· 957
19.5.3 트리의 순회 ··· 959

제20장 알고리즘

20.1 검색
    20.1.1 순차 검색 ··· 969
    20.1.2 이분 검색 ··· 973
    20.1.3 해시 ·· 977

20.2 정렬
    20.2.1 버블 정렬 ··· 988
    20.2.2 선택 정렬 ··· 992
    20.2.3 삽입 정렬 ··· 994
    20.2.4 퀵 정렬 ·· 997

부 록

부록 1 디버거
    1.1 VC의 디버거 ··· 1001
    1.2 Dev-C++의 디버거 ·· 1009
    1.3 디버깅 연습 ·· 1010
    1.4 assert ·· 1016

부록 2 과제 해설 ·· 1022

부록 3 평가 문제 ·· 1086

부록 4 찾아보기 ·· 1095

제3부 C++ 문법(별권)

제25장 클래스
제26장 생성자
제27장 캡슐화
제28장 연산자 오버로딩
제29장 상속
제30장 다형성
제31장 템플릿
제32장 예외 처리
제33장 타입 정보
제34장 네임 스페이스
제35장 표준 라이브러리

제4부 표준 라이브러리

제36장 표준 라이브러리
제37장 STL 개요
제38장 함수 객체
제39장 반복자
제40장 시퀀스 컨테이너
제41장 연관 컨테이너
제42장 STL 알고리즘
부 록

일러두기

대상 독자

이 책은 프로그래밍을 전혀 해 본 적이 없는 사람들도 읽을 수 있는 초중급 입문서입니다. 따라서 C/C++은 물론 여타의 다른 언어에 대한 경험이 전혀 없어도 이 책을 읽을 수 있습니다. 단, 이 책에서 사용하는 주 컴파일러인 비주얼 C++은 윈도우즈 환경에서 실행되므로 윈도우즈를 써 본 경험이 있어야 합니다. 일반적인 윈도우즈 응용 프로그램에 익숙해야 하며 컴파일러나 유틸리티 프로그램을 설치 및 사용할 수 있어야 합니다. 또한 프로젝트 제작 실습 과정에서 여러 가지 소스 파일이 생성되는데 이 파일들을 관리할 수 있어야 원활한 실습을 진행할 수 있습니다.

예제 설치

이 책은 예제를 위한 별도의 CD-ROM을 제공하지 않습니다. 본문의 모든 예제들은 인터넷에 압축 파일로 제공되며 다음 사이트에서 언제든지 다운로드를 받을 수 있습니다.

http://www.WinApi.co.kr/clec/CExam.zip

압축파일을 다운로드받은 후 본문의 지시에 따라 적당한 디렉토리에 설치하십시오. 압축 파일에는 예제를 컴파일하기 위해 필요한 Turboc.h 헤더 파일과 설치 프로그램이 포함되어 있으며 모든 예제는 HycExam 유틸리티에서 검색 및 복사할 수 있습니다. 이 헤더 파일이 필요한 이유와 설치 방법, HycExam 유틸리티 사용 방법에 대해서는 1장에 상세하게 설명되어 있습니다. HycExam에는 본문 전체를 검색할 수 있는 기능도 통합되어 있으므로 모르는 내용을 검색할 때는 이 유틸리티를 활용하십시오.

웹 지원

이 책의 모든 내용은 WinApi에 C/C++ 강좌의 형태로도 제공됩니다. 책을 소지하지 않은 상태에서 문법 레퍼런스가 필요할 때는 이 사이트를 방문하십시오. 또한 WinApi에는 출판 후에 발견된 오타나 추가된 원고도 같이 제공되므로 수시로 방문하셔서 최신 내용을 확인하시기 바랍니다. WinApi는 C/C++ 외에도 일반적인 윈도우즈 프로그래밍에 대한 강좌와 질문 답변, 자료실 등의 프로그래머 지원 컨텐트를 지속적으로 제공합니다.

이 책을 읽고 난 후에

　이 책을 읽고 난 후에는 다른 C/C++ 문법서를 한 권 정도 더 읽으십시오. 책 한권으로 모든 것을 공부할 수 있는 시대는 한참 전에 지났으므로 이 책만으로 C/C++을 마스터하기는 어렵습니다. 이는 이 책이 잘못 쓰여졌다는 뜻이 아니라 자습서를 지향하므로 문법의 아주 깊은 부분까지는 건드리지 않기 때문입니다. 자습서는 너무 어려워서는 안 되므로 처음 읽는 사람이 받아들일 수 있는 수준까지만을 목표로 합니다.

　자습서로는 문법의 개념과 큰 틀, 전체적인 순서를 잡는데 주력하고 각 부분의 세부적인 문법과 활용예를 다루는 실용서들을 참고하십시오. 또한 원활한 학습을 위해서는 문법과 함수에 대한 레퍼런스도 필요합니다. 각 책에서 설명하는 각도와 예제들이 달라지면 자습서에서는 보여주지 못하는 상세한 것들을 설명할 수 있고 더 고급스런 문법도 구경할 수 있습니다. 최소한 세 권 이상의 C/C++ 책을 통독해 볼 필요가 있습니다. 이미 읽어 보고 손에 익은 책은 실무에서 C/C++로 프로그래밍 할 때 늘 참고하게 되는 좋은 레퍼런스가 됩니다.

01
프로그래밍 입문

1.1 프로그래머

1.1.1 프로그램

　1장은 이 책의 도입부이며 프로그래밍에 관련된 교양적인 내용을 다룬다. 대부분 이미 알고 있는 내용들이라 조금 지루한 감이 있겠지만 문법 공부를 하기 전의 준비 운동 정도로 생각하고 가벼운 마음으로 읽어 보도록 하자. 지금 이 책을 읽고 있는 사람은 의심의 여지없이 프로그래머가 되고 싶어하는 사람들일 것이다. 프로그래머(Programmer)란 프로그램을 제작하는 사람이라는 뜻인데 프로그래머에 대한 정확한 정의를 내리기 전에 프로그램이란 과연 무엇인지부터 정의해 보자.

　컴퓨터라는 기계는 사람이 지시한 명령을 수행할 수 있는 능력을 가지고 있다. 사람이 1+2를 계산하라는 명령을 내리면 계산을 통해 3이라는 결과를 만들어 내며 결과를 화면으로 출력하라는 명령을 내리면 어김없이 그 값을 화면에 출력한다. 계산식이 다소 복잡하더라도 정확하고 신속하게 사람의 명령을 실행한다. 그러나 컴퓨터 혼자서는 어떤 일도 하지 못하며 반드시 사람의 명령이 필요하다. 매번 사람이 컴퓨터에게 이렇게 해라, 저렇게 하라고 지시를 내려야만 이 지시대로 동작한다. 이런 식이라면 사람이 컴퓨터를 위해 일일이 지시를 내려야 하므로 컴퓨터가 사람을 위해 일을 하는 것이 아니라 오히려 컴퓨터가 사람을 부려먹는 꼴이 될 것이다. 실제로 초창기의 컴퓨터(ENIAC 등)는 명령을 기억할 공간이 좁거나 아예 없어 사람이 케이블 연결을 바꾸거나 이진 스위치를 조작해야 동작하는 식이었다.

　다행히 현대의 컴퓨터는 여러 개의 명령을 순서대로 실행할 수 있는 능력이 있으므로 매번 사람이 명령을 내릴 필요없이 일련의 명령들을 한꺼번에 전달할 수 있다. 1+2를 계산해서 화면에 출력하라, 입력되는 모든 값을 저장하고 합계와 평균을 구해 프린터로 인쇄하라는 식으로 작업에 필요한 명령들을 전달하면 컴퓨터는 이 명령들을 순차적으로 실행한다. 이런 명령의 집합이 바로 프로그램이며 보통 수백~수만 개의 명령들이 모여 하나의 실용적인 프로그램이 된다.

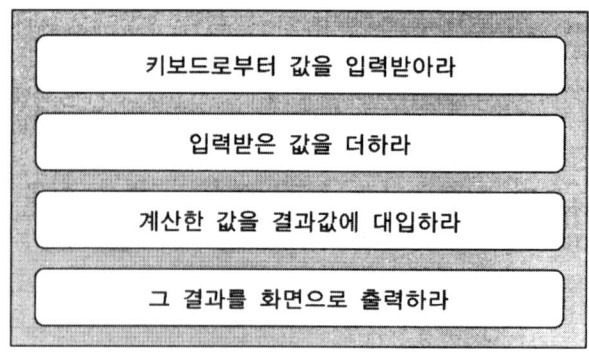

그렇다면 명령을 무조건 모아 놓기만 하면 다 프로그램이 되는가 하면 그렇지는 않다. 프로그램이란 현실의 문제를 해결하기 위해 존재한다. 예를 들어 계산 프로그램은 주어진 값을 연산해서 결과를 출력하는 동작을 하므로 계산하라, 출력하라는 명령이 필요할 것이다. 문제를 해결하기 위한 명령들은 실행 순서를 지켜야 한다. 만약 계산 프로그램에게 출력하라, 계산하라는 명령을 내린다면 순서가 틀렸으므로 제 역할을 하지 못할 것이다.

또한 조건에 따라 적절한 명령을 선택해야 하고 어떤 명령들은 여러 번 반복 처리해야 하는 것들도 있고 때로는 실행 중에 사용자와 상호작용을 할 필요도 있다. 그래서 명령들끼리는 순서가 있을 뿐만 아니라 논리적으로 긴밀하게 연관되어 있어야 한다. 프로그램의 정의를 좀 더 정확하게 내려 보면 다음과 같다.

프로그램 : 문제를 풀기 위한 명령들의 조직적인 집합

프로그램의 고전적인 정의는 이렇지만 최근의 그래픽 환경에서는 명령 외에 프로그램의 외형을 장식하는 데이터까지도 프로그램의 일부로 포함된다. 예를 들어 프로그램의 배경을 장식하는 그림이나 사용자와의 대화를 위한 대화상자, 사운드, 아이콘, 메뉴 등도 프로그램을 구성하는 일부분이다. 또한 프로그램 사용법을 설명하는 도움말이나 주의 사항 등의 문서도 프로그램의 일부라고 할 수 있다.

1.1.2 프로그래머

프로그래머(Programmer)는 프로그램을 만드는 사람이다. 프로그램이 명령의 집합이므로 이런 프로그램을 만드는 프로그래머는 컴퓨터에게 지시를 내리는 사람이라고 할 수 있다. 프로그래머는 컴퓨터를 움직이고 동작하도록 하므로 단순히 컴퓨터를 사용하는 일반 사용자(User)에 비해 훨씬 더 적극적인 위치에 있다.

컴퓨터는 사람의 말을 직접 알아듣지 못하며 오로지 이진수(전기의 통함과 끊어짐)만을 인식하므로 컴퓨터에게 명령을 내릴 때는 컴퓨터가 알아들을 수 있는 일정한 형식을 갖춘 명령을 사용해야 한다.

또한 컴퓨터가 계산한 결과도 사람이 바로 이해할 수 없는 형태를 띠기 때문에 사람이 이 결과를 볼 수 있도록 해야 한다. 1+2를 계산하고 싶다면 이 명령을 기계가 이해할 수 있는 형식의 명령으로 바꾸어 전달해야 하며 그 결과도 사람이 알 수 있도록 변환해야 한다. 이런 의미에서 볼 때 프로그래머는 사용자와 컴퓨터 사이를 중계하는 통역자의 역할을 한다고 할 수 있다.

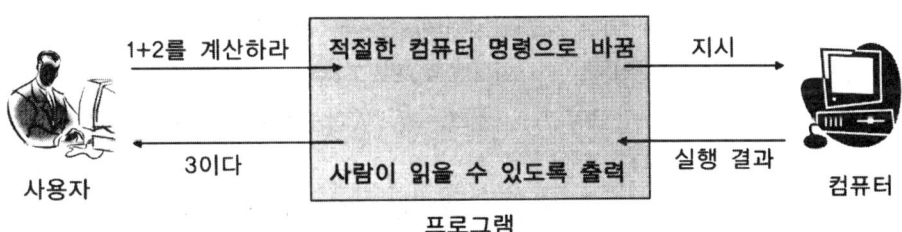

프로그래머가 하는 일이란 문제 해결에 필요한 명령을 골라 컴퓨터가 알아들을 수 있는 형태로 바꾼 후 이 명령들이 순서대로 동작할 수 있도록 조직적으로 배치하는 것이다. 통역자가 통역을 제대로 하기 위해서는 양쪽의 언어를 모두 이해하고 있어야 한다. 프로그래머는 기계와 사람 사이의 통역자이므로 기계를 잘 이해해야 함은 물론이고 사람도 잘 이해하고 있어야 한다.

기계의 언어를 다루어야 하므로 기계의 구조와 동작 방식을 잘 이해하고 기계적으로 사고할 수 있는 능력이 필요함은 당연하다. 또한 최근에는 프로그램이 처리하는 일들이 복잡해져서 사람에 대한 이해도 과거보다 훨씬 더 중요하고 어려워졌다. 예를 들어 은행 전산 프로그램을 작성하려면 프로그래머가 은행 업무에 먼저 통달해야 하며 프렌차이즈, 병원 등의 소프트웨어 개발자도 마찬가지다. 이처럼 개발자가 프로그램이 하는 업무를 먼저 익히는 과정을 업무파악이라고 하는데 업무가 복잡한 경우 전체 개발 일정의 80%를 차지하기도 한다.

과거에는 인간의 영역이었던 일들을 이제는 컴퓨터가 대신하는 경우가 점점 많아지고 있다. 불과 10여 년 전만 하더라도 은행 업무를 처리하기 위해 은행원들이 원장과 통장에 입출금 내역을 직접 기록하고 관리했었으나 요즘은 컴퓨터가 이런 작업을 대신하며 은행원들은 컴퓨터만 조작한다. 덕분에 은행은 훨씬 더 복잡한 업무를 처리할 수 있게 되었고 온라인도 가능해졌다. 내가 초등학교에 다닐 때는 통장과 도장을 들고 500원을 맡기면 예쁜 은행 누나가 원장과 통장에 "500원 입금"을 볼펜으로 쓰고 주판으로 합계를 계산해 주었다. 요즘 세대에게 이런 얘기를 하면 정말 그런 시절이 있었느냐고 의심을 한다.

공장 자동화가 일반화되면서 부품을 생산, 조립, 테스트, 포장하는 일들도 컴퓨터가 대신하고 있다. 컴퓨터 관련 기술이 발전하면 할수록 이런 현상은 더욱 더 가속화되어 컴퓨터가 할 수 있는 일들은 점점 더 많아진다. 컴퓨터가 사람의 일을 대신하게 됨으로써 이제 공장이나 은행에서는 옛날처럼 많은 직원을 채용할 필요가 없어졌다. 대부분의 일은 컴퓨터가 처리하므로 컴퓨터를 관리하고 운영할 수 있는 소수의 직원만 필요하다.

컴퓨터가 더 많은 일을 하기 위해서는 더 많은 소프트웨어가 필요하며 따라서 프로그래머의 수요는 앞으로도 더욱 더 늘어날 것이다. 컴퓨터로 인해 공장에서는 많은 직원을 채용할 필요가 없어졌지만 컴퓨터를 운영하기 위해서 더 많은 프로그래머가 필요해진 것이다. 은행 창구의 직원은 줄어들었지만 본사의 전산실 직원들이 훨씬 더 많이 늘어났다. 결국 컴퓨터가 산업 전반에 도입됨으로써 사람들의 직장을 뺏어간 것이 아니라 사람의 근무 형태를 바꾸어 놓은 것이다.

현대 사회에서 프로그래머는 더 이상 특수한 직업이 아니다. 보통의 일반적인 직업인이되 컴퓨터를 동작시키는 일을 하는 정신 노동자일 뿐이다. 이상으로 프로그램과 프로그래머의 정의를 내려 보았는데 프로그램의 정의에서 볼 수 있듯이 프로그래머에게는 두 가지 능력이 요구된다.

- 문법 : 프로그램을 구성하는 단위가 명령이므로 규칙에 맞게 명령을 정확하게 작성하는 지식이 필요하다. 명령을 올바르게 기술하는 규칙을 문법이라고 한다. 문법은 이 책을 통해 배우게 되며 단순한 약속들의 집합일 뿐이므로 열심히만 하면 누구나 100% 익힐 수 있다.
- 작문 : 프로그램은 단순한 명령의 나열이 아니라 조직적인 집합이므로 작성한 명령을 논리적으로 배치하는 기술이 필요하다. 일정한 공식이 존재하지 않으며 실제 문제에 따라 적용되는 작문법은 천차만별로 달라지므로 인간의 창조력이 요구되며 외운다고 해서 쉽게 얻어지는 것이 아니다. 책이나 강사로부터 약간의 도움을 받을 수는 있으나 결국은 스스로 터득하는 방법밖에 없다.

두 가지 능력 중에 특히 작문 능력은 단기간에 쉽게 숙달되지 않는 특징이 있다. 그래서 경력에 따라 프로그래머의 급이 매겨지는 것이며 쉽게 얻을 수 없기 때문에 애써 배울 가치가 있는 것이다. 너무 성급하게 결과를 기대하지 말고 꾸준히 노력하도록 하자.

1.1.3 언어

컴퓨터에게 일을 시키려면 컴퓨터와 사람간의 의사소통 도구가 필요하다. 사람이 무엇을 원한다는 것을 어떤 형태로든지 컴퓨터에게 알려 주어야 하는데 이것이 바로 프로그래밍 언어이다. 사람끼리의 대화에도 언어가 필요한 것처럼 컴퓨터와 사람 사이에도 명령을 전달하고 결과를 보고받을 수 있는 언어가 필요하다. 프로그래밍 언어도 의사소통을 위한 도구라는 면에서 언어의 사전적 정의와 일치하되 다만 대화 상대가 사람이 아니라 기계라는 점만 다를 뿐이다.

컴퓨터는 사람이 사용하는 자연어를 이해하지 못한다. 계산하라, 출력하라와 같은 말로 된 명령은 컴퓨터라는 단순한 기계에게는 너무 어렵고 때로는 모호하기도 해서 해석할 수가 없다. 컴퓨터는 수많은 스위치들로 구성되어 있으며 스위치에 전기가 통하는가 그렇지 않은가의 두 가지 상태밖에 구분하지 못한다. 전기의 흐름, 차단 상태를 숫자로 표기하면 이진수가 되는데 이진수는 컴퓨터가 이해하는 유일한 언어이다.

그래서 컴퓨터가 어떤 연산을 하도록 하려면 이진수로 된 기계어 명령을 전달해야만 한다. 실제로 초창기의 프로그래머들은 컴퓨터에 붙어있는 스위치를 올렸다 내렸다 하면서 이진수로 된 기계어 코드를 작성해야만 했다. 그러나 1과 0으로만 구성되어 있는 이진수는 도저히 인간의 생리와는 맞지 않은 언어이다. 그래서 좀 더 쓰기 쉬운 자연어와 유사한 프로그래밍 언어를 만들게 되었다.

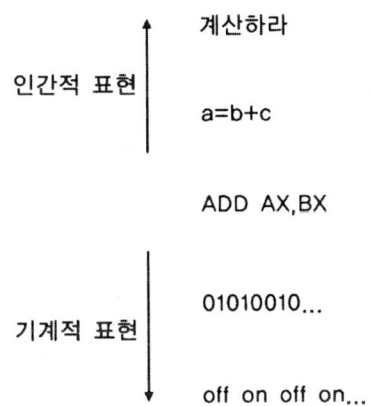

프로그래머는 기계어 코드를 모르더라도 언어의 문법과 형식에 맞게 명령을 작성하면 된다. 이 명령은 컴파일러라고 부르는 중간의 번역 프로그램에 의해 기계어로 변환되며 컴퓨터는 이렇게 변환된 기계어를 실행하는 것이다.

그동안 셀 수 없을 정도로 많은 프로그래밍 언어가 개발되었다. 포트란으로부터 시작하여 코볼, 베이직, 알골 등을 거쳐 C, 파스칼과 최근의 자바, C#까지 헤아릴 수 없이 많은 종류가 있다. 자연어에도 한국어, 영어, 불어, 중국어 등의 각종 언어들이 있듯이 말이다. 각 언어들은 나름대로의 장점과 단점을 가지는데 프로그래머는 이 중 자신의 목적에 맞는 언어를 선택해야 한다. 프로그래밍 언어는 여러 가지 방법으로 분류할 수 있지만 인간과 얼마나 가까운가에 따라 수준(Level)을 분류한다.

- 저급 언어(Low Level) : 기계의 언어에 가까우며 사용하기는 어렵지만 성능은 좋다. 대표적으로 어셈블리가 있다.
- 고급 언어(High Level) : 인간의 언어에 가까우며 배우기 쉽지만 대신 성능은 떨어진다. 베이직 언어가 대표적인 고급 언어이다.

저급이라고 해서 성능이나 효율이 떨어진다는 뜻은 아니며 고급이라고 해서 모든 것이 좋다는 뜻도 아니다. 이 분류 방법은 다만 인간의 입장에서 볼 때 얼마나 배우기 쉽고 쓰기 쉬운가를 기준으로 할 뿐이다. 이 책에서 다루는 C/C++언어는 분류상 고급 언어에 속한다. 그러나 섬세한 하드웨어 제어가 가능하기 때문에 중급 언어로 분류하기도 한다.

1.2 C/C++언어 소개

1.2.1 C/C++의 역사

C언어는 1972년 벨 연구소의 데니스 리치(Dennis Ritchie)에 의해 만들어졌다. 데니스 리치는 UNIX 운영체제의 개발을 맡고 있었는데 운영체제는 그 특성상 하드웨어를 직접 제어할 수 있어야 했다. 또한 당시의 컴퓨터 환경이 지금과는 달라 CPU의 속도나 메모리의 용량이 충분하지 않았기 때문에 프로그램의 크기는 작아야 했고 속도는 빨라야 했다.

이런 모든 요구를 만족시킬 수 있는 유일한 언어는 어셈블리밖에 없었다. 그러나 어셈블리는 특정 기계에 종속적이며 이식성이 없기 때문에 여러 플랫폼에 수정없이 사용하는 것이 목적인 UNIX와는 잘 어울리지 않았다. C언어보다 먼저 발표된 포트란이나 베이직 같은 고급언어들은 효율이 좋지 못해 대형 프로젝트에 쓰기에는 역시 부적합했다.

그래서 데니스 리치는 기존의 언어를 사용하지 않고 어셈블리의 강력한 기능과 고급언어의 이식성을 동시에 갖춘 새로운 언어를 직접 만들었다. 물론 데니스 리치가 혼자서 C언어를 다 만든 것은 아니며 과거 언어들의 장점을 취합 정리해서 만든 것이다. C언어의 뿌리는 최초의 구조적 언어인 ALGOL이며 데니스 리치는 동료인 켄 톰슨(Ken Thompson)이 만든 B언어를 개량하여 C언어를 만들었다. C언어의 계보를 그려보면 다음과 같다.

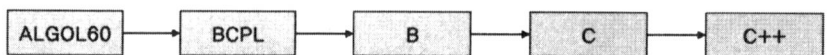

이 언어에 C라는 이름을 붙인 이유는 단순히 B보다 한 단계 더 발전했다는 의미로 B 다음의 알파벳인 C를 사용한 것이다. 그래서 혹자는 C언어 다음은 D언어가 나올 것이다라고 얘기하기도 하는데 이런 예상과는 달리 C언어의 다음은 C++이 되었다. C언어는 간결하면서도 강력한 프로그램을 작성하기에 적합하여 오늘날 가장 대중적인 프로그래밍 언어로 사용되고 있다.

C언어가 발표되기 전의 언어들은 각각 장단점이 있어서 특정 분야에서 독점적인 지위를 가지는 고유의 영역을 확보하고 있었다. 예를 들어 파스칼이나 베이직은 교육용 언어로 분류되었고 코볼은 상업용 소프트웨어 작성에 효율적이었으며 포트란은 과학 기술용 언어로 주로 사용되었다. 또한 리스프는 인공 지능 구현에 적합했으며 어셈블리는 시스템 프로그래밍을 위한 최적의 언어였다. 그러나 이런 분류는 모든 분야에 강점을 보이는 범용의 C언어가 등장함으로써 의미를 잃게 되었다. C언어가 모든 분야를 제압해 버린 것이다.

C언어는 그 강력함으로 인해 80년대 이후 여러 분야에 걸쳐 광범위하게 사용되기 시작했으며 가장 인기있는 언어가 되었다. 그러나 데니스 리치가 처음 C언어를 디자인할 때에 비해 컴퓨터 환경이 많이 변해 비효율적인 면들이 점점 드러나기 시작했으며 또한 애매한 문법들이 존재했었다.

각 컴파일러 개발사들은 경쟁적으로 수많은 C 컴파일러를 발표했다. 컴파일러는 일종의 상품이기 때문에 타사 제품과 차별화되는 기능이 있어야 하고 변화된 환경에 적응할 수 있는 새로운 기능을 추가할 필요도 있다. 각 제작사들은 시장의 요구와 필요에 따라 조금씩 언어의 기능을 확장함으로써 C언어에도 많은 변종들이 생겨나게 되었다. 이렇게 되면 작성한 컴파일러에 따라 소스 차원의 호환성이 없어지는 문제점이 있으며 이는 사회적으로 큰 낭비를 초래하였다.

변화된 환경에 적응하고 경쟁으로 인해 훼손된 이식성을 복구하기 위해서는 표준의 제정이 절실히 필요해졌다. 그래서 미 표준 위원회인 ANSI는 83년부터 표준 제정 작업에 들어가 89년에 표준안을 완성했으며 90년에 ISO에 의해 승인(ISO 9899)되었다. 이때 제성된 C 표준을 ANSI C(또는 C90)라고 하며 그 이전의 C를 클래식 C(K&R C)라고 한다. ANSI C는 클래식 C에 비해 안전성을 높이고 애매한 기능을 정리하였으며 다음과 같은 기능을 추가했다.

① 표준 라이브러리 함수를 규격화했으며 헤더 파일도 통일했다.
② 함수의 원형 선언 기능이 추가되어 컴파일러가 함수 호출부에서 타입 체크를 할 수 있다.
③ 정수, 실수 상수의 타입을 지정할 수 있는 L, U, F 등의 접미어가 추가되었다.
④ enum, void 형과 const, volatile 제한자가 추가되었다.
⑤ 인접 문자열 상수를 합쳐 주고 확장열의 기능도 추가되었다.
⑥ 함수 내부에서 선언하는 지역 배열이나 구조체를 초기화할 수 있다.
⑦ 구조체끼리 대입할 경우 구조체 크기만큼 메모리 복사를 한다.

이후에도 C 표준은 지속적으로 확장되었는데 95년에 유럽과 동양의 언어를 지원하기 위한 멀티 바이트 문자 지원이 추가되었다. 이때 제정된 C 표준을 C95라고 하는데 ANSI C에 비해 언어의 기능상 큰 변화는 없었다. 그리고 99년에 다양한 기능을 추가하고 C++의 장점을 흡수하여 다시 한 번 개정되었으며 2005년경에 또 한 번 더 개정될 예정이다. 그러나 실제 여러분들이 사용할 C++은 ANSI C를 기준으로 하기 때문에 그 이후에 C 문법에 대해서는 당분간 관심을 두지 않아도 될 듯하다.

1.2.2 C++의 등장

C++언어는 1980년대 초에 벨 연구소의 비얀 스트로스트룹(Bjarne Stroustrup)이 C언어를 기초로 하여 만들었다. C++은 C의 문법을 그대로 유지하면서 OOP(객체 지향 프로그래밍)기능을 추가하였다. 이 언어의 이름에 사용된 ++은 C언어의 증가 연산자를 의미하며 C보다 한 단계 더 발전했다는 뜻을 가지고 있다. C++의 OOP 문법은 Simula67이라는 언어의 문법을 참조하여 만들어진 것이다.

80년대 후반 소프트웨어가 하드웨어의 발전을 따라잡지 못하는 소프트웨어 위기 문제가 대두되었으며 그 해결책으로 OOP가 제시되었다. 당시 C++은 소프트웨어 위기의 해결사로 인식되었으며 90년부터 본격적으로 사용되기 시작하여 지금은 대부분의 대형 프로젝트에 활용되고 있다. C++은 C언어에 비해 클래스, 상속, 다형성, 템플릿 등이 추가되었다. 이 외에 기존 C언어로부터 물려받은 문법도 확장되었는데 다음은 대표적인 몇 가지 예이다.

① 한줄 주석은 //로 표기할 수 있다.
② 새로운 진위형인 bool 타입을 추가했다.
③ 구조체나 열거형의 태그 이름을 하나의 타입으로 인정한다.
④ 함수 중간에서 변수를 선언할 수 있다.

그렇다면 C와 C++ 두 언어의 관계는 과연 어떻게 정의될 수 있을까? 이 질문에 대해서는 학자에 따라 다양한 의견이 제시되고 있어 명확한 결론을 내리기 어렵다. C++이 C를 기반으로 하고 있고 C의 기능 대부분을 쓸 수 있으므로 C++이 C의 상위 버전이라는 주장이 있는 반면 C++이 C를 완전히 포함하지는 못하며 두 언어의 개발 방법이 워낙 판이하게 다르기 때문에 아예 다른 언어라고 보는 학자도 있다. 이 질문에 대한 해답은 각자가 공부를 마친 후 생각해 보기 바라되 나는 C++이 C의 상위 버전이며 그렇게 보는 것이 타당하다고 생각한다.

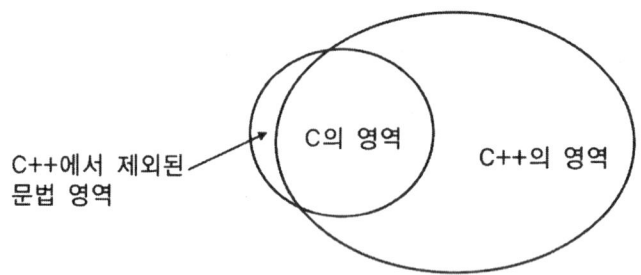

실제로 C의 문법 중 C++이 지원하지 못하는 부분도 있는데 이런 문법은 대부분 안정성, 이식성에 문제가 있거나 더 좋은 해결 방법이 있어 제외된 것들이다. 두 언어의 개발 방법이 다르다는 주장은 실제로 사실이며 문제 해결을 위한 접근 방법 자체가 다르다. 그러나 C++은 객체 지향만 지원하는 것이 아니라 C의 구조적 개발 방법도 여전히 지원하며 필요할 경우 C++로도 C 스타일의 프로그램을 작성할 수 있다. 구조적 프로그래밍 방법이 객체 지향보다 열등하다고 생각하는 것도 일종의 고정 관념일 뿐이며 필요하다면 쓸 수도 있다.

C++도 C와 마찬가지로 초창기에는 무분별한 기능 추가로 인해 호환성의 문제가 있었는데 90년대 초반의 볼랜드 C++과 비주얼 C++이 서로 호환되지 않았던 것이 대표적인 예이다. C++의 첫 번째 표준안인 ISO 14882는 98년에 발표되었다. 이 표준안은 89년에 제정된 ANSI C와 95년에 개정된 C95를 기반으로 하며 C++의 객체 지향적인 기능을 추가하여 작성된 것이다. 그래서 ANSI C의 기능 대부분

을 흡수하고 있다. 그러나 시기적으로 1년 더 늦은 99년에 새로 제정된 C99 표준을 포함하지는 못하며 그래서 14882는 9899:1999와는 다소 다른 면이 있다. 이후 C와 C++은 상호 영향을 미치며 서로 다른 모습으로 발전해 나갈 것으로 예상된다.

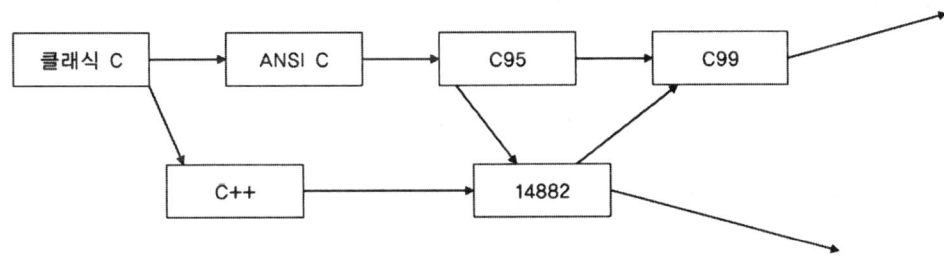

C를 쓸 것인가 C++을 쓸 것인가는 프로젝트의 성격에 따라 결정되어야 한다. 대부분의 경우 C++이 더 좋은 선택이 되겠지만 아직도 C가 필요한 경우는 여전히 있다. C++은 기능상 우위에 있기는 하지만 C보다 복잡하며 생성된 프로그램이 크고 느리기 때문에 소규모 프로젝트나 성능이 지극히 중요한 분야에는 적합하지 못한 면이 있기 때문이다. 가령 손목시계에 들어가는 프로그램이나 휴대용 게임기 등에는 객체를 쓰는 것이 어울리지 않으며 C가 더 좋은 선택이 된다. 닭 잡는데 소 잡는 칼을 쓸 필요는 없다.

그렇다면 이번에는 문제를 달리하여 지금 이 책을 읽는 사람은 C를 중심으로 공부를 할 것인가 아니면 C++을 중심으로 공부할 것인가를 생각해 보자. 결론은 C++을 선택하는 것이 절대적으로 옳다는 것이다. 기능이 부족하다 하여 C를 무시하는 것은 좋지 않은 태도이지만 그렇다고 해서 C가 C++의 기반이므로 순수한 C를 먼저 배운 후 C++을 나중에 배우겠다는 태도는 더 곤란하다. 주석은 무슨 일이 있어도 /* */로만 표기하고 변수는 반드시 함수 선두에만 선언해야 한다고 생각할 필요는 없다.

C++의 창시자인 스트로스트룹은 C++이 C의 모든 영역을 커버할 수 있다고 자신있게 떠들고 다닌다. 물론 학자들은 이 말에 절대적으로 공감하지 않으며 실제로 사실도 아니지만 적어도 그의 말이 99.9% 이상의 경우에 적용된다는 데는 동의한다. 현재 출시되고 있는 컴파일러들은 대부분 C++ 컴파일러이며 C 전용 컴파일러는 구경하기가 쉽지 않다. 그래서 처음 C에 입문하는 사람들은 좋건 싫건 C++ 컴파일러로 시작할 수밖에 없는 상황이다.

이 책은 98년에 발표된 ISO 14882를 기준으로 작성되어 있다. 전반부는 주로 C언어로부터 물려받은 문법들을 설명하며 중반 이후부터 C++의 고유 기능인 클래스를 다룬다. 전반부의 문법 설명 중에도 필요할 경우 C++ 문법이 가끔 등장하며 C의 문법과 비교하는 경우도 있다. 책의 구성이 C, C++로 이루어져 있는 것이 아니라 처음부터 C++ 문법을 다루되 객체 이전과 이후로 나누어져 있다는 점을 알아두기 바란다. 14882를 기준으로 하므로 C99의 확장된 문법 또는 그 이후에 개정되는 C 표준과는 맞지 않은 면들이 있을 수 있다. 이런 점은 여러분들이 공부를 마친 후 스스로 구분할 수 있을 것이다.

| 참 | 고 |

C++은 "씨 플러스 플러스"(C plus plus)라고 읽도록 되어 있다. 그러나 이 발음이 너무 길어 불편하기 때문에 우리나라에서는 통상 "씨쁠쁠"이라고 읽는 경우가 훨씬 더 많다. 원문의 발음을 따르는 것도 좋겠지만 적어도 한글로 된 책에서는 표준보다는 현실적인 발음을 채택하는 것이 더 좋다고 생각하여 이 책에서는 "씨쁠쁠"로 읽기로 한다. 따라서 C++가, C++는, C++를 이라고 하지 않고 C++이, C++은, C++을 이라고 표기할 것이다.

1.2.3 C/C++의 장점

C/C++ 언어는 다른 고급 언어들에 비해 다음과 같은 장점이 있다. 물론 다른 언어들도 나름대로의 장점을 가지고 있기 때문에 C/C++ 언어가 모든 면에서 다른 언어보다 우월하다고 할 수는 없다. 장점이라기보다는 언어의 특징이라고 생각하면 된다. C/C++언어의 특징을 한마디로 요약하면 "성능 지향의 범용 언어"라고 할 수 있는데 좋으니까 많은 사람들이 쓰겠거니 생각하면 되고 공부를 하다보면 자연스럽게 알게 되므로 일부러 외울 필요까지는 없다.

① 문법이 간결하다. 예약어가 적고 제공하는 연산자가 다양하기 때문에 짧은 명령으로 많은 일을 할 수 있다.
② 효율성이 좋아 대규모의 고기능 프로그램을 만들 수 있다. 제작된 프로그램의 크기가 작고 속도도 빠르다.
③ 운영체제 개발을 목적으로 만든 언어이므로 저수준 프로그래밍이 가능하며 어셈블리 수준의 하드웨어 제어를 할 수 있다.
④ 모든 분야에 두루 활용할 수 있을 정도로 범용적이다. 사무 처리, 과학 기술, 상업용 등 거의 대부분의 응용 프로그램을 개발할 수 있다.
⑤ 성능을 위해 불필요한 에러 처리를 하지 않는다. 타입의 불일치나 배열 경계 점검 등은 프로그래머가 직접 해야 하므로 개발자는 항상 이 점을 주의해야 한다.
⑥ 이식성이 좋다. 대부분의 플랫폼에서 C/C++ 언어를 사용할 수 있으므로 재컴파일만 하면 타 운영체제에서 실행되는 프로그램을 쉽게 만들 수 있다.

물론 모든 것이 다 좋지는 않아서 단점도 있다. 베이직이나 최근의 그래픽 기반의 개발툴에 비해서는 배우기 어렵다는 것이 가장 큰 단점인데 특히 포인터는 초보자들에게 두려움의 대상으로까지 여겨지기도 한다. 최신 언어에 비해 부족한 기능도 많다. 예를 들어 최신 언어인 자바는 쓰레기 수집 기능을 제공하는데 C/C++은 이런 기능을 제공하지 않는다. 이것은 단점이라기보다는 다른 언어와의 차이점이라고 보는 것이 옳다.

C/C++은 실제 개발을 할 때는 아주 좋은 언어임이 분명하며 가장 인기있는 실무 프로젝트용 언어이다. 그러나 프로그래밍에 처음 입문하는 사람들이 프로그래밍의 논리를 익히기에는 분명히 최적의 언어가 아니다. 기능은 좋지만 저수준 언어에 가깝기 때문에 처음 배우기에 너무 어렵다. 또한 주 실습 환경이 도스나 또는 윈도우즈의 콘솔과 같은 칙칙한 환경이기 때문에 실습의 재미도 없는 편이다.

프로그래밍 입문용 언어로는 비주얼 베이직이나 파스칼 언어에 기반한 델파이 정도가 아주 적합하다. 이 두 언어는 만들어질 때부터 교육용을 표방했기 때문에 아주 쉽다. 언어의 구조가 간단하고 엄격하기 때문에 문법에 금방 익숙해질 수 있으며 포인터 같은 어려운 기능은 제공하지 않거나 축소하여 부담없이 공부할 수 있다. 또한 그래픽 환경에서 실습을 진행하기 때문에 작성한 코드의 결과를 눈으로 바로 바로 확인할 수 있어서 학습 진도도 빠른 편이다.

그러나 비주얼 베이직은 툴 자체의 근본적인 한계가 있어 고기능의 프로그램을 만들기에는 다소 역부족인 면이 있다. 델파이는 배우기도 쉽고 실무에 바로 사용할 수 있을만큼 강력한 기능을 제공한다. 이 외에도 최신 언어인 자바나 C#도 입문용 언어로서 권장할만한데 이 두 언어의 뿌리도 역시 C/C++이라고 할 수 있으므로 C/C++을 먼저 공부하면 쉽게 익숙해질 수 있다. 그러나 입문용 언어를 선택할 때 언어 자체의 기능만으로 선택할 수는 없으며 여러 가지 주변 여건도 같이 고려하지 않을 수 없다. 입문용 언어로서 C/C++이 유리한 이유는 다음과 같다.

첫 번째로 C/C++의 대중성을 들 수 있는데 현재 가장 널리 사용되는 언어가 바로 C/C++이다. 사용자가 많다는 것은 그만큼 자료가 많고 도움을 받을 수 있는 경로가 많다는 뜻이다. 이미 출판된 책도 수 천종을 헤아리며 인터넷상에서도 많은 강좌와 공개된 소스를 구할 수 있다. 알고리즘이나 이론에 대한 설명문서와 소스도 C/C++ 형태로 되어 있는 것이 가장 많으므로 최신 기술을 습득하기에도 유리하다. 또한 각종 동호회나 뉴스 그룹을 통해 의문나는 사항에 대해 질문을 올리고 바로 답을 구할 수도 있다.

두 번째로 C/C++은 실무에서 바로 쓸 수 있는 언어이며 대부분의 개발사들이 기본 개발 언어로 채택하고 있다. 거대한 운영체제에서부터 초소용 임베디드까지 C/C++ 개발 환경이 없는 곳이 거의 없다. 따라서 C/C++로 프로그래밍을 배우면 실무 환경에 적응하는데 따른 혼란이 거의 없으며 배운 지식을 실무에 곧바로 활용할 수 있다. 비주얼 베이직이나 델파이는 배우기는 쉽지만 사용 빈도가 C/C++보다 낮기 때문에 실제 개발을 할 때는 다시 C/C++을 배워야 하는 부담이 있다. 현실적으로 얘기하자면 C/C++은 취업에 가장 유리한 언어, 쉽게 말해 돈이 되는 언어라고 할 수 있다.

C/C++은 자바나 C#에 비해 완전한 객체 지향 언어가 아닌 혼합형 언어이다. 그래서 처음부터 객체를 몰라도 코딩을 할 수 있다는 것이 또 다른 장점이다. 객체를 쓰지 않을 때 무엇이 불편하며 왜 객체 지향이 좋은지 순서대로 경험해 볼 수 있다. C#이나 자바는 완전한 객체 지향 언어이므로 일단 익숙해지면 사용하기 편리하지만 처음부터 객체를 알아야 한다는 것은 입문자에게 다소 부담이 될 수도 있다.

1.2.4 학습의 순서

현대 사회에서 프로그래머가 되기 위해 배워야 할 것들은 아주 많다. 초창기의 프로그래머들은 주로 기계만 다루었고 개발 방법도 한정되어 있었기 때문에 약간의 학습과 연습만으로도 프로그램을 짤 수 있었다. 요즘은 컴퓨터가 각 분야에 활발하게 활용되고 있고 개발 방법이 다양해져서 상황에 맞는 적절한 개발 프로젝트를 진행하기 위해서는 프로그래머가 공부해야 할 것들이 훨씬 더 많아졌다.

상상을 초월할 정도로 넘쳐나는 많은 지식들 중 어떤 것들을 선정해서 어떤 순서로 학습하는 것이 효율적인지는 입문자들이 가장 먼저 관심을 가져야 할 부분이다. 모든 것들을 두루 공부해 볼 수 있을만큼 시간이 넉넉하고 능력이 뛰어나다면 아무 문제가 없겠지만 우리들 대부분은 그렇지 못하기 때문이다. 자신이 개발하고자 하는 관심분야에 꼭 필요한 것들을 순서에 맞게 공부하는 것이 중요하다.

윈도우즈 환경에서 응용 프로그램을 개발하는 프로그래머가 되기 위해서는 다음 두 과정 중 하나를 선택하는 것이 가장 일반적이다. 물론 목표하는 바가 웹 개발자나 게임 아티스트라면 필요한 과목은 달라질 것이다. 또한 응용 프로그래머를 목표로 한다고 하더라도 이 순서가 항상 가장 효율적이라는 것은 아니며 여러 가지 가능한 방법 중의 하나일 뿐이다.

```
      C++ → API
C  <              >  MFC
      API → C++
```

이 간단한 순서도는 프로그래머 입문에 필요한 과목들에 대해 여러 가지 중요한 사실을 설명하고 있다. 그림에서 보다시피 C는 C++과 API의 선수 과목이며 두 과목을 배우기 전에 C를 반드시 먼저 배워야 한다. C/C++, API는 모두 MFC의 선수 과목이며 MFC를 제대로 배우고 사용하기 위해서는 앞 세 과목에 대한 기본적인 이해가 반드시 필요하다는 것을 알 수 있다. MFC는 사용하기는 쉬운 툴이지만 익숙해지는 데는 다른 과목보다 훨씬 더 많은 시간을 필요로 한다.

C++과 API는 상호 의존 관계가 없기 때문에 순서에 구애 받을 필요가 없다. API는 C수준의 라이브러리며 윈도우즈는 객체 지향과는 거리가 먼 운영체제이기 때문에 C++을 몰라도 API를 학습하는 데는 아무런 지장이 없다. C++은 객체 지향 언어의 문법을 규정하고 있으며 콘솔 상에서도 예제를 만들어 테스트해 볼 수 있기 때문에 역시 API를 몰라도 학습이 가능하다.

그러므로 C를 공부한 다음에 C++과 API는 취향에 따라 순서를 정해 한쪽을 먼저 공부하거나 또는 둘을 같이 병행 학습하는 것도 가능하다. 그러나 여러 가지 이유로 C++보다는 API를 먼저 공부하는 것이 더 효율적이다. 왜냐하면 C++이 다루고 있는 객체 개념은 무척 생소하고 어렵기 때문에 C수준에서 충분한 실습을 한 후 C++에 입문하는 것이 좋으며 API는 윈도우즈 환경에서 C언어를 실습해 볼 수 있는 좋은 기회이기 때문이다.

또한 C와 C++은 둘 다 언어의 문법이기 때문에 계속 문법만 공부하게 되면 학습 과정이 지루하다는 단점도 있다. API를 사용하면 칙칙한 콘솔 화면을 벗어나 윈도우, 대화상자, 컨트롤 등을 다루어 볼 수 있고 예쁜 그래픽도 출력해 볼 수 있기 때문에 코드의 실행 결과를 좀 더 분명하게 살펴 볼 수 있어 실습의 재미를 더해 준다. 공부를 재미로 하는 것은 아니지만 흥미라는 요소는 지속적인 학습에 무시못할 요소이다.

이 4과목이 응용 프로그램 작성을 위한 기본 과목들인데 이 과목들을 공부하는데 필요한 학습 기간은 얼마나 될까? 소요 기간은 개인의 상황과 능력, 태도, 학습 깊이 등에 따라 많은 편차가 존재할 것이다. 절대적인 시간을 예측하기는 어렵지만 혼자서 자습을 하고 충분한 실습과 습작 과정까지 포함한다면 6-6-3-3 정도가 일반적으로 필요한 시간으로 추정된다. C언어는 가장 기본 과목이고 모든 과목의 선수 과정이기 때문에 충분한 시간을 들여 숙달할 필요가 있고 API는 그 자체로 양이 많다.

만약 개인의 수학 능력과 이해도가 뛰어나고 시행착오를 줄여줄 수 있는 친절한 조언자가 옆에 있다면 이 기간은 다소 단축될 수 있다. 그러나 학습에 절대적인 시간은 반드시 필요하므로 너무 짧은 기간에 많은 것을 공부하려고 욕심을 내는 것은 오히려 좋지 않다. 별다른 고통없이 단기간에 얻을 수 있는 것들은 대체로 그만큼 가치가 낮은 것들이다.

MFC까지 기본 과정을 마친 후에는 보통 COM을 공부한다. COM은 마이크로소프트사의 최신 기술들의 기반 이론이기 때문에 ActiveX, DirectX, OLE DB, ATL, OLE 등의 고급 기술을 익히기 위해서 필요하다. 기반 이론으로서 COM의 위치는 상당히 중요하지만 다소 어렵고 난해한데다 최신 개발툴들은 COM의 기능을 추상화해주기 때문에 몰라도 일단 사용은 할 수 있다.

이후의 공부 과목은 자신의 관심과 진로에 따라 결정해야 한다. 상기 4과목은 어디까지나 기본 과목에 불과하며 실무 프로젝트에는 고수준의 실제 기술이 필요해질 것이다. 어떤 프로그램을 만들고 싶은지, 어떤 회사에 취직을 했는지 등에 따라 다음과 같은 과목들을 연구하고 관심을 가지게 된다.

- DB : SQL, ODBC, OLE DB, DAO, ADO, 오라클, SQL 서버
- 게임 제작 : DirectX, 3D 그래픽 라이브러리, 전산 수학
- 시스템 프로그래밍 : DDK, 컴파일러, 운영체제
- 네트워크 : 소켓, 각종 프로토콜(FTP, HTTP)
- 웹 프로그래밍 : ASP, JSP, PHP, XML, 포토샵, 플래시, DB

이 외에도 교양적으로 꾸준히 연구해야 할 과목으로 자료 구조, 알고리즘, 컴퓨터 일반, 소프트웨어 공학 등이 있고 고급 기술로 인공 지능, 화상 처리, 멀티미디어 등의 기술이 있다. 또한 시대의 흐름에 따라 새로 등장하는 기술이나 이슈들이 항상 존재하는데 최근에는 임베디드와 모바일 프로그래밍이 새로운 기술로 각광받고 있으므로 이런 분야에서 일을 하고 싶다면 최신 기술에도 관심을 가져야 할 것이다.

이상에서 보았다시피 프로그래머가 되기 위해 공부해야 할 것들은 무척 많으며 이 모든 기술에 정통하려면 아마도 평생 공부만 해야 할 것이다. 하지만 다행히도 실제 프로젝트에 모든 기술이 동시에 필요한 것은 아니며 여러 분야의 전문가가 모여 팀 프로젝트를 하는 경우가 많기 때문에 자신의 분야만 잘해도 훌륭한 프로그래머가 될 수 있다.

모든 것을 다 알고 있는 개발자는 없다. 그러나 일이 맡겨졌을 때 할 수 있는 준비가 된 사람과 그렇지 못한 사람이 있다. 프로그래머에게 가장 중요한 능력은 당장 무엇을 할 수 있는 지식이 아니라 필요할 때 찾아서 공부할 수 있는 순발력과 기본기이다. 그 기본기 중에서도 가장 중요한 것은 바로 C언어와 C언어로 구현된 알고리즘, C++ 언어와 객체 지향의 개념이다. 그래서 C/C++은 다른 어떤 최신 기술보다도 시간과 정성을 아낌없이 투자할 가치가 있는 것이다.

개발자 이야기 준비된 개발자

개발자는 무엇이든 할 수 있는 사람은 아니며 너무 많은 분야가 있기 때문에 현실적으로 모든 것에 두루 능숙한 그런 개발자는 없다. 그러나 어떤 프로젝트가 떨어지더라도 수행할 수 있는 준비는 해 두어야 한다. 어느날 갑자기 친구한테서 전화가 왔다고 하자.

"야. 핸드폰용 테트리스 게임을 급하게 만들어야 하는데 할 수 있어?"
"그거 모바일 프로그래밍이잖아. 나 해 본 적 없어서 못 해"
"이거 지금 급한데. 일주일동안 한 50만원에 아르바이트 해 봐. 너 공부하면 되잖아"
"음.. 글쎄. 머 까짓거 하면 되겠지. 그래도 지금 하는 프로젝트가 바빠서 안돼"
"그럼 100만원 줄께."
"으음.. 지금 하는게 더 급한데. 곤란..."
".... 팀장님한테 말해서 200만원 예산 타 볼게"
"그렇다면야...."

원하는 인력을 보유하지 못한 회사가 단기간의 프로젝트를 위한 적임자를 찾기가 쉽지 않기 때문에 이런 식으로 개발이 진행되는 경우가 많다. 누구나 일주일 만에 모바일 프로그래밍을 공부해서 핸드폰용 테트리스를 만드는 것이 가능한 것은 아니다. 기본기가 없는 사람은 아무리 시간을 많이 주고 보수가 후해도, 그리고 열심히 노력한다 하더라도 프로젝트를 성공적으로 수행하지 못한다. 그러나 준비된 개발자는 당장 알지 못해도 일주일이라는 시간동안 모바일 개발 환경만 좀 익히면 가능해지기도 한다. 사실 일주일은 결코 짧은 시간이 아니다.

그렇다면 개발자에게 있어 준비라는 것은 과연 무엇을 의미하는 것일까? 언어에 대한 기본적 지식, 자료 구조에 대한 깊이 있는 이해, 해박한 알고리즘 지식, 그리고 숙련된 디버깅 경험 등을 들 수 있을 것이다. 지금 여러분들이 배우는 C언어에는 이 모든 것들이 완벽하게 포함되어 있어 C를 개발자의 기본 언어라고 하며 C/C++이야말로 개발자의 기본기라고 할 수 있다. 당장 화려한 3D 게임이나 고성능 네트워크 메신저 등을 만들어 보고 싶겠지만 이런 꿈은 잠시 접어두고 지금은 준비된 개발자가 되기 위해 C언어에 매진할 때이다.

1.3 개발툴

1.3.1 컴파일러

프로그램을 짠다는 것은 사용하는 언어의 문법에 맞게 명령들을 작성하는 것이다. 가령 1+2를 계산하여 결과를 출력하는 프로그램을 작성한다면 "1+2를 계산하라", "출력하라"라는 명령을 작성해서 파일로 저장해야 한다. 이렇게 언어의 문법에 맞게 명령들을 기술한 파일을 원시 파일(Source File)이라고 하며 원문 그대로 소스라고 부른다.

소스는 고급 언어로 작성되어 있기 때문에 컴퓨터가 바로 이해할 수 없으며 따라서 실행할 수도 없다. 컴퓨터는 오로지 이진수로 된 기계어밖에 알아듣지 못한다. 그래서 소스를 컴퓨터가 이해할 수 있는 기계어 코드로 번역해야 하는데 이 동작을 컴파일(Compile)이라고 한다. 컴파일이란 소스에 작성된 명령들을 컴퓨터 언어인 기계어로 번역하는 작업이며 컴파일을 하는 프로그램을 컴파일러(Compiler)라고 부른다.

컴파일러는 소스 파일에 작성된 고급 언어 명령을 해석하여 기계어 코드로 바꾸고 그 결과를 목적 파일(Object File)에 써 넣는다. 즉 컴파일러는 소스 파일을 목적 파일로 바꾸는 프로그램이다. 목적 파일은 소스의 명령들을 번역한 기계어 코드를 가진 파일이되 이 파일도 곧바로 실행할 수 없다. 왜냐하면 프로그램은 기계어 코드 외에도 운영체제가 요구하는 코드를 추가로 가져야 하기 때문이다.

목적 파일을 실행 파일로 바꾸기 위해서는 이 실행 파일이 운영체제의 요건에 맞도록 형태를 조금 바꾸고 스타트업(StartUp)이라는 추가 코드를 가져야 한다. 목적 파일에 이런 처리를 하여 실행 파일로 만드는 동작을 링크(Link)라고 하며 링크를 해 주는 프로그램을 링커(Linker)라고 부른다. 하나의 프로그램이 작성되는 과정은 다음과 같이 그릴 수 있다.

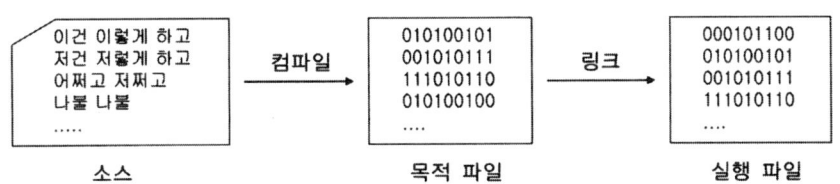

소스 파일은 컴파일러에 의해 컴파일되어 목적 파일이 되며 목적 파일은 링커에 의해 링크되어 최종적으로 실행 가능한 실행 파일이 된다. 이렇게 컴파일과 링크를 통해 실행 파일을 만드는 과정을 빌드(Build)라고 한다. 소스 파일을 번역하여 곧바로 실행 파일을 만들지 않고 목적 파일이라는 중간 과정을 거치는 이유는 여러 개의 소스를 합쳐 하나의 실행 파일을 만들어낼 수 있어야 하기 때문이다. 하나의 소스에 필요한 모든 명령을 다 기술할 수 없으므로 소스를 여러 개 작성하고 이것을 모두 연결하면 완전한 실행 파일 하나가 나온다.

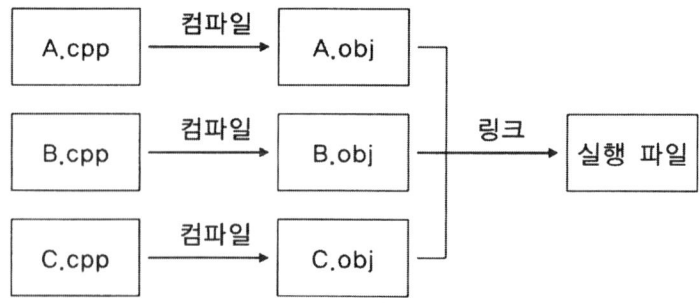

　A.cpp를 컴파일하여 A.obj를 만들고 B.cpp, C.cpp는 각각 B.obj, C.obj를 만든다. 각 목적 파일은 소스 파일의 명령을 번역한 기계어 코드를 가지고 있을 것이다. 이렇게 개별 소스를 컴파일해서 만들어진 세 개의 목적 파일을 연결하면 하나의 실행 파일이 되며 링크 단계에서 이미 만들어진 라이브러리도 결합된다. 이런 식으로 소스를 여러 개 작성해서 최종적으로 링크하는 방식을 분할 컴파일이라고 하는데 여러 사람이 같이 작업하거나 기능별로 모듈을 개발할 때 일반적으로 사용하는 방법이다.

　목적 파일은 개발 언어에 독립적인 형식을 가지고 있기 때문에 한 프로그램을 작성하는 데 여러 개의 언어를 같이 사용할 수 있다. 예를 들어 위 그림에서 A.cpp는 C로 작성하고 B.cpp는 파스칼로, C.cpp는 베이직으로 작성했다고 하자. 이때 각 언어의 컴파일러는 자신의 소스를 해석하여 목적 파일을 만들 것이고 이렇게 만들어진 목적 파일은 링커에 의해 연결되어 하나의 완성된 실행 파일이 될 수 있는 것이다. 이런 식으로 여러 개의 언어를 같이 사용하는 방식을 혼합 프로그래밍이라고 하는데 가능은 하지만 번거로운 문제가 많기 때문에 그리 일반적이지는 않다.

　하나의 실행 파일을 만들려면 편집기로 명령들을 기술하여 소스를 만들고 이 소스를 컴파일하여 목적 파일로 만든 후 다시 링크 과정을 거쳐야 한다. 불과 얼마 전까지만 해도 프로그래머는 이 번거로운 과정을 거쳐야만 실행 파일을 만들 수 있었는데 여러 단계를 거쳐야 하기 때문에 무척 불편했다. 아직도 일부 리눅스, 유닉스 환경에서는 이 방법대로 개발한다.

　최근의 개발툴들은 자체에 편집기, 컴파일러, 링커를 모두 내장하고 있기 때문에 한 번에 소스를 실행 파일로 바꿀 수 있다. 뿐만 아니라 디버거, 프로파일러, 리소스 편집기 등 개발에 필요한 편의 기능까지 같이 제공하는데 이런 환경을 통합 개발 환경(IDE, Integrated Development Environment)이라고 부른다. 쉽게 말해서 종합 선물 세트쯤 된다. 개발 환경 내에서 편집, 개발, 디버깅, 최적화까지 다 할 수 있기 때문에 무척 편리하며 생산성 향상에 크게 기여하고 있다.

　용어의 원래 뜻만으로 본다면 컴파일러란 소스 파일을 목적 파일로 변환하는 프로그램을 의미하는데 요즘은 통합 개발 환경이 워낙 일반화되었기 때문에 개발 환경 자체를 컴파일러라고 부른다. 문서 작업시에 워드 프로세서를 사용하고 계산을 할 때 스프레드 쉬트 프로그램을 쓰는 것처럼 개발 작업을 할 때는 주로 컴파일러를 사용한다.

1.3.2 컴파일러의 종류

C/C++ 컴파일러에는 많은 종류가 있다. 라면에 신라면, 진라면, 너구리 등등이 있는 것처럼 기업들은 수요가 있으면 만들게 되어 있다. 지금까지 발표된 컴파일러만 해도 수 백종이 훨씬 더 되며 이 중 몇 가지는 고도로 발전되어 있어 성능도 좋고 사용하기도 편리하다. 사실 C/C++만큼 컴파일러가 잘 만들어져 있는 언어도 드문데 이것도 C/C++의 장점 중 하나이다. 컴파일러의 성능도 언어의 스펙만큼이나 중요하기 때문이다. Ada나 SmallTalk도 좋은 언어임은 분명하지만 컴파일러의 지원이 미약하다.

컴파일러가 생성해 내는 기계어는 특정 CPU와 운영체제에서만 동작하기 때문에 컴파일러는 본질적으로 플랫폼에 종속적이다. 매킨토시용 컴파일러로 인텔 계열 CPU에서 동작하는 프로그램을 작성할 수 없으며 도스용 컴파일러로 윈도우즈용 프로그램을 작성할 수 없다. 운영체제별로 C/C++ 컴파일러를 분류해 보면 다음과 같다.

운영체제	컴파일러
도스용	터보 C, 볼랜드 C++, MS C
윈도우즈용	비주얼 C++, 볼랜드 C++, LCC, 왓콤 C, Dev-C++
유닉스용	gcc

같은 컴파일러라도 버전에 따라 기능과 사용 방법, 지원하는 문법 수준이 다르므로 사용할 컴파일러를 선택하는 것은 아주 어려운 일이다. 이중 일부는 무료로 사용할 수 있는 공개용인 것도 있지만 대부분의 컴파일러는 돈을 주고 구입해야 하는 상용 프로그램이다. 물론 이것저것 다 설치해 놓고 상황에 따라 컴파일러를 바꿔 가며 쓸 수도 있겠지만 지금 막 문법을 배우기 시작한 사람들은 여러 가지 컴파일러를 동시에 사용하기 어려울 것이다.

전통적으로 C 입문용으로 가장 많이 사용된 컴파일러는 볼랜드사의 터보 C 2.0인데 발표된 지 20년 가까이 되어 가지만 교육용으로 사용하기에는 아직까지도 큰 무리가 없다. 통합 개발 환경을 지원하며 도스 환경에서 그래픽까지 가능하기 때문이다. 아직도 터보 C 2.0을 기준으로 하고 있는 문법서들이 많으며 일선 학원에서도 많이 사용하고 있다. 아마 앞으로도 최소한 10년간은 더 사용될 것이다. 그러나 C++ 이전의 컴파일러이기 때문에 C 문법만 지원하며 C++은 지원하지 않는다.

그래서 C++ 문법까지 고려했을 때 볼랜드 C++ 3.1이 가장 가볍고 교육용으로 적합한 컴파일러이다. 이 버전은 도스와 윈도우즈를 동시에 지원하므로 프로그래밍 실습은 물론이고 실무에 사용할 수도 있다. 그러나 아쉽게도 16비트용 컴파일러이기 때문에 현재 상황과는 많은 부분이 일치하지 않는 문제가 있다. 볼랜드 C++ 4.0 이상은 32비트 컴파일러이기는 하지만 현재는 사용하는 사람이 거의 없는 실정이다.

실무에서 가장 많이 사용되는 컴파일러는 마이크로소프트사의 비주얼 C++이다. 윈도우즈 전용 컴파일러이므로 윈도우즈용 프로그램을 가장 잘 생성하며 작업 환경이 쾌적하다. 코드를 자동으로 생성해 주는 위저드 기능과 MSDN이라는 방대한 도움말, 프로젝트 관리 기능 등 개발자를 위한 많은 지원들이 포함되어 있다.

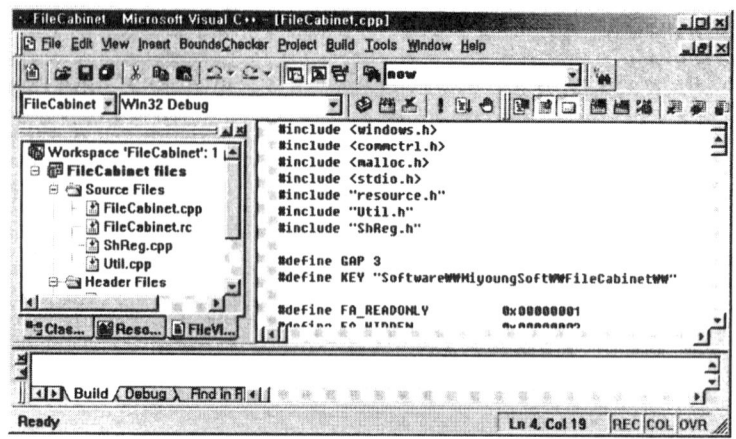

그러나 비주얼 C++은 실무용 컴파일러이기 때문에 교육용으로는 다소 적합하지 못한 면들이 많다. 우선 생성할 수 있는 프로젝트의 종류가 너무 다양하고 복잡하기 때문에 초보자에게 혼란을 줄 수 있는 소지가 많으며 반드시 프로젝트를 구성해야 하기 때문에 많은 예제를 만들어 테스트 해 보기에 번거롭다. 또한 상용이기 때문에 반드시 돈을 주고 구입해야 하며 덩치도 지나치게 커서 실습용으로 부담없이 설치해 볼만한 정도가 아니다.

비주얼 C++은 윈도우즈 전용의 컴파일러이기 때문에 도스에 대한 지원이 없다. 대신 도스와 비슷한 (비슷한 것이지 같은 것은 아니다) 콘솔 환경을 지원하는데 콘솔에서는 기본적인 입출력만 해 볼 수 있으며 도스에 비해 화면 제어 능력이 취약하다. 예를 들어 화면을 지우는 clrscr, 커서를 옮기는 gotoxy 함수 등이 없으며 출력할 텍스트의 색상이나 속성을 바꿀 수가 없다. 또한 콘솔 환경은 그래픽도 지원하지 않기 때문에 실습의 재미도 없고 예제도 빈약할 수밖에 없다.

비주얼 C++은 실제 프로젝트를 할 때는 최상의 선택이 될 수 있지만 C/C++ 문법을 처음 배울 때는 기능이 너무 많아 다소 부담스러운 컴파일러이다. 그래서 비주얼 C++을 입문용 컴파일러로 채택한 문법서는 거의 없는 편이며 아직까지도 터보 C 2.0이 교육용 컴파일러로 사랑받고 있는 것이다. 문법을 배울 때는 성능이나 효율보다는 설치의 간편성과 실습의 편의성이 더 중요하기 때문이다.

C/C++을 공부해 보기로 마음먹었다면 어떤 컴파일러를 사용할 것인지는 자신의 상황에 따라 스스로 결정해야 한다. 리눅스 환경을 사용하고 있다면 gcc를 사용해야 할 것이고 간단하게 실습해 보고 싶다면 터보 C 2.0을 사용할 수도 있다. 본문에서 모든 컴파일러에 대해 다 설명할 수는 없기 때문에 한 가지 컴파일러를 선택할 수밖에 없다. 이 책은 비주얼 C++을 기준으로 하는데 실습 컴파일러를 선정하기 위해 엄청난 고민을 했고 여러 사람들로부터 자문을 받아야 할만큼 어려운 결정이었다.

개발툴 자체가 조금 복잡하지만 32비트가 일반화된 상황이니만큼 아무래도 32비트 컴파일러로 시작하는 것이 좋을 것 같다. 어차피 실무를 할 때는 비주얼 C++을 사용해야 하므로 개발툴에 대한 사용법도 같이 공부할 수밖에 없다. 터보 C 2.0도 교육용으로 나쁘지 않지만 너무 오래되어서 현재 상황과 맞지 않는 점이 많다. 정수형의 크기나 세그먼트/오프셋 구조, 메모리 모델 따위는 이제 몰라도 된다. 그래서 이 책은 과감하게 32비트 컴파일러인 비주얼 C++을 기준으로 작성했다. 그러나 C/C++ 문법이 특별한 컴파일러를 요구하는 것은 아니므로 다른 컴파일러를 사용하는 것도 가능은 하다. 다만 고급 문법 부분에서는 컴파일되지 않는 경우도 가끔 있을 수 있고 컴파일러 구현상의 문제로 인해 결과가 달라지는 경우도 있다. 이미 익숙한 컴파일러가 있다면 계속 사용하되 완전히 처음 입문하는 사람이라면 가급적 이 책이 선정한 기준 컴파일러를 사용하기 바란다.

1.4 실습 준비

1.4.1 비주얼 C++

비주얼 C++(Visual C++)은 마이크로소프트사에서 만든 C/C++ 컴파일러이다. 1992년 4월에 첫 버전인 1.0이 발표되었으며 꾸준한 버전업을 거쳐 2009년 현재 9.0버전(비주얼 스튜디오 2008)까지 발표되어 있다. 98년도에 발표된 6.0 버전이 가장 성공적인 버전으로 평가되고 있으며 아직까지도 6.0으로 개발하는 개발사가 많이 있다. 상위 버전이 발표되기는 했지만 목표 타겟이 달라 윈도우즈용 개발툴로 비주얼 C++ 6.0은 실질적인 마지막 컴파일러(엔딩 버전)가 되었으며 과거 터보 C 2.0이 누렸던 지위를 승계할 것으로 예상된다.

비주얼 C++은 단순한 C/C++ 컴파일러가 아니라 여러 가지 다양한 프로젝트를 만들 수 있는 종합 개발툴이다. Win32 응용 프로그램은 물론이고 데이터 베이스 프로그램, ActiveX 컨트롤 제작, 인터넷 개발, ATL, 모바일 개발 등 최신 기술들을 전부 구현해 볼 수 있는 다재다능한 개발툴이다. 특히 그 중에도 비주얼 C++의 핵심이라고 할 수 있는 MFC(Microsoft Foundation Class)라는 라이브러리는 윈도우즈용 응용 프로그램을 만드는 표준 기술로 각광받고 있다.

비주얼 C++의 위저드를 사용하면 코드를 빠르고 쉽게 작성할 수 있다. AppWizard는 몇 가지 질문에 답만 하면 프레임워크라는 골격 코드를 생성해 주며 이 골격에 원하는 코드를 추가하기만 하면 프로그램이 완성된다. C++ 클래스를 관리하는 클래스 위저드는 새로운 멤버를 추가하기도 하고 가상 함수를 재정의하는 코드를 대신 작성해 주기도 한다.

하지만 지금 C 문법을 배우기 시작한 초보자에게 이런 막강한 기능들은 실습에 오히려 방해만 될 것이다. MFC가 아무리 좋아도 C/C++ 문법을 제대로 모르는 상황에서는 무용지물이나 마찬가지이며 AppWizard가 만들어주는 프레임워크도 암호문처럼 보일 것이다. 문법을 배우는 동안 우리는 비주얼 C++의 기능

중 극히 일부만을 사용하게 된다. 당분간은 MFC나 ATL 같은 고급 개발 방법은 무시하고 문법에만 치중하도록 하자.

비주얼 C++도 발표 시기에 따라 여러 가지 버전이 있는데 버전이 높을수록 기능이 더 많아지는 것은 당연한 일이다. 2010년경에 비주얼 스튜디오 2010이 발표될 예정이기는 하나 2011이 될지 2012가 될지 아직 알 수 없다. 이 책은 최신 버전인 비주얼 스튜디오 2008을 기준으로 하되 이전 버전도 거의 비슷하므로 실습에 크게 불편하지는 않다. 오히려 최신버전은 속도가 느려 학습에는 더 불편한 면이 있다. 많이 사용되는 6.0버전으로 실습을 진행해도 큰 무리는 없되 최신 C++ 문법 부분에서는 조금 달라지는 부분이 있을 수도 있다. 이런 부분에 대해서는 본문에서 별도로 설명하기로 한다.

학습을 위한 기본 툴로 비주얼 C++을 선정했으므로 실습을 해 보려면 일단 이 프로그램을 자신의 시스템에 설치해야 한다. 비주얼 C++은 용량이 굉장히 크기 때문에 CD-ROM이나 DVD롬의 형태로 배포된다. 다른 일반적인 응용 프로그램과 마찬가지로 루트 디렉토리에 있는 Setup.exe를 실행하면 설치가 시작된다.

비주얼 C++의 설치에 대한 설명을 별도로 하지 않으므로 설치는 알아서 하기 바란다. 왜냐하면 사용하는 운영체제나 선택한 컴파일러 버전에 따라 설치 절차가 다양해서 일일이 설치 과정을 설명한다는 것이 번거롭고 또한 설치 방법 자체가 워낙 쉬워서 별다른 설명이 필요치 않다고 생각되기 때문이다.

만약 스스로 설치할 능력이 안 된다면 주변 사람에게 부탁을 해서라도 꼭 설치하도록 하자. 비주얼 C++ 6.0의 경우는 초기 버전에 여러 가지 버그가 있으므로 서비스 팩 6를 같이 설치하는 것이 좋다. 서비스 팩을 설치하지 않으면 일부 예제가 컴파일되지 않으므로 학습에 큰 장애가 된다. 컴파일러없이 책만 읽어서 C/C++ 문법을 배운다는 것은 너무 너무 어려운 일이다. 문법을 제대로 배우려면 반드시 실습을 통해 배운 문법을 확인해 보고 또 스스로 예제를 만들어 봐야 한다.

1.4.2 터보 C

볼랜드사에서 개발한 터보 C는 지금까지 가장 많이 사용되어 왔던 컴파일러이며 최초로 통합 개발 환경을 제공한 역사적인 개발툴이다. 발표된 지 20년이 훨씬 더 지났지만 기본적인 C교육용 컴파일러로 아직까지도 큰 무리가 없으며 실제 학원 등에서 교육용으로 많이 활용되고 있다.

도스용의 터보 C 2.0은 비록 C언어만 지원하고 C++에 대한 지원은 없지만 크기가 작고 사용 방법이 간단해서 초보자에게 아주 적합하다. BGI라는 그래픽 인터페이스를 통해 도스에서 그래픽을 출력할 수 있는 것이 큰 장점이며 프로젝트를 구성하지 않고서도 실습을 해 볼 수 있어 간편하다.

터보 C 2.0 이후에도 여러 번 업그레이드되어 볼랜드 C++ 5.0까지 발표되었지만 지금은 마이크로소프트의 비주얼 C++에 밀려 사용하는 사람이 거의 없는 형편이다. 현재 터보 C 2.0은 공개용으로 전환되어 국내 자료실에서 쉽게 다운로드 받아 사용할 수 있다.

약 1M 용량의 Tc20.zip 파일을 다운로드 받아 압축을 푼 후 Install.exe를 실행하면 설치된다. 설치본이 있는 경로와 설치할 디렉토리 경로 등의 간단한 질문에만 답하면 된다. 다음은 설치 중의 화면 모습이다.

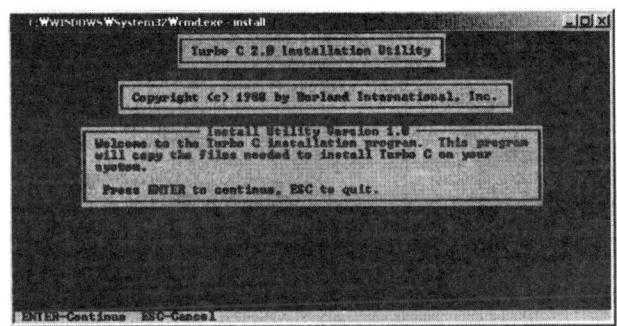

기본 설치 옵션으로 설치하면 C:\TC 디렉토리에 설치되며 이 디렉토리의 TC.EXE를 실행하면 다음과 같은 통합 개발 환경이 실행된다.

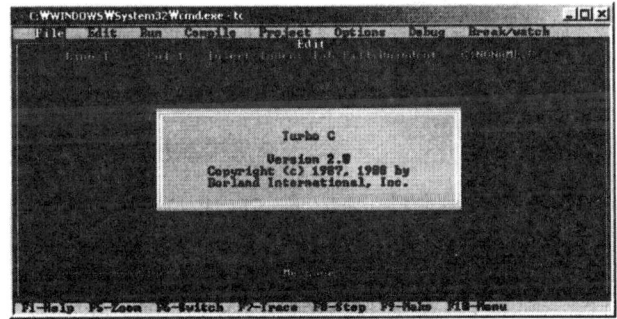

중앙의 소스 편집창에 소스를 입력하고 컴파일하기만 하면 곧바로 C 코드를 실행해 볼 수 있다. 실습이 간편한 장점이 있기는 하지만 16비트 컴파일러인데다가 C++은 지원하지 않기 때문에 실무 프로젝트용으로는 어울리지 않으며 오로지 교육용으로만 사용될 뿐이다.

1.4.3 gcc

gcc는 유닉스용 공개 컴파일러이며 C/C++ 뿐만 아니라 Ada, Pascal, Java 등의 언어도 컴파일할 수 있다. C/C++ 표준을 가장 잘 준수하는 컴파일러로 알려져 있으며 최적화 성능도 훌륭해서 전문 개발자들이 즐겨 사용한다. 그러나 gcc는 통합 개발 환경을 제공하지 않으며 명령행 방식만 제공하기 때문에 초보자들이 쓸 수 있는 만만한 컴파일러는 아니다. 일일이 명령행을 통해 컴파일할 소스를 일러주거나 아니면 make 파일을 작성해야 하므로 쓰기에 무척 번거로운 단점이 있다.

gcc는 컴파일러일 뿐이므로 이 컴파일러로 윈도우즈용 프로그램을 직접 작성할 수는 없다. 그러기 위해서는 Mingw(Minimalist GNU for Windows)라는 윈도우즈용 헤더 파일, 라이브러리의 집합을 별도로 설치해야 한다. 또한 gcc 자체에는 비주얼 C++ 같은 편집기나 통합 디버거도 없어서 여러 모로 불편하다.

그래서 gcc와 Mingw를 포함하여 통합 개발 환경을 구현한 무료 컴파일러들이 많이 개발되어 배포되고 있는데 그 중 하나가 Dev-C++이다. 이 컴파일러는 다음 웹 사이트에서 다운로드 받을 수 있다.

http://www.bloodshed.net/devcpp.html

컴파일러, 디버거, 헤더 파일 등을 완전히 포함한 버전(12M)를 다운로드 받아 설치하면 비주얼 C++ 같은 통합 개발 환경에서 C/C++ 학습을 할 수 있다. 이 책에서 참조한 버전은 4.9.8.0이며 이 버전에는 gcc 3.2 버전과 GDB 5.1이 포함되어 있다. 물론 꾸준히 업그레이드되고 있으므로 여러분들이 이 책을 읽을 때는 더 최신 버전이 존재할 수도 있다.

다운로드받은 devcpp4980.exe를 실행하면 바로 설치된다. 설치 안내 메시지, 라이센스 동의 대화상자 등이 나타나며 설치 목록 대화상자에서 디폴트로 주어진 모든 항목을 선택한 후 Next 버튼을 누르면 설치할 폴더를 묻는다. 기본적으로 주어지는 폴더는 C:\Dev-Cpp이며 필요할 경우 변경할 수 있다.

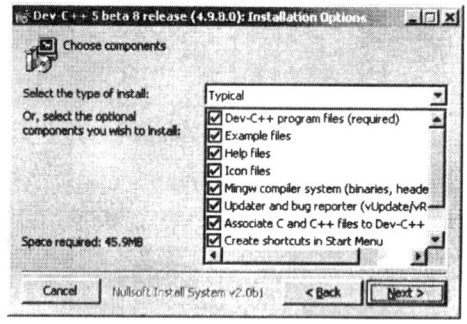

Install 버튼을 누르면 파일 복사가 시작되며 잠시 후 설치가 완료된다. 이후 C:\Dev-Cpp 디렉토리의 devcpp.exe를 실행하면 통합 개발 환경에서 개발을 할 수 있다.

1.4.4 실습 준비

컴파일러를 설치했으면 이제 다음 장부터 C/C++ 문법을 공부할 준비가 되었다. 이 장 마지막으로 원활한 실습을 위해 몇 가지 준비를 해 놓도록 하자. 실습 중에 많은 예제들을 만들어 볼 예정이므로 이 예제들을 저장할 디렉토리를 준비한다. 임의의 디렉토리라도 상관없지만 이 책은 C:\CExam 디렉토리에 예제를 만드므로 책과 일치시키려면 이 디렉토리를 미리 준비해 놓도록 하자. 이 디렉토리 아래에 예제들을 만들어 나갈 것이다.

다음으로 이 책의 배포 파일인 CExam.zip에 포함되어 있는 Turboc.h 파일을 컴파일러의 Include 디렉토리에 복사하도록 하자. 실제 설치 경로는 설치할 때 어떤 폴더를 선택했는가에 따라 달라지지만 디폴트 옵션으로 설치했을 경우 다음 위치가 Include 디렉토리이다.

컴파일러	헤더 파일 경로
비주얼 C++ 6.0	C:\Program Files\Microsoft Visual Studio\VC98\Include
비주얼 스튜디오 2005	C:\Program Files\Microsoft Visual Studio 8\VC\Include
비주얼 스튜디오 2008	C:\Program Files\Microsoft Visual Studio 9.0\VC\Include
Dev-C++	C:\Dev-Cpp\Include

자신이 사용하는 컴파일러의 헤더 파일 경로에 Turboc.h 파일을 복사해 놓기만 하면 된다. 만약 이것조차도 번거롭다면 배포 파일에 포함된 InstallHeader.exe 실행 파일의 도움을 받도록 하자. 이 프로그램은 설치된 컴파일러 목록을 조사한 후 Turboc.h 파일을 각 컴파일러의 헤더 파일 경로에 자동으로 복사한다.

이 프로그램을 실행한 후 컴파일러의 Include 디렉토리를 보면 Turboc.h 헤더 파일이 복사되어 있을 것이며 메모장 등의 편집기로 내용을 확인할 수도 있다. 아직 이 소스의 내용을 이해할 수 없겠지만 실습을 원활하게 하기 위해 필요하다고 생각하면 된다.

비주얼 C++은 윈도우즈용의 GUI 프로그램 개발을 주로 지원하기 때문에 콘솔용 함수들이 터보 C만큼 풍부하지 않다. 이 함수들은 실제 프로젝트에는 많이 사용되지 않지만 C언어 학습을 위해서는 꼭 필요한 것들이다. 프로그램의 실행 과정을 자세히 살펴 볼 수 있도록 시간을 지연시킨다거나 반복문의 효과를 좀 더 분명히 살펴볼 수 있도록 커서를 옮긴다거나 하는 함수들이 Turboc.h 파일에 작성되어 있다.

이 파일에 작성되어 있는 함수들은 볼랜드사의 컴파일러에는 실제로 존재하는 함수들이다. 그래서 터보 C를 사용한다면 이 파일이 없더라도 필요한 모든 함수를 사용할 수 있다. 비주얼 C++이 실습에 꼭 필요한 이런 함수들을 제공하지 않기 때문에 별도의 파일을 설치해 놓고 실습을 진행하도록 했다. Turboc.h 파일은 비주얼 C++에서 터보 C용 함수들을 쓸 수 있도록 해 주는 역할을 한다.

실습을 위해서 이런 이상한 파일을 복사해 두어야 한다는 점이 마음에 안들 것이다. 나 자신도 이런 방법이 무척 어색하고 자연스럽지 못하다는 것은 알고 있다. 그러나 이런 방법을 쓰지 않으면 비주얼 C++이라는 거대한 개발툴로 C의 문법을 살펴보기에는 너무 불편하기 때문에 어쩔 수 없이 이런 방법을 선택했다. 어떻게 하면 입문자들이 가장 쉽게, 그리고 재미있게 C 문법을 실습해 볼 수 있을까 수없이 많은 고민을 했으며 그 고민의 결과가 바로 Turboc.h 파일을 사용하는 것이었다.

이 파일의 내용에 대해서는 당장 설명할 수 없으므로 당분간은 원래부터 비주얼 C++에 포함된 파일인 것처럼 사용하기만 하자. 이 파일이 왜 필요하며 또 어떤 내용을 담고 있는지, 왜 이런 결정을 내렸는지는 6장까지 읽은 후에나 설명이 가능하다.

1.4.5 도움말 설치

어떤 공부든지 하다 보면 잘 이해가 안 되거나 더 깊고 상세한 부분까지 자세하게 공부하고 싶은 때가 있다. 이럴 때 원하는 정보를 즉시 찾아서 공부할 수 있는 몇 가지 준비를 해 둘 필요가 있는데 우선 가장 먼저 도움을 받을 수 있는 장치가 바로 도움말이다. 컴파일러별로 언어에 대한 도움말을 제공하는데 비주얼 C++의 경우 MSDN이라는 도움말을 제공한다.

MSDN은 C언어뿐만 아니라 이후 배우게 될 그래픽 환경의 API와 MFC 그리고 윈도우즈 운영체제에 대한 일반적인 내용까지 포괄하는 방대한 문서의 집합이며 CD-ROM 2~3장으로 구성되어 있다. 최신 버전을 설치할 수도 있지만 C언어를 공부할 때는 비주얼 C++ 6.0과 연동되는 MSDN 6.0을 설치하는 것도 무난하다. 최신 버전은 C#이니 닷넷이나 하는 토픽들까지 섞여 있어 다소 불편한 면도 있다. CD-ROM을 넣고 설치하되 중간에 CD만 한 번 바꿔 주면 된다.

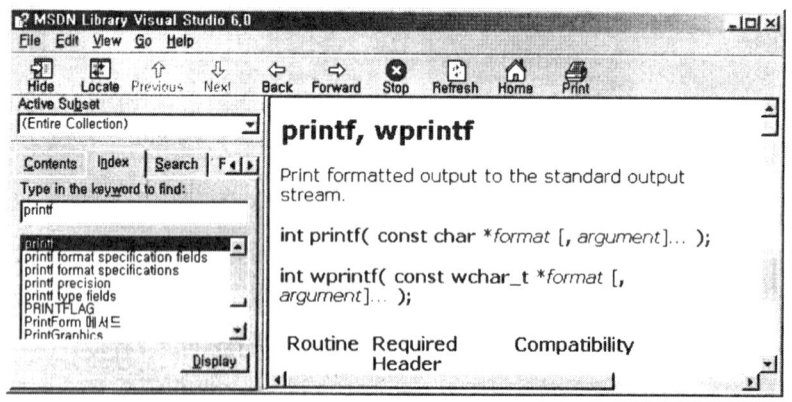

Index 창에서 알고 싶은 내용을 입력하면 오른쪽에 도움말이 나타난다. 도움말은 영어로 되어 있지만 어려운 영어가 아니므로 쉽게 해석할 수 있다. MSDN외에도 도움을 받을 수 있는 경로를 많이 확보해 놓는 것이 좋은데 C/C++을 다루는 동호회나 프로그래밍 관련 사이트를 많이 알아 두도록 하자. 국내 사이트도 많이 있으므로 곤란한 일이 생겼을 때 도움을 받을 수 있을 것이다. 물론 공부가 좀 진행되면 여러분들이 도움을 줄 수도 있고 말이다.

배포 파일인 CExam.zip 압축 파일에는 HycExam.exe라는 유틸리티가 포함되어 있다. 이 프로그램은 책의 모든 예제 소스를 내장하고 있으며 왼쪽의 트리에 각 장에 나타나는 순서대로 계층적으로 보여준다. 메뉴에는 편집기의 모양을 설정하는 몇 가지 옵션이 있고 소스 복사, 목록 감추기 등의 간단한 기능이 마련되어 있다. 보기만 하면 알 수 있을 정도로 사용법이 쉽다.

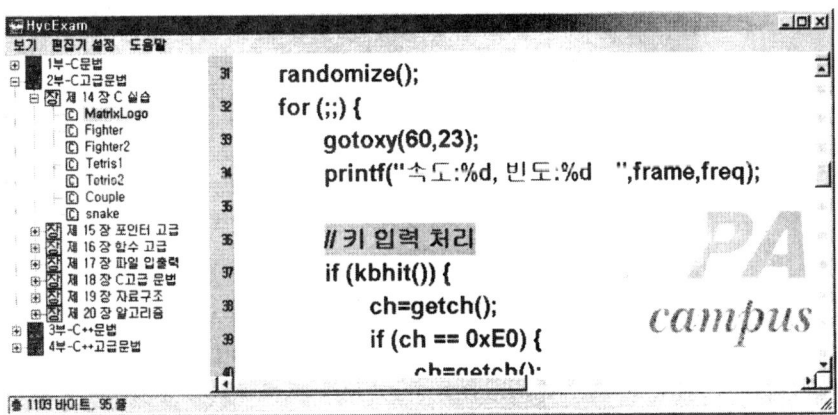

본문의 소스가 필요할 때는 이 유틸리티를 사용하되 공부할 때는 가급적 직접 소스를 입력해 가면서 공부하는 것이 좋다. 그러나 100줄이 넘는 소스를 직접 입력하는 것은 시간 낭비일 수 있으므로 이럴 때는 유틸리티를 활용하도록 하자. CExam 더미 프로젝트에 소스를 붙여 넣어 컴파일하면 된다.

HycExam은 예제들을 보여주기만 할 뿐 새로운 예제를 입력해 넣을 수는 없다. 실습을 진행하다 보면 예제를 수정해 보거나 과제를 풀어 볼 일도 많을 것이고 어느 정도 학습이 진행되면 직접 프로젝트를 만들어 보기도 할 것이다. C 수준에서는 대부분 단일 소스이므로 CPP 파일만 따로 저장하면 되는데 파일 수가 많아지면 이 소스들을 관리하는 것도 쉽지 않다. 그래서 배포 파일에 글통이라는 유틸리티를 같이 포함시켜 두었다.

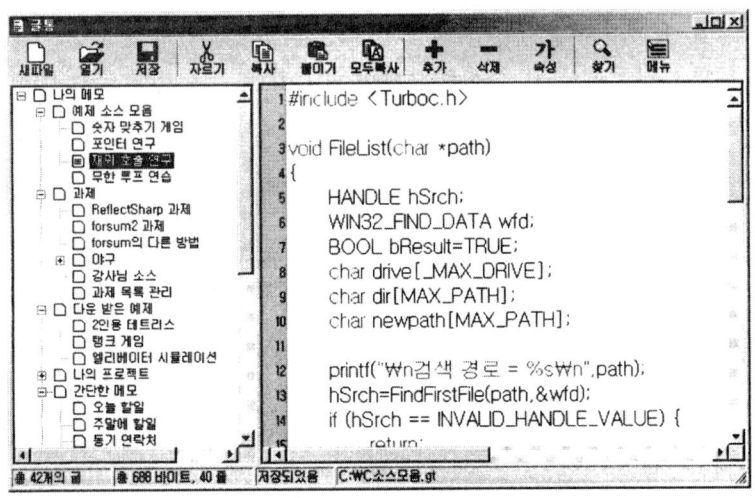

이 유틸리티는 원래 간단한 메모 사항들을 기록해 놓고 수시로 참고하는 프로그램이지만 소스 저장용으로도 쓸 만하다. 관리하는 소스를 날짜별로 또는 장별로 계층적으로 저장해 놓으면 찾기도 쉽고 소스를 복사하여 컴파일해 보기도 쉽다. 무엇보다 하나의 통합 파일로 저장되므로 하드 디스크가 지저분해지지 않아 좋다. 상세한 사용 방법은 프로그램의 도움말을 참조하기 바란다.

02 첫 번째 예제

2.1 각 툴별 예제 작성법

이 장에서는 C 문법을 배우기 전에 먼저 C/C++ 컴파일러를 사용하여 프로젝트를 만드는 과정부터 실습해 보자. 예제를 입력하고 컴파일해서 실행 파일로 만들 수 있어야 비로소 문법에 대한 실습이 가능하므로 개발툴 사용 방법을 먼저 익혀야 한다. 컴파일러도 워드 프로세서나 스프레드 쉬트 같은 응용 프로그램의 일종이므로 차근차근히 사용법을 익히면 된다.

개인별로 사용하는 컴파일러가 다르기 때문에 이 절은 각 컴파일러별로 단계별 설명을 하고 있으므로 자신이 사용하는 컴파일러에 맞는 항을 찾아서 읽어 보고 가급적이면 따라서 실습을 진행해 보기 바란다. 컴퓨터 앞에 앉아 다음 단계를 따라 직접 프로젝트를 만들어 보자.

만약 이 실습을 두 번째 연습 중이거나 다른 컴파일러로 이미 만들어 본 상태라면 First 프로젝트가 이미 있다는 에러 메시지가 나타날 수 있는데 이럴 때는 탐색기로 C:\CExam\First 디렉토리를 통째로 지운 후 다시 실습하면 된다. C를 처음 공부하고 있는 상황이라면 이 실습은 여러 번 반복해 볼 필요가 있다.

2.1.1 비주얼 스튜디오 2008

비주얼 C++은 이 책에서 기본적으로 사용하는 개발툴이다. 다음 순서를 따라 첫 번째 예제를 만들어 보되 6.0을 사용하는 사람은 다음 항을 읽기 바란다. 같은 회사에서 만든 컴파일러이며 절차는 비슷하지만 메뉴나 대화상자의 모양이 조금씩 다르다. 비주얼 스튜디오 7.0과 2005는 물론이고 앞으로 발표될 2010도 사용법은 거의 유사하다.

❶ 비주얼 스튜디오 2008을 실행시킨다. 열려진 프로젝트가 없는 상태로 컴파일러가 실행될 것이다. 설치 후 처음 실행했다면 시작 페이지라는 것을 보여주는데 무시해도 상관없다.

❷ 메뉴에서 파일/새로 만들기/프로젝트 항목을 선택하여 새로 프로젝트를 만든다. 비주얼 C++ 컴파일러는 다양한 형태의 프로젝트를 만들 수 있기 때문에 어떤 종류의 프로젝트를 만들 것인지 대화상자로 물어본다. 이 대화상자에 다음과 같이 입력한다.

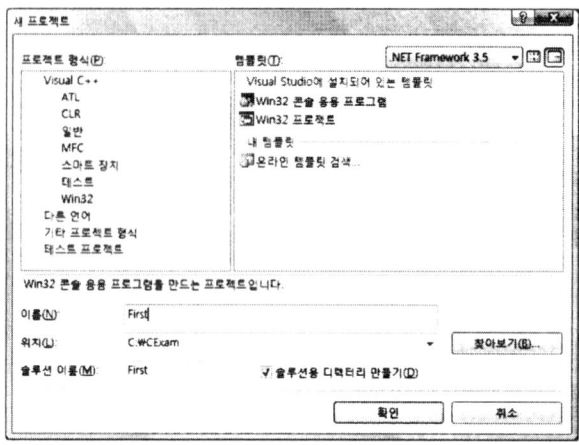

왼쪽의 프로젝트 형식에서 Visual C++의 Win32를 선택하고 오른쪽의 템플릿에서 Win32 콘솔 프로젝트를 선택한다. 위치에는 미리 만들어 둔 C:\CExam을 선택하고 이름에 First라고 직접 입력한다. 이 대화상자를 통해 C:\CExam 디렉토리에 First라는 이름으로 콘솔 프로젝트를 만들겠다는 것을 컴파일러에게 알려주는 것이다. 다 입력했으면 확인 버튼을 누른다.

❸ 응용 프로그램 마법사가 실행되는데 마법사는 만들고자 하는 프로젝트의 기본 골격을 생성한다. 마법사가 만들어준 골격 코드에 원하는 코드를 추가하는 식이다.

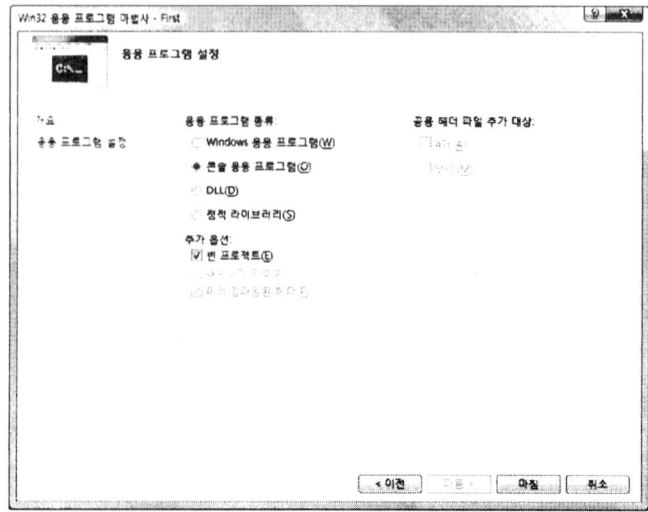

왼쪽에서 응용 프로그램 설정 페이지를 선택하면 마법사가 만들 프로젝트의 옵션을 보여주는데 추가 옵션에서 빈 프로젝트를 선택하도록 하자. 프로젝트를 만드는 실습을 하고 있는 중이므로 마법사의 서비스를 받지 말고 직접 만들어 볼 것이다. 나머지 옵션은 모두 그대로 둔다.

마침 버튼을 누르면 First라는 이름의 프로젝트가 생성되는데 빈 프로젝트만 만들었기 때문에 이 프로젝트는 아직 소스를 가지고 있지 않다. 솔루션 탐색기를 보면 프로젝트에 아무런 부속 파일이 없음을 확인할 수 있다.

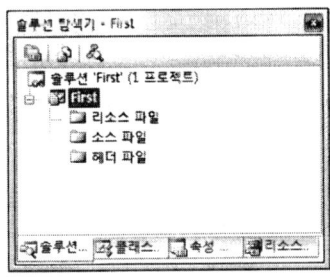

❹ 프로젝트는 C 소스 파일을 담는 일종의 껍데기에 불과하기 때문에 소스 파일은 별도로 추가해야 한다. 메뉴에서 프로젝트/새 항목 추가를 선택하고 다음과 같이 입력한다.

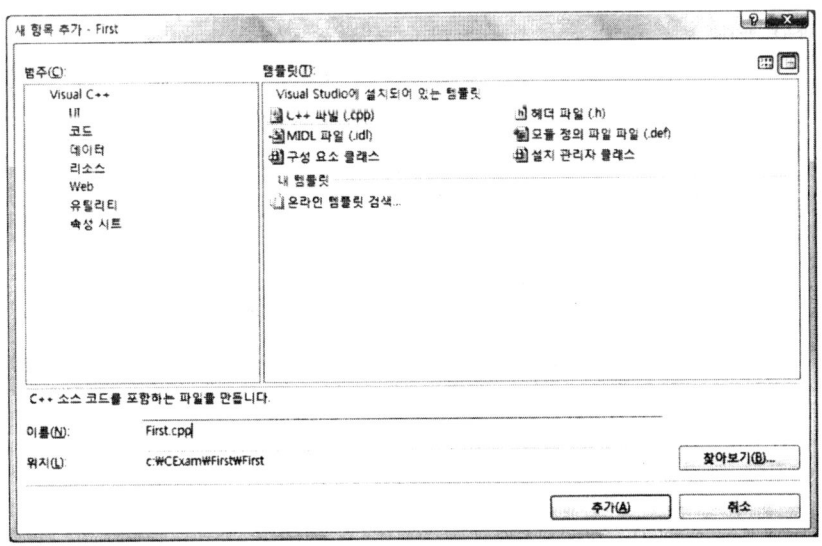

템플릿에서 C++ 파일을 선택하고 이름에 First.cpp를 입력한다. 왼쪽 목록에서 코드 항목을 선택하고 File란에 First.cpp 파일명을 입력한다. 추가 버튼을 누르면 First 프로젝트에 First.cpp라는 소스 파일이 추가되며 이 파일을 즉시 편집할 수 있도록 소스 편집창이 새로 열린다.

❺ 소스 편집창에 다음 소스를 입력한다. 아주 간단한 C프로그램인데 몇 자 되지도 않으므로 직접 입력해 보도록 하자.

예제 First

```
#include <stdio.h>

void main()
{
    printf("korea\n");
}
```

C언어는 대소문자를 구분하므로 모두 소문자로 정확하게 입력해야 한다. 소스 편집기는 대단히 많은 기능을 가지고 있지만 메모장과 사용 방법이 비슷하므로 메모장이나 워드 프로세서를 쓰듯이 소스를 입력하면 된다. 여기까지 실습을 마치면 First 프로젝트 안에 First.cpp라는 소스 파일이 추가되었으며 이 소스에 아주 간단한 C 코드를 작성해 넣었다.

❻ 작성한 프로젝트를 컴파일하여 실행 파일로 만든다. 메뉴에서 빌드/솔루션 빌드를 선택하거나 아니면 단축키 F7을 누르면 프로젝트가 컴파일되며 화면 아래쪽에 다음과 같이 컴파일 과정과 결과가 출력될 것이다.

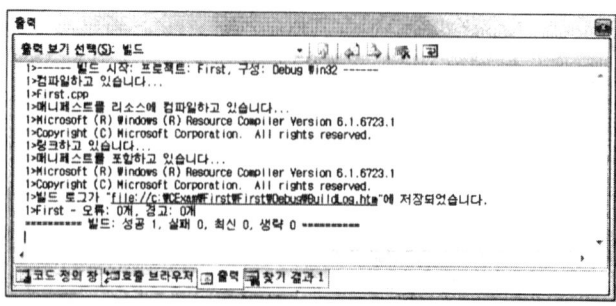

오류나 경고없이 무사히 빌드되었다. 만약 그렇지 않다면 실습 과정이 틀렸거나 오타가 있는 경우이므로 다시 한 번 반복 실습을 해 보도록 하자.

❼ 컴파일된 프로젝트를 실행해 보자. 메뉴의 디버그/시작 항목을 선택하거나 단축키 F5를 누르면 뭔가 번쩍하면서 열렸다가 바로 닫힐 것이다. 콘솔 프로그램이기 때문에 종료되는 즉시 창이 닫혀 버려

결과를 확인할 수 없는 문제점이 있다. 명령 프롬프트창을 열고 C:\CExam\First\Debug 디렉토리로 이동해서 First.exe를 실행해보자.

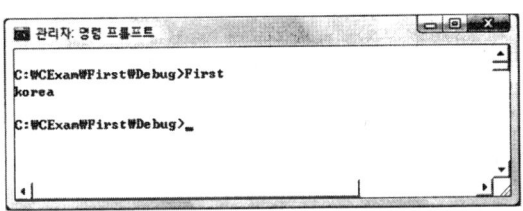

문자열 korea가 화면으로 출력될 것이다. 프로그램을 테스트할 때마다 명령 프롬프트창을 열기는 번거로운데 디버그/시작 항목을 선택하는 대신 디버그/디버깅 하지 않고 시작 항목을 선택하면 창이 닫히기 전에 "계속하려면 아무 키나 누르십시오 . . ." 라는 메시지를 출력하고 잠시 대기한다. 프로그램의 동작을 확인할 때는 이 방법이 편리하므로 단축키 Ctrl+F5를 잘 기억해 두도록 하자.

여기서 만들어 본 First 예제는 화면에 korea라는 문자열을 출력하는 아주 간단한 C 프로그램이다. 비주얼 C++은 프로젝트라는 것을 반드시 구성해야 하기 때문에 실습 및 확인 과정이 다소 번거로운 면이 있는데 앞으로 C 문법을 공부하려면 이 과정을 여러 번 반복해야 하므로 2~3번 정도 더 연습을 해 보도록 하자.

2.1.2 비주얼 C++ 6.0

이번에는 비주얼 C++ 6.0으로 실습을 진행해 보자. 발표된 지 좀 오래되기는 했지만 실습용으로는 가장 무난한 버전이라고 할 수 있다. 비주얼 스튜디오 2008에 비해 대화상자의 모양이나 메뉴 이름이 조금 다를 뿐 실습 과정은 동일하다.

❶ VC 6.0을 실행한다. 열려진 프로젝트가 없는 상태로 컴파일러만 실행될 것이다. 처음 실행했다면 팁 대화상자를 보여주는데 별다른 내용은 없으므로 닫아 버리도록 하자.

❷ 메뉴에서 File/New 항목을 선택하여 새로 프로젝트를 만든다. 비주얼 C++ 컴파일러는 다양한 형태

의 프로젝트를 만들 수 있기 때문에 어떤 종류의 프로젝트를 만들 것인지를 대화상자로 물어 본다.
4개의 탭 중에 Projects 탭에서 새 프로젝트를 생성한다.

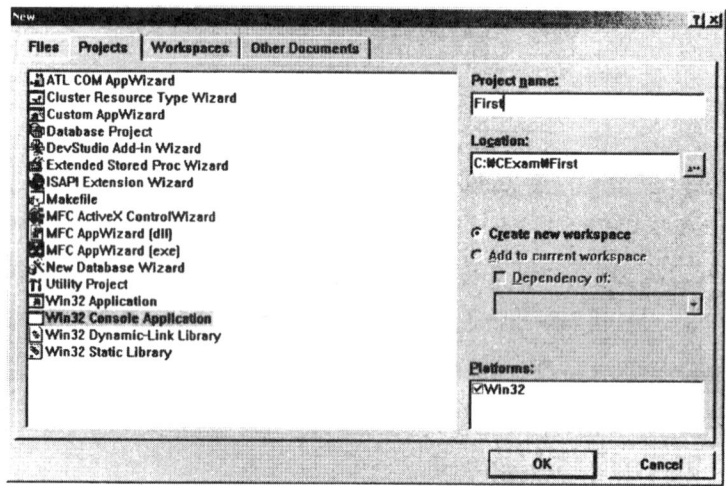

Projects 탭의 아래쪽 끝에서 세 번째에 있는 Win32 Console Application을 선택하여 콘솔 프로젝트를 만든다. Location란에 미리 만들어 둔 C:\CExam 디렉토리를 선택하고 프로젝트 이름에는 First라고 입력한다. 이 대화상자를 통해 C:\CExam 디렉토리에 First라는 이름으로 콘솔 프로젝트를 만들겠다는 것을 컴파일러에게 알리는 것이다. 다 입력했으면 OK 버튼을 누른다.

❸ 응용 프로그램 마법사가 실행되는데 마법사는 만들고자 하는 프로젝트의 기본 골격을 만들어 준다. 디폴트로 주어진 An empty project를 그대로 받아들이면 된다.

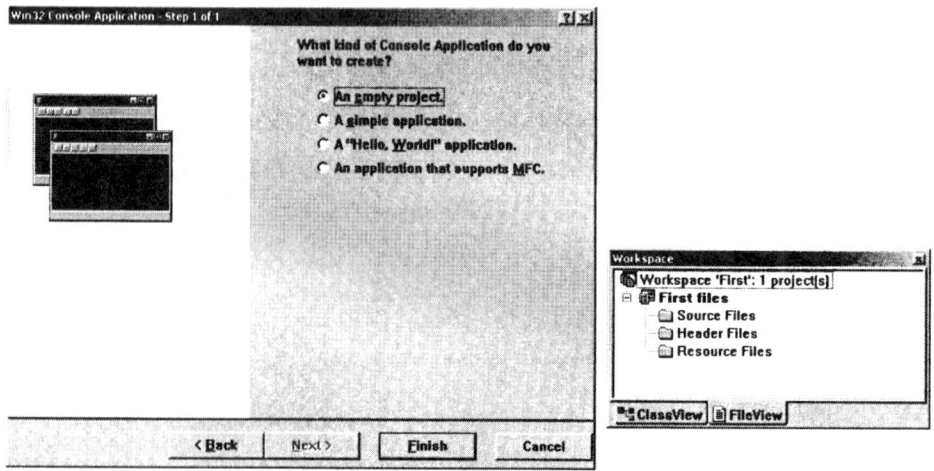

Finish 버튼을 누르면 First라는 이름의 프로젝트가 생성되는데 빈 프로젝트만 만들었기 때문에 이 프로젝트는 아직 소스를 가지고 있지 않다. 파일 뷰를 보면 프로젝트에 아무런 부속 파일이 없음을 확인할 수 있다.

❹ 프로젝트는 C 소스 파일을 담는 일종의 껍데기에 불과하기 때문에 소스 파일은 별도로 추가해야 한다. 메뉴에서 File/New를 선택하고 다음과 같이 입력한다.

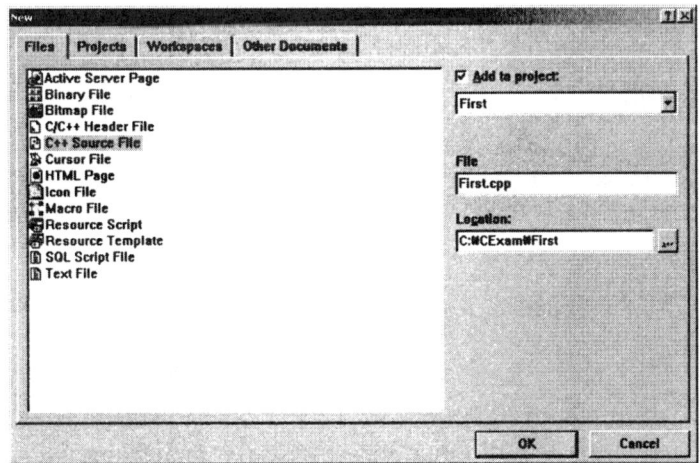

왼쪽 목록에서 C++ Source File을 선택하고 File란에 First.cpp 파일명을 입력한다. 오른쪽 상단의 Add to project 체크 박스가 선택되어 있는지 확인해야 새 파일이 프로젝트에 추가된다. OK 버튼을 누르면 First 프로젝트에 First.cpp라는 소스 파일이 추가되며 이 파일을 즉시 편집할 수 있도록 소스 편집창이 새로 열린다.

❺ 소스 편집창에 다음 소스를 입력한다. 아주 간단한 C프로그램인데 몇 자 되지도 않으므로 직접 입력해 보도록 하자.

예제 First

```
#include <stdio.h>

void main()
{
    printf("korea\n");
}
```

C언어는 대소문자를 구분하므로 모두 소문자로 정확하게 입력해야 한다. 소스 편집기는 대단히 많은 기능을 가지고 있지만 메모장과 사용 방법이 비슷하므로 메모장이나 워드 프로세서를 쓰듯이 소스를 입력하면 된다. 여기까지 실습을 마치면 비주얼 C++은 다음과 같이 되어 있을 것이다.

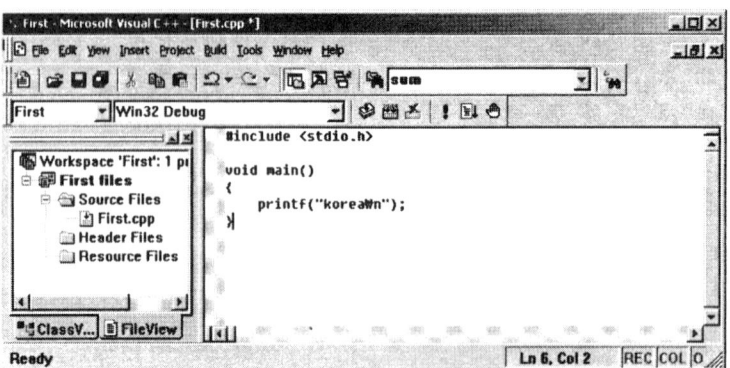

First 프로젝트 안에 First.cpp라는 소스 파일이 추가되어 있으며 이 소스에 아주 간단한 C 코드를 작성해 넣었다.

❻ 작성한 프로젝트를 컴파일하여 실행 파일로 만든다. 메뉴에서 Build/Build First.exe를 선택하거나 아니면 단축키 F7을 누르면 프로젝트가 컴파일되며 화면 아래쪽에 다음과 같이 컴파일 과정과 결과가 출력될 것이다.

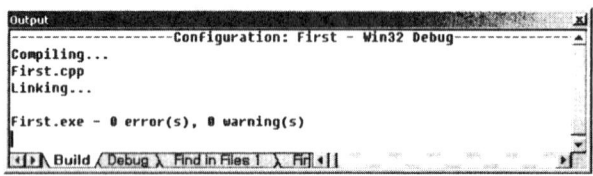

오류나 경고없이 무사히 빌드되었다. 만약 그렇지 않다면 실습 과정이 틀렸거나 오타가 있는 경우이므로 다시 한 번 반복 실습을 해 보도록 하자.

❼ 컴파일된 프로젝트를 실행해 보자. 메뉴의 Build/Start Debug/Go 항목을 선택하거나 단축키 F5를 누르면 뭔가 번쩍하면서 열렸다가 바로 닫힐 것이다. 콘솔 프로그램이기 때문에 종료되는 즉시 창이 닫혀 버려 결과를 확인할 수 없는 문제점이 있다. 명령 프롬프트창을 열고 C:\CExam\First\Debug 디렉토리로 이동해서 First.exe를 실행해 보자.

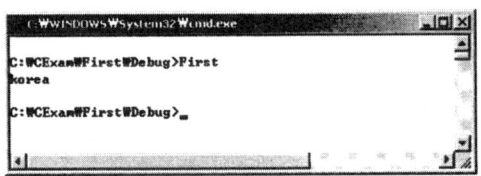

문자열 korea가 화면으로 출력될 것이다. 프로그램을 테스트할 때마다 명령 프롬프트창을 열기는 번거로운데 Build/Start Debug/Go 항목을 선택하는 대신 Build/Execute First.exe 항목을 선택하면 창이 닫히기 전에 Press any key to continue라는 메시지를 출력하고 잠시 대기한다. 프로그램의 동작을 확인할 때는 이 방법이 편리하므로 단축키 Ctrl+F5를 잘 기억해 두도록 하자.

여기서 만들어 본 First 예제는 화면에 korea라는 문자열을 출력하는 아주 간단한 C 프로그램이다. 비주얼 C++은 프로젝트라는 것을 반드시 구성해야 하기 때문에 실습 및 확인 과정이 다소 번거로운 면이 있는데 앞으로 C 문법을 공부하려면 이 과정을 여러 번 반복해야 하므로 2~3번 정도 더 연습을 해 보도록 하자.

2.1.3 TC20

터보 C 2.0은 별도의 프로젝트를 만들 필요가 없고 심지어 파일을 저장하지 않고도 컴파일해 볼 수 있어 문법 실습 과정이 무척 간편한 편이다. C:\TC 디렉토리의 TC.exe를 실행하고 중앙의 소스 편집창에 다음과 같이 소스를 입력한다.

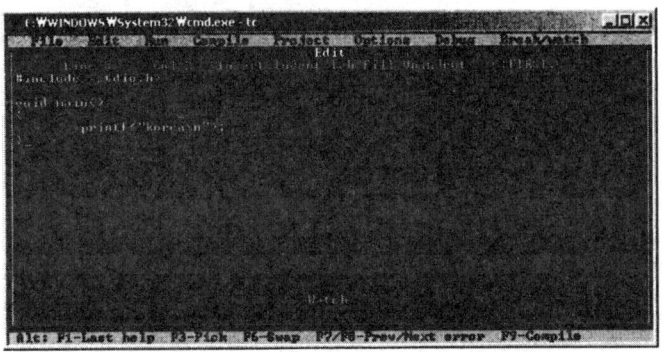

소스를 First.c로 저장한 후 Ctrl+F9로 컴파일 및 실행한다. 터보 C는 도스용 프로그램을 생성하므로 콘솔창에서 실행된 후 금방 통합 개발 환경으로 다시 돌아와 버리기 때문에 명령 프롬프트창에서 실행 파일을 실행해야 결과를 볼 수 있다. 명령 프롬프트창에서 First.exe를 실행하면 korea라는 문자열이 화면으로 출력될 것이다.

터보 C 2.0은 아주 오래된 컴파일러이지만 이 책의 C 소스들은 대부분 이 컴파일러로 실행해 볼 수 있다. 그러나 C++은 물론이고 99년에 개정된 새로운 C 문법을 지원하지 못하며 한글도 제대로 쓸 수 없기 때문에 특별한 이유가 없는 한 이 컴파일러로 실습을 진행하는 것은 바람직하지 않다. 뿐만 아니라 이 책이 실습용 헤더 파일로 사용하고 있는 windows.h를 제공하지 않아 몇 가지 함수를 쓸 수 없는 문제도 있다. 이 책에서는 이런 컴파일러도 있다는 것을 소개만 하기로 하고 다시는 언급하지 않을 것이다.

2.1.4 Dev-C++

Dev-C++도 통합 개발 환경이기 때문에 프로젝트를 만들고 컴파일하는 과정은 비교적 쉬운 편이다. 다음 순서대로 실습을 해 보자.

❶ Dev-C++을 실행한 후 파일/새로 만들기/프로젝트 메뉴를 선택하고 새 프로젝트 대화상자에 다음과 같이 입력한다.

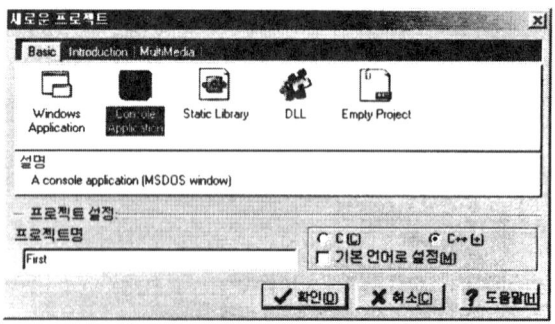

Dev-C++로 콘솔, 윈도우즈 응용 프로그램, 라이브러리, DLL 등을 만들 수 있는데 두 번째 Console Application을 선택하고 프로젝트 이름은 First로 입력한다.

❷ 확인 버튼을 누르면 프로젝트를 저장할 디렉토리를 물어 보는데 C:\CExam\First 디렉토리를 지정한다. 아니면 디폴트로 선택되어 있는 Dev-C++ 디렉토리 밑에 First 서브 디렉토리를 지정할 수도 있다. 디렉토리는 실습을 시작하기 전에 미리 만들어 놓을 수도 있는데 디렉토리 선택 대화상자에서

버튼을 눌러 직접 만드는 것이 더 편리하다. First 디렉토리를 만들고 First.dev 파일을 이 디렉토리에 저장한다.

❸ First 프로젝트 안에 이미 main.cpp 소스 파일이 포함되어 있고 이 파일에는 기본 C++ 코드까지 작성되어 있다. 지금은 직접 코드를 작성하는 실습을 해야 하므로 개발툴이 작성해 준 기본 소스를 모두 지운 후 다음과 같이 직접 입력해 보자. 화면에 korea라는 문자열을 출력하는 아주 간단한 프로그램이다.

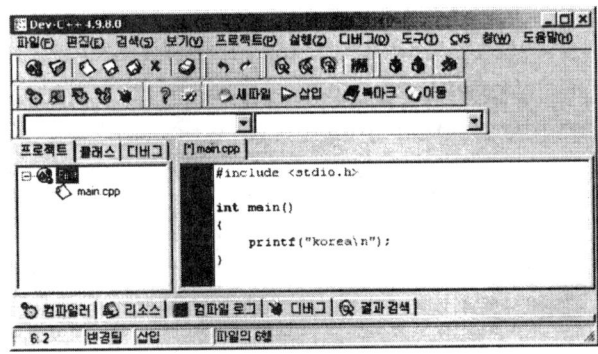

❹ 입력을 완료했으면 소스 파일을 저장한다. 파일/저장 명령을 선택하면 개발툴이 만들어준 main.cpp 파일의 이름을 변경할 기회를 주는데 First.cpp로 이름을 바꾸도록 하자. 가급적이면 프로젝트 파일의 이름과 소스 파일의 이름을 일치시키는 것이 편리하다.

❺ 단축키 F9(컴파일/컴파일 후 실행)를 눌러 컴파일 및 실행한다. 오타가 없다면 별다른 에러없이 컴파일될 것이다. 콘솔 프로그램은 실행 직후에 바로 닫혀 버리므로 명령 프롬프트창에서 직접 실행해 봐야 결과를 확인할 수 있다. C:\CExam\First\First.exe를 실행하면 korea 문자열이 화면으로 출력될 것이다.

Dev-C++은 컴파일러의 성능으로 보나 통합 개발 환경의 편리함으로 보나 상당히 잘 만든 컴파일러임에는 틀림이 없다. 이 책의 거의 모든 예제들은 Dev-C++로도 컴파일 가능하지만 약간의 차이점이 있다. 98년 제정된 표준은 main 함수의 리턴 타입으로 int형을 권장하는데 Dev-C++은 이를 너무 고지식하게 해석하여 int만 인정한다. 그러나 비주얼 C++은 이전 문법과의 호환을 고려하여 void형도 인정한다는 차이점이 있다.

이 책의 예제들은 main의 리턴 타입으로 void형만 사용하는데 이는 main의 리턴값에 별 의미도 없을 뿐더러 예제가 짧아지는 효과가 있기 때문이다. 그래서 Dev-C++로 실습을 진행하는 사람들은 예제에서 main 앞의 void를 int로 바꿔서 입력해야 한다는 약간의 번거로움이 있다. 이후 이 점에 대해서는 더 이상 언급을 하지 않을 예정이므로 Dev-C++ 사용자는 이 점을 잘 숙지하기 바란다.

2.1.5 에러에 대한 대처

비주얼 C++은 최신의 개발툴이며 다양한 종류의 프로젝트 개발을 지원하고 온갖 강력한 기능으로 중무장되어 있다. 너무 많은 기능을 제공하다 보니 사용법도 복잡하고 어려워서 초보자들의 첫 실습이 순탄하지 못한 경우가 많다. 사소한 실수로 인해 컴파일이 제대로 되지 않을 수도 있는데 이럴 때 컴파일러는 다음 두 방법으로 사용자의 실수를 지적해 준다.

- 에러(Error) : 문법상 명백하게 잘못된 점이 있어서 번역을 할 수 없는 경우 에러 메시지를 출력하고 컴파일을 거부한다. 가장 흔한 경우로 오자와 탈자가 있고 형식이 맞지 않다든가 반드시 필요한 지정이 빠진 경우 등이 에러로 처리된다. 에러가 있는 상태로는 컴파일을 계속할 수 없으므로 반드시 수정해야 한다.
- 경고(Warning) : 의심스러워 보이는 문장이기는 하지만 일단 컴파일은 가능한 경미한 실수를 했을 때 경고를 출력한다. 또는 당장은 큰 문제가 없지만 이식성에 불리하다거나 권장되지 않는 방법으로 문장을 작성했을 때도 경고가 발생된다. 경고의 내용을 읽어 보고 타당한 지적이라면 수정하고 그렇지 않다면 무시할 수도 있다.

에러와 경고는 둘 다 컴파일러의 출력창(Output)에 나타나며 말로 된 친절한 형태로 되어 있으므로 읽어 보면 어디가 어떻게 잘못되었는지를 쉽게 파악할 수 있다. 만약 First 예제를 실습하는 중에 다음과 같이 입력했다고 해 보자.

```
#include <stdio.h>

void main()
{
    print("korea\n");
}
```

printf라고 써야 하는데 끝의 f를 빼먹고 print라고 잘못 썼다. 이 상태에서 컴파일하면 다음과 같은 에러 메시지가 출력되며 컴파일은 실패한다.

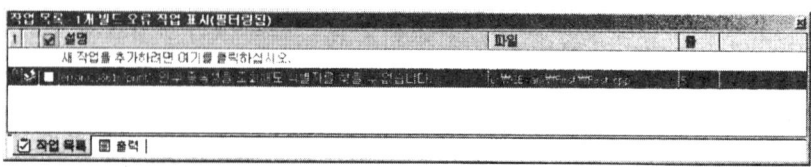

에러의 원인과 발생 위치를 한글로 된 메시지를 통해 자세히 알려 주므로 어디가 잘못되었는지 쉽게 파악할 수 있다. 다음은 6.0의 에러 메시지인데 영어로 되어 있다.

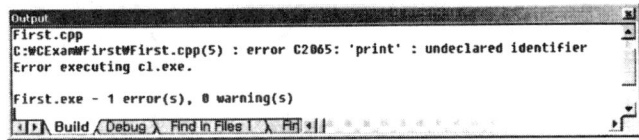

First.cpp의 다섯 번째 줄에 있는 print리는 말이 무엇인지 모르겠나는 뜻이다. 이 메시지를 더블클릭하면 에러가 발생한 줄로 즉시 이동하는데 print를 printf로 수정하고 다시 컴파일하면 제대로 컴파일될 것이다.

이번에는 printf("korea\n")의 끝에 있는 세미콜론을 빼먹었다고 해 보자. C언어는 모든 명령의 끝에 세미콜론을 붙이도록 되어 있는데 이 기호가 빠지면 문법적인 오류로 인해 역시 컴파일되지 않는다. 다섯 번째 줄의 끝을 찾을 수 없기 때문에 여섯 번째 줄의 }를 만났을 때 } 앞에 세미콜론이 없다는 에러 메시지가 출력된다.

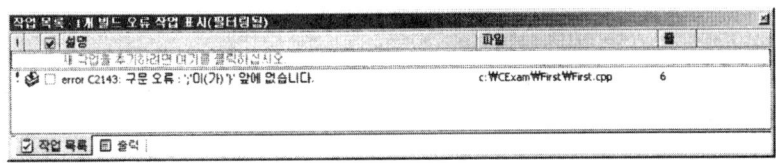

보다시피 소스상의 오타나 탈자 등의 단순한 실수는 컴파일러가 어디가 잘못되었는지를 알려 주기 때문에 큰 문제가 되지 않는다. 에러 메시지의 내용을 확인하고 틀린 곳으로 이동한 후 컴파일러가 지적해 준대로 수정하고 다시 컴파일하면 그만이다. 그러나 다음과 같은 에러 메시지는 의미하는 바를 금방 알기 어렵다.

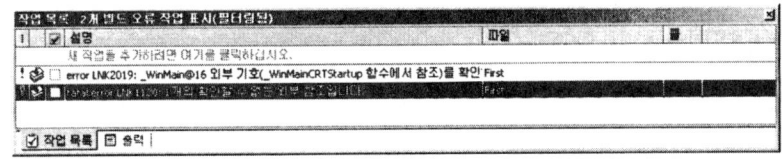

WinMain이라는 함수를 찾을 수 없다는 뜻인데 이 에러 메시지는 마법사에서 콘솔이 아닌 Windows 응용 프로그램(6.0의 경우 Win32 Application)을 선택했을 때 나타난다. 윈도우즈용 프로그램은 반드시 WinMain이 있어야 하는데 이 함수가 보이지 않기 때문에 제대로 컴파일할 수 없다는 뜻이다. 이럴 경우는 프로젝트를 지우고 새로 만들되 반드시 콘솔 응용 프로그램을 제대로 선택하도록 하자.

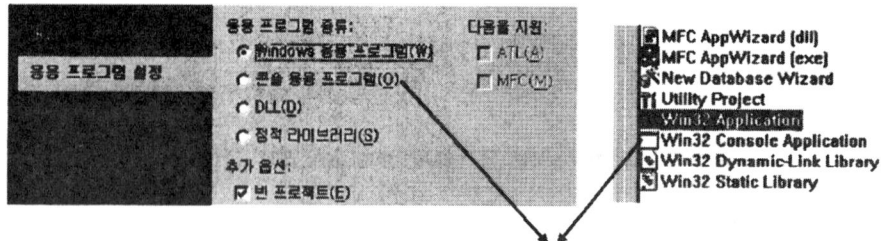

콘솔 응용 프로그램을 선택해야 한다.

사람은 누구나 실수를 할 수 있고 복잡한 프로그램을 작성하는 개발자는 특히 더 많은 실수를 할 수 있다. 대부분의 개발툴들은 개발자의 실수를 친절하게 알려주며 수정할 수 있는 기회를 주므로 실수를 두려워할 필요가 없으며 개발툴이 알려주는 대로 수정하면 된다. 초보자들은 이 예제를 만들면서 대부분 한 두 번의 실수를 하겠지만 스스로 오류를 극복할 수 있을 것이다.

그래도 프로젝트를 직접 만드는 것이 어렵다면 다음 동영상을 참조하기 바란다. 동영상에는 비주얼 C++ 7.0과 6.0, 그리고 Dev-C++로 프로젝트를 처음 만드는 과정을 그대로 수록해 놓았으므로 이대로 따라하기만 하면 된다.

http://www.winapi.co.kr/clec/CFirst70.avi
http://www.winapi.co.kr/clec/CFirst60.avi
http://www.winapi.co.kr/clec/CFirstDev.avi

만약 이 동영상을 보고도 First 프로젝트를 만들 수 없다면 마지막 방법을 쓸 수밖에 없다. 주변에 프로그래밍을 잘 하는 사람에게 밥 한 그릇(또는 술 한 잔이나 소개팅 한 번)을 사 주고 도움을 청해서 프로젝트를 만드는 방법을 배우기 바란다. 스스로 프로젝트를 만들 수 없다면 문법 공부를 할 수가 없으니 이 실습은 반드시 스스로 할 수 있어야 한다.

2.2 First 예제

2.2.1 First 분석

이 책에서 처음 만들어 본 First 예제는 화면에 korea라는 짧은 문자열만 출력하고 종료하는 아주 간단한 프로그램이다. 아직 C 문법 공부를 시작하지도 않은 상태이므로 이 예제의 코드까지 분석해 볼 필요는 없겠지만 길이가 짧으므로 간단하게 설명해 보도록 하자. 문법에 대해서는 관련 부분에서 체계적으로 다룰 예정이므로 당장 이 예제를 다 이해하지 못해도 상관없다. 가벼운 마음으로 C 프로그램은 어떤 모양을 가지는지 구경이나 해 보도록 하자.

First 예제는 고작 여섯 줄로 되어 있는데 빈 줄과 { } 괄호 부분을 빼고 나면 기껏 세 줄밖에 안 되는 셈이다. 첫 번째 줄은 다음과 같이 시작된다.

#include 〈stdio.h〉

이 명령은 stdio.h라는 헤더 파일을 포함하라는 뜻이며 앞으로 어떤 함수를 사용하겠다는 의사 표시이다. 헤더 파일에는 C 컴파일러가 제공하는 표준 함수들에 대한 선언이 작성되어 있는데 stdio.h를 포함함으로써 printf가 무엇을 하는 함수인지를 컴파일러가 알 수 있게 된다.

C 컴파일러는 대부분의 프로그램들이 사용하는 표준 입력, 표준 출력 함수들을 제공하는데 이 함수들을 사용하려면 함수가 선언된 헤더 파일을 포함해야 한다. 그래서 대부분의 C 프로그램은 거의 항상 #include 〈stdio.h〉로 시작한다. 마치 편지 쓸 때 언제나 "안녕하세요"라는 인사말로 시작하는 것과 비슷하다. 더 많은 함수를 쓰고 싶으면 관련된 헤더 파일도 포함시켜야 한다.

이 책의 예제들은 stdio.h 대신 실습용으로 미리 준비해 둔 Turboc.h 헤더 파일을 사용할 것이다. Turboc.h 파일을 포함하면 stdio.h도 같이 포함되며 실습에 필요한 대부분의 표준 함수들을 사용할 수 있다. #include 〈stdio.h〉 다음 줄은 보기 좋게 하기 위해 한 줄을 비워 두었으며 그 다음 줄에는 main 함수가 있다.

void main()

main은 함수의 이름인데 C 프로그램은 항상 main 함수에서부터 실행을 시작한다. main 다음에 붙어 있는 괄호는 main이 함수라는 것을 알려주는 역할을 하며 void는 이 함수의 리턴값이 없다는 뜻이다. Dev-C++의 경우는 int main()으로 되어 있는데 이 컴파일러는 main 함수가 정수값을 리턴하도록 되어 있다. void main()이란 곧 여기가 프로그램의 시작점이라는 뜻이다. main 다음에는 { }괄호가 있는데 이 괄호는 함수의 시작과 끝을 표시한다. { } 안이 곧 함수의 본체이며 여기에 실행하고 싶은 명령을 작성한다.

printf("korea\n");

main 함수 안에는 printf 명령이 작성되어 있는데 printf는 문자열을 화면으로 출력하는 함수이다. 겹따옴표 안에 출력하고 싶은 문자열을 적어 준다. \n은 확장열이라는 것인데 문자열 출력 후 개행하라는 뜻이다. Enter 코드를 따옴표 안에 바로 표기할 수 없기 때문에 이런 특별한 문자를 사용한다. C의 모든 명령은 반드시 세미콜론으로 끝나도록 되어 있으므로 printf 명령의 끝에도 세미콜론을 붙였다.

이 예제의 전체적인 구조는 다음과 같다. 결국 First 예제는 선언이나 프로그램의 시작점 등의 형식적인 구문 외에는 문자열을 출력하는 printf 함수밖에 없는 셈이며 그래서 이 프로그램은 문자열만 출력하고 종료하는 간단한 프로그램인 것이다. 물론 main 함수 안에 다른 명령을 작성하면 더 복잡한 프로그램이 될 수도 있다.

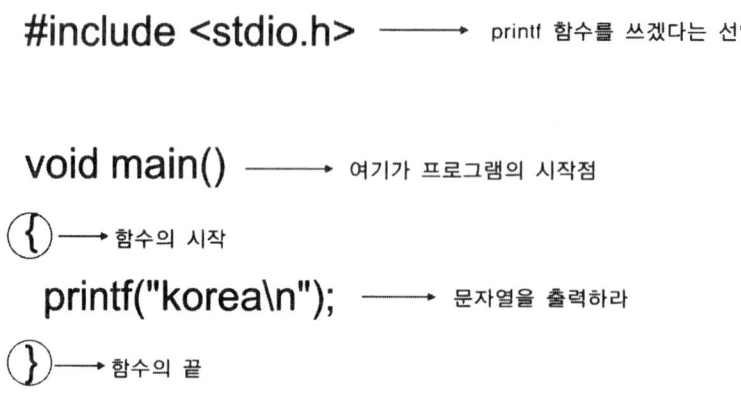

이번에는 이 예제를 수정해 보자. 아직 문법은 모르지만 대충 구조를 파악했으니 몇 가지는 수정할 수 있을 것이다. "korea"라는 문자열 대신 "Program"을 출력하도록 해 보자. 문자열을 출력하는 부분이 printf이므로 이 함수의 괄호 안에 있는 문자열만 printf("Program\n")으로 바꾸면 된다.

printf를 여러 번 호출하면 여러 개의 문자열을 화면으로 출력할 수도 있고 따옴표 안에 한글도 사용할 수 있다. 다음에 커서 제어문을 배우면 원하는 위치에 문자열을 출력할 수도 있으며 입력 명령을 사용하면 사용자에게 정보를 입력받을 수도 있을 것이다.

2.2.2 프로젝트

비주얼 C++은 교육용 컴파일러가 아닌 실무용 컴파일러이기 때문에 실제 개발 업무에 편리한 기능을 많이 제공한다. 그 중의 하나가 프로젝트 기능인데 프로젝트란 무엇인지 알아보도록 하자. First예제의 경우 프로그램의 실체인 코드는 First.cpp 파일에 모두 작성되어 있는데 이 소스를 만들기 전에 프로젝트를 반드시 먼저 만들어야 했다. 소스 파일만 입력해서 바로 컴파일할 수 있다면 편리하겠지만(실제로 터보 C 2.0은 단일 소스로 컴파일 가능하다) 매번 프로젝트를 구성해야 하기 때문에 다소 번거로운 면이 있다.

프로젝트는 하나의 실행 파일을 제작하는데 필요한 관련 파일의 집합이다. 예를 들어 게임을 개발한다고 해 보자. 게임을 만들기 위해서는 코드를 담는 소스 파일 외에도 그림 파일이나 소리 파일, 아이콘, 폰트, 데이터 파일 등 많은 것들이 필요하다. 또한 개발의 효율 향상을 위해 소스도 기능별로 그래픽, 사운드, 점수 관리, 게임 진행 등으로 나누어 여러 개를 포함시킬 수 있다. 이런 것들을 하나의 이름하에 묶어 놓은 것을 프로젝트라고 한다.

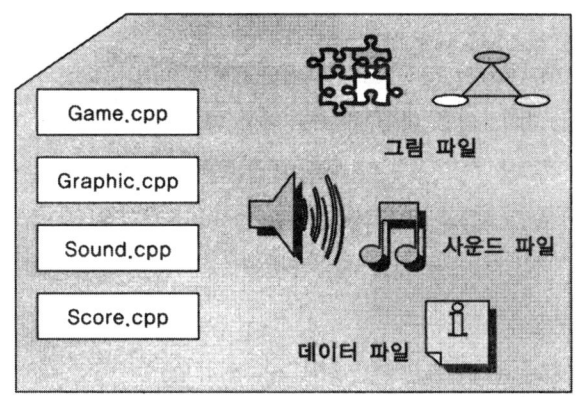

실행 파일 하나를 만들기 위해 필요한 모든 구성 파일을 하나의 프로젝트에 포함시켜 두면 이 파일들을 관리하기에 편리하다. 프로젝트는 보통 한 디렉토리에 저장되므로 프로젝트의 위치를 통째로 옮기거나 백업본을 만들기 좋다. 예를 들어 누군가가 이 예제를 달라고 한다면 프로젝트 디렉토리만 압축해서 전달하면 된다. 그래서 비주얼 C++은 아무리 간단한 예제라 하더라도 프로젝트를 먼저 만들도록 되어 있다.

비주얼 C++은 프로젝트보다 더 상위의 개념인 솔루션(Solution)까지 지원한다. 솔루션(비주얼 C++ 6.0에서는 워크 스페이스)이란 여러 개의 프로젝트를 모아 놓은 것이다. 프로젝트는 실행 파일 하나를 만들기 위한 구성 파일의 집합이며 이런 프로젝트 여러 개가 모여 하나의 솔루션을 구성한다. 보통 한 제품은 여러 개의 실행 파일로 구성되므로 솔루션은 제품 하나라고 할 수 있다.

예를 들어 비디오 대여점 관리 패키지를 개발한다고 해 보자. 이 패키지에는 비디오 관리뿐만 아니라 사용자 관리, 대여 관리 등의 각각 다른 실행 파일이 있을 것이고 통계 프로그램, 고객 성향 분석 프로그램 등이 더 있을 수도 있다. 이런 각각의 프로젝트를 하나로 묶어 놓은 것이 바로 솔루션이다. 상용 제품 중에 오피스가 솔루션의 좋은 예인데 이 패키지를 설치하면 워드 프로세서인 워드뿐만 아니라 엑셀, 파워포인트 등등도 같이 설치된다.

비주얼 C++로 프로젝트를 하나 생성하면 같은 이름의 솔루션을 만들고 그 안에 프로젝트를 생성하여 포함시킨다. 기본적으로 솔루션 하나에 프로젝트 하나가 있지만 여러 개의 프로젝트를 솔루션에 새로 만들어 넣을 수도 있다. 결국 앞에서 만들었던 First 예제는 다음과 같이 구성되어 있는 것이다. 이런 구성은 파일 뷰에서 확인할 수 있다.

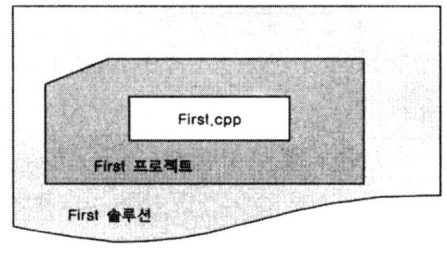
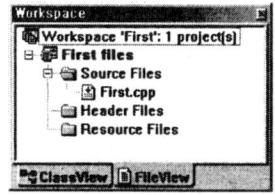

First 솔루션 안에 First 프로젝트가 있고 이 프로젝트 안에 실제 코드를 가지는 First.cpp가 있다. 솔루션 파일은 확장자 sln(6.0에서는 dsw)을 가지며 프로젝트 파일은 확장자 vcproj(6.0에서는 dsp)를 가진다. 탐색기에서 First 디렉토리를 확인해 보면 이런 파일들이 생성되어 있을 것이다. 물론 First 솔루션 안에 Second 프로젝트를 추가할 수 있고 First 프로젝트 안에 Second.cpp, Third.cpp도 마음대로 추가할 수 있다. 이 책의 예제 쉘 프로그램인 HycExam 솔루션을 열어 보면 이런 구성을 확인해 볼 수 있는데 구현하는 기능별로 아주 많은 소스 파일이 포함되어 있다. 단일 소스로는 이런 복잡한 프로그램을 만들기 어렵다.

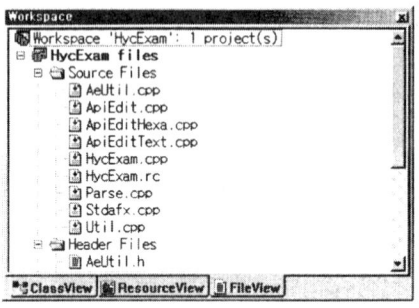

비주얼 C++로 만든 프로젝트의 실체는 확장자 cpp를 가지는 소스 파일이 아니라 확장자 sln이나 dsw를 가지는 솔루션 파일인 것이다. 만약 First 예제를 저장해 두었다가 다시 열려면 First.cpp를 여는 것이 아니라 First.sln(6.0에서는 First.dsw)를 열어야 한다. 또한 인터넷이나 뉴스 그룹에서 쓸만한 예제를 다운로드 받았을 때도 sln 파일을 열어야 이 솔루션안의 코드 전체를 살펴 볼 수 있고 컴파일도 할 수 있다.

솔루션은 프로젝트보다는 더 상위의 개념이지만 이 책에서는 관습적으로 솔루션이라는 용어 대신 프로젝트라는 용어를 사용할 것이다. 즉 First 솔루션이라고 부르지 않고 First 프로젝트라고 부른다. 프로젝트라는 용어가 더 일반적인데다 다른 컴파일러들은 솔루션의 개념이 없기 때문이다. 솔루션이란 대규모의 패키지를 만들 때나 쓰는 것이지 예제 수준에서는 거의 솔루션을 구성할 경우가 없다.

앞으로 문법 공부를 하자면 수많은 예제들을 만들어 보고 실습해 볼 것이다. 그러자면 새로운 실습을 할 때마다 매번 프로젝트를 만들어야 하는데 사실 이는 무척이나 번거로운 일이다. 고작 10줄 정도되는 소스를 입력해 보기 위해 마법사를 실행하고 옵션 선택하고 구성 파일을 생성해야 하는 것이다. 게다가 매 프로젝트마다 새로운 이름을 붙이는 것도 보통 성가신 일이 아니다.

하지만 몇 번 하다 보면 요령이 생기는데 매번 프로젝트를 만들 필요없이 하나만 만들어 놓고 소스만 계속 바꿔가며 실습을 진행할 수도 있다. 예를 들어 CExam, MyStudy, Dummy 같은 이름으로 프로젝트를 하나 만들어 놓고 소스만 계속 바꾸면 된다. 아니면 아예 이미 만들어 놓은 First 프로젝트를 계속 쓸 수도 있다. 어차피 프로젝트란 소스를 담기 위한 껍데기에 불과하므로 실습 중에는 이런 방법을 쓰는 것이 오히려 더 편리하다.

배포 파일인 CExam.zip에는 이런 목적으로 CExam이라는 이름의 더미 프로젝트가 제공되며 이 프로젝트는 비주얼 C++ 6.0, 7.0, Dev-C++에서 모두 사용할 수 있도록 설정되어 있다. 이후 실습에는 이 프로젝트를 열어 놓고 CExam.cpp의 소스만 바꿔 가며 컴파일해 보기 바란다.

2.3 예제 실습

2.3.1 삼각형 그리기

비주얼 C++로 First 예제를 만들어 보았고 이 예제를 통해 프로젝트를 생성하고 컴파일하는 방법, 오류에 대처하는 방법 등에 대해 알아보았다. 문법을 배우기 전에 개발툴에 먼저 익숙해질 필요가 있으므로 프로젝트를 만드는 실습을 좀 더 해 보도록 하자. 이 실습의 목적은 프로젝트를 생성하고 소스를 입력, 컴파일하는 과정을 반복해 봄으로써 개발툴과 소스 편집기에 익숙해지는 것이다. 또한 C로 과연 어떤 프로그램을 만들 수 있는지, C의 코드는 어떻게 생겼는지 대충 구경해 보는 기회가 되기도 한다.

개발툴 자체에 대한 연습 과정이므로 아직 소스의 내용은 몰라도 상관없다. 하지만 입력하면서 소스의 모양은 눈여겨 봐 두도록 하자. 다음 장부터 변수니 연산자니 하는 것들을 배우게 되는데 이 소스들을 잘 봐두면 직관적인 이해(또는 추측)를 통해 미리 예습 효과가 생기기도 하고 코드에 대한 궁금증이 유발되어 빨리 공부하고 싶다는 바람직한 욕구가 생길 수도 있다.

다음은 *문자를 반복적으로 출력함으로써 화면에 삼각형을 그린다. 앞에서 실습해 본 절차대로 Triangle이라는 이름으로 빈 콘솔 프로젝트를 만들고 Triangle.cpp를 생성한 후 다음 소스를 입력하면 된다.

예제 Triangle

```c
#include <stdio.h>

void main()
{
    int i,j;

    for (i=1;i<=15;i=i+1) {
        for (j=0;j<i;j=j+1) {
            printf("*");
```

```
        }
        printf("\n");
    }
}
```

First 예제보다는 조금 더 소스가 길고 복잡하게 생겼다. 다 입력했으면 컴파일하고 결과를 확인한다. 오타가 없으면 제대로 컴파일될 것이고 다음과 같이 화면에 출력될 것이다.

```
*
**
***
****
*****
******
*******
********
*********
**********
***********
************
*************
**************
***************
```

첫줄에 * 하나, 다음 줄에 ** 두 개 이런 식으로 15개까지 *를 출력해서 삼각형 모양을 그렸다. 두 개의 변수를 사용하여 반복적인 루프를 구성함으로써 삼각형이 출력된다. 변수니 루프니 하는 말들은 다음 장에서 배우게 될 것이며 이 예제를 조금 변형하면 거꾸로 된 삼각형을 출력하거나 정삼각형을 만들 수도 있다. 이 예제는 다음에 루프를 공부할 때 분석해 보도록 하자.

2.3.2 숫자 맞추기 게임

이번에는 텍스트 모드에서 실행되는 아주 간단한 게임을 만들어 보자. 단순히 출력만 하는 것이 아니라 사용자와 상호작용을 한다는 점에서 앞의 예제들과는 조금 다르다. RandNum이라는 이름으로 프로젝트를 만들고 다음 소스를 입력한다. 좀 길기는 하지만 타이핑 연습하는 셈치고 직접 입력해 보기 바란다.

예제 RandNum

```c
#include <Turboc.h>

void main()
{
    int num;
    int input;

    randomize();
    for (;;) {
        num=random(100)+1;
        printf("\n제가 만든 숫자를 맞춰 보세요.\n");
        do {
            printf("숫자를 입력하세요(끝낼 때는 999) : ");
            scanf("%d",&input);
            if (input==999) {
                exit(0);
            }
            if (input==num) {
                printf("맞췄습니다.\n");
            } else if (input>num) {
                printf("입력한 숫자보다 더 작습니다.\n");
            } else {
                printf("입력한 숫자보다 더 큽니다.\n");
            }
        } while (input!=num);
    }
}
```

　난수 생성문과 사용자로부터의 입력 코드, 이중 루프 등의 기법을 사용했기 때문에 뭔가 더 복잡해 보인다. 난수 함수를 사용하므로 표준 헤더 파일인 stdio.h 대신 이 책을 위해 별도로 작성해 놓은 Turboc.h를 포함시켰다. 만약 Turboc.h 헤더 파일을 찾을 수 없다는 에러가 발생하면 1장에서 설명한 실습 준비를 안 한 것이다. Turboc.h 파일을 반드시 개발툴의 Include 디렉토리에 복사해 놓도록 하자.

　앞으로의 예제들은 stdio.h 대신 Turboc.h 헤더 파일을 사용할 것이다. 왜 표준도 아닌 이런 이상한 헤더 파일을 써야 하는지는 6장에 가서야 설명이 가능하므로 당분간은 그냥 실습을 위해 필요한 파일이겠거니 생각해 주기 바란다. 실행해 보자.

```
제가 만든 숫자를 맞춰 보세요.
숫자를 입력하세요(끝낼 때는 999) : 50
입력한 숫자보다 더 큽니다.
숫자를 입력하세요(끝낼 때는 999) : 70
입력한 숫자보다 더 작습니다.
숫자를 입력하세요(끝낼 때는 999) : 60
입력한 숫자보다 더 작습니다.
숫자를 입력하세요(끝낼 때는 999) : 55
입력한 숫자보다 더 작습니다.
숫자를 입력하세요(끝낼 때는 999) : 53
입력한 숫자보다 더 큽니다.
숫자를 입력하세요(끝낼 때는 999) : 54
맞췄습니다.

제가 만든 숫자를 맞춰 보세요.
숫자를 입력하세요(끝낼 때는 999) :
```

컴퓨터가 임의의 난수 하나를 생성하고 사용자로 하여금 그 수를 맞추도록 한다. 커서가 깜박거리면 여기에 1~100까지의 수 중 하나를 입력한다. 컴퓨터는 자신이 만든 숫자가 입력된 수보다 큰지, 작은지를 힌트로 알려 주는데 이 힌트를 참고하여 최소 회수만에 숨겨진 숫자를 찾아내는 것이 이 게임의 목적이다.

게임 규칙도 간단하고 그래픽이 나오는 것도 아니어서 아주 재미없다고 생각되겠지만 화려한 대형 게임들도 이런 작은 프로그램을 확장해서 만들어지는 것이다. 비록 겉모습은 초라하지만 그래도 초보자에게는 쉬운 예제가 아니므로 시시하다고 생각하지 말자. 이 예제들 외에도 뒷부분에 있는 좀 더 긴 예제들도 입력해서 실행해 보도록 하자. 몇 번만 더 연습해 보면 개발툴에 금방 익숙해질 수 있다. 다음 절부터 C언어의 문법에 대해 본격적으로 연구해 본다.

| 참 | 고 |

소스를 빨리, 정확하게 입력할 수 있는 능력도 개발자에게는 무척 중요한 능력이다. 머리속에 떠오르는 코드를 신속하게 입력할 수 있어야 원활한 개발이 가능한데 몸이 안 따라 주면 좋은 아이디어를 놓쳐 버리기 십상이다. 머리는 빌 게이츠인데 손가락은 독수리라면 어떻게 되겠는가? 공부가 잘 안 되는 날에는 영타 연습을 틈틈이 미리 해 두도록 하고 이 책의 예제들도 가급적이면 직접 입력해 보는 것이 좋다.

2.4 프로그램의 구성 요소

2.4.1 구성 요소

사람이 쓰는 자연어에는 명사, 동사, 형용사 같은 품사가 있다. 각 품사별로 고유한 특징이 있고 품사별로 올 수 있는 위치나 단어를 조합하는 방법이 달라진다. 예를 들어 명사, 대명사는 주어가 될 수 있고 형용사, 부사는 다른 품사를 수식한다. 이런 품사들의 위치나 자격에 대한 규칙이 바로 문법이며 문법에 의해 어디가 왜 틀렸는지 알 수 있고 어떻게 수정해야 하는지도 알게 된다. 다음 예를 보면 문법에 의해 언어에 질서가 부여되고 언어가 간단 명료해짐을 알 수 있다.

- 아가야 씩씩한 자라다오 : '씩씩한'의 품사는 형용사이며 주로 명사를 수식한다. 동사를 수식하는 것은 부사이므로 '씩씩하게'라고 고쳐야 옳다.
- 씩씩하게 군인들이 싸운다 : 명사를 수식하는 것은 형용사이므로 '씩씩한'이라고 해야 한다. 또는 수식어와 피수식어는 최대한 인접해야 하므로 '군인들이 씩씩하게 싸운다'로 수정할 수도 있다.

프로그래밍 언어도 자연어와 마찬가지로 품사를 나눌 수 있다. 각 언어마다 품사를 나누는 방법이 다르듯이 프로그래밍 언어들도 각각 다른 품사 구성을 가진다. C언어는 일곱 개의 구성 요소로 나누어지는데 각각의 구성 요소들은 모두 고유한 특징을 가지고 있다. 언어를 구성하는 이 일곱 개의 요소를 잘 구분해야 문법을 체계적으로 학습할 수 있으며 그래서 구성 요소를 파악하는 것이 C언어 공부의 시작이다. C언어 문법의 가장 기초가 되는 부분이므로 일단 외워 두는 것이 좋다.

:: 키워드(Keyword)

C언어 자체가 의미를 미리 정해 놓은 단어들이며 예약어(Reserved word)라고도 한다. C언어가 이미 사용하고 있는 단어들이므로 다른 목적으로 사용할 수 없다. 즉, 키워드와 똑같은 이름의 변수나 함수를 만들 수 없다. 만약 키워드와 같은 이름의 변수를 사용하면 컴파일러는 이것을 변수로 인식하지 않고 키워드로 인식하므로 변수의 역할을 할 수 없을 것이다.

C언어의 키워드에는 다음과 같은 것들이 있는데 보다시피 그렇게 수가 많지는 않다. C는 함수 위주의 언어이기 때문에 대부분의 기능을 함수로 정의하고 있으며 따라서 다른 고급언어에 비해서는 키워드가 아주 적은 편이다.

auto, case, cdecl, const, char, continue, default, do, double, else, enum,
extern, float, for, goto, if, int, long, register, return, short, signed,
sizeof, static, struct, switch, typedef, union, unsigned, void, volatile,
while

각 키워드의 의미에 대해서는 차차로 배우게 될 것이다. 다음은 C++ 언어에서 새로 추가된 키워드들인데 주로 클래스와 관련된 것들이다.

asm, class, delete, friend, inline, mutable, new, operator, private, protected, public, template, this, virtual, explicit, ...

이 외에도 각 컴파일러별로 추가로 제공하는 키워드들이 몇 가지 더 있는데 사용 빈도가 높지 않거나 예제 수준에서는 사용할 경우가 거의 없으므로 표준 키워드 목록 정도만 알아 두면 된다. 14882 표준 문서에는 총 63개의 키워드가 정의되어 있다.

:: 명칭(Identifier)

명칭은 사용자가 직접 만들어서 사용하는 것이다. 변수나 함수 같은 것들은 다른 것들과 구분(Identify)되어야 하므로 자기만의 고유한 이름을 가져야 한다. 만약 두 변수가 같은 이름을 가진다면 컴파일러가 이 변수들을 구분하지 못하는 애매함이 생기므로 제대로 컴파일되지 않을 것이다. 디렉토리의 파일들이 고유의 이름을 가져야 하는 것처럼 모든 명칭은 고유한 이름을 가져야 한다.

명칭은 사용자가 직접 정의하는 것이므로 이름을 자유롭게 붙일 수 있다. 입력하기 편리하도록 적당한 길이의 명칭을 작성하는 것이 좋고 최대한 의미를 기억하기 쉽도록 만드는 것이 좋다. 예를 들어 점수를 기억하는 변수라면 Score, 합을 계산하는 함수라면 GetTotal 등과 같이 이름을 붙이면 된다.

그러나 사용자가 이름을 붙인다고 해서 아무렇게나 명칭을 작성할 수 있는 것은 아니다. 하드 디스크의 파일명도 사용자가 마음대로 붙이는 것이지만 콜론이나 따옴표, 역슬레쉬 등 예약된 기호는 쓸 수 없다. 탐색기로 직접 테스트해 보면 Report:C.txt 따위의 이름은 거부된다. 이와 마찬가지로 명칭 작성에 대해서도 몇 가지 간단한 규칙이 있다. 중요한 규칙이기는 하지만 상식적인 수준에서 쉽게 이해가 가는 규칙들이다.

① 키워드는 쓸 수 없다. 키워드는 언어 자체가 이미 사용하고 있는 단어이기 때문에 명칭으로 사용해서는 안 된다. int, if, while 같은 단어는 그 의미가 미리 정해져 있다.

② 알파벳, 숫자, 밑줄기호(_)로 구성된다. 그 외의 콜론, 따옴표, 괄호 같은 기호는 명칭으로 쓸 수 없다. 한글도 알파벳이 아니므로 명칭으로는 사용할 수 없다. 명칭 중간에 공백이 와서도 안 된다.

③ 첫 문자는 알파벳이나 밑줄기호만 올 수 있다. 숫자는 명칭의 중간에는 올 수 있지만 처음에는 오지 못한다. Num1, Inch2Cm은 적합한 명칭이지만 3D, 4you 같은 명칭은 숫자가 앞에 있으므로 적합한 명칭이 아니다.

④ C언어는 대소문자를 구분한다. 따라서 Score, score, SCORE는 철자는 같지만 모두 다른 명칭으로 인식된다. 명칭의 대소문자 구성은 가급적이면 일관되게 작성하는 것이 좋다. 예를 들어 모두 소문자로 작성하거나 아니면 첫 문자만 대문자로 쓰는 것이 좋다.

이 외에 For, Switch처럼 키워드와 대소문자 구성만 다른 명칭은 문법적으로는 가능하지만 결코 바람직하지 않다. 규칙이 그다지 까다롭지 않기 때문에 일반적인 영어 단어들은 대부분 명칭으로 사용할 수 있다. 다음은 명칭의 예인데 잘못된 명칭을 찾아보자.

Korea, Score2, My Score, z, c:\, kkk, Total_Student, _line

Korea는 예약어가 아니므로 적합한 명칭이다. Score2도 숫자가 첫 부분에 있지 않으므로 역시 적합한 명칭이다. 그러나 My Score는 중간에 공백이 들어갔으므로 명칭으로 쓸 수 없다. 두 개의 단어로 명칭을 만들고 싶을 때는 MyScore처럼 두 단어를 붙여 쓰거나 아니면 밑줄기호를 사용하여 My_Score로 쓰는 것이 일반적이다.

z는 비록 한 글자로 되어 있지만 이것도 적합한 명칭이다. 명칭의 길이에 대해서는 특별한 제한이 없으므로 한 글자로 쓸 수도 있고 아주 길게 쓸 수도 있다. 그러나 너무 길면 입력하기 불편하며 또 너무 짧으면 의미를 기억하기 어려우므로 적당한 길이의 이름을 붙이는 것이 좋다. a, b, kkk 같은 명칭은 가능하기는 하지만 별로 바람직하지는 않다. c:\는 명칭에 쓸 수 없는 콜론, 역슬래쉬 등의 기호가 중간에 들어 있으므로 명칭으로 사용할 수 없다. Total_Student나 _line은 둘 다 명칭으로 사용 가능하다.

명칭이란 쉽게 말해서 변수나 함수 등에 원하는 이름을 붙이는 것이다. 이렇게 작성한 명칭으로 변수, 함수, 레이블, 타입 등을 만드는데 각각에 대해서는 관련 장에서 하나씩 배우게 될 것이다. 여기서는 명칭 작성 규칙에 대해서만 알아 두도록 하자.

:: 상수(Constant)

변수의 반대되는 개념이며 고정된 값을 가지는 식이다. 5, 638, 1.414 이런 것들이 상수이다. 5는 언제까지나 5일 뿐 그 값이 변하지 않으므로 분명히 상수이다. 숫자 상수외에 문자 상수, 문자열 상수도 있다. 문자 상수는 홑따옴표로 감싸 'A', '8' 등과 같이 표현하고 문자열 상수는 "Korea"와 같이 겹따옴표로 감싼다.

:: 연산자(Operator)

계산을 지시하는 기호들을 연산자라고 한다. 실생활에서 많이 사용하는 +, -, *, / 같은 사칙 연산자들도 있고 이 외에 관계, 대입, 논리 연산자 등 다양한 연산자가 있다. 또한 C언어만의 고유한 포인터 연산자, 삼항 연산자 등 나름대로 복잡한 연산자들도 많이 있는데 연산자에 대해서는 5장에서 따로 상세하게 배울 것이다.

:: 구두점(Punctuator)

자연어에는 마침표, 쉼표, 물음표, 느낌표 같은 것들이 있어서 단어들을 구분하고 뜻을 좀 더 분명히

:: 공백 문자(White Space)

스페이스와 탭, 개행 코드 등이 공백이다. 공백 문자는 눈에 보이지 않지만 구성 요소들을 구분하는 아주 중요한 역할을 한다. int num;이라는 선언에서 int라는 키워드와 명칭 num이 공백에 의해 분리되어 있다. 만약 공백이 없다면 intnum;이 되어 버리므로 컴파일러는 어디까지가 키워드이고 어디서부터 명칭인지를 구분하지 못할 것이다. 주석도 일종의 공백으로 인정된다.

:: 주석(Comment)

설명을 위해 삽입되는 문자열이다. 컴파일러는 주석을 완전히 무시하므로 프로그램 실행에는 아무런 영향을 주지 않는다. 주석은 소스를 읽는 사람이 의미를 쉽게 파악할 수 있도록 설명을 붙여 놓는 것이다. 좀 어려운 부분이거나 추가 작업이 필요한 부분 등에 대해서는 주석으로 간단한 설명을 달아 놓을 수 있다.

주석은 /*로 시작해서 */로 끝나거나 한 줄 내에서만 주석을 쓰고 싶을 때는 //를 사용한다. 구형 C 컴파일러는 /* */만 주석으로 인정하지만 최신 컴파일러들은 모두 //도 주석으로 인정한다. 주석은 어디까지나 문자열일 뿐이므로 한글이나 기호 등도 자유롭게 사용할 수 있다. 다음이 주석의 예이다.

```c
/* 별표를 사용하여 삼각형을 출력하는 놀라운 예제
만든 사람 : 김 상형 */
#include <stdio.h>

void main()
{
    int i,j;

    for (i=1;i<=15;i++) {
        for (j=0;j<i;j++) {
            printf("*");          // 별표 하나를 출력한다.
        }
        printf("\n");             // 한 줄이 끝나면 개행한다.
    }
}
```

주석은 또한 설명을 달아 놓는 용도 외에도 코드를 임시적으로 삭제할 때도 사용한다. 잠시만 코드를 없애 보고 싶다면 이 부분을 지우는 대신 주석으로 묶어 두면 된다. 컴파일러는 주석을 무시하므로 주석으로 묶어 놓은 부분은 없는 코드와 마찬가지가 되며 실제로 지운 것은 아니므로 이 코드가 다시 필요할 때 주석을 풀기만 하면 된다.

이상으로 C언어를 구성하는 일곱 개의 구성 요소에 대해 알아보았다. 모든 C 코드는 이 일곱 개의 구성 요소들로 이루어진다.

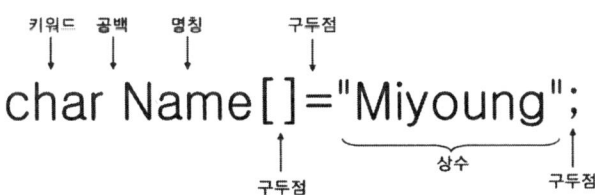

자연어의 품사마다 특성이 있듯이 C언어를 구성하는 요소들도 고유한 특성들을 가지고 있다. 그래서 구성 요소를 빨리 파악하면 소스의 구조를 좀 더 쉽게 볼 수 있으며 복잡한 구문도 정확하게 해석할 수 있다. 반면 구성 요소를 잘못 파악하면 코드를 엉뚱하게 해석할 위험이 있는데 특히 연산자와 구두점을 잘 구분해야 한다. 위 코드의 =은 연산자처럼 보이지만 구두점이다.

2.4.2 프로그램의 구조

다음 장부터 본격적으로 C 문법 공부를 시작하게 될 것이다. 그 전에 C문법의 기본적인 특성과 구조에 대해 미리 숙지하도록 하자. 이미 다 알고 있는 내용인지 모르겠지만 본격적인 실습에 들어가기 전에 C의 특징에 대해 간략하게 정리해 보았다.

❶ C언어는 대소문자를 구분하므로 키워드나 명칭 등을 작성할 때 대소문자 구분에 유의해야 한다. 변수를 선언할 때는 Score로 선언해 놓고 쓸 때는 score로 쓰면 이 변수는 선언되지 않은 것으로 취급된다. 또한 main을 Main으로 써도 안 되며 예약어들도 대소문자에 맞게 써야 한다. INT num; 이라고 쓰면 안 된다. C의 예약어들은 모두 소문자이고 변수나 함수명도 대부분 소문자로 작성하므로 가급적이면 소문자만 쓰는 것이 좋다. 책의 소스를 직접 입력할 때도 소스에 적힌 대로 정확하게 입력해야 한다.

❷ C 프로그램은 항상 main 함수로 시작한다. C는 함수 위주의 언어이며 필요한 함수를 자유롭게 만들어 쓸 수 있는데 함수 중에 반드시 있어야 하는 함수가 바로 main 함수이다. main은 프로그램의 시작점이 되며 이름이 고정되어 있다. 컴파일러는 main에서부터 실행을 시작한다.

❸ 모든 문장은 세미콜론으로 끝이 나는데 세미콜론은 자연어의 마침표에 해당한다. 컴파일러는 세미콜론을 기준으로 어디서 어디까지가 한 문장인지를 구분하므로 모든 명령 끝에 반드시 세미콜론을 달아 주도록 하자.

❹ C언어는 프리포맷(Free Format)을 지원한다. 문법에만 맞으면 한 줄에 붙여 쓸 수도 있고 여러 줄에 나누어 쓸 수도 있다. 조금 여백을 주기 위해 괜히 한 줄을 비워 둘 수도 있으며 들여쓰기나 공백의 개수도 편한 대로 작성할 수 있다. First 예제를 다음과 같이 수정해도 제대로 컴파일된다.

```
#include <stdio.h>
void main() {printf("korea\n");}
```

단 두 줄에 다 붙여 써도 상관없다. 또는 다음과 같이 한 명령을 여러 줄에 나누어 써도 전혀 상관없다.

```
#include <stdio.h>
void
main() {
            printf(
        "korea\n")
            ;}
```

물론 이렇게 소스를 작성하면 별로 보기에 좋지 않으므로 가급적이면 구조를 한눈에 파악할 수 있도록 빈 줄과 공백을 적당히 끼워 넣고 들여 쓰기를 하는 것이 좋다. C언어가 소스의 형식에 별 제한을 두지 않기 때문에 소스는 개성에 따라 자유롭게 작성할 수 있다. 이에 비해 베이직 같은 언어는 프리포맷을 지원하지 않기 때문에 다소 불편하다.

❺ C 프로그램의 구조는 대체로(절대적이지는 않다) 다음과 같다.

```
#include <...>
#define ...
함수의 원형
전역변수

void main()
{
    코드
}
```

함수
함수
함수

프로그램 선두에 #include, #define 같은 전처리문이 오고 이어서 함수 원형, 전역변수 선언이 온다. 그리고 프로그램의 본체인 main 함수와 그 외 필요한 함수들이 이어진다. 물론 꼭 이 구조대로 작성해야 한다는 강제가 있는 것은 아니지만 대부분의 C 소스는 이런 구조로 되어 있다.

03 변 수

C는 다양한 데이터 타입을 제공하는데 이 장에서는 데이터 타입에 대해 알아볼 것이다. 다소 이론적인 내용에 대해서 다루며 재미있는 실습이 많지 않기 때문에 지루한 감이 있겠지만 변수는 프로그래밍의 가장 기본적인 도구이므로 당장 다 암기하지는 못하더라도 개념에 대해서는 꼭 정리를 하고 넘어가야 한다.

3.1 변수

3.1.1 변수의 정의

변수는 프로그래밍에 입문하는 사람들이 가장 먼저 배워야 하는 개념이다. 말뜻 그대로 풀어 보자면 변할 수 있는 수, 즉 고정되어 있지 않은 수라는 뜻이며 1이나 45 또는 3.14 같은 상수의 반대 개념이다. 이름은 변수이지만 반드시 수치값만 저장되는 것은 아니며 문자열이나 포인터 같은 좀 더 복잡한 값도 저장될 수 있다. 변수에서 말하는 수(數)를 좀 더 일반적으로 표현하면 데이터(data)이며 한국말로 알아 듣기 쉽게 설명하면 값이다.

컴퓨터의 주 기억 장치는 메모리(RAM)이며 컴퓨터가 하는 주된 일이란 메모리에 기록된 값을 처리해서 입출력하는 것이다. 메모리의 값을 화면으로 보내면 출력하는 것이고 프린터로 보내면 인쇄하는 것이고 키보드에 입력된 문자를 메모리로 읽어 들이면 이것이 바로 입력이다. 컴퓨터가 하는 여러 가지 복잡한 동작들도 알고 보면 메모리에 있는 값을 연산, 조작하여 주변 장치로 보내는 아주 간단한 동작의 조합에 불과하다. 심지어 인터넷 검색이나 동영상 재생 같은 복잡한 동작도 메모리와 주변장치(화면, 네트워크 카드) 사이의 입출력이다.

80386 이상의 CPU는 최대 4G까지의 메모리를 장착할 수 있다. 40억 개나 되는 이런 기억 소자들에 대해 이놈, 저놈, 개똥이, 말똥이 같은 이름을 일일이 붙여줄 수는 없다. 그래서 컴퓨터는 연산 대상 메모리의 위치를 구분하기 위해 숫자로 된 번지(Address)라는 개념을 사용한다. 메모리를 구성하는 각 바이트들은 0부터 시작해서 40억까지의 고유한 번지를 가지고 있으며 이 번지를 대상으로 값을 읽거나 쓴다. 예를 들어 "1234번지에서 1237번지까지의 4바이트에 56을 기록한다"는 식으로 동작한다.

그런데 번지라는 것은 사람의 입장에서 보면 굉장히 다루기 힘든 형태로 되어 있다. 번지는 값이 크기 때문에 통상 8자리의 16진수로 표현하는데 사람들이 흔히 쓰는 10진수를 쓰면 자리수가 가변적이어서 오히려 더 혼란스럽다. 16진수는 각 자리수의 형태가 비슷비슷하기 때문에 사람이 그 위치를 정확하게 기억하기 힘들다. 예를 들어 어떤 값이 0x183c7eda번지에 저장되어 있다면 사람이 이 위치를 암기하여 사용하는 것은 거의 불가능하다. 이런 값을 10개만 사용해도 사람의 머리로는 각 값을 구분할 수 없다. 즉 번지라는 것은 전혀 인간적이지 않은 기계의 값이다.

그래서 번지를 직접 사용하는 대신 좀 더 기억하기 쉬운 변수를 사용한다. 숫자로 된 번지에 별도의 이름을 붙여 놓은 것이 바로 변수이다. 사람은 숫자보다는 이름을 더 잘 기억하며 이름에 설명적인 의미를 부여할 수 있기 때문에 여러 개를 쓰더라도 구분하기 어렵지 않다. 예를 들어 1234~1237까지의 번지에 Num이라는 이름을 붙였다고 하자.

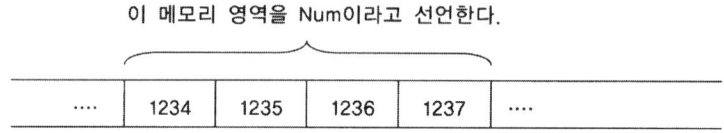

이렇게 이름을 붙여 놓으면 Num=56 같이 간단하게 값을 기록할 수 있고 Result=Num 같이 값을 읽기도 쉬워진다. 만약 변수라는 것이 없다면 두 값을 더해 다른 변수에 대입하고자 할 때 다음과 같은 식을 사용해야 할 것이다. 다음 표현식에서 [ ] 기호는 이 번지에 들어있는 값을 의미한다.

[0x3e98234a] = [0x3eff81a0] + [0x3d00aef6]

이런 숫자, 그것도 16진수의 나열보다는 salary=pay+bonus가 사람에게 훨씬 더 쉬우며 변수의 이름이 대상을 잘 표현할수록 더욱 쉬워진다. 컴파일러는 변수가 실제 어떤 번지를 가리키는지를 기억하고 있다가 이 변수를 사용하면 실제 번지에 값을 읽거나 쓰는 코드를 대신 작성해 준다. 흔히 변수는 값을 저장하는 상자에 비유되곤 한다. 상자에 물건을 넣어 두듯이 변수를 하나 만들어 놓으면 여기에 값을 저장하거나 다시 꺼내올 수 있다.

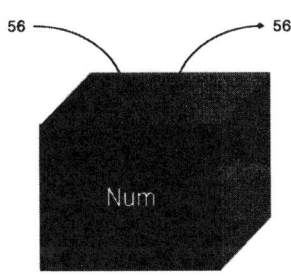

변수는 C언어의 구성 요소 중에 명칭으로 분류된다. 그래서 명칭을 작성하는 일반적인 규칙대로 자유롭게 작성할 수 있다. 키워드는 쓸 수 없고 영문, 숫자, 밑줄 문자로만 구성되어야 하며 대소문자를 구분한다. 이런 문법적인 제약 외에도 변수명을 작성하는 일반적인 몇 가지 법칙이 있다.

① 의미를 잘 설명할 수 있는 이름을 주는 것이 좋다. 사람의 이름을 기억한다면 Name이라는 이름을 쓰는 것이 좋고 평균값을 기억하는 변수에는 Average, 위치를 기억한다면 Position 같은 이름을 준다. a, b, ttt 같은 의미없는 이름을 쓰는 것도 물론 가능은 하지만 변수의 수가 많아지면 변수끼리 구분하기 어려워진다.

② 변수명의 길이에는 제약이 없지만 3~10자 내외로 작성하는 것이 좋다. Num, TotalScore, NowStage 등이 좋은 예이다. Highest_Score_Of_Today와 같이 변수명을 길게 쓰면 의미를 분명하게 나타낼 수는 있지만 변수명을 기억하기 어려워지고 오타를 입력할 가능성이 많아져 바람직하지 않다.

③ 대소문자 구성을 일관되게 하는 것이 좋다. C언어는 대소문자를 구분하므로 Score와 score는 다른 변수이다. 모두 소문자로 쓰든지 아니면 첫 문자만 대문자로 쓰든지 자신만의 규칙을 정하고 그대로 따르는 것이 좋다. 선언할 때는 Score라고 해 놓고 쓸 때는 score라고 쓰면 이 변수는 선언되지 않은 것으로 에러 처리된다.

④ 변수명은 보통 짧은 영어 단어를 활용한다. 한글 변수명은 사용할 수 없지만 원한다면 한글 같은 변수명을 사용할 수는 있다. JumSoo, Saram, Juso 같은 식으로 작성해도 된다. 좀 어색하기는 하지만 영어 실력이 부족해서 이런 변수명이 더 기억하기 쉽다면 그렇게 하는 편이 좋다. 다른 변수와 구분 가능하고 의미를 쉽게 알 수 있으므로 명칭의 요건은 제대로 만족하는 것이다.

처음 실습을 할 때는 편의상 a, b, i 같은 짧은 변수명을 즐겨 사용하지만 실무에서는 적절한 변수명을 붙이는 것이 아주 중요하다. 좀 쓸만한 프로그램을 만들어 보려면 수백개나 되는 변수가 필요한데 이 변수들에 아무렇게나 이름을 붙여 놓으면 정말 힘들어진다. 더구나 여럿이 같이 하는 팀 프로젝트의 경우 내맘대로 성의없이 이름을 붙이면 팀원들에게 왕따를 당하는 수가 있으며 시간이 지난 후 자기 스스로도 코드를 파악하기 어려워진다. 간단 명료한 이름을 붙이는 것은 생각보다 훨씬 더 중요하며 또한 어려운 기술이기도 하다.

3.1.2 변수의 종류

변수는 메모리의 위치를 기억한다고 했다. 그러나 실제로 컴파일러가 변수를 참조할 때는 메모리 번지를 참조하는 것이 아니라 번지에 기억된 값을 참조한다. 예를 들어 Num=56이라는 대입문이 있다고 하자. 컴파일러는 이 명령을 다음 둘 중 어떤 것으로 해석할까?

- Num이 가리키는 번지를 56으로 바꾸어라.
- Num이 가리키는 번지에 들어있는 값을 56으로 바꾸어라.

상식적으로 생각해 봐도 후자가 맞다. 변수는 내부적으로 번지에 대한 위치를 가리키지만 컴파일러는 변수를 번지에 기억된 값으로 참조한다. 즉, 변수의 실체는 번지가 아니라 그 번지에 기록된 값이다. 컴파일러가 변수를 통해 값을 참조하기 위해서는 단순히 메모리 위치만 알아서는 안 된다. Num이 1234번지를 가리키고 있다고 할 때 "Num을 읽어라"는 명령을 내리면 1234번지부터 어디까지를 읽어야 하는 것인지를 알아야 하므로 Num의 길이가 필요하다.

또한 읽은 값을 어떻게 해석할 것인가도 알아야 한다. 메모리에는 0과 1만 나열되어 있으므로 위치와 길이 정보만으로는 값의 형태를 파악할 수 없다. 1234번지에 들어있는 값이 정수인지 실수인지 또는 구조체인지 등의 정보가 있어야 컴파일러가 이 값을 정확하게 해석할 수 있다. 정수와 실수는 값의 형태가 다르며 메모리에 기록되는 방식도 당연히 다르다. 그래서 변수로부터 값을 정확하게 읽으려면 변수의 형태에 대해서도 알아야 한다.

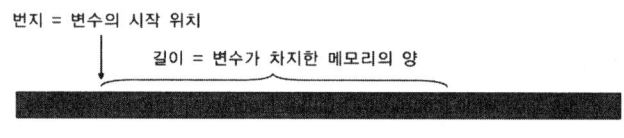

변수는 저장된 메모리 위치와 함께 길이와 형태에 대한 정보를 가지는데 이런 변수의 특성을 타입(Type)이라고 한다. 타입이란 컴파일러가 변수를 읽고 쓰는 방법에 대한 정보이며 타입에 따라 Num은 정수형 변수이고 Average는 실수형 변수임을 알 수 있게 된다. C언어는 아주 많은 타입을 지원한다. 일단 어떤 타입들이 있는지 정리해 보자. 크게 기본형과 유도형으로 나누어진다.

구분	타입	설명
기본형	정수형	정수
	문자형	문자
	실수형	실수
	열거형	가능한 값들에 대한 나열형
	void형	타입이 정해지지 않은 자료형
유도형	배열	같은 타입의 자료 집합
	구조체	다른 타입의 자료 집합
	공용체	메모리를 공유하는 자료 집합
	포인터	대상체의 번지를 가리키는 타입
	함수형	함수의 번지를 가리키는 타입

기본형이란 하나의 단일 값을 기억하는 단순한 타입이다. 정수값 하나를 기억하는 정수형이 가장 직관적으로 이해하기 쉽고 사용 빈도도 높다. 정수형 변수는 1234나 38 같은 정수값 하나를 저장할 수 있고 실수형 변수는 3.14나 1.5 같은 실수값 하나를 저장할 수 있다. 기본형은 전부 수치를 저장한다는 점에서 공통적이다.

유도형은 기본형으로부터 만들어지는 타입이다. 같은 종류의 변수 여러 개를 모으면 배열이 되고 다른 종류의 변수 여러 개를 모으면 구조체가 된다. 유도형은 다소 복잡하기 때문에 이 장에서는 소개만 하고 관련 장에서 다시 상세하게 다룰 것이다. 각 타입별로 한 장 이상씩을 차지할 정도로 유도형은 복잡하다.

3.1.3 변수의 선언

변수를 사용하려면 먼저 선언해야 한다. 선언(Declaration)이란 컴파일러에게 앞으로 이런 이름을 가진 어떤 타입의 변수를 사용하겠으니 준비해 달라고 부탁하는 것이다. 예를 들어 Num이라는 이름으로 정수형 변수를 선언하면 컴파일러는 이 변수를 위해 정수형 하나를 저장할 수 있는 메모리 4바이트를 할당한다. 앞으로 이 메모리에 들어있는 값은 Num이라는 변수 이름으로 참조하면 된다. 변수를 선언하는 기본 형식은 다음과 같다.

타입 변수명[=초기값][,변수명, 변수명, ...];

기본 형식에서 [ ] 괄호 안에 있는 것은 모두 생략 가능하다는 뜻이며 ... 표기는 임의 개수만큼 반복될 수 있다는 뜻이다. 반드시 필요한 것은 타입과 변수명, 그리고 제일 끝에 있는 세미콜론 밖에 없다. 변수 선언문도 문장이므로 끝에 세미콜론은 반드시 있어야 한다. 정수형 변수 Num을 선언하고 싶다면 다음과 같이 선언문을 작성한다.

int Num;

잠시 후에 다시 배우겠지만 정수형 타입은 int 키워드로 표현한다. 이렇게 선언만 하면 Num을 위해 메모리가 할당된다. 그러나 할당만 되며 값은 초기화되지 않는데 C는 속도를 위해 특별한 지정이 없으면 변수값을 초기화하지 않는다. 성능을 최우선으로 하는 C의 특징을 잘 보여주는 대목이다. 이렇게 되면 변수는 할당된 번지에 원래부터 들어 있던 의미없는 값을 가지게 되며 이 값을 쓰레기값(Garbage)이라고 한다. 만약 선언과 동시에 어떤 값으로 초기화하고 싶다면 변수명 다음에 = 구두점을 쓰고 원하는 초기값을 뒤에 쓰면 된다.

int Num=12;

Num 변수가 선언됨과 동시에 이 변수가 12라는 값을 가지도록 초기화된다. C는 성능을 최우선으로 하기 때문에 명시적인 지정이 없으면 별다른 동작을 하지 않는다. 초기값이 필요없으면 선언만 하고 필요할 때만 초기값을 지정한다. 여러 개의 변수를 같은 타입으로 한꺼번에 선언할 수도 있는데 콤마로 구분된 변수명을 계속 나열하면 된다. 이때도 = 구분자로 그 중 일부를 초기화할 수 있다.

```
int a,b=3,c,d;
```

4개의 정수형 변수가 선언되며 이 중 b는 3으로 초기화된다. 물론 다음처럼 각각의 변수 선언을 별도의 명령으로 따로 선언해도 상관없다. 효과는 동일하지만 줄 수가 길어진다.

```
int a;
int b=3;
int c;
int d;
```

다른 타입의 변수는 한꺼번에 같이 선언할 수 없으며 각각 따로 선언해야 한다. 다음은 정수형 변수 두 개와 실수형 변수 하나를 선언한 것이다.

```
int angle, radius;
double ratio;
```

변수는 필요한 만큼 얼마든지 선언할 수 있다. 앞 장에서 실습했던 삼각형 그리기 예제를 보면 두 개의 정수형 변수 i와 j를 선언하고 있다.

3.2 입출력

변수나 제어문을 공부하기 전에 기본적인 입출력 방법을 먼저 알아보도록 하자. 변수의 값을 확인하거나 처리 결과가 어떻게 나오는지 보려면 일단 화면에 찍어 봐야 하므로 효율적인 실습을 위해서는 입력과 출력 명령을 먼저 사용할 수 있어야 한다. 초보자들은 이론적인 설명보다는 눈에 보이는 것을 더 믿는 경향이 있어서 int Num=12; 선언문에 의해 정수형의 Num 변수가 생성되고 12로 초기화된다고 해도 "증거를 대라"는 식으로 믿지 않는 희한한 버릇이 있다. 공부할 때는 아무리 간단한 것이라도 확인해 보고 넘어가는 것이 좋다.

베이직은 PRINT라는 기본적인 출력문을 언어 차원에서 제공한다. 이에 비해 C언어는 문법의 간결성과 이식성 확보를 위해 언어 자체에 입출력 명령이 포함되어 있지 않다. 대신 컴파일러 제조사가 라이브러리(일단 명령의 집합이라고 생각하면 된다) 형태로 입출력 명령을 제공하며 이 명령들은 C 표준에 의해 모든 컴파일러가 의무적으로 제공하도록 되어 있으므로 언제든지 사용할 수 있다.

3.2.1 printf

printf는 C의 표준 출력 함수이며 C를 배우는 사람이 가장 먼저 대하는 명령어이다. 마치 도스를 처음 배우는 사람이 dir을 가장 먼저 배우고 윈도우즈를 처음 배울 때 탐색기부터 배우듯이 말이다. 함수의 정확한 개념에 대해서는 다음에 상세하게 배워 보기로 하되 일단은 명령의 일종이라고 생각하면 된다. 이 함수의 철자에 조금 주의해야 하는데 print가 아니라 printf이며 읽을 때는 "프린트에프"라고 읽는다. printf의 제일 뒤에 있는 f는 Formatting의 약자이며 서식화된 출력을 한다는 뜻이다.

서식화라는 말이 어렵게 들린다면 일단 조립이라고 생각하도록 하자. 가장 기초적인 명령이면서도 사실 이만큼 복잡한 명령어도 드물어서 완벽하게 자유자재로 사용하려면 많은 경험을 필요로 한다. 복잡한 내용은 차후에 천천히 알아보기로 하고 여기서는 기본적인 사용법만 익혀 보도록 하자.

printf는 괄호안의 문자열을 화면으로 출력한다. 가장 단순한 형태는 printf("문자열"); 인데 겹따옴표 안의 문자열이 화면으로 그대로 출력된다. printf("나는 바보다"); 라는 명령은 "나는 바보다"를 화면으로 출력한다. 앞 장에서 이미 printf("korea\n"); 이라는 명령을 사용해 본 적이 있지 않은가? 이 함수의 일반적인 사용법은 다음과 같다.

printf("서식문자열" [,인수, 인수, ...]);

서식 문자열을 화면으로 출력하되 문자열 내에 %로 시작되는 서식이 있으면 이 서식과 대응되는 뒤쪽의 인수(일단 변수라고 생각하기 바란다)를 문자열 안에 넣어 같이 출력한다. 즉 출력하기 전에 서식과 인수를 대응시켜 조립(Formatting)하는 과정을 먼저 거친다. 뒤쪽의 인수는 서식의 개수만큼 오되 서식이 없으면 인수를 생략할 수 있다.

예제 printf1

```
#include <Turboc.h>

void main()
{
    int value=12;
    char ch='S';

    printf("값은 %d이며 문자는 %c이다.\n",value,ch);
}
```

정수형 변수 value를 12로 초기화하고 문자형 변수 ch는 'S'문자로 초기화한 후 printf로 이 변수들의 값을 출력해 보았다. 출력 결과는 다음과 같다.

printf("값은 %d이며 문자는 %c이다.\n",value,ch);

값은 12이며 문자는 S이다.

서식 문자열 안에는 %d, %c 등의 서식이 포함되어 있으며 이 서식과 대응되는 인수 value와 ch가 서식 문자열 다음에 온다. 이 함수는 문자열 내의 서식을 대응되는 실제 변수값으로 바꾸어 화면에 출력한다. %d서식은 value에 대응되므로 이 자리에 value 변수의 실제값인 12가 삽입되고 %c서식은 ch에 대응되므로 ch변수의 실제값인 'S'가 삽입된다.

서식 문자열의 서식과 뒤쪽의 인수는 나타나는 순서대로 1:1로 서로 대응된다. 따라서 서식의 개수와 인수의 개수가 같아야 하며 또한 데이터형도 서로 일치해야 한다. %d는 정수형 서식이므로 정수형 변수와 대응되어야 하며 %c는 문자형 서식이므로 문자형 변수와 대응되어야 한다. 만약 개수나 타입이 일치하지 않으면 프로그램이 제대로 동작하지 않을 뿐만 아니라 어떤 경우에는 에러를 일으키고 다운될 수도 있다. 표준은 서식이 일치하지 않을 경우의 동작에 대해서는 정의하고 있지 않으므로(Undefined) 개발자가 반드시 일치시켜야 한다.

서식은 %다음에 알파벳 문자 하나로 표기하며 다음과 같은 종류가 있다. 서식의 수가 좀 많은데 이 중 %d, %c, %s, %f 정도만 알아 두면 변수값을 확인해 보는 용도로 충분히 활용할 수 있을 것이다. 나머지 서식은 필요할 때 이 표를 다시 참조하면 된다.

서식	의미	설명
%d 또는 %i	Decimal, Integer	10진 정수로 출력한다.
%o	Octal	8진 정수로 출력한다.
%x 또는 %X	heXadecimal	16진 정수로 출력한다. 대문자 X를 쓰면 A~F까지의 숫자도 대문자로 출력된다.
%u	Unsigned	부호없는 10진 정수로 출력한다.
%c	Character	1개의 문자를 출력한다.
%s	String	문자열을 출력한다.
%f	Float	고정 소수점 형식의 실수로 출력한다.
%e 또는 %E		부동 소수점 형식의 실수로 출력한다.
%g 또는 %G		%e, %f 중 더 짧은 형식으로 출력한다.
%p	Pointer	포인터의 번지값을 출력한다.
%n		출력된 문자 개수를 포인터 변수에 대입한다.
%%		%문자 자체를 출력한다.

printf 함수는 변수값을 화면으로 출력하거나 또는 문자열로 조립할 때 사용하는 가장 기본적인 함수이며 변수의 출력 위치와 형태를 서식으로 지정할 수 있는 아주 편리한 방법이기도 하다. 확인해 보고 싶은 값의 자리에 서식을 대신 넣어 주기만 하면 된다. 예를 들어 Score 정수형 변수에 총점이 있고 Average 실수형 변수에 평균이 저장되어 있다면 다음과 같이 출력한다.

printf("총점은 %d점이며 평균은 %f점입니다.\n",Score,Average);

%d자리에 Score에 기억된 정수값이 출력될 것이며 %f자리에 Average에 기억된 실수값이 출력될 것이다. 서식 문자열은 얼마든지 자유롭게 바꿀 수 있으므로 총점=%d, 평균=%f"나 "총점/평균(%d/%f)"로 작성할 수도 있다. printf는 서식이 있는 자리에 실제값을 끼워 넣기만 할 뿐이다.

서식은 이 자리에 "무엇을" 출력할 것인가를 지정하는데 이 외에도 "어떻게" 출력할 것인지도 지정할 수 있다. %와 서식 문자 사이에 원하는 출력 형태를 지정하는데 설명을 나열하는 것보다는 구체적인 예제를 통해 동일한 값을 다양한 형태로 출력하는 실습을 해 보자. 다음 예제는 정수형 변수 Num의 값을 %d 서식으로 출력하되 다양한 양식을 지정해 보았다.

예제 printf2

```
#include <Turboc.h>

void main(void)
{
    int Num=123;

    printf("-->%d<--\n",Num);
    printf("-->%5d<--\n",Num);
    printf("-->%05d<--\n",Num);
    printf("-->%-5d<--\n",Num);
}
```

출력 자리수를 확인하기 위해 서식 문자열의 앞뒤에 -->와 <--를 넣어 두고 중간에 세 자리의 Num 값을 출력했다. 실행 결과는 다음과 같다.

```
-->123<--
-->  123<--
-->00123<--
-->123  <--
```

%d만 쓰면 Num의 자리수대로 123만 출력되는데 %와 d 사이에 원하는 자리수를 지정하면 Num이 설사 이 자리수보다 작더라도 지정한 자리 수만큼 차지하도록 한다. Num이 세 자리밖에 안 되지만 %5d 서식을 사용했으므로 앞쪽에 두 개의 공백을 넣어 다섯 자리를 채운다. 숫자가 많이 들어가는 도표 형식을 출력할 때는 각 자리 수가 들쭉날쭉한 것보다 일정한 자리수를 지정하여 가지런히 정렬되는 것이 훨씬 더 보기 좋다. 다음 출력 결과 둘을 비교해 보라.

```
12/9 매출 : 3450000, 매입 : 1200000, 이익 : 820000
12/10 매출 : 6700, 매입 : 8000, 이익 : 10
12/11 매출 : 4500000, 매입 : 0, 이익 : 960000

12/ 9 매출 : 3450000, 매입 : 1200000, 이익 : 820000
12/10 매출 :    6700, 매입 :    8000, 이익 :     10
12/11 매출 : 4500000, 매입 :       0, 이익 : 960000
```

단, 자리수 지정은 최소한의 지정이므로 만약 자리수보다 값이 더 클 경우에는 지정한 자리수가 무시되고 값의 실제 자리수가 적용된다. 예를 들어 Num이 12345인데 %3d로 이 값을 출력하면 강제로 세 자리가 되는 것이 아니라 다섯 자리가 모두 출력된다. 지정한 자리 수를 억지로 맞추기 위해 값을 잘라 버린다면 이는 정확한 출력이 아닐 것이다.

자리수 지정 앞에 0을 붙이면 앞쪽에 공백 대신 0을 채운다. %5d 서식은 " 123"을 출력하지만 %05d 서식은 "00123"을 출력한다. 이때 앞쪽에 추가된 0을 선행 제로(Leading Zero)라고 하는데 값 자체를 바꾸지는 않으면서 자리 수만큼 글자를 채우는 역할을 한다. 선행 제로를 붙이지 않으면 10이 9나 8보다 작다고 평가되므로 크기순으로 정렬되어야 하는 수식을 위해 일부러 선행 제로를 삽입하는 경우가 종종 있다. 자리수에 -를 사용하면 전체 자리수에서 왼쪽으로 정렬되어 공백이 뒤쪽에 배치된다. 다음은 실수를 출력하는 %f 서식에 대해 알아보자.

예제 printf3

```c
#include <Turboc.h>

void main(void)
{
    double pie=3.14;
    printf("--->%f<---\n",pie);
    printf("--->%10f<---\n",pie);
    printf("--->%.2f<---\n",pie);
    printf("--->%10.2f<---\n",pie);
    printf("--->%010.2f<---\n",pie);
    printf("--->%-10.2f<---\n",pie);
}
```

%d 서식과 마찬가지로 전체 자리수를 지정할 수 있고 앞에 0과 -를 붙여 선행 제로를 붙이거나 왼쪽으로 정렬할 수 있다. 다만 점(.) 다음에 소수점 이하 몇 번째 자리까지 출력할 것인지를 따로 지정할 수 있다는 점이 다르다. 출력 결과는 다음과 같다.

```
-->3.140000<--
-->   3.140000<--
-->3.14<--
-->      3.14<--
-->0000003.14<--
-->3.14      <--
```

%f 서식은 기본적으로 소수점 이하 여섯 자리까지 출력하는데 뒤쪽에 의미 없는 0(이것을 후행 제로:Trailing Zero라고 한다)이 같이 출력되어 보기에 좋지 않다. 이럴 때 %.2f 서식을 사용하면 소수점 이하 두 자리까지만 출력되므로 보기에 훨씬 더 깔끔하다. %f는 지정한 자리수에서 반올림 처리까지 해 주므로 실수를 출력할 때는 가급적이면 소수점 이하 자리수를 지정하는 것이 좋다. 정수와 실수에 대응되는 두 서식의 완전한 형태는 다음과 같이 정리할 수 있다.

정수 : %[-][0][총자리수]d
실수 : %[-][0][총자리수][.소수점 이하 자리수]f

대표적으로 %d와 %f 서식에 대해서만 출력 양식을 지정하는 방법을 실습해 보았는데 나머지 서식들의 출력 양식도 거의 비슷한 방법으로 사용하면 된다. 더 자세한 사항에 대해서는 필요할 때 레퍼런스를 참고하기 바란다.

이상으로 C의 가장 기본적인 출력 함수인 printf 함수에 대해 알아보았는데 보기보다 훨씬 더 복잡하다는 것을 알 수 있다. 이 방식이 조금 구식인 것처럼 느껴질 수도 있고 배워둘 가치가 없는 것처럼 보이기도 하는데 그렇지 않다. 서식을 사용한 문자열 조립은 서식이 불일치할 때 컴파일러가 오류를 확인할 수 없어 다소 위험한 면이 있기는 하지만 굉장히 직관적이면서 효율적인 방법이다.

최신의 개발툴들도 printf와 유사한 서식 출력을 지원하는데 윈도우즈 API 함수 중에 wsprintf 함수가 있고 MFC에도 CString::Format 함수가 동일한 서식을 사용한다. 심지어는 PHP나 ASP 같은 스크립트 언어도 유사한 서식 조립 기능이 있다. 따라서 여기서 서식을 잘 익혀 두면 다음에 유용하게 활용할 수 있을 것이다. printf의 서식들은 애써 외워둘만한 충분한 가치가 있다. 단, 개발툴에 따라 서식의 고급 설정 부분은 조금씩 차이가 있으므로 그 부분만 다시 공부하면 된다.

C++ 언어는 printf보다 좀 더 안정적이고 확장 가능한 cout 출력 객체를 제공하는데 이 객체는 printf에 비해 훨씬 더 진보된 개념임은 분명하다. 그러나 현대적인 그래픽 환경에서 사실 텍스트 화면에 출력

할 일은 거의 없다고 볼 수 있으므로 cout도 쓸 일이 많지 않을 것이다. 이에 비해 printf 방식의 서식 조립은 앞으로도 계속 사용될 전망이다.

| 참 | 고 |

printf를 영문 발음 그대로 "프린트프"라고 읽는다고 해서 꼭 틀렸다고 할 수는 없다. C 표준 문서에 이 함수를 어떻게 읽으라는 발음기호가 명시되어 있는 것은 아니므로 읽는 사람이 편한 대로 읽으면 된다. 그러나 혼자서 개발을 하지 않는 한 팀원들과 대화를 해야 하는데 이때 함수 이름을 읽는 방법이 제각각 다르다면 원활한 의사소통에 방해가 되므로 가급적이면 우세한 발음을 따르는 것이 좋다. 영어 단어는 그대로 읽되 앞뒤에 붙는 약자는 알파벳 그대로 읽는 것이 보편적이다. wsprintf를 "위스프린트프" 이렇게 읽으면 저 사람 참 특이하다는 소리를 듣게 될 것이다.

3.2.2 scanf

프로그램은 혼자 실행되는 것이 아니라 보통 사용자와 상호 작용한다. 어떤 특정한 동작을 하려면 사용자로부터 명령을 받아들이거나 동작에 필요한 기본적인 정보를 입력받아야 한다. 예를 들어 바이오리듬 프로그램을 작성한다면 생년월일과 조사하고 싶은 날짜를 사용자에게 물어 보아야 할 것이고 성적관리 프로그램이라면 관리의 대상이 되는 성적을 입력받아야 할 것이다.

scanf(스캔에프라고 읽는다)는 사용자로부터 정보를 입력받는 기본 함수이다. printf의 반대 함수이며 동일한 서식을 사용한다. 즉 정수를 입력받고 싶으면 %d 서식을 사용하고 문자열을 입력받고 싶으면 %s 서식을 사용하면 된다. 단 실수 서식인 %f가 printf는 float, double에 모두 대응되는데 비해 scanf는 float와만 대응된다는 점만 다르다. scanf로 double값을 입력받으려면 %lf 서식을 사용해야 한다. scanf를 호출하면 화면에 커서가 나타나 깜박거리며 입력을 요구하는데 이 상태에서 사용자는 키보드를 통해 프로그램이 요구하는 정보를 입력하고 Enter키를 누르면 된다. 기본 형식은 다음과 같다.

scanf("서식문자열", &변수 [,&변수, ...]);

printf 와는 달리 서식 문자열에는 오로지 서식만 들어갈 수 있으며 서식 이외의 문자열은 넣어 봐야 무시된다. 입력받고자 하는 정보를 사용자에게 요구할 때는 scanf 이전에 printf로 미리 어떤 정보를 입력하라는 안내 문자열(프롬프트라고 한다)을 출력해야 한다. 앞 장에서 작성한 숫자 맞추기 게임의 소스를 보면 scanf의 사용예가 있다.

```
printf("숫자를 입력하세요(끝낼 때는 999) : ");
scanf("%d",&input);
```

printf 함수로 미리 어떤 값을 입력해 달라는 메시지를 출력하였다. 이때 개행 코드(\n)를 출력하지 않아야 메시지 바로 다음 위치에서 입력을 받을 수 있다. 서식 문자열로 %d를 주어 정수값 하나를 입력받는다는 것을 표시했으며 이 값을 input이라는 변수에 대입하도록 했다. 문자를 입력받는다면 %c, 실수는 %f, 문자열은 %s 서식을 사용하면 된다.

이때 scanf로 입력받을 변수를 지정할 때 변수명 앞에 & 연산자를 붙여야 한다. 이유는 변수의 값이 아닌 번지를 전달해야 scanf가 이 변수의 값을 변경할 수 있기 때문이다. 무척 복잡하게 들리겠지만 &연산자는 한참 후에나 살펴볼 수 있는 어려운 연산자이기 때문에 일단은 이해가 가지 않더라도 scanf로 값을 입력받을 때는 & 연산자를 변수명 앞에 붙여야 한다는 것을 외워 버리도록 하자.

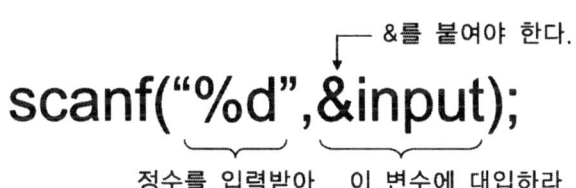

정수형 변수 a에 값을 입력받으려면 scanf("%d", &a), 실수형 변수 b에 값을 입력받으려면 scanf("%f", &b)라고 호출하면 된다. 문자열의 경우는 입력받는 방법이 조금 다른데 아직 문자열 표현 방법을 배우지 않았으므로 다음에 기회가 될 때 설명하도록 하자. 다음 예제는 입출력 실습을 위한 예제이다. 두 개의 정수를 사용자로부터 입력받아 그 합을 출력한다.

예제 scanf

```c
#include <Turboc.h>

void main()
{
    int a,b;
    int sum;

    printf("첫 번째 숫자를 입력하세요 : ");
    scanf("%d",&a);
    printf("두 번째 숫자를 입력하세요 : ");
    scanf("%d",&b);
    sum=a+b;
    printf("입력한 두 수의 합은 %d입니다.\n",sum);
}
```

printf로 어떤 수를 입력하라는 안내 메시지를 먼저 출력하고 scanf로 정수값을 입력받아 a, b 변수에 저장했다. sum에 두 수의 합을 구하고 printf로 그 합을 출력하면 된다. 실행 결과는 다음과 같다.

```
첫 번째 숫자를 입력하세요 : 26
두 번째 숫자를 입력하세요 : 32
입력한 두 수의 합은 58입니다.
```

printf가 한꺼번에 여러 개의 변수를 출력할 수 있듯이 scanf도 여러 개의 변수를 한꺼번에 입력받을 수 있다. 서식 문자열에 여러 개의 서식을 작성하고 뒤쪽에 입력받을 변수도 서식 개수만큼 나열하면 된다. 다음 코드는 scanf를 한 번 호출하여 두 개의 정수를 입력받는다.

```
printf("두 개의 숫자를 입력하세요 : ");
scanf("%d%d",&a,&b);
```

사용자는 두 정수를 공백, 개행 코드 등으로 분리해서 입력한다. printf와 마찬가지로 %와 서식 사이에 입력 형식을 지정하는 다양한 양식도 사용할 수 있다. 별로 어렵지는 않지만 여기서는 이런 것들에 대해서 굳이 설명하지 않고자 한다. 지금은 그래픽 환경의 윈도우즈 시대이고 그래픽 환경에서는 값을 입력하거나 선택하는 다양한 컨트롤들이 제공된다. 다음은 값을 입력받는 대화상자의 한 예이다.

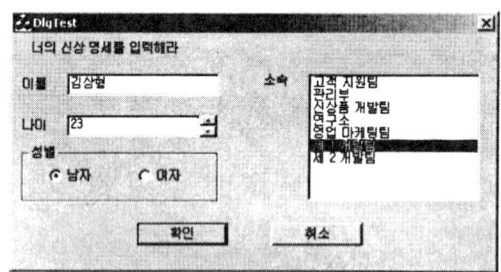

입력받고자 하는 값의 성격에 따라 적합한 컨트롤들을 사용할 수 있으므로 훨씬 더 직관적이고 사용하기도 쉽다. 뿐만 아니라 scanf는 질문과 답변 형태로 값을 입력받지만 대화상자는 순서에 상관없이 입력할 수 있고 확인 버튼을 누르기 전에 마음대로 수정할 수도 있다. 키보드로 값을 타이프해서 입력하는 시대는 한참 전에 지났으며 그래서 도스용 프로그램을 작성하지 않는 한 scanf 함수로 값을 입력받아야 하는 경우는 거의 없다.

하지만 지금 C를 처음 배우는 사람들은 scanf 함수의 기본적인 사용 방법을 알아야 하는데 이 함수 외에는 콘솔 환경에서 값을 입력받을만한 적당한 방법이 없기 때문이다. 위에 보인 대화상자가 멋있어 보이겠지만 C 문법을 처음 배우는 사람에게 저런 대화상자를 만드는 것은 너무 너무 어려운 기술이다.

그래서 당분간은 기본적인 입력을 scanf 함수로밖에 할 수가 없다.

지금 scanf 함수를 알아야 하는 이유는 실제 프로젝트에 이 함수가 필요해서가 아니라 문법 공부를 하는데 이 함수의 도움이 필요하기 때문이다. 요즘 같은 그래픽 환경에서 이 함수는 실습용 이상의 의미를 부여하기 어렵다. scanf 함수를 실제로 사용해야 한다거나 더 자세한 사항을 알고 싶다면 레퍼런스를 참고하기 바라되 그렇지 않다면 정수값과 문자열을 입력받을 수 있는 정도의 사용법만 알아도 당장 실습하는 데는 별 무리가 없을 것이다. scanf가 아니더라도 공부해야 할 것들이 얼마든지 많으므로 여기서 불필요하게 힘을 뺄 필요는 없다.

3.2.3 그 외의 입출력 함수들

다음은 화면과 커서를 제어하는 몇 가지 명령들에 대해 알아보자. 앞으로 예제 작성 과정에서 이 함수들을 수시로 사용하게 될 것이다. 사용 형식이 무척 간단하기 때문에 예제만 한 번씩 작성해 봐도 어떤 동작을 하는 명령들인지 금방 알 수 있을 것이다.

:: clrscr()

Clear Screen의 약자이며 이름 그대로 화면을 깔끔하게 지우고 커서를 화면 좌상단으로 옮긴다. 화면에 이미 출력된 내용을 지우고 새로운 내용을 출력하고자 할 때 이 명령을 사용한다. 특별한 형식은 없고 일종의 함수이므로 뒤에 빈 괄호와 세미콜론만 붙이면 된다. 즉 언제든지 clrscr();만 호출하면 화면이 깨끗하게 지워진다.

:: gotoxy(x,y)

콘솔 화면은 일반적으로 가로로 80개의 문자를 표시할 수 있고 세로로 25줄을 출력할 수 있다. 윈도우즈의 콘솔은 설정하기에 따라 더 넓은 폭을 가질 수도 있고 스크롤도 가능하지만 여기서는 도스나 유닉스의 콘솔과 비슷하다고 생각하기로 하자. 콘솔은 80*25의 바둑판 같은 좌표 공간이라고 할 수 있는데 각 위치는 x축과 y축의 좌표값을 가진다. 그림으로 그려보면 다음과 같을 것이다.

좌상단의 원점 좌표가 (0,0)이 되며 우하단은 (79,24)가 되고 중앙의 좌표는 (40,12) 정도가 될 것이다. 콘솔 화면으로의 모든 출력은 항상 커서가 있는 현재 위치를 참조하도록 되어 있으며 printf로 문자열을 출력하면 현재 위치에 문자열이 출력된다. 모든 출력문들은 현재 커서 위치에 문자열을 출력하며 출력한 후 커서를 다음 위치로 옮겨 주는데 커서는 왼쪽에서 오른쪽으로, 위에서 아래로 마치 타자기에 글씨를 써 내려가는 것처럼 움직인다. 그래서 printf를 계속 호출하면 연속적으로 문자열이 출력된다.

gotoxy 함수는 커서의 위치, 그러니까 다음 문자열이 출력될 좌표값을 바꾼다. 인수로 옮기고자 하는 x, y 좌표를 지정하면 커서가 이동하며 이어지는 출력은 이 위치로 나가게 된다. 현재 위치가 아닌 특정 위치에 출력하고 싶다면 출력 명령을 사용하기 전에 gotoxy로 원하는 좌표값을 지정한다. 다음 예제는 화면을 깨끗하게 지운 후 중앙에 문자열을 출력한다.

예제 gotoxy

```
#include <Turboc.h>

void main()
{
    clrscr();
    gotoxy(37,12);
    printf("center\n");
}
```

깨끗한 화면 중앙에 "center"라는 문자열이 출력될 것이다. 수평 중앙 좌표는 40이지만 center가 6자의 길이를 가지므로 t자가 40좌표에 올 수 있도록 3만큼 더 뺀 위치에 출력했다. 커서를 옮기는 것은 그 자리에 어떤 출력을 하기 위해서이므로 gotoxy 다음에는 거의 항상 printf나 puts 같은 출력 명령이 뒤따른다.

∷ wherex(), wherey()

gotoxy가 화면의 현재 위치를 바꾸는데 비해 이 두 함수는 화면의 현재 위치를 조사한다. 만약 현재 위치에서 오른쪽으로 2칸 더, 아래쪽으로 3칸 더 상대적인 좌표로 이동하고 싶다면 다음과 같이 호출한다.

```
gotoxy(wherex()+2, wherey()+3);
```

wherex는 현재 x좌표를 조사하고 wherey는 현재 y좌표를 조사한다. 둘 다 함수이므로 반드시 괄호를 사용해야 한다.

:: puts("문자열")

puts 함수는 문자열만 출력할 때 사용한다. printf로도 문자열을 출력할 수 있지만 puts는 서식을 다루지 않기 때문에 훨씬 더 간편하며 속도도 빠르다는 장점이 있다. 화면에 "korea"라는 문자열을 출력하고 싶다면 puts("korea")를 호출하면 된다. printf는 문자열 출력 후 개행을 하지 않으므로 다음 줄로 내리려면 \n 확장열을 사용해야 하지만 puts는 문자열을 출력한 후 항상 개행을 하므로 \n을 일부러 붙이지 않아도 된다. 즉 문자열 str이 있을 때 puts(str)은 printf("%s\n",str)과 동일하다. puts("korea\n")은 별도의 개행 문자가 문자열에 포함되어 있으므로 두 줄 개행될 것이다.

:: gets(변수)

gets 함수는 문자열을 입력받아 인수로 주어진 변수에 저장하는데 gets(str)은 scanf("%s",str)과 유사하다. 그러나 scanf는 문자열을 공백에서 끊어 버리기 때문에 긴 문자열을 입력받을 수 없는데 비해 gets는 개행 코드 이전의 모든 문자를 입력받는다는 점이 다르다. 다음 예제로 scanf와 gets의 차이점을 비교해 보자.

예제 gets

```c
#include <Turboc.h>

void main()
{
    char addr[128];

    printf("주소를 입력하세요 : ");
    scanf("%s",addr);
    printf("입력받은 받은 주소 = %s\n",addr);
}
```

이 예제에서 addr이 문자열을 기억하기 위한 문자형 배열인데 문자열에 대한 내용은 잠시 후 따로 알아보기로 하자. scanf로 문자열을 입력받을 때는 정수형이나 실수형과는 달리 &연산자를 변수 앞에 붙이지 않는다는 점을 주의하도록 하자. 실행한 후 다음과 같이 여러 개의 단어로 구성된 주소를 입력해 보아라.

주소를 입력하세요 : 서울시 강남구 역삼동 LPACampus
입력받은 받은 주소 = 서울시

scanf는 "서울시"까지만 입력받고 공백 이후는 입력으로 인정하지 않으므로 addr에는 "서울시"까지만 저장된다. 이에 비해 gets(addr)로 입력을 받으면 Enter를 칠 때까지 입력된 모든 문자를 addr에 저장한다. 즉 scanf의 %s 서식은 단어를 입력받고 gets는 문장을 입력받는다.

∷ putch(c)

문자 하나만 출력하는 함수이다. putch('C')를 호출하면 현재 커서 위치에 C 문자가 출력될 것이고 putch('*')를 호출하면 *가 출력될 것이다. printf 함수의 "%c" 서식을 사용하는 것과 동일하되 훨씬 더 간편하게 사용할 수 있다.

∷ getch()

getch 함수는 문자 하나만 입력받는다. scanf는 값을 입력한 후 반드시 Enter를 눌러야 하는데(투터치) 비해 getch는 키를 누르는 즉시(원터치) 눌러진 문자를 조사하므로 Enter키를 누르지 않아도 된다는 것이 장점이다. 대신 scanf는 입력한 후 Enter키를 누르기 전에 편집을 할 수 있지만 getch는 누르는 즉시 입력되어 버리므로 일단 키보드를 두드리면 입력을 취소할 수 없다. 전문용어로 낙장불입이라고 한다. 다음이 getch 함수를 사용하는 코드의 예이다.

```
printf("게임을 계속 하시겠습니까? (Y/N) :");
int ch=getch();
```

게임을 계속할 것인지, 아니면 그만둘 것인지를 물어보는데 사용자는 이 질문에 대해 Y나 N키를 눌러 응답해야 한다. scanf 함수를 사용한다면 Y 또는 N을 입력한 후 Enter를 눌러야 하므로 번거롭지만 getch를 사용하면 두 키 중 하나가 눌러지는 즉시 키를 입력받으므로 훨씬 더 간단하고 편리하다. getch는 사용자가 누른 키의 문자 코드값을 돌려주는데 이 값을 정수형 변수에 대입한 후 사용하면 된다.

단, 커서 이동키나 펑션키같이 문자가 아닌 키를 누를 경우 getch 함수는 확장키라는 의미의 0xE0 또는 0을 돌려준다. 이럴 때는 getch 함수를 한 번 더 호출하여 확장키의 키코드를 조사할 수 있다. getch로 커서 이동키를 입력받는 방법에 대해서는 다음에 관련 예제에서 자세하게 연구해 볼 것이다.

getch는 사용자가 키를 누를 때까지 대기하는 특성이 있다. 그래서 화면에 출력된 내용을 확인할 시간을 주고자 할 때도 이 함수가 종종 사용된다. 예를 들어 화면에 아주 복잡한 도표를 여러 개 보여주어야 한다고 하자. 도표 출력문 끝에 getch를 넣어 두면 다음 출력으로 넘어가기 전에 사용자가 이 도표를 읽을 기회를 제공한다.

예제 getchwait

```
#include <Turboc.h>

void main()
{
    puts("===========================================\n");
    puts("아주 복잡한 도표를 출력했다 치자.\n");
    puts("===========================================\n");

    puts("다 보셨으면 아무 키나 누르세요.");
    getch();
    clrscr();
    puts("잘 보셨어요?");
}
```

getch는 다음 명령으로 넘어가기 전에 키 입력을 대기하므로 사용자가 다 읽고 임의의 키를 누를 때까지 clrscr 호출을 연기시키는 역할을 한다. 이 함수는 결과 확인을 위한 대기용으로도 실용성이 있는데 이때는 눌러진 키를 알고자 하는 것이 아니므로 돌려지는 값을 변수에 대입할 필요는 없다.

getch, putch와 이름이 비슷한 getchar, putchar 표준 함수도 있다. 두 함수 그룹은 버퍼를 사용하는가 아닌가, CR/LF 변환을 하는가 아닌가, 문자의 속성 표현 유무, 에러 처리 방식, 입력 완료 시점 등의 많은 차이점이 존재하는데 보통의 경우에는 별 차이가 없으므로 같은 함수라고 생각해도 무방하다. 이 책에서는 가급적이면 실습에 편리한 getch, putch 함수를 사용하기로 한다. getchar는 엔터를 눌러야만 문자를 입력받으므로 게임 제작, 메뉴 입력 등의 실습에 어울리지 않는다.

∷ delay(n)

이 함수는 출력 함수는 아니지만 출력과 관계가 있다. 인수로 주어진 n만큼 시간을 지연시키는데 1/1000초 단위로 아무 것도 하지 않고 대기한다. delay(100)을 호출하면 0.1초간 대기하며 delay(1000)을 호출하면 1초간 대기한다. 여러 가지 출력문을 순서대로 보여줄 때는 이 함수로 적당히 시간을 지연시켜야 한다. 그렇지 않으면 컴퓨터가 워낙 빠르기 때문에 사용자가 출력 결과를 읽을 수 없을 것이다. 다음 코드는 5초간 대기한 후 화면을 지운다.

```
printf("5초 후에 화면을 지웁니다.\n");
delay(5000);
clrscr();
printf("깨끗하지요?\n");
```

일정한 주기로 애니메이션을 재생한다거나 어떤 대상을 움직일 때 이 함수를 중간에 넣어 두면 애니메이션 속도를 조정할 수 있다. 이 함수는 엄청난 속도로 동작하는 컴퓨터가 느려터진 인간을 위해 잠시 기다려주는 역할을 한다.

∷ exit(0)

프로그램을 강제로 종료한다. 이 함수를 일부러 호출하지 않더라도 main 함수가 끝나면 프로그램도 자동으로 종료되지만 치명적인 에러나 사용자의 명시적인 명령에 의해 실행 중간에 종료하고자 할 때는 이 함수를 호출한다. 앞 장의 숫자 맞추기 게임인 RandNum에서 이 함수를 사용했었는데 사용자가 게임을 그만 두겠다는 의미의 999를 입력했을 때 이 함수로 프로그램을 종료하도록 했다.

exit의 괄호 안에는 프로그램 자체의 리턴값을 적는데 정상적으로 종료했을 때 0을 넘기며 실행 중 에러가 발생했을 때 0이 아닌 에러 코드(주로 -1)를 넘기도록 약속되어 있다. 프로그램의 리턴값은 프로그램을 실행시킨 쉘로 전달되는데 이 값은 잘 사용되지 않으므로 통상 exit(0) 형식대로 사용하면 된다.

∷ kbhit()

키보드의 키가 눌러져 있는지 아닌지만을 조사한다. 눌러졌으면 참의 값을 리턴하고 그렇지 않을 경우에는 거짓의 값을 리턴한다. getch는 키가 눌러질 때까지 대기하므로 프로그램 실행을 블록시키는 특성이 있어 키 입력과 무관하게 연속적으로 실행되어야 하는 게임에서는 부적당하다. 다음이 이 함수의 가장 전형적인 사용예이다.

```
if (kbhit()) ch=getch();
```

보통 if 조건문과 함께 사용되며 키가 눌러져 있을 때만 getch 함수를 호출하여 눌러진 키를 조사한다. 구체적인 사용예는 다음 장에서 보게 될 것이다.

∷ setcursortype(커서형태)

콘솔창에서는 주로 문자를 입출력하는데 다음 입출력될 위치는 커서가 가리킨다. 사용자는 주기적으로 깜박거리는 커서를 보고 자신이 입력한 문자가 이 위치에 나타난다는 것을 알 수 있으며 또한 다음 출력될 위치도 알게 된다. 통상적인 경우 커서는 꼭 필요하지만 게임 같은 경우에는 커서가 오히려 게임 진행에 방해가 되므로 표시하지 않는 것이 더 좋다. 14장의 여러 게임들을 실행해 보면 커서가 보이지 않는데 커서가 있는 상태로 게임을 실행해 보면 이 함수가 왜 필요한지를 알 수 있을 것이다.

setcursortype 함수는 커서의 형태를 변경하는데 괄호안의 인수로 NOCURSOR를 전달하면 커서가 사라지고 NORMALCURSOR라고 주면 커서가 다시 나타난다. 게임을 시작하기 전에 커서를 없애 버리는 것이 좋고 게임이 끝날 때 다시 나타나도록 한다. 물론 커서는 잠시 숨겨지는 것이지 커서 자체가 없어지는 것은 아니다. 커서는 보통 문자 아래쪽의 얇은 두 줄로 표시되는데 SOLIDCURSOR로 지정하면 문자 높이만큼의 크기를 가진다.

이상으로 콘솔 환경의 기본적인 입출력 함수들에 대해 알아보았는데 이 함수들은 앞으로의 실습에 지속적으로 활용되므로 잘 알아 두어야 한다. C 표준 라이브러리는 이 외에도 다양한 입출력 함수들을 많이 제공하고 있으나 콘솔 프로젝트를 실무적으로 만들 경우가 아니라면 더 이상 상세하게 알 필요는 없다. 어차피 콘솔 환경은 C 실습을 위해 잠시 머무르는 곳 이상의 의미를 부여하기 힘들므로 실습에 필요한 정도만 알아 두도록 하자.

3.3 정수형

3.3.1 정의

정수(Integer)란 부호는 있지만 소수점 이하를 표현하지 못하는 수이다. 0, -23, 156 이런 값들은 정수이며 1.28, 25.4 이런 값은 소수점 이하가 있으므로 정수가 아니다. 정수의 정의는 중학교 수학 수준에서 설명되는 것이므로 더 상세한 설명이 필요하지는 않을 것이다. 단, 컴퓨터의 메모리는 유한하기 때문에 수학적 정의와 같은 무한대의 범위를 지원하지 않는다는 정도만 다르다.

정수형이란 이런 정수값을 저장할 수 있는 타입이다. 컴퓨터라는 존재가 원래 정수적인 존재이고 실생활에서 가장 많이 사용되는 수이기 때문에 정수형 타입이 가장 흔하게 사용된다. 정수형 변수의 타입 이름은 Integer의 앞 세 자를 딴 int이다. 따라서 정수형 변수 i를 선언하려면 다음과 같은 선언문을 사용한다.

```
int i;
```

키워드 int 다음에 원하는 변수 이름 그리고 세미콜론으로 구성되어 있다. 컴파일러는 이 선언문을 만났을 때 정수값을 저장할만한 4바이트의 공간을 할당하고 이 공간에 대해 i라는 이름을 붙여줄 것이다. 이후 i라는 변수명을 통해 이 메모리에 정수값을 저장할 수 있고 또 값을 읽을 수도 있다. 정수형은 최대 표현 가능한 값의 크기와 부호의 존재 유무에 따라 여러 가지 종류로 나누어진다.

먼저 변수의 크기와 표현 가지수의 관계에 대해 알아보자. 값 하나를 표현하기 위해 몇 비트를 사용할 것인가에 따라 표현 가능한 수의 개수가 달라진다. 예를 들어 1비트로만 구성된 정수형이 있다면 이 정수로는 0과 1의 두 가지 상태밖에 기억하지 못한다. 이런 비트가 두 개 모이면 00, 01, 10, 11 네 가지 각각 다른 상태를 표현할 수 있다. 비트 세 개가 모인다면 각 비트값의 조합에 따라 다음 8가지 상태를 표현할 수 있다.

이진수	십진수
000	0
001	1
010	2
011	3
100	4
101	5
110	6
111	7

같은 원리로 비트가 4개 모이면 16가지 상태를 표현할 수 있을 것이다. 일반적으로 n개의 비트가 모이면 2^n가지의 수를 표현할 수 있으며 0부터 시작하므로 최대 표현 가능한 수는 2^n-1이 된다. 8비트로 구성되는 1바이트는 총 256가지 종류의 수를 표현할 수 있고 표현 가능한 최대 수는 255가 되어 0~255까지의 정수를 기억할 수 있다. 2바이트(16비트)라면 2^{16} 종류의 값을 기억할 수 있고 4바이트(32비트)라면 2^{32} 종류의 값을 기억할 수 있을 것이다.

다음은 부호 여부에 따른 표현 범위의 차이를 보자. 부호가 있는 정수(signed)는 제일 왼쪽의 비트(MSB라고 한다)를 부호 비트로 사용하며 이 비트가 0이면 양수이고 1이면 음수가 된다. MSB를 부호 비트로 사용하면 값을 기억하는 비트 하나가 줄어들게 되므로 표현할 수 있는 최대값은 절반으로 줄어드는 대신 음의 값을 표현할 수 있다. 값의 범위가 음수 영역으로 평행 이동하는 것이다.

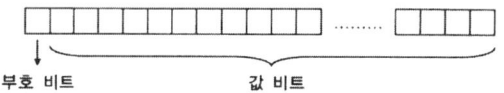

부호 비트   값 비트

8비트 정수의 경우 총 256가지의 수를 표현할 수 있는데 부호가 없으면 0~255까지의 표현 범위를 가진다. 부호가 있다면 음수 범위로 절반이 이동하여 -128~127까지의 수를 표현할 수 있을 것이다. 16비트 정수는 부호가 없을 때 0~65535까지, 부호가 있으면 -32768~32767까지를 표현한다. 결국 표현할 수 있는 가지수는 같지만 부호 여부에 따라 범위만 달라지는 것이다.

int라는 정수형의 타입 앞에 크기를 나타내는 short, long 같은 수식어와 부호를 나타내는 signed, unsigned 같은 수식어가 붙어 다음과 같은 다양한 정수형 타입을 선언할 수 있다.

타입	크기(바이트)	부호	범위
int	4	있음	-2147483648~2147483647
short int	2	있음	-32768~32767
long int	4	있음	-2147483648~2147483647
unsigned int	4	없음	0~4294967295
unsigned short int	2	없음	0~65535

도표를 보면 각 타입별로 할당된 바이트 수와 부호 여부가 다른데 이 크기와 부호 여부에 따라 표현 가능한 수의 범위가 달라진다. 4바이트 크기의 unsigned int는 최대 42억이라는 큰 값을 기억할 수 있는데 비해 2바이트 크기의 unsigned short int는 65535까지만 기억할 수 있다. int형은 부호가 있고 4바이트의 크기를 가지므로 $-2^{31} \sim 2^{31}-1$까지의 범위를 가지는데 비해 unsigned형은 같은 4바이트이지만 부호가 없기 때문에 음수를 표현할 수 없는 대신 $0 \sim 2^{32}-1$까지 표현할 수 있다. 타입의 이름이 좀 긴데 다음 두 가지 규칙에 의해 좀 더 간략하게 표현할 수도 있다.

① 부호에 대한 수식어가 생략되면 signed가 적용되어 부호가 있는 것으로 선언된다. signed int는 int와 같고 signed short int는 short int와 같다. 그래서 signed는 보통 붙이지 않는다.

② int 앞에 수식어가 있을 경우 int는 생략할 수 있다. 그래서 unsigned int는 unsigned로 간단하게 쓸 수 있으며 long int는 long과 같다. 부호있는 4바이트 정수형은 signed int라고 쓰는 것이 원칙이나 signed를 생략하고 int로 쓸 수도 있고 int를 생략하고 signed로 쓸 수도 있다. 그러나 통상 signed라고 쓰지 않고 int라고 간략하게 쓰는 것이 보통이다.

똑같은 정수형에 대해서도 다양한 타입이 준비되어 있는데 이는 상황에 따라 가장 적절한 타입을 선택해서 쓸 수 있도록 하기 위해서이다. 년도나 온도를 기억한다면 2바이트의 short형으로도 충분하므로 굳이 기억 장소를 낭비해 가면서 4바이트나 차지하는 int형을 쓸 필요가 없다. 또한 나이나 성적같이 음수값이 존재하지 않는다면 부호가 없어도 상관없으므로 unsigned형을 쓰는 것이 더 좋다.

3.3.2 정수형의 길이

C의 정수형, 더 정확하게 말해서 컴퓨터가 표현하는 정수라는 개념은 수학에서 말하는 정수와는 의미가 약간 다르다. 수학의 정수는 음양으로 무한대의 값을 표현할 수 있지만 유한한 메모리를 가진 컴퓨터는 이런 무한한 값을 표현하지 못하며 자신에게 할당된 메모리양만큼의 값만 기억할 수 있다. 그래서 가끔 연산 결과가 용량을 넘어서는 경우가 발생하기도 하는데 다음 예제를 실행해 보자.

예제 overflow

```
#include <Turboc.h>

void main()
{
    short a,b,c;
    unsigned short s,t,u;

    a=20000;
```

```
    b=30000;
    c=a+b;
    printf("%d+%d=%d\n",a,b,c);

    s=20000;
    t=30000;
    u=s-t;
    printf("%d-%d=%d\n",s,t,u);
}
```

정수형 변수로 간단한 덧셈, 뺄셈을 해 보았는데 실행 결과는 다음과 같다.

20000+30000=-15536
20000-30000=55536

세 개의 2바이트 정수(short) a, b, c를 선언하고 a에 20000, b에 30000을 대입한 후 이 두값을 + 연산자로 더해 c에 대입했다. 그러면 c는 당연히 50000이라는 값을 가져야겠지만 실제 결과는 엉뚱하게도 -15536으로 출력된다. 왜냐하면 a, b, c 변수는 부호있는 2바이트의 정수형인 short형으로 선언되었고 최대 32767 이상의 수를 저장할 수 없기 때문이다. 50000이라는 값이 대입되기는 하지만 short형은 최상위 비트를 부호 비트로 해석하기 때문에 음수가 되어 버리는 것이다. 이런 식으로 변수의 저장 용량을 넘어서는 현상을 오버플로우(Overflow)라고 한다.

이런 문제가 발생한 근본적인 원인은 만단위의 수치를 저장하는데 short형을 사용했다는데 있다. a,b,c를 unsigned short형으로만 바꾸어도 위 예제는 제대로 실행된다. 그러나 그렇게 하더라도 65535 이상의 수를 저장할 수는 없다. 더 큰 수를 다루려면 int나 unsigned 같은 4바이트의 더 큰 타입을 사용해야 한다. int는 20억 정도의 큰 수치를 저장할 수 있으므로 일반적으로 오버플로우 걱정을 하지 않아도 된다.

변수의 표현 범위를 초과하는 현상과 반대로 최소 표현수에 미치지 못하는 경우도 발생할 수 있다. s, t, u는 모두 부호를 표현하지 못하는 unsigned short로 선언되었으며 20000이라는 값을 가지는

s에서 30000이라는 값을 가지는 t를 빼서 u에 대입했다. u에 대입되는 값은 -10000이 아니라 55536이라는 양수값이 되어 버린다. unsigned short형이 표현할 수 있는 최소수는 0인데 이 값보다 더 작은 값을 대입했으므로 계산 결과가 틀려지는 것이다.

수학적인 연산을 할 때는 항상 이 점을 주의해야 한다. 아주 간단할 것 같은 연산도 정확한 타입과 함께 사용해야만 결과가 제대로 나온다. 메모리가 지극히 부족한 상황이 아닌 한은 정수가 필요할 때 부호 있는 4바이트 정수인 int를 사용하면 별 문제가 없다. int는 음양으로 20억이라는 실생활에서 거의 부족하지 않는 정도의 표현 범위를 가지고 있기 때문이다.

정수형 타입의 도표를 보면 int와 long은 크기니 부호 여부가 동일하여 따라서 표현할 수 있는 수의 범위도 완전히 동일하다. 왜 똑같은 타입을 둘씩이나 정의해 놓았는지 의아하겠지만 이 둘은 엄밀하게 말하면 다른 타입이다. 아니, 다른 타입이라기보다는 달라질 수 있는 타입이라고 하는 편이 옳을 것 같다.

C언어의 타입 정의에 int형은 "CPU의 레지스터와 동일한 크기를 가지는 타입"으로 정의되어 있다. 레지스터란 CPU내의 임시 기억 장소이며 레지스터의 크기에 따라 CPU의 비트 수를 정의한다. 즉, 레지스터가 16비트이면 16비트 컴퓨터, 32비트이면 32비트 컴퓨터라고 부른다. 비트 수가 높으면 높을수록 CPU가 한 번에 처리할 수 있는 자료양이 많아지므로 더 성능이 높다고 할 수 있다.

즉, int형은 CPU가 가장 효율적으로 다룰 수 있는 정수형으로 정의되어 있으며 그래서 int형의 실제 크기는 플랫폼에 따라 달라진다. 다음에 알아볼 포인터형도 마찬가지이다. 과거 8086이나 80286 같은 16비트 CPU 시절, 윈도우즈 3.1 같은 16비트 운영체제에서 int는 16비트였었다. 그러나 386 이후의 CPU와 윈도우즈 95 이후의 32비트 운영체제에서 int는 32비트이다. 64비트 CPU가 나오면(이미 나와 있다) 그때는 int형이 64비트(8바이트)가 될 것이다.

반면 long형은 그 크기가 4바이트로 고정되어 있어 어떤 플랫폼에서나 4바이트이다. int와 long이 동일한 크기를 가지는 것은 32비트 플랫폼에서 뿐이며 16비트에서는 서로 다른 타입이고 64비트에서도 달라질 것이다. 꼭 4바이트를 쓰고 싶으면 long형으로 선언하고 플랫폼의 환경에 따라 적절한 크기를 자동으로 선택하고 싶다면 int형으로 선언하면 된다.

최근 64비트 CPU가 발표되고 점점 더 큰 수를 다룰 일들이 많아지면서부터 C언어도 64비트의 정수를 지원하기 시작했다. 비주얼 C++과 Dev-C++은 __int64라는 타입을 지원하며 이 타입을 사용하면 무려 1800경(2^{64})이라는 엄청난 수를 표현할 수 있다. 다음은 64비트 정수를 사용하여 억 단위의 정수끼리 곱해본 것이다.

예제 int64

```
#include <Turboc.h>

void main()
{
```

```
    __int64 a,b,c;

    a=111111111;
    b=111111111;
    c=a*b;
    printf("%I64d\n",c);
}
```

흔히 전자계산기를 테스트하기 위해 일련의 1을 곱해보는데 12345678987654321이라는 결과가 나오면 제대로 동작하는 것이다. printf로 64비트 정수를 출력하려면 %I64d라는 서식을 사용한다.

3.3.3 정수형 상수

정수형 상수를 표기하는 방법은 아주 쉽고 상식적이다. 아라비아 숫자와 부호로 직접 그 값을 표기하면 된다. 다음이 정수형 상수의 예이다.

```
123
8906299
-86400
```

이렇게 값을 바로 표기하면 그 크기와 형태를 보고 적당한 타입으로 메모리에 저장된다. 위 예의 경우 차례대로 short, int, int의 타입을 가진다. 123은 2바이트로 표현할 수 있으므로 short형이면 충분하고 8906299는 2바이트의 범위를 넘으므로 int형이 되어야 한다. 만약 크기를 강제로 지정하고 싶으면 상수 뒤에 L(Long, 소문자로 써도 됨)을 붙이고, 부호없는 타입으로 지정하고 싶으면 U(Unsigned, 소문자로 써도 됨)을 붙인다.

예를 들어 28은 short형이지만 28L로 표기하면 4바이트의 long형 상수가 되고 123U는 부호없는 2바이트의 정수인 unsigned short가 된다. 만약 부호없는 4바이트의 상수로 표기하고 싶으면 순서나 대소문자에 상관없이 UL, LU, ul, lu 중 하나를 붙이면 된다. C/C++언어는 타입을 중요하게 생각하므로 상수에도 정확한 타입을 지정할 수 있도록 되어 있다. 정수형 상수를 별도의 표기없이 그냥 쓰면 10진수로 해석된다. 그러나 진법에 따라 다음 두 가지 형식으로 상수를 표현할 수도 있다.

- 8진수 : 0으로 시작하면 8진수로 인식되며 027, 032 등과 같이 표현한다. 09 같은 상수는 에러로 처리되는데 9라는 숫자는 8진수에서 쓸 수 없는 숫자다.
- 16진수 : 0x 또는 0X로 시작하면 16진수이다. 0x12ab, 0x3f와 같이 표현한다. 16진수에서 10 이상의 값을

표현하는 A~F는 대소문자에 상관없이 아무 문자나 사용할 수 있다. 접두로 붙는 0x는 알파벳의 "오엑스"가 아니라 숫자 0과 알파벳 x이므로 "영엑스" 또는 "엑스"로 읽는다.

보편적으로 10진수를 사용하지만 어셈블리와 관계있는 값이나 비트별로 의미가 다른 상수는 16진수로 표기하면 더 편리한 경우가 많다. 아쉽게도 C는 2진 상수 표기법은 제공하지 않으므로 2진수는 16진수로 바꾸어 표기해야 한다. 예를 들어 2진수 10100110은 16진수 0xa6으로 표기한다. 사실 8진 표기보다는 2진 표기법이 더 많이 사용되는데 베이직도 지원하는 2진 표기법이 C문법에 빠진 것은 데니스 리치의 실수가 아닌가 생각된다. 실제로 표준 위원회에 2진 표기법을 도입하자는 긴의가 여러 차례 있었으나 익숙해지면 16진수로 암산 가능하다는 이유로 표준에서 제외됐다.

C에서 0으로 시작하는 상수는 8진수라는 것은 잘 알아 두어야 한다. 그렇지 않으면 다음과 같은 엉뚱한 실수를 할 수도 있다. HPNum에 10진수로 17을 대입하고자 했는데 전혀 문제가 없는 문장이기 때문에 컴파일러는 어떠한 에러 메시지도 출력하지 않는다.

```
int HPNum;
HPNum=017;
```

이렇게 하면 상수 017이 8진수로 해석되어 Num에 17이 대입되는 것이 아니라 15가 대입될 것이다. C 컴파일러는 017과 17을 엄연히 다른 상수로 취급하는데 0으로 시작하는 상수는 8진수라는 것을 잘 기억해 두도록 하자.

참고로 진법이란 수치값을 표기하는 다른 방법일 뿐이지 표현하는 값 자체가 다른 것은 아니다. 012나 10이나 0xa나 모두 십진수로 10(이진수로는 1010)을 나타내며 메모리에 기록될 때는 똑같은 값이다. 따라서 "10진수 값을 어떻게 16진수로 바꾸나요?" 이런 질문은 잘못된 것이다. 10진수를 16진수 형태로 출력한다거나 문자열 형태로 저장된 16진수를 10진값으로 구하는 방법을 질문하는 것은 옳지만 말이다.

3.4 실수형

3.4.1 종류

실수(Real Number)란 소수점 이하를 가지는 수이며 정수보다는 한 단계 더 확장된 범위를 포괄한다. 3.14나 57.4 같이 정수부 다음에 소수점과 소수 이하의 소수부가 있다. 실수형 타입은 이런 실수를 저장하는 타입이며 C에서는 크기별로 다음 세 가지 종류가 제공된다. 실수 타입은 모두 부호를 가지고 있다.

타입	바이트 수	범위	유효자리수(십진)
float	4	$3.4*10^{-38} \sim 3.4*10^{38}$	7
double	8	$1.7*10^{-308} \sim 1.7*10^{308}$	15
long double	10~16	$1.2*10^{-4932} \sim 3.4*10^{4932}$	19

float는 4바이트의 작은 실수형이며 double은 8바이트의 큰 실수형이다. 실수형의 값을 기억할 변수가 필요하다면 double d; 형식으로 선언하면 된다. long double형은 C언어 표준에는 있지만 비주얼 C++은 6.0과 7.0 모두 이 타입을 지원하지 않으며 double형과 동일하게 취급한다. gcc는 12바이트 크기의 long double형을 지원한다. 정수와 마찬가지로 실수도 수학에서의 실수와는 달리 무한대의 크기와 정밀도를 제공하지는 않으며 할당된 메모리 크기만큼의 크기와 정밀도만 표현한다.

컴퓨터는 원래 정수만 다룰 수 있기 때문에 실수를 기억하는 방법이 아주 독특하다. 만약 4바이트를 2바이트씩 나누어 정수부와 소수부를 따로 저장한다고 해 보자. 이렇게 단순한 방법을 사용하면 32767.00000보다 더 큰 수를 표현하지도 못할 뿐더러 소수부도 기껏해야 소수점 이하 다섯 자리도 채 표현하지 못할 것이다. 그래서 실수는 부동 소수점이라는 좀 특이한 방법으로 저장한다. 부동(浮動) 소수점이란 실수를 정수부와 소수부로 나누는 것이 아니라 지수부와 가수부로 나누어 기억하는 방식이다.

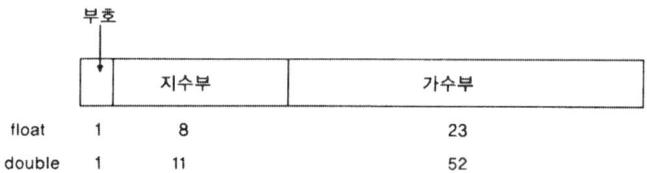

가수부는 값의 모양을 표현하며 지수부는 10의 거듭승으로 값의 크기를 표현한다. 실수 123.456을 부동 소수점 형식으로 표현하면 $1.23456*10^2$으로 표현할 수 있으며 이를 공학적 표기법으로 바꾸어 1.23456E2로 표현하기도 한다. 이 예에서 가수는 123456이고 지수는 2이다. 정수부와 소수부를 기억하는 방식보다 부동 소수점 방식으로 실수를 기억하면 훨씬 더 큰 수를 표현할 수 있고 정밀도도 높아진다.

제일 왼쪽 비트(MSB)는 항상 부호 비트이며 이 비트가 0이면 양수, 1이면 음수이다. 지수부와 가수부의 크기는 float의 경우 8비트, 23비트이며 double형의 경우 11비트, 52비트이다. 그래서 float보다는 double이 두 배의 크기를 가지는 대신 훨씬 더 큰 수를 정확하게 표현할 수 있다.

이런 실수 표현법은 C언어의 고유한 방식이 아니라 IEEE에서 제정한 국제 표준이며 이 표준은 모든 언어가 공통적으로 따르고 있다. 부동 소수점 수의 정확한 구조는 위에서 대충 설명한 것보다 조금 더 복잡한데 필요하다면 별도의 자료를 찾아보기 바란다. 이 책의 18장에서 실수의 구조에 대해 대략적인 설명을 하고 있다.

3.4.2 실수형 상수

소수부를 가지면 실수형 상수로 인식된다. 다음이 실수형 상수의 예이며 실생활에서 직접 사용하는 표기법이므로 전혀 어렵지 않을 것이다.

-0.314
123.456
5.0

5.0의 경우 같은 값이라도 5라고 적으면 정수형 상수가 된다. 실수형 상수임을 명확히 나타내려면 5.0이라고 적든가 아니면 0은 생략하고 5.이라고 적어야 한다. 이런 식으로 소수점을 기준으로 왼쪽에 정수부 오른쪽에 소수부를 적는 방법을 고정 소수점 표기법이라 한다. 실수형 상수 표기에 부동 소수점 표기법을 사용할 수도 있다.

3.14e-1
1.23456e2

e를 기준으로 왼쪽에 가수 오른쪽에 지수를 적는다. 실수는 내부적으로 모두 부동 소수점 방식으로 기억되지만 상수를 표현할 때는 고정 소수점, 부동 소수점 표기법을 모두 사용할 수 있다. 정수 상수 뒤에 크기와 부호를 나타내는 U, L 등의 접미사를 붙일 수 있듯이 실수형 상수 뒤에도 정확한 크기를 명시하는 F 접미사(소문자도 가능)를 붙일 수 있다. 접미사가 없으면 double형 상수로 인식되며 F를 붙이면 float형으로 인식되고 L을 붙이면 long double형이 된다. 다음 예제는 실수형 값을 출력하는 여러 가지 방법을 보여준다.

예제 float

```
#include <Turboc.h>

void main()
{
    double d;
    d=123.456;

    printf("고정 소수점 : %f\n",d);
    printf("부동 소수점 : %e\n",d);
    printf("일반형 : %g\n",d);
}
```

실수형 변수 d를 선언하고 이 변수에 123.456이라는 실수 상수를 대입했다. d=1.23456e2; 와 같이 부동 소수점 표기법으로 대입해도 결과는 같다. 실수를 표현하는 방법이 여러 가지가 있기 때문에 printf의 실수에 대응되는 서식도 여러 가지가 있다. %f 서식은 고정 소수점으로 실수를 출력하며 %e 서식은 부동 소수점으로 출력한다. %g 서식은 %f와 %e 중 더 짧고 간단한 방법을 자동으로 선택한다. 실행 결과는 다음과 같다.

```
고정 소수점 : 123.456000
부동 소수점 : 1.234560e+002
일반형 : 123.456
```

앞 절에서 배운 대로 %와 서식 사이에 총 자리수나 소수점 이하 자리수를 지정할 수도 있다. 소수점 이후 두 자리까지만 출력하고 싶다면 %f 대신 %.2f 서식을 사용하면 된다. 이 경우 소수점 이하 3번째 자리에서 반올림되어 123.46이 출력될 것이다.

실수는 정수에 비해 소수점 이하를 표현할 수 있고 천문학적인 큰 수를 다룰 수 있는 장점이 있지만 구조가 복잡하기 때문에 굉장히 느리다. 요즘 CPU는 부동 소수점을 보조 프로세서가 직접 처리하므로 훨씬 더 빨라졌지만 그렇지 못한 시스템에서는 정수에 비해 대략 10배 정도 느리다. 그래서 꼭 필요한 경우가 아니면 잘 사용되지 않으며 불가피한 경우라도 정수형으로 바꾸어서 다루는 경우가 많다. 예를 들어 소수점 이하 두 자리까지의 정확도를 가지는 백분율이 필요하다면 아예 100을 곱해 만분율을 사용하는 것이 더 유리하다.

3.5 문자형

3.5.1 문자

문자형이란 문자 하나를 표현하는 자료형이다. 컴퓨터는 원래 숫자밖에 모르기 때문에 문자도 숫자로 기억한다. 이때 어떤 숫자와 어떤 문자를 대응시키는가에 따라 여러 가지 인코딩 방식이 있는데 통상 아스키(ASCII) 코드 방식을 많이 사용한다. 아스키 코드는 0~255 사이의 숫자에 문자를 대응시켜 놓았는데 이 표를 보면 대문자 A는 문자 코드 65(0x41)로 표현하며 숫자 1은 49(0x31)로 표현한다.

10진	16진	문자	10진	16진	문자	10진	16진	문자	10진	16진	문자	10진	16진	문자
0	0	Null	47	2F	/	68	44	D	89	59	Y	110	6E	n
7	7	Bell	48	30	0	69	45	E	90	5A	Z	111	6F	o
8	8	BS	49	31	1	70	46	F	91	5B	[	112	70	p
9	9	Tab	50	32	2	71	47	G	92	5C	\	113	71	q
10	A	LF	51	33	3	72	48	H	93	5D	]	114	72	r
13	D	CR	52	34	4	73	49	I	94	5E	^	115	73	s
32	20	공백	53	35	5	74	4A	J	95	5F	_	116	74	t
33	21	!	54	36	6	75	4B	K	96	60	`	117	75	u
34	22	"	55	37	7	76	4C	L	97	61	a	118	76	v
35	23	#	56	38	8	77	4D	M	98	62	b	119	77	w
36	24	$	57	39	9	78	4E	N	99	63	c	120	78	x
37	25	%	58	3A	:	79	4F	O	100	64	d	121	79	y
38	26	&	59	3B	;	80	50	P	101	65	e	122	7A	z
39	27	'	60	3C	<	81	51	Q	102	66	f	123	7B	{
40	28	(	61	3D	=	82	52	R	103	67	g	124	7C	|
41	29	)	62	3E	>	83	53	S	104	68	h	125	7D	}
42	2A	*	63	3F	?	84	54	T	105	69	i	126	7E	~
43	2B	+	64	40	@	85	55	U	106	6A	j	127	7F	Del
44	2C	,	65	41	A	86	56	V	107	6B	k			
45	2D	-	66	42	B	87	57	W	108	6C	l			
46	2E	.	67	43	C	88	58	X	109	6D	m			

255개의 서로 다른 문자를 기억하기 위해서는 단지 1바이트만 있으면 된다. 문자형 타입은 char인데 정수형과 마찬가지로 char형도 앞에 수식어를 붙일 수 있다. 길이는 1바이트로 고정되어 있으므로 long 이나 short 같은 크기에 대한 수식어는 붙일 수 없고 부호의 여부에 따라 unsigned, signed 수식어만 붙일 수 있다. unsigned char형은 8비트 길이를 가지므로 0~255까지를 표현할 수 있고 signed char 형은 1바이트의 좁은 공간에도 음수 표현을 위해 MSB를 부호 비트로 사용하므로 최대 표현 수가 절반으로 줄어든다.

타입	크기(바이트)	부호	범위
signed char	1	있음	-128~127
unsigned char	1	없음	0~255

부호 수식어없이 char라고만 쓰면 컴파일러와 설정 옵션에 따라 부호가 있을 수도 있고 없을 수도

있다. 대부분의 컴파일러들은 char형을 부호있는 타입으로 인식하므로 signed 수식어는 생략할 수 있으며 signed char는 char 타입과 일단 동일하다. 컴파일러의 설정에 상관없이 부호 여부를 정확하게 지정하려면 signed, unsigned 수식어를 명시적으로 붙여야 한다. 문자 상수는 다음과 같이 표기한다.

'A', 'Z', '1', '&'

홑따옴표로 문자 하나를 감싸 주면 된다. 문자 상수는 아스키 코드값으로 해석되는데 'A'는 A문자의 아스키 코드값인 65와 같다. 다음 예제는 문자형 변수 ch를 선언하고 이 변수에 대문자 A를 대입한 후 출력해 본 것이다.

예제 char

```
#include <Turboc.h>

void main()
{
    char ch;
    ch='A';
    putch(ch);
}
```

ch 변수는 char형으로 선언되었으므로 문자 하나를 저장할 수 있는 1바이트가 할당될 것이다. 이 변수에 'A', 'B' 같은 문자형 상수를 대입할 수 있는데 예제에서는 'A'를 대입하여 ch 변수에 'A' 문자를 기억시켰다. 문자형 상수를 쓰는 대신 ch=65(또는 ch=0x41)와 같이 아스키 코드값을 직접 대입해도 결과는 동일하다. 하지만 누가 보더라도 ch=65; 보다는 ch='A'가 훨씬 더 읽기 쉽다.

문자형 변수를 출력할 때는 putch 함수를 사용한다. 또는 printf 함수의 %c 서식을 사용하여 printf("%c",ch); 로 출력할 수 있다. 예제를 실행해 보면 화면에 A 문자만 하나 출력될 것이다. 한글은 한 음절이 2바이트로 구성되기 때문에 문자형 변수에는 저장할 수 없으며 잠시 후에 배울 문자열을 사용해야 한다.

문자형은 문자 하나를 저장할 수 있는 적당한 길이를 가진다는 뜻으로 붙여진 이름이지 오로지 문자만 저장할 수 있다는 뜻은 아니다. char 타입은 실제로 8비트의 정수형이므로 크기가 작은 정수를 저장하는 용도로도 사용할 수 있다. 예를 들어 0~100까지의 범위를 가지는 점수라면 Score라는 이름으로 char형 변수를 선언한 후 여기에 저장하면 적당하다. 문자형이 일종의 정수형이라면 이 변수에 들어 있는 값은 과연 어떻게 해석될까? 다음 예제를 보자.

예제 charcontext

```
#include <Turboc.h>

void main()
{
    char ch='A';

    printf("문자일 때 = %c, 정수일 때 = %d\n",ch,ch);
    gotoxy(ch,5);
    putch(ch);
}
```

문자형 변수가 문자로 해석될 것인가 정수로 해석될 것인가는 이 변수가 사용되는 위치에 따라 달라지는데 문자가 올 수 있는 곳이면 문자로, 정수가 올 수 있는 곳이면 정수로 해석된다. printf 함수의 %c 서식과 대응되면 문자가 출력될 것이고 %d와 대응되면 정수값이 출력될 것이다. putch(ch)는 ch값을 문자로 해석하며 gotoxy(ch, 8)은 ch를 x 좌표를 나타내는 정수로 해석한다.

3.5.2 확장열

문자 상수는 홑따옴표 안에 문자를 써서 표기한다. 문자 Y에 대한 문자 상수는 'Y'다. 이 상수를 키보드로 입력히려면 키보드에서 '를 치고 Y를 치고 '를 치면 된다. 그런데 따옴표 안에 직접 입력할 수 없는 문자가 있다. 대표적으로 개행 코드를 들 수 있는데 Enter키를 누르는 즉시 정말로 다음 줄로 내려가 버리기 때문에 따옴표 안에 개행 코드를 담아서 표현하는 것은 불가능하다.

또한 문자 상수를 표현할 때 사용하는 홑따옴표 구두점도 문자 상수로 바로 표현할 수 없다. ''' 이렇게 쓰면 두 번째 '가 닫는 따옴표인지 문자 '를 나타내는지 컴파일러가 구분할 수 없다. 그래서 키보드로 직접 입력할 수 없는 문자들은 좀 특수한 방법으로 표현하는데 이를 확장열(Escape Sequence)이라고 한다. 확장열은 백슬레쉬(\) 문자 다음에 기호 하나를 써서 표현한다.

확장열	코드	설명
\a	0x07	벨 소리
\b	0x08	백 스페이스
\t	0x09	탭
\n	0x0a	개행
\x##	0x##	16진 코드

확장열	코드	설명
\###	0###	8진 코드
\\	0x5c	백슬래쉬
\'	0x27	홑따옴표
\"	0x22	겹따옴표
\?	0x3f	물음표

 개행 코드는 \n으로 표현하는데 이 코드는 First 예제에서 이미 실습해 보았다. 탭이나 백 스페이스 같은 문자도 직접 키보드로 입력해서는 따옴표 안에 표기할 수 없기 때문에 확장열로 표기해야 한다. 홑따옴표 문자 하나는 '''와 같이 표기할 수 없고 확장열을 사용해서 '\''와 같이 표기해야 한다.

 확장열 표기에 \문자를 사용하기 때문에 \문자 자체도 확장열이 될 수밖에 없다. 16진 코드는 키보드에 없는 문자에 대해 코드를 직접 쓸 때 사용한다. 'A'는 '\x41'과 동일하다. 16진 코드를 확장열로 표기할 때 \다음의 x는 반드시 소문자로 써야 하며 대문자는 인정하지 않는다. 문자열 상수 내에 16진 코드를 직접 쓸 경우 16진수로 인식되는 모든 문자를 확장열로 취급한다는 점을 주의하자. "\x53trike"는 \x53이 s이므로 "strike"이지만 "\x53econd"는 \다음의 53ec까지를 16진수로 해석해 버리므로 "second"가 되지 않고 에러로 처리된다. 왜냐하면 53ec는 문자 코드 범위 바깥이므로 하나의 문자가 아니기 때문이다. 이런 경우는 16진 코드를 쓰지 않거나 다른 방법으로 문자열을 표기해야 한다.

 확장열을 쓰는 이유는 꼭 키보드로 표현하지 못해서뿐만 아니라 환경에 따라 달라질 수 있는 코드를 논리적으로 표현하기 위해서이다. 개행을 하는 방식은 시스템마다 다른데 윈도우즈에서는 CR, LF의 조합으로, 유닉스는 LF만으로, 매킨토시는 CR만으로 개행 문자를 표현한다. C는 이런 방식에 상관없이 개행을 표현할 수 있는 확장열을 제공하고 프로그래머는 개행이 필요할 때 \n이라고만 적으면 된다.

 탭의 경우 일정한 자리를 띄우는 것이 아니라 현재 위치에서 다음 탭 위치로 이동하는 기능을 하므로 소스상에 입력된 탭에 의해 띄워진 빈칸과 실제 출력될 위치의 탭 크기가 다를 수 있다. 그래서 탭키를 문자열 상수에 직접 쓰지 않고 \t 확장열로 표기하여 출력되는 상황에 맞게 탭을 적용하도록 한다.

3.5.3 문자열

 문자열(String)은 일련의 문자가 연속되어 있는 것이며 문자의 집합이 곧 문자열이다. 사람의 이름이나 에러 메시지 등과 같은 일반적인 문장을 문자열이라고 한다. 문자열 상수는 문자 상수와 달리 겹따옴표로 감싸서 표현한다.

"Korea", "문자열"

문자 상수는 홑따옴표로 표현하는데 비해 문자열 상수는 겹따옴표를 사용함을 분명히 구분해야 한다. 'S'와 "S"는 비슷해 보여도 내부적으로 엄청난 차이가 있다. 'S'는 S라는 문자 하나만을 표현하지만 "S"는 한 글자로만 된 문자열이다.

문자열 상수는 있지만 이런 문자열을 저장할 수 있는 문자열 타입이라는 것은 없다. 베이직이나 파스칼, 자바 같은 언어는 별도의 문자열 타입을 제공하지만 C언어는 별도의 문자열 타입을 제공하지 않는다. 왜냐하면 문자열이란 문자형 변수의 배열로 표현할 수 있고 포인터와 함께 사용하면 훨씬 더 유연하게 활용할 수 있기 때문이다.

그러나 처음 배우는 사람에게 문자열 변수가 없다는 것은 상당히 불편한 점이다. 그래서 C보다 상위 언어인 C++은 string이라는 클래스를 제공하며 MFC 라이브러리에도 CString이라는 문자열 클래스가 정의되어 있다. 다음 코드는 str이라는 이름으로 문자 배열을 선언하고 이 배열에 "Korea"라는 문자열 상수를 저장한다.

char str[6]="Korea";

이 선언문에 의해 메모리에 다음과 같은 기억 공간이 할당되고 초기화된다.

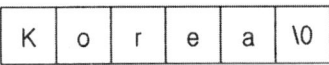

배열이란 같은 타입의 변수를 모아 놓은 것이며 문자 배열이란 문자형 변수 여러 개가 연속적으로 배치되어 있는 것이다. 그림에서 각 격자는 1바이트의 문자들이며 각 격자에 문자 하나씩이 들어있다. 제일 끝에 있는 \0는 여기가 문자열의 끝임을 알리는 역할을 하며 널 종료 문자라고 한다. 메모리는 연속적인 공간이기 때문에 그 끝을 명확히 표시해야 한다.

문자열 상수를 쓰면 컴파일러가 상수의 끝에 널 종료 문자를 자동으로 붙여 준다. 그래서 "Korea"라는 다섯 글자를 저장하기 위해서는 널 종료 문자의 길이까지 고려하여 배열 크기를 6으로 선언해야 한다. 문자열을 화면으로 출력할 때는 printf 함수의 %s 서식을 사용하거나 아니면 puts 같은 좀 더 간단한 함수를 사용한다.

문자열 상수 내에서도 확장열을 모두 사용할 수 있다. 단, 문자 상수와는 다른 차이점이 한가지 있는데 홑따옴표는 그대로 써도 되나 겹따옴표는 반드시 확장열로 표기해야 한다는 점이다. "Let's go" 이런 문자열 상수를 쓸 수 있지만 "say "go" now" 이런 문자열 상수는 쓸 수 없다. 문자열 상수 표기에 겹따옴표를 사용하기 때문에 "say \"go\" now"와 같이 문자열 내의 겹따옴표는 확장열로 표기해야 한다. 마찬가지 이유로 홑따옴표를 사용하는 문자 상수의 경우는 ' ' '가 안 되며 ' " '는 가능하다.

문자열은 굉장히 기본적인 타입이지만 C언어는 별도의 문자열 타입을 제공하지 않고 배열로 문자열을 표현하도록 되어 있다. 그래서 문자열을 자유자재로 다루려면 배열에 대해 익숙해져야 한다. 배열과 문자열의 관계는 다음에 배우기로 하고 여기서는 문자열은 문자 배열로 기억한다는 것과 문자열 상수의 표기법 정도만 알아 두고 넘어가도록 하자.

3.5.4 3중 문자

3중 문자(Trigraph)란 세 개의 연속된 문자를 하나의 문자로 대체하는 표현이다. 잘 알다시피 C언어는 미국에 의해 만들어졌고 그러다보니 자기네 나라의 문자 코드인 ASCII표에 정의되어 있는 { } [ ] 문자들을 별 생각없이 구두점으로 정의하고 있다. 그런데 유럽의 몇 개 국가들은 영어에 없는 자신의 고유한 글자(움라우트 등)를 표현하기 위해 이 문자 코드에 다른 문자를 할당해서 사용하고 있으며 그러다 보니 이런 나라의 키보드에는 ASCII표에 있는 9개의 문자들이 없을 수도 있다. 우리나라의 경우도 \ 문자를 원화 표시인 ₩로 다르게 표시하고 있지 않은가?

그래서 C 표준은 C에서 사용할 수 있는 문자들을 모든 나라에 공통적인 영문자, 숫자와 몇 가지 기호만으로 제한하고 있으며 나머지 문자들은 표준에 있는 문자들의 조합으로 입력할 수 있는 방법을 제공해야 할 필요가 생긴 것이다. 이런 이유로 C 표준은 3중 문자를 정의하고 있다. 물론 키보드에 이런 문자들이 있다면 굳이 3중 문자를 쓰지 않아도 된다. 3중 문자의 종류는 다음과 같다.

3중 문자	대체 문자	3중 문자	대체 문자
??=	#	??/	\
??'	^	??!	|
??(	[	??)	]
??<	{	??>	}
??-	~		

??로 시작하는 세 개의 문자를 연속으로 사용하면 이 문자는 컴파일러가 토큰을 분석하는 과정에서 대체 문자로 바뀐다. 다음 예제는 3중 문자로 작성한 것이다. 굉장히 이상해 보이지만 잘 컴파일되며 Trigraph Test #1. num is 2를 출력한다.

예제 Trigraph

```
??=include <Turboc.h>

void main()
??<
int ar[5]=??<1,2,3,4,5??>;
    printf("Trigraph Test ??=1. num is %d\n",ar??(1??));
??>
```

{ } 괄호 대신 ??〈??〉괄호를 사용할 수 있고 배열을 표기할 때도 [ ] 대신 ??(??)를 사용할 수 있다. 다소 혼란스러워 보이기도 하고 가독성이 심하게 떨어지기는 하지만 C 표준에 의해 정상적인 소스로 인정된다. 재미있는 것은 3중 문자 치환은 구문 해석(Parsing) 전에 일어나므로 문자열 상수에 있는 3중 문자까지도 치환된다는 점이다. 그래서 문자열 내에서 부작용이 발생할 수 있으며 이 부작용을 해결하기 위해 확장열에 3중 문자의 선두로 사용되는 ?를 표기할 수 있는 \?가 따로 정의되어 있는 것이다.

이 외에도 C++ 표준은 연산자나 구두점을 위한 대체 토큰인 이중 문자(Alternative token)라는 것도 정의하고 있다. 예를 들어 〈%는 {로 대체되며 %〉는 }로 대체되는 식인데 비주얼 C++과 Dev-C++은 2중 문자를 지원하지 않는다. 키보드에 [ ] 문자기 없는 나라들은 3중 문자가 필요하셨지만 우리나라 키보드에는 이 문자들이 모두 있으므로 우리가 3중 문자에 관심을 가져야 할 이유는 전혀 없는 셈이다.

| 참 | 고 |

앞에서 문자형 변수에는 문자의 아스키 코드값이 저장되며 문자 상수도 아스키 코드값으로 평가된다고 설명했다. 그러나 이는 정확하게 말하면 사실이 아니다. 윈도우즈 환경에서는 사실이고 대부분의 환경에서도 이 설명이 맞다. 그러나 C 스펙에 문자 코드는 반드시 아스키 코드여야 한다고 명시되어 있지 않으며 다른 환경에서는 문자 코드 체계가 달라질 수도 있다. EBCDIC을 쓰는 환경, 유니코드를 쓰는 환경도 있으므로 'A'의 문자 코드가 항상 65라고 할 수 없다.

이 책은 정확한 설명보다는 이해를 쉽게 하는 쪽으로 작성되어 있다. 정확한 것도 좋지만 처음부터 너무 상세하게 모든 예외적인 문법까지 다 설명하려면 정의가 길고 복잡해진다. 또한 여러분들도 이 문법들을 한꺼번에 정확하게 공부하려고 하면 무척 피곤해진다. 그래서 처음에 다소 부정확한 면이 있더라도 직관적으로 이해하기 쉬운 쪽으로 설명을 전개하기로 한다. 문법의 상세한 면과 예외적인 사항에 대해서는 기본을 익힌 후에 스펙 문서를 보면서 연구해도 늦지 않다.

3.6 열거형

3.6.1 정의

열거형(Enumeration)이란 변수가 가질 수 있는 가능한 값들을 나열해 놓은 타입이다. 어떤 변수가 가질 수 있는 값의 종류가 일정한 범위로 정해져 있다면 정수형 대신 열거형을 쓰는 것이 더 편리하다. 열거형 변수를 선언할 때는 enum 키워드를 사용한다.

enum { 멤버, 멤버, ... } 변수;

열거형으로 가능한 값들을 열거 멤버라고 하는데 { } 괄호 안에 값의 이름을 나열하면 된다. 구체적인 예를 들어 보자.

enum { EAST, WEST, SOUTH, NORTH } mark;

mark라는 변수는 방향값을 기억하는데 가능한 값은 동서남북 넷 중 하나이다. mark에 값을 대입하거나 비교할 때는 열거 멤버를 사용한다.

mark=EAST;   // mark에 EAST를 대입
if (mark==WEST)   // mark가 WEST이면

열거형은 내부적으로 정수로 처리되며 각 열거 멤버는 0부터 1씩 증가하는 정수값을 가진다. 위 예에서 EAST는 0이고 WEST는 1이고 SOUTH, NORTH는 각각 2와 3이다. 컴파일러는 열거형의 멤버들이 어떤 정수값을 가지는지 기억해 두었다가 열거 멤버를 만나면 실제값을 적용한다. 열거형은 정수를 직접 사용하는 방식에 비해 다음과 같은 장점이 있다.

① 기억이 용이하다. 열거형 대신 정수형 변수를 대신 사용할 수도 있으나 이렇게 되면 각 정수의 의미가 무엇인지 사람이 일일이 기억해야 하는 불편함이 있다. 값이 10개 정도 된다면 무척 혼란스러울 것이다. 부서를 기억하는 변수 part가 있다고 하자. 이 변수를 정수형으로 선언한다면 각 부서에 대해 0은 총무부, 1은 영업부, 2는 인사부, 3은 경리부, ... 10은 관리부 등으로 의미를 정하고 외워야 하지만 열거형을 사용하면 그럴 필요가 없다. 사람은 숫자보다 문자를 더 잘 기억한다. 10개 정도가 아니라도 LEFT, RIGHT 두 개만 있어도 사람은 무척 혼란스러워한다.
② 소스의 가독성(Readability)이 높아진다. 즉, 읽기만 하면 어떤 의도로 작성된 소스인지 쉽게 파악할 수 있다. mark=3이라고 되어 있으면 3이 무슨 뜻인지 바로 알기 어렵지만 mark=NORTH라고 되어 있으면 북쪽을 대입했다는 것을 분명히 알 수 있다. 팀 작업을 할 때는 이런 가독성이 아주 중요하다.
③ 열거형은 정수형보다 안전하다. mark에 대입될 수 있는 값은 4가지 중 하나로 제한되며 동서남북 중 하나만 대입될 수 있다. mark를 정수형으로 선언한다면 이 변수에 5를 대입할 수도 있지만 열거형은 가능한 값 중 하나만 대입할 수 있기 때문에 이런 어처구니없는 실수를 컴파일러가 허락하지 않는다.

열거 멤버는 별도의 지정이 없으면 0부터 시작하는 정수값으로 정의되며 이어지는 멤버는 앞 멤버의 값+1이 된다. 만약 열거 멤버의 값을 특정한 값으로 분명히 지정하고 싶다면 =다음에 원하는 값을 직접 적어준다.

enum { EAST=5, WEST=10, SOUTH, NORTH } mark;

이렇게 하면 EAST는 5의 값을 가지면 WEST는 10의 값을 가진다. SOUTH, NORTH는 별도의 값 지정이 없으므로 WEST 다음의 정수인 11, 12의 값을 가진다. 다음 열거형은 요일 타입을 정의한다. 요일의 가능한 값은 월요일~일요일까지 일곱가지 밖에 없으므로 열거형으로 선언하기에 적당하다.

```
enum { mon, tue, wed, thr, fri, sat, sun } day;
```

이렇게 선언하면 mon이 0이 되고 tue부터 차례대로 1~6까지의 값을 가질 것이다. C는 항상 0부터 수를 세지만 사람은 1부터 세는 것에 더 익숙하기 때문에 첫 번째 멤버의 값을 1로 바꾸는 것이 더 합리적인 경우가 많다. 이럴 때 enum { mon=1, ... 으로 선언하면 월요일부터 일요일까지 1~7의 값을 가지게 된다.

열거 멤버는 일종의 명칭이므로 다른 변수명과 중복되어서는 안 되며 유일한 이름을 가져야 한다. 한 열거형 내에서 열거 멤버끼리 중복되는 것도 물론 허용되지 않는다. 따라서 다음과 같이 열거형을 선언하는 것은 잘못된 것이다.

```
enum { man, woman, man } human;
```

man이라는 멤버가 두 번 중복되어 있는데 이렇게 되면 human=man이라는 대입문이 0을 대입하라는 것인지 2를 대입하라는 것인지 애매해지게 된다. 언어는 애매해서는 안 되므로 이런 식의 열거형 선언은 허용되지 않는다. 하지만 열거 멤버의 값은 중복되어도 상관없다.

```
enum { man=1, woman=2, girl=2 } human;
```

woman과 girl이 똑같은 값을 가지고 있지만 애매하지는 않으므로 이것이 문제가 되지는 않는다. 이 경우 woman과 girl은 일종의 동의어로 처리되며 human=woman 대입문과 human=girl 대입문은 둘 다 똑같이 human에 2를 대입하게 된다. 열거 멤버는 내부적으로 정수형으로 처리되므로 음수를 사용하는 것도 물론 가능하다.

3.6.2 태그

열거형은 내부적으로 정수형으로 처리되지만 값의 범위가 엄격하게 정해지는 별도의 타입이다. 그래서 열거형 타입을 먼저 정의하고 이 타입으로부터 변수를 선언하는 방법이 더 많이 사용된다. 이때 열거형 타입에 대해 붙여지는 이름을 태그(tag)라고 하며 int, double과 마찬가지로 타입의 자격을 가진다. 열거형 태그를 선언하는 기본 형식은 다음과 같다.

```
enum 태그명 { 멤버, 멤버, ... };
```

enum 다음에 태그 이름을 써 주고 { } 괄호 안에 가능한 열거 멤버를 나열하면 된다. 태그명도 일종의 명칭이므로 기억하기 쉬운 이름을 자유롭게 붙일 수 있다. 다음은 태그를 먼저 정의하고 태그 타입의 변수를 선언하는 예이다.

```
enum origin { EAST, WEST, SOUTH, NORTH };
origin mark;
```

origin이라는 태그 이름으로 방향에 대한 열거 타입을 정의하였다. 이 선언에 의해 컴파일러는 origin이라는 명칭이 EAST, WEST, SOUTH, NORTH 네 가지 가능한 값을 가질 수 있는 열거형 태그라는 것을 알게 된다. 태그는 열거형의 모양을 컴파일러에게 등록하는 장치이다. 태그가 정의되면 태그명으로 열거형 변수를 선언할 수 있는데 위 코드에서는 origin형의 변수 mark를 선언했다.

열거형이라는 것을 분명히 표시하기 위해 enum origin mark; 이렇게 써도 되지만 컴파일러가 origin이 열거형이라는 것을 이미 알고 있기 때문에 굳이 그럴 필요는 없다. 과거의 C 컴파일러는 태그를 타입으로 인정하지 않았지만 C++은 태그를 하나의 타입으로 인정하므로 태그명만으로도 변수를 선언할 수 있다. 이렇게 태그라는 간접적인 방법으로 열거형을 한 번 정의해 놓으면 이 태그로 변수를 여러 개 선언할 수도 있고 함수의 인수로 열거형을 넘길 수도 있다.

```
origin mark2, mark3;
void func(origin mark)
```

만약 태그를 쓰지 않고 변수를 곧바로 선언한다면 매번 열거 멤버를 나열해야 하므로 불편할 것이다. 또한 함수의 인수나 리턴값으로 이런 열거형 변수를 전달할 수도 없고 열거형을 가리키는 포인터나 열거형 변수의 집합인 배열 등의 유도형을 선언할 수도 없다(참고로 고전 C에서는 가능했었다). 태그는 타입에 대해 이름을 붙여 놓은 것이며 한 번 만들어 놓으면 여러 번 재사용할 수 있으므로 가급적이면 열거 타입을 먼저 만들고 변수를 선언하는 것이 좋다. 태그는 열거형뿐만 아니라 다음에 알아볼 구조체에도 동일하게 사용된다.

열거 멤버의 이름은 컴파일 중에만 사용되는 임시값이다. 사람의 기억력을 도와주고 실수를 방지하기 위해 컴파일러가 사용하는 임시적인 값에 불과하며 컴파일된 후에는 정수 상수와 같아진다. 마치 변수의 이름이 컴파일 중에만 사용되는 것처럼 말이다. 따라서 실행 중에 열거 멤버의 이름을 알 수 있는 방법은 없다. 다음 예제를 보자.

예제 enum

```
#include <Turboc.h>

void main()
{
    enum fruit { APPLE, ORANGE, BANANA };
    fruit a;
    a=ORANGE;
    printf("a=%d\n",a);
}
```

fruit 타입은 APPLE, ORANGE, BANANA 셋 중 하나의 값만 가질 수 있는 열거형으로 정의되었으며 변수 a는 fruit형으로 선언되고 ORANGE라는 값을 대입받았다. a에 기억되는 실제값은 ORANGE 열거 멤버의 값인 정수 상수 1일 뿐이므로 이 값을 출력하면 1이 출력된다. 만약 열거 멤버의 이름을 실행 중에 쓰고 싶다면 별도의 문자열 배열을 정의하는 수밖에 없다.

이상 여기까지 정수형, 문자형, 실수형, 열거형 등 C언어가 제공하는 기본형 타입에 대해 알아보았다. 기본형 중에 void형이라는 것도 있는데 void형은 함수와 포인터에 대해서만 적용되며 일반 변수에는 적용되지 않는다. void형에 대해서는 함수를 설명할 때 상세하게 알아볼 것이므로 일단은 그런 것도 있다는 것만 알아 두도록 하자. 참고로 학자에 따라서는 void형을 기본형에 포함시키지 않고 별도의 부류로 나누는 경우도 있다.

C언어의 기본형 중에 문자형과 열거형은 정수형에 대한 변형이라고 할 수 있다. 문자형은 길이가 1바이트인 짧은 정수형이고 열거형은 가능한 정수값에 대한 집합이다. 그래서 결국 C언어의 기본형은 정수 아니면 실수 둘 중 하나라고 할 수 있다. 타입의 종류가 많은 것 같지만 int와 double 두 가지만 알면 C의 기본형에 대해 대충은 이해했다고 생각해도 무방하다.

| 참 | 고 |

enum 예제를 작성할 때 확장자를 .c로 주면 fruit a; 라는 선언문에서 fruit라는 이름을 찾을 수 없다는 에러가 발생한다. C 문법은 열거형 변수를 선언할 때 반드시 enum fruit a; 식으로 앞에 키워드 enum을 붙여야 하며 C++ 문법은 태그를 타입으로 인정하기 때문에 enum 키워드가 없어도 된다. 이 책은 C++ 문법을 기준으로 하므로 모든 예제의 확장자는 반드시 .cpp여야 함을 유의하도록 하고 이후부터 확장자는 반드시 .cpp로 붙이기 바란다.

3.7 유도형의 소개

유도형은 기본형의 조합에 의해 만들어지는 타입들이며 기본형 변수 여러 개를 모아서 또는 기본형을 약간 변형하여 만들어지는 타입들이다. 이절의 제목을 보면 알겠지만 상세한 이론은 다루지 않고 간단한 소개만 하기로 한다. 각각의 유도형들에 대한 문법은 분량도 방대하거니와 복잡하기 때문에 여기서 한꺼번에 다 알기는 어렵다. 각 주제들은 개별 장에서 다시 상세하게 다룰 것이므로 여기서는 개념 위주로만 알아보도록 하자.

3.7.1 배열

배열(Array)은 가장 흔한 자료 구조이면서 또한 가장 실용적이다. 돌(silicon)로 만든 돌머리인 컴퓨터는 판단이나 인식 같은 것은 할 수 없으며 오로지 주어진 명령을 아무 생각없이 반복하는 것을 제일 잘한다. 배열은 이런 반복적인 작업과 아주 잘 어울린다. 구조가 단순하기 때문에 속도가 빠르며 이해하기 쉽고 사용하기도 쉽다.

우선 배열의 정의부터 문장화해 보면 동일한 타입을 가지는 자료들의 집합으로 정의된다. 동일한 타입이라는 뜻은 정수형이면 정수형끼리만, 문자형이면 문자형끼리만 모여야 배열이 된다는 뜻이다. 다른 타입들이 모이면 배열이 될 수 없으며 다음에 배울 구조체가 되어야 한다. 동일한 타입의 자료 여러 개가 집합을 이루어야만 배열이 될 수 있다.

정수형 변수 하나는 정수값 하나만 기억할 수 있고 실수형 변수 하나는 실수값 하나만 기억할 수 있다. 배열은 이런 개별 변수들을 여러 개 묶어서 하나의 이름으로 선언한 것이며 동종 자료의 집합을 표현할 수 있다. 배열을 구성하는 각 개별 변수들을 요소(Element)라고 한다. 배열은 다음과 같이 선언한다.

타입 배열명[크기][크기]...;

- 타입 : 배열의 요소가 어떠한 값을 담는지를 지정한다. 즉, 배열이 어떤 값들의 집합인가를 지정한다. int, char, double 등의 기본 타입은 물론이고 유도형이나 사용자가 만든 타입도 가능하다.
- 배열명 : 배열도 변수이므로 이름이 있어야 한다. 명칭 규칙에 합당하게 마음대로 이름을 작성할 수 있다.
- 크기 : 요소의 개수가 몇 개인가를 [ ] 괄호 안에 정수 상수로 지정한다. 크기 지정이 하나만 있으면 1차원 배열이라고 하며 두 개 이상이면 다차원 배열이라고 한다.

다음은 배열을 선언한 예이다.

```
int array[5];          // 정수형 변수 5개의 집합인 배열 array를 선언
double rate[10];       // 실수형 변수 10개의 집합인 배열 rate를 선언
```

컴파일러는 배열 선언문을 만나면 요소의 크기만한 메모리를 개수만큼 연속적으로 할당한다. array는 정수형이므로 4바이트의 메모리 5개, 즉 20바이트가 할당될 것이며 rate는 80바이트가 할당될 것이다. 메모리에는 다음과 같이 array가 생성되며 이 그림에서 각 격자는 정수 하나의 크기인 4바이트이다.

| array[0] | array[1] | array[2] | array[3] | array[4] |

이렇게 할당된 배열에서 요소를 참조할 때는 [ ] 괄호와 첨자(Index)를 사용한다. 첨자란 요소가 그 배열의 몇 번째에 있는지를 나타내는 순서값이다. C는 항상 0부터 수를 세기 때문에(Zero Base) 첫 번째 요소의 첨자는 0이 되며 마지막 요소의 첨자는 배열 크기보다 항상 하나 더 작다. int array[5]의 마지막 요소는 array[5]가 아니라 array[4]가 된다. 배열 요소를 이렇게 첨자로 참조할 수 있는 이유는 같은 배열에 속한 요소들은 모두 연속적인 메모리에 이웃하게 배치되기 때문이다. 그래서 첨자에 타입의 크기를 곱한 위치를 읽으면 쉽게 요소의 메모리를 액세스할 수 있다.

배열의 각 요소는 배열이라는 큰 집합의 일부분이라는 것 외에는 같은 타입의 변수와 완전히 동일한 자격을 가진다. array[3]이라는 요소는 정수형 변수이며 정수형 변수와 똑같이 사용한다. array[3]=123; 과 같이 정수를 대입할 수도 있고 printf("%d",array[3]); 과 같이 값을 읽을 수도 있다. array가 정수형 변수를 모아 놓은 것이고 array[3]은 그 중 하나를 떼어 놓은 것이므로 완전한 정수형 변수인 것이다.

배열의 사용예를 보도록 하자. 학생 30명의 성적을 처리하는 프로그램을 작성한다고 해 보자. 30개나 되는 변수를 각각 따로 만들 필요없이 크기 30의 배열을 하나 선언하기만 하면 된다.

```
int Score[30];
```

이렇게 하면 Score라는 이름으로 30개의 성적을 저장할 수 있는 정수형 변수 집합이 생성된다. Score[0]부터 Score[29]까지 정수형 변수 30개가 연속적인 메모리 공간에 생성되는 것이다. 이 배열에 학생들의 성적을 입력받을 때는 다음과 같은 반복문을 사용한다.

```
for (i=0;i<30;i++)
    scanf("%d",&Score[i]);
```

for문은 반복적인 처리를 하는 문장인데 다음 장에서 배우게 될 것이다. 이렇게 입력된 성적을 가공하는 것도 아주 쉽다. 점수의 총합을 구하고 싶으면 Score[0]~Score[29]까지의 값을 더하기만 하면 된다.

```
Sum=0;
for (i=0;i<30;i++)
    Sum=Sum+Score[i];
```

Score라는 하나의 이름으로 성적 자료를 한곳에 모아 두었으므로 평균이나 분산, 최빈값 등을 구하는 것도 아주 쉽다. 뿐만 아니라 특정 학생의 성적을 조회한다거나 바꾸는 조작도 학생번호를 첨자로 사용하면 간단하게 해결된다. 만약 배열이 없다면 반복을 할 수가 없고 다음과 같이 해야 할 것이다.

```
int Score0, Score1, Score2, Score3, ..... Score29;
scanf("%d",&Score1);
scanf("%d",&Score2);
scanf("%d",&Score3);
....
scanf("%d",&Score29);
```

필요한 만큼 변수를 일일이 선언한 후 사용해야 하니 얼마나 끔찍한가? 30명 정도라면 이렇게 할 수 있겠지만 학생이 천 명정도 된다면 도저히 이런 방식으로는 자료를 처리할 수가 없을 것이다. 가끔 다음 코드가 동작할 것이라고 생각하는 순진한 사람도 있다.

```
for (i=0;i<30;i++)
    scanf(%d",&Scorei);
```

i를 0~29까지 반복하면서 Scorei를 참조하면 차례대로 Score0, Score1, Score2 변수를 사용할 것 같지만 컴파일러는 Scorei를 하나의 명칭으로 인식하므로 이렇게 되지는 않는다. 그래서 배열이 필요한 것이다. 배열은 하나의 이름으로 동일한 자료들의 집합을 다룰 수 있고 반복적인 처리가 가능하다는 점에서 아주 실용적인 타입이다.

배열의 크기값을 두 개 주면 2차 배열이 된다. 2차 배열은 두 개의 첨자를 가지며 요소를 참조할 때는 두 첨자를 밝혀야 한다. 마치 2차원 좌표 공간에서 한 점을 지정할 때 x, y 두 개의 좌표값을 주는 것과 같다. 다음은 학생과 과목번호를 첨자로 사용하는 2차 배열을 선언한 예이다.

```
int Score[3][10];
```

첫 번째 첨자가 과목의 번호이고 두 번째 첨자가 학생의 번호이다. 컴파일러는 이 선언문에 의해 Score라는 배열에 3*10개의 정수형 변수를 담을 수 있는 메모리(총 120바이트)를 할당한다. 이때의 메모리 모양을 그림으로 그려 보면 다음과 같을 것이다. 실제 메모리에는 선형적으로 배치되지만 2차 배열은 개념적인 도표(table)로 생각할 수 있으므로 일반적으로 표 형식으로 그리며 그렇게 생각하는 것이 더 편리하다.

학생	0번	1번	2번	3번	4번	5번	6번	7번	8번	9번
국어	88	76	43	82	96	40	66	90	37	94
영어	84	77	48	71	100	50	61	83	49	79
수학	92	71	56	75	99	55	69	84	51	83

이렇게 배열에 도표 형태로 성적값들이 저장되어 있다면 이 배열로 성적을 처리하는 것은 아주 쉽다.

1번 과목의 총합 : Score[1][0]~Score[1][9]까지의 합
5번 학생의 총점 : Score[0][5]~Score[2][5]의 합
전체 학생 전체 과목의 총점 : Score[0][0]~Score[2][9]까지의 합

이런 식으로 반복 처리하면 된다. 총점이 구해지면 평균이나 석차는 약간의 처리만 하면 쉽게 구할 수 있다. 3차 배열이나 4차 배열도 만들 수 있는데 메모리만 충분하다면 얼마든지 큰 배열도 가능하다. 배열에 대한 좀 더 자세한 내용에 대해서는 다음에 따로 배우게 될 것이다. 여기서는 배열이 동일 타입 변수의 집합이라는 정의와 반복적인 처리에 유리하다는 점에 대해서만 직관적으로 이해하도록 하자.

3.7.2 구조체

동일한 타입의 집합인 배열과는 달리 구조체(Structure)는 서로 다른 타입의 집합이다. 이때 구조체에 속하는 개별 변수들을 멤버(Member)라고 한다. 정수형 변수와 실수형, 문자형 등의 기본형 변수뿐만 아니라 배열이나 구조체 같은 큰 변수도 멤버가 될 수 있다. 구조체도 변수이므로 당연히 이름을 가져야 한다. 또한 구조체에 속하는 각 멤버들도 고유의 타입과 이름을 가진다. 구조체를 선언할 때는 struct라는 키워드를 사용하며 기본 형식은 다음과 같다.

```
struct {
    멤버 목록
} 변수명;
```

멤버 목록에는 일반 변수 선언문이 오는데 구조체 하나에 여러 개의 변수들을 포함할 수 있으므로 필요한 만큼 멤버 변수를 선언하면 된다. 다음이 구조체의 예이다.

```
struct {
   char Name[10];
   int Age;
   double Height;
} Friend;
```

Friend 구조체는 친구 한명의 신상 정보를 가지며 이름, 나이, 키 등을 멤버로 가지고 있다. Name, Age, Height 등은 타입이 다른 변수들이지만 Friend라는 하나의 구조체 이름으로 모여 있다. 더 많은 정보를 저장하고 싶다면 주소, 성별, 전화번호, 취미, 몸무게 등의 멤버를 얼마든지 추가할 수 있다. 멤버는 선언된 순서대로 메모리에 할당된다.

Name	Age	Height
10	4	8

Name 멤버가 10바이트, Age 멤버는 정수형이므로 4바이트, Height는 실수형이므로 8바이트를 차지할 것이다. 구조체 전체의 크기는 멤버들 크기의 총합과 같은데 Friend 구조체는 22바이트의 크기를 가진다. 구조체의 멤버를 참조할 때는 .(점)연산자를 사용하여 구조체.멤버 식으로 적으면 되는데 이때 .(점)연산자는 영어로 of, 한국어로 ~의로 해석하면 쉽게 이해할 수 있다.

```
Friend.Age=28;
printf("내 친구 이름은 %s이다",Friend.Name);
```

구조체 하나는 여러 개의 다른 타입 변수들을 포함할 수 있으므로 얼마든지 복잡한 정보를 표현할 수 있다. 도서 정보라면 책 제목, 저자, 출판사, 가격, ISBN 등의 정보를 가질 것이고 컴퓨터에 대한 정보라면 CPU, 하드 디스크, 메모리, 광학 드라이브, 모니터 크기 등의 정보들을 가지는데 이런 정보들을 하나의 구조체로 관리할 수 있다.

또한 이런 구조체 여러 개를 모아 구조체 배열을 만들면 복잡한 정보의 집합을 다룰 수도 있다. Friend 구조체는 한 사람에 대한 신상을 기억하는데 이런 타입의 배열을 만들면 주소록이 된다. Friend[100]의 형식으로 구조체 배열을 작성하면 최대 100명의 친구 신상을 기억시킬 수 있을 것이다.

공용체(Union)는 구조체와 유사하지만 멤버끼리 기억 공간을 같이 공유한다는 점이 조금 다르다. struct 키워드 대신 union 키워드를 사용하며 초보자에게는 다소 어려운 개념이므로 여기서는 공용체라는 것도 있다는 것만 알아두고 자세한 사용 방법은 다음에 보도록 하자.

3.7.3 포인터

다음은 C의 데이터 타입 중에 가장 이해하기 어려운 포인터에 대해 간략하게 소개한다. C 공부를 시작할 때 벌써 소문을 들어서 알고 있겠지만 C의 문법 중에서 가장 어렵고 난해한 주제이면서 또한 C를 가장 강력한 언어로 만들어주는 일등 공신이기도 하다. 포인터를 직접 다룰 수 있기 때문에 C언어를 고급언어가 아닌 중급언어로 분류하며 어셈블리와 같은 수준의 시스템 프로그래밍까지도 가능하다.

정수형이나 실수형의 일반적인 변수들은 수치값을 저장한다. 이에 비해 포인터형은 번지를 기억한다는 면에서 일반적인 변수와는 조금 다르다. 데이터가 보관되어 있는 메모리 위치를 기억하고 있기 때문에 직접 값을 조작할 수도 있고 주변의 다른 값까지도 손댈 수 있다. 또한 위치는 단순히 4바이트의 번지이기 때문에 함수의 인수로 전달하거나 받기도 효율적이며 함수로 포인터를 전달하면 포인터가 가리키는 메모리를 함수가 직접 조작하는 것이 가능하다.

포인터를 알려면 우선 번지(Address)의 개념에 대해 알아야 한다. 컴퓨터의 주 기억 장치로 사용되는 RAM은 용량이 아주 커서 보통 백만(M) 또는 10억(G) 단위를 사용한다. 컴퓨터에 실제 RAM이 얼마만큼 장착되어 있는가에 상관없이 32비트 운영체제 환경에서 각 프로그램은 32비트의 가상 메모리 공간을 사용할 수 있다. 즉 값을 기억할 수 있는 메모리의 용량은 최대 4G가 된다.

컴퓨터는 메모리의 위치를 구분하기 위해 순서대로 번호를 붙여 관리하는데 이 번호를 번지라고 한다. 최초의 시작 번지는 0번이고 순서대로 1번, 2번, 3번,... 순으로 번호가 매겨져서 40억까지 번지가 붙어 있다. 그래서 컴퓨터는 메모리 중의 특정 바이트를 지칭할 때 이 번지를 사용하여 정확한 위치의 값을 읽고 쓴다.

```
int Num;
```

이 선언문은 앞으로 Num이라는 이름의 정수형 변수를 사용하고 싶다는 뜻이다. 컴파일러는 이 선언문을 만났을 때 당장 사용되지 않는 메모리 공간 4바이트를 할당하고 이 번지에 Num이라는 이름을 붙여준다. Num이 실제 어떤 번지에 할당될 것인가는 여유 메모리가 어디쯤에 있는지에 따라 달라지기 때문에 실행할 때마다 다르다. 설명의 편의상 1234번지에 할당되었다고 한다면 이때의 메모리 상황은 다음과 같을 것이다.

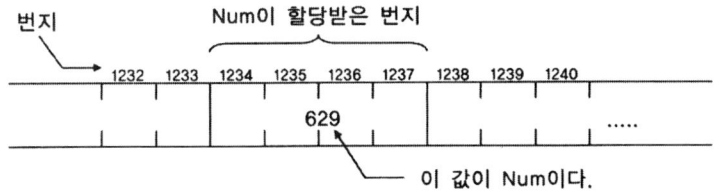

사용자는 Num 변수가 메모리의 어느 위치에 할당되어 있는가에 상관없이 Num=629; 이런 식으로 변수의 값을 읽거나 쓰기만 하면 된다. 컴파일러는 Num이 할당된 번지를 기억하고 있다가 이 변수를 참조하면 해당 메모리의 값을 읽거나 변경한다.

이때 Num으로 읽고 쓰는 것은 Num이 할당된 번지에 기억되어 있는 값이지 Num의 실제 위치인 번지가 아니다. 즉, C 컴파일러는 변수에 대한 참조문을 변수의 값에 대한 참조로 해석하며 변수의 번지를 참조하는 것이 아니다. 따라서 Num을 읽으면 629가 읽혀지며 1234가 읽혀지지 않는다. 만약 Num이 할당되어 있는 번지값을 알고 싶거나 직접 다루고 싶다면 이때 포인터라는 것이 필요하다. 포인터란 변수의 값이 아닌 변수가 저장되어 있는 메모리의 번지를 기억하는 타입이다. 포인터는 다음과 같이 선언한다.

타입 *변수명;

타입은 포인터가 가리키는 변수가 어떤 종류인가를 지정하며 int, char, double 등의 기본형과 배열, 구조체, 사용자 정의형 등의 모든 타입이 가능하다. 이 선언문에 사용된 *는 뒤쪽의 명칭이 포인터 변수임을 지정하는 구두점이다. 정수형 변수의 번지를 기억하는 변수 pi는 다음과 같이 선언한다.

int *pi;

이후 pi는 임의의 정수형 변수가 기억된 번지를 가질 수 있다. 다음 두 연산자는 포인터 변수와 함께 사용되어 번지와 관련된 연산을 한다.

* : 포인터가 가리키는 번지의 값을 읽는다.
& : 변수가 기억되어 있는 메모리 번지를 읽는다.

일단 두 연산자의 의미를 암기한 후 다음 예제를 작성해 보자.

예제 pointer

```
#include <Turboc.h>
void main()
{
    int Num=629;
    int *pi;

    pi=&Num;
    printf("Num의 값은 %d입니다.\n",*pi);
}
```

포인터의 개념을 설명하기 위한 아주 간단한 예제이다. 실행하면 "Num의 값은 629입니다."라는 문자열이 출력된다. int Num=629; 선언에 의해 4바이트의 메모리 공간이 할당되고 629라는 값으로 초기화된다. Num이 어떤 번지에 할당될 것인가는 알 수 없지만 설명의 편의상 1234번지에 할당되었다고 가정하자.

int *pi; 선언에 의해 정수형 변수의 번지를 가리킬 수 있는 포인터 변수 pi가 생성된다. 그리고 pi=&Num; 대입문에 의해 pi는 Num이 기억되어 있는 메모리 번지 1234라는 값을 가지게 될 것이다. &연산자를 변수명 앞에 붙이면 변수의 값이 아닌 번지가 조사된다. 여기까지의 메모리 상황은 다음과 같다.

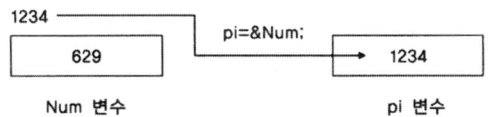

Num은 1234번지에 할당되어 있고 629라는 값을 가지고 있다. pi=&Num; 대입문에 의해 pi에 1234라는 번지값이 기억되는데 pi는 Num이 저장된 번지를 가리키고 있는 것이다. 이 상태에서 *pi로 값을 읽으면 Num 변수의 값이 읽혀진다.

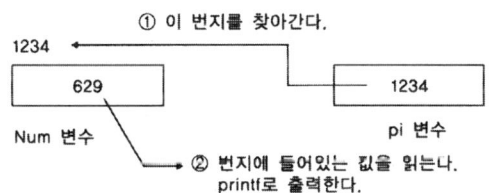

*연산자는 포인터 변수가 가리키는 번지의 값을 읽는데 pi가 1234번지를 가리키고 있으므로 이 번지로 찾아가 그 값을 읽어온다. pi가 &Num의 값, 즉 Num의 번지값을 가지고 있는 상황에서는 *pi가 Num과 동일하다. Num에 어떤 값을 대입하는 문장 대신 *pi=값 식으로 대입하는 것도 가능하다. 이 경우 pi가 가리키는 1234번지를 찾아가 값을 변경한다.

그렇다면 Num 변수를 바로 읽으면 되는데 왜 이렇게 포인터라는 간접적인 방법을 사용하는가? 한 단계 더 중간 과정을 거치게 되면 그 중간 과정에서 많은 유용한 조작이 가능해지기 때문이다. 소프트웨어 공학에서는 융통성을 위해 중간 과정(전문 용어로 레이어라고 한다)을 삽입하는 경우가 아주 빈번하며 한 번 더 과정을 거침으로써 많은 것들이 가능해진다. 예를 들어 비디오 드라이버, 자바 가상 머신 등등이 레이어의 좋은 응용예이며 네트워크는 무려 7개의 레이어로 구성되어 있다.

위 예제는 실용적인 가치는 없지만 포인터의 개념을 이해하는데 많은 도움을 준다. 이 예제가 어떻게 실행되는지 잘 감이 잡히지 않는 사람을 위해 비슷한 예제 하나를 더 작성해 보도록 하자. 다음 예제는 포인터를 사용하여 간접적으로 값을 대입한다.

예제 pointer2

```
#include <Turboc.h>

void main()
{
    double Num1, Num2;
    double *pd;

    Num1=3.14;
    pd=&Num1;
    Num2=*pd;
    printf("Num2의 값은 %f입니다.\n",Num2);
}
```

이번에는 실수형 변수를 사용해 보았다. Num1, Num2 두 개의 실수형 변수를 선언하고 Num1에 3.14라는 상수를 기억시켜 놓았다. Num2는 초기화되지 않았으므로 쓰레기값을 가지고 있을 것이다. 실수형이므로 둘 다 8바이트의 메모리를 점유하고 있다. 이 변수들이 할당된 실제 번지는 알 수 없지만 편의상 Num1은 1234, Num2는 5678에 할당되었다고 하자.

실수형 포인터 변수 pd는 &Num1, 즉 Num1이 할당된 번지값을 대입받았으므로 그 값은 1234일 것이다. 이때의 메모리 상황은 다음과 같다.

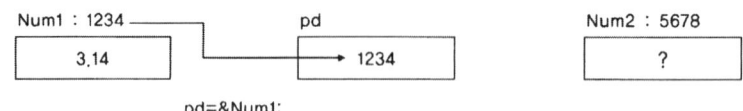

pd가 Num1의 번지를 가리키고 있다. 이 상태에서 Num2=*pd; 대입문을 실행하면 다음과 같은 연산이 수행된다.

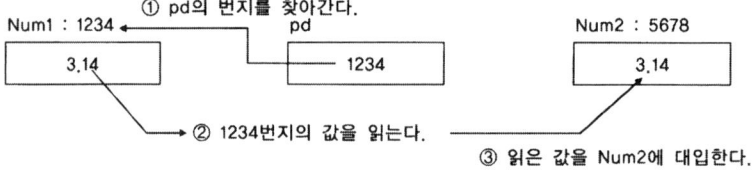

pd가 가리키고 있는 번지를 먼저 찾아 가고 *연산자로 그 값을 읽는다. 그리고 Num2에 값을 대입하

였다. 결국 이 예제는 포인터를 통해 간접적인 연산을 하지만 결과적으로는 Num2=Num1; 이라는 대입 연산을 하고 있다. 이 예제를 이해하면 포인터의 개념과 *, & 연산자에 대해 이해했다고 할 수 있다. 이 예제는 *, & 연산자의 동작을 잘 설명하는 전형적인 예제인데 만약 이 두 연산자가 헷갈린다면 항상 이 예제를 생각해 보기 바란다.

이상으로 포인터 타입에 대한 간략한 소개만 했다. 포인터는 한 장을 다 할애해도 설명하기 힘들고 포인터만 다루는 전문 서적이 있을 정도로 어려운 개념이므로 현재 단계에서 크게 욕심 내지 말고 개념만 익히기 바란다. 누가 "포인터가 뭐야?"라고 물으면 짧게나마 "포인터란 이런 것이야"라고 대답할 수 있을 정도면 충분하다.

> **과 제**
>
> 앞의 두 예제는 포인터의 기본 개념과 *, & 연산자의 동작을 이해하는데 아주 중요한 의미를 가지고 있다. 논리를 이해한 후 소스를 다시 복원해 보고 이왕이면 메모리 속에서 일어나는 일들을 그림으로 그려 설명해 보자

3.7.4 사용자 정의형

언어가 지원하는 데이터 타입이 아무리 풍부해도 프로그램의 특수한 요구를 다 수용할 수는 없다. 그래서 C는 기존 타입들로부터 사용자가 새로운 타입을 정의하는 방법을 제공한다. 사용자 정의형 타입을 만드는 기본 형식은 다음과 같다.

typedef 타입정의 타입이름;

형을 정의하는 것도 문장이므로 끝에 세미콜론을 반드시 붙여야 한다. 다음은 사용자 정의형 타입에 대한 몇 가지 예이다.

```
typedef int jungsoo;
typedef enum { True, False } Bool;
typedef int *pint;
typedef int arint[10];
typedef struct { int a; double b; } myst;
```

첫 번째 예는 별로 실용성은 없지만 jungsoo라는 이름으로 int 형에 대한 단순한 별명을 만든 것이다. jungsoo가 int와 똑같은 타입이 되었으므로 int i; 라고 선언하나 jungsoo i; 라고 선언하나 똑같은 변수가 만들어질 것이다. 두 번째 예는 True, False를 멤버로 가지는 열거형을 Bool이라는 이름의 사용자

정의형 타입으로 새로 만들었다. 이렇게 타입을 정의해 놓으면 다음부터는 Bool형의 변수를 언제든지 선언할 수 있다. 사용자가 만든 타입도 int나 double 같은 기본형과 완전히 동일하며 기본형이 올 수 있는 모든 곳에 사용자 정의형도 올 수 있다.

```
Bool Male;
Male=True;
```

pint는 정수형 포인터 타입이며 arint는 크기 10의 정수형 배열 타입이다. 보다시피 타입이름이 반드시 끝에만 나오는 것이 아니라 조금 혼란스럽기도 하다. X형의 데이터 타입을 정의하는 방식은 요령만 알면 생각보다 간단하다. X형의 변수를 선언하는 문장에서 변수를 타입명으로 바꾸고 앞에 typedef 키워드만 붙이면 된다.

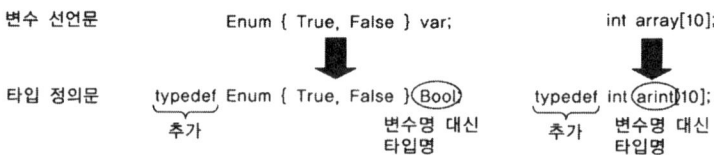

사용자 정의 타입도 모든 면에서 기존 타입과 동등한 자격을 가진다. 사용자 정의형의 배열을 만들 수 있고 사용자 정의형 포인터도 가능하다. 사용자 정의형은 가독성을 높이는 효과가 있는데 주로 구조체 같이 큰 타입에 대해 별도의 타입을 정의하여 사용하는 경우가 많다.

3.7.5 논리형

논리형은 참 또는 거짓 둘 중의 하나의 값을 가지는 타입이다. C 문법은 논리형을 별도의 기본형 타입으로 인정하지 않는데 그래서 C 컴파일러들은 열거형이나 사용자 정의형으로 논리형 타입인 BOOL을 만들어서 사용한다. BOOL 타입을 정의하는 방식은 컴파일러마다 조금씩 다른데 주로 사용자 정의형을 사용한다.

```
typedef int BOOL;
#define TRUE 1
#define FALSE 0
```

int와 같은 타입으로 BOOL형을 정의한 후 #define문으로 TRUE는 1, FALSE는 0으로 정의했다. #define은 매크로 상수를 정의하는 명령인데 6장에서 배우게 될 것이다. 이 외에 TRUE, FALSE를 멤버로 가지는 열거형으로 정의할 수도 있다. 남자 아니면 여자, 음력 아니면 양력 같이 가능한 값이 단 두 개 밖에 없을 때 BOOL형 변수를 사용한다. 다음은 두 개의 논리형 변수를 선언한 예이다.

```
BOOL Male;
BOOL Lunar;
```

만약 Male이 TRUE이면 남자라는 뜻이며 FALSE이면 여자라는 의미를 가지게 될 것이다. Lunar는 음력인지 양력인지를 기억하는데 TRUE값을 가지면 음력이다. 가능한 값이 둘 밖에 없다면 int나 short형 변수를 선언한 후 상수 0과 1에 의미를 부여해서 사용할 수도 있지만 BOOL형을 사용하면 의미를 좀 더 분명히 나타낼 수 있어 가독성이 높아진다.

BOOL 타입을 열거형으로 정의하든지 아니면 사용자 정의형으로 정의하든지 양쪽 모두 실제로는 정수형이기 때문에 BOOL형 변수의 크기는 4바이트이다. 참 또는 거짓이라는 간단한 값을 기억하는데 4바이트나 되는 큰 메모리를 소모한다는 것은 다소 낭비가 심한 편이다. 그래서 C++에서는 논리형을 별도의 기본 타입으로 정의하고 있는데 이 타입이 바로 bool형이다.

bool형도 BOOL과 마찬가지로 논리값을 기억하는데 TRUE/FALSE 대신 소문자로 된 true/false값 중 하나를 가질 수 있다. 사실 두 타입은 대소문자 구성이 다르다는 것 외에 사용 목적이나 가질 수 있는 값이 동일하며 서로 호환되기도 한다. 즉 BOOL형에 true를 대입할 수도 있고 bool형에 FALSE를 대입할 수도 있다. 어차피 둘 다 정수 호환형이기 때문에 대입되거나 인수로 전달될 때는 정수형으로 확장되기 때문이다.

다만 bool형은 크기가 1바이트밖에 되지 않아 BOOL형에 비해 메모리를 더 적게 차지한다는 장점이 있다. 홀로 쓰이는 변수에서는 1바이트짜리 bool형과 4바이트짜리 BOOL형의 차이가 별로 없지만 대용량의 배열이나 구조체에 사용될 때는 이 차이가 아주 커질 수도 있다. 그래서 C++에서는 BOOL 대신 가급적이면 bool형을 사용할 것을 권장한다. 물론 호환성 유지를 위해 C++에서도 여전히 BOOL형을 계속 사용할 수 있다.

그렇다면 두 타입의 처리 속도는 어떨까? bool과 BOOL형의 속도는 사실상 차이가 없다. 왜냐하면 어차피 32비트 CPU는 한 번에 32비트를 처리할 수 있으므로 8비트나 32비트나 똑같은 시간을 필요로 하기 때문이다. 1톤 용달 트럭을 불러서 1톤을 실으나 100kg을 실으나 요금이 같고 택시에 혼자 타나 4명이 타나 똑같은 비용이 드는 것과 같은 이치이다.

> **개발자 이야기** 프로그래밍이 좋은 이유
>
> 여러분들은 프로그래머가 되고 싶어 하는 사람들이다. 그런데 왜 프로그래머가 되려고 하는지, 프로그래밍의 어떤 면이 매력적인지 생각해 본 적은 있는가? 어떤 대상을 좋아하고 즐기려면 자신이 왜 그것을 좋아하는지에 대한 이유를 분명히 설명할 수 있어야 한다. 내가 프로그래밍을 좋아하는 이유는 다음 아홉 가지이다.

① 프로그래밍의 가장 큰 매력은 창조할 수 있다는 것이다. 어느 누구도 만들어 본 적이 없는 프로그램을 내가 직접 내 뜻대로 만들 수 있다는 것은 참 멋진 일이다. 머리속에만 있던 상상이 모니터에 현실로 나타났을 때 느끼는 성취감은 참으로 말로 표현하기 어렵다.

② 열심히 고생해서 만든 프로그램을 여러 사람에게 나누어 줄 수 있다. 소프트웨어는 무한 복제가 가능하므로 원하는 누구든지 내 프로그램을 사용할 수 있다. 세상의 많은 사람들이 내가 만든 프로그램으로 업무를 처리하고 웃고 즐기고 편의를 누린다면 이 또한 얼마나 보람있는 일인가?

③ 프로그램은 꾸준히 성장한다. 한 번 만들어 놓고 마는 그림이나 조각에 비한다면 버전업이 가능한 프로그램의 속성은 끊임없는 창조적 시도를 허락한다. 프로그래머는 마치 귀여운 어린 아이의 성장을 지켜보듯이 자신의 프로그램이 성장하는 것을 지켜볼 수 있다.

④ 돈이 들지 않는다. 어떤 시도를 해 보더라도 가변 비용이 들지 않으므로 자유로운 상상과 도전이 언제나 허가되어 있으며 내가 만들고 싶은 어떤 것이라도 시도해 볼 수 있다. 설사 실패한다 하더라도 시간과 노력외에는 아무 것도 잃을 것이 없으므로 자유분방한 창조 활동을 만끽할 수 있다.

⑤ 돈이 될 수도 있다. 잘 만든 프로그램이 가치를 인정받으면 상업용 제품이 될 수 있고 경제적 보상을 받을 수 있다. 꼭 돈을 목표로 개발을 하지 않더라도 어쨌든 프로그래머도 먹고는 살아야 한다. 이런 면에서 볼 때 프로그래머는 현실과 이상이 적절히 조화된 직업이다.

⑥ 직업적인 면에서 볼 때 프로그래머는 무척 안정적이다. 프로그램은 절대로 기계가 만들 수 없으며 인간만이 프로그램을 짤 수 있다. 함부로 미래를 속단하기는 어렵지만 앞으로도 상당한 기간 동안 프로그램은 결국 프로그래머의 노력에 대한 결과로만 만들어질 것이다.

⑦ 노력 여하에 따라 세계 최고의 일인자가 될 수도 있다. 설사 일인자가 될 수는 없다 하더라도 노력하는 과정은 항상 즐겁다. 한 번 익힌 기술로 평생을 안정되게 그러나 지루하게 사는 것보다는 항상 저 높은 곳을 바라보며 나아가는 삶이 훨씬 더 건강하다.

⑧ 학문의 깊이가 깊고 넓이가 넓으며 항상 변화한다. 어떤 분야나 사물이든지 오랫동안 한 가지 일만 한 사람은 그 대상으로부터 세상의 모든 진리를 깨닫게 되는 법이다. 더 이상 공부할 게 없어지는 그런 일은 절대로 없다.

⑨ 프로그래밍은 문제를 해결하는 기술이라기보다는 논리의 아름다움을 추구하는 예술이다. 코드의 아름다움을 경험하기는 쉽지 않지만 일단 보게 되면 어떠한 예술 작품보다도 멋지다는 것을 알게 될 것이고 그런 아름다움을 추구하고 싶은 열의가 생긴다.

물론 어떤 분야나 좋은 점이 있으면 나쁜 점도 있게 마련이다. 프로그래밍의 이런 특성을 반대로 생각할 수도 있는데 경제적 보상을 받는 것이 언제나 쉬운 것만은 아니며 항상 새로운 것을 공부해야 한다는 것이 부담스러울 수도 있다. 그래서 프로그래머는 적성에 맞아야만 할 수 있는 직업이며 그렇지 못한 사람들은 프로그래머라는 직업을 3D 직종으로 분류하기도 한다. 나는 이 주장에 대해 공감하지 않지만 개인 성향에 따라 보는 눈은 각자 다를 수 있으므로 굳이 반론을 펴고 싶지도 않다. 어쨌든 여기서 내가 주장하고 싶은 것은 자신이 왜 프로그래머가 되고 싶어 하는지 분명한 자기 가치관을 가지라는 것이다.

04
제어문

프로그램에는 많은 명령들이 포함되어 있는데 이 명령들은 물 흐르듯이 위에서 아래로 순서대로 실행된다. 컴퓨터는 한 번에 한가지 일 밖에 하지 못하기 때문에 주어진 명령을 순서대로 실행할 수밖에 없다. 다음 프로그램을 보자.

```
a=3;
b=4;
c=a+b;
printf("%d\n",c);
```

a에 3을 먼저 대입하고 b에 4를 대입한 후 c에 a와 b의 합을 계산한다. 그리고 c의 값을 화면으로 출력한다. 3과 4를 더해 그 결과를 출력했으므로 7이 출력되는데 지극히 당연하고 상식적이다. 그러나 프로그램이 이런 식으로 명령을 나열하기만 한다면 어떤 일을 하는데 무수히 많은 명령들이 필요할 것이다. 상황에 따라 다르게 처리해야 할 경우도 있고 비슷한 명령을 여러 번 반복하는 것이 효율적인 경우도 있다. 다음 프로그램은 1~100까지의 합을 구해 출력한다.

예제 **comedycode**

```
#include <Turboc.h>

void main()
{
    int sum;
    sum=1+2+3+4+5+6+7+8+9+10+11+12+13+14+15+16+17+18+19+20+
        21+22+23+24+25+26+27+28+29+30+31+32+33+34+35+36+37+
        38+39+40+41+42+43+44+45+46+47+48+49+50+51+52+53+54+
        55+56+57+58+59+60+61+62+63+64+65+66+67+68+69+70+71+
```

```
    72+73+74+75+76+77+78+79+80+81+82+83+84+85+86+87+88+
    89+90+91+92+93+94+95+96+97+98+99+100;
    printf("1에서 100까지의 합=%d\n",sum);
}
```

컴파일도 되고 실행도 되고 결과도 제대로 나오므로 목적은 달성한 셈이지만 사람이 컴퓨터를 위해 연산식을 일일이 입력하는 무식한 방법을 사용했다. 이런 코드는 일단 결과가 나오기는 하지만 유지 확장이 불가능한 구조이므로 제대로 된 프로그램이라고 할 수 없다. 만약 요구를 바꾸어 1~1000까지 합을 구하라거나 1~100까지의 짝수의 합만 구하라고 한다면 어떻게 되겠는가? 다행히 컴퓨터는 주어진 명령을 순서대로 실행하는 것뿐만 아니라 조건을 판단하여 적절한 명령을 선택할 수 있는 능력이 있다.

제어문이란 프로그램의 이런 순차적인 흐름을 통제하는 명령이며 조건, 반복, 선택, 점프문 등이 있다. 조건에 따라 다른 명령을 실행한다거나 또는 비슷한 명령을 여러 번 반복한다거나 명령의 흐름을 바꾸는 것이 바로 제어문이다. 제어 구조를 잘 설계해야 프로그램이 튼튼해지고 간결해진다. 이 장에서 다루는 제어문은 입문자에게 특히 중요하므로 책을 뒤적거리지 않고도 원하는 제어 구조를 능숙하게 만들 수 있도록 숙달될 필요가 있다. 함수 때문에 책이나 도움말을 뒤적거리는 일은 많고 누구나 그렇게 하고 있지만 적어도 제어문을 몰라서 책을 다시 읽어야 하는 일은 없어야 한다.

4.1 조건문

4.1.1 if문

조건문이란 주어진 조건에 따라 명령의 실행 여부를 결정하는 문장이다. 프로그램이란 항상 동일한 결과만 출력하는 것이 아니라 다양한 상황을 판단하여 다르게 동작하기도 한다. 이런 판단의 상황은 우리의 실생활에도 흔히 만나게 되는데 다음은 어느 백수의 일일 생활 순서도이다.

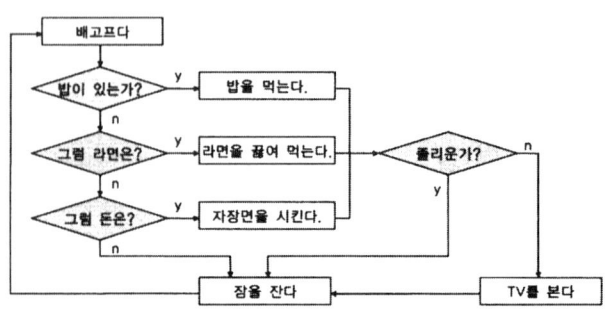

순서도에서 사각형은 동작을 나타내며 마름모는 조건 판단을 나타낸다. 마름모 안에 있는 문장이 조건인데 조건에 따라 특정 동작을 할 것인지 말 것인지를 결정할 수 있다. 프로그램도 이와 마찬가지로 여러 가지 조건에 따라 상황을 판단하여 명령의 수행 여부를 결정한다. C언어의 조건문은 키워드 if를 사용하며 다음과 같은 형식을 가진다.

if (조건) 명령;

괄호 안에 조건을 쓰고 이 조선이 만족할 때 실행할 명령을 괄호 뒤에 작성한다. 괄호는 조건과 명령문을 구분하기 위해 존재하며 생략할 수 없다. 베이직 언어의 조건문은 "if 조건 then 명령"으로 조건과 명령 사이에 키워드 then이 있는데 괄호나 then이나 모두 어디까지가 조건이고 어디부터 명령인지를 구분하는 역할을 한다. 조건은 주로 변수의 값을 비교하는 연산식인데 이때 다음과 같은 비교 연산자가 사용된다.

연산자	조건
==	좌변과 우변이 같다.
!=	좌변과 우변이 다르다.
>	좌변이 우변보다 크다.
<	좌변이 우변보다 작다
>=	좌변이 우변보다 크거나 같다.
<=	좌변이 우변보다 작거나 같다.

수학에서 쓰는 등호, 부등호와 거의 유사하다. 단, 같다라는 조건은 =를 쓰지 않고 = 기호를 두 번 써서 ==로 표현한다. 그리고 다르다는 표현은 !=이라는 점을 주의하도록 하자. 부등 비교 연산자는 수학에서 ≤, ≥로 표기하지만 이런 문자가 키보드에 없기 때문에 >=, <=로 표기하는데 =>, =<가 아님도 주의하도록 하자. "크거나 같다"라고 하지 "같거나 크다"라고는 하지 않으므로 자연어의 순서에 맞게 부등호가 먼저 온다고 외워 두면 헷갈리지 않을 것이다. 다음은 비교 연산자를 사용한 조건문의 예이다.

```
if (i == 5)      // i가 5이면
if (i != 5)      // i가 5가 아니면
if (i > 5)       // i가 5보다 크면
```

if 다음의 괄호 안에 원하는 비교 연산자를 사용하여 조건문을 작성한다. 다음 예제는 조건문을 사용하는 가장 간단한 예이다.

예제 if

```
#include <Turboc.h>

void main()
{
    int i;

    printf("정수를 입력하세요 : ");
    scanf("%d",&i);
    if (i == 7)
        printf("7을 입력했습니다.\n");
}
```

키보드로 정수값 하나를 입력받은 후 이 값이 7인지 검사해 보고 7이면 7을 입력했다는 메시지를 출력한다. 만약 7이 아닌 6이나 8이 입력되었다면 조건이 거짓이 되므로 printf문은 실행되지 않고 무시된다. if문은 조건과 명령이 하나의 문장이므로 설사 두 줄에 걸쳐 쓰더라도 조건 다음에 ; 을 붙이지 말아야 한다.

```
if (i == 7);                        // 여기에 ;을 붙이지 않는다.
    printf("7을 입력했습니다.\n");    // 문장의 끝에만 ;을 붙인다.
```

조건 다음에 세미콜론이 있어도 에러는 발생하지 않지만 조건과 명령이 별개의 문장이 되므로 printf가 조건에 상관없이 무조건 실행된다. 이 프로그램의 순서도를 그려 보면 다음과 같다.

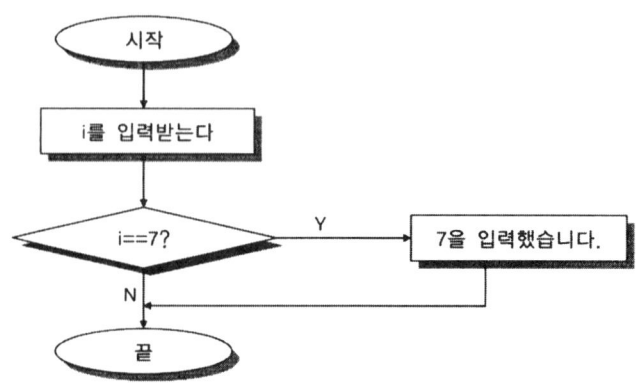

사용자가 입력한 변수 i의 값이 7인가 아닌가의 조건에 따라 printf 명령의 실행 여부가 달라진다. if문 자체가 자연어와 유사하기 때문에 어렵지 않게 이해가 될 것이다.

4.1.2 블록 구조

앞에서 작성한 예제를 조금 변경하여 i에 7이 입력되었을 때 "행운의 7입니다."라는 메시지도 같이 출력해 보기로 하자.

```
if (i == 7)
    printf("7을 입력했습니다.\n");
    printf("행운의 7입니다.\n");
```

i가 7일 때 printf를 두 번 호출하여 두 개의 메시지를 출력하도록 했다. 이렇게 하면 될 것 같지만 실행해 보면 i에 어떤 값을 입력하든지 "행운의 7입니다." 메시지는 항상 출력된다. 왜냐하면 컴파일러는 위 문장을 다음과 같이 해석하기 때문이다.

```
if (i == 7)
    printf("7을 입력했습니다.\n");
printf("행운의 7입니다.\n");
```

첫 번째 printf문은 if문의 조건에 따라 실행 여부가 결정되지만 두 번째 printf문은 if문과는 아무런 상관이 없는 독립된 문장이다. 첫 번째 printf문의 끝에 ; 이 있어 여기서 if문이 이미 끝났다는 것을 분명히 명시하고 있다. 그래서 두 번째 printf문은 if문의 조건 평가와는 전혀 상관없이 항상 실행되는 것이다. if문의 조건이 두 번째 printf에까지 걸치지 않는데 if문의 기본 형식은 if (조건) 명령; 이지 if (조건) 명령들; 이 아니기 때문이다.

위와 같은 경우처럼 하나의 조건에 따라 복수 명령의 실행 여부를 통제하는 방법이 필요하다. 여러 개의 명령을 하나의 명령인 것처럼 묶을 때는 중괄호 { }를 사용하며 { }로 묶여진 다수 개의 문장을 복문 또는 블록(block)라고 한다. 예제를 다음과 같이 수정해 보자.

예제 if2

```
#include <Turboc.h>

void main()
{
```

```
    int i;

    printf("정수를 입력하세요 : ");
    scanf("%d",&i);
    if (i == 7) {
         printf("7을 입력했습니다.\n");
         printf("행운의 7입니다.\n");
    }
```

이렇게 하면 if (i == 7) 조건 여부에 따라 이어지는 { } 안의 복문들이 한꺼번에 실행되거나 한꺼번에 실행되지 않는다. { } 괄호가 없는 경우와 있는 경우를 순서도로 비교해 보자.

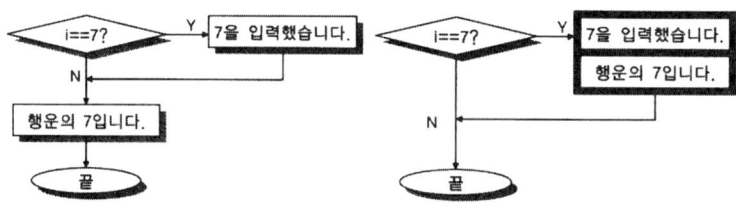

{ }로 묶었을 때와 그렇지 않을 때의 차이점을 분명히 알 수 있을 것이다. 하나의 조건 평가 결과에 따라 실행 여부가 같이 결정되는 명령의 집합을 만들 때 { } 괄호로 명령들을 묶어야 한다. { } 괄호는 명령의 그룹을 구성하는 역할을 하며 조건문뿐만 아니라 반복문에서도 여러 개의 명령이 반복 대상일 때 많이 사용되므로 잘 알아 두도록 하자.

복문은 둘 이상의 명령을 하나로 묶을 때 사용하지만 if 조건에 명령이 하나만 걸리더라도 가급적이면 { } 괄호를 사용하는 것이 좋다. 다음 두 문장은 완전히 동일하다.

```
if (i == 7)                          if (i == 7) {
    printf("7을 입력했습니다.\n");         printf("7을 입력했습니다.\n");
                                      }
```

블록 안에 하나의 명령만 들어 있지만 { } 괄호로 묶었으므로 형태상 복문이다. 이 조건에 포함되는 다른 명령이 추가될 경우 { } 괄호 안에 명령만 써 넣으면 된다. 명령을 미리 { } 안에 작성해 놓으면 명령이 추가될 때 실수를 줄일 수 있고 소스를 읽기도 편해진다. 미리 { } 괄호를 싸 두지 않으면 명령만 추가하고 { } 괄호로 묶는 것을 깜박 잊어버리는 경우가 많다. 아예 if문의 기본 형식을 다음과 같이 암기하고 있는 것이 좋다.

if (조건) { 명령들 }

if문의 기본 형식에 원래부터 { }가 포함된 것으로 생각하는 것이 바람직하며 if문을 입력할 때도 조건 다음에 아예 { }를 먼저 입력해 놓고 이 안에 명령을 작성하는 습관을 들여야 한다. 설사 if 조건에 걸리는 명령이 하나밖에 없어 { } 괄호가 불필요하더라도 이 괄호 때문에 프로그램이 더 커지거나 느려지거나 하지는 않는다. 블록은 하나의 문장으로 취급되므로 문장이 들어갈 수 있는 위치라면 블록도 언제나 들어갈 수 있다.

4.1.3 else

다음은 if문을 한 단계 더 확장해 보자.

if (조건) 명령1; else 명령2;

기본 if문은 조건이 만족할 때 특정 명령을 실행할 것인가 아닌가만 지정하는데 비해 else문은 조건이 만족되지 않을 때의 동작까지도 같이 지정한다. else는 말 그대로 "그 외에"라는 뜻이며 조건이 만족되지 않을 때 실행할 명령을 지정한다. else가 있는 if문은 괄호안의 조건을 평가해 보고 이 조건이 참이면 명령1을 실행하고 거짓이면 명령2를 실행한다. 앞에서 만들었던 예제를 수정하여 입력받은 수가 7이 아니면 "7이 아닙니다."를 출력하도록 해 보자.

예제 if3

```c
#include <Turboc.h>

void main()
{
    int i;

    printf("정수를 입력하세요 : ");
    scanf("%d",&i);
    if (i == 7)
        printf("7을 입력했습니다.\n");
    else
        printf("7이 아닙니다.\n");
}
```

예제를 실행해 보고 7, 6, 8을 각각 입력해 보자. else가 없는 if문은 조건에 따라 뒤따라오는 명령의 실행 여부만 결정하지만 else가 있는 if문은 조건에 따라 어떤 명령을 실행할 것인가를 선택한다. 이 예제의 순서도는 다음과 같다.

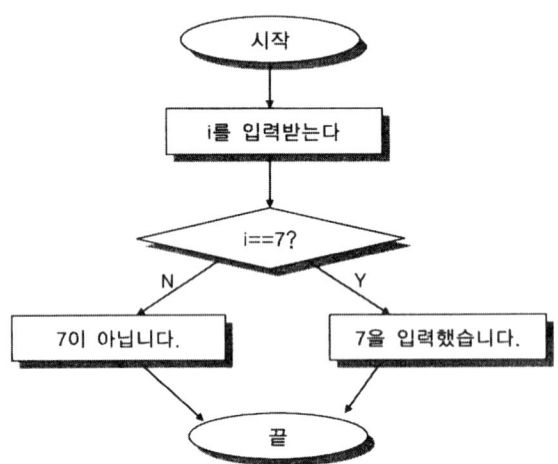

(i == 7) 조건에 따라 둘 중 하나의 명령이 선택된다. else는 if와 짝을 이루는 키워드이기 때문에 if문 없이 단독으로 쓸 수는 없다. else만 혼자 쓰는 어처구니없는 실수를 하지는 않겠지만 블록 구조에 익숙하지 않으면 다음과 같은 실수를 할 가능성은 있다.

```
if (i == 7)
    printf("7을 입력했습니다.\n");
    printf("행운의 7입니다.\n");
else
    printf("7이 아닙니다.\n");
    printf("좀 잘 해 보세요.\n");
```

이렇게 되면 if문이 첫 번째 printf문에서 끝이나 버렸기 때문에 else에 대응되는 if가 없다. 그래서 이 else는 에러로 처리된다. 제대로 수정하려면 조건 다음의 두 명령과 else 다음의 두 명령을 모두 { }로 감싸서 복문으로 만들어야 한다.

```
if (i == 7) {
    printf("7을 입력했습니다.\n");
    printf("행운의 7입니다.\n");
} else {
    printf("7이 아닙니다.\n");
```

```
printf("좀 잘 해 보세요.\n");
}
```

그래서 이런 실수를 방지하기 위해 애초에 if문을 작성할 때 { } 괄호를 붙이라고 권유하는 것이다. if else문을 한 번 더 확장하면 if else if가 된다. 형식은 다음과 같다.

if (조건1) 명령1; else if (조건2) 명령2; else 명령3;

이 형식은 여러 개의 조건에 대해 만족하는 명령 하나를 선택할 때 사용한다. 예를 들어 7이면 7, 8이면 8, 그 외의 경우는 7도 8도 아니라는 메시지를 출력하도록 하고 싶다면 다음과 같이 한다.

예제 if4

```
#include <Turboc.h>

void main()
{
    int i;

    printf("정수를 입력하세요 : ");
    scanf("%d",&i);
    if (i == 7)
        printf("7을 입력했습니다.\n");
    else if (i == 8)
        printf("8을 입력했습니다.\n");
    else
        printf("7도 아니고 8도 아닙니다.\n");
}
```

i가 7이면 "7을 입력했습니다"라는 문자열을 출력하고 종료한다. 만약 7이 아니면 다음 조건인 (i == 8)을 점검해 보고 이 점검 결과에 따라 적절한 메시지를 출력한다. 형식이 조금 복잡해 보일지 모르겠지만 상식적으로 쉽게 이해가 될 것이다. 순서도를 그려보면 다음과 같다.

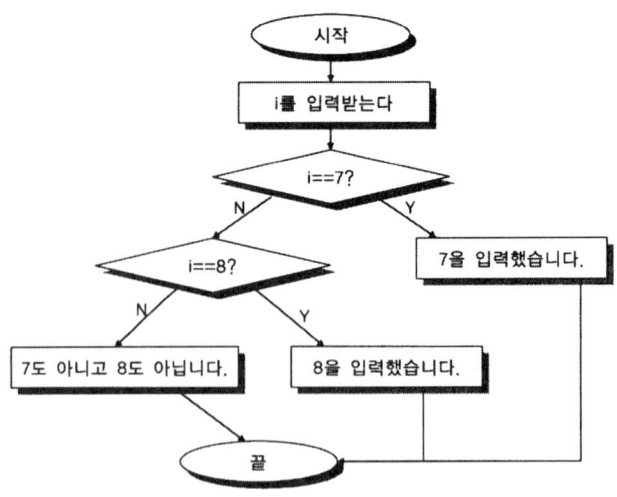

참고로 if else if는 별다른 특별한 문법이 아니라 if else 형식의 응용이라고 할 수 있다. if else if의 기본 형식을 다음과 같이 써 보자.

if (조건1) 명령1; else { if (조건2) 명령2; else 명령3 };

else문에 걸리는 명령이 또 다른 if문일 뿐이다. 이런 식으로 if else if else if를 계속 이어서 사용하면 다수의 조건들 중 하나를 선택할 수도 있다.

if (조건1) 명령1;
else if (조건2) 명령2;
else if (조건3) 명령3;
else if (조건4) 명령4;
....

이렇게 쓸 수는 있지만 소스를 읽기가 어려워지기 때문에 이런 경우는 다음에 배울 다중 선택문 switch case를 사용하는 것이 더 좋다.

4.1.4 if문 연습

if문은 컴퓨터에게 지능을 부여하는 아주 재미있는 명령이다. 무조건 명령들을 순서대로 실행하기만 하는 것이 아니라 조건에 따라 명령을 실행할지를 결정하거나 여러 개의 명령 중 하나를 선택적으로 실행한다. 가장 기본적인 제어문이고 문법도 아주 간단 명료하므로 이해하기도 쉽다. if문에 대한 몇 가지 연습을 해 보도록 하자.

정수 하나를 입력받고 짝수인지 홀수인지를 판별하여 메시지를 출력해 보자. 어떤 수가 다른 수의 배수인지를 판별할 때는 % 나머지 연산자를 사용한다. 이 연산자에 대해서는 다음 장에서 배우겠지만 좌변을 우변으로 나눈 후 그 나머지를 계산하는데 배수 여부를 판별할 때 흔히 사용된다. 예를 들어 i가 3의 배수인지 알고 싶다면 i % 3이 0인지를 보면 되는데 i를 3으로 나눈 나머지가 0이라면 3의 배수라고 판단할 수 있다.

짝수인지를 판단할 때는 2로 나눈 나머지가 0인지를 보면 된다. 따라서 입력받은 수가 짝수인지 알고 싶다면 if문 다음에 (i % 2 == 0)이라는 조건문을 사용한다. 짝수인 경우와 홀수인 경우에 메시지를 다르게 출력하고자 하므로 if else 구문을 사용해야 한다. 정답은 다음과 같다.

예제 if5

```c
#include <Turboc.h>

void main()
{
    int i;

    printf("정수를 입력하세요 : ");
    scanf("%d",&i);
    if (i % 2 == 0) {
        printf("%d는 짝수입니다.\n",i);
    } else {
        printf("%d는 홀수입니다.\n",i);
    }
}
```

이번에는 문자열 "Programmer"를 출력하되 정수 하나를 입력 받아서 이 값이 1이면 (20,10)에, 2이면 (40,10)에, 그 외의 숫자이면 (60,10)에 출력하도록 해 보자. 수직 좌표는 10으로 고정되어 있고 1이면 왼쪽, 2는 중앙, 그 외는 오른쪽에 출력하는 것이다. 입력받은 정수값을 평가하여 1인지 2인지 또는 그 외의 수인지를 판별해야 하므로 if else if else 구문을 사용해야 한다.

예제 if6

```c
#include <Turboc.h>

void main()
{
```

```
    int i;

    printf("문자열을 출력할 위치를 입력하세요 : ");
    scanf("%d",&i);
    if (i == 1) {
            gotoxy(20,10);
    } else if (i == 2) {
            gotoxy(40,10);
    } else {
            gotoxy(60,10);
    }
    printf("Programmer\n");
}
```

각 조건을 만족할 때 gotoxy로 문자열을 출력할 위치만 옮긴다. 실제 문자열을 출력하는 printf문은 조건과 상관없이 실행되어야 할 명령이므로 if문이 완전히 종료되고 난 다음에 따로 호출한다. 입력값에 따라 출력할 문자열이 달라지는 것은 아니므로 printf문이 if 조건문의 명령이 될 필요는 없다. 즉 다음과 같이 작성할 필요가 없는 것이다.

```
    if (i == 1) {
            gotoxy(20,10);
            printf("Programmer\n");
    } else if (i == 2) {
            gotoxy(40,10);
            printf("Programmer\n");
    } else {
            gotoxy(60,10);
            printf("Programmer\n");
    }
```

물론 매 조건마다 출력할 문자열도 다르다면 이렇게 해야겠지만 말이다. 만약 마지막 else문에 그 외의 나머지 모든 숫자가 아니라 i가 3인 경우만으로 제한하고 싶다면 else 다음에 if (i == 3) 조건문을 추가하면 된다. 이렇게 조건문을 작성하면 1, 2, 3 이외의 수를 입력했을 경우 아무 조건도 만족되지 않으므로 if문 전체가 무시되어 아무런 출력도 일어나지 않을 것이다.

다음은 두 개의 정수를 입력받은 후 두 값의 대소 관계를 비교해 보자. 두 값의 대소 관계는 크다, 작다, 같다 세 가지 종류가 있으므로 이번에도 if else if else문을 사용해야 한다.

예제 if7

```c
#include <Turboc.h>

void main()
{
    int i,j;

    printf("첫 번째 정수를 입력하세요 : ");
    scanf("%d",&i);
    printf("두 번째 정수를 입력하세요 : ");
    scanf("%d",&j);

    if (i > j) {
        printf("%d보다 %d가 더 작습니다.\n",i,j);
    } else if (i < j) {
        printf("%d보다 %d가 더 큽니다.\n",i,j);
    } else {
        printf("%d와 %d는 같은 수입니다.\n",i,j);
    }
}
```

마지막 else문이 만족할 때는 앞쪽 두 조건이 이미 거짓으로 평가된 후이며 이때는 i와 j가 확실히 같다고 판단할 수 있으므로 별도의 if (i == j) 조건을 점검할 필요가 없다. 실습 내용이 조금 단조로운 감이 있는데 현재 여러분들은 기본적인 입출력 명령과 if문만 배웠기 때문이다. 조건문에 사용할 수 있는 다양한 연산자나 반복적인 조건 판단 방법 등을 배우게 되면 훨씬 더 재미있고 실용적인 예제들을 만들 수 있을 것이다.

4.2 for 반복문

4.2.1 for문

반복문은 비슷한 명령들을 여러 번 실행하는 제어 구조이다. 컴퓨터가 처리하는 데이터가 원래 반복적인 성격을 가지고 있기 때문에 반복문은 아주 많이 사용된다. 사실 컴퓨터가 제일 잘 하는 일이 아무 생각없이 주어진 명령을 계속 반복해 대는 것이다. 생각이 없다보니 속도도 빠르고 같은 일을 계속 시켜도 불평이 없다.

1번 학생부터 60번 학생까지 총점과 평균을 구하는 프로그램을 작성해야 한다면 똑같은 과정을 60번 반복해야 한다. 각 계산에서 달라지는 것은 학생의 번호뿐이며 총점을 구하는 방법이나 평균을 구하는 공식이 달라지는 것은 아니다. 이럴 때는 똑같은 처리를 60번 나열하는 것보다 한 번만 작성해 놓고 이 처리를 60번 반복하도록 하는 것이 훨씬 더 간단하다.

프로그램에서 이렇게 반복되는 부분을 루프(loop)라고 한다. 루프를 구성하는 방법에는 여러 가지가 있는데 C언어의 기본적인 반복문은 for문이다. for문의 형식은 다음과 같다.

for (초기식;조건식;증감식) 명령;

- 초기식 : 반복문은 보통 특정 변수가 일정한 범위에 있는 동안에 실행된다. 이때 반복문을 통제하는 변수를 제어 변수라고 한다. 초기식은 제어 변수의 초기값을 지정하며 루프가 시작될 때 한 번만 수행된다. i=0 이나 count=3 같은 대입문의 형식을 가지는 것이 보통이다.
- 조건식 : 반복문이 언제까지 실행될 것인가를 지정하며 이 조건이 참인동안 계속 루프를 돈다. 루프 실행을 계속할 계속 조건(탈출 조건이 아니라)이므로 조건이 거짓이 되면 루프를 탈출한다. 조건을 나타내므로 i < 10 또는 count < 100과 같은 제어 변수에 대한 비교 연산문이 온다. 조건문은 루프가 실행될 때마다 계속 평가된다.
- 증감식 : 한 번 루프를 돌 때 제어 변수를 얼마나 증감시킬 것인가를 지정한다. i=i+1 같이 제어 변수의 값을 변화시키는 연산문이 온다. 루프가 한 번 실행될 때 증감식도 한 번 실행된다.
- 명령 : 반복 실행될 명령이다. 하나의 명령이 올 수도 있고 { }로 둘러싸인 복문이 올 수도 있는데 반복적인 처리는 보통 복문인 경우가 많다. 설사 루프에 포함된 명령이 하나뿐이더라도 실수 방지와 확장 편의성을 위해 가급적이면 { } 괄호를 싸 복문을 구성하는 것이 좋다.

앞에서 배운 if문에 비해서는 구조가 조금 복잡하다. 그러나 실제로 써 보면 아주 간단 명료하다는 것을 알 수 있을 것이다. 구체적인 예제를 만들어 보도록 하자.

예제 for

```c
#include <Turboc.h>

void main()
{
    int i;

    for (i=0;i<10;i=i+1) {
        printf("숫자 = %d\n",i);
    }
}
```

이 예제는 0~9까지 숫자를 계속 출력하기만 한다. 출력 결과는 다음과 같다.

숫자 = 0
숫자 = 1
숫자 = 2
숫자 = 3
숫자 = 4
숫자 = 5
숫자 = 6
숫자 = 7
숫자 = 8
숫자 = 9

제어 변수로 사용할 정수형 변수 i를 먼저 선언했다. 관습적으로 for문의 제어 변수는 i라는 이름의 정수형 변수를 가장 많이 사용한다. 루프로 들어가기 전에 초기식에서 i에 0을 대입하여 최초 제어 변수를 0으로 초기화했다. 그리고 조건식을 점검해 보니 i가 10보다 작은 동안 실행하라고 되어 있으므로 루프 안으로 들어간다. printf문에 의해 "숫자 = 0"이 출력된다.

다음 루프를 돌기 전에 증감식 i=i+1이 실행되어 i값이 1 증가하여 1이 된다. 다시 조건식을 평가해 보니 아직도 i는 10보다 더 작다. 그래서 다시 루프가 실행되며 "숫자 = 1"이 출력된다. 이런 식으로 루프를 계속 돌아 i가 10이 되면 조건식이 거짓이 되므로 루프를 탈출한다. 조건식이 i가 10보다 작은 동안이므로 10은 반복 대상에서 제외되며 루프가 끝났을 때 i값은 최초로 i < 10 조건식이 거짓이 되는 10의 값을 가질 것이다. i가 0부터 시작했으므로 printf문은 총 10번 반복되었다.

```
         i의 초기값은 0   한번 루프를 돌 때마다 i를 1증가시킨다.
for ( i=0 ; i<10 ; i=i+1 )
         i가 10보다 작은동안 계속 반복하라.
```

이 예제는 for문의 기본적인 사용 방법을 보여주기는 하지만 실용성은 전혀 없다. 이제 1~100까지 정수의 합을 계산하는 좀 더 실용적인 가치가 있는 예제를 만들어 보자. 아주 고리타분한 문제이지만 루프의 개념과 실용성을 설명하는 가장 좋은 예제이다.

예제 forsum

```
#include <Turboc.h>

void main()
{
```

```
    int i, sum;

    sum=0;
    for (i=1;i<=100;i=i+1) {
        sum=sum+i;
    }
    printf("1~100까지의 합 = %d\n",sum);
}
```

실행 결과는 다음과 같다.

1~100까지의 합 = 5050

기본 문법에 대해서 이미 다 설명했으므로 이 예제는 사실 설명을 읽지 않고도 스스로 이해하는 사람들이 많을 것이다. 하지만 프로그래밍을 처음 하는 사람에게 이 예제가 그다지 만만하지는 않다. 통째로 외우고 다녀도 손해 보지 않을 정도로 기본적인 예제이다. 실행 순서대로 차근차근 분석해 보도록 하자.

① 첫 행에서 정수형 변수 i와 sum을 선언했다. 컴파일러는 두 변수에 각각 4바이트씩을 할당하며 초기값을 주지 않았으므로 이 변수들은 일단은 쓰레기값을 가진다.

② sum=0; 대입문에 의해 sum이 0으로 초기화된다. sum은 결과값인 총합을 저장할 변수이므로 최초 0의 값을 가져야 한다. 이 변수에 1부터 순서대로 값을 누적시킬 것이다.

③ 다음 줄에서 for 루프가 시작된다. 제어 변수는 i이며 초기식에서 1이 대입되었다. 1부터 100까지 합계를 구하는 문제이므로 초기값은 1이다. 조건식은 i가 100보다 작거나 같은 동안이므로 i가 100을 초과할 때까지 루프가 실행될 것이다.

④ for문의 명령인 sum=sum+i; 대입문에 의해 sum에 i값이 누적된다. sum=sum+i; 대입문은 sum이 원래 가지고 있던 값에다가 i를 더해서 다시 sum에 대입하라는 뜻이다. 최초 sum이 0이었고 i는 1이었으므로 sum=0+1=1이 될 것이다.

⑤ 여기까지 루프를 한 번 돌았다. 명령을 실행한 후 증감식이 실행되는데 증감식은 i=i+1로 되어 있다. 증감식은 i를 1 증가시키며 i는 2가 된다. 다음 루프를 계속 돌 것인가를 판단하기 위해 조건식을 평가해 보니 아직 i가 100을 초과하려면 한참 멀었다. 그래서 다시 루프를 돈다.

⑥ sum=sum+i가 다시 실행된다. 앞의 루프에서 sum은 1이 되었는데 이번에는 sum의 값에 다시 i를 더해 sum=1+2=3이 될 것이다. 다음번 루프를 돌때는 sum=3+3=6이 되고 그 다음번 루프를 돌때 sum=6+4=10이 된다. 이런 식으로 i가 1씩 증가하면서 루프를 돌 때마다 sum에 i가 더해짐으로써 sum에 i가 계속 누적되는 것이다.

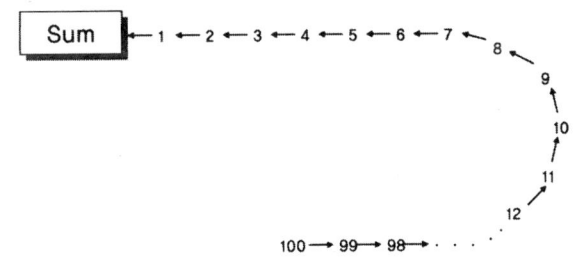

이 루프는 i가 100보다 작거나 같은 동안에 계속 반복된다. 그래서 루프를 다 돌았을 때 sum=1+2+3+4+5+...+100; 의 결과값을 가지는 것이다.

⑦ 마지막 루프를 돈 후에 i=101이 될 것이고 그러면 조건식 i<=100이 거짓이 되어 루프를 탈출한다. 루프가 끝나면 마지막에 있는 printf가 sum의 값을 화면으로 출력하고 프로그램은 종료된다.

아주 짧은 예제이지만 실행 순서가 나름대로 복잡하다. 순서도로 프로그램의 흐름을 시각화하여 정리해 보도록 하자.

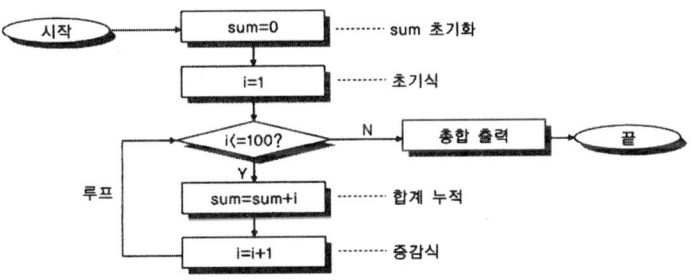

순서도를 보면 알겠지만 초기식은 루프에 들어가기 전에 한 번만 실행되고 증감식은 루프의 끝에서 매번 실행되며 조건식은 각 루프의 처음에서 매번 평가된다. for문은 다음과 같은 if문으로 대체할 수 있다.

```
초기식;
if (조건식) {
    명령;
    증감식;
    goto if문 처음으로;
}
```

goto문은 아직 배우지 않았지만 강제로 제어를 지정한 곳으로 옮기는 명령이다. for문은 이런 강제분기문과 조건 판단문을 좀 더 사용하기 쉽도록 형식성을 갖추어 정리해 놓은 문장이다. 이 장 처음에 보인 comedycode 예제와 똑같은 동작을 하지만 이 예제는 제어 구조를 제대로 활용했으므로 변형 및 확장이 아주 용이하다. 1~1000까지 합을 구하려면 조건식만 i <= 1000으로 수정하면 되고 짝수의 합만 구하고 싶다면 초기값을 2로 주고 i=i+1을 i=i+2로 고치면 된다.

C의 for문은 굉장히 융통성이 많다. 초기식, 조건식, 증감식 각각이 일반적인 문장이기 때문에 꼭 제어 변수와 관련되지 않더라도 임의의 명령을 식으로 사용할 수 있다. 또한 정수가 아닌 실수나 포인터 등 임의의 타입을 제어 변수로 사용할 수도 있다. 이에 비해 베이직이나 파스칼의 for문은 이런 융통성을 제공하지 않는다. 다음에 for문의 몇 가지 활용예를 보인다.

```
for (i=1;i<=100;i=i+2)      // 1~100사이의 모든 홀수에 대해 반복
for (i=100;i>0;i=i-1)       // 100~1까지 1씩 감소하며 역순으로 반복
for (f=0.1;f<=10.0;f=f+0.1) // 0.1~10.0까지 0.1씩 증가하며 반복
```

제어 변수로 실수를 사용할 수도 있으므로 미세한 값에 대해 루프를 돌 수도 있고 제어 변수를 감소시킬 수도 있으므로 역순으로 루프를 도는 것도 가능하다. 뿐만 아니라 각 식에 함수 호출도 가능하며 다음 장에서 배울 쉼표 연산자를 사용하면 두 개의 제어 변수로 루프를 돌릴 수도 있다.

1~100까지 합계를 구하는 예제는 변수의 개념과 활용 방법, 그리고 루프에 대한 기본적인 개념을 설명하는 아주 전형적인 예제이다. 이 예제의 소스를 보지 말고 처음부터 직접 복원해 보아라. 코드를 외우지 않았더라도 논리를 이해했다면 복원이 가능할 것이며 반면 달달 외웠더라도 이해를 하지 못했으면 복원하기 어렵다. 복원까지 했다면 내친김에 응용도 해 보도록 하자.

과제 forsum2

> 정수 하나를 입력받아 1부터 입력받은 정수까지의 합을 출력하라. 예를 들어 10이 입력되었으면 1~10까지의 합인 55를 계산해야 한다. 합계를 누적하는 방법은 앞의 예제와 동일하며 루프만 조금 변형하면 된다.

4.2.2 문자 움직이기

루프라는 개념을 이해하면 아주 많은 것들을 할 수 있게 된다. 실무 프로그래밍을 해 보면 알겠지만 프로그램은 순전히 루프 투성이인데 프로그램이 하는 일이라는 것이 사람의 명령을 반복적으로 처리하는 것이기 때문이다. 반복이라는 것도 완전히 똑같은 작업을 단순히 되풀이하기만 하는 것이 아니라 매 반복 때마다 제어 변수의 값을 참조하여 조금씩 다른 작업을 할 수 있어 응용할 수 있는 여지가 아주 많다.

for문을 배웠으니 이제 약간은 흥미로운 예제를 분석해 보자. 이 예제도 무척 간단하기는 하지만 지금까지의 예제에 비해서는 상대적으로 재미있는 동작을 보여준다. 여기서 만들 예제는 # 문자를 화면의 왼쪽에서 오른쪽으로 움직인다. 다음 예제를 실행해 보자.

예제 movechar

```c
#include <Turboc.h>

void main()
{
    int i;
    clrscr();

    for (i=1;i<=80;i=i+1) {
        gotoxy(i,10);
        putch('#');
        gotoxy(i-1,10);
        putch(' ');
        delay(100);
    }
}
```

프로그램을 시작하자 마자 clrscr 함수를 호출하여 화면을 깨끗하게 지운다. 그리고 제어 변수 i를 1부터 시작해서 80까지 1씩 증가시키면서 #과 공백을 번갈아가며 출력한다. 실행해 보면 #문자가 최초 화면 왼쪽에 나타났다가 오른쪽 끝으로 한 칸씩 이동할 것이다.

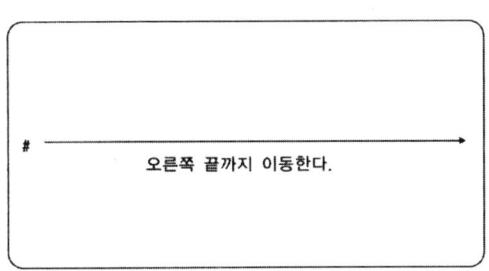

문자 하나만 움직이지만 이것도 일종의 애니메이션이라고 할 수 있다. 어떻게 해서 #이 움직이는지 스스로 분석해 보아라. 모두 앞에서 배운 것들이므로 스스로 분석이 가능할 것이다. 루프를 돌 때 제어 변수가 어떻게 변하고 루프 내에서 제어 변수를 어떻게 사용하는지 차근차근히 분석해 보아라. 다음은 이 프로그램의 동작을 실행 순서별로 해설해 놓은 것인데 자신이 분석한 결과와 맞는지 비교해 보자.

① 정수형 변수 i를 선언하고 clrscr 함수를 호출하여 화면을 깔끔하게 지웠다. 화면에 아무 것도 출력되어 있지 않아야 #문자가 움직이는 것을 제대로 살펴볼 수 있을 것이다. 여기까지는 프로그램이 실행을 준비하는 단계이다.

② for 루프가 시작되면 초기식에 의해 제어 변수 i는 1이 된다. 조건식은 i가 80보다 작거나 같다이고 증감식은 i를 1씩 증가하도록 되어 있으므로 i는 1부터 2,3,4,…,80까지 변할 것이다. 루프 안에는 #문자를 출력하는 명령, 공백을 출력하는 명령, 그리고 0.1초간 시간을 끄는 명령이 포함되어 있다.

③ 최초 루프가 시작될 때 i는 1의 값을 가지고 있다. 그래서 (1,10)의 위치에 #이 출력되고 (0,10)의 위치에 공백이 출력된다. 이때 화면에는 (1,10)에 #문자 하나만 출력되어 있을 것이다. 0.1초간 대기한 후 증감식에 의해 i는 2가 되고 다음 루프가 실행된다.

④ i가 2가 되었을 때는 (2,10)에 #이 출력되고 그 바로 왼쪽인 (1,10)에 공백이 출력된다. 공백이 출력되는 좌표는 제어 변수 i의 바로 왼쪽 위치인 (i-1,10)인데 이 좌표는 바로 직전의 루프에서 #을 출력한 좌표이다. 이 좌표에 공백을 출력한다는 것은 바로 앞에서 출력했던 #을 삭제하라는 명령이다. 두 번째 루프에 의해 (1,10)의 #은 지워지고 (2,10)에 #이 새로 출력되었으므로 마치 #이 한 칸 오른쪽으로 이동한 것처럼 보인다.

⑤ i가 3이 되면 (3,10)에 새로운 #이 출력되고 바로 직전 루프에서 출력해 놓은 (2,10)의 #은 공백으로 덮여져 삭제된다. 이런 식으로 루프가 진행되면 1씩 증가하는 i위치에 #이 새로 출력되므로 마치 #이 오른쪽으로 이동하는 것처럼 보이게 된다.

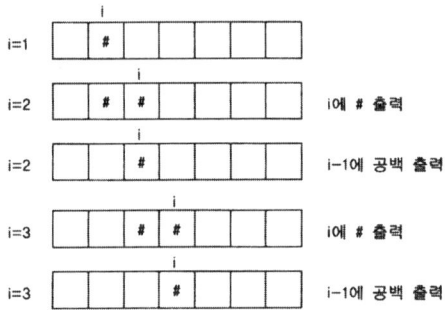

for문의 조건식이 i가 80보다 작거나 같을 때까지로 되어 있으므로 i는 계속 증가하여 80까지 갈 것이며 그래서 #은 (80,10)의 위치까지 반복적으로 계속 이동하게 된다. 화면의 오른쪽 끝 좌표는 79이므로 (80,10)은 실제로 존재하지 않으며 #은 왼쪽에서 오른쪽으로 이동하여 오른쪽 끝에서 사라지게 될 것이다.

⑥ 제어 변수 i가 81이 되었을 때 조건식이 거짓이 되므로 이때 루프를 탈출하며 프로그램이 종료된다.

이렇게 단계를 설명해도 컴퓨터의 실행 속도가 너무 빠르기 때문에 실행 흐름이 잘 파악되지 않는데 이럴 때는 각 출력문 다음에 getch(); 를 삽입하여 진행 과정을 느리게 관찰할 수 있다. # 문자가 이동하는 것처럼 보이는 것은 현재 자리 출력, 바로 앞자리 삭제를 반복적으로 처리하는 간단한 원리로 이루어 진다. 게임에서 총알이 날아가고 캐릭터가 움직이는 기본 원리도 이 예제와 동일하다. 즉 헌 것 지우고 새 것 그리기의 연속인 것이다.

이전 자리를 지우고 다시 출력하는 대신 puts(" #")으로 앞쪽에 공백을 하나 출력하여 왼쪽을 지움과 동시에 오른쪽에 '#'을 출력할 수도 있다. 그러나 이는 일반적이지 않은데 그래픽 환경에서는 지움과 출력의 방법이 완전히 달라질 수 있기 때문이다. 가령 배경에 아주 복잡한 그림이 있을 경우는 지우는 동작이 단순히 공백을 출력하는 정도가 아니라 굉장히 어려워질 수 있다. 그래서 원론적으로 물체를 움직이는 방법은 헌 것 지우고 새 것 그리기여야만 하며 이 예제는 원칙대로 작성한 것이다. 반복문을 작성할 때는 다음 두 가지 사항을 잘 결정해야 한다.

첫 번째로 한 번 반복할 명령들의 단위를 잘 파악해야 한다. 어떤 명령들의 묶음이 한 번 반복할 대상인지를 잘 관찰하는 것이 중요하다. 이 예제의 루프에는 다섯 개의 명령이 포함되어 있지만 gotoxy와 putch는 한 쌍으로 볼 수 있으므로 다음 세 개의 명령이 반복 단위이다. 루프를 한 번 돌 때마다 이 세 가지 명령을 순서대로 실행하여 출력, 지움, 시간끌기를 하며 이 세 동작의 조합에 의해 글자가 한 칸 오른쪽으로 이동한다.

```
for (i=1;i<=80;i=i+1) {
    gotoxy(i,10);putch('#');        // 현재 위치에 # 출력
    gotoxy(i-1,10);putch(' ');      // 이전 위치의 # 지움
    delay(100);                     // 0.1초간 시간을 끈다.
}
```

명령들 간의 순서에도 의미가 있는데 이 예제처럼 새 위치에 그리기, 이전 위치 지우기, 시간끌기 순으로 되어 있어야 애니메이션 결과를 제대로 보여줄 수가 있다. 만약 delay(100); 이 두 출력문의 사이에 위치하고 있다면 대기하는 0.1초 동안 이전 출력이 지워지지 않은 상태가 되므로 두 개의 #이 같이 이동하는 것처럼 보일 것이다.

두 번째로 각 반복 단위에서 변화를 줄 수 있는 부분을 잘 파악해야 한다. 매번 같은 명령만 반복한다면 똑같은 명령만 의미없이 계속 실행될 뿐이므로 루프내의 각 명령문에서 제어 변수를 적절하게 참조하여 매 반복마다 조금씩 다른 동작을 하도록 해야 한다. 이 예제의 출력 명령은 i위치에 #을 출력하며 삭제 명령은 i-1위치를 지움으로써 제어 변수값을 참조하고 있다. 이 명령들을 감싸는 루프에서 제어 변수 i를 1~80까지 돌림으로써 #이 1~80까지 이동하는 것이다.

사실 이 예제는 도저히 이해하지 못할 만큼 어렵지도 않을 뿐더러 프로그램이 동작하는 결과를 화면으로 확인해볼 수 있기 때문에 나름대로 재미도 있다. 이 예제를 이해했다면 약간의 응용을 해 보도록 하자. #을 좌우로가 아닌 상하로도 움직일 수 있고 대각선으로도 움직여 볼 수 있을 것이며 루프를 여러 개 사용하면 화면을 한 바퀴 돌도록 할 수도 있다.

4.2.3 무한 루프

무한 루프란 반복 횟수가 미리 정해져 있지 않고 무한히 반복되는 루프이다. 제어 변수를 사용하는 루프는 제어 변수가 일정한 범위에 있을 때만 반복하므로 실행 회수가 미리 정해져 있는데 비해 무한 루프는 실행 회수를 미리 알 수 없다. 무한 루프를 만드는 방법은 아주 간단하다.

```
for (;;) {
    명령;
}
```

조건식을 명시하지 않으면 이 조건은 항상 참으로 평가되기 때문에 루프가 끝나지 않게 된다. 그렇다면 무한 루프는 정말 무한히 반복되는가 하면 그렇지는 않다. 만약 정말로 무한히 반복된다면 루프 바깥의 코드가 실행될 수 없으므로 시스템 다운 상태가 되고 말 것이다. 무한 루프의 정확한 정의는 반복 회수가 가변적인 루프를 의미한다.

루프 자체에는 종료 조건이 포함되어 있지 않으며 명령을 실행하다가 일정한 조건이 되면 루프를 탈출한다. 즉 무한 루프란 형식상 무한히 반복되도록 해 놓고 루프 내부에서 끝낼 시점을 결정하도록 하는 루프이다. 그래서 무한 루프의 명령 블록에는 루프 탈출 처리가 반드시 포함되어 있어야 한다. 루프를 탈출할 때는 break문을 사용하는데 break는 조건식을 무시하고 강제로 루프를 종료하는 명령이다. 무한 루프의 일반적인 형태는 다음과 같다.

```
for (;;) {
    명령;
    if (탈출조건)
        break;
}
```

우리는 앞에서 이미 무한 루프를 만들어 본 적이 있는데 2장에서 만들었던 숫자 맞추기 게임이 무한 루프 구조를 가지고 있다. 코드를 다시 보도록 하자.

```
for (;;) {
    num=random(100)+1;
    printf("\n제가 만든 숫자를 맞춰 보세요.\n");
    do {
        printf("숫자를 입력하세요(끝낼 때는 999) : ");
        scanf("%d",&input);
        if (input==999) {
            exit(0);
        }
        if (input==num) {
            printf("맞췄습니다.\n");
        } else if (input>num) {
            printf("입력한 숫자보다 더 작습니다.\n");
        } else {
            printf("입력한 숫자보다 더 큽니다.\n");
```

```
        }
    } while (input!=num);
}
```

이 게임은 한 번 실행하면 사용자가 그만하겠다는 의미의 999를 입력할 때까지 무한히 반복된다. 만약 이 게임이 정말로 재미있다면(그럴리는 없겠지만) 999를 입력하지 않고 계속 게임을 할 수 있다. 사용자가 언제 999를 입력할 지 알 수 없기 때문에, 즉 루프를 설계할 때 반복 회수를 결정할 수 없으므로 형태상으로는 무한 루프이며 반복 회수가 가변적이다. 이 예제는 999를 입력하면 break로 루프를 탈출하는 것이 아니라 exit(0)라는 명령으로 아예 프로그램을 종료해 버리도록 되어 있는데 이중 루프이기 때문에 break로 한 번에 탈출하기 어렵기 때문이다.

무한 루프는 실제 프로그램에서 아주 빈번히 사용되고 있는데 다음의 예를 통해 어떤 용도로 사용되는지 구경해 보자. 다음 예는 for 무한 루프로 설계한 게임 프로그램의 전체적인 구조를 보인 것이다.

```
void main()
{
    프로그램 초기화
    for (;;) {
        게임판 그림
        게임 실행
        게임판 지움
        한판 더 할래? 라고 물어봄
        하지 않겠다는 응답이 들어오면 루프 탈출(break)
    }
}
```

프로그램 초기화 코드는 로고 화면을 보여준다든가 게임에 필요한 변수를 초기화하며 초기화가 끝나면 바로 무한 루프로 들어간다. 루프 내에서 게임판을 그리고 게임을 진행하며 게임이 끝나면 게임판을 지우고 사용자에게 또 게임을 할 것인지 물어본다. 사용자가 게임을 계속 하겠다고 응답하면 다시 루프 처음으로 돌아가서 게임판 그림, 실행, 지움, 질문을 계속 반복해야 한다.

사용자가 게임을 그만두겠다고 응답할 때만 이 루프를 끝낼 수 있으며 언제 사용자가 게임을 그만둘지 알 수 없기 때문에 전체 게임 코드는 무한 루프에 둘러 싸여 있다. 사용자가 한 판만 하고 그만둘지, 죽치고 앉아서 계속 게임만 할지 루프에 진입할 때는 알 수 없기 때문에 전체 루프는 무한 루프가 되어야 한다. 이 루프에서 게임 실행 부분의 세부 코드를 설계해 보면 아마도 다음과 같아질 것이다.

```
for (;;) {
    키 입력 받음
```

```
    주인공 이동
    적 이동
    충돌 판정
    if (주인공 사망) break;
}
```

언제 주인공이 사망하실지 알 수 없기 때문에 이 코드도 역시 무한 루프여야 한다. 무한 루프는 루프 내부에서 상황에 따라 종료 조건을 결정할 수 있는 편리한 제어 구조이다. 단순히 변수값으로 종료 조건을 점검할 수도 있고 복잡한 수식이나 또는 함수 호출 결과를 종료 조건으로 지정하는 것도 가능하다. 실제 코드에서 무한 루프가 어떻게 사용되는지 실습해 보자. 다음 예제는 무한 루프를 사용하여 두 정수의 최소 공배수를 찾아 준다.

예제 mincommon

```c
#include <Turboc.h>

void main()
{
    int i,Num1,Num2;
    printf("첫 번째 숫자를 입력하세요 : ");
    scanf("%d",&Num1);
    printf("두 번째 숫자를 입력하세요 : ");
    scanf("%d",&Num2);

    i=1;
    for (;;) {
        if (i % Num1 == 0  && i % Num2 == 0)
            break;
        i=i+1;
    }
    printf("최소 공배수 = %d\n",i);
}
```

다음은 이 예제로 12와 14의 최소 공배수를 찾은 것이다.

첫 번째 숫자를 입력하세요 : 12
두 번째 숫자를 입력하세요 : 14
최소 공배수 = 84

Num1, Num2에 두 수를 입력받고 i를 1로 초기화한 후 무한 루프로 들어간다. 루프에서는 i가 Num1의 배수이면서 동시에 Num2의 배수인지 점검하는데 이 조건이 공배수의 조건이며 1부터 시작해서 가장 먼저 발견되는 공배수가 최소 공배수이다. && 연산자는 두 조건을 동시에 만족하는지를 점검하는데 다음 장에서 자세히 알아볼 것이다.

임의의 두 정수에 대해 최소 공배수는 반드시 존재한다. 그러나 사용자가 입력한 임의의 정수에 대한 최소 공배수가 언제 발견될지 알 수 없기 때문에 미리 반복 횟수를 정할 수 없으며 그래서 형태상으로 무한 루프를 구성하고 루프를 도는 중에 탈출 조건을 점검하는 것이다. 루프내에서 최소 공배수를 찾았으면 break로 즉시 루프를 탈출한다. 최소 공배수는 하나밖에 없으므로 이 수를 찾은 이상 루프를 더 돌아야 할 이유가 없다. 물론 일정 범위의 모든 공배수를 다 찾는다면 문제가 달라지겠지만 말이다. 이 예제에서 루프는 좀 더 간단하게 구성할 수 있다.

```
for (i=1;;i=i+1) {
    if (i % Num1 == 0  && i % Num2 == 0)
        break;
}
```

초기식과 조건식을 따로 두지 않고 for문 안에 포함시켰는데 이렇게 해도 결과는 동일하며 이 루프는 여전히 무한 루프이다. 무한 루프란 조건식이 생략된 루프이며 초기식이나 증감식은 있어도 상관없다. 조건식이 생략되면 항상 TRUE로 평가되므로 무한히 반복한다.

4.2.4 다중 루프

다중 루프란 두 개 이상의 루프가 겹쳐 있는 제어 구조이다. 루프 안에는 반복의 대상이 되는 명령이 들어가는데 이 명령이 또 루프라면 이중 루프가 된다. 어떤 명령을 반복하는 동작을 또 반복하는 것이다. 그만큼 반복이란 흔한 동작이다. 다중 루프의 전형적인 예인 구구단 프로그램을 만들어 보자.

구구단이란 1단부터 9단까지가 있고 각 단의 수에 1~9까지를 곱해 그 결과를 한 행에 출력한 것이다. 즉 9행의 반복 출력이 9단까지 또 반복되는 것이다. 다음 예제는 이중 루프로 구구단을 출력하되 9단까지는 너무 길므로 3단까지만 출력하도록 했다.

예제 samdan

```
#include <Turboc.h>

void main()
{
```

```
    int i,j;

    for (i=1;i<=3;i=i+1) {
        for (j=1;j<=3;j=j+1) {
            printf("%d*%d=%d\n",i,j,i*j);
        }
        printf("\n");
    }
}
```

실행 결과는 다음과 같다. i와 j의 범위를 9로 늘려 주면 9단까지 제대로 출력될 것이다.

1*1=1
1*2=2
1*3=3

2*1=2
2*2=4
2*3=6

3*1=3
3*2=6
3*3=9

제어 변수의 이름으로 루프의 이름을 붙이는데 위 예제는 i루프와 j루프가 있고 j루프가 i루프에 포함되어 있다. 이 예제가 어떻게 저런 결과를 만들어 내는지 분석해 보자.

① 프로그램이 시작되면 두 개의 정수형 변수 i와 j가 선언된다. 각 루프는 서로 다른 제어 변수를 사용해야 하므로 루프의 개수만큼 제어 변수가 필요하다.
② 최초 i루프가 시작되며 i는 초기값 1을 가지고 1씩 증가하면서 3까지 반복될 것이다. i는 루프를 돌 때마다 1,2,3으로 변한다.
③ i루프의 안쪽에서 j루프가 시작되며 j도 마찬가지로 초기값 1을 가지고 1씩 증가하여 3까지 변한다.
④ j루프의 명령인 printf가 실행되어 i가 1이고 j가 1일 때의 곱셈 결과인 1*1=1을 출력한다. printf 명령은 i루프 안의 j루프 안에 위치하여 두 제어 변수의 곱셈을 출력한다.
⑤ printf가 한 번 실행된 후 j루프가 계속 돌아가 j는 2, 3이 된다. printf는 1*2=2, 1*3=3을 각각 출력할 것이다. j가 4가 되면 이 루프의 조건식 j<=3이 거짓이 되므로 j루프는 종료된다. j루프는 주어진 i변수에 대해 *1, *2, *3을 출력하는 명령이라고 생각할 수 있다.

⑥ j루프가 종료되면 j루프 다음에 있는 printf("\n")이 실행되어 빈 줄 하나를 출력하고 바깥쪽의 i루프가 반복된다. i는 1에서 2로 변하며 아직 3보다 크지 않으므로 계속 루프가 실행된다.

⑦ i가 2인 상태에서 루프 안으로 들어가면 j루프의 초기식이 실행되어 1부터 다시 시작된다. j루프가 반복되면서 2*1, 2*2, 2*3이 각각 출력될 것이다.

⑧ 다시 i루프로 돌아와 i는 다음값 3이 되며 3*1, 3*2, 3*3의 결과가 출력된다. 여기까지 실행한 후 i는 4가 되며 조건식 i<=3이 거짓이 되므로 i루프가 종료된다.

순서도를 그려 보면 좀 더 분명하게 동작을 살펴 볼 수 있을 것이다. 그림이 복잡해서 더 어려워 보일지도 모르겠지만 기본 원리는 단순 루프와 동일하다. 다만 루프 안의 명령이 또 루프라는 점만 다를 뿐이다. 안쪽의 j루프가 바깥쪽의 i루프에 걸리는 명령이라고 생각하면 쉽게 이해할 수 있다.

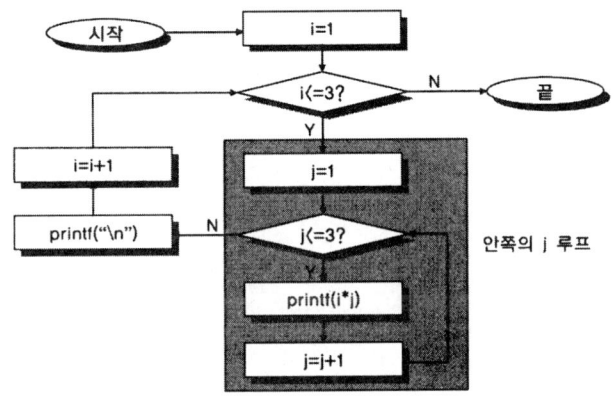

간단한 예제를 살펴보았으니 다음은 다중 루프에 대한 일반적인 주의 사항 및 상세 동작에 대해 연구해 보자.

❶ 다중 루프란 루프가 중첩(Nesting)되어 있는 것이다. 즉, 루프 안에 루프가 완전하게 포함되어 있을 때 이를 다중 루프라 한다. 단순히 루프가 계속 이어진다고 해서 다중 루프가 아니다. 다음 예를 보자.

```
for (i=...) {
}
for (j=...) {
}
```

i루프와 j루프가 있지만 j가 i에 포함되어 있지 않고 i루프 바깥에 있다. 그래서 i루프가 완전히 종료되면 j루프가 시작된다. 이것은 단순 루프가 두 개 있는 것이지 다중 루프가 아니다.

❷ 안쪽 루프가 완전히 종료되어야 바깥쪽 루프가 한 번 반복된다. 구구단 예제의 경우 j가 1~3까지 반복되고 종료되어야 i는 다음 값을 가진다. 그래서 다중 루프에 속한 명령의 총 반복 회수는 모든 루프의 반복 회수를 곱한 값이 된다. 구구단 예제는 i가 3번, j가 3번 반복되므로 printf는 총 9회 반복된다.

❸ 각 루프의 제어 변수는 반드시 달라야 한다. 중첩된 루프들은 각각의 반복 조건이 독립적이어야 하므로 반복을 통제하는 제어 변수가 같아서는 다중 루프를 구성할 수 없다. 이유를 따로 설명하지 않아도 직감적으로 이해가 갈 것이다.

❹ 루프 중에 제어 변수는 어느 때고 참조할 수 있다. 제어 변수는 루프의 반복을 통제할 뿐만 아니라 루프에 속한 명령들이 조금씩 다르게 실행되게 하는 역할을 한다. 반복되는 명령이 제어 변수를 참조하지 않는다면 완전히 같은 명령들만 반복해댈 것이다. 구구단 예제의 printf는 제어 변수 i와 j를 곱셈의 피연산자로 사용함으로써 9번 반복되지만 매번 출력하는 결과가 달라진다.

다음 예제는 2장에서 만든 것인데 * 문자로 삼각형을 출력한다. 이제 다중 루프까지 배웠으므로 이 예제를 분석해 볼 수 있다.

예제 Triangle

```
#include <Turboc.h>

void main()
{
    int i,j;

    for (i=1;i<=15;i=i+1) {
        for (j=0;j<i;j=j+1) {
            printf("*");
        }
        printf("\n");
    }
}
```

i,j 루프가 중첩되어 있는데 i는 1~15까지 변화하고 j는 1~i까지 변화하면서 *를 i번 출력한다. 그래서 최초 별표 하나, 다음 줄에 별표 둘, 그 다음 줄에 별표 셋이 출력되면서 삼각형이 그려지는 것이다. 동작 과정을 자세히 관찰하고 싶으면 printf문 다음에 delay() 호출을 삽입한 후 실행해 보면 된다. 보다시피 j루프의 조건식에서 바깥쪽 루프의 제어 변수인 i의 값을 참조함으로써 자신이 몇 번 반복될 것인가를 결정하는데 이 점이 바로 이 예제의 핵심이다.

제어 변수(i)	출력할 모양	j의 반복 회수
1	*	1
2	**	2
3	***	3
4	****	4

안쪽 루프의 입장에서 바깥쪽 루프의 제어 변수는 주어진 환경이므로 이 값을 조건문에 사용할 수 있다. 즉 안쪽 루프의 반복 회수가 바깥쪽 루프의 제어 변수에 의해 통제되는 것이다. C는 루프 안쪽에서 제어 변수를 언제든지 참조할 수 있도록 허락하며 심지어 루프 중간에서 제어 변수를 조작하는 것도 허용하므로 이 기법을 사용하면 다양한 기교를 부릴 수도 있다. 다중 루프에 대한 실습을 하나 더 해 보도록 하자. 다음 문제를 풀어 보아라.

▫ 두 개의 주사위를 던질 때 두 눈의 합이 8이 되는 모든 경우의 수를 출력하라.

주사위 두 개를 던지므로 1~6까지 반복되어야 할 수가 두 개이다. 그래서 각각의 주사위 값에 대해 이중 루프를 돌아야 한다. 각 주사위의 값으로 두 개의 루프를 구성하여 두 값의 합이 8일 때의 값을 출력하기만 하면 된다. 결과는 다음과 같다.

예제 cubic8

```c
#include <Turboc.h>

void main()
{
    int j1,j2;

    for (j1=1;j1<=6;j1=j1+1) {
        for (j2=1;j2<=6;j2=j2+1) {
            if (j1+j2==8) {
                printf("값1=%d, 값2=%d\n",j1,j2);
            }
        }
    }
}
```

첫 번째 던지는 주사위의 눈을 j1이라고 하고 두 번째 던지는 주사위의 눈을 j2라고 한 후 각각을 1~6까지 반복시키면서 j1+j2가 8이 되는지 점검하여 이 조건을 만족하는 j1, j2의 쌍을 출력한다. 이 명령의 총 반복 회수는 36번이며 그 중 조건에 맞는 j1, j2값이 화면으로 출력될 것이다.

```
값1=2, 값2=6
값1=3, 값2=5
값1=4, 값2=4
값1=5, 값2=3
값1=6, 값2=2
```

실제 프로그래밍에서 다중 루프는 아주 많이 사용된다. 1번 학생에서 60번 학생까지 성적을 처리한다면 루프를 구성해야 할 것이다. 그런데 이런 성적 처리를 1반~12반까지 반복해야 한다면 각 반에 대해서 각 학생에 대해서 루프를 돌아야 하므로 이중 루프가 필요하다. 또한 만약 전교 학생의 성적을 한 번에 다 처리하고자 한다면 1학년~3학년까지 다시 루프를 구성해야 하며 학급, 학생 루프는 학년 루프에 중첩되어야 하므로 이 경우는 삼중 루프가 된다. 아마 다음과 같은 모양이 될 것이다.

```
for (grade=1~3) {
    for (class=1~12) {
        for (student=1~60) {
            grade학년 class학급 student 학생의 성적 처리
        }
    }
}
```

삼중 루프 정도는 아주 흔하다. 실전에서는 7중, 8중 루프까지도 어렵지 않게 구경할 수 있다. 그러나 아무리 루프의 중첩이 많더라도 기본 원리는 동일한데 루프 안의 명령이 또 루프일 뿐이다.

4.2.5 for문 실습

반복문은 모든 프로그래밍 언어에 존재하는 가장 기본적인 제어 구조이다. 여기까지 학습을 진행하면 for문 정도는 아주 쉽다는 생각이 들겠지만 실전에서 루프는 **훨씬 더 복잡한 형태로 응용되기 때문에** 사실 초보자에게 루프는 결코 만만한 대상이 아니다. 하나의 루프에서 두 개의 제어 변수 사용하기, 루프 중간에서 제어 변수 조작하기, 무한 루프에 둘러싸인 다중 루프 등을 실전에서 만나게 되면 다소 헷갈린다는 생각이 들 것이다.

for문의 기본 형식을 이해하고 이미 만들어져 있는 예제를 분석하는 것은 아주 쉽지만 직접 반복문을

만드는 것은 응용력을 필요로 한다. 그래서 여기서는 for문에 대한 응용력을 기르기 위해 몇 가지 연습을 해 보도록 하자. 2장에서 만들었던 Triangle 예제는 *문자로 삼각형을 그렸으며 앞에서 이미 분석해 보았다. 이 예제를 조금 변형하여 다음과 같이 출력하도록 해 보자.

```
1
22
333
4444
55555
666666
7777777
88888888
999999999
::::::::::
;;;;;;;;;;;
<<<<<<<<<<<<
=============
>>>>>>>>>>>>>>
???????????????
```

각 줄에 출력될 문자를 문자 개수와 같은 숫자로 만든 것이다. 이 문제를 풀려면 제어 변수 i와 출력할 문자 개수, 그리고 출력할 문자의 코드 등의 관계를 먼저 파악해야 한다. 제어 변수와 각 반복 단위에 적용할 값의 함수 관계를 찾는 것이다. 도표로 관계를 정리해 보면 다음과 같은 결과를 얻을 수 있다.

제어 변수 i	문자의 개수	출력할 문자 코드
1	1	'1'
2	2	'2'
3	3	'3'
4	4	'4'

문자의 개수는 곧 안쪽 루프인 j의 반복 회수이며 j루프의 조건식에 사용된다. 이 값이 i와 같으므로 j의 반복 회수에는 곧바로 i값을 쓸 수 있다. 출력할 문자는 i의 정수값을 문자 코드로 바꾼 것인데 아스키 코드표를 보면 문자 '1'의 코드값이 49(0x31)이고 '2'의 코드값이 50(0x32)임을 알 수 있다. i와 이 코드와의 관계는 48만큼 차이가 나므로 i에 48을 더하면 곧 정수값에 해당하는 문자 코드를 구할 수 있다. i+48은 다시 i+'0'로 표기할 수 있으므로 출력되는 문자를 "*"로 고정하지 말고 이 연산식을 사용하면 된다. 정답은 다음과 같다.

예제 Triangle2

```c
#include <Turboc.h>

void main()
{
    int i,j;

    for (i=1;i<=15;i=i+1) {
        for (j=0;j<i;j=j+1) {
            printf("%c",i+'0');
        }
        printf("\n");
    }
}
```

Triangle 예제와 비슷하되 출력할 문자가 i+'0'으로 바뀐 것만 다르다. 문자 하나만 출력하므로 좀 더 간단하게 쓰면 putch(i+'0')으로 쓸 수도 있다. 다음 예제는 삼각형을 거꾸로 뒤집어 출력한다.

```
* * * * * * * * * * * * * * *
* * * * * * * * * * * * * *
* * * * * * * * * * * * *
* * * * * * * * * * * *
* * * * * * * * * * *
* * * * * * * * * *
* * * * * * * * *
* * * * * * * *
* * * * * * *
* * * * * *
* * * * *
* * * *
* * *
* *
*
```

이 정도도 아주 쉽다. i루프의 반복 방향을 반대로 뒤집기만 하면 된다.

예제 Triangle3

```c
#include <Turboc.h>

void main()
{
    int i,j;

    for (i=15;i>=1;i=i-1) {
        for (j=1;j<=i;j=j+1) {
            printf("*");
        }
        printf("\n");
    }
}
```

i를 1~15까지 반복하면 삼각형이 되지만 15부터 1씩 감소하여 1까지 반복하면 역삼각형이 그려진다. 첫 번째 줄에 * 문자 15개, 그 다음 줄에 14개, 그 다음 줄에 13개 이런 식으로 말이다. Triangle 예제에서 i루프의 초기식, 조건식, 증감식만 바꿔 주면 역삼각형을 쉽게 그릴 수 있다. 또는 i루프는 그대로 두되 i와 j의 반복 회수와의 관계를 다르게 설정할 수도 있다. i가 1일 때 반복 회수는 15, 2일 때 14, 3일 13인 식이므로 이 관계는 16-i가 된다.

```c
for (i=1;i<=15;i=i+1) {
    for (j=1;j<=16-i;j=j+1) {
        printf("*");
    }
}
```

j루프의 계속 조건을 j가 16-i보다 작거나 같다로 바꾸어도 동일하다. 보다시피 하나의 문제를 푸는 방법은 여러 가지가 존재한다는 것을 알 수 있다.

과제 Triangle4, Triangle5

> 삼각형의 수평 대칭 모양을 그리는 예제를 만들어 보자. 이런 모양은 약간의 응용을 필요로 하는데 눈에 보이지 않는 공백 부분도 출력 대상으로 생각해야 한다. 단, 루프를 연습하고 있는 중이므로 이 문제를 푸는데 커서를 강제로 옮기는 gotoxy 함수는 사용하지 않기로 하자. 오른쪽 과제는 이등변 삼각형을 그린다. 최초 출력 위치, 출력할 문자 개수 등이 제어 변수와 어떤 관계를 가지는지를 잘 파악해야 한다.

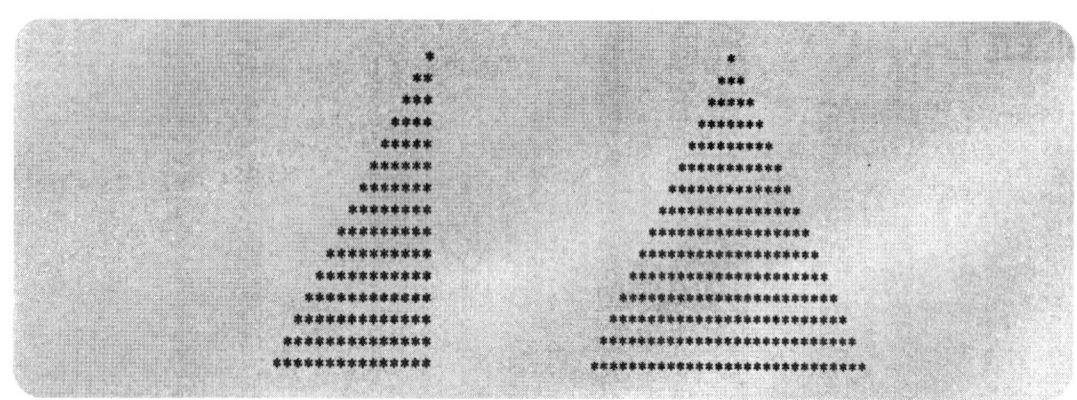

과 제 ForMultiAdd

반복문을 사용하여 (1) + (1*2) + (1*2*3) + (1*2*3*4) + (1*2*3*4*5)의 결과를 구하라. $\sum \prod^m$ 을 구하는 문제이다. 2중 루프를 사용할 수도 있고 단일 루프로도 문제를 풀 수 있다..

4.3 while 반복문

4.3.1 while

while문은 for문과 유사한 반복문이되 성격이 조금 다르다. 기본 형식은 다음과 같으며 키워드 while 을 사용한다는 것 외에는 if문과 동일하다. if문은 딱 한 번만 조건을 판단하여 명령의 실행 여부를 결정하는데 비해 while문은 조건이 만족하는 동안 명령을 계속 실행한다는 점이 다르다.

while (조건) 명령;

명령 자리에는 물론 여러 개의 명령을 묶어 놓은 복문이 올 수 있으므로 while (조건) {명령들}이라고 외워두는 것도 좋다. while의 영어 뜻 그대로 조건이 참인 "동안" 명령을 계속 반복한다. 초기식이나 증감식 같은 것은 따로 없으므로 명령 블록에서 루프를 끝낼 수 있도록 해야 한다. 1~100까지 더하는 예제를 while문으로 다시 작성해 보았다.

예제 whilesum

```c
#include <Turboc.h>

void main()
{
    int i,sum;

    sum=0;
    i=1;
    while (i<=100) {
        sum=sum+i;
        i=i+1;
    }
    printf("1~100까지의 합 = %d\n",sum);
}
```

for문에 비해 초기식이 루프 이전에 있고 증감식은 루프 내부에 있으며 조건식만 while문에 포함되어 있다. 루프에 들어가기 전에 i를 1로 초기화하고 i가 100 이하인 동안 i를 1씩 증가시키면서 sum에 누적시킨다. 실행 결과는 물론 for문의 경우와 동일하며 5050을 출력할 것이다.

while문은 조건이 고정되어 있기 때문에 루프 내부에서 조건의 진위를 바꿀 수 있는 처리를 하지 않으면 무한 루프가 되어 버린다. 위 예제는 while 루프에서 i값을 1씩 증가시키고 있기 때문에 언젠가는 i가 100보다 커질 수 있도록 하고 있다. 루프에서 i=i+1을 빼 버리면 while 루프의 조건은 항상 참이므로 언제까지나 sum=sum+1만 무한히 반복하게 될 것이다.

while문으로도 while (TRUE) 명령 형식으로 무한 루프를 만들 수 있다. 조건이 TRUE로 고정되어 있으므로 while의 조건은 항상 참이 되어 명령을 무한히 반복할 것이다. 물론 정상적인 코드가 되기 위해서는 명령 블록 내에 일정한 조건이 되면 이 루프를 탈출(break)하는 문장이 포함되어 있어야 한다. 다음은 while문의 변형인 do while 문을 보자. 기본 형식은 다음과 같으며 do와 while이 짝을 이루어 사용된다. do만 있고 뒤에 while이 없으면 에러로 처리된다.

do 명령; while (조건);

do 다음의 명령을 while의 조건이 만족하는 동안 반복적으로 실행하는데 파스칼의 repeat until 제어문과 동일하다. 명령은 보통 복문이 오므로 { } 괄호를 싸 주어야 한다. 1~100까지 더하는 예제를 do~while문으로 작성해 보자.

예제 dosum

```c
#include <Turboc.h>

void main()
{
    int i,sum;

    sum=0;
    i=1;
    do {
        sum=sum+i;
        i=i+1;
    } while (i<=100);
    printf("1~100까지의 합 = %d\n",sum);
}
```

루프에 들어가기 전에 i를 1로 초기화하고 do 루프를 시작한다. 루프에서는 sum에 i를 누적시키면서 i를 1 증가시키며 이 처리를 i가 100 이하인 동안 계속 반복한다. 실행 결과는 for문이나 while문으로 작성한 것과 동일하다.

4.3.2 제어문 비교

여기까지 for, while, do~while 세 가지 반복문에 대해 알아보았다. 세 종류 모두 비슷한 명령을 여러 번 반복한다는 근본적인 목적은 동일하지만 형식이 조금 다를 뿐이다. 비슷한 반복문을 쓸데없이 이렇게 많이 만들어 놓았을 리는 없고 세 종류가 약간씩 다른 차이점이 있다. 그래서 실무에서 제어 구조를 작성할 때 상황에 따라 적절한 반복문을 선택해서 사용해야 한다. 각 반복문의 특징과 차이점에 대해 연구해 보자.

- for문 : 가장 큰 특징은 제어 변수를 사용한다는 점이다. 루프를 통제하는 변수를 선언하고 이 변수가 일정한 범위의 값을 가지는 동안 명령을 계속 반복한다. 그래서 통상 for문은 반복 횟수가 이미 정해져 있고 루프 중간에서 탈출하는 경우가 별로 없다. 물론 break문으로 강제로 탈출할 수도 있지만 일반적으로 반복 횟수가 정해져 있다. 그래서 for문은 1~100까지, 1번 학생~60번 학생까지의 경우처럼 미리 정해진 횟수만큼 반복할 때 가장 편리하다. 또한 문장 안에 초기식, 조건식, 증감식이 포함되어 있어서 루프의 선두만 봐도 변수의 변화를 쉽게 파악하고 변경할 수 있다.

- while문 : 루프를 계속할 조건만 있고 초기식이나 증감식이 없다. 아예 제어 변수라는 개념이 없으며 루프 내부에서 조건식의 진위 여부를 변경해야 한다. 그래서 while문은 반복 횟수가 가변적이다. 사용자의 입력이나 네트워크의 변화, 특정 신호의 입력 등 언제 발생할지 모르는 조건에 대해 반복할 때는 while문을 쓰는 것이 적합하다.

▫ do~while : while문과 마찬가지로 제어 변수가 없고 반복 횟수가 가변적이지만 조건을 점검하는 시기가 다르다. while문은 루프로 들어가기 전에 조건을 점검하지만 do~while문은 일단 명령을 실행한 후 루프 계속 여부를 점검한다. 그래서 while문은 조건에 따라 한 번도 실행되지 않을 수도 있지만 do~while문은 최소한 한 번은 실행된다는 차이점이 있다. 요약하자면 while문은 선평가 후실행문이며 do~while문은 선실행 후평가문이다.

세 가지 반복문은 상호 대체성이 있어서 for문 대신 while문을 쓸 수도 있고 while문 대신 do~while을 쓰는 것도 가능하다. 다음은 for문을 동일한 while문으로 변환하는 공식이다.

```
for (초기식;조건식;증감식) {            초기식;
    명령;                              while (조건식) {
}                                         명령;
                                          증감식;
                                      }
```

초기식을 먼저 실행하고 루프로 진입하며 매 명령을 실행할 때마다 증감식을 실행하면 while문으로도 for문과 똑같은 구조를 만들 수 있다. 물론 완전히 같지는 않아서 루프 내부에서 continue 명령을 사용할 때의 효과가 약간 달라진다. 반대로 while (조건) 명령;도 for (;조건;) 명령; 형식으로 변환할 수 있다. 제어문에 따른 실행 속도나 코드의 크기는 거의 차이가 없으므로 실행 속도는 제어문을 선택하는 기준이 아니다.

하지만 어느 쪽이 더 효율적이고 코드의 가독성이 높은지, 부작용은 없는지를 비교해 보면 세 가지 반복문 중 가장 적절한 것이 있을 것이다. 세 가지 제어 구조의 특징을 잘 파악해야 상황에 가장 적절한 반복문을 선택할 수 있다. 1~100까지 숫자의 합계를 구하는 루프는 for문이 가장 적당하다. 반복 범위가 미리 정해져 있고 이 값이 루프 내에서 사용되어야 하므로 제어 변수를 쓰는 것이 효율적이며 코드도 훨씬 더 짧고 명료하다.

2장에서 만들었던 숫자 맞추기 게임에서는 사용자가 입력한 숫자와 컴퓨터가 생각한 숫자를 비교하는 명령이 do~while 루프로 싸여 있다. 이 경우 왜 do~while 루프가 가장 적절한가 하면 일단 사용자로부터 값을 입력받아야만 루프를 탈출할 것인지 계속할 것인지를 결정할 수 있기 때문이다. 즉, 조건을 점검하기 전에 일단 사용자로부터의 입력을 최소한 한 번은 먼저 받아야만 하는 것이다. 만약 이 프로그램을 while문으로 작성했다고 해 보자.

```
while (input!=num) {
    scanf("%d",&input);
    ....
}
```

이렇게 되면 정수값을 입력받기도 전에 input이 num과 같은지를 비교해야 하는데 이때 input이 가진

값은 초기화되지 않은 쓰레기값이기 때문에 정상적인 비교가 되지 않는다. 그래서 이 경우는 선평가 후실행문인 while은 적절하지 못하며 선실행 후평가문인 do~while이 적절하다.

세 반복문의 순서도를 그려보면 다음과 같다. 조건 평가와 명령을 실행하는 순서, 제어 변수에 대한 처리 등에 있어서 각각 고유한 특징이 있는데 이 순서도를 보고 자신이 이해한 것과 같은지 비교, 정리해 보자.

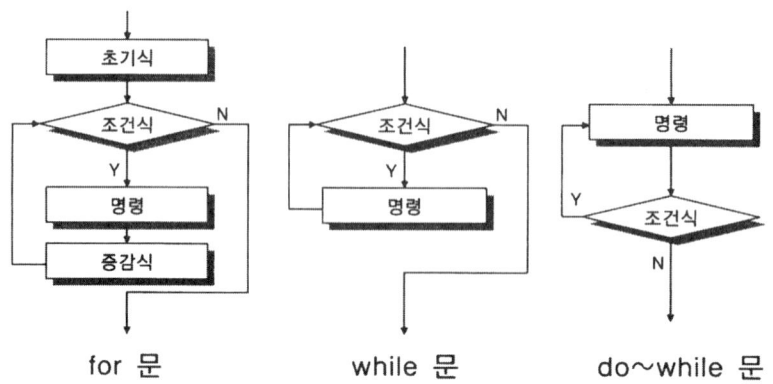

순서도를 보면 반복문들이 어떤 특징을 가지고 있는지 일목 요연하게 정리될 것이다.

4.3.3 반복문 실습

앞에서 if문을 실습할 때 정수 하나를 입력받은 후 홀짝을 판별하는 if5 예제를 만들어 본 적이 있다. 이 예제는 입력된 숫자에 대해 한 번만 홀짝 판별을 하는데 이제 반복문을 배웠으니 사용자가 특정한 값, 예를 들어 0이 입력될 때까지 홀짝 판별을 반복하도록 수정해 보자. 먼저 값을 입력 받은 후에 이 값이 0인지 아닌지를 봐야 하므로 이 경우는 선실행 후평가문인 do~while문이 가장 적절하다.

예제 holjjak

```
#include <Turboc.h>

void main()
{
    int i;

    do {
        printf("정수를 입력하세요(끝낼 때는 0) : ");
        scanf("%d",&i);
        if (i % 2 == 0) {
```

```
            printf("%d는 짝수입니다.\n",i);
        } else {
            printf("%d는 홀수입니다.\n",i);
        }
    } while (i != 0);
}
```

정수를 입력받고 홀짝을 판별해서 메시지를 출력하는 일련의 코드를 do~while 루프로 감싸고 while 의 조건문에 (i != 0)이라고 적으면 된다. 프롬프트를 출력하고 정수를 입력받은 후 홀짝 판별을 하는 코드 전체가 반복 단위임을 잘 파악해야 한다. 다음과 같이 반복 대상을 잘못 선택하면 엉터리로 동작하거나 자칫하면 무한 루프에 빠져 버릴 위험이 있다.

```
printf("정수를 입력하세요(끝낼 때는 0) : ");      printf("정수를 입력하세요(끝낼 때는 0) : ");
do {                                              scanf("%d",&i);
    scanf("%d",&i);                               do {
    if (i % 2 == 0) {                                 if (i % 2 == 0) {
        printf("%d는 짝수입니다.\n",i);                    printf("%d는 짝수입니다.\n",i);
    } else {                                          } else {
        printf("%d는 홀수입니다.\n",i);                    printf("%d는 홀수입니다.\n",i);
    }                                                 }
} while (i != 0);                                 } while (i != 0);
```

do~while문은 정수 하나를 입력받아 이 값의 홀짝을 판별한 후 i값을 평가해 보고 이 과정을 계속할 것인지 그만 둘 것인지를 결정한다. i가 0이 아니면 루프를 계속 실행하고 0이면 루프를 탈출한다. 따라서 0이 입력될 때까지 이 과정을 계속 반복할 것이다.

```
정수를 입력하세요(끝낼 때는 0) : 2
2는 짝수입니다.
정수를 입력하세요(끝낼 때는 0) : 5
5는 홀수입니다.
정수를 입력하세요(끝낼 때는 0) : 0
0는 짝수입니다.
```

이 예제에서 0이라는 입력값은 홀짝 판별을 그만 두라는 뜻이다. 하지만 do~while 루프는 홀짝 판별을 한 후에 i값을 점검하기 때문에 0까지도 홀짝 판별의 대상이 된다. 만약 0에 대해서는 홀짝 판별을 하지 않고 즉시 루프를 탈출하도록 하고 싶다면 do~while문보다는 for 무한 루프가 더 적당하다. 다음과 같이 수정하면 0에 대해서는 홀짝 판별을 하지 않으며 0을 입력하는 즉시 루프를 종료한다.

예제 **holjjak2**

```c
#include <Turboc.h>

void main()
{
    int i;

    for (;;) {                    // 또는 while (TRUE)
        printf("정수를 입력하세요(끝낼 때는 0) : ");
        scanf("%d",&i);
        if (i == 0) {
            break;
        }
        if (i % 2 == 0) {
            printf("%d는 짝수입니다.\n",i);
        } else {
            printf("%d는 홀수입니다.\n",i);
        }
    }
}
```

scanf로 i값을 입력받은 즉시 이 값을 평가해 보고 만약 i가 0이면 이 값에 대해서는 홀짝 판별 및 메시지 출력을 할 필요없이 바로 루프를 탈출(break)하도록 했다. 루프를 끝내는 조건 점검의 앞뒤로 명령이 있는 경우 무한 루프를 구성하고 중간에서 조건 점검을 하여 break해야 한다. 무한 루프는 루프의 반복 회수는 물론이고 탈출할 시점까지 루프 내부에서 결정할 수 있기 때문에 기본적인 반복문에 비해 훨씬 더 융통성이 많다는 것을 알 수 있다. 어찌보면 무한 루프가 가장 속편한 제어구조라고 할 수 있다.

다음 예제는 999가 입력될 때까지 사용자로부터 정수를 계속 입력받아 그 합계와 평균을 구해 출력한다. 사용자가 언제 999를 입력할 지 알 수 없으므로 루프의 반복 회수는 가변적이며 따라서 for문을 사용하는 것은 적당하지 않다. 루프 중간에 999가 입력되면 탈출해야 하므로 무한 루프를 사용하는 것이 좋다.

예제 sum999

```c
#include <Turboc.h>

void main()
{
    int i;
    int n=0;
    int sum=0;
    double average;

    while (TRUE) {                    // 또는 for (;;)
        printf("정수를 입력하세요(끝낼 때는 999) : ");
        scanf("%d",&i);
        if (i == 999) {
            break;
        }
        sum=sum+i;
        n=n+1;
    }

    if (n == 0) {
        average=0;
    } else {
        average=(double)sum/n;
    }

    printf("입력한 수의 총 합은 %d입니다.\n",sum);
    printf("입력한 수의 평균은 %.2f입니다.\n",average);
}
```

4개의 변수를 사용하는데 i는 사용자로부터 입력된 값을 저장하며 n은 입력된 숫자의 개수를, sum은 입력된 수의 총합을 누적시키기 위해 사용한다. average는 입력된 모든 값의 평균값을 계산하기 위한 실수이다. 전체 루프는 while (TRUE)문으로 무한 루프를 구성했으며 루프 내에서 정수를 입력받아 입력 받은 값을 sum에 누적하며 n은 매번 1씩 증가한다.

사용자가 999를 입력했으면 루프를 탈출하되 이 값은 합계에 포함시키지 않도록 하기 위해 sum에 누적시키기 전에 break문으로 루프를 탈출하도록 했다. 루프가 끝나면 누적값 sum과 평균 average를 구해 출력하고 프로그램은 종료된다. 평균값은 총합을 입력된 개수로 나누면 쉽게 구할 수 있는데 이 부분에서 몇 가지 눈여겨 볼 부분이 있다.

먼저 n이 0인 경우에 대한 처리를 해야 한다. 즉, 사용자가 처음부터 999를 입력했다면 sum과 n이 모두 0이 되는데 이대로 나눗셈 연산을 하면 0으로 나누기 에러가 발생한다. 수학적으로 어떤 수를 0으로 나누는 것은 불가능한 계산이다. 어떠한 고성능 컴퓨터라도 0으로 나누기는 할 수 없으므로 n이 0인 경우는 sum/n 식을 계산해서는 안 된다.

만약 0으로 나누기를 하면 프로그램은 다운되어 버린다. 그래서 n이 0인 경우는 실제 나눗셈을 하지 않고 average에 0을 대입하도록 했다. 값이 하나도 입력되지 않았으므로 평균은 더 계산해 볼 필요도 없이 0인 것이다. 나눗셈을 할 때는 항상 나누는 수가 0인 경우가 발생하지 않도록 주의해야 한다.

평균을 구하는 average=(double)sum/n; 문장에 (double)이라는 이상한 문장이 있는데 이것은 캐스트(Cast) 연산자라는 것이다. / 연산자는 피연산자가 모두 정수일 때는 소수점 이하를 계산하지 않기 때문에 sum을 잠시 실수형으로 바꾸어야 소수점 이하까지 정확하게 나눗셈을 하게 된다. 캐스트 연산자에 대해서는 다음 장에서 상세하게 다룰 것이다.

4.4 switch 문

4.4.1 다중 선택

다중 선택문이란 하나의 변수값을 평가하여 각 값에 대해 개별적인 처리를 지정할 수 있는 문장이다. 예를 들어 사용자가 입력한 숫자가 1일 때는 이렇게 하고, 2일 때는 저렇게 하고, 3일 때는 요렇게 하고 각각의 값에 대한 처리를 다르게 지정하고자 할 때 다중 선택문을 사용한다. 키워드 switch를 사용하며 기본 형식은 다음과 같다.

```
switch (변수) {
case 값1:명령1;break;
case 값2:명령2;break;
....
case 값n:명령n;break;
default:명령;break.
}
```

switch문 다음의 괄호 안에 평가할 변수를 적고 case문에 이 변수가 가질 수 있는 값과 이 값에 대한 처리 코드를 작성한다. case를 끝낼 때는 break문으로 switch 블록을 강제로 탈출해야 한다. case는 원하는만큼 얼마든지 작성할 수 있다. default는 case의 특별한 경우로 변수가 앞쪽 case에 있는 값 이 외의 값을 가질 때의 처리를 지정한다.

기본 형식이 복잡해 보이지만 구체적인 예를 들어 보면 쉽게 이해가 갈 것이다. 다음 예제는 사용자로부터 입력받은 정수값이 얼마인가를 문장으로 출력한다.

예제 switch

```c
#include <Turboc.h>

void main()
{
    int i;

    printf("값을 입력해 주세요 : ");
    scanf("%d",&i);

    switch (i) {
    case 0:
        printf("입력한 값은 0입니다.\n");
        break;
    case 1:
        printf("1을 입력했습니다.\n");
        break;
    case 2:
        printf("2입니다.\n");
        break;
    default:
        printf("0,1,2가 아닌 다른 수입니다.\n");
        break;
    }
}
```

i에 값을 입력받아 switch문으로 i값에 대해 다중 분기한다. case 0는 i가 0일 때의 동작을 지정하는데 "입력한 값은 0입니다."라는 메시지를 출력하였다. case1, case 2는 i가 1이거나 2일 때의 동작을 지정하는데 각각 다른 종류의 메시지를 출력했다. default는 위쪽 case에서 지정한 0, 1, 2 중 어떤 것도 아닐 때의 동작을 지정한다. 순서도는 다음과 같다.

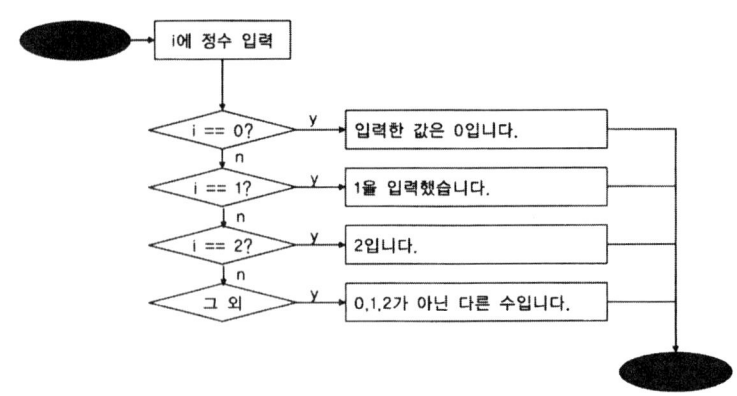

switch문은 변수값을 가능한 값과 모두 비교해 보고 그 중 변수값과 맞는 case를 선택하여 실행한다. 변수에 대한 일종의 조건 판단문이므로 if else if문으로도 똑같은 예제를 작성할 수 있다. 다음은 switch를 쓰지 않고 다시 작성해 본 것이다.

예제 switch2

```c
#include <Turboc.h>

void main()
{
    int i;

    printf("값을 입력해 주세요 : ");
    scanf("%d",&i);

    if (i == 0) {
        printf("입력한 값은 0입니다.\n");
    } else if (i == 1) {
        printf("1을 입력했습니다.\n");
    } else if (i == 2) {
        printf("2입니다.\n");
    } else {
        printf("0,1,2가 아닌 다른 수입니다.\n");
    }
}
```

if문으로 i를 가능한 각각의 값과 비교해 보고 대응되는 메시지를 출력했다. 결과는 동일하지만 가능한 값의 종류가 아주 많다면 일일이 if문으로 비교하기가 아주 귀찮고 소스가 지저분해진다. switch문은 변수가 가질 수 있는 가능한 값을 case로 깔끔하게 선택하므로 소스를 읽기가 훨씬 더 편하고 case를 추가하는 것도 더 쉽다. 다음은 switch문의 일반적인 주의 사항이다.

① switch문으로 평가할 수 있는 변수는 주로 정수형이다. int, unsigned, short 같은 정수형 변수에 대해서만 switch문을 쓸 수 있으며 실수나 사용자 정의형 등은 다중 선택에 사용할 수 없다. 문자형, 열거형 등은 정수형과 호환되므로 switch문에 사용할 수 있다.

② case 다음에는 반드시 정수 상수 하나가 와야 한다. 변수는 올 수 없으며 범위를 지정할 수도 없다. 만약 변수값끼리 비교하거나 일정한 범위에 있는지를 보려면 switch문 대신 if문을 사용해야 한다.

③ case문은 점프 위치를 지정하는 일종의 레이블이기 때문에 순서에 대한 제약은 없다. case 0, case 1, case 2 순으로 반드시 정렬할 필요는 없고 원하는 순서대로 작성해도 상관없다. default문도 반드시 switch의 끝에만 올 수 있는 것은 아니나 제일 마지막에 두는 것이 보기에 좋고 논리적으로 안정감이 있어 보인다.

④ default에 대한 처리가 필요치 않으면 생략할 수 있다. 만약 해당하는 case가 없고 default도 없으면 switch문 전체가 무시된다.

⑤ 조건에 맞는 case를 만나면 case 아래에 있는 명령들을 순서대로 실행한다. 따라서 case 다음에 { }괄호를 싸 줄 필요가 없다. 대신 case의 끝에는 break를 두어 switch문을 끝내도록 한다. 만약 break가 없으면 다음 case의 명령까지도 계속 실행한다. 이런 특성을 이용하면 두 가지 값에 대해 동일한 처리를 할 수 있다.

```
switch (ch) {
case 'a':
case 'A':
// A에 대한 처리
break;
}
```

이렇게 작성하면 ch가 대문자 A이거나 소문자 a이거나 동일한 처리를 하게 된다. case 'a'에 break가 없기 때문에 case 'A' 다음의 명령이 계속 실행되기 때문이다. switch문은 범위를 점검할 수 없지만 범위가 아주 좁다면 이런 식으로 break없이 case 몇 개를 나열해서 동일한 처리를 하도록 할 수는 있다. switch문의 이런 특성이 응용하기에 따라서는 다소 편리한 면도 있지만 실수로 break를 누락했을 때 컴파일러가 이를 에러로 보고하지 않으므로 원치 않는 결과가 발생하는 경우도 종종 있다.

그래서 switch문을 쓸 때는 항상 break를 제대로 붙였는지 주의해야 하며 마지막 끝 부분의 case에는 break가 필요없다 하더라도 일단은 붙여 놓는 것이 안전하다. switch문의 break 효과는 직관적이지 못하고 실수할 가능성이 높아서 다른 언어 사용자가 C를 공격하는 핸디캡이 되기도 한다. 최신 언어인 C#은 break가 없는 case를 명백한 에러로 보고하여 이런 위험을 제거했다.

4.4.2 # 움직이기

다음 예제는 커서 이동키로 화면 중앙에 있는 #문자를 이동시킨다. 상하좌우 커서 이동키를 누르면 #문자가 이동하며 스페이스 키는 화면을 지우고 Q를 누르면 프로그램이 종료된다. 사용자가 키 조작을 통해 직접 프로그램을 움직여 볼 수 있는 재미있는 예제이다.

예제 movesharp

```c
#include <Turboc.h>

void main()
{
    int x,y;
    int ch;

    x=40;
    y=10;
    clrscr();

    for(;;) {
        gotoxy(x,y);
        putch('#');
        ch=getch();
        if (ch == 0xE0 || ch == 0) {
            ch=getch();
            switch (ch) {
            case 75:
                x=x-1;
                break;
            case 77:
                x=x+1;
                break;
            case 72:
                y=y-1;
                break;
            case 80:
                y=y+1;
                break;
            }
```

```
    } else {
        switch (ch) {
        case ' ':
            clrscr();
            break;
        case 'q':
        case 'Q':
            exit(0);
        }
    }
  }
}
```

예제를 입력한 후 실행해 보자. 커서 키를 누르고 있으면 누른 키의 방향으로 #문자가 움직일 것이다. 실행 중의 모습은 다음과 같다.

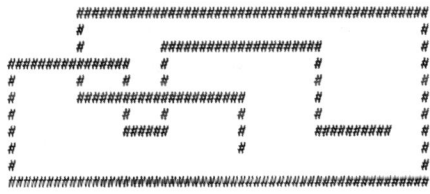

세 개의 변수를 사용하는데 x, y는 #의 현재 좌표이며 (40,10)으로 초기화했으므로 최초 #은 화면의 중앙쯤에 출력된다. ch는 getch 함수로 입력받은 키 코드값을 가지는데 이 값에 따라 #의 이동 방향이 결정된다. getch 함수는 A, B, 1, 2 같은 문자키가 눌러졌을 때 문자를 바로 돌려주지만 커서 이동키나 펑션 키같이 문자가 할당되지 않은 확장키에 대해서는 0xE0 또는 0의 특이값을 리턴하도록 되어 있다. 이때는 getch를 한 번 더 호출해야 확장키의 코드를 구할 수 있다. 0xE0, 0 중 어떤 특이값이 리턴되는가는 키에 따라 다른데 굳이 구분할 필요없이 둘 중 하나가 리턴되면 getch를 한 번 더 호출하여 확장 키 값을 얻으면 된다.

getch가 리턴하는 0xE0값은 일반적인 문자가 아닌 확장키라는 특이값인데 이 값을 ch로 입력받기 위해서 ch는 반드시 int형으로 선언해야 한다. char 타입은 0xE0라는 값을 저장할 수 있는 크기를 가지지 못하기 때문이다. 커서 이동키는 getch 함수를 두 번 호출해서 입력받는데 이때 getch 함수가 읽는 커서 이동키의 확장키 코드는 다음과 같다. ch 변수에 저장된 키 값을 이 키 코드들과 비교해 보면 사용자가 어떤 방향으로 이동하고 싶은지를 알 수 있다.

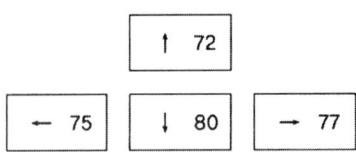

프로그램 전체는 for 무한 루프로 싸여져 있어 Q를 입력할 때까지 같은 루틴을 계속 반복한다. 각 루프에서 현재 위치(x, y)에 #문자를 출력하며 키 입력을 받아 이 키 값에 따라 x, y 변수의 좌표를 조정한다. 왼쪽 이동키인 75를 누르면 x를 1 감소시켜 #을 한 칸 왼쪽으로 이동시키며 아래쪽 이동키인 80을 누르면 y를 1 증가시켜 #이 아래쪽으로 이동하도록 한다. 커서 이동키 외에 두 개의 키를 더 처리하고 있는데 스페이스 키를 누르면 clrscr 함수를 호출하여 화면을 깔끔하게 지우며 Q키(또는 q키)를 누르면 프로그램을 종료한다.

ch에 입력받은 키 값에 따라 여섯 가지 다른 처리를 각각 하고 있으므로 다중 선택문인 switch문이 사용되었다. switch문은 입력받은 키 값에 따라 좌표를 옮기거나 화면을 지우거나 프로그램을 종료하는 다중 분기 처리를 하며 이 코드가 for 무한 루프로 둘러 싸여 있으므로 사용자가 Q키를 누를 때까지 무한히 반복할 것이다.

지금까지 작성했던 짧은 예제들에 비해 길이가 조금 길기는 하지만 구조가 단순하기 때문에 어렵지는 않다. 이 예제를 완전히 이해한 후 다음 실습을 해 보자. 일종의 패턴 연습이다. 이 중 몇 가지는 스스로 코드를 작성할 수 있으며 이런 문제를 가급적 많이 풀어 봐야 한다.

❶ 커서 이동키나 공백 키, Q가 아닌 키를 누르면 잘못 눌렀다는 의미로 삑삑 소리를 내 보자. 확장열 \a를 출력하면 스피커로 삑 소리가 난다. switch문의 case에 지정된 여섯 가지 외의 다른 키에 대한 처리를 default로 처리하면 된다. 두 개의 switch문 끝에 다음 코드를 작성하자.

```
if (ch == 0xE0 || ch == 0) {
    ch=getch();
    switch (ch) {
    ....
    default:
        putch('\a');
        break;
    }
} else {
    switch (ch) {
    ....
    default:
        putch('\a');
```

```
            break;
    }
}
```

ch가 case에 없는 키 값을 가질 경우, 예를 들어 A나 3 같은 키를 누르면 default case가 선택되어 삑 소리를 내며 투덜거릴 것이다. 제일 끝에 있는 break문은 뒤쪽에 다른 case가 없기 때문에 사실 굳이 필요하지는 않다. 그러나 일관성과 확장성을 위해 모든 case에 break문을 넣는 것이 좋은데 default 다음에 다른 case가 필요해질 수도 있기 때문이다. 예제에서 case 'Q'에는 break가 없는데 여기에도 break를 넣는 것이 원칙이기는 하다. 그러나 exit 함수는 프로그램을 즉시 종료하는 워낙 특수한 명령이라 break를 넣지 않았다.

❷ 커서 이동키를 누름에 따라 x, y 좌표를 조정함으로써 #문자가 이동하는데 이 변수들의 값이 무조건 증가, 감소하도록 되어 있어 왼쪽 끝에서 더 왼쪽으로 갈 수 있고 아래쪽보다 더 밑으로 내려갈 수도 있다. 이렇게 되면 #이 화면에서 사라지는 경우도 있는데 x, y 좌표가 화면을 벗어나지 않도록 해보자. 화면의 왼쪽 위 좌표는 (0,0)이고 오른쪽 아래 좌표는 (79,24)이므로 x, y변수가 이 영역을 벗어나지 않도록 하면 된다. 각 커서 이동키를 처리하는 case에 if 조건을 넣어 해당 방향으로 이동 가능할 때만 x, y 변수값을 조정하도록 하자.

```
switch (ch) {
case 75:
    if (x > 0) x=x-1;
    break;
case 77:
    if (x < 79) x=x+1;
    break;
case 72:
    if (y > 0) y=y-1;
    break;
case 80:
    if (y < 24) y=y+1;
    break;
    ....
```

왼쪽으로 이동하기 전에 x가 0보다 큰지를 점검해 보고 0보다 큰 경우에만 x를 1 감소시켰다. 만약 x가 0이라면 즉 왼쪽 벽에 닿아 있다면 x값을 그대로 유지하여 #이 화면 왼쪽 밖으로 나가지 않도록 했다. 나머지 방향도 비교하는 값만 다를 뿐 논리는 동일하다.

❸ 이번에는 화면 밖을 벗어나면 반대쪽에 # 문자가 나타나도록 해 보자. 즉, 왼쪽 끝에서 더 왼쪽으로 가면 오른쪽 끝에 #이 나타나도록 하는 것이다. 이것도 조건에 따라 좌표만 조작하면 된다. 대표적으로 왼쪽 이동의 경우만 보자.

```
switch (ch) {
case 75:
    if (x > 0) {
        x=x-1;
    } else {
        x=79;
    }
    break;
```

코드 자체가 설명적이므로 더 이상의 잔소리는 불필요할 것이다. 4방향 모두 이런 코드를 작성하면 #문자가 화면 끝을 지나 마음대로 이동할 수 있다.

❹ 이동하는 문자가 #으로 고정되어 있는데 사용자의 기호에 따라 이 문자를 변경할 수 있도록 해 보자. 1을 누르면 $, 2는 @ , 3은 #, 4는 공백으로 문자를 변경하도록 한다. 이렇게 하려면 putch('#')문에 사용된 '#' 문자 상수를 변수로 바꾸어야 한다.

```
char munja='#';

for(;;) {
    gotoxy(x,y);
    putch(munja);
```

munja라는 이름으로 문자형 변수를 선언하고 '#'으로 초기화한 후 putch 함수로 이 문자를 출력하도록 했다. 여기까지는 앞의 예제와 동일하지만 putch가 출력하는 대상이 문자 상수에서 문자 변수로 바뀌었으므로 이 변수값만 바꾸면 출력되는 문자가 달라질 것이다. 문자를 처리하는 아래쪽 switch문에 다음 case를 추가한다.

```
} else {
    switch (ch) {
    case ' ':
        clrscr();
        break;
```

```
            case 'q':
            case 'Q':
                    exit(0);
            case '1':
                    munja='$';
                    break;
            case '2':
                    munja='@';
                    break;
            case '3':
                    munja='#';
                    break;
            case '4':
                    munja=' ';
                    break;
        }
    }
```

1, 2, 3, 4 키를 누를 때 munja 변수를 적절한 다른 문자로 바꾸기만 하면 된다. 무엇인가 변할 수 있는 정보를 저장할 때 쓰는 것이 바로 변수이다.

커서 이동키를 입력받기 위해 확장키에 대해 간략하게 소개했는데 그렇다면 기능키나 Ins, Del 같은 나머지 확장키의 코드는 어디를 보면 알 수 있을까? 확장키는 키보드의 스캔 코드로 정의되는데 이 정보를 알고 싶으면 스캔 코드표를 보면 된다. 그러나 지금은 구하기도 힘든 스캔 코드표를 보는 것보다 더 좋은 방법은 프로그램을 짜서 실행해 보는 것이다.

예제 **scancode**

```
#include <Turboc.h>

void main()
{
    int ch;
    for(;;) {
        ch=getch();
        if (ch == 0xE0 || ch == 0) {
            ch=getch();
            printf("확장 키 입력, 코드= %d\n",ch);
        } else {
```

```
            printf("일반 문자 입력, 문자 = %c, 코드 = %d\n",ch,ch);
            if (ch == 'q') exit(0);
        }
    }
}
```

이 예제는 누르는 키의 종류를 판별해서 문자, 확장키 코드를 출력한다. 이 프로그램을 실행해 놓고 알고 싶은 확장키를 눌러보면 확장키 번호를 쉽게 알 수 있다.

4.4.3 switch 실습

다음 예제는 두 수, 10과 5의 가감승제 4가지 연산을 하되 사용자에게 연산의 종류를 선택하도록 한다. +, -, *, / 네 가지 문자 중 하나를 입력하면 이 문자에 따라 다중 분기하여 입력된 연산의 수행 결과를 출력한다. 연산대상인 10과 5도 물론 사용자에게 입력받아 사용할 수 있다.

예제 switchcalc

```
#include <Turboc.h>

void main()
{
    char op;
    int a=10, b=5;

    printf("10과 5의 연산을 선택하십시오(+-*/) : ");
    scanf("%c",&op);

    switch (op) {
    case '+':
        printf("10 %c 5 = %d\n",op,a+b);
        break;
    case '-':
        printf("10 %c 5 = %d\n",op,a-b);
        break;
    case '*':
        printf("10 %c 5 = %d\n",op,a*b);
        break;
    case '/':
```

```
        printf("10 %c 5 = %d\n",op,a/b);
        break;
    default:
        printf("+-*/ 중 하나를 선택해 주십시오.\n");
        break;
    }
}
```

연산의 종류는 문자형의 op로 입력받았는데 문자형은 1바이트의 정수형과 같으므로 switch문에 사용할 수 있다. 이때 case문에는 입력된 문자의 코드값을 직접 쓰거나 아니면 홑따옴표를 사용하여 문자상수를 적어야 한다. '+'가 입력되었으면 a와 b의 합을 출력하고 '*'가 입력되었으면 두 수의 곱을 출력했다. 만약 허용된 4가지 연산 + - * /가 아닌 엉뚱한 문자, 예를 들어 %나 ^ 같은 문자가 입력되었다면 default에서 에러 메시지를 출력하도록 했다.

다음은 switch문으로 점수에 따른 평가를 내려 보도록 하자. 100점 만점의 점수로부터 수우미양가를 판별하여 그 결과를 출력하고자 한다. 이 문제는 점수의 범위를 다루어야 하기 때문에 switch문으로 처리할 수 없는 것처럼 보인다. 90~100점 사이의 점수를 수, 80~89까지를 우로 평가해야 하는데 switch문은 정수 상수로 다중 분기를 할 수 있을 뿐 범위로는 분기를 할 수 없기 때문이다.

그러나 문제를 잘 관찰해 보면 범위를 값으로 단순화할 수 있는 방법이 있다. 각 평가는 10점 단위로 구분되기 때문에 점수를 10으로 나누면 10자리의 점수만 구할 수 있고 이 값을 기준으로 수우미양가를 매기면 된다. 결과는 다음과 같다.

예제 switchscore

```
#include <Turboc.h>

void main()
{
    int Score;

    printf("성적을 입력하시오 : ");
    scanf("%d",&Score);

    switch (Score/10) {
    case 10:
    case 9:
        printf("수입니다.\n");
```

```
            break;
    case 8:
            printf("우입니다.\n");
            break;
    case 7:
            printf("미입니다.\n");
            break;
    case 6:
            printf("양입니다.\n");
            break;
    default:
            printf("가입니다.\n");
            break;
    }
}
```

입력받은 점수 Score를 10으로 나눈 값으로 다중 분기하면 80~89 사이는 8이 되므로 우로 평가되고 70~79 사이는 미로 평가될 것이다. 단, 한 가지 예외 처리가 필요한데 다른 평가와는 달리 수는 90~99 사이가 아니라 90~100 사이이므로 100점인 경우는 특별히 수에 포함시켜야 한다. 그래서 case 10다음에 break문을 두지 않고 case 9와 같이 처리하도록 했다.

이 예제는 점수간의 간격이 일정하다는 점을 이용하여 switch문으로 범위를 다루었다. 만약 각 평가의 범위가 불규칙적이라면 예를 들어 수는 92~100 사이, 우는 85~91 사이, 미는 71~84 사이 이런 식이라면 switch문을 사용할 수 없다. 이럴 때는 범위를 다룰 수 있는 if else문을 사용해야 한다. switch는 형식이 일정하고 case를 추가하기 쉽다는 장점이 있지만 범위를 다룰 수 없고 실수값도 평가할 수 없기 때문에 if else문보다는 융통성이 떨어진다.

4.5 그 외의 제어문

4.5.1 goto

goto문은 지정한 곳으로 무조건 점프하는 제어문이다. goto라는 말이 의미하듯이 조건없이 무조건 제어를 옮겨 버리기 때문에 사실 가장 사용하기 쉬운 제어문이다. goto로 제어를 옮길 지점은 레이블

(label)이라는 것으로 표식을 단다. 블록의 끝만 제외하고 프로그램의 어느 곳에나 레이블을 배치해 놓고 goto 레이블명; 이라는 명령을 내리면 레이블 위치로 즉시 이동한다. 레이블보다 앞에서 뒤로 이동할 수도 있고 뒤에서 앞으로 이동할 수도 있되 단 함수 내에서만 이동할 수 있으며 다른 함수로는 점프할 수 없다.

레이블은 일종의 명칭이므로 명칭 규칙에만 맞으면 자유롭게 작성할 수 있다. 레이블 다음에 콜론(:)을 붙여 점프할 위치에 삽입해 놓기만 하면 된다. 다음이 goto문의 사용예이다.

```
here:
……
……
goto here;
```

점프하기를 원하는 곳에 here라는 이름으로 레이블을 붙여 놓고 goto here; 명령을 내리면 즉시 here 다음의 문장으로 이동한다. 다른 순환문과는 달리 복잡한 형식을 필요로 하지 않기 때문에 처음부터 제어 구조를 설계할 필요도 없고 언제든지 어느 곳으로나 제어를 옮길 수 있는 무척 간편한 명령이다.

goto문과 조건문을 사용하면 모든 종류의 반복문을 다 흉내낼 수 있다. if문으로 반복을 계속할 것인지 판단해 보고 루프 처음으로 점프해 버리면 된다. 1~100까지 합계를 구하는 예제를 반복문없이 작성해 보자.

예제 **gotosum**

```
#include <Turboc.h>

void main()
{
    int i, sum;

    i=1;
    sum=0;
here:
    sum=sum+i;
    if (i<100) {
        i=i+1;
        goto here;
    }
    printf("1~100까지의 합 = %d\n",sum);
}
```

i가 100보다 작으면 i를 1 증가시키고 here로 점프한다. 일정한 조건이 만족될 때 앞쪽으로 제어를 보냄으로써 반복문과 동일한 효과를 내고 있는 것이다. 물론 i가 100보다 작지 않으면 goto here가 실행되지 않으므로 루프가 종료될 것이다.

goto를 사용한 코드는 일단은 아주 직관적이고 이해하기도 쉽다. 위에서부터 아래로 순서대로 실행하다가 goto를 만나면 지정한 곳으로 점프해 버리면 된다. 그러나 코드가 짧은 경우에는 이해하기 쉽지만 길어지면 오히려 더 이해하기 어려워지고 여러 가지 부작용이 생기기 때문에 요즘은 거의 사용되지 않는다.

우선 goto문은 프로그램의 구조를 엉키게 만든다. 아무 곳에서나 제어를 옮길 수 있기 때문에 쓰기는 쉽지만 코드를 유지하기가 무척 어렵다. 여기서 저기로 제어를 옮겨서 따라 가 보면 또 조기로 폴짝 뛰어가 버리고 또 조기서 다시 다른 곳으로 제어를 옮겨 버린다. 이런 식으로 코드가 개구리처럼 아무 곳으로나 점프해 다니면 이 코드를 보는 사람은 물론이고 직접 작성한 사람도 어지간해서는 분석하기가 어렵다. 다음 가상의 코드를 보자.

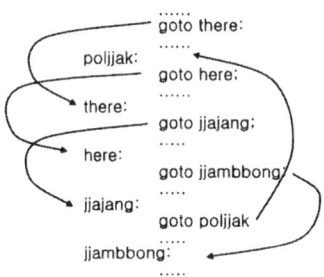

goto문이 많기 때문에 이리 저리 뛰어 다니느라 정신이 없다. 겨우 레이블 다섯 개 정도로도 저 모양인데 레이블이 수백개 정도 되면 어떻게 되겠는가? 이렇게 얼키고 설킨 코드를 스파게티 소스라고 하는데 마치 스파게티 면발이 꼬여 있는 것처럼 복잡해서 웬만한 체력으로는 이런 코드를 관리하기 어렵다. 여담이지만 사실 스파게티가 꼬여 봐야 얼마나 꼬여 있겠는가? 우리나라 사람이 C를 만들었다면 아마 라면 코드라고 이름을 붙였을 것이다.

또한 goto문은 프로그램의 구조를 해치기 때문에 goto문을 사용한 소스는 이식성과 재사용에 무척 불리하다. 특정 동작을 하는 코드를 다른 프로그램에서 재사용하려면 goto문에 의해 엉켜 있는 실을 다 풀어야 하고 옮긴 후에 다시 그 프로그램에 맞게 연결해야 하기 때문이다. 아무 규칙이나 형식없이 제어를 마음대로 옮길 수 있다보니 부작용이 많다.

이런 여러 가지 이유로 아주 특별한 경우가 하닌 한은 goto문을 사용하지 말 것을 권장하고 있다. goto문이 아니면 도저히 해결할 수 없는 그런 문제는 없다. goto문이 없어도 for, while, switch 같은 제어문으로 필요한 모든 구조를 다 만들 수 있다는 것이 이미 수학적으로 증명되어 있다. 특별한 경우를 제외하고는 goto문을 쓰지 말아야 하며 특히 처음 프로그램에 입문하는 사람은 의식적으로 goto문을 쓰지 않는 연습을 해야 한다.

그렇다면 이렇게 악명 높은 goto문을 C언어는 왜 지원하는 것일까? 뿐만 아니라 비교적 최신 언어인 C#에도 여전히 goto문은 존재하는데 이 명령이 비록 불필요하기는 하지만 가끔 아주 효율적으로 사용할 곳이 남아 있기 때문이다. 시스템 프로그램이나 디바이스 드라이버같이 이식성이나 유지의 편의성, 가독성보다는 무엇보다 성능을 최우선으로 하는 곳에는 여전히 goto가 사용된다. 왜냐하면 goto는 컴퓨터가 알아들을 수 있는 유일한 제어문이며 또한 컴퓨터가 가장 쉽게 실행할 수 있는 제어문이기 때문이다. 컴퓨터는 for나 while 같은 건 모른다. 오로지 정해진 번지로 점프하는 것만 가능하며 컴파일러가 for, while을 기계가 알아들을 수 있는 점프문으로 바꿔주는 것이다.

4.5.2 break

break문은 이미 앞에서 여러 번 사용해 본 바 있다. 이 명령은 반복문이나 switch문 내에서 사용되며 루프를 강제로 벗어날 때 사용한다. for문이나 while문 내에서 break가 사용되면 조건식의 진위 여부에 상관없이 즉시 루프를 탈출하는데 우리말로 번역하자면 "당장 튀어 나와"라고 할 수 있다. 보통 if 조건문과 함께 사용되며 무한 루프에서 루프를 끝낼 조건이 되었을 때 break를 사용한다.

여러 개의 루프가 중첩되어 있는 다중 루프에서 break문이 사용되면 현재 루프 하나만 탈출한다. 다음은 이중 루프의 예이다.

```
for (i=...) {
    for (j=...) {
        break;
    }
}
```

이 경우 j루프의 명령 블록에 있는 break는 j루프만 탈출하도록 하며 i루프까지 한꺼번에 탈출하지는 못한다. 특정한 조건이 되었을 때 이중 루프를 탈출하도록 하고 싶다면 탈출 변수를 사용하거나 아니면 루프의 구조를 단순 루프로 바꾸어야 한다. 탈출 변수란 루프를 끝낼 것인가 아닌가를 기억하는 변수이며 루프의 계속 여부만을 통제하는 일종의 제어 변수라고 생각하면 된다.

```
flag=0;
for (i=...) {
    for (j=...) {
        flag=1;
        break;
    }
    if (flag == 1) break;
}
```

이중 루프에 들어가기 전에 탈출 변수에 0을 대입해 놓는다. 이 변수가 0인 동안은 (flag == 1)조건이 거짓이므로 루프가 정상적으로 반복될 것이다. 안쪽 루프에서 바깥쪽 루프까지 한꺼번에 탈출하려면 break를 하기 전에 flag에 1을 대입해 놓고 탈출한다. 바깥쪽 루프는 안쪽 루프가 끝나자마자 flag값을 보고 이 값이 1이면 안쪽 루프에서 모든 루프의 종료를 원한다는 것으로 인식하고 자신도 반복을 종료하고 즉시 탈출한다.

만약 안쪽 루프에서 자기 자신만 종료하고 바깥쪽 루프는 그대로 실행되도록 하고 싶다면 탈출 변수값을 바꾸지 말고 break만 하면 된다. 이런 식으로 탈출 변수를 사용하면 이중, 삼중으로 루프가 중첩되어 있더라도 줄줄이 루프를 계속 벗어날 수 있다. 조금 구질구질해 보이고 왠지 꽁수같아 보이지만 이중 루프 정도라면 이 방법도 그리 나쁘지 않다.

탈출 변수를 쓰는 방법 외에 제어 변수를 직접 조작하는 방법도 있다. 안쪽 루프를 탈출할 때 바깥쪽 루프가 종료될 조건을 만들어 놓고 break하면 바깥쪽 루프의 조건식에 의해 자연히 바깥쪽 루프도 끝나게 된다.

```
for (i=1;i<10;i=i+1) {
    for (j=1;j<5;j=j+1) {
        i=10;
        break;
    }
    // 여기에 다른 명령이 없어야 한다.
}
```

바깥쪽 루프의 조건식이 "10보다 더 작다"이므로 안쪽 루프에서 i를 강제로 10으로 바꾼 후 break하면 바깥쪽 루프가 자연스럽게 종료된다. 그러나 이 방법은 안쪽 루프 다음에 다른 명령이 또 있을 경우에는 쓸 수 없으며 제어 변수를 강제로 조작한다는 면에서 별로 바람직하지는 않다. 다중 루프를 탈출하는 방법이 어렵다면 마지막으로 선택할 수 있는 가장 쉬운 방법이 있는데 바로 goto문이다.

```
for (i=1;i<10;i=i+1) {
    for (j=1;j<5;j=j+1) {
        goto outside;
    }
}
outside:
```

goto는 무조건 분기문이므로 루프가 몇 겹으로 싸여 있더라도 지정한 레이블 위치로 즉시 점프한다. 4중, 5중 다중 루프를 탈출할 때는 사실 goto만큼 효율적인 명령이 없으며 goto문을 꼭 사용해야 할 특수한 경우가 바로 이런 경우이다. goto의 또 다른 **활용예**로 자원 해제 코드를 한 곳에 모아 두고자 할 때를 들 수 있는데 이런 예도 다음에 보게 될 것이다. 남발하지만 않는다면 이럴 때는 goto를 한 번쯤 써도 상관없다.

4.5.3 continue

continue는 루프의 나머지 부분을 무시하고 조건 점검부로 점프하여 루프의 다음 값을 실행하도록 하는 명령이다. 루프를 돌던 중에 특정 조건에 대해서는 처리를 제외시키고자 할 때 이 명령을 사용한다. 루프의 조건을 다시 점검하도록 할 뿐이지 루프를 처음부터 다시 시작하는 것은 아니므로 제어 변수의 값은 그대로 유지되며 다음 증감문으로 이동한다.

continue는 실전에서 그다지 자주 사용되지는 않으며 비교적 정밀한 제어 구조를 만들 때 가끔씩 사용된다. 짤막한 예제를 하나 만들어 보도록 하자.

예제 continue

```c
#include <Turboc.h>

void main()
{
    int i;

    for (i=1;i<=50;i++) {
        if (i % 9 == 0)
            continue;
        if (i % 3 == 0)
            printf("%d\n",i);
    }
}
```

이 예제는 1~50까지 3의 배수들을 찾아 출력하되 9의 배수는 제외한다. 3의 배수인지를 점검해 보기 전에 먼저 9의 배수인지를 보고 9의 배수이면 뒤에 있는 3의 배수 점검문을 무시하고 루프의 증감문으로 점프한다. 그래서 9의 배수가 아닌 3의 배수만 출력된다. 실행해 보면 3, 6, 12, 15, 21, 24 등의 숫자들이 출력될 것이다. 이런 목적이라면 if (i % 3 == 0 && i % 9 != 0) 식으로 논리 연산자를 쓰는 것이 더 좋지만 continue문의 동작을 살펴보기 위해 의도적으로 작성했다. 다음은 continue의 좀 더 실용적인 사용예이다.

```
for (i=1;i<=60;i=i+1) {
    if (i번 학생이 없다면) continue;
    i번 학생의 성적 처리
}
```

1번에서 60번까지 학생의 출석 번호로 루프를 돌며 성적을 처리하는 코드이다. 학생들의 출석 번호는 순서대로 매겨지는 것이지만 여러 가지 이유로 가끔 출석 번호가 비는 경우가 있다. 전학을 갔다거나 아니면 말썽을 피워 퇴학을 당했다거나 할 경우 이 번호의 학생에 대해서는 성적을 처리할 필요가 없다. 그래서 성적 처리 코드 앞쪽에 조건을 점검해 보고 없는 번호이면 continue 명령으로 루프 선두로 돌아가도록 했다. 이처럼 루프의 범위 중 특정 조건의 값은 반복 대상에서 제외시키고자 할 때 continue 명령을 사용한다.

break문과 마찬가지로 continue도 다중 루프 내에서 사용될 때 제일 안쪽 루프의 선두로만 돌아간다. 다음 코드에서 j루프 내에서 사용된 continue 명령은 j루프의 처음으로 돌아가도록 하며 i루프의 처음으로 돌아가는 것이 아니다. 만약 j루프 내에서 i루프의 선두로 가고 싶다면 이때는 break와 마찬가지로 별도의 탈출 변수를 사용해야 한다. 그러나 실전에서 이런 경우는 극히 드물다.

```
for (i=...) {
    for (j=...) {
        continue;
    }
}
```

다음 순서도는 for문의 경우 break와 continue가 어디로 점프하는지를 보인 것이다. 나머지 순환문도 비슷하게 동작하되 while, do~while문은 증감식이 없으므로 continue 명령에 의해 단순히 루프의 처음으로 돌아가기만 한다.

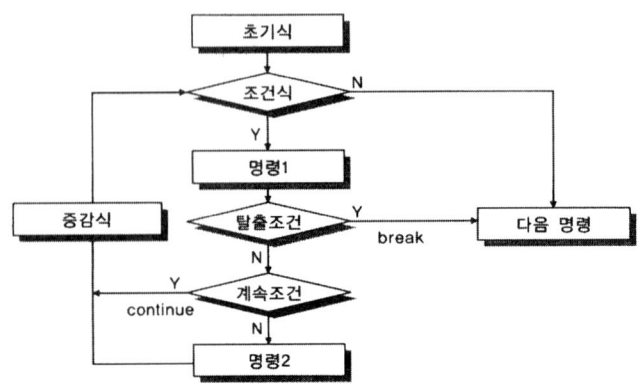

break와 continue는 반복문내에서 제어의 흐름을 조작하는 명령들이다. 따라서 반복문 내부가 아닌 경우에는 이 명령들을 사용할 수 없다. 만약 반복문이 아닌 곳에서 break를 사용하면 컴파일러가 에러로 처리할 것이다.

```
void main()
{
   ....
   break;           // 에러로 처리된다.
}
```

break는 반복문이나 switch문의 case 내에서 사용할 수 있다. 이에 비해 continue는 반복문 내에서만 사용할 수 있으며 switch문에서는 사용할 수 없다. switch문은 여러 번 실행되는 반복문이 아니므로 처음으로 돌아갈 경우가 없으며 따라서 continue 명령이 필요하지 않다. switch문 내에서 continue를 사용하면 switch문의 선두로 돌아가 다중 분기를 다시 하는 것이 아니라 switch문을 감싸고 있는 루프의 선두로 가게 된다.

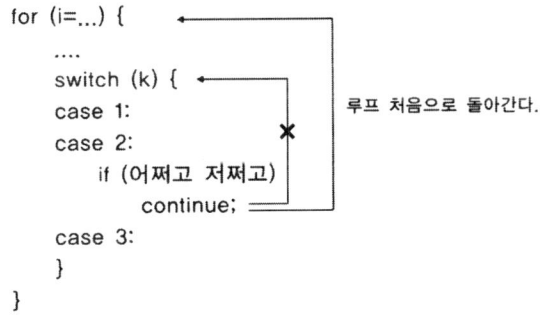

만약 switch문이 루프에 포함되어 있지 않고 단독으로 존재한다면 이때의 continue는 에러로 처리된다. continue는 반복문에서만 사용할 수 있다.

과제 ReflectSharp

화면을 깨끗하게 지우고 #문자를 대각선 방향으로 이동시키되 상하좌우의 벽에 닿으면 반사되도록 하여라. 임의의 키가 입력될 때까지(kbhit()가 참을 리턴할 때까지) 반복해야 하므로 무한 루프를 구성해야 한다. 배포 예제의 실행 파일을 보고 그대로 복원해 보아라.

05 연산자

5.1 산술 연산자

5.1.1 연산자의 종류

프로그램은 데이터와 코드로 구성되는데 데이터는 프로그램이 처리하는 재료이고 코드는 데이터를 가공하는 수단이다. 데이터(Data)를 우리말로 번역하면 자료이며 이 데이터를 처리하여 인간에게 유용한 형태로 가공하면 이것이 정보(Information)가 된다. 자료와 정보는 비슷한 것 같지만 많이 다르다. 자료는 불규칙하게 널려 있는 여러 가지 형태의 수치나 문자열이며 정보는 인간이 곧바로 사용할 수 있도록 정리된 유용한 것이다.

예를 들어 성적 처리 프로그램의 경우 각 학생의 과목별 성적은 데이터인데 이 자체로는 별로 유용한 정보를 얻을 수 없다. 이 자료를 가공하여 총점, 평균, 석차를 내면 비로소 학력 평가를 알 수 있는 유용한 정보가 된다. 또한 인터넷에 널려있는 웹 문서들은 그 자체로서는 가치가 없으며 검색 엔진 등에 의해 필요한 것을 추출, 정리해야 비로소 가치있는 정보가 된다. 프로그램이란 사람을 대신해서 이런 일을 하는 소프트웨어이며 프로그램이 자료를 가공하여 정보를 만드는 주된 수단이 바로 이장의 주제인 연산자다.

연산자(Operator)가 무엇인가는 굳이 문장화하여 정의를 내리지 않더라도 이미 이해하고 있을 것이다. 더하고 빼고 곱하고 나누는 동작을 하는 것들이 바로 연산자이며 실생활에도 늘상 사용하고 있는 것들이다. 물론 소프트웨어 공학적인 측면에서 정의를 내린다면 좀 더 복잡해지겠지만 일단은 여러분들이 상식적으로 이해하고 있는 연산자와 같다고 생각하면 된다.

C는 아주 많은 종류의 연산자를 제공하는데 이런 풍부한 연산자 지원이 C의 큰 장점이기도 하다. 제공하는 연산자가 많다는 것은 그만큼 데이터를 가공할 수 있는 능력이 탁월하다는 뜻이며 이런 연산자들을 자유자재로 사용할 수 있으면 복잡한 연산을 간단하게 처리할 수 있다. 수가 많으므로 연산자를 종류별로 분류해 보도록 하자. 분류 방법에는 여러 가지가 있지만 일단 연산자의 기능별로 분류하는 것이 가장 일반적이다.

기능별 종류	연산자
산술 연산자	+ - * / %
부호 연산자	+ -
대입 연산자	= 복합 대입 연산자
관계 연산자	== != <= < >= >
증감 연산자	++ --
포인터 연산자	* & []
구조체 연산자	. ->
논리 연산자	|| && !
비트 연산자	| & ~ >> <<
삼항 조건 연산자	? :
쉼표 연산자	,
sizeof 연산자	sizeof
캐스트 연산자	(type) type()
괄호 연산자	()
C++ 연산자	new delete :: .* ->*

도표를 보면 이 많은 연산자들을 언제 다 익히나 싶을 정도로 양이 많다. 양만 많을 뿐이지 어렵지는 않으므로 이 장을 통해 하나씩 익혀 나가도록 하자. 솔직히 연산자 자체는 결코 어렵다고 할 수 없으나 적재적소에 상황에 맞는 최적의 연산자를 선정하여 요긴하게 사용하는 응용력을 키우는 것이 어렵다. 연산자 하나를 배울 때마다 데이터를 다룰 수 있는 능력이 향상된다고 생각하면 즐거운 마음으로 공부할 수 있을 것이다. 프로그래머를 무사에 비유한다면 연산자는 칼, 활 같은 무기라고 할 수 있다.

이 도표는 연산자의 기능별로 분류한 것이고 이 외에 피연산자의 개수에 따라 분류하기도 한다. 피연산자란 연산 대상을 말하는데 몇 개의 피연산자를 요구하는가에 따라 단항 연산자(Unary Operator), 이항 연산자(Binary Operator)로 분류한다. a=1+2; 라는 문장에서 +연산자는 1과 2의 합을 계산한다. 양쪽에 두 개의 피 연산자가 있으므로 +연산자는 이항 연산자이다. = 대입 연산자도 a와 1+2의 결과인 3을 피연산자로 요구하므로 이항 연산자이다. 반면 -3 같은 부호 연산자나 a++ 같은 연산자는 피연산자가 하나밖에 없으므로 단항 연산자이다. 앞에서 포인터를 소개할 때 잠시 구경해 본 *, & 연산자도 단항 연산자이다.

C의 연산자는 대부분 이항 연산자이며 몇 개의 단항 연산자가 있다. 이 외에 피연산자를 세 개나 요구하는 삼항 연산자도 있다. 어째서 피연산자가 세 개나 필요한지는 ? : 연산자에서 보도록 하자. 다음 항부터 우리는 이 도표에 있는 연산자들을 하나씩 공부해 보고 관련 예제들을 만들어 볼 것이다. 단, 포인터, 구조체 연산자는 좀 복잡하므로 이 장에서 다루지 않으며 C++에 새로 추가된 연산자도 마찬가지로 C++을 공부할 때 같이 다루기로 한다.

5.1.2 산술 연산자

산술(Arithmetic) 연산자는 더하고 곱하고 빼고 나누는 가장 기본적이고 또한 가장 많이 사용되는 연산자이다. 초등학교 때부터 배웠고 일상생활에서도 늘상 사용하는 연산자이므로 더 이상의 상세한 설명이 필요치는 않을 것 같다. 연산자는 기호로 표시하는데 더하기와 빼기는 수학에서와 마찬가지로 +, - 기호를 사용한다. 곱하기는 보통 × 기호를 사용하지만 알파벳 X와 모양이 동일해서 *를 대신 사용한다. 그리고 나누기는 보통 기호를 사용하는데 이 문자가 키보드에 없기 때문에 / 기호를 사용하여 분수 형태로 표현한다.

기호가 조금 다른 것 빼고는 학교에서 배운 것과 동일하되 다만 나눗셈을 하는 / 연산자에 대해서만 약간의 주의를 하면 된다. 이 연산자는 피연산자의 타입에 따라 연산의 결과가 달라지는 특징이 있다. 피연산자가 모두 정수형이면 결과도 정수형이 되고 피연산자 중에 실수형이 있으면 결과도 실수형이 된다. 다음 예를 보자.

```
6/3             // 결과는 2
3.0/2.0         // 결과는 1.5
3/2             // 결과는 1
```

6을 3으로 나누면 결과는 당연히 2가 된다. 실수형 상수 3.0을 실수 2.0으로 나누면 1.5가 된다. 그러나 정수형 상수 3을 정수 2로 나누면 결과는 역시 정수형인 1이 되며 소수점 이하는 버려진다. 정수끼리의 나누기에 대한 결과는 정수형이기 때문에 소수점을 기억할 수 없는 것이다. 피연산자에 따라 계산 결과의 타입이 달라지는 것은 비단 나누기 연산자만 그런 것이 아니라 다른 산술 연산자도 마찬가지이기는 하다. 그러나 다른 연산자는 변수의 기억 용량을 넘어서는 오버플로우 문제는 있을지언정 최소한 버려지는 값은 없으므로 문제가 되지 않는 것이다. 다음 예제를 실행해 보자.

예제 intdivide

```
#include <Turboc.h>

void main()
{
    int score;

    score=86+65+92+88;
    printf("총점=%d, 평균=%d\n",score,score/4);
}
```

정수형 변수 score는 4과목 성적의 총점이며 암산해 보면 알겠지만 331의 값을 가진다. 총점에 대한 평균은 이 값을 과목수인 4로 나누면 쉽게 구할 수 있다. 실행 결과는 다음과 같다.

총점=331, 평균=82

평균이 82로 계산되었는데 실제 평균인 331/4는 82.75이지만 정수끼리의 나누기를 했기 때문에 0.75가 잘려 나간다. 원래 의도가 소수점 이하를 버릴 생각이었다면 이렇게 하는 것이 옳겠지만 만약 소수점까지 정확하게 출력하고 싶다면 정수 나눗셈을 해서는 안 되며 다음과 같이 둘 중 하나를 실수형으로 바꿔야 한다.

printf("총점=%d, 평균=%f\n",score,score/4.);

4를 4.0 또는 4.으로 바꾸어 실수형 상수임을 명시했고 계산 결과가 실수형이므로 이 값을 받을 서식도 %f로 수정했다. 이제 결과가 제대로 출력될 것이다. 평균을 정수 단위까지만 구할 것인가 아니면 소수점 이하까지 정확하게 계산할 것인가에 따라 / 연산자를 잘 사용해야 한다. 겨우 0.75의 차이이지만 이 값이 이자율이나 주식 배당률같이 중요한 값이라면 실제 업무 환경에서는 이런 미세한 오차가 돌이킬 수 없는 결과를 초래할 수도 있다.

산술 연산자에는 사칙 연산자 4개가 있고 이 외에 나머지 연산자 %도 산술 연산자로 분류된다. %는 두 연산자를 나눈 후 몫은 버리고 나머지만 취한다. 8%3 연산의 결과는 2가 되는데 8을 3으로 나누면 몫은 2인데 이 값은 버리고 나머지 2를 결과로 리턴한다. 10%4는 2가 되고 7%3은 1이 됨을 이해한다면 나머지 연산자는 다 이해한 것이다.

나머지 연산자는 굉장히 활용할 곳이 많다. 앞 장의 예제에서 어떤 수가 다른 수의 배수인지를 검사할 때 % 연산자를 이미 사용해 본 적이 있다. a%b가 0이라면 즉, a를 b로 나누었더니 나머지가 없다면 a는 b의 배수라고 할 수 있다. 어떤 수 k가 짝수인지 알고 싶다면 if (k%2==0) 조건으로 검사할 수 있는데 2로 나눈 나머지가 없다면 이 수는 짝수이다.

나머지 연산자는 피연산자로 정수만 취할 수 있으며 정수 나눗셈을 하고 결과도 정수로 돌려준다. 사실 나머지라는 연산 자체가 정수 범위에서만 의미가 있다. 만약 5%3이 실수 나눗셈을 한다면 몫은 1.666666이 될 것이고 나머지는 없을 것이다. % 연산자의 피연산자로 실수형을 사용하면 에러로 처리된다.

다음 예제는 앞 장에서 만들어 보았던 #움직이기와 비슷한데 달팽이가 기어가는 모양의 애니메이션 효과를 낸다. 제어 변수 i가 짝수이면 __@ 이런 모양, 홀수이면 ^^@ 이런 모양으로 출력하는데 이때 홀짝 판별을 위해 나머지 연산자를 사용했다. 반복적인 루프에서 일정한 주기별로 다른 동작을 하고자 할 때 나머지 연산자를 사용하는데 세 가지 모양을 번갈아가며 출력하고 싶다면 switch (i%3) 구문을 사용하면 될 것이다.

예제 charani

```
#include <Turboc.h>
void main()
{
    int i;

    for (i=1;i<=75;i=i+1) {
        gotoxy(i,10);
        if (i%2 == 0) {
            puts(" __@");
        } else {
            puts(" ^^@");
        }
        delay(100);
    }
}
```

출력 문자열 앞쪽에 공백이 하나 더 있음을 유의하도록 하자. 이 공백은 이전의 달팽이 꼬리를 지우는 역할을 하는데 없을 경우 잔상이 남게 된다.

산술 연산자에 대해서는 다 알아보았고 산술 연산자와 모양이 똑같은 부호 연산자에 대해 알아보자. 부호 연산자는 피연산자의 부호를 바꾼다. score 변수에 23이라는 값이 들어 있다면 -score는 부호를 바꾸어 -23이 된다. 산술 연산자의 -와 부호 연산자의 -는 모양은 같지만 기능은 다르다. 뺄셈 연산자 -는 피연산자를 두 개 취하는 이항 연산자이고 부호 연산자 -는 피연산자 하나만 취하는 단항 연산자이다. 다음 식을 보자.

a*-b+c-d;

b앞의 -는 부호 연산자이고 d앞의 -는 산술 연산자이다. 어렵지 않게 구분될 것이다. 그럼 다음 대입문에서 -는 어떤 연산자일까?

a=-1;

여기서 사용된 -기호는 언뜻 보기에 부호 연산자인 것 같지만 사실은 연산자가 아니다. -1이라는 상수의 한 부분일 뿐이며 부호를 바꾸는 동작을 하지는 않는다. 부호 연산자 -를 사용하면 변수에 저장되어 있는 값의 음수값을 얻을 수 있다. 다음은 두 개의 정수형 변수 a와 b에 대한 연산예이다.

```
a+b          // a와 b를 더한다.
a+-b;        // a와 b의 음수값을 더한다.
a-b;         // a에서 b를 뺀다.
a--b;        // a에서 b의 음수값을 뺀다.
```

이 연산문 중 앞쪽 세 개는 모두 합법적이다. 그러나 4번째 연산문은 에러로 처리되는데 왜냐하면 --는 감소 연산자라는 단항 연산자로 별도로 정의되어 있기 때문이다. 수학에서 --는 +와 같으므로 a--b는 사실 a+b와 같지만 C에서는 그렇지 않다. 만약 정 이런 연산을 할 필요가 있다면 a- -b와 같이 공백을 하나 넣어 주든가 아니면 a-(-b)같이 괄호를 써야 한다.

부호 연산자 +는 피연산자의 부호를 그대로 유지한다. 그래서 +a는 a와 같으며 수학에서 양수에 대해 특별한 표식을 붙이지 않듯이 C에서도 양수에 대해서는 +부호 연산자를 사용하지 않아도 된다. 하지만 다음 예처럼 일련의 변수 초기값을 수직으로 나란히 배치하고 싶을 때 음양에 상관없이 모양을 똑같이 작성하고 싶다면 이때 +부호 연산자가 약간의 도움이 된다.

```
int a = -1              int a = -1
int b = 2               int b = +2
int c = -5              int c = -5
int d = 6               int d = +6
```

이 연산자가 꼭 필요한 경우는 사실상 없으며 실제로 잘 사용되지도 않지만 음수 부호 연산자가 있으므로 대칭을 이루기 위해 양수 부호 연산자도 정의되어 있는 것이다. 변수의 부호 타입에도 부호없음을 뜻하는 unsigned가 있고 부호가 있음을 뜻하는 signed가 있는데 마찬가지로 대칭성을 위해 존재한다.

과제 ScrollChar

매 7칸마다 O를 출력하고 O의 사이에는 .을 출력해 보자. 나머지 연산자를 사용하면 "매 7칸마다"라는 조건식을 작성할 수 있다. 또한 루프를 구성하여 O문자가 1초에 다섯 번씩 오른쪽으로 움직이도록 하라. 반짝이며 이동하는 전구를 흉내낸다고 생각하면 된다.

5.1.3 대입 연산자

대입(Assignment)이란 변수에 어떤 값을 집어넣는 동작이며 대입 연산자는 변수의 값을 변경할 때 사용한다. = 기호를 사용하며 다음이 가장 간단한 대입문의 예이다.

```
i=1;
```

i라는 변수에 1이라는 값을 대입한다. = 연산자는 우변에 있는 값을 좌측으로 대입하는데 위와 같이 우변이 상수일 경우는 계산할 것도 없이 상수를 바로 좌변에 대입한다. 우변이 다음과 같은 수식일 경우는 이 수식을 계산한 결과가 좌변으로 대입된다.

```
i=2+3;
i=j+k*m;
```

i에 2+3을 더한 5가 대입될 것이다. 이런 상수 수식은 계산 결과가 상수이기 때문에 실행시에 계산되지 않으며 컴파일할 때 컴파일러에 의해 미리 계산된다. 즉 i=2+3; 이라고 대입하면 컴파일러는 이 명령을 i=5; 로 고쳐서 써 넣으므로 2+3이라고 쓰나 5라고 쓰나 전혀 차이가 없다. 변수가 들어가 있는 수식은 변수의 값에 따라 결과가 달라지므로 실행할 때 계산되어 i로 대입될 것이다.

:: 좌변값

대입 연산자의 우변에는 상수, 변수와 연산자들로 구성된 계산할 수 있는 표현식이 오며 함수 호출문도 올 수 있다. 하나의 결과를 계산해 낼 수만 있다면 어떤 표현식이 와도 상관없다. 대입 연산자의 좌변에는 좌변값(lvalue:left value)만 올 수 있는데 좌변값이란 대입 연산자의 왼쪽에 올 수 있는 값이라는 뜻이다. 좀 더 정확하게 정의를 내려 보면 실제적인 메모리를 점유하고 있고 그 값을 바꿀 수 있는 대상이라는 뜻이다.

i=1; 대입문에서 변수 i는 실제 메모리를 점유하고 있고 값을 마음대로 바꿀 수 있으므로 좌변값이다. 그래서 i=1; 대입문에 아무런 문제가 없다. 그러나 다음과 같은 대입식은 쓸 수 없다.

```
1=2+3;
a+b=4;
```

상수 1은 실제 메모리를 점유하고 있지 않으며 그 값이 고정되어 있고 바꿀 수 없으므로 좌변값이 아니다. 2와 3을 더한 값을 1에 대입하라니 말이 안 되며 당연히 에러로 처리된다. 변수는 완전한 좌변값이 맞지만 변수로 구성된 수식은 좌변값이 아니다. 따라서 a+b=4; 대입문도 에러로 처리된다. a=4-b; 는 물론 가능하다.

위의 두 대입문이 왜 에러인지는 논리 정연한 설명보다 직관적으로 이해하는 것이 더 빠를 것이다. 좌변값에 대한 정의가 무척 쉽다고 생각되겠지만 나중에 진도를 좀 더 나가면 좌변값인지 판별하는 것이 점점 어려워진다. 다음 대입문을 보자.

```
char str[12];
str="STRING";
```

이 문장은 C를 처음 공부하는 사람들이 가장 많이 실수하는 부분이다. 문자 배열은 문자열을 저장할 수 있지만 이런 식으로 문자열을 대입할 수는 없다. 왜냐하면 배열의 이름인 str은 좌변값이 아니기 때문이다. 좌변값에 대해 좀 더 정리를 하자면 배열 요소는 좌변값이지만 배열은 좌변값이 아니며 포인터 변수 ptr이 있을 때 *ptr은 좌변값이지만 &ptr은 좌변값이 아니다. 배열 요소도 일단은 좌변값이지만 최종 요소만 좌변값이며 다차원 배열의 부분 배열은 배열 요소이기는 하지만 좌변값이 아니다. 이런 복잡한 얘기는 배열과 포인터에서 다시 다룰 것이므로 여기서는 대입 연산자 왼쪽에는 좌변값만 올 수 있다고 알아 두도록 하자.

∷ 연산자의 리턴값

C의 모든 연산자는 연산 후 그 결과를 돌려주는데 이를 리턴값이라 한다. 리턴값이란 원래 함수의 계산 결과를 의미하는데 연산자도 일종의 함수이므로 연산 결과를 리턴값이라 한다. 1+2라는 수식은 1과 2를 더한 결과인 3을 리턴한다. +연산자가 값을 리턴하기 때문에 a=1+2; 같은 문장이 가능한 것이다. 1+2가 더하기만 하고 끝나 버린다면 a에는 아무것도 대입되지 않을 것이다. 대입문도 마찬가지로 그 결과를 리턴하는데 리턴되는 값은 대입된 값 자체이다.

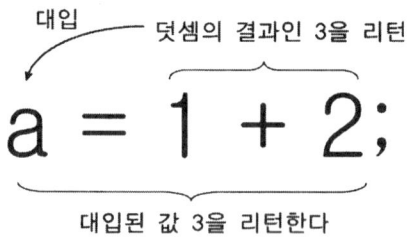

연산자가 값을 리턴한다는 것은 굉장히 중요한 사실이며 이 리턴값을 이용하면 여러 가지 다양한 응용이 가능하다. i=1; 대입문은 i에 1을 집어넣고 끝나는 것이 아니라 그 결과로 다시 1을 리턴한다. 그래서 이 대입식 자체를 다른 수식에 사용할 수 있다.

```
a=5;
b=5;
c=5;
```

이 세 개의 대입문을 좀 더 간단하게 정리하여 다음과 같이 쓸 수 있다.

```
a=b=c=5;
```

왜 이 수식이 가능한가 하면 대입 연산자가 대입된 값을 리턴하기 때문이다. 이 식은 제일 먼저 c=5를 실행하며 그 결과로 5를 리턴한다. 이 리턴값을 b가 받고 b에 5를 대입하는 식은 다시 5를 리턴하며 이 값이 다시 a로 대입된다. 최종적으로 a에 5가 대입된 후 다시 한 번 5가 리턴되는데 이 값은 사용되지 않는다.

```
           대입 후 5 리턴-버려짐      대입 후 5 리턴
         ┌─────────────────┐      ┌─────────┐
         a = ( b = ( c = 5 ) );
                  └──────────────────┘
                      대입 후 5 리턴
```

::복합 대입 연산자

복합 대입 연산자는 대입 연산자와 다른 연산자가 결합된 연산자이다. 간단한 사용예를 보자.

a=a+3;

이 수식은 원래 a값에 3을 더해 a에 다시 대입하라는 뜻이며 a를 3만큼 증가시킨다. 변수의 현재값을 기준으로 상대적으로 값을 증감시킬 때 아주 많이 사용하는 식이다. 이처럼 좌변의 변수가 우변의 수식에 포함되어 있을 때는 이것을 복합 대입 연산자로 바꿀 수 있다.

a+=3;

여기서 사용된 +=이라는 연산자가 바로 복합 대입 연산자이며 좌변의 값을 우변만큼 증가시킨다. a=a+3과 a+=3은 완전히 같은 식이되 변수명이 다음과 같이 아주 길다면 이 변수를 두 번 쓰는 것보다는 복합 대입 연산자로 한 번만 쓰는 것이 편리하다.

VeryLongNameVariable = VeryLongNameVariable +3;
VeryLongNameVariable += 3;

또한 연산 대상이 arPara[NowPara-1]->aPos[p-offset].Start처럼 구조체와 배열, 포인터 등이 섞여 있는 아주 복잡한 표현식인 경우도 복합 대입 연산자를 쓰는 것이 편리하다. +연산자 뿐만 아니라 산술 연산자, 비트 연산자들이 복합 대입 연산자가 될 수 있다. 연산자 x에 대한 복합 대입 연산자는 x=로 만들면 된다.

+= -= *= /= %= <<= >>= &= |= ^=

그러나 아무 연산자나 다 복합 대입 연산자로 만들 수는 없으며 위에 보인 10개가 전부이다. 이런 복합 대입 연산자를 만나면 원래 수식을 떠올려 보면 된다. 복합 대입 연산자를 쓰면 식이 좀 더 간단해지는 반면 몇 가지 부작용이 있기 때문에 복잡한 수식에서는 사용하지 않는 것이 좋다. a+=n 정도의 간단한 수식에만 사용하는 것이 바람직하다.

5.1.4 증감 연산자

증감 연산자는 피연산자를 1씩 증가시키거나 감소시킨다. 루프의 제어 변수처럼 순서대로 어떤 작업을 할 때는 변수값을 하나씩 증감시키는 경우가 많기 때문에 별도의 연산자가 마련되어 있다. 증가 연산자는 ++로 쓰며 감소 연산자는 --를 쓴다. 둘 다 사용 방법은 비슷하므로 ++연산자에 대해서만 집중적으로 연구해 보자. 다음 세 식은 모두 동일하며 a를 1 증가시킨다.

① a=a+1　② a+=1　③ a++

a에 1을 더한 값을 다시 a에 대입함으로써 a를 1만큼 증가시키는데 이 대입문은 앞에서 배운 복합 대입문 a+=1로 바꿀 수 있다. 증가 연산자를 사용하면 더 짧고 간단해지는데 루프의 제어 변수를 증가시킬 때 ++ 연산자를 많이 사용한다.

for (i=1;i<=10;i++) 명령;

이렇게 루프를 구성하면 i가 1부터 시작해서 10까지 1씩 계속 증가하면서 명령을 반복한다. 이 간단한 연산자는 아주 직관적이고 편리해서 C언어를 대중화시키는데 결정적인 기여를 했으며 예로부터 C프로그래머들의 자랑거리 중 하나였다. 증감 연산자는 증감시킬 값이 1로 고정되어 있으며 증감시킬 대상이 되는 피연산자를 하나만 취하므로 단항 연산자이다. 증감 연산자는 피연산자의 앞에 쓰이는 경우와 뒤에 쓰이는 경우 두 가지 형식으로 사용된다.

- 전위형(Prefix) : 증감연산자가 피연산자 앞에 위치한다. ++a, --a
- 후위형(Postfix) : 증감연산자가 피연산자 뒤에 위치한다. a++, a--

두 방식은 단독으로 사용될 때는 차이가 없지만 수식 내에서 사용될 때는 약간의 차이가 있다. 전위형은 일단 값을 먼저 증감시킨 후 그 결과를 리턴하지만 후위형은 값을 먼저 리턴하고 증감시킨다. 다음 예제를 보자.

예제 increase

```
#include <Turboc.h>

void main()
{
    int i;

    i=3;
    printf("전위형으로 썼을 때 : %d\n",++i);

    i=3;
    printf("후위형으로 썼을 때 : %d\n",i++);
}
```

i에 3을 대입하고 i를 ++연산자로 1 증가시켜 그 값을 printf로 출력하되 한 번은 전위형으로, 한 번은 후위형으로 증가시켰다. 결과는 다음과 같다.

전위형으로 썼을 때 : 4
후위형으로 썼을 때 : 3

전위형 ++i 문은 i를 1먼저 증가시킨 후 그 결과인 4를 리턴하므로 printf는 4를 출력할 것이다. 이 문장을 둘로 나누면 다음과 같이 분리된다.

++i;
printf("전위형으로 썼을 때 : %d\n",i);

반면 후위형의 i++문은 i값을 먼저 리턴하고 i를 1 증가시키므로 printf는 3을 출력할 것이다. 이 문장은 다음과 같이 분리된다.

printf("후위형으로 썼을 때 : %d\n",i);
i++;

두 경우 모두 출력이 끝난 후 i는 똑같이 4가 되지만 수식 내에서 평가되는 증감식 자체의 값은 다르다. 값이 먼저 평가되고 증가되는가 증가된 후 평가되는가의 차이점으로 인해 출력되는 값이 달라지는 것이다. 다음 코드는 전위형과 후위형의 차이를 좀 더 분명히 보여준다.

```
int i=0;
while (++i < 5) {
    printf("%d\n",i);
}
```

i를 0으로 초기화하고 i가 5보다 작은 동안에 i값을 출력하되 while 조건문에서 i값을 전위형으로 증가시키고 있다. 이 경우 i값이 먼저 증가되고 평가되므로 i가 5가 되는 시점은 while문의 조건이 거짓이 되어 5는 루프에서 제외된다. 그러나 while (i++ < 5)의 후위형으로 바꾸면 i값이 평가된 후 증가하기 때문에 i가 4일 때 일단 조건을 만족시킨 후 i가 증가하므로 5도 루프에 포함된다. 전위형, 후위형에 따라 루프의 반복 회수가 달라지는 것이다.

그러나 이런 차이는 어디까지나 수식 내에서 사용될 때 뿐이며 증감식이 단독으로 사용될 때는 전위형이나 후위형이나 차이가 전혀 없다. 그래서 다음 두 루프는 완전히 동일하다.

```
for (i=1;i<=10;i++) 명령;
for (i=1;i<=10;++i) 명령;
```

증감식이 for문의 일부로 존재하고 있지만 이 식이 실행될 때는 단독으로 실행된다. 조건식과 증감식이 각각 따로 실행되는 것이지 동시에 실행되는 것이 아니다. 둘 중 어떤 형태를 쓰더라도 상관없지만 for문에서 제어 변수를 증감시킬 때는 보통 후위형을 많이 사용한다. 왜냐하면 사람은 보통 증가시키는 동작보다 대상을 먼저 선택하는 버릇이 있기 때문이다.

증감 연산자는 피연산자의 값을 변경한다는 점에서 대입 연산자와 비슷하다. a++이 a=a+1과 같으므로 증감 연산자도 대입 연산자와 마찬가지로 좌변값만 피연산자로 취할 수 있다. 즉 증가시킬 수 있는 대상에 대해서만 제대로 동작한다. 1++과 같이 상수를 1 증가시키는 것은 당연히 안 되며 (a+1)++ 이런 식도 사용할 수 없다. 1이나(a+1)은 좌변값이 아님을 직관적으로 이해할 수 있을 것이다. ++ 연산자에 대한 가장 흔한 오해는 이 연산자를 두 번 쓰면 2 증가할 것이라고 상상하는 것이다.

```
a++++;
```

이렇게 쓰면 a가 2 증가할 것 같지만 이 문장은 에러다. 혹시 괄호를 빼먹어서 컴파일러가 헷갈리는가 싶어서 (a++)++ 요렇게 해도 마찬가지고 +가 한꺼번에 너무 많이 와서 그런가 싶어 ++a++같이 해도 역시 에러다. 왜냐하면 a는 변수이고 좌변값이지만 a를 1 증가시킨 결과는 정수 상수이지 더 이상 좌변값이 아니기 때문이다. ++ 연산자를 전위형으로 사용하여 ++++a; 라고 쓰는 것은 가능하지만 역시 일반적이지 않다. a를 2 증가시키고 싶으면 저런 이상한 코드를 생각하지 말고 a+=2; 를 쓰는 것이 가장 합리적이며 그것도 자신없으면 a=a+2; 라고 풀어 쓰는 편이 더 좋다.

5.1.5 복잡한 수식

증감 연산은 아주 흔한 연산이며 CPU도 기계어 차원의 증감 명령을 별도로 가지고 있다. 어떤 값에 1을 더해 다시 대입하는 a=a+1(어셈블리로 ADD [a],1)보다 값을 1 증가시키는 a++(어셈블리로 INC [a])이 속도도 더 빠르고 메모리도 적게 차지한다. 그러나 C언어 차원에서 a=a+1과 a++은 별 차이가 없는데 왜냐하면 컴파일러가 a=a+1을 a++로 바꿔서 컴파일하기 때문이다. 컴파일러는 생각보다 훨씬 더 똑똑하다.

증감 연산자는 다른 언어에는 없는 C언어의 아주 독특한 연산자이며 사용해 보면 아주 편리하다. C언어의 다음 버전을 C++이라고 부르는데 이 이름에 사용된 ++이 바로 증가 연산자를 의미한다. 그만큼 ++은 C언어의 큰 장점이고 또한 C를 다른 언어와 차별화하는 상징적인 연산자인 것이다.

증감 연산자가 비록 아주 편리하고 좋기는 하지만 너무 남발하게 되면 부작용이 생길 수도 있다. 주로 복잡한 수식 내에서 증감 연산자를 사용할 때 문제가 발생하는데 어떤 문제점들이 있는지 보자.

예제 inconeline

```
#include <Turboc.h>

void main()
{
    int i=3;
    printf("%d, %d\n",i,++i);
}
```

3의 값을 가지는 i를 두 번 출력하되 한 번은 그냥 i값을, 한 번은 전위형으로 i를 1 증가시켜서 출력했다. 이 코드의 실행 결과에 대해 아마 대부분 3, 4를 예상하겠지만 실제 결과는 4, 4로 출력된다. i가 먼저 출력되고 다음으로 i가 1 증가한 값이 출력되는 것이 정상적일 것 같지만 결과는 거꾸로이다. 왜냐하면 C는 함수의 인수를 뒤에서부터 순서대로 전달하기 때문이다. 즉, ++i가 먼저 실행되어 그 결과인 4가 전달되고 다음으로 이미 4가 되어 버린 i를 한 번 더 전달한다.

C 표준에 인수 전달 순서는 지정되어 있지 않으며(Unspecified) 대부분의 컴파일러는 뒤쪽 인수부터 평가하는데 왜 인수를 뒤에서부터 평가하는가하면 가변 인수를 다루기가 편하기 때문이다. 이 문제는 호출 규약(Calling Convention)과 관련된 문제이며 다음에 상세히 배우게 되겠지만 무척 복잡하다. 컴파일러마다 평가 순서가 달라질 수 있으므로 이런 수식에서 ++ 연산자를 사용하면 이식성에도 불리하다. 이런 복잡한 문제를 신경쓰고 싶지 않으면 수식 내에서는 증감 연산자를 쓰지 않으면 된다. 만약 i와 i를 1 증가시킨 후의 값을 출력하도록 하고 싶다면 다음과 같이 쓰는 것이 더 좋다.

```
int i=3;
printf("%d, ",i);
++i;                    // 또는 i++;
printf("%d\n",i);
```

이렇게 하면 원하는 대로 결과 3, 4가 나올 것이다. 코드가 조금 길어지기는 했지만 얼마나 보기좋고 읽기에 편한가? 별 생각없이 읽기만 해도 결과를 바로 예측할 수 있다. 다음 수식을 보자.

```
b=(++a+1)*a++;
b=a++ + ++a;
```

두 식 모두 문법적으로는 아무 문제가 없는 합법적인 문장이며 엄격하게 따져 보면 결과를 예측할 수도 있다. 그러나 보다시피 수식이 뭔가 불안해 보이고 어떤 의도로 작성한 코드인지 한눈에 알아보기 어렵다. 더구나 이런 수식에 대한 평가 방법은 컴파일러마다 달라서 이식성에도 좋지 않다. 이런 현란한 코드는 절대로 쓰지 말아야 한다.

현란하고 복잡한 코드가 많다고 해서 실력이 좋은 프로그래머라고 할 수 없다. 오히려 반대로 호기심에 가득찬 철부지 초보일수록 현란한 코드를 즐겨씀으로써 부족한 실력을 감추려고 애쓰는 편이다. 남의 소스를 보다가 저런 코드가 보이면 "이 녀석 초짜로구만"이라고 생각하면 거의 틀림없다. 경험있는 개발자는 결코 어려운 코드를 쓰지 않는다.

과제 Over1000

1부터 계속 증가되는 정수의 합을 누적시키다가 최초로 1000을 넘는 수를 구해 출력하라. 즉 1부터 어디까지 누적해야 1000이 넘는지를 구하는 문제이다.

| 참 | 고 | Undefined, Unspecified

C 스펙 문서나 문법 서적을 보면 정의되지 않는다는 뜻의 Undefined라는 용어가 종종 등장한다. 이 용어는 어떻게 될 지 알 수 없으며 결과를 책임질 수 없다는 뜻이다. 이런 예 중 하나는 printf의 서식과 인수의 타입이 일치하지 않을 때인데 스펙은 이런 비정상적인 상황에 대해 일일이 어떻게 처리해야 한다고 명시하지 않는다. 따라서 컴파일러 제작사들은 정의되지 않은 동작에 대해서 굳이 예외 처리를 할 필요가 없으며 개발자들은 이런 문법에 대해서는 주의를 기울일 필요가 있다. 정의되지 않은 동작은 운에 따라 결과가 달라지므로 개발할 때나 테스트할 때는 잘 실행되더라도 막상 최종 사용자가 프로그램을 쓸 때 다운될 수도 있다. 이에 비해 Unspecified라는 용어는 가능한 몇 가지 방법 중 어떤 것을 사용하라는 강제가 없다는 뜻이며 지정되지 않았다고 번역한다. 컴파일러 제작사들은 자신들의 편의와 효율성에 따라 원하는 대로 정책을 선택하여 지정되지 않은 기능을 구현한다. 컴파일러에 따라 결과가 달라질 수 있고 이식성이 없으므로 가급적이면 지정되지 않은 기능에 의존하지 말아야 한다. 현재는 잘 실행되는데 컴파일러가 바뀌면 엉뚱하게 동작한다면 이는 코드를 만든 사람이 책임져야 한다.

5.2 논리 연산자

5.2.1 관계 연산자

관계 연산자(Relational Operator)는 피연산자를 두 개 취하는 이항 연산자이며 좌변과 우변을 비교하여 같은지, 다른지, 다르다면 어느 쪽이 더 큰지를 조사한다. 앞에서 if문을 공부할 때 잠시 소개한 적이 있는데 다시 한 번 더 정리해 보자.

연산자	조건
==	좌변과 우변이 같다.
!=	좌변과 우변이 다르다.
>	좌변이 우변보다 크다.
<	좌변이 우변보다 작다.
>=	좌변이 우변보다 크거나 같다.
<=	좌변이 우변보다 작거나 같다.

이 중 같다는 의미의 == 연산자와 다르다는 의미의 != 연산자는 별도로 상등 연산자(Equality Operator)로 분류한다. 동작과 사용방법이 비슷하기 때문에 같이 다루기는 하지만 관계 연산자와 상등 연산자는 연산 순위가 다르므로 구분할 필요가 있다.

관계 연산자를 사용하는데 특별한 주의 사항은 없으며 수학에서 사용하던 대로 사용하면 된다. 다만 좌변과 우변의 데이터 타입이 일치해야 한다는 점만 주의하도록 하자. 일치하지 않더라도 산술 변환 규칙이 적용되기 때문에 대부분의 경우 별 문제가 없지만 만약 문제가 있다면 캐스트 연산자로 양변의 타입을 일치시킨 후 비교해야 한다.

관계 연산자는 주로 if문과 함께 사용되는데 사용 방법에 대해서는 이미 알고 있을 것이다. if문의 괄호 안에서 변수값을 비교함으로써 조건의 참과 거짓을 판별하며 for, while문의 조건식에도 관계 연산자가 사용된다. 기본적인 사용 방법은 이미 여러 번 실습해 보았으므로 이 연산자의 좀 더 정확한 동작 방식과 다양한 활용 방안에 대해 연구해 보도록 하자.

관계 연산자는 수식을 평가하여 그 결과가 참이면 1(true)을 리턴하고 거짓이면 0(false)을 리턴한다. C에서 숫자 0은 일반적으로 거짓을 표현하며 0이 아닌 모든 값은 참을 표현한다. 컴퓨터는 모든 것을 숫자로 표현하기 때문에 참, 거짓까지도 숫자이다. 0이 아무 것도 없다는 뜻이므로 거짓이라는 것은 쉽게 이해가 되겠지만 0 이외의 값들이 모두 참이라는 것은 선뜻 이해가 가지 않을 것이다. 1이나 2나 심지어 -1까지도 C에서는 참으로 평가된다. 참을 표현하기 위해 0이 아닌 모든 수를 사용할 수 있지만 일반적으로 1을 사용한다.

변수 a가 2일 때 a==2 평가식이나 a>0 평가식은 연산 결과 모두 1을 리턴하며 a==1이나 a!=2 평가식은 0을 리턴한다. if문은 조건문이 참일 때 명령을 실행한다고 했는데 좀 더 정확하게 동작을 정의하자면 조건문이 0이 아닐 때 명령을 실행한다고 할 수 있다. 그래서 다음 두 문장은 완전히 동일하다.

if (a != 0) 명령;
if (a) 명령;

a가 0이 아니라는 조건문은 a값을 평가하여 a가 0일 때 거짓이 되며 0이 외의 값을 가질 때 참이 된다. 이 연산문 대신 a값을 곧바로 if문의 조건으로 사용해도 결과는 동일하다. a가 0이면 이 조건문은 거짓이 될 것이고 0 이 외의 값을 가지면 참이기 때문이다. 어떤 변수가 0인지 비교하는 연산은 빈번하게 사용되는데 관계 연산자를 쓸 필요없이 변수값을 바로 조건문으로 사용할 수 있다. 변수를 조건문에 바로 사용하는 이런 코드는 워낙 일반적으로 사용되기 때문에 가독성을 해치지는 않는다.

if문은 조건문의 형식에 구애받지 않고 그 결과가 0인지 아닌지만을 보기 때문에 조건문에 반드시 비교 연산문만 올 수 있는 것도 아니다. 다음과 같이 상수를 바로 쓰는 것도 가능하다.

if (1) 명령;   // 항상 참
if (0) 명령;   // 항상 거짓

if (1)은 항상 참이기 때문에 있으나 마나한 문장이다. if (0)는 항상 거짓이기 때문에 if 다음의 명령은 있으나 마나한 문장이다. 이런 문장은 실용성이 없지만 if (0)는 가끔 임시적인 주석 대신 사용되기도 한다. 어떤 명령 블록을 if (0) { }로 묶어 버리면 이 명령은 없는 문장과 같아지는 효과가 있는데 "이 코드는 사용하지 않는다"는 것을 분명히 명시하는 용도로 가끔 활용된다.

if (1) 조건식은 잘 발생하지 않는 조건을 테스트하기 위해 사용된다. 예를 들어 하드 디스크가 가득찼다거나 프로그램 설치 후 30일이 지났다는 조건에 대한 코드를 테스트할 때 해당 조건이 만족할 때까지 기다릴 수 없으므로 조건을 잠시 1로 바꿔 놓고 테스트하기도 한다. 조건문에 관계 연산문이 아닌 다른 연산문을 사용하는 것도 가능하다.

if (c = a % b) 명령;
while (a--) 명령;

첫 번째 문장은 a를 b로 나눈 나머지를 c에 대입하고 대입 결과가 0이 아니면, 즉 a가 b의 배수가 아니면 명령을 실행한다. 이 문장은 c = a % b; if (c != 0) 명령;과 동일하다. 두 번째 문장은 a가 0이 아니면 1 감소한 후 명령을 계속 실행한다. 결국 a가 0이 될 때까지 실행하는 것이다. 이 문장은 while (a != 0) { a--;명령; }과 같다.

일반 연산문을 조건식에 쓸 수 있는 것과 마찬가지로 관계 연산문도 조건문이 아닌 곳에 사용될 수 있는데 이 경우 더 많은 코드의 압축이 가능해진다.

```
a=(b==c);
a=b+'0'+(b)9)*7;
```

첫 번째 문장은 (b==c) 논리식을 a에 대입하는데 b와 c가 같으면 논리식의 평가값이 참이 되므로 a에 1이 대입될 것이고 다르다면 0이 대입될 것이다. 이 문장을 if문으로 풀어쓰면 다음과 같다.

```
if (b==c) {
    a=1;
} else {
    a=0;
}
```

다섯줄이나 되는 문장을 대입문 하나로 표현할 수 있다. 만약 같을 때 1이 아닌 다른 값을 대입하고 싶다면 원하는 만큼 곱하면 되는데 예를 들어 b와 c가 같을 때 a에 5를 대입하고 싶다면 a=(b==c)*5; 라고 하면 될 것이다. 이 기법을 공식으로 정리하면 다음과 같으며 오른쪽은 실제 예이다.

```
if (조건) a=b; else a=c;              if (i==0) a=8; else a=3;
a=c+(조건)*(b-c);                     a=3+(i==0)*5;
```

i가 0이라는 조건이 만족되면 a에 8을 대입하고 그렇지 않을 때는 3을 대입하는데 이를 조건식으로 바꿔 보자. 일단 거짓일 때의 값을 먼저 대입하고 여기에 참이 될 때 더해질 값을 조건식과 곱해서 더한다. i가 0이 아니면 a는 3이 될 것이고 i가 0이면 3+5가 될 것이다.

두 번째 문장은 b에 저장된 10진수(0~15 사이)를 16진수 문자로 바꿔 a에 대입하는데 수를 문자로 바꾸기 위해서 일단 '0'을 더하고 b가 9보다 크면 7을 더한다. 아스키 코드표를 보면 문자 '9'와 알파벳 'A' 사이에 7개의 문자가 더 있기 때문에 10 이상의 값은 7칸을 더 건너뛰어야 한다. 이 문장도 역시 if문으로 풀어쓸 수 있다.

```
a=b+'0';
if (b)9) {
    a=a+7;
}
```

C는 모든 연산자가 값을 리턴하기 때문에 어떤 문장이든지 수식 내에 사용될 수 있다. 그래서 C를 융통성이 있다고 하며 다른 언어에서 여러 줄로 기술해야 하는 문장을 한 줄로 간략하게 쓸 수 있다.

뿐만 아니라 식 안에 식이 들어갈 수 있으므로 별도의 중간 변수도 필요없다. 물론 이런 코드를 너무 남발하는 것은 별로 좋지 않지만 헷갈리지 않을 만큼 익숙해지면 아주 편리하다.

좌변과 우변이 같다는 의미의 == 연산자와 우변을 좌변에 대입하는 = 연산자에 대해 좀 더 연구해 보자. 이 두 연산자는 모양이 비슷하지만 하는 동작은 완전히 달라서 주의해서 사용해야 한다. 베이직 같은 언어는 두 연산자의 모양이 똑같아서 처음 C를 하는 사람은 이 두 연산자를 잘 구분하지 않는 경향이 있다. 다음 두 문장을 보자.

```
a=a+1;
a==a+1;
```

위의 문장은 a의 값에 1을 더해 다시 a에 대입한다는 뜻이며 흔히 쓰는 문장이다. 그러나 아래의 문장은 a와 a+1이 같은지 비교하라는 문장인데 이 식은 항상 거짓이다. 만약 이 식이 참이라면 1이 0이라는 얘기가 되는데 말도 안 되는 소리다. 다음 예제는 if문을 실습할 때 처음 만들어 본 조건 판단 예제이다.

```
printf("정수를 입력하세요 : ");
scanf("%d",&i);
if (i = 7)
    printf("7을 입력했습니다.\n");
```

자세히 보면 알겠지만 if (i == 7)이라고 비교해야 하는데 if (i = 7)로 대입하는 실수를 했다. 이렇게 되면 대입 연산자는 i에 7을 대입할 것이고 대입된 결과인 7을 리턴한다. 7은 0이 아니므로 참으로 평가되며 따라서 어떤 수를 입력하든지 항상 메시지가 출력된다. 앞에서 설명했다시피 조건문에도 대입 연산자가 올 수 있으므로 이 코드는 문법적으로 문제가 없다.

의도한 바와는 다르게 코드가 작성되었지만 컴파일러는 이 코드를 전혀 이상하게 생각하지 않으며 따라서 에러가 발생하지 않음은 물론이고 경고조차도 출력되지 않는다(컴파일러의 경고 수준을 높이면 경고가 출력된다). 이런 코드를 미처 발견하지 못하면 나중에 심각한 에러의 원인이 될 수도 있다. 두 연산자를 혼동해서 사용하는 경우는 초보자뿐만 아니라 숙련자에게도 항상 일어날 수 있는 일이다. 그래서 어떤 사람은 변수와 상수를 비교할 때 반드시 다음과 같은 형식으로 쓴다.

```
if (7 == i)
```

== 이 좌변과 우변을 비교하므로 좌변에 상수가 오고 우변에 변수가 와도 상관없다. 즉 == 연산자는 교환법칙이 성립한다. 만약 연산자를 잘못 써서 if (7 = i)라는 실수를 하면 컴파일러는 즉시 7이 좌변값

이 아니라는 에러 메시지를 출력하게 되고 개발자는 자신의 실수를 금방 알게 된다. 보기에 조금 어색하기는 하지만 실수를 미연에 방지할 수 있다는 측면에서는 좋은 코딩 습관이라고 할 수 있다.

개발자 이야기 | 코딩 스타일

한 프로그램을 여러 개발자가 작성하다 보면 스타일의 불일치로 인해 사소한 다툼이 발생하는 경우가 왕왕 있다. 내가 작성하던 라이브러리의 규모가 너무 커져서 클라이언트 모듈을 개발할 사람을 중간에 투입하는 일이 있었는데 실력있는 후배 개발자라 마음 편하게 대할 수 있었다. 내가 핵심 루틴을 작성하면 그 친구가 이 루틴을 엮어서 응용 프로그램을 작성하는 식이었는데 소스 구조상 모듈을 완전히 나누지 못해 일부 소스를 공유하여 작성해야만 했다.

그런데 중간에 문제가 생겼다. 내가 소스를 잠시 넘기면 이 친구가 내 소스의 모든 if문을 if (7 == i)로 죄다 바꿔놓는 것이다. 나는 이런 코드에 익숙하지 않고 읽기에 불편해서 내가 작성한 if문을 다시 원래대로 if (i == 7)로 몽땅 바꿔놓았다. 이런 식으로 몇 번 소스가 오고 가다 보면 서로 불쾌해지고 결국은 회의를 가장한 논쟁을 하기 마련이다.

"야 너 왜 if문을 그 따위로 작성하냐? i를 7하고 비교해야지 왜 7을 i랑 비교해?"
"원래 그렇게 쓰는 거예요! 실수할 위험이 없잖아요."
"난 그런 실수 안해. 소스는 무엇보다 자연스럽게 읽혀야 하는 거야."
"장담하시면 안 돼요. 누구나 실수는 할 수 있는 거예요."
"좋아. 뭐 그럼 넌 계속 그렇게 써. 대신 내가 쓴 부분은 좀 건드리지 마"
"안돼요. 원칙대로 합시다. 난 그런 소스 못 읽어요."
"그게 뭐가 원칙이냐? C 스펙에 그렇게 써라고 되어 있냐?"
"우리 교수님이 그렇게 쓰라고 그랬단 말예요."

대충 이런 식이다. 결국 결론은 나지 않고 서로 사이만 더 안 좋아지고 만다. 아마 회의가 끝난 후 속으로 이렇게들 생각했을 것이다.

'학교에서 배운 것 밖에 모르는 놈 같으니라고. 에잉 재수없어'
'원칙도 모르는 선배 같으니라고. 인간아 죽을 때까지 그렇게 살아라'

그러나 사실 냉정하게 따져 보면 둘 다 똑같은 인간이었던 것이다. 개인별로 코딩 스타일이 다른 것은 어찌보면 지극히 자연스러운 것인데 남의 스타일을 강제로 자신의 스타일로 맞추기를 강요하다 보니 불협화음이 생길 수밖에 없다. 서로의 차이점을 인정하고 남의 코드가 눈에 보기 싫더라도 익숙해지는 관대함을 키워야 한다.

5.2.2 논리 연산자

논리 연산자는 주로 관계 연산자와 함께 사용되며 두 개 이상의 조건식을 결합하여 하나의 진리값을 만들어 낸다. 다음 세 가지 종류가 있다.

연산자	뜻	설명
!	논리 부정(Not)	논리식의 진위를 반대로 만든다.
&&	논리곱(And)	두 논리식이 모두 참이어야 참이다.
||	논리합(Or)	두 논리식 중 하나만 참이면 참이다.

먼저 ! 연산자에 대해 알아보자. ! 연산자는 조건식 하나를 피연산자로 취하는 단항 연산자로서 조건식을 반대로 바꾼다. 즉 조건문의 평가 결과가 참이면 거짓으로 바꾸고 거짓이면 참으로 바꾼다.

if (a == 1) 명령;

이 문장은 변수 a의 값이 1이면 명령을 실행하라는 뜻이다. 앞에서 설명했듯이 조건식은 진위에 따라 0또는 1의 값을 가지는데 ! 연산자는 이 결과를 반대로 만든다. 조건식이 0이면 1로 만들고 0 이외의 값(일반적으로 1)이면 0으로 바꾼다. 그래서 조건식 앞에 ! 연산자를 붙이면 반대의 문장이 된다.

if (!(a == 1)) 명령;

이렇게 하면 a가 1이 아닐 때만 명령을 실행하며 a가 1일 때는 명령을 실행하지 않는다. 조건문의 부정은 역조건문과 동일하므로 다음과 같이 바꿀 수도 있다.

if (a != 1) 명령;

"a가 1이 아니다"라는 조건문은 "a가 1이다가 아니다"와 같은 표현이므로 어떤 식으로 표현하든지 결과는 동일하다. 하지만 논리식이 여러 개 연결되어 있거나 수식이 무척 복잡하면 논리식의 역을 구하기가 무척 어렵기 때문에 이럴 때는 원래 조건문을 모두 괄호로 싸고 앞에 ! 연산자를 쓰는 것이 훨씬 더 쉽다. "a가 1이다"의 역조건 정도야 쉽게 암산할 수 있지만 다음과 같은 논리식의 역조건을 구하는 것은 좀 어렵다.

a가 5보다 크고 10보다 작으며 b의 절대값이 c의 제곱보다 크다

어렵다기보다는 사실 귀찮다고 표현하는 것이 옳을 것이다. 이런 논리식의 역을 구하려면 역, 이, 대우, 드 모르강의 법칙 같은 것들이 동원되어야 하는데 이런 것을 대신해 주는 것이 바로 ! 연산자이며 다음과 같이 쓰면 된다. 얼마나 간단한가?

!(a가 5보다 크고 10보다 작으며 b의 절대값이 c의 제곱보다 크다)

&& 연산자와 || 연산자는 두 개의 논리식을 피연산자로 가지는 이항 연산자이며 두 논리식의 값을 정해진 규칙에 따라 결합하여 하나의 진리값을 만든다. 이 연산자들이 논리식을 어떻게 결합시키는지는 진리표를 만들어 보면 쉽게 알 수 있다.

좌변 논리식	우변 논리식	&& 연산자	|| 연산자
1	1	1	1
1	0	0	1
0	1	0	1
0	0	0	0

&& 연산자는 말 그대로 And, 즉 양쪽이 모두 참일 때만 참이 되며 둘 중 하나라도 거짓이면 전체 논리식은 거짓이 된다. 두 가지 조건이 모두 만족할 때만 어떤 동작을 하고 싶다면 이 연산자를 사용하면 된다. 예를 들어 어떤 변수가 일정 범위에 있는지 조사할 때 이 연산자가 사용되는데 다음 조건문은 a가 5보다 크고 10보다 작을 때만 명령을 실행하다.

if (a > 5 && a < 10) 명령;

a > 5 조건과 a < 10 조건 둘 다 모두 참일 때만 전체식은 참이 된다. 만약 a가 7이라면 이 값은 5보다는 크고 10보다는 작으므로 참이다. 그러나 a가 12라면 5보다 크기는 하지만 10보다 작지 않으므로 전체 조건은 거짓이다. a가 6,7,8,9 중 하나일 때만 전체 논리식이 참이 된다. 만약 5와 10도 포함시키고 싶다면 <, > 대신 <=, >=관계 연산자를 사용하면 될 것이다.

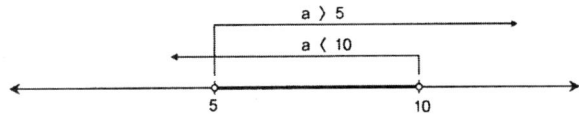

두 개의 조건을 하나로 묶기 위해 && 연산자를 사용했는데 수학에서와 같은 (5 < a < 10) 이런 형식은 지원하지 않는다. 에러는 아니지만 5 < a 식이 먼저 평가되고 그 결과가 10보다 작은지를 비교하는데

a의 값에 상관없이 0, 1은 항상 10보다 작으므로 이 조건식은 항상 참이다. 수학에서는 이런 식으로 범위를 표현할 수 있지만 C에서는 두 조건을 따로 평가한 후 논리 연산자로 연결해야 한다. 이 연산자를 계속 사용하여 세 가지 이상의 조건을 연결할 수도 있다.

if (a > 5 && a < 10 && a != 7) 명령;

5~10 사이에 있되 단, 7인 경우는 제외하고 싶다면 이렇게 세 조건문을 모두 And로 연결한다. 이렇게 되면 a가 6,8,9일 때만 전체 조건이 참이 될 것이다.

|| 연산자는 Or, 즉 양쪽 조건 중 어느 하나라도 참이면 전체식은 참이 되며 둘 다 거짓일 때만 전체식도 거짓이 된다. 두 가지 조건 중 하나라도 만족할 때 어떤 동작을 하고 싶다면 두 조건문을 이 연산자로 묶어 준다.

if (a == 3 || a == 5) 명령;

이 문장은 a가 3이거나 5일 때 명령을 실행한다. a가 3이라고 할 때 a == 5라는 조건은 거짓이지만 앞쪽의 a == 3이 참이므로 전체 조건문은 참이 된다. || 연산자도 세 개 이상의 조건을 연결할 수 있으며 && 와 ||을 같이 사용할 수도 있다. 다음과 같이 말이다. 단, 이렇게 조건이 복잡할 때는 괄호로 조건의 그룹을 적당히 묶어 주는 것이 좋다. 그렇지 않으면 연산 순위에 의해 엉뚱한 결과가 나올 수도 있다.

if ((a > 5 && a < 10) || (b >= 20 && b <= 100) && c != 7) 명령;

C의 논리 연산자는 속도 향상과 안전을 위해 불필요한 연산은 하지 않는다. a가 5~10의 범위에 있다는 (a > 5 && a < 10)조건식의 경우를 보자. 우선 좌변을 먼저 평가하여 a가 5보다 큰지 점검한다. 만약 a가 5보다 크다면 전체식의 진리 판단을 위해 우변의 조건식을 점검해 보겠지만 그렇지 않다면 우변은 아예 평가하지 않는다. 예를 들어 a가 2라고 한다면 이 값은 5보다 크지 않으므로 a > 5 조건식은 거짓이 된다. 좌변의 조건식이 거짓이면 우변의 진위와는 상관없이 전체식은 이미 거짓으로 결정되었으므로 우변을 평가해 볼 필요가 없다.

|| 연산자도 마찬가지다. (a == 3 || a == 5) 조건문을 평가할 때 a가 3이라면 좌변이 참이므로 우변이 참이든 거짓이든 전체 조건식의 값은 이미 결정 난 것이므로 더 이상 평가하지 않고 전체식의 결과를 리턴한다. 요약하자면 && 연산자는 좌변이 거짓이면 나머지 조건식을 무시하고 전체를 거짓으로 평가하며 || 연산자는 좌변이 참이면 나머지 조건식을 무시하고 전체를 참으로 평가한다. 이미 결정난 값에 대해 불필요한 연산을 하지 않음으로써 실행 속도를 높이는데 컴파일러의 이런 기능을 쇼트

서키트(Short Circuit)라고 한다. 지원하는 컴파일러도 있고 그렇지 않은 컴파일러도 있는데 최신 컴파일러는 모두 이 기능을 지원한다.

그깟 조건문 평가 하나 생략하는게 뭐 대단한 차이가 있을까 싶겠지만 우변이 함수 호출문일 경우 굉장한 차이가 있을 수 있다. 또한 이 기능은 코드의 안전성을 높이는데도 기여한다. 다음 조건문을 보자.

```
if (a != 0 && b/a == 3) 명령;
```

a가 0이 아니고 b를 a로 나눈 값이 3일 때 명령을 실행하라는 뜻이다. a가 0이라면 첫 번째 조건이 벌써 거짓이 되므로 쇼트 서키트에 의해 b/a == 3이라는 조건식은 아예 평가되지도 않는다. 만약 쇼트 서키트 기능이 없다면 a가 0인 상태에서 b/a 연산을 하게 될 것이고 이는 치명적인 예외를 발생시킨다. 왜냐하면 임의의 수를 0으로 나누는 연산은 할 수 없기 때문이다. 그래서 b를 a로 나누기 전에 먼저 a가 0이 아니라는 조건을 앞에 두어 이런 예외를 피해 가도록 했다. 만약 쇼트 서키트 기능이 없다면 위 조건문은 다음과 같이 고쳐 쓰는 수밖에 없다.

```
if (a != 0) {
    if (b/a == 3) 명령;
}
```

얼마나 불편힌가? 쇼드 서키트 기능은 컴파일러가 제공하는 일종의 서비스이므로 개발자가 이 기능의 존재에 대해 신경쓸 필요는 없다. 그러나 이 기능의 존재를 알고 있으면 몇 가지 유리한 경우가 있으며 더 빠른 코드를 작성하는데 이용할 수 있다. 쇼트 서키트의 존재를 아는가 모르는가에 따라 작성된 프로그램의 품질차가 발생하며 때로는 안전도가 달라지기도 한다.

&&, || 이항 연산자는 교환 법칙이 성립하므로 좌우 조건식을 바꾸어도 결과는 동일하다. (a == 3 || a == 5) 조건문과 (a == 5 || a == 3) 조건문이 아무 차이가 없다는 것을 직관적으로 이해할 수 있을 것이다. 그러나 쇼트 서키트 기능을 고려하면 함부로 교환 법칙을 적용해서는 안 된다. 다음 문장은 아주 위험하다.

```
if (b/a == 3 && a != 0) 명령;
```

쇼트 서키트의 지원을 받으려면 a가 0이 아닌지 점검하는 조건식이 왼쪽에 와야 한다. 또 이런 경우를 가정해 보자. 변수값을 평가하는 단순 조건 A와 조건 판단에 시간이 많이 걸리는 조건 B가 있다고 하자. B는 지구 반대편에 있는 웹 서버가 동작 중인지 점검한다거나 데이터 베이스의 총 용량이 초과되었는지

를 점검하는 조건식이며 평가하는데 시간이 아주 많이 걸린다. 이 두 조건을 논리 연산자로 연결할 때는 (A && B)나 (A || B)로 써야 한다.

순서를 바꾸어 (B && A)나 (B || A)로 조건문을 작성하면 결과는 똑같더라도 굉장히 손해본다. (B && A) 조건식의 진위 판단을 위해 오랜 시간동안 B를 먼저 평가하여 웹 서버가 동작 중임을 알아냈는데 뒤쪽의 A가 거짓이라면 B를 평가하는 시간만 버린 셈이 되는 것이다. 가급적이면 쉽게 조사할 수 있는 조건을 앞쪽에 두는 것이 유리하다. 또 반드시 실행해야 할 조건도 가급적 앞쪽에 배치해야 한다.

```
if (a == 8 || (ch=getch()) != ' ') {
    switch (ch) {
        ....
    }
}
```

원래 의도는 a가 8이고 입력받은 문자 ch가 공백이 아니면 ch에 따른 분기를 하고자 하는 것인데 a가 8이면 getch가 아예 호출되지도 않으므로 ch가 쓰레기값을 가지게 되며 이후 동작은 예측할 수 없게 된다. getch는 반드시 호출되어야 하므로 조건문의 순서를 바꾸어야 하며 그보다 더 좋은 코드는 ch=getch() 호출문을 if문 이전으로 옮기는 것이다.

5.2.3 비트 연산자

비트 연산자는 논리 연산자와 비슷하지만 비트를 연산 대상으로 한다는 점이 조금 다르다. 비트(bit)란 기억 장치의 최소 단위로서 1 또는 0을 기억하며 8개의 비트가 모여야 1바이트가 된다. 32비트의 정수 1234는 16진수로는 0x4d2이며 메모리에 다음과 같이 기억된다.

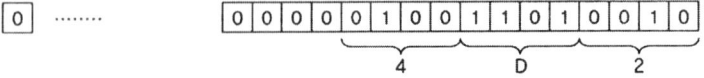

32비트이므로 32개의 비트가 있고 이 각각의 비트가 1이나 0을 기억함으로써 1234라는 숫자 하나를 저장하는 것이다. 비트 연산자는 이 그림에서 각 격자인 비트들을 대상으로 조작을 한다. 비트가 연산대상이라는 말은 두 피연산자의 대응되는 비트끼리 연산해서 그 결과를 리턴한다는 뜻이다. 일상생활에서 쓰는 십진수와는 다른 이진수 차원의 연산이라 다소 어려운 것처럼 보이겠지만 막상 다 이해하고 나면 이진수만큼이나 간단하다.

과거 프로그램이 비디오 메모리를 직접 액세스할 때는 비트 연산이 굉장히 중요했으며 섬세한 처리를 하고자 할 때 마다 꼭 사용되는 중요한 연산이었다. 비트를 잘 조작하면 반전, 스크롤, 투명 처리 등이 가능했으며 일반적인 산술 연산보다 훨씬 더 빠른 속도로 복잡한 연산을 할 수 있었다. 그러나 윈도우즈 환경에서는 비디오 메모리를 직접 액세스하는 것이 금지되었고 별로 그럴 필요도 없기 때문에 요즘은 비트 연산자가 많이 사용되지 않는다.

하지만 게임이나 중요한 시스템 소프트웨어에서는 아직도 비트 연산이 꼭 필요하며 활용 범위가 넓다. 스타일값 중 원하는 값을 추출하거나 액세스 권한 같은 플래그를 다룰 때 비트 연산자가 사용된다. 일단 비트 연산자의 종류에 대해 표로 간단하게 정리해 보자. 다음 여섯 가지가 있다.

연산자	설명
~	비트를 반전시킨다.
&	대응되는 비트가 모두 1일 때 1이다.
|	대응되는 비트가 모두 0일 때 0이다.
^	두 개의 비트가 달라야 1이다.
<<	지정한 수만큼 왼쪽으로 비트들을 이동시킨다.
>>	지정한 수만큼 오른쪽으로 비트들을 이동시킨다.

~만 단항 연산자이고 나머지는 모두 두 개의 피연산자를 취하는 이항 연산자이다. 비트 연산은 정수 수준에서만 의미가 있기 때문에 피연산자는 모두 정수형이거나 또는 정수로 자동 변환될 수 있는 타입이어야 한다. 실수나 포인터 등은 비트 연산자와 함께 사용할 수 없다. 다음은 비트 연산자들의 진리표인데 다 알고 있겠지만 도표로 정리해 보도록 하자.

b1	b2	b1 & b2	b1 | b2	b1 ^ b2	~b1
0	0	0	0	0	1
0	1	0	1	1	1
1	0	0	1	1	0
1	1	1	1	0	0

단항 연산자 ~는 가장 이해하기 쉬운 연산자이다. 비트가 1이면 0으로 0이면 1로 바꾸어 1의 보수로 만든다. a가 0x59라고 할 때 ~a가 어떻게 연산되는지 보자. 32비트 환경에서 정수는 32비트이지만 설명의 편의상(사실은 그림 그리기 귀찮으니까) a가 8비트 정수타입(unsigned char)이라고 하자.

```
a    [0][1][0][1][1][0][0][1]  =0x59
~a   [1][0][1][0][0][1][1][0]  =0xa6
```

0x59의 ~연산 결과는 비트를 모두 뒤집은 0xa6이 되는데 이 두 수는 1의 보수 관계이며 더하면 전체 비트가 모두 1인 0xff(이진수로 11111111)가 된다. 이렇게 그림으로 비트들이 어떻게 변하는지 보면 ~연산을 쉽게 이해할 수 있을 것이다. 만약 10진수로 이 연산자의 동작을 살펴보면 89의 ~연산 결과가 166이 되는데 89가 어떻게 166이 되었는지 직감적으로 이해하기 어렵다. 그래서 비트 연산자를 설명할 때는 2진수나 16진수를 쓸 수밖에 없으며 이 동작을 잘 이해하기 위해서는 2진수와 16진수 사이를 암산으로 신속하게 변환할 수 있어야 한다.

반전 연산자는 이미지 처리에 많이 사용되는데 이미지의 각 픽셀값을 반대로 뒤집으면 역상의 이미지를 얻을 수 있다. 흰색은 검정색이 되고 검정색은 흰색이 되기 때문에 역상 이미지가 만들어지는 것이다. Win32 환경에서는 API 함수들이 이런 처리를 대신해 주기 때문에 이 연산자를 직접 쓸 경우는 드물다.

&, | 연산자의 동작도 이해하기 쉬운데 특정 비트만 0으로 만들거나 또는 1로 만들 때 이 연산자들이 사용된다. a가 0x59일 때 a & 0xf(이진수 00001111)가 어떻게 연산되는지 보자.

```
a        0 1 0 1 1 0 0 1    =0x59
  &
         0 0 0 0 1 1 1 1    =0x0f
  ─────────────────────────
  =      0 0 0 0 1 0 0 1    =0x09
```

&연산의 진리표를 보면 0과 &되는 비트는 그 값에 상관없이 무조건 0이 되며 1과 &되는 비트는 원래 비트값을 그대로 유지하는 특성이 있다. 이진수 00001111과 &연산을 하면 상위 4비트는 0이 되며 하위 4비트만 값을 유지한다. 이런 식으로 특정 비트를 강제로 0으로 만드는 연산을 마스크 오프(mask off)라고 한다. | 연산은 이와는 반대의 연산을 한다.

```
a        0 1 0 1 1 0 0 1    =0x59
  |
         0 0 0 0 1 1 1 1    =0x0f
  ─────────────────────────
  =      0 1 0 1 1 1 1 1    =0x5f
```

1과 |되는 비트는 무조건 1이 되고 0과 |되는 비트는 원래 값을 유지하는데 이렇게 특정 비트를 강제로 1로 만드는 연산을 마스크 온(mask on)이라고 한다. 마스크 연산이란 특정 비트에 덮개(mask)를 씌워놓고 전부 0(off)이나 1(on)로 만든 후 덮개를 벗긴다고 생각하면 된다. 덮개가 씌워져 있던 비트는 원래 값을 유지하고 나머지 비트는 0이나 1로 강제 변환된다. & 연산에서는 1이 마스크이고 OR 연산에서는 0이 마스크이다.

&, | 연산자는 일부 비트만 제한적으로 읽거나 변경할 때 흔히 사용된다. 기억 공간을 절약하기 위해 하나의 정수값을 비트별로 잘라 여러 가지 값을 같이 기억시키는 방법이 많이 사용되는데 예를 들어 한글 조합형 코드는 16비트 길이를 가지며 다음과 같이 구성되어 있다.

```
    ┌──→ 한글 비트
┌─┬──────┬──────┬──────┐
│1│  초성 │ 중성 │ 종성 │
└─┴──────┴──────┴──────┘
```

최상위 비트는 항상 1인데 이 값은 이 코드가 한글임을 표시한다. 영문 알파벳은 모두 128보다 작기 때문에 이 비트가 0으로 되어 있어 한글과 구분된다. 16비트의 정수값을 5비트씩 잘라서 초성, 중성, 종성 코드를 기억시킨다. 한글 낱글자인 ㄱ, ㄴ, ㄷ, ㄹ,... 은 총 개수가 32개가 안 되기 때문에 5비트면 낱글자 하나를 기억할 수 있고 이런 글자 세 개가 모이면 한글 1음절을 표현할 수 있다. 초성, 중성, 종성 코드를 각각의 정수에 기억하는 방법에 비해 훨씬 더 기억 공간이 절약된다. 이런 조합된 값에서 일부만 추출해 내거나 일부만 변경하려면 &, | 비트 연산이 필요하다. 다음은 한글 1음절의 값을 가지는 변수 Han을 비트 조작하는 예이다.

```
Han & 0x1f                // 종성만 분리한다.
Han & 0x7c00              // 초성만 분리한다.
Han & 0xffe0 | 2          // 종성만 ㄱ으로 바꾼다.
```

윈도우의 스타일도 32비트의 정수에 각 스타일 비트들이 조합되어 있는데 이런 값들을 조작할 때도 비트 연산자가 사용된다. 다음에 API를 배울 때 보게 되겠지만 간단히 예만 보이자면 다음과 같다. style 변수에 32개나 되는 스타일 비트가 기억되어 있는데 다른 스타일값은 무시하고 WS_CHILD 값만 조사하거나 변경하고자 할 때 마스크 연산을 해야 한다.

```
if (style & WS_CHILD)     // WS_CHILD 스타일을 가지고 있으면
style |= WS_CHILD         // WS_CHILD 스타일 지정
```

XOR 연산자인 ^ 는 배타적 논리합이라고 부르며 ~연산자와 마찬가지로 비트를 반전시키는 기능을 하는데 ~연산자가 전체 비트를 반전시키는 반면 ^는 지정한 비트만을 반전시킨다. 배타적 논리합은 비트가 서로 다를 때만 1이 되고 같으면 0이 되기 때문에 1과 ^되는 비트는 반전되고 0과 ^되는 비트는 원래 값을 유지한다. 그래서 반전시키고자 하는 부분만 1로 만든 값과 ^연산을 취하면 원하는 부분만 반전된다. 이름하여 마스크 반전이라고 할 수 있다.

```
a  ^  │0│1│0│1│1│0│0│1│  =0x59
      │0│0│0│0│1│1│1│1│  =0x0f
      ─────────────────
   =  │0│1│0│1│0│1│1│0│  =0x56
```

반전된 값은 다시 반전시키면 원래대로 돌아오는 특성이 있다. 1을 0으로 만들었다가 다시 반전하면 원래값 1이 되기 때문이다. 그래서 XOR 연산은 이미지의 이동이나 반복적인 점멸 처리에 사용된다. 캐럿이 깜박거리거나 텍스트의 선택 블록을 보여주는 처리가 모두 이 연산을 사용하는데 반복적으로 XOR 연산을 하면 원형을 손상하지 않고 복구 가능하기 때문이다.

5.2.4 쉬프트 연산자

쉬프트(Shift) 연산자는 비트들을 지정한 수만큼 좌우로 이동시킨다. >> 연산자는 오른쪽으로 비트를 이동시키며 << 연산자는 왼쪽으로 비트를 이동시킨다. 연산자의 모양이 이동 방향의 화살표와 비슷하게 되어 있어 직관적이다. a << 1은 a를 1비트 왼쪽으로 이동시키며 a << 3은 3비트 왼쪽으로 이동시킨다. 두 개의 피연산자를 취하는 이항 연산자인데 좌변은 보통 정수형 변수가 오고 우변은 정수 상수가 온다. 물론 양변이 모두 변수(a << b)일 수도 있고 양변이 모두 상수(1 << 3)일 수도 있다.

동작은 간단하지만 상당히 고급 연산자이며 응용 가치가 많다. a가 0x59라 할 때 a >> 1연산이 어떻게 동작하는지 그림으로 살펴보자. 그림에서 제일 오른쪽 비트를 b0라고 하며 제일 왼쪽 비트를 b7이라고 한다.

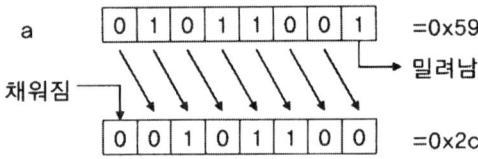

b7은 b6으로 이동하고 b6은 b5로 이동하여 모든 비트들이 한 칸씩 오른쪽으로 이사를 갔다. 단, 제일 오른쪽에 있는 b0는 갈 곳이 없으므로 쫓겨나서 사라지고 제일 왼쪽 비트 b7은 0으로 채워진다. << 연산자는 반대로 비트들을 왼쪽으로 이동시킨다.

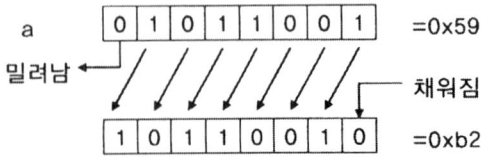

이번에는 제일 왼쪽에 있는 b7이 밀려나고 b0는 0으로 채워진다. 연산의 동작이 아주 간단하기 때문에 쉽게 이해가 갈 것이다. 그렇다면 이 연산을 어디다 써 먹을 수 있을지 연구해 보자. 다음은 조합형 한글 "강"자에 대한 코드를 가지고 있는 변수 a의 비트 구조이다. 상용 조합형 코드표를 찾아보면 초성 ㄱ은 00010(2)이고 중성 ㅏ는 00011(3)이고 종성 ㅇ의 코드는 10111(0x17)로 되어 있으며 이 코드들이 5비트씩 분할되어 16비트를 구성한다.

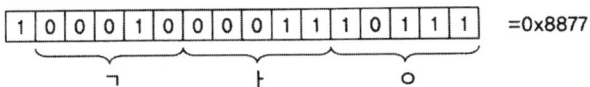

이런 구조에서 a의 초성이 ㄱ인지 조사하고 싶다면 어떻게 해야 할까? 변수 하나에 초성, 중성, 종성이 모두 들어있기 때문에 if (a==값) 식으로 단순히 비교해서는 초성값만 비교할 수가 없다. a값에서 다른 코드는 제외하고 초성만 쏙 빼내야 한다. 이럴 때는 앞에서 배운 & 연산자를 사용하여 초성 이외의 나머지 코드를 모두 마스크 오프시켜 0으로 만든다.

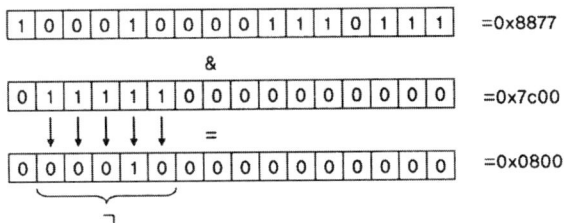

초성 부분만 남겨야 하므로 마스크는 0x7c00을 사용했다. 이렇게 되면 중성, 종성 비트는 모두 0이 된다. 남은 값 0x0800은 초성 코드만 가진 값인데 ㄱ의 코드인 00010과는 자리가 맞지 않기 때문에 직접 비교를 할 수 없다. 그래서 이 초성 비트를 오른쪽으로 10번 쉬프트시킨다.

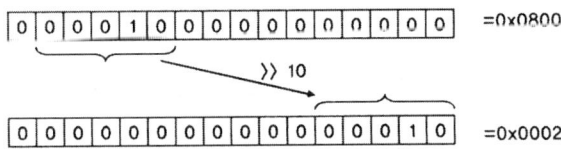

이렇게 하면 a의 초성 코드만 남게 되고 자리도 맞추었으므로 원하는 초성 코드와 직접 비교할 수 있다. 결과 코드는 다음과 같다.

```
if (((a & 0x7c00) >> 10) == 2)
```

a를 0x7c00과 & 연산하여 마스크 오프시키고 10번 오른쪽으로 민 후 이 값이 ㄱ의 코드인 2인지 비교했다. 반대로 초성만 특정한 값으로 바꿀 때는 어떻게 할지 생각해 보기 바란다. 쉬프트 연산은 고속의 그래픽 처리가 필요할 때 비디오 램을 직접 액세스하기 위해서도 많이 사용된다. 비디오 램에 들어 있는 이미지를 쉬프트하면 스크롤될 것이다.

쉬프트 연산의 피연산자는 주로 부호없는 정수형이다. 실수형은 당연히 안 된다. 부호있는 정수형은 가능은 하지만 이 경우 동작이 조금 달라진다. 최상위에 있는 부호 비트는 쉬프트 대상에서 제외되는데 부호는 값이 아니기 때문에 유지하는 것이 옳다. 부호있는 정수에 대한 쉬프트 연산은 권장되지 않으며 실제로 의미를 가지는 경우도 드물다.

5.2.5 쉬프트 연산과 곱셈

비트를 이동시키는 쉬프트 연산은 곱셈과 나눗셈의 대용으로 사용할 수 있다. 다음 예제를 실행해 보아라.

예제 shiftmulti

```
#include <Turboc.h>

void main()
{
    int i;

    printf("정수를 입력하세요 : ");
    scanf("%d",&i);
    printf("결과=%d\n",i << 1);
}
```

정수 i를 입력받은 후 왼쪽으로 한 칸 쉬프트한 값을 출력했다. 실행해 보면 알겠지만 입력한 수의 정확하게 2배되는 값이 출력된다. 5를 입력하면 10, 100을 입력하면 200이 출력될 것이다. 정수를 왼쪽으로 한 칸 쉬프트하면 두 배가 되며 오른쪽으로 한 칸 쉬프트하면 절반이 되는데 어째서 그런지 보자. 입력값이 5였다고 가정하면 이 값은 이진수로 0101인데 이 값을 10진수로 바꾸는 공식은 다음과 같다.

$1*2^2+0*2^1+1*2^0 = 5$

이진수의 각 자리수는 2의 거듭승에 해당하는 값을 표현한다. 그런데 비트를 왼쪽으로 한 칸 이동시키면 모든 자리수의 지수가 1 올라가기 때문에 2배가 된다. 쉬프트한 결과는 1010이며 이 값은 다음과 같이 10진수로 바꿀 수 있다.

$1*2^3+0*2^2+1*2^1+0*2^0 = 10$

그래서 왼쪽으로 한 칸 쉬프트하면 두 배가 되는 것이다. 단, 용량 한계를 넘어서는 값은 잘려 나가는데 이는 어쩔 수 없다. 예를 들어 16비트 정수 40000을 왼쪽으로 쉬프트하면 80000이 되는데 16비트로는 이 값을 표현할 수 없으므로 제일 오른쪽의 1이 밀려나고 결과는 14464가 된다. 이 값은 80000-65536인데 밀려나서 버려진 오른쪽 비트의 값이 65536이기 때문이다. 32비트의 int형을 쓰면 웬만큼 큰 수라도 용량의 한계를 넘지 않을 것이다.

왼쪽으로 쉬프트하는 연산이 값을 두 배로 만드는데 비해 오른쪽으로 쉬프트하는 연산은 값을 절반으로 만든다. 모든 자리수의 지수가 1 감소하기 때문이다. 이진수 1100을 오른쪽으로 쉬프트하면 0110이 되는데 이 값은 처음값 12의 절반인 6이다. 동일한 원리이므로 따로 그림까지 그릴 필요는 없을 것 같다.

오른쪽 쉬프트는 자리 넘침이 발생하지 않지만 오른쪽으로 밀려나 사라지는 값만큼 오차가 생길 수는 있다. 짝수를 밀면 정확하게 절반이 되지만 홀수를 밀면 제일 오른쪽에 있던 1이 밀려 나므로 실제값보다 0.5더 작은 값이 계산된다. 예를 들어 이진수 0111(7)을 오른쪽으로 밀면 b0가 밀려나고 0011(3)이 된다. 정확하게 계산하자면 3.5가 되어야 하지만 비트는 정수의 세계이기 때문에 밀려난 0.5는 사라지게 된다.

좌우 쉬프트 연산이 곱셈과 나눗셈 대용으로 사용될 수 있다는 것이 도저히 이해가 안간다면 아마도 2진수에 익숙하지 않아서 그럴 것이다. 그렇다면 10진수로 이 현상을 설명해 보자. 10진수 1234에서 각 자리수는 10의 거듭승에 해당하는 자리값을 가지고 있다. 1은 10^3인 1000자리에 있고 2는 10^2인 100자리에 있고 3은 10^1인 10자리에 있는 셈이다.

$1234=1*10^3+2*10^2+3*10^1+4*10^0$

이 값을 왼쪽으로 쉬프트하면 각 자리수의 지수가 1 증가한 12340이 된다.

$12340=1*10^4+2*10^3+3*10^2+4*10^1+0*10^0$

천자리는 만자리로 올라가고 백자리는 천자리로 올라가므로 모든 값이 10배가 되어 전체값도 10배가 되는 것이다. 반대로 오른쪽으로 밀면 모든 자리수가 10배 감소하므로 10분의 1로 값이 줄어든다. 1234를 오른쪽으로 밀면 123이 되고 일자리에 있던 4는 밀려나 사라진다. 물론 실수 차원이라면 123.4가 되겠지만 말이다.

좀 더 쉽게 설명하자면 임의의 십진수가 있을 때 뒤에 0을 하나 더 붙이면 10배가 되고 제일 뒷자리를 제거해 버리면 약간의 오차를 제외하고 1/10로 그 값이 줄어든다. 초등학생들도(심지어 일부 유치원 아동들까지도) 아는 간단한 원리이며 일상생활에서도 흔히 있는 연산이므로 너무 너무 당연하게 생각될 것이다. 10진수에서 쉬프트 연산이 10배씩 증감하는 것처럼 2진수에서는 쉬프트 연산이 2배씩 증감하는 것이다.

왼쪽으로 한 칸 밀면 두 배가 된다. 그럼 이 수를 다시 왼쪽으로 한 칸 밀면 2배의 2배, 즉 4배가 될 것이다. 다시 한 번 더 밀면 8배가 된다. 자, 그럼 이제 쉬프트 연산과 곱셈 연산의 관계를 일반화해 보자.

a << b == a * 2^b

a를 b만큼 왼쪽으로 민다는 것은 a를 2의 b승만큼 곱하는 것과 같다. 이 공식은 b가 음수일 때도 똑같이 적용된다. a를 -1만큼 왼쪽으로(즉 오른쪽으로 한 칸) 밀면 2^{-1}를 곱하는(즉 2로 나누는)것과 같다. 그래서 곱셈 대신에 쉬프트 연산을 사용할 수 있는데 이 두 연산은 엄청난 속도 차이가 있다. 비트를 이동시키는 것과 일정 횟수 더하기를 반복하는 것은 CPU 입장에서 보면 완전히 다른 작업이기 때문에 속도차가 무려 10배 정도 난다. 쉬프트 연산은 전혀 논리적이지 않으며 기계적이므로 기계가 하기에는 아주 쉬운 연산인 것이다.

즉 a*2를 한 번 할 시간이면 a << 1을 10번 정도 할 수 있다는 얘기다. 이렇게 속도차가 나기 때문에 핵심 게임 엔진이나 시스템 프로그래머들은 곱셈 대신 쉬프트 연산을 즐겨 사용한다. 중요한 루프에서 곱셈을 하느냐 쉬프트 연산을 하느냐에 따라 프로그램의 성능에 확연한 차이가 나기 때문에 쉬프트 연산은 도저히 피할 수 없는 달콤한 유혹인 것이다.

쉬프트 연산이 곱셈에 비해 불리한 점은 2의 거듭승에 대해서만 곱셈이 가능하다는 점이다. 2배, 4배, 8배, 16배 등만 할 수 있으며 3배, 17배 이런 연산은 할 수 없다. 그러나 쉬프트 연산과 덧셈, 뺄셈을 잘 조합하면 이런 연산이 가능해지기도 한다.

```
3배 : a << 1 + a;
9배 : a << 3 + a;
15배 : a << 4 - a;
60배 : a << 6 - a << 2;
```

특히 제일 마지막의 쉬프트 연산으로 60배를 하는 코드는 아주 기발한 응용 예이며 감탄을 금하기 어려운 예술 코드라고 할 수 있다. 정밀하게 측정해 보면 이런 연산들이 곱셈보다 수배~수십배 더 빠르다. 보통의 경우라면 일반적인 곱셈을 하는 것이 소스를 유지하기에 편리하지만 속도가 지극히 중요하다면 곱셈보다는 가급적이면 쉬프트 연산을 사용하는 것이 좋다.

5.2.6 회전 연산

회전(Rotate) 연산은 쉬프트 연산과 유사한 비트 조작 명령이다. 쉬프트는 비트를 선형으로 이동시키는데 비해 회전 연산은 원형으로 이동시킨다. 비트 이동에 의해 밀려나는 비트는 버려지지 않고 반대쪽으로 다시 이동된다는 것이 특징이다. 회전 연산은 쉬프트 연산에 비해 많이 사용되지 않기 때문에 연산자 형태로는 제공되지 않으며 _rotl, _rotr 함수로 제공된다. C 수준에서는 사용할 일이 그리 많지 않다.

과거 도트 프린터나 잉크젯 프린터의 경우 헤더가 수직으로 배열되어 있으므로 한 비트씩 추출하여 한 줄을 만들었는데 이럴 때 회전 연산이 사용되었다. 기본 동작을 그림으로 그려 보면 다음과 같다.

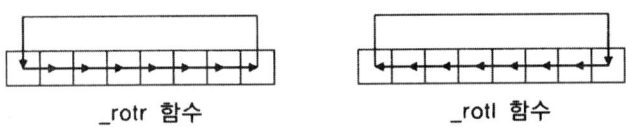

쉬프트 연산과 개념적으로 크게 틀리지 않다. 다음 코드는 32비트의 정수를 왼쪽 방향으로 4비트 회전한 결과를 출력한다.

```
unsigned i=0x12345678;
printf("%x\n",_rotl(i,4));
```

16진수 0x12345678을 왼쪽으로 4비트 회전시키면 각 비트는 4비트 왼쪽으로 이동하며 제일 왼쪽의 4비트는 한 바퀴를 돌아서 오른쪽에 나타난다. 출력 결과는 23456781이 될 것이다. 오른쪽으로 4비트 회전시키면 81234567이 될 것이고 당연한 얘기겠지만 어느 방향으로나 32비트 회전시키면 원래값이 될 것이다.

회전 연산과 쉬프트 연산을 함께 사용하면 비트를 아주 섬세하게 제어할 수 있다. 비트맵 이미지를 회전시킨다거나 변형할 때 각 점을 구성하는 비트들을 자유롭게 조작할 수 있다. 두 연산은 CPU가 기계 차원에서 직접 지원하는 저수준 연산이므로 속도가 아주 빠르다.

회전 연산의 특징은 원래 값으로 복구가 가능하다는 점이다. 왼쪽으로 한 칸 돌렸다가 오른쪽으로 다시 한 칸 돌리면 제자리다. 그래서 XOR 연산과 함께 암호화를 위해 자주 사용된다. 쉬프트나 &, | 연산은 원래값을 파괴시키지만 회전과 XOR은 원래값을 보존하면서 값을 변경시킨다. 그래서 돌리고 반전시켜 놓는 방법으로 간단한 암호화에 응용되기도 한다. 최초 회전한 반대 방향으로 다시 회전시키면 원래값을 구할 수 있으며 그래서 원래 값을 복구할 수 있어야 하는 암호화에 적합하다.

다음 예제는 지금까지 배운 여러 가지 연산자를 골고루 사용하여 10진수를 16진수로 바꿔 출력한다. 물론 printf의 %X 서식을 사용하면 훨씬 더 간단하게 16진 출력을 할 수 있지만 연산자 연습을 위해 printf의 도움없이 직접 16진수로 바꿔 보는 것이다. 입력받은 정수를 16진수 형태로 출력하는데 상하위 니블(4비트)에 대해 대응되는 문자를 찾아 출력해야 한다.

예제 Dec2Hex

```
#include <Turboc.h>
void main()
```

```
{
    int input;
    int low,hi;

    for (;;) {
        printf("0~255사이의 수를 입력하시오(끝낼 때 -1) : ");
        scanf("%d",&input);
        if (input == -1) {
            break;
        }

        hi=input >> 4;
        low=input & 0xf;
        printf("입력한 수의 16진 표기 = %c%c\n",
            hi+'0'+(hi>9)*7,low+'0'+(low>9)*7);
    }
}
```

실행 결과는 다음과 같다. 입력한 10진수를 16진 표기법으로 바꿔 출력해 준다.

```
0~255사이의 수를 입력하시오(끝낼 때 -1) : 129
입력한 수의 16진 표기 = 81
0~255사이의 수를 입력하시오(끝낼 때 -1) : 200
입력한 수의 16진 표기 = C8
```

0~255사이의 10진수는 8비트 크기를 가지며 상하위 4비트가 16진수 한 자리가 되어 두 자리의 16진수로 표기할 수 있다. 상하위 니블을 hi, low 변수에 분리하기 위해 >> 연산자와 & 연산자를 사용했다. 상위에 있는 4비트값을 추출하려면 >> 연산자로 4회 쉬프트하면 되고 하위 4비트만을 남기려면 & 연산자로 상위 4비트를 마스크 오프시키면 된다.

이렇게 구한 각 자리값을 16진 문자로 바꾸려면 일단 '0'을 더하고 9보다 더 큰 값일 경우 7을 더한다. 이 식에 대해서는 앞서 이미 설명한 바가 있는데 관계 연산문이 참일 때 1을 리턴한다는 점을 이용하여 한 문장으로 대응되는 문자를 구할 수 있다.

5.3 기타 연산자

5.3.1 삼항 조건 연산자

삼항 조건 연산자는 특이하게도 피연산자를 세 개나 가지는데 다른 언어에는 없는 C언어의 독특한 연산자이다. 기본 형식은 다음과 같다.

(조건식) ? 값1:값2

? 앞에 조건식이 있고 ? 뒤에 :을 사이에 두고 두 개의 값이 온다. ?와 :은 한 연산자를 구성하는 짝이기 때문에 반드시 같이 와야 하며 단독으로 사용할 수는 없다. if else, do while처럼 짝을 이루어 사용되는 연산자이다. 이 연산자는 조건식을 평가해 보고 참이면 값1을 리턴하고 거짓이면 값2를 리턴한다. 조건식 자리에는 보통 변수의 값을 비교하는 관계 연산문이 오지만 조건식으로 사용될 수 있는 식이면 어떤 것이든지 가능하다. 변수나 상수, 함수 호출문 등 논리값을 리턴하는 모든 식이 올 수 있다. 조건식을 감싸는 괄호는 반드시 필요한 것은 아니나 괄호가 있는 것이 보기에 좋고 안정감이 있어 보인다. 간단한 사용예를 보면 이 연산자의 동작을 쉽게 이해할 수 있을 것이다.

예제 samhang

```c
#include <Turboc.h>

void main()
{
    int i=3,j=4,k;

    k=(i > j) ? i:j;
    printf("큰 수=%d\n",k);
}
```

i는 3이고 j는 4로 초기화되었으며 k는 삼항 조건 연산자로 i나 j 중에 큰 값을 대입받는다. 보다시피 i보다 j가 더 크게 초기화되었으므로 j가 선택될 것이다. ? 연산자는 조건식 (i > j)를 평가하여 i가 j보다 더 큰지 점검한다. 점검 결과가 참이면 i를 리턴하고 그렇지 않으면 j를 리턴할 것이다. 그래서 이 연산문은 두 변수 중 큰 값을 취한다.

삼항 연산자가 들어간 문장은 ?를 우리말의 "이면"으로 바꾸고 :을 "아니면"으로 바꾸면 쉽게 읽을 수 있다. 위 예제의 연산문을 말로 바꾸면 "i > j 이면 i, 아니면 j"가 되어 금방 의미를 파악할 수 있다.
삼항 조건 연산자는 일종의 조건문이기 때문에 if else문으로 바꿀 수 있다.

```
if (i > j) {
    k=i;
} else {
    k=j;
}
```

그러나 여러 줄로 써야 할 코드를 한 줄로 간편하게 표현할 수 있다는 점에서 삼항 조건 연산자가 더 간단하다. 게다가 중간 변수없이 수식 내에서 바로 사용할 수 있으므로 조건에 따라 두 개의 값 중 하나를 선택할 때 주로 많이 사용된다. 위 예제에서 k변수를 따로 선언할 필요없이 삼항 조건 연산문을 printf의 인수로 바로 사용하는 것도 가능하다. 여러 개의 값 중 하나를 선택해야 한다면 삼항 조건 연산자를 중복해서 사용할 수도 있다.

k=(i > j) ? i: (j < 0) ? 0:j;

이 코드는 i가 j보다 크면 i를 취하고 j가 더 크면 j를 취하되 단, j가 음수일 경우는 0을 돌려준다. 원래 j가 있던 자리를 삼항 조건 연산문으로 대체했는데 k=(i > j) ? i:((j < 0) ? 0:j);식으로 괄호를 써 주면 좀 더 의미가 분명해질 것이다.

값1과 값2는 형식에 제한없이 어떤 값이나 올 수 있지만 동일한 타입이어야 한다. 왜냐하면 연산 결과를 대입받는 변수의 타입이 가변적일 수는 없기 때문이다. 똑같이 정수형이거나 아니면 똑같이 실수형이어야 한다. 다음과 같은 표현도 가능하다.

printf("%s", (a==6) ? "a는 6이다.":"a는 6이 아니다.");

문자열 자체는 포인터 상수인데 조건에 따라 둘 중 하나를 선택할 수 있다. 다음과 같이 조금 더 압축할 수도 있다.

printf("a는 6이%s다.", (a==6) ? "":" 아니");

%s 서식 자리에 어떤 문자열을 삽입하되 a가 6이면 "", 즉 빈 문자열을 삽입하고 6이 아니면 "아니"라는 부정어를 삽입하면 된다. 결과는 동일한데 상당히 깜찍하지 않은가? 이런 비슷한 예가 앞 장의 예제에도 있었다. 홀짝을 판별하는 if5 예제의 경우 if문을 쓸 필요없이 다음과 같이 바로 홀짝 판별을 할 수 있다.

```
printf("%d는 %s수입니다.\n",i,i%2==0 ? "짝":"홀");
```

서식 문자열 내에 %s 서식을 넣고 i를 2로 나눈 나머지가 0이면 "짝" 아니면 "홀"과 대응시키면 된다. 또 나누기 연산의 결과를 바로 조건에 사용하면 i%2 ? "홀":"짝"으로 조금 더 압축할 수 있다. 연산자 자체의 기능은 간단하지만 실제 활용되는 곳을 보면 응용하기에 따라서는 여러 가지 역할을 할 수 있는데 이런 것을 보면 문법에는 역시 응용의 묘미가 있다. 단, 가독성과 이식성을 해치지 않는 범위에서만 응용을 해야 한다.

5.3.2 쉼표 연산자

쉼표 연산자는 쉼표 기호(,)를 사용하는데 모양만으로 보면 구두점같이 생겨서 연산자가 아닌 것처럼 보이기도 한다. 하지만 분명히 연산자이다. 피연산자로 양쪽에 두 개의 표현식을 취하며 좌변을 먼저 평가하고 우변을 평가한 후 우변의 연산 결과를 리턴한다. 쉼표 연산자는 어떤 연산을 한다기보다는 두 연산식을 하나로 묶는 역할만 한다. 이 연산자를 사용하면 두 개의 표현식을 하나로 합칠 수 있다. 다음 예를 보자.

예제 comma

```
#include <Turboc.h>

void main()
{
    int i,j;

    i=3;
    j=i+2;
    printf("i=%d, j=%d\n",i,j);
}
```

i에 3을 먼저 대입하고 j에는 i에 2를 더한 값을 대입했다. 이 두 변수를 출력하면 i=3, j=5가 될 것이다. 너무 너무 쉽다. 만약 두 대입문을 하나로 합치고자 한다면 다음과 같이 쓸 수 있다.

j=(i=3,i+2);

좌변을 먼저 평가하므로 쉼표 연산자는 우선 i=3 대입문을 실행한다. 그리고 i+2를 평가한 후 그 결과를 리턴하는데 i가 먼저 3이 되었으므로 쉼표 연산문의 전체 결과는 3+2=5가 되어 j에 5가 대입될 것이다. 두 개의 대입식을 한 줄에 표현했다는 것 외에는 별다른 차이점이 없다. 대입 연산자로도 이 식을 압축할 수 있는데 j=(i=3)+2; 도 동일하다.

쉼표 연산자의 좌변은 단독으로 먼저 실행되기 때문에 독립적으로 의미가 있는 대입식이나 증감식 등이 와야 한다. 우변은 쉼표 연산 전체의 결과로 리턴되기 때문에 독립적이지 않은 상수나 수식이 와도 상관없다. 위 예에서 i=3은 독립적으로 동작하는 연산문이지만 i+2는 그 자체로는 어떤 동작도 하지 않으며 다른 변수에 대입될 때만 의미가 있다.

쉼표 연산자는 모든 연산자들 중에 우선 순위가 가장 늦다. 즉, 다른 연산자들과 함께 사용될 때 제일 늦게 연산된다는 뜻이다. 그래서 쉼표 연산자가 다른 연산자의 방해를 받지 않고 먼저 실행되려면 연산식 전체를 반드시 괄호로 싸야 한다. 만약 괄호를 생략해 버리면 완전히 딴 명령이 되어 버린다.

j=i=3,i+2;

이렇게 쓰면 j와 i는 3이 되고 i+2는 평가는 되지만 아무도 값을 대입받지 않으므로 버려진다. C는 수식이 단독으로 존재하는 것을 허용하기 때문에 에러는 아니지만 이 경우 i+2라는 연산문은 전혀 불필요한 명령이다.

그렇다면 쉼표 연산자는 어떤 때 사용할까? 단순히 두 문장을 하나로 합치기만 한다면 따로 쓰는 것과 별반 차이가 없다. 쉼표 연산자가 반드시 필요한 경우는 { }의 도움없이 두 개 이상의 문장을 하나로 묶어야 할 때와 for문에서 제어 변수 두 개를 사용하고자 할 때이다. 다음 예제를 실행해 보자.

예제 twocontrol

```
#include <Turboc.h>

void main()
{
    int i,j;

    for (i=1,j=1;i<5;i++,j+=2) {
        printf("i=%d",i);
        printf(",j=%d\n",j);
    }
}
```

실행 결과는 다음과 같다.

i=1,j=1
i=2,j=3

i=3,j=5
i=4,j=7

i는 1~4까지 변하되 이때 한 번 루프를 돌 때마다 j도 2부터 2씩 계속 증가하고 싶다면 쉼표 연산자를 사용하여 j에 대한 처리를 초기식과 증감식에 같이 포함시킬 수 있다. 두 개의 제어 변수가 동시에 진행되어야 하므로 중첩 루프와는 구조가 완전히 다르다. 초기식에 i=1 대입문과 j=2 대입문을 쉼표 연산자로 같이 묶어 두고 증감식에 i++과 j+=2를 같이 묶어 두면 된다. 초기식과 증감식에 반드시 쉼표 연산자가 필요한 이유는 여기에 { } 괄호로 명령 블록을 작성할 수 없기 때문이다. 만약 다음과 같은 표현이 가능하다면 굳이 쉼표 연산자를 쓸 필요가 없을 것이다.

```
for ({ i=1;j=2; };i<5;{ i++;j+=2; }) {
```

for문외에도 두 문장을 하나로 묶고 싶은 곳에는 언제든지 쉼표 연산자를 사용할 수 있다. 위 예제의 for 루프를 다음과 같이 수정해도 결과는 동일하다.

```
for (i=1,j=2;i<5;i++,j+=2)
    printf("i=%d",i),printf(",j=%d\n",j);
```

두 개의 printf문을 쉼표 연산자로 연결했다. 두 문장이지만 하나로 묶였으므로 { }로 명령 블록을 구성하지 않아도 된다. 하지만 이 방법은 가능은 하지만 일반적이지 않으며 별로 바람직하지도 않다.

숫자 맞추기 게임인 RandNum 예제의 경우 선실행 후평가문인 do~while로 되어 있는데 입력을 받는 동작과 비교를 하는 연산을 콤마 연산자로 억지로 합치면 선평가 후실행문인 while로 바꿀 수 있다. while (scanf("%d",&input), input != num)이라고 쓰면 두 문장이 하나로 합쳐진다. 좀 억지스러워 보이지만 어쩔 수 없이 이렇게 해야 하는 경우도 있을 수 있다.

5.3.3 sizeof 연산자

다른 연산자들은 모두 +, -, && 같은 기호로 표현하는데 sizeof 연산자는 단어로 되어 있어 조금 특이해 보인다. 이 연산자는 피연산자로 주어진 타입 또는 변수의 크기를 계산한다. 기본 형식은 다음과 같다.

sizeof(타입 또는 변수)

피연산자로 int, double 같은 타입을 쓸 수도 있고 변수를 쓸 수도 있으며 상수를 사용할 수도 있다. 아무튼 괄호 안에 있는 대상이 메모리를 얼마나 차지하고 있는지 계산한다. 다음 예제를 실행해 보면 이 연산자가 어떻게 동작하는지 금방 알 수 있을 것이다.

예제 sizeof

```
#include <Turboc.h>

void main()
{
    int i;

    printf("int=%d\n",sizeof(int));
    printf("double=%d\n",sizeof(double));
    printf("i=%d\n",sizeof(i));
    printf("string=%d\n",sizeof("string"));
}
```

정수, 실수 타입과 정수형 변수, 문자열 상수에 대해 크기를 계산해 보았다. 실행 결과는 다음과 같다.

```
int=4
double=8
i=4
string=7
```

정수형은 4바이트를 차지하고 실수형은 8바이트를 차지한다. "string"이라는 문자열은 6자이지만 제일 뒤의 널 종료 문자도 메모리를 차지하므로 크기는 7바이트이다.

sizeof 연산자는 사용자가 직접 계산해야 할 변수의 크기를 컴파일러가 대신 계산해 주는 연산자이다. sizeof(int)의 결과가 4라는 것은 누구나 알고 있는 사실이다. 그러나 만약 이 소스가 16비트와 32비트를 동시에 지원해야 한다면 sizeof(int)는 상황에 따라 2가 될 수도 있고 4가 될 수도 있다. 그때마다 소스를 직접 고치는 것보다는 sizeof(int)라고 써 놓고 컴파일러가 알아서 계산하도록 하는 편이 더 안전하다. sizeof 연산자의 실용적인 사용예는 배열의 크기를 계산할 때이다. 다음과 같은 배열을 사용하고 있다고 하자.

```
int price[100][3];
```

이 배열은 100가지 상품의 세가지 종류(대, 중, 소 등)에 대한 가격 정보를 가지는데 배열의 크기는

100*3이고 정수형 배열이므로 총 1200바이트가 될 것이다. 만약 이 정보를 파일로 저장하거나 배열 크기만큼 메모리를 새로 할당하려면 1200이라는 크기값을 지정해야 할 것이다.

파일쓰기(1200바이트);
메모리 할당(1200바이트);

이런 식으로 소스에 직접 필요한 크기를 적으면 일단은 제대로 동작한다. 그런데 개발 중에 상품의 개수가 100가지에서 120가지로 늘어나고 각 상품이 4가지 종류로 세분되도록 바뀌었다고 하자. 그러면 필요한 price 배열은 int price[120][4]가 될 것이며 이 배열의 크기는 더 이상 1200바이트가 아니다. 배열처럼 개발 중에라도 크기가 종종 바뀌는 값은 그 크기를 직접 계산하지 말고 sizeof 연산자를 사용해야 한다.

파일쓰기(sizeof(price));
메모리 할당(sizeof(price));

이렇게만 써 놓으면 컴파일러가 컴파일할 때마다 알아서 계산하므로 배열의 크기를 바꾸어도 다른 부분은 손 댈 필요가 없어진다. sizeof 연산자는 단순한 편리 외에도 불일치의 위험을 제거하는 역할도 한다. 위 예에서 1200이라는 수를 직접 쓴 곳이 8군데라고 할 때 수작업으로 고칠 경우 한 곳을 빠뜨릴 위험이 있지만 sizeof 연산자를 쓰면 더 이상 이런 걱정을 하지 않아도 된다.

sizeof 연산자는 피연산자의 총 크기를 바이트 단위로 계산한다. int array[34]라는 배열이 있을 때 sizeof(array)는 34*4=136이다. 만약 배열의 총 바이트수가 아닌 배열의 요소 개수, 그러니까 이 경우에 34라는 값을 알고 싶으면 다음과 같이 한다.

sizeof(array) / sizeof(array[0])

배열 전체 크기를 배열 요소의 크기로 나누면 배열 요소의 개수가 된다. 자주 사용되는 식이므로 외워 두도록 하자.

배열은 그래도 암산으로 그 크기를 구하기가 쉽지만 구조체는 각 멤버 크기의 총합을 구해야 하기 때문에 사람이 직접 그 크기를 계산하는 것은 무척 귀찮고 비 생상적인 일이다. 뿐만 아니라 구조체는 정렬방식이라는 컴파일러 옵션에 따라 크기가 약간씩 달라질 수도 있기 때문에 직접 계산하면 틀릴 위험도 있다. 이럴 때는 크기를 직접 계산하지 말고 반드시 sizeof 연산자를 사용해야 한다.

sizeof 연산자는 컴파일시에 컴파일러에 의해 계산되며 그 결과는 정수 상수이다. 타입이나 변수의 크기는 컴파일할 때 미리 알 수 있기 때문에 컴파일러가 컴파일할 때 계산해서 결과 상수를 대신 집어 넣는다. 실행 시간에 계산되는 것이 아니다.

arsize = sizeof(array) / sizeof(array[0]);

이 문장에서 사용된 두 개의 sizeof는 둘 다 상수이다. 그래서 arsize = 136 / 4; 가 되며 상수끼리의 연산도 상수이므로 arsize=34; 가 된다. 결국 실행 파일에는 arsize=34라는 대입문이 대신 들어가게 된다. sizeof 연산자를 아무리 과도하게 쓰더라도 실행 시간이 느려지거나 프로그램이 커지는 불이익은 없다. 프로그래머가 해야 할 잡스러운 계산을 컴파일러가 대신하는 것이므로 적극적으로 **활용하도록** 하자. 부려 먹자는 얘기다.

5.3.4 캐스트 연산자

캐스트 연산자는 수식 내에서 변수의 타입을 강제로 다른 타입으로 바꾼다. 별다른 지정이 없으면 변수의 고유한 타입대로 연산이 수행되는데 가끔 타입을 바꿔서 연산해야 할 경우가 있다. 캐스트 연산자의 형식은 다음 두 가지가 있다.

(타입)변수
타입(변수)

전자는 C언어의 캐스트 연산자 형식이며 후자는 C++언어에서 새로 추가된 캐스트 연산자 형식이다. C++ 컴파일러에서는 두 형식 모두 사용할 수 있는데 C++형식이 함수 호출문과 유사해서 더 명시적이고 가독성이 좋다. 하지만 C형식도 기능상 특별한 문제가 없고 오랫동안 사용해 왔기 때문에 아직까지도 C++형식보다는 C형식이 더 많이 사용된다. 둘 중 어떤 형식을 사용할 것인가는 쓰는 사람의 자유이다.

C형식은 변수 앞에 괄호를 쓰고 괄호 안에 원하는 타입을 지정하며 C++형식은 타입을 먼저 쓰고 괄호 안에 변수를 쓴다. 예를 들어 i가 정수형인데 잠시 실수형으로 바꾸고 싶다면 (double)i라고 쓰거나 아니면 double(i)라고 쓴다. 캐스트 연산자는 어디까지나 수식 내에서 변수의 타입을 임시적으로 바꾸는 것이지 변수의 타입 자체를 바꾸는 것은 아니다. 다음 예제는 두 개의 정수를 입력받아 이 수들의 비율을 구해 출력한다.

예제 cast

```
#include <Turboc.h>

void main()
{
    int i,j;
    double r;

    printf("두 개의 정수를 입력하십시오(a b) : ");
```

```
    scanf("%d %d",&i,&j);
    r=i/j;
    printf("%d와 %d의 비율은 %f입니다.\n",i,j,r);
}
```

i와 j에 정수를 입력받은 후 이 두 수의 비율 i/j를 실수형 변수 r에 대입했다. 만약 i에 4, j에 5을 입력했다면 비율 r은 0.8이 되어야 정상이다. 그러나 실제로 실행해 보면 0으로 계산되는데 왜냐하면 i/j가 정수 나눗셈을 하기 때문이다. / 연산자는 피연산자가 모두 정수형이면 나누기를 한 후 소수점 이하를 버리고 몫만 리턴한다. 그래서 0.8이 아닌 0이 계산되는 것이다.

둘 중 하나가 정수 상수라면 i/3.0식으로 뒤에 소수점을 붙여 실수 상수로 만드는 방식을 쓸 수 있지만 이 경우는 둘 다 변수이기 때문에 i/j.0으로 표기할 수 없다. 이 문제를 해결하려면 i나 j를 실수형으로 바꾼 후 나눗셈을 해야 하는데 캐스트 연산자로 i나 j를 잠시 실수형으로 바꾸면 된다. 다음과 같이 수정해 보자.

```
r=(double)i/j;
```

i는 정수형 변수이지만 (double)i는 수식 내에서 임시적으로 실수값으로 평가된다. 그렇다고 해서 i가 실수형 변수가 되는 것은 아니다. i를 잠시 실수형으로 바꾸어 나눗셈을 하면 / 연산자가 실수 나누기를 하게 되고 비율을 제대로 계산해 낸다. i/(double)j 라고 해도 되고 둘 다 캐스팅을 해도 상관없다. 어차피 / 연산자가 실수 연산을 하도록 하기만 하면 된다. 그러나 double(i/j)는 이미 정수 나눗셈을 하고 그 결과를 실수로 바꾸기 때문에 원하는 결과가 나오지 않는다.

int, double, char 등의 기본형은 물론이고 포인터형, 열거형, 배열형 등 모든 타입을 캐스트 연산에 사용할 수 있다. 심지어 사용자가 만든 타입까지도 캐스트 연산의 대상이 될 수 있다.

과제 Float2Digit

임의의 실수에서 소수점 이하 두자리수만 추출하여 정수형 변수에 대입하라. 예를 들어 사용자로부터 입력받은 실수 f가 12.3456이라면 34만 추출한다. 이때 반올림은 고려하지 않아도 상관없다. f가 달러 단위의 화폐 액수라고 할 때 센트 단위만 추출해내는 경우라고 생각하면 된다. 다음 ???? 자리에 적합한 연산식을 작성하는 문제이다.

```
printf("실수를 입력하시오 : ");
scanf("%f",&f);
```

```
i=????
printf("i=%d\n",i);
```

이 문제의 핵심은 음수이거나 소수점 이하의 자리수가 없는 경우까지 잘 고려하여 항상 잘 동작하는 코드를 만드는 것이다.

5.4 연산 규칙

5.4.1 연산 순위

연산 순위란 수식 내에 여러 가지 연산자가 있을 경우 어떤 연산을 먼저 처리하는가를 지정하는 것이다. a가 4라고 했을 때 다음 수식의 결과 a에 어떤 값이 대입될까?

```
a=a*2+3;
a=a+2*3;
```

첫 번째 식은 11로 계산되며 두 번째 식은 10으로 계산될 것이다. 가끔 두 번째 식의 결과가 18이라고 착각하는 사람이 있다. 덧셈보다 곱셈이 우선 순위가 높다는 것을 잠시 깜박하면 전혀 다른 결과가 나오기도 한다. 수학에서 연산의 우선 순위를 정하듯이 C도 모든 연산자에 대해 연산 우선 순위를 미리 정해 놓았다. 다음 도표에 C의 연산 우선 순위와 다음 항에서 알아볼 결합 순서에 대해 정리해 두었다.

순위	연산자	결합순서
1	( ) [ ] -> .	왼쪽 우선
2	! ~ ++ -- + -(부호) *(포인터) & sizeof 캐스트	오른쪽 우선
3	*(곱셈) / %	왼쪽 우선
4	+ -(덧셈, 뺄셈)	왼쪽 우선
5	<< >>	왼쪽 우선
6	< <= > >=	왼쪽 우선
7	== !=	왼쪽 우선
8	&	왼쪽 우선

순위	연산자	결합순서
9	^	왼쪽 우선
10	|	왼쪽 우선
11	&&	왼쪽 우선
12	||	왼쪽 우선
13	? :	오른쪽 우선
14	= 복합대입	오른쪽 우선
15	,	왼쪽 우선

1순위에서 15순위까지 순서가 매겨져 있으며 순위가 **빠른** 연산자가 가장 먼저 실행된다. 순위표에서 보다시피 덧셈보다 곱셈의 우선 순위가 높고 곱셈보다 증감 연산자의 우선 순위가 더 높다. 연산자의 우선 순위는 대체로 상식과 일치하므로 도표만 한 번 주의 깊게 봐 두면 큰 문제가 없다. 그러나 C의 연산자 중 일부는 실생활에 사용하는 것도 아니고 익숙치 않기 때문에 가끔 연산 순위로 인해 고생을 할 경우가 있다.

앞서 예를 든 다음 수식을 조금 변형하여 a=a*2+3을 연산해 보자. a가 4라고 했을 때 a=a*2+3 수식은 곱셈이 먼저 계산된 후 덧셈이 계산되므로 결과는 11이 된다. 이제 연산자에 대해서도 다 배웠다 싶어 이 식을 복합 대입 연산자로 바꾸었다고 하자.

```
a*=2+3;
```

이렇게 고치면 된다. 그러나 결과는 전혀 딴판인 20이 된다. 연산 순위표를 보면 곱셈은 덧셈보다 순위가 높지만 대입 연산자나 복합 대입 연산자는 덧셈보다 순위가 더 낮다. 그래서 a에 2를 먼저 곱하고 3이 더해지는 것이 아니라 2와 3이 먼저 더해지고 이 값과 a가 곱해져서 다시 a에 대입된다. 결국 4*5=20이 되고 만다. 예상치 못한 부작용이 있기 때문에 복합 대입 연산자는 복잡한 수식에서는 사용하지 말라고 하는 것이다.

이런 **짧은** 코드에서는 결과를 보고 바로 어디가 잘못되었는지 찾을 수 있다. 그러나 아주 긴 프로그램에서 이런 실수를 하면 틀린 연산의 효과가 곧바로 나타나는 것이 아니기 때문에 찾기가 무척이나 어렵다. 연산 우선 순위는 보기보다 까다로와서 항상 주의해야 한다. 우선 순위표를 책상 앞에 붙여 놓든가 아니면 조금이라도 의심이 가는 식은 괄호를 분명히 싸 두는 것이 좋다.

앞서 관계 연산문의 결과를 변수에 대입하는 a=(b==c); 라는 연산문을 소개한 적이 있는데 대입 연산보다 관계 연산문이 우선 순위가 높으므로 a=b==c; 라고 쓸 수도 있다. 이 식은 문법적인 문제가 없고 잘 동작하기는 하지만 보다시피 왠지 불안해 보이는데 시각적인 안정감을 위해 괄호를 싸는 것이 더 좋다. 다음 코드를 보자.

```
if (ch=getch() == 'x')
```

문자 하나를 입력받은 후 그 값이 'x'이면 이라는 조건문인데 이 조건식은 판단은 제대로 하지만 ch에는 항상 0 아니면 1이 대입된다. 왜냐하면 ==이 =보다 우선 순위가 높아서 getch()와 'x'가 먼저 비교되고 비교 결과가 ch에 대입되기 때문인데 입력을 먼저 받은 후 입력받은 값을 비교하려면 if ((ch=getch()) == 'x') 이렇게 써야 옳다. 다음 조건문의 평가 결과는 무엇인지 예측해 보자.

```
int a=1,b=-1,c=-1,d=-1;
if (a==1 || b==1  &&  c==1 || d==1) {
    puts("참이다");
} else {
    puts("거짓이다");
}
```

네 개의 조건이 논리 연산자로 연결되어 있는데 &&를 기준으로 왼쪽, 오른쪽이 모두 참이어야 전체가 참이 될 것 같다. 사람의 직관력은 이 식을 ((a==1 || b==1) && (c==1 || d==1)) 이렇게 평가한다. 그런데 &&의 우변을 구성하는 두 조건이 모두 거짓이므로 전체식은 거짓이 될 것 같아 보인다. 그러나 실행해 보면 &&가 우선 순위가 높아 (a==1 || (b==1 && c==1) || d==1)로 평가되므로 첫 번째 조건만 참이면 전체가 참이 된다. 괄호가 없어 결과를 예측하기 쉽지 않은데 논리 연산자를 두 개 이상 쓸 경우 괄호로 우선 순위를 분명히 표시하는 것이 좋다.

다음은 나의 실수담이다. 어떤 변수의 두 번째 비트가 1인지 점검하기 위해 다음 조건문을 사용했다.

```
if (a & 2 != 0)
```

두 번째 비트는 이진수로 10이므로 십진수 2와 마스크 오프시킨 후 이 값이 0인가 아닌가를 보면 된다. 그러나 이 식은 제대로 동작하지 않는데 a와 2를 &한 후 0과 비교하는 것이 아니라 2가 0이 아닌지 보고 그 결과를 a와 &연산한다. 우선 순위표에 & 연산보다 관계 연산자가 순위가 더 높기 때문이다. 정확하게 조건을 판단하려면 괄호가 필요하다.

```
if ((a & 2) != 0)
```

이렇게 해야 a와 2를 & 연산한 후 그 결과가 0이 아닌지 점검한다. 아니면 차라리 if (a & 2)라고만 해도 된다. 비트 연산자와 관계 연산자는 많이 헷갈리는데 데니스 리치의 The C Programming Language에도 이 두 연산자의 우선 순위를 특히 조심하라고 강조되어 있다.

5.4.2 결합 순서

결합 순서는 수식 내에 같은 종류의 연산자가 있을 때 어떤 방향의 연산을 먼저 수행할 것인가를 지정한다. 연산 순위는 다른 종류의 연산자에 대한 실행 순서인 반면 결합 순서는 같은 연산자(또는 같은 순위내의 다른 연산자)의 실행 순서를 지정한다.

대부분의 이항 연산자들은 왼쪽 우선 순위를 가지기 때문에 수식에 등장하는 순서대로 실행된다. a=b+c+d; 연산문은 b와 c를 먼저 더하고 그 결과와 d를 다시 더하는데 덧셈은 교환 법칙이 성립하므로 사실 결합 순서가 큰 의미가 없다. 앞서 실습한 바 있는 다음 대입문을 보자.

a=b=c=3;

이 대입문은 a, b, c 모두 3을 대입하는데 대입 연산자는 오른쪽 우선이다. 즉 제일 오른쪽에 있는 c=3이 가장 먼저 실행되고 차례대로 b=c, a=b가 대입된다. 만약 대입 연산자가 왼쪽 우선 순위를 가지게 되면 a=b, b=c, c=3 순서대로 실행되어 a는 b의 쓰레기값을 가질 것이고 b는 c의 쓰레기값을 가지며 결국 3이 되는 것은 c밖에 없을 것이다.

대입 연산자가 오른쪽 우선의 결합 순서를 가지므로 복합 대입 연산자들도 모두 오른쪽 우선으로 되어 있다. 그 외 단항 연산자들은 모두 오른쪽 우선 순위를 가진다. 다음 캐스트 연산문을 보자.

(double)(unsigned)i;

(unsigned)가 먼저 실행되어 i의 부호를 없앤 후 (double)이 실행되어 실수 타입으로 바꾼다.

5.4.3 산술 변환

C언어는 데이터 타입이 조금 다른 변수끼리라도 자동으로 변환이 가능하면 연산을 허용한다. 다음 예제를 보자.

예제 **typeconvert**

```
#include <Turboc.h>

void main()
{
    int i,j;
    double d;
```

```
    i=3;
    d=2.17;
    j=i+d;
    printf("j=%d\n",j);
}
```

정수형의 변수 i와 실수형의 변수 d를 더해 정수형 변수 j에 대입하고 있다. 이 예제를 컴파일하면 경고가 발생하기는 하지만 에러없이 컴파일되며 실행도 잘 된다. 정수형과 실수형은 크기도 다르고 메모리 내에 값을 기억하는 방식도 다르다. 따라서 원칙을 따지자면 정수형 변수와 실수형 변수의 덧셈은 허용되지 않으며 실제로 파스칼 같은 언어에서 이런 연산문은 에러로 처리된다.

그러나 C는 타입이 달라도 자동으로 두 타입을 맞추어 일치시킨 후 연산하는데 C의 이런 특성을 융통성이라는 장점으로 표현하기도 하지만 엄격하지 못한 타입 체크라는 단점으로 지적되기도 한다. 당장 쓰기에는 편리하지만 이런 서비스가 잠재적인 에러의 원인이 될 수도 있다. 다른 타입의 데이터가 한 수식에 동시에 사용될 때 연산을 위해 데이터형을 임시로 변환하는 이런 동작을 산술 변환이라고 한다. 산술 변환에는 상승 변환, 하강 변환, 부호 변환 세 가지 종류가 있다. 위 예제를 통해 이런 변환에 대해 연구해 보자.

j=i+d; 연산문에서 상승 변환과 하강 변환이 동시에 일어난다. 먼저 정수형 변수 i와 실수형 변수 d를 더하기 위해 i가 잠시 실수형으로 확장된다. 피연산자 중 하나가 실수형이므로 + 연산은 실수 연산을 해야 하며 그래서 i을 d에 맞추는 것이다. 연산 중에 정확성을 잃지 않기 위해 가급적이면 큰 타입으로 변환되는데 4바이트의 정수형이 8바이트의 실수형으로 바뀌었으므로 이를 상승 변환이라고 한다. 이 결과 i+j는 5.17이라는 실수값으로 평가된다.

덧셈을 한 결과가 정수형 변수 j에 대입될 때는 대입받는 쪽의 타입에 맞추기 위해 하강 변환이 발생한다. 실수형의 수치 5.17은 정수형 변수에 담을 수 없으므로 소수점 이하를 버리고 정수형으로 바꾼 후 5만 대입되고 0.17은 버려진다. 실수형의 큰 타입에서 정수형의 작은 타입으로 변환되었으므로 하강 변환이라고 한다.

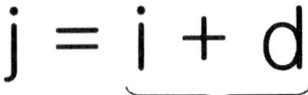

상승 변환 : i가 잠시 실수형이 된다.

하강 변환 : j에 대입되기 위해 정수형이 된다.

C는 이런 식으로 데이터 타입이 달라도 적절한 형 변환에 의해 연산이 이루어지도록 한다. 그러나 형 변환에 의한 결과나 부작용에 대해서는 경고만 보여줄 뿐 책임지지 않는다. 만약 위 예제에서 5.17이라는 결과를 바랬다면 이는 연산 결과를 저장할 변수 j를 정수형으로 선언한 프로그래머의 잘못이지 컴파일러의 잘못이 아니다. 컴파일러는 어디까지나 미리 정해진 규칙대로 산술 변환을 하여 연산할 뿐이다. 다음은 C의 산술 변환 규칙이다.

① 이항 연산시 양변의 타입이 다르면 큰 쪽으로 상승 변환된다. 그래야 가급적이면 정확한 계산을 할 수 있다.
② 대입 연산시 좌변의 타입을 따른다. 값을 대입받을 변수의 능력치를 초과할 수는 없기 때문에 대입되는 값이 변수보다 더 크면 잘라낸다.
③ 함수 호출시 실인수와 형식인수의 타입이 다르면 형식인수의 타입을 따라간다. 함수 호출 과정에서의 인수 전달은 결국 대입 동작이기 때문에 2번 규칙과 같은 규칙이다.
④ 캐스트 연산자를 사용하면 강제로 타입을 변환할 수 있다. 이 변환은 암시적인 산술 변환 규칙이 아니라 사용자가 직접 지정한 명시적 변환이다.
⑤ 수식 내에서 사용될 경우 char, unsigned char, enum형은 int형으로 자동 확장되며 float형은 double형으로 확장된다.

만약 ⑤번 규칙이 없다면 short a=20000, b=30000일 때 int c=a+b의 결과가 50000이 되지 않을 것이다. short끼리 더한 결과가 short가 되어 버리면 연산 중에 오버플로우가 발생하여 c가 아무리 int 타입이더라도 50000이라는 결과를 대입받을 수 없다. 이런 현상을 방지하기 위해 수식 내에서는 타입 확장을 먼저 한 후 연산하도록 되어 있다.

부호 확장이란 부호 있는 작은 타입이 큰 타입으로 확장될 때 발생한다. 1바이트의 char형을 2바이트의 short형으로 변환하거나 short를 int로 변환할 때 부호 확장이 발생하는데 원리는 아주 간단하다. 확장할 수가 1바이트의 0x01이라고 했을 때 2바이트로 확장하면 앞쪽 바이트에 0이 추가되어 0x0001이 된다. 확장에 의해 추가된 바이트에 선행 제로만 붙이면 된다.

음수인 경우는 조금 다르다. 0xff(-1)를 2바이트로 확장하면 0x00ff가 되는 것이 아니라 0xffff가 된다. 이렇게 해야 부호와 값이 그대로 유지된다. 0xff나 0xffff나 둘 다 왜 -1이 되는지는 2의 보수법을 연구해 보면 알 수 있다. 간단히 설명하자면 0xff+1=0x00이고 0xffff+1=0x0000이다. 그러니까 둘 다 -1이 아닌가.

5.4.4 구구단 예제

앞 장에서 배웠던 제어 구조와 이번 장에서 배운 연산자의 종합 실습편으로 구구단 프로그램을 작성해 보자. 1단은 제외하고 2단~9단까지만 화면에 출력하기로 하되 화면폭에 제한이 있으므로 위쪽에 2~5단, 아래쪽에 6~9단까지 출력할 것이다. 다음이 첫 번째 예제이다.

예제 gugu1

```
#include <Turboc.h>

void main()
{
    gotoxy(5,3);
    printf("2 * 1 = 2");
    gotoxy(5,4);
    printf("2 * 2 = 4");
    gotoxy(5,5);
    printf("2 * 3 = 6");
    .....
}
```

gotoxy로 적당한 위치로 이동한 후 printf로 각 계산식을 출력했다. 이런 명령을 72번 반복하면 원하는 바대로 구구단을 출력할 수 있겠지만 보다시피 극단적으로 무식한 방법을 채택했다. 이런 코드는 프로그램이라고 할 수 없다. 비슷한 명령이 계속 반복되므로 이럴 때는 당연히 루프를 사용해야 한다. 2~9단까지 출력하고 각 단에 대해 1~9까지 곱해야 하므로 2중 루프이며 반복 횟수가 미리 정해져 있기 때문에 for 루프가 가장 적합하다.

예제 gugu2

```
#include <Turboc.h>

void main()
{
    int i,j;

    for (i=2;i<=5;i++) {
        for (j=1;j<=9;j++) {
            gotoxy(i*15-25,j+2);
            printf("%d * %d = %d",i,j,i*j);
        }
    }

    for (i=6;i<=9;i++) {
        for (j=1;j<=9;j++) {
```

```
            gotoxy((i-4)*15-25,j+12);
            printf("%d * %d = %d",i,j,i*j);
        }
    }
}
```

2~5단까지는 위쪽에 출력해야 하고 6~9단까지는 아래쪽에 출력해야 하는데 출력할 좌표가 다르기 때문에 2중 루프가 두 번 반복되어 있다. 첫 번째 이중 루프에서 윗단을 먼저 출력하고 두 번째 이중 루프에서 아랫단을 출력한다. 각 단을 또 다른 반복으로 보고 3중 루프를 구성할 수도 있으나 이 정도 예제에 3중 루프를 동원하는 것은 별로 어울리지 않는다. 결과는 다음과 같다.

```
2 * 1 = 2        3 * 1 = 3        4 * 1 = 4        5 * 1 = 5
2 * 2 = 4        3 * 2 = 6        4 * 2 = 8        5 * 2 = 10
2 * 3 = 6        3 * 3 = 9        4 * 3 = 12       5 * 3 = 15
2 * 4 = 8        3 * 4 = 12       4 * 4 = 16       5 * 4 = 20
2 * 5 = 10       3 * 5 = 15       4 * 5 = 20       5 * 5 = 25
2 * 6 = 12       3 * 6 = 18       4 * 6 = 24       5 * 6 = 30
2 * 7 = 14       3 * 7 = 21       4 * 7 = 28       5 * 7 = 35
2 * 8 = 16       3 * 8 = 24       4 * 8 = 32       5 * 8 = 40
2 * 9 = 18       3 * 9 = 27       4 * 9 = 36       5 * 9 = 45

6 * 1 = 6        7 * 1 = 7        8 * 1 = 8        9 * 1 = 9
6 * 2 = 12       7 * 2 = 14       8 * 2 = 16       9 * 2 = 18
6 * 3 = 18       7 * 3 = 21       8 * 3 = 24       9 * 3 = 27
6 * 4 = 24       7 * 4 = 28       8 * 4 = 32       9 * 4 = 36
6 * 5 = 30       7 * 5 = 35       8 * 5 = 40       9 * 5 = 45
6 * 6 = 36       7 * 6 = 42       8 * 6 = 48       9 * 6 = 54
6 * 7 = 42       7 * 7 = 49       8 * 7 = 56       9 * 7 = 63
6 * 8 = 48       7 * 8 = 56       8 * 8 = 64       9 * 8 = 72
6 * 9 = 54       7 * 9 = 63       8 * 9 = 72       9 * 9 = 81
```

i루프가 단 루프이고 j루프가 단에 곱해지는 행 루프이며 i가 2~9까지 반복되고 각 i에 대해 j도 1~9까지 반복된다. 이 예제에서 조금 어려운 부분이라면 gotoxy의 좌표 계산식인 (i*15-25,j+2)인데 이 식이 어떻게 도출되었는지 생각해 보자. 이런 식을 만들 때는 원하는 출력 형태를 상상해 보거나 아니면 종이에 직접 그려 본다. 그리고 원하는 출력 위치와 제어 변수와의 관계를 관찰해 보면 위치와 제어 변수값 사이의 일차 함수를 구할 수 있다.

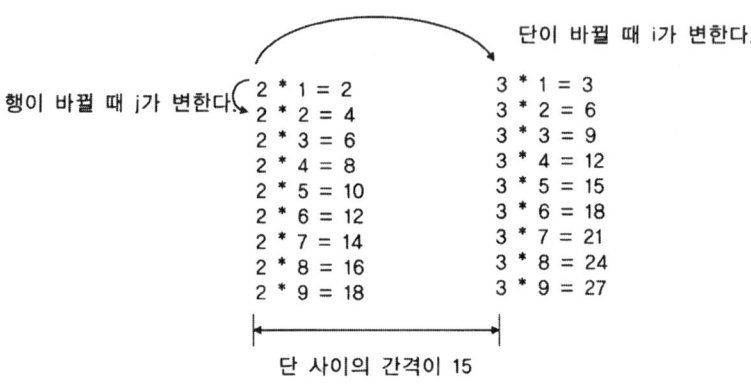

각 단과 행 사이의 간격을 먼저 결정해야 하는데 행 사이의 간격은 1이면 되고 단 사이의 간격은 출력문 하나의 길이에 적당한 여백을 더 주는 것이 좋다. 한 출력문은 최대 10문자이므로 5문자분만큼 여백을 주어 15만큼 간격을 띄우면 적절하다. 제어 변수에 단과 행 사이의 간격을 곱하면 되므로 i와 j로부터 출력 위치를 (i*15,j*1)로 정할 수 있다.

간격을 먼저 정하고 출력문의 좌상단을 조정한다. i는 2부터 시작하고 j는 1부터 시작하므로 이 공식대로라면 "2 * 1 = 2"의 위치가 (30,1)이 될 것이다. 이 위치는 너무 오른쪽 위로 치우쳐 있으므로 적당히 왼쪽 아래로 평행 이동시킨다. 첫 출력문을 (5,3)으로 보내기 위해 수평 좌표에서 25를 빼고(-25를 더하고) 수직 좌표에는 2를 더했다. 상단에 너무 밀착되지 않기 위해 1,2행은 빈 여백으로 남겨 두고 전체 출력문이 중앙으로 정렬되도록 하기 위해 왼쪽으로도 적당히 옮긴 것이다. 각 계산식의 출력 위치 (x,y)는 제어 변수 i, j와 다음과 같은 함수 관계를 가진다.

x=i*15-25
y=j*1+2

그래서 각 출력문의 좌표는 (i*15-25, j*1+2)로 결정된 것이되 *1은 있으나 마나이므로 생략할 수 있다. 제어 변수에 곱해지는 값은 단과 행 사이의 간격을 결정하며 더해지는 값은 출력 위치를 수평으로 이동시키는 역할을 한다. 곱하고 더하는 상수는 경험적으로 구하는데 간격이 너무 좁으면 곱하는 수를 더 크게 하고 중앙이 아니면 더해지는 수를 적당히 조정하면 된다. 제어 변수로부터 원하는 값을 찾는 것은 일종의 경험이며 몇 번만 해 보면 금방 익숙해져서 암산으로도 쉽게 구할 수 있다.

이 공식대로 2~5단까지 출력하면 각 단 사이가 15문자로 적절히 간격이 띄워진다. 그러나 6단 이후의 아랫단은 다른 공식이 필요하다. 화면폭이 제한되어 있기 때문에 6단을 5단 오른쪽에 출력할 수 없으며 2단 아래쪽에 출력해야 한다. 그래서 아랫단은 다음과 같이 출력 위치를 계산했다.

gotoxy((i-4)*15-25,j+12);

i에 4를 뺀 값을 사용하면 6단이 2단과 같아지므로 2단과 같은 수평 위치에 출력될 것이며 7단은 3단 아래, 8단은 4단 아래, 9단은 5단 아래에 출력된다. 수직 위치는 윗단보다 10문자분 더 아래쪽에 출력하도록 했다. 각 단이 9행으로 구성되어 있으므로 빈 줄 하나를 고려하여 10만큼 띄우면 적당하다.

윗단과 아랫단은 출력 방법은 동일하지만 위치가 다르기 때문에 같은 루프를 쓰지 못하고 두 개의 이중 루프를 각각 돌도록 했다. 그러나 다음과 같이 하면 하나의 이중 루프로도 똑같은 출력을 할 수 있다.

예제 gugu3

```
#include <Turboc.h>

void main()
{
    int i,j;

    for (i=2;i<=9;i++) {
        for (j=1;j<=9;j++) {
            if (i<=5) {
                gotoxy(i*15-25,j+2);
            } else {
                gotoxy((i-4)*15-25,j+12);
            }
            printf("%d * %d = %d",i,j,i*j);
        }
    }
}
```

2~5, 6~9까지 따로 돌지 않고 2~9까지 한꺼번에 돌되 출력 위치를 정할 때만 if문으로 5단 이하, 6단 이상을 따로 처리하면 된다. 반복되는 부분의 다른 부분만 조건문으로 처리했다. 코드가 조금 복잡해 보이기는 하지만 두 개의 이중 루프를 쓰는 것보다는 이 방법이 훨씬 더 깔끔하고 코드를 유지하기도 쉽다.

윗단과 아랫단의 출력 위치가 다르기 때문에 루프 내부에서 if문으로 i값을 평가하여 gotoxy의 좌표를 다르게 선택했는데 if문 대신 삼항 조건 연산자를 사용하면 하나의 gotoxy문으로 두 문장을 통합할 수 있다.

예제 gugu4

```
#include <Turboc.h>

void main()
{
    int i,j;

    for (i=2;i<=9;i++) {
        for (j=1;j<=9;j++) {
            gotoxy((i - (i>5 ? 4:0))*15-25,j+2+(i>5 ? 10:0));
            printf("%d * %d = %d",i,j,i*j);
        }
    }
}
```

먼저 수평 좌표 계산 공식을 보자. i>5 ? 4:0는 6단 이상일 때는 4가 되고 5단 이하일 때는 0이 된다. 그래서 윗단의 수평 좌표는 i*15-25가 될 것이며 아랫단의 수평 좌표는 (i-4)*15-25가 될 것이다. 결국 if문으로 i값을 평가한 것과 동일하다. 수직 좌표도 마찬가지 원리로 윗단일 때는 j+2+0이 되고 아랫단일 때는 j+2+10이 된다.

삼항 조건 연산자는 수식 내에서 바로 사용할 수 있기 때문에 if문 대신 사용할 수 있다. 관계 연산자는 평가식의 진위 여부를 1 또는 0으로 평가한다는 점을 이용하면 이 식을 더 짧게 줄일 수도 있는데 다음이 가장 짧게 줄여본 위치 지정식이다.

예제 gugu5

```
#include <Turboc.h>

void main()
{
    int i,j;

    for (i=2;i<=9;i++) {
        for (j=1;j<=9;j++) {
            gotoxy((i - (i>5)*4)*15-25,j+2+(i>5)*10);
            printf("%d * %d = %d",i,j,i*j);
        }
    }
}
```

(i)5) 평가식이 i값에 따라 1 또는 0이 되는데 이 값이 1일 때 원하는 만큼 값을 곱해서 수식에 바로 적용했다. 길이는 짧아졌지만 출력 결과는 첫 번째 예제와 완전히 동일하다. 두 개의 이중 루프가 하나의 조건문으로, 조건문은 다시 삼항 조건 연산자로, 이것을 다시 논리식으로 압축하는 예를 보았다. 다음 장에서 배울 매크로 함수와 쉼표 연산자를 사용하면 단 4줄로도 구구단 프로그램을 짤 수 있다.

예제 gugu6

```
#include <Turboc.h>
#define L(a,b,c) for (int a=b;a<=c;a++)
void main()
{L(i,2,9) L(j,1,9) gotoxy((i-(i)5)*4)*15-25,j+2+(i)5)*10),printf("%d * %d = %d",i,j,i*j);}
```

물론 동작은 완벽하지만 거의 엽기적인 수준의 압축이라고 할 수 있으며 다분히 장난기까지 섞여 있다. 이런 식으로 압축하면 1~100까지 합을 구하는 예제를 for (sum=0,i=1;i<=100;sum+=i++) {;} 한 줄로 압축할 수도 있다. 코드 길이를 무조건 짧게 만드는 것이 항상 좋은 것은 아니다. 위 예제는 짧지만 코드의 의미를 해석하기가 쉽지 않으며 따라서 확장과 유지 보수에 불리해서 간결하다고 할 수는 없다. 적당한 수준에서 코드를 짧게 쓰는 것은 좋지만 가독성을 해치지 않는 범위에서 코드를 압축해야 한다. 구구단 예제의 경우 gugu2 예제는 불필요하게 루프가 두 개나 되므로 반드시 gugu3 형식으로 압축해야 하며 gugu3을 더 압축하는 것은 선택의 문제이되 마지막 예제와 같은 압축은 절대로 하지 말아야 한다.

과제 AsciiTable

아스키 코드표를 구구단처럼 여러 열로 출력하는 프로그램을 작성하라. 인쇄 가능한 32~126까지의 문자 95개에 대해서만 출력하되 한 열에 19개씩 다섯 열로 출력하면 된다. 각 문자에 대해 10진 코드, 16진 코드 그리고 문자를 출력하고 프로그램 끝에 getch 호출을 넣어 코드를 확인할 때까지 잠시 대기하기로 한다.

과제 BaseBall

컴퓨터가 생각한 세 자리의 숫자를 맞추는 야구 게임을 작성하시오. 난수와 사용자가 입력한 숫자는 반드시 세 자리여야 하며 각 자리수는 서로 달라야 한다는 제약이 있다. 난수와 입력수의 대응되는 자리수가 정확하게 일치하면 스트라이크이며 대응되지 않더라도 일치하는 숫자가 있을 때는 볼이다. 예를 들어 123에 대해 135는 1스트라이크 1볼이며 345에 대해 354는 1스트라이크 2볼이다. 대응되는 세 자리가 모두 같은 3스트라이크가 되면 사용자가 난수를 맞춘 것으로 한다. 컴퓨터로 난수를 만들 때는 random 함수를 사용하는데 이 함수에 대해서는 8장을 미리 참고하기 바란다.

06 함수

6.1 함수의 구성원리

6.1.1 함수의 정의

흔히 C언어를 함수 위주의 언어라고 하는데 이 말의 의미에 대해 알아보자. 프로그램은 함수들로 구성되고 함수들이 순서대로 실행됨으로써 프로그램이 제 기능을 발휘한다. 즉, 함수는 프로그램을 구성하는 단위로서 프로그램의 부품 역할을 한다. 프로그램과 함수의 관계는 컴퓨터와 그 부속품들의 관계와 유사하다.

컴퓨터는 아주 많은 부품들로 구성되어 있다. 중앙 처리 장치(CPU)를 핵심으로 메모리, 하드 디스크, 모니터, 키보드, 비디오 카드 등등의 많은 부품들이 모여야 컴퓨터라는 하나의 완성된 기계가 된다. 각 부품들은 저나나 하는 일이 정해져 있고 CPU와 또는 다른 부품들과 정보를 주고 받으면서 동작하며 서로 돕기도 하고 통제하기도 한다. 이런 부품들 중 컴퓨터의 동작을 총지시하는 것이 CPU이고 나머지 부품들은 CPU가 하는 일을 보조하거나 또는 CPU가 지시하는 별개의 작업을 수행한다.

프로그램이란 것도 이러한 구성원리와 똑같은 체계로 짜여진다. 프로그램이 해야 할 일을 각 부품들(=함수)이 나누어 맡으며 그 중에서도 가장 핵심이 되는 함수(=main)의 통제 아래 모든 함수들이 체계적으로 실행되어 전체적으로 프로그램이라는 하나의 완성을 이루는 것이다. 컴퓨터 부품 중 하나가 고장나면 컴퓨터가 제 기능을 발휘할 수 없듯이 프로그램도 함수 하나를 잘못 작성하면 제대로 동작할 수 없다. 참고로 C++에서는 함수의 이런 부품 역할을 객체가 대신한다.

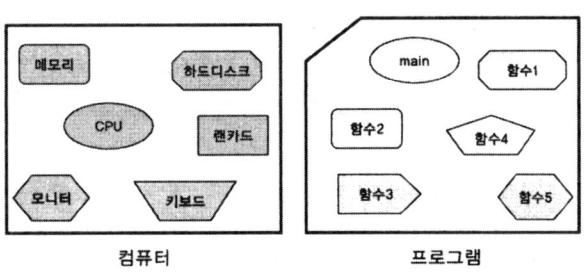

컴퓨터   프로그램

함수는 크게 표준 함수와 사용자 정의 함수로 구분할 수 있다. 표준 함수는 C언어와 함께 작성되어 제공되는 것이며 컴파일러와 함께 배포된다. 이미 만들어져 있기 때문에 함수의 기능과 호출하는 방법만 알고 있으면 언제든지 불러서 사용할 수 있다. 지금까지의 실습에서 사용해 왔던 printf, scanf 등의 명령이 표준 함수들이며 이 함수들을 사용하면 입력과 출력 작업을 할 수 있다.

사용자 정의 함수는 개발자가 필요에 따라 만들어 쓰는 함수이다. 표준 함수들이 모든 기능을 다 제공해 주는 것은 아니므로 프로그램의 목적에 따라 적합한 함수를 만들어 쓸 수 있어야 한다. 표준 함수와 사용자 정의 함수는 누가 만들었는가만 다를 뿐 문법적으로는 똑같은 함수이며 사용하는 방법도 동일하다.

6.1.2 함수

사용자 정의 함수를 만드는 기본 형식은 다음과 같다.

```
type name(인수 목록)
{
    함수의 본체
}
```

- name : 함수의 이름이며 이 이름을 통해 함수를 호출한다. 함수의 이름도 명칭(Identifier)이므로 명칭을 만드는 규칙대로 기억하기 쉽고 의미를 잘 표현할 수 있는 이름을 주는 것이 좋다. 점수를 출력하는 함수라면 PrintScore, 게임을 끝내는 함수라면 EndGame, 합계를 구하는 함수라면 GetSum 같은 이름을 붙이면 된다.

- 인수 목록 : 함수가 해야 할 일의 세부 사항을 지정하며 함수의 작업거리라고 할 수 있다. 함수는 고유의 기능을 가지고 있고 호출부에서는 이 기능을 사용하기 위해 함수를 호출하는데 이때 함수에게 일을 시키기 위해서는 작업에 필요한 값을 전달해야 한다. 함수의 동작에 필요한 인수는 없을 수도 있고 여러 개일 수도 있는데 인수 목록에 필요한 인수의 타입과 이름을 밝힌다. 예를 들어 점수를 화면으로 출력하는 PrintScore 함수의 경우 출력할 현재 점수가 몇 점인가를 가르쳐 주어야 하며 이런 정보가 인수로 전달된다. 만약 점수값 하나만 인수로 전달받는다면 PrintScore(int Score) 식으로 점수를 전달받을 것이다. printf는 서식 문자열과 출력할 값을 인수로 전달받으며 gotoxy는 이동 좌표를, delay는 지연시간을 전달받는다. 인수는 필요한 만큼 사용할 수 있으며 개수의 제한은 없다. 필요하다면 점수를 출력할 좌표나 점수의 출력 형태 등도 인수로 전달받을 수 있다.

- type : 함수가 리턴하는 값의 데이터형이며 함수의 작업 결과라고 할 수 있다. 함수는 고유의 작업을 실행하고 그 결과를 호출원에게 다시 돌려준다. 예를 들어 합계를 구하는 함수 GetSum은 자신이 구한 합계를 호출원에게 보고하는데 이때 돌려주는 값의 타입이 바로 함수의 타입이다. 정수형 값을 리턴한다면 int, 실수형 값을 리턴한다면 double이라고 타입을 써 준다. getch 함수는 입력된 문자값을 리턴하며 wherex, wherey는 커서 좌표를 조사한다. 단순히 어떤 기능만 수행하는 함수라면 리턴하는 값이 없을 수도 있는데 이런 함수를 void 함수라고 한다.

- 본체 : { } 괄호 안에 실제 함수의 코드가 위치한다. 이 블록 안에 함수의 고유 기능을 수행하는 코드를 작성하면 된다. PrintScore 함수의 본체에는 인수로 전달된 점수값을 printf 함수로 출력하는 코드가 작성될 것이다.

다음 예제는 사용자로부터 두 개의 정수값을 입력받아 그 중 큰 값을 출력한다. 값의 크기 비교는 >나 < 연산자로 간단하게 할 수 있지만 함수의 사용예를 보이기 위해 Max라는 사용자 정의 함수를 만들었다.

예제 MaxFunc

```c
#include <Turboc.h>

int Max(int a, int b)
{
    if (a > b) {
        return a;
    } else {
        return b;
    }
}

void main()
{
    int a,b,m;

    printf("두 수를 입력하세요 : ");
    scanf("%d%d",&a,&b);
    m=Max(a,b);
    printf("두 수 중 큰 값은 %d입니다.\n",m);
}
```

소스에는 main 함수 외에도 Max라는 사용자 정의 함수가 정의되어 있다. 실행 결과는 다음과 같다.

두 수를 입력하세요 : 5 8
두 수 중 큰 값은 8입니다.

scanf로 두 개의 정수값을 입력받아 a, b 변수에 저장했는데 5와 8을 입력했다면 a는 5가 되고 b는 8이 될 것이다. 이 두 값을 Max 함수의 인수로 전달하면 Max는 두 값 중 큰 값을 골라 다시 리턴한다. 함수가 실행을 마치고 값을 돌려줄 때는 return 키워드를 사용하는데 이 명령에 대해서는 잠시 후 따로 알아볼 것이다. 이 경우는 5보다 8이 크므로 8이 리턴된다.

```
                        ┌─ 리턴 타입. 이 함수는 정수형 값을 돌려준다.
                        │  함수의 이름. 호출원에서 Max라는 이름으로 이 함수를 호출한다.
                        ↑  ↑
                    int Max(int a, int b)
                    {                    ┌─ 인수 목록
                        if (a > b) {       두 개의 정수값을 전달받는다.
                            return a;
                        } else {         ┌─ 함수의 본체
                            return b;      두 값 중 큰 값을 골라 리턴한다.
                        }
                    }
```

프로그램은 항상 main 함수에서 시작한다. main에서 사용자로부터 두 개의 정수 a와 b를 입력받았다. 그리고 이 두 값 중에서 큰 값을 가려내기 위해 Max 함수를 호출하며 이때 Max 함수로 작업 대상이 되는 두 개의 값 a와 b가 인수로 전달된다.

함수를 호출할 때는 "함수명(인수)"의 형식을 사용하는데 함수 이름과 괄호 그리고 괄호 안에 인수들을 같이 전달해야 한다. main에서 Max(a,b)라는 형식으로 Max 함수를 호출했다. 인수가 없는 함수의 경우는 Max() 식으로 함수 이름 뒤에 빈 괄호만 써 준다. 설사 인수가 없다 하더라도 괄호는 생략할 수 없는데 C는 명칭 뒤에 괄호가 있어야 함수 호출문으로 인식하며 괄호가 없으면 함수의 시작 번지를 나타내는 포인터 상수가 되어 버린다.

Max 함수는 호출원인 main으로부터 두 개의 정수값 a, b를 인수로 전달받아 이 두 값을 비교해 보고 큰 값을 리턴한다. a가 b보다 더 크다면 a를 리턴하고 그렇지 않다면 b가 리턴될 것이다. 만약 두 값이 같다면 b를 리턴하도록 되어 있는데 어떤 값을 리턴하나 결과는 마찬가지이다. Max 함수는 두 정수값 중 큰 정수를 골라 다시 리턴하므로 함수의 리턴 타입은 역시 int형이다. int Max(int a, int b)는 정수형 변수 a, b를 인수로 받고 다시 정수값을 리턴하는 Max라는 이름의 함수라는 뜻이다.

Max 함수에 의해 리턴되는 정수값은 정수형 변수 m에 대입되며 main 함수는 이 값을 출력한 후 종료된다. 이 프로그램의 전체적인 흐름은 다음과 같다.

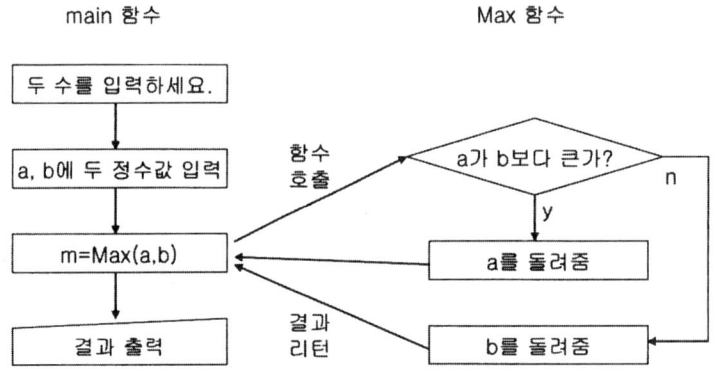

Max 함수는 인수로 전달된 두 값 중 큰 값을 가려내는 함수로 정의되어 있고 main은 두 정수 중 큰 값을 조사하기 위해 단순히 인수와 함께 Max 함수를 호출하기만 하면 된다. main은 큰 값을 가려내는 일에는 신경쓸 필요가 없으며 Max는 무조건 인수로 전달된 값 중 큰 값을 골라 리턴하기만 하면 맡은 바의 소임을 다하는 것이다. Max가 main의 부담을 덜어주는 역할을 하고 있다.

물론 이런 짧은 코드의 경우 main에서 직접 if (a > b) 조건을 점검할 수도 있다. 그러나 함수의 내용이 커지고 계산 과정이 복잡해지면 main에서 모든 일을 다 처리하기가 어려워지고 설사 그렇게 할 수 있다 하더라도 코드의 길이가 길어지면 어디서 어디까지가 어떤 기능을 하는 부분인지 명확하게 구분되지 않기 때문에 논리적으로 취약한 구조가 되어 버린다.

함수별로 특정 기능을 담당하도록 프로그램의 기능을 분할해 놓으면 코드의 구조가 만들어지기 때문에 관리하고 재사용하기 편리하다. C언어를 구조적 프로그래밍(Structural Programming) 언어라고 하는 이유가 바로 여기에 있다. 또한 비슷한 작업을 반복적으로 계속 수행할 때는 전담 함수를 만들어 놓고 필요할 때마다 이 함수만 호출하면 되므로 코드의 반복을 방지할 수도 있다. 그래서 함수를 프로그램의 부품이라고 하는 것이다.

6.1.3 인수

인수(Parameter)는 호출원에서 함수에게 넘겨주는 작업 대상이라고 할 수 있다. 두 함수 사이의 정보 교환에 사용되므로 매개 변수(Argument)라고도 한다. Max 함수의 경우 두 정수값 중 큰 값을 선택하는 기능을 하므로 대상이 되는 두 정수값을 전달받아야 하며 그래서 int a, int b를 인수 목록에 적어 주었다. 다음은 여러 가지 함수의 인수 예이다.

- (x,y) 위치에 점수 Score를 출력하는 함수 : PrintScore(int x, int y, int Score)
- 실수 x의 제곱근을 구하는 함수 : GetSqrt(double x)
- 문자열에서 공백의 개수를 조사하는 함수 : GetSpaceNum(char *str)

작업 대상을 따로 전달받을 필요가 없다면 인수를 전혀 사용하지 않을 수도 있다. 예를 들어 화면을 지우는 clrscr 함수는 어떤 동작을 할 것인지 이미 정의되어 있으며 화면을 지우는데 별다른 지시 사항이 없으므로 별도의 인수를 전달받지 않는다. 인수가 없는 함수는 인수 목록을 비워 두거나 아니면 인수를 받지 않는다는 것을 분명히 표시하기 위해 인수 목록에 void라고 적는다.

clrscr();
clrscr(void);

인수는 형식인수와 실인수로 구분되는데 함수의 인수 목록에 나타나는 인수를 형식 인수라고 하며 함수 호출부에서 함수와 함께 전달되는 인수를 실인수라고 한다. 영문으로 된 표준 문서에는 형식 인수를

Parameter로, 실인수를 Argument로 용어를 구분하고 있지만 여기서는 의미가 좀 더 분명한 형식 인수, 실인수라는 용어를 사용하기로 한다. Max 함수의 경우를 보자.

```
                      ┌──────┐ ──→ 형식 인수
int Max(int a, int b)
{
      … ─────────→ 함수의 본체에서 형식 인수를 읽는다
}

main()
{          실 인수
          ┌──┐
    m=Max(a,b);
}
```

Max 함수의 인수 목록에 있는 int a, int b는 형식 인수이고 main 함수에서 Max 함수를 호출할 때 사용한 a, b는 실인수이다. 이 경우 형식인수와 실인수의 이름이 일치하는 것은 어디까지나 우연일 뿐이며 다른 이름을 가질 수도 있다. Max(i,j)로 이 함수를 호출할 수도 있고 Max(3,4)와 같이 상수값을 전달하는 것도 가능하다.

형식 인수는 호출원에서 전달한 실인수값을 잠시 저장하기 위한 임시 저장 장소이므로 어떤 이름이든지 사용해도 상관없다. 자신에게 전달된 인수값을 형식 인수에 잠시 대입해 놓고 함수 본체에서는 형식 인수로 호출원으로부터 전달된 실인수값을 읽기만 하면 된다. Max 함수는 다음과 같이 작성해도 완전히 동일하다.

```
int Max(int num1, int num2)
{
    if (num1 > num2) {
        return num1;
    } else {
        return num2;
    }
}
```

호출원에서 전달받은 값을 이 함수 내에서 num1, num2로 부르겠다는 뜻이다. Max 함수가 이렇게 정의되어 있고 main에서 Max(a,b)를 호출했다면 형식 인수 num1이 실인수 a의 값을 가지게 되고 형식 인수 num2는 실인수 b의 값을 가지게 될 것이다. 인수 전달은 일종의 대입 연산이며 함수 호출 과정에서 a, b의 값이 num1, num2로 대입된다. Max 함수는 전달받은 형식 인수값의 대소를 판단하여 더 큰 수를 리턴하기만 하면 된다. 다음 예제는 두 정수의 값을 더하는 함수 Add를 정의한 것이다.

예제 AddFunc

```c
#include <Turboc.h>

int Add(int ttt, int ddd)
{
    return ttt+ddd;
}

void main()
{
    int a,b;
    a=3;
    b=4;

    printf("3+4=%d\n",Add(a,b));
    printf("5+6=%d\n",Add(5,6));
}
```

Add 함수는 두 개의 정수 ttt와 ddd를 인수로 전달받고 이 두 값의 합을 리턴한다. main에서는 Add(a,b)와 같이 실인수로 변수를 사용할 수도 있고 Add(5,6)과 같이 상수를 넘길 수도 있다. 실행 결과는 다음과 같다.

3+4=7
5+6=11

이 예제를 통해 형식 인수의 이름은 함수 내에서만 일치하면 되므로 아무래도 상관이 없다는 것을 알 수 있다. 그러나 아무리 문법적으로는 그렇더라도 함수를 사용하는 사람이 인수의 이름으로부터 의미를 쉽게 유추할 수 있도록 성의있게 이름을 붙이는 것이 좋다. gotoxy(int a, int b) 보다는 gotoxy(int x, int y)라는 이름이 훨씬 더 이해하기 쉽다.

함수가 받을 수 있는 인수의 개수에는 제한이 없으므로 인수 목록에 콤마로 구분하여 인수를 나열하기만 하면 된다. 예를 들어 정수형 변수 4개를 취하는 함수라면 다음과 같은 인수 목록을 가지게 될 것이다.

```
int func(int a, int b, int c, int d)
{ 본체 }
```

변수를 선언할 때 같은 타입은 int a,b,c,d; 형식으로 한꺼번에 선언할 수 있으므로 인수 목록을 다음과 같이 쓸 수 있을 것 같기도 하다.

```
int func(int a,b,c,d)
{ 본체 }
```

그러나 이런 형식은 허용되지 않는다. 대신 다음과 같이 쓰는 방법은 있는데 구형 C 컴파일러에서 흔히 쓰던 방법이다. C++에서는 이 형식을 지원하지 않지만 비주얼 C++도 소스 파일의 확장자가 C이면 이런 형식을 아직까지도 허용한다.

```
int func(a,b,c,d)
int a,b,c,d;
{ 본체 }
```

인수 목록에는 형식 인수의 이름만 적고 본체가 시작되기 전에 이 인수들의 타입을 밝히는 것이다. 여러 타입이 혼합되어 있을 때도 이 방식을 사용할 수 있다.

```
int func(a,b,c,d)
int a,b;
double c,d;
{ 본체 }
```

이 방식은 아주 옛날 ANSI C 표준이 제정되기 전의 클래식 C에서 쓰던 방식이라 요즘은 이런 형태의 인수 목록을 볼 기회가 거의 없을 것이다. 그러나 이런 식으로도 인수 목록을 쓸 수 있다는 것은 꼭 알아 두어야 한다. 왜냐하면 C의 베테랑들이 작성한 주옥 같은 작품들을 분석하다보면 이런 인수 목록을 실제로 볼 수 있기 때문이다. 즉 과거의 소스를 읽기 위해 옛날 사람들이 사용하던 문법에 대해서도 약간은 알아 둘 필요가 있다.

6.1.4 return

인수가 호출원으로부터 전달되는 작업 대상이라면 리턴값은 함수가 호출원으로 돌려주는 작업 결과이다. 앞에서 이미 봤지만 함수가 결과를 리턴할 때는 return문을 사용한다. return문의 기능은 다음 두 가지이다.

우선 가장 일반적인 기능은 함수의 결과값을 호출원으로 돌려주는 것이다. return 예약어 다음에 리턴하고자 하는 값을 써 준다. Max 함수의 경우 a, b값의 대소에 따라 return a나 return b 명령으로 a나 b의 값 중 하나를 리턴하며 Add 함수는 ttt와 ddd를 더한 결과값을 리턴한다.

함수는 자신에게 맡겨진 임무대로 계산을 수행하여 그 결과를 호출원으로 리턴하며 호출원에서는 함수가 리턴한 값을 함수의 결과값으로 취한다. 함수가 어떤 값을 리턴할 것인가는 함수의 타입으로 이미 정의되어 있으므로 미리 정해진 타입의 값을 리턴하면 된다. Max와 Add는 모두 정수형 값을 리턴하도록 정의되었다.

호출원에서는 타입만 맞다면 함수가 리턴하는 값을 곧바로 사용할 수 있다. 즉, int 타입이 올 수 있는 곳이라면 int 타입을 리턴하는 함수도 항상 올 수 있다. Max 함수는 정수값을 리턴하므로 m=Max(a,b) 구문으로 Max 함수가 리턴하는 값을 정수형 변수 m에 대입할 수 있으며 Add 함수가 리턴하는 정수값을 printf의 %d 서식과 대응시킬 수도 있다.

함수는 단 하나의 유일한 결과를 리턴하기 때문에 타입만 맞다면 수식 내에서도 바로 사용할 수 있다. d=Add(Max(a,b),c) 식은 a와 b 중 큰 값과 c를 더한 값을 d에 대입한다. Max가 리턴하는 값이 정수형이므로 이 함수의 호출 결과를 Add 함수의 첫 번째 인수로 사용할 수 있고 Add가 더한 값을 정수형 변수 d에 대입할 수 있다. 함수는 한 번에 하나의 리턴값만 돌려줄 수 있기 때문에 타입만 맞다면 수식 내에서 함수를 바로 쓸 수 있는 것이다. 다음 함수 호출도 모두 적법하다.

```
gotoxy(Max(a,b),Add(c,d));
Add(Add(Add(Add(1,2),3),4),5);
```

두 번째로 return 문은 결과를 돌려주는 것 외에 함수를 강제 종료시키는 기능을 한다. 함수 실행 중에 return문을 만나면 함수의 뒷부분이 남아있건 말건 무조건 함수를 종료하고 호출원으로 돌아가 버린다. return문이 함수의 결과값을 돌려주는 명령인데 결과값을 돌려주는 시점이 함수의 임무가 끝난 시점이므로 더 이상 함수의 나머지 부분을 실행할 필요가 없다.

return문의 함수강제 종료 기능은 인수의 유효성을 검사할 때 많이 사용된다. 다음 함수는 두 개의 실수를 전달받아 두 실수를 나누기 연산하여 그 결과를 리턴한다.

```
double div(double a, double b)
{
    if (b==0) {
        return 0;
    }
    return a/b;
}
```

a와 b의 나눗셈 결과는 a/b인데 만약 b가 0이라면 나눗셈을 할 수 없다. 그래서 a/b를 계산하기 전에 b의 값이 0인지 먼저 검사해보고 만약 b가 0이라면 나누기 연산을 할 필요도 없이 0을 리턴해 버린다. 무효한 인수로부터 치명적인 에러를 방지하기 위해 중간에 함수의 실행을 중단하는 것이다. 참고로 다음 코드는 위 함수의 코드와는 의미가 다르며 경고로 처리되는데 어떻게 다른지 연구해 보자.

```
double div(double a, double b)
{
    if (b!=0) {
            return a/b;
    }
}
```

문자열 출력 함수에서 출력 좌표가 음수인 경우도 정상적인 출력을 할 수 없다. 시간값을 넘겨주는 인수로 29시 87분이라는 값이 전달되었다든가 사람의 나이값으로 2397살 따위의 잘못된 값이 전달되었다면 함수가 정상적인 실행을 할 수 없으므로 중간에 return해야 한다. return문은 함수 내부의 어느 위치든지 올 수 있다. 단독으로도 사용할 수 있고 조건문 뒤에 올 수도 있고 다중 루프의 안쪽에 있을 수도 있다. 루프가 몇 겹이든 상관하지 않고 return문은 함수를 강제로 종료한다.

main 함수에서 return문이 사용되면 이것은 곧 프로그램을 끝내라는 명령이 된다. main 함수는 프로그램의 본체이기 때문에 이 함수를 종료하는 것은 곧 프로그램을 종료하는 것과 같다. 그래서 main 함수에서 return문은 exit(0)와 효과가 같다.

함수를 사용하는 조금 더 실용적인 예제를 만들어 보자. 다음 예제는 5장에서 만든 Dec2Hex 예제를 함수를 사용하여 다시 작성한 것인데 Dec2Hex 예제에서 10진수를 16진 문자로 바꾸는 코드가 두 번 사용되었으므로 반복을 방지하기 위해 이 기능을 함수로 따로 분리시키는 것이 좋다.

예제 Dec2Hex2

```
#include <Turboc.h>

char Dec2HexChar(int d)
{
    if (d >= 16) {
            return '?';
    }
    return d+'0'+(d>9)*7;
}
void main()
```

```
{
    int input;

    for (;;) {
        printf("0~255사이의 수를 입력하시오(끝낼 때 -1) : ");
        scanf("%d",&input);
        if (input == -1) {
            break;
        }

        printf("입력한 수의 16진 표기 = %c%c\n",
            Dec2HexChar(input >> 4),Dec2HexChar(input & 0xf));
    }
}
```

Dec2HexChar 함수는 정수값을 인수로 전달받아 이 값에 대응되는 16진 문자 하나를 찾아 주는데 d가 16 이상일 경우, 즉 16진 문자 하나의 범위를 넘어설 경우는 에러를 의미하는 '?'를 리턴하도록 했다. main에서는 변경하고자 하는 정수값을 이 함수로 전달하기만 하면 대응되는 문자를 즉시 얻을 수 있고 char 타입을 리턴하므로 함수 호출문을 %c 서식과 곧바로 대응시킬 수도 있다.

이전 예제에서는 상하위 니블값인 hi, low가 두 번씩 사용되어 별도의 변수를 선언했지만 이제 함수의 인수로 넘겨줄 때 한 번만 사용하면 되므로 이 변수들은 불필요해졌다. 함수를 호출할 때 input값으로부터 곧바로 상하위 니블을 추출하여 인수로 넘기면 된다. 만약 다른 프로젝트에서 Dec2HexChar 함수가 또 필요하다면 이 함수를 복사해서 가져가기만 하면 되므로 재활용하기도 훨씬 쉽다.

6.1.5 void형 함수

함수는 작업한 결과를 리턴값으로 돌려줄 수 있는데 모든 함수가 리턴값을 가지는 것은 아니다. 리턴할 값이 없는 함수도 있는데 이런 함수를 void형 함수라 한다. 정수형 값을 리턴하면 정수형 함수, 실수형값을 리턴하면 실수형 함수 등으로 함수가 리턴하는 값의 데이터형이 곧 함수의 타입(type)이 되는데 void형 함수는 아무런 값도 리턴하지 않는 함수다.

단순히 "삐" 하는 효과음을 낸다든가, 미리 정해진 메시지를 출력한다든가 하는 함수들은 특별히 호출원으로 돌려줄 값이 없다. 이런 함수를 정의할 때는 함수 타입에 void라고 적는다. void형 함수는 내부적으로 작업만 할 뿐이지 계산 결과를 리턴하지 않으므로 호출원에서는 함수를 호출만 하며 리턴값을 대입받거나 사용하지 말아야 한다. 다음이 void형 함수의 예이다.

> **예제** voidFunc

```c
#include <Turboc.h>
void PrintWait()
{
    printf("지금 열심히 작업중입니다. 잠시만 기다려 주세요\n");
}
void main()
{
    PrintWait();
    printf("1+2=%d\n",1+2);
}
```

PrintWait 함수는 사용자에게 잠시 기다리라는 메시지를 출력하는 기능을 가지는데 이 메시지를 출력하는 것만이 본연의 임무이므로 호출원으로 리턴할 값이 없다. 그래서 함수의 타입이 void형으로 정의되어 있다. 호출원에서는 대기 메시지를 출력할 필요가 있을 때 언제든지 이 함수를 호출하기만 하면 된다.

void형 함수도 return문을 사용할 수는 있으나 돌려줄 값이 없으므로 return문 뒤에 어떤 값을 쓸 수는 없다. return; 과 같이 return 명령만 적는다. 함수의 중간에서 리턴하지 않는다면 일부러 return문을 따로 적어줄 필요는 없다. 함수가 끝나면 자동으로 호출원으로 돌아가므로 함수 중간에서 리턴할 때만 return문이 필요하다.

6.1.6 함수의 다른 이름

C에서 함수라고 부르는 것은 영문의 function이라는 용어를 지나치게 그대로 직역한 것이다. function을 영한사전에서 찾아보면 기능, 작용, 직무, 함수, 행사 등등의 다양한 뜻이 있는데 이 단어를 함수라고 번역하게 된 이유는 최초 컴퓨터라는 물건을 수학자들이 주로 사용했기 때문이다. 수학적 의미의 함수는 여러 가지 입력값으로부터 계산을 통해 단 하나의 출력값을 만들어내는 수식이다.

그러나 C의 함수는 값의 계산이나 수학적으로 대응되는 값을 찾아내는 동작보다 훨씬 더 많은 일을 하고 있기 때문에 function을 함수로 번역하는 것은 사실 정확하지 않다. 차라리 "기능"이라고 번역하는 것이 더 적당하다고 할 수 있다. 일반적으로 function을 함수로 번역하고 있고 이미 함수라는 용어가 일반화되었기 때문에 이 책도 우세한 번역을 따르고 있다.

프로그램이란 반복적인 작업을 처리하는 경우가 많고 main에서 모든 것을 다 처리할 수 없기 때문에 기능별로 코드를 분할해야 한다. 그래서 C뿐만 아니라 다른 언어에서도 프로그램의 부품에 해당하는 함수의 개념이 있다. 예를 들어 파스칼이나 비주얼 베이직 같은 언어는 C의 함수에 해당하는 두 가지 개념이 존재한다.

- 함수(function) : 특정 계산을 수행하며 리턴값이 있다. 반드시 수식 내에서만 사용할 수 있으며 함수 단독으로 문장을 구성할 수 없다. 이 경우는 수학적 의미의 함수와 거의 유사하므로 적합한 용어 사용예라 할 수 있다.
- 프로시저(procedure) : 특정 작업을 수행하며 리턴값이 없다. 리턴값이 없기 때문에 수식 내에서는 사용할 수 없으며 단독으로 문장을 구성할 수는 있다. C의 void 함수가 이에 해당한다.

C의 함수는 파스칼의 함수와 프로시저에 해당하는 특성을 모두 가진다. 리턴값이 있을 수도 있고 없을 수도 있으며 모든 함수는 단독으로 사용할 수 있다. 파스칼은 형태에 따라 함수와 프로시저를 엄격하게 구분하여 실수를 방지하지만 C언어는 특별한 구분이 없으므로 융통성이 있다. 다음은 다른 언어와 구분되는 C 함수의 특징들이다.

① 함수끼리는 서로 평등한 관계에 있으며 상호 수평적이다. 즉, 함수끼리 언제나 호출 가능하다는 뜻이며 한 함수가 다른 함수에 예속되지 않는다. 반면 파스칼은 함수 내부에 지역 함수를 정의할 수 있어 함수끼리 수직적인 계층을 이룰 수 있다.
② 함수 중에서 가장 기본이 되는 함수를 main이라고 하며 프로그램의 시작점이 된다. 그러나 main이 다른 함수들과 특별히 다르지는 않으며 다만 프로그램의 실행 시작점이라는 것만 조금 특수할 뿐이다.
③ 리턴값은 있을 수도 있고 없을 수도 있다. 리턴값이 있는 함수는 리턴 타입을 가지며 그렇지 않은 함수는 void형으로 선언하면 된다.
④ 항상 단독으로 문장을 구성할 수 있다. 리턴값이 없는 함수는 단독으로만 사용할 수 있고 리턴값이 있는 함수는 수식 내에서 쓸 수도 있고 단독으로 쓸 수도 있다. 값을 리턴하는 함수라고 해서 반드시 리턴 값을 대입받거나 수식 내에서만 써야 하는 것은 아니며 리턴값을 버리는 것이 가능하다. printf 함수도 출력한 문자의 개수를 리턴하며 에러 발생시 음수를 리턴하는데 에러가 발생하는 경우가 거의 없고 출력 길이에도 특별한 관심이 없으므로 보통 단독으로 사용된다.
⑤ 값에 의한 호출 방식을 사용한다. 실인수가 형식인수에 대입될 때 항상 값이 대입된다는 뜻이다. 호출 방식에 대해서는 잠시 후 따로 연구해 볼 것이다.

6.2 헤더 파일

6.2.1 함수의 원형

함수의 원형을 이해하기 위해서는 C 컴파일러의 컴파일 방식에 대해 알아야 한다. 프로그래밍 언어는 해석 방식에 따라 인터프리터 방식과 컴파일 방식으로 나누어지는데 컴파일 방식이 훨씬 더 성능이 좋기 때문에 대부분의 언어가 컴파일 방식을 사용한다. C언어도 물론 컴파일 방식을 사용한다.

컴파일 방식은 소스를 읽어 기계어로 한꺼번에 번역하는 방식인데 번역을 몇 번에 나누어 하느냐에 따라 1패스, 2패스 등으로 구분된다. 한 번 죽 읽어서 번역을 다 해 내면 1패스 (one pass)방식이라고 하며 한 번 읽어서 컴파일 준비를 한 후 다시 읽으면서 기계어 코드로 바꾸는 방식을 2패스 방식이라고 한다. 2패스 방식의 대표적인 예가 어셈블러인데 소스상의 위치를 나타내는 레이블을 실제 번지로 바꾸기 위해 처음부터 끝까지 소스를 읽어 레이블의 번지를 미리 파악한 후 다시 처음부터 읽으면서 기계어 코드로 번역한다. 어셈블러는 이런 식으로 소스를 두 번 읽지 않으면 컴파일이 불가능하다.

3패스 방식을 채택하는 언어도 있고 디스 어셈블러들은 5패스 방식까지도 사용한다. 언어가 복잡해질수록 패스 수가 늘어나며 사용하는 메모리는 많아지고 컴파일 속도는 떨어진다. 초기의 C 컴파일러들은 컴파일 속도를 높이기 위해 통상 1패스 방식을 많이 채택했었다. C는 다른 언어보다 문법 구조가 복잡해서 컴파일 속도가 느린 편이라 패스를 여러 번 할 수가 없었다. 그래서 C 소스는 컴파일러에 의해 읽히는 족족 기계어로 번역된다.

물론 최근의 C 컴파일러들은 1패스가 아닌 것들도 있지만 초기의 컴파일러들이 1패스 방식으로 작성되었기 때문에 C 표준은 이런 컴파일러를 위해 한 번에 소스를 읽을 수 있는 장치를 마련할 필요가 있었다. 이러한 C의 1패스 방식 때문에 함수의 원형이라는 것이 필요하다. 원형(ProtoType)이란 함수에 대한 정확한 정보라는 뜻이며 리턴 타입, 함수 이름, 인수 리스트 등의 정보들로 구성된다. 원형이라는 것이 왜 필요한지 앞에서 만들었던 Max 예제를 다음과 같이 다시 작성해 보자.

예제 MaxFunc2

```c
#include <Turboc.h>

void main()
{
    int a,b,m;

    printf("두 수를 입력하세요 : ");
    scanf("%d%d",&a,&b);
    m=Max(a,b);
    printf("두 수 중 큰 값은 %d입니다.\n",m);
}
int Max(int a, int b)
{
    if (a > b) {
        return a;
    } else {
        return b;
    }
}
```

원래 예제에 비해 main, Max 함수의 순서가 바뀌었을 뿐 코드는 동일하다. 원래 예제에서는 Max 함수를 먼저 정의하고 main 함수가 그 뒤에 있었으나 이번에는 반대로 되어 있다. 이 예제를 컴파일하면 다음 두 가지 에러가 발생한다.

```
CExam.cpp(9) : error C2065: 'Max' : undeclared identifier
CExam.cpp(14) : error C2373: 'Max' : redefinition; different type modifiers
```

첫 번째 에러는 main 함수의 중간쯤에 있는 Max라는 명칭이 정의되지 않았다는 뜻이다. 1패스 방식으로 소스를 순서대로 번역하므로 Max 함수보다는 main 함수를 먼저 번역하는데 main 함수의 m=Max(a,b)를 번역하는 시점에서는 Max가 함수인지, 변수인지 조차도 아직 파악이 안 된 상태이다. 그래서 Max가 무엇인지 모르겠다는 에러 메시지가 출력되는 것이다.

컴파일러가 아직 이해하지 못하는 함수 호출문을 만났으므로 이 상태에서는 컴파일할 수 없으며 Max라는 명칭에 대해 에러로 기록할 것이다. 두 번째 에러 메시지는 앞에서 이해하지 못했던 Max라는 명칭을 다시 함수로 정의하고 있으므로 중복 정의했다는 뜻이다. 컴파일러는 처음 보는 명칭에 대해 내부적인 디폴트를 가정하는데 이 디폴트와 다르게 선언되었다는 불만 표시이다.

이 에러 메시지들이 출력되는 원인은 C 컴파일러가 1패스 방식으로 소스를 해석하기 때문이다. 최초 main에서 Max라는 명칭을 만났을 때 소스의 뒤쪽을 미리 읽어 두었다면 Max가 함수라는 것을 알 수 있지만 순서대로 딱 한 번만 읽기 때문에 Max의 실체를 파악하지 못하는 것이다. 이 현상을 좀 더 쉽게 이해하려면 다음 예를 생각해 보면 된다.

```
i=3;
int i;
```

선언과 대입의 순서가 바뀌어 있으므로 에러가 될 것임은 너무 당연하다. 순서를 바꾸어야만 제대로 컴파일될 것이다. 물론 모르는 명칭이 나왔을 때 뒤쪽을 먼저 읽어 보도록 한다면 이런 코드를 제대로 해석하는 컴파일러를 만들 수도 있다. 하지만 이런 컴파일러를 만든다면 복잡해지고 컴파일 속도도 느려질 것이며 예상치 못한 부작용도 생길 수 있으므로 아예 깔끔하게 에러로 처리하는 것이다. 문법은 편리한 것보다는 명료한 것이 훨씬 더 바람직하다.

이 문제를 해결하는 방법은 아주 간단하다. 원래 작성했던 예제처럼 함수의 순서를 바꾸면 된다. main보다 Max를 먼저 정의하고 main에서 Max를 호출한다면 컴파일러가 Max에 대한 정의를 먼저 보게 되므로 아무 문제가 없다. main에서 A를 호출하고 A가 C, D를 호출하고 C가 B를 호출한다면 B-C-D-A-main 순으로 배치하면 일단 문제를 해결할 수는 있다. 호출되는 함수가 항상 먼저 나오면 된다.

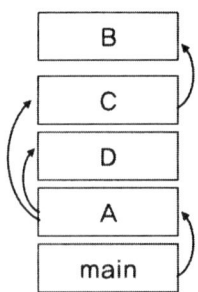

그러나 이런 단순한 방법으로는 복잡한 프로그램을 작성하기에 한계가 있다. 왜냐하면 함수의 수가 많아지고 함수끼리 복잡하게 호출해댈 때는 순서를 정하기 무척 어려워지기 때문이다. 함수가 100개만 되어도 순서가 보통 복잡해지는 것이 아니다. 또한 상호 호출이라는 특별한 기법을 사용할 경우도 있기 때문에 함수의 순서를 조정하는 것은 일반적인 해결책이 되지 못한다.

원칙적으로 함수는 사용되기 전에 미리 그 형태를 컴파일러가 알 수 있도록 해야 하는데 그 방법이 바로 원형(ProtoType)을 선언하는 것이다. 함수의 원형을 미리 선언해 두면 본체는 뒤쪽에 있더라도 함수 호출부에서 이 명칭이 함수이고 어떤 인수를 요구한다는 것을 미리 알 수 있게 된다. 이렇게 함수의 정보를 미리 컴파일러에게 알려 주는 것을 "원형을 선언한다"라고 한다. 위 예제를 원형을 선언하여 수정해 보면 다음과 같이 된다.

예제 MaxFunc3

```
#include <Turboc.h>

int Max(int a, int b);              // 원형 선언

void main()
{
    int a,b,m;

    printf("두 수를 입력하세요 : ");
    scanf("%d%d",&a,&b);
    m=Max(a,b);                     // 이미 원형이 선언되었으므로 Max가 함수임을 알 수 있다.
    printf("두 수 중 큰 값은 %d입니다.\n",m);
}

int Max(int a, int b)               // 본체는 뒤쪽에 있다.
{
```

```
    if (a > b) {
        return a;
    } else {
        return b;
    }
}
```

Max 함수의 본체를 정의하기 전에 main 함수에서 Max를 호출하고 있지만 main 함수 이전에 Max의 원형이 선언되어 있으므로 컴파일러는 Max가 함수라는 것과 어떤 타입의 인수를 요구하는지를 미리 파악할 수 있다. 요약하자면 원형 선언이 필요한 이유는 C 컴파일러가 1패스 방식을 사용하며 딱 한 번 읽어서 번역을 하기 때문에 뒷부분에 나올 함수에 대한 정보를 미리 제공해야 하기 때문이다.

6.2.2 원형의 형식

함수의 원형은 컴파일러에게 함수에 대한 정보를 제공하기 위해 작성한다. 그래서 함수의 본체는 적지 않으며 리턴 타입, 함수 이름, 인수 목록만 적는다. 함수를 정의하는 형식에서 본체를 빼고 뒤에 세미콜론을 붙이면 이것이 함수의 원형이다. 원형 선언 자체도 하나의 문장이므로 세미콜론은 반드시 있어야 한다.

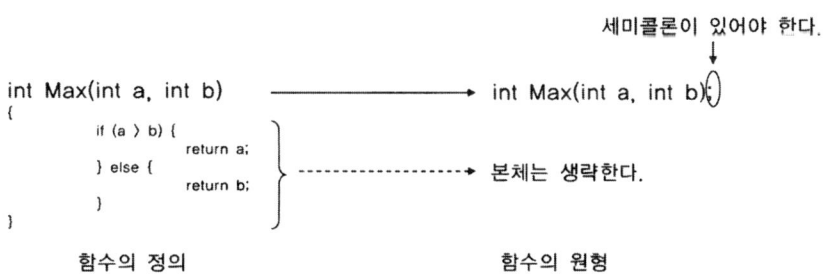

함수를 정의하는 형식에서 함수 이름이 포함된 첫 번째 줄만 옮겨 적고 뒤에 세미콜론을 붙이면 이것이 함수의 완전한 원형이다. Max 함수의 완전한 원형은 int Max(int a, int b); 가 된다. 이때 함수의 원형에 적는 형식 인수의 이름은 사실 아무 의미가 없다. int Max(int kkk, int mmm); 이라고 써도 결과는 완전히 동일하다. 왜냐하면 형식인수란 함수의 본체내에서 호출원으로부터 전달된 값을 참조하기 위해 사용하는 것인데 원형 선언은 본체를 가지지 않으며 형식 인수를 사용하지 않기 때문이다.

그러나 인수들의 타입은 아주 중요한 의미가 있다. int Max(int a, int b); 원형은 이 함수의 이름이 Max이고 정수형 값을 리턴한다는 것 외에 두 개의 정수를 인수로 취한다는 정보를 담고 있다. 컴파일러는 이 원형을 미리 기억하고 있다가 혹시 사용자가 Max(1, 3.14) 같이 실수를 전달하면 소수점 이하가 잘린다는 경고를 출력하거나 Max(2,"name") 같이 변환할 수 없는 인수일 경우는 에러로 처리한다. 즉, 원형 선언이란 컴파일러에게 "혹시 내가 실수를 하면 좀 알려 줘"하고 요청해 놓는 것이다.

함수의 원형에서 형식 인수의 이름은 의미가 없기 때문에 형식 인수를 생략하는 간략한 원형 선언 방식도 허용된다. 인수 리스트에서 형식 인수 이름은 빼 버리고 인수의 타입만 적는 방식인데 Max 함수의 간략한 원형은 int Max(int,int); 가 된다. 이 원형만으로도 컴파일러는 Max 함수에 대한 모든 정보를 다 알 수 있다.

이 외에 구형 C 컴파일러는 인수 리스트를 생략하는 int Max(); 같이 더 간략화된 형식도 지원했었으나 요즘의 C++ 컴파일러들은 인수 리스트의 생략은 허용하지 않는다. 다음에 배우게 되겠지만 C++은 인수 목록이 다르면 다른 함수로 취급하는 다형성을 지원하기 때문이다. 그래서 함수의 원형은 다음 두 가지 형식으로 쓸 수 있다.

```
int Max(int a, int b);      // 완전한 원형 - 형식 인수명도 적어준다.
int Max(int, int);          // 간략한 원형 - 인수의 타입만 밝힌다.
```

어떤 방식으로 원형을 선언하는가에 따른 차이점은 거의 없다. 어차피 컴파일러는 형식 인수의 이름 따위에는 전혀 관심이 없기 때문이다. 그래서 메모리나 하드 디스크값이 비쌌던 과거에는 간략한 형식의 원형을 많이 사용했었고 요즘도 이런 형식을 즐겨 쓰는 사람들이 많다. 의미도 없는 형식 인수명을 일일이 타이프하는 것도 꽤 성가신 일이기 때문이다.

하지만 최근에는 가급적이면 함수의 원형을 완전하게 적는 것이 더 권장된다. 형식 인수의 이름이 컴파일러에게는 아무 도움이 되지 않지만 함수를 사용하는 사람에게는 도움이 되기 때문이다. 예를 들어 화면에 원을 그리는 DrawCircle이라는 함수가 있다고 하자. 아마 이 함수의 원형은 다음과 같이 작성될 것이다.

```
void DrawCircle(int x, int y, int radius);
```

별다른 설명이 없더라도 이 원형으로부터 첫 번째, 두 번째 인수가 원의 중심점이고 세 번째 인수가 반지름이라는 것을 직관적으로 알 수 있다. 만약 간략한 형태로 void DrawCircle(int, int, int); 와 같이 써 버리면 이 함수를 사용하는 사람은 함수의 본체를 보거나 레퍼런스를 참조해야만 인수들의 정확한 의미를 알 수 있을 것이다. 원형에 포함된 형식 인수의 이름은 주석보다 더 좋은 참고 정보가 되므로 가급적이면 인수의 의미를 정확하게 전달할 수 있는 이름을 적어 놓는 것이 좋다.

표준 함수의 원형은 사용자에게 가급적이면 많은 정보를 제공하기 위해 모두 완전한 형태로 작성되어 있는 경우가 많다. 컴파일러에 따라서는 간략한 원형을 사용하는 것도 있다. 사용자 정의 함수들도 특별한 이유가 없는 한 완전한 형태로 적는 것이 좋다.

6.2.3 헤더 파일

앞에서 함수는 사용되기 전에 반드시 그 원형을 선언해야 한다는 것을 알았다. 그렇다면 printf, scanf 같은 표준 함수들의 경우는 어떨까? 표준 함수들도 함수이기 때문에 호출하기 전에 그 원형을 컴파일러가 알 수 있도록 해야 한다. 하지만 지금까지 우리는 표준 함수에 대해서는 별도의 원형 선언을 하지 않고 사용했는데 그래도 별 지장이 없었다.

사실 지금까지의 예제들은 명시적으로 보이지는 않았지만 모두 표준 함수의 원형을 선언했었다. 예제의 앞부분에 일일이 붙어 있는 #include 〈stdio.h〉(또는 #include 〈Turboc.h〉)가 바로 표준 함수의 원형 선언문이다. 표준 함수들의 원형은 컴파일러를 만들 때 이미 결정되어 있기 때문에 컴파일러 제작사들이 원형을 미리 작성하여 컴파일러와 함께 배포한다.

이처럼 표준 함수의 원형을 미리 작성해 놓은 것을 헤더 파일(Header File)이라고 하며 stdio.h가 대표적인 헤더 파일이다. #include문은 헤더 파일을 소스 안으로 읽어 들이는 역할을 하므로 #include 〈stdio.h〉 명령에 의해 stdio.h에 선언된 모든 표준 함수의 원형을 공짜로 선언할 수 있게 된다.

이 파일은 컴파일러의 Include 디렉토리에 있는데 직접 열어 보도록 하자. 아주 많은 표준 함수들의 원형이 선언되어 있고 지금까지 사용했던 printf, scanf 함수에 대한 원형도 선언되어 있다. 몇 가지 매크로와 ... 이라는 이상한 기호가 붙어 있어 아직 해석은 잘 되지 않지만 이것들이 모두 표준 함수의 원형들이다.

```
_CRTIMP int __cdecl printf(const char *, ...);
_CRTIMP int __cdecl putc(int, FILE *);
_CRTIMP int __cdecl putchar(int);
_CRTIMP int __cdecl puts(const char *);
_CRTIMP int __cdecl scanf(const char *, ...);
```

방대한 양의 C 함수들을 모두 한 헤더 파일에 선언할 수 없으므로 함수를 적당히 분류하여 몇 개의 헤더 파일들에 분산해 놓았다. 다음은 어떤 헤더 파일에 어떤 함수의 원형이 선언되어 있는지를 보인 것이다. 쓰고자하는 함수가 어떤 헤더 파일에 선언되어 있는지는 대충 알고 있어야 하는데 모를 경우 언제든지 도움말(MSDN)에서 조사할 수 있다.

헤더 파일	함수	예
stdio.h	표준 입출력에 관한 함수	printf, scanf, puts
conio.h	키보드 및 화면 입출력 함수	getch, cprintf, kbhit
stdlib.h	자료 변환 함수들	atoi, itoa, malloc, free
math.h	수학 함수들	sin, cos, log
string.h	문자열 조작 함수들	strcpy, strlen

이 외에도 많은 헤더 파일들이 있는데 자신이 사용하고자 하는 함수가 어떤 헤더 파일에 선언되어 있는지 레퍼런스에서 조사해 보고 소스 선두에 포함시켜야 한다. MSDN에서 getch 함수를 찾아보면 이 함수가 conio.h에 선언되어 있다는 정보를 얻을 수 있다. 간단한 예제의 경우는 stdio.h만 포함해도 웬만한 함수들은 다 사용할 수 있으며 conio.h나 stdlib.h 정도만 추가로 포함하면 별 문제가 없을 것이다.

이 책의 예제들은 실습의 편의상 stdio.h나 conio.h 같은 표준 헤더 파일 대신 주로 Turboc.h라는 직접 만든 헤더 파일을 포함한다. Turboc.h는 다시 stdio.h, conio.h 등의 헤더 파일을 포함하고 있기 때문에 이 헤더 파일만 포함하면 실습에 필요한 대부분의 표준 함수들은 다 사용할 수 있도록 되어 있다. 그러나 Turboc.h 헤더가 실전에서는 존재하지 않으므로 모든 함수를 항상 쓸 수 있다고 생각해서는 곤란하며 반드시 관련 헤더 파일을 포함해야 한다는 것을 명심하도록 하자.

헤더 파일에는 표준 함수의 원형뿐만 아니라 개발에 필요한 다양한 정보들이 작성되어 있다. 어떤 정보들이 작성되어 있는지 보자. 헤더 파일에는 이런 유용한 정보들이 많이 포함되어 있기 때문에 헤더 파일만 인클루드해도 공짜로 쓸 수 있는 것들이 많은 것이다.

① 제일 중요한 정보는 표준 함수의 원형이다. 이 원형이 헤더 파일에 선언되어 있기 때문에 #include문으로 헤더 파일만 포함하면 표준 함수를 사용할 수 있다.
② 각 표준 함수들이 사용하는 매크로 상수들을 정의한다.
③ 각 표준 함수들이 사용하는 열거형 타입을 정의한다.
④ 자료의 가공을 간편하게 해 주는 매크로 함수들을 정의한다.
⑤ 구조체, 공용체 등 표준 함수가 요구하는 사용자 정의 타입을 정의한다.

| 참 | 고 |

C, C++ 모두 헤더 파일은 통상 확장자 h를 가진다. 그러나 최신 C++ 표준은 헤더 파일에 별도의 확장자를 붙이지 않는 것으로 변경되었다. 기존의 C 헤더 파일들은 확장자를 제거하는 대신 앞에 c를 붙임으로써 C언어로부터 물려받은 헤더임을 표시하도록 했다. 그래서 stdio.h는 cstdio가 되었고 string.h는 cstring으로, math.h는 cmath로 이름이 바뀌었다. 물론 호환성 유지를 위해 기존의 확장자 h를 가지는 파일도 여전히 사용할 수 있다. 표준이 완전히 정착되기 전이라 아직 새로운 헤더 파일명을 인식하지 못하는 컴파일러도 있고 최신 컴파일러도 확장자 h를 가지는 파일을 계속 지원하므로 이 책은 표준보다는 호환성을 중시하는 쪽으로 헤더 파일 이름을 사용했다.

6.2.4 모듈

함수를 사용하기 전에 원형만 선언한다면 함수의 본체는 어디에 있더라도 상관없다. 컴파일러가 이미 함수에 대한 정보를 확보하고 있으므로 호출부보다 앞쪽에 있을 수도 있고 뒤쪽에 있어도 상관없다. 심지어 다른 소스 파일에 함수의 본체를 둘 수도 있다. 비주얼 C++의 프로젝트는 하나의 실행 파일을 만들기 위한 모듈의 집합이며 한 프로젝트 안에 여러 개의 모듈(CPP 파일)을 둘 수 있다.

그래서 하나의 소스 파일에 모든 함수를 작성할 필요없이 함수의 그룹별로 모듈을 구성하고 각 모듈은 헤더 파일을 통해 제공하는 함수의 목록을 밝히면 된다. 예를 들어 Game이라는 이름의 가상 프로젝트를 생각해 보자. 게임을 만들기 위해서는 사운드, 그래픽 등의 여러 가지 기능이 필요하다. 이런 각각의 기능을 구현하는 함수 집합에 대해 모듈을 따로 만들 수 있으며 각 모듈은 개별적으로 컴파일되어 링커에 의해 하나의 실행 파일로 합쳐진다.

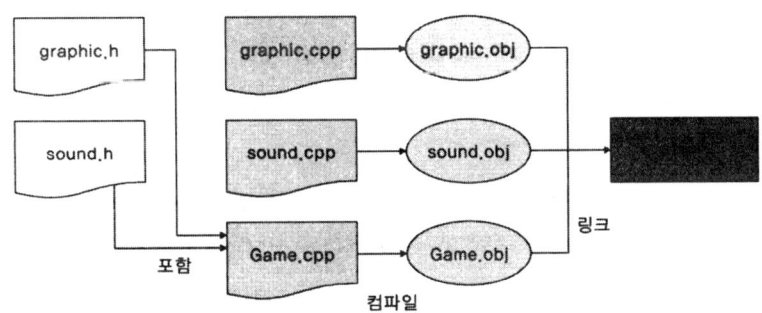

graphic.cpp에는 그래픽 처리에 관련된 함수들을 작성하고 sound.cpp에는 사운드에 관련된 함수들을 작성하며 Game.cpp에는 실제 게임을 진행하는 함수들을 작성한다. graphic 모듈과 sound 모듈에 작성되어 있는 함수의 원형은 각 헤더 파일에 선언되어 있으며 Game.cpp에서는 헤더 파일만 포함함으로써 두 모듈에 있는 함수를 자유롭게 호출할 수 있다.

이런 식으로 하나의 실행 파일을 만들기 위한 소스를 여러 개로 나누어 개발하는 방식을 모듈 분할 컴파일(또는 다중 모듈 컴파일) 방식이라고 한다. 이 책의 예제들은 간단하기 때문에 대부분 단일 모듈 컴파일 방식을 사용하지만 실제 프로젝트에서는 아주 간단한 프로그램이 아닌 한은 모듈을 분할하여 개발해야 한다. 모듈 분할 컴파일 방식은 다음과 같은 이점이 있다.

① 컴파일 속도가 빠르다. 함수들이 여러 개의 모듈에 분산되어 있으므로 한 함수를 수정한 후 컴파일할 때 이 함수가 속한 모듈만 컴파일하면 된다. 예를 들어 graphic 모듈의 함수 하나를 수정했을 때 sound 모듈이나 Game 모듈은 다시 컴파일할 필요가 없다. 모듈을 잘게 나눌수록 컴파일 속도는 더 빨라질 것이다.

② 분담 작업이 가능하다. 그래픽을 잘 하는 사람은 graphic 모듈만 작성하고 사운드 전문가는 sound 모듈에만 신경쓰면 된다. 모듈이 나누어져 있으므로 각 분야의 전문가들이 자신의 능력을 최대한 발휘할 수 있다. 하나의 소스를 두 사람이 작성하는 것이 꼭 불가능한 것은 아니지만 대단히 비효율적이고 위험하기 때문에 단일 모듈 방식일 때는 분담 작업이 아주 어렵다.

③ 프로젝트 관리가 쉽다. 모듈별로 관련 함수들을 모아 놓았기 때문에 한 부분에서 말썽이 생기면 문제를 찾아 수정하기가 쉽다. 하나의 긴 소스에 모든 함수들이 마구 뒤섞여 있다면 당장 작업할 부분을 찾기도 어렵고 여러 모로 이 소스를 제대로 관리하기가 곤란해진다. 2만줄짜리 소스를 스크롤해 가면서 수정해야 한다고 생각하면 정말 끔찍할 것이다.

④ 모듈을 재사용할 수 있다. 모듈은 기능적으로 독립적인 함수의 집합을 구성하기 때문에 다른 프로젝트에 쉽게 재사용할 수 있다. 예를 들어 graphic 모듈이 굉장히 잘 만들어졌다면 이 모듈을 별다른 노력을 들이지 않고도 다른 게임 제작에 다시 사용할 수 있을 것이다.

이런 여러 가지 장점이 있기 때문에 실제 프로젝트는 대부분 모듈을 분할하여 개발하며 비주얼 C++은 모듈 분할 방식을 지원하기 위해 프로젝트라는 개념을 제공한다. 학습용의 간단한 예제에서는 프로젝트를 일일이 구성하는 것이 조금 번거롭다는 단점이 있으므로 이 책의 예제들은 대부분 단일 모듈로 되어 있다. 문법을 공부할 때는 가급적 한 소스에 모든 코드를 담아 한 눈에 볼 수 있어야 하기 때문이다. 다른 사람의 소스를 분석하거나 실제 프로젝트에 투입될 때를 대비해서 다중 모듈 컴파일 방식을 실습해 보도록 하자.

MultiModule 예제는 메인 모듈인 MultiModule.cpp와 유틸리티 모듈인 Util.h, Util.cpp로 구성되어 있다. MultiModule이라는 이름으로 새로 프로젝트를 만들고 MultiModule.cpp, Util.cpp 소스 파일과 Util.h를 프로젝트에 추가한 후 다음 코드를 각 모듈에 입력해 넣으면 된다. Util 모듈에 앞에서 실습한 Max 함수를 작성해 놓고 메인 모듈에서 이 함수를 호출해 보도록 하자.

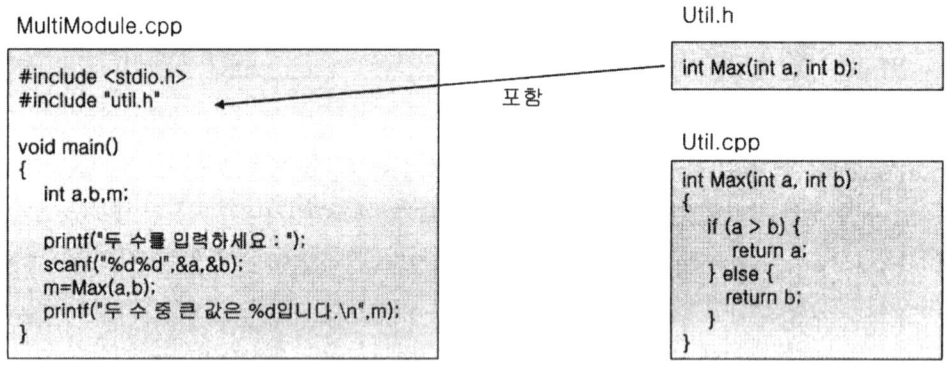

메인 모듈인 MultiModule.cpp에는 Max 함수에 대해 정의되어 있지 않지만 main 함수에서 Max 함수를 호출한다. 이것이 가능한 이유는 Util.h에 원형이 선언되어 있고 Util.cpp에 Max 함수의 본체가 작성되어 있기 때문이다. main 함수를 컴파일할 때 Max 함수의 원형만 알고 있으면 이 함수 호출부를 컴파일할 수 있으며 각 모듈이 컴파일된 후 링커에 의해 서로 연결된다.

다중 모듈 프로젝트를 만드는 방법은 단일 모듈 프로젝트를 만드는 방법에 비해 특별히 어렵지도 않다. 새 프로젝트를 만들고 필요한 만큼 File/New 메뉴를 선택해서 cpp, h 파일을 프로젝트에 추가하기만 하면 된다. cpp 파일에는 주로 함수의 코드가 작성되며 헤더 파일에는 원형이나 타입, 매크로 등 실제 코드를 생성하지 않는 선언만 작성하는 것이 일반적이다.

개발자 이야기 컴파일 속도

내가 처음 개발사에 입사했을 때의 컴퓨터 환경은 486 CPU에 메모리 16M 정도였다. 그것도 개발자에게만 주어지는 고성능 환경이었는데 이 환경에서 내가 맡은 프로젝트를 풀 빌드하는데 5분 정도가 걸렸다. 컴파일하는 중에는 CPU를 독차지하기 때문에 빌드 중에 웹 서핑을 한다거나 음악을 들으면 더 느려지므로 그냥 내버려 둬야 했다. 5분 동안 컴퓨터도 없이 할 수 있는 일이 뭐가 있겠는가?

책을 뒤적거리거나 생각을 하다가 심심하면 담배도 한대 피우고 커피나 콜라도 한잔 마실 수 있다. 그러나 그것도 한 두 번이지 매번 5분을 기다리자면 마땅히 할 거리도 없다. 그래서 옆 사무실로 놀러가 동료들과 잡담도 하고 여직원들에게 껄떡거려 보기도 하는데 해 본 사람은 알겠지만 남녀가 만나면 시간이 참 잘 흘러간다. 그렇다고 "나 딱 5분 동안만 껄떡거릴께"하면 시간 재가며 나랑 놀아 줄 친절하고 한가한 직원도 없고 어찌어찌 하다 보면 30분도 훌쩍 가 버린다.

그러다 보니 수정 후에 매번 테스트하기 어려워 다량의 코드를 작성하고 신중하게 점검한 후에라야 한꺼번에 컴파일해 볼 수 있었다. 하루에 몇 번 컴파일해 보지도 못하므로 코드를 작성하는 양도 작을 수밖에 없어 마음만 급한 경우가 허다하다. 더 심각한 문제는 컴파일해 놓고 신나게 놀다가 다시 자리에 앉았을 때 요런 생각이 들 때이다.

'내가 뭘 고쳐 놓고 컴파일했지?'

이 기분 안 당해 본 사람은 모를거다. 분명히 뭔가 고쳐 놓고 컴파일했는데 뭘 테스트해 봐야 할지를 잊어 버렸으니 얼마나 황당한가? 느린 컴파일 속도는 기다리는 시간도 문제지만 개발자의 사고 흐름을 연속적으로 유지할 수 없다는 것이 더 큰 문제였다. 개발자에게 컴파일은 어쩌다가 한 번씩 하는 동작이 아니라 일상적인 업무이므로 컴파일 속도는 개발 속도와 직결된다.

같은 프로젝트를 최신의 컴퓨터 환경에서 컴파일하면 10초 정도밖에 안걸린다. 요즘 세대들에게 컴파일하는데 5분이 걸렸다는 얘기를 하면 실감이 나지 않을 것이다. 물론 나보다 더 앞서 프로그래밍을 시작한 선배들은 더 느렸던 시절도 알고 있겠지만 말이다. 아무리 최신식 컴퓨터라 하더라도 컴파일 속도는 항상 빠를수록 좋은 것이다. 그래서 온갖 방법으로 컴파일 속도를 높이기 위해 애쓰게 되었고 그 결과가 언어의 곳곳에 남아 있는 것이다.

6.2.5 함수 제작

함수를 정의하고 사용하는 문법은 사실 무척 간단한 편이라 쉽게 이해하고 익숙해질 수 있다. 그러나 필요할 때 정확히 요구에 맞는 함수를 만들어 활용하는 기술은 많은 연습을 필요로 하는데 여기서 아주 간단한 예를 통해 공통된 코드를 함수로 제작하는 실습을 해 보도록 하자. 다음과 같이 박스 안에 메시지를 출력하고 싶다고 하자.

```
--------------------------
| 치명적인 에러가 발생했습니다. |
--------------------------
```

단순히 puts로 메시지만 출력해서는 사용자의 눈길을 끌 수 없으므로 중요한 메시지는 이런 식으로 좀 특이하게 출력할 필요가 있다. 과거 도스 환경이나 콘솔 환경은 표현력이 워낙 빈약하기 때문에 이런 식으로 장식을 통해 중요한 메시지를 강조하는 수밖에 없었다. 출력 결과를 보면 코드의 내용이 대충 상상되는데 문자열의 길이만큼 적당히 루프를 돌리면서 '-' 문자를 출력하고 다음 줄에 메시지, 그리고 마지막줄에 다시 '-'문자를 출력한 후 개행하면 된다.

이 정도 출력문이라면 단순한 루프로 해결할 수 있으므로 결코 어려운 코드라고는 할 수 없다. 그러나 메시지를 출력할 때마다 매번 루프를 돌리고 문자열의 길이를 계산하는 것은 어렵다기보다 성가신 일인데 이런 반복적인 코드를 함수로 한 번 작성해 놓으면 두고두고 써 먹을 수 있을 것이다. 다음 예제의 BoxMessage 함수가 이런 메시지를 출력한다.

예제 **BoxMessage**

```
#include <Turboc.h>

void BoxMessage(char *str);
void main()
{
    BoxMessage("박스를 그리고 그 안에 문자열을 출력한다.");
    BoxMessage("전달된 문자열의 길이에 적당한 박스를 스스로 계산한다.");
    BoxMessage("신기하군");
}

void BoxMessage(char *str)
{
    int i;
    int len;

    len=strlen(str);
    puts("");
    for (i=0;i<len+4;i++) {
        putch('-');
    }
    puts("");
    printf("| %s |\n",str);
    for (i=0;i<len+4;i++) {
        putch('-');
    }
    puts("");
}
```

strlen 함수는 문자열의 길이를 구하는데 이 길이에 4를 더한 만큼 '-'를 반복적으로 출력했다. 메시지의 양쪽에 박스의 외곽선인 | 문자와 공백 하나씩을 더 출력하므로 위, 아래의 외곽선인 '-'도 메시지 길이보다 4만큼 더 길어야 한다. 수평선을 그은 후 개행하고 수직 외곽선과 메시지를 출력했다. 그리고 또 아래쪽에 수평선을 그어 박스를 닫았다. 출력 결과는 다음과 같다.

```
---------------------------------
| 박스를 그리고 그 안에 문자열을 출력한다. |
---------------------------------
-----------------------------------------
| 전달된 문자열의 길이에 적당한 박스를 스스로 계산한다. |
-----------------------------------------
---------
| 신기하군 |
---------
```

일단 함수가 만들어지면 호출원에서는 출력하고 싶은 메시지 문자열만 이 함수로 전달하면 된다. 문자열의 길이나 외곽선을 그리는 방법 등에 대해서는 더 이상 신경쓸 필요가 없어졌으며 필요할 때마다 함수를 호출할 수 있다. 뿐만 아니라 이런 출력을 다른 프로젝트에서도 사용하고 싶다면 이 함수만 복사해 가면 언제든지 재사용할 수 있다.

그런데 이 예제의 BoxMessage 함수를 자세히 보면 이 함수 내에서 반복되는 코드가 보인다. 수평선을 긋기 위한 루프가 두 개 존재하는데 이 두 코드는 내용이 완전히 같으므로 두 번 반복해서 쓸 필요없이 함수로 분리하는 것이 좋다. 이왕 함수로 분리하는 김에 출력 문자와 반복 회수를 인수로 전달받아 좀 더 범용적으로 사용할 수 있도록 해 보자.

예제 BoxMessage2

```
#include <Turboc.h>

void BoxMessage(char *str);
void putchs(int ch,int n);

void main()
{
    BoxMessage("함수가 함수를 또 부를 수 있다.");
    BoxMessage("함수는 반복을 제거하며 코드의 재사용성을 높인다.");
}

void BoxMessage(char *str)
{
```

```
    int len;

    len=strlen(str);
    puts("");
    putchs('-',len+4);
    printf("| %s |\n",str);
    putchs('-',len+4);
}

void putchs(int ch,int n)
{
    int i;

    for (i=0;i<n;i++) {
        putch(ch);
    }
    puts("");
}
```

putchs 함수는 출력 대상 문자 ch와 반복 회수 n을 인수로 전달받아 ch를 n만큼 반복적으로 출력한다. 원래 BoxMessage 함수에 작성되어 있던 코드를 putchs 함수로 분리한 것이다. BoxMessage 함수는 수평선을 긋기 위해 똑같은 루프를 두 번씩이나 돌 필요없이 적당한 인수와 함께 putchs 함수만 호출하면 되므로 코드가 훨씬 더 짧고 간단해진다.

반복되는 코드가 함수로 분리되었으므로 프로그램의 크기가 작아졌으며 putchs가 출력 문자를 인수로 전달받으므로 박스의 모양을 다르게 디자인할 수도 있다. 또한 putchs 자체만으로도 재사용 가치가 충분히 있으므로 원하는 프로젝트에 가져가 쓸 수 있다.

과제 Power

두 개의 정수 a와 b를 입력받아 a의 b승을 구하는 power 함수를 작성하라. 예를 들어 power(2, 10)을 호출하면 1024를 계산해 리턴하면 된다. 정수 수준에서만 누승을 구하는 것이므로 오버플로우는 무시하기로 하고 효율도 고려치 않기로 한다. 표준 함수 중에 똑같은 계산을 하는 pow라는 함수가 이미 있지만 연습 삼아 만들어 보도록 하자.

6.3 함수 호출 방식

6.3.1 값 호출

인수란 호출원에서 함수에게 일을 시키기 위한 정보인데 인수를 어떻게 전달하는가에 따라 값 호출 (call by value) 방식과 참조 호출(call by reference) 방식이 있다. 인수를 넘기는 방식에 따라 실인수의 값이 변경되는가 아닌가의 차이점이 있다. 다소 어려울 수도 있지만 함수를 이해하는데 아주 중요한 내용이므로 잘 알아 두도록 하자.

먼저 값 호출에 대해 알아보자. 값 호출 방식이란 실인수의 값이 형식 인수로 전달되는 방식이다. 다음 예제의 plusone 함수는 하나의 정수값을 전달받아 그 값에 1을 더한 값을 리턴한다. 1을 더한 값이야 변수에 +1하면 쉽게 구할 수 있지만 호출 방식의 차이점을 보기 위해 의도적으로 함수로 만들어 보았다.

예제 CallValue

```c
#include <Turboc.h>

int plusone(int a);

void main()
{
    int i,j;

    i=5;
    j=plusone(i);
    printf("i=%d, 결과=%d\n",i,j);
}
int plusone(int a)
{
    a=a+1;
    return a;
}
```

main에서 정수형 변수 i를 선언하고 이 변수에 5를 대입했다. 그리고 plusone(i)를 호출하면 형식 인수 a가 이 값을 대입받는다. 이 함수에 의해 a값에 1을 더한 값이 리턴되는데 a로 전달된 값이 5였으므로 결과는 6이 될 것이다. main에서는 이 값을 j에 대입한 후 출력했으므로 프로그램 전체의 실행 결과는 "i=5, 결과=6"이 된다.

형식 인수 a가 대입받는 대상이 main의 실인수 i의 값이기 때문에 이런 호출 방식을 값 호출이라고 한다. a는 plusone으로 전달된 실인수의 임시 사본이라고 할 수 있는데 실인수 i와는 전혀 다른 새로운 변수이다. 함수 호출 직후에 i의 값을 대입받았으므로 일시적으로 i와 같은 값을 가지고 있을 뿐이지 i와는 아예 기억되는 메모리 공간 자체가 다르다.

plusone 함수에서 a의 값을 1 증가시켰지만 main에 있는 실인수 i의 값이 바뀌는 것은 아니다. a가 i의 값을 대입받았지만 a를 어떻게 바꾸더라도 i의 값은 전혀 영향을 받지 않는다. a는 어디까지나 사본에 불과하므로 사본이 증가하든 감소하든 원본에 영향을 주지 못한다. plusone은 1 증가시킨 a의 값을 리턴했고 main은 이 리턴값을 별도의 변수 j에 대입함으로써 i를 1 증가시킨 결과를 취했다.

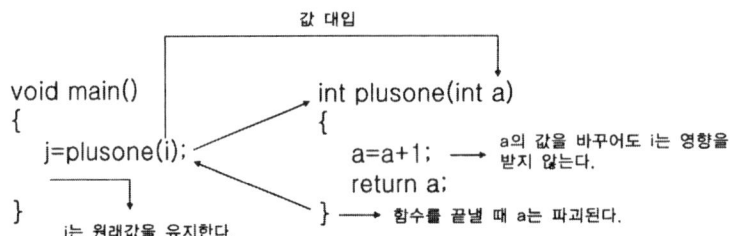

함수 호출시 전달되는 대상이 실인수 그 자체가 아니라 실인수의 값이기 때문에 이런 호출 방식을 값 호출이라고 부른다. 값 호출의 특징은 형식 인수가 함수 내에서 변경되더라도 실인수에는 전혀 영향을 미치지 못한다는 것이다.

6.3.2 참조 호출

다음은 똑같은 동작을 하되 참조 호출 방식으로 변수값을 1 증가시키는 plusref 함수를 작성해 보자. 소스는 다음과 같다.

예제 CallRef

```
#include <Turboc.h>
void plusref(int *a);

void main()
{
    int i;
```

```
    i=5;
    plusref(&i);
    printf("결과=%d\n",i);
}
void plusref(int *a)
{
    *a=*a+1;
}
```

앞의 예제와 결과는 같지만 동작하는 방식은 상당히 다르다. plusref 함수의 원형이 바뀌었고 main 함수의 중간 변수 j가 없어졌다. 참조 호출은 실인수의 값을 전달하는 것이 아니라 실인수의 번지를 전달하는 방식이다. &i는 i가 들어 있는 번지인데 이 번지를 plusref 함수로 전달했다. plusref 함수는 이 번지를 a로 받아서 다음 연산을 수행한다.

*a=*a+1;

이 연산식에서 *a란 a가 가리키고 있는 번지에 들어 있는 값을 가리킨다. a가 &i를 대입받았으므로 *a는 *(&i)라고 할 수 있으며 *(&i)는 곧 실인수 i와 같다. *a를 1 증가시켰으므로 이 연산식에 의해 증가되는 대상은 실인수 i이다. 즉, *a=*a+1; 연산문은 결국 i=i+1; 과 같아지는 것이다. 이 함수의 동작을 그림으로 표현하면 다음과 같다.

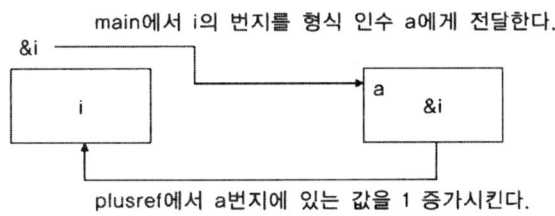

main에서 i의 번지를 넘겼고 그 번지값을 a로 받아 a가 가리키는 메모리의 값을 1 증가시켰으므로 결국 1 증가된 것은 실인수 i이다. 함수 내부에서 포인터를 통해 실인수값을 직접 조작하기 때문에 결과값을 리턴할 필요가 없으며 그래서 plusref 함수는 void형이고 main에서 이 함수의 리턴값을 대입받기 위한 j가 필요없어진 것이다. 두 예제의 1 증가시키는 함수들의 동작을 비교해 보자.

□ plusone 함수 : 값을 넘기면 1 증가된 값을 리턴한다.
□ plusref 함수 : 값이 들어있는 번지를 주면 이 번지에 들어있는 값을 1 증가시킨다.

요컨데 값 호출 방식을 사용하는 plusone 함수는 1더 많은 값을 계산하고 참조 호출 방식을 사용하는 plusref 함수는 실인수를 직접 1 증가시킨다. 값 호출이라는 말은 실인수로 값(Value)를 넘긴다는 뜻이고 참조 호출이라는 말은 번지값을 전달받아 실인수를 직접 참조(reference)할 수 있다는 뜻이다.

값 호출과 참조 호출의 또 다른 차이점은 실인수로 상수를 전달할 수 있는가 하는 점이다. 값 호출 방식은 값을 전달하기 때문에 plusone(5)와 같이 상수를 실인수로 사용할 수 있다. i든 k든 5나 3이든 값을 가지기만 하면 형식인수 a가 이 값을 대입받을 수 있다. 심지어 i*k+1 같은 수식도 계산된 후에는 값으로 평가되므로 이 값을 전달할 수 있다. 그러나 참조 호출은 번지를 전달하기 때문에 번지를 가지는 변수만 사용할 수 있으며 상수는 사용할 수 없다. 상수는 메모리를 점유하고 있지 않기 때문에 번지가 없다. 즉, 상수는 좌변값이 아니며 참조 호출 함수의 실인수로는 좌변값만 사용할 수 있다.

만약 plusref(&5)와 같이 상수의 번지를 넘기고 싶다고 해 보자. 5라는 상수는 좌변값이 아니므로 &5라는 표현부터가 벌써 잘못된 것이다. 5는 메모리에 저장된 값이 아니므로 번지가 없고 상수 5는 어디까지나 상수 5일 뿐이지 어떤 방법을 쓰더라도 이 값은 6이나 4가 될 수는 없다.

값 호출과 참조 호출 방식에 대해 간단한 예제를 통해 알아보았는데 이 책을 읽는 사람의 57%는 이해를 했을 것이고 43%는 아직도 이해가 안 될 것이다. C 입문자에게 참조 호출이라는 개념은 사실 선뜻 이해될만큼 쉽지 않은데 왜냐하면 아직까지도 포인터에 대해 확실히 이해를 못하고 있기 때문이다. 아직도 이해가 가지 않는다면 앞 장으로 돌아가 포인터의 개념에 대해 다시 한 번 더 읽어 보기 바란다. 그리고 다음 예제를 보면 값 호출과 참조 호출에 대해 좀 더 분명하게 이해할 수 있을 것이다.

예제 ValueRef

```c
#include <Turboc.h>

void main()
{
    int i,icopy;
    int *pi;

    i=5;
    icopy=i;
    icopy=icopy+1;
    printf("i=%d, icopy=%d\n",i,icopy);

    i=5;
    pi=&i;
    *pi=*pi+1;
    printf("i=%d, *pi=%d\n",i,*pi);
}
```

이 예제는 변수 i에 들어있는 값을 icopy에 대입한 후에 증가시켜 보고 포인터를 통해서도 증가시켜 보는 실험을 한다. 실인수가 형식 인수로 전달되는 과정은 일종의 대입 연산이므로 이 예제는 함수의 두 가지 호출 방식을 그대로 흉내내고 있다. 실행 결과는 다음과 같다.

```
i=5, icopy=6
i=6, *pi=6
```

먼저 값 호출을 흉내내는 위쪽의 코드를 보자. i는 5로 초기화되었고 icopy에 i를 대입했으므로 icopy도 5가 될 것이다. 이 상태에서 icopy를 1 증가시키면 icopy만 6이 되고 i는 여전히 5의 상태를 유지한다. i값을 대입받은 icopy가 어찌 된다고 해서 i가 영향을 받지는 않으므로 i를 직접 변경하지 않는 한은 i값이 바뀌지 않는 것이 당연하다.

아래쪽 코드는 참조 호출을 흉내내는데 포인터 변수 pi에 i의 번지를 대입한 후 이 번지에 들어 있는 값을 1 증가시켰다. pi가 i의 번지를 가리키고 있으므로 pi의 내용을 바꾸면 i가 변경된다. 그래서 i나 *pi나 둘 다 6이 된다. 사실 i와 *pi는 완전히 같은 대상을 가리키므로 같은 값을 가질 수밖에 없다. 만약 이 예제조차도 이해가 가지 않는다면 어쩔 수가 없다. 다음에 포인터에 대해 좀 더 익숙해진 후 참조 호출을 다시 연구해 보기 바란다.

다음은 plusref 함수의 원형에 대한 부연 설명이다. 이 함수의 원형은 plusref(int *a)이고 main에서 이 함수를 호출할 때는 plusref(&i)와 같이 i의 번지를 넘겼다. 인수로 정수형의 포인터(int *)를 요구하므로 이 함수를 호출할 때 정수형 변수의 번지를 전달하는 것이 지극히 당연하다. 하지만 초보자들은 이런 터무니없는 의문을 가지기도 한다. "실인수로 정수형 변수의 번지값을 넘겼는데 받을 때는 왜 *a와 같이 그 번지에 들어있는 값으로 받는가?"라는 것이다. 이런 오해의 시발점은 plusref(int *a) 원형에 있는 *기호를 연산자로 생각하는 것인데 여기서 사용된 *는 "번지의 내용을 읽어라"는 연산자가 아니라 포인터 변수임을 나타내는 구두점이다. 연산자와 구두점을 분명히 구분할 수 있고 int *가 하나의 데이터 타입이라는 것을 이해한다면 이런 오해는 하지 않게 될 것이다.

6.3.3 출력용 인수

다소 어려운 참조 호출에 대해 알았으므로 지금까지 설명을 보류해 두었던 scanf 함수에 대해서도 설명이 가능해졌다. 이 함수는 사용자로부터 값을 입력받아 그 값을 변수에 대입하기 때문에(리턴하는 것이 아니라) 참조 호출을 해야 한다. 변수의 번지를 전달받아야 scanf 함수 내부에서 입력된 값을 변수에 대입해 줄 수 있다. 그래서 정수값을 입력받아 i에 대입하고 싶다면 다음과 같이 호출한다.

```
scanf("%d",&i);
```

&i, 즉 i 변수가 저장된 번지를 인수로 받았으므로 이 함수 내부에서 *i=x; 식으로 i 변수에 값을 대입할 수 있다. 만약 scanf("%d",i)로 값 호출 방식을 사용한다면 scanf는 사용자로부터 값을 입력받을 수는 있지만 이 값을 i에 대입할 수는 없다. 앞에서 얘기했다시피 값 호출은 어떤 방법을 쓰더라도 실인수의 값을 바꿀 수 없기 때문이다. 문자열을 입력받을 때는 & 연산자를 사용하지 않는데 문자 배열은 그 자체가 포인터이기 때문이다.

```
char name[32];
scanf("%s",name);
```

name이라는 배열 이름은 배열의 선두 번지를 나타내는 포인터 상수이다. 그래서 &연산자를 사용할 필요가 없으며 사용해서도 안 된다. scanf("%s",&name); 이렇게 쓰더라도 에러는 발생하지 않으며 동작도 정상적이지만 절대로 정상적인 문법이 아니다. &name과 name은 타입이 완전히 틀린데 상세한 이유에 대해서는 다음에 포인터를 공부한 후에 생각해 보도록 하자. 인수는 언제 초기화되는지, 상수를 쓸 수 있는지에 따라 다음 세 가지 형태로 분류할 수 있다.

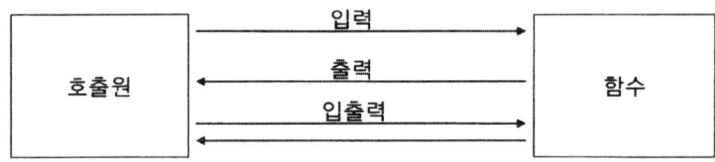

❶ 입력용 인수 : 가장 일반적인 의미의 인수이며 호출원에서 함수에게 작업 대상을 지정하기 위해 전달된다. plusone 함수의 a인수, printf 함수의 모든 인수들, gotoxy 함수의 인수들이 모두 입력용 인수이다. 함수의 입장에서 볼 때 이 인수들은 호출원으로부터 입력되는 값이므로 입력용 인수라고 한다.

```
gotoxy(10,20);
plusone(i);
printf("The Result is %d",k);
```

이 호출문들에서 사용된 모든 인수가 바로 입력용 인수들이다. 함수로 입력되는 실체는 값이므로 상수를 바로 쓸 수도 있다. 하지만 초기화되지 않은 변수를 쓰는 것은 일반적으로 경고 처리되는데 다음 호출문을 보자.

```
int i,j;
j=plusone(i);
```

i를 선언만 하고 바로 plusone 함수에게 이 값을 전달했다. i를 선언만하고 초기화하지 않았으므로 이때 plusone이 받게 되는 값은 쓰레기값이며 컴파일러에 의해 경고로 처리된다. 알지도 못하는 값에 대해 어떤 동작을 하려고 했으므로 정상적인 코드가 아니라는 뜻이며 이대로 내버려 두면 골치 아픈 버그의 원인이 되기도 한다. 입력용 인수는 함수로 전달되기 전에 반드시 원하는 값으로 초기화되어야 한다.

❷ 출력용 인수 : 참조 호출로 전달되는 인수들의 대부분이 출력용 인수이다. 함수에게 작업거리를 주기 위해 전달되는 것이 아니라 함수가 작업한 결과를 돌려받기 위해서 사용된다. 함수의 입장에서 볼 때 호출원에서 입력되는 값이 아니라 호출원으로 출력되는 값이므로 출력용 인수라고 한다. 대표적인 예는 scanf 함수의 인수이다.

```
int i;
scanf("%d",&i);
```

정수값 하나를 입력받기 위해 i변수를 선언하고 이 변수의 번지를 scanf 함수에게 전달했다. 참조 호출이기 때문에 상수는 사용할 수 없고 반드시 변수만 사용할 수 있다. 또한 입력되는 값이 아니므로 초기화할 필요가 없으며 위 코드는 경고없이 정상적으로 컴파일된다. scanf는 i의 값을 입력받아 어떤 동작을 하는 것이 아니라 먼저 어떤 동작을 한 후 그 결과를 i에 대입하기 위해 이 변수의 번지를 전달받았다. 그래서 scanf의 인수는 출력용이다.

함수가 호출원으로 작업 결과를 돌려주는 일반적인 방법은 리턴값을 사용하는 것이지만 이런 식으로 출력용 인수를 사용하여 리턴값을 돌려줄 수도 있다. 리턴값은 단 하나밖에 돌려줄 수가 없지만 출력용 인수를 사용하면 여러 개의 값을 동시에 돌려줄 수 있다는 이점이 있다. 예를 들어 게임의 캐릭터 좌표를 조사하는 함수를 만든다면 다음과 같이 만들어야 한다.

```
void GetCharacterPos(int *x, int *y);
```

평면상의 좌표는 (x,y) 두 개의 정수값으로 표현되기 때문에 리턴값으로는 이 좌표를 돌려줄 수 없으며 참조 호출로 두 개의 정수값을 돌려주도록 해야 한다. 함수의 리턴값이 하나밖에 없는 이유는 유일한 값을 리턴해야만 함수를 수식 내에서 바로 사용할 수 있기 때문이다. 이 예에서처럼 여러 개의 값을 동시에 조사해야 하는 경우라면 출력용 인수를 사용하거나 아니면 구조체를 리턴하도록 해야 한다. 이 함수를 호출하려면 반드시 두 개의 변수를 선언해야 하며 수식 내에서 바로 사용할 수도 없다.

❸ 입출력용 인수 : 이 인수는 입력과 출력을 겸하는 인수이다. 즉, 호출원에서 함수에게 작업 대상을

전달하기 위해서도 사용하며 함수가 호출원에게 작업 결과를 전달하기 위해서도 사용한다. 출력을 해야 하므로 이 인수는 참조 호출 방식으로 전달되어야 하며 형태상으로는 출력용 인수와 동일하다. 출력용 인수와 다른 점은 입력을 겸하고 있기 때문에 반드시 초기화를 해야 한다는 점이다. 그러나 초기화하지 않고 전달할 경우 컴파일러가 이를 에러나 경고로 처리하지는 않는데 왜냐하면 이 인수가 출력용인지 입출력용인지는 형태상으로 구분되지 않기 때문이다. 하지만 초기화되지 않은 쓰레기값을 사용하면 당연히 원하는 결과는 나오지 않는다.

참조 호출 방식이므로 상수는 물론 사용할 수 없으며 변수만 사용할 수 있다. 입출력용 인수의 예는 그리 흔하지는 않지만 바로 앞에서 만들어 보았던 plusref 함수의 a 인수가 바로 입출력을 겸하는 인수이다. 이 함수는 a의 값을 입력으로 받아들이기도 하며 이 값을 1 증가시켜 다시 a로 돌려주기도 한다. 입력, 출력을 모두 겸하고 있으니 입출력용 인수라고 하는 것이다.

6.3.4 C++의 참조호출

C언어는 포인터를 사용하여 참조 호출 흉내를 낸다. C++은 포인터를 이용하는 방법 외에 레퍼런스라는 개념으로 참조 호출을 추가로 지원한다. 다음 예제의 plusref2 함수가 C++의 레퍼런스를 사용하여 참조 호출을 하는 예이다.

예제 CallRef2

```
#include <Turboc.h>

void plusref2(int &a);

void main()
{
    int i;

    i=5;
    plusref2(i);
    printf("결과=%d\n",i);
}

void plusref2(int &a)
{
    a=a+1;
}
```

int &a라는 좀 이상한 타입을 사용하는데 이것이 레퍼런스이다. 호출부에서는 &i가 아닌 i를 전달하며 함수의 본체에서는 *a를 쓰지 않고 a를 바로 쓴다. C++의 레퍼런스에 대해서는 15장에서 상세하게 다루므로 여기서는 구경만 해 보고 넘어가기로 하자. 지금 단계에서 레퍼런스를 논하는 것은 순서에 맞지 않다. C++이 참조 호출을 위해 레퍼런스라는 새로운 개념을 지원하기는 하지만 C의 포인터를 이용한 참조 호출도 알아 두어야 한다.

C언어의 포인터를 통한 참조 호출은 사실 엄밀한 의미의 참조 호출이라고 볼 수 없다. 왜냐하면 이때도 함수로 전달되는 것은 변수 그 자체가 아니라 변수의 번지값(Address Value)이라는 특수한 값이기 때문이다. C는 언제나 값만 전달한다. 다만 이 번지값으로 실인수를 조작할 수 있도록 흉내만 낼 수 있으며 흉내를 통해 참조 호출 효과가 발생할 뿐이다. 그래서 혹자는 C언어는 참조 호출을 지원하지 않는다고 주장한다. 이는 문법적으로는 사실이지만 실제로는 포인터를 통해 참조 호출과 동일한 효과를 낼 수 있으므로 다소 비약적인 표현이라고 할 수 있다.

C언어의 함수 호출방식은 모두 값 호출 방식이되 편의상 포인터를 통한 호출을 참조 호출이라고 부를 뿐이다. 그렇다면 C++의 경우는 어떠할까? C++의 레퍼런스는 C의 포인터를 사용하는 방법보다는 더 발전된 방법이지만 이것도 엄밀하게 따지면 값 호출이다. 다음에 레퍼런스를 깊게 배워 보면 알겠지만 레퍼런스는 내부적으로 포인터를 흉내낸다. 따라서 레퍼런스를 사용한 참조 호출은 포인터를 흉내내어 참조 호출을 흉내내는 아주 기만적인 참조 호출일 뿐이다.

6.4 전처리기

6.4.1 #include

앞에서 함수의 원형을 헤더 파일에 작성하고 #include문으로 이 헤더 파일을 자신의 소스에 포함시키는 실습을 해 보았다. #include와 같은 명령을 전처리기(PreProcessor)라고 하며 이 외에도 여러 가지 종류의 전처리기가 있다. 여기서는 실습에 당장 필요한 #include와 #define에 대해서만 알아보며 #pragma, #ifdef 같은 고급 전처리기들은 차후에 다시 다루게 될 것이다.

전처리기는 말 그대로 "앞서 먼저 처리하는 명령"이라는 뜻인데 컴파일하기 전에 소스를 재작성하는 역할을 한다. 컴파일러가 소스를 읽기 전에 전처리기가 먼저 실행되어 컴파일하기 좋도록 소스의 모양을 정리하는데 전처리기는 코드를 생성하지 않으며 어디까지나 소스를 재구성할 뿐이다. 컴파일 전 단계에서 실행되기 때문에 다소 독특한 제약이 있는데 전처리문은 반드시 한 행을 모두 차지해야 하며 전처리문 뒤에 C 코드를 같이 쓸 수 없다. 프리 포맷의 예외인 셈이다. 단 주석은 코드가 아니므로 전처리문 뒤에 올 수 있다.

```
#include <stdio.h>  int i;          // 요렇게 할 수 없다. 단 주석은 가능하다.
```

이미 앞에서 배웠던 #include 명령을 보자. 이 명령은 괄호안의 파일을 읽어와 현재 위치에 삽입하는 역할을 한다. #include 〈stdio.h〉 명령에 의해 이 자리에 stdio.h 파일의 내용이 소스에 삽입된다. 이 책에서는 stdio.h 대신 주로 Turboc.h를 포함하는데 두 파일 모두 사용하는 목적은 같으므로 당분간 Turboc.h가 stdio.h라고 생각하도록 하자. 마치 #include 명령이 있는 자리에 stdio.h의 모든 내용을 직접 입력해 넣은 것처럼 메모리에서 소스를 재작성하는 것이다.

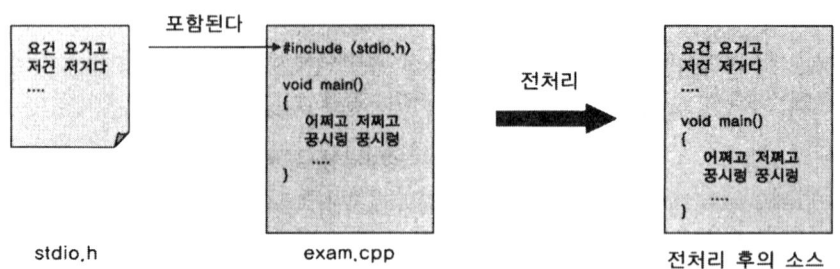

컴파일러는 #include 명령을 먼저 처리하여 헤더 파일을 모두 포함한 후에 컴파일을 시작한다. 그래서 #include 〈stdio.h〉 명령을 소스 선두에 작성해 놓으면 stdio.h에 선언된 함수의 원형, 데이터 타입, 열거 상수 등을 공짜로 사용할 수 있는 것이다.

#include 명령을 쓰는 대신 헤더 파일의 내용을 복사하여 직접 소스에 붙여 넣어도 결과는 동일하지만 불편할 것이다. #include 명령으로 포함시키면 하나의 헤더 파일을 여러 소스에서 동시에 사용할 수 있으며 소스의 길이가 짧아져 관리하기에도 좋다. #include 다음에 포함할 파일의 이름을 적는데 사용하는 괄호에 따라 두 가지 형태가 있다.

▫ #include 〈file.h〉 : C에서 제공하는 표준 헤더파일을 포함시키고자 할 때 〈 〉 괄호를 사용한다. 컴파일러의 옵션중에 표준 헤더 파일들이 어떤 디렉토리에 있는지를 기억하는 옵션이 있는데 비주얼 C++의 경우 도구/옵션/프로젝트/VC++ 디렉토리(6.0의 경우 Tools/Options/Directories) 대화상자에서 헤더 파일 디렉토리를 지정한다. 〈 〉괄호를 사용하면 표준 헤더 파일 디렉토리에서 지정한 파일을 찾는다.

▫ #include "file.h" : 사용자가 직접 작성한 헤더 파일을 포함시키고자 할 때 " " 괄호를 사용한다. 이 괄호를 사용하면 소스 파일과 같은 디렉토리에서 헤더 파일을 먼저 찾아본다. 직접 만든 헤더 파일은 보통 소스와 같은 디렉토리에 두므로 이 괄호를 사용하면 된다.

괄호 형식에 따라 헤더 파일을 어디서 먼저 찾을 것인가의 검색 순서가 달라지는데 사실 두 괄호는 그다지 엄격하게 구분할 필요가 없다. " " 괄호를 사용했더라도 현재 디렉토리에 이 파일이 없으면 표준 헤더 파일 디렉토리도 검색하며 반대로 〈 〉 괄호를 사용했더라도 현재 디렉토리도 같이 검색한다. 즉 #include "stdio.h"라고 할 경우 현재 디렉토리에 stdio.h가 있는지 보고 없다면 표준 헤더 파일 디렉토리도 검색하므로 결과는 마찬가지다.

괄호에 따라 결과가 달라지는 경우는 표준 헤더 파일 디렉토리와 현재 디렉토리에 같은 이름을 가지는 헤더 파일이 있을 경우인데 어떤 파일이 우선적으로 포함되는가만 다를 뿐이다. 이런 특수한 경우가 아니라면 굳이 괄호를 구분할 필요는 없다. 그러나 관행상 표준 헤더 파일은 〈 〉 괄호를, 사용자 정의 헤더 파일은 " "를 사용하고 있으므로 이 관행을 지키는 것이 바람직하다.

#include 명령은 주로 헤더 파일을 포함시키기 위해 사용하지만 꼭 헤더 파일만 가능한 것은 아니다. 확장자가 cpp인 파일도 포함할 수 있으며 txt나 임의의 파일이라도 텍스트 파일이기만 하면 다 포함할 수 있다. 예를 들어 1000줄쯤 되는 아주 큰 배열 정의문이 있는데 이 정의문이 너무 길어 소스를 편집하기가 불편하다면 이 부분만 array.cpp로(또는 array.txt, array.inc) 따로 떼어 내고 주 파일에서는 #include "array.cpp"로 불러 오면 된다.

포함할 파일이 주 파일과 다른 디렉토리에 있다면 디렉토리 경로를 사용하는 것도 가능하다. 예를 들어 header.h 파일이 주 파일과 같은 레벨의 include라는 별도의 디렉토리에 저장되어 있다거나 주 파일의 부모 디렉토리 아래의 poham 디렉토리에 있다면 다음과 같은 형식으로 포함시키면 된다.

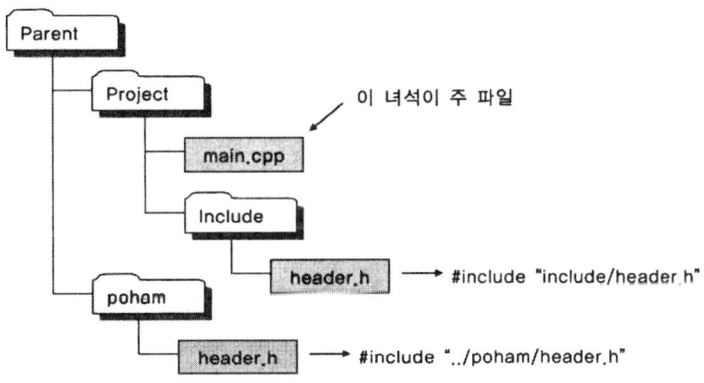

도스나 윈도우즈에서의 일반적인 상대 경로 지정법과 동일하다. 필요하다면 절대 경로를 줄 수도 있는데 여러 모로 볼 때 바람직하지 않다. 만약 절대 경로의 파일을 포함한다면 이 프로젝트는 다른 컴퓨터로 가져가서 컴파일할 때 디렉토리 구조를 똑같이 만들어야 한다는 제약이 있어 프로젝트 관리가 번거로와진다. 절대 경로에 있는 파일이 꼭 필요하다면 이 파일을 프로젝트 디렉토리로 복사한 후 포함시키거나 아니면 프로젝트 디렉토리 근처에 두고 상대 경로로 지정하는 것이 더 좋다.

윈도우즈 환경에서 디렉토리 경로를 구분할 때는 역슬래쉬(\) 기호를 사용하지만 #include문에서는 경로 구분자로 슬래쉬(/)를 사용한다. 원래 C언어가 유닉스에서 만들어진 것이기 때문에 유닉스의 디렉토리 구분자인 슬래쉬를 사용하도록 되어 있다. 비주얼 C++은 슬래쉬와 역슬래쉬 모두 인정하는데 가급적이면 표준에 맞게 슬래쉬를 쓰는 것이 이식성에 유리하다. 문자열 상수 내에서 \는 확장열이므로 \\로 써야 하지만 헤더 파일의 경로를 표기할 때는 한 번만 써도 상관없다. 사실 헤더 파일명을 지정하는 표현식은 전처리 단계에서 실행되어 컴파일 단계에서는 존재하지 않으므로 문자열 상수가 아니다.

#include 다음의 파일명은 대소문자를 구분하지 않는다. C언어 자체는 대소문자를 구분하지만 윈도우즈의 파일 시스템이 대소문자를 구분하지 않기 때문에 #include 〈STDIO.H〉라고 쓸 수도 있고 #include 〈stdio.h〉라고 해도 문제가 없다. 물론 유닉스나 리눅스 환경에서는 대소문자가 구분되므로 가급적이면 원래 파일명과 똑같이 쓰는 것이 좋다.

#include 명령은 중첩 가능하다. 포함한 파일이 다른 파일을 포함하고 있다면 포함된 모든 파일이 주 파일로 읽혀진다. 예를 들어 A가 B를 포함하고 있는 상태에서 주 파일이 #include "A" 명령을 사용하면 A가 B까지 같이 가지고 주 파일에 포함된다. 이 책에서 편의상 사용하고 있는 Turboc.h 파일의 선두를 보면 다음과 같은 #include문을 볼 수 있다.

```
#include <stdio.h>
#include <stdlib.h>
#include <conio.h>
#include <time.h>
#include <windows.h>
```

이 파일이 stdio.h, conio.h 등의 표준 헤더를 다 포함하고 있기 때문에 Turboc.h만 포함하면 다른 헤더 파일까지 같이 포함되는 효과가 있으며 그래서 #include 〈Turboc.h〉 명령에 의해 printf, getch 같은 함수들의 원형이 모두 선언되는 것이다.

6.4.2 #define

#define 전처리문은 매크로 상수를 정의하는데 기본 문법은 다음과 같다.

#define 매크로명 실제값

기억하기 쉬운 적당한 이름을 주고 실제값을 뒤에 써 주면 되는데 예를 들어 YEAR라는 매크로 상수를 365로 정의하고 싶다면 #define YEAR 365라고 정의하면 된다. 그렇다면 매크로 상수는 과연 무엇이며 왜 이런 것이 필요한지 알아보자. 다음 예제는 시속(Km/h)을 입력하면 이 속도가 마하로 환산해서 얼마인가를 계산해 준다.

예 제 define

```
#include "stdio.h"
#define MACH 1200.0

void main()
```

```
{
    int speed;

    printf("속도를 입력하세요(Km/h) :");
    scanf("%d",&speed);
    printf("이 속도는 마하 %f입니다.\n",speed/MACH);
}
```

참고로 마하란 소리가 매질속을 통과하는 속도인데 온도에 따라 조금씩 달라지지만 0도일 때 초속 331.5m이고(상온에서는 통상 340m) 이를 시속으로 환산하면 대략 1200Km/h 정도가 된다. 그러니까 마하 1은 1시간에 1200Km를 달리는 정도의 속도이며 대한항공의 보잉 747기는 시속 600Km/h 정도로 비행할 수 있으므로 마하로 환산한 속도는 0.5가 된다. 마하에 대한 더 자세한 사항은 계몽사 학생 대백과 사전을 참조하기 바란다.

이 예제는 Km/h 단위의 시속을 입력받아 이 속도를 마하로 환산하여 출력하는데 입력된 시속을 1200.0으로 나누면 된다. 소수점 이하까지 정확하게 나누기하기 위해 1200이라는 정수 상수를 쓰지 않고 1200.0이라는 실수 상수를 사용했다. 실행 결과는 다음과 같다.

```
속도를 입력하세요(Km/h) :600
이 속도는 마하 0.500000입니다.
```

이 예제에서 사용된 MACH라는 명칭이 바로 매크로 상수이다. 이 값이 1200.0으로 정의되어 있고 전처리기는 소스에 사용된 MACH라는 명칭을 컴파일하기 전에 모두 실제값인 1200.0으로 치환한다. 그러므로 speed/MACH는 speed/1200.0으로 치환되어 Km/h의 속도가 마하로 환산되는 것이다. #define 전처리문은 1200.0이라는 상수에 MACH라는 이름을 붙이는 역할을 한다.

그렇다면 그냥 1200.0을 바로 쓰는 것과 MACH라는 매크로 상수를 정의하여 사용하는 것과는 어떤 차이점이 있을까? 컴파일된 결과는 아무 차이가 없지만 상수에 이름을 붙이면 소스를 읽기가 훨씬 더 쉬워지고 관리하기도 수월해진다. 만약 1200.0이라는 상수를 바로 사용했다고 하자. 누군가가 이 소스를 볼 때 1200.0이 도대체 무슨 의미인지, 왜 이 값으로 speed를 나누는지 금방 이해하기 어려울 것이다. 소리가 1시간 동안 공기 중을 날아가는 속도가 1200Km라는 것을 어떻게 짐작하겠는가?

1200.0이라는 상수를 직접 쓰는 대신 MACH라는 매크로 상수를 쓰면 이 값이 마하 상수를 의미한다는 것을 쉽게 짐작할 수 있다. 즉, 매크로는 상수에 이름을 붙여 사람의 부족한 기억력을 도와준다. 3.1415라는 값보다는 PI라는 매크로 상수가 더 이해하기 쉽고 31536000이라는 상수에 ONEYEARSECOND라는 이름을 붙여 놓으면 1년간의 초라는 것을 쉽게 파악할 수 있다. 물론 매크로의 이런 도움을 받으려면

기본적인 영어 실력을 갖춰야 하는데 MACH를 "마치"나 "마크"로 읽는 사람에게는 별반 도움이 되지 않을 것이다. 그래서 프로그래머는 영어도 잘해야 한다.

매크로 상수는 기억의 용이함을 위해 사용되기도 하지만 특정값의 일괄적인 수정을 위해서도 유용하게 사용된다. 예를 들어 게임을 제작하는데 이 게임의 제한 시간이 240초로 설정되어 있다고 하자. 게임의 곳곳에서 제한 시간을 점검하기 위해 240이라는 상수를 사용할 것이다. 그런데 막상 게임을 출시하고 보니 240이라는 제한 시간이 너무 짧으니 이 값을 360으로 늘려 달라는 고객의 요청이 들어왔다.

이렇게 되면 소스의 모든 곳을 다 뒤져 제한 시간 240이 사용된 곳을 일일이 눈으로 찾아 360으로 고쳐야 한다. 소스를 수정하기 번거롭기도 하지만 혹시 실수로 하나를 빼 먹으면 불일치가 발생하여 버그의 원인이 되기도 한다. 이럴 경우 애초에 240이라는 상수를 바로 사용하지 말고 다음과 같이 매크로 상수를 정의해서 사용했다면 수정 작업이 아주 쉬워진다.

#define GAMETIME 240

이 매크로 상수만 360으로 바꾸면 #define 전처리기가 소스의 모든 GAMETIME을 360으로 일괄 치환하므로(one touch) 수정하기도 간편하고 실수로 하나를 빼먹고 고치지 않을 위험도 없어진다. 이처럼 두 번 이상 사용될 가능성이 있는 상수라면 처음부터 매크로 상수를 정의해서 사용하는 것이 좋다.

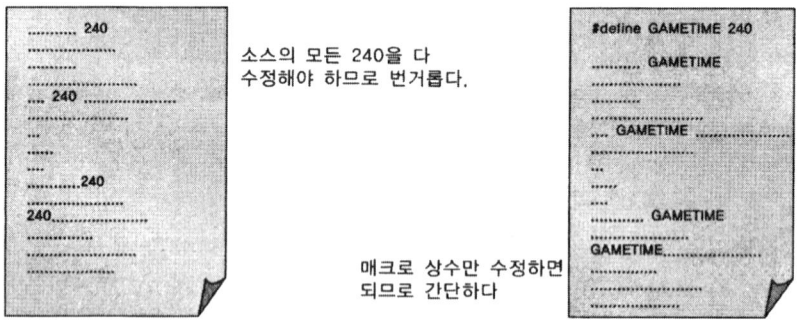

다음은 #define문으로 매크로 상수를 정의할 때의 일반적인 주의 사항이다. 상식적으로 쉽게 이해될 것이다.

① #define문은 전처리문이지 코드를 생성하는 명령이 아니다. 그래서 행 끝에 세미콜론은 붙이지 않는다. #define MACH 1200.0; 이라고 써서는 안 된다. 만약 이렇게 쓰면 세미콜론조차도 매크로의 실제값에 포함되어 버린다. #include는 물론이고 다음에 배울 모든 전처리문들도 세미콜론은 붙이지 않으며 주석을 제외한 다른 문장이 뒤따라 올 수 없다.

② 매크로의 이름도 일종의 명칭이기 때문에 명칭 규칙에 맞게 작성해야 한다. 중간에 공백이 들어간다거나 숫자로 시작한다거나 다른 명칭과 충돌해서도 안 된다. 매크로 상수는 다른 명칭과 구분될 수 있도록 관습적

으로 대문자를 사용하는 것이 일반적이다. NUM, MY_MACRO 등은 적법한 명칭이며 3RD는 숫자로 시작되었으므로 부적격하며 MY MACRO는 중간에 공백이 있으므로 매크로명으로 사용할 수 없다.

③ 매크로 이름에는 공백이 들어갈 수 없지만 매크로의 실제값은 공백을 가질 수 있다. #define 전처리문은 매크로를 실제값으로 단순 치환할 뿐이므로 공백이 있건 한글을 사용하건 전혀 상관하지 않는다. 다음은 자주 쓰는 메시지 문자열을 매크로로 정의한 것이다.

#define ERRMESSAGE "똑바로 하란 말이야"

문자열을 통째로 ERRMESSAGE라는 매크로 상수로 정의했으며 좀 어색해 보이지만 적법한 문장이다. 실제 코드에서 puts(ERRMESSAGE); 형식으로 사용하면 된다.

④ 문자열 상수 내에 있는 매크로나 다른 명칭의 일부로 포함된 경우는 치환되지 않는다. #define HUMAN 5 라는 전처리문은 소스의 모든 HUMAN을 찾아 5로 치환할 것이다. 그러나 printf("I am a HUMAN"); 문장에 있는 HUMAN은 매크로 상수와 이름은 같지만 어디까지나 문자열일 뿐이므로 치환하지 않는 것이 합리적이다. HUMANNAME이라는 다른 명칭에도 HUMAN이라는 이름이 포함되어 있지만 분리된 명칭이 아니므로 5NAME으로 치환되지 않는다.

⑤ 매크로는 중첩 가능하다. 즉, 매크로 상수가 매크로 상수를 참조할 수 있다는 얘기다. 다음 예를 보자.

#define A 3
#define B (A*2)

A를 3으로 정의했고 B는 A에 2를 곱한 값으로 정의했으므로 6이 될 것이다. B가 A를 참조하고 있는 셈이다. 두 번 세 번 얼마든지 중첩할 수 있되 딘 중첩되는 매크로가 먼저 정의되어 있어야 하므로 순서에 신경써야 한다.

⑥ 값을 가지지 않는 빈 매크로도 정의할 수 있다.

#define PROFESSIONAL

이 매크로는 값을 가지지 않으며 매크로 상수 자체만 존재할 뿐이다. 이렇게 값을 가지지 않는 매크로는 주로 조건부 컴파일 지시자와 함께 사용되며 존재하는가 아닌가만으로 의미를 가진다. 또한 아무 값도 가지지 않음을 명시할 때도 빈 매크로를 정의한다.

#define 전처리문의 동작이 단순하기 때문에 매크로 상수는 쉽게 이해가 갈 것이다. 그렇다면 매크로 상수를 어느 수준으로 사용할 것인가에 대해 생각해 보자. 모든 상수를 다 매크로 상수로 정의한 후 사용할 수도 있고 적당한 수준에서 상수를 직접 사용할 수도 있는데 이는 개인적인 취향에 따라 결정할 문제이다.

매크로 상수는 분명히 기억하기 쉽도록 해 주고 일괄적인 수정에 도움을 준다. 그러나 너무 남발하면 오히려 소스를 더 읽기 어렵게 만들 수도 있으며 기억력 보조에도 별 도움이 되지 못하는 경우가 있다. 다음 예를 보자.

```
#define A 5
#define B (A+4)
#define C (B*2+A)
#define D (C+(A*B))

printf("결과는 %d",func(D));
```

이쯤되면 결과로 어떤 값이 출력될 것인가를 예측하기 어렵다. 더구나 실제 소스에서는 매크로를 정의하는 곳과 사용하는 곳이 굉장히 멀리 떨어져 있기 때문에(MFC가 그렇다) 일일이 매크로 정의부를 찾아보기도 번거롭다. D가 어떤 값인지 알아보려면 먼저 C의 정의문을 알아야 하고 C를 알려면 A, B의 값을 먼저 조사해야 한다. 위 예는 억지로 만들어진 것이지만 실제 큰 프로젝트를 분석하다 보면 훨씬 더 심한 매크로의 중첩을 심심치 않게 볼 수 있을 것이다.

어느 수준으로 매크로 상수를 활용할 것인가는 프로젝트의 성격에 따라 결정하되 나는 개인적으로 일괄적인 수정의 용이함을 위해서는 매크로를 사용하지만 기억의 용이함을 위해서는 사용하지 않는 편이다. 이런 목적이라면 매크로 상수를 쓰는 것 보다는 const나 열거형, 아니면 상수 옆에 짧은 주석을 달아 놓는 방법을 더 많이 애용한다.

```
speed/1200.0              // 여기서 1200.0은 음속을 의미한다.
```

아무래도 영어로 된 매크로 이름이 한글로 된 주석보다 더 설명적일 수는 없다. 4장의 movesharp 예제는 커서 이동키의 키 코드 75, 77, 72, 80을 곧바로 사용하는데 숫자를 바로 쓰는 것보다는 다음과 같이 매크로 상수를 정의한 후 사용하는 것이 더 좋다.

```
#define LEFT 75
#define RIGHT 77
#define UP 72
#define DOWN 80
```

이렇게 이름을 붙여 놓으면 더 이상 헷갈리지 않을 것이며 사용하기도 쉽다. 또는 다음과 같은 열거 멤버를 정의하여 사용할 수도 있다.

```
enum { LEFT=75, RIGHT=77, UP=72, DOWN=80 };
```

열거형의 태그도 선언하지 않았고 변수도 만들지 않았다. 이렇게 되면 열거 멤버의 상수값만 사용하는 셈인데 일련의 값에 대해 이름을 붙일 때는 이 방법도 나름대로 쓸만하다.

6.4.3 매크로 함수

매크로 함수는 #define 전처리기를 사용하여 함수 흉내를 내는 것이다. 인수를 받아들일 수 있고 매크로 실행 후 계산 결과를 리턴한다는 면에서 함수와 유사하다. 매크로 함수가 매크로 상수와 구분되는 점은 인수를 받아들인다는 것이며 인수 전달을 위해 매크로 이름 다음에 괄호가 사용된다. 인수값을 두 배로 만드는 아주 간단한 매크로 함수를 작성해 보자.

```
#define dubae(i) i+i;
```

인수로 전달된 i를 두 번 더함으로써 이 값의 두 배를 계산한다. dubae(3)은 3+3으로 치환되므로 전체식은 6으로 평가된다. #define문이 매크로 상수를 치환하는 것과 동일한 방법으로 매크로 함수를 치환하되 인수 자리에 매크로 함수의 실인수를 대체한다는 점만 다를 뿐이다. 그러나 위와 같은 매크로 함수 정의는 상당히 위험한 면이 있는데 어떤 점을 주의해야 하는지 살펴보도록 하자. 매크로 함수의 개념 자체는 무척 간단하지만 #define문이 워낙 단순 무식하고 전처리기의 동작이 기계적인 치환에 불과하기 때문에 주의할 점이 많다.

❶ 매크로 함수의 전체식을 괄호로 싸야 한다. dubae 매크로를 사용하여 3을 두배한 값의 음수값을 구하고 싶다고 하자. 이 경우 -dubae(3)이라고 쓰면 -6이 될 것 같지만 실제 치환해 보면 0이 된다. 중간 치환 결과는 -3+3이 되고 이 식의 평가 결과는 0이다. 이렇게 되는 이유는 - 부호 연산자가 + 덧셈 연산자보다 우선 순위가 높기 때문인데 이런 연산 우선 순위에 영향을 받지 않으려면 치환식 전체를 괄호로 싸야 한다.

```
#define dubae(i) (i+i);
```

이렇게 정의하면 -dubae(3)이 -(3+3)으로 치환되어 -6이라는 원하는 결과를 얻을 수 있다. 괄호 연산자는 모든 연산자 중에 우선 순위가 가장 높으므로 치환식 전체를 괄호로 싸 일단 매크로로 치환된 식이 우선적으로 연산될 수 있도록 해야 한다.

❷ 매크로의 인수들도 개별적으로 괄호로 싸 준다. 왜냐하면 인수가 상수나 변수일 수도 있지만 복잡한

수식일 수도 있는데 이 경우 인수 수식 자체가 먼저 평가되어야 하기 때문이다. 다음 매크로는 인수로 전달된 값을 제곱한다.

```
#define jegop(i) (i*i)
```

전체 치환식은 괄호로 싸 두었지만 개별 인수는 괄호를 쓰지 않았다. 이 상태에서 jegop(3)은 (3*3)으로 치환되고 전체 평가식은 9가 되므로 제대로 동작한다. 그러나 jegop(3+1)로 호출하면 4의 제곱인 16이 나올 것 같지만 그렇지가 못하다. 이 호출문을 중간 치환하면 (3+1*3+1)이 되며 *연산자가 +연산자보다 우선 순위가 높으므로 7이라는 엉뚱한 결과가 나온다. 이 문제를 해결하려면 개별 인수들도 괄호를 싸야 한다.

```
#define jegop(i) ((i)*(i))
```

이렇게 정의해 두면 jegop(3+1)이 ((3+1)*(3+1))로 중간 치환되어 (4*4)가 되고 원하는 16이라는 결과를 얻을 수 있다. #define 전처리문은 연산 순위같이 복잡한 문제에 대해서는 신경쓰지 않으며 단순히 치환만 할 뿐이다. 전처리기는 컴파일러가 아니므로 연산 순위나 결합 순서, 타입 등에 대해서는 아는 바가 전혀 없다. 그래서 연산 순서에 상관없이 항상 정확하게 동작하는 매크로를 만들기 위해 전체식과 개별 인수들을 모두 괄호로 싸야 한다. 그래야만 한 번 만들어 놓은 매크로 함수를 안심하고 활용할 수 있다.

간단한 매크로 함수의 경우 일일이 괄호를 싸지 않아도 잘 동작하는 것처럼 보일 수도 있고 실제로 괄호가 필요없는 경우도 있다. 하지만 정말 괄호가 필요없다는 것을 확신하기 어렵기 때문에 조금 지저분해 보여도 괄호를 남발하는 것이 더 좋다. 괄호를 많이 쓴다고 해서 속도가 떨어지는 것도 아니고 프로그램의 용량이 커지는 것도 아니다. dubae(jegop(a+b)/c+d) 같이 매크로 함수끼리 중첩되거나 매크로 함수 내에 진짜 함수 호출 구문이 포함되거나 하는 복잡한 경우까지 고려하여 항상 괄호를 사용하는 습관을 가져야 한다.

치환식과 인수에 괄호를 사용하는 것은 매크로 상수에 대해서도 마찬가지이다. 앞에서 예를 든 MACH 매크로는 그 자체가 더 이상 분리될 수 없는 상수이므로 괄호를 쌀 필요까지는 없었다. 그러나 다음 경우는 어떤가 보자.

```
#define VALUE 1000
#define VALUE2 VALUE+100
```

VALUE2는 당연히 1100이라는 값으로 정의될 것이다. 그러나 과연 항상 그럴까? 수식 내에서 이 매크로 상수를 사용하여 VALUE2*2라는 식을 쓰면 과연 2200이 될 것인가 생각해 보아라. 2200이

되는 것이 아니라 VALUE+100*2로 1차 치환되고 1000+100*2로 치환된 후 전체식은 1200으로 평가되고 만다. 이런 위험을 방지하기 위해 두 번째 매크로 상수 정의문은 #define VALUE2 (VALUE+100) 요렇게 정의하는 것이 정석이다. 그렇다면 VALUE도 (1000)이라고 정의해야 할까? 이 값은 더 이상 분할할 수 없는 상수이므로 이렇게까지 할 필요는 없다.

지금 여러분들은 이 문제가 아주 쉽다고 생각하겠지만 이런 실수는 누구나 한 번쯤 할 수 있는 것들이다. 이 문제의 심각성은 한 번 실수를 했을 때 문제점을 찾기 어렵다는 것인데 디버거가 매크로 상수값을 평가해 주지 않기 때문에 육안으로 직접 오류를 찾는 수밖에 없다. VALUE2는 죽었다 깨어나도 항상 1100이라고 믿어 버리면 에러를 찾기 정말 어려워진다. 진짜로 죽었다 깨어나야 하는 경우를 당하기 전에 지금 괄호를 우습게보지 말고 잘 기억해 놓도록 하자.

❸ 매크로 함수는 인수의 타입 같은 것은 점검하지 않는다. 진짜 함수는 전달받을 인수의 타입이 원형에 이미 정해져 있으므로 정수형 인수에 실수를 넘기거나 부호의 여부가 틀려서는 제대로 동작하지 않는다. 그러나 매크로 함수는 인수를 무조건 치환만 하기 때문에 타입을 가리지 않으며 사실 전처리는 컴파일 전의 동작이기 때문에 데이터 타입 같은 건 알지도 못하며 점검 권한도 능력도 없다.

dubae(3)이라고 하든 jegop(1.23)이라고 하든 이 함수는 항상 제대로 동작한다. 왜냐하면 + 연산자나 * 연산자가 피연산자의 타입을 가리지 않고 동작하기 때문이다. 매크로 함수로 문자열이나 포인터를 넘기는 것도 가능하며 구조체나 사용자 정의 타입도 전달할 수 있다. 물론 이때 치환식은 전달된 인수를 타입에 맞게 사용해야 한다.

```
#define readandnext(p) (*p++)
```

이렇게 쓸 수도 있다. p가 어떤 타입의 포인터이든 간에 현재 위치를 읽고 다음 위치로 이동할 것이다. 매크로 함수의 이런 무능력함이 때로는 유연성이라는 이름으로 작용하여 굉장히 편리할 때도 있다.

❹ 매크로 함수에 여러 개의 명령을 동시에 포함시킬 수 있다. 자주 사용하는 명령의 집합들을 매크로 함수로 합쳐 놓으면 사용할 때 편리하다. 예를 들어 화면의 특정 위치에 에러 메시지를 출력하는 함수를 만들고 싶다면 다음과 같이 정의한다.

```
#define printmsg(x,y,str) { gotoxy(x,y);puts(str); }
```

이 매크로는 gotoxy 함수를 호출하여 커서를 x,y로 옮기고 이 자리에 문자열 str을 출력한다. printmsg(10,5,"밥 먹었니") 이런 식으로 사용하면 된다. 두 개 이상의 함수를 하나의 매크로 함수로 합치는 것도 얼마든지 가능한데 이 경우 한 줄에 너무 길게 쓰면 보기에 좋지 않으므로 행 계속 문자인 \를 각 줄 끝에 붙인다.

```
#define clearprintmsg(x,y,str) \
    { clrscr(); \
    gotoxy(x,y); \
    puts(str); }
```

매크로 상수의 치환식 전체를 괄호로 싸야 하는 것처럼 매크로 함수 내에 여러 개의 명령이 있을 때는 전체를 { } 괄호로 싸야 한다. 그렇지 않으면 조건문이나 반복문과 함께 쓰일 때 첫 명령만 실행 및 반복 대상이 되는 부작용이 있을 수 있다. 예를 들어 if (a == 0) printfmsg(10,10,"바보야") 라고 써도 제대로 동작해야 한다. 중괄호를 빼 놓고 직접 치환해 보면 어떻게 되는지 상상이 갈 것이다.

⑤ 매크로 함수 호출문에서는 ++, -- 등의 증감 연산자나 +=, *= 등의 복합 대입 연산자는 쓰지 않는 것이 좋다. 문법적으로 문제는 없지만 치환 결과를 예측하기 어려우며 부작용이 발생할 소지가 많기 때문에 이런 연산자가 필요한 경우는 매크로 함수를 쓰지 않는 것이 바람직하다. 다음 예제를 보자.

예제 MacroInc

```
#include "stdio.h"
#define dubae(i) ((i)+(i))

void main()
{
    int k,j;
    k=3;

    j=dubae(k++);
    printf("j=%d, k=%d\n",j,k);
}
```

k에 3을 대입하고 이 값을 증가시킨 값의 두 배를 j에 대입하였다. ++연산자가 후위형이므로 j는 3의 두배인 6이 되고 k는 1 증가하여 4가 될 것 같지만 실제로는 5가 된다. 왜냐하면 매크로를 전개하면 ++연산자가 두 번 사용되어 j=(k++)+(k++)이 되기 때문이다. 이 식에 의할 것 같으면 j가 6이 나오는 것도 상식적으로 쉽게 이해되지 않는다. 예상과는 다른 결과가 나오는데 이런 문제가 더 골치

아픈 이유는 컴파일러마다 실행 결과가 틀리게 나온다는 점이다. 볼랜드 계열 컴파일러(TC)에서 j는 7이 되고 k는 5가 된다.

왜 이렇게 결과가 다르게 나오는가 하면 C 스펙에 이런 복잡한 문제에 대해서는 컴파일러를 어떤 식으로 구현하라고 강제되어 있지 않기 때문(Unspecified)이다. 그래서 이런 골치 아픈 문제를 만나고 싶지 않으면 매크로의 인수에 ++, -- 같은 연산자는 쓰지 말아야 한다. 위 예제를 j=dubae(k+=1) 이라고 수정해 보면 더 황당한 결과가 나올 것이다.

이런 이상한 결과에 대해 컴파일러 제작사에게 항의해 봤자 무식하다는 소리만 듣게 될 것이다. 컴파일러 제작사는 표준 스펙대로 컴파일러를 만들 뿐이며 이런 비정상적인 코드를 컴파일하는 방법에 대해서는 스펙에 별 다른 규정이 없으므로 제작사가 이런 것까지 책임질 필요는 없다. 실제 프로젝트에서 이런 문제가 발생했다면 이는 이식성 없는 소스를 작성한 사람이 책임져야 한다.

❻ 다음과 같은 매크로를 만들어 사용하는 사람들도 가끔 있는데 이 매크로들의 가치에 대해 조금 생각해 보자.

```
#define infinite for(;;)
#define repeat(n) for (i=0;i<n;i++)
#define pf printf
```

무한 루프를 만들고 싶을 때 infinite { } 라고 블록을 구성하면 되므로 소스가 좀 더 멋있어 보이는 효과도 있고 나름대로 색다르고 재미있어 보이기도 한다. 그러나 언뜻 보기에는 그럴듯해 보이지만 이런 매크로는 오히려 가독성에 악영향을 미치기 때문에 피하는 것이 좋다. #define을 알고 있는 정도라면 for(;;)이 무한 루프라는 것은 당연히 알고 있을 텐데 이걸 굳이 infinite라는 영어 단어로 표기할 필요가 없는 것이다. 솔직히 infinite가 그렇게 어려운 단어는 아니지만 이 단어의 뜻을 모르는(또는 잠시 헷갈리는) 사람들도 많다. 설사 이 단어를 안다 하더라도 소스를 처음 읽는 사람은 infinite가 확실히 무한 루프로 정의되어 있는지 확인하기 위해 매크로 정의부를 봐야 하는 불편함이 있다.

repeat 매크로는 나름대로 활용도는 있지만 정수형 변수 i가 반드시 선언되어 있어야 한다는 전제 조건이 있어 완전성이 떨어진다. printf 여섯 자를 타이프하는 것이 귀찮아 더 간단한 pf라는 매크로를 정의하는 것도 별로 권장할만한 습관이 못된다. 개인적인 프로젝트라면 이런 매크로를 통해 약간의 신체적 안락함을 도모할 수도 있겠지만 팀 프로젝트에서는 결코 좋은 평가를 받을 수 없다. 언어의 문법적 장치는 꼭 필요한 곳에 적당하게 사용해야 가치가 빛나는 것이지 아무 곳에나 남발하면 역효과만 심해진다.

주의 사항이 좀 많기는 하지만 상식적인 수준에서 다 이해가 갈 것이다. 매크로 함수는 잘 사용하면 속도도 빠르고 소스도 깔끔해지는 긍정적인 효과가 있다. 실행시에 인수를 전달하는 것이 아니라 컴파일 전에 치환되기 때문에 인수 전달에 시간이 걸리지 않고 소스 코드에 직접 치환되므로 함수 호출에 따른 부하도 없다.

단, 같은 매크로 함수를 여러 번 쓸 경우 동일한 코드가 계속 반복되기 때문에 실행 파일의 크기는 커진다. 즉 매크로 함수는 속도에 유리하고 크기에는 불리한 방법이다. 크기가 크다면 매크로 함수보다는 일반 함수를 사용하는 것이 더 좋다. 다음은 아주 적절하게 작성된 매크로 함수의 예이다.

```
#define abs(a)    (((a) > 0) ? (a) : (-a))
#define max(a,b)  (((a) > (b)) ? (a) : (b))
#define min(a,b)  (((a) < (b)) ? (a) : (b))
#define i2m(i) ((i)*25.4)
#define m2i(m) ((m)/25.4)
```

abs는 절대값을 계산하며 max는 a, b 중 큰 값을 찾고 min은 작은 값을 찾는데 삼항 조건 연산자를 적절히 잘 사용하고 있다. 이런 매크로들은 인수의 타입에 상관없이 동작하기 때문에 아주 편리하다. i2m, m2i는 인치와 밀리미터 단위를 상호 변환하는데 1인치가 25.4밀리미터이므로 이 상수를 곱하고 나누기만 하면 된다. 인치, 밀리미터, 포인트, 트윕스 등의 단위 종류가 많은데 이런 단위들의 변환 공식을 일일이 암기할 필요없이 매크로 함수들을 한 번만 만들어 놓으면 편하게 쓸 수 있다.

개발자 이야기 매크로의 함정

전에 다니던 회사에 있을 때의 일이다. 우리 회사는 3개의 개발팀이 있었고 각 팀별로 수행하는 프로젝트가 달랐다. 당시 3팀에서는 인터넷 채팅 사이트 개발을 하고 있었는데 장기간에 걸친 작업 끝에 막바지 테스트가 한창이었다. 늘상 그렇지만 릴리즈 전에 항상 골치 아픈 버그가 발생하는 법이어서 3팀 전체가 일주일째 버그를 잡느라 애를 먹고 있었다. 오다가다 보면 밤새하고 널부러져 있는 물골들이 불쌍해서 못 봐줄 정도였는데 그들은 당연히 치르는 홍역 정도로 생각하고 있었다.

버그 내용인즉, 잘 돌아가는 서버가 사흘에 한 번꼴로 이유를 모른 채 다운된다는 것인데 이런류의 버그는 정말 잡기 어렵다. 네트워크 전송, 데이터 베이스 액세스, 다대다 클라이언트/서버 구조, 멀티 스레드, 동기화 문제까지 얽힌 대형 프로젝트라 쉽지 않은 디버깅이었다. 며칠을 고생한 끝에 자포자기에 빠진 3팀장이 1팀원인 나에게 디버깅을 잠시 부탁했는데 이는 내가 특별히 버그를 잘 잡아서라기보다는 원래 자기가 만든 버그는 잘 안보이는 법이라 관행적으로 팀 외부 인원에게 기대보는 것이었다. 소스를 대충 훑어 보던 나는 운 좋게도 다음과 같은 문장을 육안으로 찾아냈다.

```
#define A 100
#define B A+1
```

그리고 이 코드를 3팀장에게 보여주고 이게 과연 의도한 것인지 물었다. 그때 3팀장의 반응은 "허억~"
바로 이것이었다. 프로젝트에 갓 참여한 신입 사원이 저지른 어처구니없는 실수였으며 이것이 잠재적인
원인으로 밝혀졌다. 워낙 대형 프로젝트인데다 동기화 부분만 집중적으로 점검을 하다 보니 이런 기본적인
실수를 했을 것이라고는 의심조차 하지 못하고 엉뚱한 곳만 봐 왔던 것이다. 그 신입 사원은 아마 정말
죽었다 깨어나는 경험을 했을 것이다. 이런 실수를 방지하려면 "기본 수칙을 잘 익혀 두어야 한다"고 그렇게
강조를 하지만 기어이 경험해 보고서야 아는 사람들도 있으니…

그 후 실수를 한 신입 사원은 어떻게 되었을까? 자신의 실수로 인해 개발 기간은 지연되었고 팀원들이
사나흘씩 집에도 못 들어갔으니 본인의 미안함은 차마 말로 표현하기 힘들 것이다. 그러나 예상외로 이런
상황이 발생했을 때 팀원에게 가해지는 불이익은 작은 편인데 왜냐하면 잘못된 코드를 만든 사람만 문제인
것이 아니라 그 코드를 보지 못한 공동의 책임 또한 무시할 수 없기 때문이다. 또한 개발자는 누구나 똑같은
실수를 할 수 있기 때문에 서로의 실수에 대해서는 상당히 너그러운 편이다.

6.4.4 Turboc.h

함수의 정의와 원형의 필요성, 그리고 매크로 함수까지 알아보았으니 지금까지 미루어 왔던 Turboc.h 파일을 분석해 보자. 실습 초반부터 지금까지 이유도 설명하지 않고 계속 이 파일을 사용해 왔는데 이제 드디어 이 헤더 파일을 분석해 볼 수 있게 되었다. 전체 소스는 다음과 같다.

예제 Turboc.h

```c
// 혼자 연구하는 C/C++의 도우미 헤더 파일
// 비주얼 C++ 환경에서 터보 C 스타일의 함수를 정의한다.
#ifndef TURBOC_HEADER
#define TURBOC_HEADER

#include <stdio.h>
#include <stdlib.h>
#include <conio.h>
#include <time.h>
#include <windows.h>

typedef enum { NOCURSOR, SOLIDCURSOR, NORMALCURSOR } CURSOR_TYPE;
void clrscr();
void gotoxy(int x, int y);
int wherex();
int wherey();
```

```c
void setcursortype(CURSOR_TYPE c);

#define delay(n) Sleep(n)                          // n/1000초만큼 시간 지연
#define randomize() srand((unsigned)time(NULL))    // 난수 발생기 초기화
#define random(n) (rand() % (n))                   //0~n까지의 난수 발생

// 이 매크로가 정의되어 있으면 함수의 원형만 선언하고 정의는 하지 않는다.
#ifndef TURBOC_PROTOTYPE_ONLY

// 화면을 모두 지운다.
void clrscr()
{
    system("cls");
}

// 커서를 x,y좌표로 이동시킨다.
void gotoxy(int x, int y)
{
    COORD Cur;
    Cur.X=x;
    Cur.Y=y;
    SetConsoleCursorPosition(GetStdHandle(STD_OUTPUT_HANDLE),Cur);
}

// 커서의 x 좌표를 조사한다.
int wherex()
{
    CONSOLE_SCREEN_BUFFER_INFO BufInfo;

    GetConsoleScreenBufferInfo(GetStdHandle(STD_OUTPUT_HANDLE),&BufInfo);
    return BufInfo.dwCursorPosition.X;
}

// 커서의 y좌표를 조사한다.
int wherey()
{
    CONSOLE_SCREEN_BUFFER_INFO BufInfo;

    GetConsoleScreenBufferInfo(GetStdHandle(STD_OUTPUT_HANDLE),&BufInfo);
```

```
        return BufInfo.dwCursorPosition.Y;
}

// 커서를 숨기거나 다시 표시한다.
void setcursortype(CURSOR_TYPE c)
{
    CONSOLE_CURSOR_INFO CurInfo;

    switch (c) {
    case NOCURSOR:
        CurInfo.dwSize=1;
        CurInfo.bVisible=FALSE;
        break;
    case SOLIDCURSOR:
        CurInfo.dwSize=100;
        CurInfo.bVisible=TRUE;
        break;
    case NORMALCURSOR:
        CurInfo.dwSize=20;
        CurInfo.bVisible=TRUE;
        break;
    }
    SetConsoleCursorInfo(GetStdHandle(STD_OUTPUT_HANDLE),&CurInfo);
}

#endif // TURBOC_PROTOTYPE_ONLY
#endif // TURBOC_HEADER
```

선두에서 stdio.h, conio.h 등 C언어의 표준 헤더 파일을 포함시키고 있는데 Turboc.h가 이 파일들을 포함하고 있기 때문에 예제에서는 이 헤더만 포함하면 표준 함수들을 그냥 사용할 수 있었던 것이다. #include는 중첩을 허용하며 헤더 파일이 포함한 파일까지 주 파일에 모두 같이 포함된다.

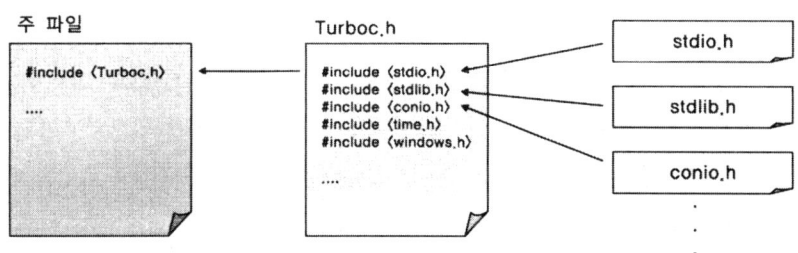

표준 헤더 파일 include문 다음에 함수 원형이 있고 3개의 매크로 함수와 5개의 일반 함수를 정의하고 있다. 먼저 매크로 함수부터 분석해 보자. delay는 지정한 시간만큼 실행을 지연시키는데 Sleep이라는 Win32 API 함수 호출문으로 치환된다. Sleep은 delay와 이름만 다르고 동작하는 방식은 유사하되 API 함수이므로 windows.h 헤더 파일을 포함해야 한다.

randomize 함수는 현재 시간값으로부터 난수 발생기를 초기화하며 random 함수는 %연산자의 특성을 사용하여 인수로 주어진 n 이하의 난수를 생성한다. 이 두 매크로는 터보 C 컴파일러에도 동일한 형태로 매크로 정의되어 있는데 본래 함수인 srand나 rand보다는 초보자가 더 직관적으로 이해할 수 있고 사용하기도 편리하다. 비주얼 C++의 헤더 파일은 이 두 함수에 대한 매크로 정의를 하지 않기 때문에 터보 C의 매크로 정의문을 이 헤더에 따로 작성해 두었다.

화면을 지우는 clrscr은 cls 시스템 명령을 호출하도록 되어 있고 커서의 위치를 조사, 변경하는 함수, 커서의 모양을 변경하는 함수들은 대응되는 Win32 콘솔 API 함수를 호출한다. 이 함수들의 본체에 사용된 코드는 Win32 콘솔 API를 공부해 보면 아주 쉽게 분석되는 것들이므로 차후에 콘솔 API를 배울 때 직접 분석해 보기 바란다. 이 외에 Turboc.h에는 안전을 위해 몇 가지 조건부 컴파일 지시자가 포함되어 있다.

Turboc.h에 정의된 delay, gotoxy 등의 함수들은 터보 C 컴파일러에는 실존하는 함수들이다. 그래서 이 함수들은 printf나 scanf 함수처럼 C언어를 처음 배우는 사람들에게 아주 빈번히 애용되었으며 조건문이나 루프의 개념, 연산자의 동작 상태를 연구해 보기 위한 좋은 도구가 되었다. gotoxy 함수는 루프의 실행 과정을 화면에 가시적으로 보여주며 delay 함수는 이 결과를 좀 더 분명히 목격할 수 있도록 도와준다.

C언어를 처음 배우는 사람에게 연산자니 조건문이니 루프니 하는 개념은 선뜻 이해가 되지 않는 생소한 개념이다. 이런 어려운 개념에 대해 계속 이론만 나열하면 너무 지루하기 때문에 화면에 가시적인 결과로 보여주고 예제를 직접 만들어 보게 하는 방법이 전통적으로 많이 사용되었으며 이 책도 이런 전통을 따르기 위해 상기 함수들을 부지런히 애용해 왔다.

하지만 이 책에서 선정한 컴파일러인 비주얼 C++에서는 안타깝게도 이런 함수들이 제공되지 않는다. 왜냐하면 비주얼 C++은 교육용 컴파일러가 아닌 실무용 컴파일러인데다가 텍스트 기반 프로그램 제작용 툴이 아니라 화려한 그래픽 기반의(GUI) 고성능 응용 프로그램 제작을 위한 툴이기 때문이다. 물론 비주얼 C++로 처음부터 GUI 예제를 작성한다면 윈도우나 대화상자를 만들어서 멋드러진 그래픽 출력 예제를 만들 수도 있다. 그러나 이는 C언어를 처음 배우는 사람들에게는 너무 너무 복잡해서 적합하지 않다. C 문법도 복잡한데 윈도우니, DC니, 메시지니 하는 개념은 도무지 초보자가 다룰 대상이 되지 못하는 것이다.

C 문법을 공부할 때는 운영 환경이 가급적이면 단순해야 하며 이런 목적으로는 도스나 콘솔창이 제격이다. 그렇다고 해서 20년 전에 발표된 터보 C를 지금에 와서 교육용 목적으로 사용하는 것은 또한 무리다. 16비트라 지금 환경과는 잘 맞지 않은 면이 너무 많고 차후에 실무 개발로 넘어갈 때 또 한 차례의 진통이 예상되기 때문이다.

이 책의 저자는 이런 저런 이유로 적합한 교육용 컴파일러 선정을 위해 장기간에 걸친 심사숙고 끝에 32비트 컴파일러를 채택했다. 처음에 조금 어렵더라도 실무에 바로 쓸 수 있는 툴로 배우는 것이 더 현명하다고 판단했기 때문이다. 대신 초보자를 이해시키기 위한 예제 제작을 위해 터보 C의 환경을 그대로 모방할 수 있는 헤더 파일을 제공하는 방안을 선택함으로써 실습의 효율과 빠른 이해를 달성하고자 했다. 그 결과가 바로 Turboc.h라는 헤더 파일이다.

물론 이해하지도 못하는 헤더 파일을 무조건 포함하라고 강요하는 것도 초보자에게 부담스러운 것이 사실이다. 여기까지 공부를 해 온 여러분들은 내가 왜 이런 고민을 해야 했는지 어느 정도는 이해해 줄 것으로 믿으며 이제 더 이상 Turboc.h를 예제 프로젝트에 포함시키는 것에 대해 의문점을 가지지 않을 것이다. 하지만 다음 사항은 잘 알아 두도록 하자.

① Turboc.h는 어디까지나 교육의 편의를 위해 작성된 헤더 파일이지 실제로 컴파일러와 함께 제공되는 표준 헤더 파일이 아니다. 따라서 실무를 할 때는 이 헤더 파일이 없으므로 직접 작성하든가 아니면 복사해 가야 한다. 그래픽 환경에서라도 random 같은 매크로는 꽤 편리하므로 훔쳐갈만 하다. 실무에서 #include 〈Turboc.h〉 같은 문장을 쓰게 되면 아마도 상사에게 왜 그런 이상한 코드를 구해 쓰느냐고 핀잔을 듣게 될 것이다.

② 이 헤더 파일은 자신이 정의하고 있는 함수들을 위해 표준 헤더 파일과 운영체제의 헤더 파일까지 인클루드하고 있다. 그래서 Turboc.h가 포함한 헤더 파일에 선언된 함수들은 별도의 선언없이 곧바로 사용할 수 있는데 원래부터 그렇다고 생각해서는 안 된다. printf 함수를 사용하고 싶을 때 필요한 헤더 파일은 Turboc.h가 아니라 stdio.h라는 것을 알아야 하며 getch를 쓰고 싶으면 반드시 conio.h를 인클루드해야 함을 숙지하도록 하자.

③ 이 책에서 만드는 예제는 내부문 단일 모듈 프로젝트이기 때문에 Turboc.h는 단일 모듈을 가정하고 작성되어 있다. 이 헤더만 포함하면 gotoxy, clrscr 함수를 바로 쓸 수 있도록 되어 있는데 헤더 파일에는 선언만 들어가야지 함수의 본체를 작성하는 것은 바람직하지 않다. 원칙대로 이 함수들을 재사용하려면 헤더 파일과 구현 파일을 따로 만들고 구현 파일을 프로젝트에 포함시키는 것이 맞지만 이렇게 하자면 실습이 너무 번거로워지기 때문에 그렇게 하지 못한 것이다. 만약 두 개 이상의 모듈에서 이 헤더를 포함한다면 두 번째 모듈에서는 인클루드 전에 TURBOC_PROTOTYPE_ONLY매크로를 반드시 정의해야 한다.

④ Turboc.h라는 헤더 파일의 이름은 과거의 도스용 터보 C 컴파일러 환경을 흉내내는 함수를 정의한다는 뜻을 가지고 있다. 전통적으로 많이 작성되어 온 효율적인 예제 제작을 위해서는 역시 도스 환경이 가장 적합하기 때문이다. 그러나 역설적이게도 이 헤더 파일을 포함한 예제는 진짜 터보 C에서는 컴파일되지 않는데 윈도우즈의 콘솔 제어를 위해 windows.h라는 헤더 파일을 포함하고 있기 때문이다. 터보 C류의 도스용 컴파일러를 사용하려면 이 헤더 파일을 아예 빼고 컴파일해야 한다.

실무용 컴파일러를 교육용으로 억지로 둔갑시키려고 하다 보니 이런 어색한 방법을 쓰게 되었는데 막상 사용해 보니 나름대로 실습의 편의성을 높이는 효과는 있는 것 같다. 그래서 앞으로도 특별한 이유가 없는 한 계속 애용할 생각이므로 저자의 깊은 고민을 헤아려 주기 바란다.

6.4.5 C프로그램의 구조

2장 마지막에서 C프로그램은 대체로 다음과 같은 구조를 가진다고 했다. 물론 필요에 따라 순서를 조금씩 바꿀 수 있겠지만 여러 사람들이 오랫동안 C로 프로그래밍을 해 본 결과 이 구조가 가장 이상적이라는 것을 알게 되었으며 그래서 대부분의 C 소스는 이런 구조로 만들어진다. 처음 배울 때는 남들 하는 대로 일단 따라하는 것이 좋다.

```
#include <...>
#define ...
함수의 원형
전역변수

void main()
{
    코드
}
함수
함수
함수
```

제일 먼저 헤더 파일을 포함하는 #include 문이 오고 다음으로 매크로를 정의하는 #define이 온다. 그리고 이 프로그램이 사용하는 함수의 원형과 전역변수를 선언하고 main 함수가 가장 먼저 오며 main 함수 다음에 사용자 정의 함수를 작성한다. 이 방식대로 코드를 작성하면 제일 말썽이 없고 코드를 유지 보수하기에 편리하다.

이 구조에서 두 개의 전처리문인 #include와 #define의 순서에 대해 조금 더 생각해 보자. 매크로 정의와 헤더 파일을 포함하는 것은 별개의 동작이기 때문에 순서가 그리 중요하지 않을 것 같다. 하지만 #define이 #include보다 먼저 오는 것은 바람직하지 않은데 왜 그런지 예제를 만들어 보자. 다음 예제는 MessageBox라는 API 함수를 사용하여 메시지 박스를 보여준다.

예제 defineorder

```
#include <Turboc.h>
#define lpText "매크로의 주의 사항 테스트를 위한 메시지 박스입니다."

void main()
{
    MessageBox(NULL,lpText,"제목",MB_OK);
}
```

보여줄 메시지 내용은 lpText라는 이름의 매크로로 정의했으며 MessageBox 함수의 두 번째 인수에 lpText 매크로를 사용했다. 이 구조대로 소스를 작성하면 아무 문제없이 컴파일도 잘 되고 실행도 잘 된다. 그런데 전처리문의 순서를 바꾸어서 #define을 먼저 쓰고 그 아래에 #include를 쓰면 winuser.h 헤더 파일에서 괄호가 빠졌다는 둥, 세미콜론이 없다는 둥 하는 회괴망칙한 이상한 에러가 난다.

```
winuser.h(6138) : error C2143: syntax error : missing ')' before 'string'
winuser.h(6138) : error C2143: syntax error : missing ';' before 'string'
winuser.h(6138) : fatal error C1004: unexpected end of file found
```

왜 이런 에러가 나는지 winuser.h 파일을 열어 보면 알 수 있다. 이 헤더 파일에는 MessageBox 함수의 원형이 다음과 같이 선언되어 있다.

```
int MessageBox(HWND hWnd , LPCSTR lpText, LPCSTR lpCaption, UINT uType);
```

윈도우즈의 표준 헤더 파일은 형식 인수의 이름을 표시하는 완전한 원형을 제공하는데 이 원형에서 두 번째 인수의 이름 lpText가 매크로 lpText와 이름이 같다. 그래서 함수 원형의 lpText까지도 매크로로 치환되어 버리며 원형에 이상한 문자열이 들어가 있으므로 컴파일러가 함수의 형태를 제대로 파악하지 못하는 것이다.

이 문제를 해결하려면 프로그램에서 정의하는 lpText 매크로의 이름을 다른 것으로 바꾸어 표준 헤더 파일에 있는 형식 인수 이름과 충돌하지 않도록 하면 된다. 그러나 그보다 더 완전하고 확실한 해결책은 #include를 #define보다 앞쪽에 두는 것이다. 이렇게 되면 lpText를 정의하기 전에 헤더 파일을 읽으므로 명칭의 충돌이 사라진다.

아주 특수한 매크로의 경우는 헤더 파일을 포함하기 전에 먼저 정의해야 하는 것들도 있는데 주로 컴파일 옵션이나 환경 정의를 하는 매크로들이다. 이런 특수한 매크로들만 제외하고 프로그램이 정의하는 매크로들은 헤더 파일을 먼저 포함한 후 정의하는 것이 좋다. 헤더 파일을 포함하는 #include 문 자체에도 순서가 있는데 가급적이면 표준 헤더 파일을 먼저 포함한 후 사용자 정의 헤더 파일을 포함시켜야 한다.

07 기억 부류

7.1 지역변수

7.1.1 전역변수와 지역변수

　기억 부류(Storage Class)란 변수가 저장되는 위치에 따라 결정되는 변수의 여러 가지 성질을 의미한다. 변수가 어디에 생성되는가에 따라 통용 범위와 파괴 시기 등의 특징이 결정된다. 이 내용은 C의 문법 체계를 이해하는데 상당히 중요한 비중을 차지하므로 숙독하여 완전히 이해하도록 하자. 기억 부류에는 4가지 종류가 있는데 일단 도표로 특성을 요약하였다.

기억 부류	전역	지역	정적	레지스터
지정자	extern	auto	static	register
저장 장소	정적 데이터 영역	스택	정적 데이터 영역	CPU의 레지스터
선언 위치	함수의 외부	함수의 내부	함수의 내부	함수의 내부
통용 범위	프로그램 전체	함수의 내부	함수의 내부	함수의 내부
파괴 시기	프로그램 종료시	함수 종료시	프로그램 종료시	함수 종료시
초기값	0으로 초기화	초기화되지 않음	0으로 초기화	초기화되지 않음

　이 도표의 내용을 당장 다 이해하기는 어렵겠지만 이 절을 모두 읽으면 이해가 갈 것이다. 일단 본문을 읽고 이해한 후 다시 이 도표를 보면서 기억 부류를 정리해 보기 바란다.
　4가지 기억 부류 중에 가장 중요한 것은 전역변수와 지역변수를 구분하는 것이다. 이 두 부류는 성격이 판이하게 다르기 때문에 기억 부류의 모든 차이점을 살펴 볼 수 있다. 나머지 두 기억 부류는 전역, 지역 부류의 특성들을 조금씩 조합한 것이므로 이 둘만 확실하게 구분할 수 있으면 기억 부류는 다 아는 것이 된다. 다음 예제를 통해 두 기억 부류가 어떻게 다른지 비교해 보자.

예제 Storage

```
#include <Turboc.h>
void func();

int global;                    // 함수 외부에서 선언되었으므로 전역변수

void main()
{
    int local;                 // main 함수의 지역변수

    global=1;                  // 가능
    local=2;                   // 가능
    i=3;                       // 불가능
}
void func()
{
    int i;                     // func 함수의 지역변수

    global=1;                  // 가능
    local=2;                   // 불가능
    i=3;                       // 가능
}
```

❶ 변수의 선언 위치가 다르다. 두 부류의 가장 뚜렷한 차이점인데 전역변수는 함수 바깥에서 선언하고 지역변수는 함수 내부에서 선언한다. 위 예제에서 global 변수는 main 함수 이전에 선언되었으므로 전역변수이고 local과 i는 각각 main 함수와 func 함수 내부에서 선언되었으므로 지역변수이다.

❷ 변수의 통용 범위가 다르다. 통용 범위란 변수가 사용될 수 있는 범위를 지칭한다. 전역변수는 특정한 함수 내부에서 선언된 것이 아니므로 함수에 속하지 않고 프로그램 전체가 공유한다. 따라서 변수가 선언된 위치 이후에는 어디서든지 이 변수를 사용할 수 있다. 위 예제에서 보다시피 global은 main 함수나 func 함수에서 자유롭게 읽고 쓸 수 있다.

단, 아무리 전역변수라 하더라도 자신이 선언된 이후에만 사용할 수 있다. 만약 위 예제에서 global 변수를 main 다음에 선언한다면 main에서는 global을 참조할 수 없다. 물론 func에서는 참조할 수 있다. C 컴파일러는 1패스 방식으로 동작하기 때문에 변수든 함수든 사용하기 전에 항상 선언을 먼저 해야 한다. 반면 지역변수는 자신이 선언된 함수에 소속되어 있기 때문에 함수 외부에서는 이 변수를 사용할 수 없다. 변수의 값을 읽지도, 쓰지도 못하며 변수의 존재 자체가 알려지지 않기 때문에

이 변수를 들먹거리는 것조차 허용되지 않는다. 지역변수는 함수가 자신의 임무를 수행하기 위해 잠시 쓰고 버리는 것이다.

main에서 자신의 지역변수 local에 값을 대입하거나 func 함수에서 자신의 지역변수 i를 사용하는 것은 가능하다. 그러나 main에서 i를 참조하거나 func에서 local을 참조하는 것은 불가능하다. main 함수에게 i라는 변수는 없는 것과 마찬가지이다.

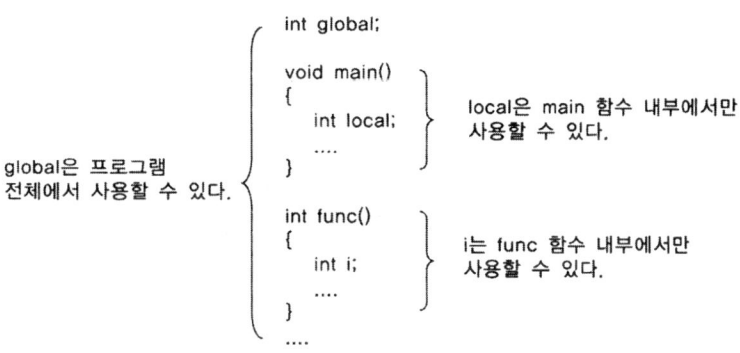

❸ 변수의 파괴 시기가 다르다. 변수는 값을 기억하기 위해 메모리를 할당받아 사용한다. 변수를 다 사용했으면 파괴되는데 변수를 파괴한다는 것은 이 변수가 차지하고 있던 메모리를 회수한다는 뜻이다. 시스템의 메모리가 무한하지 않으므로 변수는 필요할 때만 메모리를 차지하며 다 사용하면 다른 변수를 위해 자리를 내 주어야 한다. 변수의 메모리가 회수되면 변수의 존재 자체가 사라진다.

전역변수는 프로그램에 소속되어 있고 모든 함수에서 사용 가능해야 하므로 프로그램이 실행 중인 동안에는 파괴되지 않는다. 실행 직후에 생성되어 프로그램이 실행되는 동안에는 계속 메모리를 차지하고 있으며 프로그램이 종료되면 비로소 파괴된다. 즉, 전역변수는 프로그램과 운명을 같이 한다.

지역변수는 특정 함수 내부에서만 사용되므로 함수가 실행 중일 때만 메모리를 차지하며 함수가 끝나면 변수의 생명도 끝이 난다. 함수의 임무를 위해 생성되는 임시 기억 장소이기 때문에 함수가 종료되면 더 이상 이 변수를 유지할 필요가 없어진다. 즉, 지역변수는 자신이 속해 있는 함수와 운명을 같이 한다. 함수가 호출되면 생성되고 함수가 끝나면 파괴된다. 그러다가 또 함수가 호출되면 생성되고 파괴되기를 계속 반복한다.

위 예제에서 global은 프로그램 종료시에 파괴되며 local은 main 함수 종료시에, i는 func 함수 종료시에 파괴된다. main의 지역변수는 우연히 전역변수와 생성, 파괴 시기가 거의 동일한데 이는 main 함수 자체가 프로그램 그 자체이기 때문이다.

❹ 변수가 생성되는 기억 장소가 다르다. 전역변수는 한 번 정해진 메모리 위치에 계속 남아 있어야 하므로 정적 데이터 영역에 생성된다. 정적 데이터 영역이란 프로그램의 코드 바로 다음에 위치하는 실행 파일의 한 부분인데 프로그램이 실행될 때 메모리로 로드되어 실행 중에 계속 유지된다. 지역변

수는 프로그램 실행 중에 생성, 파괴를 반복하므로 스택에 생성된다. 스택(Stack)이라는 용어는 조금 어려운 개념인데 일단 데이터의 임시 저장소라고 생각하기 바란다.

프로그램은 실행에 필요한 임시적인 정보들을 스택에 차곡차곡 저장한다. 지역변수, 인수, 함수 실행 후 돌아갈 번지 등이 스택에 생성되었다가 사라졌다가를 반복한다. 지역변수는 임시 저장소인 스택에 생성되기 때문에 통용 범위가 함수로 국한되고 함수가 종료되면 같이 사라지는 것이다.

❺ 초기화 여부가 다르다. 전역변수는 별도의 초기식이 없더라도 0으로 초기화된다. 위 예제의 global은 생성되자마자 0이 될 것이다. 물론 int global=5; 와 같이 별도의 초기식을 주면 이 값으로 초기화된다. 전역변수는 컴파일될 때 컴파일러에 의해 초기화된 채로 실행 파일에 새겨지므로 초기화에 걸리는 시간은 0이다. 전역변수는 프로그램 전체에 걸쳐 사용되는 중요한 변수이므로 초기값을 지정하지 않더라도 안전을 위해 쓰레기값을 치워 0으로 초기화한다.

반면 지역변수는 별도의 초기식이 없을 경우 초기화되지 않는다. 따라서 무슨 값을 가지게 될 지 알 수 없는데 이때 초기화되지 않은 값을 쓰레기값(garbage)이라고 한다. 물론 선언할 때 초기값을 명시적으로 지정하면 초기화할 수도 있다. 초기값이 없을 때 지역변수를 초기화하지 않는 이유는 전역변수와는 달리 함수가 호출될 때마다 변수가 새로 생성되기 때문이다. 매번 변수를 초기화하자면 그만큼 실행 속도가 느려지므로 초기화를 하지 않는다.

지역변수는 함수 내부에서만 사용되므로 설사 지역변수의 쓰레기값이 문제가 된다 하더라도 그 함수만 점검하면 되지만 전역변수가 쓰레기값을 가지게 되면 프로그램 전체에 걸쳐 말썽을 부릴 수도 있다. 그래서 전역변수에 대해서는 초기값을 주지 않아도 쓰레기를 치우지만 지역변수는 그렇게 하지 않는다. 만약 지역변수에 쓰레기값이 들어가는 것이 싫다면 명시적으로 초기화를 해야 한다. 두 부류의 초기화 여부를 실험해 보기 위해 다음 예제를 실행해 보자.

예제 LocalGlobal

```c
#include <Turboc.h>

int global;

void main()
{
    int local;

    printf("global is %d, local is %d\n",global, local);
}
```

전역변수 global과 지역변수 local을 선언하고 이 두 변수의 값을 출력해 보았다. 이 예제를 컴파일하면 local variable 'local' used without having been initialized 이런 경고 메시지가 출력된다. 번역하자면 "지역변수 local을 초기화하지 않고 사용했다"는 뜻인데 쓰레기값을 그냥 사용했으니 뭔가 이상하다는 뜻이다. 출력 결과는 다음과 같다.

```
global is 0, local is -858993460
```

global은 0으로 초기화되어 있지만 local에는 이상한 값이 들어 있다. 이 값은 실행할 때마다 달라지는데 지역변수가 생성된 스택 위치의 값이 그대로 출력되는 것이다. 스택에 어떤 값이 들어 있을지 예측할 수 없으므로 이 값을 쓰레기라고 하는 것이다.

보다시피 지역변수와 전역변수는 저장되는 장소가 다름으로 해서 상당히 많은 차이가 있다. 그렇다면 지역변수는 언제 사용하고 전역변수는 어떤 경우에 필요할까? 루프 제어 변수나 중간 계산에 필요한 변수와 같이 함수 내부에서 임시적인 용도로 쓴다면 지역변수를 사용하고 프로그램 전체에 걸쳐 값을 유지해야 하는 변수는 전역변수를 사용한다.

7.1.2 지역변수의 장점

지역변수는 함수 내부에서만 사용할 수 있고 함수가 끝나면 파괴되는데 비해 전역변수는 모든 함수에서 자유롭게 사용할 수 있고 프로그램이 실행 중인 동안은 계속 유지된다. 통용 범위도 넓고 지속 기간도 길기 때문에 모든 면에서 지역변수보다는 사용하기 편리하며 지역변수로 할 수 있는 거의 대부분의 일은 전역변수로도 할 수 있다.

그렇다면 지역변수라는 것은 아예 사용하지 말고 모든 변수를 전역으로 사용하면 될 것이다. 지역변수를 쓰지 않고도 얼마든지 프로그램을 작성할 수 있으며 실제로 지역변수를 지원하지 않는 언어도 있다. 어셈블리에서는 사실 변수라는 개념 자체가 없고 모든 것이 메모리 주소이기 때문에 모든 값은 전역이다 (스택에 의도적으로 임시 변수를 생성할 수는 있다). 고전적인 베이직 언어에서도 지역변수라는 것이 없다. 하지만 C나 파스칼, 자바, 비주얼 베이직 같은 근대적인 언어들은 모두 지역변수의 개념을 지원한다.

심지어는 PHP나 ASP, 자바 스크립트 같은 스크립트 언어들까지도 지역변수를 지원한다. 왜 이런 언어들이 지역변수를 지원하는가 하면 프로그램의 구조화에 큰 도움을 주고 유지, 보수를 쉽게 해주는 등의 여러 가지 장점이 있기 때문이다. 지역변수가 전역변수에 비해 어떤 점이 우월하며 지역변수의 장점은 무엇인지 알아보자.

❶ 함수의 독립성을 높인다. 프로그램은 함수로 구성되고 함수는 프로그램의 부품이라고 했다. 부품은 불가피한 경우를 제외하고는 가급적이면 스스로 작동할 수 있도록 만들어야 재활용하기 좋다. 부품끼

리 공유하는 것(전역변수)이 많아지다 보면 의존 관계를 가지게 되므로 서로 얼키고 설켜서 좋지 않은 구조를 만들어 낸다. 부품은 전체를 구성하는 한 부분으로서 다른 부품과 상관없이 자신에게 부여된 임무를 독립적으로 수행할 수 있어야 한다. 다음 함수의 예를 보자.

```
int CalcSum(int bound)
{
    int i,sum;

    sum=0;
    for (i=1;i<=bound;i++) {
        sum+=i;
    }
    return sum;
}
```

이름만 봐도 무엇을 하는 함수인지 쉽게 짐작할 수 있을 것이며 본체의 코드를 보면 함수의 동작을 한눈에 파악할 수 있을 것이다. 이 함수는 인수로 전달된 bound까지의 총 합계를 구한다. 합계를 구하기 위해서는 루프 제어 변수와 누적값 저장을 위한 변수가 필요하며 CalcSum 함수는 i, sum 두 변수를 지역으로 선언해서 사용하고 있다.

만약 이 함수를 다른 프로젝트에서 사용하고 싶다고 해 보자. 똑같은 코드를 매 프로그램마다 다시 짤 수는 없으므로 함수를 재활용하는 일은 흔한 일이며 생산성 향상을 위해서도 함수를 적극적으로 재활용해야 한다. 이 경우 CalcSum 함수를 복사해서 붙여 넣고 함수 원형만 선언하면 바로 쓸 수 있다. CalcSum 함수 자체에 필요한 모든 변수들이 다 들어 있기 때문이다.

만약 이 함수가 사용하는 i, sum이 전역변수라고 해 보자. 그러면 함수를 가져 갈 때 전역변수들도 같이 가져가야 한다. 이 문제가 간단할 것 같지만 생각보다 복잡하다. 만약 새 프로젝트에서 i, sum 변수를 다른 목적으로 이미 사용하고 있다면 변수의 이름을 바꿔야 하고 함수의 본체에서 이 변수들을 참조하는 곳도 다 수정해야 하므로 재활용하기가 어려워진다.

재활용할 함수가 단독 함수라면 그래도 가져갈만 하겠지만 만약 일련의 함수군을 재활용하려면 어떻게 되겠는가? 이 함수군들이 사용하는 모든 전역변수 목록을 조사하고 이름이 충돌하는지 살펴보고 본체의 변수 참조문을 다 바꿔야 한다. 게다가 단순 변수도 아닌 구조체나 사용자 정의 타입이라면 재활용하는 것보다 차라리 다시 작성하는게 더 속편할 것이다.

지역변수는 함수가 자신이 필요로 하는 모든 정보를 다 가질 수 있도록(Self Contained) 해 줌으로써 함수의 독립성을 높여 준다. 그렇다면 이런 식으로 함수를 완전히 독립적으로 작성한다면 함수끼리의 정보 교환은 어떻게 하는가? 부품은 혼자 동작하는 게 아니므로 부품간의 정보 교환은 반드시 필요할 것인데 이럴 경우라도 전역변수는 사용할 필요가 없다. 왜냐하면 이럴 때 쓰라고 만들어 놓은 인수와 리턴값이라는 좋은 장치가 있기 때문이다. 함수끼리 정보를 주고받기 위해서는 인수와 리턴값을 사용하는 것이 정석이다.

❷ 지역변수는 디버깅 효율을 향상시킨다. 버그, 즉 논리적인 에러가 발생하는 원인의 십중팔구는 변수를 잘못 조작한 것이다. 전역변수가 편하다고 남발하다 보면 디버깅을 할 때 살펴봐야 할 변수의 수가 많아진다. 프로그램 하나를 만들기 위해서 필요한 변수는 보통 수백개, 많으면 수천개가 되는데 이 변수들이 전부 다 전역이라면 디버깅은 정말 끔찍한 작업이 될 것이다. 더구나 전역변수는 통용 범위가 프로그램 전체이기 때문에 어떤 함수가 이 변수를 잘못 건드렸는지 찾아내기가 아주 어렵다. 그러나 지역변수는 디버깅하기 아주 쉽다. 일단 지역변수를 많이 쓰면 전역변수의 수가 상대적으로 줄어들게 되므로 관찰 대상 변수의 범위가 대폭 좁아진다. 또한 지역변수는 말썽을 부려봐야 자신이 소속된 함수 안에서만 유효하므로 그야말로 뛰어봤자 벼룩이고 부처님 손바닥안의 손오공이다. 특정 지역변수가 말썽을 부린다면 그 함수 내부만 정밀하게 점검해 보면 금방 문제점을 발견할 수 있다.

프로그램이 대략 1000줄 정도만 되도 프로그램 개발 속도를 좌지우지하는 중요한 관건은 디버깅 속도이다. 프로그램 개발 기간에 소요되는 시간 중의 70%가 에러를 잡아내는 디버깅이라고 하지 않는가? 대형 프로젝트나 팀 프로젝트에서는 디버깅을 얼마나 빨리 할 수 있는가가 프로젝트의 성공을 결정한다. 디버깅의 간편함이 가지는 의미는 상상외로 크다.

❸ 지역변수는 메모리를 절약한다. 전역변수는 프로그램이 실행될 때 같이 생성되며 계속 값을 유지해야 하므로 그만큼의 메모리를 항상 차지하게 된다. 지역변수는 함수가 호출될 때만 생성되며 함수가 종료되면 즉시 파괴되므로 자신이 속해 있는 함수가 실행 중일 때만 메모리를 차지한다. 그래서 전역변수 대신 지역변수를 많이 쓰면 메모리를 절약할 수 있다.

❹ 재귀 호출이나 상호 호출 같은 특별한 기법은 지역변수가 있어야만 사용할 수 있다. 이런 기법에 대해서는 다음에 배우게 되겠지만 함수가 호출될 때마다 새로운 변수가 생성되어야만 가능한 기법이다. 재귀 호출이 가능하기 위해서는 각 호출시마다 고유의 값을 유지해야 하는데 전역변수로는 이런 기법을 구사할 수 없다.

지역변수가 전역변수에 비해 월등히 많은 장점을 가지고 있다. 전역변수는 편리하기는 하지만 복잡한 문제를 일으킬 수 있기 때문에 전역변수의 사용은 가급적이면 자제하는 것이 좋다. 전역변수를 전혀 사용하지 않고도 프로그램을 작성할 수 있다는 것이 이미 수학적으로 증명되어 있으며 전역변수를 병적으로 싫어하는 개발자들도 있다.

여러분들도 전역변수를 많이 썼다가 골치 아픈 버그를 경험해 보면 왜 전역변수를 피해야 하는가를 실감할 수 있을 것이다. 가급적이면 지역변수를 사용하고 꼭 필요할 때만 전역변수를 쓰는 것이 좋다. 그렇다고 해서 또 전역변수를 너무 금기시할 필요까지는 없는데 적재적소에 제대로 사용한 전역변수는 프로그램의 논리를 간단하게 만들어 주기도 한다.

7.1.3 외부변수

3장에서 변수를 선언할 때 "타입 변수명;" 형식을 사용한다고 했는데 이 형식을 한 단계 더 확장하면 다음과 같다.

[지정자] 타입 변수명;

지정자(Specifier)는 기억 부류를 비롯하여 상수 지정, 최적화 금지 등 변수의 여러 가지 성질을 지정하는 키워드인데 필요없을 경우 생략할 수도 있다. 기억 부류를 지정할 때는 auto, extern, static, register 등의 키워드를 사용하는데 먼저 지역변수를 지정하는 auto 키워드에 대해 알아보자. 변수를 지역변수로 선언할 때는 변수의 타입 앞에 auto 키워드를 붙인다.

```
int CalcSum(int bound)
{
    auto int i,sum;
    ....
```

이렇게 선언하면 i와 sum은 지역변수가 된다. 지역변수 지정자의 이름이 auto인 이유는 함수가 호출될 때 지역변수가 자동으로 생성되고 함수가 종료될 때 자동으로 파괴되기 때문이다. 그래서 C 에서는 지역변수를 자동 변수(Automatic Variable)라고도 부른다. 지역변수는 함수 내부에서만 선언할 수 있으므로 함수 외부에서 auto 기억 부류를 지정하면 에러로 처리된다.

현실적으로 auto 키워드는 거의 사용되지 않는데 지정자를 생략하면 디폴트로 auto가 되기 때문이다. 그래서 auto int i; 는 int i; 와 동일하며 수식어가 있으면 int는 생략할 수 있다는 규칙에 의해 auto i;도 동일한 선언문이다. 마치 부호 연산자 +를 상수 앞에 일일이 붙여 +2, +5 등으로 표기하지 않고 간편하게 2, 5라고 하듯이 auto 키워드도 일반적으로 붙이지 않는다. 아무 지정자 없이 변수를 선언하면 변수가 선언된 위치에 따라 기억 부류가 결정된다.

- 함수 내부에서 : auto로 인식하여 지역변수가 된다.
- 함수 외부에서 : 전역변수로 선언된다.

이 규칙에 의할 것 같으면 지역변수와 전역변수는 오로지 선언 위치에 따라 결정될 뿐 별도의 키워드를 붙일 필요가 없다. 그런데 기억 부류 도표를 보면 전역변수에 extern이라는 지정자가 있는데 이 지정자는 어떤 의미를 가지며 언제 사용하는 것일까? extern 키워드는 변수가 외부 어딘가에 선언되어 있다는 것을 알리는 역할을 하는데 사용하는 방법이 조금 복잡하다. 다음 예제를 보자.

예제 Extern1

```c
#include <Turboc.h>

int before=11;

void main()
{
    extern int before;
    extern int after;

    printf("before=%d, after=%d\n",before,after);
}

int after=22;
```

이 예제는 두 개의 변수 before와 after를 사용하는데 둘 다 main 바깥에 선언했으므로 전역변수이다. main에서는 함수 외부에 있는 두 변수를 사용하기 위해 extern 선언을 했으며 이 선언에 의해 main 함수에서 사용하는 before, after가 함수 바깥의 어딘가에 있다는 것을 알게 된다. 함수가 전역변수를 사용하기 위해서는 이처럼 extern 선언을 하는 것이 원칙적이지만 다음 규칙이 만족할 경우 extern 선언을 생략할 수 있다.

함수보다 앞쪽에 선언되어 있는 외부변수는 굳이 extern 선언을 하지 않아도 된다. extern 선언은 외부변수의 이름과 타입에 대한 정보를 제공하는데 함수보다 변수 선언문이 더 앞쪽에 있다면 컴파일러가 이미 이 변수에 대해 알고 있으므로 별도의 정보를 제공할 필요가 없는 것이다. 이 규칙에 의해 main 보다 앞쪽에 선언된 before에 대한 extern 선언은 생략 가능하다. 이 선언이 없더라도 컴파일러는 before가 정수형 변수라는 것을 이미 알고 있다.

그러나 main보다 더 뒤쪽에 있는 after에 대해서는 extern 선언을 생략할 수 없는데 이 선언이 없으면 after가 어떤 타입의 변수인지를 알 수 없기 때문이다. 처음 보는 명칭이므로 after가 변수인지 함수인지, 상수인지도 파악할 수 없으므로 에러로 처리된다. 함수보다 더 뒤에 있는 변수에 대한 정보를 제공하기 위해 extern 선언이 반드시 필요하다.

그런데 실제로는 전역변수를 보통 소스 앞쪽에 모아서 선언하는 것이 보통이며 이런 식으로 뒤쪽에 변수를 두고 extern 선언을 하는 것은 일반적이지 않다. 위 예제의 after 변수 선언문을 main의 앞쪽으로 옮기면 이때는 extern 선언문도 생략할 수 있다. 결국 같은 모듈 내에서는 선언 순서만 잘 조정하면 extern 선언을 할 필요가 없는 셈이다. extern 선언이 꼭 필요한 경우는 전역변수가 다른 외부 모듈에 선언되어 있을 때인데 두 개의 모듈로 이루어진 다음 예제를 보자.

예제 Extern2

```
#include <Turboc.h>                          int value=1234;

void main()
{
    printf("value is %d\n",value);
}
```
extern.cpp   global.cpp

global.cpp에 value라는 전역변수가 선언되어 있다. value는 분명히 전역변수이므로 실행 중인동안 항상 존재하며 프로그램의 어느 곳에서나 이 값을 참조할 수 있다. extern.cpp의 main 함수에서 value를 읽고 있는데 이 예제를 컴파일하면 value라는 명칭이 정의되지 않았다는 에러 메시지가 출력될 것이다. value는 전역변수이지만 extern.cpp가 컴파일 될 때는 이 변수의 존재가 알려지지 않으므로 어떤 타입인지 컴파일러가 알 수 없는 것이다.

아무리 전역변수라도 정보가 공개된 이후에만 사용할 수 있는데 이런 선언을 하는 키워드가 바로 extern이다. extern.cpp의 main 함수 앞에 다음 선언문을 작성해 보자.

```
extern int value;
```

이 선언문은 value라는 변수가 외부 모듈에 작성되어 있으며 그 타입은 int형이라는 것을 알려 준다. 알리기만 하기 때문에 정의문이 아닌 선언문이다. 이 선언에 의해 컴파일러는 value에 대한 정보를 얻게 되며 main 함수에서 value를 외부에 있는 변수로 일단 컴파일한 후 링크 과정에서 value의 실제 번지와 연결한다.

다른 모듈에 있는 전역변수를 참조하고자 할 때는 extern 키워드로 이 변수가 외부에 있다는 것과 변수의 타입을 선언해야 한다. 전역변수는 정적 데이터 영역에 생성되므로 이 번지만 알고 있으면 프로젝트 내의 어떤 모듈에서도 참조할 수 있다. 그래서 C언어에서는 전역변수를 외부변수(external variable)

라고도 부른다. extern 선언은 이 선언이 있는 블록 내에만 외부변수의 존재를 알리는 특징이 있는데 앞의 예제를 다음과 같이 수정해 보자.

예제 Extern3

```
#include <Turboc.h>

void func();

void main()
{
    extern int value;

    printf("value is %d\n",value);
    func();
}

void func()
{
    printf("Here is func, value=%d\n",value);
}
```

func 함수를 새로 만든 후 이 함수에서도 value를 읽어 보되 extern 선언을 main 함수의 안쪽으로 옮겨 보았다. 이렇게 되면 value의 존재는 main 함수에만 알려지므로 func는 여전히 이 전역변수에 대해서 아무런 정보도 얻지 못하며 에러로 처리된다. extern 선언을 main 함수 외부로 빼면 이 모듈 전체에 value의 존재가 알려지므로 정상적으로 컴파일된다.

변수를 선언하는 위치와 extern 선언의 위치에 따른 효과가 다양해 extern 키워드는 굉장히 복잡해 보이지만 몇 가지 규칙만 지키면 단순하다. 전역변수를 사용하는 부분보다 더 앞쪽에서 선언하기만 한다면 extern 선언을 해야 하는 유일한 경우는 단 하나밖에 남지 않는다. 외부 모듈에 있는 전역변수를 참조하고자 할 때 소스 선두에서 extern 선언을 한다.

7.2 정적변수

7.2.1 정적변수

정적변수(Static Variable)는 전역변수와 지역변수의 성격을 동시에 가지는 좀 특별한 기억 부류이다. 앞의 도표에 기록되어 있는 정적변수의 특징들을 살펴보자.

- 선언 위치는 지역변수와 마찬가지로 함수의 선두이다.
- 통용 범위는 지역변수와 마찬가지로 함수 내부로 국한된다.
- 저장 장소는 전역변수가 저장되는 정적 데이터 영역이다.
- 정적 데이터 영역에 저장되므로 프로그램 실행 중에 항상 존재한다.
- 초기값 지정이 없으면 0으로 초기화되고 프로그램 실행시 단 한 번만 초기화된다.

정적변수의 성질을 요약하자면 저장 장소는 전역변수이되 통용 범위는 지역변수라 할 수 있다. 정적변수를 선언할 때는 반드시 static이라는 지정자를 붙여야 한다.

```
static int i;
static double d;
```

이렇게 선언하면 i나 d는 정적변수가 되어 정적 데이터 영역에 저장되며 통용 범위는 선언문이 있는 함수 내부로 국한된다. 특정 함수만 사용하되 그 값을 계속 유지할 필요가 있을 때 정적변수를 사용한다. 다음 예제가 정적변수를 사용하는 대표적인 예이다.

예제 Static

```
#include <Turboc.h>

void PrintCount();

void main()
{
    int i;

    for (i=0;i<5;i++) {
        PrintCount();
```

```
    }
}
void PrintCount()
{
    static int count=0;

    count++;
    printf("저는 %d번째로 호출되었습니다.\n",count);
}
```

PrintCount 함수는 이 함수가 호출된 회수를 화면으로 출력하는데 자신이 호출된 회수를 count라는 변수에 저장하고 있다. 최초 count는 0으로 초기화되고 PrintCount가 한 번 호출될 때마다 1씩 증가하도록 되어 있다. main에서 이 함수를 다섯 번 호출하며 실행 결과는 다음과 같다.

저는 1번째로 호출되었습니다.
저는 2번째로 호출되었습니다.
저는 3번째로 호출되었습니다.
저는 4번째로 호출되었습니다.
저는 5번째로 호출되었습니다.

count 변수는 PrintCount 함수 내부에서만 사용되므로 이 함수 밖에서는 참조하지 말아야 한다. 하지만 그렇다고 해서 count를 지역변수로 선언해서는 안 되는데 지역변수는 함수가 호출될 때마다 스택에 다시 생성되고 함수가 끝날 때 파괴되어 버리므로 값을 계속 유지할 수 없다. 호출 회수를 기억하는 카운트 변수가 제 기능을 다 할 수 없는 것이다. 또 그렇다고 해서 count를 전역변수로 선언하면 PrintCount 이 외의 함수에서도 이 변수를 참조할 수 있게 되므로 함수의 독립성을 헤치게 된다.

그래서 기억 장소는 전역적이고 통용 범위는 지역적인 정적변수로 선언한 것이다. 정적변수로 선언하면 함수가 끝나도 값이 파괴되지 않고 계속 유지되므로 카운트로 사용할 수 있다. 또한 통용 범위가 함수 내부로 국한되므로 외부에서 이 변수를 참조할 수 없으며 디버깅시에도 문제가 되지 않고 이 함수를 다른 프로젝트로 가져가 쉽게 재사용할 수도 있다.

보다시피 정적변수는 지역변수와 전역변수의 장점을 모두 가지는 조금 특이한 기억 부류이다. 위 예제처럼 계속 증가하는 카운트 값이나 최후 실행 결과를 함수 스스로가 보유하도록 하고 싶을 때 정적변수를 사용한다. 정적변수를 잘 사용하면 구조적으로도 튼튼하고 디버깅에도 유리한 좋은 코드를 작성할 수 있다.

정적변수에서 한 가지 유의할 점은 이 변수가 언제 초기화되는가 하는 점이다. 함수 선두에서 정적변수를 선언하고 있으므로 함수가 호출될 때마다 초기화될 것 같지만 그렇지 않으며 함수가 최초로 호출될 때 단 한 번만 초기화된다. 사실 초기화라는 말 자체에 이미 일회성의 의미가 내포되어 있지 않은가? 위 예에서 count=0; 으로 초기화되는 코드가 PrintCount 함수가 호출될 때마다 실행된다면 이 변수가 값을 계속 유지하지 못할 것이다.

또 만약 정적변수 선언문에서 초기화를 하지 않으면 전역변수와 마찬가지로 0으로 자동 초기화된다. 그래서 위 예제의 count 선언문에서 초기화 부분은 빼고 static int count; 라고 선언해도 count는 0으로 초기화된다. 함수 내부에서 큰 배열을 선언하고 초기화할 때는 초기화 시간을 절약하기 위해 정적으로 선언하여 한 번만 초기화하도록 해야 한다. 그렇지 않으면 함수가 호출될 때마다 큰 배열이 매번 생성, 초기화, 파괴를 반복하므로 느려진다.

PrintCount 예제에서와 같이 함수 내부에서 선언된 정적변수를 내부 정적변수라고 한다. 정적변수는 그 특성상 특정 함수 전용으로 선언하는 경우가 많기 때문에 보통 정적변수라고 하면 내부 정적변수를 의미한다. 흔하지는 않지만 함수 외부에서도 정적변수를 선언할 수 있는데 이렇게 선언된 변수를 외부 정적변수라고 한다. 외부 정적변수는 특정 함수에 소속되어 있지 않으므로 일반적으로 전역변수와 같은 성질을 가진다.

다만 전역변수와 다른 점은 extern 선언에 의해 외부 모듈로 알려지지 않는다는 점이다. 즉 자신이 선언된 모듈에서만 사용할 수 있는 모듈 전역변수가 된다. 앞의 Extern2 예제에서 global.cpp의 value 변수 선언문을 static int value=1234; 라고 수정하면 global.cpp 외부에서 extern 선언을 하더라도 이 변수를 참조할 수 없게 된다.

전역변수이면서도 외부에 알려서는 안 되는 그런 변수가 필요할 때 외부 정적변수를 사용한다. 주로 모듈의 재활용성을 높이기 위해 사용하는데 구체적인 예를 들어 보자. 그래픽 관련 함수들을 제공하는 graphic.cpp와 graphic.h를 아주 공들여서 제작했는데 이 모듈에서 mode, color 같은 전역변수를 사용하고 있다고 하자. 이 모듈을 쓰고 싶은 사람이 graphic.* 파일만 복사해서 사용하면 되도록 하고 싶다.

그런데 이 모듈을 사용하는 프로젝트에 이미 mode, color라는 전역변수가 사용되고 있다면 명칭의 충돌이 발생하게 될 것이고 양쪽 중 하나는 변수의 이름을 바꾸어야 한다. 이럴 때 mode, color 변수를 외부 정적변수로 선언하면 다른 모듈에는 알려지지 않으므로 이름의 충돌을 방지할 수 있게 되고 이 모듈은 아무 프로젝트에서나 재활용하기 쉬워진다.

7.2.2 레지스터 변수

레지스터형 변수는 앞에서 논한 세 개의 기억 부류와 좀 다른 유별난 점이 있다. 지역, 전역, 정적변수들은 정적 데이터 영역이든 스택이든 어쨌든 메모리의 한 구석에 생성되지만 레지스터형 변수는 메모리가 아닌 CPU의 레지스터에 저장된다. 레지스터(Register)란 CPU를 구성하는 부품 중 하나이며 CPU가 데이터를 처리하기 위해 사용하는 임시 작업장이라고 생각하면 된다.

컴퓨터의 가장 핵심 부품인 CPU의 한 가운데에 있는 기억 장소이기 때문에 레지스터의 속도는 메모리와 비교가 되지 않을 정도로 빠르다. 값을 읽거나 쓰는데 수십억분의 1초 정도밖에 걸리지 않는다. CPU의 종류에 따라 다르지만 레지스터는 보통 10개~20개 정도밖에 없는 아주 귀한 기억 장소인데 여기에 변수를 저장하면 이 변수를 참조하는 문장의 속도가 빨라진다.

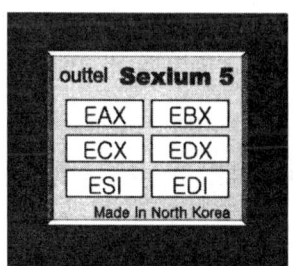

메모리는 입출력해야 한다.

레지스터는 CPU안에 있으므로 속도가 빠르다.

레지스터의 크기는 CPU의 비트수를 결정하는 중요한 기준인데 레지스터가 32비트면 32비트 CPU라고 부른다. 386이후부터 최신의 팬티엄 4까지 현재까지 우리가 사용하는 CPU는 대부분 32비트이므로 레지스터들도 전부 32비트이고 따라서 레지스터에 저장할 수 있는 변수의 타입은 int, unsigned, 포인터형 등의 32비트형뿐이다. double 같은 실수형은 저장할 수 없으며 구조체나 배열 따위는 당연히 안 된다. 에러는 아니지만 지정해 봐야 무시당한다.

CPU의 레지스터 개수가 많지 않기 때문에 레지스터형 변수는 두 개까지만 선언할 수 있다. 컴파일러나 플랫폼에 따라 레지스터형 변수를 위해 할당하는 레지스터가 다른데 인텔 플랫폼에서는 많이 사용되지 않는 ESI, EDI 레지스터를 사용한다. 만약 세 개 이상의 레지스터형 변수를 선언하면 최초 두 개까지만 레지스터형이 되고 나머지는 지역변수가 된다.

```
register int r;           // 레지스터형 변수 r선언
register double d;        // 실수는 레지스터형 변수가 될 수 없음. 지역변수로 선언된다.
register a,b,c;           // a,b만 레지스터형 변수가 되고 c는 지역변수가 된다.
```

레지스터는 한정된 자원이기 때문에 일시적으로 사용할 지역변수에만 지정할 수 있으며 전역변수에는 레지스터 기억 부류를 지정할 수 없다. 프로그램과 생명을 같이 하는 전역변수가 레지스터 하나를 차지한다면 프로그램 실행 중인 동안 레지스터 하나가 묶여 버리게 될 것이다. 전역변수에 register 기억 부류를 지정하면 명백한 에러로 처리된다. 지역변수 또는 함수의 형식 인수에 대해서만 이 기억 부류를 사용할 수 있다.

레지스터형 변수를 사용하는 이유는 조금이라도 더 **빠른 속도**를 얻기 위해서이다. 대규모의 루프를 돌린다거나 할 때 루프 제어 변수를 레지스터형으로 선언하면 이 변수의 읽기, 증감 속도가 빨라지므로 전체 루프의 실행 속도가 빨라질 것이다.

```
register int i, j;
for (i=0;i<10000000;i++) {
    for (j=0;j<1000;j++)
```

총 루프 반복 회수는 100억번인데 이런 경우에 레지스터형 변수를 쓸 때와 지역변수를 쓸 때 속도 차이가 많이 나게 된다. 이런 경우가 아니라면 레지스터형 변수로 속도상의 이득을 볼 수 있는 경우는 그리 흔하지 않다. 요즘 CPU나 메모리가 워낙 빨라져서 루프를 도는 정도의 차이는 거의 실감하기 어렵다.

속도상의 차이 외에는 일반적인 지역변수와 다른 점이 전혀 없다. 레지스터형 변수는 응용 프로그램을 고도로 최적화할 때 가끔 사용되는데 사실 이 기억 부류는 몰라도 별로 손해 볼 것이 없다. 왜냐하면 별도의 지정이 없더라도 컴파일러가 남는 레지스터가 있으면 알아서 레지스터형으로 만들 정도로 충분히 지능적이기 때문이다.

레지스터형 변수가 처리되는 방식은 컴파일러에 종속적이다. C 스펙에는 register 지정자가 있으면 이 변수를 레지스터형으로 처리하라고 권고하고 있지만 컴파일러 구현상 남는 레지스터가 없으면 이 변수는 지역변수가 될 수밖에 없다. 비주얼 C++은 register 지정자를 완전히 무시하며 전역 최적화 옵션에 따라 자동으로 레지스터형 변수를 관리한다.

레지스터형 변수는 메모리에 생성되는 것이 아니므로 &연산자는 사용할 수 없다. 레지스터는 CPU 내부에 있기 때문에 번지를 가지지 않으므로 &연산자로 이 변수의 메모리 주소를 조사할 수 없다. 그러나 레지스터형 포인터 변수가 번지를 기억할 수는 있으므로 *연산자를 사용하는 것은 가능하다. C 스펙에는 레지스터형 변수와 &, * 연산자의 관계가 이렇게 규정되어 있으며 상식적으로 이해가 갈 것이다.

하지만 비주얼 C++을 비롯한 최신 컴파일러들은 이 스펙을 따르지 않는다. 만약 레지스터형 변수에 & 연산자를 한 번이라도 사용하면 이를 에러로 처리하지 않고 아예 이 변수를 지역변수로 만들어 버림으로써 주소를 가지도록 한다. 레지스터형 변수에 &연산자를 사용한 것은 분명히 개발자의 실수인데 이런 실수를 컴파일러가 알아서 수정해 주는 것이다. 어차피 레지스터형 변수와 지역변수는 근소한 속도 차 이 외에는 아무 차이가 없으므로 컴파일러가 사용자의 지시를 무시하고 기억 부류를 바꾸어도 별 문제가 없다.

7.2.3 정적 함수

기억 부류는 주로 변수에 대해 적용되지만 함수도 기억 부류를 가진다. 함수에는 전역이니 지역이니 하는 개념은 존재하지 않으며 레지스터형 기억 부류도 당연히 없다. C의 함수는 모두 수평적인 평등 관계이며 어떤 함수를 다른 함수의 지역 함수로 선언하는 것은 허용하지 않는다(파스칼은 지역 함수를 허용한다). 따라서 C의 함수들은 원칙적으로 전역이다.

기억 부류 중에 함수에 적용되는 것은 정적(static) 기억 부류밖에 없다. 정적 함수는 특정 모듈에서만 사용할 수 있는데 앞에서 살펴본 외부 정적변수의 특성과 유사하다. 함수 정의문 앞에 static이라는 지정자만 붙이면 이 함수는 정적 함수가 된다.

```
static void func()
{
    ....
}
```

정적 함수와 반대되는 개념에 대해 별다른 명칭은 없고 굳이 이름을 붙인다면 비정적 함수나 외부 함수 정도가 될 것이다. 외부 함수는 별다른 지정이 없는 한 외부로 항상 알려지며 원형 선언만 하면 어떤 모듈에서나 이 함수를 호출할 수 있다.

그러나 정적 함수는 특정 모듈에서만 사용하도록 정의된 것이므로 외부에서 원형을 선언한다 하더라도 이 함수를 호출할 수 없다. 외부에서 그 존재를 알 수 없도록 해야 하는 이유는 외부 정적변수의 경우와 마찬가지로 이름 충돌을 방지하기 위해서이다. 재사용을 위해 작성한 모듈에서 ReadFile이라는 함수를 사용하는데 이 이름이 너무 일반적이어서 프로젝트내의 다른 함수명과 충돌될 것 같으면 이 함수를 static으로 선언하면 된다.

정적 함수가 필요한 실제 예를 들어 보자. 어떤 개발자가 혼신의 노력 끝에 네이터를 압축하고 해제하는 일련의 함수들을 만들었다고 하자. 이 함수들을 다른 개발자들도 편하게 쓸 수 있도록 하려면 이 함수들을 별도의 모듈에 작성하고 헤더 파일에 함수 원형과 그 외 필요한 상수, 타입도 정의해야 할 것이다. 이렇게 해 놓으면 누구든지 Zip.cpp와 Zip.h를 자신의 프로젝트에 포함시켜 압축, 해제 함수를 편리하게 활용할 수 있다.

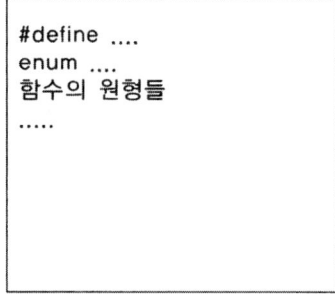

이 개발자는 또 네트워크로 데이터를 주고받는 함수를 만들었으며 이 함수들도 다른 개발자를 위해 공개하고자 한다. 전송 함수들은 빠른 전송을 위해 압축해서 보내는 기능이 있어 메모리에서 압축 및 해제하는 Comp, Decomp 함수를 내부적으로 사용한다. 이렇게 만들어 놓으면 네트워크 전송 기능을 필요로 하는 누구든지 Network.cpp와 Network.h를 재사용할 수 있을 것이다.

```
int Send(...) { }
int Receive(...) { }
BOOL Comp(...) { }
BOOL DeComp(...) { }
.....
```
Network.cpp

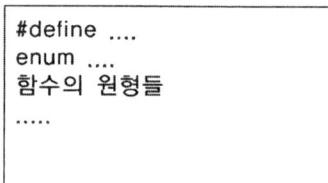

Network.h

문제는 두 모듈이 모두 필요할 때인데 만약 Zip과 Network를 동시에 프로젝트에 포함시켰다고 해 보자. 이렇게 되면 Comp, Decomp 함수를 이중으로 정의하는 꼴이 되어 제대로 컴파일되지 않을 것이 다. 모듈 개발자가 원하는 것은 다음과 같다.

- Zip과 Network는 개별적으로 원할 때만 포함시킬 수 있어야 한다.
- Network가 Zip 모듈에 종속적이지 않아야 한다.
- 둘 다 포함하더라도 아무 문제가 없어야 한다.

이렇게 만들기 위한 해법이 바로 정적 함수이다. Network 모듈의 Comp, Decomp 함수를 정적으로 선언하면 외부로 알려지지 않으므로 Zip 모듈의 같은 이름을 가지는 함수와 충돌되지 않는다. 이런 이름 충돌 문제는 생각보다 빈번하게 발생하는 편인데 프로젝트의 규모가 조금만 커져도 이름끼리의 충돌 문제는 아주 심각해진다.

친구에게 대충 나누어줄 모듈이라면 아무래도 상관없다. Network 모듈에 압축 함수를 빼고 이 모듈 을 쓰고 싶으면 반드시 Zip도 포함하라고 일러 주면 된다. 그러나 상용으로 판매되는 라이브러리라면 이래서는 안 된다. 고객들은 주의 사항이 많은 라이브러리를 좋아하지 않으며 사서 바로 쓸 수 있는 것을 좋아한다. 또한 가격 정책을 매기는데도 문제다. Network보다 Zip이 훨씬 더 비싼 모듈인데 Network를 사면 Zip도 같이 끼워 줘야 하는 문제가 있다. 정적 함수는 같은 코드가 중복되는 문제점이 있지만 그렇더라도 충돌이 발생하는 것보다는 훨씬 더 낫기 때문에 C언어는 이런 문법을 제공하는 것이다.

7.3 통용 범위

7.3.1 통용 범위 규칙

변수나 함수, 태그 같은 명칭은 상호 구분되어야 하므로 중복되어서는 안 된다. 그래서 같은 이름을 가진 두 개의 변수를 선언할 수 없다. 다음과 같이 작성하면 에러로 처리된다.

```
void main()
{
    int i;
    double i;
```

i라는 명칭으로 정수형 변수와 실수형 변수를 동시에 선언했다. 이유를 설명할 필요도 없이 이 코드는 에러로 처리된다.

```
'i' : redefinition; different basic types
```

i라는 명칭이 정수형으로 선언되었다가 실수형이라는 다른 타입으로 중복 선언되었다는 뜻이다. 이름이 중복되면 다음에 i를 참조할 때 정수형 변수 i를 의미하는 것인지 실수형 변수 i를 의미하는 것인지 구분할 수 없는 모호함이 발생할 것이다. 컴퓨터 프로그램의 논리에 모호함이란 절대 있을 수 없으므로 명칭의 중복은 허락되지 않는다.

명칭이 중복되지 말아야 한다는 것은 지극히 상식적이다. 그러나 이 법칙에 예외가 있는데 통용 범위가 다른 명칭끼리는 같은 이름을 가질 수도 있다. 다음 예를 보자.

```
void func()
{
    int i;
    ....

void proc()
{
    double i;
    ....
```

func 함수에서는 i를 정수형으로 선언했고 proc 함수에서는 같은 이름의 i를 실수형으로 선언했지만 논리적으로 아무 문제가 없다. 둘 다 지역변수이고 통용 범위가 분명히 다르기 때문에 같은 명칭 i를 참조하더라도 func 함수에서는 정수형으로, proc 함수에서는 실수형으로 구분할 수 있어 모호함이 발생하지 않는다.

위 코드가 아무런 문제가 없다는 것은 아마 쉽게 이해가 갈 것이다. 이런 경우 외에 특수한 경우는 두 변수의 통용 범위가 겹쳐 있을 때인데 같은 명칭으로 선언된 전역변수와 지역변수의 관계가 이런 경우에 해당된다. 다음 예제를 보자.

예제 Scope

```
#include <Turboc.h>

void func() ;
int i=3;

void main()
{
    printf("i=%d\n",i);
    func();
}
void func()
{
    int i=5;

    printf("i=%d\n",i);
}
```

main에서 i값을 한 번 출력했고 func에서 다시 한 번 i값을 출력했다. 실행 결과는 다음과 같다.

i=3
i=5

전역변수 i가 3으로 정의되어 있고 func 함수에서 지역변수 i를 같은 이름으로 선언하여 5로 초기화하였다. 전역 i는 모든 함수에서 통용 가능하므로 main 함수에서 당연히 이 변수를 참조할 수 있다. func 함수에서는 전역 i와 지역 i가 동시에 존재하므로 이 함수에서 i를 참조하면 어떤 i를 의미하는지 모호함이 발생하게 된다.

그러나 이 상황은 에러로 처리되지 않는데 컴파일러는 하나의 명칭에 대해 통용 범위가 겹쳐 있을 경우 좁은 범위를 가지는 명칭에게 우선권을 줌으로써 모호한 상황을 극복한다. 규칙을 마련하고 이 규칙대로 동작하면 모호하지 않다. 위 예에서 func 함수 내에서 i 변수를 참조하면 이는 지역변수 i를 의미한다. 전체가 소유하는 전역 i보다는 func 함수에게 소속된 지역 i를 참조하는 것이 논리적으로 합당하다. 그래서 main이 출력하는 i는 전역변수이며 3의 값을 가지고 func가 출력하는 i는 자신의 지역변수이며 5의 값을 가지는 것이다.

C언어에서는 전역변수와 지역변수의 이름이 중복될 때 지역변수가 선언된 함수에서 전역변수를 참조할 수 없다. 위 예의 func 함수는 전역변수 i를 읽거나 참조할 수 없는데 전역 i가 지역 i에 의해 완전히 가려져 있기 때문이다. 변수가 아직 존재하지만 가려져 있어 쓸 수 없는 상태이며 이 상황을 가시성(Visibility)이 없다고 표현한다. 그러나 C++에서는 가려져 있는 전역변수를 참조할 수 있는 별도의 범위 연산자 ::을 사용하면 전역 i를 읽을 수 있다. func 함수의 끝에 다음 코드를 추가해 보자.

```
printf("global i=%d\n",::i);
```

::i라는 명칭은 전역변수 i라는 뜻이다. :: 연산자에 대해서는 차후에 C++에서 다시 다루게 될 것이다. 통용 범위 규칙은 아주 상식적이기 때문에 비교적 이해하기 쉽다. 요약하자면 "같은 통용 범위 내에서는 명칭이 중복될 수 없으며 전역, 지역 명칭이 중복된 경우는 지역이 우선이다"라고 할 수 있다.

7.3.2 블록 범위

앞에서 지역변수란 함수 내부에서 선언된 변수라고 했는데 이는 어디까지나 편의상 이해하기 쉽도록 설명한 것이다. 이제 통용 범위까지 살펴봤으므로 지역변수를 좀 더 정확하게 정의해 보도록 하자. 지역변수는 { } 괄호 안의 블록에 선언된 변수를 의미하며 변수가 선언된 블록 내부에서만 통용된다. { } 괄호 안에서만 통용되는 범위를 블록 범위라고 하는데 { } 괄호가 보통 함수의 시작과 끝을 나타내고 함수 선두에 지역변수를 선언하는 경우가 많기 때문에 지역변수의 통용 범위는 함수 내부가 되는 것이다.

지역변수의 통용 범위는 정확하게 함수 내부가 아니고 선언된 블록의 내부이다. 그래서 함수 내부 안에 { } 블록을 만들고 이 안에 또 다른 지역변수를 만들 수도 있다. 이렇게 블록 내부에서 선언된 변수는 블록 바깥에서는 사용할 수 없다. 다음 예제를 보자.

예제 BlockScope

```
#include <Turboc.h>

void main()
{
```

```
   if (1==1) {
        int i;
        i=5;
   }
   i=10;        // 에러
}
```

main 함수 내부에 if 블록이 있는데 이 블록 내부에서 int i를 선언했다. if 블록이 시작되는 { 다음에 i를 선언했으므로 i는 if 블록 내부에서만 통용되는 지역변수이며 그래서 if 블록 바깥으로는 i가 알려지지 않는다. 만약 i를 main 함수가 시작되는 { 다음에, 그러니까 if문 이전에 선언했다면 이 변수는 main 함수의 지역변수가 되겠지만 if 블록 안에 선언되었기 때문에 통용 범위가 main 함수 범위보다도 더 좁아진다.

함수의 범위보다도 더 좁은 이런 통용 범위를 블록 범위라고 한다. 만약 이미 선언된 변수명을 다시 사용하고 싶다면 일부러 블록을 하나 만들고 이 블록 안에 원하는 변수를 선언하면 된다. 다음이 그 예이다.

예제 BlockScope2

```
#include <Turboc.h>

void main()
{
    int i;                    // 함수 범위
    i=5;
    {
        int i;                // 블록 범위
        i=3;
        printf("i=%d\n",i);
    }
    printf("i=%d\n",i);
}
```

main 함수 선두에 선언된 i는 함수 범위를 가지는 지역변수이고 { } 안에 선언된 i는 블록 범위를 가지는 지역변수이다. 두 변수는 이름이 같지만 완전히 다른 변수이며 각각 다른 값을 저장할 수 있다. 이때 블록 내에서는 안쪽의 i에 의해 바깥의 i가 가려지는데 블록 내에서 바깥쪽의 i를 참조하는

방법은 제공되지 않는다. 이런 문법을 처음 본 사람은 C++에서 새로 추가된 문법으로 생각되겠지만 이 문법은 원래 C부터 있었던 기능이다.

블록 범위의 변수를 설명하기 위해 의도적으로 예제를 만들다 보니 조금 어색한 감이 있기는 하다. 사실 같은 이름의 변수를 재사용하기 위해 일부로 블록을 만들어 쓰는 것보다는 차라리 다른 이름의 변수를 쓰는 것이 더 좋을 것이다. 하지만 함수가 아주 길 때 for문 내부에서만 또는 case문의 내부에서만 사용할 지역변수가 필요하다면 블록 범위의 변수가 유용하게 사용된다.

블록 범위 변수의 특수한 예로 for문의 초기식에 선언되는 변수가 있다. 일정 회수를 반복하는 for문은 보통 제어 변수를 필요로 하는데 이 제이 변수를 초기식에서 선언할 수 있다면 무척 편리할 것이다. 다음 예제를 보자.

예제 ForBlock

```c
#include <Turboc.h>

void main()
{
    int i;

    for (int i=0;i<5;i++) {
        printf("%d\n",i);
    }
    for (int i=5;i<9;i++) {
        printf("%d\n",i);
    }
}
```

main 함수의 지역변수로 i가 선언되어 있고 두 개의 for문에서 각각 또 다른 i를 선언하고 있는데 이렇게 하더라도 각각의 i는 범위가 달라 별 문제가 없다. 루프의 제어 변수로 잠시만 사용하고 버릴 변수라면 이렇게 선언해서 쓰는 것이 편리하다. 그러나 모든 컴파일러가 이런 블록 범위 변수를 지원하는 것은 아니다.

이 예제를 비주얼 C++ 6.0으로 컴파일해 보면 같은 변수를 두 번이나 중복 선언했다는 에러가 두 개 출력되는데 이는 for문의 초기식에 선언된 변수를 블록 범위로 인정하지 않는다는 뜻이다. 비주얼 C++ 6.0은 for문의 초기식에 변수를 선언하는 것은 허용하지만 이 변수가 별도의 범위를 갖지는 않으며 for문이 끝난 후에도 존재하기 때문에 for문을 포함하는 바깥 블록 내에서 이 변수가 유일해야 한다는 제약이 있다.

반면 비주얼 C++ 7.0이나 Dev-C++로 이 예제를 컴파일해 보면 아무런 문제없이 컴파일되며 실행도 잘 된다. 이 두 컴파일러는 블록 범위의 새로운 변수를 선언하는 것을 허용하며 for문을 벗어날 때 이 변수를 파괴하므로 새로운 for 루프에서 똑같은 이름의 제어 변수를 또 선언할 수 있다. 그래서 각 루프는 고유의 제어 변수를 가질 수 있어 무척 편리하다.

그렇다면 도대체 어떤 컴파일러가 틀린 것인지를 판정해 봐야 하는데 14882 표준 문서의 97페이지를 보면 for의 초기식에 선언된 변수의 범위는 for문에 국한된다고 분명히 명시되어 있다. 결국 비주얼 C++ 6.0은 틀린 컴파일을 하고 있는 것이며 비주얼 C++ 7.0에서 이 문제를 해결했다. Dev-C++은 표준대로 컴파일러를 잘 만들었다고 할 수 있다.

위 예제는 C++ 표준 문법에 맞게 잘 작성했으므로 앞으로는 이런 제어 변수 선언문을 사용할 수 있을 것이다. 그러나 비주얼 C++ 6.0이 이런 문법을 지원하지 않기 때문에 당분간은 이 문법을 사용할 수 없으며 어쩌면 앞으로 상당한 기간 동안 쓸 수 없을 것이다. 왜냐하면 비주얼 C++ 6.0의 위치는 그렇게 쉽게 무시할 수 없는 중요한 의미를 가지기 때문에 설사 표준에 맞다 하더라도 이 컴파일러에서 컴파일되지 않는다면 문제가 심각하기 때문이다.

7.3.3 선언과 정의

이쯤에서 선언과 정의에 대해 구분해 보자. 아주 비슷한 용어인 것 같지만 달라도 한참 다르며 다소 헷갈리는 용어라 정리가 필요하다. 일단 도표로 선언과 정의의 특성을 정리해 보자.

	역할	메모리	정보의 완전성	중복 가능성
선언	알린다.	사용 안함	불완전해도 됨	가능
정의	생성한다.	할당	항상 완전해야 함	불가능

선언과 정의의 대상이 되는 것에는 함수, 변수, 타입, 매크로, 태그 등 여러 가지가 있으나 주로 함수와 변수가 주 대상이다.

□ 선언(Declaration) : 컴파일러에게 대상에 대한 정보를 알린다. 함수가 어떤 인수들을 전달받으며 어떤 타입을 리턴하는지를 알리는 원형 선언이 대표적인 선언이다. 컴파일러에게 정보만 제공하는 것이므로 본체를 가지지 않으며 실제 코드를 생성하지도 않는다. 그래서 다음처럼 여러 번 중복되어도 상관없다.

int Max(int a, int b);
int Max(int a, int b);

물론 똑같은 내용을 일부러 이렇게 중복 선언할 경우는 없겠지만 헤더 파일을 여러 번 포함하다 보면 중복 선언될 경우가 있다. 이렇게 본의 아니게 중복 선언되더라도 문제는 없다. 단, 중복 선언할 경우 앞의 선언과 뒤의 선언이 달라서는 안 된다. 앞에서는 int Max(...); 로 선언해 놓고 다시 선언할 때는 double Max(...)로 선언할 수는 없다.

- 정의(Definition) : 대상에 대한 정보로부터 대상을 만든다. int i; 정의문에 의해 4바이트를 할당하며 int Max(int, int) { } 정의로부터 함수의 본체를 컴파일하여 코드를 생성한다. 정의는 변수의 타입, 함수의 인수 목록을 컴파일러에게 알려 주기도 하므로 항상 선언을 겸한다. 그래서 함수를 호출부보다 더 앞쪽에서 정의하면 컴파일러가 이 함수의 본체를 만들면서 모든 정보를 파악할 수 있으므로 별도의 원형 선언을 하지 않아도 된다.
정의는 실제 대상을 만들어 내기 때문에 중복되어서는 안 된다. 전체 프로그램을 통해 단 한 번만 나타나야 하며 두 번 이상 중복할 필요도 없다. 만약 정의를 두 번 반복하면 컴파일러는 왜 똑같은 함수를 두 번 정의하느냐는 에러 메시지를 출력할 것이다.

이렇듯 선언과 정의는 분명히 다른 용어이지만 실제로는 명확하게 구분하지 않고 대충 사용하는 경향이 있다. 지역변수의 경우 정의와 선언이 완전히 일치하며 만든 영역에서만 사용하므로 별도의 선언을 할 수도 없고 할 필요도 없다. 그래서 지역변수는 정의만 가능한 대상이지만 일반적으로 "선언한다"라고 하지 "정의한다"라고는 하지 않는다. 전역변수의 경우는 int i; 가 정의이고 extern int i; 가 선언으로 분명히 구분되지만 관습적으로 전역변수 정의문인 int i; 도 선언문이라고 부른다.

매크로의 경우도 실제 메모리를 할당하는 것은 아니므로 선언이 맞지만 일반적으로 정의라고 표현한다. 매크로를 정의하는 명령어가 #define이지 #declare가 아닌 것만 봐도 그렇다. typedef에 의한 사용자 정의 타입도 키워드에 def라는 단어가 포함되어 있기는 하지만 원칙적으로 선언이라는 용어가 옳다. 그러나 표준 문서에서 조차도 typedef를 사용자 선언 타입이라고는 표현하지 않으며 타입을 정의한다고 표현한다. 구조체나 열거형의 태그는 주로 선언한다고 하지만 가끔 정의한다는 표현을 쓰기도 한다. 이렇듯 두 용어는 분명히 다르지만 실제로는 별 구분없이 사용되는 경향이 있다.

7.3.4 설계 원칙

함수를 작성하는 문법과 호출하는 방법, 인수를 받아들이고 리턴하는 방법을 익히는 것은 그다지 어렵지 않다. 그러나 함수를 정말로 함수답게 잘 나누고 디자인하는 것은 무척 어렵고 단기간에 체득되지 않는다. 함수는 프로그램을 구성하는 단위로서 잘 나누어 놓으면 프로그램의 구조가 탄탄해지고 확장하기도 쉽고 재사용성도 좋아진다. 잘 짜여진 프로그램을 분석해 보면 함수의 분할 구조가 감탄스러울 정도로 잘 되어 있음을 볼 수 있고 그런 함수를 만드는 능력이 부러워지기까지 한다.

그러나 함수를 잘못 디자인하면 코드는 더 커지고 프로그램은 더 느려지며 조금이라도 수정하려면 어디를 건드려야 할지 판단하기 힘든 나쁜 구조가 만들어진다. 함수에 의해 코드는 꼬이기만 하고 엉망이 된 코드 사이로 버그가 창궐할 수 있는 환경만 만들어지니 아예 함수를 만들지 않느니만도 못한 상태가 되기도 한다.

프로그래밍에 처음 입문한 사람들에게 함수 디자인이라는 주제는 아주 어렵고 힘든 고비이다. 책을 읽어서 비법을 얻는 것은 불가능하고 잘 하는 사람에게 개인 지도를 받아도 어렵고 혼자서 연습해 보기는 더욱 더 어렵다. 함수 디자인은 오로지 많은 분석과 실습만으로 얻어지는 경험이다. 그래서 꾸준한 연습만이 해결책이다. 다음은 함수를 잘 만드는 기본적인 지침들이다.

❶ 함수의 이름을 최대한 설명적으로 작성하여 이름만으로 무엇을 하는 함수인지, 이왕이면 어떻게 쓰는 것인지도 알 수 있도록 한다. 마치 함수의 이름이 주석인 것처럼 해야 한다. 함수는 이름으로 호출되므로 좋은 이름을 붙여 두면 함수를 관리하는 사람과 쓰는 사람 모두가 편해진다. 아주 간단한 규칙인 것 같지만 함수를 설계하는 첫 번째 원칙이 될 정도로 좋은 이름을 붙이는 것은 중요하다. 특히 팀 작업을 하거나 오랫동안 관리해야 할 코드라면 더욱 더 정성스럽게 이름을 붙여야 한다.

함수명은 보통 동사와 목적어 그리고 약간의 수식어로 구성된다. GetScore, DrawScreen, TestGameEnd 등은 이름만으로 어떤 동작을 하는지 쉽게 알 수 있으므로 좋은 함수명이다. 동작이 좀 더 구체적이라면 GetHighestScore, GetAverageScore 등의 수식어를 붙이는 것도 좋다. 이런 이름은 무엇을 어떻게 하는지를 분명히 표현한다.

반면 Score, Draw, Test 따위는 점수나 그리기와 상관이 있는 동작을 하는 것 같아 보이기는 하지만 구체적으로 무엇을 어떻게 하는지를 표현하지 못하므로 좋지 않다. 함수를 만든 사람은 당장은 이 함수들을 이해할 수 있다 하더라도 조금만 시간이 지나면 함수의 본체를 다 읽어 봐야 무엇을 하는 함수인지 알 수 있으므로 코드를 유지 및 확장하기 어려워진다. 함수에 좋은 이름을 붙이는 것은 어려운 기술이 아니라 조금의 관심만 기울이면 누구나 할 수 있는 기술이며 이름을 구성하는 적절한 영어 단어만 잘 선정하여 조립하면 된다.

❷ 두 번 이상 중복된 코드는 반드시 함수로 분리한다. 똑같은 코드를 중복된 채로 내버려 두면 프로그램의 크기가 쓸데없이 커진다. 10줄짜리 코드를 10번 반복한다면 나머지 90줄은 불필요하게 용량만 차지하는 것이다. 용량의 문제보다 더 심각한 것은 코드를 유지, 확장하기가 아주 곤란해진다는 점이다. 요구가 바뀌어 해당 동작을 수정해야 한다고 해 보자. 이 동작을 함수로 분리해 두었으면 함수만 고치면 되지만 중복되어 있다면 일일이 찾아가서 고쳐야 한다. 실수로 한 곳을 고치지 않으면 이것이 바로 버그의 원흉이 된다.

중복되는 회수에 상관없이 앞에서 이미 만들었던 코드와 비슷한 코드를 또 작성해야 한다면 일단 그 부분을 함수로 만들고 기존 코드를 함수 호출로 수정해야 한다. 즉 다음과 같이 구조를 만든다.

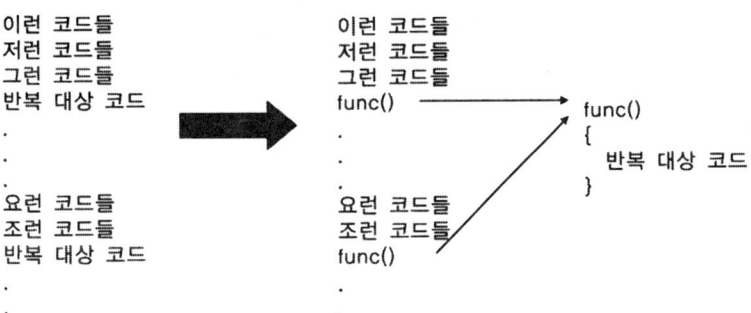

아니! 고작 두 번 중복되었을 뿐인데 이런 것들도 함수로 분리해야 한단 말인가 하는 생각이 들지도 모르겠다. 그 대답은 당연히 그렇다이다. 한 번 중복된 코드는 조만간 다시 필요해질 가능성이 아주 높다. 뿐만 아니라 십중팔구 그 코드는 잠시 후 확장되어야 한다. 그래서 중복이 발견되는 즉시, 그것이 단 두 군데뿐이더라도 무조건 함수로 분리하는 습관을 가져야 한다. 네 번, 다섯 번 중복될 때 분리하겠다고 생각한다면 이미 프로그램은 엉망이 되어 가고 있는 것이다.

❸ 반복되지 않더라도 한 단위로 볼 수 있는 작업은 함수로 만든다. 설사 이 함수를 딱 한 번만 호출하고 다른 곳에서 호출할 확률이 아주 희박하더라도 이렇게 하는 것이 좋다. 예를 들어 어떤 구조체나 배열을 초기화하는 코드 덩어리는 Init~ 라는 이름으로 분리하고 화면을 출력하는 코드 덩어리는 Draw~ 따위의 이름을 주어 분리한다.

한 함수의 소스가 아주 길어져서 수백줄이 되면 그 많은 코드들의 어떤 부분이 어떤 작업을 하는지 얼른 파악되지 않는다. 게다가 다른 일을 하는 코드들이 한 곳에 섞여 있으면 필시 꼬이게 마련이며 이런 복잡한 코드는 대체로 메인 코드인 경우가 많다. 이 코드들의 그룹을 나누어 함수로 분리해 두면 메인 코드는 이 함수들을 조립하는 수준으로 간단해진다.

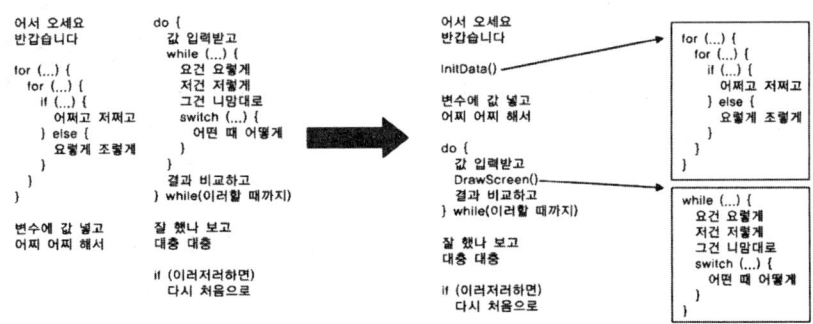

이렇게 분리되면 메인 코드를 읽기 쉬워지고 이미 완성된 코드들은 더 이상 신경쓰지 않아도 되는 이점이 있다. 또한 이 함수들이 현재 프로젝트에서는 반복되지 않더라도 다른 프로젝트에서는 재사용되기 쉽다.

❹ 함수는 한 번에 하나의 작업만 해야 한다. 함수는 프로그램을 구성하는 부품이며 부품이란 전체를 구성하는 원자적인 단위이다. 물론 한 함수가 두 가지 일을 동시에 수행할 수도 있고 그렇게 하는 것이 더 효율적일 때도 있다. 그러나 이 함수를 나누어 더 작은 부품을 만들어 놓으면 두 일을 각각 따로 실행해야 할 필요가 있을 때 작은 부품을 활용할 수 있다. 만약 꼭 여러 가지 일을 한꺼번에 해야 하는 함수가 필요하다면 각각의 함수를 만든 후 이 함수들을 호출하는 함수를 하나 더 만들면 된다.

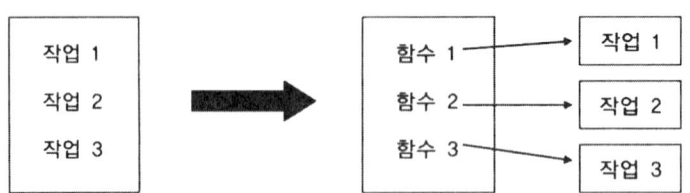

이렇게 되면 이 함수를 호출하는 기존의 코드는 영향을 받지 않으면서 새로운 작은 단위의 작업을 호출할 수도 있게 된다.

❺ 입력과 출력이 직관적이고 명확해야 한다. 인수는 함수에게 주어지는 작업거리인데 함수가 하는 일에 꼭 필요한 정보만 최소한의 인수로 받아들여야 한다. 나머지 인수로부터 알 수 있는 값이나 연산에 사용하지 않는 불필요한 정보는 전달될 필요가 없다. 예를 들어 화면의 특정 위치에 메시지를 출력하는 OutMessage 함수를 작성한다고 해 보자.

```
void OutMessage(int x, int y, char *str, int len)
```

이 함수에서 메시지의 길이 len은 불필요한 인수이다. 세 번째 인수 str이 널 종료 문자열이라면 str로부터 길이를 계산할 수 있다. 물론 메시지의 일부만을 출력하는 기능이 있다면 이럴 때는 len이 필요할 것이다. 함수의 작업 결과는 가급적이면 리턴값으로 보고해야 하는데 설사 그 값을 호출원에서 사용하지 않는다 하더라도 일단 보고할 내용이 있다면 보고하는 것이 좋다.

❻ 함수는 자체적으로 에러 처리를 해야 한다. 함수는 독립된 작업을 하며 재사용 가능한 부품이므로 그 자체로서 완벽하게 동작할 수 있어야 한다. 현재 작성 중인 프로젝트에서 잘 실행된다고 해서 이 함수가 안전하고 완벽하게 동작한다는 것을 보장할 수는 없다. 특히 입력된 인수의 유효성을 잘 점검해야 한다. 포인터의 경우 NULL이 전달될 수도 있고 정수가 터무니없이 크다거나 음수가 될 수 없는 값에 대해 음수가 전달되는 경우에도 에러 처리를 해야 한다. 그래야 어떤 프로젝트로 가져가든 별도의 수정없이 재사용 가능한 부품이 된다.

여기서 논한 함수 설계에 대한 지침은 어디까지나 일반적인 참고사항일 뿐이다. 특수한 실무 환경에서는 이 지침과는 다르게 함수를 만들어야 하는 불가피한 경우도 존재한다. 이 지침이 함수 설계를 잘 하고 싶은 사람들에게 아주 중요한 내용인 것은 사실이지만 이 지침들을 몽땅 외운다고 해서 함수 설계 경험이 금방 늘어나는 것은 아니다. 마치 "여성의 마음을 사로잡는 100가지 비법"을 달달 외운다고 해서 사교계의 달인이 될 수 없는 것과 같다. 일단 이 권고안을 머리속에 새겨 두고 끊임없이 분석, 연습해 봐야 한다.

08
표준 함수

8.1 수학 함수

8.1.1 표준 함수

C 컴파일러는 많은 수의 표준 함수들을 제공한다. 공통적으로 자주 사용되는 기능들을 모든 개발자들이 직접 만들어 쓴다면 시간도 많이 걸릴 것이고 사회적인 낭비도 심할 것이다. 모든 개발자들이 화면 입출력을 위해 printf, scanf 같은 함수를 일일이 만들어 써야 한다면 얼마나 끔찍하겠는가? 이런 함수들의 기능은 워낙 뻔하기 때문에 누가 만들어도 비슷한 모양을 가질 것이며 어떤 특수하고도 고유한 기능을 요구하는 것도 아니다.

물론 실력이 되고 시간이 펑펑 남아돈다면 자신의 필요에 맞게 원하는 기능만 가지는 함수를 입맛에 맞게 만들어 쓰는 것도 가능하다. 그러나 아무래도 직접 만든 함수는 성능이 떨어질 것이고 충분한 테스트를 거치지 않았기 때문에 어떤 상황에서라도 잘 동작할 수 있는 신뢰성을 갖추기 어렵다. 뿐만 아니라 사람들마다 쓰는 함수가 제각각이면 공동 프로젝트를 하기도 어려워진다. 요구되는 기능이 명확하므로 똑똑한 누군가가 한 번만 잘 만들어 놓고 이 함수를 같이 사용한다면 모든 사람들이 행복해질 것이다.

그래서 컴파일러 제작사들은 자주 사용되는 공통적인 함수들을 미리 만들어서 컴파일러와 함께 배포하는데 이를 표준 함수라고 하며 표준 함수들의 집합을 런타임 라이브러리(CRT)라고 부른다. 컴파일러 제작사의 우수한 프로그래머들이 공들여 작성한 것이므로 성능이 뛰어남은 물론이고 오랫동안 다양한 프로젝트에서 테스트되었기 때문에 신뢰도도 높다. 그래서 우리는 원하는 기능을 제공하는 표준 함수를 골라 호출하기만 하면 된다. 이 얼마나 고마운 일인가?

초창기의 C언어가 설계될 때의 컴퓨터 환경은 무척 열악했었다. CPU 속도나 메모리 용량 등이 지금과는 비교가 되지 않을 정도로 느리고 좁았기 때문에 이런 환경에서 실행되는 프로그램을 만들어야 하는 C언어는 가급적 작게 디자인할 수밖에 없었다. 그래서 다른 언어와는 달리 기본적인 화면 입출력조차도 언어 차원에서 지원하지 않았으며 모든 것들을 함수로 만들어 쓰기로 한 것이다. C 컴파일러를 만드는 제작사들은 사용자가 필요로 하는 함수들을 제공했었는데 한동안은 이런 함수들이 통일되지 못하는 혼돈의 시대가 이어졌다.

이런 혼돈을 깔끔하게 정리한 표준이 바로 89년에 제정된 ANSI C 표준이며 이 시점에서 그동안 무분별하게 추가되었던 함수들이 통폐합되어 지금에 이르게 된 것이다. ANSI C 표준은 C 컴파일러가 제공해야 하는 함수의 목록과 원형, 그리고 구체적인 기능까지도 규정하고 있으므로 이 표준을 따르는 컴파일러는 반드시 표준이 지정한 바대로 라이브러리를 제공해야 하는 의무를 지며 사용자들은 이식성을 걱정할 필요없이 표준 함수를 자유롭게 사용할 수 있게 되었다.

표준은 필요한 함수의 최소한의 목록만을 규정하며 컴파일러 제작사는 필요에 따라 함수를 더 추가로 정의할 수도 있다. 그래서 컴파일러 제작사에 따라 런타임 라이브러리의 구성이 조금씩 달라질 수 있으므로 약간의 주의를 기울일 필요는 있다. 예를 들어 터보 C에는 gotoxy, clrscr 함수들이 있지만 비주얼 C++에는 이 함수들이 없으며 같은 함수라도 이름이 조금씩 다른 경우도 있다. 하지만 printf, puts, getch 같은 기본적인 함수들은 대부분의 컴파일러에 공통적으로 존재하므로 컴파일러에 상관없이 자유롭게 사용할 수 있다. 표준 함수들은 기능에 따라 다음과 같이 분류할 수 있다.

분류	함수
입출력 함수	printf, scanf, gets, puts, getch, putch
수학 함수	sin, cos, tan, pow, floor, ceil, hypot
문자열 함수	strcpy, strlen, strcat, strstr, strchr
시간 함수	time, asctime, clock
파일 입출력 함수	fopen, fclose, fseek, fread, fwrite
프로그램 제어	exit, abort, system
메모리 할당	malloc, free, realloc, calloc
기타	rand, delay

printf, scanf 같은 기본적인 입출력 함수들은 그동안 실습을 하면서 이미 많이 써 왔고 사용 방법도 잘 알고 있을 것이다. 문자열 함수나 파일 입출력 함수들은 다음에 천천히 배우기로 하고 여기서는 수학 함수와 시간 함수 등에 대해서만 중점적으로 알아보도록 하자. 이미 작성되어 있는 함수의 사용법을 설명하는 것이므로 그다지 상세할 필요는 없을 것 같고 함수의 목록을 나열하는 식으로 간략하게 소개만 하기로 한다.

이후 여러분들은 C언어뿐만 아니라 API나 MFC, DB, 네트워크 등을 공부하면서 수많은 함수들을 만나고 공부하게 될텐데 함수를 익힐 때는 암기 위주로 공부를 하는 것보다 어떤 함수들이 제공되는지 목록을 파악하고 함수의 기능을 구경해 본다는 가벼운 마음으로 임하는 것이 좋다. 어차피 그 많은 함수를 머리속에 다 넣고 다닐 수는 없는 노릇이므로 항상 레퍼런스를 참고하는 습관을 가지도록 하자. 레퍼런스는 일종의 함수 사전이다.

8.1.2 삼각 함수

수학 함수는 수학적인 계산을 하는 함수들이다. 수학 함수들의 원형은 모두 math.h에 선언되어 있으므로 이 함수들을 사용하려면 제일 먼저 #include <math.h> 전처리문을 삽입하여 이 헤더 파일을 포함시켜야 한다. 이 책에서 사용하는 Turboc.h가 이 헤더 파일을 포함하고 있지 않으므로 math.h를 포함하지 않으면 수학 함수를 쓸 수 없다. 실제 프로젝트를 할 때도 반드시 math.h를 인클루드해야 함을 꼭 기억해 놓도록 하자.

수학 함수 중에 비교적 이해하기 쉬운 삼각 함수에 대해 먼저 정리해 보자. 삼각 함수들은 이름만 다르고 원형이 모두 동일하다. 실수형 인수를 하나 받아들이며 이 인수의 삼각 함수값을 계산하여 그 결과를 실수로 리턴한다.

```
double sin(double x);
double cos(double x);
double tan(double x);
double asin(double x);
double acos(double x);
double atan(double x);
double sinh(double x);
double cosh(double x);
double tanh(double x);
```

기본적인 수학 교육을 받았다면 sin, cos, tan 함수가 어떤 값을 계산한다는 것은 잘 알고 있을 것이다. asin, acos, atan 함수는 기본 삼각 함수의 역함수들이며 sinh, cosh, tanh는 쌍곡선 삼각 함수라는 것이다. 설마 그럴리야 없겠지만 삼각 함수가 뭐하는 함수인지 모르겠다는 사람은 수학책을 참고하기 바란다. 이 책은 수학책이 아니므로 함수들이 구하는 값의 수학적 의미에 대한 설명은 하지 않기로 한다.

삼각 함수들이 받아들이는 인수 x는 360분법의 각도가 아니라 호도(라디안)값이다. 1호도는 원주의 길이가 반지름과 같아지는 각도인데 180/3.1416으로 정의되어 있다. 따라서 각도값으로 호도를 구할 때는 다음 공식을 사용하면 된다.

호도=각도*3.1416/180

이 공식에서 3.1416이라는 상수는 물론 원주율이다. 다음 예제는 sin 함수를 사용하여 0도~90도까지 매 10도마다의 사인값을 계산해서 화면으로 출력한다.

예제 sin

```
#include <Turboc.h>
#include <math.h>

void main(void)
{
    int r;

    for (r=0;r<=90;r+=10) {
        printf("sin(%d도)=%f\n",r,sin(r*3.1416/180));
    }
}
```

sin 함수를 한 번 호출해 본다는 것 외에는 사실 별다른 의미는 없다. 실행 결과는 다음과 같은데 심심하면 컴퓨터가 정확하게 계산했는지 수학책의 부록과 대조해 보아라.

```
sin(0도)=0.000000
sin(10도)=0.173649
sin(20도)=0.342021
sin(30도)=0.500001
sin(40도)=0.642789
sin(50도)=0.766046
sin(60도)=0.866027
sin(70도)=0.939694
sin(80도)=0.984808
sin(90도)=1.000000
```

예제가 조금 썰렁한 감이 있는데 그래픽을 보여 줄 수 있다면 멋진 사인 곡선을 그려 보겠지만 콘솔 환경에서는 그래픽을 그릴 수가 없으므로 sin 함수의 동작만 확인해 보았다. 다음 프로그램은 그래픽 환경에서 실행되는 아날로그 시계이다.

이 시계에서 시간을 표시하는 12개의 작은 원 좌표와 시침, 분침, 초침의 끝 좌표를 계산하려면 sin, cos 같은 삼각 함수가 반드시 필요하다. 다음에 그래픽 환경에서 프로그래밍을 할 때 삼각 함수가 어떻게 사용되는지 실습해 보도록 하자. 사실 프로그래머의 입장에서 삼각 함수가 어떤 값을 어떻게 계산해 내는가는 전혀 중요하지 않으며 언제 어떤 위치에 삼각 함수를 적절하게 사용하는가가 훨씬 더 중요하다. 실생활에서도 그렇지만 정수를 주로 다루는 컴퓨터 환경에서 삼각 함수가 필요한 경우는 그리 흔하지 않다.

8.1.3 지수 함수

지수 함수는 서듭승이나 제곱근, 로그 따위의 값을 구하는 함수들이다. 실수 차원에서 계산을 하므로 취하는 인수나 리턴값은 모두 정밀도가 높은 double 실수형이다. 다음과 같은 것들이 있다.

함수	설명
double sqrt(double x);	x의 제곱근
double pow(double x,double y);	x^y. x의 y승
double log(double x);	자연 대수
double log10(double x);	상용 대수
double exp(double x);	자연 대수 exp
double hypot(double x,double y);	직삼각형의 사변 길이

sqrt 함수는 제곱근, 즉 두 번 곱해서 그 값이 되는 수를 구한다. sqrt(4)의 결과는 2.0이 될 것이며 sqrt(2)는 $\sqrt{2}$에 해당하는 1.414214를 리턴할 것이다. 어떤 수 x의 제곱을 구할 때는 x를 두 번 곱하는 x*x식을 사용하는데 세제곱 이상을 구할 때는 pow 함수(Power의 약자이다.)를 사용하는 것이 더 편리하다. 예를 들어 2의 10승을 구하고자 한다면 pow(2,10)을 호출하면 된다. 베이직이나 파스칼 같은 고급 언어는 거듭승을 구하는 별도의 연산자(^)가 제공되지만 C언어는 거듭승 연산자를 따로 제공하지 않으므로 pow 함수를 사용해야 한다.

log 함수는 로그값을 계산하고 log10은 밑이 10으로 고정되어 있는 상용 로그값을 구한다. 지수 함수 중에는 hypot 함수(Hypotenuse의 약자이다.)가 제일 어려운데 이 함수도 잘 알아두면 유용하게 쓰일 곳이 많다. hypot가 계산하는 값은 인수로 주어진 x와 y의 제곱의 합에 대한 양의 제곱근이다. 무척 복잡한 것 같지만 수식으로 표현해 보면 $\sqrt{x^2+y^2}$이다. 이 수식은 직각 삼각형의 빗변 길이를 구하는 공식인데 이른바 피타고라스의 정리라고 한다.

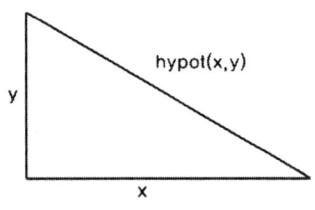

hypot(x,y)는 sqrt(pow(x,2)+pow(y,2))와 동일하며 조금 더 간단하게 쓴다면 sqrt(x*x+y*y)와 같다. 두 점의 좌표를 알고 있을 때 이 두 점간의 거리를 구하고 싶다면 hypot 함수를 사용한다. 예를 들어 한 점을 중심으로 하고 나머지 한 점까지를 반지름으로 하는 원을 그린다거나 할 때 이 함수가 필요할 것이다. 사용예를 보이고 싶으나 콘솔 환경에서는 그래픽을 그릴 수 없으므로 다음에 그래픽을 배우면 그때 직접 실습해 보기 바란다.

요즘은 컴퓨터라는 기계가 게임도 하고 인터넷도 하고 영화도 보고 다양한 용도로 활용되고 있지만 원래 컴퓨터는 수학적인 계산을 위해 만들어진 것이다. 그래서 프로그래밍은 수학과 아주 밀접한 연관이 있는데 간단한 프로그램은 사칙 연산으로도 원하는 대부분의 계산을 할 수 있지만 조금만 복잡해지면 고등 수학이 필요해진다.

지금 이 책을 읽고 있는 사람들 중에 중학생이나 고등학생들도 분명히 있을 것이다. 일찍부터 자신의 진로를 결정하고 그 분야를 공부하는 것은 장한 일이지만 항상 학교 공부를 소홀히 하지 말 것을 부탁하고 싶다. 웬 시시콜콜한 잔소리냐고 할지 모르겠지만 나이 30을 더 먹고도 성문 영어나 정석 수학 같은 책을 들고 도서관 들락거리는 아저씨들을 본 적이 있을 것이다. 나도 별로 오래 살지는 않았지만 공부라는 것은 정말 때가 있는 것 같다.

8.1.4 정수화 함수

정수화 함수는 실수형 데이터에서 정수부만을 취하는, 즉 소수점 이하의 소수부를 잘라 버리는 함수이다. 소수부를 잘라 버린다고 해서 계산 결과가 정수가 되는 것은 아니며 리턴값은 여전히 실수이다. 실수값의 소수부만을 0으로 만든다고 생각하면 된다. 정수화 함수에는 다음 두 가지가 있다.

```
double floor( double x );
double ceil( double x );
```

두 함수는 소수점 이하를 자르는 방식이 다른데 floor는 소수점 이하를 버리고 정수부만을 취하고 ceil은 소수점 이하를 올림해서 정수부를 1 증가시킨다. 다음 호출 예를 보면 쉽게 이해가 될 것이다.

```
floor(3.14);        // 결과는 3.0
ceil(3.14)          // 결과는 4.0
```

floor는 내림을 하는 함수이고 ceil은 올림을 하는 함수라고 일단 정리할 수 있다. 그러나 단순히 내림, 올림으로 이 두 함수의 동작을 정의하는 것은 정확하지 않다. 다음 예를 보자.

```
floor(-3.14);           // 결과는 -4.0
ceil(-3.14)             // 결과는 -3.0
```

결과가 조금 이상해 보이는데 인수가 음수일 때 floor는 정수부가 1 감소하며 ceil은 소수부를 버린다. 왜 그런가 하면 음수에서도 버림에 의해 수가 더 작아져야 하고 올림에 의해 수가 더 커져야 하기 때문이다. 그래서 floor, ceil 함수의 동작을 좀 더 일반적으로 표현하면 다음과 같다.

- floor : 주어진 인수보다 크지 않은 최대 정수
- ceil : 주어진 인수보다 작지 않은 최소 정수

수직선상에서 이 함수들의 동작을 설명해 보면 floor는 인수의 바로 왼쪽 정수값을 구하고 ceil은 바로 오른쪽 정수값을 구한다.

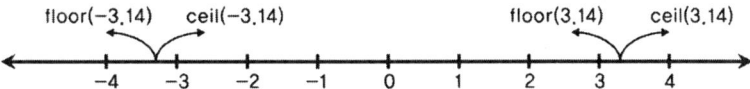

수 체계를 시각화해서 보면 좀 더 쉽게 이해가 갈 것이다. floor는 "마루, 바닥"이라는 뜻이고 ceil은 "천장"이라는 뜻인데 단어뜻과 연관지어 보면 자연스럽게 이해가 될 것이다. 예제를 통해 이 함수들의 동작을 테스트해 보자.

예제 floor

```c
#include <Turboc.h>
#include <math.h>

void main(void)
{
    printf("floor(3.14)=%f\n",floor(3.14));
    printf("ceil(3.14)=%f\n",ceil(3.14));
    printf("floor(-3.14)=%f\n",floor(-3.14));
    printf("ceil(-3.14)=%f\n",ceil(-3.14));
}
```

실행 결과는 앞에서 테스트해 본 바와 같다.

floor(3.14)=3.000000

ceil(3.14)=4.000000
floor(-3.14)=-4.000000
ceil(-3.14)=-3.000000

실수를 단순히 정수로 바꾸기만 한다면 정수형 변수에 단순히 대입하기만 해도 된다. 정수와 실수는 호환되는 타입이기 때문에 정수형 변수에 실수를 대입할 경우 하강 변환이 발생하고 이 과정에서 소수부는 자연스럽게 버려진다.

```
double d=3.14;
int i=d;
```

이렇게 대입하면 i에는 소수부가 버려진 3이 대입될 것이다. 컴파일러에 따라 실수값을 정수에 대입할 경우 값의 일부를 잃을 수 있다는 경고가 발생할 수 있는데 i가 정수형 변수이므로 0.14가 버려진다는 뜻이다. 이런 경고를 받기 싫으면 int i=(int)d; 처럼 캐스트 연산자를 사용하여 명확한 형 변환을 하면 된다.

음수의 실수값을 정수형 변수에 대입할 경우, 그러니까 위 코드에서 d가 -3.14일 경우는 i에 -3이 대입된다. 단순한 대입문이나 캐스트 연산자는 별다른 처리없이 소수부를 기계적으로 잘라 버린다는 것을 알 수 있다. 이에 비해 floor, ceil 함수는 부호까지 고려하여 값을 조금 더 논리적으로 다룬다는 차이점이 있다.

실수의 소수점 이하는 굉장히 길 수 있기 때문에 가끔은 지저분해 보이기도 하므로 정확한 값보다는 대충 비슷한 값으로 정리를 좀 하는 것이 좋다. 우리반 월말 고사 평균은 87.24198666점이다 라고 하는 것 보다는 87점이다 또는 87.24점이다라고 하는 것이 더 보기에 좋지 않은가? 이럴 때 정수화 함수가 필요하다.

그런데 실생활에서는 소수점을 잘라 버리거나 또는 인접한 정수값을 취하는 것보다 반올림하는 것이 오차도 적고 가장 일반적으로 애용되는 방법이다. 그러나 C언어는 반올림 함수를 따로 제공하지 않는다. 왜 반올림 함수가 없는가 하면 굳이 이런 함수를 제공하지 않아도 올림, 내림 함수를 응용하면 반올림을 할 수 있을 뿐만 아니라 응용 방식에 따라 반올림 방식을 자유롭게 선택할 수도 있기 때문이다. 어떻게 응용하는지 보자.

실수 x를 반올림한 값 = floor(x+0.5)

척 보면 이해가 갈 것이다. 0.5를 더한 후 바로 왼쪽의 정수를 찾으면 이 값이 바로 반올림값이 된다. 어째서 이게 반올림이 되는가 선뜻 이해가 가지 않는다면 x에 1.4와 1.5를 대입해 보도록 하자.

```
floor(1.4+0.5) = 1.0
floor(1.5+0.5) = 2.0
```

1.4에 0.5를 더하면 1.9가 되는데 이 값을 내림하면 1.0이 된다. 1.5에 0.5를 더하면 2.0이 되므로 내림이 발생하지 않으며 2.0의 값을 그대로 유지할 것이다. 그러므로 floor(x+0.5)라는 공식은 0.5 이상의 값은 다음 오른쪽 정수로 올림하고 0.5 미만의 값은 직전의 왼쪽 정수로 내림함으로써 반올림 계산을 멋지게 하고 있는 것이다.

그렇다면 floor(x+0.5) 대신 ceil(x-0.5) 공식을 사용하는 것은 어떤 효과가 있을까? 두 공식은 비슷하지만 0.5의 경계에 걸렸을 때의 처리가 조금 다르다. floor(x+0.5)는 0.5 이상의 값을 반올림하는데 비해 ceil(x-0.5)는 0.5 초과 값을 반올림한다. x가 1.5일 때 floor는 2.0으로 반올림하지만 ceil은 1.0으로 내림해 버릴 것이다. 물론 x가 1.500001이라면 ceil도 2.0으로 반올림을 한다. 두 공식의 차이를 그림으로 그려 보면 반올림되는 범위가 조금 다르다.

일반적으로 반올림이라 하면 0.5 이상을 올림하는 것이므로 floor 함수를 사용하는 것이 논리적으로 합당하다. 이 반올림 공식이 음수의 경우에도 제대로 동작하는지 확인해 보기 위해 x에 -1.4, -1.5, -1.6을 대입해 보자.

```
floor(-1.4+0.5) = -1.0
floor(-1.5+0.5) = -1.0
floor(-1.6+0.5) = -2.0
```

-1.4나 -1.6의 경우는 쉽게 이해가 되지만 -1.5를 반올림했을 때 -2.0이 아닌 -1.0이 된다는 점이 순간적으로 조금 헷갈릴 것이다. 그러나 수직선을 그려 놓고 생각해 보면 제대로 반올림되었다는 것을 확인할 수 있다. int(x+0.5)도 floor(x+0.5)와는 다르다. 캐스트 연산자는 무조건 소수점 이하를 기계적으로 잘라 버리기 때문에 x가 음수일 경우 터무니없는 결과가 나온다.

C는 자주 사용하는 기능에 대해 표준 함수들을 제공하지만 응용이 가능한 기능에 대해서는 별도의 함수를 제공하지 않는다. floor라는 간단한 함수로 반올림을 하는 것처럼 표준 함수를 조금만 응용하면 얼마든지 좀 더 복잡한 연산을 만들어 쓸 수 있기 때문이다. 표준 함수들을 많이 아는 것도 중요하지만 이미 알고 있는 함수들을 응용하는 능력도 중요하다. 이번에는 floor 함수를 한 단계 더 응용하여 소수점 둘째자리에서 반올림되도록 해 보자. 이 공식은 다음과 같다.

floor(x*10+0.5)/10

x를 10배한 후 반올림하고 다시 10으로 나누면 소수점 둘째자리에서 반올림된다. x가 3.14라고 했을 때 31.4로 만든 후 0.5를 더해 31.9로 만들고 이 값에 대해 floor 함수를 호출하면 31이 된다. 결과값을 다시 10으로 나누면 3.1이 될 것이다. 원래 x값에 10을 곱해 소수점을 잠시 오른쪽으로 한 칸 옮긴 후 반올림 처리하고 다시 왼쪽으로 한 칸 옮기는 것이다.

같은 원리로 소수점 셋째자리에서 반올림하려면 floor(x*100+0.5)/100 공식을 사용하면 되고 소수점 넷째자리에서 반올림하려면 floor(x*1000+0.5)/1000 공식을 쓴다. 곱하고 나누는 수만 조정하면 반올림되는 자리수를 원하는 대로 지정할 수 있고 더하는 0.5를 조정하면 반올림 경계도 입맛대로 설정할 수 있다. 이 공식을 좀 더 일반화하면 소수점 n번째 자리에서 반올림되는 함수를 만들 수 있는데 아주 간단하므로 매크로 함수로 정의해 보았다.

예제 round

```c
#include <Turboc.h>
#include <math.h>

#define banollim(x,dig) (floor((x)*pow(10.0,dig)+0.5)/pow(10.0,dig))

void main(void)
{
    double x=123.456789;
    int i;

    for (i=-2;i<5;i++) {
        printf("%f의 %d자리 반올림 = %f \n",x,i,banollim(x,i));
    }
}
```

banollim 함수는 실수 x와 반올림할 자리수 dig를 인수로 전달받는데 dig는 0을 기준(Zero Base)으로 하므로 우리가 생각하는 소수점 자리수보다는 하나 더 작다. 즉 dig가 0일 때 소수점 첫 번째 자리를 지정하며 n일 때 n+1자리에서 반올림하여 결국 반올림 후 dig자리까지가 유효한 수로 남게 된다. pow 함수는 음수승도 잘 계산하므로 dig에 음수를 주면 정수부에서 반올림을 할 수도 있다. 실행 결과는 다음과 같다.

```
123.456789의 -2자리 반올림 = 100.000000
123.456789의 -1자리 반올림 = 120.000000
```

```
123.456789의 0자리 반올림 = 123.000000
123.456789의 1자리 반올림 = 123.500000
123.456789의 2자리 반올림 = 123.460000
123.456789의 3자리 반올림 = 123.457000
123.456789의 4자리 반올림 = 123.456800
```

지정한 자리수에서 정확하게 반올림되었다. 이렇게 한 번 매크로로 만들어 놓으면 임의의 실수를 임의의 자리에서 반올림할 때 편리하게 활용할 수 있을 것이다. 이 예제에 대한 분석은 여러분들이 직접해 보기 바라며 매크로가 마음에 들면 종종 애용하기 바란다.

8.1.6 절대값 함수

절대값 함수는 인수의 부호를 강제로 양수로 바꾼다. 즉 3은 그냥 3으로 두고 -3은 3으로 바꾸는 것이다. 인수의 타입에 따라 3가지 함수가 준비되어 있다. 이 외에 복소수 타입에 대한 절대값 함수도 있으나 여기서는 다루지 않기로 한다.

```
int abs(int n);
long labs(long n);
double fabs(double x);
```

위에서부터 순서대로 정수형, long형, 실수형에 대한 절대값을 구한다. 16비트 환경에서는 int형과 long형의 길이가 다르므로 함수가 따로 준비되어 있지만 32비트 환경에서는 int가 long과 같기 때문에 abs와 labs 함수는 동일하다고 할 수 있다. 굳이 예제가 필요하지는 않겠지만 그래도 없으면 섭섭하므로 확인만 해 보도록 하자.

예제 abs

```c
#include <Turboc.h>
#include <math.h>

void main(void)
{
    int i=3, j=-3;

    printf("%d의 절대값 = %d\n",i,abs(i));
    printf("%d의 절대값 = %d\n",j,abs(j));
}
```

3과 -3에 대한 절대값을 구해 출력해 보았다.

```
3의 절대값 = 3
-3의 절대값 = 3
```

만약 i, j가 실수형 변수라면 abs 함수 대신 fabs 함수를 사용해야 할 것이다. 타입에 따라 이런 함수를 쓰는 대신 삼항 조건 연산자를 사용할 수도 있다. (a)0) ? a:-a 연산식이 절대값을 구하는 식인데 a가 양수이면 a를 리턴하고 a가 음수이면 - 부호 연산자를 사용하여 부호를 반대로 뒤집어 주었다. 연산자는 모든 수치형 타입에 공통적으로 쓸 수 있으므로 타입에 따라 다른 함수를 호출하는 것보다는 오히려 삼항 조건 연산자를 사용하는 것이 속도상으로 보나 프로그램 크기로 보나 유리하다. 자주 사용한다면 다음과 같은 매크로를 만들어 쓰는 것도 좋다.

```
#define MyAbs(a) (((a)>0) ? (a):-(a)))
```

절대값의 수학적 정의가 간단하기 때문에 절대값 함수는 아주 이해하기 쉽다. 너무 쉽다 보니 이런 함수들이 왜 필요한가 싶겠지만 이 간단한 함수들도 응용하기에 따라서는 엄청난 위력을 발휘할 때가 있다. 몇 가지 예를 들어 보자. 만약 a가 -10이거나 10일 때 어떤 동작을 하고 싶다고 하자. 이 경우 조건문을 다음과 같이 작성할 것이다.

```
if ((a==10) || (a==-10)) { ... }
```

a를 10, -10과 각각 비교해 보고 두 비교 연산문을 || 논리 연산자로 연결하면 된다. 그러나 이 방법보다는 if (abs(a)==10) { ... } 이라고 하는 편이 훨씬 더 간단하다. 비교 연산을 하기 전에 부호를 제거해 버리고 양수 10과 한 번만 비교하면 되는 것이다. 비교할 두 수의 절대값이 같다는 것을 이용했는데 절대값이 다른 경우에도 이런 기법을 쓸 수 있다. 이번에는 a가 10이거나 20인 경우의 조건문을 만들어 보자. 다음 두 조건문이 같다는 것을 알 수 있다.

```
if ((a==10) || (a==20)) { ... }
if (abs(15-a) == 5) { ... }
```

비교될 두 수의 중점과 비교할 수의 차에 대한 절대값을 한 번만 비교하면 된다. abs 함수가 절대값을 구하므로 abs(15-a)는 abs(a-15)로 써도 결과는 동일하다. 이 예와 같이 단순 변수와 상수를 비교할 때는 큰 차이가 없지만 함수 호출 결과를 비교할 때는 함수를 두 번 호출할 것을 한 번만 호출해도 되는 큰 차이가 발생한다. 이번에는 범위를 점검하는 조건문을 만들어 보자. a가 10~50 사이에 있는지 검사하고자 할 때도 abs 함수를 사용할 수 있다.

```
if ((a>10) && (a<50) { ... }
if (abs(a-30) < 20) { ... }
```

어떤 값이 특정 범위에 있는지를 절대값으로 검사하는 이 방식은 아주 일반적이며 정형화되어 있는 알고리즘이다. 우리가 이 방법을 직접 사용하지 않는다 하더라도 지능적인 컴파일러는 범위를 비교할 때 이 알고리즘을 적극적으로 활용한다. 두 개의 조건문을 따로 검사하고 && 연산하는 것보다는 절대값을 하나의 값과 비교하는 것이 속도상 훨씬 더 유리하기 때문이다.

지금 여기서 abs 함수를 응용해서 범위 점검을 쉽게 하는 방법이 있다는 것을 소개하고자 하는 것은 아니다. abs 같은 아메바 수준의 간단한 함수라도 적절한 위치에 제대로 응용하면 몇 백줄의 코드를 대신하는 역할을 할 수도 있다는 것을 강조하고 싶다. 그러니 지금 당장은 사소해 보이고 별 것 아닌 것 같이 생각되더라도 가벼이 보지 말고 최소한 이런 것도 있었다는 것은 알아 두도록 하자.

8.2 난수 함수

8.2.1 표준 난수 함수

이번에는 일반적인 함수들과는 조금 다른 특이한 난수 함수에 대해 알아보자. 난수(Random Number)란 무작위로 만들어지는 알 수 없는 값이다. 마치 주사위를 던졌을 때 어떤 수가 나올지 미리 알 수 없는 것처럼 말이다. 어떤 값을 가지게 될 지 예측할 수 없는 수라는 뜻인데 이런 난수가 필요한 이유는 말 그대로 예측을 허용하지 않기 위해서이다.

만약 포커 게임을 만드는데 게임을 할 때마다 나오는 패가 동일하다면 이 게임은 정말 재미없을 것이다. 또한 슈팅 게임에서 적이 움직이는 경로에 일정한 규칙이 있다거나 퍼즐 게임의 퍼즐이 예측 가능하다면 이 또한 제대로 된 게임이라고 할 수 없다. 패를 무작위로 섞기 위해, 적의 움직임을 미리 알 수 없도록 하기 위해 난수가 필요하다.

난수를 만들 때는 일반적으로 random 이라는 함수를 사용하며 난수 루틴을 초기화할 때는 randomize 라는 함수를 사용한다. 그러나 이 함수들은 진짜 함수가 아니라 매크로로 정의되어 있는 가짜 함수들이다. 가짜 함수만 쓸 수 있어도 난수를 만드는 데는 큰 불편함이 없지만 내부를 좀 더 정확하게 이해하기 위해 이 매크로 함수들을 분석해 보자. 난수를 만드는 진짜 함수는 다음 두 개이다.

```
int rand(void);
void srand(unsigned int seed);
```

rand 함수는 0~RAND_MAX 범위의 수 중에서 무작위로 한 수를 생성해 낸다. RAND_MAX는 컴파일러에 따라 다르지만 일반적으로 32767(0x7ffff)로 정의되어 있다. 그래서 rand 함수를 호출하면 0부터 32767 중의 임의의 정수 하나가 리턴된다. 이 함수를 테스트하는 간단한 예제를 만들어 보자.

예제 random

```c
#include <Turboc.h>

void main(void)
{
    int i;
    for (i=0;i<10;i++) {
        printf("%d ",rand());
    }
}
```

rand 함수를 10번 호출하여 이 함수가 만들어 내는 난수를 화면으로 출력해 보았다. 실행 결과는 다음과 같다.

41 18467 6334 26500 19169 15724 11478 29358 26962 24464

보다시피 일정한 규칙이 없는 10개의 난수를 마구 생성했다. 그러나 이 rand 함수만으로 무작위 난수를 만들기에는 부족한 면이 있는데 이 예제를 여러 번 실행시켜 보도록 하자. 난수가 무작위로 나오기는 하는데 그 순서가 실행할 때마다 똑같다. rand 함수는 일정한 규칙에 따라 난수를 생성하는데 규칙이 항상 같기 때문에 난수가 생성되는 순서도 항상 같을 수밖에 없다. 이래서는 제대로 된 난수라고 할 수가 없다.

그래서 난수 생성 루틴의 규칙에 변화를 줄 수 있는 srand라는 함수가 필요하다. srand는 난수 발생기에 난수를 발생시키는 시작점(seed)를 제공하며 난수 발생기는 이 시작점을 기준으로 하여 난수를 발생시킨다. 따라서 시작점을 바꾸면 생성되는 난수도 달라진다. int i; 다음에 srand(1234)나 srand(5678) 같은 호출문을 삽입하면 발생되는 난수가 달라질 것이다.

그러나 이렇게 하더라도 시작점이 동일하면 생성되는 난수에는 일정한 규칙이 존재할 수밖에 없다. 완전한 난수를 만들기 위해서는 난수 생성기에게 전달되는 시작점 또한 예측 불가능한 난수여야 하는 것이다. 정확한 계산을 하는 기계인 컴퓨터가 완전히 예측 불가능한 난수를 만들어 내는 것은 무척 어려운 일이다. 난수 생성기에게 줄 시작점이 난수여야 한다니 참 곤란하다.

하지만 다행스럽게도 컴퓨터에는 난수 발생기의 시작점으로 쓸 수 있는 진짜 난수가 하나 있는데 바로 시간이다. 난수 발생기가 실행될 시점의 시간은 예측할 수 없기 때문에 시간값을 시작점으로 사용한다면 완전한 난수를 만들 수 있다. 위 예제의 int i; 뒤에 다음 코드를 추가해 보자.

```
srand((unsigned)time(NULL));
```

time 함수는 현재 시간을 나타내는 정수값을 리턴하는데 이 값을 시작점으로 사용하면 프로그램이 실행될 때마다 완전히 다른 난수를 만들어낼 수 있다. time 함수의 내용으로 GetTickCount라는 API함수를 사용할 수 있는데 이 함수는 시스템이 부팅된 후 경과된 시간을 리턴하므로 시작점으로 쓰기에 적합하지만 윈도우즈 API 함수를 사용하면 이식성이 떨어지는 단점이 있다. clock이라는 함수도 시작점으로 쓸 수 있다.

난수 발생기를 초기화하는 문제는 해결되었다. 다음은 rand 함수를 좀 더 쓰기 좋도록 개량해 보자. 이 함수는 0~32767 사이의 임의 정수값 하나를 구하는데 난수는 보통 일정한 범위에 속해 있어야 의미가 있다. 예를 들어 고스톱 패라면 0~47 사이에 있어야 할 것이고 주사위의 눈은 0~5 사이에 있어야 한다. rand 함수가 리턴하는 난수를 일정한 범위안의 수로 바꿀 때는 나머지 연산자 %를 사용한다.

```
rand() % 48    // 0~47 사이의 난수
rand() % 6     // 0~5 사이의 난수
```

어떤 임의의 수를 a로 나눈 나머지는 항상 a보다 작다. 나머지 연산자를 적절한 위치에 제대로 사용한 예라고 할 수 있다. srand 함수를 사용하면 난수 발생기를 초기화할 수 있고 rand 함수와 나머지 연산자를 사용하면 원하는 범위의 난수를 만들 수 있다. 그러나 이 함수들은 쓰기에 불편하기 때문에 직접 사용하지 않으며 다음과 같이 정의되어 있는 매크로 함수를 대신 사용한다.

```
#define randomize() srand((unsigned)time(NULL))
#define random(n) (rand() % (n))
```

randomize 함수는 현재 시간을 사용하여 난수 발생기를 초기화하며 random 함수는 인수로 전달된 n 사이의 난수를 발생시킨다. rand, srand 함수보다 훨씬 더 직관적이고 원형이 간단하기 때문에 아주 옛날부터 난수 생성을 위해 이 두 매크로 함수를 사용하는 것이 정석이었다. 그래서 볼랜드사의 터보 C, 볼랜드 C 계열 컴파일러는 이 두 함수를 stdlib.h 헤더 파일에 정의해 놓았다.

그러나 볼랜드 이외의 컴파일러들은 이 매크로를 헤더 파일에 정의해 놓지 않아서 rand, srand 함수를 직접 사용해야 하는 불편함이 있다. 하지만 컴파일러가 제공하지 않는다고 randomize, random 함수를 못 쓰는 것은 아니며 필요하면 이 매크로를 직접 정의해서 사용할 수 있다. 그래서 이 책은 Turboc.h

헤더 파일에 이 두 매크로를 미리 정의해 놓았으며 이 헤더만 포함하면 터보 C를 쓰듯이 두 함수를 자유롭게 사용할 수 있다. 만약 실전에서 이 두 함수가 필요하면 Turboc.h에 있는 매크로 정의문을 복사해서 사용하면 된다.

비주얼 C++로 실습을 진행하다 보니 불필요한 설명이 좀 길어진 것 같다. 요약하자면 난수 발생기를 초기화할 때는 randomize 함수를 사용하고 0~n 사이의 난수를 생성할 때는 random(n)을 호출하면 된다.

8.2.2 난수의 생성

random 함수 자체는 간단하지만 응용하기에 따라서는 아주 다양한 유형의 난수를 만들 수 있다. 유형별로 random 함수의 응용 예를 보도록 하자.

❶ 0~n 사이의 난수는 random(n)으로 생성한다. 이때 생성되는 난수의 범위에 인수 그 자체는 제외되며 난수 중 제일 큰 값은 n-1이다.

```
random(10)      // 0~9까지의 난수
random(89)      // 0~88까지의 난수
```

❷ random 함수가 만들어내는 난수의 최소값은 항상 0으로 고정되어 있다. 난수 범위의 끝 값은 인수 n으로 조정하며 범위의 시작값은 random 호출 결과에 상수를 더해 조정한다.

```
random(10)+1    // 1~10까지의 난수
random(20)+10   // 10~29까지의 난수
```

random 함수로 생성한 난수에 상수를 더하면 난수의 범위가 평행이동된다.

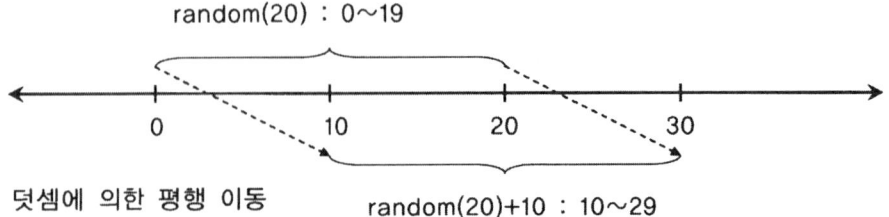

덧셈에 의한 평행 이동

난수의 범위가 평행 이동되면 범위의 끝도 같이 이동되므로 미리 계산에 포함하여 범위도 적당히 줄여야 한다. 5~10 사이(10은 제외)의 난수를 만들고 싶다고 해서 random(10)+5라고 호출해서는 안 되며 random(5)+5라고 호출해야 한다. 일정한 범위의 난수 생성문을 일반적으로 정의하면 다음과 같다.

- a~b사이(b 제외)의 정수 난수를 구할 때 : random(b-a)+a;
- a~b까지(b 포함)의 정수 난수를 구할 때 : random(b-a+1)+a;

❸ 난수 사이의 간격은 난수를 구한 후 곱을 사용한다. 이때 범위를 지정하는 인수는 곱해주는 수를 미리 나누어 구해야 한다. 만약 0~100 미만의 짝수 중 하나를 구하고자 한다면 다음과 같이 한다.

random(100/2)*2

100/2는 50이므로 random 함수에 의해 0~49 사이의 난수가 생성되며 이 값에 2를 곱하면 0~98로 범위가 확장된다. 정수에 2를 곱했으니 생성된 난수는 모두 짝수일 수밖에 없다. 만약에 홀수를 구하고 싶다면 1을 더하면 될 것이다.

❹ 실수 난수가 필요하면 먼저 충분한 크기의 정수 난수를 구하고 필요한 유효자리수만큼 10의 거듭승으로 나눈다. 소수점 한자리까지 유효한 0.0~9.9 사이의 난수는 다음과 같이 생성하면 된다.

random(100)/10.0

random(100)에 의해 0~99까지의 정수가 생성되는데 이 값을 10.0으로 나누면 0.0~9.9까지로 범위가 축소될 것이다. 이때 나누어주는 수는 반드시 실수 상수여야 / 연산자가 실수 나눗셈을 하게 된다. 소수점 두 자리까지 유효한 실수 난수는 0~1000까지 정수 난수를 구한 후 100.0으로 나누면 된다.

❺ 분리된 범위의 난수도 원한다면 생성할 수 있다. 다음 예는 0~4, 14~18 사이의 두 범위에 있는 수 중 하나를 골라준다.

(random(5)+5)*(random(2)==0 ? 1:-1)+9

(random(2)==0 ? 1:-1) 연산문은 앞에서 생성한 난수의 부호를 난수로 선택하는 역할을 한다. random(2)가 0이라는 표현은 1/2의 확률을 의미한다. 사실 이 예는 좀 억지스럽고 실용성이 없지만 이런 식으로도 응용할 수 있다는 것을 보여주기에는 충분하다.

❻ 전혀 연관성이 없는 수들 중 하나를 난수로 선택할 수도 있다. 예를 들어 3, 7, 12, 15 중 하나를 선택하고 싶다고 한다면 다음과 같이 하면 된다.

```
int i;
do {
```

```
        i=random(16);
} while (i!=3 && i!=7 && i!=12 && i!=15);
```

원하는 난수가 나올 때까지 루프를 계속 돌리기만 하면 된다. 다음 장에서 배울 배열을 사용하면 배열에 원하는 값들을 넣어 놓고 배열의 첨자를 난수로 고를 수도 있다. 이런 식으로 제어구조까지 활용하면 사실 못 만들어낼 난수가 없는 셈이다.

난수의 활용 용도는 무궁무진한데 불규칙한 수의 생성뿐만 아니라 확률을 제어하고 싶을 때도 사용된다. if (random(n) == 0) { } 조건문은 일정한 확률로 어떤 문장을 실행한다. 예를 들어 if (random(10) == 0)은 열 번에 한 번꼴로, 10%의 확률로 참이 된다. 난수의 범위가 넓을수록 확률은 작아지고 좁을수록 확률이 커진다. 이때 ==0은 별 의미가 없으며 1이나 2와 비교를 해도 똑같은 결과를 얻을 수 있다.

8.3 시간 함수

8.3.1 time

컴퓨터 안에는 시계가 내장되어 있어 항상 정확한 시간을 유지하고 있는데 프로그램에서 시간을 필요로 할 경우 시간 함수로 이 값을 조사할 수 있다. 또한 조사한 시간을 목적에 맞게 조정하거나 변환 및 포맷팅할 수도 있다. 모든 시간 함수의 원형은 time.h 헤더 파일에 선언되어 있으므로 시간 관련 함수를 사용하려면 반드시 time.h를 인클루드해야 한다. 이 책에서 사용하고 있는 Turboc.h가 미리 time.h를 인클루드하고 있으므로 여기서는 그럴 필요가 없지만 실전에서는 그렇지 않음을 명심하자.

시간과 관련된 가장 기본적인 함수는 현재 시간을 구하는 time 함수이다.

```
time_t time( time_t *timer );
char *ctime( const time_t *timer );
```

time 함수는 1970년 1월 1일 자정 이후 경과한 초를 조사하는데 리턴 타입인 time_t형은 시스템에 따라 달라지며 윈도우즈에서는 4바이트 정수(typedef long time_t;)로 정의되어 있다. time 함수는 time_t형의 포인터를 인수로 받아 이 인수에 조사된 시간을 채워 주기도 하고 같은 값을 리턴하기도 한다. 둘 중 아무값이나 사용해도 상관없으며 리턴값만 사용할 경우는 인수로 NULL을 전달할 수도 있다. 다음 두 코드는 동일하다.

```
time_t now                        time_t now
now=time(NULL);                   time(&now);
```

이 함수는 최대 2038년 1월 18일까지의 날짜를 표현할 수 있으며 64비트 버전인 _time64 함수는 3000년 12월 31일까지 표현 가능하다. 이 함수가 조사하는 시간은 초단위이기 때문에 이 값으로부터 우리가 일상적으로 사용하는 시간을 바로 구하기는 무척 어렵다. 또한 세계 표준시인 UTC 포맷으로 되어 있어 우리나라 시간과 일치하지도 않는다.

ctime 함수는 time_t형의 경과초를 출력하기 편리한 문자열 형태로 바꾸며 UTC로 된 시간을 지역 설정에 맞게 조정해 주기도 한다. 지역 설정이란 각 국가의 경도에 따른 세계 표준시와의 차이점과 일광 절약 시간(Daylight Saving time; 흔히 Summer Time이라고 한다)의 운영 여부 등에 따라 달라지는데 우리나라의 경우 세계 표준시보다 9시간 더 빠르다.

변환된 문자열은 26문자 길이로 되어 있으며 끝에 개행 문자가 있어 printf 등의 함수로 곧바로 출력할 수 있다. ctime이 변환 결과를 저장하기 위해 사용하는 버퍼는 라이브러리에서 미리 할당해 놓은 정적 메모리 영역이며 이 영역은 asctime, gmtime, localtime 등의 함수들이 공유한다. 따라서 상기 함수 중 하나를 호출하면 다른 함수가 작성한 문자열은 파괴되므로 변환한 문자열을 계속 사용하려면 사본을 복사해 두어야 한다.

시간 관련 함수들이 버퍼를 공유하는 이런 설계는 이후 멀티 스레드에서 문제거리가 된다. C 라이브러리 함수를 만들 때는 멀티 스레드라는 것이 없었기 때문에 이런 점을 미처 고려하지 못했다. 다음 예제는 현재 시간을 time 함수로 조사한 후 ctime 함수로 문자열로 변환하고 그 결과를 printf로 출력한다.

예제 time

```
#include <Turboc.h>

void main()
{
    time_t t;

    time(&t);
    printf("현재 시간은 %s입니다.\n",ctime(&t));;
}
```

실행 결과는 다음과 같다. 이 실행 결과를 보면 저자가 일요일 새벽에도 잠을 자지 못하고 원고를 열심히 쓰고 있음을 알 수 있다.

현재 시간은 Sun Sep 05 03:35:27 2004
입니다.

초단위로 된 시간을 문자열 형태로 변환하므로 읽기는 편하지만 영문으로 출력되는데다 개행 코드가 작성되어 있어 다른 문자열 중간에 삽입하려면 개행 코드를 지운 후 사용해야 하는 번거로움이 있다. 다음 두 함수는 날짜와 시간을 문자열 형태로 바로 구하는 좀 더 간단한 함수이다.

```c
char *_strdate(char *datestr);
char *_strtime(char *timestr);
```

_strdate는 날짜를 MM/DD/YY 포맷으로 구해 datestr 버퍼에 복사하며 _strtime은 시간을 HH:MM:SS 포맷으로 구해 timestr 버퍼에 복사하는데 이 함수가 구해주는 시간은 24시간제이다. 두 함수로 전달되는 버퍼는 널 문자까지 고려하여 최소한 9바이트 이상이어야 한다. 다음 예제는 이 두 함수로 날짜와 시간을 구해 출력해 본 것이다.

예제 strdate

```c
#include <Turboc.h>

void main()
{
    char Date[10];
    char Time[10];

    _strdate(Date);
    _strtime(Time);
    printf("날짜 : %s, 시간 : %s\n",Date,Time);
}
```

실행 결과는 "날짜 : 09/06/04, 시간 : 16:35:42" 이렇다. 문자열 버퍼에 원하는 정보를 바로 조사해 채워주므로 출력하기에 편리하기는 하지만 날짜 포맷의 년도가 제일 뒤쪽에 있는 형식이라 우리나라의 날짜 표기법과는 조금 틀리다.

8.3.2 시간 구조체

time 함수를 사용하면 현재 시간을 쉽게 구할 수 있고 ctime을 사용하면 이 시간을 문자열로도 바꿀 수 있지만 포맷팅을 마음대로 할 수 없어 무척 불편하다. 시간 포맷을 자유롭게 변경하고 싶다면 경과초 형태로 되어 있는 값에서 각각의 시간 요소를 분리해야 한다. 다음 함수들은 time_t형의 값을 tm 구조체로 변환한다.

```
struct tm *gmtime(const time_t *timer);
struct tm *localtime(const time_t *timer);
time_t mktime(struct tm *timeptr);
```

gmtime, localtime 함수는 둘 다 time_t형의 값을 tm 구조체로 변환하는데 gmtime은 세계 표준시로 변환하며 localtime은 지역시간으로 변환한다. 세계 표준시는 잘 사용되지 않으므로 localtime 함수가 훨씬 더 자주 사용된다. 이 두 함수도 라이브러리에 정적으로 할당되어 있는 tm 구조체를 사용하므로 한 함수가 구해 놓은 정보는 다른 함수를 호출하면 파괴된다. mktime 함수는 반대의 변환을 하는데 tm 구조체를 time_t형으로 바꾼다. tm 구조체는 time.h 헤더 파일에 다음과 같이 선언되어 있다.

```
struct tm {
        int tm_sec;      /* seconds after the minute - [0,59] */
        int tm_min;      /* minutes after the hour - [0,59] */
        int tm_hour;     /* hours since midnight - [0,23] */
        int tm_mday;     /* day of the month - [1,31] */
        int tm_mon;      /* months since January - [0,11] */
        int tm_year;     /* years since 1900 */
        int tm_wday;     /* days since Sunday - [0,6] */
        int tm_yday;     /* days since January 1 - [0,365] */
        int tm_isdst;    /* daylight savings time flag */
};
```

날짜와 시간을 구성하는 여러 가지 멤버들이 포함되어 있으며 주석도 비교적 상세하게 작성되어 있다. 각 멤버의 이름이 무척 쉽게 작성되어 있어 따로 외울 필요까지는 없지만 멤버마다 베이스가 제각각이므로 쓸 때는 조금 주의해야 한다.

멤버	설명
tm_sec	초(0~59)
tm_min	분(0~59)
tm_hour	시간(0~23)
tm_mday	날짜(1~31)
tm_mon	월(0~11)
tm_year	1990년 이후 경과 년수
tm_wday	요일(0~6), 0이 일요일
tm_yday	년중 날짜(0~365)
tm_isdst	일광 절약 시간과의 차

다음 예제는 시간을 조사한 후 tm 구조체로 바꾸고 이 구조체의 멤버를 포맷팅하여 출력한다. 이 예제에 사용된 -> 연산자는 구조체 포인터로부터 멤버를 읽는 연산자인데 13장에서 배우게 된다.

예제 tm

```
#include <Turboc.h>

void main()
{
    time_t t;
    tm *pt;

    time(&t);
    pt=localtime(&t);
    printf("현재 시간 %d년 %d월 %d일 %d시 %d분 %d초입니다.\n",
            pt->tm_year+1900,pt->tm_mon+1,pt->tm_mday,
            pt->tm_hour,pt->tm_min,pt->tm_sec);;
}
```

시간과 날짜를 구성하는 각 요소가 멤버로 분리되어 있으므로 원하는 바대로 포맷팅해서 출력할 수 있다. 실행 결과는 다음과 같다.

현재 시간 2004년 9월 5일 4시 12분 56초입니다.

시간 요소 사이에 한글을 넣을 수도 있고 시간 요소의 출력 순서를 마음대로 조정할 수 있어서 훨씬 더 자유롭고 깔끔한 출력을 할 수 있다. asctime 함수는 tm 구조체를 문자열로 바꾸는데 ctime 함수와 마찬가지로 출력 결과가 영어로 되어 있어 한글 환경에는 실용성이 없고 개행 문자도 포함되어 있다.

```
char *asctime(const struct tm *timeptr);
size_t strftime(char *strDest, size_t maxsize, const char *format, const struct tm *timeptr);
```

strftime 함수는 시간을 다양한 방식으로 포맷팅하는데 첫 번째 인수로 버퍼, 두 번째 인수로 버퍼의 길이, 세 번째 인수로 포맷팅 방식, 네 번째 인수로 tm 구조체를 준다. 세 번째 인수에 포맷팅 서식을 어떻게 지정하는가에 따라 시간을 다양한 형식의 문자열로 바꿀 수 있다.

예제 strftime

```
#include <Turboc.h>

void main()
{
    time_t t;
    char Format[128];

    time(&t);
    strftime(Format,128,"%Y %B %d %A %I:%M:%S %p",localtime(&t));
    puts(Format);
}
```

실행 결과는 다음과 같다. 출력된 결과를 보면 각 서식의 의미를 알 수 있는데 %Y는 년도, %B는 달의 영문 이름, %d는 날짜이다.

```
2004 September 06 Monday 04:32:52 PM
```

레퍼런스에서 이 함수를 찾아보면 %로 시작되는 여러 가지 복잡한 서식을 볼 수 있는데 년도를 두 자리로 또는 네 자리로 출력할 수 있고 월의 이름을 길게(January, February) 또는 짧게(Jan, Feb) 출력할 수 있으며 시간도 12시간제/24시간제로 출력할 수 있다. 충분한 포맷팅 서식이 마련되어 있는 것은 사실이지만 모두 영문으로 출력되기 때문에 우리나라 실정에는 별 도움이 안 된다.

8.3.3 기타 시간 함수

시간은 여러 모로 쓸 데가 많은 정보이다. 다음 함수는 프로그램이 실행을 시작한 후의 경과된 시간(Process Time)을 조사한다.

clock_t clock(void);

clock_t 타입은 long형으로 정의되어 있으며 이 함수가 조사한 값을 CLOCKS_PER_SEC으로 나누면 프로그램 실행 후의 경과 초를 알 수 있다. 이 값은 시스템에 따라 다른데 윈도우즈에서는 1000으로 정의되어 있다.

typedef long clock_t;

```
#define CLOCKS_PER_SEC   1000
```

실행 후의 경과 시간 자체는 별로 쓸 데가 없지만 두 작업 시점간의 시간을 계산하거나 일정한 시간만큼 특정 작업을 계속하고 싶을 때 clock 함수가 조사하는 시간이 기준점으로 사용될 수 있다. 다음 예제는 3초간 어떤 작업을 반복적으로 수행한다.

예제 clock

```
#include <Turboc.h>

void main()
{
    clock_t t1,t2;
    int count=0;

    t1=clock();
    for (;;) {
        printf("기다리십시오. %d\n",count++);
        t2=clock();
        if (t2-t1 > 3*CLOCKS_PER_SEC) {
            break;
        }
    }
    printf("끝났습니다.\n");
}
```

t1에 최초 시간을 조사해 놓고 루프를 돌면서 t2를 다시 구해 이 두 시간끼리의 차가 3000이 될 때를 3초로 계산할 수 있다. delay도 정확한 시간을 지연시키기는 하지만 기다리는 동안 다른 일을 할 수 없다는 점이 다르다. 시스템 속도에 상관없이 일정 시간동안 어떤 작업을 하고 싶다면 clock 함수로 구한 시간을 이용하면 된다. 다음 함수는 두 시간값의 차를 구해준다.

```
double difftime(time_t timer1, time_t timer0);
```

조사된 두 개의 시간을 인수로 전달하면 두 시간의 차이를 리턴하는데 다음 예제는 다소 복잡한 수학 계산 10만번을 하는데 걸린 시간을 측정한다.

예제 difftime

```
#include <Turboc.h>
#include <math.h>

void main()
{
    int i;
    time_t t1,t2;

    time(&t1);
    for (i=0;i<100000;i++) {
        printf("결과 = %f\n",sin(i*3.1416/180) * cos(i*3.1416/180));
    }
    time(&t2);
    printf("총 %.2f초가 걸렸습니다.",difftime(t2,t1));
}
```

실수형을 리턴하는 것으로 되어 있지만 계산 결과가 초단위로 되어 있기 때문에 정밀한 시간 계산이나 코드의 성능 측정 등에 쓰기에는 무리가 있다.

09 배열

9.1 배열

9.1.1 배열의 정의

배열에 대해서는 3장에서 간략하게 소개를 한 적이 있는데 이 장에서 배열에 대해 본격적으로 연구해 보자. 유사한 일의 반복이 특기인 컴퓨터의 속성상 배열은 가장 기본적인 자료 구조이며 그래서 특히 입문자에게 중요하다. 배열을 알게 되면 예전에 할 수 없었던 많은 것을 할 수 있게 된다. 사실 지금까지 만들었던 예제 중에도 배열을 사용했으면 훨씬 더 쉽게, 더 간단하게 해결할 수 있는 것들이 있다. 여기서 배열을 공부한 후 이 장 끝에 있는 소코반 게임을 분석해 보고 같이 만들어 보면 프로그래밍이란 어떤 것인지를 어렴풋이 감을 잡게 될 것이다.

3장에서 정의했듯이 배열은 동일한 타입을 가지는 변수들의 유한 집합이다. 배열을 선언하는 기본 형식은 다음과 같다. 일반 변수 선언문과 동일하되 변수명 뒤에 [ ] 괄호(bracket)와 배열 크기 지정문이 온다는 것만 다르다. 배열 선언문에 [ ] 괄호가 하나 있으면 1차원 배열이고 두 개 있으면 2차원 배열이라고 한다.

type 배열명[크기][크기]...;

type은 어떤 타입의 변수들이 모여 있는지를 지정하는데 정수형 변수들의 모임이면 int, 실수형 변수들의 모임이면 double이라고 적는다. 기본형 외에도 포인터, 구조체, 사용자 정의형 등 임의의 타입이 모두 배열을 구성할 수 있다. 타입 T가 있으면 T형 배열은 언제나 가능하며 심지어 배열의 배열도 선언할 수 있다.

배열명은 말 그대로 배열의 이름이다. 배열명도 명칭이므로 명칭 규칙에 맞게만 작성하면 된다. 관습적으로 배열명에는 ar이나 a 같은 접두어를 붙여 이 변수가 배열이라는 것을 쉽게 알 수 있도록 한다.

점수들의 배열이라면 arScore, 사람 이름의 배열이라면 arName, 좌표의 배열이라면 arPos 등으로 이름을 붙인다.

크기는 이 배열이 몇 개의 요소를 가지는지, 즉 몇 개의 변수가 모여서 배열을 구성하는지를 지정하는데 자연수로 된 상수를 적어 준다. 개수이기 때문에 음수나 실수는 당연히 안 되며 선언할 때 필요한 메모리양을 계산할 수 있어야 하므로 반드시 상수만 쓸 수 있다. 배열의 차원만큼 크기를 지정하되 1차원 배열이면 [ ] 괄호를 한 번만 써 준다. 다음은 배열 선언의 여러 가지 예이다.

```
int ar[5];          // 크기가 5인 정수형 배열 ar
double avg[10];     // 크기가 10인 실수형 배열 avg
char st[128];       // 크기가 128인 문자형 배열 st
```

int ar[5]; 선언에 의해 컴파일러는 정수형 변수 5개를 저장할 수 있는 연속적인 메모리 공간을 확보한다. 이 배열은 메모리상에 다음과 같이 생성될 것이다.

ar[0]	ar[1]	ar[2]	ar[3]	ar[4]

배열을 구성하는 각각의 개별 변수들을 배열 요소(Element)라고 한다. int ar[5] 선언에 의해 ar[0]부터 ar[4]까지 정수형 배열 요소 다섯 개가 동시에 생성된다. 배열 요소는 동일한 타입을 가지는 변수와 완전히 같은 자격을 가진다. 즉, ar[0]는 int형으로 선언된 변수 i나 j와 같은 정수형 변수로서 정수값 하나를 저장할 수 있으며 i, j가 사용될 수 있는 곳이면 ar[0]도 항상 사용할 수 있다.

자료 구조에는 배열 외에도 연결 리스트, 스택, 큐, 트리 같은 것들이 있다. 다음에 자료 구조를 따로 공부해 보면 알겠지만 이 중 배열이 가장 단순하면서도 사용 빈도가 높다. 다른 자료 구조에 비해 배열은 낭비되는 메모리가 없으며 배열 요소들이 연속적인 공간에 배치되어 있기 때문에 요소를 참조하는 속도가 대단히 빠르다. 하지만 반드시 연속적이어야 한다는 제약이 있어서 새로운 요소를 삽입하거나 기존 요소를 삭제하는 속도는 무척 느리다는 것이 단점이다.

그래서 삽입 삭제가 빈번한 자료를 다룰 때는 배열 대신 연결 리스트를 많이 사용했었다. 하지만 요즘은 CPU의 속도가 워낙 빨라져서 크기가 지나치게 크지 않으면 복잡한 연결 리스트 대신 배열을 사용해도 성능상의 큰 차이가 없다. C언어는 저수준 언어의 특성상 배열을 많이 사용하는데 문자열조차도 배열로 표현한다. 그래서 문자열을 자유자재로 다루고 싶으면 배열에 익숙해져야 한다.

9.1.2 배열의 특징

배열은 기본형과는 달리 여러 개의 변수를 하나의 이름으로 모아 놓은 것이다. 그래서 기본형 변수들과는 다른 면이 많다. 또한 C의 배열은 파스칼이나 베이직 같은 고급 언어의 배열과는 다른 독특한 면이 있다. C의 배열이 어떤 특징을 가지는지 순서대로 알아보도록 하자.

❶ 배열 요소의 번호인 첨자는 항상 0부터 시작(Zero Base)한다. 컴퓨터의 세계에서는 0이 언제나 첫 번째 숫자이다. 첫 번째 요소의 첨자가 1번이 아니라 0번이기 때문에 마지막 요소의 첨자는 배열의 크기보다 항상 하나 더 작다. arInt 배열의 크기가 5라면 첫 번째 배열 요소는 arInt[0]이 되고 마지막 배열 요소는 arInt[4]가 된다. arInt[5]라는 요소는 존재하지 않는다.

실생활에 사용하는 자연수는 항상 1부터 시작하기 때문에 첨자의 번호가 실제 배열이 표현하고자 하는 대상과 일치하지 않는 경우가 있다. 예를 들어 학생 30명의 성적을 저장하려면 크기 30의 정수형 배열이 필요하다. 그래서 int ar[30]; 이라는 배열을 선언하는데 이때 생성되는 배열 요소는 ar[0]~ar[29]까지이므로 0번 첨자에 1번 학생의 성적을 저장하고 1번 첨자에 2번 학생의 성적을 저장해야 한다.

[0]	[1]	[2]	[3]	....	[n-1]
1번 성적	2번 성적	3번 성적	4번 성적		n번 성적

1번 학생의 성적을 1번 첨자에 넣으면 좋겠지만 배열의 시작이 0번부터이므로 n번 학생의 성적을 n-1번 요소에 저장해야 하는 것이다. 학생 번호와 배열 첨자가 일치하지 않기 때문에 가끔 혼란스러울 때도 있고 뜻하지 않게 실수를 할 경우도 있다. 만약 꼭 첨자 번호와 학생 번호를 일치시키고 싶다면 int ar[31]; 크기로 하나 더 여유있게 선언한 후 0번 첨자를 사용하지 않고 버리면 된다. 그러나 실제로 이렇게 하는 경우는 드문데 왜냐하면 개발자들은 일반인들과 달리 0이 정수의 시작이라는 개념에 익숙해져 있기 때문이다. 내부적 계산은 항상 0부터 시작하되 사용자와 상호작용할 때만 주의하면 된다.

▫ n번 학생의 성적을 출력할 때 : printf("%d번 학생 성적은 %d입니다",n,ar[n-1]);

▫ ar[n]을 출력할 때 : printf("%d번 학생 성적은 %d입니다",n+1,ar[n]);

파스칼이나 최근의 스크립트 같은 고급 언어들은 배열 첨자의 시작값을 사용자가 직접 지정할 수 있도록 되어 있지만 C는 그런 기능을 제공하지 않는다. 굳이 이유를 밝히자면 배열의 요소를 구하는 첨자 연산이 따로 정의되어 있지 않고 포인터를 사용한 간접적인 연산으로 정의되어 있기 때문이다. 첨자 연산이 단순해지면 배열을 참조하는 속도가 전반적으로 빨라지는데 C는 편의성보다는 성능 위주로 설계되어 있다.

❷ 배열이 차지하는 총 메모리양은 배열의 크기에 배열 요소의 크기를 곱해서 구할 수 있다. 즉 배열의 총 크기는 sizeof(타입)*크기이다. int ar[5] 배열은 정수형 변수 다섯 개의 집합이므로 정수형의 크기인 4에 배열 크기 5를 곱한 결과인 20바이트를 차지한다. 배열 크기가 5라고 해서 5바이트를 차지하는 것이 아니다.

배열을 동일한 다른 배열에 복사하거나 모든 배열 요소를 특정한 값으로 채우고 싶을 때는 메모리 복사를 해야 하는데 이때 복사할 바이트 수를 정확하게 계산해야 한다. 배열의 총 바이트 수는 sizeof 연산자로 쉽게 구할 수 있으므로 이 연산자가 구해주는 크기를 사용하면 된다. 만약 배열의 크기, 그러니까 요소의 개수를 알고 싶다면 다음 공식을 사용한다.

배열 크기=sizeof(배열)/sizeof(배열[0]);

배열의 총 바이트 수를 배열 요소의 크기로 나누면 요소의 개수가 된다. 구체적인 예를 들자면 int ar[5]의 크기는 sizeof(ar)/sizeof(ar[0])가 되는데 sizeof(ar)이 배열의 총 바이트수인 20이고 ar[0]는 정수형이므로 4로 평가되며 전체 계산식은 5가 된다. sizeof 연산자는 컴파일시에 계산되므로 이 식은 컴파일할 때 이미 결정되는 상수이다. sizeof(ar)/sizeof(int)도 상수끼리의 나눗셈이므로 마찬가지로 상수이다. 그래서 sizeof 연산자를 많이 쓴다고 해서 프로그램이 느려지지는 않는다.

배열은 선언할 때 크기를 지정하므로 이미 그 크기를 알고 있는데 왜 이런 공식이 필요할까? 배열의 크기값을 코드에서 상수로 바로 참조하면 배열 크기가 바뀔 때마다 코드를 수정해야 하지만 sizeof 연산식을 사용하면 컴파일러가 계산하므로 편리하다. 또한 배열 초기화 방법 중에 배열 크기를 생략하는 방법이 있는데 이렇게 정의한 배열 크기를 컴파일러가 알아서 구하도록 하기 위해 이 공식을 많이 사용한다.

❸ 배열을 선언할 때 크기값은 반드시 상수로 주어야 한다. 하지만 배열이 일단 만들어지고 나면 첨자로 변수를 사용할 수 있다. ar 배열의 첫 번째 요소값을 알고 싶으면 ar[0]를 읽고 두 번째 요소의 값을 알고 싶으면 ar[1]을 읽으면 된다. 괄호 안에 조사할 요소의 첨자 번호를 상수로 지정하는데 이 자리에 변수를 쓸 수도 있다. 만약 i라는 변수값을 첨자로 사용하고 싶다면 ar[i]로 읽으면 된다.

다른 변수를 첨자로 사용하여 배열 요소를 참조할 수 있다는 점이 배열의 가장 큰 장점이라 할 수 있다. 루프의 제어 변수를 첨자로 사용하면 배열이 아무리 크더라도 모든 배열 요소에 대해 반복적인 처리가 가능해진다. 다음 예는 ar 배열의 모든 요소를 0으로 만든다.

```
for (i=0;i<5;i++) ar[i]=0;
```

i가 0에서 4까지 반복되며 ar[i]에 모두 0을 대입함으로써 ar[0]부터 ar[4]까지 모두 0으로 초기화하

는 코드이다. 다음 예제는 배열을 사용하여 학생 5명의 성적을 입력받아 배열에 저장한 후 총합과 평균을 구해 출력한다.

예제 Array

```c
#include <Turboc.h>

void main()
{
    int arScore[5];
    int i;
    int sum;

    for (i=0;i<sizeof(arScore)/sizeof(arScore[0]);i++) {
        printf("%d번 학생의 성적을 입력하세요 : ",i+1);
        scanf("%d",&arScore[i]);
    }

    sum=0;
    for (i=0;i<sizeof(arScore)/sizeof(arScore[0]);i++) {
        sum+=arScore[i];
    }

    printf("\n총점은 %d점이고 평균은 %d점입니다.\n",
        sum,sum/(sizeof(arScore)/sizeof(arScore[0])));
}
```

실행해 보자. 성적 다섯 개를 입력하면 입력된 성적의 통계치를 구해 출력한다.

```
1번 학생의 성적을 입력하세요 : 78
2번 학생의 성적을 입력하세요 : 85
3번 학생의 성적을 입력하세요 : 69
4번 학생의 성적을 입력하세요 : 92
5번 학생의 성적을 입력하세요 : 70

총점은 394점이고 평균은 78점입니다.
```

학생수가 5명이므로 점수 배열 arScore의 크기도 5로 선언했다. i 제어변수로 0~4까지 루프를 돌며 학생 5명의 점수를 입력받아 arScore 배열에 저장한다. 학생 번호는 배열의 첨자 번호보다 항상 1더 크므로 입력 요구 메시지의 학생 번호는 i+1이어야 한다. 그렇지 않으면 있지도 않은 0번 학생의 성적을 입력하라는 메시지가 출력될 것이다. 5명의 성적을 입력받은 후 다시 루프를 돌면서 arScore 배열 요소의 총합을 구했다. 총합이 구해지면 평균은 총 학생수(=배열 크기)로 나누어 쉽게 구할 수 있다. 물론 이 예제의 경우 합계와 평균만 구하므로 배열을 쓸 필요없이 입력받는 족족 합계에 누적할 수도 있다. 하지만 입력받은 성적을 배열에 일단 저장해 놓으면 총합, 평균뿐만 아니라 최대값, 최소값, 석차, 분산, 편차 등의 다양한 통계치를 구할 수 있게 된다.

이 예제는 앞에서 말한 sizeof 연산자로 배열 크기를 구해 그 크기만큼 루프를 돌고 총점을 나누고 있는데 그냥 5라고 바로 써도 일단은 상관없다. for (i=0;i〈5;i++) 이라고 쓰는 것이 훨씬 더 짧고 간단해 보인다. 만약 이 예제를 확장해서 5명이 아닌 20명의 성적을 입력받도록 하고 싶다고 해 보자. 그러면 arScore의 크기를 20으로 늘리는 것뿐만 아니라 루프에 사용된 배열 크기와 총점을 나누는 제수도 다 20으로 바꿔야 할 것이다.

이 예제는 배열 크기를 세 군데서 참조하고 코드가 짧으니 수작업으로 편집할만 하겠지만 코드가 길어져서 배열 크기를 29군데서 참조하고 있다면 정말 끔직할 것이다. 실수로 하나를 수정하지 않고 5로 남겨 두면 불일치가 발생하여 오동작할 것이다. 그래서 내가 이미 배열 크기를 알고 있지만 sizeof 연산자로 배열 크기를 계산하는 것이다. 이렇게 해 두면 배열 크기가 바뀔 때 배열 선언문만 바꾸고 나머지 뒷처리는 컴파일러에게 맡겨 두면 된다.

❹ C언어는 배열의 범위를 전혀 점검하지 않는다. 이것은 배열의 특징이라기보다는 다른 고급 언어와 구별되는 C언어의 고유한 특징이며 잘 알아둘 필요가 있다. 배열을 선언할 때 그 크기를 지정하도록 되어 있으므로 컴파일러는 배열 요소의 끝 번호를 알고 있다. 시작은 항상 0번이므로 int ar[5]의 시작은 ar[0]이고 끝은 ar[4]가 된다. 그렇다면 다음 문장은 어떻게 컴파일될까?

```
int ar[5];
ar[8]=1234;
```

ar의 크기가 5밖에 안 되는데 ar[8]이라는 존재하지 않는 배열 요소에 어떤 값을 쓰려고 했다. 이렇게 코드를 작성하면 당연히 에러로 처리될 것 같지만 이 코드는 에러는 고사하고 경고 하나 없이 아주 잘 컴파일된다. 컴파일러가 배열의 범위를 점검하지 않기 때문이다. 심지어 ar[-68]같이 음수로 된 첨자를 사용해도 아무 이상이 없다. 물론 컴파일만 잘 될 뿐이지 정상적으로 실행되지는 않을 것이다. 도대체 C 컴파일러를 만든 사람들은 왜 이런 기본적인 에러 처리도 하지 않았을까? 이렇게 만든 데는 다 이유가 있다. 배열 요소를 참조할 때마다 첨자 번호가 배열 크기보다 큰지, 작은지 점검해 보고 만약 범위를 벗어나면 에러나 경고로 처리할 수도 있다. 그러나 컴파일러가 이런 점검을 할 수 있는 경우는 첨자가 상수일 때뿐이다. 변수인 경우는 실행 시간에 범위를 점검하는 코드를 추가해야 하는데 매번 실시간으로 첨자의 유효성을 일일이 점검하려면 어쩔 수 없이 그만큼 실행 시간이 느려질 것이다. 배열의 강점은 무엇보다 신속한 요소 참조인데 이런 장점이 감소되는 것이다.

그래서 컴파일러는 배열 참조문에 대해 아무런 처리도 하지 않으며 배열의 범위를 점검하는 것은 고스란히 개발자의 몫으로 남겨져 있다. 개발자는 필요할 경우에 한해 첨자가 배열 범위 안에 있는지 점검해 보되 대개의 경우 따로 점검할 필요가 없다. 앞에서 예로 든 성적 처리 예제를 보면 arScore의 첨자로 사용되는 i가 0~4까지 루프를 돌도록 되어 있으므로 절대로 범위를 벗어나지 않는다. 굳이 하려면 다음과 같이 첨자의 범위를 점검할 수 있을 것이다.

```
for (i=0;i<5;i++) {
    if (i >= 0 && i < 5) {
        sum+=arScore[i];
    }
}
```

조금만 살펴보면 느끼겠지만 이 조건 점검문은 실행시간만 까먹고 프로그램의 크기만 늘리는 전혀 불필요한 코드이다. C가 배열의 범위를 점검하지 않는 다른 이유도 있다. 다음에 포인터를 공부해 보면 알겠지만 ar의 크기가 5라고 해서 ar[8]이 전혀 의미가 없는 것은 아니며 마찬가지로 첨자로 음수를 쓰는 것도 일종의 특수한 기법으로 활용되기도 한다.

배열의 범위 점검을 하지 않는 것은 중급 언어로서 C의 성격을 잘 말해준다. 개발자의 부주의한 코딩 습관까지 컴파일러가 책임을 지지 않는 대신 그만큼 생성되는 코드는 작고 빨라지는 것이다. C의 이런 특징은 C언어를 사용하는 동안 항상 염두에 두어야 하는데 조금만 실수해도 프로그램이 다운될 위험이 있다. 다음 예제는 C로 만든 프로그램의 이런 위험성을 잘 보여준다.

예제 ArrayBound

```
#include <Turboc.h>

void main()
{
    char name[10];

    printf("이름이 뭐니? ");
    gets(name);
    printf("너가 바로 그 유명한 %s이구나.\n",name);
}
```

이름을 물어 보고 입력받은 이름을 다시 화면으로 출력해 주는 것밖에 없다. 사람의 이름은 보통 3자고 많아 봐야 4자이므로 공백과 널 문자까지 고려해서 10바이트이면 충분하다. 이 예제의 질문에 대해 "김날씬", "황보 뚱뚱", "제임스딘" 정도로 입력하면 아무 문제가 없다. 하지만 10바이트를 넘는 이름인 "박미인박명", "아놀드 슈왈츠제네거"를 입력해 보아라.

너무 긴 이름이 입력되어서 아마 당장 자살해 버릴 것이다. gets 함수는 키보드로 입력된 문자열을 입력받아 name 배열에 넣어주는데 name 배열의 크기 따위는 고려하지 않는다. 사실 gets는 시작 번지만 전달받을 뿐 name의 크기가 얼마나 되는지조차도 알 수 없으며 알아서 충분한 크기로 선언했겠거니 생각해 버린다. 이 프로그램의 오류는 사람의 이름을 입력받는 버퍼의 크기를 10밖에 주지 않았다는데 있다.

버퍼를 128이나 256정도로 충분히 늘리든가 아니면 gets 대신 버퍼의 크기를 전달받는 다른 함수 (fgets)로 입력받아야 한다. 또는 scanf 함수의 %s 서식에 최대 입력 문자수를 지정하는 방법을 쓸 수도 있는데 위 예제의 경우 scanf("%9s",name)이라고 쓰면 안전하다. 다음 예제도 역시 초보자들이 배열을 잘못 다루는 흔한 예 중 하나이다.

예제 ArrayBound2

```
#include <Turboc.h>

void main()
{
    int i;
    int ar[5];

    i=1234;
    ar[5]=5678;
    printf("i=%d\n",i);
}
```

정수형 변수 i를 선언하고 1234로 초기화했다. 그리고 크기 5의 정수형 배열 ar을 선언했는데 이 배열의 크기가 5이므로 배열 끝 요소가 5라고 착각해서 ar[5]에 5678이라는 값을 대입했다. 배열 범위를 벗어났지만 컴파일러는 아무런 지적도 하지 않는다. 이 상태에서 i값을 출력해 보면 원래 대입했던 1234가 아닌 ar[5]에 대입된 5678이 출력될 것이다.

지역변수들은 선언된 순서대로 스택에 생성되는데 i가 ar 배열 다음에 인접하게 배치될 것이다. 그래서 ar[5]의 자리가 우연히 i가 기억된 스택 위치와 일치하게 되고 그래서 ar[5]에 대입된 값이 i의 값을 바꾸게 되는 것이다. 일부러 이런 효과를 노리는 경우는 없기 때문에 이는 단순한 실수라고 봐야 한다.

| ar[0] |
| ar[1] |
| ar[2] |
| ar[3] |
| ar[4] |
| i | → 가상의 ar[5]와 우연히 자리가 일치한다.

하지만 문제는 아무 경고나 에러가 없다는 점이며 이 프로그램은 i값만 비정상적으로 바뀌었을 뿐 다운되지도 않는다. i가 방패 역할을 한 것인데 만약 i가 아주 중요한 의미를 가지는 변수라면 이 프로그램은 제대로 동작할 수 없을 것이다. 일반적으로 메모리를 잘못 건드리면 곧바로 프로그램이 오동작하지 않으며 언제 오동작을 하게 될지 예측하기 무척 어렵다. 그래서 이런 부류의 버그가 골치아픈 것이다.

이상으로 배열의 중요한 특징 4가지에 대해 알아보았다. 이 외에 몇 가지 사소한 특징들이 더 있는데 관련 부분에서 논하게 될 것이다. 배열의 이런 특징은 C언어 자체를 이해하는데 큰 비중을 차지하므로 잘 알아 두도록 하자.

9.1.3 다차원 배열

2차원 배열은 첨자 두 개를 사용하는 배열이다. 선언할 때 배열명 다음에 두 개의 크기를 나란히 적어 주면 된다. 다음이 2차원 배열의 예이다.

```
int ar[3][6];
double rate[2][20];
```

int ar[3][6] 선언에 의해 정수형 변수 6개의 묶음이 3개 생성된다. 이 선언에 의해 생성되는 배열 요소는 총 6*3=18개가 되며 정수형 변수 18개를 ar이라는 배열명으로 선언한 것이다. 이 배열이 메모리상에 생성된 모양을 그려 보면 다음과 같다.

ar[0][0]	ar[0][1]	ar[0][2]	ar[0][3]	ar[0][4]	ar[0][5]
ar[1][0]	ar[1][1]	ar[1][2]	ar[1][3]	ar[1][4]	ar[1][5]
ar[2][0]	ar[2][1]	ar[2][2]	ar[2][3]	ar[2][4]	ar[2][5]

물론 이해를 돕기 위해 이렇게 평면으로 그렸지만 메모리는 선형적인(linear) 1차원의 공간이기 때문에 실제로는 일직선으로 죽 연결되어 있다. ar[0][5] 다음에 ar[1][0]이 배치되어 있고 마찬가지로

ar[1][5] 뒤에 ar[2][0]가 있을 것이다. 메모리상에는 일직선으로 배열이 생성되지만 2차원은 개념적으로 x, y 축을 가지는 평면이라고 생각할 수 있으므로 위 그림처럼 생성되어 있다고 생각하면 편리하다.

2차원의 배열이 1차원의 메모리 공간에 저장될 수 있는 이유는 배열의 x, y 어느 방향으로도 길이가 무한하지 않기 때문이다. 2차원 배열 ar[x][y]의 총 크기는 sizeof(타입)*x*y가 되며 이 배열의 제일 마지막 요소는 ar[x-1][y-1]이 될 것이다. 2차원 배열의 요소를 참조할 때는 두 개의 첨자를 사용한다.

```
ar[2][4]=3;
printf("너의 순위는 %f이다.",rate[1][12]);
```

마치 평면상의 한 점을 (x,y) 좌표로 지정하듯이 2차원 배열의 요소는 두 개의 첨자로 지정한다. 물론 상수가 아닌 변수를 첨자로도 사용할 수 있다. 첨자가 두 개라는 것만 빼고는 1차원 배열과 근본적으로 틀리지 않다. 다음 예제는 2차원 배열을 사용하여 2학급의 성적을 처리하는 예를 보여준다. 예제의 간략 함을 위해 학급당 학생은 3명뿐이라고 하자.

예제 ArraySung

```
#include <Turboc.h>

void main()
{
    int arScore[2][3];
    int cla,stu;
    int sum[2];
    int maxScore=0;
    int maxc, maxs;

    arScore[0][0]=92;
    arScore[0][1]=84;
    arScore[0][2]=76;
    arScore[1][0]=88;
    arScore[1][1]=72;
    arScore[1][2]=98;

    for (cla=0;cla<2;cla++) {
        sum[cla]=0;
        for (stu=0;stu<3;stu++) {
            sum[cla]+=arScore[cla][stu];
```

```
            if (maxScore < arScore[cla][stu]) {
                maxScore=arScore[cla][stu];
                maxc=cla;
                maxs=stu;
            }
        }
        printf("%d반 : 총점=%d점, %d점\n",cla+1,
            sum[cla],sum[cla]/3);
    }
    printf("최고득점은 %d반 %d번 학생의 %d점입니다.\n",
        maxc,maxs,maxScore);
}
```

이번에는 키보드로 일일이 성적을 입력하지 말고 성적을 미리 대입해 놓도록 했다. 실무에서 이 성적값은 데이터 베이스나 스프레드 쉬트 등을 통해 입력될 수 있을 것이다. 학급당 학생이 3명인 두 학급의 성적을 저장해야 하므로 arScore 배열의 크기는 [2][3]으로 선언되었다. 1차 첨자가 학급의 번호이고 2차 첨자가 학생의 번호이다. arScore[0][1]은 1반의 2번 학생 점수를 가지게 될 것이다.

학급이 둘로 늘어났으므로 총 합계를 저장하는 sum 변수도 각 학급별로 2개가 필요하며 그래서 sum도 정수형 변수가 아닌 정수형 배열로 선언하였다. 각 학급에 대해, 또 각 학생에 대해 이중 루프를 구성하고 있는데 cla 루프는 0~1까지 반복되면서 0번째 학급, 1번째 학급을 반복한다. stu 루프는 0~2까지 반복하면서 각 학생의 점수를 읽어 sum[cla]에 누적시켰다. 이렇게 이중 루프를 다 돌고 나면 sum[0]에는 첫 번째 학급의 총점, sum[1]에는 두 번째 학급의 총점이 저장될 것이다.

루프 중간에 최고득점을 한 학생의 점수를 조사하고 있는데 arScore 배열 요소의 모든 값 중에 가장 큰 값을 찾아 maxScore 변수에 대입하였다. 최고 득점을 한 학생의 학급 번호와 학생 번호는 각각 maxc, maxs 변수에 저장된다. 이중 루프를 구성해서 좀 복잡해 보이지만 이 구조대로라면 학생수가 아무리 많아도, 학급수가 늘어나도 똑같은 논리로 대용량의 성적 처리를 할 수 있다.

2차원 이상의 배열을 통칭해서 다차원 배열이라고 부르는데 C는 배열의 차원에 대해서 제한을 두지 않는다. 그래서 메모리가 허락하는 한 7차, 8차 배열도 얼마든지 만들 수 있다. 만약 성적 처리 예제를 더 확장해서 전교생의 성적을 처리하고 싶다면 학년, 학급, 학생에 대해 3차원 배열을 구성하면 된다. 또한 각 학생의 과목별 성적까지 처리하고 싶다면 마지막 첨자를 과목 번호로 하여 4차원 배열을 구성하면 될 것이다.

배열에 대한 기본적인 개념만 있다면 다차원 배열이라고 해서 특별히 더 복잡해지는 것은 없다. 단, 차원이 올라갈수록 메모리 요구량이 기하급수적으로 늘어난다는 점을 고려해야 한다. int ar[100][100][100]

3차원 배열을 선언하면 총 메모리양은 무려 4M나 된다. 1차원, 2차원 배열은 아주 흔하게 사용하며 3차원 배열도 가끔씩 필요할 때가 있다.

| 참 | 고 | 첨자 번호 표기법

C의 배열은 첨자 번호가 0부터 시작한다. 그래서 int ar[5] 배열의 첫 번째 요소는 ar[0]이고 두 번째 요소는 ar[1]이다. 이런 식으로 요소의 순서를 의미할 때는 첫 번째, 두 번째 식의 서수 표현을 사용하는데 항상 서수보다 첨자가 1 더 작다. 그래서 다섯 번째 요소는 ar[5]가 아니라 ar[4]가 된다. 하지만 아라비아 숫자로 요소의 순서를 표기할 때는 0번이 첫 번째 순서가 되는 것이 관례이다. 그래서 세 번째 요소라고 하면 ar[2]를 의미하지만 3번째 요소라고 하면 ar[3]을 의미한다. 책을 읽는데 착오 없기 바란다.

9.1.4 배열명

배열을 구성하는 각각의 요소는 배열 타입의 변수와 완전히 동등하다. int ar[5]; 로 선언된 배열의 요소인 ar[0], ar[1] 등은 정수값 하나를 저장할 수 있는 일반적인 정수형 변수인 것이다. 다만 ar이라는 배열에 같이 모여 있을 뿐이다. 그렇다면 배열 그 자체는 문법적으로 어떤 자격을 가질까? 다음 문장을 일단 암기하도록 하자. 만약 이 말이 정 외우기 어려우면 단 세 단어라도 외우도록 하자. "배열명은 포인터 상수다."

배열명이 단독으로 사용되면 배열의 시작번지값을 가지는 포인터 상수이다.

이 문장이 선뜻 이해가 가지 않겠지만 배열의 본질을 이해하는 아주 핵심적인 문장이므로 음절 하나 틀리지 않고 그대로 외워야 할 정도로 중요하다. 배열명이 단독으로 사용된다는 말은 첨자없이 배열의 이름만 적는다는 뜻이다. ar[0], ar[1]과 같이 첨자와 함께 쓰면 배열 요소 변수지만 ar과 같이 배열명만 쓰면 이 값은 배열의 시작번지를 가리키는 포인터값이 된다. 배열명이 포인터라는 것을 확인해 보기 위해 다음 문장을 실행해 보자.

```
char str[6]={'K','o','r','e','a'};
printf("%s\n",str);
```

크기 6의 문자형 배열 str을 선언하되 "Korea"라는 문자열을 가지도록 초기화했다. 그리고 이 배열에 저장된 문자들을 printf의 %s 서식으로 출력해 보았다. 화면에 "Korea"가 출력될 것이다. 이 예제에서 보다시피 str이라는 배열명 자체는 "Korea"라는 문자열이 들어 있는 배열의 시작 번지를 가리키며 그래서 str 배열명을 printf의 %s서식에 대응시키면 이 번지에 들어 있는 문자열이 출력된다.

str은 이 시작 번지를 가리킨다.

| K | o | r | e | a | \0 |

배열도 변수이므로 어딘가에 메모리를 차지하며 모든 배열 요소들이 연속적으로 배치되어 있다. 배열명은 이 메모리의 시작 번지를 가리키는 포인터가 된다. 그래서 배열명 그 자체는 항상 첫 번째 배열 요소의 번지와 같으며 str의 다른 표현은 &str[0]라고 할 수 있다. 즉 위 그림에서 K자가 저장되어 있는 번지가 바로 str이 가리키는 번지가 된다.

배열명은 배열의 시작을 가리키는 포인터이되 배열이 선언될 때 메모리가 할당되므로 이 포인터는 변할 수 없는 상수값이다. 즉, 배열명은 포인터 변수가 아니라 포인터 상수이다. str은 언제까지고 str의 시작 번지를 가리킬 뿐이지 다른 번지를 가리킬 수 없다. 따라서 str이라는 배열을 다른 값으로 바꾸는 것은 허용되지 않는다. 왜냐하면 상수는 좌변값이 아니기 때문이다.

배열명이 포인터 상수이기 때문에 배열끼리는 대입할 수 없다. 설사 좌, 우변의 배열이 타입과 크기가 완전히 일치하더라도 대입은 허용되지 않는다. 그래서 다음과 같이 배열의 사본을 만들 수 없다.

```
int ar[5]={1,2,3,4,5};
int ar2[5];

ar2=ar;
```

ar2 배열이 ar 배열과 완전히 동일한 형태의 배열이지만 ar 배열의 내용을 대입받을 수 없다. 왜냐하면 ar2라는 배열명은 자신의 시작 번지를 가리키는 포인터 상수이며 좌변값이 아니기 때문에 값을 바꿀 수 없는 것이다. 만약 ar2와 ar을 완전히 같게 만들고 싶다면 루프를 돌면서 배열 요소를 개별적으로 대입해야 한다.

```
for (i=0;i<sizeof(ar)/sizeof(ar[0]);i++) {
    ar2[i]=ar[i];
}
```

이렇게 하면 ar2는 ar과 같아진다. 배열 요소는 상수가 아니며 좌변값이므로 다른 값을 대입할 수 있다. 또는 memcpy 같은 메모리 복사 함수를 사용하여 배열 요소를 통째로 복사할 수 있는데 이 방법은 다음에 배우기로 하자. 배열명이 포인터 상수이지만 다음과 같이 쓰는 것은 허용되는데 왜 그런지 생각해 보자.

```
char str[10];
scanf("%s",str);
```

str이라는 배열명이 그 자체로 포인터이므로 scanf의 인수로 넘길 때 & 연산자를 붙이지 않는다. scanf 함수는 키보드로부터 입력된 문자열을 이 배열에 복사하므로 배열의 내용이 바뀔 것이다. str은 상수라고 했는데 어떻게 scanf는 str의 내용을 바꿀 수 있는가? 그 이유는 str 자체는 상수이지만 str 배열의 내용은 상수가 아니기 때문이다. scanf가 바꾸는 것은 str의 내용이지 str의 시작 번지를 다른 곳으로 옮기는 것이 아니다.

배열명은 포인터 상수이되 단, 예외가 있다. sizeof 연산자의 피연산자로 사용될 때만은 포인터로 취급되지 않고 배열 그 자체로 취급된다. 그래서 sizeof(ar)은 포인터의 크기인 4를 리턴하지 않고 배열의 전체 크기를 리턴한다. 만약 이 예외가 인정되지 않는다면 배열의 총 크기를 구할 수 없을 것이고 배열의 개수를 조사할 수도 없을 것이다.

9.2 배열 초기화

9.2.1 쓰레기값

배열은 여러 변수의 집합이라는 점이 조금 특수할 뿐이지 정수형 변수나 실수형 변수와 자격은 동일한 변수이다. 그래서 변수에 적용되는 모든 규칙이 배열에 대해서도 똑같이 적용된다. 배열 선언에 사용되는 기억 부류 지정자도 일반 변수와 동일하며 그 효과도 완전히 동일하다.

배열을 함수 안에서 선언하면 지역변수가 되고 함수 밖에서 선언하면 전역변수가 되는데 기억 장소나 통용 범위가 일반 변수와 같다. 지역으로 선언된 배열은 함수 내에서만 사용할 수 있고 전역 배열은 프로그램의 어느 곳에서나 사용할 수 있을 것이다. 파괴 시기나 초기화 여부도 일반 변수와 동일한데 그래서 지역 배열은 초기화되지 않는다. 다음 예제를 보자.

예제 Garbage

```
#include <Turboc.h>

void main()
{
    int ar[5];
```

```
int i;

for (i=0;i<5;i++) {
    printf("ar[%d]=%d\n",i,ar[i]);
}
}
```

main 함수의 지역변수로 ar[5]를 선언만 하고 이 배열 요소의 모든 값을 출력해 보았다. 출력 결과는 다음과 같다. 이 예제를 디버그 모드로 컴파일하면 0xcccccccc로 초기화되는데 이 값은 디버거가 초기화되지 않았음을 표시하기 위한 특별한 값이다. 릴리즈 모드로 컴파일하면 다음과 같이 출력된다.

```
ar[0]=2048
ar[1]=4
ar[2]=34603536
ar[3]=4198834
ar[4]=4222976
```

ar[0]~ar[4]까지 초기화되지 않은 쓰레기값들만 잔뜩 들어 있다. 컴파일러가 지역적으로 선언된 배열을 초기화하지 않고 내버려 두는 이유는 대개의 경우 배열을 선언하자 마자 곧바로 어떤 값을 채워 넣기 때문이다. 앞의 성적 처리 프로그램들은 arScore 배열을 선언한 후 scanf로 사용자에게 입력을 받거나 직접 값을 대입했다. 프로그램이 알아서 배열을 잘 사용하는데 컴파일러가 실행 시간을 낭비해 가며 참견할 필요가 없는 것이다.

C는 성능에 최우선의 가치를 두는 언어이기 때문에 조금이라도 불필요한 동작은 하지 않는다. 물론 전역으로 선언하면 컴파일러가 이 배열을 초기화한다. int ar[5]; 선언문을 main 함수 이전으로 옮겨 전역 선언하면 모든 배열 요소가 0으로 초기화될 것이다. 보다시피 일반 변수의 초기화 규칙과 동일한 규칙이 적용된다. 만약 배열 요소를 원하는 값으로 초기화하려면 루프를 돌면서 배열 요소에 일일이 값을 대입해야 한다.

```
for (i=0;i<5;i++) ar[i]=0;
for (i=0;i<5;i++) ar[i]=i;
```

위쪽 루프는 ar 배열의 모든 요소를 0으로 초기화하며 아래쪽 루프는 각 요소를 자신의 첨자값으로 초기화하였다. 이런 식으로 루프를 돌면서 배열 요소를 직접 초기화할 수 있는 경우는 배열 첨자와 초기값이 일정한 대응 관계에 있을 때만 가능하다. 모두 0이거나 0,1,2,3,4나 2,4,6,8,10같이 말이다.

일정 규칙을 가지지 않는 초기값으로, 예를 들어 4,8,3,69,-7 등의 임의값으로 초기화할 때는 루프를 돌아서는 안 되며 별도의 배열 초기화 방법을 사용해야 한다. 다음 항에서 배열을 초기화하는 방법에 대해 알아볼 것이다.

9.2.2 1차 배열 초기화

배열을 선언할 때 초기값을 주는 방법도 일반 변수와 마찬가지이다. int i=3; 과 같이 변수명 다음에 = 기호를 쓰고 초기값을 지정한다. 배열의 초기화가 일반 변수와 다른 점은 값의 묶음을 한꺼번에 전달해야 하기 때문에 초기식에 { } 괄호와 각 초기값들 사이에 콤마를 사용한다는 점이다.

type 배열명[크기]={초기화 값들};

선언문 바로 다음에 = 기호와 { }괄호를 쓰고 괄호 안에 초기값들을 콤마로 구분하여 다음과 같이 나열한다. 배열뿐만 아니라 일반 변수도 int i={5}; 식으로 초기식에 { } 괄호를 사용할 수 있는데 일반 변수는 단일값으로 초기화하므로 굳이 { }괄호를 쓸 필요가 없는 것이다. 배열은 여러 개의 값을 나열해야 하므로 { } 괄호를 생략할 수 없다.

int ar[5]={4,8,3,69,-7};

이렇게 선언과 동시에 초기화를 하면 메모리를 할당받음과 동시에 초기화 값들로 메모리를 채운다(=초기화한다). 선언 직후의 메모리 모양은 다음과 같을 것이다.

ar[0]	ar[1]	ar[2]	ar[3]	ar[4]
4	8	3	69	-7

초기식에 있는 값들이 순서대로 각 배열 요소에 대입되었다. 만약 선언과 동시에 배열을 초기화하지 않고 선언 후에 따로 초기화한다면 다음과 같이 일일이 값을 대입하는 방법밖에 없다. 앞 절에서 성적 배열을 초기화하기 위해 바로 이 방법을 사용했는데 누가 보더라도 어느쪽이 더 간단하지 쉽게 판단할 수 있을 것이다.

```
int ar[5];
ar[0]=4;
ar[1]=8;
ar[2]=3
ar[3]=69;
ar[4]=-7;
```

다음은 배열 초기화 문장에 대한 문법적인 분석을 해 보자. 다음 두 문장은 과정은 다르지만 결과는 완전히 동일하다.

```
int i=3;                        int i;
                                i=3;
```

왼쪽은 i를 선언함과 동시에 3으로 초기화한 것이고 오른쪽은 i를 먼저 선언해 놓고 여기에 3을 대입한 것이다. 어느쪽이든지 i는 정수형 변수로 선언되고 이 변수의 초기값은 3이다. 그러나 이 두 문장에서 사용된 = 기호는 완전히 다른 것이다. 왼쪽의 =기호는 변수 선언문과 초기값을 구분하는 구두점(Punctuator)이고 오른쪽의 = 기호는 변수에 값을 대입하는 연산자(Operator)이다.

기본형의 경우는 초기식에 사용되는 = 구두점과 대입문에 사용되는 = 연산자의 사용 방법이 우연히 같지만 이 둘의 동작은 완전히 다르다. = 구두점은 변수명과 이 변수가 기억될 장소의 초기값의 구분에 사용하는데 int i 3; 이렇게 쓸 수 없기 때문에 구분자를 중간에 넣는 것이다. 반면 대입 연산자는 실행 중에 우변의 값을 좌변의 변수에 대입한다. 구두점과 연산자의 동작이 다르다는 것이 왜 중요한가 하면 이 둘을 헷갈리면 다음과 같은 엉뚱한 코드를 작성할 위험이 있기 때문이다.

```
int ar[5];
ar={4,8,3,69,-7};
```

배열 초기화에 사용되는 = 기호가 연산자라고 오해하게 되면 선언한 후에 = 로 배열 요소 전체의 값을 한꺼번에 대입할 수 있다고 잘못 이해하게 된다. 실행 중에 배열 요소 전부를 한꺼번에 대입할 수 있는 편리한 방법은 제공되지 않는다. 배열 요소를 한꺼번에 초기화할 수 있는 방법은 선언할 때 초기값을 주는 방법밖에 없으며 이는 다음에 배울 구조체에도 동일하게 적용된다.

9.2.3 초기식

배열을 선언과 동시에 초기화할 때는 초기값의 개수가 배열 크기와 일치하는 것이 가장 이상적이다. 다음과 같이 말이다.

```
int ar[5]={4,8,3,69,-7};
```

ar 배열의 크기가 5이므로 { } 괄호 안에 초기값도 다섯 개를 지정했다. 모든 초기식이 다 이런 식으로 작성된다면 사실 아무 문제가 없을 것이다. 배열의 크기가 작다면 초기값을 다 적는 것이 별로 어렵지 않다. 그러나 배열이 엄청나게 크다면 그 초기값을 일일이 나열하기가 귀찮아지고 개발자의 타이핑 시간과 컴파일러의 컴파일 시간을 축내게 된다.

```
int arBig[1000]={1,2,3,0,0,0,0,0, ............. 997개의 0 };
```

arBig 배열은 크기가 1000인데 앞쪽 세 개 요소만 1,2,3으로 초기화하고 나머지는 모두 0으로 초기화하고 싶다고 하자. 이럴 경우 {1,2,3, 다음에 0을 무려 997번 반복해서 써야 할 것이며 무척 불편하고 비효율적이다. 그래서 C는 초기값이 배열 크기보다 적을 경우 나머지 배열 요소들을 전부 0으로 초기화하며 뒤쪽의 0으로 초기화할 요소에 대해서는 초기값을 따로 적지 않아도 된다.

```
int arBig[1000]={1,2,3};
```

이렇게 쓰면 앞쪽 세 개 요소만 1,2,3으로 초기화하고 arBig[3]~arBig[999] 까지를 모두 0으로 초기화한다. 이런 초기식이 다소 혼란스러워 보일 수도 있으므로 {1,2,3,}와 같이 초기식의 제일 끝에 여분의 콤마를 찍어 두어 나머지 요소가 모두 0임을 분명히 표시하는 방법을 많이 쓴다. 다음 세 선언문은 비슷해 보이지만 결과는 다르다.

```
int arBig[1000];            int arBig[1000]={0};            int arBig[1000]={0,};
```

선언만 할 경우 배열 요소들은 모두 쓰레기값을 가지지만 ={0}나 ={0,} 초기식을 뒤에 붙이면 모든 배열 요소가 0으로 초기화된다. 지역 배열을 전역 배열처럼 초기화하고 싶다면 선언문 다음에 ={0}만 붙이면 된다. 배열의 중간 부분은 모두 0으로 하고 뒷부분의 일부만 원하는 값으로 초기화하는 방법은 제공되지 않는다. 그래서 arBig 배열을 전부 0으로 초기화하되 arBig[912]만 3으로 초기화하고 싶다면 다음과 같이 한다.

```
int arBig[1000]={0,};
arBig[912]=3;
```

전부 0으로 초기화한 후 원하는 요소에만 별도로 대입을 했다. 다음은 초기값이 배열 크기보다 더 많은 경우를 보자.

```
int ar[5]={4,8,3,69,-7,1};
```

배열 크기는 5인데 초기값은 6개가 주어져 있다. 이 코드를 컴파일하면 too many initializer라는 에러로 처리되는데 즉, 초기값이 너무 많다는 얘기다. 초기값이 남는 경우는 십중팔구 입력시의 오타가 원인인데 중간에 같은 값을 반복해서 입력했다거나 불필요한 콤마가 하나 더 삽입된 것이다. 배열 크기가 크고 초기값이 많으면 정확하게 개수를 세어서 초기값을 입력하기가 쉽지 않기 때문에 이런 실수를 할 수 있다.

이럴 때는 초기식의 개수를 잘 세어보고 잘못 입력된 것이 없는지 살펴본 후 남는 초기값을 지워야 한다. 컴파일러는 초기값이 모자라면 군말없이 나머지를 0으로 초기화하지만 남을 경우에는 사정없이 에러로 처리해 버린다. 컴파일러가 남는 초기값을 경고도 아닌 에러로 처리하는 이유는 기억 공간이 부족해 다 넣을 수도 없을 뿐더러 남는 초기값은 항상 심각한 문제를 유발하기 때문이다. arBig 배열 초기식의 326번째에 잘못된 중복값이 들어갔다면 327번째 요소부터는 하나씩 밀려 죄다 틀린 값을 가지게 되므로 이 얼마나 심각한가. 마치 시험 잘 보고난 후에 답안지 한 칸 밀어 썼을 때와 비슷해진다.

배열 선언문이 초기식을 가질 때는 배열의 첨자 크기를 생략할 수 있다. 다섯개의 초기값을 가지는 ar배열은 다음과 같이 선언하면 된다.

int ar[]={4,8,3,69,-7};

컴파일러는 이 선언문의 초기식을 보고 개발자가 ar 배열 크기로 5를 원한다는 것을 알 수 있다. 따라서 배열 크기를 생략해도 ar 배열의 크기는 자동으로 5가 되며 이 배열을 위해 20바이트의 메모리가 할당될 것이다. 배열 크기를 생략하면 초기값의 개수가 아주 많을 때 일일이 초기값의 개수를 세어 보지 않아도 되고 차후에 초기값이 늘어나도 그에 맞게 배열 크기도 자동으로 조정되므로 편리하다. 실제 할당된 크기는 물론 sizeof 연산자로 구할 수 있다. 배열을 초기화하는 방법이 쓸데없이 복잡해 보이는데 간단히 정리해 보면 다음과 같다.

배열 크기와 초기값이	결과
꼭 맞으면	만사 청통
초기값이 모자라면	나머지는 모두 0
초기값이 남으면	에러로 처리됨
배열 크기를 생략하면	개수만큼 자동으로 크기 설정

9.2.4 2차 배열 초기화

2차원 이상의 다차원 배열을 초기화하는 방법도 1차원 배열과 비슷하지만 차원이 높아지므로 좀 더 다양한 초기화 방법이 존재한다. 여기서는 유형별로 이차원 배열을 초기화하는 방법에 대해 알아보되 예제로 간단한 int ar[2][3] 배열을 사용하기로 하자.

❶ 초기값 개수가 꼭 맞는 경우

배열 크기와 초기값 개수가 일치하면 가장 자연스럽고 이해하기도 쉽다. { } 괄호 안에 초기식을 나열하기만 하면 된다. ar 배열의 총 크기는 2*3=6이므로 여섯 개의 초기값을 적어준다.

int ar[2][3]={1,2,3,4,5,6};

이 선언문에 의해 ar 배열은 다음과 같이 초기화될 것이다.

ar[0][0] = 1	ar[0][1] = 2	ar[0][2] = 3
ar[1][0] = 4	ar[1][1] = 5	ar[1][2] = 6

앞쪽 세 개의 초기값 1,2,3이 첫 행인 ar[0][0]~ar[0][2]까지 차례대로 채워지고 나머지 세 개의 초기값이 다음 행에 채워진다. 다차원 배열도 메모리상에는 선형의 연속적인 공간에 생성되므로 초기값만 나열하여 등장하는 순서대로 배열 요소와 대응시키면 된다. 그러나 이렇게 초기값을 죽 나열해 버리면 어디서부터 어디까지가 한 행인지 구별이 잘 안 되므로 행별로 초기값을 따로 묶어주는 것이 더 좋다.

int ar[2][3]={{1,2,3},{4,5,6}};

{1,2,3}이 첫 번째 행의 초기값이고 {4,5,6}이 두 번째 행의 초기값이라는 것이 분명히 표시되므로 차후에 초기값을 변경할 때 편리하다. 컴파일러는 { } 괄호가 있건 없건 순서대로 값을 읽기만 하면 되지만 이왕이면 사람도 이 선언문을 읽기 쉽게 해 두는 것이 좋다. 만약 이 배열이 ar[10][50] 정도의 크기를 가질 때 각 행별로 { }를 싸 놓지 않으면 ar[4][26] 번째 요소를 찾기가 아주 어려울 것이다. 이런 큰 배열을 선언 및 초기화할 때는 각 행 별로 { } 괄호를 싸고 또 가급적이면 각 행 다음에 개행을 해서 한눈에 배열 구조를 파악할 수 있도록 선언하는 것이 차후에 소스를 고치기에 편리하다. 2차 배열을 초기화하는 가장 좋은 방법은 다음과 같은 형식을 따르는 것이다.

int ar[2][3]={
    {1,2,3},
    {4,5,6},
};

소스가 조금 길어지기는 하겠지만 얼마나 보기 좋고 깔끔한가? 보기에 좋으면 유지, 보수할 때도 시간을 많이 절약할 수 있다. 여기서 마지막행 끝에 있는 여분 콤마는 컴파일러에 의해 무시되지만 마지막 행을 중간행과 똑같은 모양이 되도록 하여 행을 쉽게, 추가, 이동할 수 있도록 하는 역할을 한다. {1,2,3}행과 {4,5,6}행의 순서를 바꾸고 싶으면 두 번째 행을 잘라 위에 붙여 넣기만 하면 된다. 여분 콤마를 인정하지 않으면 편집할 때마다 제일 끝행의 콤마만 삭제해야 하므로 무척 불편하며 사람들이 불편을 느끼면 표준은 개정되기 마련이다. 클래식 C는 마지막 요소의 여분 콤마를 인정하지 않았으나 수많은 사람들의 요청에 의해 ANSI C부터 이를 지원하기 시작했다. 표준이란 이런 식으로 여러 사람들의 노력에 의해 오랜 시간을 걸쳐 발전해 온 것이다.

❷ 초기값이 모자랄 때

특정행의 나머지 요소를 모두 0으로 초기화할 때는 0을 일일이 밝히지 않아도 된다. 만약 첫 행의 두 번째 이후 요소가 전부 0이라면 다음과 같이 초기화한다.

int ar[2][3]={{1},{4,5,6}};

이 선언문에 의해 ar 배열은 다음과 같이 초기화된다.

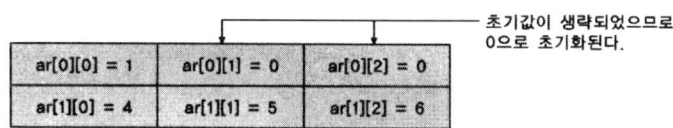

첫 번째 행의 초기값이 하나밖에 없으므로 나머지 뒷부분은 모두 0이 될 것이고 두 번째 행은 초기값이 모두 있으므로 순서대로 초기화된다. 다음 두 선언문도 동일하다.

int ar[2][3]={{1,0,0},{4,5,6}};
int ar[2][3]={{1,},{4,5,6}};

0까지 같이 다 적어도 효과는 동일하되 다만 요소 개수가 많으면 효율적이지 못하다. 가장 좋은 방식은 첫 번째 행의 초기값 1다음에 콤마를 하나 찍어 나머지 요소가 모두 0으로 초기화된다는 것을 분명히 표시하는 것이다. 컴파일러는 이 콤마를 완전히 무시하지만 소스를 읽는 사람을 위해 붙이는 것이 좋다. 세 가지 형식 모두 동일하지만 다음 선언문은 의미가 다르다.

int ar[2][3]={1,4,5,6};

중괄호가 없으므로 초기식에 나타나는 순서대로 배열 요소를 채워 나가다가 남는 요소를 0으로 초기화하므로 0이 되는 배열 요소가 달라져 버린다.

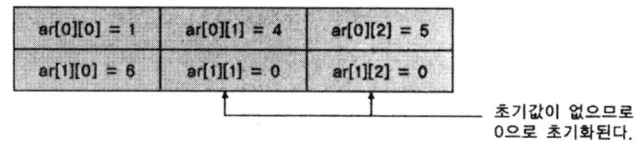

중간에 있는 행의 나머지 요소에 대한 초기값을 생략할 때는 행단위로 중괄호를 반드시 싸야 한다.

❸ 초기값 개수가 남는 경우

1차원 배열에서와 마찬가지로 초기값이 남으면 too many initializer에러가 된다. 다음 두 선언문 모두 에러이다.

int ar[2][3]={{1,2,3},{4,5,6,7}};
int ar[2][3]={{1,2},{4,5,6,7}};

위쪽 선언문은 초기값이 7개이며 배열 크기보다 더 많은 초기값이 있으므로 당연히 에러다. 아래쪽 선언문은 초기값은 6개가 맞지만 두 번째 행의 초기값이 4개이므로 이것도 역시 에러로 처리된다. 만약 이 선언문에서 중괄호를 없애 버리면 에러로 처리되지 않는다.

int ar[2][3]={1,2,4,5,6,7};

이렇게 되면 배열 크기와 초기값 개수가 일치하므로 초기화는 잘 되겠지만 이것이 원하는 결과는 아니었을 것이다. 첫 번째 행을 1,2,0으로 초기화하려고 마지막 요소를 생략했는데 두 번째 행의 초기값이 하나가 남게 되면 서로 상충되어 아주 정상적인 선언문이 되어 버린 것이다. 이런 실수를 방지하기 위해 행별로 중괄호를 싸는 것이다.

❹ 배열의 크기를 생략하는 방법

2차원 배열도 1차원 배열과 마찬가지로 배열의 크기를 생략할 수 있되 1차 첨자의 크기만 생략 가능하며 나머지 첨자는 반드시 밝혀야 한다.

int ar[][3]={{1,2,3},{4,5,6}};

1차 첨자의 크기를 생략해도 행이 두 개임이 명백하기 때문에 컴파일러는 1차 첨자 크기가 2라는 것을 알 수 있다. 열의 개수가 3개임을 명백히 밝혀 주었으므로 세 개씩 묶어보면 필요한 행의 개수가 자동으로 계산된다. 설사 중괄호가 없더라도 배열 크기를 계산하는데는 아무 문제가 없다. 이 상태에서 행을 더 늘리고 싶으면 초기식을 더 적기만 하면 된다.

int ar[][3]={{1,2,3},{4,5,6},{7,},{8,9,10}};

이 선언문에 의해 ar 배열은 4행이 될 것이다. 세 번째 행의 뒷부분이 0으로 지정되어 있으므로 이 경우는 중괄호를 생략할 수 없다. 3차원, 4차원의 다차원 배열도 첫 번째 첨자 크기만 생략할 수 있다. 두 번째 이후의 첨자까지 같이 생략해 버릴 수 없는 이유는 두 번째 첨자 이후는 배열의 모양을 지정하기 때문이다.

int ar[][]={{1,2,3},{4,5,6}};

이렇게 선언해 버리면 이 배열이 2행 3열인지 3행 2열인지 또는 1행 6열인지 구분되지 않는 모호함이 생긴다. 물론 사람은 중괄호를 보고 2행 3열이라는 추측을 할 수 있겠지만 중괄호는 강제 문법이 아니기 때문에 이를 보고 컴파일러가 배열의 모양을 정확하게 파악하는 것은 불가능하다.

이상으로 2차원 배열의 초기화 방법에 대해 알아보았다. 차원이 높기 때문에 괜히 복잡해 보이지만 개수와 크기를 꼭꼭 맞추어준다면 특별히 어려울 것도 없다. 아직 배열에 익숙치 않은 상태에서 신체의 편안함을 도모해 보고자 괜히 중괄호나 배열 크기를 생략하는 것은 당분간 자제하고 정석대로 초기화를 하면 별 문제가 없을 것이다.

9.3 배열의 활용

9.3.1 불규칙한 정보

배열의 기본적인 용도는 동일한 타입의 집합적인 정보를 다루는 것인데 아주 간단한 구조이지만 활용 용도는 헤아릴 수 없을 정도로 많다. 이 절에서는 배열로 할 수 있는 전형적인 몇 가지 기법에 대해 요약적으로 알아보기로 한다. 다음 예제는 2차원 배열을 사용하여 문자 'C'로 큼직하게 C문자를 써 본다.

예제 **ArrayC**

```
#include <Turboc.h>

void main()
{
    int i;
    int arPos[40][2]={
            {48,6},{47,5},{46,4},{45,4},{44,3},{43,3},{42,3},
            {41,3},{40,3},{40,3},{39,4},{38,4},{37,5},{36,6},
            {36,7},{35,8},{35,9},{35,10},{34,11},{34,12},
```

```
            {34,13},{34,14},{35,15},{35,16},{35,17},{36,18},
            {37,19},{38,20},{39,20},{40,21},{41,21},{42,21},
            {42,21},{43,21},{44,20},{45,20},{46,20},{47,19},
            {48,18},{49,17}
    };

    clrscr();
    for (i=0;i<sizeof(arPos)/sizeof(arPos[0]);i++) {
            gotoxy(arPos[i][0],arPos[i][1]);
            putch('C');
    }
}
```

arPos 배열에 C문자를 구성하는 40개의 점좌표가 저장되어 있다. 각 좌표는 (x,y)로 구성되어 있고 40개의 좌표에 규칙성이 전혀 없기 때문에 이런 식으로 초기값을 일일이 지정해야 한다. arPos 배열에 좌표값이 저장되어 있으므로 0~39까지 루프를 돌면서 (arPos[i][0], arPos[i][1]) 좌표에 'C'를 출력했다. 실행 결과는 다음과 같다.

```
              CCCCC
            CC     CC
           C         C
          C           C
         C
         C
        C
        C
       C
       C
       C
       C
       C
       C
       C
       C
        C
        C
         C           C
          C         C
           C         C
            CC    CCC
              CCCC
```

그렇다면 arPos의 초기값은 어떻게 구했는지 궁금할 것이다. 이 좌표들은 모눈종이에 C자를 크게 그려 놓고 각 좌표를 일일이 조사한 것이며 특별한 테크닉이 있는 것은 아니다. 쉽게 말해서 체력과 시간만 있다면 이런 예제는 얼마든지 만들 수 있다.

9.3.2 재사용할 정보

다음 예제는 2차원 배열의 활용예인데 난수로 생성한 좌표를 배열에 저장해 놓고 역순으로 이 좌표를 재생한다. 실행해 보면 깨끗한 화면에 *가 100개 출력되고 출력된 순서대로 다시 사라질 것이다.

예 제 RandArray

```c
#include <Turboc.h>

void main()
{
    short arPt[100][2];
    int i;

    clrscr();
    for (i=0;i<100;i++) {
        arPt[i][0]=random(80);
        arPt[i][1]=random(25);
        gotoxy(arPt[i][0],arPt[i][1]);
        putch('*');
        delay(20);
    }

    delay(2000);
    for (i=0;i<100;i++) {
        gotoxy(arPt[i][0],arPt[i][1]);
        putch(' ');
        delay(20);
    }
}
```

난수로 선택한 임의 위치에 *를 100번 출력하는 것은 아주 쉽다. 루프를 100번 돌면서 gotoxy(random(80), random(25)); putch('*')만 100번 실행하면 된다. 이렇게 출력한 *를 순서대로 다시 지우려면 각 점들이 출력된 좌표를 일일이 기억하고 있어야 한다. 그렇지 않으면 원래 어디에 출력되어 있었는지 알 수가 없을 것이다. 컴퓨터는 별도로 기억시키지 않으면 다 잊어버리므로 다시 사용할 정보는 항상 저장해 놓아야 한다.

이 예제에서 사용된 arPt 배열은 처음에 100개의 *를 출력할 때 난수로 선택한 좌표를 잠시 저장해 두기 위한 용도로 사용된다. 총 점의 개수가 100개이므로 1차 첨자의 크기가 100이고 각 점은 x,y 좌표쌍으로 구성되므로 2차 첨자의 크기는 2이다. arPt[n][0]는 n번째 점의 x좌표를, arPt[n][1]은 n번째 점의 y좌표를 저장한다.

난수로 *를 100번 출력하되 그 좌표를 배열에 저장해 두었다가 지울 때는 다시 이 배열의 선두부터 루프를 돌면서 원래 출력했던 자리에 공백을 출력하면 된다. 저장해야 할 좌표가 100개나 되고 각 좌표는 (x,y)의 쌍으로 구성되어 있지만 arPt 배열 단 하나만 있으면 이 정보들을 통째로 저장할 수 있다. 개별 변수 100개에 이 정보를 따로 저장하는 것은 불가능하다.

9.3.3 작업 결과 저장

배열은 중간 작업 결과를 저장하는데도 사용한다. 다음 예제는 1~100까지의 범위에 있는 모든 소수를 찾는 가장 간단한 알고리즘인 에라토스테네스의 체를 배열로 구현한 것이다.

예제 Eratosthenes

```
#include <Turboc.h>

#define RANGE 100

void main()
{
    BOOL Prime[RANGE+1];
    int i,j;

    // 일단 전부 소수로 가정한다.
    for (i=0;i<=RANGE;i++) Prime[i]=TRUE;

    // 2부터 배수를 찾아 지운다.
    for (i=2;i<=RANGE;i++) {
        if (Prime[i]) {
            for (j=i*2;j<=RANGE;j+=i) {
                Prime[j]=FALSE;
            }
        }
    }

    // 남은 소수 출력
```

```
    puts("1~100까지의 소수 목록");
    for (i=2;i<=RANGE;i++) {
        if (Prime[i]) {
            printf("%d ",i);
        }
    }
}
```

실행 결과는 다음과 같다.

1~100까지의 소수 목록
2 3 5 7 11 13 17 19 23 29 31 37 41 43 47 53 59 61 67 71 73
79 83 89 97

소수(Prime Number)는 1과 그 자신만을 약수로 가지는 수이다. 따라서 2 이상의 수로 나누어 떨어지면 그 수는 소수가 아니다. BOOL 타입의 Prime 배열을 크기 RANGE+1로 선언하여 RANGE까지의 수에 대응시키는데 0과 1은 대상에서 제외된다. RANGE 매크로 상수는 100으로 정의했는데 이 값을 더 크게 바꾸면 더 넓은 범위에서 소수를 찾을 수도 있다. Prime 배열의 모든 요소를 일단 TRUE로 초기화하여 모든 수를 소수라고 가정한다.

그리고 i를 2부터 100까지 루프를 돌면서 Prime 배열에서 i의 배수를 찾아 지운다. 즉 소수가 아닌 수를 걸러내는 것이다. 배수를 찾아 지우는 j루프는 i의 두 배 되는 수부터 시작하는데 i 자체는 자기 자신으로만 나누어진다고 볼 수 있으므로 일단은 소수로 봐야 한다. j는 i*2부터 시작해서 i씩 증가하면서 100까지 Prime[j]를 FALSE로 바꾼다. i가 2일 때 4, 6, 8, 10 등은 소수 후보에서 제외될 것이며 다음 루프에서 i가 3일 때 6, 9, 12, 15 등도 차례대로 제외된다.

단, 이미 i 자신이 소수가 아닌 것으로 판명이 났을 때는 더 이상 지울 후보가 없으므로 j 루프를 돌 필요가 없다. i가 자기보다 작은 수로 나누어 떨어졌다면 i의 배수도 모두 마찬가지이기 때문이다. 가령 i가 4일 때 이 숫자는 이미 앞에서 2의 배수로 판명나서 지워진 상태이므로 4의 배수인 8, 12, 16 등도 모두 지워졌을 것이다. 그래서 j 루프에 들어가기 전에 Prime[i]가 TRUE 인지를 먼저 점검한다.

이런 식으로 소수 후보를 하나씩 지워 나가면 결국 Prime 배열에는 소수인 수만 남게 될 것이다. 다시 2부터 루프를 돌면서 Prime[i]가 TRUE인 첨자만 출력하면 된다. 이처럼 중간 작업 결과를 저장할 때도 배열을 사용한다. 컴퓨터는 방금 한 연산도 별도로 저장하지 않으면 금방 잊어버리기 때문에 배열에 기록을 계속 유지해야 한다.

과제 AlphaNum

영문 소문자로 구성된 긴 문장을 입력받아 이 문자열 내의 각 알파벳 문자 개수를 구해 출력하라. 예를 들어 alpha가 입력되었다면 a:2, b:0, ... h:1, ... l:1, ... p:1이 출력되어야 한다. 각 문자의 출현 회수를 저장할 배열이 필요하다.

9.3.4 룩업 테이블

임의의 날짜가 주어졌을 때 이 날짜 다음의 날짜, 즉 내일을 구하는 예제를 만들어 보자. 내일이란 굉장히 쉽게 구할 수 있을 것 같지만 날짜라는 정보의 구조가 간단하지 않기 때문에 생각보다 훨씬 더 어렵다. 오늘 날짜가 m월 d일이라고 했을 때 대부분의 경우는 d만 1 증가시키면 된다. 그러나 오늘이 월말일 경우는 d는 1이 되고 m은 1 증가해야 하는데 예를 들어 3월 31일의 내일은 3월 32일이 아니라 4월 1일이다.

월이 바뀔 때도 m이 무조건 1 증가되기만 하는 것은 아니다. 13월이라는 것은 없으므로 12월 다음은 1월이 되어야 한다. 오늘이 월말이라는 것을 알아내려면 매 달마다 며칠까지 있는지를 조사해야 한다. 3월은 31일까지 있지만 4월은 30일까지밖에 없다. 이런 정보를 조사할 때도 배열을 사용할 수 있다. 다음 예제는 배열로 이 문제를 풀어본 것이다.

예제 PrintTomorrow

```c
#include <Turboc.h>

void PrintTomorrow(int m, int d)
{
    static int days[]={0,31,28,31,30,31,30,31,31,30,31,30,31};

    if (d > days[m] || m < 1 || m > 12) {
        printf("입력한 날짜가 틀렸습니다.\n");
    } else {
        d++;
        if (d > days[m]) {
            d=1;
            m++;
            if (m == 13) {
                m=1;
```

```
            }
        }
        printf("내일은 %d월 %d일입니다.\n",m,d);
    }
}
void main()
{
    int mon,day;

    printf("오늘 날짜(월 일)을 공백으로 구분하여 입력해 주세요 : ");
    scanf("%d%d",&mon,&day);

    PrintTomorrow(mon,day);
}
```

PrintTomorrow 함수는 날짜를 전달하면 이 날짜의 내일을 조사하여 출력한다. 매월의 마지막 날에 대한 정보를 days라는 배열로 작성해 놓고 days의 첨자로 m을 사용하면 m월의 날 수를 쉽게 조사할 수 있다. 이런 식으로 값의 참조를 위해 사용하는 배열을 룩업 테이블(Lookup Table)이라고 한다. 만약 배열을 사용하지 않는다면 switch case문이나 여러 개의 조건문을 가지는 if문을 구성해야 할 것이다.

```
if (m==1 || m==3 || m==5 || m==7 || m==8 || m==10 || m==12) {
    // 31일까지 있음
} else if (m==4 || m==6 || m==9 || m==11 {
    // 30일까지 있음
} else {
    // 28일까지 있음
}
```

조사 대상이 12개 정도이고 비슷한 값들을 가진다면 이 정도 조건문으로도 문제를 일단 해결할 수 있겠지만 만약 100개 정도의 불규칙한 값을 조사해야 한다면 이런 방법은 한계가 있다. 아무리 값이 많아도 또 값이 불규칙해도 룩업 테이블을 작성하면 아주 빠른 속도로 원하는 값을 찾을 수 있을 뿐만 아니라 이후 값을 수정하기도 편리하다. 값을 선택하는 기준이 정수라면 이 정수값을 첨자로 하는 룩업 테이블을 작성하고 정수를 첨자로 넣기만 하면 배열을 통해 원하는 값을 바로 찾을 수 있다.

룩업 테이블은 보통 한 함수만 사용하는데다 읽기 전용인 경우가 많으므로 static으로 선언하는 것이 좋다. 만약 static으로 선언하지 않고 단순 지역 배열로 선언한다면 함수가 호출될 때마다 이 배열을 매번 초기화해야 하는데 이는 엄청난 실행 속도의 저하를 가져온다. 배열의 크기가 크면 클수록 초기화 속도는 느려지는데 이럴 때 static 기억 부류를 사용하면 딱 한 번만 초기화하므로 속도에 유리하다.

다음 예제는 룩업 테이블의 또 다른 사용예인데 전혀 규칙성이 없는 난수 중 하나를 선택한다. 발생 가능한 난수 목록을 배열에 미리 작성해 놓고 난수로 배열 첨자를 고르는 방식이다. 실행할 때마다 룩업 테이블에 있는 정수 중 하나가 선택되어 출력될 것이다.

예제 RandTable

```c
#include <Turboc.h>

void main()
{
    int arRand[]={2,9,14,19,27};
    int Num;

    randomize();
    Num=arRand[random(sizeof(arRand)/sizeof(arRand[0]))];
    printf("생성한 난수 = %d\n",Num);
}
```

이런 방법을 쓰는 대신 원하는 난수를 포괄하는 범위에서 수를 하나 생성하고 조건문으로 원하는 난수 중 하나가 맞는지 점검하는 방법을 쓸 수도 있다. while문으로 조건에 맞는 난수가 나올 때까지 루프를 돌리면 언젠가는 원하는 값이 나오기는 하겠지만 루프를 여러 번 돌아야 하므로 비효율적이고 난수를 고르는 시간이 일정하지 않다. 룩업 테이블은 첨자만 난수로 선택하므로 단 한 번에 원하는 값을 고를 수 있고 난수의 목록을 편집하기도 편리하다.

다음 예제의 Congratulation 함수는 게임의 시도 회수에 따라 축하 메시지를 출력하는데 시도 회수가 적을수록 높은 점수를 부여한다. 회수별로 메시지를 다르게 출력하기 위해 switch case문을 사용했다.

예제 GameMessage1

```c
#include <Turboc.h>

void Congratulation(int count)
{
    switch (count) {
    case 1:
```

```
            puts("축하합니다. 최고 성적입니다.");
            break;
        case 2:
            puts("대단한 성적입니다.");
            break;
        case 3:
            puts("참 잘 하셨습니다");
            break;
        case 4:
            puts("보통이 아니군요.");
            break;
        case 5:
            puts("보통입니다.");
            break;
        case 6:
            puts("조금 더 노력하셔야겠습니다.");
            break;
        case 7:
            puts("정말 못하시는군요.");
            break;
        case 8:
            puts("수준 이하입니다.");
            break;
        default:
            puts("다음부터 절대로 이 게임을 하지 마세요.");
            break;
        }
}
void main()
{
    Congratulation(3);
}
```

이 예제는 기능상의 문제는 전혀 없지만 길다란 switch case문이 왠지 비효율적으로 보인다. 시도 회수인 count로부터 메시지만을 구하는 룩업 테이블을 작성하면 출력문을 훨씬 간단하게 구성할 수 있으며 또한 메시지를 편집하거나 추가하기도 편리하다. 다음 예제는 똑같은 동작을 하되 룩업 테이블로 바꿔 본 것이다.

예제 GameMessage2

```
#include <Turboc.h>

void Congratulation(int count)
{
    static char *Message[]={"",
        "축하합니다. 최고 성적입니다.",
        "대단한 성적입니다.",
        "참 잘 하셨습니다",
        "보통이 아니군요.",
        "보통입니다.",
        "조금 더 노력하셔야겠습니다.",
        "정말 못하시는군요.",
        "수준 이하입니다.",
        "다음부터 절대로 이 게임을 하지 마세요.",
    };

    if (count >= 9) count=9;
    puts(Message[count]);
}

void main()
{
    Congratulation(3);
}
```

count를 첨자로 하는 문자열의 배열을 작성했는데 이 룩업 테이블도 물론 static으로 선언해야 한다. count가 0인 경우는 없으므로 빈 문자열로 초기화해 미사용으로 남겨 두었다. 메시지 문자열들이 한 곳에 모여 있으므로 소스가 훨씬 더 짧아지고 보기에도 좋다. 만약 count와 메시지가 일대일로 대응되지 않고 일정 범위별로 대응된다면 같은 메시지를 배열에 계속 나열할 필요없이 2차 룩업 테이블을 만든다. 예를 들어 1~3회는 상, 4~8까지는 중, 9~12까지는 하로 범위를 나누어 메시지를 다르게 출력하고 싶다면 다음과 같이 수정한다.

예제 GameMessage3

```
#include <Turboc.h>

void Congratulation(int count)
```

```
{
    static char *Message[]={
        "잘 하셨습니다.",
        "보통입니다.",
        "못 하는군요.",
    };
    static int arMes[]={0,0,0,0,1,1,1,1,1,2,2,2,2};

    if (count >= 12) count=12;
    puts(Message[arMes[count]]);
}

void main()
{
    Congratulation(8);
}
```

count를 arMes 룩업 테이블에 넣어 몇 번째 메시지인가를 먼저 선택하고 이 값을 Message 배열의 첨자로 넣어 실제 메시지를 고르는 것이다. count로부터 최종 메시지가 선택되는 과정은 다음과 같다.

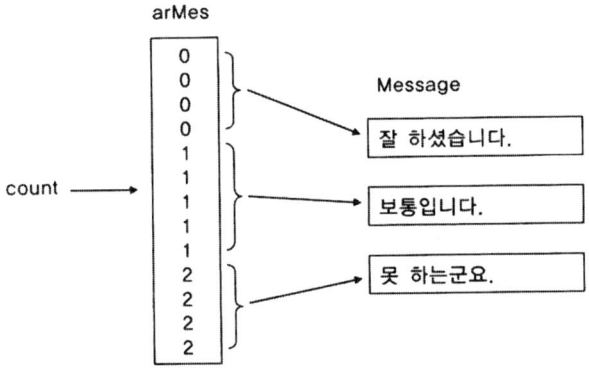

이렇게 하면 메시지를 출력하는데 필요한 최소한의 정보만 유지할 수 있으며 편집하기도 쉽다. count 에 따른 메시지를 변경하려면 arMes 배열을 편집하고 최종 메시지 문자열을 변경하려면 Message 배열 을 편집하기만 하면 된다.

과제 PrintTomorrow2

PrintTomorrow 예제는 년도에 대한 고려는 하지 않는데 년도까지 계산에 포함하면 윤년을 고려해야 한다. 윤년이란 4로 나누어 떨어지되 100으로는 나누어 떨어지지 않는 년도인데 1904년은 윤년이지만 1900년은 윤년이 아니다. 또한 100으로 나누어 떨어지는 년도라도 400으로 나누어 떨어지면 윤년이 되는데 2000년은 윤년이다. 윤년에는 2월달이 29일까지 있으므로 룩업 테이블에서 읽은 값 중 2월의 값을 수정한 후 사용해야 한다. 년, 월, 일 정보를 모두 입력받아 윤년까지 고려해서 내일 날짜를 출력하는 예제를 작성하라.

9.3.5 미리 계산된 값

다음 예제는 지구가 태양을 공전하는 동작을 시뮬레이션하는데 그래픽 환경이 아니기 때문에 다소 썰렁해 보이기는 하지만 좌표 계산은 제대로 하고 있다. 실행해 보면 태양을 상징하는 S 주위를 지구 E가 끊임없이 원 운동을 하는데 그래픽 환경이라면 실감나는 동영상을 감상해 볼 수 있을 것이다.

예제 Revolution1

```
#include <Turboc.h>
#include <math.h>

void main()
{
    double angle;
    int x=-1,y=-1;

    clrscr();
    gotoxy(40,12);
    putch('S');
    for (angle=0;;angle+=10) {
        if (angle==360) angle=10;
        if (kbhit()) break;
        gotoxy(40+x,12+y);putch(' ');
        x=int(cos(angle*3.1416/180)*20);
        y=int(sin(angle*3.1416/180)*10);
        gotoxy(40+x,12+y);putch('E');
        delay(100);
    }
}
```

이 프로그램을 작성하려면 매 각도마다 원주상의 좌표를 계산해야 하는데 이때는 삼각 함수가 필요하다. 반지름 r인 원에서 임의의 각도 θ인 원주상의 x, y를 계산하는 공식은 다음과 같다.

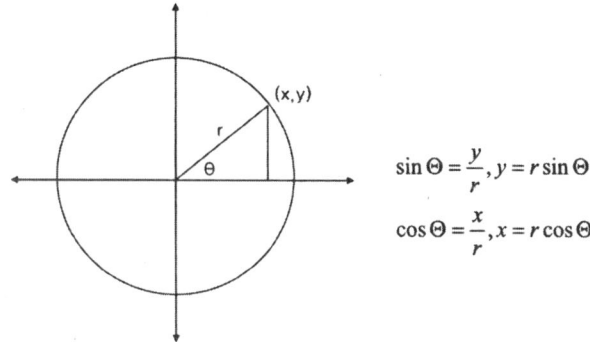

이 공식대로 지구의 x, y 좌표를 구하되 sin, cos 함수가 각도가 아닌 라디안을 요구하므로 각도를 라디안으로 변환했으며 콘솔 환경의 좌표가 세로쪽이 길기 때문에 가로 반지름을 세로보다 두 배로 주어 정원이 되도록 했다. 아무튼 이 공식대로 angle에 대한 좌표를 구하고 angle을 0~350까지 반복적으로 루프를 돌리면 지구를 공전시킬 수 있다.

문제는 이 좌표를 계산하는데 시간이 너무 오래 걸린다는 점이다. 삼각 함수는 실수 차원에서 계산을 하므로 무척 느린데다 라디안을 각도로 변환하는 수식과 실수를 다시 정수로 바꾸는 캐스트 연산까지 꽤 많은 것들을 계산해야 좌표값 하나를 얻을 수 있다. 그나마 지구가 정원 운동을 하기 때문에 공식 하나로 좌표를 구할 수 있지만 만약 아주 복잡한 곡선 운동을 한다면 수식이 더욱 복잡해질 것이다.

이런 복잡한 값을 실행 중에 일일이 구해서 사용하면 프로그램의 속도는 그만큼 느려지게 된다. 이럴 때는 필요한 모든 값을 미리 구해 배열에 넣어 두고 배열의 값을 참조하는 방법을 사용할 수 있다. 다음이 배열로 수정해 본 예제인데 결과는 완전히 동일하다.

예제 Revolution2

```
#include <Turboc.h>
#include <math.h>

void main()
{
    double angle;
    int x=-1,y=-1;
    static int arx[]={20,19,18,17,15,12,9,6,3,0,-3,-6,
        -10,-12,-15,-17,-18,-19,-19,-19,-18,-17,-15,-12,
```

```
                -9,-6,-3,0,3,6,10,12,15,17,18,19};
    static int ary[]={0,1,3,5,6,7,8,9,9,9,9,9,
                8,7,6,4,3,1,0,-1,-3,-5,-6,-7,
                -8,-9,-9,-9,-9,-9,-8,-7,-6,-4,-3,-1};

    clrscr();
    gotoxy(40,12);
    putch('S');
    for (angle=0;;angle+=10) {
        if (angle==360) angle=10;
        if (kbhit()) break;
        gotoxy(40+x,12+y);putch(' ');
        x=arx[(int)angle/10];
        y=ary[(int)angle/10];
        gotoxy(40+x,12+y);putch('E');
        delay(100);
    }
}
```

arx, ary 배열에 각도에 해당하는 좌표값을 미리 구해 적어 놓았다. 이 배열의 실제값은 앞 예제가 구하는 x, y를 printf로 출력하면 쉽게 구할 수 있다. 배열에 값을 미리 다 계산해 놓았으므로 실제 이 값이 필요할 때는 몇 번째 값이 필요하다는 요청만 하면 된다. 배열에 있는 값을 읽는 것은 직접 수식을 계산하는 것보다 훨씬 더 빠르므로 프로그램의 전체적인 속도는 비약적으로 향상된다.

배열을 통한 이런 최적화 기법은 아주 기초적인 성능향상 방법 중 하나인데 프로그램의 크기가 커지는 대신 속도를 얻는 작전이다. 즉 배열에 미리 계산된 값은 속도에 유리하고 크기에 불리한 방법인데 요즘의 컴퓨터 환경은 메모리가 넉넉하기 때문에 얼마든지 이런 방법을 사용해도 별 무리가 없다. 이런 최적화 기법을 사용하는 실제 예는 스타크래프트라는 게임에서도 볼 수 있다.

캐리어에서 발사되는 요격기인 인터셉터는 굉장히 복잡한 곡선 운동을 하는데 인터셉터의 이동 경로를 실시간으로 계산하는데는 다소 복잡한 수식이 동원될 것이다. 게다가 이런 인터셉터가 한꺼번에 수십개

씩 나올 수 있기 때문에 각 인터셉터의 좌표를 일일이 계산해서 사용한다는 것은 무리다. 이럴 때 인터셉터와 캐리어의 상대적인 좌표를 미리 배열에 작성해 놓고 하나씩 꺼내 쓰는 방법을 사용하면 속도상의 많은 이득을 볼 수 있다.

9.4 소코반

9.4.1 게임 소개

여기까지 여러분들은 변수, 루프, 연산자 등의 간단한 개념부터 시작해서 함수와 배열 같은 조금 복잡한 과목까지 공부를 마쳤다. 물론 아직도 갈 길이 멀기는 하지만 여기까지 역경을 헤쳐온 것만 해도 작지 않은 성과다. 설사 앞부분의 내용을 100% 다 이해하지 못했다 하더라도 지금 이 글을 읽고 있다는 것 자체가 기본적인 코딩 준비가 완료되었다고 평가할 수 있다. 적어도 프로그래밍이 뭔지는 안다고 해도 좋을 정도가 된 것이다.

이 단계에 이르면 지금까지 배웠던 이론들을 위한 종합 실습이 필요하다. 개별적으로 학습했던 이론들이 실제 코딩에서 어떻게 적용되고 또 서로 어떤 식으로 결합되는지를 확인할 수 있을 것이다. 도대체 이런 건 어디다 쓰나 싶었던 것들이 실전에서 요긴하게 사용되는 예를 볼 수 있을 것이며 무심코 사소하게 넘겼던 것들에게도 관심을 가지게 될 것이다. 이 실습을 통해 나무가 아닌 숲(비록 작은 동산 정도에 불과하지만)을 구경해 보고 앞으로의 학습 방향 설정에 도움이 되기 바란다.

초보자를 위한 종합 예제로는 역시 게임이 가장 좋은데 규칙이 간단하고 결과를 화면으로 즉시즉시 확인해 볼 수 있기 때문이다. 여기서는 아주 간단한 게임을 하나 소개하는데 화면은 썰렁하기 그지없고 논리도 지극히 간단하다. 하지만 이 게임은 지금까지 문법 공부를 위해 작성했던 짧은 예제들과는 질적으로 다르다. 작고 초라하지만 독립된 기능을 수행하는 완결된 프로그램이므로 만만하게만 볼 수는 없을 것이다.

이 게임은 학습을 위한 예제이므로 의도적으로 지금까지 배웠던 것들만 사용했다. 포인터, 문자열, 구조체, 클래스같이 어려운 것은 사용하지 않았으므로 이 책을 제대로 읽고 있다면 누구나 100% 이해할 수 있을 것이다. 따라서 이 예제를 통해 1~9장까지 총정리를 할 수 있으며 만약 모르는 부분이 있다면 다시 앞 장으로 돌아가서 한 번 더 정리해 보기 바란다. 만약 이 단계에서 확실하게 정리를 하지 않고 넘어가게 되면 다음 장의 포인터에서부터 엄청난 혼란을 겪을 것이다.

소코반은 전형적인 퍼즐 게임으로서 규칙이 간단해서 누구나 쉽게 즐길 수 있는 게임이다. 1980년대 초반에 일본에서 처음 개발되었으며 각종 플랫폼으로 이식되어 테트리스 이전에 상당한 인기를 누렸던 고전 게임이다. 인터넷의 공개 자료실을 찾아보면 아주 많은 종류의 소코반을 찾을 수 있으며 일부는 웹에서 바로 게임을 즐길 수도 있다. 최근에는 핸드폰에도 푸시 푸시라는 이름으로 이식되어 지하철에서 이 게임을 하는 예쁜 소녀들을 볼 수 있다.

소스가 공개되어 있는 것들도 많이 있으므로 이 정도 게임은 혼자서도 얼마든지 만들 수 있을 것이다. 다음 프로그램이 오리지날 소코반 게임의 예인데 오른쪽은 웹 페이지에서 실행할 수 있는 자바 버전이다.

 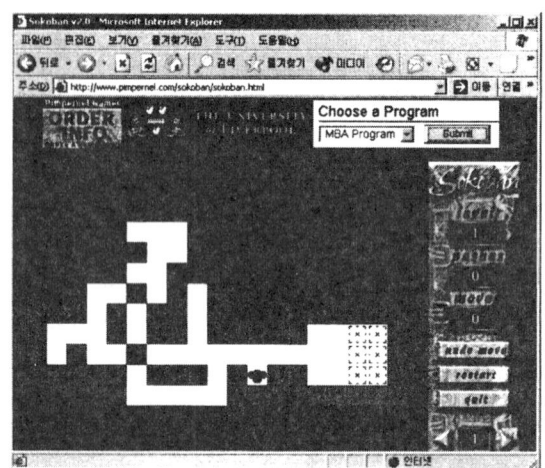

커서 이동키로 사람을 움직여 바깥에 쌓여 있는 짐들을 창고의 지정한 자리로 이동시키되 짐을 밀수만 있으며 당길 수는 없다. 그리고 동시에 두 개 이상의 짐을 밀 수 없도록 되어 있어 순서를 잘 생각해가며 짐을 이동시켜야 게임을 풀 수 있다. 짐이 벽 모서리에 닿는다거나 두 개 이상의 짐이 벽면에 붙어 버리면 더 이상 이동 불가능한 상태가 되므로 이 상태가 되지 않도록 조심해야 한다.

자료실을 찾아보면 원형 소코반에 그래픽과 사운드를 강화하고 다양한 변형 맵을 제공하는 아류작들도 많이 발표되어 있으며 약간 다른 규칙이 제공되는 것들도 있다. 간단한 아이디어에서 출발한 게임이지만 이런 게임도 애니메이션과 사운드가 추가되면 그럴싸해 보이고 재미가 배가되기 마련이다. 일단 콘솔 모드에서 실행되는 소코반 게임을 만든 후 차후에 그래픽 버전으로 옮겨 보도록 하자. 전체 소스는 다음 과 같다.

예제 Sokoban

```
#include <Turboc.h>

#define LEFT 75
#define RIGHT 77
#define UP 72
#define DOWN 80
```

```c
#define MAXSTAGE 3
#define putchxy(x,y,c) {gotoxy(x,y);putch(c);}

void DrawScreen();
BOOL TestEnd();
void Move(int dir);

char ns[18][21];
int nStage;
int nx,ny;
int nMove;

char arStage[MAXSTAGE][18][21]={
    {
    "##################",
    "##################",
    "##################",
    "#####    #########",
    "#####O   #########",
    "##### O###########",
    "### O O ##########",
    "### # ## #########",
    "#  # ## #####  ..##",
    "# O O   @      ..##",
    "##### ### # ## ..##",
    "#####    #########",
    "##################",
    "##################",
    "##################",
    "##################",
    "##################",
    "##################"
    },
    {
    "##################",
    "##################",
    "##################",
    "##################",
    "####.. #     #####",
    "####.. # O O  ####",
```

```
        "####.. #O#### ####",
        "####..   @ ## ####",
        "####.. # # O #####",
        "######## ##O O ####",
        "##### O  O O O ####",
        "#####      #    ####",
        "##################",
        "##################",
        "##################",
        "##################",
        "##################",
        "##################"
    },
    {
        "##################",
        "##################",
        "##################",
        "##################",
        "#########      @####",
        "######### O#O #####",
        "######### O  O#####",
        "#########O O #####",
        "######### O # #####",
        "##....  ## O  O  ###",
        "###...    O  O   ###",
        "##....  ###########",
        "##################",
        "##################",
        "##################",
        "##################",
        "##################",
        "##################"
    },
};

void main()
{
    int ch;
    int x,y;

    setcursortype(NOCURSOR);
```

```c
nStage=0;

for (;1;) {
    memcpy(ns,arStage[nStage],sizeof(ns));
    for (y=0;y<18;y++) {
        for (x=0;x<20;x++) {
            if (ns[y][x]=='@') {
                nx=x;
                ny=y;
                ns[y][x]=' ';
            }
        }
    }
    clrscr();
    nMove=0;

    for (;2;) {
        DrawScreen();
        ch=getch();
        if (ch==0xE0 || ch==0) {
            ch=getch();
            switch (ch) {
            case LEFT:
            case RIGHT:
            case UP:
            case DOWN:
                Move(ch);
                break;
            }
        } else {
            ch=tolower(ch);
            if (ch=='r') {
                break;
            }
            if (ch=='n') {
                if (nStage < MAXSTAGE-1) {
                    nStage++;
                }
                break;
```

```
                    }
                    if (ch=='p') {
                        if (nStage > 0) {
                            nStage--;
                        }
                        break;
                    }
                    if (ch=='q') {
                        setcursortype(NORMALCURSOR);
                        exit(0);
                    }
                }

                if (TestEnd()) {
                    clrscr();
                    gotoxy(10,10);
                    printf("%d 스테이지를 풀었습니다. 다음 스테이지로 이동합니다",
                        nStage+1);
                    delay(2000);
                    if (nStage < MAXSTAGE-1) {
                        nStage++;
                    }
                    break;
                }
            }
        }
    }
}

void DrawScreen()
{
    int x,y;
    for (y=0;y<18;y++) {
        for (x=0;x<20;x++) {
            putchxy(x,y,ns[y][x]);
        }
    }
    putchxy(nx,ny,'@');

    gotoxy(40,2);puts("SOKOBAN");
```

```c
        gotoxy(40,4);puts("Q:종료, R:다시 시작");
        gotoxy(40,6);puts("N:다음, P:이전");
        gotoxy(40,8);printf("스테이지 : %d",nStage+1);
        gotoxy(40,10);printf("이동 회수 : %d",nMove);
}

BOOL TestEnd()
{
    int x,y;

    for (y=0;y<18;y++) {
        for (x=0;x<20;x++) {
            if (arStage[nStage][y][x]=='.' && ns[y][x]!='O') {
                return FALSE;
            }
        }
    }
    return TRUE;
}

void Move(int dir)
{
    int dx=0,dy=0;

    switch (dir) {
    case LEFT:
        dx=-1;
        break;
    case RIGHT:
        dx=1;
        break;
    case UP:
        dy=-1;
        break;
    case DOWN:
        dy=1;
        break;
    }

    if (ns[ny+dy][nx+dx]!='#') {
```

```
                if (ns[ny+dy][nx+dx]=='O') {
                    if (ns[ny+dy*2][nx+dx*2] == ' ' || ns[ny+dy*2][nx+dx*2] == '.') {
                        if (arStage[nStage][ny+dy][nx+dx]=='.') {
                            ns[ny+dy][nx+dx]='.';
                        } else {
                            ns[ny+dy][nx+dx]=' ';
                        }
                        ns[ny+dy*2][nx+dx*2]='O';
                    } else {
                        return;
                    }
                }
                nx+=dx;
                ny+=dy;
                nMove++;
            }
        }
```

전체 소스의 줄 수는 200줄이 조금 더 되지만 그 중 절반이 스테이지 데이터와 매크로 정의 등이므로 실제로 게임의 논리를 다루는 줄은 십여줄도 채 안 되는 편이다. main과 세 개의 함수로만 구성되어 있으며 전역변수도 몇 개 되지 않는 아주 간단한 게임이라 어렵지 않게 분석할 수 있을 것이다.

물론 남이 작성한 소스를 분석한다는 것은 쉽지 않은 일이다. 주석도 없고, 변수 이름도 엉망이고 구조도 안좋고 게다가 다량의 꽁수까지 곁들여지고 양까지 많으면 차라리 처음부터 다시 만드는 게 더 쉬울 수도 있다. 그래도 소코반 예제는 짧은데다 교육용으로 만들어져 있기 때문에 아주 간결하고 쉬운편에 속한다. 실무에서는 동료의 소스를 봐야 한다거나 주요 기술 습득을 위해 인터넷에서 구한 소스를 분석한다거나 인수인계를 위해 전임자의 소스를 원치 않게 이어서 짜야 하는 경우도 있다. 남의 코드를 잘 분석하는 것도 일종의 기술이며 고급 기술을 흡수하기 위한 수단이다. 싫어도 자꾸 보는 습관을 가져야 한다.

9.4.2 분석

소코반의 게임판 구성은 간단한 문자열 배열로 작성되어 있다. arStage 배열이 그것인데 예제는 편의상 3개의 맵만 제공하지만 얼마든지 더 늘릴 수 있다. 편집하기 쉽도록 2차원 문자의 배열로 게임판을 작성했는데 #이 있는 자리는 벽이고 O는 짐, @는 사람이 있는 자리이며 .은 창고의 위치를 나타낸다. 공백은 물론 아무 것도 없는 빈 공간이다.

만약 게임 규칙이 확장되어 장애물이나 움직이는 적이 필요하다면 이 배열에 적과 장애물을 배치하면 된다. 물론 이미 사용하고 있는 O, @, # 등의 문자가 아닌 다른 문자로 말이다. 소스에 작성되어 있는 배열이 그대로 게임판으로 사용되므로 보기에도 직관적이며 새로운 맵을 편집하기도 무척 쉽게 되어 있다.

전역변수 nStage는 현재 스테이지 수를 기억하는데 0으로 초기화된 후 한 판을 풀 때마다 1씩 증가하며 게임 중에 단축키 n, p로 증감시킬 수 있다. 이 예제는 게임판 데이터가 셋 밖에 없으므로 nStage는 0, 1, 2 중 하나가 될 것이다. main에서 게임을 시작한 직후에 게임판 데이터를 ns 전역 배열로 복사하여 사본을 뜬다. arStage는 어디까지나 게임판의 초기 상태에 대한 데이터이며 게임이 진행되면 짐과 사람이 이동해야 하기 때문에 이 배열을 그대로 사용해서는 안 된다.

사본을 뜬 후 사람이 있는 위치(@)을 찾아 전역변수 nx, ny에 대입하고 이 자리에는 공백을 대신 기록한다. 사람의 위치는 arStage에 @문자로 기록되어 있는데 이 위치는 게임이 시작될 때의 초기 위치일 뿐이며 커서 이동키로 움직일 수 있으므로 별도의 변수로 좌표를 저장해야 한다. ns 배열은 arStage 배열 중 nStage 번째 부분 배열의 사본으로 출발하지만 게임이 진행되면 짐들의 이동이 이 배열에 기록되고 게임 끝 판정도 ns 배열의 상태로 점검하게 된다.

나머지 전역변수 nMove의 의미는 무척 직관적인데 사람이 움직인 회수이다. 한 번 움직일 때마다 1씩 증가하며 최소한의 이동으로 짐들을 모두 창고에 넣는 것이 이 게임의 목표라 할 수 있다. DrawScreen 함수는 ns 배열의 내용을 그대로 화면으로 출력한다. 벽과 짐, 그리고 창고 위치는 ns 배열에 있는 문자를 그대로 출력하며 사람은 전역변수 nx, ny가 있는 위치에 출력한다. 그리고 안내 문자열까지 출력하므로 화면 갱신이 필요할 때는 이 함수만 호출하면 된다.

TestEnd 함수는 짐들이 지정된 창고 위치로 완전히 이동되었는지를 검사하는데 원본 게임판 배열의 창고 위치인 '.' 자리에 대응되는 ns 자리가 모두 'O'이면 임무를 완수한 것으로 판단한다. ns 배열은 게임 진행 중의 상태를 기억하므로 원래 창고 위치가 어디인지는 이 배열을 읽어서는 정확하게 알 수 없으며 원본을 읽어 봐야 알 수 있다. 만약 하나라도 '.' 자리에 'O'가 아닌 칸이 있다면 아직 짐을 더 옮겨야 하므로 FALSE를 리턴한다. Move 함수는 다소 복잡하므로 main의 구조를 먼저 살펴본 후 분석해 보도록 하자.

```
void main()
{
    for (;1;) {
        ns, nx, ny, nMove 초기화
        for (;2;) {
            화면 그림
            키입력 처리
            게임끝 판단
        }
    }
}
```

main 함수는 전체적으로 두 개의 큰 루프로 구성되어 있는데 1번 루프가 게임 전체를 감싸는 루프이며 2번 루프가 스테이지 하나를 감싸는 루프이다. 1번 루프에 진입하면 ns 배열에 nStage 게임판의 사본을 뜨고 사람의 위치를 찾아 nx, ny에 대입함으로써 스테이지를 초기화한다. 그리고 곧바로 2번 루프로 진입하여 스테이지를 진행시킨다.

2번 루프는 키 입력을 받아 커서 이동키이면 Move 함수를 호출하여 사람을 이동시키고 r, n, p, q키에 대해서는 다시, 게임판 전후 이동, 종료 처리를 한다. 키 하나가 입력될 때마다 TestEnd 함수를 호출하여 게임이 끝났는지를 판별하며 한 판이 끝나면 축하 메시지를 보여준 후 다음판으로 이동하는데 이때는 nStage를 증가시킨 후 break하여 1번 루프의 선두로 돌아가기만 하면 된다.

이 게임의 핵심 처리는 사람이 이동될 때인 Move 함수에서 수행하는데 이 함수를 분석해 보자. 먼저 이동 방향에 따라 dx, dy 증감값을 결정하는데 왼쪽 이동이면 dx가 -1, 오른쪽 이동이면 dx는 +1이 되어 nx좌표에 dx를 더하기만 하면 바로 다음 위치를 찾을 수 있도록 하였다. 수평 이동일 때 dy는 0이 되며 수직 이동일 때 dx는 0이 되어 있으나 마나한 값이 된다.

이 함수 내에서 ns[ny+dy][nx+dx]라는 표현식은 방향에 상관없이 사람이 이동할 다음 좌표를 가리키며 여기에 무엇이 있는가가 중요한 판단 기준이 된다. 이동 방향에 따라 점검해야 할 좌표가 달라지므로 각 방향으로의 이동을 처리하는 함수를 개별적으로 따로 만들어야 하는 것이 원칙이지만 dx, dy에 의해 다음 이동 위치에 대한 일반식을 구할 수 있으므로 Move 함수가 모든 방향으로의 이동을 한꺼번에 처리할 수 있는 것이다.

이동 방향에 따라 dx, dy를 먼저 구해 두었다. 그리고 이동이 가능한지를 점검하고 실제 이동을 처리하는 코드가 오는데 if문이 여러 겹으로 중첩되어 있다. 코드의 길이는 짧지만 이 부분이 소코반 게임의 엔진이라 할만큼 핵심적인 규칙을 처리하는 부분이다. 전체적인 순서도를 보도록 하자.

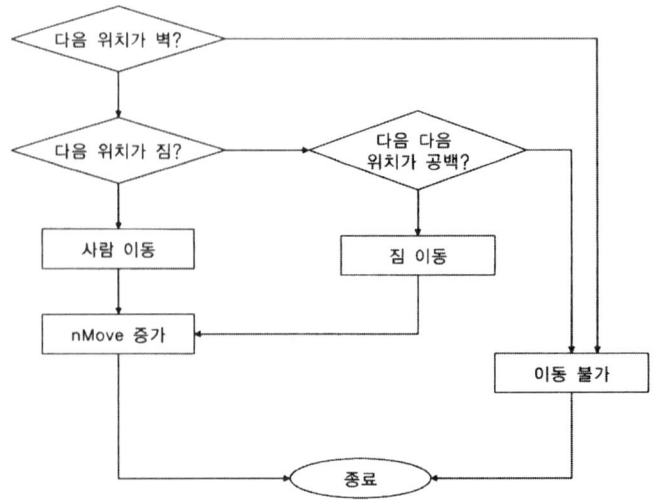

먼저 다음 위치가 벽인지를 보고 벽이라면 이동이 불가능하므로 아무 것도 하지 않고 리턴한다. 오른쪽으로 이동한다고 했을 때 사람의 오른쪽에 벽이 있어서 이동할 수 없는 상황인 것이다. 벽이 아니라면 다음 위치가 짐인가를 보는데 만약 짐이 아니라면 즉 공백이나 창고라면 아무 문제없이 사람이 이동할 수 있다. nx, ny에 dx, dy를 더하면 사람의 좌표가 이동 방향으로 조정되며 nMove를 1 증가시키면 모든 처리가 끝난다.

사람의 다음 위치가 짐이라면 이때는 좀 복잡한 처리가 필요하다. 다음다음 위치, 그러니까 사람과 인접한 짐의 다음 위치가 공백(창고 위치도 포함)인지를 점검해 보되 그렇지 않다면 이때도 이동 불가하다. 예를 들어 오른쪽으로 이동한다고 했을 때 사람 오른쪽에 짐이 있고 그 한 칸 더 오른쪽에 짐이나 벽이 있다면 이때는 이동할 수 없다. 동시에 두 개의 짐을 밀수는 없다는 게임 규칙이 있기 때문이다. 그렇지 않다면 즉, 짐 하나만 달랑 있다면 이 짐을 이동시킨다.

짐을 이동시키는 코드는 일단 짐 자리에 공백 기록, 공백 자리에 짐 기록으로 간단하게 구현할 수 있다. 짐과 공백의 자리를 바꾸기만 하면 된다. 그러나 여기에 한 가지 더 추가되어야 하는 처리는 공백이 과연 진짜 공백인지 아니면 창고 위치를 나타내는 '.'의 자리인지를 구분해야 한다는 것이다. 수시로 변하는 ns 배열을 읽어서는 이 상태를 알 수 없으므로 원본 게임판의 배열인 arStage를 읽어 원래 이 자리가 공백이라면 짐 자리에 공백(' ')을, 창고 위치라면 창고 문자('.')를 적어 주어야 한다.

그리고 짐은 사람의 다음다음 위치로 이동시켜 주면 된다. 이 코드가 다소 헷갈린다면 아마도 ns 배열에 대한 첨자 연산문이 복잡해 보여서 그럴 것이다. 오른쪽으로 이동하는 경우를 예로 든다면 각 위치는 다음과 같이 표현할 수 있다.

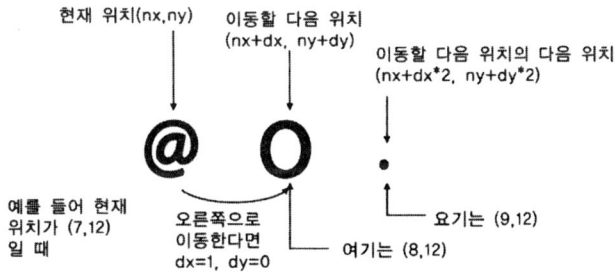

오른쪽이 아닌 다른 방향이라 하더라도 dx, dy에 의해 적절한 방향으로 다음 칸, 다음다음 칸까지 가리킬 수 있는 일반식을 구할 수 있으므로 동일한 코드를 방향에 상관없이 사용할 수 있다. 사실 Move 함수는 이동 방향에 따라 다음과 같은 여러 개의 함수로 따로 작성되었다.

```
void moveleft()
{
if (ns[ny][nx-1]!='#') {
  if (ns[ny][nx-1]=='O') {
```

```
void moveup()
{
if (ns[ny-1][nx]!='#') {
  if (ns[ny-1][nx]=='O') {
```

```
        if (ns[ny][nx-2] == ' ' || ns[ny][nx-2] == '.') {
          if (arStage[nStage][ny][nx-1]=='.') {
            ns[ny][nx-1]='.';
          } else {
            ns[ny][nx-1]=' ';
          }
          ns[ny][nx-2]='O';
        } else {
          return;
        }
      }
      nx--;
      nMove++;
    }
  }

  void moveright()
  {
    if (ns[ny][nx+1]!='#') {
      if (ns[ny][nx+1]=='O') {
        if (ns[ny][nx+2] == ' ' || ns[ny][nx+2] == '.') {
          if (arStage[nStage][ny][nx-1]=='.') {
            ns[ny][nx+1]='.';
          } else {
            ns[ny][nx+1]=' ';
          }
          ns[ny][nx+2]='O';
        } else {
          return;
        }
      }
      nx++;
      nMove++;
    }
  }
```

```
      if (ns[ny-2][nx] == ' ' || ns[ny-2][nx] == '.') {
        if (arStage[nStage][ny-1][nx]=='.') {
          ns[ny-1][nx]='.';
        } else {
          ns[ny-1][nx]=' ';
        }
        ns[ny-2][nx]='O';
      } else {
        return;
      }
    }
    ny--;
    nMove++;
  }
}

void movedown()
{
  if (ns[ny+1][nx]!='#') {
    if (ns[ny+1][nx]=='O') {
      if (ns[ny+2][nx] == ' ' || ns[ny+2][nx] == '.') {
        if (arStage[nStage][ny+1][nx]=='.') {
          ns[ny+1][nx]='.';
        } else {
          ns[ny+1][nx]=' ';
        }
        ns[ny+2][nx]='O';
      } else {
        return;
      }
    }
    ny++;
    nMove++;
  }
}
```

보다시피 비슷한 코드가 계속 반복되기 때문에 몇 번의 시행착오 끝에 일반식으로 압축하여 하나의 함수로 만들었으며 그 결과가 바로 남아 있는 Move 함수이다. 약간의 압축된 내용을 담고 있어서 한 눈에 쉽게 알아보기는 조금 어렵겠지만 이렇게 압축하지 않으면 비슷한 코드가 반복되어 관리하기가 무척 번거로와진다.

이 예제는 길이가 길지 않고 논리가 간단하기 때문에 대부분의 사람들이 쉽게 분석했으리라 생각된다. 그러나 그렇지 못한 사람도 있을 것이다. 이 예제를 분석해 본 사람들의 반응은 대체로 다음 세 가지로 분류될 수 있다.

첫 번째로 너무 어려워서 도대체 뭐가 뭔지 하나도 모르겠다는 경우이다. 이런 사람은 아마도 책 앞부분을 제대로 읽지 않았거나 아니면 코딩이 체질에 안 맞는 것이다. 그러나 실제로 강의를 해 보면 이런 사람은 거의 없다(전혀 없는 것은 아니다).

두 번째 반응은 대충은 알겠는데 몇몇 부분이 잘 이해가 가지 않는 경우이다. 아마 대부분의 경우가 이 유형에 속할 것으로 생각되는데 아주 바람직하며 당연한 결과이다. 이 실습의 목적이 바로 이런 사람들을 위해 무엇을 모르는지 알 수 있도록 해 주며 앞부분에서 무심코 지나쳤던 부분을 다시 확인해 보도록 유도하는 것이다. 이 실습이 의도하는 바대로 한 번쯤 중간 정리를 하고 지나갔으면 고맙겠다.

세 번째 반응은 너무 쉬워서 시시하다는 것이다. 논리의 이해가 빠른 사람의 경우는 이 예제를 아주 쉽게 분석했을 것이나. 다행스럽게도 이런 유형의 사람이 생각보다 적지 않다. 이 예제의 모든 코드를 100% 이해했다면 코딩에 자질이 있으며 자신감을 가져도 좋다. 이런 사람에게는 소스를 다 지운 후 다시 복원해 볼 것을 권유하고 싶다. 코딩은 암기가 아니라 이해 과목이므로 논리를 이해하면 스스로 복원할 수 있어야 한다. 하지만 다 이해한 것 같아도 직접 복원해 보면 그리 쉽지만은 않을 것이다. 만약 스스로 이 예제를 복원했다면 자만심을 가져도 좋다.

개발자 이야기 | 프로그래머의 동기

나는 개인적으로 후배 개발자들을 지도해 본 경험이 많은데 일단 공부를 결심한 후배에게는 가혹할 정도로 하드 트레이닝을 시킨다. 어떤 집단이나 마찬가지지만 어떤 후배들은 죽어라고 열심히 따라와서 초급 개발자가 되기도 하고 또 어떤 후배들은 너무 어려워 중도에 포기하고 다른 일을 찾기도 한다. 가끔 중도에 포기한 후배가 찾아 와서 다시 공부하겠다는 의사를 밝히는 경우가 있는데 이럴 때 나는 매정하게 거절한다. 왜냐하면 한 번 포기한 사람은 두 번째도 여전히 포기할 확률이 높기 때문이다.

내가 이렇게 나오면 후배는 자신의 곤란한 상황, 예를 들어 반드시 S사나 L사에 취직해야 하는 상황 또는 어떤 자격증을 따야 하는 상황을 설명하고는 "밥만 먹고 공부만 하겠다"는 비장한 각오를 보이며 시키는 대로 다 할테니 1개월 안에 C언어를 마스터하도록 해 달라는 것이다. 여러분 같으며 이럴 때 어떨지 모르겠지만 이런 친구들은 동기가 약해서 결심대로 공부를 할 수 없다는 것이 나의 솔직한 생각이다.

프로그래머가 되겠다는 사람에게는 기본적인 논리력과 개인적인 노력도 중요하지만 무엇보다도 동기가 필요하다. 동기란 어떤 일을 하도록 만드는 추진력인데 외부적인 동기와 내부적인 동기로 분류할 수 있다. 외부적인 동기의 예로는 부모님의 요구, 취업, 승진 등이 있는데 경우에 따라서는 생존이 걸린 절박한 문제이므로 열심히 분발하게 만드는 요인이 되기는 한다. 동기가 강하면 당장 포기하고 싶을 정도로 힘들어도 억지로 물고 늘어지는 끈기가 생긴다.

내부적인 동기란 스스로의 내부에서 우러나는 것이다. 저런 멋진 게임을 만들어 보고 싶다는 순진한 희망, 프로그래밍의 오묘한 논리를 깨치고 싶은 지적 호기심, 지금까지 세상에 없었던 프로그램을 만들어 보고 싶다는 야망 등이 내부적 동기의 원천이다. 또는 스스로 뭔가를 이룩해 보고 싶다는 성취 의욕, 이타심, 애국심 등도 좋은 내부적 동기의 예이다. 이런 내부 동기를 품은 사람은 밖에서 아무리 말려도 소용없는 상태가 되며 누가 시키지 않아도 스스로 파고들며 절대로 포기하지 않는다. 얼마나 열심히 공부하는지 밥먹는 것도 자는 것도 잊어버릴 정도가 된다.

우리가 걸작이라고 부르는 몇 가지 작품들을 떠올려 보자. V3, 아래한글, 도깨비, 한메한글, 이야기 이런 것들을 만든 사람들은 공통점이 있는데 아주 강한 내부 동기를 가졌다는 것이다.

돈이나 명예를 위해 만든 것은 하나도 없고(결과적으로는 경제적 보상이 따른 경우도 있지만) 그저 프로그래밍이 좋아서, 남들을 편하게 하고 싶어서 또는 그냥 꼭 완성하고 싶어서 만든 것들이다. 이들은 어려운 환경에서도 꿋꿋하게 혼자 배워 혼자 프로그램을 완성하는 위업을 달성했다.

외부 동기는 아무리 절박해도 강도가 약한 동기인데 비해 내부 동기는 때로는 무모하고 사소해 보여도 아무도 말리지 못하는 강한 동기이다. 내부 동기를 가진 사람들은 한 번 매달리면 밥도 안 먹는 지경으로 열심히 노력하는데 어찌 밥씩이나 먹어가며 이 사람들과 경쟁할 수 있겠는가? 그렇다면 학습에 매진할 수 있는 조건인 동기라는 것은 어떻게 생기는 것일까? 이런 동기는 주로 개인적인 특질과 우연한 경험에 유래하는데 그런 계기를 만난 사람은 어찌보면 행운아라고 할 수 있다.

동기를 가지지 못한 사람은 자신이 왜 공부를 하는지 목표 의식이 분명하지 못해서 그런 경우가 많다. 나는 과연 왜 지금 이 책을 읽고 있는지 생각해 보고 스스로의 동기가 무엇인지 잘 정리해 보도록 하자. 취업을 위해서 공부를 하고 있다면 이 동기는 다소 한계가 많다. 좀 더 대승적인 차원의 강한 동기를 품어 보도록 하자. 물론 노력이 필요하다.

10
포인터

이 장에서는 포인터에 대해 본격적으로 다루며 다음 장은 배열과 함께 포인터를 같이 다룬다. 앞에서도 이미 포인터에 대해서 기본적인 개념을 다룬 바 있는데 3장에서 포인터 타입에 대해 간단하게 소개를 했으며 6장에서 포인터를 이용한 참조 호출에 대해서도 연구해 보았다. 만약 이 두 내용이 잘 기억이 나지 않거나 아직도 혼란스럽다면 복습을 먼저 하고 오기 바란다.

C언어 공부를 시작할 때부터 흉흉한 소문을 들어서 잘 알고 있겠지만 포인터는 C의 모든 주제 중에서 가장 어려운 과목이다. 중급 정도의 개발자들도 항상 포인터가 어렵다고 하는 걸로 봐서 과연 쉽지 않은 난적임은 분명한 것 같다. 그래서 여러분들은 포인터에 대한 모든 것을 한 번에 다 알겠다고 덤벼들어서는 안 된다. 이론적으로 집중 연구한다고 해서 한 번에 다 이해될 수 있는 것은 아니며 실제 프로젝트에서 포인터가 반드시 필요한 상황을 만나 봐야 그제서야 포인터가 무엇인지 어렴풋이 실감이 날 것이다.

처음부터 욕심 내지 말고 기본 개념을 먼저 익히되 모르는 부분은 일단 이해되는 데까지만 접수하고 프로젝트와 습작을 만들면서 또는 다양한 예제를 보면서 그때그때 필요한 부분을 찾아서 다시 복습하는 전략을 쓰는 것이 좋다. 극단적으로 말해 scanf로 정수형을 입력받을 때 &가 필요하다는 것과 배열명이 포인터 상수라는 것 정도만 알아도 일단 프로그램을 짤 수는 있다. 제발 포인터가 잘 이해되지 않는다 하여 일치감치 C를 포기하는 우를 범하지 않기를 바라는 마음이다.

10.1 포인터 연산

10.1.1 T형 포인터

3장에서 정의했듯이 포인터는 메모리의 한 지점, 간단히 말해 번지값을 가지는 변수이다. 어떠한 형태의 변수든지(register형만 제외하고) 반드시 메모리에 보관되며 모든 메모리는 번지를 가지고 있다. 따라서 이 변수의 번지를 가리키는 포인터 변수를 항상 선언할 수 있다. 문장화해서 정리해 보도록 하자.

임의의 타입 T가 있을 때 T형의 포인터 변수를 선언할 수 있다.

int, char, double 등의 기본적인 데이터 타입에 대해 int *, char *, double *형의 변수를 선언할 수 있음은 물론이고 구조체, 공용체, 배열에 대해서도 포인터형을 만들 수 있다. 사용자가 직접 만든 타입에 대해서도 포인터형 변수를 선언할 수 있으며 심지어는 포인터 타입에 대해서도 포인터를 선언할 수 있다. 다음 각 * 기호는 프로그램 구성 요소 7가지 중 어떤 것인지 구분해 보자.

① i=3*4;
② printf("%d",*pi);
③ int *pi;

첫 번째 *는 두말할 필요도 없이 곱하기 연산자이며 상수 3과 4를 곱한다. 두 번째 *는 포인터 변수가 가리키는 번지의 내용을 읽어내는 포인터 연산자이다. 곱하기 연산자와 포인터 연산자는 모양은 같지만 취하는 피연산자 개수가 다르므로 비교적 쉽게 구분할 수 있다. 곱하기 연산자는 이항 연산자이고 포인터 연산자는 단항 연산자인데 이처럼 C에는 모양은 같지만 피연산자 개수가 다른 연산자가 몇 가지 더 있다 (&, - 등).

세 번째 *도 곱하기나 포인터 연산자와 모양은 같지만 이것은 연산자가 아니다. int와 pi를 곱하라는 뜻도 아니며 지금 막 정의하려고 하는 pi 변수가 가리키는 번지의 내용을 읽으라는 포인터 연산자도 아니다. 여기서 사용된 *기호는 포인터를 선언할 때 사용하는 구두점이다. T형 변수는 다음과 같이 선언한다.

T v;

타입 이름 T 다음에 원하는 변수명을 적으면 이 변수는 T형의 변수가 되는데 int i; 선언문이 전형적이다. 이 선언문의 변수명 앞에 * 구두점을 붙여서 T *v; 로 선언하면 이 변수는 T형의 포인터 변수가 된다. T형 변수를 선언할 수 있으면 T *형은 항상 선언 가능하므로 T가 어떤 타입이든지 상관없이 변수 이름 앞에 *구두점만 붙이면 T형 포인터 변수를 선언할 수 있다. * 구두점은 다음 두 가지 형식으로 표기할 수 있다.

① int *pi;
② int* pi;

타입명 int 다음에 한 칸 띄우고 *와 변수명을 쓸 수도 있고 int 다음에 바로 붙여서 *를 쓰고 한 칸 띄운 후 변수명을 쓸 수도 있다. C언어는 프리포맷을 지원하므로 공백이 어디에 있는가는 중요하지 않다. 그래서 int*pi나 int * pi와 같이 공백을 마음대로 써도 상관없지만 주로 위 두 가지 형식 중 하나가 사용된다. int*를 하나의 타입으로 볼 때는 ②번 형식을 주로 사용하며 변수가 포인터형임을 강조할 때는 ①번 형식을 사용한다. 한 행에 두 개의 변수를 선언하는 다음 선언문들을 보자.

```
int *i,j;              // i는 포인터, j는 정수형
int* i,j;              // i는 포인터, j는 정수형
int *i,*j;             // i와 j 모두 포인터
```

위의 두 경우는 i를 정수형 포인터 변수로, j는 정수형 변수로 선언하는데 보다시피 int*라고 붙여 쓴다고 해서 컴파일러가 int*를 하나의 타입으로 인정하는 것은 아니다. 문법은 포인터형으로 선언하고 싶은 변수명 앞에 일일이 * 구두점을 붙이도록 규정하고 있다. 아래쪽 선언문은 i와 j가 모두 정수형 포인터로 선언된다. 만약 int*가 한 묶음으로 포인터 타입을 의미한다면 정수형 변수와 정수형 포인터 변수를 한 번에 선언할 수 없을 것이다.

공백을 어디다 둘 것인가는 선언 내용에 영향을 주지 않으며 어디까지나 개인의 취향 문제일 뿐이므로 사실 중요하다고는 할 수 없지만 두 형식을 섞어서 사용하는 것은 바람직하지 않다. 나는 개인적으로 ①번 형식을 선호하는 편이며 ②번 형식만 고집하는 사람도 있되 자신만의 기준을 정해 일관되게 지키기만 하면 될 것 같다. 참고로 C 스펙 문서는 모두 ①번 형식으로 되어 있고 C++ 스펙 문서에는 두 형식이 혼재하되 ②번이 좀 더 우세하다. 비주얼 C++의 라이브러리인 MFC는 모두 ②번 형식으로 되어 있다.

10.1.2 포인터의 타입

포인터가 가리키는 번지에 들어있는 값, 즉 포인터가 가리키는 실체를 대상체(object)라고 한다. 예를 들어 정수형 포인터의 대상체는 정수형 변수이며 실수형 포인터의 대상체는 실수형 변수이다. *연산자로 포인터가 가리키는 곳을 읽으면 포인터의 대상체 값이 읽혀질 것이다.

포인터 변수를 선언할 때는 가리키고자 하는 대상체의 타입을 반드시 명시해야 한다. 대상체의 타입을 포인터의 타입이라고 한다. 그래서 포인터형 변수의 타입은 대상체의 타입을 따라 ~에 대한 포인터형 (Pointer to ~)이라고 표현한다. 예를 들어 정수형 포인터 pi를 다음과 같이 선언했다고 하자.

```
int *pi;
```

pi 변수는 물론 포인터형이지만 좀 더 정확한 타입은 "정수에 대한 포인터형"이라고 해야 한다. int *라는 타입이 정수형 변수를 가리키는 포인터형이라는 뜻이다. 이 선언문의 의미를 좀 더 따져보자.

포인터가 저장하는 번지값이라는 것은 4바이트 크기로 고정되어 있고 이 변수에 저장될 값은 항상 부호없는 정수형(unsigned int)이다. 32비트 환경에서 주소값은 항상 32비트이며 번지는 0을 포함한 양수값이다. 포인터 변수가 정수를 가리키든 실수를 가리키든 또는 구조체나 배열 같은 큰 데이터를 가리키든 대상체의 타입과는 상관없이 포인터는 항상 4바이트의 부호없는 정수값인 것이다.

포인터 변수는 크기와 형태가 이미 고정되어 있는데 왜 정수를 가리키는 포인터, 실수를 가리키는 포인터 식으로 대상체의 데이터형을 꼭 밝혀야 할까? 포인터라는 고유의 타입을 나타내는 키워드를 새로 정의하고 Pointer p; 식으로 선언할 수도 있는데 말이다. 물론 이유가 있다. 포인터가 타입을 가져야 하는 이유는 다음 두 가지이다.

첫 번째 이유는 *연산자로 포인터의 대상체를 읽거나 쓸 때 대상체의 바이트 수와 비트 해석 방법을 알아야 하기 때문이다. 다음 예제를 실행해 보자.

예제 PointerType

```c
#include <Turboc.h>

void main()
{
    int i=1234;
    int *pi;
    double d=3.14;
    double *pd;

    pi=&i;
    pd=&d;
    printf("정수 = %d\n",*pi);
    printf("실수 = %f\n",*pd);

    pi=(int *)&d;
    printf("pi로 읽은 d번지의 값= %d\n",*pi);
}
```

실행 결과는 다음과 같다.

정수 = 1234
실수 = 3.140000
pi로 읽은 d번지의 값 = 1374389535

정수형 포인터 pi는 정수형 변수 i의 번지를 가리키며 실수형 포인터 pd는 실수형 변수 d의 번지를 가리키고 있다. 이 상태에서 *pi, *pd로 이 포인터들이 가리키는 곳의 대상체를 읽어 화면으로 출력했다. 정수형 포인터로 대상체를 읽으면 정수가 제대로 읽혀지고 실수형 포인터로 실수를 읽어도 제대로 읽혀진다.

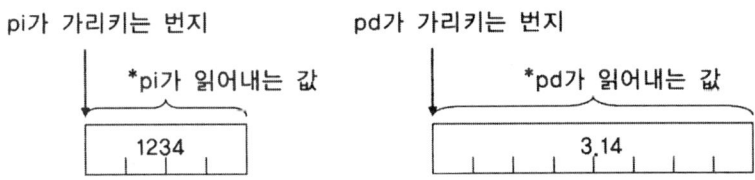

*연산자는 포인터가 가리키는 곳의 대상체를 읽는 연산자이다. 이 연산자가 제대로 값을 읽기 위해서는 대상체의 타입을 정확하게 알고 있어야 한다. pi가 정수형 변수를 가리키는 포인터 변수이므로 *pi 연산문은 pi가 가리키는 번지에서부터 4바이트를 읽어낸다. 그리고 이 대상체가 부호있는 정수형이라는 것을 알고 있으므로 제일 앞쪽 비트(MSB)를 부호 비트로 해석하고 나머지 비트는 절대값으로 평가할 것이다. 이에 비해 *pd 연산문은 pd 번지로부터 8바이트를 읽은 후 이 값을 부호, 가수, 지수로 분리한 후 정확한 실수값을 얻게 된다.

pi나 pd나 똑같이 메모리의 한 지점을 가리키는 포인터형 변수이지만 선언할 때 대상체의 타입을 명시했기 때문에 *연산자가 이 포인터들로부터 읽는 값이 달라질 수 있다. 만약 pi와 pd가 어떤 대상체를 가리키고 있는지 모른다면 *연산자는 이 포인터들이 가리키는 번지에 들어있는 값이 길이와 비트 해석 방법을 알지 못할 것이다. 메모리의 위치만 가지고는 정보가 부족하기 때문에 대상체를 제대로 읽을 수 없다.

예제의 끝에서는 정수형 포인터 변수 pi에 실수형 변수 d의 번지를 대입하여 *pi로 이 값을 읽어 보았다. 포인터의 타입과 대상체의 타입이 맞지 않기 때문에 &d, 즉 d의 번지를 pi에 대입하려면 반드시 이 번지값을 (int *)로 캐스팅해야 한다. pi=&d; 연산문으로 바로 대입하면 타입이 맞지 않아서 대입할 수 없다는 에러로 처리된다. 참고로 C++에서 pi=&d대입문은 에러로 처리되지만 C++보다 타입 체크가 덜 엄격한 C 컴파일러는 이를 경고로 처리한다.

pi가 번지값을 가리키는 포인터이고 &pd도 번지값이므로 캐스팅만 하면 강제로 대입할 수는 있다. 이 상태에서 *pi로 대상체의 값을 읽어 보면 엉뚱한 값이 출력된다. pi가 가리키는 메모리에는 8바이트 길이의 3.14라는 실수값이 들어 있지만 *연산자는 pi가 정수형 포인터이므로 이 번지에서 4바이트만 취해 정수값을 읽기 때문이다. 읽어야 할 값의 길이도 맞지 않지만 정수와 실수의 비트 패턴이 다르므로 3.14도 아니고 3도 아닌 완전히 엉뚱한 값이 읽혀진다.

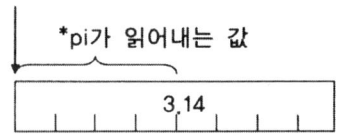

변수가 저장되는 장소인 메모리에는 정수형, 실수형 따위의 별스러운 표식이 붙어 있는 것이 아니다. 모든 메모리는 8비트로 구성되어 있고 여덟자리의 이진수를 기억할 수 있다는 점에서 동질적이다. 그래서 메모리 위치를 가리키는 포인터는 자신이 가리키고 있는 번지에 저장된 값이 어떤 종류인지를 기억하고 있어야 하며 이런 이유로 포인터를 선언할 때 대상체의 타입을 밝혀야 하는 것이다. 3장에서 설명한 변수가 타입을 가져야 하는 두 가지 이유와 일맥상통한다.

포인터가 대상체의 타입을 요구하는 두 번째 이유는 인접한 다른 대상체로 이동할 때 이동 거리를 알기 위해서이다. 이동 거리란 곧 대상체의 크기에 대한 정보를 의미한다. 번지를 가리키는 포인터도 일종의 변수이므로 실행 중에 다른 번지를 가리키도록 변경할 수 있다. 이때는 보통 증감 연산자를 사용하는데 현재 위치에서 앞뒤로 이동함으로써 인접한 대상체로 이동한다. 다음 예제를 보자.

예제 PointerType2

```c
#include <Turboc.h>

void main()
{
    int ar[]={1,2,3,4,5};
    int *pi;

    pi=ar;
    printf("첫 번째 요소 = %d\n",*pi);
    pi++;
    printf("두 번째 요소 = %d\n",*pi);
}
```

크기 5의 ar 배열을 정의했으며 pi=ar 대입문으로 pi가 ar 배열의 선두 번지를 가리키도록 했다. 배열명 자체는 배열의 시작번지를 가리키는 포인터 상수이므로 pi가 이 포인터 상수를 대입받을 수 있다. pi=&ar이 아니며 이렇게 대입해봐야 대입되지도 않음을 주의하도록 하자. pi가 ar 배열의 시작 번지, 그러니까 ar[0]의 번지를 가리키고 있는 상황이다. 이 상태에서 *pi를 읽으면 pi 위치에서 4바이트를 읽을 것이며 이 값을 출력하면 첫 번째 요소 1이 출력된다.

그리고 pi++ 연산문으로 pi값을 증가시켜 ar 배열의 다음 요소로 이동했으며 이 상태에서 *pi를 읽으면 ar[1]의 값이 출력된다. 이 예제의 전체 실행 순서를 그림으로 그려 보면 다음과 같다.

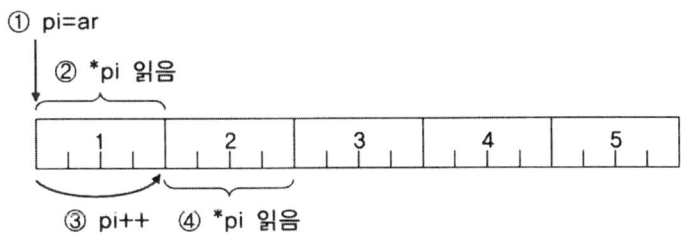

ar[0]와 ar[1]의 값이 각각 출력된다. 너무나 당연한 결과로 보이겠지만 과연 당연한 것인지 특별한 것인지 좀 더 생각해 보자. ar 배열이 할당되는 번지는 실행할 때마다 달라지겠지만 설명의 편의상 1000번지에 할당되었다고 하자. pi가 최초로 대입받은 ar 배열의 시작번지는 1000번지가 될 것이며 1000번지에서 1003번지까지 4바이트를 읽어 ar[0]를 출력했다.

그리고 다음 번지로 이동하기 위해 pi++ 연산을 했는데 이 연산에 의해 pi는 1001번지로 이동해야 한다. 1000에다 1을 더하면 1001이 된다는 것은 초등학생도 다 아는 산수다. 그러나 1001번지는 배열에 속해 있기는 하지만 아무런 의미가 없는 값이다. ar[0]도 아니고 ar[1]도 아니고 두 요소에 걸쳐있는 애매한 번지인 것이다.

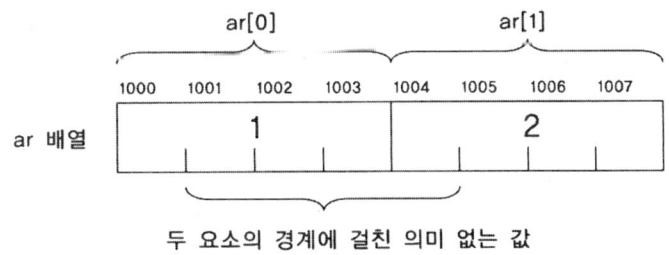

이 번지의 값을 읽어서는 ar[1]의 값을 구할 수 없음은 물론이고 이것도 저것도 아닌 이상한 값이 읽혀질 것이다. 그래서 C는 포인터에 대한 증감 연산을 산술 연산과는 달리 아주 특수하게 수행한다.

**T형 포인터 변수 px에 정수 i를 더하면
px=px+(i*sizeof(T))가 된다.**

pi의 경우 정수형 포인터 변수이므로 pi++은 sizeof(int)만큼인 4바이트 증가하게 될 것이다. pi가 1000인 상태에서 pi++ 연산문은 pi를 1004로 만들며 이 상태에서 *pi를 읽으면 ar[1]의 값을 구할 수 있다. 이렇게 되어야 배열을 가리키는 포인터를 증감시켜서 배열의 다른 요소로 자유롭게 이동할 수 있을 것이다.

컴파일러가 포인터 연산에 대해 대상체의 크기만큼 앞뒤로 이동시킬 수 있으려면 이 포인터가 가리키는 대상체의 타입이 무엇인가를 알아야 한다. 그래서 포인터 변수를 선언할 때 가리킬 대상체의 타입을 명시하는 것이다. 포인터형 변수의 타입은 포인터가 가리키는 대상체에 대한 타입을 명시하여 "정수형 변수에 대한 포인터"식으로 표현해야 하나 간단히 줄여서 "정수형 포인터"라고 칭한다.

10.1.3 포인터 연산

포인터 연산이란 피연산자 중의 하나가 포인터인 연산이다. pi++과 같이 포인터형 변수에 대한 연산, pi1-pi2같이 포인터끼리의 연산이나 ar-pi, pi+3같이 포인터 변수나 포인터 상수가 피연산자 중에 하나라도 있으면 이런 연산을 포인터 연산이라고 한다. 포인터라는 타입이 정수나 실수 같은 수치들과는 다른 독특한 타입이기 때문에 포인터 연산도 일반적인 산술 연산과는 다른 규칙이 적용된다.

이 규칙들을 잘 숙지하고 있어야 포인터를 자유자재로 다룰 수 있다. 규칙이 좀 많기는 하지만 지극히 상식적인 내용들이기 때문에 이해하기 어렵지 않으며 한 번만 이해해 두면 실무에 적용하는데 큰 혼란은 없을 것이다. 중요한 내용이지만 생각보다 쉬우므로 가벼운 마음으로 읽어보면 된다.

❶ 포인터끼리 더할 수 없다.

덧셈은 가장 기본적인 연산이지만 포인터끼리의 덧셈은 허용되지 않는다. 왜냐하면 번지값끼리 더한다는 것은 아무런 의미가 없기 때문이다. 변수 x, y를 포인터 변수 px, py가 각각 가리키고 있다고 하자. 설명의 편의상 x는 1000번지에 있고 y는 1500번지에 있다고 가정한다. 이때 포인터끼리 더하는 px+py 연산은 허용되지 않는다.

번지라는 타입은 부호없는 정수형이며 따라서 px와 py를 굳이 더하고자 한다면 2500으로 연산할 수도 있다. 그러나 이런 연산을 허용하지 않는 이유는 2500이라는 결과값이나 또는 2500번지에 들어있는 값이 x나 y 모두에게 어떠한 의미도 없기 때문이다.

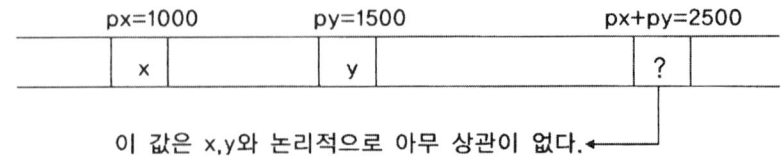

조금만 생각해 보면 번지끼리 더한 값이 의미가 없다는 것을 직감적으로 이해할 수 있을 것이다. 만약 이해가 잘 안된다면 실생활에서 비슷한 예를 들어 보자. 내가 2000원을 가지고 있고 친구가 1000원을 가지고 있다면 둘이 가진 돈을 합쳐 3000원이라는 결과를 만들 수 있으며 이 3000원은 분명히 의미가 있는 값이다. 3000원으로 붕어빵 12개를 사 먹을 수도 있고 게임방에서 한 시간 동안 놀 수도 있다. 둘이 가진 돈을 더한 3000원이 의미가 있는 이유는 금액이라는 단위가 양으로 평가되는 성질이 있기 때문이다.

그러나 등급이나 나이 같은 단위는 좀 다르다. 내가 25살이고 친구가 26살일 때 두 사람의 나이를 더한 51살은 도대체 어떤 의미가 있을까? 나이를 더한 51이라는 수치에는 어떠한 의미도 부여할 수가 없다. 둘의 나이를 더하면 51살이므로 둘이 함께 대통령 후보로 출마한다든가(대통령 피선거 자격은 50살 이상) 또는 옆집에 사는 49살짜리 건달에게 가서 우리가 나이가 더 많다고 건달을 혼내 준다든가 하는 일이 가능한가 말이다.

나이끼리 더한 값이 아무 의미가 없는 이유는 나이라는 단위가 양으로 평가되는 것이라기보다는 구분 내지는 위치로 평가되는 성질이 더 강하기 때문이다. 그래서 나이값을 더할 수는 있지만 더해 봤자 아무짝에도 쓸모없는 값이 나오게 된다. 아마 여러분들도 실생활에서 나이끼리 덧셈을 해 본 경험이 없을 것이다. 이런 식으로 숫자로 표기하지만 양이 아닌 단위들이 많이 있는데 학생의 출석 번호나 인터넷 IP 번호 등도 그 한 예이다. 이런 값들은 다수의 대상들을 구분하는 것이 목적이다.

번지값도 마찬가지로 덧셈 자체는 가능하지만 그 결과값이 아무런 의미를 가지지 못한다. 그래서 포인터끼리 덧셈 연산을 하면 컴파일러가 에러 메시지를 출력하고 컴파일을 거부한다. 포인터끼리의 덧셈 연산문은 99.99% 이상 프로그래머의 실수일 가능성이 높으며 이 연산문을 그대로 컴파일하면 대개의 경우 프로그램이 오작동할 위험이 있다. 그래서 이런 위험을 방지하기 위해 포인터끼리의 덧셈은 금지되어 있다.

즉 포인터끼리의 덧셈을 금지하는 이유는 불가능해서가 아니라 대부분의 경우 단순한 실수일 확률이 높기 때문이다. 만약 어떤 이유로 두 포인터를 꼭 더하고야 말겠다면 굳이 못할 것도 없다. 포인터를 unsigned로 캐스팅해서 더한 후 다시 포인터 타입으로 캐스팅하면 가능하다. 컴파일러는 명시적인 캐스트 연산자에 대해서는 어떠한 태클도 걸지 않는다.

❷ 포인터끼리 뺄 수는 있다.

포인터끼리 더한 값은 아무런 의미가 없지만 뺀 값은 두 요소간의 상대적인 거리라는 의미가 있다. 그래서 포인터끼리의 뺄셈은 원칙적으로 허용되며 실제로 많이 사용된다. 다음 예제를 실행해 보자.

예제 **PointerMinus**

```
#include <Turboc.h>

void main()
{
    char ar[]="Pointer";
    char *pi1, *pi2;

    pi1=&ar[0];
```

```
    pi2=&ar[5];

    printf("%c와 %c의 거리는 %d\n",*pi1,*pi2,pi2-pi1);
}
```

타입이 같은 임의의 두 포인터에 대해 뺄셈이 가능하다. 하지만 일반적으로 두 포인터가 같은 배열내의 다른 요소에 가리키고 있을 때만 실질적인 의미가 있다. 문자형의 ar 배열은 "Pointer"라는 문자열을 저장하고 있으며 pi1은 첫 번째 요소인 'P'자 위치를 가키고 있고 pi2는 여섯 번째 요소인 'e' 문자를 가리키고 있다. 이 상태에서 pi2-pi1 연산문은 두 배열 요소의 거리를 구한다.

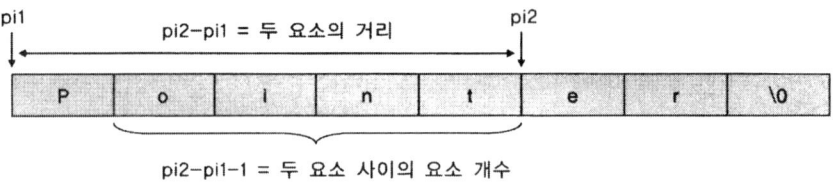

실행해 보면 "P와 e의 거리는 5"라는 결과가 출력되는데 pi2-pi1 연산에 의해 문자 'P'와 'e'가 5만큼 떨어져 있다는 것을 알 수 있다. 만약 두 문자 사이에 몇 개의 문자들이 있는지를 알고 싶다면 거리에서 1을 빼 pi2-pi1-1을 계산하면 되는데 o, i, n, t 4개의 문자가 가운데에 있다는 것을 알 수 있다. 두 요소 사이의 메모리 크기를 계산하고 싶다면 뺄셈한 결과에 sizeof(요소타입)를 곱한다.

내 나이가 25살이고 동생의 나이가 23살일 때 이 두 사람의 나이를 뺀 값은 두 사람의 나이차가 되며 분명히 의미가 있다. 동생이 두 살을 더 먹으면 내 나이와 같아진다라든가 내가 동생보다 두 살 더 많다는 표현이 가능하지 않은가? 나이값끼리 뺄셈이 가능한 것처럼 포인터끼리의 뺄셈도 가능하다. 포인터끼리 뺄셈을 한 연산 결과는 더 이상 포인터가 아니며 단순한 정수값이다. 두 사람의 나이차가 더 이상 나이가 아닌 단순한 수치가 되어 버리는 것처럼 두 포인터의 상대적인 거리도 번지가 아닌 정수값이다. 따라서 다음과 같은 대입 연산은 안 된다.

ptr1=ptr2-ptr3;

ptr2-ptr3은 적법한 연산이지만 이 연산의 결과인 정수를 ptr1이라는 포인터 변수에 대입할 수는 없다. 그래서 앞의 예제에서도 pi2-pi1에 대응되는 printf의 서식은 정수형인 %d였다.

포인터끼리 뺄셈을 한 결과는 일단 정수형인데 정확한 타입은 컴파일러에 따라 다르며 표준은 포인터의 뺄셈 결과 타입을 stddef.h에 ptrdiff_t 타입으로 정의하도록 규정하고 있다. 비주얼 C++의 경우는 int로 typedef되어 있으며 Dev-C++은 long int로 정의하고 있다. 포인터는 원래 부호가 없는 타입이지만 뒤쪽 번지에서 앞쪽 번지를 뺄 수도 있으므로 포인터끼리 뺄셈한 결과는 부호가 있어야 한다. 주소 공간이 16비트인 시스템에서는 아마도 short가 될 것이다.

❸ 포인터에 정수를 더하거나 뺄 수 있다.

포인터끼리 더할 수는 없지만 포인터와 정수를 더할 수는 있다. 정수 덧셈의 다른 표현인 ++, --도 당연히 가능하다. 내 나이가 25살일 때 앞으로 세 살 더 먹으면 장가를 가겠다는 표현이나 다섯 살을 더 먹으면 서른살이 된다는 등의 표현이 가능하지 않은가? 포인터 변수 ptr에 정수 i를 더한 ptr+i는 ptr이 가리키고 있는 번지에서부터 i번째 요소의 번지를 나타내는 의미있는 값이다.

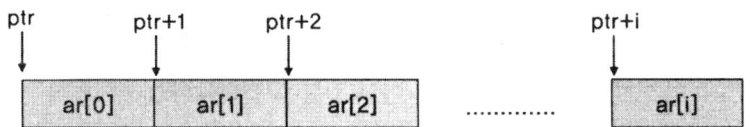

ptr+1은 바로 다음 요소의 번지를 가리키며 ptr+2는 다음 다음 요소의 번지를 가리킨다. 포인터와 정수의 뺄셈도 가능한데 prt-1은 바로 이전 요소, ptr-2는 두칸 앞쪽의 요소를 가리킬 것이다. 물론 이 연산도 실질적인 의미가 있으려면 ptr이 배열내의 한 지점을 가리키고 가감한 결과도 같은 배열내에 속해야 한다. 앞에서 살펴봤지만 포인터와 정수를 더할 때 실제 포인터값의 이동 거리는 sizeof(타입)만큼이다. ptr이 정수형 포인터일 때 ptr+1은 ptr의 번지보다 4바이트 뒤쪽을 가리킨다.

포인터에 정수를 더하거나 뺀 연산의 결과는 역시 포인터이다. ptr+i는 ptr번지에서 i요소만큼 뒤쪽을 가리키는 번지값이므로 이 연산 결과도 포인터가 되는 것이다. 포인터끼리 뺄셈한 결과가 정수인 것과는 구분해야 한다. 따라서 다음과 같은 연산은 적법하다.

ptr1=ptr2+2;
ptr1=ptr2--;

ptr2에 2를 더한 결과는 ptr2의 다음다음 요소를 가리키는 포인터이며 따라서 이 결과를 ptr1에 대입 가능하다.

❹ 포인터끼리 대입할 수 있다. 정수형 포인터 p1, p2가 있을 때 p1=p2 대입식으로 p2가 기억하고 있는 번지를 p1에 대입할 수 있다. 너무 너무 당연한 얘기라 별도의 설명이 필요없을 것이다. 다만 대입식의 좌변과 우변의 포인터 타입이 일치해야 한다는 것만 주의하자. 만약 두 포인터의 타입이 틀릴 경우는 캐스트 연산자로 타입을 강제로 맞추어야 한다.

```
int *pi,i=1234;
unsigned *pu;
pi=&i;
pu=(unsigned *)pi;
```

pi는 부호있는 정수형 포인터이고 pu는 부호없는 정수형 포인터인데 pu=pi로 바로 대입하면 타입이 맞지 않으므로 에러(터보 C는 경고)로 처리된다. 꼭 대입하려면 캐스트 연산자를 사용할 수 있되 대입 후의 결과에 대해서는 개발자가 책임져야 한다.

⑤ 포인터와 실수와의 연산은 허용되지 않는다.

번지라는 값은 정수의 범위에서만 의미가 있기 때문에 실수와는 어떠한 연산도 할 수 없다. pc+0.5라는 연산을 허용한다면 이 번지는 도대체 어디를 가리켜야 할지 애매할 것이다. 바이트 중간의 비트를 가리킬 수는 없는데 왜냐하면 비트는 기억의 최소단위일뿐이며 번지를 가지는 최소 단위는 바이트이기 때문이다. 따로 논리적인 이유를 대지 않더라도 포인터와 실수와의 연산은 전혀 어울리지 않으며 필요하지도 않다는 것을 쉽게 이해할 수 있을 것이다. 포인터와 실수를 연산하면 컴파일러는 "피연산자는 정수만 써 주세요"라는 에러 메시지를 출력한다.

⑥ 포인터에 곱셈이나 나눗셈을 할 수 없다.

포인터에 곱셈, 나눗셈을 하는 것이 불가능한 일은 아니지만 연산의 필요성이 전혀 없다고 해야 옳을 것이다. 번지값을 곱해서 도대체 어디다 쓸 것인가를 곰곰이 생각해 보면 역시 전혀 필요가 없다는 것을 알 수 있다. 실생활에서 나이에 어떤 값을 곱할 일이 없는 것처럼 말이다. 음수 부호 연산자(-), 나머지 연산자(%), 비트 연산자, 쉬프트 연산자 등도 모두 포인터와는 함께 쓸 수 없는 연산자들이다.

⑦ 포인터끼리 비교는 가능하다.

두 포인터가 같은 번지를 가리키고 있는지를 조사하기 위해 ==, != 상등 비교 연산자를 사용할 수 있으며 산술 연산과 동일한 의미를 가진다. 물론 이때 양쪽의 데이터 타입은 일치해야 한다. 포인터끼리 값을 비교하는 일은 그리 흔한 일은 아니지만 포인터값의 유효성을 점검하기 위해 NULL값과 비교하는 연산은 자주 이용된다. 포인터형을 리턴하는 함수들은 에러가 발생했다는 표시로 NULL을 리턴하므로 이 함수들의 실행 결과를 점검하기 위해 포인터와 NULL을 비교한다.

```
if (ptr == NULL)
if (ptr != NULL)
```

이런 비교 연산문은 거의 대부분 "에러가 발생했으면~"이라는 조건식이다. 상등 비교 연산자뿐만 아니라 <, >, <=, >= 등의 크기를 비교하는 연산자도 사용할 수 있다. 이때 양쪽은 데이터 타입이 일치해야 하는 것은 물론이고 의미있는 비교가 되려면 같은 배열내의 포인터여야 한다. 다음 조건문은 "ptr1이 ptr2보다 더 뒤쪽의 요소를 가리키고 있으면" 이라는 뜻이다.

```
if (ptr1 > ptr2)
```

이상으로 포인터 연산시의 주의 사항에 대해 알아보았는데 양이 좀 많기는 하지만 그다지 어렵지는 않았을 것이다. 포인터에 실수를 쓸 수 없다거나 곱하기나 나누기가 불필요하다는 것은 상식적인 내용이므로 이해만 하면 될 것이고 다음 세 가지 주의 사항만 따로 암기해 두도록 하자. 본격적으로 어려워지기 전에 이 정도는 반드시 암기하는 것이 차후의 혼돈을 조금이라도 줄이는 방책이 될 수 있다.

① 포인터끼리 더할 수 없다.
② 포인터끼리 뺄 수 있으며 연산 결과는 정수이다.
③ 포인터와 정수의 가감 연산은 가능하며 연산 결과는 포인터이다.

포인터 연산의 종합 실습을 위해 두 포인터의 중점을 구하는 예제를 작성해 보자. 크기 5의 정수형 배열 ar[5]가 있고 p1이 ar[0]를 가리키고 p2가 ar[4]를 가리키고 있을 때 두 포인터의 중간 지점의 값을 읽고 싶다고 하자. 그림에서 보다시피 ar[2]의 내용인 3의 값을 구하고 싶은 것이다.

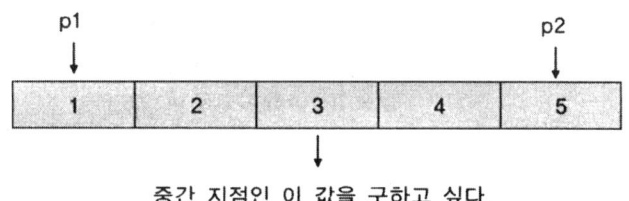

중간 지점인 이 값을 구하고 싶다.

일반적인 산술 연산에서 a와 b의 중점은 (a+b)/2로 쉽게 구할 수 있다. 그러나 포인터끼리의 덧셈이 허용되지 않기 때문에 이런 간단한 공식으로는 중간 지점을 구할 수 없으며 다음 예제와 같이 계산해야 한다.

예제 MidPointer

```
#include <Turboc.h>

void main()
{
```

```
    int ar[]={1,2,3,4,5};
    int *p1,*p2,*p3;

    p1=&ar[0];
    p2=&ar[4];
    p3=p1+(p2-p1)/2;

    printf("중간의 요소 = %d",*p3);
}
```

덧셈이 허용되지 않으므로 p2-p1으로 두 지점의 거리를 구하고 시작번지(base)인 p1에 거리의 절반을 더하여 중간 지점의 번지를 구했으며 그 결과를 p3에 대입했다. 그리고 *p3를 출력하면 원하는 중간 지점의 값인 3이 출력된다. 이 연산이 어떻게 동작하며 왜 적법한지 잘 분석해 보자.

포인터끼리는 뺄셈이 가능하므로 p2-p1은 적법한 연산문이며 뺄셈 결과는 정수가 되므로 이 값을 2로 나눌 수 있다. (p2-p1)/2라는 수식은 두 포인터간의 절반 거리를 나타내는 정수 상수를 만들어낸다. 포인터에 정수를 더할 수 있으므로 p1에 절반 거리를 더할 수 있고 그 결과는 포인터이므로 p3가 이 포인터값을 대입받을 수 있다.

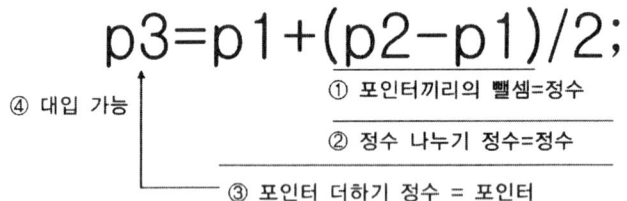

이 연산문은 아주 간단하지만 포인터 연산에 대한 모든 것을 한 줄에 다 품고 있는 아주 핵심적인 코드이다. 차후에 포인터 연산 규칙이 잘 생각나지 않을 때 이 연산문을 떠올려 보면 많은 도움이 될 것이다. 이 연산문을 통째로 외우고 싶다면 적극 권장하고 싶으며 이 예제를 통째로 외우겠다면 굳이 말리지 않겠다.

10.1.4 *ptr++

ptr이 포인터형의 변수일 때 *ptr++은 아주 빈번히 사용되는 문장이며 C언어의 특징을 잘 표현하는 전형적인 포인터 연산문이다. C프로그래머들은 이런 문장을 즐겨 사용하며 소스를 분석하다 보면 흔하게 만날 수 있으므로 이 문장의 동작을 상세하게 분석해 보도록 하자. 다음 예제는 포인터 변수를 사용하여 배열의 요소들을 순서대로 출력한다.

예제 ptrplusplus

```
#include <Turboc.h>

void main()
{
    int ar[]={10,20,30,40,50};
    int i,*ptr;

    ptr=ar;
    for (i=0;i<5;i++) {
        printf("%d\n",*ptr++);
    }
}
```

크기 5의 ar 배열이 선언되어 있고 ptr 포인터 변수가 이 배열의 선두를 가리키고 있다. 이 상태에서 다섯 번 루프를 돌며 *ptr++ 문장의 결과를 출력하면 ar 배열 요소가 순서대로 출력되는데 이 문장의 실행 순서를 점검해 보자. 연산 순위표를 보면 *와 ++의 연산 순위가 같고 우측 우선의 결합순서를 가지므로 ++이 먼저 실행된 후 *가 실행되어야 한다. 그러나 ++이 후위형으로 기술되었기 때문에 이 경우는 ++보다 *가 먼저 연산된다. 후위형 증감 연산자는 연산 순위와 상관없이 평가된 후에 증가하기 때문에 *(ptr++)과 같이 ++이 먼저 연산되도록 강제 지정해도 결과는 동일하다.

그래서 *ptr이 먼저 연산되어 ptr이 가리키는 번지의 정수값이 먼저 읽혀지고 다음으로 ++연산이 실행되어 ptr이 다음 번지로 이동한다. *ptr++ 연산문은 *ptr과 ptr++을 하나로 합쳐 놓은 것이며 다음 순서대로 실행된다.

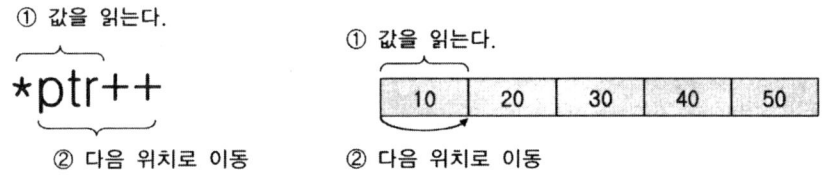

예제의 출력문을 두 문장으로 분리하면 다음과 같이 쓸 수도 있다.

```
for (i=0;i<5;i++) {
    printf("%d\n",*ptr);
    ptr++;
}
```

결국 같은 동작을 하지만 한 문장이 두 문장이 됨으로 해서 반드시 블록을 싸야 하는 불편함이 생긴다. *ptr++은 하나의 문장이기 때문에 블록을 쌀 필요가 없고 또한 수식 내에서 곧바로 사용할 수도 있어 소스 길이를 짧게 만든다.

*ptr++을 *++ptr로 바꾸면 결과는 완전히 달라진다. 이렇게 되면 전위형의 ++연산자가 먼저 연산되기 때문에 ptr이 다음 번지로 이동한 후 그 번지의 내용을 읽게 된다. 따라서 첫 번째 배열 요소는 출력대상에서 제외될 뿐만 아니라 존재하지 않는 ar[5]의 내용까지도 출력된다. *++ptr은 ++ptr, *ptr 두 문장으로 분리될 수 있다.

(*ptr)++은 완전히 다른 식이다. 이렇게 되면 ++연산의 대상이 ptr이 아니라 *ptr이기 때문에 ptr이 가리키고 있는 메모리의 내용 자체가 증가하며 ptr은 변경되지 않으므로 계속 같은 번지만 가리키게 된다. *ptr 자체를 하나의 변수처럼 생각하면 되는데 이 경우 *ptr은 ar[0]와 같고 (*ptr)++은 ar[0]++과 같다. 출력되는 결과는 10,11,12,13,14가 될 것이다. 이에 비해 ++(*ptr) 또는 ++*ptr은 ar[0]가 증가된 후 리턴되므로 11,12,13,14,15의 결과가 출력된다.

포인터 연산자와 증감 연산자를 함께 사용하는 식은 빈번하게 많이 쓰이며 이런 방식에 익숙해지면 복잡한 연산문을 아주 짧게 표현할 수 있다. 여러 식 중 *ptr++이 가장 많이 쓰이며 또한 실용적이며 나머지는 동작 비교를 위해 예를 들었을 뿐 실용성은 높지 않다. *ptr++의 상세한 동작에 대해서는 잘 외워 두도록 하자. 다음 예제가 대표적인 *ptr++식의 활용예인데 한 문장으로 배열의 합계를 구한다.

예제 **ptrppsum**

```
#include <Turboc.h>

void main()
{
    int ar[]={10,20,30,40,50,0};
    int *ptr=ar;
    int sum=0;

    while (*ptr) sum+=*ptr++;
    printf("sum=%d\n",sum);
}
```

배열의 제일 끝에 0을 두어 이 값을 배열의 끝으로 정의하고 있으며 배열 처음부터 0을 만날 때까지 배열값을 읽어 sum에 누적시키면서 배열의 다음 위치로 이동한다. C의 이런 축약적인 표현은 일단 익숙해지면 아주 편리하지만 최근에는 코드를 읽기 어렵게 만든다는 주장이 제기되기도 하였다. 또한 가독성과 형식성을 중시하는 타 언어 사용자로부터 너무 복잡하고 어렵다는 비판을 받는 구실이 되기도 한다.

그러나 *ptr++ 연산식은 누가 뭐라고 하든 편리한 연산식임이 분명하며 한 번 맛들이고 나면 안쓰고는 못 베길 정도로 강력하다. 이 연산식을 제대로 쓴 코드를 보면 과연 멋지다는 생각이 들 것이다. 워낙 일반적인 포인터 연산문이라 이미 작성된 주옥 같은 예제에서 흔하게 볼 수 있고 앞으로도 계속 사용하게 될 것이므로 익숙해지는 수밖에 다른 도리가 없다.

| 참 | 고 |

앞 장에서 배열의 크기가 필요할 때는 반드시 sizeof 연산자로 컴파일러가 배열 크기를 계산하도록 하는 것이 좋다고 설명했었다. 그런데 ptrplusplus 예제에서는 이 연산자를 쓰지 않고 5라는 상수를 바로 사용했는데 이는 원칙상 바람직하지 않다. 그럼에도 불구하고 예제에서 이런 코드를 쓰는 이유는 설명하고자하는 핵심만 간략하게 보여 이해를 돕기 위해서이다. 이 예제에 sizeof 연산자를 쓰면 소스가 길어져 일단 보기에 좋지 않고 이 연산자 때문에 *ptr++ 연산문의 동작에 집중하지 못할 것이다. 예제는 성능, 호환성, 이식성보다 직관적인 이해가 본연의 임무이므로 이 목적에 맞게 작성하는 경우가 많다.

10.2 void형 포인터

10.2.1 void형

포인터형 변수는 선언할 때 반드시 대상체의 타입을 밝혀야 한다. 가리키는 대상체의 타입을 알아야 *연산자로 대상체를 읽을 수 있고 증감 연산자로 전후 이동이 가능하다. 이런 일반적인 포인터에 비해 선언할 때 대상체의 타입을 명시하지 않는 특별한 포인터형이 있는데 이것이 바로 void형 포인터이다. void형 포인터를 선언할 때는 void *타입을 지정한다.

    void *vp;

이렇게 선언하면 vp 포인터 변수의 대상체는 void형이 되며 이는 곧 대상체가 정해져 있지 않다는 뜻이다. void형은 함수와 포인터 변수에게만 적용되는 타입이므로 일반 변수에는 쓸 수 없다. void i; 라는 선언문은 불법이다. 다음은 void형 포인터의 특징들이되 모두 대상체가 정해져있지 않다는 사실에 기인한다.

❶ 임의의 대상체를 가리킬 수 있다.
대상체가 정해져 있지 않다는 말은 어떠한 대상체도 가리키지 못한다는 뜻이 아니라 임의의 대상체를

가리킬 수 있다는 얘기와도 같다. 선언할 때 대상체의 타입을 명시하는 일반적인 포인터는 지정한 타입의 대상체만 가리킬 수 있지만 void형 포인터는 어떠한 대상체라도 가리킬 수 있다. 그래서 pi가 정수형 포인터 변수이고, pd가 실수형 포인터 변수이고 vp가 void형 변수일 때 다음 대입문들은 모두 적법하다.

vp=pi;
vp=pd;

정수형 포인터 pi가 가리키는 번지를 실수형 포인터 pd에 대입하고 싶다면 pd=pi; 대입식을 곧바로 쓸 수 없으며 반드시 pd=(double *)pi; 로 캐스팅해야 한다. 대입문의 좌변과 우변의 타입이 같아야만 정상적인 대입이 가능하다. 그러나 void형 포인터는 임의의 대상체를 모두 가리킬 수 있기 때문에 대입받을 때 어떠한 캐스팅도 할 필요가 없다. 좌변이 void형 포인터일 때는 우변에 임의의 포인터형이 모두 올 수 있다. vp는 정수형 변수도 가리킬 수 있고 실수형 변수도 가리킬 수 있는 것이다.

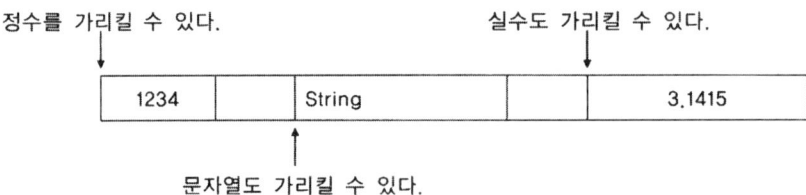

void형 포인터를 좀 더 쉽게 표현하자면 임의의 대상체에 대한 포인터형이다. 대상체가 정수든, 실수든 가리지 않고 메모리 위치를 기억할 수 있다. void형 포인터는 임의의 포인터를 대입받을 수 있지만 반대로 임의의 포인터에 void형 포인터를 대입할 때는 반드시 캐스팅을 해야 한다.

pi=(int *)vp;
pd=(double *)vp;

만약 이 대입문에서 캐스트 연산자를 생략해 버리면 void *형을 int *형으로 변환할 수 없다는 에러 메시지가 출력된다. 만약 pi=vp; 대입식을 허용한다면 *pi로 이 번지의 정수값을 읽을 때 이 값이 온전한 정수형임을 보장할 수 없을 것이다. 개발자는 vp가 가리키는 곳에 정수가 있다는 것을 확신할 수 있을 때만 캐스트 연산자를 사용해야 한다. 참고로 C++보다 타입 체크가 덜 엄격한 C는 pi=vp 대입을 허용한다.

❷ *연산자를 쓸 수 없다.
void형 포인터는 임의의 대상체에 대해 번지값만을 저장하며 이 위치에 어떤 값이 들어 있는지는

알지 못한다. 따라서 *연산자로 이 포인터가 가리키는 메모리의 값을 읽을 수 없다. 대상체의 타입이 정해져 있지 않으므로 포인터가 가리키는 위치에서 몇 바이트를 읽어야 할지, 또 읽어낸 비트를 어떤 식으로 해석해야 할지를 모르기 때문이다. 다음 예제를 실행해 보자.

예제 voidPointer

```
#include <Turboc.h>

void main()
{
    int i=1234;
    void *vp;

    vp=&i;
    printf("%d\n",*vp);
}
```

void형 포인터 vp는 정수형 변수 i가 저장된 번지를 대입받았다. 좌변이 void형 포인터이므로 vp=(void *)&i; 와 같이 캐스트 연산자를 쓰지 않아도 곧바로 대입할 수 있다. 이 대입문에 의해 vp는 정수형 변수 i가 기억된 번지값을 가지게 될 것이다. 그러나 vp는 대상체가 정수형 변수라는 것을 모르기 때문에 *vp로 이 번지에 들어있는 값을 읽을 수는 없다. 만약 vp 번지에 저장된 값이 정수형이라는 것을 확실히 알고 있고 이 값을 꼭 읽고 싶다면 다음과 같이 캐스트 연산자를 사용해야 한다.

printf("%d\n",*(int *)vp);

vp를 잠시 정수형 포인터로 캐스팅하면 *연산자를 사용할 수 있다. 캐스팅된 vp는 정수형 포인터이므로 *연산자는 vp가 가리키는 번지에서 4바이트의 정수를 읽을 수 있다.

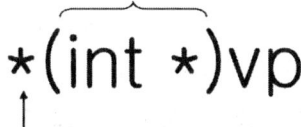

포인터 연산자와 캐스트 연산자의 우선 순위는 같으며 결합 순서는 우측 우선이므로 캐스트 연산자가 먼저 수행되어 vp를 정수형 포인터로 바꾸어 놓고 *연산자가 이 위치에서 정수값을 읽는다. 따라서 *((int *)vp)처럼 굳이 괄호를 하나 더 쓸 필요는 없다. 물론 괄호를 싸 놓으면 캐스팅이 먼저 된다는 것을 확실하게 알 수 있어서 안정되 보이기는 한다.

❸ 증감 연산자를 쓸 수 없다.

대상체의 타입이 정해져 있지 않으므로 증감 연산자도 곧바로 사용할 수 없다. 정수값과 바로 가감 연산을 하는 것도 허용되지 않는다. 대상체의 크기를 모르기 때문에 얼마만큼 이동해야 할지를 모르는 것이다. 다음 예제를 실행해 보자.

예제 voidPointer2

```
#include <Turboc.h>

void main()
{
    int ar[]={1,2,3,4,5};
    void *vp;

    vp=ar;
    vp=vp+1;
    printf("%d\n",*(int *)vp);
}
```

vp=vp+1 연산문에서 에러가 발생하는데 +1이 몇 바이트 뒤인지를 결정하지 못하기 때문이다. 대상체의 크기를 모르므로 다음 요소로 이동할 수 없다. void *를 다음 요소로 이동하는 여러 가지 코드의 가능성 여부를 점검해 보자.

① vp=vp+1 : 위 예제에서 보다시피 명백한 에러다. 대상체 크기를 모르므로 증가할 양을 결정하지 못한다. 동일한 코드의 축약형인 vp+=1도 마찬가지로 에러로 처리된다.

② vp++ : vp=vp+1과 같은 식이므로 역시 안 된다. 따라서 에러로 처리된다.

③ vp=(int *)vp + 1 : 가능하다. vp를 잠시 int *로 캐스팅한 후 1을 더하면 4바이트 뒤쪽을 가리키는 int * 타입의 포인터 상수가 된다. void *는 임의의 포인터를 대입받을 수 있으므로 별도의 캐스팅없이 정수형 포인터를 대입받을 수 있다.

④ (int *)vp++ : vp를 캐스팅한 후 증가하면 될 것 같지만 결합 순서에 의해 ++이 캐스트 연산자보다 먼저 연산되므로 vp++과 같은 이유로 에러이다.

⑤ ((int *)vp)++ : 캐스트 연산자를 괄호로 싸 먼저 연산되도록 했다. ++연산자의 피연산자는 좌변값이어야 하는데 캐스팅을 하면 좌변값이 아니므로 증가시킬 수 없다. 그러나 Dev-C++에서는 적법한 문장으로 컴파일된다. ++(int *)vp도 가능하다.

보다시피 가능한 방법이 있고 그렇지 못한 방법이 있는데 모든 경우에 가능한 코드는 vp=(int *)vp+1 밖에 없다. 이렇게 수정한 후 컴파일해 보면 ar[1]인 2가 출력된다. 나머지는 당장은 가능하나 하더라도 이식에 불리하므로 쓰지 않는 것이 좋다.

void형 포인터의 특징에 대해 간단하게 요약해 보자. 대상체가 정해져 있지 않으므로 임의의 번지를 저장할 수 있지만 *연산자로 값을 읽거나 증감 연산자로 이동할 때는 반드시 캐스트 연산자가 필요하다. 값을 읽거나 전후 위치로 이동하는 기능은 빼고 순수하게 메모리의 한 지점을 가리키는 기능만 가지는 포인터라고 할 수 있다.

10.2.2 void형 포인터의 활용

포인터로 액세스해야 할 대상체가 분명히 정해져 있을 때는 해당 대상체형의 포인터 변수를 사용하면 된다. 예를 들어 정수형의 ar 배열을 액세스할 때는 정수형 포인터를 사용하고 문자열을 다루고 싶을 때는 문자형 포인터를 쓴다. 그러나 모든 상황에서 대상체를 미리 결정할 수 있는 것은 아니며 임의의 대상체에 대해 동작해야 할 경우가 있다. 대표적으로 메모리를 특정한 값으로 채우는 memset 함수를 보자.

```
void *memset(void*s, int c, size_t n);
```

이 함수는 s번지에서 n바이트만큼 c값으로 가득 채우는데 주로 배열 전체를 0으로 초기화할 때 사용된다. 실제 사용예를 보자.

```
int ari[10];
char arc[20];
double ard[30];

memset(ari,0,sizeof(ari));
memset(arc,0,sizeof(arc));
memset(ard,0,sizeof(ard));
```

이 함수의 첫 번째 인수 s가 void형 포인터로 되어 있기 때문에 정수형 배열, 문자형 배열, 실수형 배열을 구분하지 않고 모두 인수로 받아들일 수 있다. 함수를 호출할 때 실인수 값이 형식 인수로 대입되는데 형식인수가 void *형이므로 호출문에 캐스트 연산자를 쓸 필요 없이 배열 이름만 적으면 배열의 시작 번지를 나타내는 포인터 상수가 형식 인수로 전달될 것이다. memset 함수의 원형은 "시작 번지하고 길이만 던져, 몽땅 원하는 값으로 채워 주마"라는 것을 설명하고 있다.

만약 void형 포인터가 없다면 각각의 타입에 대해 memsetint, memsetchar, memsetdouble 같은 함수를 따로따로 만들어야 하므로 무척 불편할 것이다. memset 함수가 임의의 타입에 대해 메모리 채우기를 하기 위해서는 임의의 대상체에 대한 포인터를 모두 전달받을 수 있어야 하며 이럴 때 사용하는 것이 바로 void *형이다.

다음 예제는 void *형을 사용하는 전형적인 예이다. 이 예제의 arDump 함수는 배열의 내용을 바이트 단위로 덤프하는데 타입과 상관없이 임의의 배열에 대해 동작하기 위해 void *형을 형식 인수로 사용한다.

예제 voidDump

```
#include <Turboc.h>
void arDump(void *array, int length);

void main()
{
    int ari[]={1,2,3,4,5};
    char arc[]="Pointer";

    arDump(ari,sizeof(ari));
    arDump(arc,sizeof(arc));
}

void arDump(void *array, int length)
{
    int i;
    for (i=0;i<length;i++) {
        printf("%02X ",*((unsigned char *)array+i));
    }
    printf("\n");
}
```

arDump 함수로 배열의 시작 번지와 길이만을 전달하면 이 배열의 모든 내용이 16진수로 덤프된다. 함수 내부에서 배열의 끝을 알 수는 없기 때문에 길이도 인수로 전달해야 한다. 실행 결과는 다음과 같다.

```
01 00 00 00 02 00 00 00 03 00 00 00 04 00 00 00 05 00 00 00
50 6F 69 6E 74 65 72 00
```

정수형 배열 ari든 문자형 배열 arc든 모두 array 형식 인수가 대입받는다. array는 void *형이므로 전달받은 실인수의 타입에 대해서는 알지 못하며 오로지 그 시작 번지만을 알고 있다. 함수 내부에서 array 번지의 값을 읽으려면 캐스팅을 해야 하는데 바이트 단위로 출력할 것이므로 unsigned char *형으로 캐스팅했다.

일단 캐스팅을 하면 +i 연산문도 사용할 수 있고 *연산자로 이 위치의 값을 읽는 것도 가능해진다. array는 대상체의 시작 번지만을 전달받으며 대상체의 타입에 대해서는 모르지만 함수 내부에서 원하는 형식대로 캐스팅해서 사용할 수 있다. 만약 arDump 함수를 수정하여 바이트 단위가 아닌 워드 단위(16비트)로 배열 내용을 출력하고 싶다면 다음과 같이 수정한다.

```
for (i=0;i<length/2;i++) {
    printf("%04X ",*((unsigned short *)array+i));
}
```

캐스트 연산자를 unsigned short *로 바꾸면 +i 연산문에 의해 2바이트 단위로 이동할 것이고 *연산자는 이 위치에서 16비트를 읽을 것이다. 바이트 단위가 워드 단위로 바뀌면 length는 절반으로 줄어들어야 한다.

참고로 임의의 타입을 가리키는 void라는 키워드는 클래식 C에는 없었다. 그래서 클래식 C에서는 타입없이 메모리의 한 지점을 가리키는 용도로 1바이트 단위로 이동되는 char *를 대신 사용했었다. 그러나 이렇게 되면 char *형에 다른 타입의 포인터를 대입할 때마다 캐스트 연산자가 필요해서 무척 불편하며 char *가 정말 char형 변수를 가리키는 것과 임의의 타입을 가리키는 것이 구분되지 않아 실수의 가능성도 무척 높다. 그래서 ANSI C 표준에서 void라는 타입을 추가했으며 임의 타입의 포인터가 필요할 때 void *를 쓰기로 한 것이다.

10.2.3 NULL 포인터

NULL 포인터는 0으로 정의되어 있는 포인터 상수값이다. 아주 특수한 시스템에서는 0이 아닐 수도 있지만 일반적으로 0이라고 생각하면 큰 무리가 없다. stdio.h 헤더 파일을 보면 다음과 같은 매크로 정의문을 볼 수 있다. 0이라는 상수보다는 좀 더 쉽게 구분되고 의미를 명확히 표현할 수 있는 NULL이라는 명칭의 매크로 상수를 쓰는 것이 좋다.

```
#define NULL 0
```

어떤 포인터 변수가 NULL값을 가지고 있다면 이 포인터는 0번지를 가리키고 있는 것이다. 0번지라면 메모리 공간의 제일 처음에 해당하는 첫 번째 바이트인데 이 위치도 분명히 실존하는 메모리 공간이므로 포인터가 0번지를 가리킬 수도 있다. 그러나 대부분의 플랫폼에서 0번지는 ROM이거나 시스템 예약 영역에 해당되므로 응용 프로그램이 이 번지에 어떤 값을 저장하거나 읽을 수 없도록 보호되어 있다.

시스템 영역에 응용 프로그램이 고유의 데이터를 저장할 수는 없으므로 포인터 변수가 0번지를 가리키는 상황은 발생할 수 없다. 그래서 이런 상황은 일종의 에러로 간주되며 그렇게 하기로 약속되어 있다. 포인터를 리턴하는 거의 대부분의 함수는 에러가 발생했을 때 NULL값을 리턴한다. strchr 함수는 문자열에서 특정 문자를 검색하여 발견된 위치를 리턴하는데 예를 들어 문자열 str에서 문자 r의 위치를 찾고 싶다면 다음과 같이 호출한다.

pos=strchr(str,'r')

str에 'r'이 있으면 그 번지를 찾아 pos에 대입하는데 만약 찾는 문자가 없으면 에러를 의미하는 특이값 NULL을 리턴한다. 이 함수가 NULL을 리턴했다는 것은 찾는 문자가 없다는 뜻이지 찾는 문자가 0번지에 있다는 뜻이 아니다. 그래서 이런 함수를 호출할 때는 리턴값이 NULL인지 아닌지를 항상 점검해 보고 NULL을 에러로 해석하여 적절한 처리를 할 필요가 있다. 포인터를 리턴하는 함수를 호출하는 구문은 일반적으로 다음과 같이 작성한다.

```
if (func()==NULL) {
    // 에러 처리
} else {
    // 하고 싶은 일
}
```

함수의 리턴값이 NULL인지 아닌지 점검해 보고 NULL이 아닐 때만 원하는 작업을 하며 에러 발생시 적절하게 에러 처리해야 한다. 에러 처리가 필요없다면 if (func()) { 하고 싶은 일 } 형태로 좀 더 간단하게 쓸 수도 있다. 만약 리턴값을 점검하지 않고 리턴된 NULL을 0번지로 해석하여 이 영역을 읽거나 쓰게 되면 프로그램은 곧바로 다운되어 버린다. 왜냐하면 0번지는 응용 프로그램이 절대로 건드려서는 안 되는 시스템 영역이기 때문이다. 다음 예제는 문자열에서 특정 문자를 찾아 다른 문자로 바꾸는데 안전하게 에러 점검을 하고 있다.

예제 NullTest

```
#include <Turboc.h>

void main()
{
```

```
    char str[]="korea";
    char *p;

    p=strchr(str,'r');
    if (p != NULL) {
        *p='s';
    }
    puts(str);
}
```

"korea"라는 문자열에서 'r'을 찾아 's'로 변경하되 'r'이 발견되지 않으면 아무 것도 하지 않도록 했다. 만약 NULL 점검을 하지 않고 'z'를 찾아 's'로 바꾸려고 한다면 0번지를 잘못 건드리는 오동작을 할 가능성이 있다.

ptr=1234처럼 포인터에 상수 번지를 대입한다거나 포인터를 정수 상수와 비교하는 것은 허락되지 않는다. 왜냐하면 응용 프로그램 수준에서 절대 번지를 프로그래밍해야 할 경우가 없으며 반드시 운영체제가 제공한 위치의 메모리만을 사용할 수 있기 때문이다. 만약 꼭 그렇게 하려면 ptr=(char *)1234; 식으로 캐스트 연산자를 통해 강제로 대입할 수는 있겠지만 일반적이지 않다. 하드웨어를 직접 다루는 디바이스 드라이버 정도 되어야 절대 번지를 사용할 일이 있을 것이다.

포인터와 상수를 직접 연산할 수 없다는 것은 쉽게 이해가 되는데 이 규칙의 예외가 존재한다. 바로 NULL이다. NULL은 실제로 0으로 정의된 정수 상수이지만 이 상수는 아주 특별하게도 포인터 변수와 직접적인 연산이 허용된다. ptr=NULL; 이라는 대입문은 ptr을 무효화시키며 if (ptr == NULL)이라는 비교 연산문은 ptr이 무효한지 아닌지를 검사하는 적법한 문장이다.

10.3 동적 메모리 할당

10.3.1 할당의 필요성

프로그램이 실행되기 위해서는 메모리가 필요하다. 실행 파일 자체가 메모리에 로드(Load)되어야 실행될 수 있음은 물론이고 프로그램이 작업을 위해 선언하는 변수들도 모두 메모리에 할당된다. 다음과 같은 변수들을 사용한다고 해 보자.

```
int Score;
double Rate;
```

컴파일러는 이 두 변수들이 값을 제대로 보관할 수 있도록 변수의 타입에 맞는 크기만큼 메모리를 할당할 것이다. Score변수는 정수형이므로 4바이트가 할당되고 Rate는 실수형이므로 8바이트가 할당된다. 이런 식으로 프로그램을 작성할 때 미리 메모리 필요량을 알려주는 할당을 정적 할당(Static Allocation)이라고 한다. 정수형이나 실수형은 아주 작으며 이런 변수들 때문에 정적 할당이 실패하는 경우는 극히 드물다.

동적 할당(Dynamic Allocation)이란 프로그램을 작성할 때(Compile Time 또는 Design Time) 메모리 필요량을 지정하는 정적 할당과는 달리 실행 중에(Run Time) 필요한 만큼 메모리를 할당하는 기법이다. 어떤 경우에 동적 할당이 필요한지 보자. 일반적으로 응용 프로그램은 자신이 필요한 만큼 메모리를 자유롭게 사용할 수 있다. 예를 들어 학생 50명의 성적을 처리하고 싶다면 다음 배열을 선언하여 정적 할당한다.

```
int arScore[50];
```

이렇게 선언하면 50명분의 성적을 저장할 수 있는 메모리 공간이 확보될 것이다. 만약 학생 수가 1000명이라면 첨자를 1000으로 늘리면 되고 전교생의 성적을 다 처리하고 싶다면 첨자를 얼마든지 더 크게 늘릴 수 있다. 모자란 것은 문제가 되지만 조금 남는 것은 당장 큰 문제가 되지 않으므로 여유분까지 고려하여 필요한 최대 크기만큼 메모리를 정적 할당하면 된다.

그러나 메모리 필요량을 프로그램 작성시에 전혀 예측할 수 없는 경우가 있다. 이 성적 처리 프로그램이 특정한 학교를 위한 것이 아니라 임의의 학교에 대해서 사용할 수 있는 일반적인 응용 프로그램이라고 해 보자. 학생이 10명도 채 안 되는 시골 학교가 있는 반면 수만명이나 되는 경우도 있을 것이다.

그렇다고 해서 배열 크기를 100만 정도로 충분하게 정적 할당하는 것은 메모리를 지나치게 낭비하게 되므로 좋지 않다. 문제의 핵심은 필요한 메모리양이 많다는 것이 아니라 얼마나 필요한지 미리 알 수 없다는 것이다. 이런 경우는 실행 중에 필요한 메모리양을 판단해서 학생수 만큼만 메모리를 할당해야 한다. 그렇다면 다음과 같이 코드를 작성할 수 있을까?

```
int stNum;
printf("학생수를 입력해 주세요. ");
scanf("%d",&stNum);
int arScore[stNum];
```

프로그램 시작 직후에 학생 수를 질문하여 stNum에 입력받았다. 그리고 입력된 stNum 크기만큼 arScore 배열을 선언했다. 언뜻 보기에는 이 코드가 제대로 동작할 것 같지만 컴파일해 보면 에러가 발생할 것이다. 왜냐하면 앞 장에서 이미 알아 봤다시피 배열 선언문의 크기값은 변수로 지정할 수 없고 반드시 상수로만 지정할 수 있기 때문이다. 위 코드는 C를 아는 사람들이 보기에 굉장히 황당한 코드이지만 또한 초보자들은 이 코드가 동작하지 않는다는 사실에 당황스러워 한다.

stNum이라는 변수값은 실행 중에 사용자가 입력하는 값이기 때문에 컴파일할 때는 이 값이 얼마가 될지 알 수 없다. 컴파일러가 아무리 똑똑해도 미래의 일을 예측할 수는 없으며 따라서 정적 할당시는 필요한 배열 크기를 변수로 지정할 수 없는 것이다. 메모리 필요량을 프로그램 작성 중에 결정할 수 없을 때는 정적 할당할 수 없으며 동적 할당을 사용해야 한다.

동적 할당이 필요한 또 다른 경우는 임시적인 메모리가 필요할 때이다. 예를 들어 텍스트 파일에서 특정 문자열이 있는지만 알고 싶다고 하자. 텍스트 파일을 검색하려면 일단 이 파일을 읽어야 하고 그러기 위해서는 텍스트 파일을 읽기 위한 버퍼가 필요하다. 이런 버퍼를 미리 정적 할당해 놓을 필요없이 파일 크기만큼만 동직 할당한 후 원하는 작업만 하고 해제하면 된다.

```
char *buf=동적할당(파일크기만큼)
buf에 파일 읽음
원하는 작업 - buf에 문자열이 있는지 조사
buf 해제
```

이 파일 크기가 최대 1M라고 할 때 char buf[1048576]과 같이 전역 버퍼를 정적 할당해 놓고 작업하는 것도 가능하기는 하다. 임시 기억 공간인 스택은 용량이 그다지 크지 않기 때문에 buf는 지역변수로 선언할 수 없으며 전역으로만 선언할 수 있다. 하지만 이렇게 하면 이 프로그램이 항상 1M를 더 쓰게 되므로 시스템의 전반적인 효율이 떨어지게 될 것이다. 뿐만 아니라 텍스트 파일의 크기가 1M 이하여야 한다는 규칙은 어디에도 존재하지 않는다. 동적 할당이란 필요할 때 필요한 만큼만 메모리를 할당해 사용하고 다 쓰면 버리는 것이다.

동적 할당된 메모리는 이름이 없는 변수라고 할 수 있다. 독점적인 메모리 영역을 차지하고 있으므로 일단 값을 기억할 수 있지만 이름이 없으므로 오로지 포인터로만 접근할 수 있다. 그래서 malloc 함수가 리턴하는 포인터는 반드시 적절한 타입의 포인터 변수로 대입받아야 한다. 시작 번지를 잃어버리면 할당된 메모리를 쓸 수 없음은 물론이고 다 사용하고 난 후에 해제하지도 못한다.

10.3.2 메모리 관리 원칙

메모리의 실체는 시스템에 장착되어 있는 RAM이다. 시스템에 따라 RAM 장착양은 다른데 돈이 많은 사람은 자신의 컴퓨터를 위해 많은 RAM을 장착할 것이고 가난한 사람들은 그렇지 못할 것이다. 시스템에 물리적인 RAM이 많이 설치되어 있으면 컴퓨터가 빨라지고 할 수 있는 일이 많아지는 반면 RAM이 작으면 시스템은 느려지고 성능은 떨어진다. RAM은 프로그램이 작업을 하는 작업 공간인데 이 공간이 좁으면 제 성능을 발휘하기 어렵다.

복수 개의 프로그램이 꼭 필요한 만큼의 메모리를 충돌없이 사이좋게 잘 사용하려면 정교한 메모리 관리 원칙이 필요하다. 메모리 관리는 응용 프로그램이 할 수 없으며 운영체제가 직접 하는데 하드웨어 관리, 스케줄링 등과 함께 운영체제의 주요 임무 중 하나이다. 다음은 운영체제가 메모리를 관리하는 일반적인 원칙들이다.

① 메모리 관리의 주체는 운영체제이다. 응용 프로그램은 직접 메모리를 관리할 수 없으며 메모리가 필요할 경우 운영체제에게 할당 요청을 해야 한다. 16비트 운영체제에서는 응용 프로그램이 임의의 주소 공간을 액세스할 수 있었지만 32비트의 보호된 운영체제들은 안전성을 높이기 위해 응용 프로그램이 임의의 메모리를 액세스하는 것을 금지하고 있다. 반드시 운영체제를 통해서만 메모리를 할당받을 수 있다.

② 운영체제는 메모리가 있는 한은 할당 요청을 거절하지 않는다. 메모리라는 것은 결국 작업을 위해 존재하는 것이므로 응용 프로그램 (=이 프로그램을 쓰는 사용자)이 달라고 하는만큼 내 주도록 되어 있다. 만약 요청한 양만큼 메모리가 남아 있지 않을 경우는 에러를 리턴하여 응용 프로그램에게 메모리가 없다는 것을 알려준다. 최근의 운영체제들은 요청한만큼 메모리가 남아 있지 않을 경우 가상 메모리 공간을 늘려서라도 필요한 메모리를 만들어 줄 정도로 친절하다.

③ 한 번 할당된 메모리 공간은 절대로 다른 목적을 위해 재할당되지 않는다. 운영체제는 메모리 공간을 누가 얼마만큼 사용하고 있는지 모두 기억하고 있으며 반납하기 전에는 응용 프로그램이 이 공간을 독점적으로 사용할 수 있도록 보장한다. 그래서 한 번 할당한 메모리는 일부러 해제하지 않는 한은 언제까지든 안심하고 사용할 수 있다.

④ 응용 프로그램이 할당된 메모리를 해제하면 운영체제는 이 공간을 빈 영역으로 인식하고 다른 목적을 위해 사용할 수 있도록 한다. 즉, 특정 메모리 공간을 동시에 두 프로그램이 사용할 수는 없지만 순서대로 번갈아 가면서 사용하는 것은 가능하다. 메모리 공간이 무한하지 않기 때문에 응용 프로그램들은 자신이 꼭 필요한 만큼만 할당해서 사용하고 다 쓴 후에는 반드시 반납해서 다른 목적에 사용될 수 있도록 해야 한다.

32비트 운영체제 환경에서의 메모리 관리 원칙은 한마디로 "중앙 집중적인 신고제"라고 할 수 있다. 개별 응용 프로그램은 메모리를 관리하지 않고 오로지 운영체제만이 메모리를 관리한다. 그래서 일관된 관리가 가능하고 응용 프로그램끼리 서로의 영역을 침범할 위험이 없다. 또한 허가제가 아닌 신고제이기 때문에 응용 프로그램은 필요한 만큼의 메모리를 요청만 하면 언제든지 할당받을 수 있다. 다만 다른 프로그램과의 조화로운 실행을 위해서 다 쓴 메모리를 즉시 반납해야 한다.

10.3.3 할당 및 해제

메모리를 동적으로 할당 및 해제할 때는 다음 두 함수를 사용한다.

```
void *malloc(size_t size );
void free(void *memblock );
```

먼저 malloc(엠얼록이라고 읽는다) 함수부터 알아보자. 인수로 필요한 메모리양을 바이트 단위로 전달하면 요청한만큼 할당한다. size_t는 메모리의 양을 나타내는 단위인데 _t로 끝나는 사용자 정의 타입은 표준에 의해 반드시 정의하도록 되어 있으므로 기본 타입과 거의 대등한 자격을 가진다. 플랫폼에 따라 다르게 정의되어 있는데 대부분의 32비트 컴파일러들은 size_t를 unsigned의 부호없는 정수형으로 정의한다. 따라서 이 함수로 할당할 수 있는 이론적 최대 용량은 4G 바이트라고 할 수 있다.

10바이트가 필요하면 malloc(10)이라고 호출하고 1000바이트가 필요하면 malloc(1000)이라고 호출하면 된다. 실행 중에 할당하는 것이므로 malloc(Num)과 같이 변수도 사용할 수 있다. malloc은 응용 프로그램이 필요로하는 양만큼 운영체제에게 할당을 요청하며 운영체제는 사용되지 않는 빈 영역(힙)을 찾아 요청한만큼 메모리를 할낭하여 그 시작 번지를 리턴한다. 응용 프로그램이 할당한 메모리를 어떤 목적에 사용할지는 알 수 없으므로 malloc은 void *형을 리턴하며 받는 쪽에서는 원하는 타입으로 캐스팅해야 한다.

free 함수는 동적으로 할당한 메모리를 해제한다. 응용 프로그램은 메모리를 다 사용한 후에 반드시 free 함수를 호출하여 메모리를 해제해야 한다. 그래야 이 영역이 다른 프로그램을 위해 재활용될 수 있다. 다음 코드는 정수형 변수 10개를 담을 수 있는 메모리를 할당하는 예이다.

```
int *ar;
ar=(int *)malloc(10*sizeof(int));
// ar 사용
free(ar);
```

동적으로 할당된 메모리를 사용하려면 그 시작 번지를 기억해야 하므로 포인터 변수가 필요하다. 이 경우 정수형 변수를 위한 메모리를 할당하는 것이므로 정수형 포인터 ar을 선언했다. malloc을 호출할 때는 필요한 메모리양을 바이트 단위로 전달하는데 정수형 변수 10개를 담을 수 있는 메모리의 총 크기는 10*sizeof(int), 즉 40바이트여야 한다. int가 항상 4바이트라는 보장이 없으므로 여기에도 반드시 sizeof 연산자로 크기를 계산해야 한다.

malloc은 인수로 전달된 크기만큼의 메모리를 할당하고 그 시작 번지를 리턴하되 리턴 타입이 void *형이므로 이 포인터를 변수에 대입할 때는 반드시 원하는 타입으로 캐스팅할 필요가 있다. 물론 void *형 변수로 받을 수도 있는데 이렇게 하면 받을 때는 편하지만 쓸 때마다 캐스팅해야 하므로 더 불편하다. 정수형 포인터에 대입해야 하므로 (int *)로 캐스팅했다. 이렇게 할당하면 ar 번지 이후 40바이트를 응용 프로그램이 배타적으로 소유하게 된다.

즉 포인터 ar이 가리키는 번지는 마치 ar[10] 정수형 배열과 같아지며 메모리 내에서의 실제 모양과 용도, 적용되는 문법도 배열과 동일하다. ar 번지 이후의 40바이트는 다른 목적에 사용되지 않으므로 마치 정적 할당된 배열처럼 이 메모리를 활용할 수 있다. 물론 다 사용하고 난 후에는 반드시 free 함수로 메모리를 해제해야 한다. 그럼 동적 할당의 실제 예를 보도록 하자.

예제 malloc

```c
#include <Turboc.h>

void main()
{
    int *arScore;
    int i,stNum;
    int sum;

    printf("학생수를 입력하세요 : ");
    scanf("%d",&stNum);
    arScore=(int *)malloc(stNum*sizeof(int));
    if (arScore == NULL) {
        printf("메모리가 부족합니다.\n");
        exit(0);
    }

    for (i=0;i<stNum;i++) {
        printf("%d번 학생의 성적을 입력하세요 : ",i+1);
        scanf("%d",&arScore[i]);
    }

    sum=0;
    for (i=0;i<stNum;i++) {
        sum+=arScore[i];
    }

    printf("\n총점은 %d점이고 평균은 %d점입니다.\n",
        sum,sum/stNum);
    free(arScore);
}
```

배열을 공부할 때 만들어 본 적이 있는 성적 처리 프로그램이다. 차이점이라면 학생 수가 미리 고정되어 있지 않고 실행 직후에 입력받은 학생수 만큼의 성적을 처리할 수 있다는 점이다. 1명이든 100명이든 또는 10만명이든 메모리 한계까지 성적을 처리할 수 있다. 실행 결과는 다음과 같다.

학생수를 입력하세요 : 3
1번 학생의 성적을 입력하세요 : 55

2번 학생의 성적을 입력하세요 : 77
3번 학생의 성적을 입력하세요 : 88

총점은 220점이고 평균은 73점입니다.

실행 직후에 총 학생 수를 stNum에 입력받고 stNum만큼의 정수를 저장할 수 있도록 arScore 배열을 할당했다. 만약 malloc이 NULL을 리턴하면 성적 처리를 계속할 수 없으므로 메모리가 부족하다는 에러 메시지를 출력하고 프로그램을 종료해야 한다. stNum 크기의 배열을 동적으로 할당했으므로 arScore는 stNum 크기의 정수형 배열과 똑같아지며 이후 코드에서는 arScore를 정적 할당된 배열과 똑같은 방법으로 사용할 수 있다.

arScore[i] 연산식으로 i번째 요소를 자유롭게 읽고 쓸 수 있으며 해제하기 전까지 이 메모리는 다른 응용 프로그램이 건드릴 수 없는 독점적인 공간이 되는 것이다. 모든 작업이 끝나면 free 함수로 할당된 메모리를 해제해야 한다. 동적 할당이란 사실 굉장히 간단한 것이다. 필요한 만큼 malloc으로 할당해서 쓰다가 다 쓰고 나면 free로 해제하기만 하면 된다.

다음은 malloc과 free 함수에 대한 참고 사항이다. malloc 함수는 할당에 실패하면 에러의 표시로 NULL을 리턴하며 그래서 이 함수를 호출할 때는 위 예제처럼 malloc이 리턴한 번지를 반드시 점검하는 것이 원칙이다. 메모리가 부족한 상황은 언제든지 발생할 수 있고 만약 이 점검을 하지 않으면 0번지를 액세스할 위험이 있다. 제대로 만든 프로그램은 어떠한 극한 상황에서도 최소한 죽지는 말아야 한다.

그러나 32비트 환경은 메모리가 충분할 뿐만 아니라 운영체제의 메모리 관리 기법이 정교해져서 작은 메모리를 할당할 때는 에러 점검을 생략해도 큰 무리가 없다. 얼마 정도가 작은지에 대한 명확한 기준은 없지만 일반적으로 메가 단위 이상을 할당할 때는 꼭 점검해야 하며 수십~수백 바이트 정도는 굳이 점검하지 않아도 상관없다. 메모리 부족 사태는 이제 응용 프로그램만의 책임이 아니다. 만약 malloc(100) 호출이 실패하는 상황이 발생한다면 응용 프로그램이 다운되기 전에 운영체제가 먼저 이 상황을 처리하도록 되어 있다. 에러 점검 코드를 일일이 작성한다면 안전성이나 이식성면에서 더 좋기는 하겠지만 그만큼 실행 속도가 느려지고 크기도 늘어나는 반대급부가 있고 운영체제의 무리한 메모리 확장 시도로 인해 다운되는 것보다 더 치명적인 상태가 될 위험도 있다.

다음은 할당된 메모리를 해제하지 않았을 때의 문제점에 대해 알아보자. malloc으로 할당만 하고 free를 하지 않으면 메모리 관리 원칙상 이 메모리는 시스템을 재부팅하기 전에는 다른 응용 프로그램이 사용하지 못한다. 그래서 16비트 환경에서 해제를 하지 않으면 시스템 메모리가 감소되며 할당된 채로 남아 있는 영역에 의해 메모리가 조각난다. 이렇게 되면 다음 프로그램이 실행될 충분히 큰 공간이 없어 시스템 다운으로 이어지기도 한다.

그러나 32비트 운영체제는 메모리를 할당한 프로그램이 종료되면 해제하지 않은 메모리를 알아서 회수하도록 되어 있으므로 16비트에서처럼 큰 문제가 되지는 않는다. 그렇다고 해서 할당만 해 놓고 해제하지 않는 것이 좋다거나 그래도 괜찮다는 얘기는 절대로 아니다. 다만 16비트 환경보다는 문제가 덜하다는 것뿐이지

할당 후 해제하는 것은 프로그래밍의 대원칙이다. malloc 후에 항상 free하는 것을 잊지 말아야 하며 malloc 코드를 칠 때 아래쪽에 free를 먼저 입력해 놓고 다음 작업을 하는 습관을 들이는 것이 좋다.

10.3.4 재할당

다음 함수(씨얼록이라고 읽는다)는 malloc 함수와 마찬가지로 메모리를 할당하되 필요한 메모리양을 지정하는 방법만 다르다.

```
void *calloc( size_t num, size_t size );
```

첫 번째 인수 num은 할당할 요소의 개수이고 size는 요소의 크기이다. malloc은 필요한 메모리를 바이트 단위 하나로만 전달받지만 calloc은 두 개의 값으로 나누어 전달받는다는 점이 다르다. malloc이 "몇 바이트 할당해 주세요"라고 요청하는 것에 비해 calloc은 "몇 바이트짜리 몇 개 할당해 주세요"라고 요청하는 것이다. 그래서 다음 두 호출문은 동일하다.

```
ar=(int *)malloc(10*sizeof(int));
ar=(int *)calloc(10,sizeof(int));
```

구조체같은 큰 데이터의 배열을 할당할 때는 calloc으로 할당하는 것이 더 보기에 좋고 코드를 읽기에도 좋다. calloc도 실제 할당하는 양은 size*num으로 계산하므로 사실 calloc(1,10*sizeof(int))나 calloc(10*sizeof(int),1)이나 결과는 동일하다. 다만 필요한 메모리양을 단위와 개수로 나누어 좀 더 논리적으로 표현한다는 점만 다르다.

calloc이 malloc과 또 다른 차이점은 메모리 할당 후 전부 0으로 초기화한다는 것이다. malloc은 메모리 할당만 하므로 할당된 메모리에는 쓰레기값이 들어 있지만 calloc으로 할당하면 할당 후 모든 메모리를 0으로 채운다. 할당 후에 배열을 바로 초기화해야 한다면 malloc 호출 후 memset을 사용할 수도 있지만 이 방법보다는 calloc 함수로 할당하는 것이 더 편리하다

다음 함수는 이미 할당된 메모리의 크기를 바꾸어 재할당한다. 최초 할당한 크기보다 더 큰 메모리가 필요할 때는 이 함수로 크기를 조정할 수 있다. 원래 크기보다 더 작게 축소 재할당하는 것도 가능하기는 하지만 보통은 확대 재할당하는 경우가 많다.

```
void *realloc( void *memblock, size_t size );
```

첫 번째 인수로 malloc이나 calloc으로 할당한 메모리의 시작 번지를 주고 두 번째 인수로 재할당할 크기를 전달한다. 만약 첫 번째 인수가 NULL일 경우, 즉 할당되어 있지 않을 경우는 새로 메모리를

할당하므로 realloc의 동작은 malloc과 같아진다. 두 번째 인수 size가 0일 경우는 할당을 취소하라는 얘기이므로 free와 같아진다. 재할당 후에 새로 할당된 메모리의 번지를 리턴하는데 이 번지는 원래 번지와 같을 수도 있고 아닐 수도 있다. 일반적으로 축소 재할당했을 때는 같은 번지이며 확대 재할당했을 때는 다른 번지로 이동될 확률이 높다.

예를 들어 ar 배열이 20바이트만큼 할당되어 있는 상태에서 40바이트로 확대 재할당한다고 해 보자. 만약 ar 뒤쪽의 메모리가 비어 있다면 ar을 40바이트로 늘리기만 하면 되므로 ar은 그 자리에서 길이만 늘어난다. 그러나 ar다음의 메모리가 비어 있지 않다면 ar의 위치가 바뀌게 될 것이다.

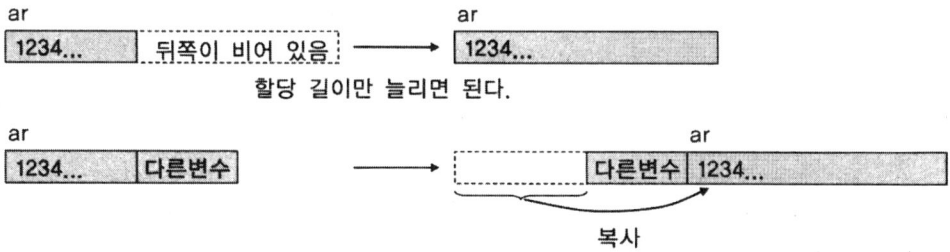

ar 다음에 다른 변수가 이미 메모리를 차지하고 있으면 이 상태에서 ar 배열의 길이를 늘릴 수 없기 때문에 어쩔 수 없이 ar이 확대된 크기만큼의 여유 메모리가 있는 쪽으로 이사가야 한다. 이때 realloc 함수는 ar을 이동시키면서 기존 ar에 들어 있던 모든 내용을 그대로 복사하므로 재할당에 의해 위치는 바뀌더라도 내용은 그대로 유지된다. 다음 예제는 realloc 함수의 간단한 사용예이다.

예제 realloc

```
#include <Turboc.h>

void main()
{
    int *ar;

    ar=(int *)malloc(5*sizeof(int));
    ar[4]=1234;

    ar=(int *)realloc(ar,10*sizeof(int));
    ar[9]=5678;

    printf("ar[4]=%d, ar[9]=%d\n",ar[4],ar[9]);
    free(ar);
}
```

실행 결과는 다음과 같다.

ar[4]=1234, ar[9]=5678

최초 ar 배열을 20바이트 크기로 할당했으므로 ar은 ar[0]~ar[4]까지의 요소를 가지게 될 것이다. 이 상태에서 어떤 이유로 ar이 40바이트로 확장되어야 할 필요가 생겼다면 realloc 함수로 ar의 크기를 늘려 재할당한다. 크기를 확장하면 ar의 번지가 바뀔 수는 있지만 원래 배열에 들어 있던 모든 값은 그대로 유지된다.

동적 할당이 필요한 이유는 컴파일할 시점에 필요한 메모리양을 모를 때가 있기 때문이다. 재할당이 필요한 이유는 실행 중에라도 필요한 메모리양을 가늠할 수 없을 때가 있기 때문이다. 그리 흔하지는 않지만 재할당이 꼭 필요한 경우가 있다. 어떤 경우에 재할당이 필요한지 구체적인 예제를 보이기는 어렵고 예만 들어 보도록 하자.

네트워크를 통해 파일을 전송하는 프로그램을 작성한다고 해보자. 네트워크의 반대편에서 보내는 파일을 받아야 하는데 이 파일의 크기는 다 받아 보기 전에는 알 수 없는 상황이다. 이럴 때는 최초 적당한 크기로 버퍼를 할당한다. 가령 1M 정도만 할당한 채로 네트워크로 들어오는 패킷을 이 버퍼에 누적시킨다. 그러다가 받은 패킷 총량이 1M가 되면 다시 1M 더 늘려 2M로 재할당한다. 이런 식으로 패킷을 다 받을 때까지 계속 재할당하면 된다. 이런 상황은 생각보다 훨씬 더 자주 발생하는데 압축을 해제한다거나 DB 쿼리를 실행할 때도 재할당이 필요하다.

일단 이만큼 할당한다.	
들어오는 패킷을 받아 저장한다.	PPPPPPPP
가득 차서 더 받을 수가 없다.	PPPPPPPPPPPPPPPP
추가로 재할당한다.	PPPPPPPPPPPPPPPP
계속 받는다. 다 받을 때까지	PPPPPPPPPPPPPPPPPPPPPPPPPP

참고로 다음 확장 함수를 사용하면 malloc, calloc으로 할당한 메모리의 크기를 실행 중에 조사할 수 있다. 할당한 메모리가 충분한지를 조사하고 싶을 때 이 함수가 유용하게 사용된다. 표준 함수는 아니지만 비주얼 C++, Dev-C++ 등 웬만한 컴파일러들은 이 함수를 제공하므로 이식성에 대해서는 걱정하지 않아도 된다.

size_t _msize(void *memblock);

메모리를 동적으로 할당하는 여러 함수들에 대해 알아보았는데 C언어의 기본적인 메모리 할당, 해제 함수는 malloc, free이다. 이에 비해 C++은 malloc, free 대신 사용할 수 있는 new, delete라는 할당 연산자를 따로 제공하는데 이 연산자들은 단순히 메모리를 할당하기만 하는 것이 아니라 객체의 생성자와 파괴자를 호출하기도 한다. 이 연산자에 대해서는 C++ 편에서 다시 공부하기로 하자.

물론 C++에서도 객체를 생성할 때가 아니라면 malloc, free 함수를 여전히 사용할 수 있으며 new, delete보다 오히려 더 간편하다. 메모리 할당 함수는 이 외에도 운영체제와 라이브러리별로 다양하게 제공된다. 예를 들어 윈도우즈에서는 GlobalAlloc, VirtualAlloc이라는 별도의 할당 함수가 있고 COM에서는 IMalloc이라는 메모리 관리 전용 인터페이스를 제공하기도 한다. 이런 할당 방법에 대해서는 관련 과목을 공부할 때 다시 살펴보되 할당의 원칙과 방법은 malloc, free의 경우와 거의 동일하다.

10.4 이중 포인터

10.4.1 이중 포인터

이중 포인터란 포인터 변수를 가리키는 포인터라는 뜻이며 다른 말로 하면 포인터의 포인터라고 할 수 있다. 포인터 변수도 메모리를 차지하고 있으므로 이 변수도 당연히 번지가 있다. 따라서 이 번지를 가리키는 또 다른 포인터 변수를 선언할 수 있는 것이다. 이중 포인터 변수를 선언할 때는 * 구두점을 두 번 연속해서 쓴다.

```
int **ppi;
```

이 선언에서 ppi는 정수형 대상체를 가리키는 포인터 변수의 번지를 가리키는 포인터 변수로 선언되었다. 말이 조금 꼬이는 것 같고 복잡해 보이는데 어째서 저런 변수를 선언할 수 있는지 차근차근 풀어보도록 하자. 다음 두 명제는 앞에서 이미 공부했던 것들인데 이중 포인터를 이해하기 위해 다시 정리해 보자.

T *형은 하나의 타입으로 인정된다.
T형 변수를 선언할 수 있으면 T *형도 항상 선언할 수 있다.

정수형 포인터 변수는 다음과 같이 선언한다.

int *pi;

이 선언문에서 int *라는 표현이 "정수형 포인터"라는 뜻으로 그 자체가 하나의 타입이다. 따라서 다음과 같이 괄호로 묶으면 좀 더 읽기 쉬워지고 뜻이 분명해질 것이다.

(int *) pi;

두 번째 명제에 의해 T형에 대해 항상 T *형이 가능하므로 int *형에 대한 포인터형을 만들 수 있다. int *형 변수를 가리키는 변수 ppi를 선언하면 다음과 같아진다.

(int *) *ppi;

이 선언문에서 괄호를 제거하면 최초의 이중 포인터 선언문인 int **ppi; 가 된다. 물론 여기서 사용한 괄호는 어디까지나 설명을 위해 쓴 것이지 실제로 타입에 괄호를 쓰면 컴파일 에러로 처리된다. 하지만 typedef문으로 int *형을 별도의 타입으로 정의한 후 이 타입의 변수를 선언할 수는 있다.

typedef int *PINT;
PINT pi;

보다시피 int *형을 PINT라는 사용자 정의 타입으로 정의하였고 이 타입의 변수 pi를 선언할 수 있다. 포인터 변수 pi를 가리킬 수 있는 포인터 변수를 선언하면 다음과 같다.

PINT *ppi;

이 선언문에서 PINT를 사용자 정의형으로 풀어 쓰면 int **ppi; 가 되는 것이다. 같은 원리로 3중 포인터는 int ***pppi; 와 같이 선언하면 되고 5중 포인터나 8중 포인터도 그 수만큼 *를 계속 붙이면 된다. 3중 포인터 이상은 현실적으로 거의 사용되지 않지만 이중 포인터와 원리는 동일하므로 이중 포인터만 이해하면 된다. 이중 포인터는 포인터 변수를 가리키는 변수이므로 이 변수에는 포인터의 포인터값을 대입해야 한다. 즉, 포인터 변수에 &연산자를 붙인 값이면 이중 포인터에 대입할 수 있다. 다음 예제는 이중 포인터의 동작 원리를 보여주는 가장 간단한 예제이다.

> **예제** dblPointer

```
#include <Turboc.h>

void main()
{
    int i;
    int *pi;
    int **ppi;

    i=1234;
    pi=&i;
    ppi=&pi;

    printf("%d\n",**ppi);
}
```

정수형 변수 i에 1234값을 대입해 놓고 이중 포인터로 이 값을 읽는 시범을 보인다. 정수형 포인터 pi가 i의 번지를 가지고 정수형 이중 포인터 변수 ppi에는 pi의 번지를 대입해 놓고 **ppi값을 읽으면 결국 i의 값이 읽혀진다. 이 프로그램에서 각 변수들이 서로를 가리키는 모양은 다음과 같을 것이다.

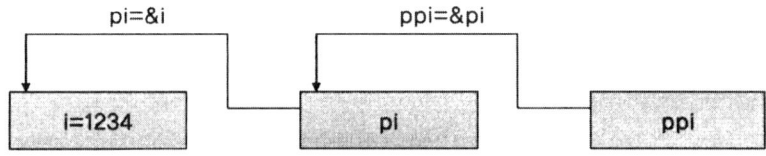

i는 일반 변수이므로 메모리상에 4바이트를 차지하고 1234가 대입되었다. 정수형 포인터 pi도 일종의 변수이므로 메모리상에 할당되며 그 초기값으로 &i, 즉 i의 번지를 대입받았다. 이 상태에서 pi가 i를 가리키고 있으므로 *pi 연산문으로 i값을 읽을 수 있다. 여기까지는 앞에서 이미 살펴 본 것들이다.

포인터 변수 pi도 일종의 변수이므로 분명히 메모리에 할당될 것이고 따라서 번지를 가지고 있다. pi가 할당되어 있는 번지값인 &pi를 이중 포인터 변수 ppi에 대입했다. 그래서 ppi는 pi를 가리키고 pi는 다시 i를 가리키고 있는 것이다. 이 상태에서 **ppi 연산문으로 값을 읽으면 *(*ppi)=*(pi)=i가 되므로 결국 출력되는 값은 i인 것이다.

ppi가 가리키는 메모리의 내용 = pi

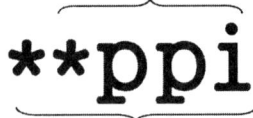

= *pi = pi가 가리키는 메모리의 내용 = i

ppi가 가리키는 곳에 pi가 있으며 pi가 가리키는 곳에는 i가 있으므로 ppi에 대해 *연산자를 두 번 적용하면 결국 i값이 읽혀진다. 이 예제의 상황에서 다음 수식들은 모두 동등한 대상을 나타낸다.

```
i=*pi=**ppi
&i=pi=*ppi
*&i=*&*pi=*&**ppi
```

* 연산자와 & 연산자는 서로 반대되는 동작을 하는데 이 두 연산자에 의해 가리키고 끄집어 내오다 보면 동등한 수식이 여러 개 생길 수 있다. 그렇다고 해서 &&i=&pi=ppi라는 등식은 성립하지 않는데 &연산자를 두 번 쓰는 것은 적법하지 않다. 왜냐하면 &연산자의 피연산자는 메모리상의 실제 번지를 점유하고 있는 좌변값(lvalue)이어야 하는데 &i는 i가 저장된 번지를 나타내는 포인터 상수일 뿐 좌변값이 아니기 때문이다.

다음 예제는 이중 포인터의 전형적인 활용예인데 포인터를 참조 호출로 전달하여 함수가 포인터를 변경할 수 있도록 한다. main에서 이름을 입력받는 함수를 호출하는데 이 이름의 길이가 DB나 사용자로부터 입력되어 실제 입력받아 보기 전에는 얼마일지를 알 수 없다고 하자. 이럴 경우 함수가 필요한 만큼 메모리를 할당해서 할당한 번지를 리턴하도록 해야 한다.

예제 FuncAlloc

```c
#include <Turboc.h>

void InputName(char **pName)
{
    *pName=(char *)malloc(12);
    strcpy(*pName,"Cabin");
}

void main()
{
    char *Name;

    InputName(&Name);
```

```
    printf("이름은 %s입니다\n",Name);
    free(Name);
}
```

    main에서 char *형의 변수 Name을 선언하고 이 포인터 변수의 번지, 즉 char **형의 이중 포인터를 InputName 함수로 전달했으며 이 함수는 이중 포인터를 형식 인수 pName으로 대입받는다. Name은 함수 내부에서 값이 결정되는 출력용 인수이기 때문에 호출원에서 초기화하지 않아도 상관없다. InputName 함수는 필요한 만큼(예제에서는 12로 가정) 동적으로 메모리를 할당하여 할당된 번지를 pName이 가리키는 번지인 *pName에 대입했다. 여기서 *pName이라는 표현식은 곧 main에서 InputName으로 전달한 실인수 Name을 의미한다. 그리고 할당된 번지에 어떤 문자열을 복사했다.

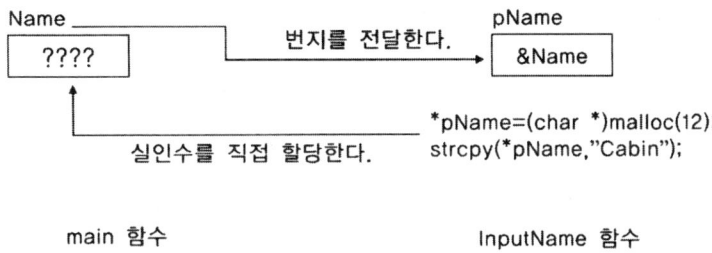

    결국 InputName 함수는 main의 Name 포인터 변수를 참조 호출로 전달받아 Name에 직접 메모리를 할당하고 이 번지에 scanf로 입력받은 이름까지 복사한 것이다. InputName이 리턴되었을 때 Name은 12바이트 길이로 할당된 번지를 가리키며 이 안에는 입력된 이름까지 들어 있으므로 printf로 출력할 수 있고 다 사용한 후 free로 해제하면 된다. 이 문제를 잘못 생각하면 다음과 같이 InputName 함수가 char *형을 받도록 작성할 수도 있다.

예 제 FuncAlloc2

```
#include <Turboc.h>

void InputName(char *pName)
{
    pName=(char *)malloc(12);
    strcpy(pName,"Cabin");
}

void main()
```

```
{
    char *Name;

    InputName(Name);
    printf("이름은 %s입니다\n",Name);
    free(Name);
}
```

언뜻 보기에는 이 코드가 맞는 것 같지만 실제로 컴파일해 보면 경고가 하나 발생하며 실행하면 제대로 동작하지도 않을 뿐더러 죽어 버리기까지 한다. 왜 그런지 다음 그림을 보자.

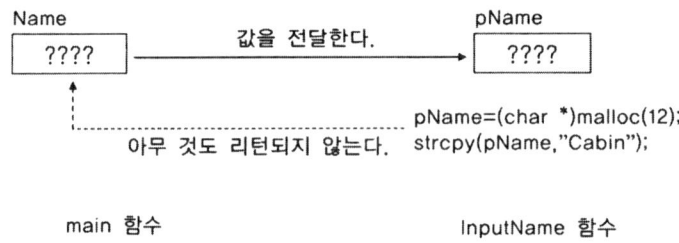

main에서 Name을 선언하고 초기화되지도 않은 Name의 값(비록 그 값이 번지라 하더라도 어쨌든 값이다.)을 InputName의 pName으로 전달했다. 이 함수는 pName에 메모리를 할당하고 이름 문자열을 복사해 넣지만 pName은 함수의 지역변수일 뿐이지 호출원의 실인수 Name과는 아무런 상관이 없다. 함수가 char *의 값을 전달받으면 이 번지가 가리키는 내용을 변경할 수는 있지만 포인터 자체를 변경해서 호출원으로 돌려줄 수는 없다.

이 코드대로라면 pName에 메모리가 할당되고 이름도 복사되지만 그 결과가 main 함수의 Name까지는 전달되지 않는다. main의 Name은 여전히 쓰레기값을 가지고 있으며 이 번지를 잘못 읽거나 할당되지도 않은 영역을 해제하려고 시도하면 죽어 버릴 수도 있다. 뿐만 아니라 지역변수 pName은 함수가 리턴되기 전에 사라지므로 할당된 메모리의 진입점을 잃어 버려 더 이상 이 메모리를 읽을 수 없고 해제할 수도 없는 상태가 되어 버린다.

6장에서 배운 바에 의하면 인수 X의 값을 함수 내부에서 변경하려면 X의 포인터를 넘기는 참조 호출을 해야 한다. 그러므로 InputName에서 char *형의 인수 Name을 변경할 수 있도록 하려면 char *의 포인터인 char **형을 넘겨야 하고 InputName 함수에서는 *pName으로 실인수를 참조해야 하는 것이다. 만약 이 두 예제가 잘 이해가 되지 않는다면 6장의 값 호출, 참조 호출 예제로 돌아가 좀 더 단순한 타입인 정수형의 경우부터 복습한 후 다시 읽어 보아라. 그리고 메모리 안에서 어떤 일들이 일어나는지 잘 상상해 보아라.

10.4.2 main 함수의 인수

main도 일종의 함수이므로 인수를 가질 수 있고 리턴값도 가질 수 있다. main은 프로그램 실행 직후에 자동으로 호출된다는 점에 있어서 일반 함수와는 다른 특별한 면이 있으며 프로그램의 시작점이기 때문에 이름은 고정되어 있지만 함수의 원형은 고정적이지 않다. main 함수의 원형은 다소 복잡한데 다음과 같은 조합이 가능하다.

void(또는 int) main(int argc,char *argv[],char *env[]);

리턴값은 int형이거나 void형 중 하나를 선택할 수 있으며 세 개의 인수를 가지는데 인수는 뒤쪽부터 차례대로 생략 가능하다. 그래서 main 함수의 가능한 원형은 다음 여덟가지나 된다.

① void main(void);
② void main(int argc);
③ void main(int argc,char *argv[]);
④ void main(int argc,char *argv[],char *env[]);
⑤ int main(void);
⑥ int main(int argc);
⑦ int main(int argc,char *argv[]);
⑧ int main(int argc,char *argv[],char *env[]);

이 중 자주 사용되는 형식은 ⑤번과 ⑦번인데 이 책의 예제들은 주로 제일 간단한 ①번 형식을 사용하고 있다. main 함수의 가장 완벽한 원형은 ⑧번인데 이 원형에서 리턴값과 인수들의 의미에 대해 알아보자.

:: 리턴값

리턴값은 없거나 있다면 정수형이어야 한다. C++ 표준 문서(43p)에는 정확하게 It shall have a return type of type int, but otherwise its type is implementation defined 이렇게 되어 있다. main 함수의 리턴값은 int형의 타입을 가지는 것이 좋지만 구현 방식에 따라 다른 타입을 가지는 것도 가능하다. 즉 C++ 스펙은 int를 강력히 권장하기는 하지만 강요하지는 않는다. 비주얼 C++은 int, void 모두 가능한데 과거부터 이렇게 써 왔기 때문에 호환성을 더 중요시한다는 입장이다. gcc는 표준의 권고대로 main 함수의 리턴 타입으로 int만 인정한다.

main 함수가 리턴하는 값을 탈출 코드(Exit Code)라고 하는데 프로그램이 실행을 마치고 운영체제로 복귀할 때 리턴되는 값이다. 함수가 작업 결과를 호출원으로 돌려주듯이 응용 프로그램도 작업결과를 리턴할 수 있다. main 함수가 프로그램 그 자체이므로 main 함수의 리턴값이 곧 프로그램의 리턴값이 된다.

탈출 코드는 보통 사용되지 않고 무시되는데 이 프로그램을 호출한 프로그램(보통 쉘)이 꼭 필요할 경우 탈출 코드를 사용하기도 한다. 예를 들어 도스의 배치 파일(*.bat) 내에서 응용 프로그램을 실행했을 때 이 프로그램의 실행 결과를 ERRORLEVEL이라는 환경 변수로 참조할 수 있다. 32비트 환경에서는 탈출 코드 외에도 응용 프로그램간의 통신을 위한 장치가 많이 준비되어 있어 요즘은 main의 리턴값을 잘 사용하지 않는다.

당연한 얘기겠지만 main 함수가 int형을 리턴할 때, 즉 원형을 int main()으로 했을 때는 main의 끝에 반드시 return문이 있어야 하며 그렇지 않을 경우 리턴값이 없다는 경고가 발생한다. 다른 함수들은 값을 리턴하지 않을 경우 에러로 처리되지만 main 함수만큼은 경고로 처리한다는 면에서 컴파일러가 main을 조금 특수하게 취급하는 것을 알 수 있다.

```
int main()                    int func()
{                             {
}                             }
경고로 처리됨                   에러로 처리됨
```

C++ 표준에는 main이 값을 리턴하지 않을 경우를 인정하고 있으므로 main은 설사 리턴 타입이 int이더라도 return문을 생략할 수 있다. 비주얼 C++ 7.0이나 gcc로 테스트해 보면 과연 그렇다는 것을 확인할 수 있을 것이다. 그러나 비주얼 C++ 6.0은 표준 이전의 컴파일러라 경고를 출력하며 그래서 이 귀찮은 경고를 보지 않기 위해 이 책의 모든 예제들은 비록 스펙의 권고와는 다르지만 void main() 형식을 사용한다. 5줄밖에 안 되는 예제에 return 0; 가 포함되면 예제 길이가 20% 늘어나므로 도저히 그럴 수 없는 것이다.

∷ argc

운영체제가 이 프로그램을 실행했을 때 전달되는 인수의 개수이다. 함수를 호출할 때 인수를 전달하듯이 운영체제가 프로그램을 호출할 때도 인수를 전달할 수 있다. 만약 파일끼리 복사하는 boksa.exe라는 프로그램을 작성했다고 하자. 이 프로그램은 복사할 원본 파일과 복사 대상 파일의 이름을 다음과 같이 인수로 전달받을 것이다.

boksa file1.txt file2.txt

이때 실행 파일의 이름인 boksa 뒤의 file1.txt와 file2.txt가 프로그램의 인수이다. 이 인수들은 운영체제가 프로그램으로 전달하는 작업거리, 즉 어떤 일을 하라는 정보들이다. main 함수가 프로그램의 시작점이기 때문에 프로그램의 인수가 main 함수로 전달된다.

argc 인수는 main 함수로 전달된 인수의 개수이다. 첫 번째 인수는 실행 파일명으로 고정되어 있으므로 argc는 항상 1보다 크다. boksa a b 식으로 호출할 경우 argc는 3이 된다. 이 값은 인수를 필요로 하는 프로그램에서 인수가 제대로 입력되었는지를 검사할 때 사용한다. 인수가 없으면 실행할 수 없는 경우 이 값을 조사해서 인수가 제대로 전달되었는지 확인한다.

만약 필요한 인수가 없다거나 또는 남는다면 에러 메시지를 출력하고 프로그램을 끝내거나 아니면 디폴트를 취해야 한다. 예를 들어 boksa.exe는 복사 원본과 복사 대상 파일이 반드시 전달되어야 하므로 argc가 3 미만일 경우 "복사할 파일을 입력하세요"라는 에러 메시지를 출력하면 될 것이다.

∷ argv

프로그램으로 전달된 실제 인수값이며 이 값을 읽으면 운영체제로부터 어떤 인수가 전달되었는지 알 수 있다. 운영체제가 프로그램을 실행할 때는 항상 문자열 형태의 쉘 명령을 입력하기 때문에 인수의 타입은 항상 문자열일 수밖에 없다. file1.txt라고 하든 1234라고 하든 명령행에서는 정수니 실수니 하는 것들이 없으므로 입력된 액면 그대로 문자열 인수가 전달된다. 만약 전달된 인수가 정수라면 일단 문자열로 받아서 atoi 등의 변환 함수로 정수로 바꿔 사용해야 한다.

이런 문자열 인수가 한꺼번에 여러 개 전달될 수 있다. boksa file1.txt file2.txt의 경우 boksa, file1.txt, file2.txt 세 개의 문자열이 인수로 전달된다. 그래서 argv는 문자형 포인터를 가리키는 포인터여야 한다. 간단히 말하자면 argv는 문자형 이중 포인터이고 좀 더 현실적으로 얘기하자면 문자열 배열이다. 원형에는 char *argv[]로 되어 있는데 이 표현은 char **argv와 같다. main 함수의 인수를 함수 부분에서 설명하지 못하고 여기까지 미룬 이유가 바로 이 함수가 이중 포인터를 사용하기 때문이다.

argv[0]는 항상 프로그램의 이름이 전달되는데 통상 완전 경로라고 보면 된다. 정확하게 표현하자면 쉘이 이 프로그램을 실행할 때 입력한 실행 파일명인데 명령행에서 실행 파일명만 입력했으면 경로는 포함되지 않을 수도 있다. c:\prg 디렉토리에 있는 boksa.exe를 실행했다면 argv[0]는 "c:\prg\boksa.exe" 이다. 이 값은 우리가 원하는 인수, 즉 프로그램의 작업거리라고는 할 수 없어 잘 사용되지 않는다. 프로그램으로 전달된 첫 번째 인수는 argv[1]이며 두 번째 인수 이후부터 argv[2], argv[3] 식으로 전달된다. boksa file1.txt file2.txt 명령으로 boksa명령을 실행했다면 이때 전달되는 argv 배열은 다음과 같다.

boksa file1.txt file2.txt

argv[0]	D:\Directory\boksa.exe	argc = 3
argv[1]	file1.txt	
argv[2]	file2.txt	

::env

운영체제의 환경 변수를 알려 준다. 환경 변수는 운영체제마다 다르게 정의하는데 DOS의 경우 Path, Prompt 등이 있고 윈도우즈의 경우 컴퓨터 이름, 시스템 디렉토리 등의 정보들이 있다. 응용 프로그램에게 자신이 실행되는 환경을 알 수 있도록 해 준다는 의도로 전달되는 인수이나 이 인수가 아니더라도 환경 변수를 조사할 수 있는 다른 방법이 있기 때문에 실질적으로 사용되지 않는다. 무시해 버리자.

다음 예제는 main 함수로 전달되는 인수를 화면으로 출력하기만 한다. 실용성은 없지만 명령행에서 입력한 인수가 어떻게 프로그램으로 전달되는지를 볼 수 있을 것이다.

예제 MainArg

```c
#include <Turboc.h>

void main(int argc, char *argv[],char *env[])
{
    int i;

    printf("전달된 인수의 개수 = %d\n",argc);
    for (i=0;i<argc;i++) {
        printf("%d번째 인수 = %s\n",i,argv[i]);
    }
}
```

통합 개발 환경에서도 인수를 지정할 수 있지만 불편하므로 명령 프롬프트창을 열고 직접 프로그램을 실행해 보자.

```
C:\CExam\MainArg\Debug>MainArg dog baby
전달된 인수의 개수 = 3
0번째 인수 = C:\CExam\MainArg\Debug\MainArg.exe
1번째 인수= dog
2번째 인수= baby
```

전달된 인수의 개수를 보여주고 모든 인수를 출력하였다. 다음 예제는 좀 더 실용적인데 명령행에서 계산식을 입력받아 간단한 정수 사칙 연산을 수행한다.

예제 CalcArg

```c
#include <Turboc.h>

void main(int argc, char *argv[])
{
    int a,b,c;
    char op;

    if (argc != 4) {
        printf("계산식을 정확하게 입력해 주십시오.");
        exit(0);
    }

    a=atoi(argv[1]);
    b=atoi(argv[3]);
    op=argv[2][0];

    switch (op) {
    case '+':
        c=a+b;
        break
    case '-':
        c=a-b;
        break;
    case '*':
        c=a*b;
        break;
    case '/':
        c=a/b;
        break;
    default:
        printf("사칙 연산만 할 수 있습니다.\n");
        exit(0);
    }

    printf("계산 결과 = %d",c);
}
```

CalcArg 실행 파일명과 간단한 이항 연산식을 인수로 전달하면 이 식을 계산해 출력한다. 인수간의 구분을 위해서는 피연산자와 연산자 사이를 반드시 공백으로 띄워야 한다. 실행 결과는 다음과 같다.

```
C:\CExam\CalcArg\Debug>CalcArg 234 + 567
계산 결과 = 801
C:\CExam\CalcArg\Debug>CalcArg 578 * 12
계산 결과 = 6936
```

인수가 4개가 아니면 간단한 사용법을 출력한 후 프로그램을 종료하도록 했다. 이 프로그램은 계산의 재료를 명령행으로부터 전달받는데 계산할 식을 제대로 주지 않으면 정상적인 동작을 할 수 없다. 만약 argc를 점검하지 않으면 엉뚱한 인수로 계산을 수행하게 되므로 결과를 전혀 예측할 수 없을 것이다.

일단 인수가 4개 다 전달되었으면 argv[1]과 argv[3]에 전달된 피연산자를 구해 a, b에 저장한다. 명령행에서 전달된 인수는 모두 문자열이므로 정수로 바꾸기 위해 atoi 함수를 사용했다. 연산자는 중간의 argv[2]로 전달되는데 모두 한 문자로 구성되어 있으므로 argv[2]의 첫 문자만 살펴보면 된다. 만약 연산자가 +, -, *, / 중의 하나가 아니면 에러 메시지를 출력한다.

인수 4개가 제대로 전달되었고 사칙 연산 중의 하나이면 입력된 식대로 연산하여 그 결과를 출력하고 프로그램을 종료한다. 연산자와 피연산자 사이에 공백이 반드시 있어야 하고 사칙 연산밖에 못하지만 main 함수의 인수를 어떻게 전달받고 사용하는지를 살펴보기에는 부족하지 않을 것이다.

10.4.3 동적 문자열 배열

이미 알아보았듯이 배열을 선언할 때 그 크기는 반드시 상수로 지정해야 한다. 그래서 다음과 같이 선언할 수는 없다.

```
int len=원하는 값;
char name[len];
```

여기서 len은 함수의 인수로 전달되었거나 또는 사용자로부터 입력된 값, 즉 실행 중에 결정되는 값이라고 생각하자. 컴파일러는 배열을 선언할 시점에 크기를 알아야 하므로 변수로 배열 크기를 지정할 수는 없으며 실행 중에 가변적인 크기의 배열을 생성하려면 동적 메모리 할당 함수인 malloc 함수를 사용해야 한다. 앞에서 이미 실습해 본 내용인데 이를 좀 더 일반화하여 동적 할당을 통해 가변 크기의 배열을 만드는 공식을 유도해 보자. 임의의 타입 T형의 요소 n개를 가지는 배열을 실행 중에 생성하는 코드는 다음과 같이 정리할 수 있다.

```
T *p;
p=(T *)malloc(n*sizeof(T));
```

총 할당 크기는 개수 n에 T형 타입의 크기를 곱한 바이트 수이며 malloc 함수로 할당되는 메모리는 이름이 없기 때문에 시작 번지를 반드시 포인터 변수로 대입받아야 사용할 수 있다. 그래서 T형 포인터 p를 선언하고 malloc이 리턴하는 번지를 대입하되 (T *) 타입으로 캐스팅했다. 동적 할당의 결과 p는 T형 요소 n개를 가지는 배열처럼 사용할 수 있다. 이 공식에 따라 크기 len의 문자형 배열을 생성하는 코드는 다음과 같이 작성된다.

```
int len;
scanf("%d",&len);
char *name;
name=(char *)malloc(len*sizeof(char));
// name 사용
free(name);
```

len의 값은 실행 중에 주어지며 malloc은 이 크기만큼의 문자형 배열을 할당한다. len이 10이건 1000이건 상관없이 말이다. 이 할당에 의해 name은 len의 크기를 가지는 문자형 배열이 되며 이는 곧 len-1개의 문자를 저장할 수 있는 문자열이 된다는 뜻이다. 이 코드를 작성하는 방법을 이해했다면 똑같은 방법대로 좀 더 차원이 높은 코드도 작성할 수 있게 된다.

자, 이제 요구를 좀 더 확장하여 이런 문자열(=문자형 배열)이 여러 개 필요하며 그 개수도 실행 중에만 알 수 있다고 하자. 즉 가변 길이(len)의 문자형 배열을 가변 개수(num)만큼 생성해야 하는데 방법은 앞에서 name 배열을 만든 것과 동일하다. 결과 코드를 보이면 다음과 같다.

예제 DynStrArray

```
#include <Turboc.h>

void main()
{
    int len=10,num=5,i;
    char **name;

    name=(char **)malloc(num*sizeof(char *));
    for (i=0;i<num;i++) {
        name[i]=(char *)malloc(len*sizeof(char));
    }

    for (i=0;i<num;i++) {
        sprintf(name[i],"string %d",i);
```

```
        puts(name[i]);
    }

    for (i=0;i<num;i++) {
        free(name[i]);
    }
    free(name);
}
```

len은 문자열의 길이이며 num은 이런 문자열의 개수인데 둘 다 변수이므로 실행 중에 사용자나 외부에서 주어지는 값이다. 예제에서는 편의상 선언문에서 10과 5로 초기화했지만 이 값은 언제든지 바뀔 수 있다. 문제를 요약하자면 len 길이의 char *형을 요소로 가지는 num 크기의 배열을 동적으로 할당하는 것이다. 요소의 타입은 char *이고 크기는 num이므로 공식대로 작성해 보면 다음과 같은 코드를 얻을 수 있다.

```
char **p;
p=(char **)malloc(num*sizeof(char *))
```

만약 이 문장이 이해되지 않는다면 typedef char *PC 선언으로 char *형을 PC 타입으로 정의한 후 공식에 따라 PC형 배열을 동적으로 할당하는 코드를 작성해 보아라. 그리고 이렇게 작성된 코드에서 PC를 다시 char *로 대체하면 바로 위의 문장이 나온다. char형의 배열을 할당할 때 char *형 변수가 필요한 것처럼 char *형의 배열을 동적 할당할 때는 char **형, 즉 이중 포인터 변수가 필요한 것이다.

이 할당에 의해 name은 num개의 char *형으로 구성된 배열이 되는데 malloc은 할당만 하지 초기화는 하지 않으므로 name 배열은 쓰레기 값을 가지고 있을 것이다. 이제 0~num까지 루프를 돌며 name의 각 요소에 대해 다시 메모리를 할당하여 len 길이의 문자형 배열을 만들면 name은 2차원 문자형 배열이 되며 개념적으로 1차원 문자열 배열이라고 할 수 있다. 할당이 완료된 후의 메모리 모양을 그려보면 다음과 같다.

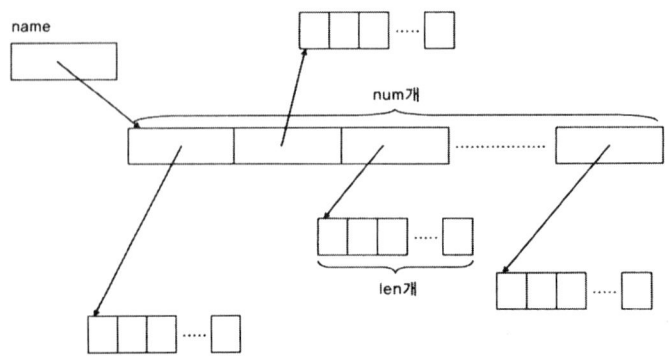

정적으로 선언한 변수는 name뿐이며 나머지는 모두 동적으로 할당된 것들이다. name이 가리키는 곳에는 크기 num의 char * 배열이 있고 이 배열의 요소들이 가리키는 곳에는 또 len 길이의 char 배열이 있다. 역으로 말하자면 char 배열은 char *에 의해 참조되며 이런 char *들의 집합을 name이 가리키고 있으니 name의 타입은 char **가 되어야 하는 것이다.

각 문자열들이 메모리상의 어디에 할당될지는 알 수 없지만 name을 통해 이 문자열의 시작 번지를 가지는 배열을 찾을 수 있고 이 배열로부터 각 문자열에 접근한다. 이 경우 name은 동적으로 할당된 문자열에 접근할 수 있는 유일한 경로이며 그 자체는 개념적으로 문자열 배열의 자격을 가진다. 과연 name이 복수 개의 문자열을 잘 저장하는지 확인해 보기 위해 루프를 돌며 "string n"이라는 문자열을 저장해 보고 출력도 해 보았다. 물론 잘 된다.

```
string 0
string 1
string 2
string 3
string 4
```

동적으로 할당한 배열을 해제할 때는 name 배열의 각 요소가 가리키는 메모리 블록을 순서대로 해제하고 마지막으로 name이 가리키는 배열을 해제한다. 순서를 바꿔 해제하면 하위 블록의 번지를 잃어버리므로 일부를 해제할 수 없게 될 것이다. name 그 자체는 지역적으로 선언된 포인터 변수이므로 해제할 필요가 없다.

10.4.4 void 이중 포인터

다음은 다소 어려운 얘기일 수도 있는데 void ** 타입에 대해 연구해 보자. 그다지 실용성이 있는 내용은 아니지만 포인터를 얼마나 잘 이해했는지를 테스트해 보기에 적합한 주제라고 할 수 있다. 만약 이 내용이 잘 이해되지 않는다면 아직 포인터에 대해 완벽하게 이해하지 못한 것이되 그렇다고 해서 걱정할 필요는 없다. 다음에 실무를 좀 해 본 후에 다시 읽어 보면 그때는 분명히 이해가 될 것이다.

void **라는 타입이 void *타입을 가리키는 유도 타입이므로 void ** vpp; 변수를 선언할 때 vpp의 대상체는 임의의 대상체를 가리키는 void *타입이다. 비슷해 보이는 타입이지만 void *와는 달리 가리키는 대상체의 타입이 void *로 분명히 정해져 있고 대상체의 크기도 명확하게 알고 있다. 따라서 vpp는 void형 포인터에 적용되는 규칙 대신 일반 포인터의 규칙이 적용된다. 임의 타입의 포인터를 대입받을 수 없으며 반드시 void *형 변수의 번지만 대입받을 수 있다.

또한 대상체가 분명히 정해져 있으므로 *연산자로 대상체를 읽거나 변경할 수 있고 ++, --, +n 등의 연산으로 앞 뒤 요소로 이동할 수도 있으며 같은 void **타입끼리 대입, 비교, 뺄셈도 가능하다.

다음 예제를 통해 vpp와 vpp의 대상체에 대해 연구해 보자.

예제 voidpp

```
#include <Turboc.h>

void main()
{
    void *vp;
    void *av[5];
    void **vpp;
    int i,*pi=&i;

    vpp=&vp;            // 가능
    vpp=av;             // 가능
    vpp++;              // 가능
    *vpp;               // 가능
    vpp=&pi;            // 불가능
    **vpp;              // 불가능
}
```

void **로 선언된 vpp가 대입받을 수 있는 값은 void *형 변수 vp의 번지, void *배열 av의 선두 번지 등이다. int **ppi가 int *pi의 번지나 int *ar[5]의 선두 번지를 대입받을 수 있는 것과 같은 이치이다. vpp가 void *형의 av 배열을 가리키고 있을 때의 상황을 그려 보면 다음과 같다.

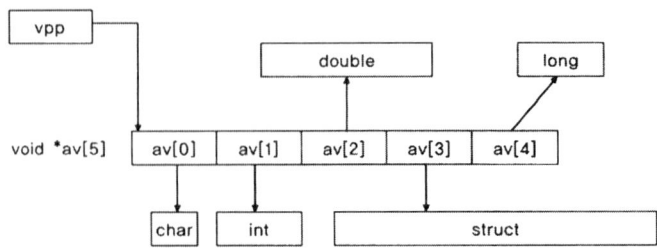

av 배열의 각 요소는 void *타입이므로 임의 타입 변수에 대한 번지를 가질 수 있다. 따라서 av 배열 요소가 가리키는 값을 읽으려면 반드시 캐스트 연산자가 있어야 하며 ++, -- 연산도 직접적으로 적용할 수 없다. 하지만 vpp가 가리키는 대상체는 void *로 타입이 정해져 있고 포인터는 부호없는 4바이트 길이를 가지므로 vpp 자체를 증가하여 av의 다음 요소로 이동할 수 있으며 *vpp로 가리키는 요소의 값(이 경우 번지값)을 읽을 수도 있다.

void형 이중 포인터라 하더라도 int *형 변수인 pi의 번지를 대입받을 수는 없다. int *형 변수의 번지를 가리키는 타입은 int **여야 한다. 만약 vpp가 &pi를 대입받을 수 있다면 **vpp로 정수값을 읽을 수 있어야 하는데 vpp가 가리키는 포인터의 대상체는 정해져 있지 않으므로 이런 연산이 불가능하다. void *가 임의 변수의 번지를 대입받을 수 있다고 해서 void **가 임의 포인터의 번지를 대입받을 수 있는 것은 아니다. 다소 혼란스럽겠지만 임의의 포인터들을 가리키는 변수의 타입은 여전히 void *이다. 왜 그런지 다음 그림을 보고 잘 생각해 보자.

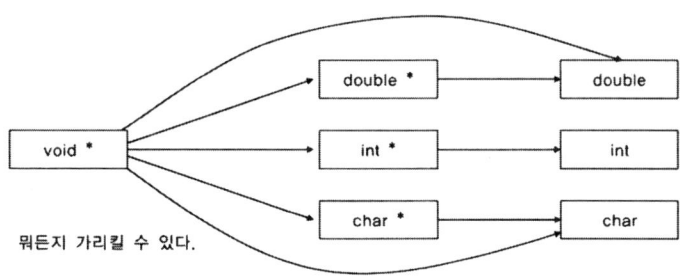

void *는 원래 임의의 타입을 모두 가리킬 수 있는 타입이다. 이 임의의 타입에는 포인터 타입도 당연히 포함되며 포인터 변수도 분명히 변수이므로 번지가 있고 이 번지를 void *의 변수가 가질 수 있는 것이다. void *vp가 int *pi를 가리키고 있을 때 대상체를 읽고 싶다면 캐스트 연산자를 적절히 잘 사용해야 한다. **(int **)vp 이렇게 되는데 vp를 int형 이중 포인터로 잠시 바꾼 후 *를 두 번 적용하면 pi가 가리키는 정수를 읽을 수 있다.

**vpp로 vpp가 가리키는 포인터가 가리키는 대상체를 바로 읽을 수는 없다. vpp에 *를 한 번 적용하여 void *를 읽는 것은 가능하지만 이렇게 읽은 void *의 대상체의 타입은 알 수 없기 때문이다. 정 읽고자 한다면 *(int *)*vpp로 일단 void *를 읽은 후 그 결과 포인터를 원하는 타입으로 캐스팅해서 다시 *연산자를 적용해야 한다. 다음 예제는 void 이중 포인터의 현실적인 사용예이다.

예제 voidalloc

```
#include <Turboc.h>

void alloc(void **mem,size_t size)
{
    *mem=malloc(size);
}

void main()
{
```

```
    void *vp;

    alloc(&vp,sizeof(int));
    *(int *)vp=1234;
    printf("%d\n",*(int *)vp);
    free(vp);
}
```

메모리를 대신 할당하는 함수를 만들고 싶을 때 이 함수가 받아야 할 타입이 바로 void **이다. 예제의 alloc 함수는 malloc을 단순히 호출하기만 하는데 어떤 복잡한 연산을 통해 필요한 메모리양을 계산한다든가 할당 후 추가 동작을 할 수도 있다. main에서 동적 할당된 메모리의 번지 저장을 위해 void *형의 vp를 선언하고 이 변수를 할당 함수에게 참조 호출로 넘기기 위해서는 &vp를 넘겨야 한다. 그러므로 alloc이 받는 타입은 void **일 수밖에 없다.

11
배열과 포인터

11.1 첨자 연산

11.1.1 배열의 내부적 처리

동일한 타입의 변수 집합인 배열은 정보를 저장하는 가장 기본적인 자료 구조로서 실용성이 높다. 포인터는 조금 어렵기는 하지만 C언어를 다른 언어와 구분하는 가장 큰 특징이다. 이 둘은 아주 긴밀한 연관을 맺고 있으며 상호 보완적이면서 또한 일정 부분에 있어서는 대체도 가능하다. 포인터를 사용하면 배열을 그야말로 떡 주무르듯이 마음대로 주무를 수 있고 배열은 포인터를 만날 때 진정한 가치를 발휘한다. 배열의 정보 저장 능력과 포인터의 정보 가공 능력이 결합되면 복잡한 현실 문제들을 해결하는데 아주 강력한 무기가 된다.

이 장에서는 이런 긴밀한 연관을 맺고 있는 배열과 포인터를 같이 살펴본다. 배열도 쉽지 않고 포인터도 어려운데 이 둘을 같이 공부하자면 머리가 과열되지 않을까 걱정스러울 것이다. 배열과 포인터 여기에 구조체까지 합세하면 표현식도 복잡해지고 말도 꼬여 어지간히 혼란스러울 것 같지만 오히려 그 반대이다. 배열과 포인터는 닮은 점이 있고 또 틀린 점이 있는데 이런 유사점과 차이점을 분명하게 살펴보고 실습을 통해 눈으로 직접 확인해 봄으로써 오히려 배열과 포인터의 개념을 더 깔끔하게 정리할 수 있는 기회로 삼아야 한다.

언어의 문법이란 지극히 논리적이고 질서가 있는데 이런 규칙들이 정리되면 문법이 오히려 재미있어지고 응용력이 생긴다. 이장의 내용을 다 이해하고 나면 배열과 포인터 각각에 대해 확실한 이해를 할 수 있음은 물론이고 이 둘을 자유자재로 활용할 수 있는 진정한 자유를 얻게 될 것이다. 9장에서 우리는 배열의 정의에 대해 공부했고 첨자가 0부터 시작되며 초기화되지 않고 끝 점검을 하지 않는다는 배열의 특징에 대해서도 알아보았다. 이제 좀 더 깊은 곳으로 들어가 C언어가 배열을 내부적으로 어떻게 다루는지를 알아보자. C언어의 배열은 다음과 같은 두 가지 특징을 가진다.

- C는 내부적으로 1차원 배열만 지원한다. 2차원 이상의 다차원 배열은 1차원 배열의 확장에 불과하다. C에는 2차원 배열이라는 것이 없다.
- 배열을 구성하는 배열 요소의 타입에는 전혀 제한이 없다. T형 변수를 선언할 수 있으면 T형 배열도 언제나 선언할 수 있다. 배열도 유도형 타입의 일종이며 따라서 배열 그 자체가 배열의 요소가 될 수 있다.

C가 다차원 배열을 지원하지 않는다는 얘기는 C의 모든 배열은 내부적으로 1차원이라는 뜻이다. 하지만 배열 요소로 또 다른 배열을 사용할 수 있으므로 즉, 배열끼리 중첩이 가능하기 때문에 외부적으로는 다차원 배열도 지원하는 셈이다. 배열끼리 중첩되어 있을 때 다른 배열에 포함된 배열을 부분 배열(SubArray)이라고 하며 부분 배열을 배열 요소로 가지는 배열을 전체 배열(또는 모배열)이라고 한다. 다차원 배열의 가장 간단한 예인 int ar[3][4] 이차원 배열의 예를 들어 보자. 이 배열을 그림으로 그려 보면 다음과 같이 메모리에 생성될 것이다.

ar[0][0]	ar[0][1]	ar[0][2]	ar[0][3]
ar[1][0]	ar[1][1]	ar[1][2]	ar[1][3]
ar[2][0]	ar[2][1]	ar[2][2]	ar[2][3]

ar 전체 배열은 ar[0] 부분 배열과 ar[1], ar[2] 부분 배열 세 개를 요소로 가지는 1차원 배열이며 ar[0] 부분 배열은 ar[0][0]~ar[0][3]까지의 정수형 변수를 배열 요소로 가지는 1차원 배열이다. ar[0] 부분 배열이 배열이 될 수 있는 이유는 이 배열의 요소가 전부 정수형으로 타입이 같기 때문이다. 마찬가지로 ar 전체 배열의 경우도 배열 요소인 ar[0], ar[1], ar[2]의 타입이 모두 동일하므로(그것이 배열이든 어쨌든) 분명히 배열이라고 할 수 있다. ar 배열을 다른 형태로 다시 그려 보면 다음과 같이 그릴 수 있다.

ar											
ar[0]				ar[1]				ar[2]			
ar[0][0]	ar[0][1]	ar[0][2]	ar[0][3]	ar[1][0]	ar[1][1]	ar[1][2]	ar[1][3]	ar[2][0]	ar[2][1]	ar[2][2]	ar[2][3]

ar배열은 세 개의 배열 요소를 가지는데 각 배열 요소인 ar[0], ar[1], ar[2]는 정수형 부분 배열이다. ar[0] 부분 배열은 네 개의 배열 요소를 가지는데 각 배열 요소는 정수형 변수이다. 결국 전체 배열 ar속에 12개의 정수형 변수가 모여 있는 셈이지만 ar 배열에 직접 속해 있는 요소는 세 개의 부분 배열이며 따라서 ar 배열은 1차원 배열이다. 이번에는 한 단계 더 확장해서 char arr[3][2][4]로 선언된 3차원 배열의 경우를 생각해 보자.

- 전체 배열 arr은 arr[0], arr[1], arr[2] 세 개의 부분 배열을 요소로 가지는 크기 3의 1차 배열이며

- 부분 배열 arr[0]는 arr[0][0], arr[0][1] 두 개의 부분 배열을 요소로 가지는 크기 2의 1차 배열이며
- 부분 배열 arr[0][0]는 arr[0][0][0]~arr[0][0][3] 네 개의 문자형 변수를 요소로 가지는 크기 4의 1차 배열이며
- 최종 배열 요소인 arr[0][0][0]는 문자형이므로 더 이상 배열이 아닌 단순 변수이다.

즉 3차원 배열은 배열의 배열의 배열인 셈이다. 그렇다면 도대체 2차원 배열과 배열의 배열을 왜 굳이 구분하려고 하는가? C가 내부적으로 2차원 배열을 1차원 배열로 취급하든 말든 선언할 때나 사용할 때 두 개의 첨자를 사용하면 되므로 밖에서 볼 때는 완전한 2차원 배열이다. 배열의 배열이라는 이상한 용어를 만들어 가면서 C가 다차원 배열을 지원하지 않는다는 주장은 다소 억지스러워 보이기도 한다.

배열을 단순히 사용하기만 한다면 과연 2차원 배열로 보든 배열의 배열로 보든 전혀 차이점이 없다. 그러나 배열이 내부적으로 어떻게 처리되는가에 따라서 큰 차이점이 발생하는데 바로 ① 첨자 연산 방법과 ② 부분 배열의 자격 문제가 달라진다. 다차원 배열에서는 부분 배열만 단독으로 사용할 수 없지만 배열의 배열에서는 부분 배열 단독으로도 배열로 인정된다는 큰 차이점이 있다. 다음 예제는 부분 배열이 온전하게 배열로 대접받는다는 것을 보여준다.

예제 SubArray

```c
#include <Turboc.h>
void arDump(void *array, int length);

void main(void)
{
    unsigned char ari[2][3]={{1,2,3},{4,5,6}};

    arDump(ari,sizeof(ari));
    arDump(ari[0],sizeof(ari[0]));
    arDump(ari[1],sizeof(ari[1]));
}

void arDump(void *array, int length)
{
    int i;
    for (i=0;i<length;i++) {
        printf("%02X ",*((unsigned char *)array+i));
    }
    printf("\n");
}
```

arDump는 앞 장에서 작성한 배열 덤프 함수인데 배열과 길이를 인수로 전달하면 배열의 내용을 16진수로 출력한다. 실행 결과는 다음과 같다.

```
01 02 03 04 05 06
01 02 03
04 05 06
```

ari는 문자형의 2차원 배열로 선언되었는데 arDump 함수로 ari를 전달하나 ari[0], ari[1]을 전달하나 모두 정상적으로 동작한다. 이 예에서 보다시피 ari[0]라는 부분 배열이 배열명으로 인정되며 부분 배열 혼자만 떼어내서 사용하는 것이 가능하다. ari[0]는 배열의 이름이기 때문에 부분 배열의 시작 번지를 가리키는 포인터 상수이며 따라서 arDump 함수로 전달할 수 있다.

베이직 같은 고급언어는 다차원 배열만 지원하기 때문에 부분 배열이라는 개념이 없으며 ari[0]라는 표현식 자체가 허용되지 않는다. 오로지 전체 배열을 통해 배열의 최하위 요소에 접근할 수 있을 뿐이다. 반면 C는 부분 배열만 단독으로 사용할 수 있다. 다음은 좀 더 간단한 예제이다.

예제 SubArray2

```c
#include <Turboc.h>

void main(void)
{
    char ar[]="한국을 빛낸 사람들";
    char ars[2][3][10]={
        {"이순신","강감찬","김유신"},
        {"유관순","을지문덕","신사임당"}
    };

    printf("ar 배열 = %s\n",ar);
    printf("ars[1][1]=%s\n",ars[1][1]);
}
```

ar은 1차원 문자형 배열이므로 ar 배열명은 문자열이 들어있는 시작 위치를 가리키는 포인터 상수이며 따라서 printf의 %s 서식과 대응된다. ar이라는 배열의 이름이 곧 문자열이 되는 것이다. 문자형 3차 배열로 선언된 ars는 문자형 1차 배열의 배열의 배열이라고 할 수 있다. ars[1][1]은 ars 전체 배열의 두 번째 배열 요소인 ars[1] 부분 배열의 두 번째 배열 요소이며 크기 10의 문자형 1차 부분 배열이다.

전체 배열에 속해 있는 부분 배열이지만 그 자체로 독립성을 가지고 있다. ars[1][1] 부분 배열이 하나의 배열이므로 ars[1][1]이라는 명칭은 배열의 이름이 되며 정의에 의해 배열명은 포인터 상수이다. ars[1][1]이 문자형 포인터이므로 printf의 %s 서식과 대응될 수 있으며 puts 함수의 인수로 사용될 수도 있고 문자열이 필요한 모든 곳에 사용할 수 있다.

11.1.2 [ ] 연산자

배열의 한 요소를 참조할 때는 [ ] 연산자를 사용하며 [ ] 괄호 안에 읽고자 하는 배열 요소의 첨자를 적는다. 예를 들어 ar[3]은 ar 배열의 3번째 요소를 읽는다. [ ] 괄호는 언뜻 보기에 구두점같아 보이지만 실제로는 첨자 연산을 하는 포인터 연산자이다. 이 연산자의 동작은 정확하게 다음과 같이 정의되어 있다.

ptr이 임의의 배열을 가리키는 포인터이고 n이 정수일 때
ptr[n] = *(ptr+n)

정의의 전제 조건대로 둘 중 하나는 반드시 포인터여야 하고 하나는 정수여야 한다. 둘 다 포인터라면 덧셈 연산을 할 수 없으며 둘 다 정수라면 *연산자를 적용할 수 없을 것이다. 또한 n이 실수일 경우 포인터와 실수를 더할 수 없으므로 이 또한 적법하지 않다. 이 정의를 확인해 보기 위해 다음 예제를 실행해 보자.

예제 ArrayIndex

```c
#include <Turboc.h>

void main(void)
{
    int ar[5]={1,2,3,4,5};

    printf("ar[2]=%d\n",ar[2]);
    printf("ar[2]=%d\n",*(ar+2));
    printf("ar[2]=%d\n",2[ar]);
}
```

크기 5의 정수형 배열 ar을 선언 및 초기화하고 이 배열의 2번째 요소를 다양한 방법으로 읽어 보았다. 실행 결과 "ar[2]=3"이라는 똑같은 문자열이 세 번 출력되는데 세 방법이 모두 같은 배열 요소를 읽어낸다. ar[2] 연산식은 ar 배열의 2번째 요소를 의미하므로 당연히 3이 읽혀진다. 더 이상 이유를 설명할 필요가 없을 정도로 당연한 결과이다.

*(ar+2)도 마찬가지로 ar 배열의 2번째 요소를 읽는다. 앞 장에서 실습했다시피 배열명 그 자체는 배열의 시작 번지를 가리키는 포인터 상수이므로 ar 배열명은 ar 배열의 시작 번지를 가리킬 것이다. 이 번지에서 +2하여 두 칸 다음으로 이동하면 8바이트 뒤쪽 번지가 된다. ar이 정수형 배열(따라서 정수형 포인터 상수)이므로 +2는 2*sizeof(int) 바이트 더 뒤쪽이 되며 포인터와 정수를 더했으므로 결과는 역시 포인터이다. 마지막으로 *연산자는 이 번지 이후 4바이트의 정수를 읽으므로 결과는 3이 된다.

① ar은 배열 시작 번지를 가리킨다.
② ar+2는 두 칸 다음으로 이동한다.

| ar[0]=1 | ar[1]=2 | ar[2]=3 | ar[3]=4 | ar[4]=5 |

③ *(ar+2)는 이 위치의 정수값 3을 읽는다.

*(ar+2)가 어째서 ar[2]와 같은지 이유를 따질 필요가 없다. 이것은 일종의 약속이며 [ ] 연산자는 지정한 첨자의 배열 요소를 읽는 포인터 연산을 하도록 정의되어 있는 것이다. 포인터가 가리키는 배열의 n번째 요소를 읽으려면 배열의 시작 번지에서 n만큼 더한 후 *연산자로 그 번지의 값을 읽으면 된다. 이 연산식이 바로 *(ptr+n)이며 이 식은 포인터 연산 규칙과 *연산자에 의해 배열 요소를 아주 잘 읽어낸다.

그래서 *(ptr+n)식만 이해할 수 있으면 원하는 배열 요소를 자유롭게 액세스할 수 있다. 그런데 이 식은 잘 동작하기는 하지만 직관적이지 못하고 왠지 복잡해 보인다. 게다가 배열 요소를 읽어야 할 경우는 아주 흔하기 때문에 좀 더 읽기 쉬운 형태의 [ ] 연산자를 정의해 놓은 것이다. 아무래도 *(ptr+n)보다는 ptr[n]이 더 읽기 쉽고 보기에도 좋다. 배열 요소를 읽을 때 사용하는 [ ] 연산자는 내부적으로 포인터 연산을 수행하는 포인터 연산자로 해석되며 *(ptr+n)과 완전하게 동일한 식이다.

[ ] 연산자가 배열 요소 참조를 위해 특별히 따로 정의되어 있는 것이 아니라 알고 보면 포인터 연산의 다른 표기법일 뿐이다. 위 예제의 세 번째 출력문은 이를 분명히 확인시켜 준다. 2[ar]이라는 표현식이 어색해 보이고 틀린 것 같지만 에러도 발생하지 않고 실행도 정상적이다. 왜 그런지 보자. 정의에 의해 2[ar]은 *(2+ar)이 되고 덧셈은 교환법칙이 성립하므로 이 식은 *(ar+2)와 같다. 결국 2[ar]=ar[2]와 완전히 같은 식이므로 컴파일러가 이 식을 해석하는데 아무 문제가 없는 것이다.

사실 ptr[n] 표현식은 컴파일러에 의해 *(ptr+n)으로 바뀐 후 컴파일되며 생성되는 기계어 코드도 완전히 동일하다. 연산 순위표를 보면 [ ] 연산자가 *보다 우선 순위가 높은 것으로 되어 있는데 이는 두 연산자가 달라서 그런 것이 아니라 [ ] 연산자의 정의에 괄호가 포함되어 있기 때문이다. 괄호는 어떠한 연산자보다도 우선 순위가 높으며 따라서 [ ] 연산자가 *보다 더 높은 우선 순위를 가지는 것은 지극히 자연스럽다.

[ ] 연산자가 1차 배열에 대해 동작하는 것은 일종의 약속이므로 외우기만 하면 된다. 그렇다면 2차 배열에서 [ ] 연산자가 어떻게 동작하는지 연구해 보자. 이 과정을 보면 확실히 C의 다차원 배열은 배열의 배열이라는 것을 확인할 수 있다. int ar[3][4] 배열에서 ar[2][1] 연산식을 분석해 보자. ar[2][1]은 정의

에 의해 *(*(ar+2)+1)이 되며 컴파일러는 이 포인터 연산식을 실행할 것이다. 연산 순위에 따라 괄호의 제일 안쪽부터 연산된다.

❶ ar+2

전체 배열명 ar은 배열의 선두 번지(&ar[0][0])를 가리키는 포인터 상수이다. 이 번지에 2를 더하면 ar 배열의 요소 중 2번째 요소를 가리키게 될 것이다. ar은 ar[0], ar[1], ar[2] 세 개의 부분 배열을 가지는 1차원 배열이므로 ar+2의 연산 결과는 부분 배열 ar[2]의 선두 번지값이 된다. 포인터에 정수를 더한 ar+2의 결과는 부분 배열을 가리키는 포인터이므로 이 단계에서 sizeof(ar+2)를 계산해 보면 4가 될 것이다.

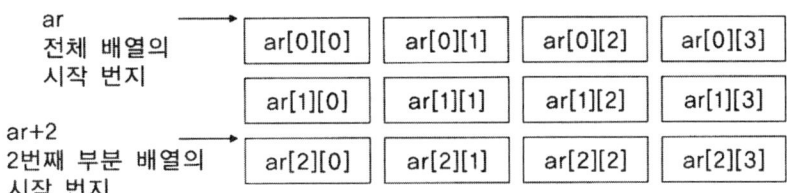

포인터에 대한 덧셈 연산은 포인터가 가리키는 대상체의 타입만큼 번지를 더한다. 만약 ar을 2차 정수형 배열로 본다면 ar의 타입은 정수형일 것이고 +2는 대상체인 정수형의 크기 4를 곱해 8만큼 이동할 것이다. 그러나 실제로는 32바이트 증가하는데 이를 보면 ar의 요소가 정수형이 아니라 크기 4의 정수형 부분 배열(크기는 16바이트)이라는 것을 알 수 있다. 컴파일러가 ar을 2차 정수 배열로 인식한다기보다는 정수형 부분 배열의 1차 배열로 인식한다는 것을 확인할 수 있다.

❷ *(ar+2)

이 연산식은 정의에 의해 ar 배열의 2번째 부분 배열 ar[2]이다. *연산자는 피연산자의 크기만큼을 읽어내는데 ar+2가 부분 배열이므로 읽혀지는 값은 정수형이 아니라 크기 4의 정수 배열형이 될 것이다. 이 단계에서 sizeof(*(ar+2))를 계산해 보면 16이 되는데 배열이 sizeof의 피연산자일 때는 배열 그 자체로 평가되기 때문이다. *(ar+2)는 ar의 부분 배열ar[2]와 완전히 같고 이 값은 ar[2] 부분 배열의 선두 번지(&ar[2][0])로 평가된다.

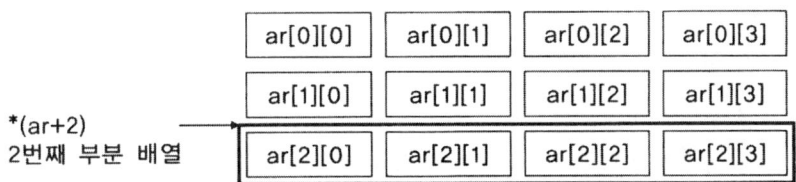

❸ *(ar+2)+1

부분 배열 ar[2]에서 1번째 배열 요소를 가리키는 포인터가 된다. *(ar+2)가 부분 배열명이므로 포인터 상수이고 포인터 상수에 정수를 더했으므로 결과는 포인터가 되는 것이다. 정의에 의해 *(ar+2)+1은 ar[2]+1과 같고 이 값은 &ar[2][1]과도 동일하다. &ar[2][1]을 정의대로 역으로 다시 풀어 쓰면 &*(*(ar+2)+1)이 되는데 &*는 상쇄되어 사라지고 결국 ar[2]+1과 같아진다. sizeof(*(ar+2)+1)은 포인터이므로 4이다.

*(ar+2)+1
2번째 부분 배열의 1번째 요소의 번지

❹ *(*(ar+2)+1)

마지막으로 * 연산자를 사용하여 3단계에서 구한 포인터에 들어 있는 값을 읽었다. ar[2]의 배열 요소는 더 이상 부분 배열이 아닌 단순한 정수형이므로 이 번지에 있는 정수값 4바이트가 읽혀질 것이다. 결국 최종 연산 결과는 ar의 2번째 부분 배열 ar[2]의 1번째 배열 요소인 ar[2][1]이 된다.

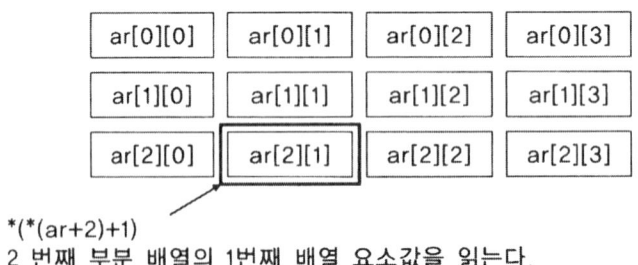

((ar+2)+1)
2번째 부분 배열의 1번째 배열 요소값을 읽는다.

보다시피 ar[2][1]은 *(*(ar+2)+1)과 완전히 동일하며 컴파일러는 ar[2][1]같은 연산문을 만날 때 동일한 포인터 연산식으로 바꾼 후 배열 요소를 읽는다. 부분 배열의 선두 번지를 계속 구해 나가다가 최하위의 배열 요소를 찾아내서 그 값을 읽는 단계적인 포인터 연산을 하는 셈이다. 단계가 복잡해서 굉장히 느릴 것 같지만 컴파일러의 입장에서 포인터 연산은 단순한 덧셈과 읽기 동작이기 때문에 전혀 느리지 않다.

베이직같은 고급 언어들의 다차원 배열 참조 연산은 C의 그것과는 상당히 다르다. T arr[A,B,C]라는 3차원 배열에 arr[a,b,c]를 읽으면 *(arr+(aBC+bC+c)*sizeof(T))식으로 한 번에 최종 요소값을 읽어낸다. C와는 달리 첨자 연산이 따로 정의되어 있으므로 최종 요소만 읽을 수 있으며 부분 배열을 개별적으로 액세스하는 것은 허가되지 않는다. 다음 예제는 이 연산문이 실제로 어떻게 동작하는지 확인해 보기 위해 작성한 것이다.

예제 ArrayIndex2

```c
#include <Turboc.h>

void main(void)
{
    int ar[3][4]={{1,2,3,4},{5,6,7,8},{9,10,11,12}};

    printf("ar[2][1]=%d\n",ar[2][1]);
    printf("ar[2][1]=%d\n",*(*(ar+2)+1));

    printf("sizeof(ar+2)=%d\n",sizeof(ar+2));
    printf("sizeof(*(ar+2))=%d\n",sizeof(*(ar+2)));
    printf("sizeof(*(ar+2)+1)=%d\n",sizeof(*(ar+2)+1));
}
```

[ ] 연산자와 포인터 연산자로 ar[2][1]을 각각 읽어 보았는데 같은 연산문의 다른 표기법일 뿐이므로 결과는 동일하다.

```
ar[2][1]=10
ar[2][1]=10
sizeof(ar+2)=4
sizeof(*(ar+2))=16
sizeof(*(ar+2)+1)=4
```

중간 과정을 살펴보기 위해 중간식의 크기를 계산해 보았는데 ar+2는 부분 배열의 시작 번지를 가리키는 포인터이되 *(ar+2)는 부분 배열 그 자체라는 것을 확인할 수 있다. ar[2][1] 대신 2[ar][1], 1[2[ar]], 1[ar[2]]라고 써도 결과는 동일하다. 물론 이렇게 쓸 필요가 전혀 없지만 연습삼아 이 식들이 왜 동일한지 점검해 보아라.

[ ] 연산자의 정의와 동작에 대해 비교적 상세하게 분석해 보았는데 이 연산자의 동작을 설명하는데는 포인터에 대한 세 가지 필수적인 정의가 동원된다. ① 배열명은 포인터 상수이다. ② 포인터와 정수끼리 덧셈하면 sizeof(T)만큼 이동하고 그 결과는 포인터이다. ③ *연산자는 포인터가 가리키는 번지의 내용을 읽는다. 이 정도는 아마 무난히 이해하고 있을 것이다.

사실 이런 복잡한 내부 처리 과정을 굳이 모르더라도 배열을 사용하는데 불편함은 없다. 정의란 외워서 사용하는 것이며 한 번만 이해하면 다음부터는 잊어 버려도 상관없다. 피타고라스의 정리나 근의 공식은 이해한 후 사용하는 대상이지 증명 자체를 외울 필요가 없는 것과 같다. 여기서 반드시 이해해야 할 요점은 [ ] 연산자가 결국은 포인터 연산을 한다는 것이다.

11.2 포인터 배열

11.2.1 정의

포인터 배열(Array of Pointer)이란 요소가 포인터형인 배열이다. T형이 있을 때 T형 포인터를 선언할 수 있고 T형 배열도 선언할 수 있으므로 T형 포인터 배열도 선언할 수 있다. 예를 들어 크기 5의 정수형 포인터 배열을 선언하고 싶다면 다음과 같이 선언한다.

int *arpi[5];

이 선언문에 사용된 *와 [ ]는 둘 다 구두점이다. *가 앞쪽에 있으므로 arpi는 먼저 정수형 포인터가 되고 다음으로 [ ]에 의해 그런 포인터 변수 5개를 모아 배열을 선언하게 된다. arpi 배열의 요소인 arpi[0]~arpi[4]는 정수형 포인터 변수와 동등한 자격을 가지므로 정수형 변수나 정수형 배열을 가리킬 수 있다. arpi라는 하나의 이름 아래에 포인터 변수 다섯 개가 모여 있다는 것 외에 특별한 점은 없고 별 다른 주의 사항도 없다.

현실적으로 실수형이나 정수형의 포인터 배열이 필요한 경우는 그리 흔하지 않다. 포인터 배열이 사용되는 가장 흔하고 쉬운 예는 문자형 포인터 배열이며 가장 실용적인 예는 구조체 포인터 배열이다. 문자형 포인터가 하나의 문자열을 표현할 수 있으므로 문자형 포인터 배열은 곧 문자열 배열이 되는 셈이다. 다음 예는 포인터 배열로 문자열 배열을 선언하는 예이다.

예제 **PointerArray**

```
#include <Turboc.h>

void main(void)
{
    char *arps[]={"고양이","개","오랑우탄","돼지","지렁이"};
    int i;
```

```
    for (i=0;i<5;i++) {
         printf("%s\n",arps[i]);
    }
}
```

arps라는 포인터 배열에 다섯 개의 문자열을 정의한 후 이 문자열을 화면으로 출력했다. 나중에 다시 살펴보겠지만 이 초기식에 사용된 "고양이", "개" 같은 문자열 상수는 문자열의 시작 번지를 가리키는 포인터 상수인데 arps의 각 요소들은 이 번지들로 초기화된 것이다. arps가 메모리에 구현된 모양을 그려 보면 다음과 같다.

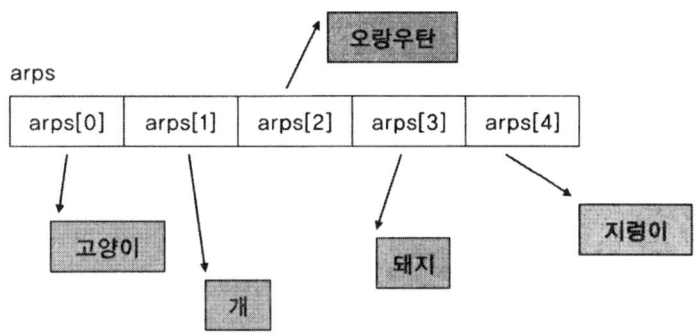

각 문자열들은 메모리상에 흩어져서 존재하지만 이 문자열들의 번지를 포인터 배열로 가지고 있으므로 위치에 상관없이 이 문자열들에 대해 반복적인 처리가 가능해진다. 이렇게 만들어진 문자열 배열을 Ragged 배열이라고 하는데 개별 문자열의 길이가 각각 달라도 낭비되는 메모리가 없다. 포인터의 개념이 없는 베이직에서는 직사각형의 배열만 만들 수 있으며 이런 배열은 꿈도 못 꾼다.

11.2.2 포인터 배열의 활용

앞 장에서 동적 배열을 사용하여 임의의 학생에 대해 성적을 처리하는 예제를 만들어 본 적이 있다. 학생수를 미리 알 수 없을 때는 실행 중에 학생 수만큼 메모리를 할당해서 사용해야 한다. 정수형 포인터 변수 arScore를 선언하고 동적 할당한 메모리의 번지를 이 변수에 대입함으로써 arScore를 마치 배열인 것처럼 사용했었다. 생각이 잘 안나면 앞 장으로 돌아가 예제를 확인해 보도록 하라.

만약 이런 처리를 여러 학급에 대해서 처리하고자 한다면 이럴 때 포인터 배열이 필요하다. 각 학급의 학생수가 정해져 있지 않으므로 매번 학생수를 물어본 후 학생수만큼 메모리를 할당해야 하는데 학급이 여럿이므로 포인터 변수도 여러 개가 필요한 것이다. 총 3개 학급의 성적을 처리한다면 다음과 같이 작성해야 한다.

예제 PASung

```c
#include <Turboc.h>

void main(void)
{
    int *ar[3];
    int num[3];
    int i;

    for (i=0;i<3;i++) {
        printf("%d반의 학생수를 입력하세요 : ",i+1);
        scanf("%d",&num[i]);
        ar[i]=(int *)malloc(num[i]*sizeof(int));
    }

    // 여기서 성적을 처리한다.

    for (i=0;i<3;i++) {
        free(ar[i]);
    }
}
```

각 학급의 학생수는 실행 중에 입력받아 num 배열에 저장한다. 그리고 입력된 수만큼 메모리를 동적 할당한 후 ar 배열에 차례대로 그 번지를 저장했다. 이렇게 되면 ar 배열이 가리키는 포인터들은 각 학급 학생들의 성적을 저장할 수 있는 배열이 되며 학생수만큼만 메모리를 할당해서 사용하므로 메모리도 절약된다. 만약 각 학급 학생이 1반부터 12, 7, 9명이었다면 ar 배열은 다음과 같은 모양으로 할당될 것이다.

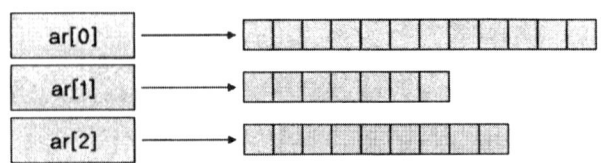

각 학급의 성적을 저장할 배열이 실제로 어디에 할당될지는 알 수 없지만 ar 포인터 배열이 이 번지들의 집합을 기억하고 있으므로 ar 배열 요소의 값을 읽기만 하면 정확한 위치를 액세스할 수 있다. 동적으로 할당된 배열은 물론 실행을 끝내기 전에 해제해야 한다. ar 배열의 각 요소인 ar[0], ar[1], ar[2]가 동적 할당된 메모리의 선두 번지를 기억하고 있으므로 각 요소에 대해 free 함수를 호출하면 된다.

이렇게 만들어진 ar은 2차 정수형 배열처럼 사용할 수 있다. ar[0][3]은 0번째 학급의 3번째 학생 성적이며 ar[1][5]는 1번째 학급의 5번째 학생 성적이다. 단, 정확히 같지는 않은데 2차원 배열은 각 행의 길이가 모두 똑같지만(Rectangular) 포인터 배열은 각 포인터가 가리키는 배열의 길이가 각각 다를 수 있다(Ragged). 그래서 n반 학생의 성적을 참조할 때 할당된 길이 num[n] 범위를 벗어나지 않도록 주의해야 한다.

11.2.3 포인터와 배열

포인터와 배열은 비슷한 것 같으면서도 달라 무척 헷갈리는데 여기서 이 둘의 개념을 좀 정리해 보도록 하자. 먼저 가장 쉬운 다음 선언문을 보자.

```
int i;
```

이 선언문은 정수형 변수를 i라는 이름으로 선언하는데 컴파일러는 i를 위해 4바이트를 할당한다. 너무 너무 쉬운 문장이라 한 눈 감고 읽어도 이해할 수 있다. 다음 두 선언문도 지금까지 여러 번 학습했던 것이므로 의미를 쉽게 알 수 있을 것이다.

```
int ar[n];
int *pi;
```

ar[n]은 정수형 변수 n개를 모아 놓은 정수형 배열이다. 여기서 n은 변수가 아니라 임의의 상수를 의미하며 필요한 만큼의 크기를 줄 수 있다. 이 선언에 의해 컴파일러는 정수형 변수 n개를 저장할 수 있는 연속적인 메모리를 할당하며 n이 5라고 할 때 sizeof(ar)은 20이 될 것이다. ar이라는 배열의 이름은 배열의 시작 번지를 가리키는 주소값으로 평가된다.

pi는 정수형 변수 하나의 위치를 가리킬 수 있는 포인터이며 pi 자체는 하나의 포인터 변수일 뿐이므로 컴파일러가 pi를 위해 할당하는 메모리는 항상 4바이트이다. sizeof(pi)는 4가 된다. pi는 &i 같은 정수형 변수의 주소값을 대입받는다. 그러나 실행 중에 동적으로 메모리를 할당하면 pi로도 정수형 배열을 가리킬 수 있다.

```
pi=(int *)malloc(n*sizeof(int));
```

malloc 함수는 정수형 변수 n개를 저장할만큼의 메모리를 할당한 후 그 시작 번지를 리턴하며 이 번지를 pi로 대입받았다. 이렇게 되면 pi는 ar과 똑같은 자격을 가지며 정수형 배열처럼 행세할 수 있다.

pi나 ar이나 둘 다 배열의 선두 번지를 가리키며 ar[2]로 2번째 요소를 읽을 수 있듯이 pi[2]로도 2번째 요소를 읽을 수 있다. 설사 pi가 동적 할당한 메모리가 아닌 단순 정수형 변수의 번지 &i를 대입받았더라도 pi는 개념적인 배열로 볼 수 있다.

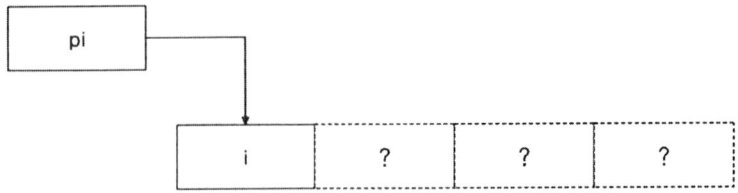

왜냐하면 pi++로 4바이트 뒤쪽으로 이동할 수 있으며 pi[2]라는 표현식도 항상 가능하기 때문이다. 물론 이 상태에서 pi가 제대로 된 배열로 동작하려면 i 다음의 요소도 정수형 변수여야 한다는 논리적 제약이 있지만 적어도 물리적으로 pi 포인터는 정수형 배열을 가리키고 있는 것이다. 설사 그 길이가 1에 불과하더라도 말이다.

보다시피 정수형 배열 ar과 정수형 포인터 pi는 공통점이 많다. 일단 동일 타입의 변수 집합을 다룰 수 있다는 면에서 기능적으로 같고 둘 다 범위 점검을 할 수 없다는 제약도 동일하다. 형식적으로 둘 다 무한 길이를 다룰 수 있지만 배열은 선언할 때 지정한 크기만큼, 포인터는 할당할 때 지정한 크기만큼의 실제 크기를 가지고 있으므로 개발자가 이 크기를 넘지 않도록 알아서 조심해야 한다. 그렇다면 과연 배열과 포인터는 완전히 같다고 할 수 있는가하면 그렇지는 않고 차이점도 많이 있다.

① 우선 포인터는 변수인데 비해 배열은 상수이다. pi는 고유의 메모리를 차지하고 있고 언제든지 다른 대상을 가리킬 수 있지만 ar은 선언할 때 그 위치가 이미 고정되므로 다른 대상을 가리킬 수 없다. ar로는 오로지 배열의 선두 번지를 읽을 수 있을 뿐이며 이 선두 번지를 기준으로 하여 배열 요소를 읽는다.

② pi가 가리키는 배열의 크기는 동적으로 결정할 수 있지만 ar이 가리키는 배열의 크기는 선언할 때 정적으로 결정된다. 고정된 길이의 배열이 필요하면 int ar[n]; 선언문으로 배열을 생성하는 것이 편리하고 가변 길이의 배열이 필요하면 int *형의 포인터 변수를 선언한 후 malloc으로 할당해서 사용해야 한다. 포인터로 할당한 배열은 실행 중에라도 realloc으로 크기를 재할당하여 변경할 수 있다.

③ 배열은 그 자체가 크기 때문에 함수의 인수로 전달할 수 없지만 포인터는 대상체가 무엇이든간에 4바이트의 크기밖에 차지하지 않으므로 함수로 전달할 수 있다. 그래서 배열을 함수로 전달할 때는 반드시 포인터를 사용해야 한다.

④ 배열로 요소를 읽는 것과 포인터로 대상체를 읽는 동작은 속도 차이가 있다. 배열의 첨자 연산은 매번 배열 선두에서부터 출발하지만 포인터는 대상체로 직접 이동해서 바로 읽으므로 액세스 속도가 빠르다. *pi는 pi가 가리키는 곳을 바로 읽지만 ar[n]은 *(ar+n)으로 일단 번지를 더한 후 읽어야 하므로 조금 느리다. 대단한 속도 차이는 아니지만 대규모의 반복적인 루프에서는 이 속도차도 결코 무시 못할 정도로 크다. 대략 포인터가 배열보다 두 배 정도 빠르다.

배열과 포인터의 관계를 좀 더 고찰해 보기 위해 pi를 한 단계 더 확장해 보자. 다음 선언문에서 크기 5는 임의의 정수 상수로 줄 수 있다.

int *api[5];

이렇게 선언된 api는 정수형 포인터 변수 5개를 모아 놓은 포인터 배열이 된다. 배열의 각 요소인 api[0], api[1] 따위는 정수형 변수 또는 임의 크기로 동적 할당된 정수형 배열을 가리킬 수 있는데 이 배열이 메모리에 할당된 모습을 그려 보면 다음과 같다.

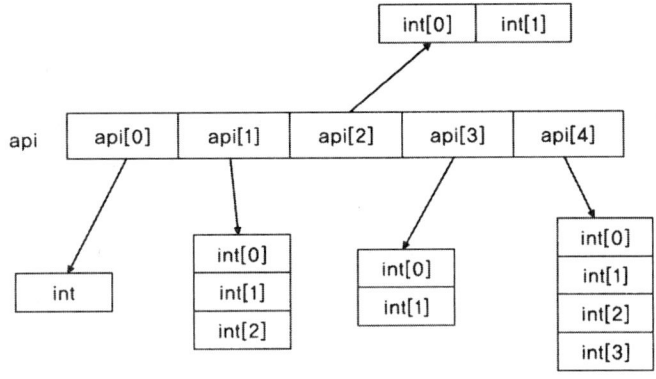

api 배열을 위해 할당되는 메모리는 20바이트밖에 안 되지만 각 요소는 int *형이므로 동적으로 할당된 번지를 api의 각 요소에 대입하면 api는 정수형 배열을 가리키는 포인터의 배열이 될 수 있다. 그렇다면 다음 선언문은 어떻게 해석할 수 있을까?

int **papi;

형태상 이중 포인터이다. papi의 요소인 papi[n]은 int * 타입으로서 정수형 배열을 가리킬 수 있는 포인터이다. 이런 포인터 변수 여러 개를 모으면 포인터 배열이 되고 그런 배열을 가리키는 포인터를 선언하면 바로 papi가 된다. 그래서 papi는 포인터 배열 포인터가 되며 위 그림의 api 같은 포인터 배열을 가리킬 수 있다. 한 단계 더 확장해 보자.

int **apapi[3];

이 선언문은 포인터 배열 포인터 배열이며 papi 같은 변수들의 집합을 다룬다. 말이 좀 꼬이더라도 쉽게 풀어 보자면 "정수형 변수의 집합인 배열을 가리킬 수 있는 포인터의 집합인 배열을 가리키는 포인터의 집합인 배열"이다. 말로 풀었더니 더 어려워지는 것 같은데 좀 더 쉽게 그림으로 그려 보자.

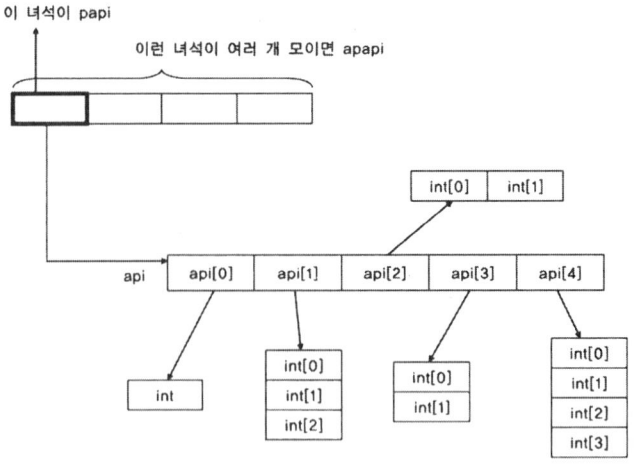

물론 apapi를 가리키는 포인터를 또 만들 수 있고 그런 포인터를 모아서 배열로 만드는 것도 가능하다. 현실적으로 이 정도까지 포인터와 배열을 중첩해서 쓸 일은 많지 않다. 그러나 이런 복잡한 수준의 선언문까지 해석할 수 있을 정도로 연습을 해 볼 필요는 있다. 가장 쉬운 선언문인 i부터 시작해서 pi, api, papi, apapi까지 단계적으로 확장해 보고 각각이 메모리에 어떻게 생성되는지 연습장에 그려 보자. 이 그림을 혼자서 완벽하게 그릴 수 있다면 포인터를 이해했다고 볼 수 있으며 남에게 설명할 수 있다면 포인터를 정복했다고 생각해도 좋다.

11.3 배열 포인터

11.3.1 배열 포인터

포인터 배열은 바로 앞 절에서 배웠고 이 절에서는 배열 포인터에 대해 알아본다. 이 둘은 이름이 비슷해서 다소 혼란스러울 수 있는데 이름만 비슷하지 완전히 다른 것이다. 배열 포인터는 사용 빈도가 그리 높지 않으며 실용성도 떨어진다. 문법적 대칭성을 위해 존재하는데 포인터 배열이 있으니 배열 포인터도 당연히 있어야 하기 때문이다. 하지만 포인터를 완전하게 이해하기 위해서는 개념을 잘 알아두어야 한다. 포인터 배열과 배열 포인터를 비교해 보면 다음과 같다.

- 포인터 배열(Array of Pointer) : 그 원소가 포인터인 배열이다. 각각의 배열 요소인 포인터가 가리키는 대상은 원칙적으로 임의의 타입을 가질 수 있지만 주로 문자형을 가리키는 경우가 많다.
- 배열 포인터(Pointer to Array) : 배열의 번지를 담는 포인터 변수이다. 포인터가 가리키는 대상은 배열형으로 구성되어 있으며 포인터가 가리키는 배열의 요소는 임의의 타입을 가진다.

둘 다 뒤쪽에 강세를 두고 읽으면 실체를 파악하는데 다소 도움이 될 것이다. 포인터 **배열**은 결국은 배열이고 배열 **포인터**는 결국은 포인터이다. 지금 한참 배우는 입장에서는 이 둘을 같이 공부하자면 무척 골머리가 아프고 짜증날 것이다. 한 단계 더 나가면 배열 포인터 배열이나 포인터 배열 포인터 같은 것들도 있을 수 있으며 이런 것들이 실제로 사용된다. 여기에 구조체까지 가세하면 더 복잡해지는데 원리만 파악하면 모두 별 것도 아니다.

배열 포인터는 배열이 여러 개 모여 있는 배열의 배열, 그러니까 2차원 이상의 배열에서만 의미가 있다. 1차원 배열에 대한 배열 포인터라는 것은 없다. 일차원 배열 int ar[5]를 가리키는 포인터가 필요하다면 int *pa; 로 선언하고 pa=ar로 초기화한다. pa로 ar[0], ar[1] 등의 정수형 변수들을 가리킬 수 있는데 이때 pa가 가리키는 대상은 ar 배열의 요소이지 ar 배열 그 자체가 아니기 때문에 pa는 단순한 정수형 포인터 변수에 불과하며 배열 포인터가 아닌 것이다.

1차원 배열은 부분 배열의 개념이 없으므로 배열 포인터를 선언할 수 없으며 선언할 필요도 없다. 최소한 2차원 이상이어야 전체 배열의 요소가 부분 배열이 되며 부분 배열을 가리키는 배열 포인터를 선언할 수 있다. 다차원 배열의 대표격인 2차원 배열의 포인터를 선언하는 방법은 다음과 같다.

요소형 (*포인터명)[2차 첨자 크기]

선언문의 모양이 다소 생소한데 이 선언문에서 괄호는 생략할 수 없으며 반드시 필요하다. 만약 괄호를 생략해 버리면 배열 포인터가 아닌 포인터 배열이 되어 버린다. 배열 포인터 선언시 2차 첨자 크기는 반드시 밝혀야 하는데 이 크기를 알아야 가리킬 배열(곧 대상체)의 전체 크기를 구할 수 있기 때문이다.

포인터는 자신이 가리킬 대상의 크기를 알아야 *연산자로 값을 읽을 수 있고 ++, -- 연산자로 앞뒤 요소로 이동할 수 있다. 그래서 요소의 타입과 2차 첨자 크기에 대한 정보가 필요한데 쉽게 말해 어떤 녀석들이 얼마나 모여 있는지 알아야 하는 것이다. 그러나 1차 첨자 크기는 밝히지 않아도 되며 밝힐 필요도 없다. 왜냐하면 포인터는 자신이 가리키는 번지의 앞뒤에 동일 타입의 데이터가 임의의 개수만큼 있다고 가정하고 이동할 수 있어야 하기 때문이다.

3차 이상은 2차 이후의 첨자만 적고 그 앞에 (*변수명)만 붙이면 된다. 예를 들어 int ar[2][3][4] 배열을 가리키는 배열 포인터는 int (*par)[3][4]로 선언한다. 다음 예제가 배열 포인터를 사용하는 가장 간단한 예제이다.

예제 ArrayPointer

```
#include <Turboc.h>

void main(void)
{
    char arps[5][9]={"고양이","개","오랑우탄","돼지","지렁이"};
```

```
    char (*ps)[9];

    ps=arps;
    int i;

    for (i=0;i<5;i++) {
        printf("%s\n",*ps++);
    }
}
```

arps는 이차원 문자형 배열로 선언되었으며 각 부분 배열은 동물 이름으로 초기화되어 있다. 가장 긴 동물의 이름이 "오랑우탄"이며 널 문자까지 고려하여 최대 9자까지 저장해야 하므로 2차 첨자는 9로 선언되어 있다. 이 배열의 부분 배열을 가리키는 배열 포인터는 다음과 같이 선언한다.

char (*ps)[9];

만약 이 선언문에서 괄호를 생략하고 char *ps[9]; 로 선언한다면 이것은 문자형을 가리키는 포인터 9개를 요소로 가지는 포인터 배열이 되어 버릴 것이다. 이 선언에 의해 ps 배열 포인터는 자신이 가리킬 대상체가 크기 9의 문자형 배열이라는 것을 알 수 있다. 따라서 *ps로 읽으면 크기 9의 문자형 배열(곧 문자열)이 읽혀지고 ps++, ps--는 대상체의 크기인 9바이트만큼 앞뒤로 이동하게 된다.

ps는 크기 9의 문자형 배열을 대상체로 가지므로 이 변수에 값을 대입할 때도 타입에 맞는 대상체의 번지를 대입해야 한다. 예제에서는 arps 배열 자체를 대입했는데 arps 배열명은 이 배열의 시작 번지를 가리키는 포인터 상수이고 이 번지는 곧 &arps[0]와 같다. arps[0]는 분명히 크기 9의 문자형 배열이므로 이 배열의 번지를 ps에 대입할 수 있는 것이다.

ps가 arps[0]를 가리키고 있는 상태에서 *연산자로 이 배열을 읽으면 배열의 내용이 읽혀질 것이다. 그리고 ++ 연산자로 다음 대상체로 이동하면 arps[1]로 이동하고 다시 한 번 ++ 연산자를 적용하면 arps[2]로 이동한다. 예제에서는 루프를 다섯 번 돌면서 ps가 가리키는 부분 배열을 순서대로 읽어 화면으로 출력하였다.

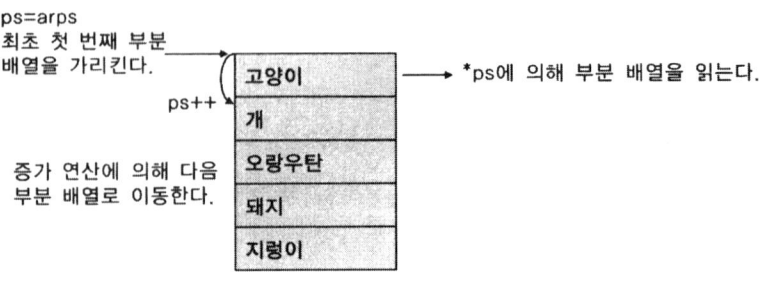

배열 포인터를 사용하여 부분 배열들을 순서대로 읽는 예제를 만들어 봤는데 사실 이 경우는 굳이 배열 포인터를 사용하지 않아도 된다. 다음과 같이 arps에 [ ] 연산자를 사용해도 부분 배열을 읽을 수 있다.

```
for (i=0;i<5;i++) {
    printf("%s\n",arps[i]);
}
```

arps[i]가 결국 *(arps+i)이므로 arps가 이동하나 i를 증가시키나 같은 것이다. int ar[5]; int *pi=ar; 에서 *pi++과 ar[n]이 모두 가능한 것과 마찬가지이다. 그렇다면 배열 포인터가 꼭 필요한 상황은 과연 언제인지 다음 항에서 알아보자.

11.3.2 배열 인수

배열 포인터는 자신이 가리키는 대상체 배열의 크기를 정확하게 알고 있다. 그래서 타입이 다른 배열은 이 변수에 대입할 수 없다. 다음 예를 보자.

```
int ari[][7]={
    {1,2,3,4,5,6,7},
    {8,9,10,11,12,13,14}
};

int (*pa)[7];
int (*pb)[8];

pa=ari;
pb=ari;              // 여기서 에러 발생
```

ari 배열은 2차 첨자의 크기가 7인 정수형 2차 배열이다. pa는 이 배열의 부분 배열을 가리킬 수 있는 배열 포인터로 선언되었으므로 pa에 ari의 부분 배열의 번지를 대입할 수 있다. 반면 pb는 2차 첨자가 8인 배열을 가리키는 배열 포인터이므로 pb에 ari의 부분 배열의 번지를 대입할 수 없다. 컴파일러는 이 단계에서 int (*)[7] 타입을 int (*)[8] 타입으로 바꿀 수 없다는 에러 메시지를 출력할 것이다. 물론 pb=(int (*)[8])ari; 로 강제 캐스팅할 수는 있다.

이처럼 배열 포인터는 자신이 가리킬 수 있는 배열의 타입과 크기를 정확하게 기억하고 있기 때문에 사용자의 부주의한 대입을 막을 수 있다. 위 예처럼 일부러 틀린 타입을 대입할 리는 없겠지만 함수로 배열을 넘길 때는 의도하지 않은 실수를 할 수도 있을 것이다. 배열 포인터를 사용하면 정확한 타입만

대입할 수 있으므로 이런 실수를 방지할 수 있다. 다음 예제는 이런 2차원 배열 포인터를 사용하는 예를 보여준다.

예제 ArrayArg

```c
#include <Turboc.h>

int GetTotalForWeek(int (*pa)[7])
{
    int i,sum=0;

    for (i=0;i<7;i++) {
        sum += pa[0][i];
    }
    return sum;
}

void main(void)
{
    int ari[][7]={
        {1,2,3,4,5,6,7},
        {8,9,10,11,12,13,14},
        {15,16,17,18,19,20,21}
    };

    int i;
    for (i=0;i<3;i++) {
        printf("%d주의 판매량 = %d\n",i+1,GetTotalForWeek(&ari[i]));
    }
}
```

GetTotalForWeek 함수는 크기 7의 정수형 배열을 인수로 받아들여 이 배열의 총합을 구해 리턴하는데 가령 일주일간의 총 판매량을 구한다고 생각하면 될 것이다. 일주일이 7일이라는 것은 누구나 다 아는 사실이고 불변의 법칙이므로 이 함수는 크기 7의 정수형 배열만 인수로 받아들이도록 되어 있다.

이 함수는 인수로 전달된 pa가 크기 7의 정수형 배열이라는 것을 이미 알고 있으므로 루프는 7까지만 돈다. 크기가 7이 아닌 배열은 이 함수로 전달될 수가 없으므로 7까지 무조건 돌아도 안전하다는 것을 보장받을 수 있다. 함수 본체에서 pa로 전달된 배열의 n번째 요소를 읽을 때는 pa[0][n]으로 읽어야 하는데 pa가 2차원 배열 포인터이기 때문이다. 또는 (*pa)[n]으로도 읽을 수 있는데 *pa 자체가 1차원 배열이기 때문이다.

호출원에서는 각 주별 총 판매량을 구하고 싶을 때 크기 7의 배열 포인터를 이 함수로 전달하면 된다. 예제에서는 ari 2차원 정수형 배열을 정의하고 이 배열의 부분 배열들의 번지를 차례대로 이 함수로 전달했다. 실행 결과는 다음과 같다.

```
1주의 판매량 = 28
2주의 판매량 = 77
3주의 판매량 = 126
```

GetTotalForWeek 함수의 원형에 배열 포인터를 사용함으로써 크기 7의 정수형 배열 이 외에는 어떠한 인수도 전달받지 않는다. 이 함수에 크기 8의 정수형 배열이나 크기 7의 실수형 배열에 대한 포인터를 전달하려고 하면 컴파일러가 이를 문법적인 에러로 보고하므로 뜻하지 않은 실수를 방지할 수 있을 것이다.

실인수가 형식인수로 전달되는 것은 일종의 대입 연산이기 때문에 반드시 타입이 일치하거나 아니면 int와 short 처럼 컴파일러가 알아서 타입을 변환할 수 있는 호환되는 타입이어야 한다. 만약 대입 연산식의 좌우변이 일치하지 않으면 캐스트 연산자로 강제로 타입을 바꿀 수는 있다. 배열 포인터의 경우도 캐스트 연산자를 사용할 수 있는데 다음이 그 예이다.

```
int ar[]={1,2,3,4,5,6,7};
int ar2[]={1,2,3,4,5,6,7,8,9,10};
int (*pa)[7];

pa=&ar;
pa=&ar2;
```

pa 배열 포인터는 2차 첨자가 7인 배열의 번지를 가지도록 선언되었다. 이 변수에 크기 7의 1차 배열 ar의 번지를 대입할 수 있는데 왜냐하면 ar은 비록 1차원 배열이지만 첫 번째 첨자가 1인 2차원 배열 (ar[1][7])로 볼 수 있기 때문이다. 위 코드의 ar 배열은 앞 예제의 ari 배열의 부분 배열 ari[0]와 완전히 같은 자격을 가지며 따라서 pa에 대입할 수 있다.

ar2 배열은 크기가 10이기 때문에 pa에 곧바로 대입할 수 없으면 컴파일러는 int (*)[10]을 int (*)[7]로 바꿀 수 없다는 에러 메시지를 출력할 것이다. 만약 ar2 배열의 크기를 잠시 7로 바꾸어 pa에 대입하고 싶다면 다음과 같은 캐스트 연산자를 사용하면 된다.

```
pa=(int (*)[7])&ar2;
```

이 캐스트 연산식에 사용된 int (*)[7]이라는 타입이 바로 크기 7의 배열 포인터라는 뜻이다. 좀 어색해 보이는데 이렇게 생각해 보자. int i; 의 타입은 int고 int *pi; 의 타입은 int *인데 변수 선언문에서 변수를 빼 버리면 바로 타입이 된다. 그러므로 int (*pa)[7]; 선언문에서 변수명 pa을 빼 버리면 int (*)[7]만 남고 이것이 타입이 되는 것이다. 다음에 배울 함수 포인터의 캐스트 연산자도 이런 식으로 만든다.

11.3.3 배열 인수 표기법

배열에 대해 어떤 반복적인 처리가 필요하다고 해 보자. 일정한 코드가 계속적으로 반복된다면 함수로 분리해야 하는데 이때 작업 대상이 되는 배열을 함수로 전달할 필요가 있을 것이다. 다음 예제는 배열의 내용을 화면으로 출력하는 함수 OutArray를 정의한다.

예제 ArrayPara1

```
#include <Turboc.h>

void OutArray(int ar[5])
{
    int i;
    for (i=0;i<5;i++) {
        printf("%d번째 = %d\n",i,ar[i]);
    }
}

void main(void)
{
    int ar[]={1,2,3,4,5};

    OutArray(ar);
}
```

main에서 크기 5의 정수형 배열 ar을 선언했으며 이 배열을 OutArray로 전달하였다. 실행해 보면 ar 배열의 내용이 제대로 출력되는 것을 확인할 수 있다. 이 예제에서 OutArray의 인수 목록에 int ar[5]라고 되어 있으므로 이 함수가 크기 5의 정수형 배열을 전달받는 것처럼 보이지만 사실은 그렇지 않다.

C는 함수의 인수로 배열을 전달하는 방법은 제공하지 않으며 오로지 포인터만 전달할 수 있다. OutArray의 인수 목록에 있는 int ar[5]는 정수형 포인터 ar을 의미하는 것이지 정수형 배열을 의미하는

것이 아니다. 다만 정수형 포인터 타입의 인수를 배열처럼 표기하는 것을 허용할 뿐이다. 그래서 다음 세 함수표기는 완전히 동일하다.

```
void OutArray(int ar[])
void OutArray(int *ar)
void OutArray(int ar[5])
```

int ar[]이라고 표기하든 int *ar이라고 표기하든 컴파일러는 둘 다 정수형 포인터로 해석한다. 함수의 인수 목록에서 int ar[]이라는 표기는 int *ar과 완전히 동일하며 배열이 아니라 포인터이다. 표기만 같을 뿐이지 ar은 항상 포인터이며 함수 내에서 *연산자로 가리키는 대상을 읽을 수 있고 ++, -- 연산자로 앞뒤로 이동할 수도 있다. 예제에서 ar[i]를 *ar++로 바꿔도 똑같이 동작하는데 증가할 수 있다는 것은 곧 상수가 아니라는 얘기다.

int ar[]의 [ ] 괄호 안에 배열의 크기는 생략할 수도 있고 상수값을 적을 수도 있되 컴파일러는 여기에 표기된 상수값은 완전히 무시한다. 그래서 배열을 넘기고 싶을 때 실제로는 포인터가 넘어가더라도 그 배열의 형태를 그대로 적을 수 있다. 심지어 int ar[1000] 같은 터무니없는 값을 써도 아무런 문제가 없다. 어차피 전달되는 것은 포인터이지 배열이 아니기 때문에 컴파일러는 크기 따위에 관심을 가질리가 만무하며 함수는 시작 번지만을 전달받기 때문에 배열 크기를 알 방법이 전혀 없다.

만약 함수 내에서 배열의 크기를 꼭 알아야 한다면 배열의 시작 번지와 함께 별도의 인수로 배열 크기를 전달해야 한다. 아니면 배열의 요소 중 0이나 -1같이 끝을 나타내는 미리 약속된 특이값을 쓸 수도 있는데 주로 문자형 배열이 이 방법을 사용한다. 다음 예제의 GetArSum 함수는 배열의 시작 번지와 크기를 전달하면 배열 요소의 총 합을 구한다.

예제 ArrayPara2

```c
#include <Turboc.h>

int GetArSum(int ar[], int size)
{
    int i,sum=0;

    for (i=0;i<size;i++) {
        sum += ar[i];
    }
    return sum;
}
void main(void)
```

```
{
    int ar[]={1,2,3,4,5};
    int ar2[]={6,7,8,9,10,11};

    printf("총합 = %d\n",GetArSum(ar,sizeof(ar)/sizeof(ar[0])));
    printf("총합 = %d\n",GetArSum(ar2,sizeof(ar2)/sizeof(ar2[0])));
}
```

이 함수가 받아들이는 인수는 정수형의 포인터 ar과 배열의 크기값 size이다. 정수형 포인터의 시작과 길이를 주면 시작 번지 이후 길이만큼의 요소에 대한 합을 구해 리턴한다. 그래서 이 함수는 임의 크기의 정수형 배열에 대한 크기값을 계산할 수 있다. int ar[]이라는 표기는 곧 정수형 포인터를 의미하므로 GetArSum 함수의 본체를 다음과 같이 작성해도 동일하다.

```
int GetArSum(int *ar, int size)
```

같은 원리로 앞 항에서 작성한 GetTotalForWeek 함수의 pa 인수도 다음과 같이 두 가지 방법으로 표기할 수 있다.

```
int GetTotalForWeek(int (*pa)[7])
int GetTotalForWeek(int pa[][7])
```

첫 번째 첨자 크기는 비워 두고 두 번째 첨자에만 크기를 밝히면 이 인수가 크기 7의 배열 포인터라는 것을 알 수 있다. int pa[3][7] 등과 같이 첫 번째 첨자 자리에 크기를 밝힐 수도 있는데 써 봐야 무시된다. 포인터 인수를 배열 형태로 표기하는 예는 main 함수의 인수에서도 볼 수 있는데 argv 인수에 대해 다음 두 가지 표기가 모두 가능하다.

```
void main(int argc,char *argv[]);
void main(int argc,char **argv);
```

정리하자면 함수의 인수 목록에서 포인터형 인수에 대해서는 int *ar 형식 외에 int ar[]이라는 표기도 허용되며 두 표기법은 완전히 동일하게 해석된다. 어디까지나 함수의 인수 목록에서만 그럴 뿐이며 일반적인 선언문에서는 int ar[]이라는 표기로 포인터를 선언할 수 없다. 그렇다면 C 문법은 왜 이런 두 가지 표기법을 허용하며 두 표기법이 문법외적으로 어떤 차이점이 있을까?

- int *ar : 이렇게 표기하는 것은 이 인수가 포인터라는 것을 강조한다. 호출원에서 &i나 pi 등을 넘길 때는 이런 표기법을 쓰는 것이 좋으며 함수를 쓰는 사람은 이 표기를 보고 이 인수가 정수형 변수의 번지를 전달받는다고 생각할 것이다.
- int ar[] : 이렇게 표기하는 것은 이 인수가 배열로부터 온 포인터라는 것을 강조한다. 호출원에서 arScore 나 arValue 같은 배열명으로부터 평가된 포인터 상수를 넘길 때 이런 표기법을 쓰는 것이 좋으며 이렇게 표기된 인수는 배열이라는 것을 쉽게 알 수 있다.

두 표기법은 문법적으로는 완전히 동일하지만 함수를 읽는 사람에게 인수의 의미에 대한 약간의 정보를 제공할 수 있다. 그래서 C는 이런 두 가지 표기법을 제공하는데 이로 인해 C 초보자들은 많은 혼돈을 느끼는 것 또한 사실이다. 차라리 배열이더라도 무조건 *로만 표기하도록 문법을 정리했다면 이런 혼란은 없었을 것이다.

만약 이런 것을 신경쓰고 싶지 않다면 앞으로 배열이든 정수형 변수의 번지든 함수로 전달할 때는 * 표기법만 사용하면 된다. 단, 남의 소스를 볼 때는 [ ] 표기법으로 포인터를 넘기는 경우가 있기 때문에 두 표기법이 동일하다는 것은 꼭 알아 두어야 한다.

11.3.4 이차 배열 인수

일차 배열을 함수의 인수로 전달할 때는 단순 포인터와 개수를 함께 넘겼다. 이차 이상의 배열을 함수로 넘길 때는 배열 포인터를 사용해야 한다. 단순 포인터를 넘기면 배열의 시작 위치만 알 수 있으며 개수를 함께 넘기더라도 배열의 모양은 알 수 없을 것이다.

예제 TwoArrayPara

```
#include <Turboc.h>

void func(int (*ar)[3],int size)
{
    int i,j;

    for (i=0;i<size;i++) {
        for (j=0;j<3;j++) {
            printf("ar[%d][%d]=%d\n",i,j,ar[i][j]);
        }
    }
    puts("");
}

void main()
```

```
{
    int ar1[2][3]={{1,2,3},{4,5,6}};
    int ar2[3][3]={{7,8,9},{10,11,12},{13,14,15}};

    func(ar1,2);
    func(ar2,3);
}
```

func는 이차원 배열을 전달받아 그대로 출력하기만 하는데 크기 3의 배열 포인터와 개수를 인수로 취한다. 배열 인수 표기법에 따라 다음과 같이 표기할 수도 있다.

void func(int ar[][3],int size)

ar은 반드시 크기 3의 정수형 배열 포인터여야 하며 size는 이런 배열의 개수이다. func는 두 번째 첨자가 3이 아닌 배열은 전달받지 못하는 셈이다. 결국 이차원 이상의 배열도 그 요소가 배열인 1차원 배열로 취급되어 시작 번지와 개수를 넘기는 방식이라고 할 수 있다. 만약 임의의 모양을 가지는 이차원 배열을 함수로 전달하려면 단순형 포인터로 시작 번지를 전달하고 별도의 인수로 폭과 높이를 따로 알려 주는 방법밖에 없다.

이차원 배열을 인수로 전달하는 방법은 사실 거의 실용성이 없고 실제 프로젝트에서 사용할 일도 없다. 왜냐하면 이차원 정도의 배열이면 프로그램의 핵심 자료 구조로 사용될 확률이 높고 이런 배열은 으레히 전역적으로 선언되기 때문이다. 그러므로 모든 함수들이 이 배열을 자유롭게 읽고 쓸 수 있으며 함수의 인수로 전달할 필요가 없는 것이다. 설사 그럴 일이 있다 하더라도 이차원 배열 단독으로 전달되는 경우보다는 구조체의 멤버로 포함되어 전달되는 경우가 압도적으로 많기 때문에 이차원 배열 인수란 큰 의미가 없다고 할 수 있다.

11.3.5 이차 배열 할당

다음 두 항의 주제는 다소 어려운 문법이라 처음 책을 읽는 사람들에게는 혼란스러울 것으로 예상된다. 그래서 이 내용은 지금 당장 읽기보다는 좀 더 실무 경험을 쌓은 후에 다시 보기 바란다. 실제로 현업에서 활용되는 실용성이 있는 내용이라기보다는 배열과 포인터에 대한 이론적인 연구를 위한 학술적인 내용이라고 할 수 있다. 따라서 금방 이해되지 않는다 하여 고민할 필요까지는 없으며 만약 잘 이해된다면 포인터에 대한 이해가 충분히 깊어졌다고 생각해도 좋다.

동적 할당 기능을 사용하면 실행 중에 원하는 크기대로 배열을 할당할 수 있다. 그렇다면 2차원 배열도 동적으로 할당할 수 있을까? 문자형의 2차원 배열을 정적으로 선언하는 문장은 char ar[3][4]가 되는데 이 선언문의 상수 3과 4를 실행 중에 결정하고 싶은 것이다. 이만큼의 메모리를 실행 중에 만들려면 malloc(3*4*sizeof(char))를 호출하여 12바이트를 할당하면 된다. 이때 malloc이 리턴하는 포인터를 어떤 타입의 변수로 받아야 하는가가 문제다. 일단 다음과 같이 해 보자.

```
char *p=(char *)malloc(3*4*sizeof(char));
free(p);
```

배열의 최종 요소가 char형이므로 char *로 받았다. 그러나 이렇게 하면 길이 12의 문자형 일차 배열을 할당한 것이지 2차원 배열을 할당한 것은 아니다. 원래 할당하려고 했던 char ar[3][4]는 길이 4의 문자열 3개를 의도한 것인데 이 할당에 의해 만들어진 p는 길이 12의 문자열 하나에 불과하므로 2차원 배열로 사용할 수 없다. 할당한 길이만 같을 뿐이다. 이 배열을 동적으로 할당하려면 배열 포인터로 받아야 한다.

예제 malloc2array

```
#include <Turboc.h>

void main()
{
    int i;

    char (*p)[4]=(char (*)[4])malloc(3*4*sizeof(char));
    strcpy(p[0],"dog");
    strcpy(p[1],"cow");
    strcpy(p[2],"cat");
    for (i=0;i<3;i++) puts(p[i]);
    free(p);
}
```

크기 4의 문자형 배열을 가리키는 배열 타입에 대해 크기 3으로 할당했으며 각 부분 배열에 문자열이 잘 들어가는지 확인하기 위해 3자짜리 문자열들을 복사한 후 다시 확인 출력해 보았다. 배열의 2차 첨자 길이는 4이지만 널 문자를 고려해야 하므로 실제로는 3자까지밖에 저장하지 못한다. 이 예제에서 할당한 p는 char ar[3][4] 정적 배열을 동적으로 할당한 것이며 2차원 배열처럼 사용할 수 있다.

그러나 사실 이 예제가 동적으로 할당한 것은 2차원 배열이 아니라 1차원 배열이라고 보는 것이 더 타당하다. 동적 할당이란 실행 중에 크기를 결정하고 싶을 때 사용하는 것인데 이 예제에서 할당한 p의 크기는 컴파일 중에 결정된 것이기 때문이다. 좀 더 단순한 정수형 일차원 배열을 예로 들면 다음과 같은 할당이 진정한 동적 할당이다.

```
int n=5;
int *pi=(int *)malloc(n*sizeof(int));
free(pi);
```

이 코드는 크기 5의 정수형 1차 배열을 할당하는데 이때 크기를 지정하는 n은 상수가 아니라 변수이다. 사용자가 입력한 값이나 함수의 인수로 전달된 값을 배열 크기로 지정하면 할당할 크기를 외부에서 주어진 값으로 선택할 수 있다. 만약 n이 5로 고정되어 있다면 굳이 pi를 동적 할당할 필요없이 int pi[5] 선언문으로 정적 배열로 선언하는 것이 더 편리할 것이다. 예제의 2차 배열도 변수로 폭과 높이를 지정할 수 있는지 점검해 보자. 먼저 다음과 같이 수정해 본다.

```
int n=3;
char (*p)[4]=(char (*)[4])malloc(n*4*sizeof(char));
free(p);
```

일차 첨자의 크기를 변수 n으로 지정했는데 아무 이상없이 잘 컴파일된다. 이제 n만 더 크게 주면 얼마든지 더 큰 2차 배열을 할당할 수 있다. 이번에는 일차 첨자 크기인 4도 변수로 바꿔서 할당해 보자.

```
int n=3,m=4;
char (*p)[m]=(char (*)[m])malloc(n*m*sizeof(char));
free(p);
```

이 코드는 제대로 컴파일되지 않는다. 왜냐하면 배열 포인터의 대상체 배열의 크기값은 상수로만 줄 수 있기 때문이다. p가 어떤 배열을 가리킬 것인가는 실행 중에 결정할 수 없으며 컴파일할 때 이미 결정되어 있어야 한다. 모든 포인터는 대상체의 크기를 알아야 하는데 예제의 p는 대상체의 크기가 실행 중에 결정되는 변수이기 때문이다. p의 선언문이 컴파일되지 않는 이유는 int ar[n]; 이 컴파일되지 않는 이유와 동일하다. 위 코드에서 m을 const int로 선언하면 컴파일된다.

이 테스트에서 보다시피 위 예제에서 할당한 p는 2차원 배열이 아니라 크기가 정해진 1차원 배열을 요소로 가지는 1차원 배열, 즉 배열의 배열인 것이다. 두 첨자의 크기를 실행 중에 마음대로 변경할 수 없으므로 제대로 2차원 배열을 할당했다고 볼 수 없다. 잘 이해가 가지 않으면 예제를 다음과 같이 수정해 놓고 테스트해 보자.

```
int i;
typedef char c4[4];
```

```
c4 *p=(c4 *)malloc(3*sizeof(c4));
strcpy(p[0],"dog");
strcpy(p[1],"cow");
strcpy(p[2],"cat");
for (i=0;i<3;i++) puts(p[i]);
free(p);
```

이 코드는 예제의 코드와 완전히 같으며 동작도 동일하다. c4를 크기 4의 문자형 배열로 타입 정의하고 c4의 1차원 배열을 동적으로 할당했다. 이때 malloc의 첫 번째 인수 3은 상수가 아닌 변수로 줄 수 있다. 그러나 c4의 정의문에 있는 4는 타입의 일부이므로 변수로 지정할 수 없으며 컴파일시에 정해져야 한다. 원래 의도했던 바대로 두 첨자를 실행 중에 마음대로 결정하도록 하려면 이중 포인터를 사용해야 한다.

예제 malloc2array2

```
#include <Turboc.h>

void main()
{
    int n=3,m=4;
    int i;

    char **p;
    p=(char **)malloc(n*sizeof(char *));
    for (i=0;i<n;i++) {
        p[i]=(char *)malloc(m*sizeof(char));
    }
    strcpy(p[0],"dog");
    strcpy(p[1],"cow");
    strcpy(p[2],"cat");
    for (i=0;i<n;i++) puts(p[i]);
    for (i=0;i<n;i++) {
        free(p[i]);
    }
    free(p);
}
```

문자형의 이중 포인터 p를 선언하고 p를 먼저 동적 할당한다. 이때 p 자체의 크기는 변수로 지정할 수 있다. 이 할당에 의해 p는 크기 3의 문자형 포인터 배열이 된다. 그리고 각각의 p요소를 다시 동적 할당하되 이때는 이차 첨자 m의 크기만큼 할당했다. 두 첨자 n과 m을 모두 변수로 지정할 수 있으므로 실행 중에 2차원 배열의 폭과 높이를 결정할 수 있다. 할당 결과 p가 메모리에 생성된 모양은 다음과 같이 그릴 수 있다.

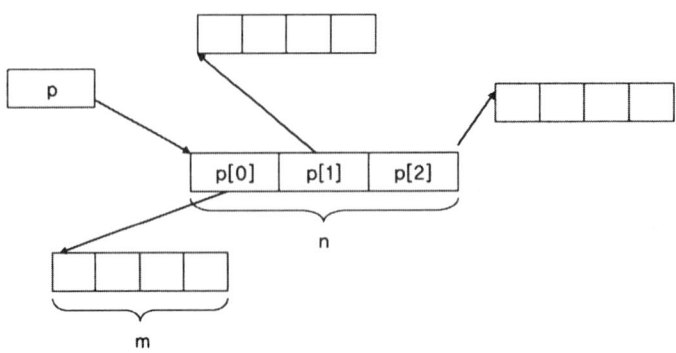

메모리의 여기저기에 흩어져서 할당되어 있기는 하지만 분명히 실행 중에 할당된 이차원 배열이라고 할 수 있다. 정적으로 할당된 char ar[3][4]와 사용 용도가 동일하며 각 요소를 참조하는 방법도 같다. 그러나 완전히 같다고는 할 수 없는데 정적 배열은 부분 배열의 크기가 일정하지만 이런 식으로 이중 포인터를 사용하여 두 번 할당할 경우는 부분 배열의 크기를 각각 다르게 지정할 수도 있다는 차이점이 있다. 즉 직사각형(Rectangular) 배열이 아니라 들쭉날쭉한(Ragged) 배열이다. 2단계로 할당했으므로 이 배열을 해제할 때도 요소들을 먼저 해제하고 전체 배열을 해제하는 2단계를 거쳐야 한다.

그렇다면 원래의 논의로 돌아가 이차원 배열을 동적으로 할당할 수 있는가라는 명제의 진위 여부를 가려 보자. 문법적인 견지에서 볼 때 이차원 배열을 한 번에 할당하는 것은 불가능하다. 두 첨자의 크기를 실행 중에 모두 결정할 수는 없기 때문이다. 그러나 실질적으로는 이차 배열처럼 동작하는 이중 포인터로 동일한 형태의 배열을 만들 수 있으므로 가능하다고 볼 수도 있다.

11.3.5 &ar

int ar[5]라는 선언문은 크기 5의 정수형 배열을 선언하는 문장이다. 이렇게 선언된 ar은 배열의 시작 번지를 가리키는 포인터 상수라는 것은 앞에서 이미 다 알아보았다. ar 자체가 포인터이므로 이 번지를 얻고 싶을 때는 별도의 연산자없이 ar이라고만 표현하면 된다. 예를 들어 배열의 선두 번지를 정수형 포인터에 대입하고 싶다면 int *pi=ar; 로 대입한다.

그렇다면 ar에 &연산자를 붙인 &ar은 과연 어떤 의미가 있을까. ar이 포인터 상수인데 상수는 번지를 가지지 않으므로 &연산자를 쓸 수 없다. 실제로 클래식 C의 문법에서는 &ar이라는 표현식을 허용하지 않는다. 그러나 ANSI C 이후부터는 배열이 &의 피연산자가 될 때 포인터 상수가 아니라 배열 그 자체를 가리키는 것으로 변경되었으므로 &ar이라는 표현식이 가능해졌다. 그렇다면 ar과 &ar이 어떻게 다른지 연구해 보자. 일단 다음 코드로 두 형식의 포인터가 실제 어떤 번지를 가지는지 출력해 보자.

```
int ar[5]={1,2,3,4,5};
printf("%p\n",ar);
printf("%p\n",&ar);
```

배열 ar이 어디에 생성될 것인가는 실행시마다 다르므로 관심 대상은 아니다. 이 코드는 ar과 &ar의 번지가 같은가 아닌가를 확인해 보는 것인데 실행해 보면 똑같은 번지를 가리키는 것으로 출력된다. 그렇다면 ar과 &ar이 같은 자격을 가진다는 얘기인지 아니면 &ar은 뭔가 다른 의미를 가지는지 다음 코드로 테스트해 보자.

```
int ar[5]={1,2,3,4,5};
int *pi;

pi=ar;              // 가능
pi=&ar;             // 에러
```

정수형 포인터 pi는 정수형 포인터 상수인 ar을 대입받을 수 있지만 &ar을 대입받을 수는 없다. 대입이 안 된다는 얘기는 좌우변의 타입이 다르다는 뜻이다. ar은 정수형 배열의 시작 번지를 가리키는 포인터 상수이므로 정확한 타입은 int * const이며 대상체는 int이다. 그러나 &ar의 타입은 이와는 다른데 대상체가 크기 5의 정수형 배열이며 타입은 int (*)[5] const가 된다. 즉 &ar은 크기 5의 정수형 배열을 가리키는 배열 포인터 상수이다.

양변의 타입이 다르므로 대입을 거부하는 것이 당연하다. 만약 꼭 대입하려면 pi=(int *)&ar; 로 캐스팅해야 하는데 억지로 대입할 수는 있지만 타입이 다르므로 틀린 대입이다. pi의 타입을 int (*pi)[5]로 수정해야 대입받을 수 있는데 수정한 후 다음 예제로 &ar이 어떤 의미를 가지는지 테스트해 보자.

예제 ampersandarray

```
#include <Turboc.h>

void main(void)
{
    int ar[5]={1,2,3,4,5};
    int *p1;
    int (*p2)[5];

    p1=ar;
    p2=&ar;
```

```
    printf("before = %p\n",p1);
    printf("before = %p\n",p2);
    p1++;
    p2++;
    printf("after = %p\n",p1);
    printf("after = %p\n",p2);
}
```

정수형 배열 ar의 번지를 가지는 p1과 정수형 배열의 포인터인 &ar의 번지를 가지는 p2를 선언한 후 이 두 변수의 초기 위치와 1 증가시킨 후의 번지를 출력해 보았다. 출력되는 번지는 물론 시스템에 따라 달라질 것이다.

```
before = 0012FF6C
before = 0012FF6C
after = 0012FF70
after = 0012FF80
```

p1, p2는 최초 같은 번지를 가리키고 있다. 그러나 1 증가했을 때 p1은 4바이트 뒤로 이동하지만 p2는 20바이트 뒤로 이동한다. 이로부터 두 포인터의 타입과 대상체가 다르다는 것을 확실히 확인할 수 있는데 p1은 정수형 포인터이며 p2는 크기 5의 정수형 배열에 대한 포인터이다. &ar의 의미는 ar을 부분 배열로 가지는 가상의 전체 배열에 대한 이차 배열 포인터 상수라고 할 수 있다. 마치 int *pi=&i; 에 의해 pi가 i를 첫 번째 요소로 가지는 가상의 일차 배열 포인터가 되는 것처럼 말이다.

&ar의 정체를 알았으면 이제 다음 코드에 대해 점검해 보자. 포인터를 처음 배우는 사람들이 흔히 이 문장이 가능한 이유에 대해 많이 질문하는데 보기보다 이유가 복잡하다. scanf로 문자열을 입력받는데 이 함수는 참조 호출을 하므로 변수 앞에 &를 붙여야 하지만 배열의 경우는 그 자체가 포인터이므로 &를 붙이지 않아도 된다. 그래서 문자열을 입력받을 때는 통상 다음과 같이 한다.

```
char name[20];
scanf("%s",name);
```

그런데 이 문장을 scanf("%s",&name); 으로 써도 잘 동작한다. 컴파일도 잘되고 동작도 아주 정상적이다. name과 &name의 타입이 다르지만 가리키는 주소는 우연히 같다. 가변 인수 함수는 인수의 타입을 점검하지 않으며 서식과 일치하는 타입으로 간주한다. name, &name은 둘 다 포인터형이므로 4바이트이고 %s 서식과 대응될 수 있으며 타입은 달라도 우연히 같은 번지를 가리키고 있으므로 동작에도 이상이 없는 것이다. 하지만 결코 정상적인 문법은 아니므로 name앞에는 &를 붙이지 말아야 한다. 차라리 &name[0]라고 쓰는 것이 정상적이다.

11.4 배열과 문자열

11.4.1 문자열 상수

코드에서 정수 상수가 필요하면 1234, 98 등과 같이 아라비아 숫자를 바로 적고 문자 상수가 필요할 때는 'a', 'b' 등과 같이 **홑따옴표** 안에 문자 하나를 적으면 된다. 문자열 상수가 필요할 경우는 겹따옴표를 사용하여 "String"식으로 적는다. 이미 오래 전에 공부했던 내용이다.

컴파일러는 문자열 상수를 다른 상수들과 달리 아주 특별하게 취급한다. 문자열 상수가 어떻게 취급되는지 조사해 보기 위해 간단한 실험을 해 보자. 다음 예제는 두 개의 문자열 상수를 사용하고 있는데 하나는 문자형 배열을 초기화하기 위해, 하나는 printf 함수의 인수로 사용되었다.

예제 StringConst

```
#include <Turboc.h>

void main()
{
    char Name[]="Kim Sang Hyung";

    printf("This is a String Constant.\n");
    puts(Name);
}
```

실행해 보면 두 개의 문자열이 화면으로 출력될 것이다. 이 프로그램에서 사용하고 있는 두 개의 문자열이 어디에 저장되어 있는지 살펴보기 위해 컴파일된 실행 파일을 16진수로 덤프해 보자. 16진 덤프 기능이 있는 편집기로 StringConst.exe 파일을 열어 확인해 보면 한참 뒤쪽에서 다음과 같은 내용을 볼 수 있다.

```
7030: 54 68 69 73 20 69 73 20 61 20 53 74 72 69 6E 67   This is a String
7040: 20 43 6F 6E 73 74 61 6E 7A 2E 0A 00 4B 69 6D 20   Constant...Kim
7050: 53 61 6E 67 20 48 79 75 6E 67 00 00 7C 1E 40 00   Sang Hyung..|.@.
```

이 실험에서 알 수 있듯이 프로그램이 사용하는 문자열 상수는 실행 파일에 같이 기록되는데 정확하게 정적 데이터 영역에 기록된다. 정적 데이터 영역이란 전역변수, 정적변수 등이 저장되는 곳인데 이 영역에 문자열 상수도 같이 저장되어 있는 것이다. 설사 함수 내에서 지역적으로 사용하고 있는 문자열 상수더라도 말이다.

컴파일러는 왜 문자열 상수를 실행 파일에 기록해 넣는 것일까? 정수나 문자형 같은 상수는 기본 타입이고 크기가 작기 때문에 그 값을 코드에 곧바로 기록할 수 있다. 예를 들어 a=1234; 라는 대입문을 사용했다면 a라는 기억 장소로 1234라는 값을 전송하기만 하면 된다. 특정 메모리 위치에 상수를 저장하는 명령은 기계어 코드로 곧바로 표현할 수 있는데 a=1234; 대입문이 컴파일되면 mov [a],1234; 가 된다.

그러나 문자열 상수는 그 자체가 배열이며 길이가 굉장히 길 수 있기 때문에 코드로는 곧바로 표현하지 못한다. mov [str], "아주 긴 문자열" 이런 명령을 CPU가 지원하지 않기 때문에 문자열을 어딘가에 기록해 놓고 포인터를 사용해 메모리끼리 복사해야 하는 것이다. 그 장소가 바로 프로그램 뒤쪽의 정적 데이터 영역이다.

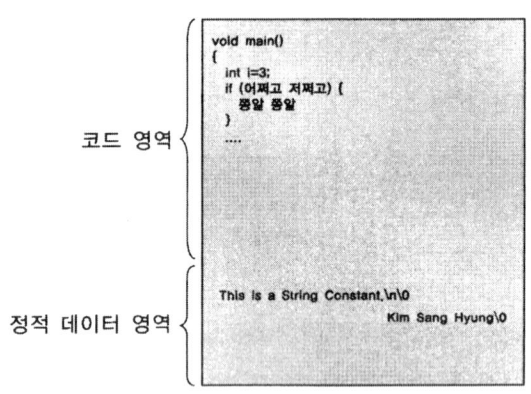

지금 당장 아무 실행 파일이나 열어서 뒷부분을 확인해 보면 이 프로그램이 어떤 문자열 상수들을 사용하는지 확인해 볼 수 있을 것이다. 실행 파일에 기록된 문자열 상수는 실행 파일과 함께 메모리로 로드되며 코드는 실행 중에 이 문자열 상수를 사용한다.

컴파일러는 문자열 상수를 정적 데이터 영역에 기록할 때 항상 널 종료 문자도 같이 포함한다. 그래서 모든 문자열 상수는 항상 널 종료 문자열이다. 코드에서 "Hey"라는 문자열 상수를 사용하면 정적 데이터 영역에는 "Hey\0"가 기록된다. 그래야 문자열 상수를 사용하는 곳에서 이 문자열의 길이를 알 수 있기 때문이다.

코드에서 문자열 상수는 이 문자열의 시작 번지를 가리키는 문자형 포인터 상수로 평가된다. 그래서 문자형 포인터를 인수로 요구하는 모든 함수에서 문자열 상수를 바로 사용할 수 있는 것이다. 다음 두 코드를 보자.

```
puts("Test");
printf("Result is %s","True");
```

이 코드에 사용된 "Test" 문자열 상수는 정적 데이터 영역에 기록되며 그 자체는 문자열의 시작 번지를 가리키는 문자형 포인터 상수이다. puts 함수의 첫 번째 인수는 const char *형이므로 문자열 상수를 인수로 사용할 수 있다. 컴파일러는 다른 상수와는 달리 문자열 상수를 특별나게 취급하는데 다음 두 가지 사항도 참고삼아 알아 두도록 하자.

첫 번째로 같은 문자열 상수를 두 번 이상 사용하면 이 문자열은 한 번만 기록된다. 코드에서 "Copyright Miyoungsoft 2005"라는 문자열 상수를 여러 번 사용하고 있다고 할 때 이 문자열을 정적 데이터 영역에 매번 기록할 필요가 없다. 문자열 상수는 말 그대로 상수이기 때문에 여러 번 참조를 하더라도 한 번만 기록해 놓고 동일한 상수 번지를 돌려주기만 하면 된다.

물론 매번 기록해도 되지만 불필요하게 실행 파일의 크기만 늘어나므로 좋지 않을 것이다. 제대로 된 컴파일러는 문자열 상수가 나타날 때마다 이미 앞에서 사용한 적이 있는지 비교해 보고 이미 기록되어 있으면 다시 기록하지 않는다. 따라서 사용자는 같은 문자열 상수를 부담없이 반복해서 사용해도 별 상관이 없다.

두 번째로 컴파일러는 공백이나 탭, 개행 코드 등으로만 구분된, 즉 중간에 콤마나 영문자 등이 없는 연속된 문자열 상수들을 하나로 합쳐서 기록한다. 다음의 간단한 코드를 실행해 보자.

```
puts("abcd" "efgh" " ijkl");
```

세 개의 문자열 상수를 사용하고 있지만 이 문자열 상수는 전처리 과정에서 통째로 합쳐져 정적 데이터 영역에 기록된다. 상수들 가운데에 있는 공백은 무시되며 상수 사이에 여분의 공백이 삽입되지 않는다. 그래서 출력되는 문자열은 "abcdefgh ijkl"이다. 아주 긴 문자열 상수를 표현하고자 할 때는 이 원리를 이용하면 된다.

```
puts("동해물과 백두산이 마르고 닳도록\n"
     "하느님이 보우하사 우리 나라 만세\n"
     "무궁화 삼천리 화려 강산\n"
     "대한 사람 대한으로 길이 보전하세");
```

문자열 상수가 길다고 해서 꼭 한 줄에 다 써야 하는 것은 아니다. 물론 한 줄에 다 쓸 수도 있지만 이렇게 되면 오른쪽 끝이 너무 길어져서 스크롤하면서 봐야 하므로 불편할 것이다. 따옴표를 일단 닫고 개행 한 후 다음 줄에 계속 써도 상관없다. 이 방법 외에 행 계속 문자인 \를 사용할 수도 있다.

```
puts("동해물과 백두산이 마르고 닳도록\n\
하느님이 보우하사 우리 나라 만세\n\
무궁화 삼천리 화려 강산\n\
대한 사람 대한으로 길이 보전하세");
```

행 계속 문자 \를 행의 끝에다 붙이면 다음 줄을 하나로 합쳐 주는데 주로 여러 줄의 매크로를 정의할 때 사용한다. 문자열 상수를 정의할 때도 사용할 수 있지만 보다시피 다음 줄이 반드시 행의 처음에 와야 한다는 제약이 있어 들여쓰기를 마음대로 조정할 수 없는 단점이 있다. 참고로 gcc는 문자열 상수내의 개행 코드를 인정하므로 행 계속 문자를 쓰지 않고도 여러 줄에 문자열 상수를 기술할 수 있다. 그러나 표준에 없는 임의 확장이므로 다소 비판의 여지가 있는 기능이다.

11.4.2 문자 배열 초기화

C는 가장 기본적인 자료형인 문자열형이 없다. 왜 없는가 하면 배열을 사용하면 문자열을 훌륭하게 표현할 수 있기 때문이다. 문자열이란 문자형이라는 동일한 타입의 변수들이 모여서 이루어지는 것이므로 문자형 배열을 선언하면 이 배열이 곧 문자열이 된다. 최대 10자의 문자열을 저장하고 싶다면 다음과 같이 선언한다.

```
char str[11];
```

왜 배열 크기를 10으로 하지 않고 11로 하는가 하면 문자열은 끝 표시를 위해 항상 제일 끝에 NULL 종료 문자(\0)를 붙이기 때문이다. 그래서 배열 크기를 계산할 때 항상 널 문자의 길이를 더해야 한다. 문자형(char) 변수는 문자 하나를 저장할 수 있으므로 이런 변수를 11개 모으면 최대 길이 10자를 저장할 수 있는 문자열이 되는 것이다.

단, 한글이나 한자는 우리가 생각하는 1음절이 2바이트를 차지하므로 두 배의 저장 공간이 필요하다. "대한민국"이라는 문자열을 문자형 배열에 저장하려면 이 배열은 최소한 9바이트 이상의 크기를 가져야 한다. 문자열이란 문법적으로 문자형 배열과 거의 같은 뜻이며 문자열이 필요하면 적당한 크기로 문자형 배열을 선언하면 된다.

문자열도 선언하면서 동시에 초기화할 수 있다. 다른 타입의 배열과 마찬가지로 = 구두점과 { } 괄호 안에 원하는 문자들을 순서대로 죽 나열하면 된다. 그래서 str배열을 "Korea"라는 문자열로 초기화하고 싶다면 다음과 같이 선언하는 것이 원칙이다.

```
char str[6]={'K','o','r','e','a'};
```

str[0]에 문자 'K'가 들어갈 것이고 str[1]에 문자 'o'가 들어갈 것이고 마지막 요소인 str[5]는 별도의 초기값이 없으므로 자연스럽게 0이 되어 NULL 종료문자가 된다. 문자열 길이가 5라고 해서 배열 크기도 5여서는 안 되며 반드시 1 더 큰 크기로 선언해야 한다. 이 방법이 문자열을 초기화하는 원칙적인 방법(초기값과 콤마의 연속)이며 다른 타입의 배열 초기화 방법과 동일하다. 그러나 이 방법은 문자열이 조금만 길어져도 아주 불편하다. 만약 "2002 Korea/Japan Worldcup"이라는 문자열을 선언하고 싶다고 해 보자.

```
char str[26]={'2','0','0','2',' ','K','o','r','e','a',...........'p'};
```

요렇게 해야 되는데 각 문자를 일일이 ' ' 따옴표로 감싸고 가운데에 콤마를 넣어야 하니 얼마나 불편하고 비효율적인가? 그래서 C는 문자형 배열에 대해서는 특별히 다음과 같은 초기화 방법을 허용한다.

```
char str[]="2002 Korea/Japan Worldcup";
```

= 구두점 다음에 큰 따옴표로 싸여진 문자열 상수를 적으면 이 문자열을 구성하는 문자들을 str 배열 요소에 순서대로 복사한다. 뿐만 아니라 배열의 제일 끝에 널 종료 문자도 자동으로 붙이며 배열 크기를 생략할 경우 문자열 길이 +1로 알아서 길이를 계산하기도 한다. 컴파일러가 문자형 배열에 대해 이런 초기화 방법을 허용하는 것은 다른 타입에 비해서는 아주 특별한 예외 처리이다.

문자형 배열에 대해 이런 초기화가 가능한 이유는 각 자리의 크기가 일정해서 문자끼리 확실하게 구분되며 바이트 단위로 복사할 수 있기 때문이다. 이에 비해 정수형이나 실수형은 각 요소의 크기가 가변적이어서 초기값의 형태만으로는 어디까지가 몇 번째 요소인지 구분되지 않는다. int ar[]={12345}; 라고 한다고 해서 ar 배열에 차례대로 1, 2, 3, 4, 5가 들어가는 것은 아니며 반드시 콤마로 구분된 값을 나열해야 한다. 컴파일러가 문자열 초기화에 문자열 상수를 사용할 수 있도록 해 주므로 한글이나 한자 같은 2바이트 문자열도 큰 따옴표 안에 그대로 기록하기만 하면 된다. 다음처럼 말이다.

```
char message[]="이름을 入力하시오.";
```

만약 이런 초기화 방식을 허용하지 않는다면 한글 코드를 일일이 조사해서 써야 하므로 아주 불편할 것이다.

11.4.3 문자형 포인터

문자열이란 문자들의 집합이며 그 시작 번지를 곧 문자열이라 할 수 있다. 문자열의 시작 번지를 저장할 수 있는 문자형 포인터로도 문자열을 다룰 수 있다. 다음 선언문은 포인터 변수 ptr이 "Korea" 문자열을 가리킨다.

```
char *ptr="Korea";
```

앞 항에서 알아보았듯이 프로그램내에서 사용된 문자열 상수는 정적 데이터 영역에 저장되며 프로그램의 일부로 컴파일된다. ptr은 정적 데이터 영역에 있는 문자열 상수의 번지를 가리킴으로써 "Korea"라는 문자열을 표현하는 것이다. ptr은 상수가 아닌 변수이므로 실행 중에 언제든지 다른 문자열을 가리킬 수 있다.

```
char *ptr
ptr="Korea";
ptr="China";
```

정적 데이터 영역에 "Korea"라는 문자열 상수도 있고 "China"라는 문자열 상수도 있는데 ptr은 번지를 가리키는 포인터이므로 이 둘 사이를 자유롭게 왔다 갔다 할 수 있다.

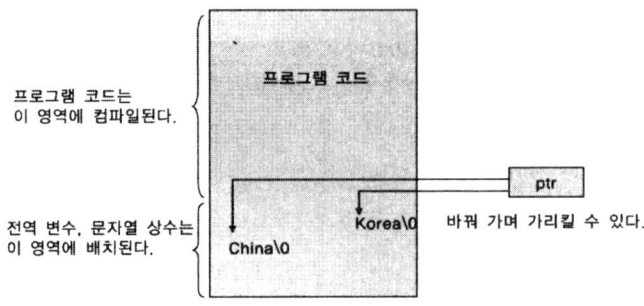

그러나 문자 배열은 선언할 때 문자열로 초기화할 수만 있을 뿐 선언된 후에 다른 문자열을 바꿔서 대입할 수는 없다.

```
char str[10];
str="Korea";
```

여러 번 반복하지만 배열명 그 자체는 포인터 상수이기 때문에 한 번 정해지면 다른 번지를 가리킬 수 없다. 문자 배열의 내용을 바꾸려면 다음에 배울 strcpy 같은 함수를 사용해서 모든 배열 요소를 일일이 복사해야 한다. 다음 예제는 문자형 배열과 문자형 포인터의 차이점을 보인 것이다. 이 예제를 통해 배열과 포인터의 차이점을 실험해 보기 바란다.

예제 CharArray

```
#include <Turboc.h>

void main()
{
```

```
    char str[]="Korea";
    char *ptr="Korea";

    puts(str);
    puts(ptr);

    ptr="China";
//  str="China";

    str[0]='C';
//  ptr[0]='C';
}
```

프로그램 내에 "Korea", "China"라는 문자열 상수를 사용했는데 이 문자열들은 정적 데이터 영역에 널 종료 문자를 포함하여 기록될 것이다. "Korea"는 두 번 사용되었지만 컴파일러는 이 문자열을 정적 데이터 영역에 한 번만 기록한다.

문자형 배열 str은 "Korea"로 초기화되었는데 이 문자열 상수의 길이가 6이므로 str 배열의 크기도 자동으로 6이 된다. 컴파일러는 str을 크기 6의 문자형 배열로 선언함과 동시에 정적 데이터 영역에 있는 "Korea"라는 문자열로 이 배열을 초기화하였다. 이 초기화는 str 배열의 번지가 정적 데이터 영역에 있는 "Korea"로 바뀌는 것이 아니라 정적 데이터 영역의 "Korea" 문자열이 str 배열로 복사되는 것이다. 즉 str 배열은 사본 문자열이다.

문자형 포인터 ptr도 "Korea"로 초기화되는데 ptr이 정적 데이터 영역에 있는 문자열 상수 "Korea"의 번지를 가리킨다. 이 상태에서 puts 함수로 str과 ptr을 출력해 보면 둘 다 동일한 문자열을 출력한다. 출력 결과는 같지만 실제 출력되는 대상은 다르다. str은 정적 데이터 영역에 있는 "Korea"의 사본이고 ptr은 정적 데이터 영역에 있는 "Korea" 그 자체를 출력하는 것이다.

ptr은 포인터 변수이므로 언제든지 다른 문자열을 가리킬 수 있으며 따라서 ptr에 "China"를 대입하는 것이 가능하다. 그러나 str은 포인터 상수이므로 다른 문자열을 가리킬 수 없으며 str에 다른 문자열을 대입하는 것은 불가능하다. str의 시작 번지는 고정되어 있으며 실행 중에 배열끼리 대입하는 것도 허용되지 않는다.

반면 str 배열은 문자열의 사본을 가지고 있으므로 그 내용을 바꿀 수 있다. str[0]에 문자 'C'를 대입한 후 puts(str)을 호출하면 "Corea"가 출력될 것이다. str은 최초 초기화할 때 정적 데이터 영역에 있는 "Korea" 문자열의 사본을 복사했을 뿐이며 str[0], str[1] 등의 배열 요소는 문자형 변수이기 때문에 언제든지 변경할 수 있다. 또한 strcpy 같은 함수를 사용하면 str의 내용을 통째로 다른 문자열로 바꿀 수도 있다.

ptr 그 자체는 포인터 변수이므로 다른 번지를 가리킬 수 있지만 ptr이 가리키는 내용은 함부로 변경할 수 없다. ptr이 가리키고 있는 정적 데이터 영역은 프로그램의 실행 파일 내부이기 때문에 읽을 수는 있지만 쓸 수는 없으며 따라서 ptr[0]를 다른 문자로 바꿀 수 없다. ptr[0]='C'로 대입할 경우의 효과는 운영체제에 따라 다른데 도스는 아무나 메모리를 읽고 쓸 수 있도록 허술하게 관리하므로 별 문제가 없다. 그러나 Win32 같은 보호된 환경에서 프로그램 그 자체는 읽기 전용이기 때문에 엑세스 위반 에러를 일으키며 프로그램은 다운된다.

11.4.4 문자열 배열

문자열은 문자의 배열로 표현된다. 그렇다면 문자열 여러 개를 모아서 저장하고 싶다면, 즉 문자열의 배열을 만들고 싶으면 어떻게 할까? 예를 들어 나라 이름을 배열로 정의하고 싶다고 해 보자. 나라 이름은 K, o, r, e, a 같은 문자들의 집합이므로 문자 배열이고 이런 배열의 배열을 만든다면 2차원 문자 배열이 필요하다. 즉, 문자열의 배열은 2차원 문자 배열로 표현할 수 있다.

예제 **StringArray**

```
#include <Turboc.h>

void main()
{
    char arCon[][32]={"Korea","America","Iran","Russia"};
    int i;

    for (i=0;i<sizeof(arCon)/sizeof(arCon[0]);i++) {
        puts(arCon[i]);
    }
}
```

arCon은 [4][32]의 크기를 가지는데 1차 첨자는 생략했으므로 컴파일러가 알아서 초기식의 국가 개수인 4로 계산할 것이다. 2차 첨자는 최대 국가 이름에 맞추어 넉넉하게 32의 크기를 가지도록 선언했다. 오스트레일리아나 체코슬로바키아같이 아주 긴 이름을 가지는 나라도 있기 때문에 충분한 크기를 줘야 한다. 2차원 문자 배열을 정의한 후 arCon[0]~arCon[3]까지 부분 배열을 출력하면 나라 이름들이 출력될 것이다.

문자 배열을 쓰는 대신 다음과 같이 1차 포인터 배열을 쓸 수도 있다. 문자형 포인터는 문자열 하나의 시작 번지를 가리킬 수 있으므로 이런 변수들의 1차원 배열을 선언하면 문자열 배열을 표현할 수 있다.

예제 StringArray2

```c
#include <Turboc.h>

void main()
{
    char *pCon[]={"Korea","America","Iran","Russia"};
    int i;

    for (i=0;i<sizeof(pCon)/sizeof(pCon[0]);i++) {
        puts(pCon[i]);
    }
}
```

pCon이라는 문자형 포인터 배열(=문자열 배열)을 4개의 국가명으로 초기화했다. 실행 결과는 동일하다. 그러나 문자열 배열을 표현하는 이 두가지 방법은 많은 차이점이 있다. 전자의 경우는 배열이 직사각형 형태를 이루므로 직사각형(Rectangular) 배열이라고 하고 후자의 경우는 배열의 오른쪽 끝이 들쭉날쭉 하므로 들쭉날쭉한(Ragged) 배열이라고 한다. 그림으로 두 방법의 메모리 모양을 비교해 보자.

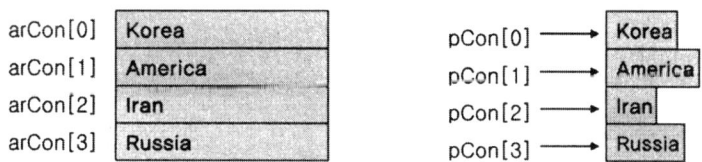

왼쪽이 문자형 2차 배열을 사용한 경우인데 모든 부분 배열의 폭이 32바이트로 동일하다. 초기화 과정에서 정적 데이터 영역에 있는 문자열들의 사본이 이 배열로 복사되기 때문에 가능한 최대길이에 맞추어야 한다. 그래서 메모리가 조금 낭비되는 경향이 있다. 대신 사본을 가지고 있기 때문에 실행 중에 문자열의 내용을 자유롭게 변경할 수 있다.

오른쪽 그림은 문자형 포인터 1차 배열을 사용한 경우인데 초기화 과정에서 정적 데이터 영역에 저장된 문자열 상수의 번지가 각 배열 요소에 대입된다. 문자열이 아무리 길어도 번지는 항상 4바이트이므로 메모리의 낭비가 거의 없다는 것이 장점이다. 문자열 중 하나가 아무리 길어도 배열의 크기는 일정하다. 메모리 용량면에서는 유리하지만 대신 실행 중에 이 문자열의 내용을 바꿀 수 없다는 것이 단점이다.

실행 중에 편집 가능한 Ragged 문자열 배열을 만드는 것도 가능하다. 필요한 최대 개수만큼 char * 배열을 선언하고 각 요소에 대해 원하는 길이만큼 동적 할당하면 된다. 문자열의 개수까지도 실행 중에 결정하고 싶다면 char **변수를 선언하고 포인터 배열을 동적 할당하고 각 배열 요소인 포인터를 또 동적 할당하면 된다. 이렇게 만들어진 예제가 바로 앞 장의 DynStrArray이다.

다음은 한 단계 차원을 높여서 2차원 문자열 배열을 만들어 보자. 각 대륙별로 국가 이름을 저장하고 싶다고 하자. 두 가지 방법을 사용할 수 있는데 문자형 3차 배열을 쓰든가 아니면 문자형 포인터 2차 배열을 사용하면 된다. 다음은 문자형 3차 배열로 작성해 본 것이다.

예제 String2Array

```c
#include <Turboc.h>

void main()
{
    char arCon[][4][32]={
        {"대한민국","일본","북조선 인민 민주주의 공화국","베트남"},
        {"미국","브라질","칠레","아르헨티나"},
        {"영국","헝가리","체코슬로바키아","루마니아"},
        {"남아프리카 공화국","우간다","나이지리아","케냐"},
        {"오스트레일리아","뉴질랜드","김상형 공화국","박미영 공화국"}
    };

    int x,y;
    for (y=0;y<5;y++) {
        for (x=0;x<4;x++) {
            printf("%s",arCon[y][x]);
            if (x != 3) {
                printf(", ");
            }
        }
        printf("\n");
    }
}
```

초기식이 조금 길어졌을 뿐이지 원리만 이해하면 별로 어렵지 않을 것이다. 이 예제를 2차원 포인터 배열(char *arCon[][4])로 바꾸는 것은 직접 해 보기 바란다.

이상 여기까지 포인터와 배열에 대해 알아보았는데 들리는 소문대로 과히 쉽지 않았을 것이다. 특히 프로그래밍에 처음 입문하는 사람들에게는 무슨 암호문같아 보이기도 하고 이놈이 저놈 같고 저놈이 이놈 같은 심정일 것이다. 포인터를 처음 구경하고 있다면 복잡한 것들은 잠시 접어 두고 일단 다음 정도만이라도 확실하게 이해하도록 하자.

- &, * 연산자의 기능과 포인터로 변수를 간접적으로 참조하는 방법
- 함수가 참조 호출로 실인수 값을 변경하는 방법과 원리
- 포인터가 타입을 가지는 이유와 포인터 연산의 동작
- 포인터를 이용한 동적 메모리 할당

당장 이 정도만 알면 실무의 92.8%를 별 문제없이 수행할 수 있다. 나머지 좀 어려워 보이거나 확실하게 이해되지 않는 고급 토픽은 이해되는데까지만 이해하고 일단 넘어가도록 하자. 이런 복잡한 이론이 확실하게 뇌리에 스며드는데는 적당한 시간이 필요하다. 다양한 코드를 경험해 보지 않은 상태에서는 이런 것들이 왜 필요한지조차도 가늠하기 힘들며 이해하는 것은 더욱 어렵다.

한꺼번에 완벽하게 모든 것을 알려고 욕심 부리지 말고 시간차를 두고 반복 학습을 여러 번 하는 것이 좋다. 실제 사용되는 예제를 끊임없이 분석해 보고 잘 이해가 안 되는 부분은 다른 자료도 찾아보고 적극적인 질문과 토론을 해 볼 필요도 있다. 이 단계에서 왜 이런 잔소리를 하는가 하면 포인터에서 기겁을 한 나머지 C언어 학습을 포기해 버리는 사람들이 너무 많기 때문이다. 남들도 다 어렵게 넘는 고비이므로 나 혼자 어렵다고 생각하지 말자.

개발자 이야기 | 학습 단계의 고비

프로그래밍뿐만 아니라 어떤 일이나 공부든지 하다 보면 고비를 만나게 된다. 쉽게 술술 잘 풀어지고 재미있게 넘어가는 부분이 있는가 하면 쉽사리 해결하기 힘든 문제들도 있기 마련인데 이런 부분이 바로 고비이다. C/C++언어를 공부하고 있는 우리들도 이런 고비들로부터 자유롭지 못해서 의욕적으로 공부를 시작한 사람들도 곧 고비에 맞닥뜨린다.

C언어를 처음부터 공부하면 변수의 개념, 조건문, 연산자 등의 쉬운 개념부터 접하게 되는데 이런 것들은 평이하기 때문에 누구나 쉽게 공부하며 때로는 재미있기도 하다. C 입문자가 처음 만나게 되는 고비는 루프이다. 뱅글 뱅글 돌다보면 뭔가 나오기는 하는데 왜 저렇게 되는지 아리송하고 for, while, do 등이 다 비슷해 보이며 헷갈리기도 한다. 게다가 2중, 3중, 무한으로 중첩되며 중간에 빠지기도 하고 앞으로 돌아가기도 하는 모습을 보면 프로그래밍이 마냥 재미있기만 한 것이 아니라는 것을 어렴풋이 느낀다. 그러나 루프는 사실 그다지 어렵지 않기 때문에 곧 극복된다.

두 번째로 만나는 고비는 함수이다. 저리로 갔다 오면 뭔가 작업이 되어 돌아오는 것 같은데 구체적으로 무슨 일이 일어나는지 금방 파악되지 않는다. 그러나 역시 도저히 이해하지 못할 정도로 어렵지는 않아서 누구나 이 고비를 넘긴다. 함수를 이해하면 내공이 부쩍 높아져 프로그램을 모양새있게 짤 수 있으며 표준 함수를 잘 부려먹는다. 이 단계에 이르면 프로그래밍의 모든 것은 함수라고 믿으며 필요할 때마다 무조건 함수부터 찾는다. 다행히 찾는 함수들이 존재할 확률이 높아 이런 믿음은 상당 기간동안 지속된다.

C/C++ 입문자가 세 번째로 만나는 고비는 그 무시무시한 포인트인데 감히 넘기 어려운 강적임이 분명하다. 누가 누구를 가리키는데 찾아가면 누가 있다는 식으로 설명을 하기는 하는데 어찌되는 건지 잘 이해가 가지 않는다. 프로그램을 작성해 보면 알 것 같기도 한데 돌아서면 모르겠고 생각해 보면 알겠다가도 한 번 꼬아 놓으면 또 이해되지 않는다. 포인트는 과연 악명만큼이나 어려워서 이 단계에서 포기하는 사람들이 아주 많다.

포인터까지 이해하면 여러 가지작업이 가능해지는데 문자열을 자유자재로 다룰 수 있고 함수 구성에도 유연성이 생긴다. 여기에 구조체와 배열을 섞은 구문을 구사하게 되면 스스로가 대견해지기 시작하고 더 높은 수준의 문법을 보고 싶어한다. 이때 C++의 클래스가 등장하는데 클래스는 질적으로 다른 개발 방법이지만 예상 외로 클래스를 어려워하는 사람은 거의 없다. 생성자, 파괴자, 연산자 오버로딩, 상속까지 무난하게 공부가 진행된다.

마지막으로 만나게 되는 고비는 아마도 가상 함수와 다형성일 것이다. 용어 자체가 설명적이지 못하고 도대체 어떻게 동작하는지 눈에 잘 보이지 않기 때문에 특히 난해하다. 겨우 겨우 이해는 했다 하더라도 이런 다형성을 스스로 구현하는데는 훨씬 더 장기간의 경험이 필요해서 이 고비를 제대로 넘지 못하는 사람들이 많다. 다형성의 고비를 잘 넘기지 못한 사람들은 MFC로 넘어가서 혼쭐이 나고 다시 돌아오게 마련이다.

이후부터의 고비는 공부하는 과정에 따라 천차만별로 달라진다. COM에서 막히는 사람도 있을 것이고 MFC의 프레임워크를 어려워하는 사람도 있고 멀티 스레드의 함정에서 헤매는 사람도 있다. 하지만 기본 고비를 지혜롭게 잘 넘긴 사람은 경험을 통해 튼튼한 체력을 이미 보유했으므로 앞으로 만나는 어떤 고비도 잘 헤쳐 나갈 수 있을 것이다.

어떤 공부에나 고비는 있고 누구나 고비를 피해갈 수는 없다. 이런 고비를 만날 때마다 원래 남들도 다 어려워하는 부분이라는 것을 생각하고 나도 남들과 다르지 않다는 것을 인정해야 한다. 조급하게 마음을 먹으면 스스로에게 실망만 커져 금방 포기해 버리게 될 것이다. 정 안 되면 잠시 쉬었다 하는 한이 있더라도 고비를 잘 넘기도록 하자. 시간을 조금만 더 투자하고 정성을 쏟으면 다 넘을 수 있다.

12
문자열 함수

12.1 문자열 함수

12.1.1 문자열 복사

C언어에서 문자열은 널 종료 문자가 끝에 있는 문자 배열로 표현하며 기본 타입에 포함되지 않는다. 정수나 실수와 같은 기본 타입으로 인정되지 않기 때문에 컴파일러가 제공하는 =, ==, +, - 등의 기본적인 연산자를 자유롭게 사용할 수 없다. str1, str2, str3가 문자형 배열일 때 다음 코드는 모두 동작하지 않는다.

```
str1="Korea";            // 문자열 상수를 대입할 수 없음
str1=str2;               // 배열끼리도 대입할 수 없음
str3=str1+str2;          // +연산자로 문자열을 연결할 수 없음
if (str1 == str2)        // ==연산자로 문자열끼리 비교할 수 없음
```

대표적으로 대입의 문제에 대해 집중적으로 알아보자. char str[10]; 으로 문자형 배열을 선언하고 이 배열에 "korea"라는 문자열 상수를 대입하고 싶으면 char str[10]="korea"; 로 선언할 때 초기화해야 한다. 일단 선언되면 str="korea"; 로 대입할 수 없으며 str="china"; 로 내용을 바꿀 수도 없다. 그러나 선언 후 문자열을 대입하거나 내용을 중간에 바꾸어야 할 필요는 분명히 있으며 컴파일러가 이런 지원을 하지 않을 리가 만무하다.

이런 기능을 제공하는 것이 바로 문자열 함수들이다. 문자열이 기본 타입이 아니다 보니 정수나 실수처럼 연산자를 사용할 수는 없지만 문자열 함수를 사용하면 내용을 바꾸거나 비교, 연결하는 것은 물론이고 검색, 변환 등 연산자보다 훨씬 더 다양한 작업을 효율적으로 처리할 수 있다. 이 절에서는 문자열을 떡 주무르듯이 자유자재로 관리할 수 있는 문자열 함수에 대해 알아 볼 것이다. 문자열 함수들은 대부분 string.h에 선언되어 있으므로 이 헤더 파일을 인클루드해야 한다.

다음 함수는 문자 배열에 문자열을 복사하는데 문자열 함수 중에 가장 기본이 되는 함수이다. 문자 배열의 내용을 변경하므로 정수나 실수의 대입 연산자에 해당한다고 할 수 있다. 함수 원형에 const라는 지정자가 붙어 있는데 const는 함수가 인수의 내용을 바꾸지 않는다는 뜻이다. 다음에 상세하게 연구해 볼 것이므로 일단은 무시하고 없다고 생각해도 무방하다.

char *strcpy(char *dest, const char *src);

함수 이름 strcpy는 String Copy의 준말이므로 문자열 복사 함수라는 것을 쉽게 알 수 있다. 읽을 때도 "스트링카피"라고 읽는다. 두 개의 문자형 포인터를 인수로 취하는데 dest는 복사될 목적지이고 src는 복사될 원본이므로 이 함수가 하는 동작을 간단하게 표현하면 dest=src라고 할 수 있다. 즉, src 문자열이 dest로 복사되는 것이다. 이때 src의 제일 끝에 있는 널 종료 문자도 같이 dest로 복사된다.

리턴값으로는 dest의 번지가 다시 돌려지는데 특별한 의미는 없으며 잘 사용되지도 않는다. 이 함수를 사용하면 문자 배열을 선언한 후 문자열 상수를 복사할 수 있으며 언제든지 문자열의 내용을 바꿀 수 있다.

char str[10];
strcpy(str,"korea");

char str[10]; 선언에 의해 문자형 변수 10개를 저장할 수 있는 배열이 생성될 것이다. 별도의 초기값을 주지 않았으므로 이 배열은 쓰레기값으로 초기화된다. 이 상태에서 strcpy 함수로 "korea"라는 문자열 상수를 str로 복사하면 "korea"라는 문자들과 널 종료 문자까지 str 배열에 순서대로 복사된다. 이 함수의 인수로 사용된 "korea"라는 문자열 상수는 물론 정적 데이터 영역에 있을 것이다.

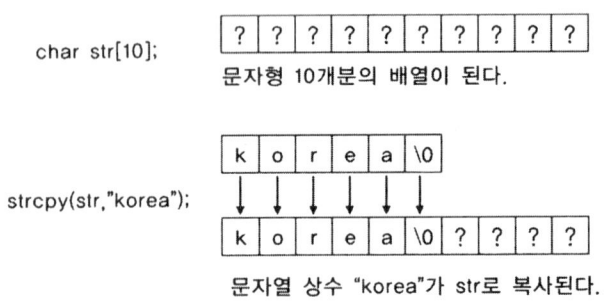

문자열의 끝을 나타내는 널 종료 문자까지 같이 복사되므로 복사 후 str 배열은 바로 사용할 수 있는 완전한 문자열이라 할 수 있다. 이 함수 호출 후 puts(str) 함수를 호출하면 str의 내용인 "korea"가 출력될 것이다. strcpy 함수의 두 번째 인수는 문자형 포인터이므로 문자열 상수외에 다른 문자열 배열을 줄 수도 있다. 다음 예는 이미 초기화된 str1을 str2로 복사한다. strcpy(str2,str1)에 의해 str1의 모든 문자들이(널 종료 문자까지 포함하여) str2로 복사되므로 이 함수 호출 후 str1과 str2의 내용은 완전히 같아진다.

```
char str1[]="Programmer";
char str2[11];
strcpy(str2,str1);
```

원래 배열의 끝 점검을 하지 않는 C언어의 특성상 strcpy 함수도 인수로 주어진 문자 배열의 끝 점검을 하지 않으며 이 배열의 크기가 얼마인지도 모른다. 그래서 strcpy 함수로 문자열을 복사할 때는 항상 dest가 src의 문자열을 대입받을만한 충분한 크기를 가지도록 해야 한다. 물론 널 종료 문자도 배열 크기에 당연히 포함시켜야 한다.

위 예에서 보듯이 'korea' 문자열을 복사받을 배열은 최소한 6바이트 이상 되어야 하며 "Programmer"라는 10문자를 저장할 배열은 최소한 11바이트 이상이어야 한다. 모자라는 것은 문제가 되지만 남는 것은 상관없으므로 문자열을 저장할 배열은 항상 크기를 넉넉하게 잡는 것이 좋다. 다음과 같이 배열의 길이가 충분하지 않을 경우 strcpy는 배열 뒤쪽의 메모리까지 덮어써 버릴 것이다.

```
char str[3];
strcpy(str,"korea");
```

str은 문자 3개를 저장할 수 있는 공간밖에 가지고 있지 않은데 이 좁은 공간에 "korea"라는 다섯 개의 문자와 널 종료 문자까지 복사했으므로 str에 인접해 있는 다른 변수가 파괴된다. 만약 이 메모리에 변수가 아닌 더 중요한 정보(예를 들어 리턴할 번지)가 저장되어 있다면 프로그램이 다운되는 치명적인 에러가 된다.

```
char str[3];     | ? | ? | ? |
                 문자 3개를 저장할 수 있는 공간

strcpy(str,"korea");  | k | o | r | e | a | \0 |
                                      뒤쪽의 메모리가 파괴된다.
```

strcpy 함수는 src 문자열 전체를 널 종료 문자를 만날 때까지 dest로 복사한다. 이에 비해 다음 함수는 지정한 길이만큼만 복사한다.

```
char *strncpy(char *dest, const char *src, size_t count);
```

strcpy 함수의 원형과 유사하되 이름 중간에 개수를 지정할 수 있다는 의미의 알파벳 n이 삽입되었으며 세 번째 인수 count가 더 추가되어 있다. count는 복사할 문자 개수를 지정하는데 정확하게 이 개수만큼만 dest로 복사되며 널 종료 문자는 따로 덧붙이지 않는다. 다음 예를 보자.

예제 strncpy

```
#include <Turboc.h>
#include <string.h>

void main(void)
{
    char str1[10]="abcdefghi";
    char str2[10]="123456789";
    strncpy(str2,str1,3);
    puts(str2);
}
```

str1에는 알파벳 문자를 채워 놓고 str2에는 숫자를 채워 넣은 상태에서 str1의 문자 3개만 str2로 복사했다. 앞쪽 세 개의 문자만 복사되므로 str2는 "abc456789"로 바뀔 것이다.

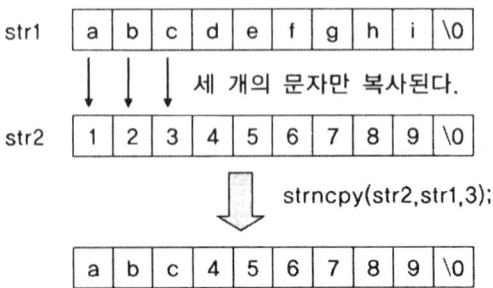

strncpy 함수는 strcpy 함수와는 달리 지정한 개수만큼만 문자를 복사하므로 널 종료 문자가 개수에 포함되지 않으며 같이 복사되지 않는다. strncpy 함수로 3 문자만 복사하도록 했으므로 str 배열의 앞쪽부터 차례대로 a, b, c 문자만 str2로 복사될 뿐이다.

만약 count가 src 문자열의 길이보다 더 길다면 널 문자 이후는 모두 널 문자로 채워진다. str1이 "abcd"로 초기화되어 있는 상태에서 strncpy(str2,str1,10)을 호출하면 10문자분을 복사하되 str1[4]가 널 문자이므로 str2[4] 이후는 모두 널 문자로 채워진다. str1[5] 이후에 있는 쓰레기값이 복사되는 것이 아니다.

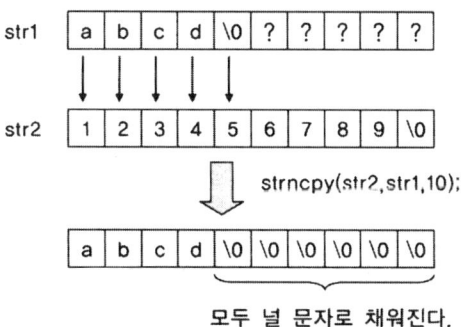

strcpy 함수는 문자열 전체를 완전히 복사할 때 사용하며 strncpy 함수는 문자열의 일부분을 다른 부분 문자열로 바꾸고 싶을 때 사용한다. 만약 문자열 시작 부분이 아니라 중간의 일부를 바꾸고 싶다면 복사할 시작 위치를 옮기면 된다. 다음 코드는 str1의 세 번째 문자 이후부터 3문자를 str2의 세 번째 문자 위치에 복사한다.

strncpy(str2+2,str1+2,3);

str1[2]부터 3문자분만큼 str2[2]로 복사되므로 str2는 "12cde6789"가 될 것이다. 포인터가 가리키는 시작 위치가 곧 문자열이기 때문에 +n만 하면 복사 대상 위치를 쉽게 바꿀 수 있다. 다음 예제는 strncpy 함수로 부분 문자열을 바꾼다.

예제 strncpy2

```
#include <Turboc.h>
#include <string.h>

void main(void)
{
    char str[]="김상형은 천재다.";

    strncpy(str+9,"바보",4);
    puts(str);
}
```

"천재"라는 단어가 str 배열의 9번째 위치에서 시작하는데 이 위치에 있는 문자열을 "바보"라는 부분 문자열로 대체했다. 한글 한 음절은 2바이트를 차지하므로 "바보"의 길이는 4바이트가 된다. 출력되는 결과는 "김상형은 바보다."가 될 것이다.

다음은 문자열의 길이를 조사하는 strlen 함수를 알아보자. 문자열의 길이란 문자열 시작 번지에서부터 시작해서 널 종료 문자까지 들어 있는 문자의 개수를 의미한다. 널 종료 문자는 문자열의 끝을 나타낼 뿐 문자열의 일부가 아니므로 개수에는 제외된다.

```
size_t strlen(const char *string);
```

strlen은 String Length의 약자이며 문자열의 시작 번지만 주면 이 번지에 들어 있는 문자열의 길이를 조사한다.

```
char str[10]="abcd";
int len=strlen(str);
```

이 호출에 의해 len에 대입되는 값은 str 문자열의 길이 4가 될 것이다. 보다시피 str 배열에는 a, b, c, d 분명히 4개의 문자가 들어있지 않은가? 단, 한글 1문자는 2바이트를 차지하므로 한 음절이 2바이트로 계산된다. 그래서 strlen("대한민국")의 결과값은 4가 아니라 8이다. 이 함수가 조사하는 문자열의 길이는 배열에 실제 저장된 문자의 개수이지 배열의 크기가 아니다. 배열 자체의 크기를 구할 때는 sizeof 연산자를 사용해야 한다. sizeof(str)은 배열의 크기인 10을 리턴할 것이다.

12.1.2 문자열 연결

문자열 연결이란 한 문자열 끝에 다른 문자열을 덧붙이는 것이다. 예를 들어 str1이 "abc"이고 str2가 "def"일 때 이 둘을 연결하면 "abcdef"가 될 것이다. 개념적으로 이해하기 쉬운 동작이므로 함수 자체도 무척이나 쉽다. 문자열 연결 함수에는 다음 두 가지가 있다.

```
char *strcat(char *dest, const char *src);
char *strncat(char *dest, const char *src,size_t count);
```

strcat 함수는 dest 문자열 뒤에 src문자열을 덧붙인다. 이론적인 설명보다 실제 코드를 보면 이해하기 쉬울 것이다.

```
char dest[20]="이순신";
char src[]=" 장군";
strcat(dest,src);
```

dest에 들어 있는 "이순신" 문자열 뒤에 "장군"이라는 문자열을 덧붙였으므로 dest는 "이순신 장군"이 될 것이다. 이 함수의 동작을 그림으로 그려 보면 다음과 같다.

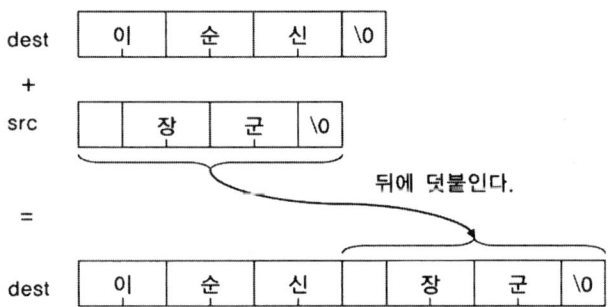

dest의 끝에 있던 널 종료 문자 자리에 src 문자열이 추가된다. dest의 끝에 있는 널 종료 문자는 삭제되지만 src 문자열 끝에 있는 널 종료 문자가 같이 추가되므로 연결 후 dest는 완전한 문자열이 된다. strcpy 함수에서와 마찬가지로 strcat 함수도 배열의 끝 점검을 하지 않고 무조건 문자열을 연결하므로 dest는 합쳐질 문자열의 길이까지 고려하여 충분한 크기를 가지고 있어야 한다. 그렇지 않으면 dest 뒤쪽의 메모리가 파괴된다.

strncat 함수는 문자열을 합치되 합칠 문자열의 개수를 지정할 수 있다. 위의 예에서 strncat(dest, src, 3)을 호출하면 src의 앞쪽 세 문자인 "장"만 연결되어 dest는 "이순신 장"이 된다. 이 두 함수의 관계는 strcpy, strncpy 함수의 관계와 유사하되 strncpy 함수는 널 종료 문자를 붙이지 않는 반면 strncat 함수는 일부 문자열만 연결하더라도 항상 널 종료 문자를 뒤에 붙인다는 점이 다르다.

strcat 함수는 두 개의 문자열을 하나로 합치는데 이 함수를 여러 번 호출하면 복수 개의 문자열을 하나로 합칠 수도 있다. 다음 예제는 strcat 함수를 사용하여 여러 개의 문자열을 연결하는 예를 보여준다.

예제 strcat

```
#include <Turboc.h>
#include <string.h>

void main(void)
{
    char si[]="서울";
    char ku[]="동대문";
    char dong[]="회기";
    char juso[64];
```

```
        strcpy(juso,si);
        strcat(juso,"시 ");
        strcat(juso,ku);
        strcat(juso,"구 ");
        strcat(juso,dong);
        strcat(juso,"동");

        puts(juso);
}
```

시, 구, 동의 정보를 각각 입력받았을 때 이 문자열들과 중간 중간의 문자열 상수들을 하나로 연결하여 완성된 문자열을 만들어 출력하였다. 출력 결과는 "서울시 동대문구 회기동"이 된다. 이렇게 여러 개의 문자열을 합칠 때는 다음에 배울 sprintf 함수가 더 편리하다.

12.1.3 문자열 비교

문자열 비교 함수는 두 문자열이 같은지 다른지, 다르다면 어떤 문자열이 더 큰지를 비교한다.

```
int strcmp(const char *s1, const char *s2);
int strncmp(const char *s1, const char *s2, size_t count);
```

strcmp 함수는 String Compare의 약자이며 가장 기본이 되는 비교 함수이다. strncmp 함수는 지정한 개수까지만 문자열을 비교한다. 이 함수들은 인수로 주어진 두 문자열을 비교한 후 그 결과를 다음과 같이 정수값 하나로 리턴한다.

 s1과 s2가 같으면 0
 s1〉s2 이면 양수
 s1〈s2 이면 음수

리턴값이 0, 1, -1과 같이 상수로 정의되어 있지 않고 부호로 정의되어 있는 이유는 비교 속도를 높이기 위해서이다. strcmp 함수는 두 문자열의 대응되는 문자들을 차례대로 비교해 나가다가 최초로 다른 문자가 발견되면 두 문자의 코드값을 그대로 뺄셈해서 리턴해 버린다. 그래서 비교 결과도 부호로 판별해야 한다.

두 문자열이 같거나 다른 경우는 쉽게 이해가 되겠지만 숫자도 아닌 문자열이 대소관계를 가진다는 것이 선뜻 이해가 안 갈 수도 있다. 그러나 문자열도 메모리상에 기록될 때는 문자 코드로 기록되므로 숫자와 마찬가지로 대소 관계를 가질 수 있다. 예를 들어 A 문자보다는 B 문자의 코드가 더 크기 때문에 A(65)보다는 B(66)가 더 크다고 할 수 있다. 문자열의 대소 관계는 문자열을 구성하는 각 문자들의 코드값을 수치로 비교하여 판단하는데 사전에서 뒤쪽에 나오는 단어가 더 큰 값을 가지는 것으로 평가된다.

"ABC"와 "ABC"는 같다. 비교 결과는 0이다.
"ABC"는 "ABD"보다 작다. 비교 결과는 음수이다.
"ABC"는 "ABB"보다 크다. 비교 결과는 양수이다.

문자열끼리 대소 관계를 비교해야 하는 경우는 그리 흔하지 않으며 두 문자열이 같은지 다른지를 검사할 경우가 대부분이다. 이럴 때는 리턴값의 부호 따위는 무시해 버리고 0인지 아닌지만 살펴보면 된다. 다음 예제는 입력한 문자열이 특정 문자열이 맞는지를 strcmp 함수로 비교해 본다.

예제 strcmp

```c
#include <Turboc.h>
#include <string.h>

void main(void)
{
    char capital[16];

    printf("우리나라의 수도는 어디입니까? ");
    scanf("%s",capital);

    if (strcmp(capital,"서울")==0) {
        printf("축하합니다. 정답입니다.\n");
    } else {
        printf("틀렸다. 넌 어떻게 그것도 모르니?\n");
    }
}
```

사용자가 입력한 capital 문자열과 "서울"이라는 문자열 상수를 비교한 결과가 0이면 두 문자열이 같은 것으로, 즉 사용자가 정답을 입력한 것으로 판단하였다. 비교할 두 문자열을 strcmp 함수의 인수로 넘겨주고 그 리턴값이 0인지 아닌지만 보면 된다.

strncmp 함수는 가운데 n이 끼어 있는데 strncpy, strncat 함수들과 마찬가지로 지정한 개수만큼만 문자열을 비교한다. 전체 문자열이 아닌 문자열의 앞쪽 몇 글자만 비교해 보고 싶을 때 이 함수를 사용하면 된다. 예를 들어 Name 문자열이 사람의 이름을 가질 때 strncmp(Name,"김",2) 함수를 호출하면 이 사람의 성이 김가인지 아닌지를 알 수 있다.

영문에는 대소문자라는 것이 있어서 똑같은 문자열이라도 대소문자 구성에 따라 다른 문자열로 인식될 수도 있다. strcmp 함수는 문자의 코드를 별다른 조작없이 곧바로 비교하므로 대문자보다는 소문자가 더 큰 것으로 인식된다. 예를 들어 "DOG" 보다는 "dog"가 더 큰 값을 가지며 이 두 문자열을 strcmp로 비교하면 서로 다르다는 평가를 할 것이다. 다음 두 함수는 대소문자 구분없이 문자열을 비교한다.

```
int stricmp(const char *string1, const char *string2);
int strnicmp(const char *string1, const char *string2, size_t count);
```

함수명 중간에 i가 삽입되어 있는데 여기서 i는 Ignore, 즉 대소문자 구성을 무시하고 비교한다는 뜻이다. 참고로 비주얼 C++의 도움말인 MSDN에서 이 함수들을 찾아보면 함수명 앞에 _가 붙어 있는 _stricmp, _strnicmp로도 정의되어 있어 양쪽 모두 사용 가능하다. 볼랜드 계열의 컴파일러에는 이 함수들의 이름이 stricmp, strnicmp로 되어 있고 또 어떤 컴파일러는 strcmpi, strcmpni로 되어 있는 경우도 있다. 컴파일러에 따라 표준 함수의 이름이 조금씩 달라질 수도 있다는 점을 염두에 두도록 하자. 이 책에서는 가급적이면 _가 없는 함수 이름을 쓰기로 한다.

strcmp("DOG", "dog")는 대소문자를 구분하므로 두 문자열을 다르다고 평가하지만 stricmp("DOG", "dog")는 두 문자열이 같다고 평가한다. 그래서 "NoteBook"이나 "NOTEBOOK"이나 "NoTEbOoK"이나 모두 같은 문자열로 평가된다.

한글 문자열을 비교할 때는 strcmp 함수로도 충분하지만 영문을 비교할 때는 대소문자 구분 여부에 따라 정확한 비교 함수를 사용해야 한다. 도스나 윈도우즈의 파일 시스템은 파일명의 대소문자를 구분하지 않으므로 파일명을 비교할 때는 strcmp 함수 대신 반드시 stricmp 함수로 비교해야 한다. 그렇지 않으면 "MEMO.TXT"와 "memo.txt"가 다른 파일이 되어 버릴 것이다. 반면 유닉스나 리눅스의 파일 시스템은 파일명의 대소문자를 구분하므로 strcmp 함수로 비교해야 한다.

12.1.4 문자열 검색

문자열 검색 함수는 문자열 중 특정 문자나 부분 문자열의 위치를 찾아 주는데 다음과 같은 것들이 있다. 원형이 대체로 비슷한데 첫 번째 인수로 검색 대상 문자열을 주고 두 번째 인수로 검색할 문자(열)을 주며 리턴값은 모두 문자형 포인터이다.

```
char *strchr(const char *string, int c);
char *strrchr(const char *string, int c);
char *strstr(const char *string, const char *strSearch);
char *strpbrk(const char *string, const char *strCharSet );
char *strtok(char *strToken, const char *strDelimit);
```

strchr 함수는 문자열 중에 c라는 문자가 있는지를 찾아 그 포인터를 리턴한다. str이 "notebook"일 때 strchr(str,'b') 함수는 다음과 같이 동작한다.

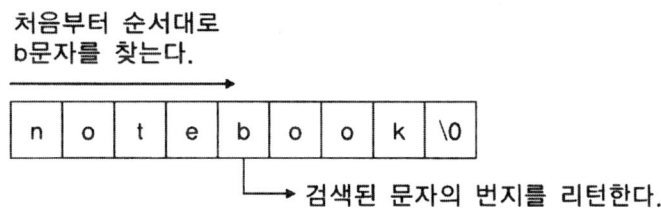

문자형 포인터를 리턴하므로 이 번지를 대입한 후 검색된 위치에 대해 어떤 작업을 할 수 있다. 다음 코드는 "notebook" 문자열에서 b 문자를 찾아 c로 바꾼다. 결국 str은 "notecook"이 될 것이다.

```
char str[]="notebook";
char *ptr=strchr(str,'b');
*ptr='c';
```

만약 지정된 문자가 발견되지 않으면 strchr 함수는 NULL을 리턴하는데 이때 NULL은 찾는 대상이 없다는 뜻이다. strchr 함수뿐만 아니라 모든 문자열 검색함수들은 찾는 대상이 없으면 항상 NULL을 리턴하도록 되어 있다. 문자열 중 특정 문자의 위치는 관심없고 단지 문자의 포함 여부만 알고 싶을 때는 리턴값이 NULL인지 아닌지만 비교하면 된다.

```
if (strchr(Name,'a')!=NULL) {
    puts("이름에 a문자가 포함되어 있군요.");
}
```

strchr 함수는 항상 주어진 문자열의 선두에서부터 문자를 찾는다. 이에 비해 strrchr 함수는 문자열의 뒤에서부터 문자를 검색하는데 함수명에 포함된 r은 rear, 즉 뒤쪽이라는 뜻이다. str이 "notebook"일 때 strchr 함수로 'o'를 찾는 것과 strrchr 함수로 "o"를 찾은 결과가 달라진다.

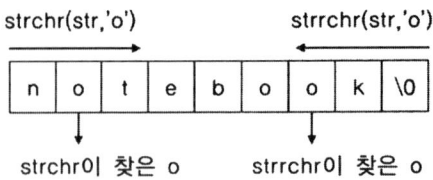

strchr 함수는 문자열 처음부터 'o'를 찾으므로 str[1]에서 'o'를 찾아내지만 strrchr 함수는 끝에서부터 검색하므로 str[6]에서 'o'를 찾을 것이다. 문자열내에 같은 문자가 둘 이상 있을 때는 검색 방향에 따라 찾는 문자가 달라진다. 다음 예제는 임의의 문자열에 a문자가 몇 개 있는지 세어 보고 그 결과를 출력한다. strchr 함수는 문자가 발견된 포인터를 리턴하는데 이 번지 이후부터 반복적으로 strchr 함수를 호출하면 특정 문자의 개수를 구할 수 있다.

예제 strchr

```c
#include <Turboc.h>
#include <string.h>

void main(void)
{
    char str[256];
    char *ptr;
    int count=0;

    printf("아무 문자나 입력하세요(공백없이 최대 255문자) ");
    scanf("%s",str);
    for (ptr=str;;) {
        ptr=strchr(ptr,'a');
        if (ptr == NULL) {
            break;
        }
        count++;
        ptr++;
    }
    printf("입력한 문자열에는 a가 %d개 있습니다.\n",count);
}
```

strstr 함수는 문자열에서 부분 문자열을 찾는다. str이 "Korea/Japan WorldCup"일 때 strstr(str,

"World") 함수는 다음과 같이 문자열을 검색한다. 부분 문자열을 구성하는 일련의 문자들이 연속적으로 발견될 때 그 시작 번지를 리턴한다.

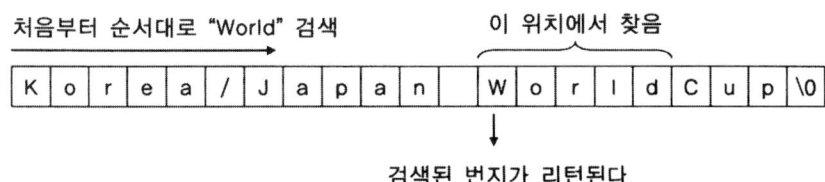

strcmp 함수는 두 문자열이 정확히 같은지 비교하는데 비해 strstr 함수는 부분 문자열의 포함 여부를 조사할 때 흔히 많이 사용된다. 가령 language라는 문자열이 회화 가능 언어에 대한 정보를 가지고 있다고 하자. 이 사람이 영어를 할 수 있는지 조사하려면 다음과 같이 이 문자열을 비교할 수 있다.

if (strcmp(language,"영어") != NULL) { 영어 가능함 }

이 비교문은 language라는 문자열이 정확하게 "영어"라고 되어 있는지를 조사한다. 만약 어떤 사람은 영어도 가능하고 일본어도 가능해서 "영어, 일본어"라고 썼다면 strcmp로 비교해서는 정확한 결과를 구할 수 없다. "영어"와 "영어, 일본어"는 완전히 다른 문자열이다. 두 문자열이 정확하게 같은지 비교해서는 안 되며 부분 문자열이 포함되어 있는지를 조사해야 하는데 이럴 때 바로 strstr 함수가 사용된다.

if (strstr(language,"영어") != NULL) { 영어 가능함 }

strstr 함수는 부분 문자열을 검색하므로 "영어, 일본어"는 물론이고 "일본어, 영어"와 같이 순서를 바꿔 써도 이 문자열이 포함되어 있는지 검색할 수 있다. 요컨데 strcmp는 두 문자열이 정확하게 같은지를 비교하는 것이고 strstr은 문자열 중에 특정 내용이 포함되어 있는지를 조사하는 것이다. 물론 이 함수를 쓰더라도 "영어 절대 못함", "난 영어가 미워"라는 문자열도 영어를 잘 하는 것으로 오판하는 맹점이 있는데 그래서 코드화가 필요한 것이다.

strpbrk 함수는 문자열 검색 함수 중에 가장 복잡하며 사용 빈도도 낮지만 잘 알아 두면 여러 번 검색해야 하는 작업을 간단하게 끝낼 수 있다. 이 함수는 첫 번째 인수로 주어진 문자열에서 두 번째 인수로 주어진 문자열에 속해 있는 문자 중 가장 먼저 발견된 문자를 찾아 그 번지를 리턴한다. 이게 도대체 무슨 뜻인지 얼른 감이 안 올텐데 예를 보면 쉽게 이해할 수 있다.

char str[]="Four score and seven years ago";
char *ptr=strpbrk(str,"def");

str에 긴 문자열이 들어 있는데 이 문자열 중에서 d나 e나 f 중 가장 먼저 발견되는 문자를 찾아 ptr에 대입한다. 이 경우 str[9]에 있는 'e'가 검색될 것이다. 문자열에서 여러 개의 문자 중 하나를 찾고자 할 때 이 함수를 사용하는데 strchr을 여러 번 호출할 필요없이 찾고자 하는 문자의 집합을 문자열로 만든 후 strpbrk 함수만 호출하면 된다.

몇 가지 예를 더 들어 보자. strpbrk(str,"aeiouAEIOU")는 str 문자열에서 가장 먼저 발견되는 모음을 찾을 것이며 strpbrk(str,"0123456789")는 str 문자열에서 가장 먼저 발견되는 숫자를 찾는다. 만약 원하는 문자가 하나도 발견되지 않으면 NULL을 리턴한다. 이 함수를 사용하면 문자열에 특정 문자군이 포함되어 있는지를 쉽게 조사할 수 있으며 반복적으로 호출하면 문자들의 출현 회수를 조사할 수도 있다.

strtok 함수는 문자열을 토큰으로 잘라낸다. 예를 들어 "서울/대전/대구/부산" 문자열을 "/" 구분자로 자르면 서울, 대전, 대구, 부산 4개의 문자열로 분할할 수 있다. 첫 번째 인수로 잘라낼 문자열을 주며 두 번째 인수로 구분자를 구성하는 문자열을 준다. 구분자는 한 문자열에 여러 개를 지정할 수 있는데 /와 :그리고 ,가 토큰 구분자라면 "/:,"를 준다. 일단 예제를 보자.

예제 strtok

```c
#include <Turboc.h>
#include <string.h>

void main()
{
    char str[]="I am a boy,you are a girl";
    char *p;

    p=strtok(str," ,");
    while (p!= NULL) {
        puts(p);
        p=strtok(NULL," ,");
    }
}
```

이 예제는 str 배열의 문자열에서 공백과 콤마를 구분자로 하는 단어를 추출하여 출력한다. 실행 결과는 다음과 같다.

```
I
am
a
```

boy
you
are
a
girl

strtok 함수는 최초 호출될 때 문자열의 첫 번째 토큰을 찾고 두 번째 토큰 위치를 NULL문자로 만든 후 토큰의 포인터를 리턴한다. 검색한 토큰을 널 종료 문자열로 만들어 주므로 strtok가 리턴하는 포인터를 바로 출력하거나 별도의 버퍼에 복사하면 분리된 토큰을 얻을 수 있다. 이때 strtok 함수는 중간 검색 결과를 자신의 정적변수에 저장해 놓는데 검색을 계속 하려면 첫 번째 인수를 NULL로 전달하면 된다. 더 이상 토큰이 발견되지 않으면 NULL을 리턴하므로 strtok(NULL, 구분자)를 반복적으로 호출하면 문자열을 구성하는 모든 토큰을 찾을 수 있다. 매 검색시마다 구분자를 바꿔 가며 검색하는 것도 가능하다.

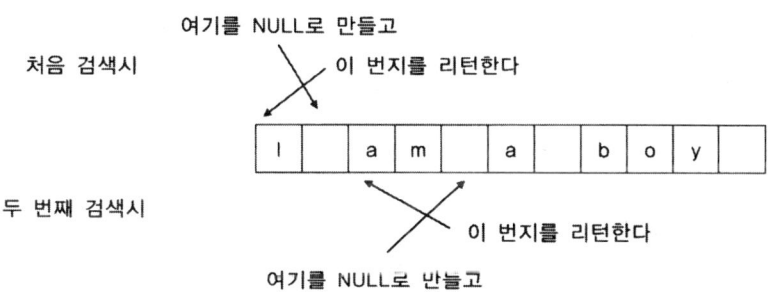

strtok 함수는 무척 독특한 특징이 몇 가지 있어 주의해서 사용해야 한다. 우선 토큰이 발견될 때마다 널 문자열로 만들기 위해 검색 대상 문자열을 변경한다는 점이 다른 검색 함수와 다르다. 그래서 검색 대상 문자열이 변경되지 말아야 할 경우는 반드시 사본을 복사한 후 사본에서 토큰을 추출해야 한다. 만약 Win32 환경에서 strtok("Test String"," "); 이런 식으로 문자열 상수를 바로 검색하면 읽기 전용 상수를 건드리게 되므로 즉시 다운된다.

또한 이 함수는 검색 중간 결과, 즉 어디까지 검색했는지를 스스로의 정적변수에 저장한다는 점이 특이한데 정적변수를 사용하기 때문에 검색 중에 새로운 검색을 할 경우 이전 검색에 대한 정보는 잃어버린다. 과거 환경에서는 이런 특성이 편리했지만 요즘 같은 멀티 스레드 환경에서는 이런 동작 방식은 권장되지 않으며 여러 가지 문제점을 야기할 수 있다. 두 개의 스레드가 동시에 이 함수를 호출할 경우 결과는 예측할 수 없다.

문자열 검색 함수들 몇 가지를 알아 봤는데 처음 배우는 입장에서는 함수들이 너무 다양해서 혼란스러울지도 모르겠다. C 표준 라이브러리는 자주 사용될만한 대부분의 함수들을 제공하므로 이들 중 상황에 꼭 맞는 함수를 찾아 쓰는 것도 쉽지 않은 일이다. 그러나 실제 코딩을 하다 보면 문자열을 자유롭게 다루기에는 이 함수들만으로 부족하다는 것을 느낄 것이다.

문자열에서 문자를 찾아 주는 strchr 함수는 있지만 대소문자 구분없이 문자를 찾아주는 strichr이라는 함수는 없다. 만약 이런 기능이 꼭 필요하면 응용을 하는 수밖에 없다. 예를 들어 str 문자열에서 대소문자 구분없이 'a'가 포함되어 있는지 알고 싶다면 다음과 같이 strchr을 두 번 호출한다.

```
if (strchr(str,'a') != NULL || strchr(str,'A') != NULL) { ... }
```

문자 검색의 경우는 소문자, 대문자에 대해 각각 검색해 보면 되지만 부분 문자열을 대소구분없이 비교하는 것은 조금 어렵다. stristr이라는 함수가 있다면 쉽겠지만 이런 함수는 제공되지 않는다. 이럴 때는 검색할 문자열의 사본을 만든 후 모두 소문자로 바꾼 상태에서 검색을 하는 방법이 흔히 사용된다. 부분 문자열을 끝에서부터 찾는 함수(이름을 붙인다면 strrstr)도 없으므로 이런 함수도 직접 만들어서 사용해야 한다.

12.1.5 문자열 변환

문자열 변환이란 문자열의 내용을 일정한 규칙에 따라 바꾸는 것이다. 다음 다섯 가지의 함수가 있는데 아주 쉬우므로 간략하게 설명하도록 한다.

```
char *strset(char *string, int c);
char *strnset(char *string, int c, size_t count);
char *strlwr(char *string);
char *strupr(char *string);
char *strrev(char *string);
```

strset 함수는 문자열을 c문자로 가득 채운다. 널 문자 직전까지의 모든 문자들이 c 문자로 바뀐다. str이 "password" 문자열을 가질 때 strset(str,'*')는 이 문자열을 "********"로 바꿀 것이다. strnset 함수는 개수를 지정할 수 있다는 것만 다르다.

strlwr 함수는 모든 문자를 소문자로 바꾸며 strupr 함수는 모든 문자를 대문자로 바꾼다. str이 "String Test"일 때 strlwr(str)은 "string test"로, strupr(str)은 "STRING TEST"로 바꿀 것이다. 두 함수 모두 영문자가 아닌 한글이나 숫자, 기호는 그대로 유지한다.

strrev 함수는 문자열을 거꾸로 뒤집는다. 즉, 제일 처음에 있는 문자를 마지막 문자와 교환하고 두 번째 문자는 마지막 두 번째 문자와 교환하는 식이다. 널 종료 문자는 교환 대상에서 제외된다. str이 "String"일 때 strrev(str)을 호출하면 "gnirtS"가 될 것이다. 이 함수는 문자열을 구성하는 개별 문자를 기계적으로 교환할 뿐이므로 한글에 대해서는 제대로 동작하지 않는다.

즉 str이 "쓰레기통"일 때 strrev 함수를 호출한다고 해서 이 문자열이 "통기레쓰"가 되는 것은 아니다. 한글은 한 음절이 2바이트이기 때문에 2바이트씩 한꺼번에 교환해야 거꾸로된 문자열을 만들 수 있다. 다음 예제는 문자열 변환 함수들을 골고루 사용해 본 것이다.

예제 strrev

```c
#include <Turboc.h>
#include <string.h>

void main(void)
{
    char str[]="Made In Korea";
    char str2[16];

    strcpy(str2,str);
    strupr(str2);
    printf("strupr => %s\n",str2);
    strcpy(str2,str);
    strlwr(str2);
    printf("strlwr => %s\n",str2);
    strcpy(str2,str);
    strrev(str2);
    printf("strrev => %s\n",str2);
    strcpy(str2,str);
    strset(str2,'*');
    printf("strset => %s\n",str2);
}
```

str2에 "Made In Korea"라는 문자열을 저장한 후 각각의 문자열 변환 함수로 이 문자열을 바꾸어 보았다. 실행 결과는 다음과 같다.

```
strupr => MADE IN KOREA
strlwr => made in korea
strrev => aeroK nI edaM
strset => *************
```

함수 이름을 외우기가 좀 어려워서 그렇지 동작은 정말 간단한 편이다.

12.1.6 문자 관리 함수

다음은 문자열을 구성하는 개별 문자들을 관리하는 함수에 대해 알아보자. 이 함수들은 인수로 전달된 문자가 특정 그룹에 속하는지 조사하는데 그룹에 속하면 0이 아닌 값을 리턴하고 그렇지 않다면 0을 리턴한다. 모두 ctype.h에 선언되어 있으며 C 표준 함수 중에 손에 꼽을만큼 쉬운 함수들이라 도표로 간단하게 정리하도록 한다.

함수	참이 되는 문자 범위
int isalpha(int c);	A-Z, a-z
int isupper(int c);	A-Z
int islower(int c);	a-z
int isdigit(int c);	0-9
int isxdigit(int c);	0-9, A-F, a-f
int isalnum(int c);	0-9, A-Z, a-z
int isprint(int c);	인쇄 가능한 문자
int isgraph(int c);	공백을 제외한 인쇄 가능한 문자
int ispunct(int c);	인쇄 가능한 문자 중 공백과 isalnum을 제외한 문자
int isspace(int c);	0x09-0x0d, 0x20

특정 문자가 알파벳인지, 숫자인지 등을 판단하고 싶을 때 이 함수들을 호출한다. 예를 들어 점수를 입력할 때는 입력받은 모든 문자가 아라비아 숫자인지 점검해야 하며 이때는 isdigit 함수를 사용한다. 다음 두 함수는 영문 대소문자를 변환한다.

int tolower(int c);
int toupper(int c);

만약 c가 영문자가 아니라면 아무 동작도 하지 않으며 c를 그대로 리턴한다. 입력값을 비교할 때 둘 다 비교하는 것보다 한쪽으로 바꾼 후 비교하는 것이 더 쉽다. 다음 두 코드는 동일하다.

if (ch == 'A' || ch == 'a') { ... }
if (tolower(ch) == 'a') { ... }

두 조건을 || 논리 연산자로 비교하는 것보다 소문자로 바꾼 후 'a'와 비교하는 것이 훨씬 더 쉽다. 물론 대문자로 바꾼 후 'A'와 비교해도 결과는 같다. 특히 switch문의 경우 대소문자별로 일일이 case를 두 번 쓰는 것보다 변환한 결과로 다중 분기를 하는 것이 훨씬 더 간단하고 깔끔하다.

```
switch (ch) {                        switch (tolower(ch)) {
    case 'A':                            case 'a':
    case 'a':                                어쩌고 저쩌고;break;
        어쩌고 저쩌고;break;              case 'b':
    case 'B':                                시끌 시끌;break;
    case 'b':                            // 계속 이런 식으로 다중 분기
        시끌 시끌;break;              }
    // 계속 이런 식으로 다중 분기
}
```

누가 봐도 왼쪽의 코드보다는 오른쪽의 코드가 더 간단해 보이고 가독성도 높다. 뿐만 아니라 속도도 빠르고 메모리도 적게 차지한다.

12.1.7 메모리 관리 함수

다음 함수들은 메모리 관리 함수들이다. 문자열과 메모리는 연속된 공간이라는 점에서 공통점이 있기 때문에 메모리 관리 함수들의 동작도 문자열 관리 함수들과 비슷하다. 동작이 비슷하다 보니 함수 이름과 원형도 거의 같다. 일단 원형을 보도록 하자.

```
void *memcpy(void *dest, const void *src, size_t count);
int memcmp(const void *buf1,const void *buf2,size_t count);
void *memchr(const void *buf,int c,size_t count);
void *memset(void *dest,int c,size_t count);
void *memmove(void *dest,const void *src,size_t count);
```

strcpy에 대응되는 memcpy, strcmp에 대응되는 memcmp 등의 함수들이 있는데 기본적인 동작 방식은 대응되는 문자열 함수와 같다고 생각하면 된다. 다만 몇 가지 점만 다른데 메모리 관리 함수들과 문자열 관리 함수들의 차이점은 다음과 같다.

① 인수와 리턴값의 타입이 다르다. 문자열 관리 함수들은 항상 문자열을 대상으로 하므로 취하는 인수나 리턴값이 대부분 char *형이지만 메모리 조작 함수들은 임의의 값을 대상으로 하기 때문에 인수와 리턴값이 모두 void *형이다. 이 함수들은 시작 번지만 알려주면 바이트 단위로 작업을 하므로 메모리에 저장된 값의 타입을 몰라도 상관없으며 임의의 타입에 대해서도 잘 동작한다.

② 문자열은 시작 번지만 알려 주면 널 종료 문자를 끝으로 인식하기 때문에 길이를 별도로 알려줄 필요가 없다. 하지만 메모리 관리 함수는 길이를 알려 주지 않으면 어디까지가 작업 대상인지를 알지 못한다. 그래서 모든 함수의 끝에 작업 대상 메모리의 길이를 지정하는 count라는 인수가 있다. 메모리끼리 복사하는 memcpy 함수는 strcpy 함수보다는 strncpy 함수와 유사하다고 볼 수 있다.

이 두 가지 차이점만 알면 문자열 함수와 비슷한 방식으로 메모리 관리 함수를 사용할 수 있다. 몇 가지 사용예를 보도록 하자. 다음 코드는 ar 배열을 완전히 초기화한다.

```
int ar[10];
memset(ar,0,sizeof(ar));
```

배열을 선언하면서 초기화하지 않았거나 또는 실행 중에 이미 값이 저장된 배열을 모두 특정 값으로 채우고자 할 때 memset 함수를 사용한다. 이 코드에 의해 ar 배열은 그 크기만큼을 모두 0으로 가득 채우며 ar 배열의 모든 요소는 0으로 재초기화된다. strset 함수가 문자열을 특정 문자로 가득 채우듯이 memset 함수는 지정한 번지부터 지정한 길이까지를 특정값으로 가득 채워준다.

메모리끼리 복사할 때는 memcpy 함수를 사용한다. 복사할 원본과 대상, 그리고 복사할 길이를 인수로 전달하면 두 메모리의 내용을 완전히 똑같이 만들어 준다. 다음 코드는 이 함수를 사용하여 배열끼리 복사한다.

```
int ar[5]={10,8,0,75,28};
int ar2[5];
memcpy(ar2,ar,sizeof(ar));
```

배열은 서로 대입할 수 없으며 배열의 사본을 만들려면 배열 요소끼리 개별적으로 대입해야 하는데 memcpy 함수를 사용하면 배열끼리도 한 번에 복사할 수 있다. 두 배열의 시작 번지와 복사할 길이를 sizeof 연산자로 알려 주기만 하면 된다.

ar	10	8	0	75	28
ar2	10	8	0	75	28

memcpy는 대응되는 바이트끼리 기계적으로 복사하기 때문에 복사할 대상의 논리적인 구조 따위는 전혀 개의치 않는다. 그래서 배열뿐만 아니라 2차원 배열이나 구조체 배열 따위도 memcpy를 사용하면 얼마든지 복사할 수 있다. 또한 널 종료 문자 같은 것도 인식하지 않기 때문에 중간에 0을 만나도 지정한 길이까지는 무조건 복사한다.

메모리 관리 함수는 문자열 관리 함수에 비해 훨씬 더 일반적이다. 문자열 관리 함수는 오로지 char *형만 다룰 수 있지만 메모리 관리 함수는 바이트를 직접 다루기 때문에 모든 타입에 대해 사용할 수 있다. strcpy(dest,src)호출은 memcpy(dest,src,strlen(src)+1)과 완전히 동일하다는 것을 이해할 수 있겠는가?

메모리 관리 함수 중에 가장 재미있고도 실용적인 함수는 memmove 함수이다. 이 함수는 메모리의 내용을 지정한 길이만큼 다른 곳으로 옮긴다. 이 함수를 사용하면 배열 중간을 뒤쪽으로 밀어서 빈 공간을 만든 후 그 공간에 다른 내용을 삽입해 넣을 수 있다. 다음 예제는 문자열 중간에 단어를 삽입해 넣는다.

예제 InsertString

```
#include <Turboc.h>
#include <string.h>

void main(void)
{
    char str[32]="You are beautiful";
    char str2[]="very ";

    memmove(str+13,str+8,10);
    memcpy(str+8,str2,strlen(str2));
    puts(str);
}
```

str[8] 이하에 있는 길이 10(널 문자 포함)의 "beautiful"을 str[13]으로 옮기면 중간에 5바이트가 비게 된다. 이 빈 자리에 "very "를 복사해 넣었다. 출력 결과는 You are very beautiful이다. 이 예제가 정상적으로 동작하려면 str이 중간에 삽입되는 문자열까지 고려해서 충분한 길이를 가져야 한다.

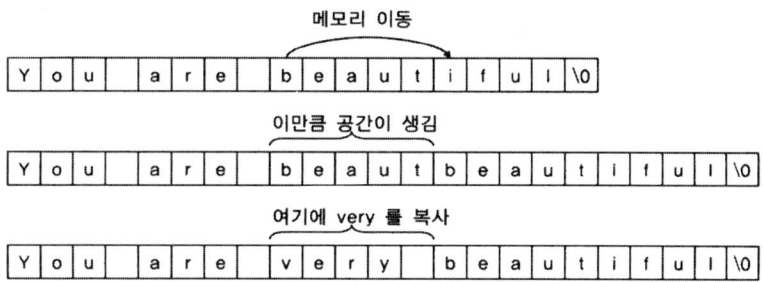

이름에 move가 포함되어 있기는 하지만 그렇다고 해서 원본이 삭제되는 것은 아니며 복사된다. memcpy와 memmove는 메모리 내용을 복사한다는 점에서 사실 동일한 함수이다. 그러나 memcpy는 무조건 순방향으로만 복사하는데 비해 memmove는 겹쳐진 메모리에 대해서 원본이 파괴되지 않도록 복사 방향을 지능적으로 선택한다는 점이 다르다.

이상으로 문자열 관리 함수와 메모리 관리 함수들에 대해 알아보았다. 여기서 알아본 함수들은 C/C++ 언어의 표준 함수들이며 이 외에도 각 운영체제별로 유사한 함수 집합을 제공하기도 한다. 예를 들어 윈도우즈는 문자열 관리를 위해 lstrcpy, lstrcat, lstrlen 함수를 제공하는데 함수명 앞에 l자 하나만 더 붙어 있을 뿐 표준 함수와 이름이 동일하고 동작도 비슷하다. 하지만 이 함수들은 유니코드를 지원한다는 점이 다르다. 차후 실제 프로그래밍을 할 때는 표준 함수보다는 이런 함수들을 더 많이 사용하게 될텐데 여기서 문자열 함수의 기본 동작만 이해해 두면 이런 함수들은 금방 공부할 수 있을 것이다.

> **과 제** RotateScroll
>
> 일정한 수평 범위에서 문자열을 오른쪽으로 스크롤하되 범위의 끝에 이르면 앞쪽으로 회전하면서 스크롤한다. 범위와 스크롤될 문자열은 변경하기 쉽도록 작성하되 범위에서 끝 좌표는 제외하는 것이 논리상 합당하다. 예를 들어 10~30 사이를 스크롤한다면 실제 문자열이 찍히는 마지막 좌표는 29여야 한다. 부드러운 스크롤을 위해 clrscr 함수는 호출하지 말아야 하며 꼭 필요한 부분만 삭제하도록 한다. 다 작성했으면 왼쪽으로도 스크롤시켜 보도록 하자.

12.2 수치와 문자열

12.2.1 정수와 문자열

수치와 문자열은 데이터 타입이 다르며 따라서 메모리에 기억되는 모양도 상당히 다르다. 다음 두 변수를 보자.

```
int num=123;
char str[]="123";
```

두 변수 모두 123으로 초기화되었는데 정수형 변수 num은 수치값 123을 가지고 있고 문자 배열 str은 문자열 "123"을 가지고 있다. 이 두 값은 외형적인 모양이 비슷해 보이지만 내부적으로는 완전히 다른 값이다. num의 값 123은 백이십삼이라는 수치이며 이 값은 122보다 하나 더 많고 124보다는 하나 더 작다는 성질을 가지고 있다. 반면 문자열 str의 값 "123"은 문자 '1'과 문자 '2'와 문자 '3'이 연속적으로 배치되어 있다 뿐이지 산술적인 의미를 가지지 않는다.

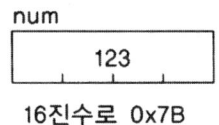
16진수로 0x7B

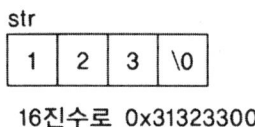
16진수로 0x31323300

문자열과 수치는 내부적인 모양이 완전히 다르기 때문에 상호 대입하거나 연산할 수 없다. 예를 들어 str=123이라고 대입한다거나 a=num+str과 같이 덧셈을 할 수 없는 것이다. 또한 각각은 타입이 맞는 위치에만 사용할 수 있다. num이 123의 값을 가진다고 해서 puts(num)을 호출하면 123이 출력되는 것이 아니며 str이 "123"일 때 delay(str)이라고 호출한다고 해서 0.123초 동안 실행이 중지되는 것도 아니다.

콘솔 환경에서는 이런 두 형식의 차이점을 어느 정도 완충해주는 장치가 있다. 화면으로 직접 출력 가능한 형식은 문자열뿐인데 printf 함수는 %d, %f 서식에 의해 정수나 실수를 문자열로 바꾸어 출력한다. 키보드는 원칙적으로 문자열을 입력하는 장비이지만 입력된 문자열이 scanf 함수에 의해 수치값으로 바뀌어 변수에 대입된다.

그러나 그래픽 환경(GUI)에서는 이런 장치가 제공되지 않는다. 윈도우즈의 표준 출력 함수인 TextOut은 오로지 문자열만 출력할 수 있고 에디트 컨트롤이 입력받는 값도 원칙적으로 문자열뿐이다. 이런 경우에는 수치와 문자열을 원하는 형태로 직접 바꾼 후 사용해야 한다. 이 절에서는 수치, 그러니까 정수와 실수를 문자열로 상호 변환하는 방법에 대해 알아볼 것이다.

다음 함수들은 정수를 문자열로 변환한다. 정수의 타입에 따라 세 개의 함수가 준비되어 있는데 32비트 환경에서는 long형이 int와 같기 때문에 ltoa 함수는 itoa 함수와 동일하다. 주로 itoa 함수를 많이 사용하며 부호없는 정수일 경우에만 ultoa 함수를 사용한다.

```
char *itoa(int value, char *string, int radix);
char *ltoa(long value, char *string, int radix);
char *ultoa(unsigned long value, char *string, int radix);
```

itoa 함수는 Integer to Ascii의 준말이며 말 뜻 그대로 정수를 문자열로 변환한다. 첫 번째 인수에 바꾸고자 하는 정수값을 주고 두 번째 인수에 변환한 문자열을 저장할 배열을 준다. 세 번째 인수 radix는 변환시 사용할 진법을 지정하는데 10진법으로 변환할 경우 10이라고 쓰면 된다.

```
int num=123;
char str[10];
itoa(num,str,10);
```

이 코드에 의해 str에 "123"이 복사될 것이다. num에 저장된 수치값이 문자열 형태로 바뀌어 str 배열에 저장되었으므로 puts(str)로 이 문자열을 출력하면 num의 값이 화면에 출력된다. itoa 함수도 배열 끝 점검을 하지 않으므로 두 번째 인수(위 코드에서 str)로 충분한 길이의 배열을 제공해야 한다. itoa 함수의 세 번째 인수 radix는 보통 10으로 주는데 진법을 바꾸고 싶을 때는 원하는 진법을 지정할 수 있다. 다음 예제는 12345라는 10진수를 2진법~20진법까지 바꿔가며 출력해 본 것이다.

예제 itoa

```c
#include <Turboc.h>

void main(void)
{
    int num=12345;
    int radix;
    char str[32];

    for (radix=2;radix<=20;radix++) {
        itoa(num,str,radix);
        printf("%d진법 : %s\n",radix,str);
    }
}
```

radix를 제어 변수로 하여 2~20까지 루프를 돌면서 itoa를 반복적으로 호출했다. 출력 결과는 다음과 같다.

```
2진법 : 11000000111001
3진법 : 121221020
4진법 : 3000321
5진법 : 343340
6진법 : 133053
7진법 : 50664
8진법 : 30071
9진법 : 17836
10진법 : 12345
11진법 : 9303
12진법 : 7189
13진법 : 5808
14진법 : 46db
15진법 : 39d0
16진법 : 3039
```

17진법 : 28c3
18진법 : 221f
19진법 : 1f3e
20진법 : 1ah5

똑같은 수치값 12345라도 진법에 따라 이렇게 다양한 형태로 표현할 수 있다. 단, 각 진법에 따른 출력 결과는 표현 방법이 다를 뿐이지 모두 10진수로 12345라는 값을 나타낸다. radix 인수의 가능한 값은 2~36까지이다. 논리적으로 1진법이라는 것은 존재할 수 없으므로 최소 진법은 2진법부터이며 숫자 표현에 사용할 수 있는 문자가 0~9, a~z까지 총 36개뿐이므로 36진법까지만 지원한다.

다음은 문자열을 정수로 바꾸는 함수에 대해 알아보자. 타입에 따라 많은 함수들이 준비되어 있는데 이 중 atoi 함수가 기본 함수이다. atoi는 물론 Ascii to Integer의 약자이다.

```
int atoi(const char *string);
long atol(const char *string);
long strtol(const char *nptr, char **endptr, int base);
unsigned long strtoul(const char *nptr, char **endptr, int base);
```

문자열 str에 "123"이 저장되어 있을 때 atoi(str)은 수치값 123을 리턴한다. 이 함수는 이미 앞 장에서 main 함수의 인수로 전달된 문자열을 정수로 바꾸기 위해 사용해 본 적이 있다. 명령행에서 입력되는 프로그램의 인수 argv는 문자열 배열이기 때문에 정수를 바로 입력받을 수는 없다. 그래서 정수 형태로 입력된 문자열을 atoi 함수를 사용하여 정수로 바꿔서 사용해야 한다.

atoi 함수의 인수로 전달되는 문자열은 수치값의 형태로 저장되어 있어야 한다. 수치값 표현에 사용할 수 있는 문자는 0~9까지의 아라비아 숫자와 +,- 부호 정도이다. 그러므로 atoi("123"), atoi("-78") 이런 식의 문자열을 전달해야 제대로 변환된다. atoi("aaa")처럼 수치가 아닌 문자열을 전달할 경우 atoi는 변환할 수 없다는 의미로 0을 리턴한다.

만약 수치와 문자열이 섞여 있다면 atoi는 에러를 리턴하는 대신 변환 가능한 부분까지만 변환한다. 예를 들어 atoi("12month")를 호출하면 12가 리턴된다. "12month"는 비록 완전한 수치값 형태의 문자열은 아니지만 최대한 해석 가능한 부분까지는 변환해 주는 것이다. 따라서 숫자와 문자가 섞인 문자열의 경우 별도의 처리없이 부분적인 변환이 가능하다는 편리함이 있지만 정확한 변환이 아니라는 점에서는 주의를 할 필요가 있다.

atol 함수는 문자열에 저장된 수치를 long 형으로 변환하는데 32비트 환경에서는 int와 long이 같은 타입이므로 atoi와 완전히 같은 동작을 한다. strtol 함수는 atoi 함수에 비해 진법을 인식한다는 점에 있어서 조금 더 기능이 많다. atoi는 문자열에 들어 있는 값을 10진수로만 인식하지만 strtol 함수는 세 번째 인수 base로 문자열에 들어 있는 값의 진법을 지정할 수 있다.

만약 base가 10이라면 strtol은 string 인수를 10진법의 값으로 인식하므로 이 경우는 atoi 함수와 같은 동작을 한다. base가 16이라면 string은 16진수이므로 0~9까지의 문자 외에 a~f까지의 문자도 숫자로 인정될 것이다. "10011100"과 같이 이진수 형태로 저장된 문자열도 strtol 함수를 사용하면 정수로 변환할 수 있다.

지정한 base에 사용할 수 없는 문자가 발견될 경우 그 위치에서 변환을 중지한다. 예를 들어 base가 8이면 0~7까지의 숫자만 사용할 수 있는데 문자열에 "2390"이 저장되어 있다면 "23"까지만 변환될 것이다. 이때 변환이 중지된 지점의 번지가 두 번째 인수 endptr에 대입되므로 어디서 중지되었는지를 조사할 수 있다. 만약 에러 검출 기능을 사용하지 않는다면 strtol의 두 번째 인수로 NULL을 지정하면 된다. 다음 예제는 16진수 abcd를 정수로 변환한 후 그 값을 printf로 출력해 보았다.

예 제 **strtol**

```
#include <Turboc.h>

void main(void)
{
    char *endptr;
    char str[]="abcd";

    long l=strtol(str,&endptr,16);
    printf("%ld\n",l);
}
```

16진수 abcd는 10진수로 43981이므로 43981이 출력될 것이다. printf의 출력 서식을 %d 대신 %x를 사용하면 abcd가 그대로 출력된다. strtol이 정수로 바꾼 값을 printf의 %x 서식이 다시 16진수 형태의 문자열로 바꾸어 출력하기 때문이다.

12.2.2 실수와 문자열

실수는 정수에 비해 소수점 이하를 가질 뿐만 아니라 부동 소수점 표기법이 다소 복잡해서 정수보다는 변환하기가 훨씬 더 까다롭다. 다음 함수들은 실수를 문자열로 변환한다.

```
char *gcvt(double value, int digits, char *buffer);
char *ecvt(double value, int count, int *dec, int *sign);
char *fcvt(double value, int count, int *dec, int *sign);
```

원형에서 보다시피 이 함수들은 itoa 함수들보다는 훨씬 더 복잡한 형태를 가지고 있으며 실제로 사용하기도 까다롭다. 뿐만 아니라 이 함수들보다 더 좋은 변환 방법이 있기 때문에 이 함수들이 실제로 꼭 필요한 경우란 무척 드물다. 그래서 여기서는 이런 함수들도 있다는 것만 소개하기로 한다. 이 함수들을 꼭 써보고 싶다거나 이 함수를 호출하는 예제를 분석해야 한다면 레퍼런스를 참조하기 바란다.

다음 함수는 문자열을 실수로 변환한다. 두 함수는 기능이 거의 동일하되 strtod 함수는 변환 불가 문자를 만날 때 그 위치를 endptr로 리턴한다는 정도만 다르다. 편의성면에서는 atof가 좀 더 사용하기 쉽다.

```
double atof(const char *string);
double strtod(const char *nptr, char **endptr);
```

atof("3.14")는 문자열 형태로 저장되어 있는 "3.14"를 실수형으로 변환한다. atof("-1.23e4") 형식의 부동 소수점 형태로 표기된 문자열도 변환할 수 있다. atof 함수도 atoi 함수와 마찬가지로 중간에 변환 불가한 문자를 만날 경우 에러를 리턴하는 대신 가능한 부분까지만 변환한다.

12.2.3 sprintf

sprintf 함수는 printf 함수와 유사한 함수이다. 일단 원형을 보자.

```
int sprintf(char *buffer,const char *format , ...);
```

printf 함수의 원형과 비교해 볼 때 첫 번째 인수 buffer가 추가되어 있다는 점만 다르다. 그 외 사용하는 방법이나 %d, %f 등의 서식은 prinf 함수와 동일하다. printf는 서식화된 출력을 화면으로 내 보내는데 비해 sprintf 함수는 첫 번째 인수로 전달된 buffer 배열로 보낸다는 점이 다르다. 이 함수로 서식화된 문자열을 조립한 후 화면으로 그대로 출력할 수도 있고 파일로도 출력할 수 있으며 그래픽 화면으로도 출력할 수 있다.

sprintf 함수는 서식화된 출력을 문자열로 작성하는 것이 원래의 목적이지만 수치값을 문자열 형태로 변환할 때도 사용할 수 있다. %d 서식을 사용하면 정수를 문자열로 바꿀 수 있고 %f 서식을 사용하면 실수를 문자열로 바꿀 수도 있다. 뿐만 아니라 폭이나 유효 자리수 지정 등의 복잡한 서식까지 활용할 수 있으므로 전문 변환 함수보다 상세한 지정이 가능하다. 다음 예제를 보자.

예제 sprintf

```c
#include <Turboc.h>

void main(void)
{
    char str[128];
    int i=123;
    double d=3.1415;

    sprintf(str,"%d",i);
    printf("정수를 문자열로 : %s\n",str);
    sprintf(str,"%.2f",d);
    printf("실수를 문자열로 : %s\n",str);
    sprintf(str,"%e",d);
    printf("실수를 부동 소수점 형식의 문자열로 : %s\n",str);
}
```

정수형 변수 i와 실수형 변수 d를 sprintf 함수와 %d, %f 서식을 사용하여 문자열로 출력했는데 결과적으로는 문자열 형태로 변환한 것이다. 실행 결과는 다음과 같다.

```
정수를 문자열로 : 123
실수를 문자열로 : 3.14
실수를 부동 소수점 형식의 문자열로 : 3.141500e+000
```

정수형 변수 i를 %d 서식으로 받아 str로 출력하면 i의 값이 문자열 str로 변환되는 효과가 있다. 마찬가지로 실수형 변수 d를 %f 서식으로 받으면 실수가 문자열로 변환되며 %e 서식으로 받으면 부동 소수점 형식으로 변환할 수도 있다. 뿐만 아니라 %와 f 사이에 총자리수나 유효 자리수 등을 지정할 수 있으므로 일반적인 문자열 변환 함수보다 훨씬 더 기능이 많다. %.2f 서식을 사용하면 소수점 이하 두자리까지만 그것도 반올림까지해서 문자열로 변환한다.

sprintf 함수 하나만 있어도 대부분의 수치를 문자열로 바꿀 수 있는 셈이다. 서식의 정확한 사용법이 조금 복잡하지만 이미 printf에 익숙하다면 기존 지식을 활용하여 직관적인 방법으로 변환할 수 있어 편리하다. 그러나 이 함수에도 단점이 있는데 너무 덩치가 커서 실행 파일이 커진다는 것과 속도가 느리다는 점이다. 서식이 워낙 다양하고 복잡하기 때문에 아무래도 itoa, gcvt 같은 전용 변환 함수보다는 크기가 클 수밖에 없다.

> **과 제** HangMan
>
> 숨겨진 영어 단어를 맞추는 게임이다. 몇 개의 단어 목록을 작성하고 난수로 단어를 선택한 후 사용자가 입력한 문자가 단어의 어떤 위치에 있는지 보여준다. 사용자는 임의의 문자를 입력해 보고 컴퓨터가 보여주는 문자의 위치를 참조하여 가장 적은 회수만에 숨겨진 단어를 찾아야 한다. 7회 이상 틀린 글자를 입력할 경우 단어를 맞추지 못한 것으로 처리한다. 영문만 입력받아야 하며 이미 찾았거나 한 번 틀린 문자는 입력을 거부해야 한다.

12.3 문자열 연습

12.3.1 표준 함수 구현

C 문법은 문자열 타입을 제공하지 않는 대신 풍부한 문자열 관리 함수를 제공하므로 문자열을 사용하는데 별 불편함은 없다. 문자열은 배열 형태로 표현되며 배열은 곧 포인터라고 할 수 있으므로 C 표준 문자열 함수들은 거의 포인터로 구현되어 있다. 그래서 표준 함수들의 모방작을 제작해 보면 문자열을 좀 더 잘 이해할 수 있을 뿐만 아니라 C 포인터에 대한 생생한 실습을 해 볼 수 있을 것이다.

다음 예제는 문자열 관련 C 표준 함수를 사용자 정의 함수로 다시 작성해 본 것이다. C 표준 함수의 구현은 컴파일러 제작사마다 다르고 고도로 최적화되어 있어서 이와 완전히 같지는 않겠지만 겉으로 드러나는 동작은 동일하다. 이 실습을 통해 이미 제공되는 표준 함수들의 내부 구현이 어떻게 되어 있는지 상상해 볼 수 있음은 물론이고 표준 함수가 제공하지 않는 기능을 직접 만들어 쓸 수 있는 응용력을 키울 수 있다.

예 제 strfunc

```
#include <Turboc.h>

void my_puts(const char *str)
{
    while (*str) putch(*str++);
    putch('\n');
}

void my_puts2(const char *str)
```

```c
{
    int i;

    for (i=0;str[i];i++) {
        putch(str[i]);
    }
    putch('\n');
}

char *my_strcpy(char *dest, const char *src)
{
    char *d=dest;
    while (*dest++ = *src++) {;}
    return d;
}

size_t my_strlen(const char *str)
{
    const char *p;

    for (p=str;*p;p++) {;}
    return p-str;
}

size_t my_strlen2(const char *str)
{
    int i;

    for (i=0;str[i];i++) {;}
    return i;
}

char *my_strcat(char *dest, const char *src)
{
    my_strcpy(dest+my_strlen(dest),src);
    return dest;
}

char *my_strchr(const char *string,int c)
{
```

```c
        while (*string) {
            if (*string == c) {
                return (char *)string;
            }
            string++;
        }
        return NULL;
}

char *my_strstr(const char *string,const char *strSearch)
{
    const char *s,*sub;

    for (;*string;string++) {
        for (sub=strSearch,s=string;*sub && *s && *s == *sub;sub++,s++) {;}
        if (*sub == 0) return (char *)string;
    }
    return NULL;
}

void main()
{
    char dest[256];

    my_puts("Korea");
    my_puts2("한글도 잘 된다.");

    my_puts(my_strcpy(dest,"my string copy function test"));

    printf("문자열의 길이는 %d입니다.\n",my_strlen("1234"));
    printf("문자열의 길이는 %d입니다.\n",my_strlen2("123456789"));

    char str[128]="abcd";
    my_puts(my_strcat(str,"efgh"));

    printf("o가 %s습니다.\n",my_strchr("notebook",'o')==NULL ? "없":"있");
    printf("z가 %s습니다.\n",my_strchr("notebook",'z')==NULL ? "없":"있");
    printf("under가 %s습니다.\n",my_strstr("misunderstand","under")==NULL ? "없":"있");
    printf("above가 %s습니다.\n",my_strstr("misunderstand","above")==NULL ? "없":"있");
}
```

사용자 정의 함수들은 표준 함수와 비슷한 이름을 사용하되 구분은 되어야 하므로 모두 my_로 시작하도록 했다. main에서는 이 함수들이 제대로 동작하는지를 테스트하는 간단한 코드가 작성되어 있다. 실행 결과는 다음과 같다.

```
Korea
한글도 잘 된다.
my string copy function test
문자열의 길이는 4입니다.
문자열의 길이는 9입니다.
abcdefgh
o가 있습니다.
z가 없습니다.
under가 있습니다.
above가 없습니다.
```

∷ my_puts

표준 함수의 puts를 그대로 다시 만들어 본 것이다. 이 함수는 문자열이 저장된 시작 번지를 전달받아 NULL 문자를 만날 때까지 즉, 문자열 끝까지 모두 출력한 후 덤으로 개행 코드까지 출력하도록 되어 있다. 문자열 출력 코드는 while문 하나로 구성된다. *str이 NULL이 아닌 동안 *str을 읽어 putch로 출력하기를 반복하면서 str++로 계속 뒤로 이동하면 모든 문자들이 순서대로 출력될 것이다. putch의 인수가 *str++로 되어 있어 먼저 출력한 후 다음 번지로 이동하도록 되어 있는데 *++str이나 (*str)++ 따위로 적어서는 안 된다.

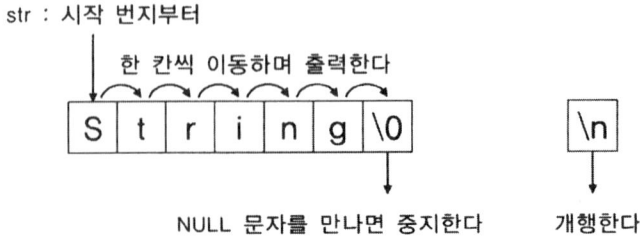

*str이 NULL일 때 while 루프를 탈출하며 마지막으로 리턴하기 전에 '\n'을 출력하여 개행한다. 예제에는 동일한 동작을 하는 my_puts2 함수도 작성되어 있는데 두 함수를 비교해 보자. my_puts 함수는 인수로 전달된 str을 포인터로 인식한 것이고 my_puts2는 배열로 인식하여 첨자 연산을 통해 문자열을 출력하는데 출력 과정은 비슷하다. 첨자 i를 0에서 시작하여 계속 증가시키며 str[i]를 출력하기를 str[i]가 NULL이 아닌 동안 반복하면 결국 str 배열의 모든 문자들이 출력된다.

두 방식의 실행 결과는 완전히 동일하지만 내부적인 연산 과정은 약간 다르다. my_puts는 포인터를 증가시키면서 포인터 위치의 값을 바로 읽으므로 속도가 빠르다는 장점이 있지만 출력이 끝난 후 str인수의 위치가 변경된다는 특징이 있다. my_puts2는 별도의 지역변수가 필요하고 매 문자를 출력할 때마다 첨자 연산을 하므로 더 느리지만 시작 번지인 str을 그대로 유지한다는 점이 다르다. puts 함수의 경우는 시작 번지를 별도로 유지할 필요가 없으므로 my_puts가 훨씬 더 합리적인 선택이라고 할 수 있다. 다른 문자열 함수들은 연산 후에 시작 번지를 다시 읽어야 하는 경우가 있는데 이럴 때는 시작 번지를 직접 이동시키는 방법을 쓸 수 없다.

::my_strcpy

문자열을 복사하는 my_strcpy 함수는 세 줄로 작성되어 있지만 실제로 복사를 하는 코드는 단 한 줄 뿐이다. 하나의 while 문으로 복사 동작을 기술할 수 있는데 *src의 문자를 *dest에 대입하는 과정을 *src가 NULL일 때까지 반복하는 것이다.

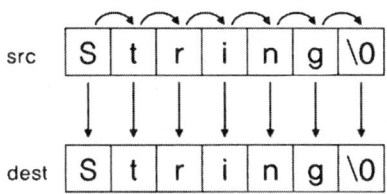

src위치의 문자를 dest위치에 대입한 후 두 포인터를 증가시키고 대입된 결과가 NULL인지 점검한다. ++ 연산자를 후위형으로 사용했으므로 NULL 문자까지도 복사 대상이다. 후위 증가 연산자와 대입 연산자의 리턴값까지 활용하여 한 문장으로 복사 동작을 압축적으로 표현하고 있다. 평이하게 풀어쓴다면 다음과 같이 풀어 쓸 수밖에 없을 것이다.

```
for (;;) {
    *dest=*src;
    if (*src == 0) {
            break;
    }
    dest++;
    src++;
}
```

일단 대입하고 널 문자일 때 탈출하며 그렇지 않을 경우 다음 번지로 이동한다. 복사와 이동 중간에 조건 점검을 해야 하므로 무한 루프를 구성하고 복사 후에 탈출해야 한다. 다음과 같이 do while문이나 while문으로 작성하면 NULL 종료 문자가 복사 대상에서 제외되므로 올바른 복사가 아니다.

```
do {                          while (*src!=0){
   *dest=*src;                    *dest=*src;
   dest++;                        dest++;
   src++;                         src++;
} while (*src != 0);          };
```

++ 연산자와 대입 연산자의 리턴값을 활용하며 이런 코드를 한 줄로 표현할 수 있다. *ptr++이라는 표현식이 얼마나 함축적이고 편리한지 실감할 수 있을 것이다.

my_strcpy 함수는 문자 복사 코드 외에도 별도의 코드를 더 가지고 있는데 이 코드는 표준 strcpy 함수와 동작을 완전히 일치시키기 위한 것이다. strcpy 함수는 복사 후 dest의 번지를 리턴하도록 되어 있는데 이대로 구현하자면 dest의 원래 위치를 저장해 놓고 복사 후에 그 값을 리턴해야 한다. 이렇게 해야 복사한 결과를 puts 함수로 곧바로 출력할 수 있다. 리턴을 하지 않는다면 my_strcpy 함수는 한 줄로 작성할 수 있다.

표준 strcpy 함수는 dest의 길이에 대해서는 어떠한 가정도 하지 않으며 배열 범위를 넘어서는지 점검하지도 않는다. 그래서 복사할 버퍼의 크기를 호출원에서 알아서 충분하게 제공해야 한다. my_strcpy 함수도 마찬가지인데 코드를 보다시피 어디가 dest의 끝이라는 정보를 전혀 받아들이지 않기 때문이다. 배열 범위를 점검하지 않는 것은 C언어의 특징이기도 하지만 더 근본적으로는 컴퓨터의 메모리에 별도의 끝 표식이 없어 어쩔 수가 없다.

∷ my_strlen

문자열의 길이를 조사하는 my_strlen 함수는 다소 쉽다. str에서 시작해서 NULL 문자를 만날 때까지 포인터를 계속 증가시킨 후 p-str을 리턴하면 된다. str을 직접 이동해 버리면 최초 시작 위치를 알 수 없게 되므로 str은 그 자리에 유지한 채로 별도의 포인터 변수 p를 이동시켜야 한다. 포인터끼리는 뺄셈이 가능하고 그 결과는 정수형이므로 NULL 문자 위치의 p와 시작 위치 str의 뺄셈 연산 결과가 곧 문자열의 길이이다.

다른 방법으로는 포인터를 이동시키는 대신 첨자 i를 증가시켜가며 str[i]가 NULL일 때까지 반복한 후에 i를 리턴하면 된다. my_strlen2 함수가 이 방식으로 작성되었다. 최종적으로 리턴할 값은 첨자 그 자체이므로 간단하게 구할 수 있지만 NULL 문자 점검에 매번 첨자 연산을 사용하므로 속도는 훨씬 더 느리다. 문자열이 긴 경우는 이 속도 차이가 무시 못할 정도이므로 첨자를 쓰는 방법보다는 포인터를 바로 사용하는 방법이 훨씬 더 유리하다.

∷ my_strcat

문자열을 연결하는 strcat 함수는 아주 간단하다. 연결한다는 것은 문자열 끝에 새로운 문자열을 복사하는 것과 같으므로 문제를 조금 바꿔서 생각해 보면 쉽다. dest의 제일 끝 위치로 이동한 후 이 위치에 src를 복사해 넣기만 하면 된다.

$$\text{my\_strcpy(dest+my\_strlen(dest), src)}$$

dest의 끝에   src를 복사한다

앞에서 문자열 복사 함수와 길이를 구하는 함수를 이미 만들어 두었으므로 이 함수들의 조합만으로도 연결 함수를 쉽게 구현할 수 있다. my_strcat에서는 앞에서 만든 사용자 정의 함수를 써 봤는데 표준 함수를 써서 만들어도 마찬가지다.

:: my_strchr

이 함수는 문자열에서 문자를 검색한다. 문자 배열을 순회하면서 해당 위치의 문자가 c이면 그 포인터를 바로 리턴하고 NULL 종료 문자를 만나면 NULL을 리턴한다. 더 짧게 줄이면 다음 두 줄로 압축할 수도 있다.

```
for (;*string!=c && *string;string++) {;}
return *string ? (char *)string:NULL;
```

이 함수가 끝날 조건은 결국 문자를 찾거나 아니면 문자열 끝까지 검색했는데 문자가 발견되지 않거니 둘 중의 하나이므로 이 두 조건이 만족하지 않을 때까지 string을 이동시키면서 루프를 돌다가 루프가 끝났을 때 *string 위치가 NULL인지 아닌지만 판단하면 된다.

:: my_strstr

부분 문자열을 검색하는 my_strstr 함수는 조금 복잡하다. 일련의 문자들이 연속적으로 존재하는 위치를 찾아야 하므로 전체 문자열 루프 안에서 부분 문자열 루프를 또 구성해야 한다. 전체 문자열의 각 위치에 대해 s는 현재 위치에서부터 증가 이동하며 부분 문자열 sub도 같이 이동한다. 이동 중에 둘 중 하나라도 NULL이거나 아니면 두 문자열의 대응되는 문자가 다르면 루프를 종료한다.

루프 종료 직후에 *sub를 점검하여 부분 문자열의 끝까지 테스트를 무사히 통과했다면 전체 문자열의 현재 위치에서 부분 문자열이 발견된 것이다. 그렇지 않다면 전체 문자열의 다음 위치로 이동하여 계속 부분 문자열을 검색한다. 전체 문자열의 끝(*string이 NULL)까지 검색해도 부분 문자열이 발견되지 않으면 이때는 NULL을 리턴한다.

이 예제의 my_strstr은 루프가 조금 복잡해 보이기는 하지만 그래도 이해하지 못할 정도로 어렵지는 않다. 구조가 간단하기 때문에 검색 속도는 그리 좋지 않을 것이다. 실제 표준 함수 strstr은 이런 이중 루프 같은 간단한 방법을 쓰지 않고 좀 더 복잡하고 성능이 좋은 알고리즘을 사용하는데 다음에 기회가 되면 알고리즘에도 관심을 가져 보기 바란다.

이상으로 표준 함수 몇 가지를 흉내내서 똑같이(또는 최소한 비슷하게라도) 동작하는 함수를 작성해 보았다. 여기서 실습해 보지 않은 문자열 관련 함수들도 비슷한 방법으로 대부분 직접 만들 수 있을 것이다. 표준 함수들이란 사실 만들기 어려워서 제공되는 것이라기보다는 누가 만들어도 똑같기 때문에 미리 작성되어 있는 것이라고 할 수 있다. 그러나 putch 같은 함수는 간단해 보여도 직접 만들기 어려운데 왜냐하면 이 함수는 운영체제와 직접 통신하는 원자적인 함수이기 때문이다. printf도 내부가 좀 복잡하기는 하겠지만 굳이 직접 만들어 쓰려면 못할 것도 없다. 물론 표준 함수가 있는데 직접 만들 이유는 없지만 말이다.

과제 my_strcmp

> 두 문자열의 상등 및 대소 관계를 비교하는 strcmp 함수와 동일하게 동작하는 my_strcmp 함수를 작성하고 테스트하라. 비교 대상 문자열의 길이가 다를 수도 있다는 점을 주의해야 한다. 또한 대소문자 구분없이 문자열을 비교하는 my_stricmp 함수도 작성해 보아라.

과제 my_strncpy

> 문자열의 일부만 복사하는 my_strncpy 함수를 작성하고 테스트하라. 또한 문자열의 일부만 연결하는 my_strncat 함수도 작성해 보아라. 표준 함수의 동작을 먼저 잘 관찰하고 가급적이면 똑같이 동작하도록 작성하는 것이 중요하다.

12.3.2 확장 함수 작성

C는 다양한 문자열 관리 함수들을 제공하기는 하지만 현실의 특수한 문제들을 모두 풀 수 있을만큼 충분하지는 않다. 사실 현실의 문제들은 너무 특수하기 때문에 해결 방법들을 미리 만들어 놓을 수가

없다. 결국 표준이 제공하지 않는 기능은 직접 만들어 쓰는 수밖에 없다. 단, 처음부터 모든 코드를 새로 만들 필요는 없고 기존의 존재하는 함수들을 최대한 활용해서 만들면 된다.

여기서는 C 표준 라이브러리에는 없지만 만들어 두면 재활용이 가능한 유용한 몇 가지 함수를 작성해 보되 소스를 바로 보지 말고 먼저 풀어보고 잘 안될 때만 예제를 보기 바란다. 먼저 문자열 끝에 문자 하나를 추가하는 함수를 작성해 보자. 문자열끼리 연결하는 strcat 함수는 존재하지만 문자열과 문자를 연결하는 함수는 따로 제공되지 않는데 이 정도는 직접 만들어도 어렵지 않다. 함수의 이름은 stradd로 붙이도록 하자.

예제 stradd

```c
#include <Turboc.h>
#include <string.h>

void stradd(char *str,int c)
{
    int len=strlen(str);
    str[len]=c;
    str[len+1]=0;
}

void main()
{
    char str[128]="";

    stradd(str,'a');puts(str);
    stradd(str,'b');puts(str);
    stradd(str,'c');puts(str);
    stradd(str,'d');puts(str);
}
```

stradd는 문자열 str의 끝에 문자 c를 덧붙이는데 다른 문자열 함수들과 마찬가지로 배열 경계에 대한 점검은 할 수 없으므로 항상 충분한 길이의 버퍼를 제공해야 한다. 문자열 끝에 문자를 덧붙여야 하므로 문자열의 길이 len을 strlen 함수로 조사했다. 문자열의 길이란 문자열 선두에서부터 문자열 끝을 나타내는 NULL 문자의 상대적 위치(offset)라고 할 수 있다. 이 위치에 새로 추가될 문자 c를 대입하면 문자는 일단 추가된다.

문자가 원래 NULL문자가 있던 자리에 대입되었으므로 문자열 끝을 나타내는 NULL은 바로 그 다음 위치에 새로 추가되어야 한다. 그렇지 않으면 뒤에 있던 쓰레기값이 계속 남아있게 되므로 완전한 문자열이 되지 못하며 이 문자열을 그대로 출력하면 뒤쪽의 쓰레기값까지 문자열의 일부로 간주되어 같이 출력될 것이다. 극단적으로 재수없는 경우 NULL문자가 한참 뒤의 허가되지 않은 영역에 있다면 죽을 수도 있다. 이 함수를 만드는데 있어 지역변수 하나를 줄이기 위해 다음과 같은 오류를 범해서는 안 된다.

```
str[strlen(str)]=c;
str[strlen(str)+1]=0;
```

원래 len이 strlen(str)로 초기화되었으므로 이 변수가 쓰이는 곳에 바로 strlen(str)을 쓰면 될 것 같지만 이렇게 수정하면 항상 정확하게 동작한다고 보장할 수 없다. 테스트 코드의 지역변수 str을 ""로 초기화하지 말고 선언만 한 후 str[0]=NULL; 로 빈 문자열을 만든 후 테스트해 보면 제대로 동작하지 않을 것이다. c를 대입하는 시점에서 str의 길이는 제대로 조사되지만 c에 의해 NULL 문자가 파괴된 직후에는 그 길이가 제대로 조사되지 않으므로 엉뚱한 메모리 영역을 덮어쓸 위험이 있다. 만약 정 len 지역변수를 없애려면 순서를 바꿔서 대입해야 한다.

```
str[strlen(str)+1]=0;
str[strlen(str)]=c;
```

이렇게 하면 일단 c가 추가될 뒤쪽을 NULL 문자로 막아 놓고 c를 대입하므로 안전상의 문제가 없다. 그러나 문자열 길이를 두 번 조사함으로써 쓸데없이 실행 시간을 낭비하고 있으므로 결코 좋은 코드라고 할 수는 없다. 문자열 길이를 조사하는 작업은 생각보다 시간이 오래 걸리므로 차라리 지역변수를 사용하여 길이를 한 번만 조사하는 것이 훨씬 이득이다.

다음은 문자열 비교 함수 strstr의 확장 함수를 작성해 보자. 대소문자 구분을 무시하고 문자열을 비교하는 stricmp 함수는 있는데 대소문자 구분없이 문자열을 검색하는 함수는 없다. 표준 strstr 함수는 정확하게 일치하는 부분 문자열만 찾으므로 strstr("KoreaSeoul","eas")는 검색하지 못한다. 현실에서는 대소 구분없이 문자열을 검색해야 하는 경우도 아주 많으므로 stristr 함수를 작성해 보았다.

예제 stristr

```
#include <Turboc.h>
#include <string.h>

char *stristr(const char *string,const char *strSearch)
{
    const char *s,*sub;
```

```c
    for (;*string;string++) {
        for (sub=strSearch,s=string;*sub && *s;sub++,s++) {
            if (tolower(*s) != tolower(*sub)) break;
        }
        if (*sub == 0) return (char *)string;
    }
    return NULL;
}

char *stristr2(const char *string,const char *strSearch)
{
    char *scopy,*srchcopy,*p;

    scopy=(char *)malloc(strlen(string)+1);
    strcpy(scopy,string);
    strlwr(scopy);
    srchcopy=(char *)malloc(strlen(strSearch)+1);
    strcpy(srchcopy,strSearch);
    strlwr(srchcopy);

    p=strstr(scopy,srchcopy);
    free(scopy);
    free(srchcopy);

    if (p==NULL) {
        return NULL;
    } else {
        return (char *)string+(p-scopy);
    }
}

void main()
{
    if (stristr2("madeINkorea","inko")) {
        puts("찾는 문자열이 있습니다.");
    } else {
        puts("찾는 문자열이 없습니다.");
    }
}
```

예제에는 똑같은 동작을 하는 함수가 두 벌 작성되어 있다. stristr 함수는 앞 항에서 작성했던 my_strstr 함수를 약간 변형한 것인데 전체 문자열과 부분 문자열의 대응되는 문자를 비교할 때 소문자로 바꾼 후 비교하는 방식을 사용했다. 비교할 때만 대소문자를 무시하도록 했고 비교하는 절차는 동일하다.

stristr2는 표준 strstr 함수를 사용하되 비교하기 전에 두 문자열의 사본을 작성한 후 모두 소문자로 바꾼 후 검색했다. 다 소문자로 바꾼 상태에서 검색되므로 대소문자 구성이 검색 결과에 영향을 미치지 않게 된다. 부분 문자열이 검색되었다면 검색된 위치를 돌려주어야 하는데 strstr이 찾은 위치는 사본의 위치이므로 이 위치를 오프셋으로 바꾼 후 원본 문자열의 기준 번지에 더해야 한다.

stristr2 함수는 초보자들이 흔히 쉽게 생각할 수 있는 알고리즘이고 쉬워 보이는 것도 사실이다. 또한 고도로 최적화된 표준 strstr 함수의 덕을 좀 보자는 속셈도 나름대로 효과가 있기는 하다. 하지만 사본을 작성하고 해제하는 과정을 거쳐야 하기 때문에 효율은 결코 좋다고 할 수 없다. 문제를 해결하는 두 가지 함수를 작성해 봤는데 제대로 만들려면 훨씬 더 복잡한 알고리즘이 동원되어야 한다.

다음 예제는 문자열 내에서 부분 문자열을 찾아 검색된 모든 문자열을 다른 문자열로 대체한다. 스크립트 언어나 다른 고급 언어들은 문자열 대체 함수가 기본 제공되는데 C 표준 라이브러리에는 이 함수가 빠져 있다. 문자열 대체는 무척 실용적인데 예를 들어 어떤 파일에서 특정 단어를 찾아 다른 단어로 일괄 치환할 때나 오타를 자동 수정할 때 이런 기능이 필요하다.

예제 strreplace

```
#include <Turboc.h>
#include <string.h>

void insertstr(char *str,const char *insert)
{
    int len;

    len=strlen(insert);
    memmove(str+len,str,strlen(str)+1);
    memcpy(str,insert,len);
}

void deletestr(char *str,int count)
{
    memmove(str,str+count,strlen(str+count)+1);
}

void strreplace(char *str,const char *a,const char *b)
{
```

```
    char *p;

    for (;;) {
        p=strstr(str,a);
        if (p == NULL) return;
        deletestr(p,strlen(a));
        insertstr(p,b);
    }
}

void main()
{
    char str[128]="welcome to korea";
    char str2[512]="내가 그린 기린 그림은 암 기린을 그린 기린 그림이고 "
        "네가 그린 기린 그림은 숫 기린을 그린 기린 그림이다.";
    char *p;

    puts(str);
    p=strstr(str,"korea");
    insertstr(p,"beautiful ");
    puts(str);
    p=strstr(str,"to");
    deletestr(p,3);
    puts(str);

    puts(str2);
    strreplace(str2,"기린","오랑우탄");
    puts(str2);
}
```

    strreplace 함수는 세 가지 작업을 순서대로 실행한다. 우선 대상 문자열을 찾고 그 문자열을 지운 후 대체 문자열을 다시 삽입하는 것이다. 이 과정을 더 이상 검색되지 않을 때까지 반복하면 모든 문자열을 완전히 대체할 수 있다. 대체 작업은 문자열 a를 찾아 문자열 b로 바꾸는 것인데 a와 b의 길이가 항상 똑같다면 a만 찾아 b로 바꾸면 될 것이다. 그러나 길이가 다르다면 삭제 후에 삽입해야 한다.

    strreplace의 도우미 함수 insertstr은 바로 앞 절에서 논리를 소개한 바 있고 deletestr도 비슷한 논리로 이해하면 된다. 삽입할 때는 삽입되는 위치 이후를 삽입되는 문자열의 길이만큼 뒤로 이동시켜야 하고 삭제할 때는 삭제되는 길이만큼 메모리를 앞쪽으로 이동시켜야 한다. 이때 이동 대상은 NULL

종료 문자로 끝나는 문자열이 아니라 단순한 메모리 덩어리이므로 메모리 관리 함수를 사용한다.

다음은 strcat 함수와 유사한 반대 방향 문자열 연결 함수를 생각해 보자. strcat는 문자열을 뒤쪽에 덧붙이는데 앞쪽에 연결하는 strcatfront 함수를 생각해 볼 수 있다. "Kim"이라는 dest 문자열 앞에 "Mr. "이라는 문자열을 더 추가하고 싶을 때 strcatfront(dest, "Mr. ")을 호출하는 식인데 종종 이런 함수가 필요하다. 아마 이런 함수를 직접 만들라고 하면 사본을 뜬 후 strcat를 호출하는 방식을 사용하겠지만 더 간단한 방법이 있다. 이런 동작을 하는 함수는 이미 앞에서 작성한 바 있는데 바로 insertstr 함수이다. 이 함수가 똑같은 동작을 한다는 것을 알 수 있을 것이다.

과제 strrevcase

문자열 전체를 대문자로, 또는 소문자로 바꾸는 strupr, strlwr 함수는 존재하지만 반대로 뒤집는 함수는 없다. 주어진 문자열의 대소문자를 반대로 바꾸는 함수 strrevcase를 작성하라. 예를 들어 "Case" 문자열을 주면 "cASE"로 바뀌어 돌아와야 하며 영문자 이 외의 문자는 건드리지 말아야 한다.

과제 strtrim

문자열의 앞쪽과 뒤쪽에 있는 공백은 보통 큰 의미가 없는 빈 문자인 경우가 많다. 주어진 문자열의 왼쪽 공백을 잘라내는 strltrim 함수와 오른쪽 공백을 잘라내는 strrtrim 함수를 작성하라. 잘라낼 공백에는 스페이스 문자(0x20) 뿐만 아니라 탭('\t')도 포함된다.

과제 hstrrev

표준 함수 중에 문자열을 반대로 뒤집는 strrev 함수가 있는데 이 함수는 바이트 단위로 문자를 직접 교체하기 때문에 2바이트 문자인 한글에 대해서는 동작하지 않는다. 한글에 대해서도 뒤집기를 할 수 있는 함수 hstrrev 함수를 작성하라. 예를 들어 "피노키오" 문자열을 주면 "오키노피"가 리턴되어야 한다. 한글 코드는 0x80 이상의 값을 가지므로 특정 문자 c가 한글인지는 ((c & 0x80) != 0)조건문으로 간단하게 조사할 수 있다.

13
구조체

13.1 구조체

13.1.1 정의

구조체는 C의 데이터 타입 중에 가장 덩치가 크다. 정수나 실수 또는 문자열 등의 단순한 형태로 나타낼 수 없는 복잡한 데이터를 표현할 때 구조체를 사용한다. 표준 함수 중에 구조체를 사용하는 함수가 있고 윈도우즈에서도 구조체가 아주 흔하게 사용된다. 다행히 구조체는 덩치만 컸지 개념이 간단하기 때문에 별로 어렵지는 않다. 물론 구조체를 이해하는 것과 구조체를 제대로 잘 쓰는 것은 별개의 문제지만 말이다. 일단 구조체의 정의부터 내려 보자.

구조체(Structure)를 문장화하여 정의 내리면 "타입이 다른 변수들의 집합"이라고 할 수 있으며 더 간단하게 표현하면 이종 변수 집합이다. 배열이 타입이 같은 변수들의 집합인 것에 비해 구조체는 다른 타입을 가지는 변수들을 하나의 이름으로 묶어둔 것이다. 한 사람의 신상 정보를 표현하고자 한다면 다음과 같은 변수들이 필요할 것이다.

```
char Name[10];
int Age;
double Height;
```

Name은 사람의 이름을 가지는 문자열이며 Age는 나이 정보를 가지는 정수형 변수이고 Height는 이 사람의 키가 얼마나 되는지를 기억한다. 좀 더 자세한 정보들을 기억시키고자 한다면 이 외에도 주소나 전화 번호, 혈액형, 성별 따위의 많은 정보들이 필요할 것이다. 보다시피 각 변수들의 타입이 서로 다르기 때문에 배열로 이 변수들을 묶을 수는 없다. 이런 관련성있는 정보들을 하나로 묶어서 선언하고자 할 때 사용하는 타입이 바로 구조체이다. 여러 가지 정보들이 모여서 하나의 완성된 정보를 구성하는 예는 실생활에서도 아주 많이 찾을 수 있다.

▫ 도서 정보 : 저자, 출판사, 출판년도, 총 페이지수, 가격, 도서 번호
▫ 상품 정보 : 상품명, 제조사, 용량, 입고일, 매입가, 판매가, 할인율
▫ 게임의 주인공 : 현재 위치, 현재 모양, 보유한 아이템, 에너지 상태

관련 정보를 하나의 구조체로 묶어서 선언하면 양이 많은 정보도 쉽게 다룰 수 있으며 함수를 통해 복잡한 정보를 전달하거나 리턴받을 수도 있다. 구조체를 선언할 때는 예약어 struct를 사용한다. 신상 정보를 기억하는 세 개의 변수를 Friend라는 이름의 구조체로 묶어서 표현하고 싶다면 다음과 같이 선언한다.

```
struct {
    char Name[10];
    int Age;
    double Height;
} Friend;
```

struct { } 블록 안에 구조체에 포함되는 변수들의 목록을 순서대로 선언하고 구조체 변수의 이름을 끝에 적으면 된다. 구조체 변수를 선언하는 기본 형식은 "struct { 멤버목록 } 변수명;"이다. 구조체 선언문도 하나의 문장이므로 끝의 세미콜론을 빼먹지 않도록 주의하자.

Name, Age, Height처럼 구조체에 속한 변수들을 멤버(Member)라고 하는데 struct 블록 안에 일반 변수를 선언할 때와 똑같은 방법으로 선언하면 된다. 구조체의 멤버가 될 수 있는 타입에는 전혀 제한이 없다. 정수형, 실수형 같은 기본형은 물론이고 포인터, 배열 심지어 구조체가 다른 구조체의 멤버로 포함될 수도 있다. 또한 멤버의 개수에도 제한이 없으므로 원하는만큼 멤버를 선언할 수 있다. 단 구조체 선언은 어디까지나 구조체의 모양을 컴파일러에게 알리는 것뿐이므로 static, register 같은 기억 부류를 지정한다든가 초기값을 줄 수는 없다.

구조체는 타입이 다른 변수들의 집합이지만 모든 멤버의 타입이 반드시 달라야만 하는 것은 아니다. 다음과 같이 타입이 같은 변수들도 하나의 구조체로 묶을 수 있으며 멤버를 하나만 가지는 구조체를 선언하는 것도 물론 가능하다.

```
struct
{
    int x,y;
} Point;
```

이 구조체는 좌표를 표현하는데 좌표는 x축, y축 두 개의 정수값으로 구성된다. 두 멤버의 타입이 같으므로 int Point[2]; 라는 배열로도 좌표를 표현할 수 있다. 그러나 배열을 사용하면 어느 쪽이 x값이

고 어느 쪽이 y값인지 각 첨자의 의미를 직접 지정해야 하고 실수할 위험이 많지만 구조체로 선언하면 멤버에 이름이 부여되기 때문에 훨씬 더 사용하기 쉽고 읽기도 쉽다.

```
gotoxy(Point[0], Point[1]);
gotoxy(Point.x, Point.y);
```

보다시피 배열은 0이 x고 1이 y라는 것을 외워야 하지만 구조체는 멤버의 이름으로 참조하므로 훨씬 더 의미 파악이 자연스럽다. 또한 구조체는 배열에 비해 함수의 인수로 전달하거나 리턴이 가능하므로 관리하기도 쉽다.

13.1.2 구조체 태그

구조체 변수가 딱 하나만 필요하다면 앞에서 예를 든 방법대로 구조체 변수를 바로 선언할 수 있지만 태그를 먼저 정의하고 이 태그로 구조체 변수를 선언하는 것이 더 일반적이다. 구조체 태그는 열거형의 태그와 마찬가지로 타입에 대해 이름을 붙이는 것이다. 태그를 사용하여 구조체를 정의하는 형식은 다음과 같다.

struct 태그명 { 멤버 목록 };

키워드 struct 다음에 태그의 이름을 주고 멤버 목록을 나열한다. 태그는 일종의 명칭이므로 명칭 규칙에만 맞다면 자유롭게 이름을 붙일 수 있는데 관습적으로 구조체 태그는 tag_라는 접두어를 붙이는 경우가 많다. 물론 강제는 아니므로 S나 T 접두를 붙일 수도 있고 별 구분을 할 필요가 없다면 접두를 붙이지 않아도 상관없다. 다음은 친구의 신상 명세를 기억하는 구조체 타입을 tag_Friend라는 이름으로 선언하는 예이다.

```
struct tag_Friend {
    char Name[10];
    int Age;
    double Height;
};                          // 끝에 세미콜론이 있어야 함
```

태그 선언문도 일종의 문장이므로 닫는 } 괄호 다음에 세미콜론이 있어야 함을 유의하도록 하자. 초보자뿐만 아니라 숙련자들도 흔히 이 위치에 세미콜론을 빼먹는 실수를 종종 한다. 태그 선언문은 컴파일러에게 구조체의 모양이 어떻다는 것을 등록할 뿐이지 태그를 위해 메모리를 할당한다거나 변수를 생성하는 것은 아니며 중복 선언해도 상관없다. 태그 선언에 의해 컴파일러는 tag_Friend라는 태그가 Name,

Age, Height를 멤버로 가지는 구조체라는 것을 기억할 것이다. 태그를 한 번 등록해 놓으면 이 태그로 구조체 변수를 여러 번 선언할 수 있다.

```
struct tag_Friend Friend;        // C형
tag_Friend Friend;               // C++형
```

구형 C 컴파일러는 태그를 사용할 때 구조체 태그라는 것을 명확하게 알리기 위해 struct라는 키워드를 태그 앞에 붙여야 하나 C++에서는 태그가 하나의 타입으로 인정되기 때문에 struct없이 태그명만으로 구조체를 선언할 수 있다. 최근 컴파일러들은 모두 C++ 컴파일러이므로 이제는 귀찮게 struct키워드를 태그명 앞에 일일이 붙이지 않아도 된다. 단, 이렇게 하려면 파일의 확장자를 반드시 CPP를 붙여 C++ 문법으로 컴파일해야 한다.

새로운 타입을 정의하는 typedef문을 사용하면 태그를 정의하는 것과 동일한 효과를 낼 수 있다. 다음 선언문은 FriendType이라는 새로운 타입을 정의한다.

```
typedef struct {
    char Name[10];
    int Age;
    double Height;
} FriendType;
```

이 선언에 의해 컴파일러는 Name, Age, Height를 멤버로 가지는 구조체 타입을 FriendType이라는 이름으로 새롭게 정의한다. 이 정의에 의해 FriendType은 int, double, char 등과 완전히 동일한 자격을 가지는 사용자 정의 타입으로 인정된다. typedef로 정의한 타입은 태그와는 문법적으로 다른 존재이지만 C++에서는 동일하게 취급되므로 태그로 변수를 선언하듯이 사용자 정의 타입으로도 변수를 정의할 수 있다.

구조체 변수를 바로 선언할 수도 있고 태그나 사용자 타입을 먼저 정의한 후 간접적으로 구조체 변수를 선언할 수도 있다. 그래서 다음 세 선언문에 의해 선언되는 Friend 변수는 동일한 구조체 변수이다.

```
struct {                    struct tag_Friend {         typedef struct {
    char Name[10];              char Name[10];              char Name[10];
    int Age;                    int Age;                    int Age;
    double Height;              double Height;              double Height;
} Friend;                   };                          } FriendType;
                            tag_Friend Friend;          FriendType Friend;
```

언뜻 보기에는 변수를 바로 선언하는 방식이 훨씬 더 간단하고 편리해 보인다. 태그나 사용자 정의 타입을 통하는 방법은 조금 번거로운 것 같지만 이렇게 타입을 먼저 정의하면 여러 가지 편리한 점이 있다.

❶ 타입이 정의되면 이 타입으로 같은 형의 변수를 여러 번 선언할 수 있다. tag_Friend라는 태그에 이 구조체의 모양이 이미 저장되어 있으므로 이런 구조체 변수가 필요하면 언제든지 태그로부터 변수를 선언하기만 하면 된다.

```
tag_Friend A,B,C;
tag_Friend Babo;
```

만약 태그를 정의할 수 없고 변수를 바로 선언하는 것만 가능하다면 구조체 변수가 필요할 때마다 멤버 목록을 일일이 나열해야 하므로 무척 불편할 것이다.

❷ 이 타입으로부터 파생되는 유도형 변수를 선언할 수 있다. 예를 들어 tag_Friend형의 구조체를 가리키는 포인터 변수를 선언하고 싶다거나 이런 구조체 여러 개를 모아 배열을 구성하고 싶다면 다음과 같이 선언한다.

```
tag_Friend *pFriend;
tag_Friend arFriend[100];
```

포인터나 배열은 타입으로부터 유도되는 것이지 변수로부터 유도되는 것이 아니므로 이런 변수를 선언하려면 반드시 타입이 먼저 정의되어 있어야 한다. 또한 구조체가 다른 구조체를 포함한다거나 할 때도 타입이 필요하다.

❸ 구조체를 함수의 인수나 리턴값으로도 사용할 수 있다. 예를 들어 친구의 신상 명세를 출력하는 OutFriend라는 함수를 만들어야 한다고 해 보자. 이름, 나이, 키 등의 정보를 따로따로 넘기지 않으려면 구조체를 통째로 넘기거나 아니면 구조체 포인터를 넘겨야 한다. OutFriend 함수는 아마도 다음과 같은 모양을 가지게 될 것이다.

```
void OutFriend(tag_Friend aFriend) { ... }
void OutFriend(tag_Friend *pFriend) { ... }
```

함수의 인수 목록에 tag_Friend형의 변수 또는 포인터를 넘기도록 선언했는데 태그가 없다면 "요렇게 요렇게 생긴 구조체를 전달하라"는 선언 자체가 불가능하다. 컴파일러가 구조체의 모양을 먼저 알아야 함수의 인수나 리턴값으로 구조체를 사용할 수 있다.

이런 여러 가지 이유로 구조체가 필요할 때는 태그나 사용자 정의 타입을 먼저 정의하고 태그로부터 변수를 선언하는 것이 좋다. 참고로 다음과 같은 형식도 가능하다.

```
struct tag_Friend {
    char Name[10];
    int Age;
    double Height;
} Friend;
```

태그도 정의하면서 변수도 같이 선언하는 형식인데 두 개의 문장을 하나로 합친 것 외에는 별 차이가 없다. 코드 길이가 한 줄 더 짧아지는 효과가 있기는 하지만 자주 애용되는 방법은 아니다.

13.2 멤버의 참조

13.2.1 멤버 연산자

같은 타입의 변수 집합인 배열을 참조할 때는 [ ] 연산자와 첨자를 사용한다. [ ] 연산자 안에 참조하고자 하는 배열 요소의 번호인 첨자만 적으면 배열 요소를 읽거나 쓸 수 있다. 다음이 그 예이다.

```
int ar[5];
ar[3]=1;
```

배열 요소를 참조하는 방식이 이렇게 단순한 이유는 배열을 구성하는 모든 요소의 크기가 일정하고 서로 인접해 있기 때문이다. 그래서 단순히 "몇 번째 것"이라는 순서만 지정하면 첨자 연산(포인터와 정수의 덧셈, 그리고 *연산자의 합작 연산)에 의해 원하는 배열 요소를 신속하고 정확하게 찾을 수 있다. 그러나 구조체의 멤버는 타입이 제각각 다르며 크기도 다르다. 따라서 구조체에 속한 멤버를 읽을 때는 "첫 번째 멤버"나 "두 번째 멤버" 따위의 순서값을 사용할 수 없으며 별도의 연산자와 멤버의 이름을 사용해야 한다.

구조체의 멤버를 읽을 때는 멤버 연산자를 사용하는데 모양은 마침표와 같다. 즉 점(.) 하나로 되어 있으며 "구조체명.멤버명" 형식으로 사용한다. 예를 들어 Friend구조체의 Age 멤버값을 읽고자 한다면 Friend.Age라고 쓰면 된다. 다음 예제는 구조체에 정보를 대입해 보고 그 값을 출력한다.

예제 Struct

```c
#include <Turboc.h>

struct tag_Friend {
    char Name[10];
    int Age;
    double Height;
};

void main()
{
    tag_Friend Friend;

    strcpy(Friend.Name,"아무개");
    Friend.Age=30;
    Friend.Height=178.2;

    printf("이름=%s, 나이=%d, 키=%.1f\n",Friend.Name,Friend.Age,Friend.Height);
}
```

main 함수 이전에 tag_Friend라는 이름으로 구조체 태그를 먼저 선언했는데 열거형이나 구조체 같은 사용자 정의 타입은 가급적이면 main 함수 이전에 선언해야 모든 함수에서 이 타입을 사용할 수 있다. main 함수 안에 구조체 태그를 선언할 수도 있지만 이렇게 되면 이 구조체는 main 함수 안에서만 사용할 수 있는 지역 타입이 된다. 태그 정의는 실제로 변수를 생성하는 것도 아니므로 가급적이면 앞쪽에 선언하여 컴파일러가 먼저 알 수 있도록 하는 것이 좋다.

main 함수에서는 태그로부터 Friend라는 이름의 구조체 변수를 선언했다. Friend는 Name, Age, Height 등의 멤버를 가지는데 이 멤버들을 읽고 쓸 때는 멤버 연산자를 사용한다. Age 멤버에 30을 대입하려면 Friend.Age=30; 이라는 대입문을 사용하며 Height 멤버의 값을 읽고 싶을 때는 Friend.Height라고 쓴다.

구조체 멤버들은 크기가 제각각이기 때문에 배열처럼 단순한 곱셈으로 멤버의 위치를 찾을 수 없으며 구조체 시작 번지로부터 멤버까지의 거리인 오프셋(offset)을 더해 멤버를 읽는다. Friend.Height 연산문에 의해 Height 멤버가 읽혀지는 과정을 보자. 구조체 변수는 멤버들의 집합이며 메모리에 생성될 때 선언된 멤버가 순서대로 할당된다. Friend 구조체는 다음과 같은 모양을 가지며 메모리상의 위치는 실행할 때마다 달라지지만 설명의 편의상 1000번지에 생성되었다고 하자.

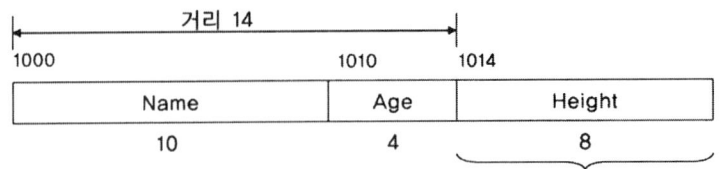

오프셋은 구조체의 시작 번지에서 멤버까지의 거리인데 이 값은 자기보다 앞에 있는 멤버들의 크기의 총합과 같다. 첫 번째 멤버인 Name의 오프셋은 0이며 Age는 Name의 크기만큼 더한 오프셋 10을 가지고 Height는 자기보다 앞에 선언되어 있는 Name과 Age의 크기의 합 14만큼의 오프셋을 가진다. 이 상태에서 멤버 연산자로 Height를 읽으면 이 연산자는 구조체의 시작 번지에서 오프셋을 더해 멤버의 시작 번지를 찾고 이 번지에서 멤버의 타입만큼 값을 읽는다. Height의 오프셋은 14이므로 1000+14=1014번지에서 시작되며 이 멤버가 double형으로 정의되어 있으므로 이 번지에서부터 8바이트를 읽으면 된다.

컴파일러는 구조체가 선언될 때 각 멤버의 오프셋과 타입을 기억해 둔다. 그리고 멤버를 참조하는 문장을 만나면 구조체의 시작 번지에서 오프셋을 더한만큼 이동한 후 이 위치에서 멤버의 타입 길이만큼 값을 읽도록 코드를 생성할 것이다. 이런 동작을 하는 연산자가 바로 . 연산자이다.

배열 요소와 마찬가지로 멤버는 구조체에 소속되어 있을 뿐이지 일반 변수와 완전히 같은 자격을 가진다. Friend의 멤버 Age는 정수형으로 선언되어 있으므로 정수값을 기억하며 정수형 변수가 사용될 수 있는 곳이면 어느 곳에든지 올 수 있다. 다만 구조체에 속해 있기 때문에 이 값을 읽거나 쓸 때 반드시 멤버 연산자로 어느 구조체에 속해 있는지를 밝혀야 한다는 것만 다르다.

구조체 멤버의 통용 범위는 구조체 내부로 국한되며 구조체 없이 멤버 홀로 사용될 수는 없다. 그래서 멤버를 참조할 때는 반드시 앞에 소속을 밝혀야 하는데 이는 소속이 다르면 멤버의 이름이 같아도 상관없다는 얘기도 된다. 다음과 같이 다른 구조체 내에서 같은 이름으로 멤버를 각각 선언할 수 있다.

```
struct {
    int Value;
    double Ratio;
    char Name[10];
} Score;
```

```
struct {
    double Value;
    char Product[32];
    int Num;
} Sales;
```

Score 구조체와 Sales 구조체에 Value라는 같은 이름의 멤버가 각각 선언되어 있으며 타입도 서로 다르다. 하지만 두 멤버의 소속이 다르기 때문에 이렇게 명칭이 중복되어도 모호하지 않으며 아무런 문제가 없다. 두 멤버를 사용할 때는 항상 Score.Value와 Sales.Value 식으로 소속된 구조체를 밝혀야 하며 컴파일러는 구조체 선언을 알고 있으므로 각 멤버의 타입을 정확하게 구분할 수 있다.

13.2.2 포인터 멤버 연산자

여러 번 반복하는 내용이지만 T 타입이 있을 때 T형 배열과 T형 포인터를 언제든지 선언할 수 있다. 그러므로 구조체에 대해서도 배열과 포인터를 선언할 수 있다. 다음 코드는 tag_Friend형 구조체 포인터를 선언 및 초기화한다.

```
tag_Friend Friend;
tag_Friend *pFriend;
pFriend=&Friend;
```

Friend 구조체를 먼저 생성하고 이 구조체를 가리킬 수 있는 pFriend 포인터 변수를 선언한 후 여기에 Friend의 번지를 대입했다. 이 상태에서 pFriend 포인터가 가리키는 구조체의 멤버를 참조하고 싶을 때는 다음과 같이 한다.

```
(*pFriend).Age=30;
```

pFriend가 Friend를 가리키고 있으므로 *연산자로 이 포인터가 가리키는 곳을 참조하면 곧 Friend가 된다. (*pFriend)는 곧 Friend와 같으며 따라서 위 연산문은 Friend.Age=30과 같다고 할 수 있다. 위 연산문의 동작을 그림으로 그려보면 다음과 같다.

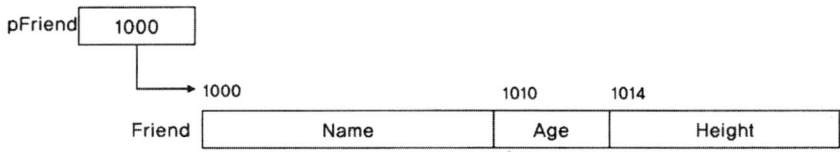

*pFriend 연산문은 1000번지에 있는 tag_Friend형의 구조체를 먼저 읽으며 다음으로 멤버 연산자에 의해 이 번지의 오프셋 10에 저장된 Age 멤버를 읽는다. pi가 i를 가리키고 있을 때 *pi가 곧 i와 같은 것처럼 *pFriend는 Friend와 같으므로 *pFriend에 대해 멤버 연산자를 사용하는 것은 지극히 정상적인 문법이다.

이 문장에서 괄호는 절대로 생략할 수 없는데 왜냐하면 포인터 연산자는 2순위이고 멤버 연산자는 최우선 순위인 1순위이기 때문이다. *pFriend.Age라고 쓰면 컴파일러는 이를 *(pFriend.Age)로 해석하여 멤버 연산자가 먼저 실행되어 에러로 처리된다. 멤버 연산자의 좌변은 반드시 구조체여야 하는데 pFriend는 구조체가 아니라 구조체를 가리키는 포인터이기 때문이다. 그래서 * 연산자가 먼저 실행될 수 있도록 괄호를 반드시 써야 한다.

정리하자면 구조체를 가리키는 포인터 p로 이 구조체의 멤버 m을 읽고 싶다면 (*p).m 연산문을 사용한다. 포인터로부터 구조체 멤버를 참조하는 이런 연산문은 굉장히 자주 사용되는데 괄호를 반드시 써야 하기 때문에 보기에 좋지 않으며 별로 직관적이지도 않아서 가독성을 떨어뜨린다. 그래서 C 설계자는 이럴 때 대신 사용할 수 있는 별도의 포인터 멤버 연산자라는 것을 만들어 놓았는데 이 연산자가 바로 -> 연산자이다. 모양이 화살표와 비슷하다고 해서 화살표 연산자(Arrow Operator)라고 부르기도 하는데 이름이 좀 유치해 보이지만 미국애들도 이 연산자를 Arrow라고 부른다.

포인터 멤버 연산자 ->는 좌변에 구조체 포인터, 우변에 멤버 이름을 취하며 포인터가 가리키는 번지에 저장된 구조체의 멤버를 읽는 연산을 한다. 그래서 (*pFriend).Age를 이 연산자로 고쳐 쓰면 pFriend->Age가 된다. 괄호가 없어서 일단 간단해 보이고 훨씬 더 직관적이다. -> 연산자를 말로 바꾼다면 "~번지의 구조체 멤버~"라고 하면 될 것이다. 다음 정의문을 외워 두도록 하자.

p가 구조체를 가리키는 포인터이고 m이 멤버일 때
(*p).m은 p->m과 같다.

이것은 일종의 약속이며 C를 만든 사람이 -> 연산자의 동작을 이렇게 정의해 놓은 것이다. 다음에 -> 연산자를 사용하는 코드를 보게 되면 얼른 (*p).m 문장으로 바꿔 보면 쉽게 이해가 될 것이다. 다음 예제는 앞 항의 멤버 연산자를 사용한 예제를 포인터 멤버 연산자로 바꿔 본 것이되 동작은 완전히 동일하다.

예제 StructPointer

```
#include <Turboc.h>

struct tag_Friend {
    char Name[10];
    int Age;
    double Height;
};

void main()
{
```

```
    tag_Friend Friend;
    tag_Friend *pFriend;
    pFriend=&Friend;

    strcpy(pFriend->Name,"아무개");
    pFriend->Age=30;
    pFriend->Height=178.2;

    printf("이름=%s, 나이=%d, 키=%.1f\n",
        pFriend->Name,pFriend->Age,pFriend->Height);
}
```

Friend의 멤버를 직접 읽는 대신 pFriend 포인터로 간접적으로 멤버를 참조했으며 멤버 연산자 . 대신 포인터 멤버 연산자 ->를 사용했다.

13.2.3 구조체 배열

배열의 요소가 될 수 있는 타입에는 제한이 없다. 따라서 구조체도 배열의 요소가 될 수 있으며 구조체 배열을 정의하는 것이 가능하다. tag_Friend 타입의 구조체 변수 10개를 모아서 주소록을 만들고 싶다면 다음과 같이 선언한다. 크기 10의 정수형 배열을 선언하는 것과 형식상 다를 바가 전혀 없다.

```
tag_Friend arJuso[10];
```

구조체를 구성하는 멤버는 타입이 모두 다르지만 배열을 구성하는 요소는 모두 구조체라는 같은 타입이므로 배열이 될 수 있다. 위 선언문에서 arJuso의 정체는 타입이 다른 변수의 집합인 tag_Friend라는 같은 타입의 구조체 집합이라고 할 수 있으며 메모리에는 다음과 같이 생성될 것이다.

arJuso[0]	Name	Age	Height
arJuso[1]	Name	Age	Height
arJuso[2]	Name		Height
⋮			
arJuso[9]	Name	Age	Height

배열속에 구조체가 있고 구조체 속에는 멤버들이 있다. 이 상태에서 특정 구조체의 멤버를 읽고 싶다면 첨자 연산자와 멤버 연산자를 같이 사용한다. 예를 들어 세 번째 요소의 나이값에 30을 대입하고 싶다면 다음과 같이 한다.

```
arJuso[2].Age=30;
```

첨자 연산자 [ ]와 멤버 연산자 .은 둘 다 1순위이고 왼쪽 우선의 결합 순서를 가지므로 arJuso[2]가 먼저 연산되어 배열에서 2번째 구조체를 찾는다. 다음으로 멤버 연산자에 의해 2번째 구조체의 Age 멤버를 찾을 것이다. arJuso.Age[2]=30; 이 아님을 유의하자. 그림에서 진하게 표시되어 있는 Age 멤버에 30이라는 정수값이 대입된다.

구조체가 배열의 요소인 경우를 살펴봤는데 이번에는 반대의 경우를 보자. 구조체가 배열의 요소가 될 수 있는 것과 마찬가지로 배열도 구조체의 멤버가 될 수 있는데 tag_Friend 구조체의 Name 멤버가 바로 문자형 배열로 선언되어 있다. 구조체에 속한 배열의 한 요소를 참조하고 싶을 때도 멤버 연산자와 첨자 연산자를 같이 사용하면 된다. 다음 코드는 Friend 구조체의 멤버인 Name 배열의 첫번째 요소에 문자 상수 'K'를 대입한다.

```
tag_Friend Friend;
Friend.Name[0]='K';
```

이번에는 멤버 연산자가 먼저 실행되어 Friend 구조체의 Name 멤버를 먼저 찾으며 다음으로 첨자 연산자가 실행되어 Name 배열의 첫 번째 요소를 참조하게 된다. 다음은 조금 더 복잡한 형태를 보자. arJuso 배열에 구조체가 있고 이 구조체에 Name 배열이 있는데 배열에 속한 구조체에 속한 배열의 한 요소를 읽고 싶다면 다음과 같이 코드를 작성한다.

```
arJuso[1].Name[2]='J';
```

주소록의 두 번째 사람 이름의 세 번째 문자에 'J'를 대입하는 연산문이다. 구조체와 배열의 포함관계는 이처럼 항상 가능하며 순서나 깊이의 제한도 없기 때문에 때로는 무척 복잡해 보일 수도 있다. 그러나 순서대로 [ ] 연산자와 . 연산자만 사용하면 참조하고자 하는 대상을 찾는 것은 그리 어렵지 않을 것이다.

그렇다면 구조체와 배열의 이 복잡한 관계에 포인터를 추가해서 생각해 보기로 하자. 포인터가 가리킬 수 있는 타입에도 제한이 없기 때문에 포인터가 구조체나 배열을 가리킬 수 있고 구조체 배열을 가리킬 수도 있다. 다음은 구조체 포인터 배열이다.

```
tag_Friend *pJuso[10];
```

pJuso는 일단은 크기 10의 배열이되 tag_Friend형의 구조체를 가리킬 수 있는 포인터를 배열 요소로 가진다. 이 배열의 각 요소인 pJuso[0], pJuso[1], pJuso[2] 등은 tag_Friend형의 구조체를 가리킬 수 있으며 이런 동일한 타입의 포인터 변수 10개가 pJuso라는 이름의 배열로 선언되어 있는 것이다. 이 배열이 메모리에 생성된 모양을 그려 보면 다음과 같다.

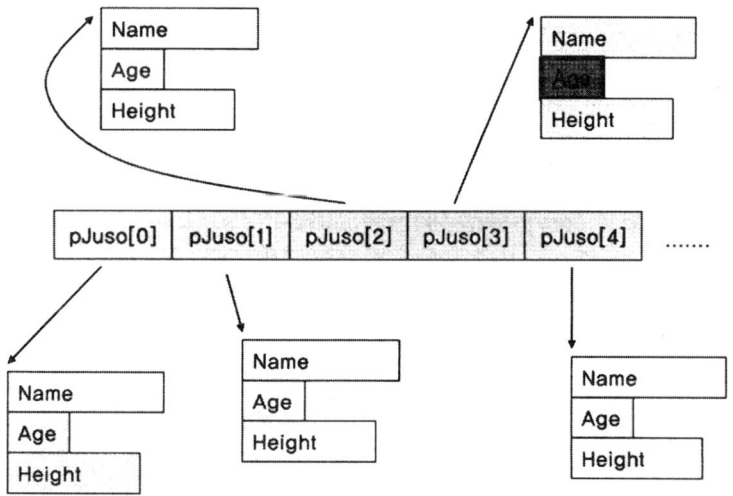

이 상태에서 pJuso 배열에 저장된 포인터가 가리키는 구조체의 한 멤버를 참조하고 싶다면 다음과 같이 한다.

pJuso[3]->Age=40;

pJuso 배열의 네 번째 요소가 가리키는 곳에 저장된 tag_Friend 구조체의 Age 멤버에 40을 대입하는 문장이다. 그림에서 진하게 표시되어 있는 Age 멤버에 40이라는 정수값이 대입된다. -> 연산자의 정의에 의해 이 문장은 (*pJuso[3]).Age=40; 과 동일하며 [ ] 연산자의 정의에 의해 이 문장은 (**(pJuso+3)).Age와도 동일하다. 아무래도 포인터 연산자를 직접 쓴 문장보다는 [ ], -> 연산자를 사용한 문장이 더 읽기 쉽다.

[ ] 연산자가 제일 먼저 실행되어 pJuso 배열의 네 번째 요소값을 먼저 읽는데 이 값은 tag_Friend 구조체를 가리키는 포인터이다. 이 포인터가 가리키는 곳에 저장되어 있는 tag_Friend 구조체를 먼저 읽고 이 구조체의 멤버인 Age를 참조했다. 구조체 배열에서 멤버를 읽을 때는 멤버 연산자 .을 사용했는데 구조체 포인터 배열의 경우에는 포인터 멤버 연산자 ->를 사용한다는 것만 다르다.

무척 복잡해 보이겠지만 배열, 포인터, 구조체를 착실하게 공부해왔다면 이들 연산자의 사용법은 지극히 자연스럽게 이해될 것이다. 각 타입이 중첩된 순서대로 참조하고 싶은 변수에 도달할 때까지 적절한 연산자를 사용하면 된다. 사실 초보자에게는 다소 헷갈리는 면이 있기는 하지만 연산자의 동작과 사용 방법에 일관성이 있기 때문에 조금만 연습해 보면 금방 익숙해질 수 있다.

다음 예제는 지금까지 설명한 코드가 제대로 동작하는지 테스트해 보기 위해 작성했는데 문법의 적법성만 테스트하며 별다른 출력은 없다. 이 예제가 제대로 컴파일되는지 확인해 보고 다양한 방법으로 구조체와 배열과 포인터를 사용하는 실습을 해 보기 바란다.

예 제 StructArrayPointer

```c
#include <Turboc.h>

void main()
{
    struct tag_Friend {
            char Name[10];
            int Age;
            double Height;
    };

    // 구조체 배열 사용예
    tag_Friend arJuso[10];
    arJuso[5].Age=30;

    // 구조체에 속한 배열 사용예
    tag_Friend Friend;
    Friend.Name[0]='K';

    // 배열에 속한 구조체에 속한 배열 사용예
    arJuso[1].Name[2]='J';

    // 구조체 포인터 배열 사용예
    tag_Friend *pJuso[10];
    int i;
    for (i=0;i<10;i++) {
            pJuso[i]=(tag_Friend *)malloc(sizeof(tag_Friend));
    }

    pJuso[3]->Age=40;

    for (i=0;i<10;i++) {
            free(pJuso[i]);
    }
}
```

예제에서는 구조체 포인터 배열 pJuso를 초기화하기 위해 malloc 함수를 사용하여 동적으로 할당했다. pJuso 배열의 모든 요소가 tag_Friend 구조체를 가리키도록 초기화해야 하는데 동적 할당이 가장 쉬운 방법이기 때문이다. 동적 할당된 구조체는 프로그램을 종료하기 전에 반드시 해제해야 한다.

13.2.4 중첩 구조체

중첩 구조체란 다른 구조체를 멤버로 포함하는 구조체이다. 구조체의 멤버가 될 수 있는 타입에는 제한이 없으므로 구조체도 다른 구조체의 멤버가 될 수 있다. 다음이 중첩 구조체의 예이다.

```
struct tag_A {
    int i;
    char ch;
};

struct tag_B {
    double d;
    tag_A A;
};

tag_B B;
```

tag_A 타입에는 정수형 멤버 i와 문자형 멤버 ch가 선언되어 있고 tag_B 타입에는 실수형 멤버 d와 tag_A형 멤버 A가 포함되어 있다. 이 상태에서 tag_B 타입의 B 구조체를 선언하면 메모리상에 다음과 같이 생성될 것이다.

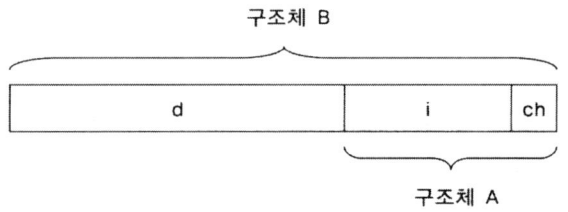

B 구조체 안에 tag_A 타입의 구조체 A가 멤버로 포함되어 있으며 A안에는 또 i와 ch가 포함되어 있다. 이 상태에서 중첩된 구조체 내의 멤버를 참조할 때는 멤버 연산자를 두 번 연거푸 사용하는데 i값을 읽고 싶다면 B.A.i라고 읽으면 된다. B.(A.i)라고 쓰면 좀 더 쉬워 보일지 모르겠는데 이 연산문을 말로 바꾸면 "B에 속한 A에 속한 i"라는 뜻이다. A는 구조체 변수이지만 B의 입장에서 보면 자신의 멤버이므로 B와 A 사이에 멤버 연산자가 필요하고 또 i는 A의 멤버이므로 A와 i 사이에도 멤버 연산자가 필요하다.

구조체는 하나의 복잡한 실체에 대한 정보들을 저장하는데 이 정보들이 좀 더 큰 정보의 일부가 되는 경우는 아주 흔하다. 예를 들어 주문 정보는 상품 정보와 주문자에 대한 정보의 집합이며 도서 정보 속에는 저자, 출판사 등에 대한 정보가 포함될 수 있다. 이런 큰 정보를 다룰 때 구조체끼리 중첩시킬 수 있으며 때로는 이중 삼중으로 중첩되기도 한다.

구조체를 아무리 중첩시킨다고 해도 포함관계에 따라 멤버 연산자만 적절히 사용하면 중첩된 구조체의 멤버도 얼마든지 참조할 수 있다. C는 구조체끼리의 중첩에 대해 별다른 제한을 두지 않으므로 여러 겹으로 구조체를 중첩시키는 것이 가능하다. 그러나 다음과 같이 자기 자신을 포함하는 구조체는 선언할 수 없다.

```
struct tag_A {
    int i;
    tag_A A;
};
```

tag_A 타입의 구조체 안에 tag_A 타입의 구조체가 포함되어 있는데 이것이 왜 안 되는가는 어렵지 않게 이해될 것이다. 만약 이런 선언이 허용된다면 이 구조체의 크기는 무한대가 되어 버릴 것이며 시스템의 메모리를 몽땅 동원해도 tag_A형의 변수를 만들 수 없다. 다음과 같은 상호 중첩도 물론 안 된다.

```
struct tag_A {
    int i;
    tag_B B;
};

struct tag_B {
    double d;
    tag_A A;
};
```

자신이 직접 자기를 포함하지는 않았지만 자신을 포함하는 다른 구조체를 포함하고 있으므로 결국 이것도 자기 중첩과 같아진다. 그러나 다음과 같은 중첩은 가능하다.

```
struct tag_A {
    int i;
    tag_A *pA;
};
```

자기 자신을 멤버로 포함할 수는 없지만 자신과 같은 타입의 구조체에 대한 포인터를 멤버로 가지는 것은 가능하다. 왜냐하면 포인터는 자신이 가리키는 대상이 무엇이든간에 크기가 4바이트로 고정되어 있으며 따라서 이 구조체의 크기는 무한대가 아니기 때문이다. 자신과 같은 타입의 포인터를 멤버로 가지는 이런 구조체를 자기 참조 구조체라고 하는데 연결 리스트나 트리 구성에 아주 요긴하게 사용되는 자료 구조이다.

배열과 구조체의 중첩 관계와 포인터에 대해 좀 더 연습해 보도록 하자. 다음 예제는 tag_Friend 구조체의 배열을 포함하고 있는 Circle 구조체를 선언한다. 그리고 이 구조체의 배열 arCircle과 포인터 pCircle로부터 여러 가지 멤버를 참조하는 방법을 보여주는데 이 예제도 대입만 해 볼 뿐 출력은 없다. 주석에 상세하게 기록해 두었으므로 어떤 멤버를 어떤 식으로 참조하는지 연습해 보자.

예제 StructAndArray

```c
#include <Turboc.h>

void main()
{
    // 회원 한 명의 신상
    struct tag_Friend {
        char Name[10];           // 이름
        int Age;                 // 나이
        double Height;           // 키
    };

    // 동아리에 대한 정보
    struct tag_Circle {
        char Name[16];           // 동아리 이름
        int MemNum;              // 회원수
        tag_Friend Member[50];   // 회원 목록
    };

    // 동아리 목록
    tag_Circle arCircle[10];

    // 동아리 목록을 가리키는 포인터
    tag_Circle *pCircle;
    pCircle=arCircle;

    // 4번째 동아리의 3번째 회원 나이
    arCircle[4].Member[3].Age=21;

    // pCircle이 가리키는 동아리의 3번째 회원의 나이
    pCircle->Member[3].Age=22;
```

```
    // pCircel이 가리키는 동아리의 3번째 회원의 이름 중 2번째 문자
    pCircle->Member[3].Name[2]='M';
}
```

구조체와 배열, 그리고 포인터가 메모리에 생성된 모양을 그림으로 그려 보면 다음과 같다.

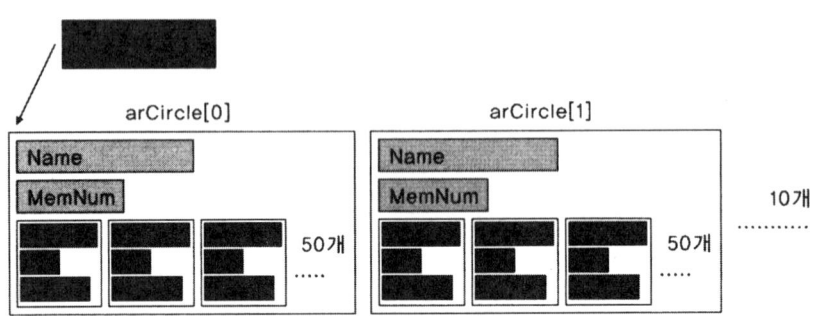

여기까지 구조체와 배열을 같이 사용할 때 멤버를 참조하는 방법에 대해 알아보았는데 쉽다면 쉬운 내용이고 어렵다면 또 한없이 어려운 내용이기도 하다. 실전에서 이렇게까지 구조체와 배열을 중첩해서 사용하지도 않는데 왜 이렇게 복잡한 것까지 알아야 하느냐라고 물을지도 모르겠다. 물론 이런 복잡한 중첩의 예가 흔하지는 않지만 그렇다고 아주 드문 것도 아니다. 프로젝트가 조금만 커져도 구조체 배열이 필요한 경우가 많으므로 오히려 흔하다고 보는 것이 맞다.

현실의 문제는 상상 이상으로 복잡하기 때문에 구조체 배열 정도가 아니라 구조체를 포함한 구조체 포인터의 이차 배열 따위도 실제로 필요한 경우가 있다. 이런 복잡한 자료 구조를 사용해야 할 때 헷갈리지 않고 능수능란하게 원하는 멤버를 관리하려면 여기서 논한 내용에 대해 별다른 거부감이 없어야 한다. 실전에서 A[n][m]->B->C.mem->D 같은 문장을 만날 때 참조되는 값이 과연 무엇인지 곧바로 파악할 수 있어야 C를 좀 한다는 말을 할 수 있을 것이다.

13.3 구조체의 초기화

13.3.1 초기화

구조체 멤버는 일반 변수와 완전히 동일하다. 그래서 멤버에 값을 대입할 때도 일반 변수와 마찬가지로 대입 연산자를 사용하는데 Friend.Age=30이라고 대입하면 된다. 이런 식으로 구조체의 각 멤버에 원하

는 값을 대입할 수 있는데 멤버가 아주 많다면 일일이 대입하기 무척 귀찮을 것이다. 그래서 구조체를 선언함과 동시에 멤버의 값을 초기화시킬 수 있는 방법이 제공된다.

구조체를 초기화하는 방법은 배열과 거의 비슷하다. 선언시에 = 구분자와 { } 괄호를 쓰고 괄호 안에 멤버의 초기값을 나열하면 된다. 다음은 tag_Friend형의 구조체 Friend를 선언하면서 이 구조체를 초기화하는 예이다.

tag_Friend Friend={"장달상", 30, 178.2 };

Name 멤버에 "장달상" 문자열이 복사되고 Age에는 30이 대입되며 Height는 178.2가 될 것이다. 초기값이 없는 멤버는 자동으로 0으로 초기화된다. 배열의 경우와 다른 점이라면 초기값이 대응되는 멤버의 타입과 같아야 한다는 점이다. Age는 정수형이므로 정수 상수를 대입해야 하며 Height는 실수형이므로 실수 상수를 대입해야 한다. 또한 Name은 문자 배열이므로 문자열 상수를 주어야 하는데 초기화 문자열이 Name 멤버의 길이보다 더 커서는 안 된다.

구조체 배열을 초기화하는 방법도 배열의 초기화 방법과 동일하다. { } 중괄호 안에 각 배열 요소가 되는 구조체의 초기값을 콤마로 끊어서 나열하면 된다. 다음 예제는 크기 10의 Friends 배열을 선언하고 이 중 앞쪽 다섯 개의 요소를 초기화한다.

예제 InitStruct

```
#include <Turboc.h>

struct tag_Friend {
    char Name[10];
    int Age;
    double Height;
};

void main()
{
    tag_Friend Friends[10]={
        {"김은철", 30, 178.2 },
        {"이노성", 42, 169.8 },
        {"이상엽", 26, 176.5 },
        {"이상문", 58, 172.3 },
        {"이영아", 60, 171.6 },
```

```
    };

    printf("세 번째 사람 정보 : 이름=%s, 나이=%d, 키=%.1f\n",
            Friends[2].Name,Friends[2].Age,Friends[2].Height);
}
```

초기식에 나타나는 순서대로 배열을 구성하는 구조체가 초기화될 것이다. Friends[0]에 김은철의 정보가 들어가고 Friends[1]은 이노성의 정보로 초기화된다. 만약 배열 크기보다 더 많은 초기식이 있으면 에러로 처리되며 초기식이 부족하면 나머지 요소는 모두 0으로 초기화되는데 이 점도 배열과 동일하다. 이 예제를 실행해 보면 세 번째 구조체의 정보가 출력된다.

구조체의 초기화 방법은 배열과 비슷하므로 특별히 새로울 것이 없다. 마지막 행의 여분 콤마는 구조체의 초기값 순서를 바꾸거나 개수를 늘릴 때의 편의를 위해 삽입된 것이며 컴파일러는 이 여분 콤마를 무시한다. 단순히 중괄호 안에 초기화시킬 값을 나열하기만 하면 되므로 기술이라고 할 만한 것도 아니다. 단, 크기가 큰 구조체를 초기화할 때는 가급적이면 지역으로 선언하지 않는 것이 좋다는 것만 알아두자. 컴파일러는 구조체 초기식을 대입문으로 바꿔서 기록하기 때문에 구조체를 초기화하는 것은 굉장히 많은 시간이 걸린다.

위 예제의 경우 Friends 구조체가 별로 크지 않고 또한 main 함수는 어차피 한 번만 실행되기 때문에 큰 문제가 없지만 거대한 구조체를 일반 함수에서 초기화한다면 문제가 심각해진다. 그 함수가 불릴 때마다 그 큰 구조체에 일일이 값을 대입하는 동작을 해야 한다면 함수의 실행 속도가 아주 느려질 것이다. 심할 경우 함수 실행 시간의 99%가 구조체 초기화에 허비되는 경우도 있다. 이 점은 배열도 마찬가지이다.

초기화가 필요한 구조체나 배열은 보통 참고용 정보이기 때문에 읽기 전용의 속성을 가지는 경우가 많다. 예를 들어 과목별 성적 산출 방법이나 가중치에 대한 정보, 과세 기준표, 서비스별 수수료 금액 등이 좋은 예이다. 이런 정보들은 한 번 초기화한 후 바뀌지 않기 때문에 매번 초기화할 필요가 없으며 전역변수로 한 번만 초기화하는 것이 좋다. 또는 정 함수 내부로 통용 범위를 국한시키고자 한다면 static 으로 선언해야 한다.

다음은 좀 더 복잡한 구조체를 초기화하는 예를 보자. 구조체 안에 2차 배열과 또 다른 구조체가 중첩되어 있다.

예제 InitStruct2

```
#include <Turboc.h>

struct tag_A {
    short i;
    int j;
```

```
};

struct tag_B {
    double d;
    int ari[3][2];
    tag_A A;
    char ch;
};

tag_B arb[]={
    {0.0, 0,0,0,0,0, 0,0,'0'},              // 모든 멤버 나열
    {1.0, {{1,1},{1,1},{1,1}}, {1,1},'1'},  // 완전한 형식
    {2.0, {{2,2},{2,2},}, {2,2},'2'},       // 배열 행의 일부 생략
    {3.0, {{3,3},{3,},{3,3}}, {3,3},'3'},   // 배열 열의 일부 생략
    {4.0, {{4,4},{4,4},{4,4}}, {4,},'4'},   // 포함 구조체의 일부 생략
    {5.0, },                                // 배열 열의 일부 생략
};

void main()
{
    printf("%f\n",arb[2].d);
    printf("%c\n",arb[3].ch);
    printf("%d\n",arb[4].A.j);
}
```

이 예제는 배열을 포함한 중첩 구조체 배열을 초기화하는 여러 가지 방법들을 보여준다. arb[0] 초기식은 모든 멤버를 순서대로 나열했으며 빠진값이 없기 때문에 별도의 중괄호가 없어도 된다. 그러나 이렇게 하면 보기 좋지 않기 때문에 멤버 별로 중괄호를 표시하는 것이 좋다.

arb[1]이 가장 완벽한 초기화 형식이다. 포함된 배열 전체를 { } 괄호로 한 번 싸고 배열의 각 행별로 다시 { }를 싸 주었으며 포함된 구조체도 마찬가지로 { }로 싸 주었다. ari 배열 전체의 초기값을 감싸는 { } 괄호는 생략할 수 없는데 이 괄호가 생략되면 최초의 중괄호 {1,1}을 배열에 대한 전체 초기값으로 판단해 버리므로 초기값이 남는다는 에러로 처리된다.

완벽한 형식으로 초기식을 작성하면 0으로 초기화하고 싶은 값에 대해서는 초기값을 생략할 수 있다. arb[2]는 배열 행의 일부를 생략했으며 arb[3]은 배열 열의 일부를 생략했는데 이렇게 하더라도 컴파일러가 { }에 의해 어떤 값이 어떤 멤버의 초기값인지를 구분할 수 있기 때문이다. arb[4]는 포함된 구조체의 초기값 중 j를 주지 않았는데 이 경우 j는 0으로 초기화된다. 만약 여기서 포함된 구조체를 감싸는 { }를 없애 버리면 i는 4가 되고 j는 이어지는 '4'의 값을 가지며 ch는 0이 되어 원하는대로 초기화되지 않는다.

arb[5]는 첫 번째 멤버인 d만 초기화했고 나머지는 모두 생략하여 0으로 초기화하도록 했다. 실전에서는 이 예보다 좀 더 복잡한 구조체도 사용될 수 있는데 예를 들어 배열을 포함한 구조체의 배열을 포함하는 구조체의 배열이 필요할 수도 있다. 이럴 때도 기본적인 초기화 방법을 응용하기만 하면 어떤 복잡한 구조체라도 초기화할 수 있을 것이다.

13.3.2 구조체 대입

구조체가 배열과 다른 가장 큰 차이점은 대입이 가능하다는 점이다. 다음 코드는 초기화된 구조체 Friend1의 멤버들을 Friend2에 그대로 대입한다.

```
tag_Friend Friend1={"장달상", 19, 180.0 };
tag_Friend Friend2;
Friend2=Friend1;
```

i=j와 같이 정수형 변수끼리 대입하면 i가 j와 똑같은 값을 가지듯이 구조체를 대입하면 두 구조체의 모든 멤버는 같은 값을 가지게 될 것이다. 물론 대입 연산자의 좌, 우변은 동일한 타입의 구조체여야 한다. 구조체끼리의 대입 연산 동작은 구조체의 길이만큼 메모리 복사로 정의되어 있는데 Friend2=Friend1 대입문은 다음 코드와 기능상 동일하다.

```
memcpy(&Friend2,&Friend1,sizeof(Friend1));
```

Friend1 번지에서부터 sizeof(Friend1) 바이트만큼 Friend2번지로 복사하는 것이다. 따라서 구조체가 아무리 크더라도 대입만 하면 모든 멤버값을 한꺼번에 복사할 수 있으며 복사 속도도 비교적 빠른 편이다. 대입을 했으니 좌우변이 똑같아지는 것은 당연한 게 아닌가라고 생각하겠지만 결코 당연하다고만 생각할 것이 아니다. 배열의 경우는 타입과 크기가 같더라도 대입 연산자로 사본을 만들 수 없다. 즉, 다음 코드는 컴파일되지 않는다.

```
int ar1[5]={1,2,3,4,5};
int ar2[5];
ar2=ar1;                    // 대입 자체가 안됨
```

배열의 이름은 시작 번지를 가리키는 포인터 상수이기 때문에 좌변값이 아니며 대입식의 좌변에 놓일 수 없다. 배열끼리 꼭 대입을 하려면 루프를 돌면서 배열 요소를 일일이 대입하는 수밖에 없다. 하지만 구조체에 대해서는 특별하게 대입을 허용하는데 컴파일러가 구조체의 이름을 좌변값으로 인정하기 때문

이다. 구조체가 클 경우 복사 시간이 오래 걸리는 막대한 비용이 드는데도 불구하고 중급 언어인 C가 성능 저하를 감수해 가면서 대입을 허용하기 때문에 특별하다고 하는 것이다.

구조체는 대입 가능하기 때문에 함수의 인수나 리턴값으로 사용할 수 있다. 함수 호출시 형식 인수가 실인수로 전달되는 과정은 일종의 대입 연산이기 때문에 구조체 그 자체를 인수로 사용할 수 있는 것이다. 배열은 대입이 안 되기 때문에 배열 자체를 인수로 전달할 수는 없고 배열을 가리키는 포인터를 전달해야 하는 것과는 구분된다. 다음 예제의 OutFriend 함수는 구조체를 인수로 전달받아 이 구조체의 모든 멤버를 출력한다.

예제 StructArg

```c
#include <Turboc.h>

struct tag_Friend {
    char Name[10];
    int Age;
    double Height;
};

void OutFriend(tag_Friend f)
{
    printf("이름=%s, 나이=%d, 키=%.1f\n",f.Name,f.Age,f.Height);
}

void main()
{
    tag_Friend Friend={"김상형", 30, 180.0 };
    OutFriend(Friend);
}
```

OutFriend 함수의 인수 목록에 tag_Friend 타입의 형식인수 f가 선언되어 있고 main 함수에서 OutFriend를 호출할 때Friend 구조체 자체를 전달했다. 함수 호출 과정에서 실인수 Friend는 형식인수 f로 복사되며 OutFriend는 형식인수 f로부터 Friend의 모든 멤버값을 읽을 수 있다.

구조체를 함수의 인수로 전달할 수 있다는 것은 굉장히 편리한 기능이다. 마치 정수나 실수를 사용하듯이 변수 자체를 그대로 전달할 수 있기 때문이다. 그러나 실제로 구조체를 함수의 인수로 직접 사용하는 경우는 별로 없다. 구조체가 커지면 인수 전달에 그만큼 많은 시간을 필요로 하고 메모리도 많이 소모하기 때문에 구조체보다는 포인터를 사용하는 방법이 더 효율적이다. 이럴 때는 당연히 포인터를 사용해야 한다. 다음과 같이 수정해 보자.

```c
void OutFriend(tag_Friend *pf)
{
    printf("이름=%s, 나이=%d, 키=%.1f\n",pf->Name,pf->Age,pf->Height);
}

void main()
{
    tag_Friend Friend={"김상형", 30, 180.0 };
    OutFriend(&Friend);
}
```

OutFriend 함수가 tag_Friend *형의 pf를 전달받도록 했으며 함수 내부에서는 멤버 연산자 대신 포인터 멤버 연산자를 사용했다. main 함수에서 OutFriend를 호출할 때는 구조체 자체를 전달하지 않고 대신 구조체의 번지 &Friend를 전달했다. 구조체 자체를 전달하느냐 아니면 구조체를 가리키는 포인터를 전달하여 간접적으로 구조체를 참조하도록 하느냐의 차이가 있는데 실행 결과는 일단 동일하다.

하지만 몇 가지 차이점이 존재하는데 우선 포인터를 통해 참조 호출을 했으므로 함수 내부에서 구조체를 변경할 수 있다. 형식 인수가 실인수의 사본이 아니라 번지를 알고 있으므로 -> 연산자로 실인수 자체를 읽고 쓸 수 있는 것이다. 그리고 성능상으로도 확연한 차이가 있는데 두말할 필요없이 포인터를 전달하는 방식이 훨씬 더 빠르다. 구조체는 보통 수십 바이트이고 커지면 수백 바이트 이상이 될 수 있지만 포인터는 기껏해야 4바이트밖에 안 된다.

구조체를 통째로 복사하여 전달하는 데 걸리는 시간과 4바이트의 포인터를 전달하는 데 걸리는 시간은 비교해 보나 마나다. 그래서 구조체를 함수끼리 전달해야 할 필요가 있을 때는 보통 포인터를 사용한다. 단, 구조체가 아주 작다면 가령 10바이트 정도밖에 안 된다면 이런 경우는 성능상의 불이익이 별로 없으므로 구조체를 그냥 넘기는 것이 더 편리하다.

구조체가 인수로 사용될 수 있는 것처럼 리턴값으로도 사용될 수 있다. 다음 예제는 구조체를 리턴하는 함수 GetFriend의 예이다.

예제 StructRet

```c
#include <Turboc.h>

struct tag_Friend {
    char Name[10];
    int Age;
    double Height;
```

```
};

tag_Friend GetFriend()
{
    tag_Friend t;

    strcpy(t.Name,"아무개");
    t.Age=22;
    t.Height=177.7;
    return t;
}

void main()
{
    tag_Friend Friend;
    Friend=GetFriend();
    printf("이름=%s, 나이=%d, 키=%.1f\n",
        Friend.Name,Friend.Age,Friend.Height);
}
```

함수 내부에서 tag_Friend형의 구조체 지역변수 t를 선언한 후 이 구조체에 적당히 값을 채우고 지역변수 자체를 리턴했다. 지역변수는 함수가 종료될 때 사라지므로 이 변수를 리턴하는 것이 조금 이상하게 보이겠지만 이 경우는 안전하다. 왜냐하면 리턴되는 값은 지역변수 자체가 아니라 지역변수의 복사본이며 리턴되는 즉시 이 값을 다른 구조체가 대입받기 때문이다. 만약 대입을 받지 않으면 리턴된 구조체는 버려진다.

하지만 구조체 지역변수의 포인터를 리턴하는 것은 안 된다. 다음과 같이 지역변수의 포인터를 리턴하도록 예제를 수정해 보자.

```
tag_Friend *GetFriend()
{
    tag_Friend t;

    strcpy(t.Name,"아무개");
    t.Age=22;
    t.Height=177.7;
    return &t;
}

void main()
```

```
{
    tag_Friend *pFriend;
    pFriend=GetFriend();
    printf("이름=%s, 나이=%d, 키=%.1f\n",
        pFriend->Name,pFriend->Age,pFriend->Height);
}
```

이 예제를 컴파일하면 곧 사라질 지역변수의 번지를 리턴했다는 경고가 발생할 뿐만 아니라 제대로 동작하지도 않는다. GetFriend 함수는 지역변수 t의 멤버에 값을 대입한 후 그 포인터를 리턴하며 main에서는 이 포인터를 pFriend로 대입받았다. 여기까지만 보면 pFriend는 GetFriend 함수가 초기화해 놓은 t구조체의 번지를 가지고 있으며 이 번지에는 과연 구조체의 정보가 들어 있기도 하다.

그러나 이 값을 출력하려고 printf를 호출하는 순간 이 번지의 내용이 파괴되어 버리는데 printf 호출을 위해 스택에 저장된 값이 파괴되기 때문이다. pFriend 포인터가 가리키고 있는 스택상의 번지는 리턴 직후에만 유효하며 다른 함수를 호출하는 즉시 파괴되는 성질을 가지고 있다. 그래서 지역변수로 선언된 구조체(다른 변수도 마찬가지이다)의 번지를 리턴하는 것은 옳지 않다.

값은 임시 사본이 리턴되므로 상관없지만 포인터는 간접적으로 대상체를 참조하므로 대상체가 사라지면 무효해진다. 만약 GetFriend 함수에서 지역변수 t가 아닌 malloc이나 new로 동적 할당한 구조체의 번지를 리턴한다면 이 경우는 가능하다. 동적으로 할당된 메모리는 일부러 파괴하지 않는 한 그 내용을 계속 보존하기 때문이다.

13.3.3 깊은 복사

구조체끼리 대입이 가능하다는 것은 문법적으로 대입이 허용된다는 얘기이다. 그러나 실제로는 대입에 의해 예상치 못한 문제가 발생하는 경우도 있다. 구조체 멤버 중에 포인터가 있고 이 포인터가 구조체 외부의 메모리를 가리키고 있다거나 또는 비슷한 방식으로 외부의 어떤 대상을 참조하고 있다면 단순히 복사만 해서는 사본을 만들 수 없다. 예를 들어 구조체 멤버 중에 유일한 값을 가져야 하는 ID가 있다면 이 경우도 문제가 된다. 어떤 문제가 있는지 포인터 멤버를 가진 구조체의 예를 보도록 하자.

예제 ShallowCopy

```
#include <Turboc.h>

struct tag_Friend {
    char *pName;
    int Age;
    double Height;
```

```
};

void main()
{
    tag_Friend Albert={NULL,80,165,0};
    tag_Friend Kim;

    Albert.pName=(char *)malloc(32);
    strcpy(Albert.pName,"알버트 아인슈타인");

    Kim=Albert;
    printf("이름=%s, 나이=%d, 키=%.1f\n",Kim.pName,Kim.Age,Kim.Height);

    strcpy(Albert.pName,"아이작 뉴튼");
    printf("이름=%s, 나이=%d, 키=%.1f\n",Kim.pName,Kim.Age,Kim.Height);
    free(Albert.pName);
    free(Kim.pName);
}
```

 tag_Friend 구조체에 문자형 포인터 멤버 pName이 포함되어 있는데 포인터는 정적 배열에 비해 가변 길이 문자열을 다룰 수 있는 장점이 있는 반면 정보를 저장하기 전에 동적 할당을 해야 하는 번거로움이 있다. main에서 Albert라는 이름으로 구조체 변수를 선언하고 pName에 32자 길이를 할당한 후 이 메모리에 이름을 복사해 넣었다. 이때 Albert가 메모리에 생성된 모양은 다음과 같다.

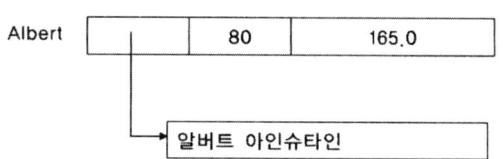

 이름 문자열이 구조체에 포함되어 있지는 않지만 동적으로 할당된 메모리의 번지를 멤버로 가지고 있으므로 이 번지를 읽으면 이름 문자열을 얻을 수 있다. 어쨌든 Albert 구조체로부터 아인슈타인에 대한 모든 정보를 읽거나 쓸 수 있는 것이다. 이 상태에서 Kim이라는 같은 타입의 구조체에 Albert를 대입했는데 이렇게 되면 Kim은 Albert의 모든 멤버를 그대로 대입받으며 똑같은 정보를 가지게 된다. 대입 직후에 Kim의 멤버를 출력해 보면 과연 똑같은 정보가 출력된다는 것을 확인할 수 있다.

 그러나 제대로 대입된 것 같지만 메모리 내부를 들여다보면 굉장히 불안한 상태라는 것을 알 수 있는데 두 구조체 변수의 pName 번지가 똑같은 곳을 가리키고 있는 것이다. 대입 연산자로 대입했으므로 번지까지도 그대로 대입되었다. 대입하는 시점에서 두 변수는 똑같은 정보를 가지기는 하지만 동적 할당된 메모리를 공유하고 있기 때문에 잠재적인 문제가 발생할 소지를 많이 가지고 있다. 이때의 메모리 상황은 다음과 같다.

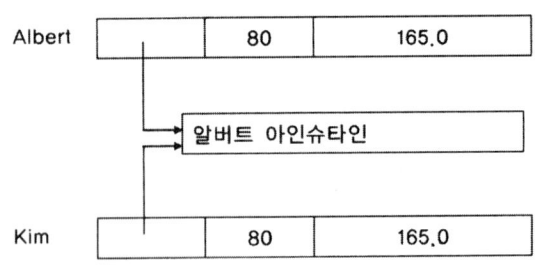

 우선 두 변수 중 한쪽의 pName을 바꾸면 양쪽이 모두 영향을 받는다는 점이 문제다. Kim이 Albert의 사본으로 생성되었는데 Albert의 pName을 변경하면 Kim의 이름도 같이 변경될 수밖에 없으며 반대의 경우도 마찬가지다. 대입에 의해 두 변수가 일시적으로 같은 상태가 되기는 했지만 서로 종속적인 관계가 되었으므로 완전한 사본이라 할 수 없다. 정수형 변수 i의 값을 j=i로 대입하여 사본 j를 만들었다면 j가 어떻게 되더라도 i는 영향을 받지 말아야 한다.

 또 다른 문제점은 두 변수가 파괴될 때 메모리를 이중으로 해제할 위험이 있다는 것이다. Albert는 자신의 멤버 pName이 동적으로 할당되었으므로 파괴되기 전에 이 메모리를 해제하려고 할 것이다. 이렇게 되면 Kim의 pName도 같이 해제되어 버려 Kim은 정보를 잃어버리게 되고 또한 Kim이 pName을 해제할 때는 이미 해제된 메모리를 이중으로 해제하게 되므로 이상 동작을 하게 된다.

 이처럼 대입 연산자로 단순 대입하여 구조체의 사본을 만드는 것을 얕은 복사(Shallow Copy)라고 한다. 구조체의 멤버들이 정수나 실수 따위의 단순 타입만 있을 경우는 얕은 복사만으로도 완전한 사본을 만들 수 있지만 포인터가 포함되어 있을 경우는 대입에 의해 똑같은 번지를 가리키는 문제점이 있다. 포인터에 대해서는 별도의 메모리를 할당한 후 내용을 복사해야 두 변수가 완전한 독립성을 가지게 된다.

 이런 식으로 포인터 멤버에 대해서는 번지를 바로 대입하지 않고 필요한 길이만큼 따로 할당한 후 원본의 내용만 취하는 복사를 깊은 복사(Deep Copy)라고 한다. 원본의 멤버뿐만 아니라 멤버가 가리키는 곳의 내용까지도 같이 복사하는 좀 더 복잡한 복사 방법이다. 위 예제에서 Albert를 깊은 복사하여 사본을 작성하려면 다음 두 줄을 삽입해야 한다.

```
Kim=Albert;
Kim.pName=(char *)malloc(strlen(Albert.pName)+1);
strcpy(Kim.pName,Albert.pName);
printf("이름=%s, 나이=%d, 키=%.1f\n",Kim.pName,Kim.Age,Kim.Height);
```

 일단 모든 멤버를 복사하되 포인터 멤버에 대해서는 원본의 길이만큼 별도로 메모리를 할당하고 원본의 내용만 복사했다. 이렇게 되면 두 변수가 완전히 독립된 메모리를 가지므로 종속성이 사라지며 한쪽의 내용을 변경해도 반대쪽은 전혀 영향을 받지 않는다. 또한 각 변수가 개별적으로 메모리를 해제해도 아무런 문제가 없다.

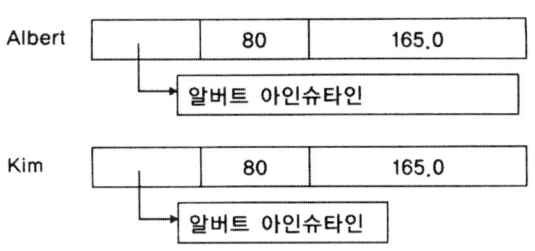

포인터가 포함된 구조체를 다룰 때는 각별한 주의가 필요하다. 특히 C++에서 객체끼리 대입할 때 이런 문제가 흔히 나타난다.

13.3.4 Quiz 게임

구조체를 배웠으니 종합 실습편의 예제를 하나 분석해 보도록 하자. Quiz 게임은 구조체 배열에 여러 가지 문제에 대한 정보들을 작성해 놓고 난수로 문제를 선택하여 출제하는 프로그램이다. 전체 소스는 다음과 같다. 별로 길지도 않으며 모든 코드는 main 함수에 작성되어 있으므로 분석하기 편하도록 되어 있다.

예제 Quiz

```c
#include <Turboc.h>
#include <ctype.h>

// 문제 하나에 대한 정보를 가지는 구조체
struct tag_Munje {
    char *Question;
    char *Case[3];
    int Answer;
    BOOL Used;
};

// 문제 배열
struct tag_Munje Munje[]={
    {"다음 타입중 기본형이 아닌 것은","정수형", "배열","문자형",2,FALSE},
    {"다음 중 반복문이 아닌 것은","switch", "for","while",1,FALSE},
    {"구조체를 선언할 때 사용하는 키워드는","int", "goto","struct",3,FALSE},
    {"다음 중 가장 크기가 큰 타입은","int", "double","char",2,FALSE},
    {"열거형을 선언할 때 사용하는 키워드는","enum", "alias","define",1,FALSE},
    {"다음 중 단항 연산자는","++", "?","=",1,FALSE},
    {"문자 배열의 내용을 바꿀 때 사용하는 함수는","strassign", "strmove","strcpy",3,FALSE},
```

```c
    {"구조체의 멤버를 읽을 때 사용하는 연산자는",".","->", "*",".",3,FALSE},
    {"정수형 타입이 아닌 것은","unsigned", "short","float",3,FALSE},
    {"C 프로그램에서 반드시 필요한 함수는","entry", "main","WinMain",2,FALSE},
};

void main()
{
    int num;
    int count;
    int i;
    char ch;

    randomize();
    for (count=0;count<5;count++) {
        // 출제되지 않은 문제 하나를 고른다.
        do {
            num=random(sizeof(Munje)/sizeof(Munje[0]));
        } while (Munje[num].Used == TRUE);
        Munje[num].Used=TRUE;

        // 문제를 출력한다.
        clrscr();
        gotoxy(2,2);
        printf("%s?",Munje[num].Question);
        for (i=0;i<3;i++) {
            gotoxy(2,5+i*2);
            printf("(%d) %s",i+1,Munje[num].Case[i]);
        }
        gotoxy(2,12);
        printf("1,2,3 중 하나를 선택하세요. 끝낼때는 Q : ");

        // 정답을 입력받아 판정해 준다.
        ch=getch();
        if (tolower(ch) == 'q') {
            break;
        }
        ch=ch-'0';
        gotoxy(2,15);
        if (ch == Munje[num].Answer) {
            printf("정답입니다.");
```

```
        } else {
            printf("틀렸습니다. 정답은 %d번입니다.",Munje[num].Answer);
        }
        delay(1000);
    }

    gotoxy(2,17);
    printf("수고하셨습니다.\n");
}
```

tag_Munje 타입은 문제 하나에 대한 정보를 저장할 수 있는 구조체로 정의되어 있다. 문제는 질문과 답보기, 그리고 정답으로 구성되며 이 외에 중복 문제 출제를 방지하기 위한 Used 멤버가 포함되어 있다. 질문인 Question은 문자열이므로 char *형으로 선언되어 있으며 답보기인 Case도 문자열이되 3개의 답보기를 보여줄 것이므로 크기 3의 char * 배열로 선언했다. Case1, Case2, Case3를 각각의 멤버로 선언할 수도 있지만 반복적인 출력을 위해 배열을 사용하는 것이 더 효율적이다.

정답인 Answer 멤버는 세 개의 답보기 중 어떤 것이 정답인지 답보기 번호를 기억하므로 정수형이면 충분하다. 사실 가능한 값이 1, 2, 3 중 하나이기 때문에 int형 대신 short나 char로 선언해도 정답을 기억하는데는 부족하지 않다. Used 멤버는 이 문제가 이전에 출제되었는지 아닌지를 기억하는데 최초 모두 FALSE값으로 초기화되며 문제가 출제되면 TRUE로 변경된다. 문제 선택 루틴에서는 Used가 TRUE 인 문제는 채택하지 않음으로써 이미 출제된 문제가 다시 출제되지 않도록 하였다. Used 멤버처럼 실행 중에만 사용되는 정보를 런타임 데이터라고 하는데 파일로 영구적으로 저장할 때는 대상에서 제외된다.

tag_Munje 타입을 정의한 후 이 타입의 구조체 배열 Munje를 초기화하는데 앞에서 알아본 바대로 { } 괄호 안에 각 멤버의 초기값을 나열하기만 하면 된다. 한 행에 한 문제씩 질문과 세 개의 답보기, 그리고 정답을 기록했으며 Used 멤버는 모두 FALSE로 초기화했다. Munje 배열의 크기값은 생략했는데 이렇게 해 두면 컴파일러가 초기값의 개수를 헤아려서 배열의 크기를 자동으로 계산해 줄 것이며 문제를 더 늘리고 싶다면 초기식의 끝에 초기값만 계속 입력하면 된다.

표현하고자 하는 정보가 어떤 식으로 구성되어 있는지를 관찰해 보면 원하는 자료 구조를 금방 설계할 수 있다. 이 프로그램이 사용할 문제는 질문, 답보기, 정답 등 각각 다른 타입의 변수들을 필요로 하므로 배열로는 표현할 수 없으며 구조체가 필요하다. 또한 이런 문제들이 여러 개 필요하므로 구조체 배열이 되어야 하는데 그 결과가 바로 코드의 Munje 구조체 배열이다. 자료 구조가 다 작성되었으면 다음으로 코드를 작성하는데 main 함수의 구조는 다음과 같다.

```
for (count...) {
    문제 선택
```

         선택된 문제 출력
         정답 입력 및 판정
    }

제어 변수 count로 for 루프를 다섯 번 돌도록 했으므로 문제는 총 다섯 개가 출제된다. 각 문제 출제 루틴은 문제 선택, 출력, 판정으로 세분되는데 먼저 문제를 선택하는 do~while 루프를 보자. num 변수에 출제할 문제를 선택하는데 무작위로 문제를 출제하기 위해 random 함수를 사용했다. 출제될 문제의 범위는 0~Munje 구조체의 크기까지인데 이 프로그램은 총 10개의 문제를 정의하고 있으므로 0~9 중 하나가 선택될 것이다.

num에 출제할 문제를 무작위로 선택했다고 해서 이 문제를 곧바로 출력하지 않으며 while문의 조건식에서 이미 출제된 문제인지 점검한다. 모든 문제들의 Used 멤버는 FALSE로 초기화되어 있으며 출제하기 직전에 TRUE로 변경한다. 그래서 Used 멤버가 TRUE이면 이미 출제된 문제이므로 다른 문제를 고르도록 했다. 방금 출제한 문제가 다시 출제된다면 별로 보기에 좋지 않을 것이다.

do~while 루프는 출제할 문제를 무작위로 선택하되 이미 출제된 문제는 제외한다. 난수로 num을 고른 후에 이 문제가 출제되었는지 점검해야 하므로 선 실행 후 평가 반복문인 do~while 루프가 가장 적당하다. do~while 루프에서 출제할 문제를 선택하면 다음번에 이 문제가 다시 출제되지 않도록 Used 멤버에 TRUE를 대입해 놓는다.

문제를 화면으로 출력하는 코드는 아주 간단하다. 이전에 출력된 문제를 지우기 위해 clrscr 함수를 먼저 호출하고 적당한 위치로 커서를 옮긴 후 Question, Case 등을 출력한다. 답보기 멤버인 Case는 배열이므로 루프를 돌면서 차례대로 출력했다. 각 문자열이 출력될 수평 좌표는 모두 2이며 수직 좌표는 다음과 같다.

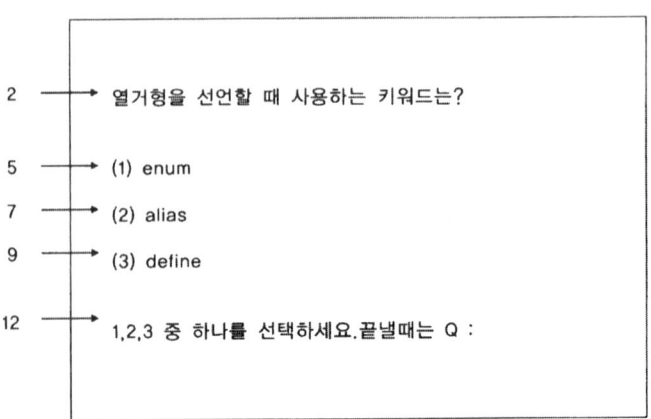

질문이 (2,2)에 출력되고 답보기들은 차례대로 (2,5), (2,7), (2,9)에 한 칸씩 여백을 두면서 출력했다. 이때 제어 변수 i값인 0, 1, 2와 각 답보기의 수직 출력좌표 5, 7, 9 사이에는 5+i*2라는 함수 관계를

찾을 수 있으므로 이 식을 gotoxy의 두 번째 인수로 사용했다. 제어 변수 i는 0부터 시작하지만 답보기 번호는 1부터 시작하므로 %d 서식에 대응되는 번호는 i+1로 주어야 한다.

문제를 출력한 후 사용자로부터 정답을 입력받는데 이때는 키를 누르는 즉시 값을 돌려주는 getch 함수를 사용하는 것이 가장 좋다. scanf로도 정답을 입력받을 수 있지만 이 함수는 반드시 Enter를 눌러야 하므로 불편하다. getch로 문자를 입력받은 후 먼저 이 값이 'Q'나 또는 소문자 'q'인지를 점검해 보고 그렇다면 break로 for 루프를 탈출하도록 했다.

getch 함수가 입력받은 값은 문자 코드이기 때문에 이 값을 Munje 구조체의 Answer 멤버와 직접 비교하려면 문자 코드를 정수값으로 변환해야 한다. 문자 '1'의 코드는 0x31의 값을 가지므로 이 값을 정수 1로 바꾸려면 0x30을 빼면 된다. 0x30은 문자 '0'와 같으므로 ch에서 '0'를 빼면 Answer와 비교 가능한 정수가 된다.

ch에 사용자가 입력한 정답의 번호를 구했으면 Munje 구조체의 Answer 멤버와 비교해 보고 정답을 입력했는지 오답을 입력했는지 판별한다. if문으로 이 두 값을 비교해 보고 정답인 경우는 정답이라는 메시지만 출력하고 오답인 경우는 정답을 가르쳐 주도록 했다. delay(1000) 문장은 메시지를 출력한 후 1초간 대기하여 사용자가 결과를 볼 수 있도록 한다.

이런 식으로 count 루프를 다섯 번 돌면서 문제 다섯 개를 출력하면 프로그램이 종료된다. 그다지 어려운 예제가 아니므로 분석에 큰 어려움은 없었을 것이다. 문제를 더 많이 입력해 놓았다면 더 많은 문제를 출제할 수 있을 것이며 좀 더 재미있게 진행하도록 수정해 볼 수 있는 여지가 많다. 문제를 다 푼 후에 맞춘 개수와 틀린 개수를 보여준다든가 문제에 응답하는 시간 제한을 두는 식으로 개작해 볼 수 있다.

13.4 비트 구조체

13.4.1 정의

비트 구조체는 비트들을 멤버로 가지는 구조체이며 비트 필드(bit field)라고도 부른다. 잘 알다시피 비트는 기억의 최소 단위이며 0 또는 1중 하나를 기억한다. 비트 하나로 2가지 경우, 두 개로 4가지 경우까지 기억할 수 있으며 비트 세 개가 모이면 8가지의 다른 수를 기억시킬 수 있는데 일반적으로 표현하자면 비트 n개가 모이면 2^n개의 숫자를 표현할 수 있다.

멤버가 가질 수 있는 값의 범위가 아주 작다면 32비트의 int나 8비트의 char보다 더 작은 단위로 비트를 쪼개 알뜰하게 정보를 기억시킬 수 있는데 이때 사용하는 것이 비트 구조체이다. 비트 구조체를 선언하는 기본 형식은 다음과 같다.

```
struct 태그명 {
    타입 멤버 1:비트수;
    타입 멤버 2:비트수;
    타입 멤버 3:비트수;
    ....
};
```

각 멤버 이름 다음에 이 멤버의 비트 크기를 적는다. 멤버의 타입은 원칙적으로 정수만 가능하며 부호의 여부에 따라 unsigned int 또는 signed int 둘 중 하나의 타입을 지정한다. 그 작은 공간에도 최상위의 1비트를 부호 비트로 할당할 수 있는데 사실 비트로 표현해야 할 정보는 수치값이라기보다 일종의 기호나 표식인 경우가 많기 때문에 부호를 쓰는 경우는 드물다. 따라서 비트 구조체의 멤버들은 통상 unsigned 타입이다.

원래 C언어 스펙에는 비트 멤버의 타입은 int 또는 unsigned 중 하나만 가능하도록 되어 있으나 마이크로소프트의 비주얼 C++은 short, long, char 등 정수와 호환되는 모든 타입을 허용한다. 그래서 비트 멤버의 타입으로는 모든 정수형을 다 사용할 수 있으며 멤버의 타입에 따라 비트 필드 전체의 크기가 달라진다. double이나 포인터, 배열 따위는 비트 필드가 될 수 없다. 다음 예제는 비트 구조체를 사용하는 가장 간단한 예제이다.

예제 BitField

```c
#include <Turboc.h>

struct tag_bit {
    unsigned short a:4;
    unsigned short b:3;
    unsigned short c:1;
    unsigned short d:8;
};

void main()
{
    tag_bit bit;
    bit.a=0xf;
    bit.b=0;
    bit.c=1;
    bit.d=0xff;
```

```
    printf("크기=%d, 값=%x\n",sizeof(bit),bit);
}
```

tag_bit 타입에 a, b, c, d 네 개의 멤버가 포함되어 있는데 각각 4, 3, 1, 8 비트씩을 차지한다. 멤버가 선언된 순서대로 하위 비트에서 순서대로 할당되며 구조체 자체의 크기는 모든 비트 멤버의 총 비트수와 같다. tag_bit 타입은 총 16비트이므로 2바이트를 차지하며 메모리상에 다음과 같이 생성된다. 비트 필드가 선언 순서대로 MSB에 저장될 지, LSB에 저장될지는 컴파일러마다 다른데 일반적으로 오른쪽(LSB)부터 채워 나간다.

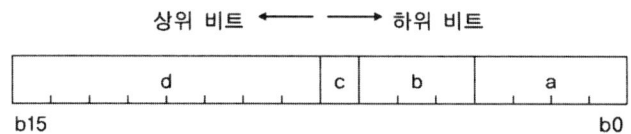

a가 먼저 선언되었으므로 a가 가장 하위 비트에서 시작되는데 4비트 크기로 선언되었으므로 a는 0~15까지 16가지 경우의 수를 기억할 수 있다. 다음으로 b가 3비트, c가 1비트를 차지하며 d가 8비트를 차지하여 총 크기는 16비트가 된다. 각 멤버들은 자신이 차지하고 있는 비트수만큼의 수를 기억할 수 있는데 비트 멤버를 참조할 때는 일반 구조체처럼 멤버 연산자를 사용하면 된다.

bit.a=0xf 대입문에 의해 bit의 b0~b3까지 하위 4비트에 0xf(이진수 1111)이 기억되며 bit.b=0 대입문에 의해 b4~b6까지 3비트에 0이 기억될 것이나. 16비트 중 중간 비트에만 값을 대입하려면 쉬프트, 마스크 오프, 비트 OR 등의 복잡한 연산을 해야 하지만 비트 멤버에 값을 대입할 때는 이런 복잡한 동작을 컴파일러가 대신한다. bit.c=1 대입문에 의해 b7만 1이 되며 bit.d=0xff 대입문은 상위 8비트만 모두 1로 바꿀 것이다.

위 예제의 실행 결과는 "크기=2, 값=ff8f"가 되는데 16비트이므로 크기는 2바이트이며 a, b, c, d 각각에 대입한 값들은 이진수로 1111111100001111이 된다. 다음은 비트 구조체의 특징 및 주의 사항이다.

❶ 비트 멤버의 이름을 생략할 수 있다. 이름이 없는 멤버는 코드에서 칭할 수가 없으므로 참조할 수 없으며 자리만 차지한다. 다음 예는 세 번째 멤버에 이름을 주지 않은 것이다.

```
struct tag_bit {
    unsigned short a:4;
    unsigned short b:3;
    unsigned short :1;
    unsigned short d:8;
};
```

이렇게 되면 세 번째 멤버는 괜히 1비트를 그냥 버리는 역할만 한다. 이런 것이 왜 필요한가 하면 바이트나 워드의 경계에 걸치면 값을 읽고 쓸 때 쉬프트 연산을 해야 하며 따라서 속도가 떨어지기 때문이다. 그래서 다음 멤버가 바이트의 처음부터 시작할 수 있도록 1비트를 버리기 위해 이름없는 멤버를 하나 적어준다. 어차피 메모리는 바이트 단위이므로 1비트를 버린다고 해서 기억 장소가 낭비되는 것은 아니다. 15비트나 16비트나 어차피 필요한 메모리는 2바이트이므로 1비트를 버림으로써 속도를 증가시키는 것이 현명한 선택이다.

❷ 이름이 없는 비트의 크기를 0으로 지정할 수 있는데 이렇게 되면 현재 워드의 미사용 비트를 모두 버린다. 크기가 0인 멤버 다음의 멤버는 새로운 워드의 경계에 배치됨으로써 역시 속도를 증가시키는 효과가 있다. 다음 선언문은 두 번째 멤버에 이름도 주지 않고 비트 크기도 0으로 지정하고 있다.

```
struct tag_bit {
    unsigned short a:4;
    unsigned short  :0;
    unsigned short c:1;
    unsigned short d:8;
};
```

이렇게 되면 a가 최하위 4비트를 차지하며 c는 다음 워드 경계에서 새로 시작된다. 즉 a왼쪽의 12비트가 버려진다.

❸ 비트 멤버는 자신의 타입보다 더 큰 비트 크기를 가질 수 없다. 그래서 다음 두 멤버 선언은 모두 컴파일 에러로 처리된다.

```
int a:33;
short b:17;
```

비트 멤버란 길이가 긴 비트 중 일부만 값 저장에 사용하는 것인데 타입보다 더 큰 비트 크기를 가지는 것은 불가능하다. int형은 32비트 크기를 가지므로 a 멤버에 33비트를 할당할 수 없다.

❹ 비트 멤버는 값을 읽을 수도 있고 쓸 수도 있는 좌변값이다. 일반적으로 좌변값은 & 연산자를 사용할 수 있지만 비트 멤버에 대해서는 예외적으로 & 연산자를 사용할 수 없다. 비트 멤버는 메모리를 점유하고는 있지만 바이트 단위의 주소를 가지는 것은 아니며 구조체 속의 일부로 존재할 뿐이다. 좌변값이면서 &연산자를 쓸 수 없는 대상은 비트 필드와 register 기억 부류 두 가지가 있다.

❺ 당연한 얘기가 될지 모르겠지만 비트 필드와 일반 멤버를 한 구조체에 같이 선언할 수도 있다.

```
struct tag_bit {
    int Value;
    unsigned Grade:6;
    unsigned Score:8;
    unsigned Male:1;
    double Rate;
};
```

이렇게 되면 정수 멤버 Value가 처음 4바이트를 차지하고 다음의 4바이트를 비트 필드들이 차지하고 뒷부분에 실수 멤버 Rate가 배치될 것이다.

13.4.2 활용

비트 구조체는 메모리를 구성하는 최소 단위인 1비트까지도 알뜰하게 사용할 수 있다는 것이 장점이다. 여러 가지 값들을 꼭 필요한 만큼 비트를 잘게 쪼개 값을 기억시킬 수 있으므로 메모리 효율이 아주 좋다. 비트 구조체를 어떤 경우에 사용하는지와 그 장점은 무엇인지 가상적인 게임을 만들면서 자료 구조를 설계해 보도록 하자.

여기서 만들게임은 일종의 슈팅 게임으로서 화면 위에서 날아오는 적들을 아래쪽의 대포로 쏘아 맞추는 게임이다. 적이 한 종류밖에 없으면 게임의 재미가 없으므로 다양한 종류의 적들을 만들기로 하자. 다음 세 가지 종류를 만든다.

적 유형 0 : 왕파리
적 유형 1 : 쇠파리
적 유형 2 : 초파리

각 유형별로 색상도 빨강, 파랑, 노랑, 초록 4가지가 있으며 적이 움직이는 방향도 좌에서 우로, 우에서 좌로 두 가지가 있다고 하자. 또한 총알을 많이 발사하는 못된 놈이 있는가 하면 좀 덜 발사하는 쉬운 놈도 있고 한 번 맞아서 죽는 놈도 있고 4번까지 때려야 죽는 끈질긴 놈도 있다. 등장하는 적이 이 정도로 다양해야 게임이 재미있어질 것이다.

그렇다면 이런 적들에 대한 정보를 저장할 수 있는 자료 구조를 만들어 보자. 여러 가지 정보를 하나의 단위로 묶어야 하므로 구조체가 적당하며 최대 100개까지의 적이 한꺼번에 화면에 나타날 수 있도록 하자면 크기 100의 구조체 배열이 필요하다. 다음이 초안이다.

```
struct tag_enemy {
    int type;
    int color;
    int movetype;
    int bullet;
    int strike;
} enemy[100];
```

이렇게 하면 정보를 저장하는데 아무 문제가 없다. 그러나 이 구조체를 다시 살펴보면 기억 장소를 굉장히 많이 낭비하고 있다는 것을 알 수 있다. 적 유형은 0, 1, 2 셋 중 하나인데 이 정보를 저장할 type 멤버는 -20억~20억까지의 큰 값을 기억할 수 있는 4바이트의 int형으로 되어 있다. short나 char형으로 하면 어느 정도 낭비를 줄일 수 있지만 그래도 낭비는 발생한다. 다른 멤버들도 마찬가지로 int형의 전 범위를 다 사용하지도 않는데 과다하게 기억 장소를 낭비하고 있다. 이럴 때 비트 구조체를 사용한다.

```
struct tag_enemy {
    unsigned char type:2;
    unsigned char color:2;
    unsigned char movetype:1;
    unsigned char bullet:1;
    unsigned char strike:2;
} enemy[100];
```

이렇게 비트 구조체로 바꾸면 적에 대한 정보를 모두 기억시키는 데 단 1바이트밖에 사용하지 않는다. 적 유형은 세 가지가 있으므로 2비트면 충분하고 색상도 네 가지뿐이므로 2비트이면 충분하다. 8비트의 그 좁은 영역에 한 비트, 두 비트씩 잘라서 모든 정보들을 다 기억시킬 수 있다. 더구나 enemy는 크기 100의 배열이기 때문에 절약의 효과가 더욱 두드러진다.

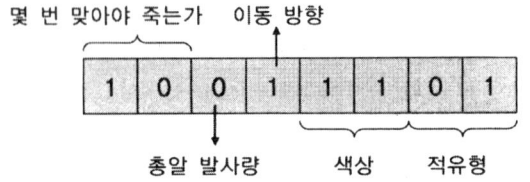

비트 구조체는 메모리를 최대한 절약해야 할 때 사용하는데 요즘은 비트 구조체를 사용하는 경우가 흔하지 않다. 왜냐하면 과거 메모리가 비쌀 때는 단 1바이트라도 아끼기 위해 이런 복잡한 구조체를 사용했지만 요즘은 메모리가 워낙 풍부해져서 이런 구두쇠짓을 굳이 할 필요가 없어졌다. 더구나 비트 구조체는 크기가 작은만큼 속도에는 불리한 단점이 있으므로 웹로그 같은 대용량의 정보를 저장할 때 외에는 가급적이면 사용을 자제하는 것이 좋다.

13.5 공용체

13.5.1 정의

공용체(Union)는 모든 면에서 구조체와 같으며 선언 문법이나 사용하는 방법이 동일하다. 다만 공용체에 속한 멤버들이 기억 장소를 공유한다는 것만 다르다. 기억 장소를 어떻게 공유한다는 것인지 선뜻 이해하기 힘든데 일단 똑같은 모양의 구조체와 공용체를 선언해 놓고 비교해 보도록 하자. 공용체를 선언할 때는 키워드 struct 대신에 union을 사용한다.

```
struct {                        union {
    int a;                          int a;
    short b[2];                     short b[2];
} st;                           } un;
```

둘 다 정수형 멤버 a와 크기 2의 short형 배열 b를 멤버로 가지고 있는데 st는 구조체이고 un은 공용체이다. 이 두 변수가 메모리에 구현된 모양을 그림으로 비교해 보면 다음과 같다.

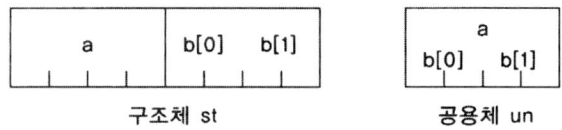

구조체는 선언된 멤버가 순서대로 배치되며 a가 4바이트를 차지하고 이어서 b[0]가 2바이트, b[1]이 2바이트를 각각 차지한다. 구조체의 크기는 모든 멤버 크기의 총합과 같으므로 sizeof(st)는 8이 될 것이다. 공용체는 모든 멤버가 기억 장소를 공유하며 a가 있는 자리에 b도 같이 존재한다. 공용체의 크기는 가장 큰 멤버의 크기와 같으며 sizeof(un)은 4가 된다.

공용체의 멤버들은 항상 공용체의 선두 번지와 같은 공간에 배치되는데 a의 번지나 b의 번지나 동일하다. 따라서 a에 어떤 값을 대입하면 같은 기억 공간에 존재하는 b의 값도 덩달아 바뀌게 되며 반대로 b를 변경하면 a도 같이 변경된다. 다음 예제로 이런 동작을 확인해 보자.

예제 Union

```c
#include <Turboc.h>

union tag_kong {
    int a;
    short b[2];
};

void main()
{
    tag_kong un;
    un.a=0x12345678;
    printf("un.a=%x\n",un.a);
    printf("un.b[0]=%x\n",un.b[0]);
    printf("un.b[1]=%x\n",un.b[1]);

    un.b[0]=(short)0x9999;
    printf("대입 후의 un.a=%x\n",un.a);
}
```

공용체 un의 a 멤버에 0x12345678을 대입한 후 a와 b[0], b[1]의 값을 각각 출력해 보았다. 결과는 다음과 같다.

```
un.a=12345678
un.b[0]=5678
un.b[1]=1234
대입 후의 un.a=12349999
```

a는 대입한 값을 그대로 가지며 b 배열 요소 각각은 a값의 상하위 워드를 나누어 가지고 있다. 인텔 계열의 CPU는 정수값을 거꾸로 저장(역워드 방식이라고 한다)하므로 b[1]이 a의 상위 워드, b[0]이 a의 하위 워드를 가진다. 이 상태에서 un.b[0]=0x9999대입문을 실행하면 a는 0x12349999가 될 것이다. 두 멤버가 같은 기억 장소에 저장되어 있기 때문에 둘 중 하나를 바꾸면 나머지 멤버의 값도 바뀌는 것이 당연하다.

그렇다면 도대체 기억 장소를 공유하도록 하는 이유는 무엇일까? 어차피 한 번에 하나의 멤버만 유효한 값을 가질 수 있는데 말이다. 그 이유는 두 개의 멤버가 같은 공간에 배치되어 있으면 원하는 타입을 선택해서 읽고 쓸 수 있기 때문이다. 이때 공용체에 속한 멤버들은 전혀 상관없는 값이 아니라 논리적으로 유사한 값이어야 한다. 예를 들어 똑같은 값의 다른 표현이라든가 값 자체가 표현하는 목적이 동일해야 공용체가 될 수 있다.

un 공용체의 경우 int형을 쓰고 싶으면 a멤버를 참조하고 short형을 쓰고 싶으면 b 멤버를 참조하면 된다. 기록할 때는 int형으로 기록하고 읽을 때는 상하위 워드를 나누어 short형으로 읽을 수도 있으며 반대로 상하위 워드를 각각 따로 변경한 후 읽을 때는 32비트의 int형으로 읽는 것도 가능하다. 좀 더 개념적으로 이해하기 쉬운 예를 들어 보도록 하자.

```
union tag_ip {
    unsigned long addr;
    unsigned char sub[4];
};
```

이 공용체는 인터넷 주소인 IP값을 저장하는데 IP는 32비트의 부호없는 정수로 되어 있지만 표기할 때는 210.238.128.136과 같이 한 바이트씩 10진수로 쓰는 것이 일반적이다. 표기를 위해서 값을 읽을 때는 sub 배열을 읽는 것이 편리하고 실제 통신을 위해 주소값을 전달할 때는 32비트의 addr 멤버를 읽는 것이 효율적이다. 다음은 공용체의 또 다른 활용예를 보자.

```
union tag_unit {
    int mili;
    double inch;
};
tag_unit length;
```

이 공용체는 길이값을 저장하는데 길이를 표현하는 방식 두가지를 동시에 지원한다. 밀리미터 단위로 길이를 지정할 수도 있고 인치 단위를 사용할 수도 있는데 인치는 밀리미터보다 크기 때문에 소수점 이하 두자리까지 지정하기로 한다. 그래서 mili 멤버는 정수형으로 선언했고 inch 멤버는 실수형으로 선언했다. 물론 트윕스나 포인트, 픽셀 등 다른 단위로도 표현하고 싶다면 멤버를 더 늘리면 된다.

밀리값을 저장하고 싶다면 length.mili 멤버에 값을 저장하고 인치로 저장하고 싶다면 length.inch 멤버를 사용한다. 둘 중 하나의 단위로 길이를 표현할 수 있으므로 굳이 두 단위 모두의 값을 가질 필요는 없으며 그래서 각 멤버가 따로 값을 저장하는 구조체가 아닌 공용체로 선언한 것이다.

그렇다면 공용체에 저장된 값이 어떤 멤버를 기준으로 한 것인지는 어떻게 알 수 있을까? 예를 들어 length에 123이라는 값이 저장되어 있다면 이것은 123밀리미터인가 아니면 123인치인가? 좀 이상하게 들리겠지만 어떤 멤버를 기준으로 저장된 값인지 알 수 있는 방법은 따로 제공되지 않는다. 왜냐하면 공용체는 둘 이상의 멤버가 기억 장소를 공유하도록만 할 뿐이지 어떤 멤버를 통해 값을 대입받았는지는 기억하지 않기 때문이다.

공용체에 저장된 값의 의미는 대입할 때 어떤 멤버를 사용했는가에 따라 달라지는데 이를 정확하게 아는 사람은 여기에 값을 대입한 사람뿐이다. 값을 대입할 때 어떤 멤버에 값을 기억시킬 것인가를 선택할 수 있으며 이 값을 사용할 때는 어떤 의미인지 알아서 사용해야 한다. 필요하다면 공용체가 어떤 타입의 값을 저장하고 있는지를 기억하는 별도의 변수를 둘 수도 있다.

공용체도 선언하면서 초기화를 할 수 있는데 단 첫 번째 멤버에 대해서만 초기값을 줄 수 있다. 다음 선언문은 length 공용체를 선언하면서 mili에 15를 대입한다.

tag_unit length={15};

만약 inch 단위로 초기값을 주고 싶다면 멤버의 순서를 바꾼 후 실수 초기값을 주거나 아니면 지정하고 싶은 인치값을 밀리미터 단위로 바꾸어 mili에 초기값을 주는 방법밖에 없다.

13.5.2 이름없는 공용체

변수를 선언할 때 이름을 주지 않으면 이름없는 공용체(Anonymous Union)가 된다. 변수는 당연히 이름을 가져야 하는데 공용체는 특별히 이름을 가지지 않을 수 있다. 다음이 이름없는 공용체의 선언예인데 멤버의 이름은 있지만 공용체 변수 자체의 이름이 생략되어 있다. 태그는 필요할 경우 붙일 수도 있는데 통상 이름없는 공용체는 1회용이기 때문에 태그를 붙이지 않는다.

```
union {
    int a;
    double b;
};              // 이름이 없다.
```

이름없는 공용체는 단순히 둘 이상의 변수가 같은 기억 장소를 공유하도록 묶어주는 역할만 한다. 변수 자체의 이름이 지정되지 않았으므로 a와 b는 마치 독립된 변수처럼 앞에 소속을 밝힐 필요없이 그냥 a=3, b=3.14식으로 사용한다. 두 멤버는 같은 기억 장소를 공유하며 a에 값을 쓰면 b가 변하고 b에 값을 쓰면 a도 같이 변한다. 이름없는 공용체의 멤버는 공용체 변수의 소속이 아니기 때문에 공용체 바깥의 변수와 명칭이 중복되어서는 안 된다.

```
union {            union {
    int a;             int a;
    double b;          double b;
} Name;            };
char a;   // 가능  char a;   // 불가능
```

왼쪽은 공용체의 이름을 준 것이고 오른쪽은 이름을 주지 않은 것이다. 이름있는 공용체의 멤버를 참조할 때는 Name.a 식으로 소속을 밝혀야 하기 때문에 공용체 바깥에 a라는 다른 변수를 또 선언할 수 있지만 이름없는 공용체의 멤버는 멤버 자신의 이름만으로 참조해야 하므로 바깥에 같은 이름의 다른 변수를 선언할 수 없다. 이름없는 공용체는 주로 구조체 내의 멤버를 선언할 때 사용된다. 다음 예를 보자.

```
struct tag_student {
    char Name[16];
    BOOL Male;
    int Grade;
    union {
        int HakBun;
        char Jumin[14];
    } ID;
};
tag_student boy;
```

이 구조체는 학생 한명의 신상을 기억하는데 Name이 이름, Male이 성별, Grade가 학년이다. 이름은 동명이인이 있을 수 있으므로 개인의 유일한 식별자가 될 수 없는데 이런 목적으로 사용할 수 있는 값으로는 학번과 주민등록번호가 있다. 이 두 정보 중 하나만 기록할 수 있으며 둘 다 기록할 필요가 없다면 Hakbun과 Jumin 멤버를 공용체로 선언한다. ID 멤버를 Hakbun과 Jumin의 공용체로 선언했으므로 ID를 읽고 쓸 때는 다음과 같이 참조한다.

```
boy.ID.Hakbun=89123456;
strcpy(boy.ID.Jumin,"700101-1919199");
```

Hakbun이나 Jumin은 구조체에 속한 공용체의 멤버이므로 멤버 연산자를 두 번 사용해야 한다. C 컴파일러는 이름없는 공용체를 지원하지 않기 때문에 구조체내에 속해 있는 공용체라도 반드시 이름이 있어야 한다. 그런데 여기서 ID라는 명칭은 Hakbun과 Jumin을 담기 위한 그릇일 뿐이므로 꼭 이름을 줄 필요가 없는데 이럴 때 공용체 변수의 이름을 생략할 수 있다. C++ 컴파일러는 이름없는 공용체를 지원하므로 다음과 같이 구조체 선언을 좀 더 간단하게 할 수 있다.

```
struct tag_student {
    char Name[16];
    BOOL Male;
    int Grade;
    union {
```

```
            int HakBun;
            char Jumin[14];
    };                          // 이름이 없음
};
tag_student boy;
```

공용체의 이름을 생략하면 공용체의 멤버들은 바깥의 구조체에 직접 소속된다. 그래서 Hakbun과 Jumin을 읽고 쓸 때 중간의 공용체 이름을 생략하고 멤버 연산자를 한 번만 사용하면 된다.

```
boy.Hakbun=89123456;
strcpy(boy.Jumin,"700101-1919199");
```

선언할 때 공용체의 이름을 아예 지정하지 않으면 공용체의 멤버들을 마치 구조체에 속한 것처럼 사용할 수 있어 편리하다. 다음 예제의 tag_Part 구조체는 컴퓨터 부품 하나에 대한 정보를 가진다.

예제 Union2

```
#include <Turboc.h>

enum PartType { HDD, MONITOR, KEYBOARD };
struct tag_Part {
    PartType Type;
    char Maker[32];
    int Price;
    int Capacity;
    int Size;
    int KeyNum;
};

void main()
{
    tag_Part A;
    A.Type=HDD;
    strcpy(A.Maker,"SamSoong");
    A.Price=100000;
    A.Capacity=80;
}
```

이 구조체에 저장될 수 있는 부품의 종류는 하드 디스크, 모니터, 키보드 등이 있는데 모든 부품은 타입과 제조자, 가격 정보를 가진다. 그리고 하드 디스크의 경우는 용량, 모니터는 크기, 키보드는 키의 개수 등에 대한 정보를 따로 가지는데 이 정보들은 각 타입의 고유 정보이므로 따로 메모리를 차지할 필요가 없다.

예를 들어 용량에 대한 정보인 Capacity는 하드 디스크에만 해당되며 키보드나 모니터에는 적용되지 않는다. Size 멤버는 모니터가 15인치인지 17인치인지를 기억하는데 하드 디스크나 키보드에는 크기 정보가 필요없으며 키의 개수인 KeyNum은 오로지 키보드에만 필요하다. 타입에 따라 달라지는 이런 멤버들은 따로따로 선언할 필요없이 공용체로 묶을 수 있다. 구조체를 다음과 같이 수정해 보자.

```c
struct tag_Part {
    PartType Type;
    char Maker[32];
    int Price;
    union {
        int Capacity;
        int Size;
        int KeyNum;
    };
};
```

이렇게 되면 3개의 정수형 멤버가 같은 기억 공간을 사용하므로 메모리를 훨씬 절약할 수 있으며 타입에 따라 기억되는 정보의 성질이 배타적이므로 기억 공간을 공유하더라도 별 문제가 없다. 구조체내의 공용체는 단지 세 멤버를 묶는 역할만 하므로 따로 이름을 주지 않아도 된다.

개발자 이야기 패턴

이 책은 문법 외에도 여러 가지 실습 프로젝트를 통해 문법의 실제 적용예와 실무에 도움이 될 만한 기법들을 소개하고 있다. 이런 예제들에서 여러분들이 애써 배워야 하는 것은 구체적인 코드가 아니라 문제를 풀어나가는 패턴이다. 이 책에서 작성하는 코드가 실무에 변형없이 그대로 적용되는 예는 극히 드물다. 각종 응용 프로그램별로 자료 저장, 정렬, 선택, 검색 등등의 알고리즘은 천차만별로 달라지므로 하나의 코드가 똑같이 반복되는 경우는 찾기 힘들다.

왜 재사용이 어려운가 하면 소프트웨어라는 것은 전혀 일반적이지 않으며 풀고자 하는 문제에 가장 적합한 알고리즘을 매번 선택해야 하기 때문이다. 소프트웨어의 재사용성을 높이기 위해 OOP나 컴포넌트 방식 등의 개발방법이 많이 소개되어 있지만 이런 것들은 재활용을 쉽게 해 줄 뿐이지 완벽한 재활용을 보장하는 것은 아니다. 따라서 예비 개발자들은 예제를 볼 때 코드 자체에 집착하지 말고 문제를 푸는 패턴에 집중해야 한다.

코드는 반복적으로 재사용되지 않지만 문제를 푸는 방법인 패턴은 늘상 반복된다. 왜냐하면 문제는 특수하지만 문제를 푸는 일반적이고도 상식적인 방법이 존재하기 때문이다. 텍스트 편집기에서 문제를 해결하는 패턴을 익힌 사람은 비슷한 문제에 대해 쉽게 응용할 수 있으며 비슷한 패턴의 코드를 쉽게 만들어 낸다. 특수한 프로그램의 코드를 통해 문제를 푸는 일반적인 방법을 터득했기 때문이다. 남이 만든 코드를 볼 때는 코드의 문구 한 줄 한 줄에 집착하지 말고 개발자가 문제를 풀고자 하는 방식을 파악할 수 있는 거시적인 안목을 가져야 한다.

하나의 코드가 모든 프로젝트에 일반적으로 적용될 수 없다는 것은 참 안타까운 일이지만 어찌보면 다행스러운 일이기도 하다. 만약 이런 일반화가 성능의 감소없이 항상 가능하다면 프로그래머는 더 이상 필요없는 존재가 되어 버릴 것이다. 미래에는 프로그램이 프로그램을 작성하는 세상이 올 것이라고 주장하는 사람들도 있는데 적어도 내가 보기에 그런 일은 절대로 없다. 아니 감히 없다고는 장담하지 못하겠고 적어도 수십년내의 일은 아니다. 프로그램은 사람만이 만들 수 있으며 지능이 없는 기계가 인간이 사용할 소프트웨어를 만들 수는 없다.

얼마 전 잡지에서 새로 나온 개발툴 광고를 본 적이 있다. 양면 컬러 광고였는데 왼쪽에 20일 동안 밤샘해가며 일하는 우울한 표정의 흑백 사진이고 오른쪽에는 일을 막 끝내고 즐거운 표정으로 사무실을 나가는 컬러 사진이 그려져 있다. 그리고 카피에 "XXX툴을 썼더니 5분만에 끝내고 해외로 휴가간다"는 즐거운 문구가 적혀 있다. 광고라는 것은 으례 약간의 과장을 하기 마련이지만 XXX툴이 아무리 좋아도 20일 걸릴 작업을 5분에 단축시킬 수 있다는 말은 좀 심한 과장이다. 만약 그게 사실이라면 그 직원은 해외로 휴가를 떠나기 전에 사표부터 쓰고 가야 할 것이다.

14
C 실습

　이 장부터는 2부이며 1부의 기본 문법보다 더 복잡한 문법과 실질적인 프로그래밍 기법들을 다룬다. 1부에서 여러분들은 변수, 루프, 함수, 배열, 포인터, 구조체 등 C언어의 기본적인 문법을 모두 공부했다. 그러나 글을 안다고 해서 작문을 잘 하는 것이 아닌 것처럼 문법을 안다고 해서 곧바로 프로그램을 짤 수 있는 것은 아니다. 문법은 어디까지나 언어의 운용 규칙을 배우는 것뿐이며 프로그래밍은 적재적소에 원하는 문법을 적용하는 별도의 능력이다.

　이 장에서는 문법을 설명하는 토막 예제가 아닌 완성된 프로그램을 분석해 본다. 이 과정에서 이미 배운 문법을 복습하고 실제 문제에 어떤 식으로 적용되는지 경험으로 구체화하는 기회를 가질 것이다. 또한 제공되는 예제를 더 좋은 구조로 바꾸고 기능을 직접 추가해 보는 개작 실습을 해 봄으로써 스스로 알고리즘을 개발할 수 있는 응용력을 키우기 바란다.

　문학 지망생들에게 좋은 글을 작성하기 위한 방법으로 흔히 삼다(多讀, 多作, 多商量)를 권유하는데 많이 읽고, 많이 쓰고, 많이 생각하라는 뜻이다. 이는 프로그래밍에도 그대로 적용되는데 남이 만든 소스를 많이 분석해 보고, 다양한 습작을 직접 만들어 볼 것이며 항상 알고리즘을 궁리하라는 뜻이다. 이 장이 목표하는 바가 바로 다독과 다작이되 다상량은 독자들이 직접 성실히 수행하는 수밖에 없다. 다독, 다작은 선생님이나 선배가 억지로라도 시키고 강제할 수 있지만 다상량은 스스로 노력하지 않으면 머리 속으로 영자 생각을 하는지, 철수 생각을 하는지 알 수가 없다. 큰 예제를 볼 때는 생각을 많이 해야 기법들을 적극적으로 흡수할 수 있다.

　실력 향상을 위해서는 습작을 많이 만들어 보면서 시행착오를 거치는 것이 가장 좋지만 시간 소모가 너무 많은 것이 단점이다. 그래서 여기서는 시간 절약을 위해 이미 만들어진 완성된 예제를 분석해 보기로 하되 이장의 예제를 과제인듯 생각하고 직접 이런 프로그램을 만들어야 한다면 어떤 방법을 사용할 것인지를 먼저 생각해 보도록 하자.

　이 장을 아무 생각없이 읽으면 그야말로 아무 것도 얻을 수 없다. 문법의 사용예를 적극적으로 익히고 잘 모르는 문법은 앞쪽으로 돌아가 복습하고 더 나아가 기능 추가도 시도해 보도록 하자. "아! 저렇게 코딩했구나"라고 구경만 하지 말고 결과 코드가 나오기 전까지 개발자의 사고 흐름과 고뇌를 파악하려고 애쓰기 바란다. 단, 의욕적으로 임하는 것은 좋지만 너무 욕심을 내지는 말도록 하자. 여기까지 공부한 후 그럴듯한 완성작을 기획, 설계하는 능력까지 갖추기는 현실적으로 어려우므로 예제를 이해하고 기법을 터득하는 정도로 만족하는 것이 좋다. 성급한 결과를 바라고 욕심을 낸다면 스스로에게 실망만 하게 된다.

14.1 Matrix

14.1.1 Matrix 예제

이 예제는 영화 매트릭스의 로고 화면을 흉내내는데 화면에 여러 가지 신호들이 위에서 아래로 주루루룩 끊임없이 내려오면서 사라진다. 소스는 다음과 같다.

예제 Matrix

```
#include <Turboc.h>

#define MAX 1024
#define LEFT 75
#define RIGHT 77
#define UP 72
#define DOWN 80
#define ESC 27

struct Signal
{
    BOOL exist;              // 신호의 존재 여부
    char ch;                 // 출력할 문자
    int x,y;                 // 현재 좌표
    int distance;            // 이동할 거리
    int nFrame;              // 속도
    int nStay;               // 속도에 대한 카운트
};
Signal S[MAX];

void main()
```

```c
{
    int i;
    int ch;
    int freq=15;
    int frame=200;

    clrscr();
    gotoxy(0,23);
    printf("매트릭스 흉내내기. 상하:속도 증감, 좌우:빈도 증감, ESC:종료");
    randomize();
    for (;;) {
        gotoxy(60,23);
        printf("속도:%d, 빈도:%d    ",frame,freq);

        // 키 입력 처리
        if (kbhit()) {
            ch=getch();
            if (ch == 0xE0) {
                ch=getch();
                switch (ch) {
                case UP:
                    frame=min(frame+10,1000);
                    break;
                case DOWN:
                    frame=max(frame-10,10);
                    break;
                case RIGHT:
                    freq=max(freq-1,1);
                    break;
                case LEFT:
                    freq=min(freq+1,30);
                    break;
                }
            } else {
                if (ch == ESC) {
                    return;
                }
            }
        }
```

```
        }

        // 새로운 신호 생성
        if (random(freq) == 0) {
            for (i=0;i<MAX;i++) {
                if (S[i].exist == FALSE) {
                    S[i].exist=TRUE;
                    S[i].ch=random('Z'-'A'+1)+'A';
                    S[i].x=random(80);
                    S[i].y=0;
                    S[i].distance=random(14)+9;
                    S[i].nFrame=S[i].nStay=random(15)+5;
                    break;
                }
            }
        }

        // 주기가 다 된 신호 이동 및 제거 처리
        for (i=0;i<MAX;i++) {
            if (S[i].exist == FALSE)
                continue;
            if (--S[i].nStay == 0) {
                S[i].nStay=S[i].nFrame;
                gotoxy(S[i].x,S[i].y);putch(' ');
                if (++S[i].y < S[i].distance) {
                    gotoxy(S[i].x,S[i].y);putch(S[i].ch);
                } else {
                    S[i].exist=FALSE;
                }
            }
        }

        delay(1000/frame);
    }
}
```

100줄도 되지 않는 짧은 예제다. 덮어 놓고 실행부터 해 보자.

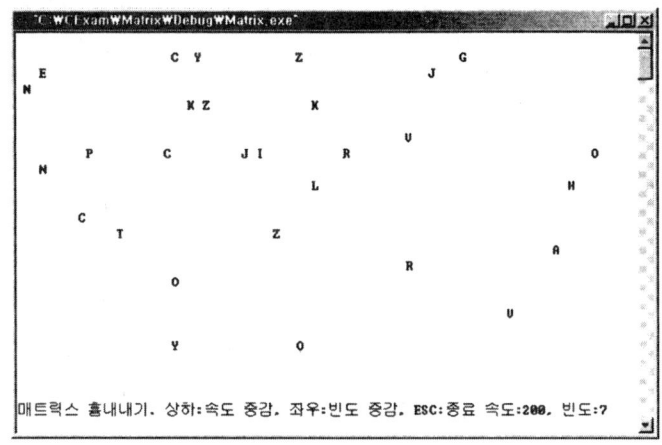

결과는 아주 단순하지만 이 예제는 지금까지 만들어 왔던 예제들과는 질적으로 다른 면이 있다. 사용자의 입력을 받을 때까지 가만히 대기하는 것이 아니라 끊임없이 움직인다. 글자 하나가 움직이는 것이 아니라 여러 개의 글자들이 동시에 그것도 제각기 다른 속도로 이동하는 것이다. 이런 동작은 우리가 알고 있는 상식적인 루프와는 다르다. 하나의 루프 안에서 문자들을 같이 이동시키면 모든 문자들이 같은 속도로 움직일 것이며 다중 루프를 쓴다면 한 글자가 완전히 움직인 후에 다음 글자가 움직일 것이다. 단순한 루프에 비해 뭔가 질적으로 다른 방법이 필요하다. 이런 식의 움직임은 과연 어떻게 구현하는지 먼저 생각해 보아라. 다독, 다작도 중요하지만 다상량이 먼저 되지 않으면 효과가 떨어지므로 충분한 고민을 한 후 소스를 보도록 하자.

14.1.2 신호 구조체

예제의 화면에 나타나는 알파벳 문자를 매트릭스가 인간에게 보내는 신호라고 하자. 신호는 여러 가지 타입이 다른 정보들로 구성되므로 신호를 정의하기 위해 구조체가 필요하며 동시에 여러 개의 신호가 움직이므로 이런 구조체가 배열을 구성해야 한다. 예제의 신호 구조체는 다음과 같이 정의되어 있다.

```c
struct Signal
{
    BOOL exist;             // 신호의 존재 여부
    char ch;                // 출력할 문자
    int x,y;                // 현재 좌표
    int distance;           // 이동할 거리
    int nFrame;             // 속도
    int nStay;              // 속도에 대한 카운트
};
Signal S[MAX];
```

매크로 상수 MAX가 1024로 정의되어 있으므로 S 배열은 1024 크기를 가지며 최대 1024개의 신호들이 동시에 생성, 이동할 수 있다. 메모리를 절약하거나 더 많은 신호를 생성하고 싶다면 연결 리스트나 동적 배열을 쓸 수도 있겠으나 예제 수준에서는 정적 배열로도 충분하다. 메인 루프에서는 이 배열의 빈칸에 주기적으로 신호를 생성하도록 되어 있다. 신호 구조체의 각 멤버들을 분석해 보자.

먼저 exist는 이 신호가 존재하는지 아닌지를 지정한다. S 배열이 전역으로 선언되었으므로 모든 신호의 exist는 FALSE로 초기화될 것이다. 메인 루프에서 신호를 생성하면 exist는 TRUE로 변경되고 일단 생성된 신호는 자신의 문자를 일정 속도로 움직이며 지정한 거리에 도달하면 사라진다. 사라진 신호의 exist는 FALSE가 되어 다른 신호를 위해 자리를 내 줄 것이다.

ch는 신호의 문자이되 A~Z까지의 알파벳 중 임의의 문자 하나로 생성되며 x, y는 신호의 현재 위치이다. 신호가 아래로 움직이므로 x는 생성될 때 난수로 한 번만 초기화되며 y는 이동시마다 계속 증가한다. distance는 신호의 이동 거리를 지정하는데 이 거리만큼 이동하면 자동으로 사라진다. 다음은 화면 중앙 쯤에서 생성되어 아래로 이동 중인 신호 'M'의 정보들이다.

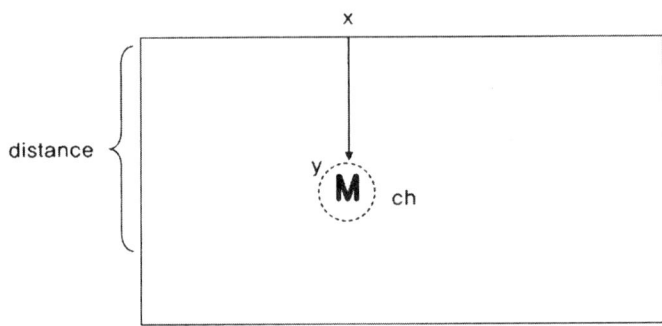

x는 생성된 수평 위치를 가리키며 y는 현재 M의 수직 위치값이다. ch는 출력할 문자 코드 'M'을 가지며 distance는 이 신호가 수직으로 어디까지 이동할 것인가를 기억한다. 나머지 멤버 nFrame과 nStay는 신호의 이동 속도를 통제하는데 이 두 멤버의 역할은 다음 항에서 연구해 보도록 하자.

이 구조체에 신호를 생성하는 코드를 보자. main 함수의 지역변수 freq는 신호가 생성될 확률을 지정하는데 15로 초기화되어 있으므로 15번에 한 번꼴로 신호를 생성한다. (random(freq) == 0) 조건문은 0~14까지 난수를 만든 결과가 0일 때를 의미하므로 1/15의 확률을 의미한다. 비교되는 값 0은 별 다른 의미는 없고 단순히 만든 난수 중의 하나를 의미하므로 범위내의 임의 수이기만 하면 된다. freq를 증가시키면 신호가 덜 생성될 것이고 감소시키면 더 많은 신호가 생성되며 freq가 1이면 매번 신호를 생성할 것이다.

신호를 생성할 때는 S 배열에서 신호가 들어 있지 않은 빈칸을 먼저 찾는데 처음부터 순회하면서 exist가 FALSE인 칸을 찾는다. 검색 방법 중에 가장 간단한 순차 검색을 쓰는 것이다. 만약 MAX까지 루프를 돌았는데 빈 칸이 없으면 최대 개수만큼 모든 신호가 생성되어 있는 것이므로 더 이상 신호를 생성할 수 없다. 빈칸을 찾으면 이 칸을 독점하기 위해 exist를 TRUE로 바꾸고 새로운 신호에 대한 정보를 초기화하는데 주로 난수를 사용한다.

ch는 A~Z 사이의 문자로, 수평 위치 x는 0~79 중 하나로, distance는 9~22까지로 선택된다. 수직 위치 y는 최초 0이며 화면 상단에서부터 출발한다. nFrame은 신호의 이동 속도를 지정하는데 5~19까지의 난수값으로 초기화된다. 다음 항에서 이 속도가 어떻게 적용되는지 보도록 하자.

14.1.3 시분할

동시에 여러 개의 신호를 이동시키는 루프를 어떻게 설계할 수 있을지 생각해보고 가능한 여러 가지 방법들을 비교해 보자. 세 개의 신호 M1, M2, M3를 동시에 움직이고 싶을 때 다음과 같은 루프를 작성할 수 있다.

```
for (;;) {
    M1 이동
    M2 이동
    M3 이동
}
```

매 루프를 돌 때마다 M1, M2, M3를 한 칸씩 이동시키는 루프인데 이렇게 하면 세 개의 신호가 동시에 이동하기는 하지만 속도가 일정할 것이다. 속도의 차이를 주려면 각 신호가 한 번에 얼마만큼 이동할 것인지를 지정하는 값이 있어야 한다. 이 값을 speed 멤버로 정의하고 각각 1,2,3으로 준다면 M1이 한 칸 움직일 때 M2는 두 칸, M3는 세 칸 움직여 속도의 차이가 발생할 것이다.

그러나 이렇게 되면 속도가 빠른 신호는 한 번에 여러 칸을 움직이기 때문에 매끄러워 보이지 않는다. 그래서 이동 속도를 정수로 줄 수는 없으며 실수를 사용해야 한다. 1 미만의 실수로 이동 속도를 정의하면 한 번에 두 칸씩 이동하지 않으면서도 부드럽게 이동 처리된다. 하지만 실수를 쓰게 되면 속도가 느려지는 큰 문제점이 있고 또한 실제로 이동하지 않는 신호에 대해서도 지속적으로 좌표를 갱신하고 출력까지 해야 한다는 문제가 있다. 좌표가 바뀌지도 않았는데 지웠다가 그림으로써 속도는 더 느려지고 화면은 계속 깜박거려 품질도 떨어진다.

좀 더 좋은 방법은 속도를 이동 거리로 통제하는 것이 아니라 주기로 통제하는 방식이다. 이 개념을 시분할(Time Sharing) 방식이라고 하는데 시간을 아주 잘게 조각내어 시간을 필요로 하는 대상에게 나누어 주는 것이다. 운영체제가 멀티태스킹을 하는 기본 방식이 바로 시분할이다. 이때 분할된 시간을 시간 조각(Time Slice, 퀀텀이라고 한다.)이라고 한다. 각 신호가 몇 번의 시간 조각에 대해 한 번 움직일 것인가를 기억하는데 Signal 구조체에서 nFrame이 바로 이 정보이다. 가령 M1, M2, M3에 대해 nFrame이 3, 4, 6으로 정의되어 있다면 이 신호들은 다음과 같이 움직일 것이다.

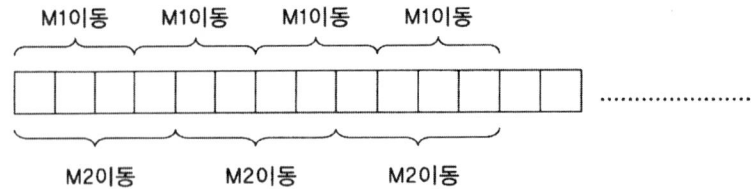

이동 주기가 다름으로 해서 M1이 네 번 움직일 때 M2는 세 번밖에 움직이지 못하며 M3는 두 번만 움직일 것이다. nFrame이 클수록 신호의 이동주기는 길어지고 이동 속도는 느려진다. 이동주기는 정수이므로 느리지 않으며 또한 주기가 되지 않은 신호는 좌표를 갱신할 필요도 없고 다시 그릴 필요도 없어 실수를 쓰는 방법보다 훨씬 더 좋다.

main 함수는 몇 가지 간단한 초기화를 한 후 바로 무한 루프로 진입하는데 이 무한 루프의 전체 구조는 다음과 같이 되어 있다.

```
for (;;) {
    ....
    delay(1000/frame)
}
```

이 루프의 제일 끝에 있는 delay 문이 시간을 일정 크기로 분할하는 역할을 한다. 만약 루프를 한 번 돌 때마다 0.1초씩 시간을 지연시킨다면 1초가 10개의 시간 조각으로 분할되므로 이 루프는 초당 10번 실행될 것이다. frame 변수가 200으로 초기화되었으므로 delay는 0.005초씩 시간을 지연시키며 초당 루프 반복 회수는 200이 된다. frame 변수는 지연 시간과 반비례 관계에 있으며 그래서 frame과 루프 반복 속도는 비례적이다.

이 루프는 시간 지연 함수인 delay로 시간을 조각내는 가장 기초적인 방법을 사용하는데 frame이 지정하는 회수만큼 정확하게 반복되지는 않는다. 왜냐하면 루프 내부에는 delay외에도 신호를 생성하고 이동시키는 다른 코드들이 있으며 이 코드들도 시간을 소모하기 때문에 약간의 오차가 있다. 시간 조각에서 이 코드들의 실행 시간을 뺀 만큼만 지연시키면 정확해질 것이며 정확한 시간 조각을 만드는 정교한 알고리즘들이 많이 개발되어 있다.

이 예제의 frame 변수는 루프의 속도를 조절하는 대충의 값이며 약간의 오차만 무시하면 거의 정확한 시간 조각을 생성해 낸다. 어쨌든 frame이 루프의 반복 속도와 비례적이므로 이 값을 조절함으로써 프로그램의 속도를 조정할 수 있다. 단, 지연 시간 계산에 정수 나눗셈을 사용했으므로 frame의 일정 구간별로 속도 차가 나는데 167~200까지는 모두 200프레임, 210~249까지는 250 프레임으로 계산될 것이다. 약간의 오차가 있기는 하지만 일반적으로 초당 n프레임을 얻고 싶으면 delay(1000/n) 지연문을 사용하면 된다.

Signal 구조체의 nFrame 멤버는 몇 개의 프레임에 대해 한 번 움직일 것인가를 지정하는데 난수로 5~24까지의 값을 가진다. 5가 가장 빨라서 초당 40번 움직이고 24가 가장 느려서 초당 8번 정도 움직인다. Signal 구조체에는 nFrame값을 카운트하는 nStay라는 별도의 멤버가 선언되어 있는데 이 값은 최초 nFrame과 같은 값으로 초기화된다. 매 프레임마다 1씩 감소하여 이 값이 0이 되면 신호를 한 칸 아래로 이동시키며 다시 nFrame값을 대입받는다. nFrame을 직접 카운트로 사용하면 한 번 이동한 후 원래 속도를 알 수 없어지므로 nStay라는 별도의 카운트가 필요하다. nFrame은 개체의 속성값이며 nStay는 런타임 데이터이다.

메인 루프의 신호 이동 코드를 보자. 일단 0~MAX까지 루프를 돌되 존재하지 않는 신호에 대해서는 관심을 가질 필요가 없다. exist가 FALSE인 신호는 즉시 continue하여 루프의 처음으로 돌려보낸다. 존재하는 신호는 nStay를 1감소시키고 이 값이 0일 때만 이동 처리를 하는데 이전 위치의 신호를 지우고 y를 증가시킨 후 다시 출력하면 된다. 만약 한 칸 이동 후 distance만큼 내려 왔다면 이 신호는 수명이 다했으므로 삭제된다. nStay가 0이 되면 이동 처리뿐만 아니라 nStay를 다시 nFrame으로 초기화하여 다음 주기까지 카운트하도록 해야 한다.

main 함수에는 이 외에도 키 입력을 받아 프로그램의 속도인 frame을 증감시키는 코드와 신호의 발생 빈도인 freq를 증감시키는 코드가 작성되어 있는데 아주 쉽게 분석될 것이다. 시분할 개념은 게임처럼 동시에 여러 개의 물체가 움직이는 프로그램에서 반드시 필요하다. 움직임이 많고 정교하다면 프레임 수를 높여야 하고 그렇지 않다면 조금 낮아도 상관없다.

이 예제의 동작 과정을 이해하려면 약간의 상상력이 동원되어야 한다. 내부에서 각 개체들이 카운트를 어떻게 관리하며 언제 왜 이동하는지, 어떤 조건에 의해 생성, 파괴되는지를 머리속으로 잘 그려 봐야 한다. 그러나 아무래도 이런 과정이 시각적으로 보이지 않기 때문에 얼른 이해되지는 않을 것이다. 그렇다면 코드를 다음과 같이 수정하여 동작 과정을 슬로우 모션으로 확인해 보자.

```c
// 주기가 다 된 신호 이동 및 제거 처리
for (i=0;i<MAX;i++) {
    if (S[i].exist == FALSE)
        continue;
    gotoxy(S[i].x,S[i].y);puts("  ");
    if (--S[i].nStay == 0) {
        S[i].nStay=S[i].nFrame;
        if (++S[i].y >= S[i].distance) {
            S[i].exist=FALSE;
        }
    }
    if (S[i].exist) {
        gotoxy(S[i].x,S[i].y);
```

```
            printf("%c-%d:%d ",S[i].ch,S[i].nFrame,S[i].nStay);
        }
    }

    delay(100);
```

프레임 수를 초당 10회로 낮추어 느리게 동작하도록 했으며 각 신호의 nFrame과 nStay 정보를 글자 옆에 문자열로 출력해 보았다. 너무 많은 신호들이 동시에 나타나 결과를 보기 어렵다면 MAX는 3으로 잠시 낮춰 놓는 것이 좋고 10프레임이 너무 빠르다면 delay(1000)으로 수정하여 아주 천천히 중간 과정을 살펴볼 수도 있다.

14.1.4 카운트를 쓰는 방법

여러 개의 물체가 동시에 움직이는 Matrix 예제의 핵심은 for 루프에 의한 시간 분할, nFrame과 nStay에 의한 물체의 이동주기 통제 방법이다. 처음에는 조금 어려워 보이지만 한 번 패턴을 익히면 비슷한 유형의 문제를 풀 때 논리를 재사용할 수 있다. 앞의 예제는 물체별로 주기를 카운팅하기 위해 각각이 nStay라는 멤버를 유지하는데 이 방법 대신 전체 카운트를 하나만 유지하고 이 카운트로 물체의 이동 속도를 조정할 수도 있다. 예제를 다음과 같이 수정해 보자.

```
struct Signal
{
    BOOL exist;           // 신호의 존재 여부
    char ch;              // 출력할 문자
    int x,y;              // 현재 좌표
    int distance;         // 이동할 거리
    int nFrame;           // 속도
//  int nStay;            // 속도에 대한 카운트
};

void main()
{
    int i;
    int ch;
    int freq=15;
    int frame=200;
    int count;

    clrscr();
    gotoxy(0,23);
```

```
printf("매트릭스 흉내내기. 상하:속도 증감, 좌우:빈도 증감, ESC:종료");
randomize();
for (count=0;;count++) {
    ....
    // 새로운 신호 생성
    if (random(freq) == 0) {
        for (i=0;i<MAX;i++) {
            if (S[i].exist == FALSE) {
                S[i].exist=TRUE;
                S[i].ch=random('Z'-'A'+1)+'A';
                S[i].x=random(80);
                S[i].y=0;
                S[i].distance=random(14)+9;
                S[i].nFrame=random(15)+5;
                break;
            }
        }
    }

    // 주기가 다 된 신호 이동 및 제거 처리
    for (i=0;i<MAX;i++) {
        if (S[i].exist == FALSE)
            continue;
        if (count % S[i].nFrame == 0) {
            gotoxy(S[i].x,S[i].y);putch(' ');
            ....
```

Signal 구조체의 nStay 멤버는 삭제하고 nFrame만 남긴다. 이렇게 되면 신호들은 자신의 이동주기를 기억만 할 뿐이며 스스로 카운트를 유지하지는 않는다. 대신 전체 메인 루프가 매 프레임마다 1씩 증가하는 count라는 변수를 가지고 이 변수값과 nFrame의 관계에서 신호의 이동 시점을 결정할 수 있다. count가 nFrame으로 나누어떨어질 때 이 물체를 한 번씩 움직이면 결국 각 신호는 매 nFrame마다 움직이게 될 것이다.

가령 nFrame이 5인 신호는 count가 0, 5, 10, 15일 때 한 번씩 이동될 것이며 nFrame이 8인 신호는 0, 8, 16, 24일 때 한 번씩 이동하게 된다. 즉, 전역 카운트는 하나만 쓰고 각 신호는 자신이 이 카운트의 매 몇 번째마다 이동할 것인가만 기억하는 방식이며 모든 신호가 개별적으로 카운트를 가지는 방법에 비해 조금 더 간단한다. 이 예제의 경우는 이렇게 바꿔도 비슷한 동작을 한다.

그러나 자세히 생각해 보면 조금 다른 면이 있는데 각 신호가 전역 카운트에 의존하므로 최초 생성된 신호가 처음 움직일 시점이 순전히 운에 따라 결정된다는 문제가 있다. nFrame이 24인 신호가 생성되는 시점의 count가 239였다면 바로 다음 프레임에서 이 신호가 처음 움직이게 될 것이다. 물론 이후부터는 매 24프레임마다 움직이겠지만 첫 주기가 다소 부정확해진다. 또한 개별 신호의 nStay를 조작함으로써 일시적으로 속도를 증감시키는 기법을 쓸 수 없을 것이다.

이 두 방법 외에도 복수 개의 물체를 동시에 움직이는 여러 가지 방법들을 생각해 볼 수 있는데 어떤 방법을 쓸 것인가는 움직임의 정밀성과 개별 물체의 통제 필요성 등에 따라 결정할 수 있다. 이 예제의 경우는 전체 카운트를 쓰는 방법이 별 문제가 없지만 물체별로 카운트를 따로 유지하는 방법이 좀 더 일반적이고 부릴 수 있는 기교도 많은 셈이다.

14.2 슈팅 게임

14.2.1 파이터

이번에 만들어 볼 게임은 아주 간단한 슈팅 게임이다. 콘솔 환경이라 비록 그래픽은 흑백이고 사운드도 없지만 동시에 여러 개의 물체를 움직여야 하는 나름대로 난이도가 높은 예제라고 할 수 있다. 앞 절에서 실습했던 Matrix 예제를 분석했다면 이 예제는 어렵지 않게 이해할 수 있을 것이다. 게임의 핵심은 동시에 여러 개의 물체를 다른 속도로 움직이는 것인데 앞서 만들었던 예제와 비슷한 루틴을 공유하고 있다. 전체 소스는 다음과 같다.

예제 Fighter

```
#include <Turboc.h>

#define ESC 27
#define MAXENEMY 10
#define MAXBALL 20

int fx;
int bx,by;
int Score;
struct tag_Enemy
{
    BOOL exist;
    int Type;
```

```c
    int x,y;
    int Delta;
    int nFrame;
    int nStay;
} Enemy[MAXENEMY];
struct tag_Ball
{
    BOOL exist;
    int x,y;
    int nFrame;
    int nStay;
} Ball[MAXBALL];
char *arEnemy[]={" ;:^:; "," zZWZz ", " oO@Oo ", " <-=-> "};

BOOL IsKeyDown(int Key)
{
    return ((GetAsyncKeyState(Key) & 0x8000) != 0);
}

void main()
{
    int ch;
    int i,j;
    BOOL bFound;
    int count;

    randomize();
    clrscr();
    setcursortype(NOCURSOR);
    fx=40;
    bx=-1;
    Score=0;

    for (count=0;;count++) {
        // 좌우 이동 처리
        if (count % 5 == 0) {
            if (IsKeyDown(VK_LEFT)) {
                if (fx > 6) fx--;
            }
```

```c
            if (IsKeyDown(VK_RIGHT)) {
                if (fx < 72) fx++;
            }
        }
        // 키 입력 처리
        if (kbhit()) {
            ch=getch();
            if (ch==0xE0 || ch==0) {
                getch();
            } else {
                switch (ch) {
                case ' ':
                    if (bx == -1) {
                        bx=fx;
                        by=23;
                    }
                    break;
                case ESC:
                    goto end;
                }
            }
        }

        // 적군 생성
        if (random(100) == 0) {
            for (i=0;i<MAXENEMY && Enemy[i].exist==TRUE;i++) {;}
            if (i != MAXENEMY) {
                if (random(2)==1) {
                    Enemy[i].x=5;
                    Enemy[i].Delta=1;
                } else {
                    Enemy[i].x=75;
                    Enemy[i].Delta=-1;
                }
                for (;;) {
                    Enemy[i].y=random(10)+1;
                    for (bFound=FALSE,j=0;j<MAXENEMY;j++) {
                        if (Enemy[j].exist==TRUE && Enemy[j].y == Enemy[i].y) {
                            bFound=TRUE;
```

```c
                            break;
                    }
                }
                if (bFound==FALSE) {
                    break;
                }
            }
            Enemy[i].nFrame=Enemy[i].nStay=random(6)+1;
            Enemy[i].Type=random(sizeof(arEnemy)/sizeof(arEnemy[0]));
            Enemy[i].exist=TRUE;
        }
    }

    // 아군 총알 이동 및 출력
    if (bx != -1) {
        gotoxy(bx,by);putch(' ');
        if (by == 0) {
            bx=-1;
        } else {
            by--;
            gotoxy(bx,by);putch('i');
        }
    }

    // 적군과 아군 총알의 충돌 판정
    for (i=0;i<MAXENEMY;i++) {
        if (Enemy[i].exist==FALSE) continue;
        if (Enemy[i].y==by && abs(Enemy[i].x-bx) <= 2) {
            gotoxy(bx,by);putch(' ');
            bx=-1;
            Enemy[i].exist=FALSE;
            gotoxy(Enemy[i].x-3,Enemy[i].y);
            puts("       ");
            Score+=7-Enemy[i].nFrame;
            break;
        }
    }

    // 적군 총알 이동
    for (i=0;i<MAXBALL;i++) {
```

```c
            if (Ball[i].exist==FALSE) continue;
            if (--Ball[i].nStay == 0) {
                Ball[i].nStay=Ball[i].nFrame;
                gotoxy(Ball[i].x,Ball[i].y);putch(' ');
                if (Ball[i].y >= 23) {
                    Ball[i].exist=FALSE;
                } else {
                    Ball[i].y++;
                    gotoxy(Ball[i].x,Ball[i].y);putch('*');
                }
            }
        }

        // 적군 총알과 아군의 충돌 판정
        for (i=0;i<MAXBALL;i++) {
            if (Ball[i].exist==FALSE) continue;
            if (Ball[i].y==23 && abs(Ball[i].x-fx) <= 2) {
                gotoxy(fx-3,21);puts("  .  ");
                gotoxy(fx-3,22);puts(" . . .");
                gotoxy(fx-3,23);puts("..:V:..");
                delay(2000);
                goto end;
            }
        }

        // 적군 이동 및 출력
        for (i=0;i<MAXENEMY;i++) {
            if (Enemy[i].exist==FALSE) continue
            if (--Enemy[i].nStay == 0) {
                Enemy[i].nStay=Enemy[i].nFrame;
                if (Enemy[i].x >= 76 || Enemy[i].x <= 4) {
                    Enemy[i].exist=FALSE;
                    gotoxy(Enemy[i].x-3,Enemy[i].y);
                    puts("       ");
                } else {
                    Enemy[i].x += Enemy[i].Delta;
                    gotoxy(Enemy[i].x-3,Enemy[i].y);
                    puts(arEnemy[Enemy[i].Type]);

                    // 총알 발사
```

```
                    if (random(40)==0) {
                        for (j=0;j<MAXBALL && Ball[j].exist==TRUE;j++) {;}
                        if (j != MAXBALL) {
                            Ball[j].x=Enemy[i].x+2;
                            Ball[j].y=Enemy[i].y+1;
                            Ball[j].nFrame=Ball[j].nStay=Enemy[i].nFrame*6;
                            Ball[j].exist=TRUE;
                        }
                    }
                }
            }
        }

        // 파이터 및 점수 출력
        gotoxy(fx-3,23);
        puts(" <<A>> ");
        gotoxy(0,24);
        printf("점수=%d",Score);

        // 초당 100 프레임
        delay(10);
    }
end:
    setcursortype(NORMALCURSOR);
}
```

게임 중의 모습은 다음과 같다.

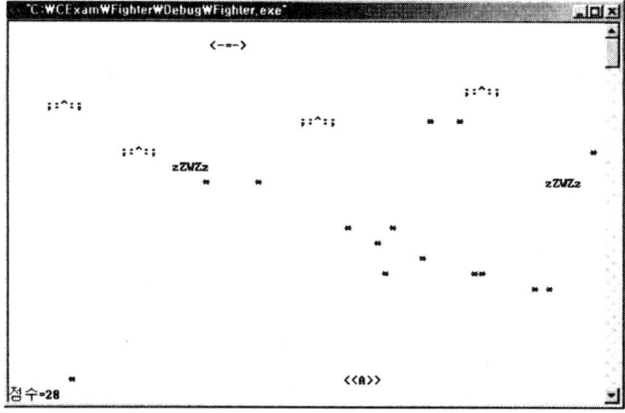

이 예제에서 GetAsyncKeyState라는 못 보던 함수가 하나 등장했는데 이 함수는 키의 현재 상태를 조사한다. 키가 눌러졌을 때 눌러진 키의 값은 getch 함수로 조사할 수 있지만 특정키의 상태를 원하는 때에 조사할 수는 없다. 그래서 키를 누른 상태에서 다른 키를 눌렀을 때 먼저 누른 키를 다시 누르기 전에는 이키에 대한 입력이 검출되지 않는다. 게임에서는 두 개 이상의 키를 동시에 눌러야 하는 경우가 많은데 예를 들어 위쪽 이동과 오른쪽 이동을 같이 누르면 오른쪽 위로 비스듬히 물체를 움직여야 하며 이동 중에도 총알을 발사할 수 있어야 한다.

이런 현상은 메모장에서도 쉽게 확인할 수 있는데 A키를 누르면 A가 반복적으로 입력되다가 공백을 눌렀다 떼면 A키를 계속 누르고 있다고 하더라도 A 문자는 더 이상 입력되지 않는다. 왜냐하면 메모장은 키가 눌러질 때 문자를 입력한 것으로 해석하지 키를 누르고 있다고 해서 계속 입력하는 것으로 해석하지 않기 때문이다. 그래서 getch 같은 입력 함수는 게임같이 동작이 복잡한 경우에는 적합하지 않으며 실시간으로 키의 상태를 조사할 수 있는 함수가 필요하다.

C 라이브러리 함수 중에는 이런 함수가 없으므로(터보 C에는 bioskey라는 함수가 있다) 운영체제가 제공하는 API 함수를 동원해야 하는데 GetAsyncKeyState라는 함수가 바로 이런 함수이다. 이 함수는 조사할 키를 전달받아 키의 현재 상태를 리턴하는데 키가 눌러져 있다면 최상위 비트(MSB)를 1로 만들고 Caps Lock, Scroll Lock 같은 토글키가 On 상태이면 최하위 비트(LSB)를 1로 만든다. 그래서 특정키의 눌러짐 상태를 조사하고 싶다면 이 함수를 호출한 후 최상위 비트만 살펴보면 된다.

이때 이 함수로 전달되는 키값은 운영체제가 정의하는 가상 키 코드라는 것인데 getch가 조사하는 문자 코드와도 다르며 스캔 코드와도 다르다. 가상 키 코드 목록에 대해서는 도움말을 참조하되 게임에서 주로 사용되는 커서 이동키는 VK_LEFT, VK_RIGHT, VK_UP, VK_DOWN 등으로 정의되어 있으므로 이 값만 잘 알아 두면 일단은 불편함이 없을 것이다. 예제에서는 키 상태를 좀 더 쉽게 조사하기 위해 GetAsyncKeyState 함수를 래핑하는 다음 함수를 정의하고 있다.

```
BOOL IsKeyDown(int Key)
{
    return ((GetAsyncKeyState(Key) & 0x8000) != 0);
}
```

인수로 가상 키 코드를 전달하면 이키의 눌러짐 여부를 판단해서 진위값을 리턴한다. 자세한 사항은 윈도우즈 프로그래밍 관련 서적에서 찾아 보기 바라며 이 함수는 당분간 사용만을 목적으로 하자. 이 함수 외에 Fighter 예제에서 그다지 새로운 것은 없다. 매크로와 전역변수부터 분석해 보자. 이 게임에는 적군, 적군 총알, 아군, 아군 총알이라는 4개의 등장 인물(?)이 있는데 모든 변수들은 이 물체들에 대한 정보를 저장한다.

fx는 파이터의 x좌표이며 bx, by는 아군 총알의 좌표, Score는 현재 점수이다. MAXENEMY는 최대 등장할 수 있는 적군의 개수이며 MAXBALL은 최대 적군 총알의 개수이다. Enemy 배열과 Ball 배열에 적군과 적군 총알들의 정보가 저장되는데 이 배열의 크기가 각 대상의 최대 개수만큼으로 설정되어 있다. 두 구조체의 exist, nFrame, nStay 멤버는 이미 앞 예제에서 분석해 본 것들이다. 적군은 모양에 따라 4가지 타입을 가지며 각 타입의 모양은 arEnemy 배열에 정의해 두었다. x, y는 적군의 현재 좌표이며 Delta는 적군이 이동할 방향을 지정하는데 1 또는 -1의 값으로 정의된다. 매 루프를 돌 때마다 x좌표에 Delta를 더하는데 Delta가 1이면 왼쪽에서 오른쪽으로 이동하고 -1이면 반대 방향으로 이동한다. 적군 총알 구조체에는 좌표에 해당하는 x, y만 정의되어 있다.

이 프로그램은 전역변수에 모든 개체의 정보를 저장해 두고 메인 루프는 이 정보를 바탕으로 물체를 움직이거나 조작한다. 물론 물체의 생성, 이동, 소멸 사건이 발생할 때 관련 정보도 전역변수에 기록된다. 모든 코드가 main에 작성되어 있으므로 main의 구조부터 분석해 보자. 전체를 감싸는 for 루프 하나와 상호 독립적인 루틴들로 구성되어 있다.

```
void main()
{
    초기화 코드
    for (count=0;;count++) {
        키 입력 처리
        적군 생성
        아군 총알 처리
        아군 총알과 적군의 충돌 판정
        적군 총알 이동
        적군 총알과 아군의 충돌 판정
        적군 이동 및 총알 발사
        파이터 및 점수 출력
        delay(10);
    }
    끝처리
}
```

for 무한 루프의 끝에 delay(10)이 있으므로 이 루프는 초당 100번 실행된다. 즉 초당 100프레임의 속도로 게임이 진행되며 각 물체는 자신의 프레임 주기를 가지고 매 주기마다 한 번씩 이동한다. 프레임 주기가 짧은 물체는 빨리 이동할 것이고 느린 물체는 상대적으로 천천히 움직일 것이다. 키 입력 처리 부분을 제외하고 나머지 물체 이동 루틴이나 충돌 판정 루틴은 대체로 비슷한 구조를 가지고 있어 매 프레임마다 자기 차례가 된 물체들을 이동시킨다.

키 입력 루틴은 매 5 프레임마다 실행되는데 초당 파이터가 100칸씩 움직이면 너무 빠르기 때문에 count 변수로 입력 주기를 적당히 조절했다. count는 계속 증가하는 값이며 이 값이 5의 배수일 때만 키 입력을 받음으로써 파이터는 초당 최대 20번 움직인다. IsKeyDown 함수로 눌러진 키를 조사하고 키 방향으로 파이터의 x좌표를 조정했다. 공백 키를 누르면 총알이 발사되는데 총알의 x좌표인 bx가 -1이면 총알이 발사되지 않았다는 뜻이다. 이 상태일 때 bx에 파이터의 x좌표인 fx를 대입하면 파이터가 있는 위치에서 총알이 생성될 것이며 이후 총알 이동 루틴이 매 프레임마다 총알을 이동시키게 된다.

이 게임에서 모든 물체의 움직임은 이런 식으로 통제된다. 물체를 생성하는 루틴에서는 물체의 존재만 만들고 이동이나 충돌 판정은 별도의 루틴에서 따로 관리하는 것이다. 공백 키를 눌렀을 때 bx가 -1이 아닌 상태로 만들기만 하면 이 총알이 사라지거나 적군과 충돌할 때까지의 처리는 아래쪽의 다른 루틴이 처리한다. 단 총알이 이미 발사되어 있을 때는 새로 총알을 생성할 필요가 없다. 적군이나 적군 총알도 마찬가지로 생성하는 부분과 처리하는 부분이 분리되어 있다. 각 루틴은 서로 독립적인 동작을 하되 전역변수와 구조체 배열로 서로에게 신호를 보낼 뿐이다.

다음은 적군을 생성하는 코드를 보자. 1/100의 확률로 적군을 생성하도록 되어 있으므로 확률적으로 적군은 초당 한 번씩 등장할 것이다. 먼저 Enemy 배열에서 빈칸을 찾고 빈칸이 있을 때만 적군을 새로 만든다. 적군을 새로 만드는 처리는 굉장히 쉬운데 절반의 확률로 좌, 우 이동 방향을 선택하고 x와 Delta를 초기화하며 속도, 타입 등도 난수로 적절한 범위에서 선택한다. y좌표의 경우도 물론 난수로 선택하되 단 게임 규칙상 한 줄에 적군 둘이 있을 수 없으므로 이미 만들어져 있는 적군과 y좌표가 중복되는지를 검사하는 코드가 추가되어 있다. 이 루틴에서 적군을 생성하고 exist 멤버를 TRUE로 바꿔 놓기만 하면 이동 처리나 충돌 판정도 역시 다른 루틴에서 따로 담당한다.

아군 총알 이동 루틴은 bx가 -1이 아닐 때 bx를 1감소시켜 총알을 한 칸 위로 올리되 단 천정에 닿았으면 bx를 -1로 만들어 사라지도록 한다. 적군과 아군의 충돌 판정도 비교적 쉽다. 존재하는 모든 적군에 대해 총알과 y좌표가 일치하고 x좌표끼리의 차이가 2 이하일 때 충돌했다고 판단한다.

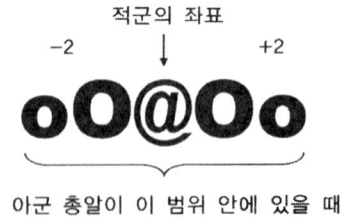

적군의 몸체 폭이 5칸이므로 이렇게 판단하면 정확하다. 일단 충돌되었다고 판단되면 총알과 적군을 모두 제거하고 점수를 증가시킨다. 적군의 속도가 빠를수록 점수도 높다. 배열과 전역변수에 이 물체들이 사라졌다고 표시만 해 놓으면 이후 관련 루틴에서는 이 물체들에 더 이상 관심을 보이지 않을 것이다.

적군의 총알이나 적군을 이동시키는 코드도 구조는 거의 비슷하다. 루프를 돌면서 존재하는 물체에 대해 프레임 카운트를 관리하면서 카운트가 0이 되었을 때 한 번씩 이동시키기만 하면 된다. 적군들은 한 번 이동할 때 1/40의 확률로 총알을 발사하도록 되어 있으며 적군 총알과 파이터가 충돌하면 게임이 종료된다.

14.2.2 개작

파이터 예제는 아주 짧고 구조가 간단하지만 슈팅 게임의 전형적인 제작 방법을 모델화해서 잘 보여주고 있다. 화려한 그래픽과 웅장한 사운드를 자랑하는 게임들도 물체들을 움직이고 물체끼리 상호작용하는 방법은 이 예제와 크게 틀리지 않다. 이 예제를 이해했다면 이제 개작을 해 보도록 하자. 아래의 과정을 따라 개작해 보되 먼저 시도를 해 보고 잘 안 되는 부분만 본문의 코드를 보기 바란다.

❶ 적군이 총알에 맞았을 때 뿅하고 사라져 버리므로 현실감이 별로 없다. 적이 죽은 모양을 보여주고 잠시나마 적군의 시체를 화면에 표시하면 게임이 더 재미있어질 것 같다. 적군이 아군 총알과 충돌할 때 적군을 바로 삭제하지 말고 얼마간 화면에 남아 있도록 하면 된다. 충돌 처리 루틴의 코드를 다음과 같이 수정한다.

```
for (i=0;i<MAXENEMY;i++) {
    if (Enemy[i].exist==FALSE || Enemy[i].Type==-1) continue;
    if (Enemy[i].y==by && abs(Enemy[i].x-bx) <= 2) {
        gotoxy(bx,by);putch(' ');
        bx=-1;
        // Enemy[i].exist=FALSE;
        Enemy[i].Type=-1;
        gotoxy(Enemy[i].x-3,Enemy[i].y);
        puts(" .,:.. ");
        Score+=7-Enemy[i].nFrame;
        Enemy[i].nFrame=Enemy[i].nStay=50;
        break;
    }
}
```

적군과 총알이 충돌할 때 적군의 Type을 특이값인 -1로 변경한다. Type은 적군의 모양값을 기억하는데 -1은 이 적군이 총알에 맞아 사망했다는 표식이다. 죽은 모양을 일정 시간동안 보여주어야 하므로 nFrame은 50으로 변경하여 0.5초간 보이도록 했다. 단, 적군의 속도가 점수로 사용되므로 이 조작문은 점수 계산문보다 뒤에 있어야 한다. 충돌 판정 루틴에서 죽은 적군에 대해서는 더 이상 충돌 판정을 하지 않도록 하기 위해 Type이 -1인 적군에 대해서는 더 이상 충돌 판정을 하지 않도록 조건문을 수정했다.

충돌 처리 루틴에서는 Type 값과 프레임 수만 바꾸었을 뿐 exist는 아직 TRUE값을 가지고 있으므로 이 적군은 돌아가시기는 했지만 아직 메모리에서는 유효한 물체로 존재한다. 그래서 적군 이동 루틴에서는 이 적군에 대해 계속 처리를 해야 하는데 다음 코드를 추가하자.

```
for (i=0;i<MAXENEMY;i++) {
    if (Enemy[i].exist==FALSE) continue;
    if (--Enemy[i].nStay == 0) {
        if (Enemy[i].Type == -1) {
            gotoxy(Enemy[i].x-3,Enemy[i].y);
            puts("      ");
            Enemy[i].exist=FALSE;
            continue;
        }
        Enemy[i].nStay=Enemy[i].nFrame;
```

존재하는 적군에 대해 Type이 -1인 적군은 삭제 처리한다. 즉, 충돌 처리 루틴에서는 시체를 살짝 그려 놓고 0.5초 후에 이 시체를 삭제하도록 기록만 해 두는 것이다. 사용자들은 이동 처리 루틴에서 이 시체를 지워 삭제하기 전까지 짧은 시간동안 적군의 최후를 만끽할 수 있다.

❷ 아군이 총알을 한 발만 발사할 수 있어 빠르게 움직이는 적군을 맞추기 어렵고 박진감이 떨어지는데 여러 발 발사할 수 있도록 해 보자. 전역변수인 bx, by를 제거하고 소스에서 이 변수들을 참조하는 모든 곳을 수정한다. 여러 발의 총알을 관리하기 위해서는 배열이 필요하다. 다른 객체처럼 총알을 관리하는 배열을 선언한다.

```
#define MAXBULLET 2
struct tag_Bullet
{
    BOOL exist;
    int x,y;
} Bullet[MAXBULLET];
```

이렇게 하면 최대 2발을 동시에 발사할 수 있게 된다. 총알은 무조건 한 프레임에 한 번씩 최대 속도로 움직이도록 되어 있으므로 속도를 조정하는 nFrame과 nStay는 일단 뺐다. 물론 필요할 경우 넣을 수도 있다. 총알을 생성하는 부분을 다음과 같이 수정한다.

```
if (kbhit()) {
    ....
        case ' ':
            // 새로운 총알 생성
            for (i=0;i<MAXBULLET && Bullet[i].exist==TRUE;i++) {;}
            if (i != MAXBULLET) {
```

```
            Bullet[i].x=fx;
            Bullet[i].y=23;
            Bullet[i].exist=TRUE;
        }
        break;
```

빈자리를 찾아 새로 생성되는 총알의 정보를 기록한다. 총알을 이동시키는 루틴을 다음과 같이 완전히 다시 작성한다.

```
for (i=0;i<MAXBULLET;i++) {
    if (Bullet[i].exist) {
        gotoxy(Bullet[i].x,Bullet[i].y);putch(' ');
        if (Bullet[i].y == 0) {
            Bullet[i].exist=FALSE;
        } else {
            Bullet[i].y--;
            gotoxy(Bullet[i].x,Bullet[i].y);putch('i');
        }
    }
}
```

배열을 돌며 존재하는 총알을 한 칸씩 위로 이동시켰다. 충돌 판정 루틴은 다음과 같이 작성한다.

```
for (i=0;i<MAXENEMY;i++) {
    if (Enemy[i].exist==FALSE || Enemy[i].Type==-1) continue;
    for (j=0;j<MAXBULLET;j++) {
        if (Bullet[j].exist==FALSE) continue;
        if (Enemy[i].y==Bullet[j].y && abs(Enemy[i].x-Bullet[j].x) <= 2) {
            gotoxy(Bullet[j].x,Bullet[j].y);putch(' ');
            Bullet[j].exist=FALSE;
            Enemy[i].Type=-1;
            Enemy[i].nFrame=Enemy[i].nStay=20;
            gotoxy(Enemy[i].x-3,Enemy[i].y);
            puts(" .,:,. ");
            Score+=7-Enemy[i].nFrame;
            break;
        }
    }
}
```

복수 개의 적과 복수 개의 총알에 대한 충돌 판정을 해야 하므로 이중 루프를 구성했다. 실행해 보면 여러 개의 총알이 동시에 발사될 것이다. 총알의 개수를 다섯 개 정도로 늘리면 따발총을 쏠 수도 있다. 총알이 여러 개인 경우는 조금 느리더라도 상관없으므로 속도를 조금 조정하도록 하자. 속도를 조정하려면 총알 이동 루틴에 다음 한 줄을 넣어 주면 된다. 그리고 총알의 모양을 조금 큼직하게 바꿔 보자.

```
#define MAXBULLET 5
....
        for (i=0;i<MAXBULLET;i++) {
            if (Bullet[i].exist) {
                if (count % 3) break;
                gotoxy(Bullet[i].x,Bullet[i].y);putch(' ');
                if (Bullet[i].y == 0) {
                    Bullet[i].exist=FALSE;
                } else {
                    Bullet[i].y--;
                    gotoxy(Bullet[i].x,Bullet[i].y);putch('@');
                }
            }
        }
```

다섯 발을 한 번에 발사할 수 있고 총알이 커진 것처럼 보여 훨씬 더 박진감 있는 게임을 즐길 수 있다. 총알의 속도와 개수를 적절한 수준으로 조정해야 하는데 이 게임은 테스트 예제이므로 좀 쉽게 설정했다.

❸ 적군 총알에 약간의 지능을 부여해 보자. 직선으로만 내려오면 재미가 없다. 총알이 가급적이면 우리 편쪽으로 이동하도록 한다.

```
for (i=0;i<MAXBALL;i++) {
    if (Ball[i].exist==FALSE) continue;
    if (--Ball[i].nStay == 0) {
        Ball[i].nStay=Ball[i].nFrame;
        gotoxy(Ball[i].x,Ball[i].y);putch(' ');
        if (Ball[i].y >= 23) {
            Ball[i].exist=FALSE;
        } else {
            if (random(5)) {
```

```
            if (Ball[i].x < fx) {
                Ball[i].x++;
            } else {
                Ball[i].x--;
            }
        }
        Ball[i].y++;
        gotoxy(Ball[i].x,Ball[i].y);putch('*');
    }
  }
}
```

1/5의 확률로 총알의 x좌표를 fx쪽으로 이동시키면 된다. 좀 더 어렵게 만들려면 가끔 파이터의 반대 방향으로도 움직이도록 하여 총알이 S자로 불규칙 이동하도록 할 수도 있다. 확률값은 게임의 난이도를 조정하는 수단이 된다.

❹ 게임은 재미있는데 죽었을 때 항상 다시 시작해야 하므로 불편하다. Esc를 눌러 명시적으로 종료할 때까지 게임을 즐길 수 있도록 해 보자. 전체를 무한 루프로 작성하면 된다. 루프의 선두는 다음과 같이 수정한다.

```
randomize();
setcursortype(NOCURSOR);
while (TRUE) {
    clrscr();
    fx=40;
    Score=0;
    for (i=0;i<MAXENEMY;i++) Enemy[i].exist=FALSE;
    for (i=0;i<MAXBALL;i++) Ball[i].exist=FALSE;
    for (i=0;i<MAXBULLET;i++) Bullet[i].exist=FALSE;

    for (count=0;;count++) {
```

파이터 하나가 새로 생성될 때마다 해야 할 일들을 초기화하고 모든 객체들을 지운 후 for 루프 안으로 들어간다. 난수 발생기를 초기화하는 동작과 커서를 숨기는 처리는 프로그램 시작시에 한 번만 하면 되므로 루프 안에 들어올 필요가 없다. while (TRUE) 무한 루프를 감쌌으므로 이 루프는 언제까지고 반복될 것이다. 적군 총알과 파이터가 충돌할 때 프로그램을 끝내는 것이 아니라 while 루프의 처음으로 갈 수 있도록 한다. 대기 시간 2초는 너무 길므로 0.5초 정도만 기다리도록 했다.

```
if (Ball[i].y==23 && abs(Ball[i].x-fx) <= 2) {
    gotoxy(fx-3,21);puts("  .  ");
    gotoxy(fx-3,22);puts(" . . ");
    gotoxy(fx-3,23);puts("..:V:..");
    delay(500);
    goto die;
```

루프의 끝은 다음과 같이 한다.

```
die:
    {;}
    }
end:
    setcursortype(NORMALCURSOR);
}
```

die 레이블에는 빈 명령만 두어 while (TRUE) 루프로 돌아가도록 한다. 파이터의 개수를 3개 정도로 제한하려면 while (TRUE) 무한 루프 대신 for 루프로 파이터 수만큼 루프를 돌리면 된다. 이 외에 적군과 파이터의 캐릭터만 조금 예쁘게 디자인해도 프로그램을 조금 폼나게 바꿔볼 수 있다. 물론 그래픽 환경에 비할 바는 아니지만 말이다. 차후 그래픽 환경에서 이 게임을 다시 만든다면 비트맵으로 예쁘게 만들어 보고 사운드도 넣어 보도록 하자.

14.3 Tetris1

14.3.1 테트리스

테트리스는 1985년 러시아의 프로그래머인 알렉세이 파지노프가 처음 개발한 퍼즐 게임이다. 게임룰이 단순하고 될 듯 하면서도 잘 안 되기 때문에 사람을 빠져들게 만드는 중독성을 가지고 있으며 문명의 혜택을 받는 사람 중에 이 게임을 해 보지 않은 사람이 없을 정도다. 파지노프는 순식간에 유명해지기는 했지만 당시는 불법 복제가 난무하던 시절이라 금전적인 이득을 보지는 못했다고 한다. 사람들이 돈을 주고 게임을 한다는 개념에 익숙하지 않았기 때문이다. 대신 마이크로소프트사에 스카웃되어 지금은 마이크로소프트에서 게임 개발을 하고 있다.

너무 너무 유명한데다 안 해본 사람이 거의 없으므로 굳이 게임 방법을 설명할 필요는 없을 것 같고 바로 제작에 들어가 보자. 게임 규칙이 복잡해서 굉장히 많은 코드를 필요로 할 것 같지만 막상 작성해 보면 그다지 길지는 않다. 물론 예제 수준 치고는 짧은 편도 아니지만 지금까지 C언어를 부지런히 학습해 왔다면 이 예제는 능히 분석해 볼 수 있을 것이다. 전체 소스는 다음과 같다.

예제 Tetris1

```c
#include <Turboc.h>

#define LEFT 75
#define RIGHT 77
#define UP 72
#define DOWN 80
#define ESC 27
#define BX 5
#define BY 1
#define BW 10
#define BH 20

void DrawScreen();
void DrawBoard();
BOOL ProcessKey();
void PrintBrick(BOOL Show);
int GetAround(int x,int y,int b,int r);
BOOL MoveDown();
void TestFull();

struct Point {
    int x,y;
};
Point Shape[][4][4]={
    { {0,0,1,0,2,0,-1,0}, {0,0,0,1,0,-1,0,-2}, {0,0,1,0,2,0,-1,0}, {0,0,0,1,0,-1,0,-2} },
    { {0,0,1,0,0,1,1,1}, {0,0,1,0,0,1,1,1}, {0,0,1,0,0,1,1,1}, {0,0,1,0,0,1,1,1} },
    { {0,0,-1,0,0,-1,1,-1}, {0,0,0,1,-1,0,-1,-1}, {0,0,-1,0,0,-1,1,-1}, {0,0,0,1,-1,0,-1,-1} },
    { {0,0,-1,-1,0,-1,1,0}, {0,0,-1,0,-1,1,0,-1}, {0,0,-1,-1,0,-1,1,0}, {0,0,-1,0,-1,1,0,-1} },
    { {0,0,-1,0,1,0,-1,-1}, {0,0,0,-1,0,1,-1,1}, {0,0,-1,0,1,0,1,1}, {0,0,0,-1,0,1,1,-1} },
    { {0,0,1,0,-1,0,1,-1}, {0,0,0,1,0,-1,-1,-1}, {0,0,1,0,-1,0,-1,1}, {0,0,0,-1,0,1,1,1} },
    { {0,0,-1,0,1,0,0,1}, {0,0,0,-1,0,1,1,0}, {0,0,-1,0,1,0,0,-1}, {0,0,-1,0,0,-1,0,1} },
};

enum { EMPTY, BRICK, WALL };
```

```c
char *arTile[]={". ","■","□"};
int board[BW+2][BH+2];
int nx,ny;
int brick,rot;

void main()
{
    int nFrame, nStay;
    int x,y;

    setcursortype(NOCURSOR);
    randomize();
    clrscr();
    for (x=0;x<BW+2;x++) {
        for (y=0;y<BH+2;y++) {
            board[x][y] = (y==0 || y==BH+1 || x==0 || x==BW+1) ? WALL:EMPTY;
        }
    }
    DrawScreen();
    nFrame=20;

    for (;1;) {
        brick=random(sizeof(Shape)/sizeof(Shape[0]));
        nx=BW/2;
        ny=3;
        rot=0;
        PrintBrick(TRUE);

        if (GetAround(nx,ny,brick,rot) != EMPTY) break;
        nStay=nFrame;
        for (;2;) {
            if (--nStay == 0) {
                nStay=nFrame;
                if (MoveDown()) break;
            }
            if (ProcessKey()) break;
            delay(1000/20);
        }
    }
}
```

```c
    clrscr();
    gotoxy(30,12);puts("G A M E  O V E R");
    setcursortype(NORMALCURSOR);
}

void DrawScreen()
{
    int x,y;

    for (x=0;x<BW+2;x++) {
        for (y=0;y<BH+2;y++) {
            gotoxy(BX+x*2,BY+y);
            puts(arTile[board[x][y]]);
        }
    }

    gotoxy(50,3);puts("Tetris Ver 1.0");
    gotoxy(50,5);puts("좌우:이동, 위:회전, 아래:내림");
    gotoxy(50,6);puts("공백:전부 내림");
}

void DrawBoard()
{
    int x,y;

    for (x=1;x<BW+1;x++) {
        for (y=1;y<BH+1;y++) {
            gotoxy(BX+x*2,BY+y);
            puts(arTile[board[x][y]]);
        }
    }
}

BOOL ProcessKey()
{
    int ch,trot;

    if (kbhit()) {
        ch=getch();
```

```c
if (ch == 0xE0 || ch == 0) {
    ch=getch();
    switch (ch) {
    case LEFT:
        if (GetAround(nx-1,ny,brick,rot) == EMPTY) {
            PrintBrick(FALSE);
            nx--;
            PrintBrick(TRUE);
        }
        break;
    case RIGHT:
        if (GetAround(nx+1,ny,brick,rot) == EMPTY) {
            PrintBrick(FALSE);
            nx++;
            PrintBrick(TRUE);
        }
        break;
    case UP:
        trot=(rot == 3 ? 0:rot+1);
        if (GetAround(nx,ny,brick,trot) == EMPTY) {
            PrintBrick(FALSE);
            rot=trot;
            PrintBrick(TRUE);
        }
        break;
    case DOWN:
        if (MoveDown()) {
            return TRUE;
        }
        break;
    }
} else {
    switch (ch) {
    case ' ':
        while(MoveDown()==FALSE) {;}
        return TRUE;
    }
}
}
```

```c
        return FALSE;
}

void PrintBrick(BOOL Show)
{
    int i;

    for (i=0;i<4;i++) {
        gotoxy(BX+(Shape[brick][rot][i].x+nx)*2,BY+Shape[brick][rot][i].y+ny);
        puts(arTile[Show ? BRICK:EMPTY]);
    }
}

int GetAround(int x,int y,int b,int r)
{
    int i,k=EMPTY;

    for (i=0;i<4;i++) {
        k=max(k,board[x+Shape[b][r][i].x][y+Shape[b][r][i].y]);
    }
    return k;
}

BOOL MoveDown()
{
    if (GetAround(nx,ny+1,brick,rot) != EMPTY) {
        TestFull();
        return TRUE;
    }
    PrintBrick(FALSE);
    ny++;
    PrintBrick(TRUE);
    return FALSE;
}

void TestFull()
{
    int i,x,y,ty;

    for (i=0;i<4;i++) {
```

```
            board[nx+Shape[brick][rot][i].x][ny+Shape[brick][rot][i].y]=BRICK;
    }

    for (y=1;y<BH+1;y++) {
        for (x=1;x<BW+1;x++) {
            if (board[x][y] != BRICK) break;
        }
        if (x == BW+1) {
            for (ty=y;ty>1;ty--) {
                for (x=1;x<BW+1;x++) {
                    board[x][ty]=board[x][ty-1];
                }
            }
        }
        DrawBoard();
        delay(200);
    }
  }
}
```

콘솔에서 실행되기 때문에 별다른 장식은 없고 부가 기능이 없어 소스도 200줄 조금 넘는 정도밖에 안 된다. 흑백의 콘솔 화면에서 실행되기 때문에 별로 볼품은 없지만 그래도 게임은 잘 진행되며 오리지널 테트리스의 기능은 다 가지고 있다.

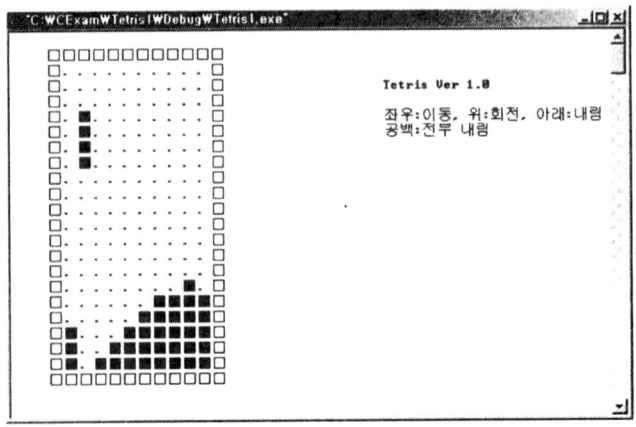

테트리스가 히트를 치면서 화려한 그래픽과 사운드, 그리고 재미있는 규칙을 추가한 수많은 아류 버전이 발표되었다. 현재까지도 웹에서 끈질긴 생명력을 자랑하고 있으며 핸드폰에서도 이 게임을 할 수

있다. 그만큼 이 게임은 개작의 여지가 많고 좋은 아이디어만 있다면 얼마든지 흥미진진하게 만들어 볼 수 있는 좋은 습작거리이다. 이 게임의 소스를 분석해 보되 바로 설명을 보지 말고 가급적이면 혼자 힘으로 먼저 분석해 보기 바란다. 남의 소스를 읽고 구현 기법을 익히는 것도 일종의 기술이며 많은 연습이 필요하다.

우선 전체 구조를 보자. 어떤 프로그램을 분석할 때는 항상 프로그램 전체의 상태를 표현하는 전역변수의 역할을 파악하고 다음으로 함수의 구조를 분석해야 한다. 프로그램 선두에는 매크로들이 정의되어 있는데 LEFT, RIGHT 등의 키 매크로는 지금까지 줄곧 사용해 왔던 것들이다. BX, BY 매크로는 게임판의 좌상단 좌표이며 BW, BH는 게임판의 폭과 높이인데 (5,1)에서 시작하여 폭 10, 높이 20을 가지도록 정의되어 있다. BX, BY는 외부 벽의 좌상단 좌표이며 BW, BH에 외부 벽은 제외하고 순수한 게임판의 폭과 높이로 정의하였다.

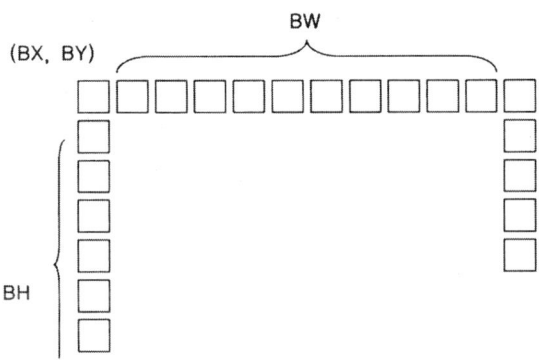

소스 곳곳에서 이 매크로들을 참조하여 출력 위치를 결정하므로 만약 위치나 크기를 바꾸고 싶다면 이 매크로의 값을 변경하면 된다. 높이를 줄이면 게임의 난이도가 증가할 것이고 폭을 넓히면 좀 쉬워진다. 게임판의 위치와 크기를 지정하는 이 매크로들은 게임을 분석하고 유지하는데 굉장한 도움을 준다. 상수를 직접 사용하면 이 값이 무엇을 의미하는지 금방 알아보기 힘들지만 이 매크로 덕분에 BW+2가 게임판의 폭에 양쪽 벽의 폭을 더한 값이라는 것을 직관적으로 알 수 있게 된다.

Point, Shape 구조체 배열은 벽돌의 모양을 정의하는데 다소 복잡하므로 다음 항에서 따로 분석해 보자. EMPTY, BRICK, WALL 열거 멤버들은 게임판의 상태를 표현하며 게임판은 빈 공간, 벽돌, 벽 셋 중 하나의 상태를 가진다. 이 열거형은 태그명을 주지도 않았고 변수를 선언하지도 않았으므로 오로지 열거 멤버만 0, 1, 2로 정의하는 역할을 한다. 세 가지 상태값에 대해 이름을 붙임으로써 개발자의 부족한 기억력을 보조해준다. #define으로 매크로 상수를 각각 정의하는 것과 기능적으로 동일하지만 중복되지 않는 일련의 값이므로 열거 멤버로 선언하는 것이 더 간편하다.

arTile 배열은 공간, 벽돌, 벽의 모양을 정의하는 크기 3의 문자열 배열(문법적으로는 문자형 포인터 배열)인데 각 타일은 2개의 문자로 구성된다. 콘솔 화면은 80*25의 해상도를 가지며 문자들이 세로로 길쭉하기 때문에 정사각형 타일을 그리기 위해서는 두 개의 문자로 한 칸을 표현하는 것이 보기에 좋다.

만약 #이나 $ 같은 영문자로 한 칸을 그리면 벽돌들이 너무 날씬해져서 현실감이 없으며 회전할 때 왜곡이 심해져 게임의 재미도 반감된다. 타일 하나를 2문자로 표시하면 보기에는 좋지만 출력할 때마다 x좌표에 2를 곱해야 하는 번거로움이 있기는 하다.

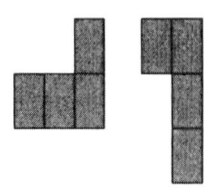
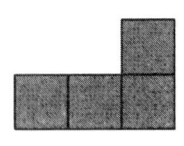
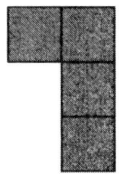

타일이 직사각형일 때   타일이 정사각형일 때

공간 타일은 점 하나와 공백(". ")으로 정의되어 있는데 공중에 떠 있는 벽돌의 수직 위치를 쉽게 가늠할 수 있도록 공간에 점을 찍어 주었다. 벽돌과 벽의 타일인 "■", "ㅁ"문자는 한글과 같은 2바이트 문자이며 문자표(charmap)에서 복사해 붙여 넣은 것이다. 한글 윈도우즈가 아니거나 코드 페이지가 한글(949)이 아니면 이 문자들이 깨져 보이므로 이럴 때는 "##"이나 "WW" 등의 영문 기호로 바꾸는 것이 좋다. arTile 배열은 요소 순서를 빈 공간, 벽돌, 벽으로 정의하여 열거 멤버 EMPTY, BRICK, WALL을 이 배열의 첨자로 바로 사용할 수 있도록 하였다. 즉 벽돌 모양을 출력하고 싶으면 arTile[BRICK] 문자열을 출력하고 지울 때는 arTile[EMPTY]를 출력하면 된다.

board 배열은 전체 게임판의 상태, 즉 벽돌이 어디에 얼마만큼 쌓여 있는지를 기억한다. 게임판의 상하좌우에 벽이 있으므로 게임판의 폭과 높이인 BW, BH에 2씩 더해 준 크기로 선언하였다. 이 배열 요소들은 각 칸의 상태인 EMPTY, BRICK, WALL값 중 하나를 가진다. 첫 번째 첨자를 x축 값, 두 번째 첨자를 y축 값으로 정의했으므로 이 배열은 화면의 상태를 반시계 방향으로 90도 회전한 상태로 기억한다. 좌표를 지정할 때는 보통 x, y순을 사용하므로 이 배열의 첨자도 관행대로 정의했다.

board 배열에는 이미 바닥에 착륙한 벽돌의 정보만 기록되며 이동 중인 벽돌은 아직 자리가 정해지지 않았으므로 기록되지 않는다. nx, ny는 이동 중인 벽돌의 현재 좌표이되 이 값은 물론 배열상의 좌표값이다. 배열상의 좌표를 화면상의 좌표로 바꿀 때는 BX+nx*2, BY+ny식을 사용하면 된다. brick, rot는 이동 중인 벽돌의 번호와 회전 모양을 기억한다. brick, rot, nx, ny 전역변수를 참조하면 어떤 벽돌이 어떤 모양으로 어느 위치에 있는지를 알게 된다.

다음은 이 예제의 함수들에 대해 분석해 보자. main 외에 7개의 함수가 정의되어 있는데 본체의 코드는 차차 분석해 볼 것이고 역할만 간략하게 정리해 보았다.

함수	설명
DrawScreen	화면 전체를 그린다. 게임판과 게임 이름, 벽까지 한꺼번에 그린다.
DrawBoard	게임판만 그린다. 즉 외부벽과 문자열들은 빼고 쌓여 있는 벽돌만 그린다.

함수	설명
ProcessKey	키 입력을 처리하는데 main 함수의 부담을 덜어주기 위해 별도의 함수로 분리해 놓았다. 이동 중인 벽돌이 바닥에 닿으면 TRUE를 리턴한다.
PrintBrick	벽돌을 출력하거나 삭제하는데 이동 중인 벽돌을 대상으로 하므로 전역변수 brick, rot, nx, ny값을 참조한다.
GetAround	벽돌 주변에 무엇이 있는지 검사하여 벽돌의 이동 및 회전 가능성을 조사한다. 이동 중인 벽돌의 주변을 조사하는 것이 아니므로 인수로 전달된 위치의 벽돌 모양을 참조한다.
MoveDown	벽돌을 한 칸 아래로 이동시킨다. 만약 바닥에 닿았다면 TestFull 함수를 호출한 후 TRUE를 리턴한다.
TestFull	수평으로 다 채워진 줄을 찾아 삭제한다.

처음 분석할 때는 이 함수들의 동작을 완전히 이해할 수 없으므로 일단 이름으로 기능을 유추한 후에 본체 코드를 분석해 보는 것이 좋다.

14.3.2 벽돌의 모양 정의

이 게임의 주인공은 7개의 벽돌들인데 이 벽돌들의 모양이 어떻게 정의되어 있는지 분석해 보자. 컴퓨터에서는 모든 것들이 숫자이기 때문에 각 벽돌에도 숫자를 붙여야 하며 벽돌의 모양도 숫자로 표현한다. 7개의 벽돌은 다음과 같은 모양을 가지며 번호가 부여되어 있다.

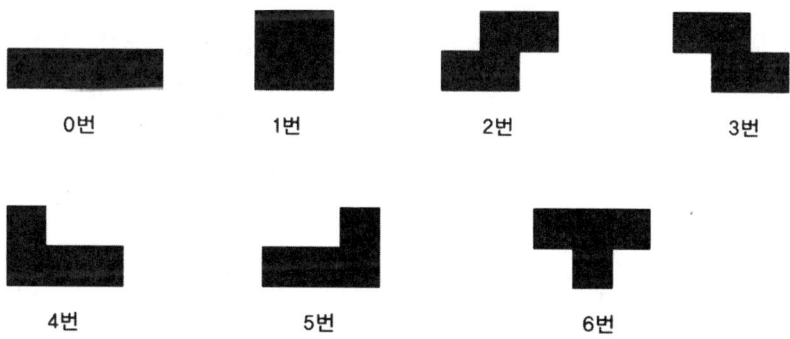

게임 중에 생성되는 벽돌들은 어차피 난수로 선택되므로 순서는 별 의미가 없다. 각 벽돌 당 최대 4방향으로 회전 가능하므로 각 회전 방향별로 4개의 모양을 정의해야 하며 각각의 모양은 또 4개의 새끼 벽돌로 구성된다. 4개의 좌표가 모여 하나의 모양을 구성하고 4개의 모양이 모여야 하나의 벽돌이 정의되며 이런 벽돌이 7개 있다. 그래서 다음과 같은 3차원 구조체 배열로 전체 벽돌의 모양을 정의한다.

```
struct Point {
    int x,y;
};
```

```
Point Shape[][4][4]={
    ....
};
```

좌표를 정의하는 Point 구조체 타입을 먼저 정의한 후 이런 구조체의 3차원 배열 Shape를 정의한 것이다. Shape 배열의 각 첨자는 다음과 같은 의미를 가진다.

Shape[벽돌번호][회전번호][일련번호] { .x .y

첫 번째 첨자가 벽돌의 번호, 두 번째 첨자가 회전 번호이며 각 모양별로 4개의 새끼 벽돌 좌표를 가지는데 세 번째 첨자가 이 좌표들의 일련번호이다. 최종 배열 요소는 Point 구조체이며 이 구조체의 멤버 (x, y)는 새끼 벽돌의 좌표값이다. 5번 벽돌의 2번 회전 모양에 대한 좌표들을 얻고 싶으면 Shape[5][2][0]~Shape[5][2][3]까지의 좌표를 읽어 조립해 보면 된다.

Shape 배열은 아주 많은 숫자들로 구성되어 있는데 이 숫자들이 어떤 의미를 가지는지 살펴보자. 다음은 2번 벽돌의 모양을 정의하는 초기값이다.

{ {0,0,-1,0,0,-1,1,-1}, {0,0,0,1,-1,0,-1,-1}, {0,0,-1,0,0,-1,1,-1}, {0,0,0,1,-1,0,-1,-1} },

4개의 부분 배열로 구성되는데 각 부분 배열은 회전 모양 하나를 정의한다. 0번 회전 모양인 첫 번째 부분 배열 {0,0,-1,0,0,-1,1,-1}은 두 개의 숫자끼리 한 쌍을 이루어 4개의 Point 구조체를 초기화한다. 두 개씩 괄호로 묶어 {{0,0},{-1,0},{0,-1},{1,-1}} 요렇게 표현하면 더 읽기 쉬워지겠지만 표기하기가 너무 번거로와 중간의 괄호들은 생략했다. 첫 번째 좌표 (0,0)이 이 모양의 기준점이며 회전할 때의 중심점이 된다. 나머지 세 좌표는 기준점으로부터의 상대적 거리 좌표이다.

각 좌표를 순회하면서 기준점 주변에 타일을 출력하면 하나의 벽돌 모양이 만들어진다. 2번째 부분 배열 {0,0,0,1,-1,0,-1,-1}은 0번 모양이 반시계 방향으로 90도 회전했을 때의 모양을 정의한다. 부분 배열을 구성하는 4개의 좌표를 전개해 보면 다음과 같은 벽돌 모양이 만들어진다.

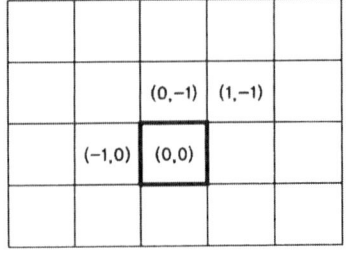
{0,0,-1,0,0,-1,1,-1}

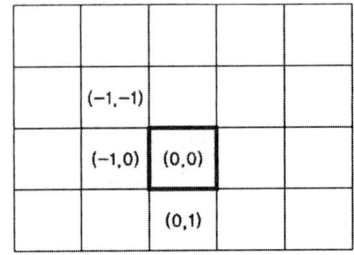
{0,0,0,1,-1,0,-1,-1}

회전 모양 개수는 각 벽돌별로 다른데 2번 벽돌은 2가지 모양밖에 없다. 그래서 0, 1번 회전 모양이 2, 3번과 같으며 2, 3번 모양을 정의하는 값은 0, 1번과 동일하게 되어 있다. 0번, 3번 벽돌도 2가지 회전 모양을 가지며 4, 5, 6번 벽돌은 각 회전 모양이 모두 다르다.

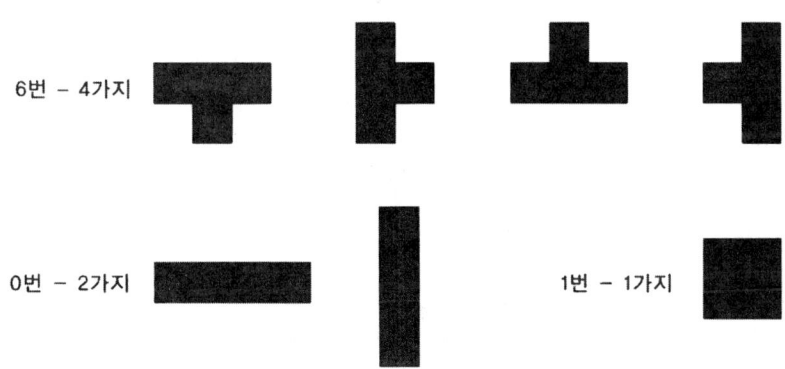

1번 벽돌은 회전시켜 봐야 그 모양이 그 모양이므로 한 가지 모양만 정의하면 된다. 그래서 Shape[1][0]~Shape[1][3]까지의 부분 배열은 모두 같은 초기값들을 반복적으로 써 주었다. Shape 배열에 들어 있는 좌표값들로부터 벽돌의 모양을 직접 그려 보면 이 구조체 배열의 초기값을 이해할 수 있을 것이다. 이런 모양을 만들 때는 모눈종이에 원하는 도형을 그려 놓고 기준점을 잡은 후 나머지 벽돌의 상대적 좌표를 나열해 주면 된다.

벽돌을 화면에 그리거나 벽돌의 주변을 검사하는 함수는 모두 Shape 배열을 순회하면서 각 새끼 벽돌의 좌표값을 참조한다. 실제로 이 정보를 참조하여 벽돌을 그리는 PrintBrick 함수를 분석해 보자. 이 함수는 전역변수 brick, rot가 지정하는 벽돌 모양을 현재 위치 nx, ny에 출력하거나 지운다.

```c
void PrintBrick(BOOL Show)
{
    int i;

    for (i=0;i<4;i++) {
        gotoxy(BX+(Shape[brick][rot][i].x+nx)*2,BY+Shape[brick][rot][i].y+ny);
        puts(arTile[Show ? BRICK:EMPTY]);
    }
}
```

gotoxy 함수 호출문에서 Shape 배열 참조식을 빼 버리면 gotoxy(BX+nx*2,BY+ny); 가 되는데 이 좌표는 nx, ny의 화면상 좌표이며 Shape 배열의 기준점 (0,0)이 이 좌표에 오게 된다. 0~4까지 루프를 돌면서 새끼 벽돌의 상대적 좌표로 이동하면서 타일을 반복적으로 출력하면 벽돌이 화면에 그려지며 공백 타일을 출력하면 벽돌이 지워진다. 3차원 배열 참조문이 좀 길어서 복잡해 보이지만 알고 보면 무척 간단한 문장이다.

벽돌 주변에 무엇이 있는지를 조사하는 GetAround 함수도 비슷한 구조를 가진다. 단, 이 함수는 이동 중인 벽돌의 주변 정보를 조사해야 하므로 전역변수를 참조하지 않고 조사할 벽돌의 정보를 인수로 전달받는다.

```
int GetAround(int x,int y,int b,int r)
{
    int i,k=EMPTY;

    for (i=0;i<4;i++) {
        k=max(k,board[x+Shape[b][r][i].x][y+Shape[b][r][i].y]);
    }
    return k;
}
```

k는 최초 EMPTY로 초기화되고 벽돌이 있는 좌표를 순회하면서 최대값을 조사하는데 EMPTY보다는 BRICK을, BRICK보다는 WALL을 더 큰 값으로 평가한다. 만약 이 위치에 아무 것도 없다면 EMPTY가 리턴될 것이고 벽돌과 충돌했으면 BRICK이 리턴되고 벽과 충돌되었다면 WALL이 리턴될 것이다. 이 함수가 조사하는 주변값은 벽돌의 이동 가능 여부, 게임의 계속 여부 등을 판단하는 중요한 기준이 된다.

이 예제는 벽돌의 모양을 정의하기 위해 3차원의 좌표 구조체를 사용했는데 직관적으로 쉽게 분석되지 않는 다소 어려운 구조이다. 이 외에도 벽돌의 모양을 정의하는 다양한 방법을 생각해 볼 수 있다. 어떤 방법들이 가능한지 생각해 보고 각각의 장단점을 비교해 보자.

① Shape 배열의 요소인 Point 구조체는 좌표값 하나를 기억하는데 상대좌표는 -2~2 사이의 좁은 범위에 있으므로 x, y를 int형으로 정의하는 것은 낭비가 심하다. 현재 Shape 구조체의 총 크기는 896바이트이며 x, y를 short로 선언하면 448 바이트가 되어 절반으로 줄어들고 char로 바꾸면 224바이트가 된다. 좀 더 메모리를 절약하고 싶다면 Shape를 아예 char의 3차 배열로 만들고 각 요소의 상, 하위 4비트에 x, y좌표를 저장할 수도 있는데 이 경우 Shape는 또 절반이 되어 112바이트가 될 것이다. 메모리 절약 효과는 분명히 있지만 이런 작은 게임에서는 굳이 그럴 필요가 없어 일반적인 정수형인 int형을 그냥 사용했다.

② Shape 배열의 두 번째 첨자 크기가 4로 정의되어 있는데 회전 모양이 2가지나 1가지 밖에 없는 벽돌은 기억 장소를 낭비하는 경향이 있다. 같은 모양을 가지는 벽돌에 대해 동일한 초기값을 반복하는 대신 벽돌별로 회전 모양수를 따로 정의하고 꼭 필요한 만큼만 모양을 정의하는 방법을 생각해 볼 수 있으며 실제로 이 예제의 첫 버전을 그렇게 만들었다. 그러나 Shape 배열이 어차피 직사각형 배열이기 때문에 초기값을 생략해도 메모리 절약 효과는 없는 셈이며 코드만 복잡해져서 반복되는 값을 계속 써 주는 것이 더 좋다.

③ 각 모양의 기준점인 첫 번째 좌표는 항상 (0,0)이다. 이 좌표는 모든 모양에 공통적으로 존재하므로 초기값에서 제외하고 코드에서 (0,0)을 따로 처리할 수도 있다. 그러나 이렇게 되면 PrintBrick, GetAround에서 루프 하나로 새끼 벽돌을 순회할 수 없고 기준점에 대해 별도의 코드를 작성해야 하므로 오히려 더 번거로워진다. 즉, 데이터는 작아지는 대신 코드의 부담이 늘어나게 되는데 벽돌의 개수가 아주 많다면 몰라도 이 정도 수준에서는 현재의 방법이 더 좋다.

④ 기준점으로부터의 상대좌표를 지정하는 방식 대신 일정한 크기의 비트맵을 정의하고 이 비트맵을 화면에 출력할 수도 있다. 이 방법은 모양을 디자인하고 수정하기에는 편리하지만 자료의 양이 많은 것이 단점이고 x,y 각 방향에 대해 이중 루프로 비트맵을 순회해야 하므로 코드도 조금 더 복잡해진다. 일반적으로 가장 많이 채택하는 방법이기는 하지만 이 예제는 상대 좌표 방식을 사용했다.

⑤ 각 벽돌별로 회전 모양 4가지를 배열에 미리 정의해 놓았는데 한 가지 모양만 정의하고 실행 중에 나머지 회전 모양을 계산해서 만들 수도 있다. 기준점은 그대로 두고 나머지 좌표는 반시계 방향으로 이동시키기만 하면 된다. 이렇게 하면 벽돌 모양을 정의하는 데이터가 작아지고 새로운 벽돌을 추가하기 쉬워지지만 코드는 훨씬 더 큰 부담을 지게 된다.

보다시피 벽돌의 모양을 정의하는 이런 간단한 문제도 여러 가지 해결책이 있다는 것을 알 수 있다. 개발자는 이런 다양한 방법 중 작성하는 프로그램에 가장 적합한 알고리즘을 선택해야 한다. 내가 선택한 방법은 처음 배열을 작성하는 수고를 하더라도 가급적이면 코드의 부담을 줄이는 쪽이다.

14.3.3 게임판

게임판의 현재 상태, 즉 어디에 얼마만큼 벽돌이 쌓여 있는가는 board 배열에 기록된다. 이 배열은 main에서 최초 다음과 같이 초기화되는데 게임판 바깥쪽 테두리는 모두 2(WALL)가 되며 안쪽은 모두 0(EMPTY)이 될 것이다. 게임이 진행되면 아래쪽에 벽돌이 하나 둘 씩 쌓이는데 이 위치에 1(BRICK)이 기록된다. 게임을 진행하는 코드는 이 배열의 상태를 보고 어디에 벽돌이 쌓여 있는지, 한 줄이 다 채워졌는지를 판단한다.

```
2222222222222                          2222222222222
2            2   ← 안쪽은 모두 0(EMPTY)    2           2
2            2                         2           2
2            2                         2           2
2            2                         2           2
2            2        ──►              2           2
2            2                         2           2
2            2                         2           2
2            2                         2   111   12
2            2                         2 1111111 1112
2            2                         21111111 111112
2222222222222                          2222222222222
    초기화 직후                              게임 진행중
```

board 배열의 크기는 게임판 안쪽, 그러니까 벽돌이 쌓이는 영역보다 폭, 높이를 각각 2씩 더 크게 잡아 주고 상하 좌우에 2(WALL)라는 값을 죽 나열해 두었다. 이 값이 배열의 바깥쪽을 완전히 에워싸고 있기 때문에 게임 진행 코드에서는 GetAround 함수의 도움을 받아 벽돌이 화면 밖으로 나갈 수 없도록 에러 처리를 할 수 있다. 만약 board가 외부벽에 대한 정보없이 순수하게 게임판에 대한 정보만 가지도록 한다면 이동할 때마다 벽돌의 좌표를 일일이 점검하여 벽돌이 게임판 밖으로 못나가도록 해야 하는 번거로움이 있다.

게임판을 그리는 함수는 두 개가 작성되어 있는데 DrawScreen은 화면 전체를 다시 그린다. 0부터 외부벽까지(BW+2, BH+2) 순회하면서 board 배열에 기록된 값대로 타일을 순서대로 출력하기만 하면 된다. 그리고 몇 가지 안내 문자열도 같이 출력했다. DrawBoard 함수는 외부벽은 제외하고 벽돌이 움직이는 공간만 출력하는데 board 배열의 1부터 BW+1, BH+1까지만 순회하면 된다. 채워진 줄을 삭제한 후 이 함수를 호출하면 게임판 안쪽만 다시 그릴 것이다.

다음은 main 함수의 구조를 분석해 보자. 전체적으로 두 개의 무한 루프로 구성되어 있는데 무한 루프에 for (;1;), for(;2;) 등으로 이름을 붙여 놓았다. 조건식의 상수는 컴파일러에 의해 무시당하지만 이렇게 번호가 있으면 루프를 칭할 때 편리하다. 조건식이 0만 아니면 무한 루프가 되므로 for (;0;)가 아닌 임의의 정수로 이름을 붙일 수 있다. 루프에 들어가기 전에 커서 숨김, 난수 생성기 초기화, 화면 삭제 등의 처리를 하고 board 배열의 바깥쪽을 벽으로 초기화한 후 DrawScreen 함수를 호출하여 화면 전체를 모두 그린다. 벽돌이 떨어지는 속도인 nFrame값을 20으로 초기화한 후 for (;1;)루프로 진입하여 게임을 진행한다.

for (;1;) 루프는 게임 전체를 감싸는 루프이고 for (;2;) 루프는 벽돌 하나가 바닥에 닿을 때까지의 루프이다. for(;1;)에서 새로운 벽돌을 위쪽 중앙 좌표인 (BW/2, 3) 위치에 생성하고 이 벽돌을 일단 화면에 출력한다. 새로 만드는 벽돌의 번호는 물론 난수로 선택하였으며 회전 모양은 0번부터 시작한다. 벽돌을 생성한 후 게임 끝 처리를 하는데 만약 새로 생성한 벽돌의 주변이 공백이 아니라면 다른 벽돌이 이미 화면 위쪽까지 가득 차 있는 상태이므로 이때가 게임을 끝낼 때이다. GetAround 함수로 새로 생성한 벽돌의 주변을 점검해 보고 EMPTY가 아니면 for (;1;) 루프를 탈출하도록 했다.

for (;2;) 루프의 끝에서 0.05초씩 시간을 지연시키고 있으므로 이 루프는 초당 20번 반복된다. 벽돌 하나가 내려오는 주기인 nFrame이 20으로 초기화되어 있고 nStay가 이 값을 역카운트하면서 0이 될 때 벽돌을 한 칸 내린다. 그래서 벽돌은 정확하게 1초에 한 번 한 칸 아래로 이동할 것이다. 이렇게 할 바에야 아예 delay(1000)을 주고 1초에 한 번씩 벽돌을 이동시킬 수도 있지만 그렇게 할 경우 키 입력도 1초에 한 번밖에 못 받으므로 반응성이 떨어진다. 그래서 시간을 1/20초로 분할하고 벽돌은 20프레임에 한 번씩 움직이되 키는 매 프레임마다 입력받을 수 있도록 했다.

for (;2;) 루프는 벽돌이 생성되어 화면 위에서부터 아래로 이동할 때까지 계속 반복된다. 시간이 지나 벽돌이 바닥에 닿으면 MoveDown 함수가 TRUE를 리턴하며, 사용자가 직접 벽돌을 바닥으로 떨어뜨리면 ProcessKey 함수가 TRUE를 리턴하는데 이 두 경우에 break로 for (;2;) 루프를 탈출한다. 이 루프를 벗어나면 다시 for (;1;) 루프의 선두로 돌아가 새로운 벽돌을 생성하며 이 과정은 새로 생성한 벽돌 주변이 비어있지 않을 때까지 반복된다. main 함수의 전체 구조는 다음과 같다.

```
void main()
{
    게임 초기화
    for (;1;) {                ┐
        새 벽돌 생성             │
        게임 끝 점검             │
        for (;2;) {    ┐       │ 전체 게임 루프
            벽돌 내림   │        │
            키 처리    │ 벽돌 하나 처리 루프
            시간 지연  │        │
        }              ┘       │
    }                          ┘
    게임 끝 처리
}
```

메인 루프에서 키 입력 처리는 ProcessKey 함수에게 위임되어 있다. 이 부분은 특별히 반복이 필요해서 함수로 분리시킨 것은 아니며 키 입력 처리를 별도의 함수로 분리시킴으로써 main 함수의 부담을 줄이고자 한 것이다. main은 전체 프로그램의 흐름을 통제하는 중요한 함수이기 때문에 잡스러운 처리는 가급적이면 졸병 함수들에게 위임하는 것이 좋다.

14.3.4 벽돌의 이동

벽돌을 이동시키는 대부분의 루틴은 사용자가 키를 입력할 때인 ProcessKey에 포함되어 있다. 이 함수는 우선 kbhit를 불러 보고 눌러진 키가 있을 때만 키 입력을 처리하며 그렇지 않을 경우는 바로 리턴하여 게임을 계속 진행하도록 한다. 사용자가 가만히 있어도 벽돌은 계속 한 칸씩 내려와야 하므로 입력을 무한히 대기하는 getch 함수를 바로 호출해서는 안 된다.

입력된 커서 이동키에 따라 대응되는 방향으로 벽돌을 이동시키는데 대표적으로 왼쪽 이동의 경우를 보자. 왼쪽 키가 눌러지면 GetAround 함수를 호출하여 현재 좌표보다 한 칸 왼쪽, 즉 (nx-1,ny)위치에 무엇이 있는지를 조사한다. 만약 이 위치에 벽이나 쌓여져 있는 벽돌이 있다면 더 이상 왼쪽으로 이동할 수 없다.

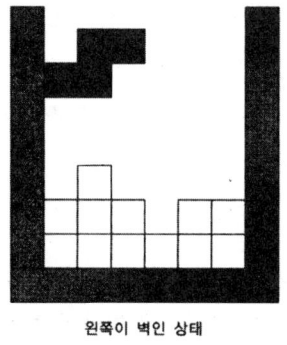
왼쪽이 벽인 상태

왼쪽이 벽돌인 상태

GetAround로 왼쪽 위치를 조사한 결과가 빈 공간(EMPTY)일 때만 왼쪽으로 이동할 수 있다. 이동하는 방식은 아주 간단한다. PrintBrick(FALSE)로 현재 위치의 벽돌을 지운 후 nx를 1감소시키고 PrintBrick(TRUE)로 새 위치에 다시 출력하면 된다. 쉽게 말하면 현재 위치의 벽돌을 지우고 왼쪽에 다시 출력하는 것이다. 오른쪽 이동도 점검하는 좌표와 nx가 1 증가한다는 것만 다를 뿐 왼쪽 이동과 다를 바 없다.

회전의 경우는 조금 더 복잡한데 trot에 다음 회전시킬 모양을 먼저 구하고 회전했을 때 주변에 무엇이 있는지를 조사한다. 이 경우도 회전한 결과 벽이나 벽돌이 부딪힌다면 회전할 수 없다. 회전에 방해가 되지 않는 충분한 공간이 있을 때만 회전할 수 있다. 회전 모양은 단순히 증감하기만 하는 것이 아니고 순환하기 때문에 trot 임시 변수에 다음 회전 모양을 미리 구해 놓고 회전 가능성을 점검하도록 했다. 회전 가능하다면 현재 위치에 trot모양으로 다시 벽돌을 출력한다.

벽돌을 아래쪽으로 이동시키는 동작은 사용자의 키 입력이 있을 때뿐만 아니라 시간이 경과할 때도 주기적으로 처리해야 하므로 MoveDown이라는 별도의 함수로 분리되어 있다. 아래쪽으로 내리는 동작도 왼쪽, 오른쪽 이동과 유사하되 바닥에 닿은 경우 채워진 줄 제거를 위해 TestFull 함수를 호출한다는 것이 다르다. 또한 바닥에 닿은 경우 TRUE를 리턴하여 main의 for(;2;) 루프를 탈출하도록 해 준다. for(;2;) 루프는 벽돌 하나가 바닥에 닿을 때까지의 루프이므로 MoveDown이 TRUE를 리턴하면 즉시 루프를 탈출하여 새로운 벽돌을 만들도록 해야 한다. 빈 공간에서 한 칸 아래로 이동만 했을 경우는 FALSE를 리턴하여 for (;2;) 루프를 계속 돌도록 한다.

MoveDown 함수는 세 군데서 호출되는데 main의 for(;2)루프에서 1초가 경과되었을 때, 아래쪽 커서 이동키를 눌렀을 때 한 번씩 호출되며 스페이스 키를 눌렀을 때는 바닥에 닿을 때까지 이 함수가 반복적으로 호출되어 이동 중인 벽돌을 바닥까지 한 번에 내린다. 벽돌을 전부 내릴 때는 MoveDown이 TRUE를 리턴할 때까지 계속 호출해 대기만 하면 된다. 그래서 while문으로 MoveDown이 FALSE를 리턴하는 동안 계속 반복하는데 이 반복문은 반복 자체가 목적이며 반복 중에 따로 할 일이 없다. 그래서 다음과 같이 작성할 수도 있다.

```
while(MoveDown()==FALSE);
return TRUE;
```

while문 끝에 세미콜론이 있으므로 while은 세미콜론 자리에서 끝이 난다. 그러나 이렇게 해 두면 얼른 보기에 return TRUE가 while문에 걸리는 명령처럼 보일 수도 있기 때문에 반복문에 걸리는 명령이 따로 없다는 것을 분명히 표시하기 위해 {;} 이런 명시적인 공문 표기를 사용했다.

14.3.5 벽돌 제거

수평으로 한 줄이 다 채워졌을 때는 가득찬 줄을 제거해야 하는데 이는 TestFull 함수에서 처리한다. 이 함수는 MoveDown에서 벽돌이 바닥에 닿았을 때만 호출되는데 벽돌이 허공에서 이동 중일 때는

board 배열상에 변화가 없으므로 벽돌 제거 조건이 성립되지 않기 때문이다.

TestFull 함수는 우선 이동 중인 벽돌을 board 배열에 기록한다. 새로운 벽돌이 착륙했음을 게임판에 먼저 기록해야 게임판에 변화가 발생하고 제거 점검도 할 수 있다. board 배열에서 현재 nx, ny 위치에 해당하는 벽돌의 위치를 찾아 전부 BRICK으로 바꿔 주면 된다. 벽돌을 화면에 출력할 때는 x 좌표에 2를 곱해 주어야 하지만 배열상에서 조작할 때는 x좌표를 그냥 사용하면 된다.

바닥에 닿은 벽돌을 board 배열에 기록하면 새로 도착한 벽돌로 인해 채워진 줄이 발생할 수 있으므로 이때마다 제거 점검을 한다. 수직으로 제일 윗줄부터 검사해 나가되 한 줄이 모두 BRICK이면 이 줄은 제거해야 한다. 수평으로 같은 줄에 있는 칸을 모두 검사하여 BRICK이 아닌 칸이 발견되면 루프를 빠져 나가되 끝까지 루프를 다 돌았으면(x == BW+1) 이 줄은 벽돌로 가득찬 것으로 판단할 수 있다.

한 줄 제거는 두 단계의 처리로 이루어지는데 우선 board 배열에서 제거될 벽돌의 정보를 삭제한다. 한 줄이 삭제되면 제거되는 줄 위쪽의 벽돌이 한 칸씩 아래로 내려와야 하므로 제거될 줄부터 위쪽으로 루프를 돌며 윗줄로 아래줄을 덮어쓰면 된다. 복사 방향이 위에서 아래로 이므로 반드시 아래에서 위로 루프를 돌아야 하는데 방향이 바뀌면 제일 윗줄이 반복적으로 아래줄로 복사될 것이며 채워진 줄 위쪽의 벽돌은 한꺼번에 사라져 버릴 것이다.

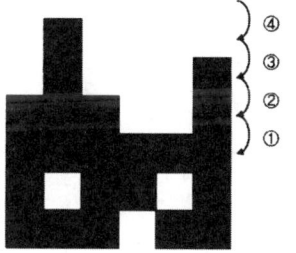
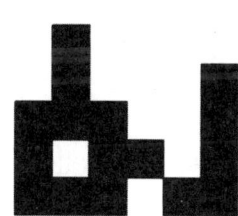

board 배열상에서 한 줄을 제거한 후 화면상에서도 이 줄을 제거하는데 방법은 아주 간단한다. DrawBoard()함수를 호출하면 게임판 안쪽만 board 배열을 참조하여 완전히 다시 그려 주므로 복잡한 이동 처리를 할 필요가 없다. 화면에 이미 출력된 벽돌을 일일이 이동시키는 것보다는 아예 다시 그리는 것이 훨씬 더 간편하다.

한 줄을 지울 때마다 0.2초씩 시간을 지연시켜 여러 줄이 동시에 제거될 때 순서대로 한 줄씩 사라지는 것을 보여주도록 했다. 일종의 애니메이션 효과가 있어 보기에도 좋고 사용자에게 무슨 일이 일어나고 있는지를 분명히 알려줄 수 있다. 만약 4줄을 한꺼번에 없애 버린다면 화면상의 변화가 너무 급격해서 사용자가 당황스러워 할 것이다.

14.3.6 개작

분석을 다 했으면 이제 개작을 해 보자. 개작이란 마음에 안드는 구조나 알고리즘을 원하는대로 바꿔 보고 새로운 기능을 추가로 작성해 보는 것이다. 개작을 하려면 물론 소스를 완벽하게 이해하고 있어야 하지만 일부 이해가지 않는 부분이 있더라도 살을 붙이는 과정에서 오히려 이해가 깊어질 수도 있다. 다음은 개작의 몇 가지 예이다. 원래 소스를 유지하기 위해 Tetris2 프로젝트를 새로 만든 후 소스를 복사하여 수정해 보자.

❶ 이 게임은 종료 기능이 따로 없으며 딱 한 번만 게임을 할 수 있어 불편하다. 또한 벽돌이 자동으로 계속 내려오기 때문에 일단 시작하면 끝날 때까지 계속 앉아 있어야 하는데 긴급 상황(예를 들어 전화, 엄마의 급습, 신체적 신호)일 때 게임을 끝낼 수밖에 없어 아쉽다. 여러 번 실행할 수 있도록 하고 중간에 언제든지 끝내거나 잠시 중지할 수 있는 기능을 넣어 보자.

main 함수는 두 개의 무한 루프로 구성되어 있는데 게임 하나를 감싸고 있는 for (;1;) 루프를 외부에서 감싸는 새로운 루프를 하나 만들면 된다. 이 루프에서 게임을 무한히 실행하도록 해 놓고 한 게임이 끝날 때마다 사용자에게 계속 여부를 질문하도록 한다. main 함수를 다음과 같이 수정하자.

```
void main()
{
    int Speed, nStay;
    int x,y;

    setcursortype(NOCURSOR);
    randomize();

    for (;3;) {
        clrscr();
        ....
        for (;1;) {
            ....
        }
        clrscr();
        gotoxy(30,12);puts("G A M E   O V E R");
        gotoxy(25,14);puts("다시 시작하려면 Y를 누르세요");
        if (tolower(getch()) != 'y') break;
    }
    setcursortype(NORMALCURSOR);
}
```

전체 루프를 for (;3;)으로 감쌌는데 루프 이름에 일관성을 주려고 for (;0;)로 했다가는 게임이 결코 시작되지 않을 것이다. 잠시 정지는 알파벳 P키에 기능을 할당하고 끝낼 때는 Esc키를 사용하도록 하자. ProcessKey 함수의 일반 키 처리 루틴에 case를 더 추가하면 된다.

```
BOOL ProcessKey()
{
    ....
            } else {
                switch (tolower(ch)) {
                case ' ':
                    while(MoveDown()==FALSE) ;
                    return TRUE;
                case ESC:
                    exit(0);
                case 'p':
                    clrscr();
                    gotoxy(15,10);
                    puts("Tetris 잠시 중지. 다시 시작하려면 아무 키나 누르세요.");
                    getch();
                    clrscr();
                    DrawScreen();
                    PrintBrick(TRUE);
                    break;
                }
            }
    }
    return FALSE;
}
```

잠시 정지할 때는 화면을 깨끗하게 지우고 getch로 대기한다. 키를 눌러 다시 원래대로 돌아올 때는 DrawScreen으로 전체 화면을 그리고 PrintBrick 함수를 호출하여 이동 중인 벽돌도 같이 그려야 한다.

❷ 고전 테트리스는 벽돌의 모양이 7개뿐인데 몇 가지 벽돌을 더 추가해 보도록 하자. 다음 두 가지 모양의 벽돌을 추가할 것이다.

7번 벽돌   8번 벽돌

7번 벽돌은 타일 하나만으로 구성되어 있으므로 회전 모양이 하나밖에 없으며 8번 벽돌은 4가지 회전 모양을 모두 가진다. 타일이 4개가 아니므로 칸이 남는데 남는 칸에 대해서는 고민할 필요없이 기준점을 여러 번 반복해서 적으면 된다. 이런 모양을 종이에 대충 그린 후 기준점과 주변점의 좌표를 구해 Shape 배열에 추가하자.

```
Point Shape[][4][4]={
    ....
    { {0,0,0,0,0,0,0,0}, {0,0,0,0,0,0,0,0}, {0,0,0,0,0,0,0,0}, {0,0,0,0,0,0,0,0} },
    { {0,0,0,0,0,-1,1,0},{0,0,0,0,-1,0,0,-1},{0,0,0,0,0,1,-1,0},{0,0,0,0,0,1,1,0} },
};
```

Shape 배열의 첫 번째 첨자는 생략되어 있고 벽돌을 선택하는 난수의 범위도 sizeof 연산자로 계산하도록 되어 있으므로 배열을 늘려 주는 것 외에는 더 할 일이 없다. 만약 5개 이상의 타일로 구성된 벽돌을 만들고 싶다면 Shape 배열의 세 번째 첨자 크기를 늘리는 대수술을 해야 한다.

❸ 타일 모양을 변경해 보자. 똑같은 모양을 계속 보고 있자면 지겨울 수도 있으므로 실행 중에라도 다른 모양으로 바꿀 수 있도록 한다. arTile을 이차 포인터 배열로 만들고 문자표에서 새로운 모양을 추가한다. 그리고 현재 사용 중인 타일 모양을 저장하기 위한 ttype 전역변수를 추가한다.

```
char *arTile[][3]={
    {". ","■","□"},
    {"  ","■","□"},
    {"  ","##","ll"},
    {"  ","●","▣"},
};
int ttype=0;
```

arTile이 이차원 배열이 되었으므로 이 배열을 참조하는 모든 문장에 [ttype] 첨자를 붙인다. 예를 들어 arTile[n]은 arTile[ttype][n]으로 바꾼다. 실행 중에 타일 모양을 PgUp, PgDn으로 변경할 수 있도록 해 보자. 키를 정의하는 매크로 상수를 정의하고 ProcessKey에서 이 두 키를 처리한다.

```
#define PGUP 73
#define PGDN 81

....
```

```
BOOL ProcessKey()
{
    ....
                case PGDN:
                    ttype++;
                    if (ttype == sizeof(arTile)/sizeof(arTile[0])) ttype=0;
                    DrawScreen();
                    PrintBrick(TRUE);
                    break;
                case PGUP:
                    if (ttype == 0) ttype=sizeof(arTile)/sizeof(arTile[0]);
                    ttype--;
                    DrawScreen();
                    PrintBrick(TRUE);
                    break;
```

ttype 변수값을 변경한 후 화면과 이동 중인 벽돌만 다시 그리면 된다. 새로운 기능이 들어갔으므로 안내 문자열도 다시 작성하고 프로그램의 버전도 좀 올리도록 하자.

```
void DrawScreen()
{
    ....
    gotoxy(50,3);puts("Tetris Ver 1.1");
    gotoxy(50,5);puts("좌우:이동, 위:회전, 아래:내림");
    gotoxy(50,6);puts("공백:전부 내림, ESC:종료");
    gotoxy(50,7);puts("P:정지, PgUp,PgDn:모양 바꿈");
}
```

❹ 다음 나올 벽돌의 모양을 미리 보여주어 지금 움직이고 있는 벽돌을 어디에 놓으면 좋은지를 결정할 수 있도록 해 보자. 이 기능이 없으면 이 게임은 운에 너무 좌우되어 버리므로 재미가 없어진다. 다음 나올 벽돌까지 고려하여 빈 공간을 치밀하게 채워나가는 순발력, 이른바 머리를 쓰는 재미가 있어야 한다. 현재 이동 중인 벽돌은 brick 변수가 저장하는데 다음 나올 벽돌의 모양을 저장하기 위한 전역변수를 하나 더 추가하도록 하자.

```
int nbrick;
```

이 벽돌이 어떤 모양을 가지는지 화면 아래쪽에 출력하는 함수를 다음과 같이 작성한다. 새로운 함수를 추가할 때 원형도 같이 선언해야 함은 두말하면 잔소리다.

```
void DrawNext()
{
    int x,y,i;

    for (x=50;x<=70;x+=2) {
        for (y=12;y<=18;y++) {
            gotoxy(x,y);
            puts(arTile[ttype][(x==50 || x==70 || y==12 || y == 18) ? WALL:EMPTY]);
        }
    }

    for (i=0;i<4;i++) {
        gotoxy(60+(Shape[nbrick][0][i].x)*2,15+Shape[nbrick][0][i].y);
        puts(arTile[ttype][BRICK]);
    }
}
```

(50, 12) 좌표에 조그만 사각영역을 마련하고 이 안에 nbrick의 모양을 그렸다. main에서는 brick보다 한 단계 먼저 nbrick을 만들어 놓고 brick은 nbrick을 대입받도록 한다.

```
void main()
{
        ....
        nbrick=random(sizeof(Shape)/sizeof(Shape[0]));
        for (;1;) {
            brick=nbrick;
            nbrick=random(sizeof(Shape)/sizeof(Shape[0]));
            DrawNext();
            nx=BW/2;
            ny=3;
```

DrawScreen에서도 DrawNext를 호출해야 잠시 중지했다 다시 돌아올 때 다음 나올 벽돌 모양까지 같이 그려진다.

```
void DrawScreen()
{
    ....
    DrawNext();
}
```

이렇게 되면 main에서 최초 DrawScreen을 호출할 때 0번 벽돌이 다음 벽돌로 그려지는데 아주 짧은 시간이므로 무시하도록 하자.

❺ 게임에는 으례히 점수를 계산하는 기능이 들어가야 한다. 점수와 총 벽돌의 개수를 저장하기 위해 다음 두 전역변수를 추가한다.

```
int score;
int bricknum;
```

main에서 매 게임이 시작될 때 이 변수들을 초기화하고 벽돌이 생성될 때마다 bricknum 변수를 증가시킨다.

```
void main()
{
        ....
        nFrame=20;
        score=0;
        bricknum=0;

        nbrick=random(sizeof(Shape)/sizeof(Shape[0]));
        for (;1;) {
                bricknum++;
```

점수는 한 줄을 없앨 때 증가시켜야 하므로 TestFull에서 처리한다. 한 줄을 없앨 때마다 1점씩 점수를 주면 너무 평이하므로 한꺼번에 많은 줄을 없앨수록 높은 점수를 주도록 해 보자. 이런 요소가 있어야 여러 줄을 모았다가 없애려고 시도할 것이며 그러다 보면 뜻대로 잘 안 되기 때문에 게임이 더 재미있어진다.

```
void TestFull()
{
   int i,x,y,ty;
   int count=0;
   static int arScoreInc[]={ 0,1,3,8,20 };
   ....
        if (x == BW+1) {
                count++;
                ....
```

```
        }
        score += arScoreInc[count];
        PrintInfo();
}
```

한 줄을 없앨 때마다 count를 증가시켜 채운 줄 수를 구하고 룩업 테이블에서 없앤 줄 수를 첨자로 하여 점수를 더한다. 점수 기능이 들어갔으므로 게임 중에 사용자가 이 정보를 볼 수 있도록 해야 한다. 점수와 벽돌 개수를 출력하는 다음 함수를 추가한다.

```
void PrintInfo()
{
    gotoxy(50, 9);printf("점수 : %d      ",score);
    gotoxy(50,10);printf("벽돌 : %d 개  ",bricknum);
}
```

DrawScreen 함수의 끝에서 PrintInfo를 호출해 주어야 한다.

```
void DrawScreen()
{
    ....
    PrintInfo();
}
```

⑥ 테트리스 게임은 별로 어렵지 않은데다 익숙해지면 오히려 싱거워지는데 게임 진행 시간에 따라 속도를 증가시켜 난이도를 높여 보도록 하자. main 함수에 다음 코드를 추가한다.

```
void main()
{
    ....
            for (;2;) {
                if (--nStay == 0) {
                    nStay=nFrame;
                    if (MoveDown()) break;
                }
                if (ProcessKey()) break;
                delay(1000/20);
            }
```

```
        if (bricknum % 10 == 0 && nFrame > 5) {
            nFrame--;
        }
    }
```

벽돌이 10개 떨어질 때마다 프레임 수를 감소시켜 벽돌이 떨어지는 속도를 증가시킨다. nFrame은 벽돌이 한 번 내려올 프레임 수이므로 이 값이 감소하면 속도는 증가한다. 단 계속 빨라지기만 하면 안 되므로 5 이하로 줄어들지는 않도록 하여 최대 속도를 0.25초에 한 번으로 제한하였다. 이 식에 사용된 상수 10과 최대 속도 5는 난이도를 조절하는 수단이다.

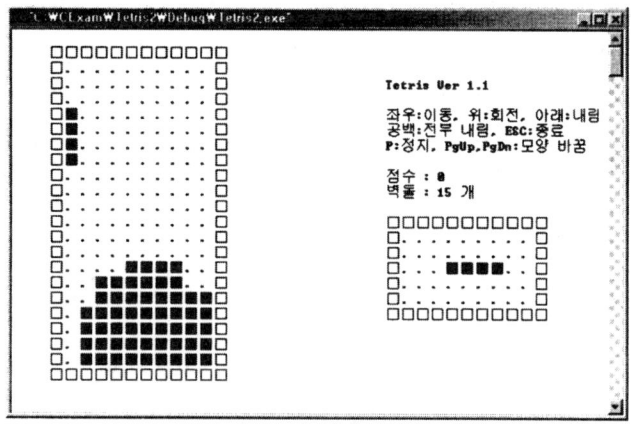

이상으로 이미 만들어져 있는 소스를 바탕으로 개작 실습을 해 보았는데 본문의 안내를 따라 실습을 해 보면 그다지 어렵지 않다는 것과 생각보다 기능 추가를 위한 코드가 적다는 것을 알 수 있다. 그 이유는 처음 예제를 만들 때부터 기능을 만들어 넣기에 급급하기 보다는 확장성을 고려하여 구조를 만들어 왔기 때문이다. 이 외에 여러분들이 생각하는 아이디어를 이 게임에 적용하여 계속 개작을 해 보도록 하자. 다음은 추가 개작 힌트들이다.

- 처음 시작할 때부터 아래쪽에 불규칙한 모양의 벽돌을 깔아 놓고 이 벽돌들을 모두 제거하면 한 판을 끝내는 것으로 규칙을 변경할 수 있다.
- 점수가 일정 이상 올라가면 패널티를 부여한다. 예를 들어 갑자기 하늘에서 벽돌 조각들이 떨어진다든가 아래쪽에서 불규칙한 모양의 벽돌이 올라온다든가 하면 조금 더 어려워진다.
- 경과 시간을 표시해 보자. 게임을 얼마동안 하고 있는지 보여줌으로써 너무 게임에 몰두하지 않도록 해 줄 것이다.
- 2인용 테트리스를 만들어 보자. 양쪽에 두 개의 게임판을 그려 놓고 각기 다른 키로 게임을 진행할 수 있도록 한다. 한 컴퓨터로 두 명이 사이좋게 놀 수 있을 것이다.
- 전투 기능을 넣어 한쪽에서 벽돌을 없애면 반대쪽에 패널티가 부여되도록 해 보자. 한 컴퓨터로 두 명이 원수지간이 될 수 있을 것이다.

□ 두 명이 전투한 결과를 구조체로 저장하여 다시 재생해 볼 수 있는 리플레이 기능을 넣어 보고 파일로도 저장하도록 해 보자. 둘이 리플레이를 보면서 화해를 할 수 있을 것이다.

이 외에도 더 많은 기능을 생각해 볼 수 있겠지만 콘솔 환경에서 더 이상의 개작은 조금 무리가 있는 것 같다. 다음에 윈도우즈에서 프로그래밍을 하게 된다면 똑같은 소스로 더 화려하고 재미있는 게임을 만들어 보도록 하자. 사운드도 넣어 보고 네트워크 기능을 통해 온라인상에서 게임을 진행할 수도 있다.

14.3.7 Hexa

헥사는 가로, 세로, 대각선 방향으로 세 개의 모양이 일치하면 벽돌을 제거하는 게임이다. 테트리스와 모양뿐만 아니라 게임의 논리까지도 거의 유사하므로 처음부터 다시 작성하는 것보다 Tetris2 소스를 복사한 후 수정하는 것이 더 편리하다. 대부분의 함수와 전역 변수를 그대로 쓸 수 있되 채움 점검을 하는 TestFull 함수만 잘 작성하면 된다. TestFull 함수는 난이도가 그리 높지 않고 기본적인 수학적인 논리력만 있으면 작성할 수 있어 알고리즘 연습용으로 아주 좋다. 완성된 전체 소스는 다음과 같다.

예제 Hexa

```
#include <Turboc.h>

#define LEFT 75
#define RIGHT 77
#define UP 72
#define DOWN 80
#define PGUP 73
#define PGDN 81
#define ESC 27
#define BX 5
#define BY 1
#define BW 10
#define BH 20

void DrawScreen();
void DrawBoard();
BOOL ProcessKey();
void PrintBrick(BOOL Show);
int GetAround(int x,int y);
BOOL MoveDown();
```

```c
void TestFull();
void DrawNext();
void PrintInfo();
void MakeNewBrick();

enum { EMPTY, B1, B2, B3, B4, B5, B6, B7, B8, B9, B10, WALL };
char *arTile[]={".","■","●","★","♣","♔","◆","♠","♥","♨","♪","□"};
int board[BW+2][BH+2];
int nx,ny;
int brick[3];
int nbrick[3];
int score;
int bricknum;
int level;

void main()
{
    int nFrame, nStay;
    int x,y;

    setcursortype(NOCURSOR);
    randomize();
    level=6;

    for (;3;) {
        clrscr();
        for (x=0;x<BW+2;x++) {
            for (y=0;y<BH+2;y++) {
                board[x][y] = (y==0 || y==BH+1 || x==0 || x==BW+1) ? WALL:EMPTY;
            }
        }
        DrawScreen();
        nFrame=20;
        score=0;
        bricknum=0;

        MakeNewBrick();
        for (;1;) {
            bricknum++;
```

```
                    memcpy(brick,nbrick,sizeof(brick));
                    MakeNewBrick();
                    DrawNext();
                    nx=BW/2;
                    ny=3;
                    PrintBrick(TRUE);

                    if (GetAround(nx,ny) != EMPTY) break;
                    nStay=nFrame;
                    for (;2;) {
                         if (--nStay == 0) {
                              nStay=nFrame;
                              if (MoveDown()) break;
                         }
                         if (ProcessKey()) break;
                         delay(1000/20);
                    }
                    if (bricknum % 10 == 0 && nFrame > 5) {
                         nFrame--;
                    }
               }
               clrscr();
               gotoxy(30,12);puts("G A M E   O V E R");
               gotoxy(25,14);puts("다시 시작하려면 Y를 누르세요");
               if (tolower(getch()) != 'y') break;
          }
          setcursortype(NORMALCURSOR);
}

void DrawScreen()
{
     int x,y;

     for (x=0;x<BW+2;x++) {
          for (y=0;y<BH+2;y++) {
               gotoxy(BX+x*2,BY+y);
               puts(arTile[board[x][y]]);
          }
     }

     gotoxy(50,3);puts("Hexa Ver 1.0");
```

```c
    gotoxy(50,5);puts("좌우:이동, 위:회전, 아래:내림");
    gotoxy(50,6);puts("공백:전부 내림, ESC:종료");
    gotoxy(50,7);puts("P:정지,PgUp,PgDn:난이도 조절");
    DrawNext();
    PrintInfo();
}

void DrawBoard()
{
    int x,y;

    for (x=1;x<BW+1;x++) {
        for (y=1;y<BH+1;y++) {
            gotoxy(BX+x*2,BY+y);
            puts(arTile[board[x][y]]);
        }
    }
}

BOOL ProcessKey()
{
    int ch;
    int t;

    if (kbhit()) {
        ch=getch();
        if (ch == 0xE0 || ch == 0) {
            ch=getch();
            switch (ch) {
            case LEFT:
                if (GetAround(nx-1,ny) == EMPTY) {
                    PrintBrick(FALSE);
                    nx--;
                    PrintBrick(TRUE);
                }
                break;
            case RIGHT:
                if (GetAround(nx+1,ny) == EMPTY) {
                    PrintBrick(FALSE);
```

```
                    nx++;
                    PrintBrick(TRUE);
                }
                break;
            case UP:
                PrintBrick(FALSE);
                t=brick[0];
                brick[0]=brick[1];
                brick[1]=brick[2];
                brick[2]=t;
                PrintBrick(TRUE);
                break;
            case DOWN:
                if (MoveDown()) {
                    return TRUE;
                }
                break;
            case PGDN:
                if (level > 2) {
                    level--;
                    PrintInfo();
                }
                break;
            case PGUP:
                if (level < 10) {
                    level++;
                    PrintInfo();
                }
                break;
        }
    } else {
        switch (tolower(ch)) {
        case ' ':
            while(MoveDown()==FALSE) {;}
            return TRUE;
        case ESC:
            exit(0);
        case 'p':
            clrscr();
```

```c
                    gotoxy(15,10);
                    puts("Tetris 잠시 중지. 다시 시작하려면 아무 키나 누르세요.");
                    getch();
                    clrscr();
                    DrawScreen();
                    PrintBrick(TRUE);
                    break;
                }
            }
        }
        return FALSE;
    }

    void PrintBrick(BOOL Show)
    {
        int i;

        for (i=0;i<3;i++) {
            gotoxy(BX+nx*2,BY+ny+i);
            puts(arTile[Show ? brick[i]:EMPTY]);
        }
    }

    int GetAround(int x,int y)
    {
        int i,k=EMPTY;

        for (i=0;i<3;i++) {
            k=max(k,board[x][y+i]);
        }
        return k;
    }

    BOOL MoveDown()
    {
        if (GetAround(nx,ny+1) != EMPTY) {
            TestFull();
            return TRUE;
        }
```

```c
        PrintBrick(FALSE);
        ny++;
        PrintBrick(TRUE);
        return FALSE;
}

void TestFull()
{
    int i,x,y;
    int t,ty;
    BOOL Remove;
    static int arScoreInc[]={ 0,1,3,7,15,30,100,500 };
    int count=0;
    BOOL Mark[BW+2][BH+2];

    // 배열에 기록
    for (i=0;i<3;i++) {
        board[nx][ny+i]=brick[i];
    }

    for (;;) {
        // 연속 무늬 점검
        memset(Mark,0,sizeof(Mark));
        Remove=FALSE;
        for (y=1;y<BH+1;y++) {
            for (x=1;x<BW+1;x++) {
                t=board[x][y];
                if (t==EMPTY) continue;

                // 수평
                if (board[x-1][y]==t && board[x+1][y]==t) {
                    for (i=-1;i<=1;i++) Mark[x+i][y]=TRUE;
                    Remove=TRUE;
                }
                // 수직
                if (board[x][y-1]==t && board[x][y+1]==t) {
                    for (i=-1;i<=1;i++) Mark[x][y+i]=TRUE;
                    Remove=TRUE;
                }
```

```c
                // 우하향
                if (board[x-1][y-1]==t && board[x+1][y+1]==t) {
                    for (i=-1;i<=1;i++) Mark[x+i][y+i]=TRUE;
                    Remove=TRUE;
                }
                // 좌하향
                if (board[x+1][y-1]==t && board[x-1][y+1]==t) {
                    for (i=-1;i<=1;i++) Mark[x-i][y+i]=TRUE;
                    Remove=TRUE;
                }
            }
        }

        if (Remove == FALSE) return;

        // 제거 애니메이션
        for (i=0;i<6;i++) {
            for (y=1;y<BH+1;y++) {
                for (x=1;x<BW+1;x++) {
                    if (board[x][y]!=EMPTY && Mark[x][y]==TRUE) {
                        gotoxy(BX+x*2,BY+y);
                        puts(arTile[i%2 ? EMPTY:board[x][y]]);
                    }
                }
            }
            delay(150);
        }

        // 연속된 무늬 삭제
        for (y=1;y<BH+1;y++) {
            for (x=1;x<BW+1;x++) {
                if (board[x][y]!=EMPTY && Mark[x][y]==TRUE) {
                    for (ty=y;ty>1;ty--) {
                        board[x][ty]=board[x][ty-1];
                    }
                    board[x][1]=EMPTY;
                    count++;
                }
            }
        }
```

```c
            }

            DrawBoard();
            score += arScoreInc[min(count/3,7)];
            PrintInfo();
        }
}

void DrawNext()
{
    int x,y,i;

    for (x=50;x<=70;x+=2) {
        for (y=12;y<=18;y++) {
            gotoxy(x,y);
            puts(arTile[(x==50 || x==70 || y==12 || y == 18) ? WALL:EMPTY]);
        }
    }

    for (i=0;i<3;i++) {
        gotoxy(60,14+i);
        puts(arTile[nbrick[i]]);
    }
}

void PrintInfo()
{
    gotoxy(50, 9);printf("난이도 : %d  ",level);
    gotoxy(50,10);printf("점수 : %d    ",score);
    gotoxy(50,11);printf("벽돌 : %d 개 ",bricknum);
}

void MakeNewBrick()
{
    int i;

    do {
        for (i=0;i<3;i++) {
```

```
        nbrick[i]=random(level)+1;
    }
} while (nbrick[0]==nbrick[1] && nbrick[1]==nbrick[2] && nbrick[0]==nbrick[2]);
}
```

테트리스는 각 벽돌의 모양이 다른데 비해 헥사의 벽돌들은 모두 세로 세 칸짜리이되 새끼 벽돌의 구성이 다를 뿐이다. 그래서 모양을 정의하는 Shape 배열은 필요치 않으며 대신 각 새끼 벽돌의 무늬를 정의하는 arTile 배열이 필요하다. 이 예제는 총 10개의 무늬를 사용하되 난이도에 따라 사용할 무늬의 개수를 결정할 수 있다. 전역 변수 level이 이런 용도로 사용되며 단축키 PgUp, PgDn으로 실행 중에 level을 변경할 수 있다. 벽돌의 모양이 연속적으로 같도록 배치하는 것이 게임의 목적이므로 벽돌의 종류가 적을수록 난이도는 쉬워진다.

board나 nx, ny 전역 변수는 테트리스와 동일하되 nx, ny는 제일 위 벽돌의 좌표를 가리키는 것으로 한다. 이런 변수의 의미는 처음 개발할 때부터 분명히 정할 필요가 있다. 헥사의 벽돌은 회전하기는 하되 전체 벽돌의 모양이 바뀌는 것이 아니라 새끼 벽돌의 위치만 바뀌므로 rot 전역 변수는 필요없으며 대신 새끼 벽돌의 구성을 기억하는 별도의 배열이 필요하다. 그래서 brick은 크기 3의 정수형 배열로 선언했으며 이 배열에 위쪽부터 각 새끼 벽돌의 번호를 기억하고 회전할 때는 새끼 벽돌의 위치를 바꾼다.

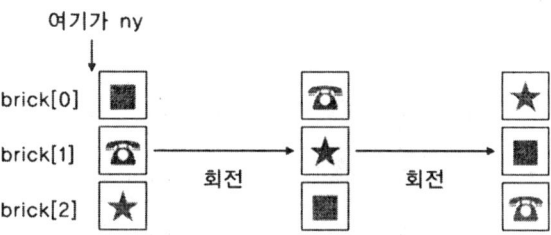

전체 프로그램의 흐름이 유사하므로 main 함수의 구조는 테트리스의 것을 그대로 사용하고 있다. 단 벽돌을 만들 때 세 개의 무늬가 모두 같아서는 안 되므로 이 조건에 맞는 벽돌을 만드는 MakeNewBrick 이라는 별도의 함수를 더 정의한다는 점만 다르다. MakeNewBrick은 nbrick 배열에 난수로 새끼 벽돌을 선택하되 무늬 중 하나라도 다를 때까지 반복함으로써 착륙 직후에 바로 제거되는 벽돌을 만들지 않도록 한다. 세 개의 무늬가 똑같은 벽돌은 게임의 목적상 만들지 않는 것이 바람직하다.

DrawScreen, DrawBoard, DrawNext, ProcessKey, PrintInfo 등의 함수는 거의 변한 것이 없다. 벽돌을 관리하는 함수들은 자료 구조가 바뀜에 따라 조금씩 변화가 있는데 PrintBrick 함수는 세 칸짜리 벽돌을 nx, ny에 차례대로 출력하거나 삭제한다. 각 칸에 대해 루프를 돌며 brick의 각 새끼 벽돌 무늬 또는 공백을 출력한다. GetAround 함수는 원형이 바뀌었는데 회전 모양이 없고 벽돌의 모양이 정해져 있으므로 b, r 인수가 제거되었다. 주어진 좌표 x, y에서 아래쪽으로 세 칸을 읽어 보고 그 중 가장 큰 값을 리턴한다. MoveDown은 아래쪽으로 한 칸 내리되 바닥이나 이미 쌓은 벽돌에 닿을 때 TestFull을 호출한다. 이 함수의 내용도 테트리스와 똑같다.

이 게임의 가장 핵심 코드는 게임의 규칙 구현부인 TestFull 함수에 모두 작성되어 있으며 이 부분이 테트리스와 가장 다르다. board 배열을 읽어 같은 무늬가 세 개 이상 연속되어 있는 칸을 찾아 제거하는 것이 TestFull의 임무이다. 이 함수는 벽돌이 바닥에 착륙했을 때 MoveDown에 의해 호출되는데 게임판에 변화가 생겼으므로 연속된 무늬를 제거해야 한다. 우선 착륙한 벽돌을 배열에 기록한다. 그리고 무한 루프를 돌며 세 번 이상 연속된 무늬를 모두 찾아 제거한다.

이때 고려해야 할 사항은 연속된 무늬가 반드시 세 개가 아니라 네 개나 그 이상일 수도 있다는 것과 조금이라도 게임판에 변화가 생기면 추가로 제거되는 벽돌이 생기기도 한다는 점이다. 즉 제거된 벽돌 위쪽의 벽돌이 아래쪽으로 내려오므로 또 다른 추가 제거 벽돌이 생길 수도 있다. 테트리스는 하나의 벽돌이 착륙할 때 한 번에 벽돌을 모두 제거할 수 있지만 헥사는 제거에 의해 새로운 벽돌이 추가로 제거될 수 있기 때문에 더 이상 제거할 벽돌이 없을 때까지 점검을 반복해야 한다.

그래서 TestFull은 한 번에 점검과 제거를 다 할 수 없으며 점검을 먼저하여 제거할 벽돌을 고르고 이렇게 선택한 벽돌을 일괄 제거한다. 세 개의 무늬가 일치했다고 해서 바로 삭제해 버리면 그 이상의 무늬가 일치했는지를 정확하게 판별할 수 없을 것이다. 세 개의 연속무늬가 있는지 조사하는 방법은 생각보다 간단하다. board 배열 전체를 순회하면서 비어있지 않은 각 칸에 대해 양쪽 인접 벽돌의 무늬가 같은지를 점검하는 것이다. 하나의 칸에 대해 다음 4가지 경우를 점검하면 된다.

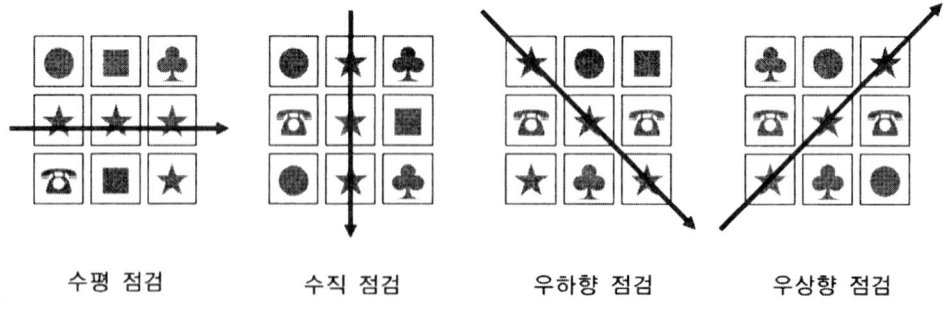

수평 점검   수직 점검   우하향 점검   우상향 점검

수평으로 점검할 때는 인접한 좌우칸을 보고 수직으로 점검할 때는 상하칸을 보면 된다. 대각선으로 점검할 때는 그림과 같이 대각선 맞은편의 무늬를 본다. 점검 결과 세 칸의 무늬가 일치하면 Mark 배열에 이 칸이 제거 대상임을 표시한다. 모든 칸에 대해 이 과정을 반복하면 4개 이상 연속되어 있는 무늬들에 대해서도 정확하게 표시할 수 있다. 이때 약간의 중복 표시가 되기는 하지만 논리가 단순하기 때문에 큰 문제가 되지는 않는다. 또한 벽에 붙어 있는 줄은 4방향을 다 볼 필요가 없지만 어차피 벽과 안쪽의 무늬가 같을 수는 없으므로 이 경우도 아무 부작용이 없다.

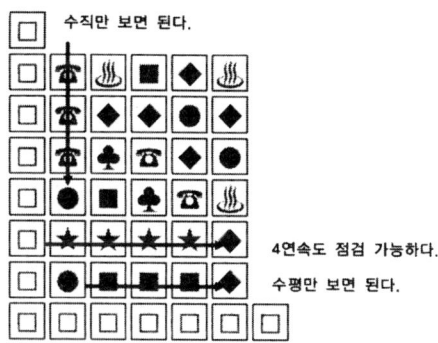

위 그림과 같은 상황에서 채움 제거 점검을 한다고 해 보자. 왼쪽의 전화기 무늬 셋을 점검할 때는 수직 방향만 점검하면 된다. 만약 이 전화기가 수평이나 대각선으로도 연속되어 있다면 이 점검은 안쪽 좌표를 볼 때 체크될 것이다. 그러나 이 위치에 대해서도 별도의 조건 점검없이 4방향을 모두 다 보는데 제일 바깥의 무늬가 벽이므로 안쪽과 일치하는 세 개의 무늬가 절대로 나오지 않는다. 마찬가지로 아래쪽의 네모 무늬 셋을 점검할 때는 수평 방향만 보면 된다. 중간의 별 모양 4개를 점검할 때는 가운데에 있는 두 개의 별에서 두 번 중복 점검하지만 별 부작용은 없다.

TestFull 함수는 제거될 칸을 표시하기 위해 Mark라는 별도의 배열을 추가로 선언해서 사용하는데 이런 방법이 번거로우면 board 배열 요소의 특정 비트를 1로 설정하는 방법을 쓸 수도 있다. 예를 들어 제거 대상 칸에 대해 최상위 비트를 1로 설정하는 것도 나름대로 쓸만하다. 그러나 이렇게 하면 무늬를 비교할 때 ==로 바로 비교할 수 없고 최상위 비트를 마스크 오프한 후 비교해야 하므로 오히려 더 번거로와진다.

board 점검을 하기 전에 Remove는 FALSE로 초기화되고 하나라도 연속된 무늬가 발견되면 이 값을 TRUE로 변경하는데 이는 탈출 시점을 결정하기 위해서이다. board 배열 전체를 다 점검해도 연속된 무늬가 전혀 발견되지 않으면 이때가 바로 함수를 종료할 때이다. 바꾸어 말하면 연속된 무늬가 발견되면 다시 점검을 반복해야 하며 쌓인 벽돌이 많을 때는 다섯 번, 여섯 번 이 과정을 반복할 경우도 있다.

제거해야 할 벽돌이 발견되었으면 이 칸들을 깜박거리도록 하여 사용자에게 어떤 벽돌이 제거되는지를 분명히 표시한다. 이 처리가 생략되면 게임판이 너무 급격하게 변하므로 사용자가 게임의 진행 상황을 정확하게 알 수 없다. 혹시는 자신도 모르는 사이에 벽돌들이 연속되어 한꺼번에 제거되기도 하므로 이 처리는 단순한 멋부리기가 아니라 꼭 필요한 필수 서비스이다.

깜박임 처리까지 완료했으면 실제 벽돌을 배열에서 제거한다. 처음부터 끝까지 다시 루프를 돌면서 제거될 벽돌을 위쪽의 정보로 덮어 버리면 된다. 벽돌 제거 후 게임판을 완전히 다시 그리고 점수를 계산한 후 다시 루프의 선두로 돌아가 더 제거할 벽돌이 있는지 계속 점검한다. 한꺼번에 많은 벽돌을 없앨수록 높은 점수를 주도록 했는데 이는 째째하게 세 개씩 없애지 말고 가급적 모아 두었다가 한꺼번에 없애도록 유도하는 효과가 있다. 그래서 사용자는 다음 나올 벽돌을 보고 이중, 삼중으로 벽돌을 제거하는 계산을 미리 해야 하며 이런 머리 굴리기가 이 게임의 묘미이다. 왜냐하면 막상 해 보면 뜻대로 쉽게 되지 않으며 잘 안 되면 약오르기 때문이다.

14.4 Couple

14.4.1 게임 소개

짝 찾기 게임이란 8개의 숫자를 16개의 칸에 두 번씩 섞어 놓고 짝이 맞는 숫자를 찾는 게임이다. 일종의 기억력 테스트 게임이라고 할 수 있다. 유사한 게임들이 이미 많이 발표되어 있고 TV에서도 이런 게임을 종종 볼 수 있으므로 게임 규칙은 이미 익숙할 것이다. 실행 중의 모습은 다음과 같다.

```
[4] [2]  ?   ?         짝 맞추기 게임 Ver 1.0

                       커서키 : 이동. 공백 : 뒤집기. Esc : 종료
 ?  [7]  ?  [4]
                       총 시도 회수 : 18

 ?   ?   ?  [2]        아직 못 찾은 것 : 10


 ?   ?   ?  [7]
```

게임을 시작하면 2초간 숫자들이 어디 숨어 있는지를 보여주는데 배치 상황을 재빨리 기억해 두어야 한다. 잠시 후 모든 숫자는 ?로 바뀌는데 숨어 있는 숫자의 짝을 최소한의 시도로 찾는 것이 게임의 목표이다. 커서 이동키와 공백키로 게임을 진행하며 Esc를 누르면 게임이 종료된다. 커서키로 숫자들 사이를 이동하며 공백키로 숫자를 열어 보고 짝이 맞는 두 숫자를 연속으로 선택하여 숨겨진 숫자쌍을 찾는다. 틀릴 경우는 왜 틀렸는지를 1초간 보여주는데 이때 숨겨진 숫자의 위치를 잘 기억해 두는 것이 이 게임의 요령이다.

사용자들을 골탕 먹이는 것이 이 프로그램의 목적이 아니므로 게임판을 작게 만들었고 시간제한도 두지 않았다. 컴파일된 실행 파일을 여러 번 실행하여 일단 게임을 즐기면서 어떻게 동작하는지 살펴보자. 솔직히 별로 재미는 없지만 한 두 번은 해 볼만 할 것이다. 동작을 잘 관찰해 보면서 프로그램을 어떻게 만들었는지 추측해 보도록 하자.

게임 회사에 갓 입사한 신입 사원에게 이 게임을 만들라는 명령이 떨어졌다고 가정하자. 먼저 어떤 자료 구조를 쓸 것인지, 메인 루프는 어떻게 설계할 것인지, 필요한 함수는 무엇인지 등을 고민해야 할 것이다. 바로 아래에 소스가 있지만 소스를 보기 전에 먼저 생각해 보고 고민을 해 보도록 하자. 지금은 연습 중이므로 결과보다는 과정이 더 중요하다. 실습을 마친 후 자신의 생각이 과연 옳았는지를 반드시 점검해 보고 이 실습에서 무엇을 배웠는지 정리해 보기 바란다.

예제 Couple

```c
#include <Turboc.h>

#define LEFT 75
#define RIGHT 77
#define UP 72
#define DOWN 80
#define ESC 27

enum Status { HIDDEN, FLIP, TEMPFLIP };
struct tag_Cell
{
    int Num;
    Status St;
};
tag_Cell arCell[4][4];
int nx,ny;
int count;

void InitGame();
void DrawScreen(BOOL bHint);
void GetTempFlip(int *tx,int *ty);
int GetRemain();

void main()
{
    int ch;
    int tx,ty;
    randomize();
    InitGame();

    for (;;) {
        gotoxy(nx*5+2,ny*3+2);

        ch=getch();
        if (ch == 0xE0) {
            ch=getch();
            switch (ch) {
            case LEFT:
```

```c
                    if (nx > 0) nx--;
                    break;
                case RIGHT:
                    if (nx < 3) nx++;
                    break;
                case UP:
                    if (ny > 0) ny--;
                    break;
                case DOWN:
                    if (ny < 3) ny++;
                    break;
            }
        } else {
            switch (ch) {
            case ESC:
                exit(0);
                break;
            case ' ':
                if (arCell[nx][ny].St==HIDDEN) {
                    GetTempFlip(&tx,&ty);
                    if (tx == -1) {
                        arCell[nx][ny].St=TEMPFLIP;
                    } else {
                        count++;
                        if (arCell[tx][ty].Num == arCell[nx][ny].Num) {
                            putch('\a');
                            arCell[tx][ty].St=FLIP;
                            arCell[nx][ny].St=FLIP;
                            if (GetRemain() == 0) {
                                DrawScreen(FALSE);
                                gotoxy(26,22);puts("축하합니다. 다시 시작합니다.");
                                delay(2000);
                                InitGame();
                            }
                        } else {
                            arCell[nx][ny].St=TEMPFLIP;
                            DrawScreen(FALSE);
                            delay(1000);
                            arCell[tx][ty].St=HIDDEN;
```

```c
                                    arCell[nx][ny].St=HIDDEN;
                                }
                            }
                            DrawScreen(FALSE);
                        }
                        break;
                }
            }
        }
    }
}

void InitGame()
{
    int i,j;
    int x,y;

    nx=ny=0;
    count=0;

    memset(arCell,0,sizeof(arCell));

    for (i=1;i<=8;i++) {
        for (j=0;j<2;j++) {
            do {
                x=random(4);
                y=random(4);
            } while (arCell[x][y].Num != 0);
            arCell[x][y].Num=i;
        }
    }

    DrawScreen(TRUE);
    delay(2000);
    clrscr();
    DrawScreen(FALSE);
}

void DrawScreen(BOOL bHint)
{
```

```c
    int x,y;

    for (y=0;y<4;y++) {
        for (x=0;x<4;x++) {
            gotoxy(x*5+2,y*3+2);
            if (bHint == TRUE || arCell[x][y].St==FLIP) {
                gotoxy(wherex()-1,wherey());
                printf("[%d]",arCell[x][y].Num);
            } else if (arCell[x][y].St==TEMPFLIP) {
                printf("%d",arCell[x][y].Num);
            } else {
                printf("?");
            }
        }
    }

    gotoxy(30,2);puts("짝 맞추기 게임 Ver 1.0");
    gotoxy(30,4);puts("커서키:이동. 공백:뒤집기. Esc:종료");
    gotoxy(30,6);printf("총 시도 회수 : %d",count);
    gotoxy(30,8);printf("아직 못 찾은 것 : %d ",GetRemain());
}

void GetTempFlip(int *tx,int *ty)
{
    int i,j;
    for (i=0;i<4;i++) {
        for (j=0;j<4;j++) {
            if (arCell[i][j].St == TEMPFLIP) {
                *tx=i;
                *ty=j;
                return;
            }
        }
    }
    *tx=-1;
}

int GetRemain()
{
```

```
    int i,j;
    int remain=16;

    for (i=0;i<4;i++) {
        for (j=0;j<4;j++) {
            if (arCell[i][j].St==FLIP) {
                remain--;
            }
        }
    }
    return remain;
}
```

겨우 160여줄 밖에 안 되는 짧은 예제이지만 이 예제 속에는 실로 많은 것이 담겨있다. 소스를 인쇄해 놓고 한 줄 씩 메모해 가면서 분석해 보면 결국 전체를 다 분석할 수 있을 것이다. 다음 항부터 같이 예제를 차근차근 분석해 보자.

14.4.2 자료 구조

프로그램을 작성하는 첫 단계는 이 프로그램이 사용할 자료 구조를 설계하는 것이다. 표현하고자 하는 정보를 가장 효율적으로 저장하고 관리할 수 있는 자료 구조를 선택해야 알고리즘이 간단해지고 구조가 튼튼해진다. 반면 자료 구조를 잘못 선택하면 알고리즘이 복잡해지고 구조가 지저분해져서 오류가 많아지고 확장하기도 어려워진다. 소스를 분석하는 첫 단계는 프로그램 전반에 걸쳐 영향력을 행사하는 전역 변수를 분석하는 것이며 전역변수가 적을수록 분석하기 쉽다.

짝찾기 게임의 게임판은 숫자들이 숨어 있는 여러 개의 칸으로 구성되는데 각 칸에 어떤 숫자가 숨겨져 있는지를 저장해야 한다. 또한 각 칸은 찾았거나 아직 못 찾았거나 아니면 찾기 위해 임시로 열렸거나 셋 중 하나의 상태를 가진다. 숫자와 상태 두 가지 정보를 한꺼번에 표현해야 하므로 칸 하나는 다음 구조체로 표현할 수 있다.

```
enum Status { HIDDEN, FLIP, TEMPFLIP };
struct tag_Cell
{
    int Num;
    Status St;
};
tag_Cell arCell[4][4];
```

Status 열거형은 칸의 상태를 나타내는데 가능한 값이 숨김(HIDDEN), 열림(FLIP), 잠시 열림(TEMPFLIP) 셋 밖에 없으므로 열거형을 사용하는 것이 좋다. tag_Cell 구조체는 칸에 숨겨진 번호 Num과 현재 상태 St를 멤버로 가진다. 이런 칸이 4*4, 전부 16개 있으므로 게임판 전체의 상태를 기억하려면 2차원 구조체 배열로 충분하다. tag_Cell 구조체 2차 배열 arCell이 이 게임의 핵심 자료 구조이다.

arCell 배열의 1차 첨자는 게임판의 X좌표이고 2차 첨자가 게임판의 Y좌표이다. 사람이 글을 읽을 때 한 줄을 다 읽고 다음 행을 읽는 습관이 있으므로 Y좌표가 더 앞쪽에 오는 것이 일반적이지만 arCell의 첨자 구조는 거꾸로 설계했다. 특별한 이유는 없고 gotoxy 함수가 x좌표를 먼저 요구하기 때문에 이 순서에 맞춘 것인데 이 배열을 디버거로 들여다보면 옆으로 누운 모양으로 보일 것이다. 이런 첨자의 의미는 개발자가 임의로 선택할 수 있되 한 번 정한 의미를 중간에 바꾸기는 어려우므로 잘 생각해서 정해야 하며 첨자의 의미를 잘 숙지해야 한다.

이 구조체 배열로부터 게임판의 모든 정보를 다 조사할 수 있는데 제일 첫 칸의 숫자를 알고 싶으면 arCell[0][0].Num을 읽으면 되고 첫 줄 오른쪽 끝의 현재 상태를 알고 싶으면 arCell[3][0].St를 읽으면 된다. 이 구조체는 게임이 진행되는 동안 계속 상태를 유지해야 하고 모든 함수가 자유롭게 읽을 수 있어야 하므로 전역으로 선언되었다.

두 개의 도우미 함수 GetRemain과 GetTempFlip은 arCell 배열로부터 게임 운영에 필요한 정보를 조사한다. GetRemain은 아직 찾지 못한 칸의 개수를 조사하는데 배열 전체를 순회하며 St가 FLIP이 아닌 칸의 개수를 리턴한다. 이 정보는 화면에 남은 개수 출력에 사용되고 게임 끝 점검에도 사용되는데 이 함수가 0을 리턴하면 모든 칸의 상태가 FLIP이 되었다는 뜻이다.

GetTempFlip 함수는 임시로 뒤집어진 칸의 번호를 조사한다. arCell의 St 멤버는 각 칸의 상태를 기억하므로 이 정보를 읽으면 임의의 칸 상태를 알 수 있지만 반대로 특정한 상태에 있는 칸의 번호는 이 배열로부터 곧바로 읽을 수 없으며 배열 전체를 순회해 봐야 한다. GetTempFlip은 St가 TEMPFLIP인 칸의 번호를 조사하되 이런 상태에 있는 칸은 게임 운영 중에는 하나만 존재할 수 있다. 그래서 배열을 순회하면서 최초로 TEMPFLIP 상태를 가지는 번호를 리턴한다. 만약 배열 전체를 순회해도 TEMPFLIP 상태의 칸이 발견되지 않으면 *tx에 -1을 대입하는데 이는 임시로 열린칸이 없다는 뜻이다. 두 개의 값을 리턴해야 하므로 참조 호출을 사용했다.

게임판을 초기화하는 InitGame 함수는 먼저 memset으로 arCell 배열을 모두 0으로 초기화하는데 이 초기화에 의해 모든 칸의 Num은 일단 0이 되며 St는 첫 번째 열거 상수인 HIDDEN이 된다. 곧이어 루프를 돌며 arCell 배열의 Num 멤버에 같은 숫자를 두 개씩 마구잡이로 배치하여 숨긴다. 게임 시작 직후의 arCell 배열은 다음과 같이 초기화될 것이다.

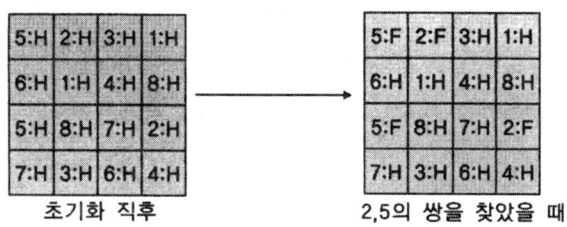

초기화 직후 　　　　　2,5의 쌍을 찾았을 때

게임 진행 중에 사용자가 2와 5의 짝을 찾았다면 Num이 2와 5인 요소의 St 멤버가 FLIP으로 바뀐다. 모든 요소의 St 멤버가 FLIP이 되면 숨겨진 모든 숫자를 다 찾은 것이므로 게임이 끝난다. 나머지 전역변수들의 의미는 비교적 간단하다.

```
int nx,ny;
int count;
```

nx, ny는 커서의 현재 위치값을 가지며 최초 (0,0)으로 초기화되어 왼쪽 위의 칸을 가리킨다. 커서 이동키를 누를 때마다 nx, ny를 변경하여 상하좌우로 이동한다. 이 좌표값은 화면상의 좌표가 아니라 arCell 배열상의 좌표라는 점을 주의하도록 하자. 전역변수의 의미는 처음부터 명확하게 정의해야 하며 애매한 상태로 남겨 두어서는 안 된다. 분석할 때도 의미를 빨리 파악해야 하는데 nx, ny가 화면 좌표라고 잘못 생각하면 논리가 이상하게 꼬이게 된다.

count는 단어 뜻 그대로 시도 회수이며 공백키를 눌러 칸을 한 번 뒤집어 볼 때 때마다 증가한다. 이 값이 작을수록 최소한의 시도로 모든 짝을 다 찾은 것이므로 게임을 잘 하는 것이다. DrawScreen 함수에서 현재 count값을 화면으로 출력한다.

게임이 간단하기 때문에 자료 구조도 무척 간단하다. 전역변수들이 어떤 정보를 기억하는지와 이 정보를 관리하는 방식을 이해하면 프로그램의 논리를 신속하게 이해할 수 있을 것이다. 자료 구조만 제대로 이해해도 프로그램의 절반을 이해한 것이다. 간단한 게임을 위한 자료 구조 설계의 예를 보였는데 여기서 작성한 자료 구조가 반드시 최적의 설계인 것은 아니다. 자료 구조는 고정된 것이 아니기 때문에 동일한 프로그램을 작성하더라도 조금씩 다르게 설계할 수 있다.

예를 들어 arCell 구조체의 Num 멤버에 기억되는 값의 범위가 고작 1~8까지인 작은 정수에 불과하며 음수값이 기억되지도 않는다. 그래서 굳이 4바이트나 되는 int형을 써서 메모리를 낭비할 필요없이 short나 char형으로 선언할 수도 있다. 그러나 이런 작은 프로그램에서는 이 정도 용량 차이가 별 의미가 없고 속도차도 없기 때문에 그냥 무난한 int형을 쓰는 것이다.

14.4.3 게임판 만들기

이 게임의 목적은 숫자를 16개의 칸에 마구잡이로 숨겨 놓고 "나 어디있게? 찾아봐라!"하는 것이다.

따라서 사용자들이 도저히 예측할 수 없는 곳에(그래봐야 16개 중 하나지만) 숫자를 숨겨야 한다. 매번 같은 곳에 숨어 있다거나 일정한 규칙이 있다면 게임의 재미가 없을 것이다. 게임 운영에 필요한 전역변수들을 초기화하고 게임판을 만드는 작업은 InitGame 함수가 한다.

먼저 전역변수들을 초기화하는데 nx, ny는 0으로 초기화하여 최초 커서가 좌상단에 놓이도록 한다. 게임을 시작할 시점이므로 시도 회수인 count는 0으로 초기화했다. 그리고 arCell 배열을 초기화하는데 먼저 memset 함수로 배열 전체를 0으로 초기화하여 모든 칸의 Num은 일단 0으로, St는 HIDDEN으로 만든다. 이제 막 게임을 시작하는 상태이므로 하나도 들키지 않은 상태부터 시작하는 것이다.

다음으로 루프를 돌며 배열의 Num 멤버에 숫자들을 숨기는데 이 루프는 구조가 좀 특이하다. 각 칸에 마구잡이로 숫자들을 숨겨야 하므로 아마 다음과 같은 코드를 생각할 수 있을 것이다. 이중 루프를 돌면서 각 칸에 1~8 사이의 난수를 집어넣는 것이다.

```
for (i=0;i<4;i++)
    for (j=0;j<4;j++)
        arCell[i][j].Num=random(8)+1;
```

그러나 이 코드는 옳지 않다. 왜냐하면 배열의 모든 칸에 임의의 숫자를 넣는 것이 아니라 1~8 사이의 숫자를 임의의 칸에 두 개씩 쌍으로 넣어야 하기 때문이다. 난수로 선택되어야 할 것은 숫자가 아니라 칸 번호이다. 위 코드와 같이 하면 각 칸에 들어가는 숫자는 난수가 되기는 하지만 같은 숫자가 여러 번 중복될 가능성이 있다. 이 게임이 원하는 게임판은 1~8까지의 숫자를 정확하게 두 번씩 임의의 칸에 넣는 것이다. 그래서 실제 코드는 다음과 같이 되어 있다.

```
for (i=1;i<=8;i++) {
    for (j=0;j<2;j++) {
        do {
            x=random(4);
            y=random(4);
        } while (arCell[x][y].Num != 0);
        arCell[x][y].Num=i;
    }
}
```

1~8까지 루프를 돌며 각 숫자들에 대해 두 번씩 임의의 칸을 찾아 대입한다. 만약 난수로 고른 임의의 칸이 이미 다른 숫자에 의해 점령되어 있으면 빈칸을 찾을 때까지 이 과정을 반복한다. Num이 0이 아닌 칸은 이미 숫자가 배치된 칸이며 이 조건 판단을 정확하게 하기 위해 앞에서 memset으로 모든 Num을 0으로 초기화하여 비운 것이다. 이 루프에 의해 arCell 배열에는 다음과 같이 1~8까지의 번호가 두 번씩 아주 예쁘게 배치된다.

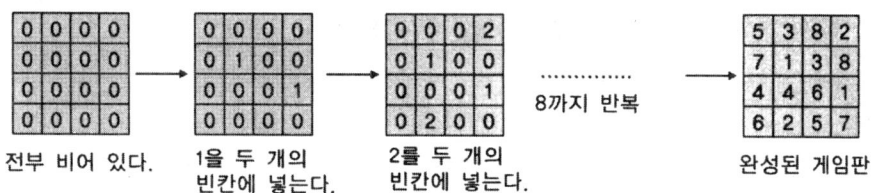

| 전부 비어 있다. | 1을 두 개의 빈칸에 넣는다. | 2를 두 개의 빈칸에 넣는다. | 8까지 반복 | 완성된 게임판 |

이 예제에서 사용한 루프 외에도 8쌍의 숫자를 숨기는 방법은 여러 가지가 있다. 각 칸에 대해 난수를 먼저 선택하고 이 난수가 두 번 다 사용한 것인지를 점검하는 식으로 해도 원하는 목적을 달성할 수 있을 것이다.

전역변수를 초기화하고 게임판을 만든 후 DrawScreen 함수를 호출하되 bHint 인수를 TRUE로 주어 모든 숫자를 다 보이도록 한다. 그리고 2초간 실행을 잠시 중지하는데 2초 동안 정답을 보여 줄 테니 실컷 보라는 뜻이다. 사용자는 2초 동안 숫자들이 어디 숨어 있는지 잽싸게 보고 대충의 배치를 기억해 놔야 한다. 2초가 지나면 clrscr 함수를 호출하여 화면을 모두 지워 버리고 DrawScreen 함수를 호출하되 이번에는 bHint를 FALSE로 주어 숫자를 숨긴 채로 다시 그린다. 드디어 게임이 시작되는 것이다.

게임판을 초기화하는 코드가 InitGame이라는 함수로 분리되어 있는데 초기화 시점이 게임을 시작할 때, 다 맞춘 후 다시 시작할 때 두 번이기 때문이다. 두 번 이상 반복되는 동작은 함수로 분리해야 반복을 방지할 수 있으며 수정할 때도 한 곳만 수정하면 되므로 유지, 보수성이 좋아진다. 뿐만 아니라 초기화가 필요할 때는 언제든지 이 함수만 호출하면 되므로 main 함수의 부담이 감소되어 main이 게임 운영에 좀 더 치중할 수 있다.

14.4.4 화면 그리기

화면을 그리는 작업은 DrawScreen 함수가 담당한다. 화면을 그리는 동작도 반복적으로 호출되므로 함수로 따로 분리했다. 이 함수는 arCell 전역 배열을 참조하여 현재 게임 상황을 화면으로 출력한다. St 멤버를 참조하여 이미 찾은 칸(FLIP)은 [숫자]를 보여 줄 것이고 아직 찾지 못한 칸(HIDDEN)은 ?를 출력하며 임시로 열어본 칸(TEMPFLIP)에 대해서는 괄호없이 숫자만 출력한다.

bHint라는 BOOL형의 인수를 하나 전달받는데 이 값이 TRUE이면 arNum 배열에 숨어 있는 모든 숫자를 다 보여주라는 뜻이다. InitGame에서 최초 게임판을 만든 후 게임판을 살짝 보여줄 때만 bHint가 TRUE이며 게임이 진행 중일 때는 항상 FALSE가 전달된다. 힌트를 보여줄 때나 실제 게임 진행 상황을 보여 줄 때나 처리가 비슷하므로 한 함수에서 모두 처리하되 bHint 인수를 사용하여 두 경우를 구분하도록 했다. 이처럼 한 함수가 경우에 따라 다른 동작을 할 수 있도록 하는 장치가 바로 인수이다.

이중 루프 구성을 위해 x, y 두 개의 지역변수를 선언하고 y를 0~3까지 돌면서 각 y에 대해 x도 0~3까지 루프를 돌도록 했다. 따라서 총 루프 실행 횟수는 16번이 되며 16개의 칸에 대해 개별적으로 출력한다. 루프의 반복 단위는 주어진 x, y칸의 정보를 화면으로 출력하는 것이다. 먼저 gotoxy 함수로 커서를 출력 위치로 옮기는데 (x*5+2, y*3+2)라는 좌표 계산식이 조금 복잡해 보인다. 이 식은 제어 변수와 매 반복마다 이동해야 할 좌표값과의 1차 함수관계를 나타낸다.

x에 5를 곱하는 이유는 각 칸끼리의 수평 거리가 5라는 뜻이며 y에 3을 곱하는 이유는 각 칸끼리 수직 거리가 3이라는 뜻이다. 일반적으로 콘솔의 글꼴이 세로로 길쭉하기 때문에 가로로 거리를 더 띄워야 보기에 좋다. 좌표값에 +2를 해 주는 이유는 좌상단이 아닌 칸의 중앙에 숫자를 배치하기 위해서이다. 이런 출력 좌표 계산은 앞서 구구단 실습에서도 해 본 바가 있다.

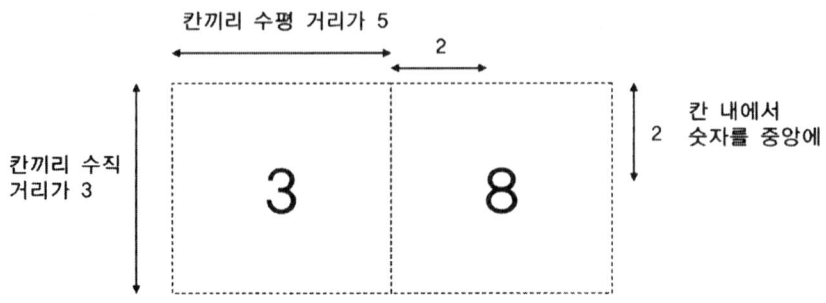

각 칸의 상태는 다음 셋 중 하나인데 St 멤버값을 보면 어떤 상태인지 쉽게 알 수 있다. if문으로 각 경우의 조건을 판단하여 적절한 출력을 하면 된다.

① arCell 배열의 St 멤버가 FLIP이면 이 칸은 이미 사용자가 찾아 놓은 상태이므로 Num에 기억되어 있는 숫자를 보여준다. 임시로 잠시 뒤집어져 있는 칸과 구분할 수 있도록 숫자 바깥에 [ ] 괄호를 출력하는데 이때 출력 좌표를 왼쪽으로 한 칸 옮겨야 아래 위 숫자가 똑바로 정렬될 것이다. bHint 인수가 TRUE인 경우는 모든 칸이 이 상태인 것으로 취급하여 숫자를 전부 다 보여준다.
② St 멤버가 TEMPFLIP이면 사용자가 확인을 위해 잠시 연 칸이다. 임시로 열린칸은 Num의 숫자값을 출력하여 확인시켜 주되 사용자가 완전히 찾은 숫자와는 다른 상태이므로 [ ] 괄호를 출력하지 않는다.
③ 앞에서 St의 두 멤버를 처리했으므로 남은 경우는 St 멤버가 HIDDEN인 경우밖에 없다. 이 칸은 아직 찾지도 못했고 확인을 위해 열린 칸도 아니다. 이때는 숫자 대신 ?만 출력한다.

16개의 칸에 대해 이중 루프를 돌면서 각 칸의 상태를 조사하여 출력하면 게임판 출력이 완료된다. 게임판 오른쪽에는 프로그램 소개, 간단한 사용법, 시도 회수, 남은 회수 등을 출력한다. gotoxy로 적당한 위치로 커서를 옮긴 후 printf로 문자열과 변수값만 출력하면 된다. 아주 단순한 출력문처럼 보이지만 여기에도 트릭이 숨어 있다.

```
printf("아직 못 찾은 것 : %d ",GetRemain());
```
여기에 공백이 있음

제일 마지막 출력문의 문자열을 보면 %d 다음에 공백이 하나 더 포함되어 있는 것을 볼 수 있는데 이 공백의 역할은 아주 크다. 이 출력문은 아직 찾지 못한 칸의 개수를 출력하는데 게임이 진행되면 이 값은 감소하도록 되어 있다. 이 값이 10인 상태에서 한 쌍의 숫자를 더 찾으면 8이 될 것이다. 이때 원래 출력되어 있던 10이 다 지워지지 않고 뒤쪽의 0이 남아 있게 되므로 8이 80처럼 보이게 된다.

아직 못 찾은 것 : 10 ⟶ 아직 못 찾은 것 : 80
여기까지만 출력됨   끝의 0이 안지워짐

남은 개수가 두 자리 숫자에서 한 자리 숫자로 감소하면 전체 출력 문자열의 길이가 줄어들게 되므로 원래 출력되어 있던 문자열을 완전히 덮어 쓰지 못하며 이 경우 불필요한 잔상이 남는 것이다. 그래서 출력 문자열 끝에 공백을 하나 더 두어 전체 문자열의 길이가 짧아지더라도 뒤쪽에 남아있는 문자들을 지우도록 했다. 뒤쪽에 여분의 공백을 출력하는 대신 printf의 정수 출력 서식을 %2d로 지정하여 강제로 2칸을 차지하도록 하는 방법도 쓸만하다.

그렇다면 다른 출력문들은 어떤지 보자. 게임 이름이나 사용법은 상수 문자열이며 길이가 항상 일정하므로 문제가 되지 않는다. 시도 회수에 대한 출력문은 count 변수의 값을 출력하는데 이 값은 무조건 증가하므로 새로 출력되는 문자열이 이전 문자열보다 짧은 경우가 없다. 게임판의 숫자들은 임시로 열릴 때 ?가 1~8까지의 숫자 중 하나로 변하는데 길이가 같으므로 역시 문제되지 않는다.

사용자가 숫자를 찾았을 때는 한 자리의 숫자가 [ ] 괄호로 싸여 세 자리가 된다. 예를 들어 3이 [3]이 되는데 길이가 더 길어지므로 완전히 덮어 쓸 수 있다. 이미 찾은 숫자가 취소되는 경우는 없으므로 불필요한 문자열이 남아 있을 위험이 전혀 없다고 할 수 있다. 그래서 남은 개수 출력문만 뒤에 공백을 하나 더 가지고 있으면 된다.

DrawScreen 함수는 clrscr 함수를 호출하지 않으며 항상 이전 출력을 완전히 덮어 쓰도록 되어 있다. 매번 clrscr 함수를 호출하여 화면을 깔끔하게 지운 후 다시 출력하도록 하면 잔상이 남을 염려도 없고 텍스트 환경이므로 속도가 느려지는 것을 걱정할 필요도 없다. 그러나 키를 한 번 누를 때마다 화면을 지우면 깜박거림이 발생하여 보기에 좋지 않다. 그래서 화면을 최대한 깔끔하게 유지하기 위해 clrscr 호출을 자제했으며 그러다 보니 남은 개수 출력 문 끝에 공백이 필요해진 것이다.

이 게임이 화면을 완전히 지우는 경우는 딱 한 번밖에 없다. InitGame에서 2초간 힌트를 주고 난 다음에는 화면을 지우는데 이때는 "[숫자]"가 "숫자"로 길이가 짧아지기 때문에 덮어쓰기만 하면 [ ] 괄호의 잔상이 남을 것이다. 그래서 InitGame 함수의 끝에서 힌트를 보여주고 난 다음에 clrscr 함수를 호출하는 것이다. 꼭 필요한 경우만 지우기를 하고 그 외의 경우에는 가급적 덮어씀으로써 깜박임을 줄였으며 이렇게 하면 프로그램의 품질이 향상된다.

DrawScreen 함수는 arCell 배열에 저장된 숫자와 상태 정보, 인수로 전달된 bHint값에 따라 화면을 그리는 작업을 분담하고 있다. 이 함수만 호출하면 현재 상태를 화면에 정확하게 출력한다. main에서는 게임을 시작할 때 InitGame 함수를 호출하고 게임판에 조금이라도 변화가 있을 때마다 DrawScreen 함수만 부르면 된다. main은 게임 초기화나 화면 출력을 전혀 신경쓸 필요없이 오로지 사용자의 키입력을 받아 정해진 규칙대로 arCell 배열만 관리하면 되는 것이다. 이 외에 arCell 배열에서 정보를 조사하는 GetTempFlip, GetRemain 함수가 있다.

고작 다섯 개의 함수로 이루어진 작은 프로그램이지만 함수간의 작업 분담이 얼마나 잘 되어 있는가? 누가 만들었는지 모르겠지만 감탄을 금할 수가 없다. 이런 걸 보고 "프로그램이 구조적이다"라고 표현하며 구조의 핵심에는 함수가 있다. 왜 함수를 프로그램의 부품이라고 하는지 이해가 갈 것이다. main 함수에서 공백 입력을 처리하는 부분도 ProcessSpaceKey 등의 이름으로 분리하면 더욱 더 좋은 구조를 만들 수 있다.

14.4.5 main 함수

그럼 이제 마지막 남은 가장 중요한 함수 main을 분석해 보자. InitGame, DrawScreen 함수에서 많은 일을 분담하고 있기 때문에 정작 main 함수는 덩치만 컸지 많은 일을 하지 않는다. 완전한 난수 생성을 위해 난수 루틴을 초기화하고 InitGame 함수를 호출하여 게임판을 만든다. 그리고 곧바로 for 무한 루프로 들어가서 게임을 무한히 반복한다.

매 루프는 사용자가 키를 누를 때마다 한 번씩 실행되는데 Esc를 눌러 게임을 종료할 때까지 반복된다. 애니메이션이나 움직이는 물체가 있는 동적인 게임이 아니기 때문에 키를 누르기 전에는 아무 일도 할 필요가 없다. 그래서 for 루프의 선두에서 gotoxy를 호출하여 커서를 nx, ny 위치로 이동시키고 곧바로 getch 함수를 호출하는데 이 함수는 사용자가 키를 누를 때까지 무한히 대기하는 특성이 있다. 사용자가 키를 누르면 입력된 키값에 따라 분기 처리한다. 커서 이동키를 누르면 nx, ny값을 적절히 조정하여 커서를 이동시키는데 한쪽 벽에 닿으면 더 이상 이동하지 않도록 하였다. Esc키를 누르면 exit 함수를 호출하여 프로그램을 종료한다. 여기까지는 분석이 필요없을 정도로 쉽다.

main이 하는 가장 중요한 일은 공백 키를 눌렀을 때 게임을 진행시키는 것이다. 만약 공백키를 누른 자리가 이미 찾은 자리이거나 임시로 연 자리이면 아무 일도 일어나지 않는다. 이미 찾은 숫자를 선택하거나 열어 놓은 칸을 다시 선택할 수도 있으므로 이때는 아무 일도 하지 않도록 해야 한다. St가 HIDDEN인, 즉 현재 ?로 표시된 자리에서 공백키를 눌렀을 때만 유효한 입력이라고 할 수 있다.

?를 누른 경우 일단 GetTempFlip으로 임시로 열려진 칸이 있는지, 있다면 어느 위치인지를 tx, ty에 조사한다. 그리고 임시로 열려진 칸의 존재 유무와 숫자의 일치 여부에 따라 다음 세 가지 경우를 처리한다.

① tx가 -1일 때 즉, 임시로 연 곳이 하나도 없을 때는 현재 위치의 St를 TEMPFLIP으로 바꾼다. St 멤버의 값을 변경해 놓으면 아래쪽의 DrawScreen 함수에 의해 이 위치의 숫자가 사용자에게 보이게 된다. 아직 찾은 것은 아니며 확인을 위해 임시로 잠시 연 칸이므로 [ ] 괄호없이 숫자만 출력한다.

② 하나가 열린 상태에서 다시 하나를 더 열었을 때는 일단 두 쌍의 숫자를 찾기 위한 시도를 한 것이므로 count 를 1 증가시킨다. 그리고 두 위치의 숫자가 일치하는지 검사하는데 임시로 열린 칸 tx, ty 위치의 Num 값과 방금 공백키로 열어본 nx, ny 위치의 Num값을 비교한다. 두 위치의 Num값이 똑같은 숫자라면 사용자가 짝을 제대로 찾은 것이다. 숨겨진 한 쌍의 숫자를 찾았으므로 tx, ty와 nx, ny의 St를 모두 FLIP으로 바꾸어 찾았음을 기록한다. 이렇게 값을 바꾸어 놓으면 다음 번 DrawScreen 함수가 호출될 때 이 두 자리의 숫자는 [ ] 괄호를 싸서 보여줄 것이다.

사용자가 숫자를 찾을 때마다 게임 끝 점검을 해야 하는데 GetRemain()이 0이면 숨겨진 모든 숫자를 다 찾은 것이고 이때는 게임을 다시 시작하면 된다. 짧은 축하 메시지를 출력하고 2초간 대기한 후 InitGame을 호출하여 게임판을 새로 만들었다. InitGame 함수가 전역변수들을 모두 초기화하고 arCell에 새로운 게임판을 만들므로 이 상태에서 main 함수의 for 루프 처음으로 돌아가기만 하면 새로운 게임이 계속 진행된다.

③ 하나가 열린 상태에서 하나를 더 열었는데 두 칸의 숫자가 일치하지 않은 경우는 이미 열려진 칸을 닫고 게임을 계속 진행한다. 단, 사용자에게 두 번째 연 숫자가 무엇이었는지는 확인시켜 줄 필요가 있으므로 nx, ny의 St도 TEMPFLIP으로 바꾼 후 DrawScreen을 호출하여 1초간 임시로 열린칸을 보여준다. 그리고 tx, ty와 nx, ny의 St를 HIDDEN으로 다시 변경해 놓으면 아래쪽의 DrawScreen에서 임시로 열린칸을 다시 닫을 것이다.

공백키를 누른 세 경우 모두 임시 칸이 열리든, 일치된 숫자를 찾았건, 숫자가 틀렸건 모든 경우에 화면에 변화가 생기므로 처리가 끝난 후에 DrawScreen 함수를 호출해서 변경된 화면을 다시 그려야 한다. 공백키를 눌렀을 때 게임이 진행되므로 이 게임의 모든 규칙은 main 함수의 case ' ': 안에 작성되어 있다고 할 수 있다. 별로 긴 코드는 아니지만 그래도 나름대로 흐름이 조금 복잡하므로 순서도를 그려 보도록 하자.

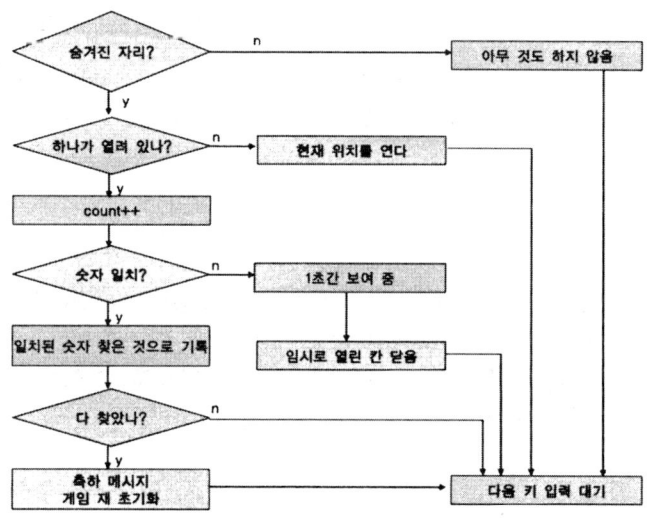

이 게임의 가장 핵심 루틴이라고 할 수 있는데 이 루틴만 이해하면 게임 전체의 흐름을 이해할 수 있을 것이다. 만약 잘 이해가 되지 않는다면 디버거로 실제 게임을 실행하면서 변수들이 어떻게 관리되는 지 살펴보면 도움이 될 것이다.

프로그램이란 현실의 문제를 풀기 위해 작성하는데 그 방법이 반드시 한가지뿐이라고 할 수는 없다. 문제에 접근하는 방식에 따라 해법이 달라질 수 있기 때문에 똑같은 문제라도 사람에 따라 해결 방법이 다를 수 있다. 설사 같은 방법을 사용한다 하더라도 방법을 구현하는 절차가 다를 수 있으며 심지어 한 사람이 같은 문제를 두 번 풀어도 결과가 달라지기도 한다.

이 예제는 실습을 목적으로 작성했으며 루프, 구조체, 배열, 함수 등을 적당히 골고루 써 보는데 주안점을 두었다. 그러다 보니 속도나 프로그램의 크기 같은 것은 고려하지 않았다. 최대한 간결하고 효율적으로 작성하는 것을 목적으로 한다면 당연히 결과가 달라질 수 있을 것이다. 다음에 여러분들이 좀 더 실력이 늘면 이 예제의 구조를 고쳐 보고 더 재미있는 게임을 만들어 보기 바란다. 이 예제의 구조적인 문제를 스스로 파악할 수 있다면 더 많은 규칙을 구현하여 게임의 질을 높일 수 있을 것이다. 다음은 몇 가지 개작 힌트들이다.

① 현재 커서가 한쪽 벽에 닿으면 더 이상 이동하지 않도록 되어 있는데 이런 이동 방식을 바꾸면 좀 더 게임을 하기가 편리할 것이다. 예를 들어 오른쪽 끝에 닿으면 다음 줄 왼쪽 아래로 옮기는 식이다.

② 아직 찾지 못한 칸의 개수는 GetRemain 함수로 일일이 조사하는데 nRemain 등의 전역변수를 유지하면 함수를 따로 작성할 필요가 없다. 대신 main 함수가 게임판의 변화가 생길 때마다 이 변수를 적절히 잘 관리해야 한다. 전역변수는 값을 읽기 편하다는 장점이 있지만 관리의 필요성이 있고 값을 조사하는 함수는 항상 정확한 값(Live Data)을 조사한다는 장점이 있다.

③ 게임판의 크기가 4*4로 고정되어 있는데 난이도에 따라 게임판의 크기를 사용자가 선택할 수 있도록 하면 좋을 것이다. 단 게임의 규칙상 총 칸의 개수는 반드시 짝수여야 한다.

④ 숫자 두 개를 하나의 쌍으로 취급하는데 세 개를 하나의 쌍으로 취급하면 게임이 훨씬 더 어려워질 것이다.

⑤ 콘솔 기반이기 때문에 화면이 그다지 예쁘지 못한데 그래픽 기반으로 작성하면 숫자 대신 예쁜 비트맵을 쓸 수도 있다. 마우스로 콕콕 찍어 가면서 게임을 진행하며 더 재미있다.

과제 puzzle

가로 4칸, 세로 4칸의 평면에 1~15까지의 숫자를 섞어 놓고 커서 이동키로 이 숫자들을 이동시켜 순서대로 맞추는 퍼즐 게임을 만들어 보아라. Couple 예제와 비슷한 자료 구조를 사용하여 게임을 만들 수 있다. 무작위로 숫자를 섞어 버리면 퍼즐을 맞출 수 없는 경우가 발생할 수도 있으므로 퍼즐을 맞춘 상태로 초기화한 후 컴퓨터가 섞도록 하는 것이 좋다.

14.4.6 snake

다음은 snake 게임을 분석해 보자. 게임 규칙은 무척 간단하다. 길다란 꼬리를 가진 뱀이 화면상에 무작위로 나타나는 숫자를 먹으러 다니는데 먹은 숫자의 일정 배수만큼 꼬리가 계속 늘어난다. 화면상 어디나 자유롭게 돌아다닐 수 있지만 벽이나 자기 꼬리에 부딪쳐서는 안 된다. 최초 꼬리의 길이는 2밖에 안 되지만 먹이를 먹을수록 꼬리가 늘어나 움직임이 부자연스러워지는데 자기 꼬리에 갇히지 않도록 꼬리를 잘 말고 다니는 것이 이 게임의 요령이다. 실행 중의 모습은 다음과 같다.

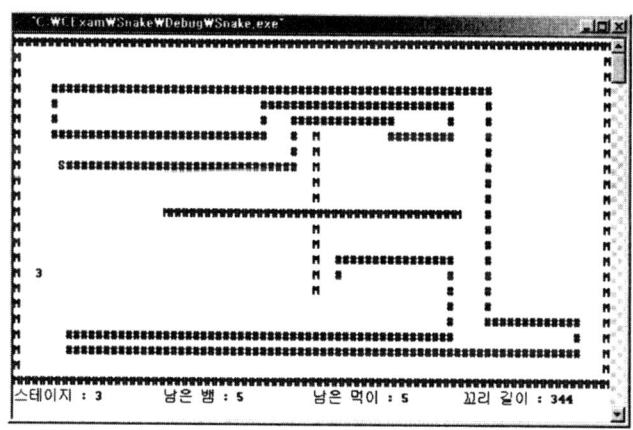

자기 꼬리는 보지 않고 숫자만 보고 다니다가는 금방 갇혀 버리게 되므로 생각을 해 가면서 게임을 해야 한다. 상하좌우 커서 이동키로 뱀을 조정하며 대기 중에 n, p 키로 스테이지를 고를 수 있다. 공백키는 게임을 잠시 정지시키며 언제든지 Esc키를 누르면 게임이 종료된다. 전체 소스는 다음과 같다.

예제 snake

```
#include <Turboc.h>

#define QS 1600
#define putchxy(x,y,ch) { gotoxy(x,y);putch(ch); }
void InitStage(int stage);
BOOL MoveSnake();
void ProcessKey();
int getchcon(int x, int y);
void waitanykey();

struct tag_Point {
    int x,y;
};
tag_Point snake[QS];
tag_Point now;
int head,tail;
```

```c
int inctail;
enum tag_Dir { LEFT=75, RIGHT=77, UP=72, DOWN=80 };
tag_Dir dir;
int life;
int maxnumber;
int speed;
int multi;
int stage;

void main()
{
    int number;
    int ch;
    int x,y;

    life=5;
    randomize();
    setcursortype(NOCURSOR);
    for (;;) {
        InitStage(stage);
        gotoxy(0,23);printf("스테이지 : %d",stage+1);
        gotoxy(20,23);printf("남은 뱀 : %d",life);
        for (number=0;number<maxnumber;number++) {
            gotoxy(40,23);printf("남은 먹이 : %d ",maxnumber-number);
            gotoxy(60,23);printf("꼬리 길이 : 2 ");
            // 공백인 자리에 새로운 숫자를 생성한다.
            do {
                x=random(80);
                y=random(22);
            } while (getchcon(x,y) != ' ');
            gotoxy(x,y);printf("%d",random(9)+1);

            // 게임 시작 직후이면 잠시 대기하며 스테이지 조정 기회를 준다.
            if (number == 0) {
                ch=getch();
                if (ch == 0xE0) {
                    getch();
                } else {
                    if (ch == 27) {
```

```
                    setcursortype(NORMALCURSOR);
                    exit(0);
                }
                if (tolower(ch) == 'n') {
                    stage = (stage == 4 ? 0:stage+1);
                    break;
                }
                if (tolower(ch) == 'p') {
                    stage = (stage == 0 ? 4:stage-1);
                    break;
                }
            }
        }

        // 뱀 이동 루프
        if (MoveSnake()==TRUE) {
            if (--life == 0) {
                gotoxy(12,20);
                puts("게임이 끝났습니다. 그만 놀고 열심히 공부하세요.");
                return;
            }
            delay(1500);
            break;
        }
    }
    if (number == maxnumber) {
        gotoxy(12,20);
        puts("축하합니다. 아무 키나 누르시면 다음 스테이지로 갑니다.");
        waitanykey();
        stage++;
    }
  }
}

// 스테이지 초기화
void InitStage(int stage)
{
    int i;

    clrscr();
```

```
snake[0].x=5;snake[0].y=5;
snake[1].x=6;snake[1].y=5;
snake[2].x=7;snake[2].y=5;
gotoxy(5,5);puts("##S");
head=2;
tail=0;
inctail=0;
now.x=7;
now.y=5;
dir=RIGHT;

// 바깥의 벽을 그린다.
for (i=0;i<80;i++) {
    putchxy(i,0,'M');
    putchxy(i,22,'M');
}
for (i=0;i<23;i++) {
    putchxy(0,i,'M');
    putchxy(79,i,'M');
}

// 스테이지별로 장애물을 적당히 그리고 난이도를 조절한다.
switch (stage) {
case 0:
    maxnumber=5;speed=150;multi=3;
    for (i=30;i<=50;i++) { putchxy(i,11,'M'); }
    break;
case 1:
    maxnumber=10;speed=100;multi=5;
    for (i=20;i<=60;i++) { putchxy(i,7,'M'); putchxy(i,14,'M'); }
    break;
case 2:
    maxnumber=15;speed=80;multi=6;
    for (i=20;i<60;i++) { putchxy(i,11,'M'); }
    for (i=6;i<=16;i++) { putchxy(40,i,'M'); }
    break;
case 3:
    maxnumber=20;speed=60;multi=7;
    for (i=20;i<60;i++) {
```

```c
                    if (i < 30 || i > 50) {
                        putchxy(i,7,'M');
                        putchxy(i,14,'M');
                    }
                }
                for (i=7;i<15;i++) { putchxy(20,i,'M'); putchxy(60,i,'M'); }
                break;
        case 4:
                maxnumber=1970,speed=50;multi=9;
                break;
        }
}

// 뱀을 이동시킨다. 죽었으면 TRUE를 리턴한다.
BOOL MoveSnake()
{
    int headch;
    int len;
    int prev;

    for (;;) {
            gotoxy(60,23);
            len=head-tail;
            if (len < 0) len+=QS;
            printf("꼬리 길이 : %d ",len);
            ProcessKey();

            switch (dir) {
            case LEFT:
                    now.x--;
                    break;
            case RIGHT:
                    now.x++;
                    break;
            case UP:
                    now.y--;
                    break;
            case DOWN:
                    now.y++;
```

```
                break;
        }

        // 머리 한 칸 진행
        head=(head == QS-1 ? 0:head+1);
        snake[head]=now;

        // 꼬리 한 칸 진행. 단 늘어나고 있는 중이면 그 자리에 있는다.
        if (inctail == 0) {
                tail=(tail == QS-1 ? 0:tail+1);
        } else {
                inctail--;
        }

        // 머리를 그리기 전에 머리 위치의 문자를 미리 읽어 놓아야 한다.
        headch=getchcon(now.x,now.y);
        putchxy(snake[head].x,snake[head].y,'S');
        prev=(head == 0 ? QS-1:head-1);
        putchxy(snake[prev].x,snake[prev].y,'#');
        prev=(tail == 0 ? QS-1:tail-1);
        putchxy(snake[prev].x,snake[prev].y,' ');

        // 현재 위치가 공백이 아니면 어딘가에 부딪힌 것임
        if (headch != ' ') {
                break;
        }
        delay(speed);
    }

    // 벽이나 자기 꼬리에 부딪쳤으면 죽은 것임
    if (headch == 'M' || headch == '#') {
        return TRUE;
    }
    // 먹은 숫자의 multi 배만큼 꼬리를 늘린다. 늘어나고 있는 중이라면 누적된다.
    inctail+=(headch-'0')*multi;
    return FALSE;
}

// 키 입력을 처리한다.
```

```c
void ProcessKey()
{
    int ch;

    if (!kbhit()) {
        return;
    }
    ch=getch();
    if (ch == 0xE0 || ch == 0) {
        ch=getch();
        switch (ch) {
        case LEFT:
            // 진행 반대 방향으로는 전환할 수 없다.
            if (dir != RIGHT) dir=LEFT;
            break;
        case RIGHT:
            if (dir != LEFT) dir=RIGHT;
            break;
        case UP:
            if (dir != DOWN) dir=UP;
            break;
        case DOWN:
            if (dir != UP) dir=DOWN;
            break;
        }
    } else {
        switch (tolower(ch)) {
        case 27:
            setcursortype(NORMALCURSOR);
            exit(0);
        case ' ':
            waitanykey();
            break;
        }
    }
}

// 화면의 x,y위치에 있는 문자를 조사한다.
int getchcon(int x, int y)
```

```
{
    COORD Cur;
    Cur.X=x;
    Cur.Y=y;
    TCHAR Char;
    DWORD dwRead;

    ReadConsoleOutputCharacter(GetStdHandle(STD_OUTPUT_HANDLE),
        &Char,1,Cur,&dwRead);
    return Char;
}

// 임의의 키 하나가 눌러질 때까지 대기한다.
void waitanykey()
{
    int ch;

    ch=getch();
    if (ch==0xE0 || ch==0) {
        getch();
    }
}
```

getchcon 함수는 화면상의 x,y 위치에 있는 문자키를 조사하는데 putch의 반대 함수라고 생각하면 된다. C 표준 함수 중에 이런 함수가 없으므로 직접 만들어서 사용했다. 이 함수의 내부에는 운영체제가 제공하는 API 함수 호출이 포함되어 있는데 이 코드에 대해서는 다음에 연구해 보기 바라고 일단은 사용만 하도록 하자.

이 프로그램의 핵심 자료 구조는 뱀의 현재 자취를 기억하는 snake라는 배열이다. 뱀이 아주 길어질 수 있기 때문에 좌표값 하나만 기억해서는 뱀 몸체의 위치를 모두 알 수 없으므로 뱀이 지나는 곳 전체의 좌표를 배열로 기억한다. 좌표를 기억하는 Point 구조체의 배열로 선언되었으며 배열의 끝과 처음을 연결하여 원형 큐 형태로 사용하고 있다. 꼬리 길이가 5인 뱀이 원형 큐에 기억된 모양은 다음과 같다.

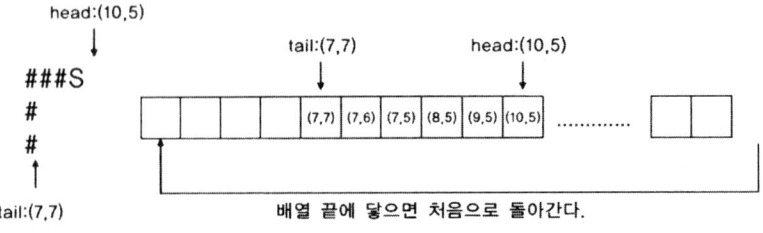

head는 뱀의 머리 부분 첨자를 기억하며 tail은 꼬리의 첨자를 기억한다. 사용자의 키 입력에 따라 뱀이 이동하는데 이때 새로운 머리 좌표를 head에 기록하면서 head는 배열의 뒤쪽으로 계속 전진한다. tail은 뱀의 끝 부분에 대한 첨자인데 head와 같은 방향으로 이동하면서 뒤쪽의 꼬리를 지우는 역할을 한다. 뱀이 지나간 좌표를 모두 기억하지 않으면 꼬리를 지울 수 없을 것이다.

큐의 크기는 매크로 상수 QS로 정의되어 있는데 1600 정도의 충분히 큰 값을 주었다. 그러나 게임이 계속 진행되면 이 길이는 금방 부족해지므로 큐의 처음과 끝을 논리적으로 연결하여 사용한다. head가 배열의 뒤쪽으로 진행하다가 큐의 끝에 닿으면 다시 처음으로 돌아가 앞쪽의 빈 공간을 재사용한다. 결국 QS는 뱀의 최대 길이를 지정하는 크기라고 할 수 있는데 뱀 길이가 1600이 되면 head와 tail이 한 바퀴 돌아서 만나게 될 것이다. 그러나 화면 크기가 그렇게 크지 않기 때문에 이런 일은 발생하지 않는다.

이 예제의 나머지 부분에 대한 시시콜콜한 분석은 생략하기로 한다. 어차피 실전에서 구하게 되는 소스에는 별다른 설명이 없는 경우가 많으므로 이런 소스로부터 프로그램의 구조를 파악하고 수정할 수 있는 소스 해독 능력을 갖춰야 한다. 이 예제를 대상으로 남의 소스를 분석하는 연습을 해 보기 바란다. 자세한 분석을 하지 않는 대신 주요 부분에 대해서는 간략하나마 주석을 달아 두었다.

14.4.7 Frog

개구리 게임은 80년대에 오락실에서 유행하던 초창기 아케이드 게임의 대표작이라고 할 수 있다. 개구리 한 마리가 차도를 지나 뗏목을 타고 집까지 찾아가는 것이 목적인데 커서 이동키로 개구리만 잘 조정하면 된다. 아케이드 게임의 모양은 다음과 같다.

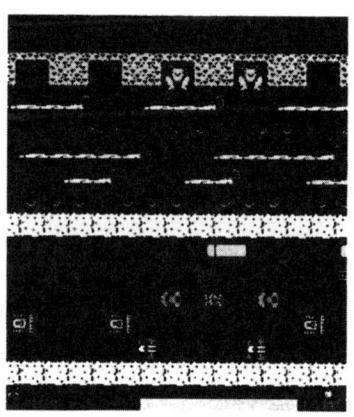

80년대 게임이다 보니 그래픽이 조금 떨어지는 감이 있기는 하지만 실제로 게임을 해 보면 나름대로 재미는 있는 편이다. 이 게임을 콘솔 버전으로 작성해 보았는데 문자 환경에서는 표현력이 너무 부족하기 때문에 악어나 꽃 등의 요소는 제외하고 간단하게 작성해 보았다.

예제 Frog

```c
// 원본 게임에서 제외된 기능 :
// 1.시간 제한, 2.가라앉는 뗏목, 3.친구 개구리, 4.꽃, 5.구멍의 악어, 6.악어 뗏목
#include <Turboc.h>

#define LEFT 75
#define RIGHT 77
#define UP 72
#define DOWN 80
#define ESC 27
#define MAX 256

// 차로 - 차 또는 통나무의 생성 규칙
struct Lane
{
    int y;                  // y 좌표
    int arWait[10];         // 다음 차 생성까지 대기 시간 목록
    int nFrame;             // 차의 속도
    int Delta;              // 이동 방향
    char *Shape;            // 차의 모양
    int nWait;              // 현재 대기 시간
    int nStay;              // 대기 시간 카운트
};
Lane L[10]={
    {4,{300,},18,1,"MMMMMMMMM",},
    {5,{150,150,250,150,},20,-1,"OOOOO",},
    {6,{120,120,200,},12,1,"MMMMM",},
    {7,{200,200,400,120,},30,-1,"OOO",},
    {8,{100,70,},10,1,"MMMM",},

    {10,{100,300,},10,-1,"Matiz",},
    {11,{50,50,200,},3,1,"Atoz",},
    {12,{150,50,200,},5,-1,"Sonata",},
    {13,{150,200,},5,1,"Visto",},
    {14,{200,},9,-1,"Verna",},
};

// 차 또는 통나무의 정보
struct Car
{
```

```c
    BOOL exist;
    char *Shape;
    int x,y;
    int Delta;
    int nFrame;
    int nStay;
};
Car C[MAX];
int fx,fy;
int nFrog;
BOOL arHole[5];

void DrawScreen();
void clipputs(int x,int y,const char *str);
void Move(int ch);
void Die();
void MakeCar();
void MoveCar(BOOL bDraw);
void ProcessKey();
int TestDie();

void main()
{
    int i,j;
    int Test;
    BOOL GameOver;

    randomize();
    // 전체 게임 루프
    for (;1;) {
        nFrog=4;
        for (i=0;i<5;i++) arHole[i]=FALSE;
        GameOver=FALSE;
        // 차, 뗏목 초기화. 처음부터 차와 뗏목이 어느 정도 있어야 한다.
        for (j=0;j<MAX;j++) {
            C[j].exist=FALSE;
        }
        j=2000+random(1000);
        for (i=0;i<j;i++) {
```

14. C 실습 | **685**

```c
                MakeCar();
                MoveCar(FALSE);
        }

        // 개구리 하나에 대한 루프
        for (;2;) {
                DrawScreen();
                fx=30;fy=16;

                // 개구리가 죽거나 구멍에 들어갈 때까지의 루프
                for (;3;) {
                        MakeCar();
                        MoveCar(TRUE);
                        ProcessKey();
                        gotoxy(fx,fy);putch('F');

                        Test=TestDie();
                        if (Test==1) {
                                nFrog--;
                                if (nFrog==0) {
                                        gotoxy(32,20);puts(" GAME OVER ");delay(2000);
                                        GameOver=TRUE;
                                }
                                break;
                        } else if (Test==2) {
                                if (arHole[0]*arHole[1]*arHole[2]*arHole[3]*arHole[4]) {
                                        gotoxy(32,20);puts(" Perfect ");delay(2000);
                                        GameOver=TRUE;
                                }
                                break;
                        }
                        delay(20);
                }
                if (GameOver) break;
        }
    }
}

// 화면 그림
```

```c
void DrawScreen()
{
    int i;

    clrscr();
    gotoxy(0,2);puts("##############################################################");
    gotoxy(0,3);puts("######### ######### ######### ######### ######### #########");
    gotoxy(0,9);puts("                                                            ");
    gotoxy(0,15);puts("                                                           ");
    for (i=0;i<5;i++) {
        if (arHole[i]) { gotoxy(i*10+9,3);putch('F'); }
    }
    gotoxy(0,17);for (i=0;i<nFrog-1;i++) putch('F');
}

// 새로운 차, 통나무 생성
void MakeCar()
{
    int i,j;

    for (i=0;i<10;i++) {
        if (++L[i].nStay==L[i].arWait[L[i].nWait]) {
            L[i].nWait++;
            if (L[i].arWait[L[i].nWait]==0) {
                L[i].nWait=0;
            }
            L[i].nStay=0;
            for (j=0;j<MAX;j++) {
                if (C[j].exist==FALSE) {
                    C[j].exist=TRUE;
                    C[j].nFrame=C[j].nStay=L[i].nFrame;
                    C[j].Shape=L[i].Shape;
                    C[j].Delta=L[i].Delta;
                    C[j].y=L[i].y;
                    C[j].x=(C[j].Delta==1 ? -10:60);
                    break;
                }
            }
        }
    }
```

```c
        }
    }

    // 차와 뗏목 이동
    void MoveCar(BOOL bDraw)
    {
        int j,tx;
        char tshape[32];

        for (j=0;j<MAX;j++) {
            if (C[j].exist == FALSE) continue;
            if (--C[j].nStay == 0) {
                C[j].nStay=C[j].nFrame;
                // 뗏목 위에 개구리가 있으면 같이 이동
                if (fy == C[j].y && fx >= C[j].x && fx < C[j].x+(int)strlen(C[j].Shape)) {
                    fx+=C[j].Delta;
                }
                C[j].x+=C[j].Delta;
                // 이동하면서 이전 자리의 잔상 지움
                if (bDraw) {
                    if (C[j].Delta == -1) {
                        wsprintf(tshape,"%s ",C[j].Shape);
                        tx=C[j].x;
                    } else {
                        wsprintf(tshape," %s",C[j].Shape);
                        tx=C[j].x-1;
                    }
                    clipputs(tx,C[j].y,tshape);
                }
                if (C[j].x == -20 || C[j].x == 60) {
                    C[j].exist=FALSE;
                }
            }
        }
    }

    void ProcessKey()
    {
        int ch;
```

```c
    // 개구리 이동
    if (kbhit()) {
        ch=getch();
        if (ch == 0xE0 || ch == 0) {
            ch=getch();
            switch (ch) {
            case LEFT:
            case RIGHT:
            case UP:
            case DOWN:
                Move(ch);
                break;
            }
        } else {
            switch (ch) {
            case ESC:
                exit(0);
            }
        }
    }
}

void Move(int ch)
{
    gotoxy(fx,fy);
    if (fy == 9 || fy == 15) {
        putch('.');
    } else {
        putch(' ');
    }
    switch (ch) {
    case LEFT:
        if (fx > 0) fx--;
        break;
    case RIGHT:
        if (fx < 59) fx++;
        break;
    case UP:
        fy--;
```

```c
                break;
        case DOWN:
                if (fy < 16) fy++;
                break;
        }
}

// 충돌 판정. 0:아무 일 없음, 1:죽음, 2:구멍에 들어감
int TestDie()
{
    int j;

    // 뗏목위에 타고 있는지 검사
    if (fy >= 4 && fy <= 8) {
        for (j=0;j<MAX;j++) {
            if (C[j].exist == FALSE || C[j].y != fy) continue;
            if (fx >= C[j].x && fx < C[j].x+(int)strlen(C[j].Shape)) {
                break;
            }
        }
        if (j == MAX) {
            Die();
            return 1;
        }
    // 차와 충돌 판정
    } else if (fy >= 10 && fy <= 14) {
        for (j=0;j<MAX;j++) {
            if (C[j].exist == FALSE || C[j].y != fy) continue;
            if (fx >= C[j].x && fx < C[j].x+(int)strlen(C[j].Shape)) {
                Die();
                return 1;
            }
        }
    // 구멍에 들어갔는지 검사
    } else if (fy == 3) {
        if (fx % 10 == 9 && arHole[fx/10] == FALSE) {
            arHole[fx/10]=TRUE;
            return 2;
        } else {
```

```c
                    Die();
                    return 1;
            }
        }
        return 0;
    }

    // 좌우 오른쪽 클리핑 문자열 출력 함수
    void clipputs(int x,int y,const char *str)
    {
        int len=strlen(str);
        const char *p=str;

        if (x < 0) {
            if (-x > len) return;
            p+=-x;
            x=0;
        }
        gotoxy(x,y);
        for (;x < 60 && *p;x++) {
            printf("%c",*p++);
        }
    }

    // 사망 처리 - 세 번 깜박임
    void Die()
    {
        int i;

        for (i=0;i<3;i++) {
            gotoxy(fx,fy);putch(' ');
            delay(200);
            gotoxy(fx,fy);putch('F');
            delay(200);
        }
    }
```

실행 중의 모습은 다음과 같다. 그래픽을 쓸 수 없기 때문에 모양이 다소 보기에 좋지 않지만 필요한 게임의 논리는 다 작성되어 있다.

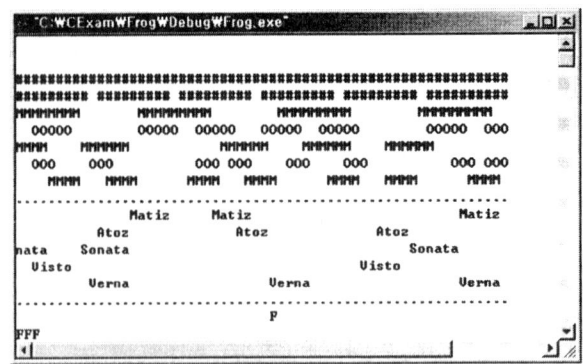

    소스에 주석이 비교적 상세하게 작성되어 있으므로 이 게임은 직접 분석해 보기 바란다. 제대로 만들어 보고 싶어도 문자 환경의 제약으로 인해 더 이상의 개선이 어려운데 차후에 그래픽 환경에서 이 게임을 원본과 완전히 똑같이 만들어 보도록 하자. 예쁜 비트맵과 사운드를 사용하면 이 간단해 보이는 게임도 나름대로 충분히 할 만한 게임이 된다.

15
포인터 고급

15.1 const

15.1.1 상수의 정의

키워드 const는 값을 변경할 수 없는 상수를 정의한다. 기본 형식은 다음과 같다.

const 타입 변수명=초기값;

변수를 선언하는 일반적인 문장과 비슷하되 앞에 const를 붙이고 뒤에 반드시 초기값을 적어야 한다는 점만 다르다. 다음 예제는 세 개의 상수를 정의하고 있다.

예제 Const

```
#include <Turboc.h>

const int HourPerDay=24;
const int MinPerHour=60;
const int SecPerMin=60;

void main()
{
    printf("하루는 %d초입니다.\n",HourPerDay*MinPerHour*SecPerMin);
}
```

하루는 24시간이고 한 시간은 60분, 1분은 60초로 정의했다. 24*60*60이라고 상수를 직접 쓰는 대신 HourPerDay, MinPerHour, SecPerMin 같은 이름이 있는 상수를 사용함으로써 소스를 읽기 쉬워지고 수정하기도 편리하다. 이 값들은 모두 정수 상수로 선언되었기 때문에 중간에 값을 변경할 수 없다. 따라서 HourPerDay=26; 과 같은 대입문은 당장 에러로 처리되며 선언할 때 반드시 초기값을 지정해야 한다.

const 키워드는 타입 다음에 붙일 수도 있으며 타입이 생략될 경우 int형으로 간주된다. 그래서 다음 세 문장은 모두 동일하다. 하지만 관습적으로 const는 타입 앞에 붙이는 것이 보기에 좋고 읽기에 좋기 때문에 첫 번째 형식을 많이 사용한다.

```
const int Day=24;
int const Day=24;
const Day=24;
```

const에 의해 만들어지는 상수는 컴파일시에 값이 결정되기 때문에 배열의 크기 지정에도 사용할 수 있다. 반면 변수는 실행 중에 값이 바뀔 수 있기 때문에 배열 크기를 지정하는 용도로는 사용할 수 없다.

```
const int ARSIZE=10;              int ARSIZE=10;
int ar[ARSIZE];      // 가능      int ar[ARSIZE];      // 불가능
```

const 예약어의 용도는 매크로 상수를 정의하는 #define 전처리문과 유사하다. 상수에 좀 더 분명한 의미의 이름을 부여한다는 것과 자주 사용되는 상수를 한 곳에서만 정의함으로써 일괄적인 수정을 쉽게 한다는 점에서 기능상 동일하다고 할 수 있으며 사실 상호 대체 가능하다. 그러나 const는 #define에 비해 다음과 같은 장점을 가지고 있다.

① #define이 정의하는 매크로 상수는 타입을 지정할 수 없지만 const는 타입을 명확하게 지정할 수 있다. 위 예에서 Day는 실수 24.0이나 문자열 "24"가 아닌 정수형의 24라는 것을 분명하게 지정한다. C++은 타입을 중요시하기 때문에 상수의 정확한 타입이 의미를 가지는 경우가 있다.

② 매크로 상수는 일단 정의된 후에는 언제든지 어느 곳에서나 사용할 수 있지만 const는 통용 범위 규칙의 적용을 받기 때문에 자신이 선언된 범위 내에서만 사용할 수 있다. 함수 내부에서 선언한 상수는 함수 내부에서만 사용할 수 있으며 함수 밖으로는 알려지지 않는다. 즉, 지역 상수를 만들 수 있으며 명칭간의 충돌을 최소화할 수 있다.

③ #define은 컴파일러가 아닌 전처리기에 의해 치환되기 때문에 실제 소스에는 매크로가 치환된 상태로 실행된다. 그래서 디버깅 중에 매크로 상수의 값을 확인해 볼 수 없으며 아무리 간단한 버그라도 확인이 안 되면 잡기가 어렵다. 반면 const 상수는 컴파일러가 처리하기 때문에 디버깅 중에도 값을 확인해 볼 수 있어 복잡한 단계를 통해 정의된 상수의 값도 쉽게 살펴볼 수 있다.

④ 매크로는 기계적으로 치환되기 때문에 부작용이 발생할 소지가 많다. 괄호를 싸지 않으면 연산 순위에 의해 예상하지 못한 값이 될 위험이 있다. 그러나 const 상수는 컴파일러가 문맥에 맞게 처리하므로 이런 부작용이 거의 없다. #define A 1+2의 A는 3이 될 가능성이 있을 뿐 주변 연산문에 따라 3이 아닐 수도 있지만 const int A=1+2; 는 어떤 경우라도 3이다.

#define이 C에서 사용하던 방법이라면 const는 C++에서 새로 도입된 좀 더 진보된 방법이다. 그래서 상수를 정의할 때는 가급적이면 #define보다는 const를 사용할 것을 더 권장하는 편이다. 그러나 const가 #define보다는 더 좋은 방법임이 분명하지만 #define도 나름대로 간편하고 편리하기 때문에 아직까지도 습관적으로 #define을 애용하는 경우가 더 많으며 굳이 금기시할 필요까지는 없다.

15.1.2 포인터와 const

const를 포인터와 함께 사용하면 효과가 조금 달라진다. 다음 예제는 포인터와 const의 관계를 실험해 보기 위해 작성했는데 컴파일해 보면 몇 군데서 에러가 발생할 것이다.

예제 ConstPointer

```
#include <Turboc.h>

void main()
{
    int ar[5]={1,2,3,4,5};

    int *pi1=&ar[0];
    pi1++;                          // 포인터가 다른 대상체를 가리킬 수 있다.
    *pi1=0;                         // 대상체를 변경할 수 있다.

    const int *pi2=&ar[0];
    pi2++;                          // 포인터가 다른 대상체를 가리킬 수 있다.
    *pi2=0;                         // 에러 : 대상체가 상수이므로 변경할 수 없다.

    int * const pi3=&ar[0];
    pi3++;                          // 에러 : 포인터가 다른 대상체를 가리킬 수 없다.
    *pi3=0;                         // 대상체는 변경할 수 있다.

    const int * const pi4=&ar[0];
    pi4++;                          // 에러 : 포인터가 다른 대상체를 가리킬 수 없다.
    *pi4=0;                         // 에러 : 대상체가 상수이므로 변경할 수 없다.
}
```

정수형 배열 ar이 선언되어 있고 이 배열을 가리키는 포인터 4개를 선언하는데 const의 위치에 따라 상수가 되는 대상이 조금씩 달라진다. 먼저 const를 쓰지 않은 일반적인 포인터 pi1을 보자. pi1은 ar[0]의 번지, 그러니까 ar 배열의 첫 번째 요소를 가리키고 있다. 이 상태에서 pi1을 증가시키면 배열의 다른 요소를 가리키도록 이동하며 *pi1 연산식으로 pi1이 가리키는 곳의 값을 읽거나 바꿀 수 있다. pi1 포인터 자체도 상수가 아니며 pi1이 가리키는 대상체도 상수가 아니므로 양쪽 모두 원하는대로 변경 가능하다.

다음은 const int * 타입으로 선언된 pi2를 보자. 이 포인터는 const int를 가리키는 포인터 변수로 선언되었으므로 이 포인터가 가리키는 대상체는 정수형 상수이며 포인터 자체는 상수가 아니다. 그래서 pi2++이나 pi2-- 또는 pi2에 다른 대상체의 번지를 직접 대입하여 pi2가 다른 대상체를 가리키도록 할 수는 있지만 *pi2를 변경하는 것은 허락되지 않는다. 상수만 가리키는 포인터로 선언되었기 때문에 이 포인터가 가리키는 곳의 내용을 변경할 수 없다. 이런 포인터를 상수 지시 포인터(Pointer to Constant)라고 한다.

물론 pi2가 가리키고 있는 ar 배열 자체는 상수가 아니므로 ar[0]=0; 와 같이 직접 이 배열 요소에 값을 대입하는 것은 가능하다. 하지만 pi2 포인터로 간접적으로 배열 요소의 값을 변경할 수는 없다. 상수 지시 포인터가 가리키는 곳의 내용은 상수로 취급되므로 이 포인터를 사용하여 값을 바꾸는 것은 에러로 처리된다.

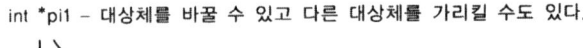
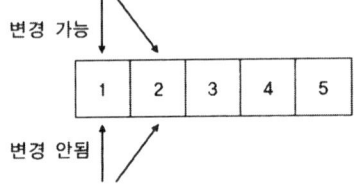

int *pi1 - 대상체를 바꿀 수 있고 다른 대상체를 가리킬 수도 있다.

변경 가능

변경 안됨

const int *pi2 - 다른 대상체를 가리킬 수는 있지만 대상체를 변경할 수는 없다.

다음은 const 예약어가 포인터 변수 앞에 사용된 pi3를 보자. int * const pi3로 선언되어 있는데 이 선언문은 pi3 포인터 변수를 상수로 만든다. 이런 포인터를 상수 포인터(Constant Pointer)라고 하며 변수 자체가 상수이므로 다른 대상체를 가리킬 수 없지만 이 포인터가 가리키는 대상체는 상수가 아니므로 대상체의 값을 변경하는 것은 가능하다.

마지막 4번째 예 pi4는 const가 대상체와 포인터 변수에 모두 사용되었는데 이렇게 선언하면 포인터 변수 자체도 상수이고 대상체도 상수로 취급된다. 이름을 붙이자면 상수 지시 상수 포인터라고 할 수 있다. 그래서 pi4는 최초 선언될 때 주어진 ar[0] 이 외의 다른 대상체를 가리킬 수 없으며 ar[0]의 값을 변경할 수도 없다. 오로지 ar[0]의 값을 읽을 수만 있다.

포인터 선언시 const 키워드로 상수 포인터를 만드는 4가지 경우를 살펴봤는데 조금 혼란스러울 것이다. const 키워드의 위치에 따라 상수가 되는 대상이 달라지는데 pi2와 pi3의 경우만 잘 구분하면 된다. const 키워드 바로 다음 대상이 상수가 되는데 타입 앞에 있으면 대상체가 상수가 되며 변수명 앞에 있으면 변수만 상수가 된다.

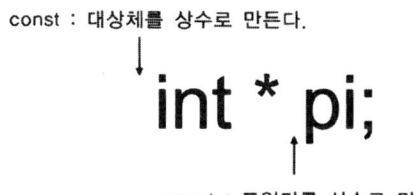

int const *는 const int *와 같은 표현이며 대상체가 상수인데 const의 위치가 직관적이지 않아서 잘 사용되지 않는다. 다음은 한 단계 더 확장해서 이중 포인터와 const의 관계에 대해 연구해 보자. 이중 포인터의 경우는 const int * const * const ppi; 따위로 const를 세 군데나 붙일 수 있고 위치에 따라 const의 의미는 달라진다.

- 제일 앞 : ppi가 가리키는 포인터가 가리키는 정수가 상수라는 뜻
- 가운데 : ppi가 가리키는 포인터가 상수라는 뜻
- 제일 끝 : ppi 자체가 상수 포인터라는 뜻

다음 예제는 const의 위치에 따라 이중 포인터가 어떤 의미를 가지며 어떤 동작이 금지되는지를 테스트한다. 에러가 나는 문장은 모두 주석 처리해 두었으며 뒤쪽에 설명을 달아 두었으므로 주석을 읽어 보도록 하자.

예제 ConstDblPointer

```
#include <Turboc.h>

void main()
{
    int i=5;
    int *pi=&i;
    const int *pci;
    int * const cpi=&i;
    const int * const cpci=&i;

    // 일반 이중 포인터 - 모두 가능
```

```
        int **ppi1=&pi;
        ppi1++;
        (*ppi1)++;
        **ppi1=0;

        // 상수 지시 포인터의 포인터
        const int **ppi2=&pci;
        ppi2++;
        (*ppi2)++;
//      **ppi2=0;           // 에러 : 최종 대상체(정수) 변경 불가

        // 비상수 지시 상수 포인터의 포인터
        int * const *ppi3=&cpi;
        ppi3++;
//      (*ppi3)++;          // 에러 : 중간 대상체(포인터) 변경 불가
        **ppi3=0;

        // 비상수 지시 비상수 포인터의 상수 포인터
        int ** const ppi4=&pi;
//      ppi4++;             // 에러 : 포인터 자체 변경 불가
        (*ppi4)++;
        **ppi4=0;

        // 상수 지시 상수 포인터를 지시하는 상수 포인터 - 전부 에러
        const int * const * const ppi5=&cpci;
//      ppi5++;
//      (*ppi5)++;
//      **ppi5=0;
}
```

이 예제를 보고 아마 여러분들은 "아니 이 사람이 지금 장난하나?" 이런 생각을 할 것이다. 장난 하는 게 맞다. 실전에서 이런 포인터가 꼭 필요한 경우는 그리 흔하지 않으므로 이런 복잡한 것까지 상세하게 알아야 할 필요는 없지만 이 정도 연습이 되어 있다면 포인터와 const의 관계를 확실하게 안다고 자부해 도 좋다. const 바로 다음 대상이 상수가 된다는 원칙은 동일하다. 이중 포인터에 대해 const 키워드를 쓰는 경우는 사실상 무척 드물지만 포인터의 레퍼런스에 대해서는 종종 이런 표현이 사용되기도 한다.

그렇다면 왜 상수 포인터가 필요한 것일까? const int *pi2의 대상체가 상수라는 것을 알고 있다면 *pi2의 값을 바꾸지 않으면 그만이 아닌가? 컴파일러 차원에서 이런 상수 포인터를 지원하는 이유는

고의든 실수든 바뀌지 말아야 할 중요한 값을 보호하기 위해서이다. 다음 코드에서 RATIO는 어떤 계산식에 사용되는 아주 중요한 상수이다.

```
const double RATIO=82.34;
RATIO=99.99;                // 에러
const double *pd=&RATIO;
*pd=99.99;                  // 에러
```

상수로 선언했으므로 두 번째 줄처럼 RATIO에 어떤 값을 직접 대입하는 것은 당연히 에러로 처리될 것이다. 눈에 뻔히 보이는 상수에 값을 대입하는 멍청한 실수를 하지는 않지만 포인터를 통해 간접적으로 이 값을 액세스할 때는 우발적인 실수를 할 가능성이 있다. RATIO는 상수라서 좌변값이 아니지만 메모리를 점유하고 있고 번지가 있으므로 &연산자의 피연산자로 사용될 수 있다.

만약 이 상수를 가리키는 포인터 pd를 사용하여 간접적으로 RATIO의 값을 바꿀 수 있다면 이것은 잠재적으로 논리적인 에러가 될 위험이 아주 크다. 상수를 가리키는 포인터를 함수끼리 주거니 받거니 하다 보면 언제 이 값이 바뀌어 버릴지 알 수 없어진다. 만약 RATIO가 직원들에게 줄 보너스 비율이라면 이 값이 조금만 커져도 엄청난 재정 누출이 발생할 것이다. 이렇게 되면 직원들은 좋아하겠지만 버그를 만든 개발자는 사표를 써야 할 것이다.

포인터는 대상체를 옮겨 다니며 값을 읽기도 하고 바꿀 수도 있는 굉장히 편리한 도구이지만 다소 위험한 면이 있다. 어떤 대상체에 대한 번지를 알고 있으면 포인터를 통해 이 대상체를 마음대로 바꿀 수 있기 때문이다. 일부러 그렇게 하지는 않겠지만 실수로 포인터를 잘못 조작하거나 또는 외부적인 다른 에러에 의해 포인터가 엉뚱한 곳을 가리킬 가능성은 항상 있다.

짧은 코드에서는 이런 실수를 하더라도 금방 어디서 문제가 발생했는지 발견할 수 있지만 대형 프로젝트에서는 실수를 한 곳과 증상이 나타나는 곳이 완전히 딴 곳일 수 있기 때문에 발견하기 대단히 어렵다. 게다가 대형 프로젝트는 보통 여러 개발자가 동시에 작업을 하는데 좀 띨띨한 개발자가 이런 실수를 하면 프로젝트 전체가 시한폭탄을 가지게 되는 셈이다. 그래서 컴파일러 차원에서 포인터를 좀 더 안전하게 쓸 수 있는 장치를 제공할 필요가 있는데 그것이 바로 const이다.

중형급 승용차의 문짝에는 안에서 문을 열지 못하도록 밖에서 잠그는 장치가 있는데 이 장치는 주로 아동들을 보호하기 위해 존재한다. 아이들이 주행 중에 차문을 열어서 밖으로 떨어지면 돌이킬 수 없는 사고가 발생할 수 있기 때문에 출발 전에 밖에서 문을 잠글 수 있다. 물론 아빠가 출발 전에 "달리는 중에 절대 문을 열어서는 안 돼"하고 주의를 줄 수도 있지만 장난꾸러기들에게는 이런 말이 오히려 더 위험할 수도 있다. 이 장치는 아이들의 자유를 구속하기 위한 것이 아니라 혹시라도 있을지 모르는 실수나 무모한 호기심으로부터 소중한 아이들의 생명을 지키기 위한 것이다. const는 컴파일러가 미숙련 개발자를 위해 제공하는 일종의 안전장치라고 할 수 있다.

const는 읽기만 가능한 읽기 전용 포인터를 정의할 수 있도록 함으로써 포인터를 잘못 조작하는 실수를 컴파일러가 발견할 수 있도록 한다. 구조체를 함수의 인수로 넘길 때는 값으로 넘기는 것보다 포인터로 넘기는 것이 훨씬 더 효율적인데 이렇게 하면 참조 호출이므로 함수 내부에서 실인수를 변경할 수 있어 위험해진다. 이것을 금지하고 싶을 때 읽기 전용의 상수 지시 포인터로 전달한다. 4바이트만 전달되므로 속도가 빠르고 함수가 실인수를 읽을 수만 있으므로 안전하다. 13장의 OutFriend 함수는 const tag_Friend *pf를 받는 것이 가장 이상적이다. 컴파일러는 const 포인터의 안전성을 높이기 위해 const 포인터와 일반 포인터끼리의 대입에 대해 엄격한 규칙을 적용한다. 다음 예제를 보자.

예제 ConstAssign

```
#include <Turboc.h>

void main()
{
    int ar[5]={1,2,3,4,5};

    int *pi1=&ar[0];
    const int *pi2;

    pi2=pi1;              // 가능
    pi1=pi2;              // 불가능
    pi1=(int *)pi2;       // 가능하지만 바람직하지 않다.
}
```

pi1은 일반 포인터이며 ar[0]를 가리키도록 초기화되었고 pi2는 상수 지시 포인터이다. 이 상태에서 pi2가 pi1의 번지를 대입받는 것은 가능하다. 상수 지시 포인터로는 대상체를 읽을 수만 있기 때문에 읽기 쓰기가 모두 가능한 pi1 대상체의 번지를 대입받아도 아무 문제가 없다.

그러나 그 반대는 허가되지 않는데 일반 포인터 pi1이 상수 지시 포인터 pi2의 번지를 대입받을 수는 없다. 만약 이것이 허가된다면 pi2가 가리키는 상수 대상체를 pi1을 통해 간접적으로 변경하는 것이 가능해지며 이렇게 되면 상수 지시 포인터를 지원하는 의미가 없어진다. 상수 대상체를 가리키는 포인터와 동일한 타입의 일반 포인터를 선언한 후 이 포인터로 상수 대상체의 값을 바꿀 수 있다면 대상체를 제대로 보호할 수 없으며 그래서 상수 지시 포인터를 일반 포인터에 대입하는 것은 금지되어 있다.

만약 일반 포인터가 정 상수 포인터의 번지를 대입받도록 하고 싶다면 캐스트 연산자를 사용할 수는 있다. 상수 지시 포인터 타입(const int *)을 강제로 일반 포인터 타입(int *)으로 캐스팅하여 대입하면 일단 대입은 가능하다. 캐스트 연산자까지 동원해서 타입을 바꾸고자 한다면 컴파일러가 이를 굳이 말리지는 않는다. 물론 이런 코드는 바람직하지 않으며 꼭 필요할 때만 확실하게 안전하다는 검증을 한 후 사용해야 한다.

const 지정은 컴파일 타임에 컴파일러에 의해 지원된다. 컴파일러는 변수의 상수성을 보고 변경할 수 없는 값을 변경하는 코드에 대해 사정없이 에러 메시지를 출력한다. 그래서 보통의 정상적인 방법으로는 상수를 변경할 수 없다. 그렇다면 정상적이지 못한 변칙 코드로는 상수를 변경할 수도 있다는 얘기인데 런타임에 상수의 포인터로 간접적으로 값을 변경하는 것은 가능하다. 조금 엽기스럽기는 하지만 이왕 연구하는 김에 포인터에 의한 강제 변경을 테스트해 보자.

예제 ConstTest

```c
#include <Turboc.h>

void main()
{
    const int i=2;
    int *pi=(int *)&i;
    *pi=3;
    printf("i=%d\n",i);
    printf("*pi=%d\n",*pi);

    const double d=1.0;
    double *pd=(double *)&d;
    *pd=2.3;
    printf("d=%f\n",d);
    printf("*pd=%f\n",*pd);
}
```

int, double형 변수를 선언하고 비상수 포인터에 강제로 이 상수의 번지를 대입한 후 포인터로 값을 변경해 보았다. 이런 동작은 스펙에 정의되어 있지 않으므로 결과는 컴파일러마다 다르다. 다음은 비주얼 C++의 실행 결과인데 다소 혼란스러워 보인다.

```
i=2
*pi=3
d=2.300000
*pd=2.300000
```

double값은 바뀌지만 int값은 바뀌지 않은 것처럼 보인다. 그러나 내부를 들여다보면 int도 실제로는 값이 바뀌지만 상수 참조문이 원래 정의된 상수값을 곧바로 사용하도록 컴파일하는 것이다. gcc로 이 예제를 테스트해 보면 둘 다 바뀌지 않는다. const 지정된 상수를 포인터로 강제 변경할 경우의 동작에 대해서는 정의되어 있지 않으므로 어떤 컴파일러가 틀렸다는 얘기는 할 수 없다.

컴파일러 개발자들은 스펙 문서대로 컴파일러를 작성할 뿐이므로 정의되지 않은 코드가 어떻게 컴파일 될지는 알 수 없는 것이다. 따라서 우리는 이런 이식성이 없는 코드를 작성해서는 안 된다. 다음은 인수로 전달된 상수 지시 포인터의 상수성을 변경하여 실인수를 변경해 보자. 함수는 임의의 실인수에 대해 동작할 수 있어야 하므로 컴파일러가 원래의 상수값을 특정값으로 가정할 수 없어 앞의 예제와는 효과가 조금 다르다.

예 제 ConstTest2

```
#include <Turboc.h>

void func(const int *ai)
{
    // *ai=3;
    int *pi;
    pi=(int *)ai;
    *pi=3;
}

void main()
{
    int i=2;
    func(&i);
    printf("%d\n",i);
}
```

func는 const int *를 전달받으므로 *ai=3 식으로 이 포인터가 가리키는 내용을 직접 변경하는 것은 당연히 불법이다. 그러나 비상수 포인터 pi로 강제 변경하는 것은 가능하다. 컴파일러는 pi가 가리키는 내용이 선언할 때부터 상수인지 아니면 실인수는 비상수인데 함수로 전달될 때만 상수인지는 전혀 분간 할 수 없으므로 *pi=3 호출에 대해 무조건 값을 변경할 수밖에 없다. 이 코드는 거의 대부분의 컴파일러 에 대해서 동작한다.

15.1.3 const 인수

앞 장에서 우리는 이미 const 포인터를 인수로 받아들이는 함수를 본 적이 있었는데 이제 이 함수들을 분석해 보자. 다음 함수들이 상수 포인터를 취하는 대표적인 함수들이다.

```
char *strcpy(char *dest, const char *src);
int strcmp(const char *s1, const char *s2);
char *strchr(const char *string, int c);
int atoi(const char *string);
```

strcpy 함수는 두 개의 문자열을 인수로 가지는데 dest는 상수가 아니고 src는 상수로 되어 있다. 이 함수는 src의 내용을 dest로 그대로 복사하는데 함수 호출 후에 dest의 내용이 바뀌므로 dest는 당연히 상수가 아니다. 하지만 src는 이 함수 내부에서 읽기만 하며 내용을 변경하지 않으므로 상수 지시 포인터로 되어 있다. 이 함수의 원형을 보면 함수가 리턴된 후에도 src의 내용이 그대로 유지된다는 것을 알 수 있으며 따라서 다음과 같은 코드를 안심하고 쓸 수 있다.

```
char src[32]="const pointer";
char dest[32];

strcpy(dest,src);
// 호출 후에도 src는 여전히 "const pointer"를 유지한다.
puts(src);
```

strcpy 다음에 있는 puts 함수 호출에서 출력되는 문자열은 여전히 "const pointer"이며 이 문자열을 반복적으로 계속 사용해도 된다. 그러나 dest는 strcpy 호출 후에 값이 변할 수 있어야 하기 때문에 다음과 같은 호출문은 에러로 처리된다.

```
const char *dest="상수 포인터";
strcpy(dest,"const pointer");
```

strcpy 함수의 dest 인수는 일반 포인터인데 상수 지시 포인터를 인수로 넘겼다. 인수 전달 과정에서 대입 연산이 일어나는데 일반 포인터는 상수 지시 포인터를 대입받을 수 없으므로 제대로 컴파일되지 않는 것이다. strcmp 함수는 문자열을 비교만 하고 변경은 하지 않으므로 두 인수가 모두 상수 지시 포인터이다. strchr 함수도 문자열 검색만 하므로 상수 지시 포인터를 인수로 취하며 atoi 함수도 문자열에 저장된 값을 읽기만 한다.

그러나 strchr 함수의 두 번째 인수 int c 앞에는 const가 붙어 있지 않다. 논리상 검색을 위해 전달되는 문자도 읽기 전용이므로 const int c라고 해야 옳겠지만 상수가 아닌 변수로 전달받는다. 이렇게 되면 strchr 함수 내부에서 c의 값을 함부로 바꿀 수 있게 될 것이다. 그러나 이 경우는 값에 의한 전달이므로 strcpy 함수 내부에서 아무리 c를 바꿔 봐야 실인수를 바꿀 수는 없으므로 위험하지 않다. const인수가 꼭 필요한 경우는 포인터를 통한 참조 호출일 때뿐이며 값 호출일 때는 큰 의미가 없다.

표준 함수들은 자신이 전달받은 포인터의 대상체를 변경하지 않을 때 항상 const로 인수를 전달받도록 되어 있다. 이는 함수 내부에서 인수의 값을 바꾸지 않는다는 것을 명확히 표시하며 함수 호출부에서 const로 전달된 인수의 값을 안심하고 재사용할 수 있도록 해 준다. 사용자가 직접 함수를 만들 때도 변경할 필요가 없는 인수는 가급적이면 const로 전달받는 것이 좋다. 다음 예제를 보자.

예제 ConstArg

```c
#include <Turboc.h>

void DoSelect(const char *szSQL)
{
    // 쿼리 실행
}

void main()
{
    char szSQL[128];

    strcpy(szSQL,"select * from tblGirl where height > 165");
    DoSelect(szSQL);
    strcat(szSQL," and weight < 55");
    DoSelect(szSQL);
}
```

DoSelect 함수는 szSQL 인수로 전달된 쿼리문을 실행하는 가상의 함수인데 쿼리문을 읽기만 하므로 상수 지시 포인터로 전달받도록 했다. 만약 DoSelect 함수 내부에서 실수로 szSQL[0]='t'라는 대입 연산을 하거나 strcpy(szSQL, "insert"); 라는 함수를 호출하면 인수의 타입이 달라서 에러로 처리되며 DoSelect 내부에서는 szSQL을 바꾸고 싶어도 바꿀 수가 없다. 그래서 main에서는 DoSelect를 부른 후 이 쿼리문의 내용을 조금 변경한 후 다시 DoSelect를 호출할 수 있다. 만약 DoSelect의 인수가 상수 지시 포인터가 아니라면 main 함수에서는 다음처럼 이 함수를 호출해야 한다.

```c
strcpy(szSQL,"select * from tblGirl where height > 165");
DoSelect(szSQL);
strcpy(szSQL,"select * from tblGirl where height > 165 and weight < 55");
DoSelect(szSQL);
```

DoSelect 함수에서 szSQL을 변경했는지 아닌지를 정확하게 알 수 없기 때문에 이 함수를 호출할 때는 항상 쿼리문을 처음부터 다시 작성해야 하며 szSQL을 마음 놓고 재사용하지 못한다. 쿼리문이 길어지면 이것은 무척 번거로운 일이다. 그렇다면 DoSelect 함수를 그냥 일반 포인터를 인수로 받도록 수정하면 어떻게 될까?

```
void DoSelect(char *szSQL)
{
    // 쿼리 실행
}
```

이렇게 수정해도 동작에는 아무런 지장이 없지만 반드시 상수가 아닌 포인터만 넘겨야 한다는 제약이 생긴다. 따라서 다음과 같이 상수 포인터를 인수로 넘길 수 없다.

```
const char *szSQL="select * from tblGirl";
DoSelect(szSQL);
```

DoSelect 함수가 main에서만 호출된다면 어떻게 하더라도 큰 차이가 없지만 다른 함수들과의 관계까지 고려한다면 원칙대로 상수 지시 포인터를 받아들이는 것이 더 좋다. 만약 DoQuery나 PrintAllGirl같이 상수 지시 포인터를 인수로 받는 다른 함수에서 DoSelect를 호출해야 한다면 DoSelect도 상수 지시 포인터를 인수로 받아야 한다. 아니면 모든 함수들이 일반 포인터를 받아들이도록 전면 수정해야 하는데 이렇게 되면 번거로울 뿐만 아니라 여러 모로 위험해진다. 상수 지시 포인터를 받은 함수가 일반 포인터를 취하는 함수를 호출해야 하는 경우는 없다. 만약 있다면 함수 설계를 잘못한 것이다.

const는 우발적인 코드로부터 중요한 값을 보호하는 문법적 장치이므로 안전성을 위해 적극 활용하는 것이 좋다. 일부 코드는 const를 쓰고 일부 코드는 쓰지 않으면 타입이 맞지 않아 인수 전달이 원활하지 못한 부작용이 있다. 특히 팀 프로젝트의 경우 서로의 스타일이 틀리면 골 때리는 상황이 발생할 수 있는데 이런 경우는 가급적 원칙대로 const를 철저하게 지키는 것이 바람직하다. 객체 지향 프로그래밍 기법에서는 const가 더욱 중요한 역할을 하는데 const로 지정된 멤버 함수는 클래스 내부를 함부로 변경할 수 없으므로 객체의 안전성을 지키는 중요한 역할을 한다.

15.1.4 volatile

volatile 키워드는 const와 함께 변수의 성질을 바꾸는 역할을 하는데 이 둘을 묶어 cv 지정자(Qualifier: 제한자라고 번역하기도 한다)라고 한다. const에 비해 상대적으로 사용 빈도가 지극히 낮으며 이 키워드가 꼭 필요한 경우는 무척 드물다. 어떤 경우에 volatile이 필요한지 다음 코드를 보자.

```
int i;
double j;

for (i=0;i<100;i++) {
    j=sqrt(2.8)+log(3.5)+56;
    // do something
}
```

이 코드는 루프를 100번 실행하면서 어떤 작업을 하는데 루프 내부에서 j에 복잡한 연산 결과를 대입하고 있다. j값을 계산하는 식이 조금 복잡하지만 제어 변수 i값을 참조하지 않기 때문에 i 루프가 실행되는 동안 j의 값은 상수나 마찬가지이며 절대로 변경되지 않는다. 루프 실행 중에는 상수이므로 이 값을 매 루프마다 다시 계산하는 것은 시간 낭비이다. 그래서 제대로 된 컴파일러는 이 루프를 다음과 같이 수정하여 컴파일한다.

```
j=sqrt(2.8)+log(3.5)+56;
for (i=0;i<100;i++) {
    // do something
}
```

j의 값을 계산하는 식을 루프 이전으로 옮겨서 미리 계산해 놓고 루프 내부에서는 j값을 사용하기만 했다. 어차피 루프 내부에서 j값이 바뀌는 것이 아니므로 이렇게 코드를 수정해도 원래 코드와 완전히 동일한 동작을 할 것이다. 똑똑한 컴파일러는 프로그래머가 코드를 대충 짜 놓아도 속도를 높이기 위해 자동으로 최적화를 하는 기능을 가지고 있으며 이런 암묵적인 최적화 기능에 의해 프로그램의 성능이 향상된다. 그렇다면 위 두 코드가 정말로 완전히 동일할까 의심을 가져 보자. j는 분명히 루프 내부에서 상수이므로 미리 계산해 놓아도 아무 문제가 없음이 확실하다. 그러나 아주 특수한 경우 최적화된 코드가 원래 코드와 다른 동작을 할 경우가 있다. 어떤 경우인가 하면 프로그램이 아닌 외부에서 j의 값을 변경할 때이다.

도스 환경에서는 인터럽트라는 것이 있고 유닉스 환경에서는 데몬, 윈도우즈 환경에서는 서비스 등의 백그라운드 프로세스가 항상 실행된다. 이런 백그라운드 프로세스가 메모리의 어떤 상황이나 전역변수를 변경할 수 있으며 같은 프로세스 내에서도 스레드가 여러 개라면 다른 스레드가 j의 값을 언제든지 변경할 가능성이 있다. 또한 하드웨어에 의해 전역 환경이 바뀔 수도 있다.

예를 들어 위 코드를 실행하는 프로세스가 두 개의 스레드를 가지고 있고 다른 스레드에서 어떤 조건에 의해 전역변수 j값(또는 j에 영향을 미치는 다른 값)을 갑자기 바꿀 수도 있다고 하자. 이런 경우 루프 내부에서 매번 j값을 다시 계산하는 것과 루프에 들어가기 전에 미리 계산해 놓는 것이 다른 결과를 가져올 수 있다. i루프가 50회째 실행 중에 다른 스레드가 j를 바꾸어 버릴 수도 있는 것이다.

이런 경우에 쓰는 것이 바로 volatile이다. 이 키워드를 변수 선언문 앞에 붙이면 컴파일러는 이 변수에 대해서는 어떠한 최적화 처리도 하지 않는다. 컴파일러가 보기에 코드가 비효율적이건 어쨌건 개발자가 작성한 코드 그대로 컴파일한다. 즉 volatile 키워드는 "잘난척 하지 말고 시키는 대로 해"라는 뜻이다. 어떤 변수를 다른 프로세스나 스레드가 바꿀 수도 있다는 것을 컴파일러는 알 수 없기 때문에 전역 환경을 참조하는 변수에 대해서는 개발자가 volatile 선언을 해야 한다. 위 코드에서 j 선언문 앞에 volatile만 붙이면 문제가 해결된다.

```
volatile double j;
```

이 키워드가 반드시 필요한 상황에 대한 예제를 만들어 보이는 것은 굉장히 어렵다. 왜냐하면 외부에서 값을 바꿀 가능성이 있는 변수에 대해서만 이 키워드가 필요한데 그런 예제는 보통 크기가 아니기 때문이다. 잘 사용되지 않는 키워드이므로 여기서는 개념만 익혀 두도록 하자.

15.2 함수 포인터

15.2.1 정의

여기서는 함수 포인터에 대해 소개하고 개념적이지만 활용 방안에 대해서도 연구해 보기로 한다. 포인터라는 것이 원래 C/C++의 주제 중 가장 어렵고 난해한데 그 중에서도 함수 포인터는 난해함의 절정에 있다고 평가되는 어려운 주제이다. 처음부터 함수 포인터를 다 이해하기는 어려우므로 부담 갖지 말고 가벼운 마음으로 읽어보기 바란다. 다행히 함수 포인터는 실전에서 사용 빈도가 그리 높지 않으므로 모른다고 해서 당장 불편한 정도는 아니다.

함수 포인터(Pointer to Function)란 함수를 가리키는 포인터이다. 포인터란 본래 메모리상의 번지를 저장하는 변수인데 함수도 메모리에 존재하며 시작 번지가 있으므로 포인터 변수로 가리킬 수 있다. 일반적인 포인터는 변수가 저장되어 있는 번지를 가리키지만 함수 포인터는 함수의 시작 번지를 가리킨다는 점에서 다르다. 함수 포인터와 구분하기 위해서 변수를 가리키는 일반적인 포인터를 특별히 데이터 포인터라고 부르기도 한다.

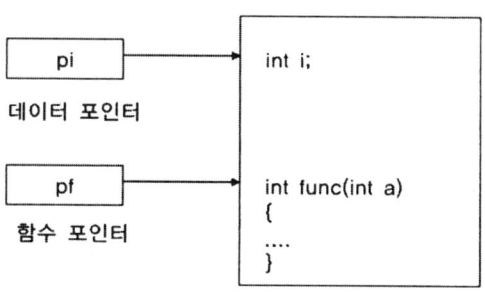

정수형을 가리키는 int *pi는 정수형 변수의 번지를 가지며 실수형을 가리키는 double *pd는 실수형 변수의 번지를 가진다. 데이터 포인터는 단순히 가리키는 대상체의 타입만 밝히면 되므로 선언 형식이 간단하다. 반면 함수 포인터의 대상체인 함수는 형식이 좀 더 복잡하기 때문에 선언 형식도 다소 복잡하다. 대상체가 되는 함수의 리턴 타입과 인수들의 목록까지도 같이 밝혀야 한다. 함수 포인터를 선언하는 형식은 함수의 원형 선언 형식과 유사하다. 기본 형식은 다음과 같다.

리턴타입 (*변수명)(인수의 목록);

함수의 원형을 써 놓고 함수명을 변수명으로 바꾸고 앞에 *를 붙인 후 *변수명을 괄호로 싸면 된다. 함수 포인터도 변수이므로 고유한 이름을 가져야 하며 명칭 규칙에 맞게 적당히 이름을 붙여야 한다. 리턴값과 인수 목록은 그대로 유지하되 단 형식 인수의 이름은 생략해도 상관없다. 함수 원형 선언에서 형식 인수의 이름이 별 의미가 없듯이 함수 포인터를 선언할 때도 인수의 타입만 의미가 있다. 다음 함수를 가리키는 함수 포인터를 선언한다고 해 보자.

int func(int a);

정수형 인수를 하나 취하며 정수형을 리턴하는 func라는 함수의 원형이다. 이런 함수를 가리킬 수 있는 함수 포인터 pf를 선언하는 절차는 다음과 같다.

① int pf(int a);   // 함수명을 변수명으로 바꾼다.
② int *pf(int a);   // 변수명 앞에 *를 붙인다.
③ int (*pf)(int);   // 변수를 괄호로 싼다. 형식 인수의 이름은 생략 가능하다.

func가 (*pf)로 바뀌었는데 이름 바꾸고 *를 붙인 후 괄호를 싸기만 하면 된다. 이 선언문에서 괄호를 빼 버리면 정수형 포인터를 리턴하는 함수가 되어 버리므로 괄호를 빼먹지 않도록 주의해야 한다. 몇 번 연습해 보면 단계를 거치지 않고도 곧바로 함수 포인터를 만들 수 있을 것이다. 다음에 몇 가지 예를 보인다.

```
void func(int a, double b);          void (*pf)(int, double);
char *func(char *a, int b);          char *(*pf)(char *,int);
void func(void);                     void (*pf)(void);
```

이렇게 선언한 함수 포인터는 자신과 원형이 같은 함수의 시작 번지를 가리킬 수 있는데 단순히 함수의 이름을 대입하면 된다. 다음 대입식은 int func(int a) 함수를 가리킬 수 있는 함수 포인터 pf에 func의 번지를 대입한다.

pf=func;

이런 대입이 가능한 이유는 괄호없이 단독으로 사용된 함수명은 함수의 시작 번지를 나타내는 포인터 상수이기 때문이다. 마치 배열명이 첨자없이 사용되면 배열의 시작 번지를 나타내는 포인터 상수가 되는 것처럼 말이다. func라는 표현식 자체가 함수 포인터 상수이므로 함수 포인터 변수 pf가 그 번지를 대입받을 수 있다. 함수 이름 자체가 포인터 타입이므로 pf=&func; 처럼 &연산자를 사용할 필요가 없다. pf 자체는 변수이므로 원형만 일치한다면 다른 함수를 가리킬 수도 있다.

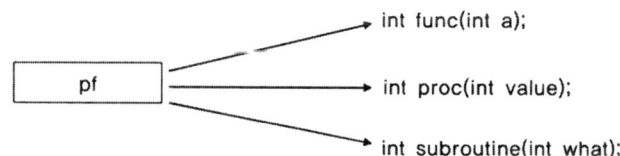

함수 포인터에 함수의 시작 번지를 저장했으면 이제 함수 대신 포인터로 함수를 호출할 수 있다. 변수의 번지를 가리키는 데이터 포인터로 변수값을 읽을 수 있듯이 함수 포인터로는 이 포인터가 가리키는 번지의 함수를 호출할 수 있는 것이다. 함수 포인터로 함수를 호출하는 형식은 다음 두 가지가 있는데 func 함수를 가리키는 pf로 func 함수를 호출하는 예이다.

(*pf)(2);
pf(2);

함수 포인터 다음에 인수의 목록을 나열하는데 func 함수는 정수형 인수 하나를 취하므로 상수 2를 넘겨주었다. 물론 3이나 5 또는 정수와 호환되는 변수를 인수로 넘길 수도 있다. pf가 func의 번지를 가지고 있으니 *pf는 곧 func와 동일하며 그래서 (*pf)(2)는 func(2)와 같다. 이때 *pf를 감싸는 괄호는 생략할 수 없는데 *pf(2)와 같이 쓰면 * 연산자보다 () 연산자가 더 순위가 높아 pf(2) 호출문이 리턴하는 포인터로부터 대상체를 읽는 문장이 되어 버린다. *연산자가 먼저 실행되어 이 포인터가 가리키는 함수를 찾은 후 이 함수로 인수를 넘겨야 한다.

(*pf)(2) 호출 구문이 문법상 원칙적으로 맞는 방법이지만 괄호와 *연산자를 쓰는 것이 번거롭기 때문에 C 컴파일러들은 좀 더 간략화된 호출 방법을 지원하는데 그것이 바로 아래쪽에 있는 pf(2)호출 형식이다. 함수 포인터를 마치 함수인 것처럼 쓰고 괄호 안에 인수를 넘긴다. 문법적으로 엄격하게 따지자면 pf(2) 형식은 잘못된 것이지만 컴파일러가 특별히 이런 예외를 인정한다. pf가 함수 포인터라는 것을 컴파일러가 알고 있으므로 굳이 *연산자와 ()괄호를 쓰지 않아도 pf가 가리키는 함수를 호출하는 문장이라는 것을 알 수 있으며 모호하지 않다. 그래서 함수 포인터를 함수와 동일한 방법으로 사용하는 것을 허용한다.

함수 포인터로부터 함수를 호출하는 두 형식에 대해서는 학자마다 의견이 분분하며 아직까지도 완전히 통일되어 있지 않다. 원칙대로라면 (*pf)(2) 형식이 옳으며 실제로 클래식 C는 이 형식만 인정하지만

ANSI C 이후는 둘 다 인정된다. (*pf)(2) 호출문과 pf(2) 호출문은 컴파일러의 예외 인정에 의해 완전히 동일하며 최근에는 pf(2) 형식이 더 우세하다. 둘 중 마음에 드는 형식을 사용하되 아무래도 후자가 더 간편하기는 하다. 다음 예제는 함수 포인터를 사용하여 함수를 호출하는 예를 보여준다.

예 제 FuncPointer

```
#include <Turboc.h>

int func(int a)
{
    return a*2;
}

void main()
{
    int i;
    int (*pf)(int a);
    pf=func;
    i=(*pf)(2);
    printf("%d\n",i);
}
```

func 함수는 정수값 하나를 인수로 받아 이 값의 2배값을 리턴하는 아주 간단한 함수이다. main에서는 이런 형식의 함수를 가리킬 수 있는 함수 포인터 pf를 선언했으며 pf에 func의 시작 번지를 대입했다. 그리고 (*pf)(2) 호출문으로 func 함수를 호출하여 그 리턴값을 지역변수 i에 대입한 후 출력했다. 인수로 2를 전달했으므로 출력 결과는 물론 4이다. (*pf)(2) 호출문을 pf(2)로 바꾸어도 동일하다.

pf가 가리키는 함수는 정수형 인수 하나만 취하도록 되어 있으므로 pf를 통해 함수를 호출할 때도 원형에 맞게 호출해야 한다. (*pf)(2.5) 호출은 경고로 처리되며 (*pf)("string")호출은 컴파일 에러로 처리되는데 func(2.5)나 func("string") 호출문에서 경고나 에러가 나는 것과 같은 이유이다. 컴파일러가 이런 에러 처리를 하기 위해서는 함수 포인터의 대상체 함수가 어떤 인수를 취하고 리턴값의 타입이 무엇인지를 정확하게 알아야 하며 그래서 함수 포인터를 선언하는 문장이 다른 변수 선언문보다 더 복잡한 것이다.

15.2.2 함수 포인터 타입

함수 포인터 타입도 일종의 고유한 타입이다. 따라서 원형이 다른 함수 포인터끼리는 곧바로 대입할 수 없으며 함수의 인수로도 넘길 수 없다. 정수형 포인터 변수(int *)에 실수형 포인터 변수(double *)의 값을 대입할 수 없듯이 말이다. 다음 코드를 보자.

```
int (*pf1)(char *);
void (*pf2)(double);
pf1=pf2;              // 타입이 다르므로 에러
```

pf1은 문자형 포인터를 인수로 취하고 정수형을 리턴하는 함수를 가리키는 함수 포인터이며 pf2는 실수를 인수로 취하고 리턴값이 없는 함수를 가리키는 함수 포인터이다. 두 변수가 가리킬 수 있는 함수의 원형이 다르기 때문에 pf2가 가리키는 번지를 pf1에 곧바로 대입할 수 없다. 만약 이것이 가능하다면 pf1로 함수를 호출할 때 컴파일러는 char *형의 인수를 찾지만 pf1이 가리키는 함수는 double형의 인수를 받아들이므로 불일치가 발생하며 함수가 제대로 호출되지 않을 것이다.

함수 포인터가 가리킬 수 있는 원형과 같지 않은 함수의 번지를 대입하는 것도 똑같은 이유로 에러로 처리된다. 다음 코드에서 pf3은 문자형 포인터와 실수를 인수로 취하고 리턴값이 없는 함수를 가리키도록 선언했는데 func 함수는 pf3의 원형과 다르므로 pf3에 func 함수의 번지를 대입할 수 없다.

```
int func(int a);

void (*pf3)(char *, double);
pf3=func;                   // 에러
```

그러나 타입이 다른 함수 포인터끼리라도 강제로 대입할 수는 있는데 이것이 일단은 가능해야 한다. void 포인터에 저장된 함수의 번지를 대입 받는다거나 자료 구조 설계시에 미리 알 수 없는 함수에 대한 포인터를 다루고자 할 때이다. 이럴 때 사용하는 것이 바로 캐스트 연산자이며 여러 가지 이유로 강제 캐스팅의 필요성은 누구나 인정하고 있다. int *pi와 double *pd가 있을 때 pi=pd 대입은 금지되지만 pi=(int *)pd는 가능한 것처럼 함수 포인터도 타입에 맞게 캐스팅하면 강제로 대입할 수 있다.

데이터 포인터에서와 마찬가지로 함수 포인터에도 캐스트 연산자를 쓸 수 있는데 문제는 함수 포인터의 캐스트 연산자가 모양이 생소해서 조금 어렵다는 것이다. 함수 포인터는 타입 자체가 길기 때문에 캐스트 연산자의 모양도 상당히 복잡해 보인다. 다음 코드는 pf2를 pf1에 강제로 대입하기 위해 캐스트 연산자를 사용한 것이다.

```
int (*pf1)(char *);
void (*pf2)(double);
pf1=(int (*)(char *))pf2;
```

이 식에서 (int (*)(char *))가 캐스트 연산자이다. 함수 포인터형의 캐스트 연산자를 만드는 방법은 함수 포인터 선언식에서 변수명을 **빼고** 전체를 괄호로 한 번 더 싸주면 된다. 일종의 공식이므로 외워 두거나 아니면 필요할 때마다 이 공식을 찾아보기 바란다.

int (*pf1)(char *)
↓ 변수명을 지운다.
int (*)(char *)
↓ 전체를 괄호로 감싼다.
(int (*)(char *))

pf1=(int (*)(char *))pf2 대입문은 pf2가 가리키는 번지를 문자형 포인터를 인수로 취하고 정수를 리턴하는 함수 포인터 타입으로 잠시 바꾼 후 pf1에 대입한다. pf3에 func 함수의 번지를 강제로 대입할 때도 마찬가지로 캐스트 연산자를 사용할 수 있다. 물론 이렇게 강제로 대입했을 때의 부작용에 대해서는 스스로 책임져야 한다.

```
pf3=(void (*)(char *,double))func;
```

캐스트 연산자가 길어 보여서 그렇지 원리를 알고 나면 별로 어렵지 않다. 다음은 조금 이론적인 얘기가 되겠지만 함수 포인터의 배열이나 포인터를 선언하는 형식에 대해 알아보자. T형에 대해 T형 배열과 T형 포인터를 항상 선언할 수 있으므로 함수 포인터에 대해서도 배열과 포인터를 선언할 수 있다. func 타입의 함수를 가리킬 수 있는 함수 포인터를 요소로 가지는 크기 5의 arpf 배열은 다음과 같이 선언한다.

```
int (*arpf[5])(int);
```

함수 포인터 배열을 선언할 때는 변수명 다음에 첨자 크기를 밝혀 주면 된다. 잘못 생각하면 int (*arpf)(int)[5]가 맞을 것 같기도 한데 첨자 크기는 반드시 변수명 다음에 바로 써야 한다. 이 선언에 의해 int (*)(int)형의 함수의 번지를 가리킬 수 있는 함수 포인터 arpf[0]~arpf[4]까지 4개의 변수가 생성되며 각 변수는 int func(int)와 같은 원형의 함수를 가리키는 번지를 가질 수 있다. 동일한 타입의 변수들을 배열에 모아 두면 루프를 돌면서 함수들을 순서대로 호출한다거나 하는 처리도 가능해진다.

다음은 함수 포인터의 포인터를 선언해 보자. func 타입의 함수를 가리키는 함수 포인터를 가리키는 포인터 ppf는 다음과 같이 선언하는데 * 구두점만 하나 더 적으면 된다.

```
int (**ppf)(int);
```

이렇게 선언된 ppf는 int (*)(int) 타입으로 선언된 함수 포인터 변수나 함수 포인터 배열을 가리킬 수 있는 이차 함수 포인터 변수이다. ppf=&pf 또는 ppf=arpf 식으로 함수 포인터 변수의 번지를 대입받을 수 있으며 ppf로부터 함수를 호출할 때는 (**ppf)(2) 형식을 사용한다. 함수 포인터 배열 arpf와 이중 함수 포인터 ppf가 메모리에 구현된 모양은 다음과 같다.

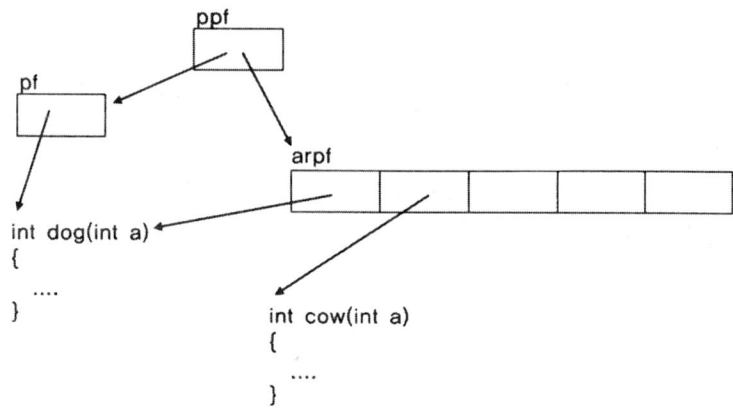

함수 포인터의 타입은 함수가 취하는 인수들의 타입과 리턴값까지 정확하게 밝혀야 하기 때문에 타입의 형식이 너무 길어서 쓰기에 번거롭다. 또한 함수 포인터로부터 파생된 타입을 만드는 것도 헷갈리고 생소한 면이 있다. 그래서 함수 포인터 타입을 자주 사용하거나 자신이 없다면 직접 타입을 기술하는 것보다 typedef로 함수 포인터 타입을 따로 정의한 후 사용하는 것이 편리하다. int func(int)형의 함수를 가리키는 타입은 다음과 같이 정의한다.

```
typedef int (*PFTYPE)(int);
PFTYPE pf;
```

함수 포인터를 선언하는 문장에서 변수명을 원하는 타입 이름으로 바꾸고 앞에 typedef만 붙이면 된다. 이후 컴파일러는 PFTYPE이라는 명칭을 int (*)(int) 타입으로 인식하므로 PFTYPE으로 함수 포인터 변수를 쉽게 선언할 수 있으며 캐스트 연산자로도 사용할 수 있다. 또한 함수 포인터로부터 배열이나 포인터 같은 파생 변수를 선언하는 것도 훨씬 더 간편하다.

```
PFTYPE arpf[5];
PFTYPE *ppf;
```

마치 int형으로부터 배열이나 포인터를 선언하듯이 PFTYPE을 사용할 수 있으므로 직관적이고 읽기에도 좋다.

15.2.3 포인터로 함수 호출하기

그렇다면 함수 포인터를 사용하는 이유는 무엇일까? 앞 예제의 경우 함수 포인터를 통해 간접적으로 func 함수를 호출했는데 그냥 func(2)를 호출하는 것이 훨씬 더 간단하고 직관적인데 왜 굳이 함수 포인터가 필요한가 말이다. 물론 이유가 있는데 언제나 한 단계를 더 거치면 여러 가지 기법들이 가능해진다.

함수 포인터는 변수이기 때문에 조건에 따라 언제든지 다른 함수를 가리킬 수 있다. 물론 하나의 함수 포인터가 가리킬 수 있는 함수들의 원형은 모두 일치해야 한다. 함수 포인터를 인수로 사용하면 함수를 다른 함수에게 전달하는 것도 가능해지며 함수 포인터 배열이나 구조체를 통해 여러 개의 함수군을 통째로 바꿔치기 할 수도 있다.

함수 포인터의 가장 쉬운 응용예로 조건에 따라 함수를 바꿔 가며 호출하는 예제를 만들어 보자. 다음 예제에는 원형이 똑같은 multi2, multi3 두 개의 함수가 있는데 사용자가 입력한 값에 따라 둘 중 하나의 함수를 호출한다.

예제 PointerCall

```c
#include <Turboc.h>

int multi2(int a)
{
    return a*2;
}

int multi3(int a)
{
    return a*3;
}

void main()
{
    char ch;
    int i=5;
    int (*pf)(int a);
    printf("5를 두 배 하고 싶으면 2, 세 배 하고 싶으면 3을 누르시오.\n");
    ch=getch();
    if (ch=='2') {
        pf=multi2;
    } else {
```

```
        pf=multi3;
    }
    printf("결과는 %d입니다.\n",(*pf)(i));
}
```

multi2는 입력값의 2배되는 값을 돌려주며 multi3는 3배되는 값을 돌려주는데 두 함수는 원형이 동일하다. main에서는 이 두 함수를 가리킬 수 있는 함수 포인터 pf를 선언하고 사용자의 입력에 따라 pf에 multi2, multi3 중 하나를 대입해 둔다. 호출할 함수의 번지를 pf가 가지고 있으므로 (*pf)로 호출하기만 하면 선택된 함수가 호출될 것이다. 이 예제의 경우는 어디까지나 사용예를 보여줄 뿐 큰 실용성은 없는데 함수 포인터를 사용하는 대신 다음과 같이 코드를 작성해도 결과는 동일하다.

```
if (ch=='2') {
    printf("결과는 %d입니다.\n",multi2(i));
} else {
    printf("결과는 %d입니다.\n",multi3(i));
}
```

예제가 짧고 간단하기 때문에 함수 포인터에 값을 대입하는 조건을 함수 호출문에 바로 사용할 수 있다. 그러나 다음과 같은 경우에는 함수 포인터를 사용하는 것이 더 좋다.

① 선택해야 할 함수가 두 개 이상인 경우, 예를 들어 수십개의 함수 중 하나를 호출해야 한다면 함수 포인터 배열을 선언하고 그 첨자를 선택하는 것이 더 쉽다.

② 함수를 선택하는 시점과 실제로 호출하는 시점이 완전히 분리되어 있는 경우도 함수 포인터를 쓰는 것이 유리하다. 호출할 함수에 대한 조건 점검은 필요할 때 한 번만 하고 선택된 함수는 별다른 조건 점검없이 함수 포인터로 바로 호출할 수 있다.

③ 호출할 함수가 DLL 같은 외부 모듈에 있고 이 함수를 동적으로 연결할 경우는 컴파일할 때 함수의 존재가 알려지지 않으므로 반드시 함수 포인터를 사용해야 한다. 함수 포인터를 사용하면 이름으로부터 원하는 함수의 번지를 찾아 호출할 수 있다.

함수 포인터를 반드시 사용해야 하는 예는 아주 많다. 대표적으로 개방된 데이터 베이스 환경인 ODBC를 들 수 있는데 ODBC는 다양한 데이터 베이스 서버를 일관된 방법으로 다룰 수 있는 표준 인터페이스를 제공한다. 언제든지 드라이버를 바꾸기만 하면 ODBC 표준을 따르는 모든 데이터 베이스 서버를 액세스할 수 있다. 각 드라이버는 ODBC 규약에 따라 미리 정해진 함수의 집합을 구현하며 ODBC 관리자는 응용 프로그램의 요구에 따라 드라이버의 함수를 찾아 호출하는데 이때 드라이버내의 함수 번지를 저장하기 위해 함수 포인터 배열이 사용된다.

15.2.4 함수 포인터 인수

함수 포인터는 함수를 가리키고는 있지만 어쨌거나 변수이기 때문에 함수의 인수로 전달될 수 있다. 함수를 함수의 인수로 전달한다는 것이 조금 이상하게 들리겠지만 이렇게 하면 함수 내부에서 어떤 함수를 호출할 것인지를 호출측에서 지정할 수 있다. 함수 포인터가 아니라면 이것은 불가능하다. 함수 포인터를 인수로 받아들이는 함수의 예는 아주 많은데 대표적으로 퀵 소트 함수인 qsort 함수의 원형을 보자.

```
void qsort(void *base, size_t num, size_t width,
    int ( *compare )(const void *, const void *));
```

이 함수는 base 번지에서부터 width폭을 가지는 num개의 값을 일정한 기준에 따라 정렬하는데 내부적으로 퀵 소트 알고리즘을 사용한다. 퀵 소트 알고리즘은 가장 효율적인 정렬 알고리즘으로 알려져 있어서 일반적인 정렬에 자주 사용된다. 이 함수를 호출하기 위해서는 정렬 대상과 함께 비교 함수를 전달해야 하는데 네 번째 인수 compare가 비교 함수를 지정하는 함수 포인터이다.

무작위로 흩어져 있는 어떤 값을 일정 기준에 따라 정렬하기 위해서는 순서대로 각 값의 대소를 비교하여 서로 교체하는 과정을 여러 번 거쳐야 한다. qsort 함수는 값을 비교하는 순서를 결정하고 비교 결과에 따라 값을 교체하는 알고리즘을 내부적으로 처리하되 단, 값을 비교하는 연산은 직접 할 수 없다. 그래서 호출측에서 값을 비교하는 함수를 compare 인수로 제공해야 한다. 다음 예제는 배열에 저장된 정수값들을 오름차순으로 정렬하여 출력한다.

예제 qsorttest

```c
#include <Turboc.h>

int compare(const void *a, const void *b)
{
    if (*(int *)a == *(int *)b) return 0;
    if (*(int *)a > *(int *)b) return 1;
    return -1;
}

void main()
{
    int i;
    int ar[]={34,25,27,19,4,127,9,629,18,7,9,165};

    qsort(ar,sizeof(ar)/sizeof(ar[0]),sizeof(int),compare);
```

```
for (i=0;i<sizeof(ar)/sizeof(ar[0]);i++) {
    printf("%d번째 = %d\n",i,ar[i]);
}
}
```

실행 결과는 다음과 같다.

0번째 = 4
1번째 = 7
2번째 = 9
3번째 = 9
4번째 = 18
5번째 = 19
6번째 = 25
7번째 = 27
8번째 = 34
9번째 = 127
10번째 = 165
11번째 = 629

 정렬 알고리즘대로 정렬하면 되는데 왜 사용자가 비교 함수를 제공해야 하는가 하면 비교 방법이 값의 성질에 따라 천차만별로 달라질 수 있기 때문이다. 12보다 26이 더 크고 876이 1564보다 작다는 것은 누가 봐도 분명하다. 하지만 24와 078은 수치로 비교하면 078이 더 크지만 문자로 비교하면 24가 더 커서 애매하다. 또한 문자의 경우 대소문자를 구분할 것인지, 문자 중간에 있는 밑줄, 쉼표, 공백, 대시 같은 문자들도 비교 대상에 포함되는지, 한글과 영문의 우선 순위는 어떻게 할 것인지 오름차순인지 내림 차순인지 등 아주 복잡한 문제들이 많다. 여기에 이차 정렬까지 고려하면 완벽한 일반화는 불가능하다.
 그래서 qsort 함수는 값을 직접 비교할 수 없으며 호출측으로 두 값을 비교해 달라는 요청을 하기 위해 compare 함수를 부른다. 두 값을 비교하는 방식은 단순한 타입이 아니라 능동적인 동작이기 때문에 함수가 필요하다. 이때 qsort 함수는 비교할 값들을 가리키는 두 개의 포인터를 전달하며 호출측은 두 포인터로부터 값의 대소 관계를 판별하는 함수를 만든 후 이 함수의 주소를 qsort에게 전달해야 한다. 지금 다루고 있는 주제는 정렬이 아니므로 qsort 함수에 대해서는 차후 상세하게 따로 공부해 보되 함수 포인터를 인수로 사용하면 이런 것도 가능해진다는 것만 이해하도록 하자.
 함수 포인터를 인수로 받아들이는 함수는 qsort외에도 아주 많다. 윈도우즈 환경에서는 콜백함수라는 이름으로 함수 포인터를 빈번히 사용하는데 윈도우로 전달되는 메시지를 처리하는 WndProc이라는 함수가 바로 콜백함수(시스템이 호출하는 사용자 정의 함수)이다. 또한 타이머를 설치하는 SetTimer 함수나 윈도우를 열거하는 EnumWindows 같은 함수들이 모두 함수 포인터를 인수로 요구한다. 다음에 API를 배울 때 다시 복습하게 될 것이다.

함수 포인터 인수를 활용하는 예제를 만들어 보자. FTP 서버에서 어떤 파일을 다운로드받아 로컬 하드 디스크에 저장하는 함수 FtpDown을 만든다고 하자. 이 함수의 원형은 아마도 다음과 같을 것이다.

void FtpDown(const char *src, const char *dest);

이 함수는 src에 있는 파일을 다운로드받아 dest에 저장한다. 둘 다 읽기 전용의 문자열이므로 상수로 전달했다. 예를 들어 FtpDown("ftp://babo.com/ondal.mpg", "c:/ondal.mpg"); 이렇게 호출하면 babo.com 서버에서 ondal.mpg 파일을 다운로드받아 C드라이브의 루트에 저장한다. 이 함수는 꼭 필요한 인수들을 전달하므로 동작상의 문제는 없지만 시간이 오래 걸릴 경우 함수 하나가 몇 시간 동안 실행될 수 있다는 점이 문제다. ondal.mpg이 600M라면 아마도 몇 시간, 네트워크가 느리면 하루가 더 걸릴 수도 있는데 이 시간동안 프로그램이 아무 동작도 하지 않으면 사용자는 무척 답답할 것이다.

그래서 FtpDown 함수에 다운로드 받는 동안 "총 600M 중 12M 받고 있음"이라는 메시지를 주기적으로 출력하는 기능을 넣었다. 이렇게 하면 최소한 프로그램이 동작 중이라는 것은 알려줄 수 있어서 답답하지는 않을 것이다. 하지만 다운로드 경과를 보여주는 방식이 문자열로 고정되어 있다는 것과 중간에 취소할 수 없다는 것이 또 문제가 된다. 어떤 사람은 그래프로 보여주기를 원할 것이고 어떤 사람은 다운로드 중에 멋진 애니메이션이 재생되기를 원할 수도 있다.

이럴 때는 FtpDown 함수가 직접 다운로드 과정을 보여주지 말고 사용자 정의 함수를 호출하여 현재 상황에 대한 경과만 전달하는 방식을 쓰는 것이 좋다. 이 함수를 호출하는 곳에서 경과를 보여주는 방식을 자유롭게 선택할 수 있도록 하고 또 사용자 정의 함수의 리턴값을 취소에 대한 신호로 활용할 수도 있다. 이 함수의 원형을 다음과 같이 수정해 보자.

void FtpDown(const char *src, const char *dest, BOOL (*prog)(int, int));

세 번째 인수에 prog라는 함수 포인터가 추가되었다. 이 함수는 총 용량과 현재 받고 있는 용량을 두 개의 정수 인수로 받아들이며 취소 여부를 리턴한다. FtpDown 함수를 호출하는 측에서는 prog 타입의 함수를 만든 후 이 함수에서 다운로드 과정을 보여주되 그래프로 보여주든, 음악으로 들려주든 아니면 동영상으로 보여주든 마음대로 구현할 수 있다. FtpDown 함수는 주기적으로 prog 함수를 호출할 뿐이다. 또한 사용자의 입력을 체크하여 취소 여부를 리턴값으로 전달하기도 한다.

FtpDown 함수를 사용하는 가상의 예제는 다음과 같다. 실제로 네트워크 접속은 하지 않으므로 다운로드는 되지 않지만 컴파일은 가능하며 함수 포인터가 어떻게 활용되는가를 살펴보기에는 부족하지 않을 것이다.

예제 DownCallBack

```c
#include <Turboc.h>

void FtpDown(const char *src, const char *dest, BOOL (*prog)(int, int))
{
    int total, now;
    BOOL UserBreak;

    total=600;        // 실제 src의 크기를 조사해야 함.
    now=0;

    for (now=0;now<total;now++) {
        // 다운로드 받는다. 한 번에 1M씩 받는다고 치자.
        // DownloadFile(src,dest);
        delay(10);

        // 과정 표시 함수를 불러준다.
        UserBreak=(*prog)(total,now);
        if (UserBreak==TRUE) {
            puts("다운로드를 취소했습니다");
            break;
        }
    }
}

BOOL Progress(int total, int now)
{
    // 다운로드 과정을 보여 줌
    printf("총 %d 중 %d만큼 받고 있습니다.\n",total,now);

    // 만약 사용자가 중지하라고 했다면
    if (kbhit() && getch()==27) {
        return TRUE;
    } else {
        return FALSE;
    }
}

void main()
{
    FtpDown("ftp://babo.com/ondal.mpg","c:/ondal.mpg",Progress);
}
```

호출측에서는 FtpDown 함수를 부르기 전에 먼저 이 함수로 전달할 BOOL (*)(int,int) 타입의 사용자 정의 함수를 작성해 두어야 한다. 예제에서는 Progress라는 이름으로 사용자 정의 함수를 작성하고 인수로 전달되는 total, now값을 참조하여 다운로드 과정을 보여주며 리턴값으로 다운로드 취소를 통제할 수 있다. 다운로드 중에 사용자가 Esc만 누르면 다운로드는 즉시 중지된다. 시간이 오래 걸리는 인쇄, 랜더링, 컴파일 등의 작업을 할 때는 흔히 이런 기법이 많이 사용된다.

그렇다면 FtpDown 함수 안에서 직접 다운로드 경과를 출력하고 취소 요청을 점검하는 것과 함수 포인터를 사용하는 것과는 어떤 차이점이 있을까? 이 함수를 직접 만들어서 자신이 쓴다면 경과 출력 방법을 언제든지 뜯어 고칠 수 있으므로 이렇게 해도 상관없다. 그러나 제 3 자가 쓸 함수라거나 아니면 자신이 여러 프로젝트에 반복적으로 사용해야 한다면 문제가 달라진다.

이런 함수들의 본체는 굉장히 길고 복잡할 수 있는데 제 3 자가 잘 알지도 못하는 함수의 본체를 직접 건드리는 것은 무척 어려운 일이며 작성자도 매번 함수를 뜯어 고쳐가면서 쓰기는 번거롭다. 다운로드에 필요한 핵심 코드는 함수에 미리 작성해 놓고 경과 출력 방법 등 달라질 수 있는 부분만 별도의 함수로 작성할 수 있도록 하면 누구나 이 함수를 쉽게 사용할 수 있고 재사용성도 좋아진다. 또한 소스가 아닌 컴파일된 라이브러리로 함수를 배포할 수도 있다.

함수 포인터는 다른 포인터와는 달리 ++, -- 등의 연산자를 사용할 수 없으며 정수와 가감 연산도 할 수 없다. 함수는 코드 덩어리이며 이 덩어리의 크기는 가변적이고 실행 중에 변경할 수도 없기 때문이다. 아주 당연한 얘기다.

15.2.5 함수 포인터 리턴

함수 포인터를 인수로 전달할 수 있다면 함수 포인터를 리턴하는 함수도 만들 수 있을 것이다. 이런 함수는 실용성이 지극히 떨어지지만 어쨌든 문법은 이런 함수를 만드는 것을 허용하는데 함수 포인터가 단순한 변수일 뿐이므로 이런 변수를 리턴하는 함수도 당연히 만들 수 있어야 한다. 함수 포인터를 리턴하는 함수의 원형은 다음과 같다.

fp의 리턴타입 (*함수명)(인수목록))(fp의 인수목록)

이 원형에서 fp는 리턴되는 대상 함수를 의미한다. 함수 자체의 인수와 리턴할 함수 포인터의 인수 목록을 같이 적어야 하기 때문에 원형이 무척 복잡할 수밖에 없다. 다음 예제는 함수 포인터를 리턴하는 비교적 간단한(?) 함수를 테스트한다.

예제 **FpReturn**

```
#include <Turboc.h>

int f1(int a, double b)
```

```
{
    return 1;
}

int f2(int a, double b)
{
    return 2;
}

int (*SelectFunc(char ch))(int,double)
{
    if (ch == 'a') {
        return f1;
    } else {
        return f2;
    }
}

void main()
{
    int (*fp)(int,double);

    fp=SelectFunc('a');
    printf("리턴된 값 = %d\n",fp(1,2,3));
}
```

SelectFunc 함수의 원형을 말로 풀어 보자면 "자신은 char형을 인수로 취하며, 정수형과 실수형을 인수로 취하고 정수형을 리턴하는 함수 포인터를 리턴한다."고 할 수 있다. 원형을 보나 말로 설명하나 헷갈리기는 마찬가지인 것 같다. 이 함수가 리턴하는 포인터의 타입은 int (*)(int, double)형이며 예제에는 이런 함수가 두 개 정의되어 있다.

SelectFunc 함수는 인수로 전달된 char형 인수가 'a'이면 f1을 리턴하고 그렇지 않으면 f2를 리턴한다. main에서는 SelectFunc('a')를 호출한 후 이 함수가 리턴한 값을 지역변수 fp로 대입받아 fp로 함수를 호출하는데 f1 함수가 호출되는 것을 확인할 수 있다. 물론 'b'를 전달하면 f2 함수가 호출될 것이다. 결국 SelectFunc 함수는 주어진 조건을 계산하여 적절한 함수를 선택한다고 할 수 있다. 선언문이 무척 생소한데 다음과 같이 typedef를 한 번 거치면 좀 읽을 만해진다.

```
typedef int (*PF)(int,double);
PF SelectFunc(char ch)
```

그렇다면 함수 포인터를 리턴하는 함수는 과연 실용적으로 어떤 의미를 가지고 있을까? 꼭 억지로라도 예를 들자면 전혀 없지는 않겠지만 마땅히 이런 함수의 존재 의미를 강변할만한 구실을 찾기는 참 어렵다. 함수는 존재하는 모든 타입을 리턴할 수 있어야 하므로 이런 요구 사항을 충족하고 함수 포인터를 인수로 전달할 수 있다는 사실과 대칭을 이루기 위해 문법이 지원하고 있을 뿐 실용적인 가치는 전혀 없다고 할 수 있다.

다만 이론적으로 문법을 분석하고 따지기를 좋아하는 사람들에게 약간의 재미를 주는 정도가 아닌가 생각될 뿐이다. 함수가 함수 포인터를 리턴할 수 있다면 이런 함수를 가리키는 포인터를 또 정의할 수 있을 것이고 또 그런 포인터를 인수로 취하는 함수도 있을 것이고 그런 함수의 배열을 정의하는 것도 가능할 것이다. 이런 식으로 선언문을 꼬기로 작정한다면 얼마든지 변태적인 선언문을 만들 수도 있다. 다음 선언문을 해석해 보자.

```
char (*func(char **buf, char *(*strf[9])(void), int *pi))(unsigned short,unsigned (**)(const char *));
```

문자형 이중 포인터 buf를 첫 번째 인수로 취하고, 인수가 없으며 문자형 포인터를 리턴하는 함수를 포인트 하는 크기 9의 함수 포인터 배열을 두 번째 인수로 취하고, 정수형 포인터를 세 번째 인수로 취하며, 부호없는 16비트 정수를 첫 번째 인수로 취하며, 문자형 상수 지시 포인터를 인수로 취하고 부호없는 정수를 리턴하는 함수의 이중 포인터를 두 번째 인수로 취하며 문자형을 리턴하는 함수를 포인트하는 함수 포인터를 리턴하는 함수 func을 선언한다.

도대체 이게 함수인지 변수인지조차도 잘 분간이 되지 않는 지경이다. 재미로 한 번 보라고 만든 것 뿐이지 이런 함수를 만들 일은 전혀 없다고 장담할 수 있다. 이런 선언문을 읽지 못한다고 해서 고민할 필요는 전혀 없다. 오히려 이런 선언문을 거침없이 읽을 수 있는 사람이 이상한 사람이고 저런 선언문을 만든 사람은 더 이상한 사람이다.

15.3 가변 인수

15.3.1 가변 인수 함수

여기서는 가변 인수 함수에 대해서 알아본다. 가변 인수의 함수를 만드는 방법에 대해서는 물론이고 가변 인수 함수가 동작하는 원리에 대해서도 자세하게 분석해 볼 것이다. 조금 어렵기는 하지만 포인터를 적절하게 활용하는 예를 볼 수 있으며 포인터로 어떤 일이 가능한지를 경험할 수 있는 좋은 기회가 될 것이다. 가변 인수 함수가 어떻게 동작하는지를 설명할 수 있다면 포인터를 정복했다고 생각해도 좋다.

가변 인수를 읽어내는 포인터 연산식을 해석할 수 있다는 것은 포인터를 충분히 이해했다는 증거이다. 이 절의 내용은 다소 어렵고 함수에 대한 이해가 필요하므로 다음 장의 스택 프레임을 먼저 읽어 본 후 공부하는 것이 효율적이다.

가변 인수란 말 뜻 그대로 인수의 개수와 타입이 미리 정해져 있지 않다는 뜻이며 그런 인수를 사용하는 함수를 가변 인수 함수라고 한다. 가변 인수 함수의 가장 좋은 예는 C언어의 가장 기초 함수인 printf이다. C언어를 배우는 사람이 가장 먼저 배우는 친근한 함수이므로 이 함수를 통해 가변 인수 함수를 어떻게 사용하는지 연구해 보자. 이 함수는 서식 문자열과 서식에 대응되는 임의 타입의 인수들을 개수에 상관없이 전달받을 수 있다. 다음이 printf 함수의 호출 예이다.

```
printf("정수는 %d이고 실수는 %f이다.",i,d);
printf("이름=%s, 나이=%d, 키=%f","김상형",25,178.8);
printf("%d + %f = %f", 123, 3.14, 123+3.14);
```

각 printf 함수로 전달되는 인수의 개수와 타입이 모두 다르지만 정상적으로 컴파일되고 실행된다. 반면 gotoxy(10,15,"quickly")나 strcpy(src,dest,3) 따위의 호출은 당장 컴파일 에러로 처리된다. 이런 함수들은 가변 인수를 받아들이지 않기 때문에 헤더 파일에 적힌 원형대로 정확하게 인수의 개수와 타입을 맞춰서 호출해야 한다. 인수가 남아서도 안 되며 모자라도 안 되고 타입이 틀려도 에러로 처리된다. 그렇다면 printf 함수의 원형은 어떻게 선언되어 있길래 가변 인수를 처리할 수 있을까? 다음이 printf 함수의 원형이다.

```
int printf( const char *format, ... );
```

이 함수의 첫 번째 인수는 format이라는 이름의 문자열 상수인데 흔히 서식 문자열이라고 부른다. 두 번째 이후의 인수에는 타입과 인수 이름이 명시되어 있지 않으며 대신 생략 기호(ellipsis)인 ...이 적혀 있다. 생략 기호는 컴파일러에게 이후의 인수에 대해서는 개수와 타입을 점검하지 않도록 하는데 이 기호에 의해 가변 인수가 가능해진다.

컴파일러는 ... 이후의 인수에 대해서는 개수가 몇 개든지 어떤 타입이든지 상관하지 않고 있는 그대로 함수에게 넘기므로 임의 타입의 인수들을 개수에 상관없이 전달할 수 있다. 대신 전달된 인수의 정확한 타입을 판별하여 꺼내쓰는 것은 함수가 알아서 해야 한다. 컴파일러는 인수를 마음대로 취할 수 있도록 허락은 해 주지만(사실은 허락이 아니라 무관심이다) 뒷일에 대해서는 절대로 책임지지 않는다.

생략 기호 이전에 전달되는 인수를 고정 인수라고 하는데 printf 함수의 경우 format 인수가 바로 고정 인수이다. 고정 인수는 원형에 타입과 개수가 분명히 명시되어 있으므로 원형대로 정확하게 전달해야 한다. printf가 아무리 가변 인수를 지원한다고 하더라도 printf(1, 2)나 printf(3.14) 따위의 호출은 안 된다. printf의 첫 번째 인수는 반드시 const char * 타입의 서식 문자열이어야 하며 두 번째 인수부터 가변 인수이다. 그래서 정수 하나를 출력할 때는 printf(i)가 아니라 printf("%d",i)로 호출해야 한다.

printf("이름=%s, 나이=%d, 키=%f","김상형",25,178.8);

고정 인수   가변 인수들

가변 인수 함수를 사용하는 것은 별로 어렵지 않다. printf 함수의 경우 고정 인수인 서식 문자열을 먼저 전달하고 서식의 개수와 타입에 맞는 인수들을 순서대로 전달하기만 하면 된다. 그렇다면 이런 가변 인수를 취할 수 있는 함수는 어떻게 만드는지 알아보자. 관건은 자신에게 전달된 임의 타입의 인수들을 순서대로 꺼내서 정확한 값을 읽는 것이다. 가변 인수 함수의 개략적인 구조는 다음과 같다.

```
void VarFunc(int Fix, ...)
{
    va_list ap;
    va_start(ap,Fix);
    while (모든 인수를 다 읽을 때까지) {
        va_arg(ap,인수타입);
    }
    va_end(ap);
}
```

물론 함수의 이름이나 원형, 고정 인수의 개수 등은 필요에 따라 마음대로 작성할 수 있다. 마지막 인수 자리에 ...만 있으면 가변 인수 함수가 된다. 가변 인수 함수 내부에서는 인수를 읽기 위해 이상한 모양의 매크로 함수들을 많이 사용하는데 이 문장들을 각각 분석해 보자.

∷ va_list ap

함수로 전달되는 인수들은 스택(Stack)이라는 기억 장소에 저장되며 함수는 스택에서 인수를 꺼내쓴다. 스택에 있는 인수를 읽을 때 포인터 연산을 해야 하는데 현재 읽고 있는 번지를 기억하기 위해 va_list형의 포인터 변수 하나가 필요하다. 변수 이름은 ap로 되어 있는데 아마도 Argument Pointer의 약자일 것이다. ap는 어디까지나 지역변수일 뿐이므로 이름은 마음대로 정할 수 있되 관습적으로 가변 인수를 다루는 매크로에서는 ap라는 이름을 사용한다. va_list 타입은 char *형으로 정의되어 있다. 가변 인수를 읽기 위한 포인터 변수를 선언했다고 생각하면 된다.

∷ va_start(ap,마지막고정인수)

이 명령은 가변 인수를 읽기 위한 준비를 하는데 ap 포인터 변수가 첫 번째 가변 인수를 가리키도록 초기화한다. 첫 번째 가변 인수의 번지를 조사하기 위해서 마지막 고정 인수를 전달한다. va_start 내부에서는 ap가 마지막 고정 인수 다음 번지를 가리키도록 해 주므로 이후부터 ap 번지를 읽으면 순서대로 가변 인수를 읽을 수 있다.

∷ va_arg(ap,인수타입)

가변 인수를 실제로 읽는 명령이다. va_start가 ap를 첫 번째 가변 인수 번지로 맞추어 주므로 ap 위치에 있는 값을 읽기만 하면 된다. 단, ap 번지에 있는 값이 어떤 타입인지를 지정해야 이 매크로가 값을 제대로 읽을 수 있으므로 두 번째 인수로 읽고자 하는 값의 타입을 지정 한다. 예를 들어 ap 위치에 있는 정수값을 읽고자 한다면 va_arg(ap, int)를 호출하고 실수값을 읽고자 한다면 va_arg(ap, double)이라고 호출하면 된다. 물론 리턴되는 값은 인수타입에 맞는 변수로 대입받아야 한다. 이 명령은 ap위치에서 타입에 맞는 값을 읽어 리턴하며 또한 ap를 다음 가변 인수 위치로 옮겨준다. 그래서 va_arg를 반복적으로 호출하면 전달된 가변 인수를 순서대로 읽을 수 있다.

그런데 이 명령에서 조금 이상한 점을 발견할 수 있는데 int나 double 같은 타입 이름이 어떻게 함수의 인수로 전달될 수 있는가 하는 점이다. 함수의 인수로는 값이 전달되는 것이 정상인데 타입명이 어떻게 함수의 인수가 될 수 있는가 말이다. 타입명은 분명히 함수의 인수가 될 수 없다. 그럼에도 불구하고 va_arg가 타입명을 인수로 받아들일 수 있는 이유는 va_arg가 진짜 함수가 아니라 매크로 함수이기 때문이다. va_arg의 두 번째 인수는 내부적으로 sizeof 연산자와 캐스트 연산자로 전달되기 때문에 타입명이 될 수 있다.

∷ va_end(ap)

이 명령은 가변 인수를 다 읽은 후 뒷정리를 하는데 별다른 동작은 하지 않으며 실제로 없어도 전혀 지장이 없다. 이 명령이 필요한 이유는 호환성 때문인데 플랫폼에 따라서는 가변 인수를 읽은 후에 뒷처리를 해야 하는 경우도 있기 때문이다. 적어도 인텔 계열의 CPU에서는 va_end가 아무 일도 하지 않는다. 그러나 다른 플랫폼이나 미래의 환경에서는 va_end가 중요한 역할을 할 수도 있으므로 호환성을 위해서는 관례적으로 넣어 주는 것이 좋다.

여기까지 설명을 읽고 "음, 그렇군, 가변 인수 함수 만들기 무지 쉽군"이라고 한 번에 이해할 수 있는 사람은 많지 않을 것이다. 이 매크로들을 사용하는 방법과 정확한 동작 원리는 좀 더 연구해 봐야 할 과제이다. 일단 실제로 동작하는 가변 인수 함수를 하나 만들어 보자. 다음 예제의 GetSum 함수는 첫 번째 인수로 전달된 num 개수만큼의 정수 인수들의 합계를 구해 리턴한다.

예제 GetSum

```
#include <Turboc.h>

int GetSum(int num, ...)
{
    int sum=0;
    int i;
    va_list ap;
    int arg;

    va_start(ap,num);
    for (i=0;i<num;i++) {
        arg=va_arg(ap,int);
        sum+=arg;
    }
    va_end(ap);
    return sum;
}

void main()
{
    printf("1+2=%d\n",GetSum(2,1,2));
    printf("3+4+5+6=%d\n",GetSum(4,3,4,5,6));
    printf("10~15=%d\n",GetSum(6,10,11,12,13,14,15));
}
```

GetSum 함수의 첫 번째 인수 num은 전달될 정수 인수의 개수를 가지는 고정 인수이며 이 인수 다음에 합계를 구하고 싶은 num개의 정수값을 나열하면 된다. 인수의 개수가 몇 개이든 간에 전달된 모든 값의 합계를 구해 리턴할 것이다. 실행 결과는 다음과 같다.

```
1+2=3
3+4+5+6=18
10~15=75
```

GetSum 함수에서 가변 인수들을 어떻게 읽는지 분석해 보자. va_list형의 포인터 ap를 선언하고 va_start(ap,num) 호출로 ap가 마지막 고정 인수 num 다음의 위치, 그러니까 첫 번째 가변 인수를 가리키도록 초기화했다. 그리고 num만큼 루프를 돌면서 va_arg(ap,int) 호출로 ap 위치에 있는 int값을 계속 읽어 sum에 누적시킨다. 모든 가변 인수를 다 읽었으면 va_end(ap)로 뒷정리를 하고 계산된 sum값을 리턴하였다. 앞에서 보인 기본 형식대로 va_ 매크로를 사용하여 가변 인수를 읽어 처리하기만 하면 되므로 사용만을 목적으로 한다면 그리 어렵지 않다.

15.3.2 가변 인수 함수의 조건

가변 인수 함수는 인수의 개수와 타입에 대한 제약이 없지만 그렇다고 해서 아무 인수나 마음대로 전달할 수 있는 것은 아니다. 가변 인수 함수에도 지켜야 할 규칙들이 있는데 이 규칙에 대해 알아보자.

❶ 가변 인수 함수는 반드시 하나 이상의 고정 인수를 가져야 한다. 첫 번째 인수부터 가변 인수일 수는 없는데 왜냐하면 가변 인수를 읽기 위한 포인터 ap를 초기화하기 위해서 마지막 고정 인수의 번지를 알아야 하기 때문이다. va_start 매크로는 마지막 고정 인수의 번지에 길이를 더해 가변 인수가 시작되는 번지를 계산하는데 고정 인수가 없으면 이 매크로가 동작하지 않는다. GetSum 함수는 인수의 개수를 전달하는 num 고정 인수를 가지며 printf 함수도 서식 문자열 format을 첫 번째 인수로 가진다.

만약 고정 인수를 가지지 않는 가변 인수 함수를 꼭 만들고 싶다면 va_ 매크로를 쓰는 대신 스택을 직접 뒤지는 방법을 사용할 수는 있다. 하지만 컴파일러마다 함수를 호출할 때 스택을 조작하는 방법이 다르고 어셈블리를 직접 사용해야 하기 때문에 일반적으로 불가능하다고 보는 편이 옳다. 또한 바로 다음의 2, 3번 규칙을 만족하기 위해서도 고정 인수가 필요하다. 가변 인수들을 일관된 방법으로 읽기 위해서는 반드시 하나 이상의 고정 인수가 있어야 한다.

❷ 함수 내부에서 자신에게 전달된 가변 인수의 개수를 알 수 있도록 해야 한다. 전달될 수 있는 인수의 개수에는 제한이 없으며 컴파일러는 함수가 호출될 때 인수의 개수를 점검하지도 않는다. 그래서 호출측에서 가변 인수가 몇 개나 전달되었는지를 알려 주지 않으면 함수 내부에서 인수의 개수를 알 수 있는 방법이 전혀 없다. 함수 스스로 인수의 개수를 파악할 수 있도록 호출측이 정보를 제공해야 한다. GetSum 함수는 첫 번째 고정 인수 num을 통해 뒤쪽의 가변 인수가 몇 개나 전달되었는지를 알려 주도록 되어 있으며 함수 내부에서는 num만큼 루프를 돌면서 va_arg로 인수들을 읽었다. 만약 num 인수가 없다면 GetSum 함수는 루프를 얼마만큼 돌아야 할 지 결정할 수 없을 것이다.

GetSum(2,1,2)
└─ 가변 인수가 2개다.

GetSum(4,3,4,5,6)
└─ 가변 인수가 4개다.

GetSum 함수의 예처럼 가변 인수의 개수를 고정 인수로 알려 주는 것은 가장 쉽기는 하지만 개수를 바꿀 때마다 고정 인수를 수정해야 하므로 불편할 수도 있다. 고정 인수로 개수를 전달하는 것이 귀찮다면 가변 인수의 목록 끝에 특이값을 전달하는 방법을 쓸 수도 있는데 예를 들어 인수값 중 0을 만나면 이 값을 가변 인수의 끝으로 인식하도록 약속을 하는 것이다. 이런 방법으로 GetSum 함수를 수정해 보았다.

예제 PrintSum

```c
#include <Turboc.h>
void PrintSum(const char *msg, ...)
{
    int sum=0;
    va_list ap;
    int arg;

    va_start(ap,msg);
    for (;;) {
        arg=va_arg(ap,int);
        if (arg == 0) {
            break;
        }
        sum+=arg;
    }
    va_end(ap);
    printf(msg,sum);
}

void main()
{
    PrintSum("1+2=%d\n",1,2,0);
    PrintSum("3+4+5+6=%d\n",3,4,5,6,0);
    PrintSum("10~15=%d\n",10,11,12,13,14,15,0);
}
```

GetSum 함수를 수정한 PrintSum 함수는 서식 문자열과 여러 개의 정수값들을 인수로 전달받되 가변 인수의 끝에는 0을 두어 0을 만날 때까지 모든 인수의 값을 합해 그 결과를 메시지와 함께 직접 출력한다. 함수 내부의 루프는 무한 루프로 수정되었으며 읽은 인수값이 0일 때까지 루프를 돌도록 했다. 실행 결과는 앞에서 만든 예제와 동일하다.

GetSum 함수는 가변 인수의 개수를 고정 인수를 통해 직접적으로 알려 주도록 했으며 PrintSum 함수는 개수는 알려 주지 않되 가변 인수의 끝을 나타내는 특별한 표지값을 약속함으로써 이 값이 나올 때까지 가변 인수를 취할 수 있도록 했다. 어떤 방법을 쓰든지 어쨌든 함수 내부에서 가변 인수의 개수를 알 수 있도록만 해 주면 된다.

그렇다면 표준 함수인 printf는 인수의 개수를 어떻게 파악할까? 개수를 전달하는 고정 인수도 없고 끝을 나타내는 특이값도 없어서 함수 내부에서 가변 인수의 개수를 알 수 없는 것 같다. 그러나 자세히 관찰해 보면 서식 문자열에 포함된 서식의 개수가 바로 가변 인수의 개수와 일치한다는 것을 알 수 있다. printf는 첫 번째 고정 인수로 전달되는 서식 문자열에서 %d, %f, %s 같은 서식의 개수만큼 가변 인수를 읽음으로써 사실상 가변 인수의 개수를 전달받는다.

❸ 개수와 마찬가지로 함수 내부에서 각각의 가변 인수 타입을 알 수 있어야 한다. GetSum이나 PrintSum 함수처럼 모든 인수를 정수형으로 고정하든가 아니면 첫 번째, 두 번째는 실수, 세 번째 이후는 모두 정수라는 식으로 미리 약속되어 있어야 한다. printf는 대응되는 서식으로부터 가변 인수의 타입을 판별하는데 %d가 제일 처음 나왔으면 첫 번째 가변 인수는 정수, 다음으로 %f가 나왔으면 두 번째 가변 인수는 실수라는 것을 알게 된다.

가변 인수들의 타입을 알아야 하는 이유는 va_arg 매크로가 ap번지에서 가변 인수를 읽을 때 얼마만큼 읽어서 어떤 타입으로 해석해야 할지를 알아야 하기 때문이다. 가변 인수의 타입을 전달하는 방식도 여러 가지를 생각할 수 있는데 printf와 같이 하나의 고정 인수를 통해 모든 가변 인수의 타입을 판단할 수 있는 힌트를 제공하는 방식이 가장 좋다.

다음 예제의 GetSum2 함수는 types 고정 인수에 이후 전달되는 가변 인수들의 개수와 타입을 문자열로 전달한다. 정수형에 대해서는 i, 실수형에 대해서는 d라는 문자를 할당해서 이 문자들을 순서대로 죽 적어주는 것이다. 예를 들어 types가 "iidd"라면 앞 쪽 두 인수는 정수형이고 뒤쪽 두 인수는 실수형이며 총 가변 인수는 4개라는 정보가 전달된다.

예제 GetSum2

```
#include <Turboc.h>

double GetSum2(const char *types, ...)
{
    double sum=0;
    va_list ap;
    const char *p;

    va_start(ap,types);
```

```
    for (p=types;*p;p++) {
        switch (*p) {
        case 'i':
            sum+=va_arg(ap,int);
            break;
        case 'd':
            sum+=va_arg(ap,double);
            break;
        }
    }
    va_end(ap);
    return sum;
}

void main()
{
    printf("1+2=%f\n",GetSum2("ii",1,2));
    printf("2.5+3.8+4=%f\n",GetSum2("ddi",2.5,3.8,4));
    printf("1+2.345+6+7.8901=%f\n",GetSum2("idid",1,2.345,6,7.8901));
}
```

types 고정 인수를 통해 인수의 개수와 타입까지도 한꺼번에 전달할 수 있기 때문에 정수형, 실수형을 마구 섞어서 전달해도 함수 내부에서 다양한 타입의 인수들을 제대로 읽을 수 있을 것이다. 실행 결과는 다음과 같다.

```
1+2=3.000000
2.5+3.8+4=10.300000
1+2.345+6+7.8901=17.235100
```

GetSum2 함수에서는 types의 길이만큼 루프를 돌되 이 문자열의 처음부터 순서대로 문자를 읽으면서 i이면 va_arg(ap, int)로 인수를 읽고 d이면 va_arg(ap, double)로 인수를 읽었다. 정수, 실수 외에도 더 다양한 타입을 전달하고 싶다면 types의 의미를 확장하고 switch문의 case만 늘리면 된다.

규칙들이 다소 복잡하다고 느껴질지는 모르겠지만 잘 생각해 보면 지극히 당연한 규칙들뿐이다. 모든 규칙들은 함수가 어떤 식으로든 인수를 정확하게 파악할 수 있도록 하기 위해 존재한다. 전달된 인수의 개수나 타입을 함수가 전혀 알 수 없다면 값을 정확하게 읽지 못하므로 이런 규칙이 필요하다. 규칙만 지킨다면 인수에 대한 정보를 알려 주는 방법에 대해서는 자유를 누릴 수 있다.

가변 인수 함수는 인수의 개수나 타입에 대해 호출측에서 자유롭게 결정할 수 있는 편리한 함수이다. 그러나 자유에는 언제나 책임이 따르는 법이라 규칙을 제대로 지키지 않았을 때의 결과에 대해 컴파일러는 어떠한 책임도 지지 않는다. 가변 인수 함수를 잘못 호출했을 때 어떤 결과가 발생하는지 다음 예제를 실행해 보자.

예 제 printfCall

```c
#include <Turboc.h>

void main()
{
    printf("%d%d\n",1,2);getch();
    printf("%d%d%d\n",1,2,3,4,5);getch();
    printf("%d%d\n",1,3.14);getch();
    printf("%f%f\n",1,2);getch();
    printf("%s\n",1);getch();
}
```

다섯 개의 printf 함수 호출문이 있고 결과를 천천히 감상할 수 있도록 getch 대기문을 넣어 두었다. 순서대로 이 호출문들을 분석해 보자. 첫 번째 호출문은 두 개의 정수를 출력하되 서식과 인수의 개수, 타입이 정확하게 일치하며 따라서 이 호출문은 아주 정상적으로 처리될 것이다. 두 번째 호출문에는 서식이 세 개 밖에 없지만 인수는 다섯 개나 전달되었다. 이 경우도 정상 실행되는데 모자라는 것은 문제가 되지만 남는 것은 무시해 버리면 되므로 문제가 되지 않는다.

세 번째 호출문은 %d 서식 두 개를 가지고 있지만 실제 전달된 인수는 정수 상수 하나와 실수 상수 하나여서 개수는 맞지만 타입이 일치하지 않는다. 이 경우 printf는 두 번째 가변 인수를 정수형으로 읽기 때문에 3.14를 억지로 정수형으로 해석해서 출력한다. 정수와 실수는 비트 구성이 완전히 다르기 때문에 3이 출력되는 것도 아니며 실수 비트열을 정수로 해석한 결과가 출력된다. 다운되지는 않지만 어쨌든 원하던 결과는 아닐 것이다.

네 번째 호출문은 두 개의 %f 서식을 가지고 있지만 가변 인수는 둘 다 정수형이다. 이 경우 정수형 값을 8바이트의 실수형으로 읽으려고 시도하게 되는데 원하는 결과도 나오지 않을 뿐더러 잘못하면 다운될 수도 있다. 이 코드가 다운될 것인가 아닌가는 순전히 운의 문제이되 요행스럽게도 스택에는 자유 공간이 많이 남아 있기 때문에 8바이트를 더 읽는다고 해서 쉽게 다운되지는 않는다.

마지막 호출문은 심각한데 서식은 %s로 되어 있어 가변 인수가 문자열인 것으로 전달되지만 실제 전달된 인수는 정수형이다. 따라서 불쌍한 printf는 정수 1을 포인터로 해석하여 이 위치의 문자열을 읽으려고 시도하는데 절대 번지 1은 시스템 영역이기 때문에 그 자리에서 즉사해버린다. 32비트의 보호된 환경에서는 허가되지 않은 영역을 읽으려고 할 때 운영체제가 강제로 프로세스를 종료해 버리기 때문이다.

보다시피 가변 인수 함수를 잘못 쓰면 이렇게 위험해질 수 있다. 그러나 이런 위험한 코드를 작성했음에도 불구하고 위 예제를 컴파일하면 컴파일러는 뻔뻔스럽게도 0 error 0 warning이라는 결과를 보여준다. 컴파일러는 위 코드가 위험한지 아닌지를 판별할 능력도 없고 권한도 없다. printf 함수의 원형에는 …이라고 되어 있어 인수에 대해서는 개수든 타입이든 간섭하지 말라고 했기 때문이다. 그러니 가변 인수 함수는 사용하는 사람이 주의하는 수밖에 없다.

15.3.3 매크로 분석

가변 인수 함수를 만드는 방법과 주의 사항 등에 대해 알아 봤는데 사용만을 목적으로 한다면 여기까지만 이해해도 충분하다. 그러나 가변 인수를 읽어 내는 매크로들이 어떤 식으로 동작하는지, 포인터를 어떻게 조작하길레 임의 타입의 인수를 자유자재로 읽을 수 있는지 호기심이 발동한다면 va_ 매크로를 분석해 보자. 이 매크로들은 길이가 짧지만 포인터와 sizeof 연산자, 그리고 비트 연산자들이 어떻게 절묘하게 동작하는지 감상해 볼 수 있는 좋은 연구 과제이다. 단, 가변 인수를 읽는 과정은 스택 프레임에서 인수를 구하는 연산이므로 다음 장의 스택 프레임을 먼저 공부한 후 보는 것이 효율적이다.

가변 인수에 대한 언어의 문법적 지원은 인수 목록에 대한 점검을 무시하도록 하는 … 밖에 없다. 그렇다고 해서 라이브러리 차원의 함수 지원이 있는 것도 아니며 컴파일러가 가변 인수를 특별하게 처리해 주는 것도 아니다. 가변 인수에 대한 모든 지원은 오로지 표준 헤더 파일 stdarg.h에 정의되어 있는 매크로에 의해 구현된다.

이 헤더 파일을 직접 열어 보면 플랫폼별로 va_ 매크로들이 각각 작성되어 있는데 대부분의 경우 인텔 계열의 CPU를 사용하고 있으므로 매킨토시나 알파, MIPS 같은 경우는 무시하고 X86 계열의 경우만 분석해 보도록 하자. 실제 매크로 구문은 컴파일러마다 조금씩 다른데 아래 코드는 가장 간략하게 잘 정리되어 있다고 생각되는 비주얼 C++ 6.0의 stdarg.h 헤더 파일에 기록된 내용이다. 나머지 플랫폼의 매크로도 큰 틀은 비슷하다.

```
typedef char *  va_list;
#define _INTSIZEOF(n)    ( (sizeof(n) + sizeof(int) - 1) & ~(sizeof(int) - 1) )
#define va_start(ap,v)   ( ap = (va_list)&v + _INTSIZEOF(v) )
#define va_arg(ap,t)     ( *(t *)((ap += _INTSIZEOF(t)) - _INTSIZEOF(t)) )
#define va_end(ap)       ( ap = (va_list)0 )
```

먼저 va_st에 대한 타입 정의를 볼 수 있는데 va_list는 단순한 char *형으로 정의되어 있다. 여기서 char에 대한 포인터라는 것은 별다른 의미는 없고 증감할 때 1바이트씩 증감하도록 하기 위해 char형 포인터로 선언된 것이다. 실제로 어떤 컴파일러는 va_list를 void *로 정의해 놓고 증감할 때 캐스팅해서 사용하기도 한다. 중요한 것은 va_list 타입이 스택의 인수들을 가리키는 포인터 타입이라는 것이다.

_INTSIZEOF(n) 매크로는 인수로 전달된 타입 n의 길이를 계산하는데 n의 값에 따라 이 매크로의 계산 결과가 어떻게 되는지 조사해 보자. 매크로의 연산식을 엄밀하게 분석해 보면 각 타입의 크기가 얼마로 계산될 지 예측할 수 있지만 이럴 때는 그냥 프로그램을 하나 만들어 확인해 보는 것이 더 간편하고 확실하다.

```
printf("char = %d\n",_INTSIZEOF(char));
printf("short = %d\n",_INTSIZEOF(short));
printf("int = %d\n",_INTSIZEOF(int));
printf("float = %d\n",_INTSIZEOF(float));
printf("double = %d\n",_INTSIZEOF(double));
```

char, short, int 등의 타입을 인수로 넘겨보았는데 타입을 함수의 인수로 넘기는 것이 좀 어색해 보이지만 매크로 함수이기 때문에 이것이 가능하다. _INTSIZEOF로 전달된 타입은 결국 sizeof의 피연산자로 사용된다. 크기별로 각 타입에 대해 _INTSIZEOF 매크로가 어떤 값을 계산해 내는지 출력해 보았다. 결과는 다음과 같다.

```
char = 4
short = 4
int = 4
float = 4
double = 8
```

char형의 크기는 1이지만 이 매크로에 의해 4로 계산되며 short, float도 4가 되고 double은 8이 된다. 이 매크로가 하는 일은 타입의 크기를 4의 배수로 올림한다고 할 수 있는데 좀 더 정확하게 표현하자면 정수형의 크기에 대한 배수로 올림한다. 알다시피 정수형의 크기는 시스템마다 다른데 16비트 환경에서는 2바이트이고 32비트 환경에서는 4바이트이며 이 크기는 또한 스택 하나의 크기이기도 하다.

결국 이 매크로는 각 타입의 변수가 스택을 통해 함수로 전달될 때 몇 바이트를 차지하는가를 계산한다. char형이 1바이트라도 함수의 인수로 전달될 때는 int형으로 확장되므로 스택에는 4바이트로 들어가며 _INTSIZEOF는 인수가 스택에 들어가 있을 때의 크기를 계산하는 것이다. 아주 간단한 동작을 하는 매크로이지만 플랫폼에 따른 스택의 크기까지 고려하여 이식성을 보장할 수 있도록 잘 작성되어 있다. 4바이트의 배수 타입에 대해서 _INTSIZEOF는 sizeof 연산자와 실질적으로 동일하다.

va_start 매크로는 가변 인수의 위치를 가리키는 포인터 ap를 초기화하는데 이 초기화를 위해 마지막 고정 인수 v를 전달해야 한다. ap는 마지막 고정 인수 v의 번지에 v의 크기를 더한 번지로 초기화된다. 스택에 인수가 들어갈 때는 전달된 역순으로 들어가므로 가변 인수들이 먼저 전달(높은 번지)되고 고정 인수가 제일 끝에 전달(낮은 번지)된다. 따라서 가변 인수 함수가 호출된 직후의 스택 모양은 다음과 같다.

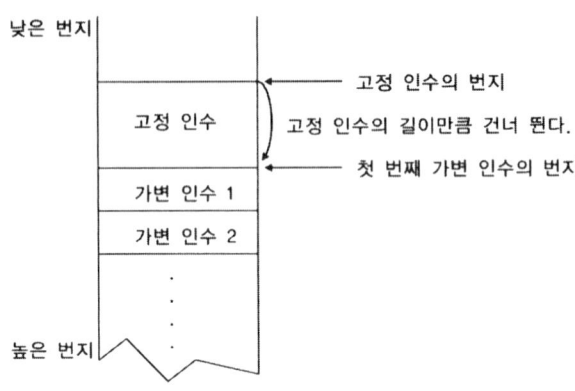

이 상태에서 &v는 고정 인수의 번지를 가리키며 이 번지를 char *로 캐스팅한 후 고정 인수의 길이만큼 더하면 바로 아래에 있는 첫 번째 가변 인수의 번지를 구할 수 있다. va_start 매크로는 이 연산을 통해 ap를 가변 인수의 시작 번지로 초기화하여 가변 인수를 읽기 위한 준비를 마친다. 이후 ap에 있는 값을 읽기만 하면 가변 인수의 값을 구할 수 있는데 이 동작을 하는 매크로가 바로 가변 인수 액세스의 핵심인 va_arg 매크로이다.

va_arg 함수는 ap를 일단 가변 인수의 길이만큼 더해 다음 가변 인수 번지로 이동시킨다. 그리고 다시 길이를 빼서 원래 자리로 돌아온 후 이 번지를 t타입의 포인터로 캐스팅하여 * 연산자로 그 값을 읽는다. 이 매크로는 ap의 값을 읽기만 하는 것이 아니라 다음 번 va_arg 호출을 위해 ap를 방금 읽은 가변 인수 다음의 번지로 옮겨 주는 동작까지 해야 하기 때문에 길이를 더했다가 다시 뺀 후 그 위치를 읽도록 되어 있다. 이 매크로의 동작을 그림으로 그려 보면 다음과 같다.

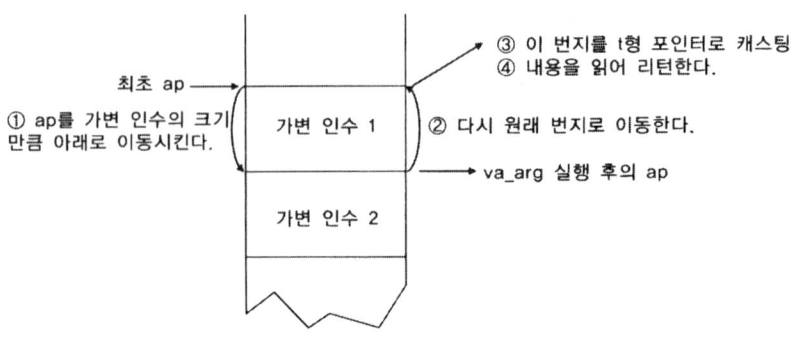

중간 변수를 사용하지 않고 매크로 한 줄로 값을 읽기도 하고 ap를 다음 위치로 옮겨 놓기도 해야 하므로 조금 복잡하게 되어 있는데 매크로 구문의 연산 순서에 따라 어떤 동작들이 일어나는지를 보도록 하자.

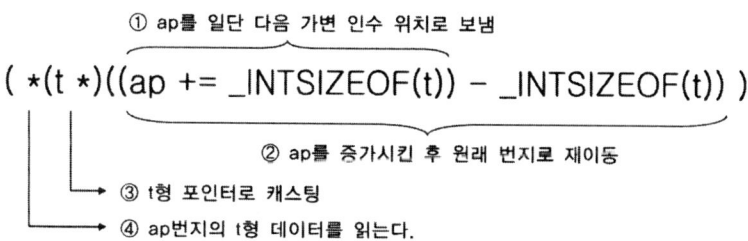

va_arg(ap,t) 호출문은 ap 번지에 있는 가변 인수를 t 타입으로 읽고 그 길이만큼 ap를 증가시켜 다음 가변 인수를 읽을 수 있도록 준비한다. 그래서 va_arg를 계속 호출하면 가변 인수들을 연속적으로 액세스할 수 있다. 단, va_arg가 인수를 정확하게 읽고 그 길이만큼 다음 위치로 이동하기 위해서는 가변 인수의 타입을 반드시 알려 주어야 한다. va_arg 매크로의 동작을 좀 더 잘게 분할해 본다면 다음과 같다.

```
ret=*(t *)ap;
ap += _INTSIZEOF(t);
return ret;
```

ap 포인터를 t *로 캐스팅한 후 이 자리에 있는 값을 읽어 ret에 대입해 놓고 ap는 t의 크기만큼 증가시켜 다음 위치로 이동한다. 그리고 전체 결과로 ret를 리턴하는 것이다. 위 코드는 어디까지나 va_arg 매크로의 동작 설명을 위해 코드를 풀어 놓은 것이지 실제로 이런 코드를 작성할 수는 없다. 왜냐하면 매크로는 지역변수를 가질 수 없고 설사 블록 범위 변수를 쓴다 하더라도 가변적인 ret의 타입을 결정할 수 없기 때문이다. 그래서 이 세 동작을 한 매크로 구문으로 절묘하게 구겨 넣은 것이 바로 va_arg이다. 이 매크로는 가히 예술이라고 평가해도 될 정도로 잘 만들어져 있다.

마지막으로 va_end 매크로는 가변 인수를 가리키던 ap 포인터를 NULL로 만들어 무효화시키는데 사실 이 동작은 굳이 필요치 않다. 어차피 ap는 지역변수로 선언되었고 함수가 종료되면 사라지므로 어떤 값을 가지더라도 아무 문제가 없으며 실제로 va_end 호출을 빼도 별 문제없이 잘 동작한다. va_end 매크로는 미래의 플랫폼에서 가변 인수를 읽는 방법이 달라질 경우 뒷정리를 할 수 있는 위치를 확보하는 역할 이외에는 아무 의미가 없다.

가변 인수 함수의 예제로 최초 작성했던 GetSum 함수를 매크로를 쓰지 않고 전개해서 간략하게 다시 작성해 보면 다음과 같다. 동작은 완벽하게 동일하다.

```
int GetSum(int num, ...)
{
    int sum=0;
    int i;
    // va_list ap;
    char *ap;
    int arg;

    // va_start(ap,num);
    ap=(char *)&num+sizeof(num);
    for (i=0;i<num;i++) {
        // arg=va_arg(ap,int);
        arg=*(int *)ap;
        ap+=sizeof(int);
        sum+=arg;
    }
    // va_end(ap);
    return sum;
}
```

보다시피 가변 인수 함수는 포인터 연산, sizeof 연산자, 캐스트 연산자들의 절묘한 조합에 의해 동작한다는 것을 알 수 있다. 이 동작을 좀 더 쓰기 쉽고 호환성과 이식성에 유리하도록 정리해 놓은 것이 바로 va_ 매크로이다.

15.3.4 가변 인수 함수의 활용

가변 인수 함수는 한 번 호출로 여러 개의 정보를 다양한 방법으로 다룰 수 있다는 면에서 편리하다. 특히 printf 함수는 다양한 타입의 변수들을 한꺼번에 출력할 수 있어 변수값을 확인해 볼 때 아주 유용하다. 이런 함수를 직접 만들려면 독자적으로 서식을 정의하고 서식 문자열과 대응되는 가변 인수를 직접 읽는 복잡한 루틴을 만들어야 하는데 다행히 이런 일을 대신해 주는 함수들을 준비되어 있다. 대표적으로 다음 두 함수만 소개 한다.

```
int vprintf( const char *format, va_list argptr );
int vsprintf( char *buffer, const char *format, va_list argptr );
```

이 외에 vscanf, vsscanf 등의 함수도 있는데 알파벳 v(Variable)로 시작한다고 해서 이런 함수들을 v계열의 함수라고 한다. 위 두 함수들은 printf, sprintf와 동일한 기능을 수행하는데 가변 인수를 직접 나열하는 대신 가변 인수가 시작되는 번지만을 인수로 취한다는 점이 다르다. 즉 실제로 가변 인수를 취하지는 않으며 가변 인수를 취하는 다른 함수의 내부에서 printf의 서식을 해석하고 적용하는 일을 대신한다.

이 두 함수를 사용하면 printf처럼 동작하는 비슷한 함수를 직접 만들어 쓸 수 있다. 다음 함수는 C/C++언어의 가변 인수 기능을 활용하여 실행 중에 변수값을 디버거로 실시간 확인해 보는 기능을 제공한다.

```
void CustomTrace(char *format, ...)
{
    char buf[1024];
    va_list marker;

    va_start( marker, format );
    vsprintf(buf,format,marker);
    OutputDebugString(buf);
}
```

OutputDebugString이라는 API 함수가 사용되었는데 이 함수는 주어진 문자열을 디버깅 창으로 출력한다. 비주얼 C++의 경우 Output 윈도우에 이 함수의 출력 내용이 나타나므로 실행 중에 변수값의 변화를 확인하거나 특정 함수의 호출 시점, 회수 등을 알고 싶을 때 중간 중간에 이 함수를 삽입해 놓으면 된다. 사용예를 들자면 다음과 같다.

```
CustomTrace("변수 a=%d, 변수 f=%f\n",a,f);
CustomTrace("함수 func가 %d번째 호출되었음",count++);
```

테트리스 예제의 다음 위치에 CustomTrace 함수 호출을 삽입해 놓으면 벽돌이 한 칸씩 움직일 때마다 주요 전역변수값을 확인할 수 있다.

```
for (;2;) {
    CustomTrace("벽돌=%d,회전=%d,위치=(%d,%d)\n",brick,rot,nx,ny);
```

CustomTrace 함수의 내부는 무척 간단하다. va_start로 첫 번째 가변 인수의 번지를 구한 후 그 번지를 서식 문자열과 함께 vsprintf 함수로 넘기기만 하면 된다. OutputDebugString 함수를 직접 사용할 수 있지만 이 함수는 단순한 문자열만 출력할 수 있는데 비해 CustomTrace는 서식화된 문자열을 출력할 수 있어 훨씬 더 편리하다.

다음은 똑같은 목적의 좀 더 복잡한 함수를 소개한다. 이 함수는 Win32 파일 입출력 함수까지 사용하고 있기 때문에 현재 단계에서 분석해 보기는 어려우므로 차후에 API를 배운 후에 직접 분석해 보기 바란다.

```
#define DEBUGLOGFILE "c:\\DebugLog.txt"
void WriteLogFile(char *strLog,...)
{
    HANDLE hLog;
    static int count=0;
    DWORD dwWritten;
    char szLog[1024];
    char strLog2[1024];
    va_list marker;
    SYSTEMTIME st;

    // 가변 인수를 조립한다.
    va_start( marker, strLog );
    vsprintf(szLog,strLog,marker);

    // 처음 호출될 때 파일을 만들고 이후부터는 파일을 열기만 한다.
    if (count == 0) {
        hLog=CreateFile(DEBUGLOGFILE,GENERIC_WRITE,0,NULL,
            CREATE_ALWAYS,FILE_ATTRIBUTE_NORMAL,NULL);
    } else {
        hLog=CreateFile(DEBUGLOGFILE,GENERIC_WRITE,0,NULL,
            OPEN_ALWAYS,FILE_ATTRIBUTE_NORMAL,NULL);
    }

    // 로그에 현재 시간과 카운터를 기록한다.
    GetLocalTime(&st);
    wsprintf(strLog2,"카운터=%06d(%d:%d:%d:%d) %s\r\n",count++,
        st.wHour,st.wMinute,st.wSecond,st.wMilliseconds,szLog);
    SetFilePointer(hLog,0,NULL,FILE_END);
    WriteFile(hLog,strLog2,strlen(strLog2),&dwWritten,NULL);
    CloseHandle(hLog);
}
```

사용하는 방법은 printf나 CustomTrace와 동일하다. 단, 차이점이라면 조립된 서식 문자열이 화면이나 디버깅 창으로 출력되는 것이 아니라 지정한 파일에 기록된다는 것과 카운트, 호출 시점의 시간 등을 같이 기록한다는 점이다. 멀티 스레드 환경이나 실시간으로 동작하는 프로그램을 디버깅할 때는 디버거를 쓰기 쉽지 않기 때문에 모든 디버깅 정보를 파일에 일단 기록한 후 파일에 남겨진 로그(log) 정보를 분석하는 것이 더 효율적이다.

이럴 때 이 함수가 아주 유용하게 사용되며 실전에서 여러 번 활용했었는데 효과가 아주 좋았다. 릴리즈 모드에서만 증상이 나타날 때라든가 디버거를 쓸 수 없는 서비스류의 프로그램을 디버깅할 때 최후의 디버깅 방법으로 특히 많은 활약을 한다. 물론 이 함수도 더 개선해 볼 여지가 많은데 다음에 실력이 늘면 직접 개선해 보기 바란다.

15.4 레퍼런스

15.4.1 변수의 별명

레퍼런스(Reference)는 C++에서 새로 추가된 기능이며 변수의 별명(alias)을 정의한다. 별명을 붙이게 되면 한 대상에 대해 두 개의 이름이 생기게 되고 본래 이름은 물론이고 별명으로도 변수를 사용할 수 있다. 레퍼런스를 선언하는 기본 형식은 다음과 같다.

> **type &변수=초기값;**

포인터 변수를 선언할 때 구두점 *를 사용하는데 비해 레퍼런스를 선언할 때는 구두점 &를 사용한다. 포인터가 기본 타입에 대한 유도형이듯이 레퍼런스도 유도형이라는 점에서 동일하되 특정 대상체에 대한 별명이므로 선언할 때 어떤 대상체에 대한 별명인지를 반드시 밝혀야 한다는 점이 다르다. 다음이 레퍼런스를 사용하는 가장 간단한 예제이다.

예제 Ref1

```
#include <Turboc.h>

void main()
{
    int i=3;
    int &ri=i;

    printf("i=%d, ri=%d\n",i,ri);
```

```
    ri++;
    printf("i=%d, ri=%d\n",i,ri);
    printf("i번지=%x, ri번지=%x\n",&i,&ri);
}
```

정수형 변수 i를 3으로 초기화했으며 정수형 레퍼런스 ri를 i로 초기화했다. int &ri=i; 선언에 의해 정수형 변수 i에 대해 ri라는 별명을 만든 것이다. 이후 ri는 i와 완전히 동일한 대상을 가리키며 둘 중 하나를 변경하면 나머지 하나도 바뀐다. 실행 결과는 다음과 같다.

```
i=3, ri=3
i=4, ri=4
i번지=12ff7c, ri번지=12ff7c
```

i와 ri의 값을 출력했는데 둘 다 똑같은 값 3을 가진다. 이 상태에서 ri를 1 증가시킨 후 값을 출력해 보면 ri만 증가하는 것이 아니라 i와 ri가 같이 증가되어 둘 다 4가 된다. ri가 i의 별명이기 때문에 ri에 대입되는 값은 i에도 똑같이 대입되며 반대로 i의 값을 바꾸면 ri도 같이 변경된다. 두 변수가 가리키는 실제 번지를 출력해 보면 동일한 위치를 가리키고 있음을 확인할 수 있다.

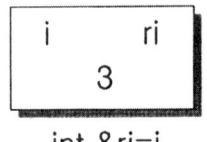

한 번지에 대해 두 개의 이름이 붙어 있다.

보다시피 레퍼런스는 대상체와 동일한 주소를 가지는 완전한 별명이다. ri는 i와 이름만 다를 뿐이지 같은 변수인 것이다. T형 변수 v의 별명 r을 하나 만들고 싶다면 언제든지 T &r=v; 로 선언하면 된다. 별명이란 일상생활에서 사용하는 용어와 일치하므로 개념적으로 이해하기 쉽다. 다음은 레퍼런스를 선언하고 사용할 때의 일반적인 주의 사항이다.

❶ 레퍼런스와 대상체는 타입이 완전히 일치해야 한다. 레퍼런스가 대상 변수의 완전한 별명이 되려면 같은 타입을 가져야 한다. 다음 예를 보자.

```
int i;
int &ri=i;          // 가능
double &rd=i;       // 에러
```

```
short &rs=i;              // 에러
unsigned &ru=i;           // 에러
```

정수형(int) 변수 i의 레퍼런스는 반드시 정수형이어야 한다. 실수형 레퍼런스로는 i의 별명을 만들 수 없으며 심지어 int형과 호환되는 short, unsigned 형으로도 별명을 만들 수 없다.

❷ 레퍼런스는 생성 직후부터 별명으로 동작하기 때문에 선언할 때 초기식으로 반드시 대상체를 지정해야 한다. 포인터의 경우는 일단 선언해 놓고 나중에 가리킬 변수의 번지를 대입받을 수 있지만 레퍼런스는 그렇지 못하다.

```
int *pi;                          int &ri;        // 에러
pi=&i;                            ri=i;
```

아무 것도 가리키지 않는 널 레퍼런스를 인정하지 않기 때문에 int &ri; 라는 선언문이 에러로 처리된다. 선언할 때부터 누구의 별명인지에 대한 지정이 있어야 한다. 단, 다음의 경우는 예외적으로 초기값이 없는 레퍼런스를 선언할 수 있다.

① 함수의 인수 목록에 사용되는 레퍼런스 형식 인수. 함수가 호출될 때 실인수에 대한 별명으로 초기화된다. 이런 예는 바로 다음 항에서 살펴볼 것이다.
② 클래스의 멤버로 선언될 때. 이때는 클래스의 생성자에서 반드시 초기화해야 한다. 만약 생성자에서 레퍼런스 멤버를 초기화하지 않으면 에러로 처리된다.
③ 변수를 extern 선언할 때. 이때는 레퍼런스의 초기식이 외부에 선언되어 있다는 뜻이므로 초기값을 주지 않아도 된다. extern int &ri; 선언문은 ri가 어떤 변수에 대한 별명으로 외부에 선언되어 있다는 뜻이다.

이런 예외적인 경우라 하더라도 레퍼런스의 대상체 지정이 함수 호출 시점이나 객체 생성 시점으로 연기되는 것뿐이지 대상체가 없는 레퍼런스를 허용하는 것은 아니다. 레퍼런스가 실제 메모리에 생성될 때는 반드시 누구의 별명인지 지정되어 있어야 한다.

❸ 레퍼런스는 일단 선언되면 초기식에서 지정한 대상체의 별명으로 계속 사용된다. 그래서 선언된 후 중간에 참조 대상을 변경할 수 없으며 파괴될 때까지 같은 대상체만 가리킬 수 있다. 다음 예를 보자.

예제 Ref2

```
#include <Turboc.h>
void main()
```

```
{
    int i=3,j=7;
    int &ri=i;

    printf("i=%d, ri=%d, j=%d\n",i,ri,j);
    ri=j;
    printf("i=%d, ri=%d, j=%d\n",i,ri,j);
}
```

ri는 i의 레퍼런스로 초기화되었으므로 이후부터 ri는 i의 별명으로 사용된다. 중간에 ri=j 대입문으로 ri의 대상체를 j로 변경해 봤는데 결과는 다음과 같다.

```
i=3, ri=3, j=7
i=7, ri=7, j=7
```

최초 i와 ri는 3이고 j는 7이다. 이 상태에서 ri=j; 대입문에 의해 ri가 j를 가리키도록 했으므로 i는 3이고 ri와 j는 7이 될 것 같지만 그렇지 않고 모든 변수들이 일제히 7로 바뀌어 버렸다. 왜냐하면 ri는 i의 별명으로 초기화되었으므로 ri=j 대입문은 곧 i=j가 되기 때문이다. 이 대입문은 ri의 대상체를 j로 바꾸는 것이 아니라 ri가 가리키는 본래 변수 i에 j의 값을 대입하는 명령으로 해석된다.

레퍼런스에 대한 대입 연산자(=)는 레퍼런스의 대상체를 바꾸는 것이 아니라 대상체의 값을 변경하는 것으로 정의되어 있다. 즉 실행 중에 = 연산자로 레퍼런스의 대상체를 변경할 수 없으며 그래서 선언할 때 한 번만 초기화할 수 있는 것이다. 반면 포인터는 = 연산자로 가리키는 대상을 얼마든지 변경할 수 있으며 그래서 선언할 때 꼭 초기화하지 않아도 된다.

❹ 레퍼런스에 대한 모든 연산은 대상체에 대한 연산으로 해석된다. 그래서 다음 연산문들은 모두 문법적으로 합당하다.

```
int i=3,j;
int &ri=i;
int *pi;

ri++;
ri*=5;
j=ri >> 4;
j=ri % 2;
pi=&ri;
```

ri가 정수형 레퍼런스이므로 ri에 대한 모든 연산문은 정수형에 대한 연산이다. 따라서 정수형 변수 i에 대해 사용할 수 있는 모든 연산자를 다 사용할 수 있으며 연산의 효과는 정수형에 대한 연산과 동일하다. 증가, 복합 대입, 쉬프트, 나머지 연산 등은 물론이고 주소 연산자 &도 사용할 수 있다. 이에 비해 포인터의 경우는 곱셈, 나머지, 쉬프트 등의 연산이 허용되지 않는다.

❺ 레퍼런스의 대상체는 실제 메모리 번지를 점유하고 있는 좌변값이어야 한다. 다음 선언문은 에러로 처리된다.

```
int &ri=123;
```

아무리 타입이 일치하더라도 상수값은 좌변값이 아니기 때문에 레퍼런스의 대상체가 될 수 없다. 만약 이 선언문이 가능하다면 ri=456; 대입문으로 상수 123이 456으로 바뀔 수 있다는 얘기가 되어 버린다. 단, 상수 지시 레퍼런스인 경우는 상수를 대상체로 취할 수 있다.

```
const int &ri=123;
```

이렇게 되면 ri는 123이라는 상수값을 가지며 이후 이 값은 변경할 수 없으므로 좌변값으로 사용되지 않는다. 이 선언문은 일단 가능은 하지만 전혀 실용성이 없다. 왜냐하면 const int ri=123; 이라는 정수형 상수를 만드는 것과 아무런 차이가 없기 때문이다.

15.4.2 레퍼런스 인수

앞에서는 정수형 변수 i에 대한 별명으로 ri 레퍼런스를 선언하고 사용하는 예를 보였다. 이 예제는 레퍼런스의 동작을 설명하기 위해 의도적으로 만든 것이며 실용적인 의미는 거의 없는 셈이다. 이미 존재하는 변수를 같은 함수 내에서 다른 이름으로 별명을 만들어 사용하는 것이 무슨 의미가 있겠는가? ri가 i와 완전히 동일하므로 별명을 만들 필요없이 그냥 i를 바로 쓰는 것이 훨씬 더 간편하다.

레퍼런스가 실용적인 위력을 발휘할 때는 함수의 인수로 전달될 때이다. 함수가 레퍼런스를 받아들이면 호출부의 실인수에 대한 별명을 전달받는 셈이므로 함수 내에서 실인수를 조작할 수 있게 된다. 레퍼런스의 값을 읽으면 실인수의 값을 읽을 수 있고 레퍼런스를 변경하면 실인수의 값도 같이 변경되므로 의미상으로 완전한 참조 호출이 되는 것이다.

6장에서 포인터를 사용하여 참조 호출을 구현하는 CallRef 예제를 만들어 본 적이 있는데 이번에는 포인터가 아닌 레퍼런스로 동일한 기능을 수행하는 예제를 만들어 볼 것이다. CallRef 예제의 레퍼런스 버전이므로 잘 생각이 나지 않는 사람은 6장의 예제를 다시 분석해 보고 다음 예제와 어떻게 다른지 비교해 보자.

예제 CallRef2

```c
#include <Turboc.h>

void plusref2(int &a);

void main()
{
    int i;

    i=5;
    plusref2(i);
    printf("결과=%d\n",i);
}

void plusref2(int &a)
{
    a=a+1;
}
```

실행 결과는 CallRef 예제와 완전히 동일하며 plusref2 함수는 인수로 전달된 정수값을 1 증가시켜 돌려준다. 5의 값을 가지는 i를 레퍼런스로 전달했으므로 i는 6이 되어 돌아오며 출력 결과는 "결과=6"이 될 것이다. 포인터를 사용하는 방법에 비해 레퍼런스를 사용하는 방법은 다음과 같은 차이점이 있다.

① 함수 원형이 달라졌는데 int *a(포인터)가 아닌 int &a(레퍼런스)를 전달받는다. 그래서 plusref2 함수 내에서 형식인수 a는 실인수와 완전히 동일한 변수가 되며 형식인수 a를 바꾸면 실인수값이 바뀐다.

② 함수 본체에서 형식 인수를 참조할 때 * 연산자를 붙일 필요가 없다. plusref2 함수의 형식인수 a는 포인터가 아니라 레퍼런스이므로 * 연산자를 붙이지 않아도 실인수를 액세스할 수 있다. a=3으로 대입하면 실인수가 3이 되며 a++하면 실인수가 1 증가한다. 만약 함수로 전달된 대상체가 구조체라면 -> 연산자를 쓸 필요없이 바로 . 연산자를 사용하면 된다.

③ 함수 호출부도 달라졌다. 포인터를 전달하는 것이 아니므로 &i를 전달할 필요없이 i를 바로 전달하면 된다. 값 호출을 할 때와 형식이 똑같다. plusref2 함수는 실인수 i의 별명인 레퍼런스 a를 만들고 a를 통해 i를 조작한다.

다음은 좀 더 실용적인 예인 구조체를 통해 값 호출과, 포인터를 통한 참조 호출 그리고 레퍼런스를 통한 참조 호출을 비교해 보자. 다음 예제는 tag_Friend 구조체를 출력하는 함수를 세 가지 버전으로 작성한 것이다.

예제 CallRef3

```c
#include <Turboc.h>

struct tag_Friend {
    char Name[10];
    int Age;
    double Height;
};

void OutFriend(tag_Friend F);
void OutFriendPtr(tag_Friend *F);
void OutFriendRef(tag_Friend &F);

void main()
{
    tag_Friend Friend={"김상형",24,181.2};
    OutFriend(Friend);
    OutFriendPtr(&Friend);
    OutFriendRef(Friend);
}

void OutFriend(tag_Friend F)                    // 값 호출
{
    printf("이름=%s, 나이=%d, 키=%.1f\n",
        F.Name,F.Age,F.Height);
}

void OutFriendPtr(tag_Friend *F)                // 포인터 참조 호출
{
    printf("이름=%s, 나이=%d, 키=%.1f\n",
        F->Name,F->Age,F->Height);
}

void OutFriendRef(tag_Friend &F)                // 레퍼런스 참조 호출
{
    printf("이름=%s, 나이=%d, 키=%.1f\n",
        F.Name,F.Age,F.Height);
}
```

Friend 구조체를 하나 선언 및 초기화하고 이 구조체를 세 가지 방법으로 출력해 보았다. 세 방법 모두 구조체의 내용을 출력하기는 마찬가지이므로 결과는 일단 동일하다.

```
이름=김상형, 나이=24, 키=181.2
이름=김상형, 나이=24, 키=181.2
이름=김상형, 나이=24, 키=181.2
```

값 호출을 사용하는 OutFriend 함수는 Friend 구조체의 사본 F를 전달받는데 이 과정에서 실인수가 형식인수로 복사된다. 구조체는 정수나 포인터에 비해 크기 때문에 복사 시간이 훨씬 더 오래 걸리며 따라서 함수 호출 속도가 느리다. 또한 구조체의 사본을 값으로 전달받았기 때문에 OutFriend 함수 내부에서 F의 멤버를 변경한다 하더라도 실인수 Friend의 값이 변경되는 것은 아니다.

포인터나 레퍼런스는 값 자체가 복사되는 것이 아니라 단지 4바이트만 복사되므로 값 호출에 비해 속도가 훨씬 더 빠르다. 정밀하게 측정해 보면 최소한 수 배 정도의 차이가 나며 구조체가 크면 수십 배 이상 차이가 날 수도 있다. 또한 함수 내부에서 실인수를 직접 변경할 수 있다는 이점이 있다. OutFriendPtr, OutFriendRef 함수에서 F의 값을 변경하면 실인수 Friend의 멤버가 변경된다. 포인터를 쓰는 방법과 레퍼런스를 쓰는 방법은 효과는 거의 동일하며 형태상 몇 가지 다른 점만 있다.

레퍼런스를 쓰는 방법은 포인터를 통한 참조 호출 방법에 비해 함수 내부가 훨씬 더 깔끔하고 직관적이다. 포인터로 실인수를 조작할 때는 일일이 *를 붙여 *a=*a+1; 과 같이 해야 하지만 레퍼런스는 실인수와 완전히 같으므로 a=a+1; 로 훨씬 더 간단하게 코드를 작성할 수 있다. 코드의 길이가 길고 이 변수를 참조하는 회수가 많다면 포인터보다 레퍼런스가 더 읽기 쉽고 실수로 *를 빼먹는 사고를 방지할 수 있다.

```
funcPtr(T *t, S *s)
{
    ....
    *t=123;
    k=*t;
    s->m=Value;
}
```

```
funcRef(T &t, S &s)
{
    ....
    t=123;
    k=t;
    s.m=Value;
}
```

그러나 레퍼런스를 통한 참조 호출 방법은 호출부의 형식이 값 호출 방식과 동일해져서 오히려 더 혼란스러운 면도 있다. plusref2(i) 형식으로 호출하므로 이 함수가 값을 전달받는지 레퍼런스를 전달받는지는 함수의 원형을 봐야만 알 수 있다는 단점이 있다. 이는 코드를 읽는 사람으로 하여금 혼란을 느끼게 하며 문서화하기도 무척 번거롭다는 단점이 있다.

그래서 꼭 필요치 않는 한 가급적 사용을 자제하고 불가피할 경우 레퍼런스를 받는 함수는 보통 함수명에 Ref나 ByRef 같은 접미를 붙여 호출부에서 함수의 형식을 쉽게 파악할 수 있도록 작성하라고 권유한다. 참조 호출이 꼭 필요할 경우는 레퍼런스보다는 가급적이면 포인터를 넘기는 것이 더 직관적이라는 것이다. 그러나 포인터와 레퍼런스를 넘기는 것은 또 다른 차이점이 있는데 포인터는 잠재적으로 배열이므로 일단 넘기면 주변을 마음대로 건드릴 수 있지만 레퍼런스는 전달된 대상만 액세스할 수 있다는 면에서 오히려 더 안전성이 높다. 레퍼런스의 효용성에 대해서 다소 논란이 있는 편인데 필요할 때는 쓰는 것이 좋다고 생각한다.

앞 항에서 이미 알아 봤다시피 상수는 레퍼런스의 대상체가 될 수 없다. 마찬가지로 레퍼런스 인수를 사용하는 함수로는 상수를 전달할 수 없다. 레퍼런스는 좌변값인 변수를 대상체로 취하며 상수의 별명이 될 수 없으므로 plusref2(5)와 같이 호출하는 것은 허용되지 않는다. 상수 5에 대한 레퍼런스는 만들 수도 없고 함수 내에서 이 값을 변경할 수도 없기 때문이다. 뿐만 아니라 plusref2(i+j) 같은 수식도 전달할 수 없다.

만약 plusref2 함수의 인수가 상수 지시 레퍼런스라면, 즉 원형이 void plusref2(const int &a) 형식이라면 상수나 수식을 전달할 수는 있다. 그러나 이 경우 함수 내부에서 전달된 인수값을 변경하는 것은 불가능하다. 또한 형식 인수와 타입이 조금만 틀려도 안 되며 완전히 동일한 타입의 실인수를 사용해야 한다. 따라서 다음 호출문은 에러로 처리된다.

```
short s=5;
plusref2(s);
```

plusref2 함수는 정수형 레퍼런스만 받아들일 수 있으므로 short형 레퍼런스를 넘길 수는 없다. 어떤 컴파일러는 레퍼런스 인수로 상수나 호환 타입이 전달될 경우 임시 변수를 생성하기도 하지만 비주얼 C++은 임시 변수를 생성하지 않는다. 이에 비해 값을 전달받는 함수는 변수나 상수 심지어 수식도 받아들일 수 있으며 타입이 정확하게 일치하지 않더라도 컴파일러가 내부적인 변환에 의해 타입을 맞춘 후 호출하므로 훨씬 더 활용도가 높다. 그래서 동일한 동작을 하는 함수라면 레퍼런스 보다는 값을 전달받는 함수를 만드는 것이 원칙이며 유리하다.

15.4.3 레퍼런스의 대상체

지금까지 정수형과 구조체에 대해 레퍼런스를 선언하고 사용해 보았는데 포인터에 대한 레퍼런스도 선언할 수 있다. 다음 예제는 10장에서 만들어 보았던 이중 포인터 예제를 레퍼런스로 바꿔 본 것이다.

예제 PtrRef

```
#include <Turboc.h>

void InputName(char *&Name)
{
```

```
    Name=(char *)malloc(12);
    strcpy(Name,"Cabin");
}

void main()
{
    char *Name;

    InputName(Name);
    printf("이름은 %s입니다\n",Name);
    free(Name);
}
```

char *&Name인수가 포인터의 레퍼런스이다. T형의 레퍼런스는 T &이며 char * 자체가 하나의 타입이므로 이 타입에 대한 레퍼런스는 char *&가 된다. char &*가 아님을 주의하도록 하자. 10장의 예제에 비해 2중 포인터를 쓰지 않아 함수 내부가 깔끔하며 직관적이라는 장점이 있다. 포인터에 대한 레퍼런스는 무척 실용적이며 종종 사용된다.

별로 그럴 일은 없겠지만 함수 레퍼런스라는 것도 선언할 수 있으며 배열에 대한 레퍼런스도 만들 수 있다. 다음 예제로 이 두 가지를 모두 테스트해 보자.

예제 FuncRef

```
#include <Turboc.h>

int ar[5]={100,101,102,103,104};

void func(int a)
{
    printf("%d\n",a);
}

void main()
{
    void (&rf)(int)=func;      // 함수 레퍼런스
    int (&rar)[5]=ar;          // 배열 레퍼런스

    rf(rar[0]);
}
```

rf는 정수형 인수 하나를 취하고 리턴값이 없는 함수에 대한 레퍼런스로 선언되었으며 같은 타입의 함수 func로 초기화되었다. 그래서 rf() 호출문이 곧 func() 호출문과 같아진다. rar은 크기 5의 정수형 배열 레퍼런스로 선언되었으며 같은 타입의 ar로 초기화되어 rar과 ar은 같은 배열을 가리킨다. 결국 위 예제에서 사용된 rf(rar[0]) 호출문은 func(ar[0]) 호출문과 같다고 할 수 있다. 별명을 사용했다 뿐이지 함수와 배열을 바로 사용한 것과 별반 차이가 없다. 이 둘은 문법적으로 가능은 하지만 별로 실용성은 없다.

T형이 있을 때 T형 포인터나 T형 배열은 항상 선언할 수 있다. 그러나 레퍼런스의 경우는 이 명제가 성립되지 않는다. 임의의 T형에 대해 T & 레퍼런스 타입을 선언할 수 있지만 레퍼런스에 대해서 임의의 모든 타입을 다 만들 수 있는 것은 아니다. 어떤 경우가 안 되는지 정리해 보자.

① 레퍼런스에 대한 레퍼런스를 선언할 수 없다. 레퍼런스가 별명인데 이 별명에 대한 다른 별명을 또 만드는 것은 실용적 가치가 없다고 할 수 있다. 포인터는 2중 포인터 선언이 가능하지만 2중 레퍼런스라는 것은 선언할 수 없다. 다음 예를 보자.

```
int i;
int &ri=i;
int &rri=ri;
```

ri는 i에 대한 레퍼런스로 선언되었고 rri는 ri에 대한 레퍼런스로 선언되었다. 이때 rri가 2중 레퍼런스인 것처럼 보이지만 rri는 단순 레퍼런스에 불과하다. ri가 i이므로 rri는 i의 또 다른 별명일 뿐이며 결국 rri와 ri는 같은 대상을 가리키는 다른 별명인 것이다. int &&rri=i; 같은 선언문은 필요하지도 않으며 컴파일러에 의해 에러로 처리된다.

② 레퍼런스에 대한 포인터를 선언할 수 없다. 다음 코드를 보자.

```
int i;
int &ri=i;
int &*pri=&ri;          // 에러
```

레퍼런스에 대한 포인터 pri를 선언하고자 했는데 컴파일러는 이를 에러로 처리한다. 개념적으로 레퍼런스에 대한 포인터는 레퍼런스의 대상체에 대한 포인터형이므로 곧 단순 포인터와 같으며 굳이 레퍼런스의 포인터형을 정의해야할 필요가 없다. int *pi=&ri라는 선언은 가능하다.

③ 레퍼런스의 배열도 선언할 수 없다. T형 배열이란 곧 T형 포인터인데 레퍼런스에 대한 포인터를 선언할 수 없으므로 배열도 선언할 수 없다.

```
int i,j;
int &ra[2]={i,j};       // 에러
```

i와 j에 대한 레퍼런스가 필요하면 각각 따로 레퍼런스를 선언해야 한다.

④ 비트 필드에 대한 레퍼런스도 선언할 수 없다. 비트 필드는 주소를 가지지 않기 때문에 포인터의 대상체가 될 수 없으며 마찬가지로 레퍼런스의 참조 대상이 될 수도 없다.

15.4.4 레퍼런스 리턴값

레퍼런스는 함수의 리턴값으로도 사용될 수 있다. 다음 예제의 GetAr 함수는 정수형 배열에서 i번째 요소 자체를 리턴한다.

예제 RefReturn

```
#include <Turboc.h>

int ar[]={1,2,3,4,5};

int &GetAr(int i)
{
    return ar[i];
}

void main()
{
    GetAr(3)=6;
    printf("ar[3]=%d\n",ar[3]);
}
```

레퍼런스는 변수 그 자체이며 온전한 좌변값이기 때문에 함수가 리턴하는 레퍼런스가 대입 연산자의 좌변에 놓일 수 있다. 그래서 함수의 호출문이 좌변이 될 수 있으며 예제의 코드에서처럼 GetAr(3)=6; 같은 문장이 가능해진다. 값을 리턴하는 C의 함수에서는 이것이 불가능하지만 레퍼런스를 리턴하는 C++에서는 함수 호출문에 어떤 값을 대입하는 것이 가능하다.

위 예제의 실행 결과 ar[3]이 6으로 변경된다. GetAr 함수는 인수로 전달된 i를 ar 배열의 첨자로 해석하여 ar[i]의 레퍼런스를 리턴하며 대입 연산문에 의해 ar[i]에 6을 대입했기 때문이다. 큰 배열에서 어떤 복잡한 조건으로 한 요소를 선택해서 그 값을 변경하고자 할 때 C언어라면 다음과 같이 해야 한다. 편의상 배열은 arSome이라는 이름의 정수형 배열이라고 하자.

```
int FindMatch(char *name, int value, BOOL bCase);
arSome[FindMatch(...)] = Data;
```

FindMatch 함수는 입력된 세 가지 조건으로부터 적합한 배열 요소를 선택해서 그 첨자를 리턴하도록 되어 있다. 호출원에서는 이 함수가 리턴하는 첨자로부터 arSome 배열의 한 요소를 액세스한다. 레퍼런스를 쓴다면 다음과 같이 작성할 수 있다.

```
int &FindMatchRef(char *name, int value, BOOL bCase);
FindMatchRef(...) = Data;
```

FindMatchRef 함수는 내부에서 조건에 맞는 요소를 선택하고 그 요소 자체를 리턴하며 호출원에서는 FindMatchRef 함수가 리턴하는 배열 요소에 곧바로 값을 대입할 수 있다. 만약 이 함수가 리턴하는 대상이 구조체의 레퍼런스라면 FindMatchRef(...).Member = Data; 형식으로 함수 호출부 다음에 멤버 연산자를 쓰는 것도 가능하다.

함수가 레퍼런스를 리턴할 수 있음으로 해서 대입식의 좌변에 쓸 수 있다는 것은 무척 흥미롭고 재미있는 사실임에는 분명하다. 그러나 func()=a; 식의 문장은 직관적이지 못하고 익숙하지 않기 때문에 혼란스러워 보인다. 꼭 필요하지 않다면 레퍼런스를 리턴하는 함수는 가급적 자재하는 것이 좋다. 리턴값으로 레퍼런스를 꼭 사용해야 하는 경우는 바로 연산자를 오버로딩할 때인데 이에 대해서는 관련장에서 따로 자세히 연구해 보도록 하자.

다음은 레퍼런스를 리턴할 때의 주의 사항에 대해 알아보자. 지극히 상식적인 내용이지만 다음과 같은 형식은 무척 위험하다.

```
int &func()
{
    int t;
    ....
    return t;
}
```

func 함수는 지역변수 t의 레퍼런스를 리턴하는데 이것이 문법적으로 문제는 없다고 하더라도 절대로 안전하지는 않다. 함수가 끝나면 사라질 변수에 대한 레퍼런스를 리턴하고 있으므로 호출부에서 이 레퍼런스를 참조하면 엉뚱한 메모리 위치를 액세스하게 될 것이다. 포인터에 대해서도 마찬가지로 지역변수의 번지를 리턴하는 것은 안전하지 않다.

동적으로 할당한 변수의 레퍼런스를 리턴하는 것도 가능하기는 하지만 별로 좋지 않다. 왜냐하면 함수 내부에서 할당한 변수를 외부에서 해제하기 위해서는 결국 포인터가 필요한데 리턴된 레퍼런스를 바로 대입받아 버리면 포인터를 잃어버리기 때문이다. 억지로 예제를 만든다면 다음과 같이 만들 수는 있다.

예제 PtrRefReturn

```c
#include <Turboc.h>

int &func()
{
    int *pt;

    pt=(int *)malloc(sizeof(int));
    *pt=3;
    return *pt;
}
void main()
{
    int *pi;
    pi=&func();
    printf("%d\n",*pi);
    free(pi);
}
```

func는 동적으로 정수형 변수 하나를 할당하여 그 레퍼런스를 리턴하는데 호출부에서는 이 리턴값의 번지를 포인터 변수로 받아야 한다. 그렇지 않고 int i;i=func(); 형식으로 레퍼런스의 값만 취하면 이 변수를 쓸 수는 있지만 포인터를 잃어 버렸기 때문에 free를 할 수 없게 된다. 함수 내부에서 동적 할당을 할 때는 포인터를 쓰는 것이 더 좋은 선택이다.

15.4.5 레퍼런스의 내부

레퍼런스는 굉장히 특이하고 복잡해 보이지만 내부를 들여다보면 포인터의 변형에 불과하다. 컴파일러는 레퍼런스를 포인터로 바꾼 후 컴파일하는데 이 절의 첫 번째 예제가 내부에서 어떻게 변경되는지 보도록 하자. 왼쪽이 실제 코드이고 오른쪽이 컴파일러의 내부 변환 코드이되 단, 이 코드들은 개념적인 설명을 위한 코드들이므로 실제 컴파일러 구현에서는 다르게 나타날 수도 있다.

```
int i=3;                          int i=3;
int &ri=i;                        int *ri=&i;

printf("i=%d, ri=%d\n",i,ri);     printf("i=%d, ri=%d\n",i,(*ri));
```

```
ri++;                                    (*ri)++;
printf("i=%d, ri=%d\n",i,ri);            printf("i=%d, ri=%d\n",i,(*ri));
printf("i번지=%x, ri번지=%x\n",&i,&ri);   printf("i번지=%x, ri번지=%x\n",&i,&(*ri));
```

int &ri=i; 선언문에 대해 컴파일러는 ri를 정수형 포인터로 생성하고 초기값으로 i의 주소값을 대입한다. 이후 ri를 참조하는 모든 문장에는 암시적으로 *연산자가 적용되어 (*ri)로 해석된다. (*ri)가 곧 i이므로 ri는 i의 훌륭한 별명으로 동작하는 것이다. 오른쪽의 변환 코드를 실행해 보면 왼쪽 코드와 동일하게 동작한다는 것을 확인할 수 있다. CallRef2 예제에서 작성한 plusref2 함수는 컴파일러에 의해 다음과 같이 번역된다.

```
void plusref2(int &a)                    void plusref2(int *a)
{                                        {
    a=a+1;                                   (*a)=(*a)+1;
}                                        }
plusref2(i);                             plusref2(&i);
```

결국 plusref2 함수가 받아들이는 인수의 실제 형태는 정수형 포인터이며 이 인수에 대해 일일이 * 연산자를 적용함으로써 실인수를 참조하도록 한다. 또한 이 함수를 호출하는 부분에서 plusref2(i) 식으로 변수를 전달하면 이 호출문을 plusref2(&i)로 해석하여 포인터를 대신 전달한다. 포인터의 대상체는 반드시 좌변값이어야 하며 그래서 레퍼런스 인수에는 상수를 전달할 수 없는 것이다.

다음은 레퍼런스를 리턴하는 GetAr 함수가 어떻게 번역되는지 보자. 이 함수도 마찬가지로 실제로는 포인터를 리턴하도록 되어 있다.

```
int &GetAr(int i)                        int *GetAr(int i)
{                                        {
    return ar[i];                            return &ar[i];
}                                        }
GetAr(3)=6;                              (*GetAr(3))=6;
```

리턴할 대상이 레퍼런스 타입이므로 마지막의 return ar[i] 문장은 ar[i]의 번지를 리턴하도록 번역된다. 그리고 함수 호출부에서는 리턴된 레퍼런스에 대해 * 연산자를 적용함으로써 리턴된 포인터가 가리키는 대상체를 액세스할 수 있다.

결국 레퍼런스는 컴파일러가 내부에서 절묘하게 조작하는 기만적인 포인터라고 할 수 있다. 그렇다면 레퍼런스를 쓰는 것은 포인터를 쓰는 것과 사실 별반 다를게 없는 셈이 아닌가? 과연 그렇기는 하다. 하지만 레퍼런스는 대상체의 주소를 취하고 사용할 때마다 일일이 * 연산자를 붙여야 하는 번거로움이 없다. 포인터는 매번 대상체를 참조할 때마다 * 연산자를 붙여야 하므로 코드가 지저분해지지만 레퍼런스는 이런 부담을 컴파일러가 대신 져주는 것이다. 정리하자면 레퍼런스는 대상체의 번지로 초기화되며 참조될 때 * 연산자가 암시적으로 적용되는 포인터이다.

다음은 레퍼런스와 상수와의 관계에 대해 알아보자. 레퍼런스는 선언할 때 초기화되며 중간에 참조 대상을 변경할 수 없으므로 본질적으로 상수의 성질을 가지고 있다. 즉, 한 번 누군가의 별명이 되면 파괴될 때까지 계속 참조 대상이 일정할 수밖에 없는 것이다. 그래서 굳이 다음과 같이 레퍼런스 변수에 const를 쓸 필요가 없다.

```
int & const ri=i;
```

이 선언문은 정수형 레퍼런스 ri가 i의 별명이 되도록 초기화하되 ri 자체를 상수로 만들어 다른 대상을 가리키지 못하도록 선언한다. ri가 상수라는 의미로 const 지정자를 사용했지만 이 지정자를 쓰지 않더라도 ri는 원래부터 상수로 정의되며 그래서 이 경우 const 지정자는 있으나 마나이다. 이 선언문을 어떻게 처리할 것인가는 컴파일러마다 다른데 어떤 컴파일러는 const를 무시한다는 가벼운 경고만 출력하며 어떤 컴파일러는 쓸데없는 짓 하지 말라는 뜻으로 아예 에러로 처리해 버린다.

다음 선언문은 의미가 조금 다른데 ri가 가리키는 대상을 상수로 지정한다. 즉 ri를 상수 지시 레퍼런스로 선언하는 것이다.

```
const int &ri=i;
ri=3;            // 에러
```

이렇게 되면 ri 자체도 상수이고 가리키는 대상도 상수이므로 오로지 ri를 통해서 대상체를 읽기만 할 수 있다. 함수가 전달받은 레퍼런스로 값을 함부로 변경하지 못하도록 하고 싶다면 이런 식으로 상수 지시 레퍼런스를 인수로 받아들이면 된다.

개발자 이야기 백업의 중요성

> 개발자에게 백업(BackUp)이란 아무리 강조해도 지나치지 않다. 하긴 개발자가 아니더라도 컴퓨터를 사용하는 모든 사람에게 자신의 자료를 안전하게 지키는 것은 중요한 일이지만 개발자에게는 특히 더 중요하다. 장기간에 걸쳐 심혈을 기울여 작성하던 소스를 잃어버리면 어떻게 될 것인지는 누구나 예측할 수 있고 그런 사고를 두려워하기 때문에 개발자들은 어느 정도의 백업을 항상 관리하고 있다. 그러나 대부분의 경우 백업의 방법이 허술해서 좀 더 강도를 높일 필요가 있다.

내가 다니던 직장의 한 동료가 한 달간 작업한 소스를 잃어 버리고 거의 폐인이 되는 것을 목격한 적이 있는데 옆에서 보기 참으로 안타깝다. 그 동료는 주기적으로 백업을 받기는 했지만 같은 하드 디스크의 다른 폴더에 백업을 관리하는 실수를 했던 것이다. 하긴 보통 하드를 하나만 달아 놓으니 백업도 같은 하드에 있을 수밖에 없을 것이다. 하드의 스핀들 모터가 완전히 고장 나서 돌지도 않는 상태가 되어 버리는 기막힌 일이 생길 것이라고는 미처 예측하지 못했을 것이다. 이런 사고를 당한 사람에게는 어떠한 위로의 말도 통하지 않으며 그냥 깨끗하게 잊어버리고 열심히 다시 하라는 무자비한 말밖에 더 할 말이 없다. 한 번 했던 작업을 똑같이 기억을 더듬어가며 반복하는 것이 얼마나 못할 짓인지는 해 본 사람만이 안다.

사실 나도 이틀 동안 작업했던 소스를 덮어 쓰는 경미한 실수를 한 적이 있는데 이 정도는 하루만 고생해도 복구할 수 있어 사고축에 끼지도 못한다. 진짜 큰 사고를 당할 뻔한 적도 있는데 노트북 키보드의 Del 키가 고장 나서 반복적으로 눌러지는 바람에 원고의 글자들이 계속 지워지는 것이다. 하필 이때 백업이나 해야겠다는 생각이 들어 탐색기로 포커스를 옮기는 순간 애써 만들어 놓은 원고와 예제들이 순서대로 줄줄이 삭제되는 것이다. 묻지 않고 삭제하기 옵션을 켜 두었기 때문에 질문도 없이 폴더를 하나씩 야금야금 지우다가 다 지우면 다시 상위 폴더로 올라가서 지우기를 반복하는 것이다. 다행히 원고의 루트 디렉토리에서 "너무 커서 휴지통에 못 넣어. 그래도 지울꺼야?" 이 메시지가 뜨지 않았다면 아마 몇 년간 작업했던 원고와 예제들을 한방에 잃어 버렸을 것이고 그날 나는 한강으로 달려갔을지도 모른다.

누구나 백업이 중요하다는 것을 잘 알고 있지만 또 한 번씩 당해봐야 정신을 차리는 기가 막힌 경험을 모두가 해 본다. 백업은 필요를 느낄 때 하기 시작해서는 늦다. 공부를 시작하는 지금 이 순간부터 당장 빈틈없이 백업하는 습관을 들여야 한다. 같은 컴퓨터에 백업하지 말고 이중, 삼중으로 백업 체계를 만들어 두어야 한다. 학습 중에 틈틈이 만들어 두었던 예제들이나 수집했던 자료들도 모조리 백업해 두도록 하자. 나중에 시간이 흘러 처음 배울 때 만들었던 예제들을 보면 무척 재미있기도 하고 가끔은 재사용할만한 코드들을 건질 수도 있다. 숙련된 프로그래머에게 가장 좋은 예제 코드는 역시 자신이 직접 만든 코드이며 이만큼 좋은 라이브러리가 없다. 한 번 했던 작업을 두 번 하기 싫으면 만들어 놓은 모든 프로젝트들을 열심히 잘 백업하고 또한 언제든지 신속하게 찾을 수 있도록 관리해야 한다.

16
함수 고급

16.1 호출 규약

16.1.1 스택

이 절에서는 호출 규약(Calling Convention)에 대해 알아본다. 호출 규약이란 함수를 호출하는 방식에 대한 일종의 약속인데 인수는 어떻게 전달하며 리턴값은 어떻게 반환하고 인수 전달을 위해 사용한 메모리는 누가 정리할 것인지 등을 규정한다. 당연히 호출하는 쪽과 호출되는 쪽의 약속이 맞아야 하며 어느 한쪽이 약속을 어길 경우 함수도 제대로 동작하지 않을 뿐더러 메모리가 엉망이 되기 때문에 프로그램은 정상적인 실행을 계속할 수 없다.

호출 규약은 컴파일러 내부에서 일어나는 일이기 때문에 이해하기 쉽지 않다. 사실 함수를 만들고 호출하는 방법을 알고 있고 내부 동작에 관심이 없다면 굳이 호출 규약을 알아야 하는 것은 아니다. 그러나 컴파일러의 내부 동작과 함수의 호출 과정을 알게 되면 재귀 호출이나 가변 인수 등의 고급 기법들을 이해함으로써 문법에 대해 자신감이 생기며 좀 더 자유롭게 코드를 작성할 수 있다. 또한 저수준 디버깅에도 활용할 수 있으며 C/C++이 아닌 다른 언어로 만든 함수를 호출하는 방법도 알게 된다.

호출 규약을 이해하기 위해서는 스택에 대해 알아야 하며 스택은 기계어 수준에서 동작하기 때문에 어셈블리 언어에 대한 개념도 필요하다. 이 절에서는 스택 프레임을 설명하기 위해 어셈블리 코드 리스트를 보이는데 잘 모른다 하더라도 당장 내용을 이해하는데는 큰 지장이 없다. eax, ebp 등의 레지스터는 CPU가 사용하는 변수라고 생각하면 되고 대입할 때는 mov 명령을 사용한다는 것 정도만 알아도 된다. 물론 어셈블리 언어를 안다면 더할 나위없이 좋겠지만 말이다.

스택(Stack)은 시스템이 사용하는 메모리 공간이다. CPU가 임시적인 정보를 저장할 필요가 있을 때 이 영역을 사용한다. 프로그램이 실행 중일 때의 메모리 모양은 운영체제에 따라 조금씩 달라질 수 있지만 일반적으로 다음과 같다. 아래 그림은 간단한 운영체제인 도스의 메모리 구조이며 윈도우즈의 경우는 이보다 좀 더 복잡하지만 개념적으로는 같다고 할 수 있다.

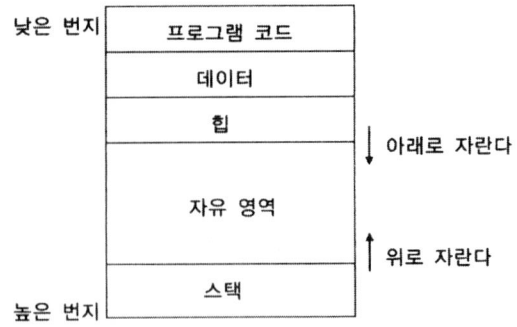

앞부분에 프로그램의 코드가 있고 이어서 데이터 영역이 있으며 데이터 영역 아래쪽에는 자유 영역인 힙이 있다. 힙은 실행 중에 동적으로 할당되는 메모리 영역이며 할당이 발생하면 뒤쪽으로 이동하면서 자유 영역을 사용한다. 스택은 메모리의 가장 뒷부분(높은 번지)에 위치하는데 값을 넣으면 위쪽으로 이동한다. 힙과 스택 사이에는 자유 영역이 있어 두 영역 사이의 완충 역할을 한다. 만약 힙과 스택이 만나게 되면 메모리가 부족한 상태가 된다.

스택에 값을 저장하는 동작을 push(민다)라고 하며 저장된 값을 빼내는 동작을 pop(당긴다)이라고 한다. 스택의 현재 위치는 esp 레지스터에 기억되며 push하면 esp가 감소하면서 값이 스택으로 들어가고 pop하면 esp에 저장된 값을 빼내고 esp가 증가한다. push A는 esp-=4, mov [esp], A와 같으며 pop A는 mov A,[esp], esp+=4와 같다. 여기서 4는 32비트 시스템의 스택 한 칸 크기인데 시스템에 따라 2나 8이 될 수도 있다.

스택에 저장된 값들은 LIFO(Last In First Out)의 원칙에 따라 가장 최후에 들어간 값이 가장 먼저 나온다. 예를 들어 A, B, C 순으로 값을 push했다면 pop할 때는 C, B, A 순으로 읽혀진다. 마치 택시 기사들이 잔돈 보관을 위해 사용하는 동전 케이스와 유사한데 아래쪽에 밀어 넣은 동전을 빼 내려면 위쪽의 동전들을 먼저 빼야 한다.

CPU의 범용 레지스터는 개수가 많지 않기 때문에 필요한 레지스터가 이미 값을 가지고 있을 때는 스택에 레지스터값을 잠시 대피해 놓고 사용한다. 예를 들어 eax, ecx를 잠시 다른 용도로 사용하고 싶다고 하자. 이때 CPU는 두 레지스터의 값을 스택에 push하여 저장해 놓고 이 레지스터를 사용하며 다 사용하고 난 후 pop해서 복구한다.

```
push ecx                        // ecx 저장
push eax                        // eax 저장
eax, ecx 레지스터 사용
pop eax                         // eax 복구
pop ecx                         // ecx 복구
```

저장된 값을 복구할 때는 푸시한 반대 순서대로 팝해야 한다. esp는 푸시될 때 감소하며 팝할 때 다시 증가하여 항상 다음 액세스할 위치를 가리킨다.

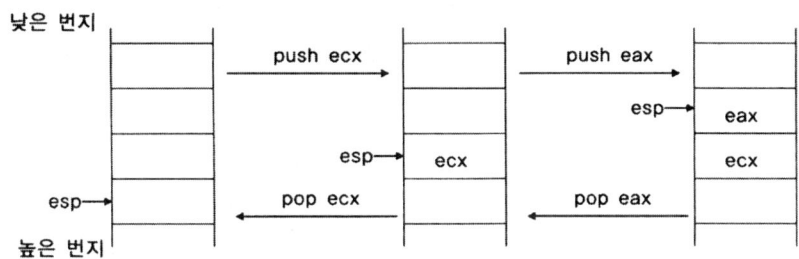

그림에서 보다시피 두 번 푸시한 후 두 번 팝하면 스택은 원래 상태로 돌아가는 특성이 있다. 그래서 푸시, 팝 회수만 정확하게 맞추면 얼마든지 많은 값들을 저장할 수 있으며 넣은 순서의 역순으로 꺼내기만 하면 된다. 또한 푸시한 대상과 팝하는 대상이 반드시 일치하지 않아도 되므로 스택을 경유하여 레지스터끼리 값을 대입할 수도 있고 교환하는 것도 가능하다.

push ecx	push ecx
pop eax	push eax
	pop ecx
	pop eax
eax에 ecx 대입	eax와 ecx의 교환

스택에 대해 더 상세한 내용을 알고 싶다면 어셈블러 개론서를 참조하기 바란다. C언어는 스택을 직접 조작하는 방법을 제공하지 않는다.

16.1.2 스택 프레임

함수가 호출될 때 스택에는 함수로 전달되는 인수, 실행을 마치고 돌아올 복귀 번지, 지역변수 등의 정보들이 저장된다. 스택에 저장되는 함수의 호출 정보를 스택 프레임(Stack Frame)이라고 한다. 또한 함수 실행 중에도 필요할 경우 임시적인 정보 저장을 위해 스택을 사용하되 이때 푸시 회수와 팝 회수는 일치하므로 함수가 리턴하면 정확하게 호출전의 상태로 돌아가 항상성을 유지한다.

다음 예제를 통해 함수가 호출될 때 스택 프레임이 어떻게 생성되고 어떤 정보들이 저장되는지 살펴보도록 하자. 호출원에서 인수를 전달하는 방식과 함수가 값을 리턴하는 방식, 지역변수가 생성되는 영역을 살펴볼 것이다.

예제 **StackFrame**

```
#include <Turboc.h>

int Add(int a, int b)
```

```
{
    int c,d,e;
    c=a+b;
    return c;
}

void main()
{
    int result;
    result=Add(1,2);
    printf("result = %d\n",result);
}
```

Add 함수는 두 개의 인수를 전달받아 인수의 합을 구한 후 그 결과를 리턴한다. Add 함수 내에는 세 개의 지역변수가 선언되어 있는데 당장 사용되지는 않는 변수들이지만 함수 동작에 꼭 필요한 변수라고 가정하자. 이 함수의 동작은 아주 간단하지만 인수, 지역변수, 리턴값을 모두 가지고 있어 스택 프레임을 살펴보기에는 적절하다. Add 함수를 호출하는 부분에 중단점을 설정해 놓고 실행한 후 View/Debug Window/Disassembly를 선택하면 어셈블리 코드를 볼 수 있다. 다음은 main 함수에서 result=Add(1,2); 를 호출하는 코드이다.

```
push 2
push 1
call Add
add esp,8
result=eax
```

호출원에서는 함수로 인수를 전달하기 위해 인수들을 스택에 푸시한다. 뒤쪽 인수부터 순서대로 스택에 푸시한 후 call 명령으로 Add 함수를 호출했다. call 명령은 함수가 복귀할 번지를 스택에 푸시한 후 함수의 번지로 점프하는 것(push 다음번지, jmp Add)이다. 이 상태에서 스택에는 두 인수 2, 1과 복귀 번지가 저장되어 있을 것이다. 다음은 Add 함수의 코드를 보자.

```
push ebp
mov ebp,esp
sub esp,0ch
mov eax,[ebp+8]
```

```
add eax,[ebp+0ch]
mov [ebp-4],eax
mov eax,[ebp-4]
mov esp,ebp
pop ebp
ret
```

Add 함수는 호출원에서 사용하던 ebp를 스택에 먼저 푸시한 후 ebp에 스택의 현재 위치를 대입한다. ebp는 함수 실행 중에 인수와 지역변수를 액세스하기 위한 기준 번지(Base Pointer)로 사용되며 함수 본체에서는 값이 변하지 않고 계속 유지된다. Add를 호출한 함수(이 경우 main)도 ebp를 기준 번지로 사용하므로 Add는 자신의 ebp를 설정하기 전에 호출원의 ebp를 저장해야 할 필요가 있다.

다음으로 esp를 0ch(십진수 12)만큼 감소시켜 지역변수가 들어갈 공간을 만든다. Add 함수는 총 3개의 정수형 변수를 사용하므로 지역변수 영역에 필요한 공간은 12바이트이며 esp를 이만큼 위로 올림으로써 스택상에 빈 공간을 만드는 것이다. 지역변수 영역은 함수에 선언된 지역변수의 총 크기만큼 할당되며 별도의 초기화는 하지 않는다. 여기까지의 코드를 접두(prolog)라고 하며 함수가 실행을 준비하는 과정이다. sub esp,0ch까지 실행되었을 때의 스택 모양은 다음과 같다. 이 그림에서 각 격자는 4바이트이다.

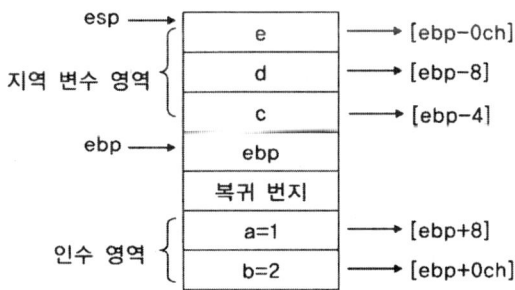

ebp는 자신이 저장된 스택 위치를 가리키고 있으며 esp는 지역변수 영역의 상단을 가리키고 있다. esp는 함수 실행 중에 필요에 따라 오르락내리락 거리겠지만 ebp는 계속 기준 번지를 가리킨다. 이 상태에서 ebp를 기준으로 스택의 아래쪽에는 함수로 전달된 인수가 있고 위쪽에는 함수의 지역변수가 있으며 인수와 지역변수들은 ebp에 대한 상대적인 오프셋으로 구할 수 있다.

ebp가 가리키는 곳 바로 아래(ebp+4)에는 복귀 번지가 저장되어 있으며 복귀 번지의 아래(ebp+8)에는 첫 번째 인수 a가 있다. 함수의 본체에서는 ebp+8을 액세스함으로써 첫 번째 인수를 읽거나 쓸 수 있으며 두 번째 이후의 인수도 오프셋만 바꿔서 액세스할 수 있다. ebp 바로 위(ebp-4)에는 첫 번째 지역변수가 있는데 이 경우 c이다. n번째 지역변수는 ebp-n*4의 위치에 있다고 할 수 있다. 단, 이 공식은 인수의 크기가 4바이트 이하일 때만 해당되며 double이나 구조체인 경우는 더 많은 메모리를 필요로 할 것이다.

실행 준비가 완료되면 함수의 본체 코드가 실행된다. 이 함수의 본체인 c=a+b 코드는 다음 세 줄로 컴파일된다. 기계어는 메모리간의 덧셈을 직접 지원하지 않기 때문에 레지스터로 값을 읽은 후 레지스터와 연산해야 한다.

```
mov eax,[ebp+8]         // eax=a
add eax,[ebp+0ch]       // eax=eax+b
mov [ebp-4],eax         // c=eax
mov eax,[ebp-4]         // return c
```

먼저 eax에 ebp+8의 내용을 읽어 오는데 스택 그림에서 보다시피 ebp+8은 첫 번째 인수인 a이다. eax가 a값을 대입받은 후 ebp+0ch에 있는 인수 b의 값을 더하며 이 결과를 ebp-4에 있는 지역변수 c에 대입한다. 연산을 마친 후 그 결과를 eax 레지스터에 다시 대입하는데 eax에 대입되는 값은 리턴값이다. 여기까지 함수의 본체는 실행을 마쳤으며 남은 정리 작업을 수행한다. 정리 작업을 하는 코드를 접미(epilog)라고 하는데 이 함수의 경우 다음 세 줄이다.

```
mov esp,ebp
pop ebp
ret
```

esp에 ebp를 대입하는데 이는 지역변수를 위해 할당했던 스택 영역을 회수한다는 뜻이다. 지역변수의 생명은 이 시점에서 끝이 난다. esp를 복구한 후 ebp를 팝하면 호출원에서 사용하던 ebp가 복구된다. 마지막으로 ret 명령으로 복귀하는데 ret는 스택에 저장된 복귀 번지를 꺼내 그 번지로 리턴한다(jmp [esp], esp+=4). main 함수에서 call 명령으로 이 함수를 호출할 때 복귀 번지를 저장해 두었는데 이 번지는 call Add 바로 다음 위치이다.

```
add esp,8
result=eax
```

esp에 8을 더하는 이유는 함수 호출 전에 인수 전달을 위해 푸시한 값을 삭제하기 위해서이다. push 2, push 1에 의해 esp는 8만큼 감소했으므로 원래대로 돌려놓으려면 8만큼 증가시켜야 한다. 이 동작은 팝을 두 번 하는 것과 동일하되 인수의 수가 많을 때는 일일이 팝을 할 수 없으므로 esp를 직접 증가시켜 여러 번의 팝을 대신하고 있다.

인수 전달 영역까지 해제하면 스택은 함수가 호출되기 전의 상태로 정확하게 깜쪽같이 복구된다. esp, ebp 등의 주요 레지스터들이 호출 전과 완전히 똑같이 복구되는 것이다. 마지막으로 eax에 저장되어 있는 Add 함수의 리턴값을 result에 대입한다. 이 결과값은 printf 호출로 화면으로 출력될 것이며 프로그램은 종료된다.

Add 함수 하나가 호출될 때의 스택 프레임이 어떻게 작성되는지 보았는데 내부 동작이라 다분히 복잡하다. 이번에는 함수가 연속적으로 두 번 호출될 때 어떤 일이 벌어지는지 연구해 보자. 다음과 같이 Add를 호출하는 함수가 있다고 하자.

```
void Dog(int v)
{
    int n,m;
    n=Add(1,2);
    ....
}
```

Dog 함수는 정수형 인수 하나를 취하고 두 개의 정수형 지역변수를 사용한다. main에서 이 함수를 호출할 때 스택 프레임은 다음과 같이 작성된다.

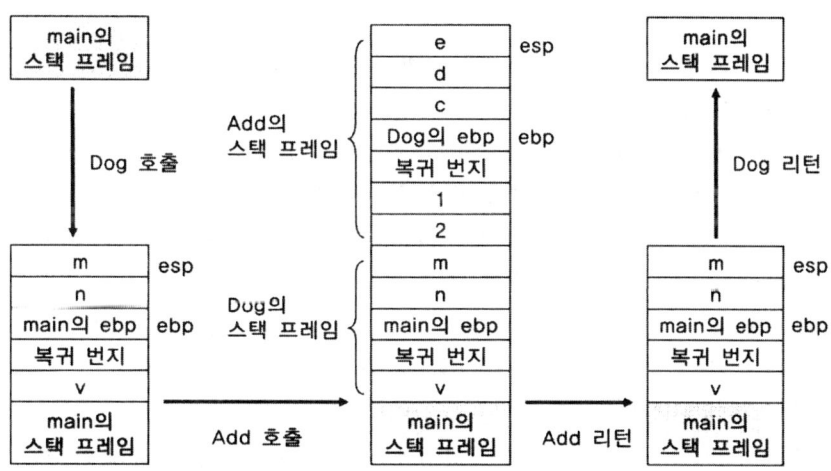

Dog가 호출되었을 때 main의 스택 프레임 위에 Dog의 스택 프레임이 생성된다. Dog는 앞에서 설명한 방식대로 자신을 호출한 main이 사용하던 ebp를 저장하고 새로 설정한 ebp를 기준으로 자신의 인수와 지역변수를 액세스할 수 있다. 이 상태에서 Add가 호출되면 Dog의 스택 프레임 위에 Add의 스택 프레임이 또 생성된다. Dog는 Add로 전달할 인수 2, 1과 복귀 번지를 차례로 스택에 푸시하며 Add는 Dog의 ebp를 스택에 저장한 후 자신의 ebp를 새로 대입하고 esp를 감소시켜 자신의 지역변수 영역을 만들 것이다. Add도 자신의 ebp를 기준으로 인수와 지역변수를 액세스한다.

이 상태에서 Add는 또 다른 함수를 호출할 수 있는데 가령 Add에서 gotoxy(10,20)을 호출한다면 Add의 스택 프레임 위에 gotoxy의 스택 프레임이 더 생성될 것이다. 물론 gotoxy는 또 다른 함수를 호출할 수 있으며 그럴 때마다 위쪽으로 호출되는 함수의 스택 프레임이 계속 쌓인다. 위쪽으로 스택 프레임이 몇 개가 쌓이든지 스택의 아래쪽에는 Dog와 Add 그리고 main의 지역변수가 그대로 보관되어 있다.

Add는 실행을 마치고 돌아가기 직전에 지역변수 영역을 해제하며 Dog의 ebp를 복구한다. 각 함수가 스택에 저장하는 ebp는 자신의 기준 번지가 아니라 자신을 호출한 함수가 사용하던 ebp이다. ebp는 함수 실행 중에 인수와 지역변수를 읽기 위한 기준 번지인데 이 함수가 실행을 마치고 리턴했을 때 호출원은 계속 자신의 지역변수를 읽을 수 있어야 하므로 호출원의 ebp를 정확하게 복구해야 한다. Add가 자신의 필요에 의해 ebp를 바꾸더라도 변경 전의 ebp를 스택에 푸쉬하고 복귀하기 전에 Dog의 ebp를 팝하면 Dog는 Add가 리턴된 후에 v, n, m을 계속 액세스할 수 있다. Dog는 Add가 리턴된 직후에 Add로 전달한 인수 영역을 해제하여 Add가 호출되기 전의 상태로 스택을 돌려놓는다. 마찬가지로 main은 Dog가 리턴할 때 Dog의 모든 호출 정보를 정리한다.

보다시피 함수가 호출될 때 인수와 복귀 번지, 지역변수 영역, 호출원의 ebp 등을 가진 스택 프레임이 생성되고 리턴된 후 원래대로 정확하게 복구하도록 되어 있다. 호출하는 쪽과 호출되는 쪽이 서로 긴밀히 협조하여 스택이 항상성을 유지하도록 하는 것이다. 그래서 스택 공간이 남아 있는 한 회수에 제한없이 함수를 계속 호출할 수 있고 임의의 함수끼리 서로 호출 가능하다. 이상으로 함수 호출시에 스택이 어떻게 관리되는지를 보았는데 이 연구에서 우리는 여러 가지 중요한 사실을 발견할 수 있다.

- 인수도 함수 호출 중에만 생명이 유지되는 일종의 지역변수이다. 인수의 초기화 시점은 함수가 호출될 때이며 함수 내부에서만 통용된다.
- 지역변수를 많이 선언하는 것과 함수의 실행 속도와는 직접적인 상관이 없다. 지역변수 영역은 esp를 필요한 양만큼 감소시켜 생성하는데 10을 빼나 20을 빼나 연산 속도는 일정하다.
- 지역변수를 많이 쓴다고 해서 프로그램이 커지는 것도 아니다. 어차피 지역변수는 스택에 임시적으로 생겼다가 함수가 끝나면 사라지므로 프로그램의 크기와는 무관하다.
- 지역변수를 위해 esp를 위로 올려 공간만 만들 뿐이므로 별도의 초기식이 없으면 지역변수는 초기화되지 않는다. 이때 원래 공간에 들어있던 값이 바로 쓰레기값이다. 지역변수를 초기화하면 이때는 초기화하는 시간만큼 느려지고 필요한 코드만큼 프로그램의 크기도 늘어난다.
- 함수를 호출할 때마다 스택 프레임이 생성되었다가 사라지는 복잡한 과정을 거치므로 함수 호출에는 오버헤더가 있다.

컴파일러의 내부 동작을 이해하면 이처럼 여러 가지 문법적인 사실을 자연스럽게 이해할 수 있으며 가변 인수에 대한 이해도 더 깊어진다. 이해가 깊어지면 그만큼 복잡한 상황에 대한 대처 능력도 향상되기 마련이다.

| 참 | 고 |

위에서 보인 어셈블리 코드는 실제 컴파일러가 생성하는 코드와는 조금 다른데 스택 프레임을 이해하는데 굳이 필요치 않다고 판단되는 부분은 생략했다. 스택 프레임의 실제 모양은 컴파일러마다 조금씩 다르며 같은 컴파일러라도 빌드 모드나 최적화 옵션 설정에 따라 달라진다. 비주얼 C++의 경우 디버그 버전일 때 지역변수의 총 크기보다 0x40 바이트만큼 더 여유분을 할당하며 초기화되지 않는 지역변수 영역은 모두 0xcc로 초기화한다.

16.1.3 호출 규약

앞 항에서 Add 함수의 어셈블리 코드를 통해 스택 프레임의 실제 모양을 확인해 보았다. 인수는 뒤쪽부터 순서대로 전달하며 인수 전달에 사용한 스택 영역은 호출원이 정리했는데 이는 C/C++ 언어의 기본 호출 규약인 __cdecl의 스택 프레임 모양일 뿐이다. 호출 규약이 바뀌면 스택 프레임의 모양과 관리 방법도 달라질 수 있다.

호출 규약은 호출원과 함수간의 약속이므로 양쪽이 다른 형태로 약속을 할 수도 있는 것이다. 그렇다면 __cdecl이 아닌 다른 호출 규약은 어떻게 스택 프레임을 작성하는지 차이점을 분석해 보자. 호출 규약에 따라 인수를 전달하는 방법과 스택의 정리 책임, 함수의 이름을 작성하는 방법이 달라진다.

호출 규약	인수 전달	스택 정리	이름 규칙
__cdecl	오른쪽 먼저	호출원	_함수명
__stdcall	오른쪽 먼저	함수	_함수명@인수크기
__fastcall	ECX, EDX에 우선 전달. 나머지는 오른쪽 먼저	함수	@함수명@인수크기
thiscall	오른쪽 먼저, this 포인터는 ecx 레지스터로 전달된다.	함수	C++ 이름 규칙을 따름.
naked	오른쪽 먼저	함수	없음

리턴값을 돌려주는 방식도 호출 규약에 따라 달라질 수 있는데 다행히 현존하는 모든 호출 규약의 리턴 방식은 동일하다. 4바이트의 값을 돌려줄 때는 eax 레지스터를 사용하며 8바이트의 값을 리턴할 때는 edx:eax 레지스터 쌍을 사용한다. 8바이트를 초과하는 큰 리턴값, 예를 들어 구조체 등은 임시 영역에 리턴할 값을 넣어 두고 그 포인터를 eax에 리턴한다.

:: __stdcall

Add 함수의 호출 규약을 __stdcall로 바꿔 보자. __stdcall은 윈도우즈 API 함수들의 기본 호출 규약이며 비주얼 베이직도 이 호출 규약을 사용한다. __cdecl과 인수를 전달하는 방법은 동일하되 인수 전달에 사용된 스택을 정리하는 주체가 호출원이 아니라 함수라는 점이 다르다. Add 함수의 호출 규약을 바꾸기 위해 다음과 같이 수정해 보자.

```
int __stdcall Add(int a, int b)
{
    int c,d,e;
    c=a+b;
    return c;
}
```

함수 이름 앞에 __stdcall 키워드를 삽입하면 이 함수는 __stdcall 호출 규약을 사용한다. main에서 함수를 호출하는 부분이 다음과 같이 변경된다.

```
push 2
push 1
call Add
result=eax
```

인수를 스택에 밀어 넣는 것과 인수를 푸시하는 순서는 동일하다. 단, call Add 다음에 add esp,8 코드가 없어 함수가 리턴된 후에 인수 전달에 사용한 스택을 복구하지 않는다는 점이 __cdecl과 다르다. 인수 전달에 사용한 영역은 이제 Add 함수가 직접 정리한다. 이 함수의 접두, 본체는 __cdecl과 동일하며 접미 부분이 다음과 같이 변경된다.

```
push ebp
....
ret 8
```

복귀 코드가 ret에서 ret 8로 바뀌었으며 복귀하면서 esp를 8만큼 증가시킨다. 이 코드에 의해 함수는 실행을 마치고 복귀함과 동시에 인수 영역을 해제한다. Add 함수 자신이 복귀하면서 스택을 정리하므로 호출원에서는 스택을 정리할 필요가 없다. 호출원은 인수를 순서대로 스택에 푸시한 후 함수만 호출하면 된다.

:: __cdecl과의 차이점

__cdecl과 __stdcall의 가장 큰 차이점은 스택 정리 주체가 누구인가하는 점인데 사실 이 차이점이 컴파일된 결과 코드에 미치는 영향은 별로 없다. 스택 정리 주체와는 상관없이 스택은 항상 호출 전의 상태로 복구되며 프로그램의 동작도 완전히 동일하다. 실행 속도는 거의 차이가 없으며 프로그램의 크기는 비록 무시할만한 수준이기는 하지만 __stdcall이 조금 더 작다. 왜냐하면 함수를 여러 번 호출하더라도 스택을 정리하는 코드는 함수 끝의 접미에 딱 한 번만 작성되기 때문이다. 반면 __cdecl은 호출원이 스택을 정리하므로 호출할 때마다 정리 코드가 반복되어 프로그램 크기가 조금 더 커진다.

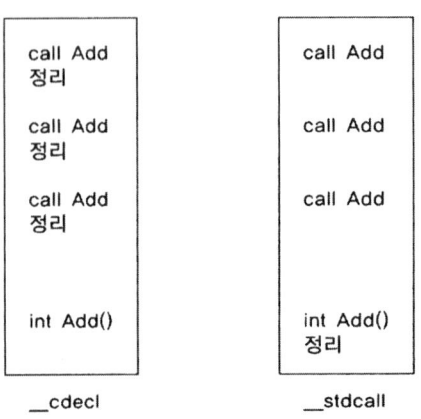

또 다른 중요한 차이점은 가변 인수 함수를 만들 수 있는가 아닌가 하는 점이다. __stdcall은 함수가 직접 스택을 정리하기 때문에 가변 인수 함수를 지원하지 않는다. 함수 접미에 스택 정리 코드를 작성하려면 인수의 총 크기를 미리 알아야 하는데 가변 인수 함수는 전달되는 인수 개수가 가변이므로 이 크기가 고정적이지 않아 접미에서 스택을 직접 정리할 수 없다. 컴파일러가 접미의 ret n 명령에 대해 n을 결정할 수 없는 것이다.

이에 비해 __cdecl은 함수가 스택을 정리할 책임이 없으며 호출원이 함수를 부를 때마다 스택을 정리한다. 함수를 호출하는 쪽에서는 인수를 몇 개나 전달했는지 알 수 있으므로 실제 전달한 인수 크기만큼 스택을 정리할 수 있다. 그래서 printf나 scanf 같은 가변 인수를 지원하는 함수는 모두 __cdecl 호출 규약을 사용한다. 또한 윈도우즈 API 함수의 기본 호출 규약은 __stdcall이지만 wsprintf는 예외적으로 __cdecl로 작성되어 있다.

호출 규약 중 호출원이 스택을 정리하는 것은 __cdecl 밖에 없으며 그래서 가변 인수를 지원할 수 있는 호출 규약도 __cdecl이 유일하다. 가변 인수 함수를 만들려면 반드시 __cdecl 호출 규약을 사용해야 한다. 만약 가변 인수 함수를 __stdcall로 작성하면 컴파일러는 이를 무시하고 __cdecl로 강제로 바꾸어 버린다.

:: __fastcall

다음은 __fastcall 호출 규약을 테스트해 보자. 함수 정의부를 int __fastcall Add(int a, int b)로 수정하기만 하면 된다. 호출부의 코드는 다음과 같다.

```
mov edx,2
mov ecx,1
call Add
result=eax
```

__fastcall은 인수 전달을 위해 edx, ecx 레지스터를 사용하는데 두 개의 인수를 차례대로 edx, ecx에 대입했다. 만약 인수가 둘 이상이면 세 번째 이후의 인수는 __cdecl과 마찬가지로 스택에 밀어넣을 것이다. 인수 전달을 위해 스택을 쓰지 않고 레지스터를 우선적으로 사용하므로 인수 전달 속도가 빠르다는 이점이 있다. 함수의 코드는 다음처럼 작성된다.

```
push ebp
mov ebp,esp
sub esp,14h
mov [ebp-8],edx        // 첫 번째 인수를 지역변수로
mov [ebp-4],ecx        // 두 번째 인수를 지역변수로
```

```
mov eax,[ebp-4]
add eax,[ebp-8]
mov [ebp-0ch],eax         // c는 세 번째 지역변수가 된다.
mov eax,[ebp-0ch]
mov esp,ebp
pop ebp
ret
```

edx, ecx 레지스터를 통해 전달받은 인수 둘을 순서대로 지역변수 영역에 복사한 후 사용하는데 어차피 인수도 지역변수의 일종이므로 이렇게 해도 별 상관이 없다. VC는 fastcall 호출시 ecx, edx로 인수를 넘기기는 하지만 이를 다시 스택의 지역변수로 만드는데 이렇게 되면 fastcall을 하는 의미가 없다. 비주얼 C++은 fastcall을 형식적으로만 지원할 뿐 fastcall의 장점을 취하지는 않는데 이는 컴파일러 구현상 ecx, edx 레지스터가 꼭 필요하기 때문이다.

스택 정리는 함수가 하는데 Add 함수의 경우 인수가 두 개 뿐이므로 인수 전달을 위해 스택을 사용하지 않았으며 그래서 정리할 내용이 없다. 만약 인수가 세 개라면 제일 끝의 ret는 ret 4가 될 것이다. 레지스터는 스택보다 훨씬 더 빠르게 동작하기 때문에 __fastcall은 이름대로 호출 속도가 빠르다. 대신 이식성에 불리하다는 단점이 있다. 이 호출 규약은 ecx, edx 레지스터를 사용하도록 되어 있는데 이 두 레지스터가 모든 CPU에 공통적으로 존재하는 것이 아니기 때문이다. 그래서 윈도우즈 API는 이 호출 규약을 지원하기는 하지만 사용하지는 않는다. 볼랜드의 델파이가 __fastcall을 사용한다.

:: thiscall

thiscall은 클래스의 멤버 함수에 대해서만 적용되는데 ecx로 객체의 포인터(this)가 전달된다는 것이 특징이며 나머지 규칙은 __stdcall과 동일하다. 예외적으로 가변 인수를 사용하는 멤버 함수는 __cdecl로 작성되며 이때 this는 스택의 제일 마지막에(그러므로 첫 번째 인수로) 전달된다.

이 호출 규약은 컴파일러가 멤버 함수에 대해서만 특별히 적용하는 것이므로 일반 함수에는 이 호출 규약을 적용할 수 없다. thiscall은 이 호출 규약의 이름일 뿐 키워드가 아니기 때문에 함수 원형에 thiscall이라고 쓸 수도 없다. 멤버 함수이기만 하면 컴파일러가 알아서 thiscall 호출 규약을 적용한다. 객체니 멤버 함수니 this니 하는 것들은 C++편에서 배우게 될 것이다.

:: __naked

__naked 호출 규약은 컴파일러가 접두, 접미를 작성하지 않는 호출 규약이다. 스택 프레임의 상태 보존을 위해 컴파일러가 어떤 코드도 작성하지 않으므로 접두, 접미는 사용자가 직접 작성해야 한다. 스택은 어셈블리 수준에서만 다룰 수 있으므로 인라인 어셈블리를 사용해야 하며 제약점도 많기 때문에 일반적인 목적으로는 사용되지 않는다.

이 호출 규약이 반드시 필요한 경우는 C/C++이 아닌 언어에서 호출하는 함수를 작성할 때이다. 예를 들어 어셈블리에서는 인수 전달에 스택을 쓰지 않고 범용 레지스터만으로도 인수를 전달할 수 있다. 이런 경우는 C 컴파일러가 만들어주는 접두, 접미가 불필요하다. 또한 속도가 지극히 중요한 디바이스 드라이버를 작성할 때도 이 호출 규약을 사용한다. __naked 호출 규약을 사용하려면 함수의 정의부에 __declspec(naked)를 적어주면 된다.

여기서 알아본 호출 규약 외에도 __pascal, __fortran, __syscall 이라는 호출 규약이 있었으나 지금은 지원되지 않는다. 비주얼 C++은 과거와의 호환성을 위해 이 단어들을 키워드로 인정하기는 하지만 실제로 사용할 경우 에러로 처리한다. 이상으로 다섯 가지의 호출 규약에 대해 정리했는데 실제로 사용되고 사용자가 지정할 수 있는 호출 규약은 현실적으로 __cdecl, __stdcall 두 가지밖에 없는 셈이다.

16.1.4 호출 규약 불일치

컴파일러는 함수의 호출 규약에 맞게 스택 프레임을 작성하고 관리한다. __cdecl을 쓰면 이 규약에 맞게 호출원이 스택을 정리하도록 컴파일할 것이며 __stdcall을 쓰면 함수가 스택을 정리하도록 컴파일할 것이다. 호출 규약에 따라 내부 코드가 약간 달라지고 무시해도 좋을 정도의 미세한 속도, 크기 차이가 발생하지만 실행 결과는 동일하다.

그래서 함수의 호출 규약을 어떤 것으로 쓸 것인가는 고민할만한 문제가 아니다. 컴파일러가 지정한 호출 규약대로 함수를 컴파일하고 이 함수를 호출하는 적합한 코드도 같이 만들기 때문이다. 그러나 아주 특수한 경우 호출원과 함수의 호출 규약이 달라질 수도 있다. 어떤 때 이런 불일치가 발생할 수 있는가 하면 함수를 작성한 언어와 호출하는 언어가 다를 때, 분리된 DLL에 있는 함수를 호출할 때, 원형이 이미 정해져 있는 콜백함수를 호출할 때 등이다.

함수를 C/C++로 작성했고 부르는 쪽도 C/C++이며 같은 모듈 내에서 호출한다면 이런 불일치가 발생할 리가 없다. 함수의 호출 규약과 다르게 함수를 호출하면 어떻게 되는지 실험을 해 보자. 정상적인 문법으로 한 예제에서 이런 상황을 만들기는 무척 어려운데 왜냐하면 함수의 호출 규약을 바꾸면 호출하는 쪽의 코드도 같이 바뀌기 때문이다. 이런 상황을 억지로라도 만들어 보려면 함수 포인터로 호출 규약을 다르게 만들어 놓고 강제 호출하면 된다.

예제 WrongCall

```
#include <Turboc.h>

int __cdecl Add(int a, int b)
{
    int c,d,e;
```

```
        c=a+b;
        return c;
}

void main()
{
    int result;
    int (__stdcall *pf)(int,int);
    pf=(int (__stdcall *)(int,int))Add;
    result=pf(1,2);
    printf("result = %d\n",result);
}
```

Add 함수는 __cdecl로 선언되었으며 이 호출 규약은 호출원이 스택을 정리하도록 되어 있으므로 자신이 스택을 정리하지 않을 것이다. main에서는 Add를 바로 호출하지 않고 __stdcall 호출 규약을 사용하는 함수 포인터 pf로 강제 대입한 후 호출했다. 함수 포인터는 함수를 호출하기 위한 모든 정보를 가지고 있어야 하므로 호출 규약에 대한 지정도 가질 수 있다. 단순히 pf=Add라고 대입하면 함수와 함수 포인터의 호출 규약이 맞지 않아, 즉 타입이 달라 대입되지 않으므로 에러로 처리된다. 강제로 캐스팅해서 대입하면 일단 컴파일된다.

pf는 __stdcall 호출 규약을 쓰는 함수에 대한 함수 포인터이므로 이 포인터로 함수를 호출하면 main은 스택을 정리하지 않는다. 컴파일러는 pf(1,2)호출에 대해 스택 정리 코드를 작성하지 않는데 왜냐하면 pf가 가리키는 함수는 스스로 스택을 정리한다고 생각하기 때문이다. 이렇게 되면 인수가 전달되기는 하지만 아무도 스택을 정리하지 않기 때문에 Add가 리턴된 직후 스택은 원래 상태로 복구되지 않는다.

스택에 저장되는 정보들은 보통 아주 중요한 정보들이며 이 정보가 손상되면 프로그램의 동작은 예측할 수 없다. 스택 포인터를 잃어버린 프로그램은 엉뚱한 값을 레지스터에 대입하거나 복귀 번지를 잘못 찾아 임의의 메모리 번지로 점프하여 폭주해 버린다. 결국 이 프로그램은 Add가 리턴되는 즉시 다운될 확률이 99.9629%나 된다.

이번에는 반대의 경우를 생각해 보자. Add 함수를 __stdcall 호출 규약으로 작성하고 main에서 pf를 __cdecl 호출 규약을 쓰는 함수 포인터로 선언한 후 pf로 Add를 호출하면 어떻게 될까? 이 경우 스택은 이중으로 정리될 것이고 마찬가지로 스택이 깨지기 때문에 이 프로그램도 역시 다운된다. 스택은 항상성을 유지해야 한다는 대원칙을 어겼기 때문이다.

이 예제가 다운되는 이유는 타입이 맞지 않은 함수 포인터를 사용했기 때문인데 그래서 컴파일러는 pf=Add 호출문에 대해 에러 메시지를 출력하고 컴파일을 거부하는 것이다. 이 거부를 무시하고 캐스트 연산자로 강제 캐스팅을 했으므로 개발자에게 책임이 있으며 컴파일러는 아무 죄가 없다. 컴파일러는 이 예제가 다운되는 상황을 보고 "거 봐! 내가 대입하지 말라고 했잖아"라고 비웃고 있을 지도 모르겠다. 그러고 보면 컴파일러가 출력하는 에러 메시지들은 다 합리적인 이유가 있다.

앞 장의 qsorttest예제에도 이런 상황을 테스트할 수 있는데 compare 함수의 원형을 __stdcall로 바꾸면 당장 다운되어 버릴 것이다. qsort가 비교 함수를 호출하는 코드는 이미 라이브러리에 컴파일된 기계어 코드로 들어 있으며 qsort는 비교 함수가 __cdecl이라고 알고 있다. 그런데 다른 호출 규약으로 함수를 제공했으므로 다운되는 것이 당연하다.

16.2 재귀 호출

16.2.1 자신을 호출한다.

함수는 일정한 작업을 분담하며 함수가 맡은 작업을 할 필요가 있을 때 외부에서 이 함수를 호출하는 것이 보통이다. 예를 들어 문자열을 출력할 필요가 있으면 printf를 호출하고 커서를 옮길 때는 gotoxy 함수를 호출하는데 함수들은 자신의 임무를 마친 후 원래 호출한 곳으로 복귀한다. 이것이 함수를 사용하는 일반적인 방법이다. 재귀 호출(Recursive Call)은 특수하게도 자기가 자신을 호출하는 형식이다.

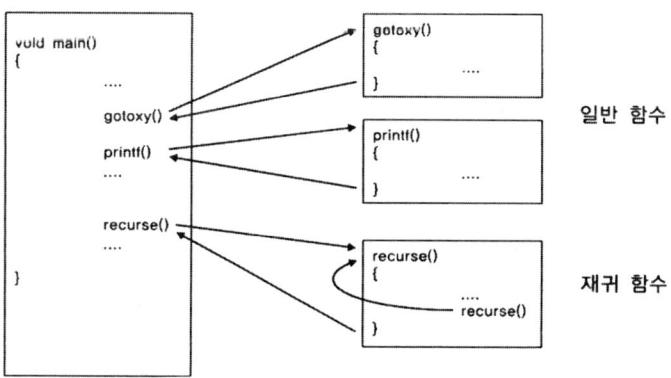

자기가 자신을 다시 호출한다면 새로 호출된 자신이 또 다른 자신을 호출하게 될 것이므로 언뜻 생각하기에는 무한 루프가 될 것처럼 보인다. 그러나 재귀 함수는 일정한 조건이 만족될 때만 자신을 호출하며 중첩된 호출을 차례대로 벗어날 수 있는 장치를 가지고 있기 때문에 실제로 무한 루프는 아니다. 일정한 회수만큼만 자신을 호출하되 그 회수는 조건에 따라 가변적이다.

재귀 호출은 아주 특수한 문제를 풀 때 사용되는데 구조가 조금 생소하지만 일단 익숙해지면 복잡한 문제를 함수 하나로 간단하게 해결할 수 있다. 문제가 너무 거대해서 한 번의 함수 호출로 해결하기 힘들 때 큰 문제를 작게 나누어 각 호출시마다 점진적으로 문제를 해결하는 방법(Divide and Conquer : 분할 점령)을 쓴다. 이때 작게 만든 문제가 원래 문제와 같은 구조를 가진다면 재귀 호출이 필요해진다. 또한 다루는 자료 자체가 재귀적인 구조를 가지고 있을 때도 재귀 호출을 사용한다.

재귀 호출을 사용하는 함수는 구조가 독특하기 때문에 분석하기 쉽지 않으므로 개념적으로 이해하기 쉬운 간단한 예제부터 만들어 보자. 재귀 호출의 가장 전형적인 예는 누승 연산이다. 누승은 팩토리얼(!) 연산이라고 하며 1부터 지정한 수까지 정수들의 곱으로 정의된다. 수학적으로 팩토리얼을 정의해 보면 다음과 같다.

n! = 1*2*3*4*....*n

예를 들어 3!=1*2*3=6이 되고 4!은 24가 된다. 정의에 의해 n!은 n*(n-1)!과 같다고 할 수 있다. 1~n까지 곱은 1~(n-1)까지의 곱과 n을 곱한 것과 같은 것이다. 이 경우 n!을 구하는 연산은 n을 구하는 상수 연산과 (n-1)!을 구하는 좀 더 간단한 연산으로 분할될 수 있다. 이때 (n-1)! 연산은 원래 연산보다 규모가 조금 작아지기는 했지만 원래 연산과 모양이 동일하다. 이때 재귀 호출이 발생한다.

같은 방식으로 (n-1)!은 (n-1)*(n-2)! 로 분할될 수 있으며 이런 식으로 팩토리얼 연산의 범위를 계속 줄여 나간다. 이 과정을 (n-1)회 반복하면 결국 오른쪽 항은 1!이 되며 1!은 의심할 여지없이 1이다. 이 단계에 이르면 더 이상 재귀 호출이 필요없으며 상수값을 리턴함으로써 재귀 호출을 끝낼 수 있다.

팩토리얼 연산 자체가 재귀적인 구조를 가지고 있기 때문에 재귀 호출 함수로 이 문제를 쉽게 해결할 수 있다. 다음 예제의 Factorial 함수가 인수로 전달된 n으로부터 n!을 구하는 함수이다.

예제 Factorial

```c
#include <Turboc.h>

int Factorial(int n)
{
    if (n <= 1) {
        return 1;
    } else {
        return n*Factorial(n-1);
    }
}

void main()
{
    printf("1~5까지의 곱=%d\n",Factorial(5));
}
```

main에서 5!을 구했으므로 출력되는 결과는 120이다. 이 프로그램이 어떻게 실행되는지 단계별로 분석해 보자. 디버거로 단계 실행을 해 보면 아래 순서대로 실행된다는 것을 직접 확인할 수 있다.

❶ main에서 5!을 구하기 위해 Factorial(5)를 호출한다. main은 Factorial 함수로 인수만 전달하면 누승을 구할 수 있다고 알고 있으며 5!을 구하는 문제를 해결하기 위해 이 함수를 호출했다. 외부에서 함수를 호출한 것이며 아직 재귀 호출이 시작된 것은 아니다.

❷ Factorial(5) 선두의 조건문은 인수가 1 이하인지 본다. 호출원에서 1!을 요청했다면 이 값은 상수 1로 정의되어 있으므로 1만 리턴하면 된다. main에서 전달한 인수 n은 5이며 아직 1이 아니므로 이 조건문은 거짓이 되어 else 이하가 실행된다. else에서 5!을 구하기 위해 이 문제를 5*(5-1)!로 분할한다.

$$5! \xrightarrow{\text{분할}} 5 * \underbrace{(5-1)!}_{\text{재귀 호출}}$$

n!의 큰 문제가 n*(n-1)!로 분할되었으며 이 문제를 풀기위해 Factorial(4)가 호출되는데 이것이 바로 자신을 호출하는 재귀 호출이다. Factorial(5) 함수는 Factorial(4)를 호출하고 이 함수가 리턴할 때까지 대기한다.

❸ Factorial(5)에 의해 호출된 Factorial(4)는 같은 순서대로 Factorial(3)을 호출하고 이 함수는 다시 Factorial(2)를 호출하며 결국 Factorial(1)이 호출된다. 재귀 호출이 연쇄적으로 발생하면서 문제가 점점 작아지고 있는 것이다.

❹ Factorial(1)은 함수 선두에 있는 조건문에 의해 1을 리턴한다. 1!은 정의에 의해 1이므로 더 이상 재귀 호출을 할 필요없이 상수 1을 리턴하기만 하면 된다. 이 조건문은 재귀 호출이 종료되는 종료 조건이며 재귀 함수가 리턴하는 반환점으로 작용한다. 이 조건문이 없으면 재귀 호출은 무한 호출이 되어 버리지만 종료 조건이 있기 때문에 자신을 호출하더라도 언젠가는 원래 상태로 돌아갈 수 있는 것이다.

❺ Factorial(1) 함수가 1을 리턴하면 이 함수를 호출한 Factorial(2)는 리턴된 1과 자신의 인수 2를 곱해 2*1을 리턴한다. 이 리턴값은 Factorial(3)으로 전달되며 이 함수는 다시 3*2를 리턴하고 Factorial(4)는 이 리턴값을 받아 4*3*2를 리턴한다. 이런 식으로 연쇄적인 리턴이 발생한다.

❻ 최초 호출된 함수 Factorial(5)는 자신을 호출하여 얻은 결과인 5*4*3*2*1을 계산하여 그 결과를 리턴한다. 이 시점에서 Factorial 함수는 실행을 완전히 종료하고 main 함수로 제어를 돌린다.

❼ main 함수는 Factorial(5)가 리턴한 값 120을 출력하고 프로그램은 종료된다. main 함수는 Factorial 함수가 재귀 호출을 하는지 아니면 다른 방법을 쓰는지는 모르지만 어쨌든 이 함수를 호출하면 누승이 계산된다는 것을 알고 있으며 약속된 방법으로 함수를 호출하여 결과를 구한 것이다. 그래서 함수는 일종의 블랙박스이며 입력에 대해 약속한대로 출력만 나오면 된다.

이 프로그램의 전체적인 동작을 그림으로 그려 보면 다음과 같다. 자기 자신을 호출할 때마다 인수값이 1씩 감소하며 최종적으로 반환점을 돌아 다시 호출원으로 돌아가는 구조를 가지고 있다.

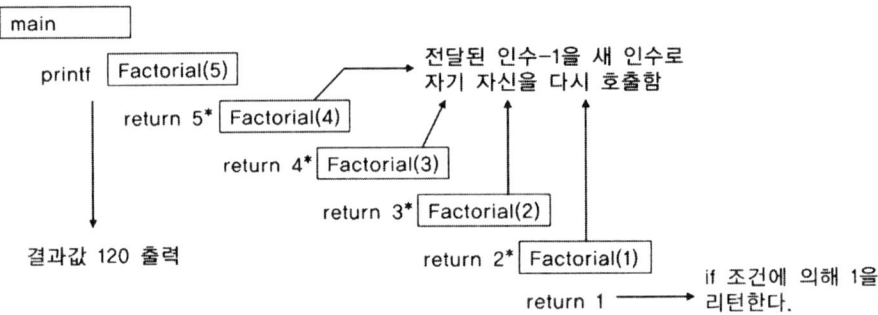

Factorial 함수의 본체를 좀 더 간단히 작성하면 return (n <= 1 ? 1:n*Factorial(n-1)); 한 줄로도 만들 수 있다. 동일한 코드이지만 직관적이지는 못하기 때문에 이런 식으로 코드를 압축하는 것은 좋지 않다. if문으로 종료 조건을 명시하여 반환점을 명확히 지정하는 것이 읽기에 편하고 코드를 유지하기에도 좋다.

팩토리얼을 구하는 이 예제는 재귀 호출의 개념을 직관적으로 이해시키기 위한 예제일뿐이다. 사실 팩토리얼 연산은 굳이 재귀 호출을 사용하지 않더라도 훨씬 더 간단한 방법으로 문제를 해결할 수 있다. 다음과 같이 지역변수 m과 for 루프 하나만 쓰면 재귀 호출없이도 똑같은 연산이 가능하다.

```
int Factorial(int n)
{
    int i,m=1;
    for (i=1;i<=n;i++) {
        m*=i;
    }
    return m;
}
```

재귀 호출보다 복잡하지도 않고 함수 호출에 대한 오버헤드가 없어 속도상으로도 훨씬 더 유리하므로 팩토리얼을 구하기 위해 재귀 호출이 꼭 필요한 것은 아니다. 재귀 호출 구조를 가지는 함수는 이런 식으로 일반 함수로 변환할 수 있을 경우 가급적이면 재귀 호출은 쓰지 않는 것이 더 좋다.

그러나 어떤 경우는 재귀 호출이 아니면 도저히 문제를 해결할 수 없는 경우도 있고 재귀 호출을 쓸 때 구조상으로나 속도상으로 훨씬 더 유리한 경우도 있다. 재귀 호출은 개념이 조금 생소할 뿐이지 적재적소에 사용하면 코드를 훨씬 더 간단하고 효율적으로 만들어 준다.

16.2.2 재귀호출이 가능한 이유

함수가 자신을 호출한다는 것은 선뜻 이해하기 힘든 동작이다. 재귀 호출이 어떻게 가능하며 자신을 호출하고도 무한 루프에 빠지지 않는 이유는 무엇인지 그 내부를 조금 연구해 보도록 하자. 함수가 호출될 때 어떤 일이 벌어지는지 이해하고 재귀 호출이 가능한 문법적 근거를 알게 되면 이해의 폭이 넓어지고 스스로 재귀 호출 함수를 백방으로 응용할 수 있게 될 것이다.

함수가 호출되면 호출된 함수에 대한 정보들이 스택에 생성되는데 이를 스택 프레임이라고 한다. 스택 프레임에는 복귀 번지, 인수, 지역변수 등의 정보들이 저장된다. 이 정보들은 각각의 함수 호출시마다 매번 생성되며 각각의 호출 인스턴스의 스택 프레임은 독립적이다.

같은 함수가 여러 번 호출되더라도 각 호출에 사용되는 인수나 지역변수들은 호출별로 따로 기억된다. 설사 같은 함수가 반복적으로 호출되더라도 각 함수의 스택 프레임은 개별적으로 생성되는 것이다. Factorial 예제에서 Factorial(1)이 실행 중일 때의 스택 모양을 그려 보면 다음과 같다.

Factorial(1)	인수 n=1
Factorial(2)	인수 n=2
Factorial(3)	인수 n=3
Factorial(4)	인수 n=4
Factorial(5)	인수 n=5
main	

각 Factorial 함수 호출 인스턴스는 스택에서 고유한 영역을 차지하고 있으며 이 영역에 자신의 지역변수(인수도 일종의 지역변수이다.)를 기억한다. 지역변수는 함수가 진행 중인 작업의 상태를 기억하는데 재귀 호출에 의해 자신을 다시 호출하더라도 이 정보는 스택에 고스란히 유지된다.

즉, Factorial(5)가 Factorial(4)를 호출할 때 인수 n이 5에서 4로 바뀌면서 파괴되는 것이 아니라 새로운 스택 영역에 새로운 지역변수가 새로 생성되는 것이다. Factorial(5)의 n은 5의 값을 유지하며 Factorial(4)는 새로운 변수 n을 할당받아 4라는 값을 전달받는다. Factorial(5)는 Factorial(4)를 호출하고 이 함수가 리턴할 때까지 대기하면서 자신의 실행상태들을 지역변수에 그대로 간직하고 있는 것이다.

Factorial(5)와 Factorial(4)는 같은 함수이지만 모든 정보를 개별적으로 가지는 다른 호출 인스턴스이다. 컴파일러에게 이름이 같다는 것은 아무 의미가 없다. 그래서 자신을 호출하더라도 각 호출 인스턴스는 스택상에 다른 함수들로 기록되며 서로 방해받지 않고 잘 동작할 수 있는 것이다. 재귀 호출이 가능한 물적 토대는 함수 호출시마다 생성되는 스택 프레임이며 각 호출에 대해 독립적으로 저장되는 지역변수가 재귀 호출의 문법적 근거이다. 지역변수의 개념이 없는 베이직이나 포트란은 재귀 호출을 지원하지 않는다.

재귀 호출이 무한 호출이 되지 않는 이유는 함수 내부에 반환점이 있기 때문이다. 일정한 조건이 되면 스택에 생성된 호출 인스턴스를 역으로 되짚어 돌아갈 수 있는 장치가 있기 때문에 무한히 반복되지 않고 언젠가는 종료될 수 있는 것이다. 만약 다음과 같은 함수를 만든다고 해 보자.

```
int func() {
    return func();
}
```

이런 함수는 반환점없이 자기 자신을 무한히 호출하기 때문에 제대로 된 재귀 호출 함수라고 할 수 없다. 단순한 무한 루프이며 끝이 없기 때문에 이런 함수를 실행하면(일단 컴파일은 된다는 얘기다. 컴파일러는 이것이 진짜 무한 루프인지까지는 판단하지 못한다.) 그 즉시 프로그램은 자폭해 버릴 것이다. 재귀 호출이 안전하려면 반드시 조건에 의해 재귀를 끝낼 수 있는 구문이 포함되어 있어야 한다. Factorial 예제에서는 if (n <= 1)이 반환점의 역할을 하고 있다.

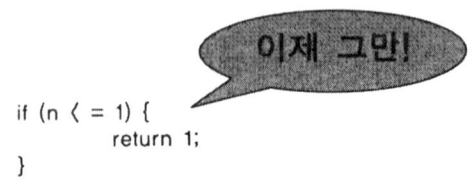

```
if (n < = 1) {
    return 1;
}
```

재귀 호출이 가능한 이유와 무한 루프가 되지 않는 이유에 대해 알아보았으므로 이제 재귀 호출의 특성과 주의점을 자연스럽게 도출할 수 있을 것이다. 재귀 호출은 각 호출 인스턴스마다 스택 공간을 소모하므로 호출 깊이가 너무 깊어서는 안 되며 일정 회수를 넘지 않도록 관리해야 할 필요가 있다. 자신을 중복 호출하는 깊이가 수천, 수만회 이상 된다면 스택 공간이 소진되는 사태(Stack Overflow)가 발생할 수 있으므로 이 점을 항상 주의해야 한다. 스택이란 유한한 메모리 공간이다.

재귀 호출 함수가 몇 번이나 재귀를 할 수 있는가는 스택의 현재 남은 양과 함수 내부에서 사용하는 지역변수의 총 크기에 따라 달라진다. 스택이 많이 남아 있을수록, 지역변수 크기가 작을수록 더 많은 재귀를 할 수 있다. 그래서 깊은 재귀 호출을 하는 프로그램은 옵션 조정을 통해 스택을 기본값보다 더 크게 잡아주는 것이 좋고 재귀 호출 함수의 지역변수는 꼭 필요한 것만 선언하여 스택 공간을 낭비하지 않도록 해야 한다.

최대 재귀 회수도 관리의 대상이다. 만약 Factorial(1234567) 호출을 한다면 어떻게 될 것인가 생각해 보자. 이 경우 스택에는 최대 120여만개의 Factorial 함수 인스턴스가 생성될 것이며 스택 공간은 이렇게 넓지 않기 때문에 이런 호출을 처리할 수 없다. 스택 오버플로우 에러를 방지하려면 호출원에서 일정 회수 이상을 넘지 않도록 하거나 아니면 함수 내부에서 한계값 이상은 거부하도록 if (n > LIMIT) return 1; 따위의 안전장치를 마련할 필요가 있다.

반환점의 조건이 잘못 설정된 경우도 스택 오버플로우가 발생할 수 있다. Factorial 예제의 반환 조건문은 if (n <= 1)로 되어 있는데 이 조건을 if (n == 1)로 작성했다고 해 보자. n이 1일 때 1!은 1로 정의되어 있으므로 1을 반환하는 것이 자연스러우며 if (n == 1) 조건문을 반환점으로 설정해도 이 예제는 잘 동작한다. 하지만 사용자의 부주의로 Factorial(-3)이 전달되었을 경우 이 함수는 무한 재귀(실제로는 약 40억번 정도)하는 잠재적인 문제가 있다. 반복 회수를 최종 사용자가 지정하는 경우는 극단적인 에러까지도 처리할 수 있도록 반환 조건을 충분히 안전하게 설정해야 한다.

16.2.3 디렉토리 검색

재귀 호출이 꼭 필요한 가장 대표적인 예는 디렉토리를 검색할 때이다. 디렉토리 안에는 주로 파일이 저장되지만 또 다른 서브 디렉토리가 있을 수 있으며 서브 디렉토리의 개수나 깊이에 특별한 제한이 없다. 파일 시스템은 한 디렉토리 안에 임의 깊이로 수천, 수 만개의 다른 서브 디렉토리가 존재하는 트리 형태로 되어 있다.

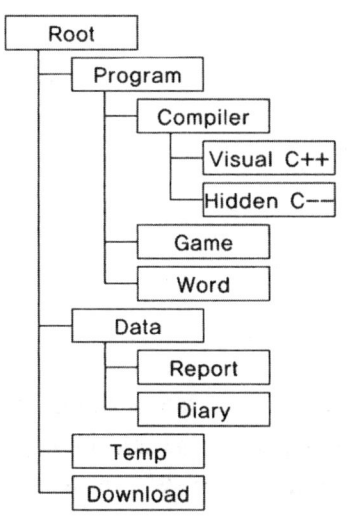

루트 디렉토리 안에 서브 디렉토리가 있고 그 안에는 또 다른 서브 디렉토리가 있다. 루트 디렉토리 안에 서브 디렉토리가 있을 수 있듯이 서브 디렉토리는 또 다른 자식 디렉토리를 가질 수 있으므로 루트 디렉토리의 모양과 서브 디렉토리 하나의 구조가 완전히 일치한다. 위 그림에서 Program 디렉토리만 떼어 놓고 보면 Program 디렉토리가 루트인 작은 트리로 볼 수 있다. 즉 자료 구조가 재귀적이며 이런 디렉토리를 관리하고자 할 때는 재귀 호출이 반드시 필요하다.

다음 예제는 윈도우즈 디렉토리안의 모든 파일을 검색해서 화면으로 출력한다. 검색된 파일의 이름을 printf로 단순히 출력만 했는데 이름을 알고 있으므로 원한다면 복사, 삭제, 이름 변경, 검색 등 어떤 동작이든지 할 수 있다. 특정 디렉토리 안에 조건에 맞는 모든 파일에 대해 어떤 작업을 하고 싶다면 이 예제처럼 일단 디렉토리 전체를 순회할 수 있어야 한다.

디렉토리 검색에는 FindFirstFile, FindNextFile 등의 API 함수를 사용했는데 이 함수들과 WIN32_FIND_DATA 구조체에 대해서는 API 서적을 참고하기 바란다. 지금 다루는 주제는 재귀 호출이지 파일 검색이 아니므로 여기서는 이 함수들에 대해 알고 있다고 가정한다. 지금까지 보아오던 짤막한 소스에 비해서 조금 길고 복잡해 보이는데 지역변수가 많을 뿐 개념은 Factorial 예제와 동일하다.

예제 FileList

```
#include <Turboc.h>

void FileList(char *path)
{
    HANDLE hSrch;
    WIN32_FIND_DATA wfd;
    BOOL bResult=TRUE;
    char drive[_MAX_DRIVE];
    char dir[MAX_PATH];
    char newpath[MAX_PATH];

    printf("\n검색 경로 = %s\n",path);
    hSrch=FindFirstFile(path,&wfd);
    if (hSrch == INVALID_HANDLE_VALUE) {
        return;
    }
    _splitpath(path,drive,dir,NULL,NULL);
    while (bResult) {
        if (wfd.dwFileAttributes & FILE_ATTRIBUTE_DIRECTORY) {
            if (strcmp(wfd.cFileName,".") && strcmp(wfd.cFileName,"..")) {
                sprintf(newpath,"%s%s%s\\*.*",drive,dir,wfd.cFileName);
```

```
                    FileList(newpath);
            }
        } else {
            printf("%s%s%s\n",drive,dir,wfd.cFileName);
        }
        bResult=FindNextFile(hSrch,&wfd);
    }
    FindClose(hSrch);
}

void main()
{
    char Path[MAX_PATH];

    GetWindowsDirectory(Path,MAX_PATH);
    strcat(Path,"\\*.*");
    FileList(Path);
}
```

실행해 보면 엄청난 수의 파일 목록이 스크롤되어 올라갈 것이다. main 함수에서 윈도우즈의 경로를 조사해서 모든 파일을 의미하는 *.* 마스크를 붙인 후 FileList 함수를 호출한다. 윈도우즈 경로는 시스템에 따라 다르지만 통상 C:\Windows라고 할 수 있다. main에서 FileList("C:\Windows*.*")를 호출함으로써 파일 목록 조사 작업이 시작된다.

FileList 함수는 조건에 맞는 파일을 찾아(이 경우 모든 파일) printf로 파일명을 출력한다. 예를 들어 "부채.bmp" 파일이 발견되었다면 "C:\Windows\부채.bmp" 문자열이 출력될 것이다. 파일 목록을 조사하고 경로를 출력하는 작업은 Windows 디렉토리의 모든 파일을 다 찾을 때까지 while 루프에 의해 반복된다.

만약 파일 검색 중에 디렉토리가 발견되면(디렉토리는 DIRECTORY 속성을 가지는 파일의 일종이다.) 이때 재귀 호출이 발생한다. newpath 버퍼에 새로 발견된 디렉토리의 경로를 조립한 후 FileList 함수로 이 경로를 넘겨준다. 예를 들어 System이라는 이름을 가지는 디렉토리가 발견되었다면 FileList ("C:\Windows\System*.*") 함수가 호출될 것이며 새로 호출된 FileList 함수는 System을 루트로 하여 이 디렉토리안의 모든 파일과 서브 디렉토리를 검색할 것이다.

FileList(Windows) 함수가 검색 범위를 조금 좁혀서 FileList(System) 함수를 재귀 호출한 것이다. 스택에는 FileList 함수의 새로운 인스턴스가 생성되며 이 함수의 모든 지역변수가 다시 생성되고 초기화된 후 FileList(System) 함수의 실행이 시작된다. 이때 FileList(Windows) 함수는 FileList(System)을 호출해 놓고 이 함수가 리턴할 때까지 대기하되 검색 중의 모든 상황은 자신의 지역변수에 그대로 유지된다.

FileList(System) 함수는 자신의 지역변수로 새로운 검색을 시작하여 System 디렉토리안의 파일 목록을 printf로 출력한다. 검색 중에 또 다른 서브 디렉토리 Driver를 발견하면 이때도 똑같은 절차를 거쳐 새로운 FileList(Driver) 함수가 재귀 호출된다. 이때의 호출 스택과 파일이 검색되는 과정을 그림으로 그려 보면 다음과 같다.

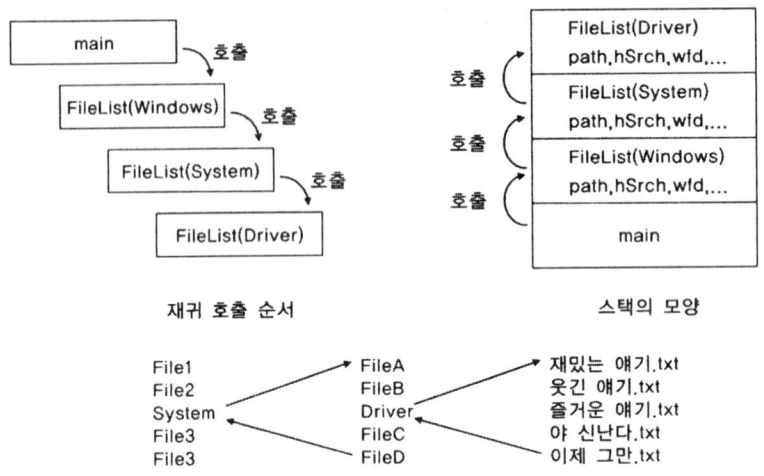

FileList(Driver)가 실행 중인 동안 앞쪽 두 함수는 스택에 자신의 지역변수를 그대로 간직하고 있는 상태이다. FileList(Driver)가 모든 파일을 검색하면 while 루프를 탈출하여 리턴하며 이때 FileList(System)은 스택에 저장해 둔 지역변수를 꺼내 Driver 디렉토리 이후의 검색을 계속한다. 위 그림의 경우 FileC부터 검색이 재개될 것이다. 만약 Driver 이후에 Config, Setup 등의 서브 디렉토리들이 더 발견되면 동일한 방법으로 재귀 호출이 발생하여 이 디렉토리 안도 검색된다.

System 디렉토리 내의 모든 파일이 검색되면 FileList(System) 함수가 리턴되며 이때 FileList(Windows) 함수가 제어를 받아 System 디렉토리 이후를 검색하며 이런 절차로 Windows 디렉토리안의 모든 파일과 서브 디렉토리, 그리고 손자 디렉토리까지 나열되는 것이다. 최종적으로 Windows 디렉토리의 모든 파일이 검색되면 FileList(Windows) 함수가 리턴하며 파일 목록 조사 작업이 끝난다.

이상으로 이 예제의 동작 방식에 대해 설명했는데 다소 복잡하기는 하지만 재귀 호출의 원칙을 일관되게 준수하고 있으므로 개념만 확실하게 파악하고 있으면 이해에 무리는 없을 것 같다. 다음 몇 가지 유의 사항을 생각해 보면서 이 예제와 재귀 호출의 일반적인 특성에 대해 정리해 보자. 예제의 코드를 확실하게 이해했으면 다음 사항들은 쉽게 수긍이 갈 것이다.

① 각 호출 인스턴스의 모든 검색 정보는 함수의 지역변수에 완벽하게 보존된다. 그래서 중간에 재귀 호출이 발생하여 다른 함수를 호출하더라도 작업 경과가 보존되며 재귀 함수가 리턴되면 보존된 정보로부터 다음 검색을 계속할 수 있다. FileList 함수의 hSrch 검색 핸들, 검색 중인 파일의 위치를 가지는 wfd 구조체

등이 모두 지역변수로 선언되어 있기 때문에 각 호출 인스턴스별로 스택에 새로운 변수가 생성되고 각각의 검색 상태가 온전히 보존되는 것이다. 만약 wfd 구조체가 전역으로 선언되어 있다면 FileList 함수는 정확한 재귀 호출을 할 수 없다. 일반적으로 재귀 호출 함수는 전역변수를 읽을 수만 있으며 쓰기는 할 수 없다.

② FileList 함수의 총 호출 회수는 Windows 디렉토리 안의 서브 디렉토리 개수 + 1회이다. 서브 디렉토리 1000개가 있다면 최초 main에서 호출하는 회수 한 번, 각 서브 디렉토리에 대해 한 번씩 호출되어 총 1001번 FileList 함수가 호출될 것이다. 디렉토리 수가 많을수록 호출 회수가 늘어나며 함수를 호출할 때는 오버헤드가 있기 때문에 이 함수의 동작은 상당히 느릴 수밖에 없다. 하지만 하드 디스크가 원래부터 느린 존재이기 때문에 파일 검색은 본질적으로 시간이 길일 수밖에 없으므로 반드시 재귀 호출 때문에 느리다고만 할 수는 없다. 따라서 이런 경우는 속도를 위해 굳이 일반 함수로 변환하려고 애쓸 필요가 없다.

③ 최대 중첩 호출 회수는 가장 깊은 디렉토리의 차수만큼이다. 만약 Windows 디렉토리의 서브 디렉토리 중 가장 깊은 디렉토리가 C:\Windows\Temp\IECache\2004\Image\Jpg라면 이 디렉토리의 파일 목록을 조사할 때 스택에 여섯 개의 FileList 호출 인스턴스가 존재하게 된다. 아무리 디렉토리가 많아도 함수가 호출되었다 리턴되었다를 반복하기 때문에 디렉토리의 개수는 중첩 회수와는 직접적인 연관이 없으며 최대 깊이만큼만 중첩된다. 디렉토리는 최악의 경우라도 100단계 이상 중첩되는 경우가 극히 드물기 때문에 이 함수처럼 지역변수가 많더라도 스택 오버플로우는 크게 걱정하지 않아도 된다.

④ FileList 함수는 반환점이 특별히 명시되어 있지 않다. 한 디렉토리안의 파일 검색이 끝나면 자연스럽게 while 루프를 빠져 나오도록 되어 있다. 특정 디렉토리안의 파일과 서브 디렉토리의 총 개수는 무한하지 않으므로 이 함수는 언젠가는 종료될 것이며 그래서 무한 루프에 빠져들지 않는다.

디렉토리같이 트리 구조를 이루는 자료 구조는 아주 흔하다. 윈도우즈의 레지스트리도 트리 구조로 되어 있으며 데이터 베이스 테이블들도 계층적인 구조를 가지는 경우가 많다. 이런 재귀적인 자료 구조를 다룰 때는 일반적인 함수보다 재귀 호출이 훨씬 더 편리하며 간단하다.

16.2.4 계층적인 자료 표현

하나의 부모 아래에 복수 개의 자식이 포함될 수 있는 구조를 계층적(Hierarchical)이라고 하는데 이런 자료는 아주 흔하다. 회사의 조직도, 우편 번호부, 상품 분류표 등 일상생활에서도 흔히 접할 수 있는 정보들이 모두 계층적이며 프로그램이 이런 자료를 다루어야 하는 경우가 많다.

원론적으로 계층적인 자료들은 트리(Tree)로 관리할 수 있지만 너무 복잡하고 비효율적인데다가 데이터 베이스의 테이블 구조와는 맞지 않다. 관계형 데이터 베이스의 테이블은 배열 형태로 되어 있다. 그래서 계층적인 자료라도 통상 배열이나 연결 리스트를 사용하는 간단한 방법을 많이 사용하는데 각 레코드에 부모가 누구인지를 표시함으로써 레코드간의 계층을 구성한다.

시군행정도를 배열로 표현해 보도록 하자. 행정도는 대한민국이라는 루트 레코드 아래에 서울시, 경기도, 강원도 등이 있고 강원도 아래에 속초시, 원주시, 춘천시 등이 있는 전형적인 계층 구조이다. 다음 예제의 arCity 배열이 이런 계층적인 관계를 일차원의 배열로 기억한다.

예제 CityTree

```c
#include <Turboc.h>

struct tag_City
{
    int Parent;
    TCHAR *Name;
};

tag_City arCity[]={
    -1,"대한민국",
    0,"서울특별시",
    1,"동대문구",
    2,"청량리동",
    2,"회기동",
    2,"신설동",
    1,"한강구",
    6,"퐁당동",
    6,"월척동",
    0,"경기도",
    9,"화성시",
    9,"금성시",
    9,"목성시",
};

BOOL HaveChild(int idx)
{
    int i;
    for (i=0;i<sizeof(arCity)/sizeof(arCity[0]);i++) {
        if (arCity[i].Parent == idx) {
            return TRUE;
        }
    }
    return FALSE;
}

void PrintCity(int Parent,int indent)
{
    int i,j;
```

```
        for (i=0;i<sizeof(arCity)/sizeof(arCity[0]);i++) {
                if (arCity[i].Parent == Parent) {
                        for (j=0;j<indent;j++) putch(' ');
                        printf("%s\n",arCity[i].Name);
                        if (HaveChild(i)) {
                                PrintCity(i,indent+2);
                        }
                }
        }
}

void main()
{
    PrintCity(-1,0);
}
```

tag_City 구조체가 하나의 레코드인데 Parent 멤버가 부모 레코드의 첨자를 기억하며 Name은 행정명이다. arCity 배열의 초기값을 분석해 보면 대한민국의 부모는 -1로 지정되어 있어 루트임을 표시하고 있다. 서울특별시, 경기도는 대한민국의 자식 레코드이므로 부모가 0번 레코드로 지정되어 있으며 동대문구, 한강구의 부모는 1번 첨자인 서울특별시로 되어 있다. 풍당동, 월척동은 한강구 아래에 있으므로 부모의 첨자가 6번이다.

arCity 배열은 재귀적인 계층적 구조를 가지고 있으므로 이 배열을 순회하려면 재귀 호출을 사용해야 한다. 예제에서는 arCity에 포함된 모든 레코드를 순회하면서 트리 형태로 출력하는 PrintCity 함수를 작성하고 있다. PrintCity 함수는 Parent 아래의 모든 차일드를 indent 위치에 출력한다. indent는 들여쓰기 정도를 의미하며 계층 구조상의 레코드 깊이를 표현한다. 자식 레코드는 부모보다 두 칸 더 들여쓰는 것이 보기에 좋다. main 함수에서 PrintCity(-1,0)을 호출하여 루트 레코드 아래의 모든 자식들을 들여쓰기 0에 출력한다. 이후 대한민국 아래의 모든 레코드를 출력하는 일은 PrintCity 함수가 담당한다.

PrintCity 함수는 루프를 돌며 부모가 Parent인 모든 레코드를 검색해서 출력하되 만약 이 레코드가 자식을 거느리고 있으면 재귀 호출이 발생한다. 최초 main에서 Parent값으로 -1을 주었고 부모가 -1인 레코드는 대한민국 하나밖에 없으며 이 레코드 아래에 서울시, 경기도가 있으므로 두 번 재귀 호출이 발생할 것이다. 이때 indent를 2 증가시켜 부모보다 조금 더 들여 쓰도록 했다. 출력 결과는 다음과 같다.

```
대한민국
  서울특별시
```

                동대문구
                    청량리동
                    회기동
                    신설동
                한강구
                    퐁당동
                    월척동
            경기도
                화성시
                금성시
                목성시

대한민국 아래의 레코드들이 보기 좋게 들여쓰기 되어 출력되었다. 그래픽 환경이라면 부모와 자식간의 관계를 직선으로 연결하여 좀 더 보기 좋게 출력할 수도 있고 Win32 트리 뷰 컨트롤을 사용하면 탐색기처럼 계층적인 노드를 생성할 수도 있을 것이다. 특정 레코드 밑에 자식이 있는지 없는지는 HaveChild 함수로 간단하게(그러나 조금 비효율적으로) 검사했다.

이 함수는 불필요한 재귀 호출을 막아주는 역할을 하는데 사실 이 예제에서는 꼭 필요치 않다. 무조건 PrintCity를 재귀 호출해도 자식이 없는 레코드는 빈 루프만 돌다가 헛탕치고 돌아올 것이다. 앞 항의 FileList 예제도 마찬가지로 디렉토리이기만 하면 무조건 재귀 호출을 했는데 이 경우는 갔다가 그냥 돌아오는 시간이 디렉토리 안에 파일이 있는지 검사하는 것과 별반 차이가 없기 때문이다. 그러나 그렇지 않은 경우는 자식을 가지지 않은 항목에 대해서는 가급적 재귀 호출을 자제해야 한다. 예를 들어 헛탕치고 돌아오는데도 굉장한 시간이 걸린다거나 자료에 어떤 변형을 가하는 동작을 할 경우가 이에 해당된다.

PrintCity 함수는 지정한 레코드의 모든 자식(그 아래의 자식까지)을 출력하므로 main에서는 대한민국 아래를 출력하도록 PrintCity 함수만 호출하면 된다. 물론 원한다면 서울시 아래의 행정명만 출력하는 것도 가능하다. 이 함수는 루프를 돌며 Parent 아래의 모든 자식들을 출력하되 자식이 있는 레코드는 재귀 호출하여 문제의 범위를 점점 좁혀가는 방법을 사용한다. 만약 재귀 호출을 쓰지 않는다면 이 문제는 대단히 풀기 어려운데 직접 시도해 보면 아마 잘 안될 것이다. 논리적으로 가능은 하지만 코드가 길어지고 속도도 이 예제보다 느리다.

재귀 호출을 실제 문제에 적용하는 일반적인 법칙 같은 것은 없다. 실제 문제의 복잡성과 특성에 따라 전달할 인수와 반환점, 지역변수 목록, 루프의 구조를 적절하게 선택해야 한다. 어떤 경우는 물리적인 한계로 인해 지역변수를 마음대로 쓸 수 없는 상황도 있다. arCity 배열은 언제든지 참조할 수 있는 배열이지만 이런 데이터가 데이터 베이스에 저장되어 있다거나 네트워크를 통해 전송받는 경우는 값을 읽는 방법의 특성을 잘 고려해야 한다. arCity가 데이터 베이스에 들어 있다면 이 함수의 형태는 아마 다음과 같이 변경되어야 할 것이다. 편의상 들여쓰기 기능은 제외하도록 하자.

```
void PrintCity(int Parent)
{
    Parent 아래의 자식들 목록 조사하는 쿼리 실행
    for (child=첫째~막내) {
        child의 이름 출력
        if (child의 자식이 있으면)
            PrintCity(child);
    }
}
```

arCity 배열을 읽는 대신 쿼리(Query)문으로 조건에 맞는 레코드를 검색하도록 했다. 일반적으로 쿼리의 결과셋은 데이터 베이스 서버가 가지므로 클라이언트의 입장에서 결과셋은 전역적이라는 특성이 있다. 결과셋은 함수 호출 인스턴스별로 스택에 유지되지 않으며 재귀 호출된 함수가 새로운 쿼리를 실행하는 즉시 이전 결과셋은 파괴되어 버린다. PrintCity가 재귀 호출된 후 리턴되었을 때 현재 함수는 결과셋을 잃어버리게 되고 계속적인 검색을 할 수 없다.

이는 네트워크를 통해 데이터를 전송받을 때도 마찬가지이다. 근본적으로 지역 쿼리나 지역 네트워크 접속이라는 것이 어렵기 때문에 이런 경우는 쿼리를 하면서 재귀 호출을 하는 것이 불가능하다. 그래서 한 번 쿼리를 할 때 서버에 있는 결과셋을 클라이언트로 모조리 복사해야 하며 사본을 뜬 후 재귀 호출을 해야 리턴했을 때 다음 결과셋을 제대로 읽을 수 있다.

```
void PrintCity(int Parent)
{
    Parent 아래의 자식들 목록 조사하는 쿼리 실행
    결과셋의 결과만큼 배열 할당 후 사본 복사
    for (child=첫째~막내) {
        child의 이름 출력
        if (child의 자식이 있으면)
            PrintCity(child);
    }
    배열 해제
}
```

각 호출 인스턴스는 전역 쿼리를 사용하되 결과셋의 사본을 별도의 메모리 공간에 복사해 둔다. 결과셋이 스택에 저장되는 지역변수가 아니기 때문에 각 호출 인스턴스마다 메모리를 동적으로 할당해서 저장해야 한다. 전역적인 쿼리 결과를 지역적인 사본으로 만들어서 각 함수 호출 인스턴스가 자기만의 결과셋을 가질 수 있도록 해 주는 것이다.

CityTree 예제는 레코드가 부모 레코드의 배열상 첨자를 기억하는데 이 방식을 쓰면 1차원 배열로 간편하게 계층 구조를 표현할 수 있고 자식들의 순서가 꼭 정렬되어 있지 않아도 상관없다. 대신 부모 레코드의 첨자를 기억하고 있기 때문에 삽입, 삭제에 의해 부모의 첨자가 변경될 경우 자식들이 참조하고 있는 부모의 첨자를 조정해 주어야 하는 단점이 있다. 이런 문제를 해결하려면 배열상의 첨자가 아닌 고유의 id를 각 항목에 할당하고 자식들은 부모의 id를 가리키도록 하면 된다. 다음은 수정된 예제이다.

예제 CityTree2

```
#include <Turboc.h>

struct tag_City
{
    int id;
    int Parent;
    TCHAR *Name;
};

tag_City arCity[]={
    0,-1,"대한민국",
    1,0,"서울특별시",
    2,1,"동대문구",
    3,2,"청량리동",
    4,2,"회기동",
    5,2,"신설동",
    6,1,"한강구",
    7,6,"퐁당동",
    8,6,"월척동",
    9,0,"경기도",
    10,9,"화성시",
    11,9,"금성시",
    12,9,"목성시",
};

BOOL HaveChild(int idx)
{
    int i;
    for (i=0;i<sizeof(arCity)/sizeof(arCity[0]);i++) {
        if (arCity[i].Parent == idx) {
            return TRUE;
```

```
        }
    }
    return FALSE;
}

void PrintCity(int Parent,int indent)
{
    int i,j;

    for (i=0;i<sizeof(arCity)/sizeof(arCity[0]);i++) {
        if (arCity[i].Parent == Parent) {
            for (j=0;j<indent;j++) putch(' ');
            printf("%s\n",arCity[i].Name);
            if (HaveChild(arCity[i].id)) {
                PrintCity(arCity[i].id,indent+2);
            }
        }
    }
}

void main()
{
    PrintCity(-1,0);
}
```

　　tag_City 배열에 id 멤버를 추가하고 각 배열 요소가 중복되지 않는 고유의 id를 가지도록 했다. PrintCity 함수에서 HaveChild를 호출할 때 배열 첨자인 i 대신 arCity[i].id를 사용하며 재귀 호출을 할 때도 arCity[i].id를 사용함으로써 배열상의 순서에 상관없이 계층 구조를 순회할 수 있다. 이렇게 되면 배열상의 순서가 바뀌어도 id는 항상 일정하므로 항목의 순서는 아무 의미가 없어진다. 다음과 같이 arCity 배열을 마구 뒤섞어 놓고 실행해도 결과는 동일하다.

```
tag_City arCity[]={
    4,2,"회기동",
    10,9,"화성시",
    11,9,"금성시",
    5,2,"신설동",
    1,0,"서울특별시",
    2,1,"동대문구",
```

```
        12,9,"목성시",
        3,2,"청량리동",
        7,6,"퐁당동",
        8,6,"월척동",
        0,-1,"대한민국",
        9,0,"경기도",
        6,1,"한강구",
    };
```

항목끼리 id가 중복되지 않고 자식들이 부모의 id를 제대로 가리키고만 있으면 배열상의 순서가 바뀌어도 id는 항상 일정하므로 항목의 추가, 삭제, 이동이 자유롭다. 이 방식대로라면 실행 중에 트리를 편집할 수도 있다. 배열상의 첨자를 부모의 id로 사용하는 방법은 구조가 간편하므로 우편번호부같이 변경되지 않는 정적인 트리를 표현하는데 적합하며 별도의 id를 사용하는 방법은 회사 조직도나 디렉토리와 파일 계층 같은 동적인 트리를 관리하는데 적합하다.

16.3 인라인 함수

이 절 이후의 인라인 함수, 디폴트 인수, 오버로딩은 C++에서 새로 추가된 기능들이다. 따라서 C 컴파일러에서는 컴파일되지 않는다.

16.3.1 인라인 함수

함수는 반복된 동작을 정의함으로써 프로그램의 기본 부품을 구성하는 단위가 된다. 입력과 출력, 내부 동작을 한 번만 잘 작성해 놓으면 필요할 때마다 불러서 똑같은(또는 비슷한) 작업을 여러 번 수행할 수 있다. 다음 예제는 인수로 전달된 n보다 작은 정수 난수를 하나 생성한 후 돌려주는 randfunc라는 함수를 정의하고 main에서 이 함수를 세 번 호출한다.

예제 randfunc

```
#include <Turboc.h>

int randfunc(int n)
{
    return rand()%n;
```

```
}
void main()
{
    int i,j,k;

    i=randfunc(10);
    j=randfunc(100);
    k=randfunc(50);
    printf("난수=%d,%d,%d\n",i,j,k);
}
```

매번 범위를 다르게 하여 호출했는데 실행 결과는 "난수=1,67,34"과 같으며 컴파일러에 따라 조금씩 달라질 수 있다. 이 프로그램의 동작을 그림으로 그려 보면 다음과 같다.

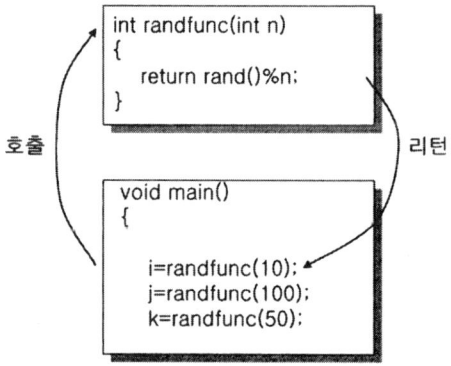

main에서 randfunc 함수를 호출할 때 정수 인수 하나를 전달하는데 이때 randfunc 함수로 분기가 일어나며 randfunc 함수는 인수 범위까지의 난수를 생성한 후 호출원으로 리턴한다. 매번 randfunc 함수를 호출할 때마다 이런 과정이 반복되는데 함수가 한 번 호출될 때 내부적으로 어떤 일들이 벌어지는 지 살펴보자. 앞에서 이미 알아본 내용들인데 다시 한 번 더 정리해 보았다.

① 인수를 전달하기 위해 인수값을 순서대로 스택에 밀어 넣는다.
② 호출원은 바로 다음 번지를 스택에 기록함으로써 함수가 복귀할 번지를 저장한다.
③ 함수가 정의되어 있는 번지로 점프하여 제어권을 함수에게 넘긴다.
④ 함수는 스택에 자신의 지역변수를 위한 공간을 만든다.
⑤ 함수의 코드를 수행한다.

⑥ 리턴값을 넘긴다.

⑦ 복귀 번지로 리턴한다.

⑧ 인수 전달에 사용한 스택을 정리한다.

함수가 호출되고 복귀되는 과정은 이렇게 복잡하다. 물론 동작에 필요한 이런 코드들은 컴파일러가 작성해 주므로 우리는 단순히 이름과 인수만으로 함수를 호출할 수 있다. 함수의 동작이 복잡하고 길이가 길다면 이 정도 호출 시간은 얼마든지 무시할 수 있을 것이다. 하지만 rand()%n이라는 간단한 연산을 위해 이런 복잡한 호출 절차를 거쳐야 한다는 것은 큰 부담이 아닐 수 없는데 함수의 실행에 걸리는 시간보다 호출에 걸리는 시간의 비율이 너무 크기 때문이다.

함수의 실행 시간은 0.001초밖에 안 걸리는데 함수를 호출하는 시간이 0.1초나 걸린다면 이럴 때는 이 코드를 함수로 만들지 않고 호출부에 바로 삽입하는 것이 훨씬 더 이득이다. 이런 개념이 바로 인라인(inline) 함수이다. 인라인 함수는 함수이기는 하되 호출될 때 함수가 있는 곳으로 점프하지 않고 함수의 본체 코드를 호출부 자리에 바로 삽입하는 방식의 함수이다. 위 예제의 randfunc 함수를 인라인으로 바꿔 보자. 함수 정의부 앞에 inline이라는 키워드만 붙이면 된다.

```
inline int randfunc(int n)
{
    return rand()%n;
}
```

이렇게 수정하면 randfunc 함수는 인라인 함수가 된다. 실행 파일에는 main 함수만 있고 인라인 함수는 따로 작성되지 않으며 대신 인라인 함수가 호출될 때마다 이 함수의 본체가 호출부에 삽입된다.

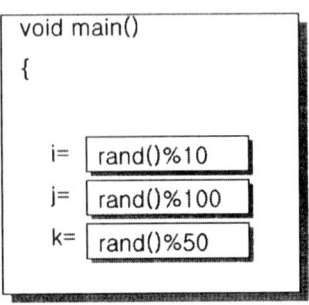

컴파일러는 randfunc 함수의 본체 코드 rand()%n을 기억하고 있다가 인라인 함수가 호출되는 곳에 이 코드를 바로 삽입한다. i=randfunc(10) 호출문에서 randfunc(10)이 rand()%10으로 대체되어 버리는 것이다. 이어지는 j=randfunc(100), k=randfunc(50) 호출문도 마찬가지 방식으로 처리된다.

인라인 함수는 실제로 호출되지 않으므로 호출에 걸리는 시간이 필요없어 전체적인 실행 속도가 대단히 빠르다. 복귀 번지를 기록하거나 인수, 리턴값을 전달하는 시간만큼을 절약할 수 있다. 대신 인라인 함수가 호출되는 곳마다 함수의 본체가 삽입되므로 실행 파일의 크기가 커지는 단점이 있다. 즉, 인라인 함수는 속도에 유리하고 크기에 불리한 방법이다.

본체 코드가 아주 작고 속도가 중요할 때 인라인 함수를 사용한다. 함수의 본체가 길고 동작이 복잡하다면 이런 함수는 인라인으로 만들지 않는 것이 더 좋다. 긴 함수는 호출에 걸리는 시간의 비율이 함수의 실행 시간에 비해 아주 작아서 호출 부담이 크지 않으며 또한 장문의 코드를 매번 반복한다면 실행 파일의 크기가 무시못할 정도로 키져 버리기 때문이다.

함수를 인라인으로 만들 때는 함수의 원형이나 정의부에 inline 키워드만 써 주면 된다. 또는 양쪽에 다 inline을 표기해도 상관없다. 보통 인라인 함수는 길이가 짧기 때문에 별도로 원형 선언을 하지 않고 원형이 들어갈 자리에 inline 키워드와 함께 본체를 같이 정의하는 것이 일반적이다. 앞 예제에서 작성한 randfunc 함수가 바로 이 방식으로 작성되었다. 여러 모듈에서 공유하는 함수라면 헤더 파일에 작성해야 한다. 인라인 함수의 본체는 정의가 아닌 선언이므로 메모리를 소모하지도 않으며 중복 선언해도 상관없으므로 보통 헤더 파일에 작성한다. 단 같은 모듈에서 두 번 선언하는 것은 안 된다.

함수가 인라인이 될 것인가 아닌가는 프로그래머가 지정하지만 최종 결정은 컴파일러가 한다. 프로그래머가 함수 선언 앞에 inline 키워드를 붙이더라도 컴파일러는 이 지정을 무시하고 일반 함수로 만들어 버릴 수도 있다. 프로그래머가 inline 키워드를 사용하는 것은 이 함수가 인라인이 되었으면 좋겠다는 희망 사항일 뿐이며 컴파일러는 조건이 맞지 않을 경우 이 지정을 무시할 수 있다. 마치 register 기억 부류와 유사하다.

예를 들어 재귀 호출 함수는 인라인이 될 수 없다. 왜냐하면 재귀 호출이란 스택을 기반으로 동작하기 때문에 실제로 호출되어야만 자기 자신을 호출할 수 있다. 만약 인라인 함수가 재귀 호출을 하도록 내버려 둔다면 이 프로그램의 크기는 무한대가 되어 버릴 것이다. 프로그램의 다른 곳에서 이 함수의 주소를 참조하는 경우가 있다면 이 경우도 인라인 함수가 되지 못한다. 인라인 함수는 번지를 가질 수 없다.

또한 함수의 길이가 너무 길 경우도 득보다 실이 더 많기 때문에 컴파일러는 이 함수를 강제로 일반 함수로 만들어 버린다. 비주얼 C++의 경우 디버그 버전에서는 디버깅의 편의를 위해 모든 인라인 함수를 일반 함수로 컴파일하는데 프로젝트 옵션으로 이를 조정할 수 있다. 프로젝트 설정 대화상자의 C/C++탭의 Optimizations 탭에 보면 인라인 함수 확장에 대한 옵션이 있다.

반대로 inline 키워드를 명시적으로 쓰지 않아도 자동으로 인라인 함수가 되는 경우도 있는데 클래스 선언에 코드가 작성되어 있는 멤버 함수는 자동 인라인 속성을 가진다. 함수가 인라인이 될 것인가 아닌가는 어디까지나 속도와 크기의 차이가 있을 뿐이지 프로그램의 동작 자체가 달라지는 것은 아니므로 컴파일러가 재량껏 inline 지정을 무시하거나 강제 지정하더라도 별 상관은 없다. 프로그래머는 다만 인라인으로 만들고 싶은 함수 앞에 inline 키워드만 써 주면 된다.

16.3.2 매크로 함수와 다른 점

인라인 함수는 여러 가지 면에서 매크로 함수와 유사한 점이 많다. 앞에서 만든 randfunc 함수를 매크로 함수로 만들면 다음과 같아지는데 보다시피 코드가 동일하다. 이 매크로는 실제로 많이 사용되며 Turboc.h에도 이미 정의되어 있다.

```
#define random(n) (rand()%(n))
```

매크로 함수는 호출될 때마다 매번 전개되어 호출부에 삽입되므로 호출에 대한 부담이 없으며 또한 본체 코드가 반복적으로 삽입되므로 실행 파일의 크기를 증가시킨다. 두 함수의 특징이 비슷해서 인라인 함수가 쓰일 곳에 매크로 함수가 대신 사용될 수 있으며 그 반대의 경우도 성립한다. 하지만 인라인 함수는 매크로 함수에 비해 다음과 같은 추가적인 이점이 있다.

① 인라인 함수는 타입을 인식한다. 매크로 함수가 전달된 인수를 기계적으로 단순히 치환하는 것과는 비교된다. 그래서 잘못된 타입을 전달함으로써 발생할 수 있는 민감한 에러 처리에 유리하며 또한 컴파일러의 산술 변환 서비스를 받을 수 있다.

② 인라인 함수는 함수의 형태를 띄고 있기 때문에 필요할 경우 지역변수를 사용할 수 있다. 매크로도 블록 변수 형태로 지역변수를 사용할 수는 있지만 일반적이지는 않다. 그래서 인라인 함수가 매크로 함수보다는 조금 더 복잡한 동작을 정의할 수 있다.

③ 매크로는 컴파일 이전 단계인 전처리 단계에서 기계적으로 인수를 치환하기 때문에 괄호를 싸지 않으면 예상치 못한 부작용의 위험이 높다. 뿐만 아니라 매크로의 인수에 ++ 연산자나 += 연산자를 사용하는 것은 여러 모로 위험한 면이 있는데 이런 단점에 대해서는 이미 경험해 본 바가 있다. 인라인 함수는 값에 의한 인수 전달, 연산자의 우선 순위와 결합 법칙의 적용을 받기 때문에 이런 위험이 없다.

여러 모로 비교해 볼 때 인라인 함수가 매크로 함수보다는 역시 한수 위라는 것을 알 수 있다. 매크로 함수의 간편함에 컴파일러의 산술 변환, 우선 순위 적용 등의 장점을 결합한 함수가 바로 인라인 함수이다. 그래서 C++에서는 매크로 함수보다 가급적이면 인라인 함수를 쓸 것을 권장한다. 앞으로 이런 간단한 함수를 만들 일이 있으면 매크로 함수 대신 인라인 함수를 쓰기 바란다.

인라인 함수가 좋기는 하지만 그렇다고 해서 이미 작성되어 있는 잘 동작하는 매크로 함수까지 인라인으로 바꿀 필요까지는 없다. 타입을 인식하지 못하는 매크로 함수의 단점이 때로는 유연함이라는 장점으로 활용되기도 하므로 간단한 경우라면 아직까지도 매크로 함수는 나름대로 활용 범위를 가지고 있는 셈이다. min, max, abs 같은 매크로 함수들이 좋은 예이다. 또한 다음과 같은 매크로 함수는 인라인 함수로는 만들 수 없다.

```
#define ARSIZE(ar) (sizeof(ar)/sizeof(ar[0]))
```

배열의 크기를 계산하는 매크로인데 배열 자체를 함수의 인수로 넘길 수 없기 때문에 인라인 함수로는 이런 동작을 구현할 수 없다. 매크로 함수의 단순 무식함만이 이런 함수를 허용한다.

16.4 디폴트 인수

16.4.1 인수의 기본값

디폴트(Default)라는 말은 내정치, 기정치라는 뜻이며 아무런 지정이 없을 때 기본적으로 취해지는 값을 의미한다. 예를 들어 소문난 국밥집이라는 식당이 있는데 이 식당은 김치찌개나 된장찌개도 팔기는 하지만 주 종목은 국밥이다. 이 식당에 들어온 손님이 "아줌마 여기 세 그릇"이라고 주문을 한다면 이때는 국밥 세 그릇을 의미하며 이 식당의 디폴트는 국밥이라고 할 수 있다. 물론 디폴트는 별도의 지정이 없을 때만 적용되는 것이므로 명시적 지정에 의해 언제든지 무시될 수 있다. 어떤 손님이 "아줌마 김치찌개 두 그릇"이라고 한다면 이는 국밥 두 그릇과는 다른 주문이 되는 것이다.

컴퓨터 환경에서 디폴트라는 용어는 암암리에 굉장히 자주 사용된다. 도스의 기본적인 명령인 dir 명령 뒤에는 항상 *.*라는 디폴트가 적용되어 "현재 디렉토리의 모든 파일"을 의미하고 있으며 그래서 dir 명령만 단독으로 전달하면 전체 파일 목록을 볼 수 있다. 물론 이 디폴트도 dir *.exe라는 명시적인 지정이 있으면 언제든지 무시될 수 있다. 윈도우즈 환경에서도 이런 디폴트를 많이 확인할 수 있는데 웹 브라우저는 홈 페이지를 디폴트로 열어 주고 대화상자에서 Enter키 입력은 확인 버튼을 누른 것으로 간주된다. C 문법에도 이런 디폴트가 있는데 타입없이 지정자만으로 변수를 선언하면 int형이 되며 함수의 호출 규약은 __cdecl이 디폴트이고 수치 상수의 디폴트 부호는 +이다.

함수에서 디폴트 인수는 기본값이 정의되어 있는 인수이다. 호출부에서 이 인수에 대해 별다른 지정을 하지 않으면 미리 정의되어 있는 기본값이 적용된다. 물론 별도의 값을 제공하면 디폴트는 무시된다. 다음 예제의 OutChar 함수가 디폴트 인수를 사용하는 예이다.

예 제 **DefPara**

```
#include <Turboc.h>

void OutChar(int x, int y, char c='-',int n=10);

void main()
{
    OutChar(0,1);
```

```
    OutChar(0,2,'=');
    OutChar(0,3,')',30);
}

void OutChar(int x, int y, char c/*='-'*/,int n/*=10*/)
{
    int i;
    gotoxy(x,y);
    for (i=0;i<n;i++) {
        putch(c);
    }
}
```

OutChar 함수는 (x,y) 위치에 문자 c를 n개 연속으로 출력하되 c의 디폴트는 '-'로 정의되어 있고 n의 디폴트는 10으로 정의되어 있다. 인수의 디폴트값을 정의할 때는 함수의 원형 선언에서 인수 이름 다음에 = 기호와 기본값을 지정한다. int n=10이라고 선언했으므로 n의 디폴트값은 10이다. main에서 이 함수를 세 번 호출했는데 실행 결과는 다음과 같다.

```
----------
==========
))))))))))))))))))))))))))))))
```

각 호출문이 어떻게 해석되는지 점검해 보자.

- OutChar(0,1) : 마지막 두 인수가 모두 생략되었으므로 디폴트가 적용되어 OutChar(0,1,'-',10)이 호출된다. 호출부에서 지정한 위치 (0,1)위치에 '-' 디폴트 문자가 디폴트 회수인 10번 출력된다.
- OutChar(0,2,'=') : 제일 끝 인수만 디폴트 10이 적용되어 OutChar(0,1,'=',10)이 호출된다. (0,2) 위치에 '=' 문자가 10번 출력된다. 세 번째 인수 c는 명시적으로 '=' 문자로 지정되었으므로 디폴트 인수 '-'가 무시된다.
- OutChar(0,3,')',30) : 모든 인수를 주었으므로 디폴트가 무시되고 호출부에서 지정한 인수대로 출력된다. (0,3)위치에 ')'문자가 30개 출력된다.

호출부에서 생략한 인수에 대해서는 함수 원형에서 선언한 디폴트가 적용되고 명시적으로 인수를 전달하면 이 인수가 디폴트 대신 사용된다.

16.4.2 디폴트 인수 작성법

디폴트 인수는 몇 가지 주의 사항만 알아두면 굉장히 사용하기 쉽다. 먼저 함수를 작성할 때의 주의점부터 알아보자.

디폴트 인수는 함수의 원형에만 지정할 수 있으며 정의부에서는 중복 지정할 수 없다. 원형 선언없이 정의부만 있다면 정의부에 디폴트 인수를 지정할 수 있지만 원형과 정의부가 동시에 존재하는 일반적인 경우에는 원형 선언에만 디폴트 인수가 있어야 한다. 원형에서 기본값을 정의하고 정의부에 또 기본값을 지정하면 중복 정의 에러로 처리되는데 이는 불일치로 인한 모호함을 제거하기 위한 규칙이다. 정의부에는 인수 목록만 남겨 두거나 기본값을 꼭 명시하고 싶다면 예제에서처럼 기본값을 /* */ 주석으로 묶어야 한다. 이 주석은 원형을 보지 않고도 개발자가 인수의 기본값을 쉽게 파악할 수 있도록 해 준다.

디폴트 인수는 오른쪽부터 순서대로 지정할 수 있으며 가운데 인수들은 기본값을 지정할 수 없다. 다음 예를 보자.

```
void OutChar(int x, int y=5, char c='-',int n=10);      // 가능
void OutChar(int x, int y=5, char c,int n=10);          // 불가능
void OutChar(int x=0, int y=0, char c='-',int n=10);    // 가능
void OutChar(int x=0, int y=0, char c,int n);           // 불가능
void OutChar(char c,int n,int x=0, int y=0);            // 가능
```

두 번째 예는 y에 기본값이 지정되어 있지만 c에 기본값이 지정되어 있지 않으므로 불가능하다. y가 기본값을 가지려면 첫 번째 예처럼 그 오른쪽에 있는 c도 기본값을 가져야 한다. 모든 인수들이 기본값을 가지는 것은 가능하지만 네 번째처럼 앞쪽 두 인수만 기본값을 가질 수는 없다. 만약 이런 형식이 꼭 필요하다면 마지막 예처럼 기본값을 가지는 인수를 +뒤쪽으로 이동시켜야 한다.

디폴트 인수를 가지는 함수를 호출할 때도 비슷한 규칙이 적용된다. 기본 인수들은 오른쪽부터 순서대로 생략할 수 있으며 중간에 한 인수만 생략할 수는 없다.

```
OutChar(1,2);           // 가능
OutChar(1,2,'$');       // 가능
OutChar(1,2,,5);        // 불가능
OutChar(1,2,'-',5);     // 가능
```

앞쪽 두 인수는 기본값이 주어져 있지 않으므로 무조건 전달해야 한다. 세 번째, 네 번째 인수 c,n은 생략할 수 있되 오른쪽에서부터 순서대로 생략해야 한다. c, n을 모두 생략하거나 n만 생략하는 것은 가능하지만 중간의 c만 생략할 수는 없다. 만약 c의 기본값 '-'를 사용하면서 n의 값을 지정하고 싶다면 c 자리에 기본값과 같은 값을 주면서 n을 명시해야 한다.

참고로 다음 두 가지 사항에 대해서도 알아 두자. 함수 원형 선언에서 형식 인수의 이름은 별다른 의미가 없으므로 인수 이름을 생략한 채로 기본값을 지정할 수도 있다.

```
void OutChar(int, int, char='-',int=10);
void (*pf)(int,int,char='-',int=10);
```

char='-', int=10이라는 표현이 좀 어색해 보이지만 이 인수의 타입이 char형이고 기본값이 '-'라는 것을 밝히고 있는 것이다. 디폴트 인수를 가지는 함수를 가리키는 함수 포인터도 비슷한 방식으로 선언된다. 함수 포인터의 인수 목록에 기본값을 적어 주면 이 함수 포인터로 디폴트 인수를 사용할 수 있다. 이렇게 되면 인수의 개수와 타입은 같되 디폴트값이 다른 함수 포인터를 선언할 수도 있는데 이럴 경우 컴파일러가 어떤 디폴트를 취할지 궁금해진다. 다소 엽기적인 테스트인데 궁금증이 생겼으면 테스트해 보자.

예제 DefParaPtr

```c
#include <Turboc.h>

void f(int a=3)
{
    printf("%d\n",a);
}

void main()
{
    void (*pf)(int=3);
    void (*pf2)(int=4);
    pf=f;
    pf2=pf;
    pf();
    pf2();
}
```

pf, pf2 모두 정수형 인수 하나를 취하는 함수를 가리키되 pf는 디폴트값이 3이고 pf2는 4이다. 실제 함수 f의 디폴트 인수는 3으로 정의되어 있는데 이 함수의 번지를 pf가 대입받고 pf를 다시 pf2에 대입했다. 두 함수 포인터의 디폴트값이 다르지만 일단 대입은 가능하다. 디폴트 값 자체가 함수 포인터의 타입을 결정짓는 요소는 아닌 것이다. 그렇다면 각각의 함수 포인터로 f를 호출하면 어떤 디폴트값이 적용될까?

실행해 보면 3과 4가 출력된다. VC60, Dev-C++ 모두 결과가 같으며 컴파일러에 따른 차이점은 없다. pf로 호출한 결과는 3이 되는 것이 당연한데 pf2로 호출했을 때는 이 포인터가 가리키는 함수의 디폴트를 따르지 않고 함수 포인터의 디폴트를 따른다. 어찌 보면 이는 당연한 결과인데 컴파일러는 실행 중에 함수 포인터가 어떤 함수를 가리킬지 알 수 없으므로 함수 포인터의 타입에 지정된 디폴트를 따르는 수밖에 없다.

16.4.3 디폴트 인수 활용

디폴트 인수는 아주 특수한 경우에만 값이 달라지는 인수에 대해 주로 사용한다. 즉 웬만하면 무난한 값을 쓰되 가끔 다른 값도 지정할 수 있도록 하고 싶다면 디폴트 인수로 지정한다. 예를 들어 원을 그리는 함수를 가정해 보면 다음과 같은 원형을 가지게 될 것이다.

```
void DrawCircle(int x, int y, int r);
```

중심점의 좌표와 반지름을 인수로 전달하는데 이 값들은 원을 그리는 기본적이고도 완전한 정보이므로 더 이상의 인수가 필요치 않을 것 같다. 하지만 원을 그리는데는 이 외에도 선의 모양, 색상, 시작각, 끝각 등의 추가적인 정보들이 더 필요할 수도 있다. 웬만하면 검정색의 실선으로 0~360도까지 닫힌 원을 그리겠지만 굳이 다른 색상을 쓰거나 원주의 일부만 그리고 싶다면 이 인수들에 디폴트값을 주면 된다.

```
void DrawCircle(int x, int y, int r,int l=1,COLORREF c=RGB(0,0,0),int s=0,int e=360);
```

원만 그릴 때는 디폴트 인수를 생략하고 여전히 DrawCircle(100,100,30)으로 간단하게 호출할 수 있어서 좋고 선의 모양이나 색상을 바꾸고 싶으면 디폴트 인수 대신 원하는 값을 전달할 수 있으므로 활용성도 높은 편이다. 만약 이 함수의 인수에 디폴트값을 주지 않으면 매번 원을 그릴 때마다 실선, 검정색, 0~360도까지를 지정해야 하므로 호출하기 번거로와질 것이다.

아니면 아예 DrawCircle, DrawCircleColor, DrawCirclePart 같이 취하는 인수의 종류에 따라 함수를 각각 만들 수도 있다. 이렇게 되면 원하는 기능별로 함수를 골라서 사용해야 하므로 역시 번거롭다. 디폴트 인수는 매번 똑같은 값을 반복적으로 주지 않으면서도 필요할 때만 원하는 인수를 명시하여 한 함수로 여러 가지 동작을 가능하게 해 준다. 다양한 옵션을 지정할 수 있도록 하되 인수가 너무 많으면 호출하기 번거로우므로 변화가 많지 않은 옵션은 뒤쪽으로 이동시킨 후 기본값을 개발자가 미리 제공하는 것이다.

프로젝트 유지/보수 측면에서도 디폴트 인수는 활용성이 높다. 처음부터 요구 사항을 정확하게 파악하기 어렵기 때문에 프로젝트 중간에 함수의 원형이 바뀌는 경우가 많은데 이럴 때 디폴트 인수는 좋은 해결책이 된다. 게임 프로젝트에서 적 캐릭터를 출력하는 다음과 같은 함수를 사용하고 있다고 해 보자. 원형에 기록되어 있는 인수를 보다시피 (x,y) 위치에 Enemy(좀비, 두꺼비, 뱀, 악어 등의 나쁜 녀석들)를 출력하는 간단한 기능의 함수이다.

```
void OutEnemy(int x, int y, int Enemy);
```

이 함수를 잘 써먹고 있는 중에 새로 추가된 적 캐릭터 유령을 위해 투명 처리를 할 필요가 생겼다고 하자. 기존의 적들은 투명하게 처리할 필요가 없으므로 이 함수는 일단 원래 기능을 유지하면서 투명 처리를 할 수 있어야 하는데 그러자면 투명 처리를 할 수 있는 함수를 하나 더 만들거나 아니면 이 함수에 BOOL bTrans 인수를 추가해서 투명 처리를 할 수 있도록 확장해야 한다.

별도의 함수를 하나 더 만든다면 비슷한 코드가 중복되어서 관리 부담이 증가할 것이고 bTrans 인수를 추가하여 기존 함수를 확장하면 이 함수를 호출하는 모든 부분을 다 뜯어 고쳐야 하는 번거로움이 있다. 팀 프로젝트라면 이 함수를 다른 개발자도 사용하고 있을 것이므로 팀 내의 모든 호출부를 다 고쳐야 하는데 이는 보통 일이 아니다. 한 번 정도는 가능하다 하더라도 수정할 때마다 매번 팀 내의 모든 소스를 고치는 것은 현실적으로 어렵다. 그래서 디폴트 인수 기능이 도입되기 전에는 다음과 같은 방법으로 문제를 해결했었다.

```
void OutEnemy2(int x, int y, int Enemy, BOOL bTrans)
{
    원래 OutEnemy에 있던 코드 + 투명 처리 기능
}
void OutEnemy(int x, int y, int Enemy)
{
    OutEnemy2(x,y,Enemy,FALSE);
}
```

투명 처리 기능을 가지는 별도의 함수를 새로 만들고 기존 함수가 이 함수를 호출하되 투명 처리 인수는 항상 FALSE로 준다. 이렇게 하면 기존의 OutEnemy를 호출하는 함수들은 코드를 수정하지 않고도 불투명 출력을 계속 할 수 있고 새로운 캐릭터는 OutEnemy2를 호출하면 된다. 그러나 캐릭터별로 출력 함수가 달라져서 일관성이 결여되는 문제가 여전히 남는다. 디폴트 인수를 사용하면 이 문제를 아주 깔끔하게 해결할 수 있다. OutEnemy 함수에 bTrans 인수를 추가하되 이 인수에 대해 FALSE 기본값으로 지정하면 된다.

```
void OutEnemy(int x, int y, int Enemy, BOOL bTrans=FALSE);
```

이렇게 고치면 기존 코드는 bTrans가 FALSE로 지정되므로 호출부를 고치지 않아도 되며 투명 처리가 필요할 때만 bTrans를 TRUE로 줄 수 있다. 새로 함수를 만들 필요도 없고 디폴트 인수 하나를 추가함으로써 기존 코드를 최대한 활용할 수 있어서 여러모로 좋다. 함수의 인터페이스를 유지하면서 이미 사용하고 있는 함수의 기능 중 일부를 확장하고자 할 때 디폴트 인수는 아주 좋은 방법을 제공한다.

16.5 오버로딩

16.5.1 함수의 중복

오버로딩(Overloading)이란 같은 이름으로 함수를 중복 정의하는 것이다. 똑같은 일을 하되 인수의 형식이나 구현 방식이 조금 다른 함수들을 만들어야 한다면 동일한 이름으로 함수들을 오버로딩할 수 있다. 다음 예제의 Add 함수가 오버로딩의 가장 전형적인 예에 해당한다.

예제 **Overload**

```
#include <Turboc.h>

int Add(int a, int b);
int Add(int a, int b, int c);
double Add(double a, double b);

void main()
{
    printf("1+2=%d\n",Add(1,2));
    printf("3+4+5=%d\n",Add(3,4,5));
    printf("1.414+2.54=%f\n",Add(1.414,2.54));
}

int Add(int a, int b)
{
    return a+b;
}

int Add(int a, int b, int c)
{
```

```
    return a+b+c;
}

double Add(double a, double b)
{
    return a+b;
}
```

세 개의 Add 함수가 같은 이름으로 정의되어 있는데 받아들이는 인수의 개수나 타입이 각각 다르다. 정수 둘을 인수로 받아들이는 Add(int, int), 정수 셋을 취하는 Add(int, int, int)가 있고 실수를 인수로 취하는 Add(double, double)이 있다. 이 함수들은 인수 목록만 다를 뿐이지 함수의 동작은 모두 인수의 합을 계산한다는 면에서 동일하며 그래서 함수의 이름도 똑같다. 세 함수 모두 Add라는 같은 이름으로 중복 정의되어 있는 것이다. 실행 결과는 다음과 같다.

```
1+2=3
3+4+5=12
1.414+2.54=3.954000
```

정수 둘의 합, 셋의 합, 그리고 실수 둘의 합이 제대로 계산되었다. 세 Add 함수들은 이름이 동일하지만 인수 목록이 다르기 때문에 모호하지 않으며 컴파일러는 호출부의 인수들을 보고 어떤 함수를 호출할 것인가를 결정할 수 있다. 컴파일러의 이런 기능을 오버로딩이라고 하는데 이 기능은 C++에서 새로 추가된 것이며 C언어에는 없던 기능이다. C언어에서 이런 함수 집합을 만들려면 함수의 이름을 다르게 작성해야 한다.

```
int AddInt2(int a, int b);
int AddInt3(int a, int b, int c);
double AddDouble2(double a, double b);
```

C언어는 함수를 이름만으로 구별하기 때문에 인수의 타입만 다른 함수 집합을 같은 이름으로 정의할 수 없었고 반드시 다른 이름을 주어야 했다. 그래서 C 표준 함수 중에 절대값을 구하는 함수가 int, long, double에 대해 abs, labs, fabs 세 가지나 정의되어 있다. 똑같은 동작을 하는 함수임에도 불구하고 이름을 따로 주고 사용할 때도 인수 타입에 따라 함수를 골라 써야 하니 얼마나 불편하고 비합리적인가? 프로그래머가 이런 함수들의 이름을 기억해야 한다면 안그래도 부족한 체력과 지성을 소모하게 될 것이다.

C++은 이름이 같아도 인수의 타입이 다르면 같은 이름으로 함수를 중복 정의할 수 있어 이런 불편함이 없어졌다. C++ 컴파일러는 이름이 같더라도 호출부에서 어떤 인수를 전달했는가를 보고 적합한 함수를 골라준다. 위 예제에서 Add(1,2)는 두 인수가 모두 정수형이므로 Add(int, int) 함수가 호출되며 Add(1.414, 2.54)는 두 인수가 모두 실수형이므로 Add(double, double) 함수가 호출된다. 또한 컴파일러는 실인수의 타입과 정확하게 일치하는 함수가 없을 경우 산술 변환까지 고려하여 적합한 함수를 찾아준다. 다음 예를 보자.

```
short a=1,b=2,c;
c=Add(a,b);
```

두 개의 short형 변수를 인수로 전달했는데 이 경우 Add(short, short) 함수는 정의되어 있지 않지만 short형은 int형으로 자동 상승 변환 가능하므로 Add(int, int) 함수가 호출될 것이다. 마찬가지로 Add(1.1F,2.2F)도 Add(double, double)로 자동 변환되어 호출된다. 컴파일러가 어떤 함수를 호출할 것인가는 실인수의 타입으로 결정한다. 만약 위 예제에 Add(long a, long b) 함수가 더 정의되어 있을 경우 Add(1,2)는 어떤 함수를 호출하게 될까? 상수 1, 2는 정수형으로 평가되기 때문에 Add(int, int)가 호출되며 만약 Add(1L,2L)로 표기한다면 이때는 Add(long, long) 함수가 호출될 것이다.

오버로딩된 함수를 정확하게 호출하려면 원하는 인수의 타입을 명확히 밝혀야 한다. 그래서 상수에도 L, U, F 따위의 접미어를 붙여 타입을 지정하는 문법이 있으며 타입을 구분하지 못하는 #define보다 타입을 구분하는 const가 더 우월한 것이다.

중복 정의되어 있는 함수 중에 일치하는 타입이 발견되지 않을 경우는 에러로 처리된다. Add("string","two")는 대응되는 함수가 없으므로 당연히 에러이다. 이런 에러 외에도 변환이 모호한 경우도 컴파일러가 정확한 함수를 찾지 못하므로 에러로 처리된다. 예를 들어 Add(2.34, 5) 호출의 경우 첫 번째 인수는 double, 두 번째 인수는 int로 정의되어 있다. 이 경우 컴파일러는 상승 변환을 해서 Add(double, double)을 호출할 것인지 아니면 하강 변환을 해서 Add(int, int)를 호출할 것인지를 결정할 수가 없다.

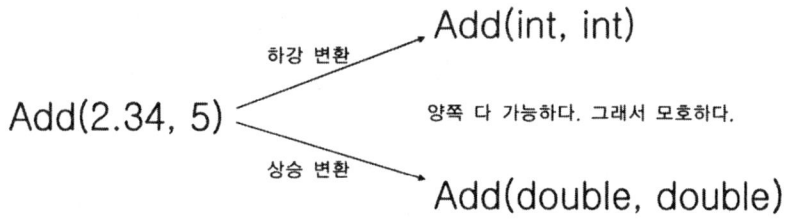

어떤 변환이든지 대충 비슷한 함수를 호출할 수 있을 것 같지만 컴파일러는 모호한 상황에 대해서는 어떠한 책임도 질 수 없으므로 에러 메시지를 보여줄 수밖에 없을 것이다. 컴파일러는 모호한 상황을

제일 싫어하며 극도의 거부감을 에러 메시지로 표현하는데 이 에러 메시지는 확인을 요구하는 강력한 권고인 셈이다. 이런 경우는 Add((int)2.34, 5)나 Add(2.34, (double)5)로 호출문을 바꾸어 정확하게 어떤 함수가 호출되기를 바란다는 의사 표시를 분명히 해야 한다.

같은 이름을 가지고 논리적으로 유사한 동작을 하지만 내부 구현이 완전히 다른 경우도 있다. 문자열에 대한 Add(src1, src2) 함수는 두 개의 문자열을 연결하기 위해 내부적으로 strcat 함수를 사용해야 한다. + 연산자를 사용하는 수치형과는 코드가 상당히 다르며 그래서 정확한 함수가 호출되도록 하는 것이 중요하다. 또한 설사 문법적인 문제는 없더라도 다음과 같은 오버로딩도 주의가 필요하다.

예제 PtrOverload

```c
#include <Turboc.h>

void f(int a) { printf("int : %d\n",a); }
void f(int *a) { printf("pointer : %p\n",a); }

void main()
{
    int i=1234,*pi=&i;

    f(i);
    f(pi);
    f(NULL);
}
```

정수형 인수를 전달받는 f와 정수형 포인터를 전달받는 f가 오버로딩되어 있다. f(i), f(pi)에 대해 어떤 함수가 호출될 것인가는 명확하지만 f(NULL)에 대해서 어떤 함수가 호출될 것인가는 다소 애매하다. NULL은 특수한 포인터 상수로 사용되지만 이 예제를 실행해 보면 f(int) 함수가 호출된다. C++에서 NULL은 포인터 타입이 아니라 정수 상수 0으로 정의되어 있기 때문이다. 만약 NULL에 대해 f(int *)를 호출하고 싶다면 f((int *)NULL)로 실인수를 포인터 타입으로 캐스팅한 후 호출해야 한다. 오버로딩은 아주 편리한 문법이지만 이처럼 뜻하지 않게 엉뚱한 함수가 호출되는 경우가 있으므로 꼭 필요할 때 조심스럽게 사용해야 한다.

참고로 지금 당장은 필요없겠지만 차후 윈도우즈 환경에서 DLL을 만들 때를 대비해서 extern "C" 지시자에 대해 알아 두자. C뿐만 아니라 모든 프로그래밍 언어는 목적 파일(obj)을 만들고 링크에 의해 목적 파일을 연결함으로써 최종 실행 파일을 만든다. 이때 목적 파일로 자신이 정의한 함수의 명칭과 주소를 공개하도록 되어 있고 이 명칭 공개 방식이 언어에 상관없는 표준 포맷으로 규정되어 있다. 그래서 C와 파스칼처럼 각각 다른 언어로 컴파일된 오브젝트 파일들이 링크될 수 있는 것이다.

초기의 C++도 마찬가지로 이런 범용 링커(linker)를 사용하도록 디자인되었다. 그런데 범용 링커는 함수를 오로지 이름으로만 찾기 때문에 C++의 오버로딩된 함수들을 제대로 구분하지 못한다. 그래서 C++은 함수의 이름을 외부로 공개할 때 인수의 개수와 타입에 대한 정보까지 함수명에 포함시키는데 이런 명칭을 작성하는 것을 이름 장식(name mangling)이라고 한다. 그래서 C++로 컴파일한 목적 파일의 함수명을 보면 함수 이름 외에도 앞뒤로 이상한 기호들이 붙어 있다. 앞에서 만든 Overload.cpp의 목적 파일에는 세 개의 Add 함수의 이름이 다음과 같이 작성된다.

```
?Add@@YANNN@Z
?Add@@YAHHHH@Z
?Add@@YAHHH@Z
```

Add라는 함수 이름 외에도 뒤쪽에 인수의 개수나 타입에 대한 정보들이 부호화되어 표기되어 있다. 오버로딩된 함수들의 외부 명칭이 이렇게 작성되므로 링크 단계에서는 각 함수들이 다른 함수처럼 인식되는 것이다. 그런데 모든 언어가 오버로딩을 지원하지 않기 때문에 C++의 이런 기능이 다른 언어와 혼합 프로그래밍을 할 때는 문제가 될 수 있다. 그래서 다른 언어와 링크되어야 하는 모듈은 이런 이름을 작성하지 말고 함수의 명칭을 이름만으로 외부로 공개할 필요가 있다.

이때 사용하는 지시자가 바로 extern "C"이다. 함수 앞에 이 지시자를 사용하면 오버로딩 기능은 사용할 수 없지만 다른 언어와 링크될 수 있는 범용 함수를 만들 수 있다. 이렇게 만들어진 함수는 C에서도 호출 가능하다. 지금 당장 여러분들이 이 지시자를 사용할 일은 없겠지만 차후에 윈도우즈 환경에서 DLL을 만들거나 할 때는 이 지시자가 필요할 것이다. 윈도우즈의 DLL 포맷은 이름으로 함수를 찾기 때문에 오버로딩을 지원하지 않는다.

extern "C" 지시자는 C++이 C나 다른 언어를 위해 이름 장식을 하지 않도록 할 때 사용하기도 하지만 반대의 경우에도 이 지시자가 필요하다. 즉, 이미 C로 만들어진 함수를 C++에서 호출하고자 할 때 이 함수의 원형 앞에 extern "C"가 있어야 한다. 그렇지 않으면 링커가 장식된 이름으로 함수를 찾게 되므로 C의 함수를 제대로 연결하지 못한다. C++로만 함수를 작성한다면 굳이 이 지시자를 사용할 필요가 없다.

16.5.2 중복이 안 되는 경우

조금씩 다른 동작(또는 유사한 동작)을 하는 함수 여러 벌을 같은 이름으로 정의할 수 있다는 것은 아주 멋진 일이며 잘 사용하면 무척 편리하다. 그러나 오버로딩도 아무런 규칙없이 마음대로 할 수 있는 것은 아니며 일정한 규칙에 따라 중복 정의할 수 있다. 일단 다음 두 함수를 보자.

```
int Add(int a, int b);
int Add(int c, int d);
```

인수 목록이 조금 틀리게 작성되어 있지만 사실은 똑같은 함수일 뿐이다. 형식 인수의 이름은 함수의 원형에서 아무런 의미가 없기 때문에 인수의 이름이 다른 것은 중복 정의의 대상이 되지 못한다. 너무나도 상식적인 얘기이므로 쉽게 이해가 될 것이다. 이 외에도 될 것 같지만 중복 정의가 안 되는 경우가 많이 있으므로 순서대로 정리해 보자.

❶ 리턴 타입만 다른 경우

함수의 리턴 타입(결국 함수의 타입)도 중복 정의의 재료가 될 수 없다. 인수 목록이 같고 리턴 타입만 다른 두 함수를 다음과 같이 정의할 수 있다고 해 보자.

int func(int a, double b);
double func(int a, double b);

이 경우 func(1, 2.3) 호출문은 과연 어떤 함수를 호출하는 것으로 해석될까? 호출부에서 리턴값을 무시해 버릴 수도 있기 때문에 리턴값으로는 호출할 함수를 구별할 수가 없다. 설사 int i=func(1, 2.3)으로 리턴값을 대입받는다 하더라도 리턴값은 함수를 호출할 때 적용되는 것이 아니라 함수가 실행을 마친 후에 적용되는 것이기 때문에 호출 시점에서 어떤 함수를 호출할 것인지를 결정하는 근거가 되지 못한다.

❷ 레퍼런스와 일반 변수

인수 목록에 레퍼런스가 전달되는 경우와 일반 변수가 전달되는 경우도 중복 정의할 수 없다.

int Add(int a, int b);
int Add(int &a, int &b)

이렇게 정의되어 있을 경우 Add(a, b)가 어떤 함수를 호출해야 하는지 결정할 수 없다. 레퍼런스를 인수로 취하는 함수의 호출부는 값 호출을 하는 함수와 형태가 동일하기 때문에 모호함이 발생한다. 레퍼런스를 인수로 취하는 함수와 일반 변수를 인수로 취하는 함수는 일단 중복 정의 자체는 가능하지만 호출할 때 에러로 처리된다.

❸ const 지정자가 있는 경우와 없는 경우

이 경우는 중복 정의의 재료가 될 수 있다. const와 같은 부류의 지정자인 volatile도 별로 실용성은 없지만 중복 정의의 대상이다. 인수가 상수 성질을 가지는가 아닌가는 호출 시점에서 구분 가능하므로 다음 두 함수는 같은 이름으로 중복 정의할 수 있다.

```
int strlength(char *s);
int strlength(const char *s);
```

포인터가 가리키는 문자열이 상수인지 아닌지는 컴파일러가 쉽게 판단할 수 있으므로 전달되는 인수의 타입으로 호출할 함수를 결정할 수 있다. 단 포인터 자체가 상수인 경우와 그렇지 않은 경우는 구분되지 않는다.

```
int strlength(char * const s);
```

이 경우는 char *s를 취하는 인수와 동일한 함수로 취급된다. 마찬가지로 int i를 취하는 함수와 const int i를 취하는 함수도 같은 함수이므로 중복 정의할 수 없다. const 지정자와 오버로딩의 관계는 다소 복잡한데 다음 예제로 이유를 테스트해 보되 그다지 중요하지는 않으므로 꼭 이해할 필요는 없다.

예제 constOverload

```c
#include <TurboC.h>

int strlength(char *s)
{
    puts("char *");
    return 0;
}

int strlength(const char *s)
{
    puts("const char *");
    return 0;
}

/*
int strlength(char * const s)
{
    puts("const char *");
    return 0;
}
```

```
//*/

void main()
{
    char str1[]="1234";
    const char *str2="가나다라";
    char * const str3="abcd";

    strlength(str1);
    strlength(str2);
    strlength(str3);
}
```

일반 포인터와 상수 지시 포인터를 받는 두 함수를 중복 정의하고 main에서 상수성이 다른 두 포인터를 만들고 이 함수를 테스트해 보았다. 함수 이름이 strlength로 되어 있어 문자열 길이를 구하는 것으로 되어 있지만 어차피 지금 관심 대상은 어떤 함수가 호출되는가이므로 실제로 길이를 조사하지는 않았다. 실행 결과는 다음과 같다.

char *
const char *
char *

str1 배열은 변경 가능한 배열이므로 char * 버전이, str2는 상수 지시 포인터이므로 const char * 버전이 호출되었다. 마지막 상수 포인터 str3은 포인터는 상수지만 그 대상체를 변경할 수 있으므로 char * 버전이 호출된다. 만약 strlength(char *s) 함수가 내부에서 s의 번지를 s++ 따위로 변경한다 하더라도 이때의 s는 어차피 지역변수일 뿐이므로 실인수인 str3 상수 포인터가 변경되는 것은 아니다. 따라서 상수 포인터를 일반 포인터를 취하는 함수에게 전달하더라도 논리적으로 아무 문제가 없다. 위 예제에서 세 번째 버전인 strlength(char * const s) 함수를 정의하면 이는 에러로 처리된다. 만약 이 형식의 함수를 중복 정의하도록 허락한다면 strlength(str1) 호출이 어떤 함수를 호출해야 하는지 애매한 상황이 되고 만다. 인수로 전달된 포인터의 상수성은 함수 본체에서 이 형식 인수를 바꿀 수 있는가 아닌가를 지정할 뿐이지 실인수의 상수성과는 아무런 상관이 없으므로 호출 시점에서 어떤 함수가 정확한지 판단할 수 없는 것이다.

❹ 인수의 논리적 의미만 다른 경우

학생 인명부에서 주어진 조건으로부터 학생 한 명을 검색하는 함수를 만든다고 해 보자. 학생에 대한 검색 조건은 학과와 출석 번호로 할 수도 있고 이름과 학번으로 할 수도 있는데 검색 조건에 따라 두 함수를 중복 정의하고자 한다. 그러면 이 함수들의 원형은 다음과 같아질 것이다.

int FindStudent(char *depart, int depnum);
int FindStudent(char *name, int stnum);

이렇게 만들어 놓고 학과로 찾을 때는 FindStudent("국문과", 0512345)라고 부르고 이름으로 찾을 때는 FindStudent("김한결", 4251017)이라고 부르고 싶은 것이다. 그러나 이 경우는 인수의 논리적인 의미가 다르다 하더라도 물리적인 타입이 동일하기 때문에 중복 정의할 수 없다. 컴파일러는 인수의 타입만 볼 뿐이지 인수의 논리적인 의미까지 알리 만무하다. "국문과"가 학과 이름인지 아니면 성이 국씨고 이름이 문과인 사람 이름인지 우매한 컴파일러가 어찌 구분하겠는가?

만약 꼭 이런 식으로 두 함수를 만들어야 한다면 인수의 순서를 바꾸거나(int, char *) 더미 인수를 하나 더 집어넣는 식(char *, int, int)으로 해결할 수는 있다. 그러나 이렇게 되면 불편해지고 보기에도 좋지 않으므로 이런 경우는 아예 다른 이름으로 함수를 새로 만드는 것이 더 좋다.

⑤ 디폴트 인수에 의해 같아질 수 있는 경우
앞 예제에서 정수 셋을 인수로 취하는 Add(int, int, int) 함수의 원형을 다음과 같이 수정한다고 해 보자. 세 번째 인수 c에 기본값 0을 주었다.

int Add(int a, int b, int c=0);

이렇게 되면 Add(1,2) 호출문이 Add(int, int) 인지 아니면 Add(int, int, 0) 인지 구분되지 않는 모호함이 생긴다. 이런 중복 정의도 정의 자체는 가능하지만 모호한 호출이 발생할 때 에러로 처리된다.

⑥ 달라 보이지만 실제로 같은 타입인 경우.
컴파일러가 오버로드된 함수를 구분할 때는 인수의 타입 이름을 보는 것이 아니라 실제 타입을 검사한다. 그래서 typedef나 매크로 등으로 정의된 사용자 정의 타입들이 결국 같은 타입이 되는 경우는 중복 정의할 수 없다. 다음 예를 보자.

#define INTPTR int *
typedef int *PINT;
void func(int *p);
void func(PINT p);
void func(INTPTR p);

세 종류의 func 함수가 모두 다른 인수를 취하는 것 같지만 정의된 타입의 실제 형태가 동일하기 때문에 결국 완전히 같은 함수를 세 번 중복 정의하는 것이다. 당연히 에러로 처리된다. 다음의 경우도 마찬가지이다.

```
void func(int *p);
void func(int p[]);
```

정수형 포인터나 정수 배열형이나 같은 포인터형이며 함수 내에서는 같은 타입으로 취급되므로 역시 오버로딩될 수 없다.

16.5.3 오버로딩 활용

함수 오버로딩은 특정 동작을 하는 함수의 인터페이스를 여러 벌로 정의할 수 있는 아주 멋진 기능이다. 같은 동작을 다른 방식으로 지정할 수 있을 때 각 방식별로 함수를 중복 정의해 놓으면 사용할 때 편리하다. 다음 함수가 오버로딩의 가장 적절하고도 완전한 예라고 할 수 있다.

```
void DrawRect(int x1,int y1,int x2,int y2);
void DrawRect(POINT lefttop, POINT rightbottom);
void DrawRect(RECT *bound);
```

세 함수 모두 사각형을 그리는 동작을 하는데 화면상의 사각영역을 지정하는 방법에는 세 가지가 있다. 좌상단과 우하단의 x, y 좌표값을 각각 줄 수도 있고 한 점에 대한 정보를 가지는 POINT 구조체 두 개로 사각영역을 지정할 수도 있다. 또한 두 점의 좌표를 한꺼번에 가지는 RECT 구조체를 쓰는 것도 가능하다.

이 함수를 쓰는 사용자는 자신이 가장 구하기 쉬운 정보로부터 사각형을 그릴 수 있는데 두 점의 x, y 좌표를 각각 가지고 있다면 첫 번째 함수를 호출하는 것이 편리하고 RECT 구조체를 가지고 있다면 세 번째 함수를 쓰는 것이 간편할 것이다. 같은 정보를 저장하는 각 변수들을 함수 형식에 맞게 가공할 필요없이 적합한 함수만 불러 주면 내부에서 알아서 사용하도록 되어 있다. 세 버전의 DrawRect 함수 중 실제 코드를 가지는 함수는 하나뿐이며 나머지 두 인수는 인수의 형태만 바꿔주는 중계 역할을 할 것이다. 만약 오버로딩 기능이 없다면 이런 인수 변환을 호출하는 쪽이 직접 해야 한다.

어떤 상태를 지정하는 방식이 두 가지 이상인 경우는 아주 흔하다. 타원은 중점과 장축, 단축의 반지름으로도 표현할 수 있고 외접 사각형으로도 표현할 수 있다. 색상값은 RGB, CMYK, HSB 등 색상 모델에 따라 표현하는 방법이 달라지고 날짜도 음력, 양력, 특정 날짜를 기준으로 한 경과일수 등으로 표현할 수 있다. 이런 각각의 방식에 대해 함수를 중복 정의해 놓으면 상황에 맞는 함수를 호출할 수 있어 편리하다.

고수준 라이브러리에서 특히 함수 오버로딩이 아주 흔하게 사용되는데 다음 두 함수는 MFC의 CWnd 클래스 멤버 함수가 중복 정의되어 있는 예이다.

```
int GetWindowText(LPTSTR lpszStringBuf,int nMaxCount )
void GetWindowText(CString& rString )
```

두 함수 모두 윈도우의 캡션 문자열을 구하는데 문자열 버퍼와 이 버퍼의 길이를 전달하는 방법이 있고 CString 객체를 넘겨 가변 길이 문자열을 구할 수도 있다. 사용자는 현재 상황에서 부르기 쉬운 쪽을 선택해서 호출하면 된다.

함수 오버로딩은 동일한 동작을 하는 함수들을 중복 정의할 수 있도록 하는데 이 의도에 맞게 사용하는 것이 좋다. 완전히 다른 동작을 하는 함수를 같은 이름으로 오버로딩하는 것은 문법적으로 가능은 하지만 대단히 좋지 않은 습관이다. 이런 함수들은 사용자에게 편리보다는 혼란만 가중시킨다.

[개발자 이야기] 개발자와 책

개발자들은 지식을 가공하여 제품을 만들어 내는 사람들이다. 이런 사람들에게 있어 책이라는 존재가 주는 의미는 각별해서 개발자들은 컴퓨터만큼이나 책과 가깝게 지내야 한다. 하루 종일 코드를 작성해 봐도 해결되지 않는 문제가 책을 보면 쉽게 풀리는 경우가 많고 잘 알고 있는 주제라 하더라도 책을 보면 모르는 새로운 지식을 항상 얻을 수 있다. 나는 새 책을 사서 그 고운 지면을 어루만질 때마다 왠지 새로운 경험을 할 수 있을 것 같아 너무 너무 기분이 좋아진다.

책은 단순히 보기만 해서는 안 되고 모아 두어야 한다. 지금 당장 안다 하더라도 사람의 뇌는 항상 자연스러운 망각의 과정을 진행하고 있기 때문에 어느 순간에 소중한 지식을 잃어버린다. 이럴 때는 어렴풋해진 지식을 다시 리프레쉬해야 하는데 가장 좋은 도구는 옛날부터 보던 손에 익은 책이다. 알듯 모를듯 할 때 내용은 생각나지 않아도 어디서 본 적이 있다는 것만 생각하면 금방 문제를 해결할 수 있다. 이런 의미에서 볼 때 개발자에게 책은 뇌의 분실과도 같다.

요즘은 책이 아니더라도 인터넷이나 온라인 도움말에서도 많은 정보를 얻을 수 있다. 이런 자료들도 많은 도움을 주기는 하지만 책과는 확실히 다른 면이 있다. 인터넷의 강좌나 예제들은 무책임하게 작성되어 마구 배포되지만 책은 이보다 훨씬 더 많은 정성이 들어가고 정확한 것만 알려 준다. 또한 책은 모아둘 수 있지만 온라인 자료는 모아 두고 관리하기 어려워서 다시 읽고자 할 때 책만큼 쉽고 정확하게 접근할 수 없다. 물론 책 중에도 별로 도움이 안 되는 책들도 있기는 하다. 하지만 절대적인 양서가 없는 것처럼 절대적인 악서도 없어서 모든 책은 정도의 차이가 날 뿐 읽으면 다 도움이 된다.

책을 수집하는데는 돈이 들고 읽는데는 시간이 든다. 하지만 당장의 책값 몇 푼을 아낄 생각하지 말고 책 하나로 자신을 업그레이드하는데 열중해 보아라. 책은 소비가 아니라 투자다. 한 페이지라도 읽을 게 있다면 당장 사서 읽고 소장하는 것이 좋다. 몇일 고생해서 헛수고할 수도 있는 일을 책의 도움을 받아 단 한시간만에 끝냈다면 벌써 본전을 찾은 것이며 그 책은 앞으로도 나에게 지속적인 도움을 줄 것이다. 내가 책을 쓰는 사람이라 하는 얘기가 절대로 아니다. 라고 극구 부인하면 더 이상하게 생각할 것 같아 이쯤에서 접기로 한다.

17
파일 입출력

17.1 파일

17.1.1 정보의 저장

파일은 디스크에 정보가 저장되는 단위이며 고유의 이름을 가진다. 파일에는 프로그램이 작성한 정보가 저장되는데 워드 프로세서는 문서 파일을 만들고 그래픽 프로그램은 그림 파일을 만들며 비주얼 C++ 같은 컴파일러는 소스 파일을 만든다. 프로그램이 실행 중에 파일을 액세스해야 하는 경우가 많은데 이 장에서는 디스크에 있는 파일을 읽거나 쓰고 관리하는 방법에 대해 알아본다.

프로그램은 실행에 필요한 코드를 가지지만 모든 데이터를 다 가지는 것은 아니다. 실행 파일의 크기에는 제약이 있기 때문에 모든 정보를 다 가질 수 없으며 그래서 큰 정보는 외부의 파일에 두고 실행 중에 읽어서 사용하는 방법을 쓴다. 예를 들어 게임 프로그램은 실행에 필요한 이미지나 사운드 등을 분리된 파일에 두고 필요할 때 이 파일을 읽어 그림을 출력하거나 사운드를 재생한다.

또한 프로그램이 작업 결과를 영구적으로 저장하기 위해서도 파일을 사용한다. 편집하던 문서나 작성 중인 프로그램 소스 등도 파일의 형태로 디스크에 저장되어야 한다. 메모리는 아무리 빠르고 정확하더라도 전원이 없으면 기억된 내용을 잃어버리기 때문에 영구적인 정보 저장 목적으로 사용할 수 없으며 현실적으로 파일 이 외에는 정보를 저장할 대안이 없는 셈이다. 하던 게임을 저장한다든가 또는 리플레이를 저장하고 싶을 때도 파일이 필요하다.

파일은 CPU나 메모리에 존재하지 않으며 하드 디스크나 CD-ROM 등의 외부 미디어에 기록되어 있다. 프로그램이 이런 기계적인 장치를 직접 움직여서 파일을 액세스하는 것은 비효율적이며 현실적으로 불가능하다. 그래서 운영체제나 컴파일러는 파일을 액세스할 수 있는 함수를 제공하며 프로그램은 이 함수를 호출해서 원하는 파일을 읽고 쓴다. 파일을 액세스하는 방법에는 여러 가지 종류가 있다.

① 고수준 입출력 스트림 사용 : C 라이브러리가 제공하는 파일 입출력 방법이며 성능은 조금 떨어지지만 사용하기는 쉽다. 표준에 의해 함수의 형태가 고정되어 있으므로 이식에 유리하다.

② 저수준 파일 핸들 : C 라이브러리가 제공하는 파일 입출력 방법이며 대규모의 데이터를 다룰 때 편리하다.

③ C++의 스트림 객체 : ifstream, ofstream 등의 입출력 객체와 그 멤버 함수를 사용하여 파일을 액세스한다.

④ 운영체제가 제공하는 API 함수 : 파일이 저장되는 디스크의 관리 주체는 운영체제이며 운영체제는 응용 프로그램을 위해 파일 관련 API 함수를 제공한다. 윈도우즈는 CreateFile, ReadFile, WriteFile 등의 함수를 제공하므로 이 함수를 사용하면 파일을 액세스할 수 있다.

⑤ 클래스 라이브러리가 제공하는 파일 액세스 객체 사용 : 고수준 클래스 라이브러리들은 파일 액세스 기능을 캡슐화한 클래스를 제공하며 이 클래스를 사용하면 쉽게 파일을 다룰 수 있다. MFC의 경우 CFile 클래스를 제공한다.

방법이 너무 많아서 어떤 것을 선택해야할지 헷갈릴 지경이다. 여기서는 C 컴파일러가 제공하는 두 가지 방법에 대해서만 알아본다. 세 번째 방법은 3부 C++편에서 소개하며 API 함수와 MFC의 방법에 대해서는 별도의 서적을 참조하기 바란다.

C 컴파일러가 제공하는 파일 액세스 함수들은 너무 오래 되었고 최신 함수들에 비해 다소 기능이 떨어지기도 한다. 윈도우즈 환경에서 C/C++ 언어로 프로그램을 개발한다면 운영체제가 제공하는 API 함수를 사용하는 것이 가장 좋으며 MFC를 쓴다면 CFile 객체를 쓰는 것이 편리하다.

어쩌면 이미 API 함수나 MFC의 파일 액세스 방법을 알고 있는 사람도 있을 것이다. 만약 그렇다면 이장의 내용은 굳이 읽지 않아도 상관없다. 파일을 액세스하는 각 방법의 기능은 대체로 비슷하며 하나만 알고 있어도 원하는 대부분의 작업은 다 할 수 있기 때문이다. 윈도우즈 환경에서 주로 코드를 작성한다면 C 함수보다는 가급적이면 API 함수나 MFC를 쓰는 것이 유리하다.

그럼에도 불구하고 이 책에서 파일 액세스 함수를 굳이 다루는 이유는 이 함수들은 C 표준 함수이며 운영체제에 상관없이 쓸 수 있는 호환성을 가지고 있기 때문이다. 윈도우즈 API 함수는 윈도우즈에서만 실행되지만 C 함수는 운영체제에 상관없이 실행되므로 유닉스 환경에서 파일을 액세스한다면 여전히 이 함수들이 필요하다. 또한 이미 작성된 좋은 예제 중에 이 함수들을 사용하는 코드가 있기 때문에 분석을 위해 대략적인 개념과 함수의 이름 정도만이라도 알아둘 필요가 있다.

물론 모든 방법에 대해 다 알고 있고 스스로 장단점을 비교할 수 있는 정도라면 더할나위 없이 좋겠지만 그러기에는 시간이 너무 오래 걸린다. 파일 입출력은 C의 문법 체계와 직접적인 상관이 없으므로 우선 순위를 조금 뒤에 두어도 당장의 코딩에는 큰 불편함이 없을 것이다.

17.1.2 C언어의 파일 지원

C언어가 제공하는 파일 입출력 방식은 고수준과 저수준 두 가지가 있다. 잘 알겠지만 저수준과 고수준의 분류 방법은 사람에게 얼마나 가까운가, 즉 얼마나 쓰기 쉬운가를 기준으로 하는 것이지 기능의 좋고 나쁨을 의미하는 것은 아니다. 두 방식의 특징과 장단점을 도표로 정리해 보자.

	고수준	저수준
버퍼 사용	사용	메모리로 직접 읽어들임
입출력 대상	스트림	파일 핸들
속도	느리다.	빠르다.
문자 단위 입출력	가능	가능하지만 비효율적이다.
난이도	비교적 쉽다	조금 어렵다
세밀한 조작	어렵다.	가능하다.

두 방식의 가장 큰 차이점은 버퍼를 쓰는가 그렇지 않은가 하는 점이다. 나머지 차이점은 버퍼의 사용 유무에 따라 파생되는 특성들이다. 버퍼는 파일로부터 입출력되는 데이터를 잠시 저장하는 메모리 영역이다. 파일이 저장되는 하드 디스크는 모터에 의해 기계적으로 구동되므로 전자적으로 동작하는 메모리보다 상대적으로 느리다. 그래서 가급적이면 하드 디스크를 액세스하는 회수를 줄이기 위해 버퍼를 사용한다.

파일을 문자 단위로 읽을 때 버퍼없이 하드 디스크를 직접 액세스한다면 한 번 회전할 때 한 바이트밖에 읽지 못하므로 백만 바이트를 읽기 위해 하드 디스크가 백만번 회전할 때까지 기다려야 할 것이고 파일 액세스 속도는 형편없이 느려진다. 한 번 읽을 때 미리 주변 데이터를 버퍼에 읽어 놓으면 다음 읽기 요청은 하드 디스크 액세스없이 버퍼에서 바로 읽을 수 있다.

저수준과 고수준은 버퍼의 사용 유무에 따라 속도에 약간의 차이가 있기는 하지만 사실 현대의 컴퓨터 환경에서 이정도 속도차는 무시해도 될 정도이다. 아주 정밀하게 측정해 본다면 저수준이 조금 더 빠르기는 하겠지만 CPU와 메모리, 하드 디스크가 워낙 빠르기 때문에 체감한다는 것은 불가능하다. 그래서 요즘은 저수준 파일 입출력이 큰 이점이 없는 셈이다.

17.2 고수준 파일 입출력

17.2.1 스트림

스트림(Stream)이라는 용어는 흐름을 의미한다. 마치 개울가의 물들이 흘러가듯이 바이트들이 순서대로 입출력되는 논리적인 장치를 스트림이라고 한다. 파일에도 바이트들이 저장되어 있으며 읽을 때나 쓸 때 순서대로 바이트들이 입출력되므로 스트림이라고 할 수 있다. 키보드, 화면, 프린터 등의 물리적인 장비들도 바이트들이 순서대로 흘러 다니므로 일종의 스트림이다.

대부분의 운영체제는 키보드와 화면(Console), 프린터 등을 스트림이라는 동질적인 장치로 다루며 파일과 같은 방법으로 입출력한다. 파일과 키보드, 화면 등의 장치는 서로 제어하는 방법이 다르지만 스트림이라는 논리적으로 동등한 장치로 표현되기 때문에 동일한 방법으로 입출력할 수 있다. 가령 파일에 쓰듯이 콘솔에 쓰면 화면에 문자열이 출력되며 같은 방법으로 프린터로 출력하면 문서가 인쇄된다.

화면, 프린터, 직렬 포트 등을 파일과 동등한 장치로 취급하면 일관된 방법으로 스트림간의 데이터를 복사할 수 있으며 사용자는 한 명령을 여러 장치에 똑같이 적용할 수 있다. 도스에서 copy con a.txt 명령은 콘솔로부터 입력된 문자열을 a.txt라는 파일로 복사하라는 명령으로 사용되며 copy a.txt prn은 a.txt를 프린터로 복사함으로써 문서를 인쇄한다.

스트림은 내부에 입출력 버퍼를 가지고 있으며 이 버퍼는 스트림에 의해 자동으로 관리되므로 프로그래머는 버퍼를 준비하거나 관리할 필요가 없다. 어떤 스트림으로부터 얼마만큼의 데이터를 읽거나 쓰고 싶다는 최소한의 의사 표현만 하면 필요한 동작은 스트림이 내부적으로 알아서 수행한다. 그래서 스트림을 통한 입출력 방법은 사용하기 쉬우며 그래서 고수준이라고 하는 것이다.

스트림의 현재 상태는 FILE 구조체에 기억된다. 이 구조체는 stdio.h에 다음과 같이 정의되어 있으며 구조체의 멤버들은 운영체제에 따라 조금씩 달라지기도 한다.

```c
struct _iobuf {
    char *_ptr;
    int  _cnt;
    char *_base;
    int  _flag;
    int  _file;
    int  _charbuf;
    int  _bufsiz;
    char *_tmpfname;
};
typedef struct _iobuf FILE;
```

이 구조체에는 스트림이 내부적으로 사용하는 버퍼, 버퍼의 크기와 현재 위치, 액세스하고 있는 파일의 이름 등이 저장된다. 파일 입출력 함수들은 모두 이 구조체의 내용을 참조하여 동작하도록 되어 있으며 사용자는 이 구조체의 멤버를 직접 다룰 필요가 없다. 파일 입출력을 하기 전에 이 구조체의 포인터를 하나 선언하고 입출력 함수에게 포인터만 넘겨주면 된다.

17.2.2 파일 열기

파일을 액세스하려면 먼저 대상 파일을 열어야(Open) 한다. 파일을 오픈한다는 것은 파일 입출력을 하기 위한 준비를 한다는 뜻이다. 스트림 입출력을 위해서는 파일의 데이터를 잠시 저장하는 내부 버퍼가 필요하며 파일의 현재 위치(FP)를 초기화해야 하는데 이런 준비를 하는 과정이 오픈이다. 파일을 오픈할 때는 다음 함수를 사용한다.

FILE *fopen(const char *filename, const char *mode);

이 함수는 지정한 파일을 액세스하기 위한 준비를 하며 이 정보들을 가지는 FILE형 구조체를 생성하고 그 포인터를 리턴한다. 이 포인터는 잘 받아 두었다가 이후 입출력 함수로 전달해 주면 된다. fopen 함수의 인수에 대해 알아보자.

:: 파일 이름

액세스할 대상 파일의 이름이다. 필요할 경우 드라이브와 디렉토리 경로를 전달할 수 있으며 현재 위치를 기준으로 한 상대 경로를 지정할 수도 있다. 경로가 생략되고 파일 이름만 주어질 경우 현재 디렉토리에서 파일을 찾는다. 디렉토리 구분자로 사용되는 역슬래쉬 문자는 문자열 내에서 확장열 표시에 사용되므로 반드시 \\로 써야 한다는 점을 주의하자. C:\Data\File.Ext 파일을 오픈하려면 "C:\\Data\\File.Ext"라고 써야 한다.

파일명의 대소문자 구분 여부는 운영체제에 따라 다르다. 도스나 윈도우즈는 대소문자를 구분하지 않으므로 아무렇게나 써도 상관없지만 유닉스의 파일 시스템은 대소문자를 구분하므로 실제 파일명의 대소문자 구성과 일치시켜야 한다. Test.txt 파일을 열고 싶을 때 TEST.TXT나 test.txt로 파일명을 지정하면 유닉스나 리눅스는 이 파일을 찾지 못할 것이다.

:: 모드

모드는 파일을 어떻게 열 것인지를 지정하며 파일을 열어서 어떤 작업을 할 것인가에 따라 달라진다. mode 인수에 다음 문자들의 조합을 지정한다.

모드	설명
r	읽기 전용으로 파일을 연다. 이 모드로 연 파일은 읽을 수만 있으며 데이터를 기록하지는 못한다. 만약 파일이 없을 경우 에러가 리턴된다.
w	쓰기 위해 파일을 연다. 이 모드로 연 파일은 쓰기만 가능하며 읽지는 못한다. 도스나 윈도우즈의 파일은 쓰기 전용 속성이 없지만 스트림은 쓰기 전용 상태로 열 수 있다. 파일이 없으면 새로 만들고 이미 존재한다면 기존의 파일은 지워진다.
a	추가를 위해 파일을 연다. 추가란 파일의 끝에 다른 정보를 더 써 넣는다는 뜻이다. 이 모드로 연 파일은 오픈 직후에 FP가 파일의 끝으로 이동한다. 파일이 없으면 새로 만든다.
r+	읽고 쓰기가 가능하도록 파일을 연다. 파일이 없을 경우 에러가 리턴된다.
w+	읽고 쓰기가 가능하도록 파일을 연다. 파일이 없을 경우 새로 만든다.
a+	읽기와 추가가 가능하도록 파일을 연다. 파일이 없으면 새로 만든다.

:: 파일 형태

fopen의 두 번째 인수 mode에는 오픈 모드 외에도 파일의 형태를 지정하는 플래그를 추가로 지정할 수 있다. 열고자 하는 파일이 텍스트 파일이면 t를 붙이고 이진 파일이면 b를 붙인다. 파일 형태에 아무런 지정이 없으면 전역변수 _fnmode의 값이 사용된다. 이진 파일은 아무런 변환없이 읽혀지지만 텍스트 파일 모드로 파일을 열면 다음 두 가지 변환을 한다.

① 개행 코드를 의미하는 CR/LF 조합은 LF로 변환되어 읽혀지며 LF를 기록하면 CR/LF가 출력된다. 이런 변환을 해 주는 이유는 C 문자열 출력 함수들은 개행을 위해 확장열 LF(\n)를 사용하기 때문이다.

② 파일의 끝을 나타내는 Ctrl+Z(0x1A)는 EOF(-1)로 변환되어 읽혀진다. 단 "a+" 모드로 열었을 때는 끝부분에 데이터를 추가할 수 있도록Ctrl+Z를 제거한다.

오픈 모드와 파일 형태가 mode 인수에 같이 기록되는데 오픈 모드가 먼저 오고 파일 형태가 뒤에 오는 형식으로 써야 한다. 단, +문자는 파일 형태 다음에 와도 상관없다. 다음이 mode 인수의 예인데 문자열이므로 반드시 겹따옴표를 싸 주어야 한다.

- "rt" : 텍스트 파일을 읽기 전용으로 연다.
- "wb" : 이진 파일을 쓰기 전용으로 연다.
- "r+b" : 이진 파일을 읽기, 쓰기 가능하도록 연다. "rb+"로 쓸 수도 있다.

이 외에 mode 인수에는 캐시를 관리하는 방법과 임시 파일 생성에 대한 몇 가지 플래그를 더 지정할 수 있다.

:: 리턴값

fopen은 지정한 파일을 지정한 모드로 열고 입출력에 필요한 FILE 구조체를 생성한 후 그 포인터를 리턴한다. 만약 에러가 발생하면 NULL을 리턴한다. 파일 입출력시에는 여러 가지 이유로 에러가 발생할 수 있으므로 이 함수의 리턴값은 반드시 점검해 보아야 한다. 파일이 없거나 디스크 용량이 부족하거나 착탈식 미디어의 문이 열려 있거나 하는 이유로 언제든지 에러가 발생할 수 있다. 그래서 fopen 함수는 통상 다음과 같은 방법으로 사용한다.

```
FILE *f;
f=fopen("c:\\영화\\영구와땡칠이.avi","rb");
if (f == NULL) {
    printf("얼씨구. 파일이 안 보이네요\n");
}
```

fopen으로 파일 열기에 성공했으면 각종 입출력 함수를 활용하여 파일의 데이터를 액세스할 수 있다. 파일을 다 사용한 후에는 파일을 닫아야 하는데 이때는 다음 함수를 사용한다.

```
int fclose(FILE *stream);
```

이 함수는 버퍼에 남아있는 데이터를 파일로 완전히 출력(flush)하고 파일 입출력을 위해 내부적으로 생성했던 FILE 구조체를 해제한다. 다 사용한 파일은 이 함수로 반드시 닫아야 한다.

17.2.3 파일 액세스

파일을 열었으면 파일안의 내용을 읽고 쓴다. 먼저 간단한 포맷인 문자열부터 입출력해 보자. 이때는 다음 두 함수를 사용한다. 모든 파일 입출력 함수는 대상 스트림을 전달하기 위해 FILE형의 구조체 포인터를 인수로 취한다는 점에서 공통적이다.

```
char *fgets(char *string, int n, FILE *stream);
int fputs(const char *string, FILE *stream);
```

fgets가 파일에서 문자열을 읽어들이는 함수이다. 읽어들인 문자열을 저장할 버퍼를 첫 번째 인수로 주고 두 번째 인수로 이 버퍼의 크기를 알려 준다. fgets는 최초의 개행 문자를 만날 때까지 또는 버퍼의 길이만큼 문자열을 읽어들이므로 이 함수를 반복적으로 호출하면 텍스트 파일을 줄 단위로 읽을 수 있다. 텍스트 파일의 한 줄은 통상 80문자 정도 되므로 버퍼는 256정도면 비교적 충분하다. 만약 읽는 도중에 에러가 발생했거나 파일 끝에 도달했으면 NULL을 리턴한다.

fputs는 첫 번째 인수로 전달된 문자열을 파일로 출력하는데 중간에 개행 문자가 있더라도 한꺼번에 출력한다. 만약 중간에 널 종료 문자를 만나면 널 종료 문자 앞까지만 출력한다. 다음 예제는 새로운 파일을 만들고 이 파일에 두 줄로 된 텍스트를 출력한다.

예제 fputs

```c
#include <Turboc.h>

void main()
{
    FILE *f;
    char *str="이 파일은 C 표준 함수로 생성된 텍스트 파일입니다.\n"
        "C드라이브의 루트 디렉토리에 Test.txt라는 이름으로 생성됩니다.\n";
```

```
    f=fopen("c:\\Test.txt","wt");
    if (f != NULL) {
        fputs(str,f);
        fclose(f);
    }
}
```

파일 입출력을 위해 FILE 구조체의 포인터 f를 선언하고 fopen으로 파일을 열되 모드는 쓰기(w)로, 파일 형태는 텍스트(t)로 주어 새로운 텍스트 파일을 만들도록 했다. 파일이 무사히 생성되었으면 fputs 함수로 str 문자열을 파일로 출력하고 fclose 함수로 파일을 닫았다. str 문자열 내에 개행 코드는 '\n'으로 기록되어 있지만 텍스트 모드로 파일을 생성했으므로 fputs가 실제로 파일로 출력하는 코드는 '\r\n'으로 변환된다.

예제를 실행한 후 탐색기로 확인해 보면 C 드라이브의 루트 디렉토리에 Test.txt라는 파일이 생성되어 있을 것이며 이 파일을 메모장으로 열어 보면 두 줄의 텍스트가 저장되어 있을 것이다. 다음 예제는 이렇게 생성된 텍스트 파일을 다시 읽어서 저장된 텍스트를 화면으로 출력한다.

예제 fgets

```
#include <Turboc.h>

void main()
{
    FILE *f;
    char buf[256];

    f=fopen("c:\\Test.txt","rt");
    if (f!=NULL) {
        for (;;) {
            if (fgets(buf,256,f)==NULL) {
                break;
            }
            printf("%s",buf);
        }
        fclose(f);
    }
}
```

fopen으로 읽을 파일을 열되 이번에는 읽기 모드(r)로 열었으며 fgets로 한 줄씩 읽어 화면으로 출력하기를 파일 끝에 이를 때까지 반복한다. 읽기에 사용하는 buf는 256만큼의 크기로 선언했고 fgets 함수의 두 번째 인수로 한 번에 256만큼 읽어 들이도록 했는데 이 값은 2 이상이면 어떤 값을 주어도 상관없다. 단, 이 값이 너무 작으면 조금씩 여러 번 읽어야 하므로 전체적인 읽기 성능이 떨어질 것이다. 실제 프로젝트에서는 충분히 큰 값을 주는 것이 좋다. feof 함수는 인수로 주어진 스트림의 끝(EOF:End Of File)까지 읽었는지를 조사한다.

```
int feof(FILE *stream);
```

이 함수가 TRUE를 리턴할 때까지 반복적으로 fgets 함수를 호출하면 파일의 끝까지 모든 내용을 읽을 수 있다. 다음 두 함수는 스트림으로부터 문자 하나씩을 입출력한다.

```
int fgetc(FILE *stream);
int fputc(int c, FILE *stream);
```

입출력 위치는 물론 FP이며 현재 위치에서 한 문자를 읽거나 문자 하나를 출력한다. 다음 두 함수는 블록 단위로 입출력한다.

```
size_t fread(void *buffer, size_t size, size_t count, FILE *stream);
size_t fwrite(const void *buffer, size_t size, size_t count, FILE *stream);
```

두 함수의 인수는 동일한데 buffer에 저장된 size크기의 메모리 블록 count개를 스트림으로 입출력하며 실제로 입출력한 길이를 리턴한다. 대개의 경우 지정한 크기만큼 입출력하지만 파일의 끝 부분을 읽거나 디스크가 가득 찼을 때는 더 작은 크기만 입출력할 수도 있다. 이 두 함수를 사용하면 구조체의 배열이나 임의 타입의 집합을 한꺼번에 스트림으로 입출력할 수 있다. 다음 예제는 이 함수를 사용하여 파일을 복사하는데 앞에서 만들었던 Test.txt 파일을 읽어 Test2.txt라는 파일을 새로 만든다.

예 제 fread

```
#include <Turboc.h>

void main()
{
    FILE *src, *dest;
    char buf[256];
```

```
    size_t nRead;

    src=fopen("c:\\Test.txt","rb");
    if (src != NULL) {
        dest=fopen("c:\\Test2.txt","wb");
        if (dest != NULL) {
            while(!feof(src)) {
                nRead=fread(buf,1,256,src);
                fwrite(buf,1,nRead,dest);
            }
            fclose(dest);
        }
        fclose(src);
    }
}
```

src에 복사할 원본을 읽기 모드(r)로 열고 dest는 쓰기 모드(w)로 연 후 src의 처음부터 256바이트씩 읽어 dest로 출력하기를 파일의 끝에 이를 때까지 반복하면 된다. 단, 원본 파일의 끝일 때는 256바이트를 다 읽지 못할 수도 있으므로 fread가 리턴하는 실제 읽은 길이만큼만 출력해야 한다. Test.txt는 아주 짧은 파일이지만 이런 식으로 fread로 읽어 fwrite로 출력하면 큰 파일도 얼마든지 복사할 수 있다. 다음은 서식화된 스트림 입출력 함수이다.

```
int fscanf(FILE *stream, const char *format [,argument ]...);
int fprintf(FILE *stream, const char *format [,argument ]...);
```

사용하는 방법은 scanf, printf와 동일하되 대상이 화면이나 키보드가 아니라 파일이라는 점만 다르다. 이 두 함수를 사용하면 정수나 실수 변수를 스트림으로 입출력할 수 있다. 다음 예제는 파일로 서식화된 출력을 보낸 후 다시 읽어들인다.

예제 fprintf

```
#include <TurboC.h>

void main()
{
    char str[128]="String";
    int i=1234;
    double d=3.1416;
```

```
FILE *f;
f=fopen("c:\\Test.dat","wb");
if (f != NULL) {
    fprintf(f,"%d %f %s",i,d,str);
    fclose(f);
}
i=0;
d=0.0;
f=fopen("c:\\Test.dat","rb");
if (f!=NULL) {
    fscanf(f,"%d %lf %s",&i,&d,&str);
    printf("파일에서 읽은 정수값=%d, 실수값=%f, 문자열=%s\n",i,d,str);
    fclose(f);
}
}
```

정수, 실수, 문자열을 Test.dat 파일로 출력한 후 다시 읽어 들여 출력해 보았다. 실행 결과는 마치 화면에 직접 변수값을 출력한 것 같지만 파일에 있는 내용이 출력된 것이다.

파일에서 읽은 정수값=1234, 실수값=3.141600, 문자열=String

C:\Test.dat 파일을 열어 보면 세 변수의 값이 공백으로 구분되어 나란히 저장되어 있다. fscanf는 이 값들을 공백으로 구분하여 세 변수로 다시 읽어들인다. 이 두 함수를 사용하면 화면으로 출력할 수 있는 모든 값들을 파일로도 출력할 수 있고 키보드로 입력받을 수 있는 모든 값을 파일에서 입력받을 수 있다. 화면이나 키보드도 파일과 같은 동질적인 스트림이므로 이것이 가능하다.

17.2.4 임의 접근

스트림은 다음 입출력할 파일의 위치를 항상 기억하고 있는데 이 위치를 FP(File Position)라고 한다. 최초 파일을 열 때 FP는 선두를 가리키고 있으며 스트림에서 내용을 읽거나 쓸 때 FP는 액세스한 만큼 자동으로 뒤로 이동한다. fgets를 반복적으로 호출하기만 하면 FP가 읽은 만큼 이동하므로 파일의 모든 내용을 줄 단위로 순서대로 읽을 수 있는 것이다.

이런 식으로 파일의 처음부터 뒤쪽으로 순서대로 내용을 액세스하는 것을 순차 접근(Sequential Access)이라고 한다. 이에 비해 파일의 임의 위치로 이동하면서 원하는 내용을 읽는 방법을 임의 접근(Random Access)이라고 한다. 다음 액세스할 위치를 옮기고 싶을 때는 FP를 원하는 위치로 옮긴 후 액세스 함수를 호출하면 된다.

FP가 스트림의 다음 입출력 위치를 가리키는 것은 화면의 커서가 다음 출력될 위치를 가리키는 것과 유사하다. 화면의 커서를 옮길 때 gotoxy를 사용하는 것처럼 스트림의 FP를 옮기는 함수도 존재하는데 다음 함수가 FP를 원하는 곳으로 옮겨준다.

int fseek(FILE *stream, long offset, int origin);

첫 번째 인수는 대상 스트림이며 두 번째 인수 offset은 FP를 어디로 옮길 것인가를 지정하며 세 번째 인수 origin은 어디를 기준으로 FP를 옮길 것인가를 지정한다. origin은 다음 세 가지 종류가 있다.

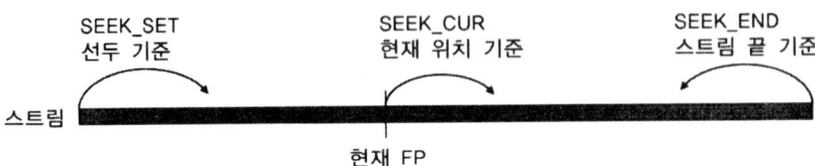

SEEK_SET은 스트림의 선두를 기준으로 FP를 이동시키며 SEEK_CUR는 현재 위치, SEEK_END는 스트림의 끝을 기준으로 한다. offset은 origin이 SEEK_END일 경우 음수여야 하며 SEEK_CUR일 경우 양수, 음수 모두 가능하다. 다음 예제는 Test.txt 파일을 연 후 선두에서 24바이트 뒤쪽으로 이동한 후 줄 끝까지 읽어 화면으로 출력한다.

예제 fseek

```
#include <Turboc.h>

void main()
{
    FILE *f;
    char buf[256];

    f=fopen("c:\\Test.txt","rt");
    if (f!=NULL) {
        fseek(f,24,SEEK_SET);
        fgets(buf,256,f);
        printf("%s",buf);
        fclose(f);
    }
}
```

실행해 보면 첫 째줄에서 24바이트만큼 건너뛰고 "생성된 텍스트 파일입니다."만 출력될 것이다. 파일을 열었을 때 FP는 선두를 가리키고 있지만 fseek 함수로 선두 기준 24바이트 위치로 이동시켰기 때문에 fgets는 이 위치부터 개행 문자를 만날 때까지 읽어 들인다.

텍스트 파일의 특정 문자열을 읽기 위해 임의 접근을 사용하는 것은 사실 별로 실용성이 없다. 일정한 크기를 가지는 구조체 배열이 저장된 파일에서 n번째 구조체를 액세스할 때 임의 접근이 사용되며 현실적인 실용성이 있다. 다음 두 함수는 현재 FP를 조사하거나 리셋한다.

```
long ftell(FILE *stream);
void rewind(FILE *stream);
```

ftell은 스트림의 현재 FP를 조사하는데 커서의 wherex, wherey 함수에 대응된다고 할 수 있다. rewind는 FP를 파일 선두로 보내는데 fseek(f,0,SEEK_SET)과 동일한 명령이다. 파일의 처음부터 다시 액세스하고 싶을 때 이 함수를 사용한다. fseek, ftell과 똑같은 동작을 하는 fgetpos, fsetpos라는 함수들도 있다.

17.2.5 기정의 스트림

고수준 입출력 함수들은 스트림을 대상으로 입출력을 수행한다. 스트림이란 파일뿐만 아니라 키보드나 모니터처럼 바이트를 연속적으로 입출력하는 물리적인 장치까지를 포괄하는 개념이므로 고수준 입출력 함수로 이런 장치들을 다룰 수 있다. 키보드나 화면을 스트림으로 관리하고자 할 때는 미리 정의되어 있는 표준 스트림을 사용한다.

이름	설명	버퍼
stdin	표준 입력	사용
stdout	표준 출력	미사용
stderr	표준 에러	미사용

FILE *를 인수로 요구하는 함수에 표준 스트림을 대신 사용할 수 있으며 이 스트림들은 미리 정의되어 있기 때문에 별도로 오픈할 필요없이 바로 사용할 수 있다. 항상 열려 있으므로 다 사용한 후에 닫을 필요도 없다. 표준 스트림을 사용하는 간단한 예제를 만들어 보자.

예제 PredefinedStream

```
#include <Turboc.h>

void main()
```

```
{
    char buf[256];

    fputs("문자열을 입력해 보시오 : ",stdout);
    fgets(buf,256,stdin);
    fputs(buf,stderr);
}
```

fputs 함수는 스트림으로 문자열을 출력하는 함수인데 fopen으로 연 FILE 포인터 대신 표준 출력 스트림인 stdout을 주면 이 문자열이 화면으로 출력된다. 화면이 마치 파일인 것처럼 문자열이 출력되는 것이다. fgets함수의 마지막 인수로 stdin을 주면 키보드에서 문자열을 입력받아 buf에 채우는데 이 함수는 scanf나 gets와는 달리 버퍼의 길이를 지정할 수 있어 사용자가 버퍼 길이 이상을 입력하더라도 배열 범위를 넘어서지 않도록 한다.

stderr는 표준 출력 스트림인 stdout과 마찬가지로 화면을 가리키며 주로 에러 메시지를 출력하기 위해 사용한다. 디폴트는 화면으로 되어 있지만 프린터나 파일로 재지향(Redirection)할 경우 에러 메시지를 별도의 장치로 보낼 수 있다. 통합 개발 환경이 일반화되기 전의 싱글 태스킹 환경에서 디버깅 목적으로 이 스트림을 사용했었으나 요즘은 그럴 필요가 거의 없어졌다.

표준 스트림 중에 stdin은 버퍼를 사용하기 때문에 stdin으로부터 입력을 받는 함수들은 키보드로부터 직접 입력을 받지 않고 버퍼에 입력되어 있는 값을 꺼내온다. 그러다 보니 미리 입력해 놓은 텍스트가 다음 번 입력 함수가 호출될 때 읽혀지는 경우가 종종 있다. 다음 예제를 실행해 보자.

예제 fflush

```
#include <Turboc.h>

void main()
{
    char buf[256];

    for (;;) {
        printf("문자열을 입력하시오(끝낼 때 0) : ");
        scanf("%s",buf);
        if (strcmp(buf,"0") == 0) {
            break;
        }
        //fflush(stdin);
```

```
        printf("입력한 문자열은 \"%s\"입니다.\n",buf);
   }
}
```

scanf로 문자열을 입력받아 그대로 화면으로 출력하기를 계속 반복하는 간단한 동작을 한다. aaa 입력, bbb 입력, ccc 입력을 각각 따로 하면 아무 문제가 없지만 aaa bbb ccc를 한꺼번에 입력하면 이상 동작을 한다. aaa를 출력한 후 입력을 대기하지 않고 연이어 bbb, ccc가 출력되어 버린다. 왜냐하면 scanf 함수는 문자열을 입력받을 때 공백으로 구분된 단어까지만 입력받고 나머지는 버퍼에 그대로 남겨 두며 다음번에 버퍼에 남아 있는 값을 읽어오기 때문이다.

실시간으로 입력을 받아야 하는 프로그램의 경우 버퍼에 아직 읽지 않은 문자가 남아 있다면 입력 대기를 하지 않을 뿐만 아니라 버퍼의 문자를 바로 읽어 버리는 문제가 있다. 이때는 다음 함수로 입력 버퍼에 남아 있는 불필요한 텍스트를 지운 후 다시 입력을 받아야 한다.

int fflush(FILE *stream);

버퍼는 원래 운영체제가 관리하는 것이며 적당한 시간이 되면, 예를 들어 버퍼가 가득 차거나 스트림을 닫을 때 또는 한가할 때 백그라운드에서 비동기적으로 비워진다. 그래서 응용 프로그램은 버퍼 관리에 대해서는 신경쓰지 않아도 된다. 그러나 당장 사용해야 할 데이터라면 버퍼가 비워질 때까지 기다릴 수 없으며 즉시 버퍼를 비워야 하는데 이때 fflush 함수를 사용한다.

플러쉬란 버퍼에 남아 있는 데이터를 비운다는 뜻인데 출력용일 경우 출력 스트림으로 완전히 보내고 입력용일 경우는 버퍼에 남아 있는 데이터를 삭제한다. 출력 대기 중인 데이터를 즉시 버퍼로 보내거나 입력 버퍼에 남아 있는 불필요한 텍스트를 지울 때는 fflush 함수로 버퍼를 비우면 된다. fflush(stdin)명령으로 입력 버퍼를 비운 후 scanf를 호출하면 scanf는 항상 새로 입력을 받을 것이다.

다음 예제와 같은 상황에서도 fflush 함수가 필요하다. scanf 함수는 정수를 입력받을 때 Enter를 버퍼에 남겨두는 특성이 있다. 그래서 정수 입력 후 문자를 곧바로 입력받으면 버퍼에 남아 있는 Enter가 문자로 읽혀진다.

예제 scanbuf

```
#include <Turboc.h>

void main()
{
    int i;
```

```
    char ch;

    scanf("%d",&i);
    scanf("%c",&ch);

    printf("i=%d, ch=%c\n",i,ch);
}
```

12와 a를 입력한다고 했을 때 Enter키로 두 값을 구분하면 a를 입력하기도 전에 정수 입력 완료를 위해 누른 Enter가 문자로 읽혀져 버린다. 문제를 해결하려면 scanf("%c",&ch); 를 호출하여 버퍼에 남아 있는 Enter를 먼저 읽어서 버리고 scanf("%c",&ch); 명령을 다시 실행하여 새로 입력받아야 한다. 아니면 fflush(stdin) 명령을 사용할 수도 있다. 문자열을 입력받을 때도 마찬가지로 문자열 끝의 Enter 코드를 버퍼에 그대로 남겨둔다. 이에 비해 gets는 문자열 입력을 완료하면서 버퍼의 Enter를 지우는 특성이 있다.

과거에는 이런 입력 함수들의 동작 방식을 잘 구분하고 또 문제가 생겼을 때 정확하게 해결하는 것이 대단히 중요했었다. 그래서 입출력 함수들의 버퍼 사용 여부와 에러 처리 방식, 환경에 따라 달라지는 동작 방식 등에 대한 것들을 열심히 외웠었고 문법서마다 이런 내용을 강조했다. 그러나 윈도우즈 환경에서는 이 함수들의 실용성이 떨어지므로 이런 것까지 상세하게 연구할 필요가 없어졌다.

17.2.6 정보의 저장

지금까지 배운 함수들을 사용하면 파일에 문자열, 정수, 실수 등을 모두 저장할 수 있다. 그러나 현실적으로 이런 단순한 타입의 변수들로 어떤 유용한 정보를 표현하기에는 부족하다. 적어도 구조체 배열 정도는 되어야 파일로 저장할만한 가치가 있다고 할 수 있는데 예를 들어 워드 프로세서의 경우 문단 하나를 구조체로 정의하면 이 구조체의 배열이 곧 문서가 될 것이며 도서 목록 관리 프로그램은 도서 정보 구조체의 배열을 저장할 것이다.

물론 구조체 배열도 정보의 표현력이 높지 못하므로 실제 프로젝트에서는 이보다 훨씬 더 복잡한 자료 구조가 동원되겠지만 대부분의 경우 구조체 배열의 변형이나 조합 정도이다. 그래서 구조체 배열을 파일로 저장할 수 있다면 웬만한 파일 구조는 설계하고 관리할 수 있을 것이다. 다음 예제는 주소록 프로그램을 예로 들어 주소록을 통째로 파일로 저장한다.

파일 선두에 256 크기의 Friends 배열이 선언되어 있으며 이 배열이 편집 대상이면서 또한 저장 대상이기도 하다. 미리 4개의 초기값을 넣어 두었고 전역변수 Num은 입력되어 있는 사람의 수를 가진다. 이 배열에 정보를 삽입, 삭제, 수정하는 편집 기능을 작성한다면 Friends 배열과 Num 전역변수를 관리할 것이며 간단한 주소록 프로그램의 기능을 갖출 수 있을 것이다. 지금 알아보고자 하는 주제는 구조체 배열을 파일로 저장하는 것이므로 편집 기능은 무시하고 초기값이 편집 중인 주소록이라고 가정하도록 하자.

예제 SaveRecord

```c
#include <Turboc.h>

void WriteFriend();
void ReadFriend();

struct tag_Friend {
    char Name[10];
    int Age;
    double Height;
};

tag_Friend Friends[256]={
    {"이기영", 30, 178.2 },
    {"김태영", 19, 169.8 },
    {"최순열", 26, 176.5 },
    {"노민호", 58, 172.3 },
    {"", 0, 0 },
};

struct tag_Header {
    char desc[32];
    int ver;
    int num;
};
int Num=4;

void main()
{
    int sel,i;

    for (;;) {
        gotoxy(15,20);
        printf("선택 (1:보기, 2:저장, 3:몽땅 삭제, 4:읽기, 9:종료 ) ");
        sel=getch();
        clrscr();

        switch (sel) {
        case '1':
```

```c
            for (i=0;i<Num;i++) {
                gotoxy(2,2+i);
                printf("이름:%s, 나이:%d, 키:%.1f\n",
                    Friends[i].Name,Friends[i].Age,Friends[i].Height);
            }
            puts("\n 출력 완료.");
            break;
        case '2':
            WriteFriend();
            break;
        case '3':
            memset(Friends,0,sizeof(Friends));
            Num=0;
            puts("\n\n  모든 레코드를 삭제했습니다.");
            break;
        case '4':
            ReadFriend();
            break;
        case '9':
            exit(0);
        }
    }
}

// 구조체 배열을 파일로 저장하기
void WriteFriend()
{
    FILE *f;
    tag_Header H;

    gotoxy(5,5);
    f=fopen("c:\\Friend.dat","wb");
    if (f == NULL) {
        puts("파일을 생성할 수 없습니다.");
    } else {
        strcpy(H.desc,"친구목록");
        H.ver=100;
        H.num=Num;
        fwrite(&H,sizeof(tag_Header),1,f);
```

```c
            fwrite(Friends,sizeof(tag_Friend),Num,f);
            fclose(f);
            puts("파일을 저장했습니다.");
        }
    }

    // 파일로부터 구조체 배열 읽어오기
    void ReadFriend()
    {
        FILE *f=NULL;
        tag_Header H;

        gotoxy(5,5);
        f=fopen("c:\\Friend.dat","rb");
        if (f == NULL) {
            puts("파일을 열 수 없습니다.");
        } else {
            memset(Friends,0,sizeof(Friends));
            fread(&H,sizeof(tag_Header),1,f);
            if (strcmp(H.desc,"친구목록") != 0) {
                puts("주소록 파일이 아닙니다.");
                goto end;
            }
            if (H.ver != 100) {
                puts("버전이 틀립니다.");
                goto end;
            }
            Num=H.num;
            fread(Friends,sizeof(tag_Friend),Num,f);
            puts("파일을 읽었습니다.");
        }

    end:
        if (f)
            fclose(f);
    }
```

main 함수에는 메뉴를 출력하고 주소록을 화면으로 출력하는 정도의 기능밖에 없다. 이 실습의 주제인 구조체 저장과 읽기는 WriteFriend, ReadFriend 함수에 따로 작성해 두었으므로 이 함수들을 집중적으로 분석해 보도록 하자.

고유의 데이터 파일을 만들려면 먼저 헤더를 작성해야 한다. 헤더란 파일의 종류와 버전, 간단한 설명, 그리고 파일의 전체 구조를 설명하는 중요한 정보들이 저장되는 구조체이다. 구조체 배열을 파일로 저장하려면 배열에 몇 개의 레코드가 있는지를 기록해 두어야 하는데 이 정보가 헤더에 작성된다. 주소록 프로그램의 헤더는 tag_Header라는 구조체로 선언되어 있으며 설명, 버전, 주소의 개수가 저장된다.

WriteFriend 함수는 fopen으로 저장할 파일을 생성한다. 저장할 파일의 이름을 따로 입력받아야겠지만 실습의 간편함을 위해 C:\Friend.dat로 이름을 고정해 두었다. 파일을 생성할 수 없으면 에러 메시지를 출력하고 그렇지 않다면 파일에 데이터를 출력한다. 설명과 버전, 그리고 레코드의 개수를 헤더에 작성한 후 파일로 먼저 출력한다. 구조체를 파일로 출력할 때는 fwrite 함수로 구조체 자체를 보내기만 하면 된다. 이 정보가 먼저 기록되어야 파일로부터 데이터를 읽을 때 기본적인 에러 처리를 하고 몇 개의 레코드가 들어 있는지를 확인할 수 있다.

그리고 Friends 배열을 통째로 파일로 저장하되 전체를 저장할 필요없이 편집 중인 유효한 개수만큼만 출력하면 되는데 이 개수는 전역변수 Num이 가지고 있다. 저장이 완료되면 fclose 함수로 파일을 닫는다. c:\Friends.dat 파일을 16진 편집기로 열어 보면 헤더 문자열과 Name 문자열이 보일 것이며 정수나 실수도 읽을 수 있을 것이다. 구조체 배열이 파일에 저장된 모습은 다음과 같다. 헤더 다음에 구조체 배열이 순서대로 기록되어 있다.

친구목록	ver	num	
Name	Age	Height	
Name	Age	Height	
Name	Age	Height	
Name	Age	Height	

(num개)

저장된 파일로부터 구조체 배열을 읽어들일 때는 저장한 순서대로 읽어 들이면 된다. 헤더를 먼저 읽고 주소록 파일이 맞는지와 버전을 확인한다. 만약 엉뚱한 파일이거나 버전이 틀리면 에러 메시지를 출력하고 종료한다. 프로그램이란 지속적으로 업그레이드되기 때문에 이전 버전이나 이후 버전이 만든 데이터 파일에 대한 처리도 할 수 있어야 한다. 이전 버전인 경우 현재 버전에 맞게 변환을 하든지 아니면 최소한 읽을 수 없다는 에러 메시지라도 보여주는 것이 옳다. 모든 조건이 맞을 경우 헤더 뒤쪽에 있는 구조체 배열을 통째로 읽어 Friends 배열에 집어넣고 전역변수 Num에 헤더에 기록된 레코드 개수를 기록하면 된다.

이 예제의 경우 편집 대상 정보가 하나의 구조체 배열에 집합적으로 모여 있기 때문에 파일로 저장하기도 그리 어렵지 않은 편이다. 실전 프로젝트의 자료구조는 사실 이보다는 훨씬 더 복잡한데 다음은 좀 더 복잡한 형태의 정보를 저장해 보자. 구조체가 모든 정보를 다 가지고 있지 않고 동적 할당된 메모리의 포인터를 가지고 있는 경우이다. 변경된 소스를 보자.

예제 SaveRecord2

```c
#include <Turboc.h>

void WriteFriend();
void ReadFriend();
void DeleteAll();

struct tag_Friend {
    char *Name;
    int Age;
    double Height;
};

tag_Friend Friends[256]={
    {NULL, 30, 178.2 },
    {NULL, 19, 169.8 },
    {NULL, 26, 176.5 },
    {NULL, 58, 172.3 },
    {NULL, 0, 0 },
};

struct tag_Header {
    char desc[32];
    int ver;
    int num;
};
int Num=4;

void main()
{
    int sel,i;

    // 실행 중에 사용자로부터 입력받았다고 가정한다.
    Friends[0].Name=(char *)malloc(7);
    strcpy(Friends[0].Name,"김종혁");
    Friends[1].Name=(char *)malloc(7);
    strcpy(Friends[1].Name,"신동밀");
    Friends[2].Name=(char *)malloc(7);
    strcpy(Friends[2].Name,"이기영");
```

```c
    Friends[3].Name=(char *)malloc(7);
    strcpy(Friends[3].Name,"김태영");

    for (;;) {
        gotoxy(15,20);
        printf("선택 (1:보기, 2:저장, 3:몽땅 삭제, 4:읽기, 9:종료 ) ");
        sel=getch();
        clrscr();

        switch (sel) {
        case '1':
            for (i=0;i<Num;i++) {
                gotoxy(2,2+i);
                printf("이름:%s, 나이:%d, 키:%.1f\n",
                    Friends[i].Name,Friends[i].Age,Friends[i].Height);
            }
            puts("\n  출력 완료.");
            break;
        case '2':
            WriteFriend();
            break;
        case '3':
            DeleteAll();
            puts("\n\n 모든 레코드를 삭제했습니다.");
            break;
        case '4':
            ReadFriend();
            break;
        case '9':
            exit(0);
        }
    }
    DeleteAll();
}

// 사용 중인 모든 메모리를 해제한다.
void DeleteAll()
{
    int i;
```

```
    for (i=0;i<Num;i++) {
        if (Friends[i].Name == NULL) {
            break;
        }
        free(Friends[i].Name);
    }
    memset(Friends,0,sizeof(Friends));
    Num=0;
}

// 구조체 배열을 파일로 저장하기
void WriteFriend()
{
    FILE *f;
    tag_Header H;
    int i,len;

    gotoxy(5,5);
    f=fopen("c:\\Friend.dat","wb");
    if (f == NULL) {
        puts("파일을 생성할 수 없습니다.");
    } else {
        strcpy(H.desc,"친구목록");
        H.ver=110;
        H.num=Num;
        fwrite(&H,sizeof(tag_Header),1,f);
        // Name의 길이, Name, Age, Height
        for (i=0;i<Num;i++) {
            len=strlen(Friends[i].Name);
            fwrite(&len,sizeof(int),1,f);
            fwrite(Friends[i].Name,len,1,f);
            fwrite(&Friends[i].Age,sizeof(int),1,f);
            fwrite(&Friends[i].Height,sizeof(double),1,f);
        }
        fclose(f);
        puts("파일을 저장했습니다.");
    }
}

// 파일로부터 구조체 배열 읽어오기
```

```c
void ReadFriend()
{
    FILE *f=NULL;
    tag_Header H;
    int i,len;

    gotoxy(5,5);
    f=fopen("c:\\Friend.dat","rb");
    if (f == NULL) {
        puts("파일을 열 수 없습니다.");
    } else {
        // 일단 사용중인 데이터를 먼저 지운다.
        DeleteAll();
        fread(&H,sizeof(tag_Header),1,f);
        if (strcmp(H.desc,"친구목록") != 0) {
            puts("주소록 파일이 아닙니다.");
            goto end;
        }
        if (H.ver != 110) {
            puts("버전이 틀립니다.");
            goto end;
        }
        Num=H.num;
        for (i=0;i<Num;i++) {
            fread(&len,sizeof(int),1,f);
            Friends[i].Name=(char *)calloc(len+1,1);
            fread(Friends[i].Name,len,1,f);
            fread(&Friends[i].Age,sizeof(int),1,f);
            fread(&Friends[i].Height,sizeof(double),1,f);
        }
        puts("파일을 읽었습니다.");
    }
end:
    if (f)
        fclose(f);
}
```

tag_Friend 구조체의 Name 멤버가 정적인 배열이 아니라 가변적인 길이를 가질 수 있는 동적 배열의 포인터로 변경되었다. 이렇게 되면 얼마든지 긴 이름을 저장할 수 있을 것이다. 편집 코드들은 실제 입력된 문자열의 길이만큼 메모리를 할당하고 Name에 그 포인터를 저장할 것이다. 이 예제는 편집 코드가 작성되어 있지 않으므로 main의 선두에서 Name을 할당하여 값을 복사해 두었는데 사용자가 직접 입력한 정보라고 가정하도록 하자.

자료 구조가 변경되었으므로 이 자료를 관리하는 코드도 변경된다. 모든 레코드를 삭제할 때는 Friends 배열만 0으로 만들어서는 안 되며 동적으로 할당된 메모리도 회수해야 한다. DeleteAll이라는 별도의 함수를 만들고 이 함수에서 Friends 배열을 정리하도록 했다. 프로그램을 종료할 때도 이 함수를 호출해야 한다.

실행 중에 Friends 배열은 다음과 같은 모양을 가지게 될 것이다. Name은 동적으로 할당된 이름 문자열의 번지를 가리키고 있으며 이 문자열의 길이는 가변적이다. 동적으로 할당되는 메모리는 구조체에 포함되어 있지 않으며 어디에 할당될지 알 수 없다. 그러나 Name 포인터를 통해서 언제든지 참조할 수 있으므로 논리적으로 구조체의 일부라고 볼 수 있다.

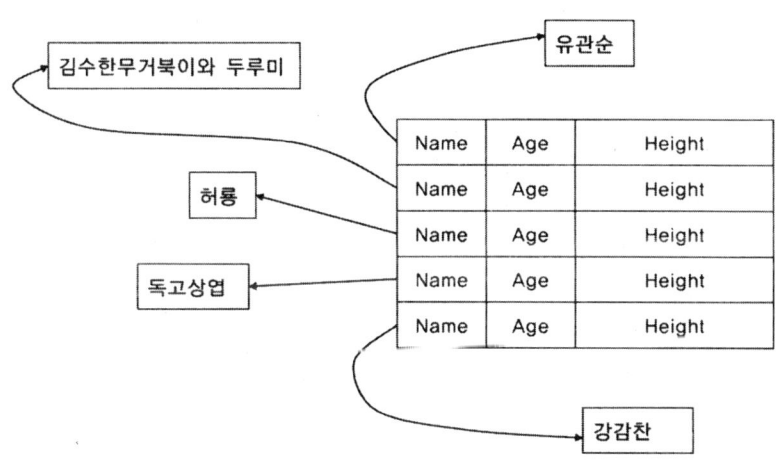

Name이 가지고 있는 번지를 파일에 저장하는 것은 아무 의미가 없다는 것쯤은 쉽게 짐작이 될 것이다. 포인터는 메모리에 있을 때나 의미가 있는 것이지 파일에 저장할 때는 아무 의미가 없다. 그래서 포인터를 저장해서는 안 되며 이 포인터가 가리키는 번지를 찾아가 실제 이름 문자열을 얻어 파일에 저장해야 한다. 또 다른 문제점은 문자열의 길이가 가변적이기 때문에 고정된 길이로 레코드를 저장할 수 없다는 점이다.

포인터를 포함하는 구조체 배열을 저장하는 WriteFriend 함수를 보자. 헤더를 저장하는 부분까지는 이전 예제와 완전히 동일하다. 단 헤더의 버전 번호가 틀린데 자료 구조가 바뀌었으므로 파일의 버전도 같이 바꿔야 안전하다. 레코드가 가변 길이를 가지기 때문에 Name 멤버의 길이를 먼저 저장하고 나머지 멤버를 순서대로 저장해야 한다. 그래야 읽을 때 Name 멤버를 위해 얼마만큼의 메모리를 할당할지, Name의 길이는 얼마만큼인지를 알 수 있다. Name 멤버의 길이를 정확하게 지정해서 저장하므로 NULL 종료 문자는 굳이 저장할 필요가 없다. 구조체 배열이 파일에 저장된 모양은 다음과 같을 것이다.

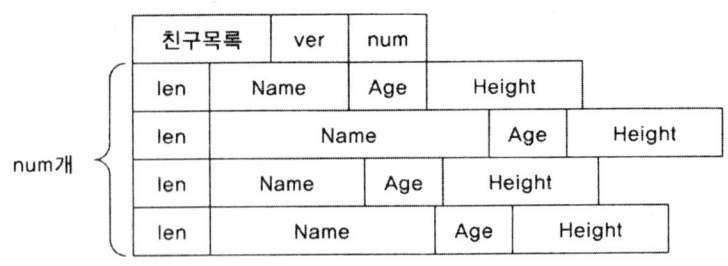

 다음은 파일에 저장된 구조체 배열을 읽어들이는 코드를 보자. 먼저 편집 중인 데이터를 지워야 하므로 DeleteAll 함수를 호출하여 Friends 배열을 깔끔하게 지운다. 물론 정상적인 프로그램이라면 이 함수를 호출하기 전에 미저장 문서에 대한 확인을 먼저 할 것이다. 헤더를 읽어들이고 파일을 확인하고 버전을 검사하는 방법은 이전 예제와 동일하다. 버전이 110으로 업그레이드되었으므로 110 버전의 데이터 파일만 읽어들일 수 있다. 물론 좀 더 코드를 작성하면 하위 버전을 컨버팅해서 읽도록 할 수도 있다.

 레코드를 읽어들일 때는 len을 먼저 읽고 널 문자를 고려하여 len+1 길이만큼 Name을 동적으로 할당하되 초기화가 되는 calloc을 사용해야 한다. 파일에 저장할 때 NULL 종료 문자를 포함시키지 않았기 때문에 읽어들일 때 NULL 종료 문자열을 직접 만들어 주는 것이다. 버퍼가 할당되면 Name에 len 길이만큼 읽어들이고 이어서 Age와 Height를 읽어들인다. 이 과정을 헤더에 저장되어 있는 레코드 개수만큼 반복하였다. 저장할 때와 똑같은 순서대로 정확한 길이를 조사해서 읽으므로 틀릴 수가 없다.

 두 가지 전형적인 경우에 대해 알아 봤는데 실제 프로그램의 자료 구조는 적어도 이 예제들보다는 복잡하다. 구조체 배열이 주 저장대상인 경우가 압도적으로 많기는 하지만 개별 구조체가 훨씬 더 많은 정보를 포함할 것이다. 구조체 안에 또 다른 구조체의 배열이 있을 수 있고 또 그 구조체 안에는 동적으로 할당된 포인터가 서너개씩 존재하기도 한다. 이런 복잡한 경우라도 원칙대로만 파일 입출력을 하면 된다.

 저장할 때는 모든 정보를 다 포함시키고 다시 읽을 때 원래 데이터를 찾을 수 있도록만 하면 될 것이다. 메모리는 입체적인데 비해 파일은 선형적이므로 메모리의 여기저기에 흩어져 있는 정보들을 모아서 순차적으로 파일로 저장하고 읽어올 때는 다시 입체적으로 메모리에 전개한다. 저장할 대상이 가변 길이일 경우 길이를 반드시 먼저 저장해야 한다.

17.3 저수준 파일 입출력

17.3.1 파일 핸들

 저수준 파일 입출력 방법은 운영체제(DOS, 윈도우즈)가 파일을 관리하는 방법과 동일하다. 고수준은 파일을 스트림이라는 논리적인 대상으로 취급할 수 있도록 하는데 비해 저수준은 파일을 핸들로 관리한다는 것이 특징이다. 스트림에 비해 핸들을 사용하는 방법이 조금 더 어렵지만 성능은 더 좋다. 저수준 파일 입출력 함수의 이름 앞에는 _문자가 있는데 _로 시작하는데 함수들은 표준이 아니라 확장된 함수라는 뜻이다. 비주얼 C++에서는 _가 없는 함수명도 사용할 수 있도록 중복 정의되어 있다.

저수준 파일 입출력을 할 때는 먼저 대상 파일을 열어 핸들을 얻어야 한다. 핸들은 열려진 파일을 대표하는 값이며 핸들에는 파일을 액세스하기 위한 모든 정보가 저장되어 있다. 파일을 열고 닫을 때는 다음 두 함수를 사용한다.

```
int _open(const char *filename, int oflag [,int pmode] );
int _close(int fd);
```

filename 인수로 열고자 하는 파일의 경로를 주는데 드라이브와 디렉토리 정보를 포함한 완전 경로로 줄 수도 있고 현재 디렉토리를 기준으로 한 상대 경로로 줄 수도 있다. oflag 인수에는 파일을 어떤 모드로 열 것인지를 지정하는 다음과 같은 플래그들을 준다. OR 연산자로 여러 개의 플래그를 한꺼번에 지정할 수도 있다.

플래그	설명
_O_BINARY	이진 모드로 연다.
_O_TEXT	텍스트 모드로 연다.
_O_CREAT	새로 파일을 만들며 파일이 이미 존재하면 아무 것도 하지 않는다.
_O_RDONLY	읽기 전용으로 연다.
_O_RDWR	읽기 쓰기가 가능하도록 연다.
_O_WRONLY	쓰기 전용으로 연다.
_O_TRUNC	파일을 열고 크기를 0으로 만든다. _O_CREAT와 함께 사용될 경우 새로 파일을 만든다.
_O_APPEND	FP를 파일 끝으로 보낸다.
_O_RANDOM	캐시를 임의 접근 방식으로 최적화한다.
_O_SEQUENTIAL	캐시를 순차 접근 방식으로 최적화한다.
_O_SHORT_LIVED	_O_CREAT 플래그와 함께 사용되며 임시 파일을 만든다.
_O_TEMPORARY	_O_CREAT 플래그와 함께 사용되며 파일을 닫을 때 삭제한다.
_O_EXCL	_O_CREAT 플래그와 함께 사용되며 파일이 이미 존재할 경우 에러를 리턴한다.

마지막 인수 pmode는 파일의 보안 속성을 지정하는데 _O_CREAT 플래그로 파일을 새로 만들 때만 적용된다. 나머지 플래그로 파일을 열 때 이 인수는 생략한다. 생성한 파일을 닫을 때 보안 속성이 적용되는데 이미 파일이 존재한다면 pmode 인수는 무시된다. 파일을 읽기 가능하도록 하려면 _S_IREAD 플래그를 주고 쓰기 가능하도록 하려면 _S_IWRITE를 주며 두 플래그를 모두 다 줄 수도 있다.

_S_IWRITE 플래그를 주면 이 파일은 기록 가능한 파일이 되며 _S_IREAD만 주면 읽기 전용의 파일이 된다. 윈도우즈에서는 존재하는 모든 파일을 읽을 수 있으므로 _S_IREAD를 주지 않아도 파일을 읽을 수 있다. _S_* 매크로 상수들은 sys/stat.h 헤더 파일에 정의되어 있으므로 이 매크로를 사용하려면 sys/stat.h를 반드시 인클루드해야 한다.

_open은 파일을 무사히 열었을 경우 파일의 핸들을 리턴하는데 이 값은 정수형 변수에 잘 저장해 두었다가 이후 저수준 파일 액세스 함수로 전달한다. 고수준 파일 입출력 함수는 FILE *형을 사용하는데 비해 저수준 파일 입출력 함수는 핸들을 사용한다. 에러 발생시 -1을 리턴하는데 안전을 위해 이 리턴값을 반드시 점검해 볼 필요가 있다. 파일 입출력이 끝난 후 _close 함수로 파일을 닫는다.

17.3.2 저수준 파일 액세스

저수준으로 파일을 읽고 쓸 때는 다음 함수를 사용한다. 두 함수 모두 첫 번째 인수로 파일 핸들을 요구하는데 _open으로 구한 핸들을 전달하면 된다.

```
int _read(int fd, void *buffer, unsigned int count);
int _write(int fd, const void *buffer, unsigned int count);
```

_read 함수는 파일로부터 count 바이트를 읽어 buffer에 채운다. buffer는 count보다 크거나 최소한 같아야 하는데 통상 malloc으로 필요한 만큼 메모리를 할당한 후 사용한다. _read는 파일에서 읽은 실제 바이트 수를 리턴하는데 이 값은 통상 count와 같지만 파일 끝에서는 count보다 더 작을 수도 있다. 예를 들어 파일 크기는 1234 바이트인데 count가 2000이라면 _read는 2000 바이트를 읽지 못하고 1234 바이트밖에 읽지 못할 것이다.

파일에서 바이트를 읽은 후 FP는 읽은 만큼 뒤로 자동으로 이동한다. 만약 파일 끝이거나 파일 핸들이 무효하다면 -1이 리턴된다. 파일을 텍스트 모드로 열었을 경우 CR/LF 조합은 LF로 변환되어 읽혀지며 Ctrl+Z를 만나면 파일의 끝으로 인식한다.

_write는 buffer에 저장된 count 바이트만큼을 파일로 출력한다. 리턴값은 실제로 파일로 출력된 바이트수인데 이 값은 통상 count와 같지만 디스크 공간이 부족할 경우에는 count보다 작은 값일 수도 있다. 다음 예제는 저수준 입출력 함수로 파일의 내용을 읽어 화면으로 출력한다.

예제 readfile

```
#include <Turboc.h>
#include <io.h>
#include <fcntl.h>

void main()
```

```
{
    int file;
    char buf[256]={0,};

    file=_open("c:\\Test.txt",_O_RDONLY);
    if (file != -1) {
        _read(file,buf,256);
        printf("%s",buf);
        _close(file);
    }
}
```

_open 함수가 사용하는 플래그들은 io.h, fcntl.h 파일에 정의되어 있으므로 이 헤더 파일들을 포함시켜야 한다. _open 함수로 Test.txt 파일을 읽기 전용으로 연 후 _read 함수로 256바이트만큼 buf로 읽어들였다. Test.txt 파일의 실제 길이가 256보다 작으므로 실제 읽은 바이트수는 이 보다 더 작을 것이다. 만약 파일 크기가 가변적이라면 루프를 돌면서 다 읽을 때까지 _read 함수를 호출해야 한다. 읽은 문자열을 printf 함수로 출력하고 _close로 파일을 닫았다.

다음 예제는 저수준 파일 입출력 함수를 사용하여 파일을 복사한다. 복사할 원본 파일과 목적 파일의 이름을 명령행으로 전달하는데 예를 들어 a.mpg를 b.mpg라는 이름으로 복사하고 싶다면 cp a.mpg b.mpg라는 명령을 내리면 된다. 도스의 copy 명령과 사용 방법이 동일하다.

예제 cp

```
#include <Turboc.h>
#include <io.h>
#include <fcntl.h>
#include <sys/stat.h>

void main(int argc, char *argv[])
{
    int src, dest;
    int readnum;
    void *buf;

    if (argc < 3) {
        printf("복사 원본과 목적 파일 이름을 지정해야 합니다.\n");
```

```
            exit(1);
    }

    src=_open(argv[1],_O_RDONLY | _O_BINARY);
    if (src == -1) {
            printf("원본 파일을 열 수 없습니다.\n");
            exit(1);
    }

    dest=_open(argv[2],_O_CREAT | _O_WRONLY | _O_BINARY | _O_TRUNC,
            _S_IWRITE);
    if (dest == -1) {
            printf("목적 파일을 생성할 수 없습니다.\n");
            _close(src);
            exit(1);
    }

    buf=malloc(60000);

    for (;;) {
            readnum=_read(src,buf,60000);
            if (readnum == 0) {
                    break;
            }
            _write(dest,buf,readnum);
    }

    _close(src);
    _close(dest);
    free(buf);
    printf("%s 파일을 %s로 복사했습니다.\n",argv[1],argv[2]);
}
```

src에 원본 파일을 열고 dest에 목적 파일을 연 후 src에서 60000바이트씩 읽어 dest로 반복적으로 출력하기만 하면 된다. _read, _write 함수들은 읽고 쓴만큼 FP를 뒤로 이동시키므로 src에서는 계속 읽기만 하고 dest로는 계속 출력만 하였다. 버퍼 크기를 더 크게 늘려 주면 복사 속도가 조금 더 빨라질 것이다.

저수준 입출력 함수도 고수준과 마찬가지로 다음 액세스할 위치를 FP로 가리키는데 FP를 옮기면 임의의 위치를 액세스할 수 있다. 다음 두 함수는 저수준 파일 입출력의 임의 접근 함수들이다.

```
long _lseek(int fd, long offset, int origin);
long _tell(int fd);
```

첫 번째 인수가 스트림 대신 파일 핸들이라는 점만 다를 뿐 두 함수 모두 사용하는 방법과 기준 위치는 고수준의 경우와 동일하다.

17.4 파일 관리

17.4.1 기본적인 파일 관리

지금까지 알아본 파일 입출력 함수들은 파일에 저장된 데이터를 읽고 쓰는 함수들이었다. 이에 비해 파일 관리 함수들은 저장된 데이터를 대상으로 하는 것이 아니라 파일 그 자체를 대상으로 한다는 점이 다르다. 사용 방법이 간단하고 직관적이므로 함수의 원형만 소개하기로 한다.

다음 함수는 파일 또는 디렉토리의 보안 허가 상태(Permission) 즉 쓰기가 가능한지, 읽기 전용인지 등을 조사하는데 주로 파일이 존재하는지를 조사하는 목적으로 많이 사용된다. 파일을 액세스하기 전에 해당 파일이 실제로 존재하는지를 먼저 알아야 한다면 이 함수로 조사할 수 있다.

```
int _access(const char *path, int mode);
```

path에 조사할 파일의 경로를 주고 mode에 조사할 상태를 지정하는데 0은 존재, 2는 쓰기, 4는 읽기를 나타낸다. 요청한 허가 상태를 가지면 이 함수는 0을 리턴하며 그렇지 않으면 -1을 리턴한다. 예를 들어 Test.txt가 실제 존재하는 파일인지 알고 싶다면 if (_access("test.txt",0)==0) 조건문을 사용하면 된다. 다음 두 함수는 파일을 삭제한다. 삭제하고자 하는 파일의 경로를 인수로 전달해 주기만 하면 된다. 두 함수는 이름만 다르며 실제로는 같은 함수이다.

```
int remove(const char *path);
int _unlink(const char *filename);
```

다음 함수는 파일의 이름을 변경한다. 변경하고자 하는 파일의 이름과 새로 설정할 파일의 이름을 인수로 지정하면 된다. a.txt를 b.txt로 바꾸고 싶다면 rename("a.txt", "b.txt")를 호출한다.

```
int rename(const char *oldname, const char *newname);
```

다음 함수는 파일의 속성을 변경한다. 즉, 읽기 전용으로 만들 것인지 아니면 읽기 쓰기가 가능한 파일로 만들 것인지를 변경한다.

```
int _chmod(const char *filename, int pmode);
```

대상 파일의 이름과 새로 지정할 속성을 지정하되 속성은 _S_IWRITE, _S_IREAD 둘 중 하나를 주거나 아니면 둘 다 줄 수도 있다. 윈도우즈 환경에서는 쓰기 전용 속성이 존재하지 않으므로 실제로 이 함수는 읽기 전용인지 아니면 읽기 쓰기가 가능한지만을 변경할 수 있는 셈이다.

C 런타임 라이브러리 수준에서는 파일을 복사하는 함수가 제공되지 않는다. 그래서 앞 절의 cp예제처럼 파일 입출력 함수로 직접 파일의 내용을 복사해야 한다. 아니면 운영체제가 제공하는 API 함수를 사용할 수도 있는데 윈도우즈는 CopyFile(Ex)라는 파일 복사 함수를 별도로 제공하고 있다. 파일을 이동하는 함수도 역시 제공되지 않으므로 복사 후 삭제하든지 아니면 MoveFile(Ex) 등의 API 함수를 사용해야 한다.

17.4.2 파일 검색

파일 검색 함수는 특정한 조건에 맞는 파일을 검색한다. 예를 들어 a로 시작하고 확장자가 txt인 모든 파일(a*.txt)을 찾아 어떤 작업을 하고 싶다면 이 조건에 맞는 파일을 먼저 찾아야 한다. 파일을 검색하는 함수는 다음 세 함수이다.

```
long _findfirst( char *filespec, struct _finddata_t *fileinfo );
int _findnext( long handle, struct _finddata_t *fileinfo );
int _findclose( long handle );
```

findfirst 함수의 filespec 인수로 검색식을 주면 조건에 맞는 첫 번째 파일을 찾아 fileinfo 구조체에 검색된 파일의 정보를 채우고 검색 핸들을 리턴한다. 만약 조건에 맞는 파일이 하나도 없다면 이때는 -1이 리턴된다. _finddata_t 구조체는 io.h 헤더 파일에 다음과 같이 정의되어 있다.

```
struct _finddata_t {
    unsigned    attrib;
    time_t      time_create;    /* -1 for FAT file systems */
    time_t      time_access;    /* -1 for FAT file systems */
    time_t      time_write;
    _fsize_t    size;
    char        name[260];
};
```

파일의 속성, 이름, 날짜, 크기 등에 대한 정보를 가지며 이 구조체를 참조하면 어떤 파일이 검색되었는지 알 수 있다. _findfirst 함수로 첫 번째 검색을 한 후 _findnext 함수로 조건이 일치하는 다음 파일을 계속 찾을 수 있으며 _findnext가 -1을 리턴할 때까지 반복하면 조건에 맞는 모든 파일을 다 찾게 된다. 검색이 끝나면 _findclose 함수로 검색 핸들을 닫아 검색을 종료한다. 다음 예제는 C드라이브 루트의 모든 파일을 검색하여 화면으로 출력한다.

예제 findfirst

```c
#include <TurboC.h>
#include <io.h>

void main()
{
    _finddata_t fd;
    long handle;
    int result=1;

    handle=_findfirst("c:\\*.*",&fd);
    if (handle == -1) return;
    while (result != -1) {
        printf("파일명 : %s, 크기:%d\n",fd.name,fd.size);
        result=_findnext(handle,&fd);
    }
    _findclose(handle);
}
```

검색 함수로 서브 디렉토리까지 검색하려면 재귀 호출을 사용한다. 파일 검색이 필요한 경우는 아주 흔한데 통상 C 런타임 함수를 직접 사용하는 경우보다 운영체제의 검색 함수를 사용하는 것이 더 좋다. 왜냐하면 운영체제는 C 런타임 함수의 검색 함수보다 훨씬 자세한 검색을 할 수 있기 때문이다. 16장의 재귀 호출편에서 API 함수를 사용한 디렉토리 검색 예제를 다룬 바 있으므로 16장의 예제를 참조하기 바란다.

17.4.3 디렉토리 관리

다음은 파일을 담는 그릇인 디렉토리 관련 함수에 대해 알아보자. 다음 세 함수가 가장 기본적인 디렉토리 관리 함수이다.

```
int _chdir(const char *dirname);
int _mkdir(const char *dirname);
int _rmdir(const char *dirname);
```

_chdir 함수는 현재 디렉토리를 변경한다. 이 함수로 변경한 현재 디렉토리를 작업 디렉토리라고 하며 이후 사용되는 상대 경로들은 작업 디렉토리를 기준으로 한다. _mkdir은 디렉토리를 생성하며 _rmdir은 디렉토리를 제거하되 비어있지 않은 디렉토리는 삭제할 수 없다. 다음 함수는 현재 작업 디렉토리를 조사한다.

```
char *_getcwd(char *buffer, int maxlen);
```

다음 두 함수는 파일 경로를 각각의 요소로 분리한다. 파일 경로는 드라이브, 디렉토리, 파일명, 확장자로 구성되어 있는데 직접 문자열을 조작하는 것은 무척 번거로운 일이다. 디렉토리와 파일 이름에 공백이 들어갈 수 있고 파일명과 확장자를 구분하는 마침표도 임의의 개수만큼 들어갈 수 있기 때문에 생각보다 훨씬 더 까다롭다.

경로 관리 함수는 파일 시스템의 이름 규칙대로 정확하게 경로 요소를 분리하고 합쳐 주므로 간편하게 쓸 수 있다. 특히 윈도우즈에는 경로를 관리하는 대응되는 함수가 없기 때문에 이 두 함수가 무척 유용하게 사용된다.

```
void _splitpath(const char *path, char *drive, char *dir, char *fname, char *ext);
void _makepath(char *path, const char *drive, const char *dir, const char *fname, const char *ext);
```

_splitpath 함수는 한 개의 입력 경로를 받아들여 이 경로를 요소별로 분리하여 네 개의 문자열 버퍼에 각각 저장한다. 이 함수를 호출하려면 분리된 요소를 저장할 4개의 버퍼를 미리 준비해야 하는데 관심없는 요소에 대해서는 NULL값을 전달해도 상관없다. 다음에 간단한 예제를 보도록 하자.

예제 splitpath

```
#include <Turboc.h>

void main()
{
    char path[MAX_PATH];
    char drive[_MAX_DRIVE];
    char dir[_MAX_DIR];
```

```
    char fname[_MAX_FNAME];
    char ext[_MAX_EXT];

    strcpy(path,"c:\\My Document\\Test\\Report 2.5.bak");
    _splitpath(path,drive,dir,fname,ext);
    printf("파일명 = %s\n",fname);
}
```

다소 복잡한 경로에 저장되어 있는 파일의 완전 경로에서 파일 이름만 조사해서 출력해 보았다. _splitpath 함수는 다음과 같이 파일 요소를 분리하는데 어디까지가 디렉토리이고 어디까지가 파일 이름인지를 정확하게 판별해낸다. UNC도 인식하므로 네트워크 파일 경로도 잘 분리한다.

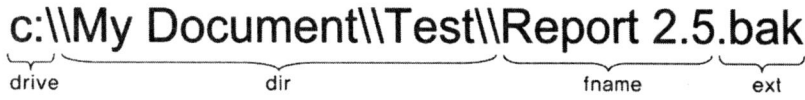

이렇게 분리된 경로는 _makepath나 sprintf로 다시 하나로 합칠 수 있다. 물론 분리된 각 요소를 개별적으로 변경한 후 합치는 것도 가능한데 예를 들어 파일의 확장자만 다른 것으로 바꾼다거나 드라이브만 바꿀 수도 있다. 다음 예제는 파일의 확장자를 지정한 것으로 변경한다.

예제 ChangeExt

```
#include <Turboc.h>

void ChangeExt(char *path, char *newext)
{
    char drive[_MAX_DRIVE];
    char dir[_MAX_DIR];
    char fname[_MAX_FNAME];
    char ext[_MAX_EXT];

    _splitpath(path,drive,dir,fname,ext);
    sprintf(path,"%s%s%s%s",drive,dir,fname,newext);
}

void main()
{
```

```
    char doc[MAX_PATH]="c:\\My Doc\\Diary\\2005년 6월.txt";

    ChangeExt(doc,".bak");
    printf("백업 파일 = %s\n",doc);
}
```

파일 이름은 그대로 사용하면서 확장자만 다른 것으로 바꾸고자 할 때 이 함수를 사용하면 안전하며 편리하다.

17.4.4 디스크 관리

다음 두 함수는 작업 드라이브를 조사하거나 변경한다. 드라이브는 번호로 표현하는데 1이 A, 2가 B, 3이 C순이다.

```
int _getdrive(void);
int _chdrive(int drive);
```

다음 함수는 디스크의 총 용량 및 남은 용량을 조사한다.

```
unsigned _getdiskfree(unsigned drive, struct _diskfree_t * driveinfo);
```

조사하고자 하는 드라이브의 번호를 주면 이 드라이브의 용량에 대한 정보를 다음 구조체에 채운다.

```
struct _diskfree_t {
        unsigned total_clusters;
        unsigned avail_clusters;
        unsigned sectors_per_cluster;
        unsigned bytes_per_sector;
};
```

멤버의 이름에 의미가 잘 나타나 있으므로 별도의 설명은 필요치 않을 것 같다. 대용량의 디스크는 클러스터 단위로 파일을 기록하므로 모든 정보들도 클러스터 수로 되어 있다. 이 구조체의 멤버를 조사하면 디스크의 총 용량과 남은 용량을 알 수 있고 두 값의 차를 구하면 사용한 용량도 쉽게 계산할 수 있다. 다음 예제는 이 함수로 C 드라이브의 현재 상태를 조사하여 출력한다.

예제 diskfree

```c
#include <Turboc.h>
#include <dos.h>

void main()
{
    _diskfree_t df;
    int bytes;
    int total,avail;

    _getdiskfree(3,&df);
    bytes=df.sectors_per_cluster*df.bytes_per_sector;
    total=MulDiv(df.total_clusters,bytes,1048576);
    avail=MulDiv(df.avail_clusters,bytes,1048576);
    printf("총 용량=%dM, 사용한 용량=%dM, 남은 용량=%dM, 클러스터당 바이트=%dB.\n",
        total,total-avail,avail,bytes);
}
```

대용량 하드 디스크를 바이트 단위로 조사하면 정수형의 범위를 넘어 버리기 때문에 메가바이트 단위로 값을 출력하도록 했다. MulDiv는 Win32 API 함수인데 대단히 큰 수를 곱한 후 나누기를 할 때 내부적으로 64비트 계산하여 자리 넘침에 의한 오차를 제거해 준다.

18
C 고급 문법

18.1 타입

컴퓨터의 메모리는 0과 1만을 기억할 수 있는 비트로 구성되어 있다. 이 절에서는 이 단순한 비트의 집합으로 큰 수와 복잡한 실수 등이 어떻게 기억되고 관리되는지에 대해 연구해 본다. 이 내용은 당장 실무에 도움을 줄 수 있는 실용적인 이론은 아니므로 꼭 몰라도 상관은 없다. 하지만 타입의 내부 구조를 이해함으로써 컴파일러의 동작을 좀 더 깊이있게 이해하고 메모리에 저장된 값을 직접 평가하고 다룰 수 있는 직관력을 키울 수 있다.

18.1.1 정수의 내부

컴퓨터가 정수를 다루는 방법은 비교적 간단하다. 1과 0을 기억할 수 있는 하나의 비트로 두 가지 상태를 표현할 수 있으며 이런 비트를 여러 개 모으면 1과 0의 조합으로 더 큰 이진수를 나타낼 수 있다. 먼저 부호가 없는 경우의 정수 구조를 연구해 보자. 일반적으로 비트 n개가 모일 때 2^n가지의 수를 표현할 수 있으며 시작 수가 0이므로 최대 표현 가능한 수는 2^{n-1}이 된다. 부호가 있으면 최대 표현수는 절반이 되지만 음수를 표현할 수 있다.

2진수의 각 자리수는 2의 거듭승에 해당하는 가중치를 가진다. 10진수의 각 자리수가 일자리, 십자리, 백자리 등 10의 거듭승에 해당하는 가중치를 가지는 것과 마찬가지이다. 이진수 101은 각 자리수의 가중치를 곱해 더하면 십진수 5가 된다.

$$101 = 1*2^2+0*2^1+1*2^0 = 4+0+1 = 5$$

16비트 길이의 unsigned short형은 $2^{16}-1$(65535)까지 표현 가능하고 32비트 길이인 unsigned int형은 $2^{32}-1$(4294967295)의 비교적 큰 값을 표현할 수 있다. 변수가 기억할 수 있는 최대 표현 범위를 넘어설 경우를 오버플로우(Overflow)라고 하는데 오버플로우가 발생하면 변수는 초과된 값을 기억하지 못하고 엉뚱한 값을 가지게 된다. 다음 예제를 보자.

예제 IncOverflow

```
#include <Turboc.h>

void main()
{
    unsigned short us;

    us=65535;
    printf("us=%d\n",us);
    us++;
    printf("us=%d\n",us);
}
```

16비트 크기의 us 변수에 이 변수가 기억할 수 있는 최대값 65535를 대입해 놓고 이 값을 1 증가시켜 보았다. 실행 결과는 다음과 같다.

us=65535
us=0

65535를 1 증가시키면 65536이 되는데 이 값은 16비트의 최대 표현 범위를 넘어서므로 오버플로우가 된다. us 변수는 65536이라는 값을 제대로 기억하지 못하고 0이 되어 버리는데 비트의 세계에서 이 현상을 좀 더 상세하게 살펴보도록 하자.

65535는 이진수로 1이 16개인 수인데 여기에 1을 더하면 1 다음에 0이 16개인 이진수(총 17자리)가 만들어진다. 이때 최상위 비트 1은 16비트 범위 바깥에 존재하므로 잘려 나가고 모든 비트는 0이 되므로 결국 16비트 범위에서 65536은 오버플로우에 의해 0과 같은 수가 되는 것이다. 8비트 범위에서 $256(2^8)$은 0과 같으며 32비트 범위에서 $4294967296(2^{32})$도 결국 0이다. 반대로 변수가 최소값보다 더 작은 값을 가질 경우 최대값이 되어 버리는데 16비트 정수 0을 1감소시키면 65535가 된다.

이런 의미에서 볼 때 컴퓨터의 정수는 수학의 정수와 정의가 약간 다르다고 할 수 있다. 수학의 정수는 원칙적으로 음양으로 무한대까지 표현할 수 있지만 비트 세계의 변수는 길이에 따라 표현할 수 있는 최소, 최대값에 제한이 있다. 따라서 정수형 타입을 선택할 때 표현하고자 하는 값의 최대값을 잘 고려하여 적당한 길이의 타입을 선택해야 한다. 일반적으로 실생활에서 수십억이 넘는 수가 필요한 경우는 무척 드물기 때문에 int형이면 무난하다.

18.1.2 음수의 표현

다음은 부호가 있는 정수 타입에 대해 알아보자. 비트의 세계에서 음수를 표현할 수 있는 방법은 여러 가지가 있을 수 있다. 0과 1로 된 일련의 비트를 어떤 수로 해석할 것인가는 일종의 약속이기 때문에 처음 정한 약속대로 부호를 표현하기만 하면 된다. 다음은 3비트의 정수 타입으로 음수를 표현하는 다양한 약속의 예이다.

이진수	부호 없음	일정 수 감소	부호 비트와 절대값	1의 보수	2의 보수
000	0	-4	0	0	0
001	1	-3	1	1	1
010	2	-2	2	2	2
011	3	-1	3	3	3
100	4	0	-0	-3	-4
101	5	1	-1	-2	-3
110	6	2	-2	-1	-2
111	7	3	-3	-0	-1

부호가 없는 경우는 모든 비트를 수로만 인식하며 오른쪽부터 2의 거듭승에 해당하는 가중치를 곱하고 모든 자리수를 더해 양수만 표현한다. 비트를 해석하는 방식을 변경하면 음수를 표현할 수도 있다.

- 일정수 감소법 : 부호없는 값에서 일정한 수를 빼 음수를 표현한다. 일종의 평행 이동법이라고 할 수 있다. 이때 빼 주는 값을 바이어스(bias)라고 하는데 전체 범위의 절반값 정도를 빼면 음양의 범위가 비슷해질 것이다. 위 도표에서는 4를 바이어스로 사용했다. 이렇게 되면 원래 0이 -4가 되고 4가 0이 되며 7은 3이 되어 -4~3까지 표현할 수 있는 타입이 된다. 논리적이고 충분히 가능한 방법이기는 하지만 직관적이지 못한 것이 단점이다.

- 부호 비트와 절대값 : 최상위 1비트를 부호 비트로 사용하고 나머지 2비트로 절대값을 표현하는 방법이다. 부호는 음, 양 두 가지 상태 중 하나이므로 1비트로 충분히 표현할 수 있으며 0을 양수 부호로, 1을 음수 부호로 약속한다. 3비트 중 한 비트가 부호 비트로 사용되었으므로 최대 표현 절대값은 절반으로 줄어들지만 음수를 표현할 수 있어 표현 가지 수는 비슷해진다. 이 방법의 단점은 부호에 따라 0이 두 개나 존재하여 모호함이 발생한다는 것이다. 이 타입에서 100은 000과 같은 값으로 비교될 것이다.

- 1의 보수법 : 양수 비트를 모두 반전하여 음수를 만드는 방법이다. 예를 들어 양수 2는 010이므로 이 비트를 모두 반전하여 101로 -2를 표현한다. 음수로 만드는 연산이 간단하다는 장점이 있지만 이 경우도 앞의 방법과 마찬가지로 +0, -0이 따로 존재하는 단점이 있다.
- 2의 보수법 : 1의 보수에 1을 더해 음수를 표현한다. 즉 모든 비트를 반전시킨 후 1을 더하는 방식인데 2(010)를 모두 반전시키면 101이 되고 여기에 1을 더한 110을 -2로 표현한다. 이렇게 되면 1의 보수법과는 달리 -0은 1000이 되며 오버플로우되어 사라지므로 한가지의 0만 존재하게 된다.

이 외에도 비트로 음수를 표현하는 다른 방법들을 많이 생각할 수 있는데 현대의 컴퓨터들은 모두 2의 보수법으로 음수를 표현한다. 2의 보수를 만드는 방법이 다소 복잡해 보일지 모르겠지만 반전과 증가는 기계적으로 무척 간단한 동작이기 때문에 음수를 만드는 속도가 빠르며 2의 보수를 사용하면 덧셈으로 뺄셈을 대신할 수 있기 때문이다.

8비트의 부호없는 char형 변수 c가 100의 값을 가지고 있을 때 여기에 256(0x100)을 더하면 어떻게 될 것인가 생각해 보자. 결과는 356이지만 오버플로우되어 원래값 100을 그대로 가지게 된다. 100부터 1씩 계속 증가해서 256번 반복하면 결국 제자리로 돌아오는 것이다. 그래서 8비트에서 256은 0과 같다.

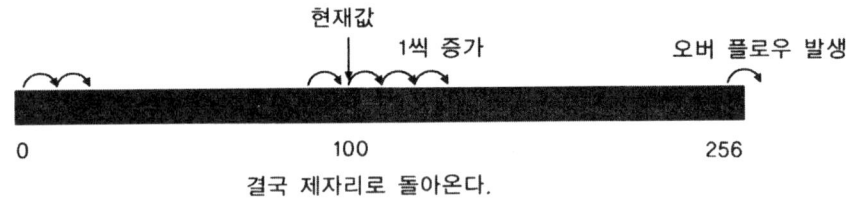

결국 제자리로 돌아온다.

그렇다면 이번에는 100+255(0xff)를 계산해 보자. 결과는 355가 되고 이 값도 8비트 범위를 넘어서므로 256(0x100)이 잘려 나가 99만 남게 된다. 결국 255는 -1과 같아지는데 255가 바로 -1을 2의 보수로 표현한 값이다. 같은 원리로 254는 -2이고 253은 -3이다. 컴퓨터는 -n 연산을 할 때 n을 2의 보수로 만든 후 이 값을 더하는 방식으로 뺄셈을 수행한다. 그래서 컴퓨터는 덧셈을 하는 가산기만 가지고 있으며 뺄셈을 하는 감산기는 별도로 가지지 않는다.

보수(Complement)란 어떤 수(기수라고 한다)가 되기 위해 보충되어야 하는 수를 의미하는데 가령 기수 10에 대한 3의 보수는 7이다. 일반적으로 a+b=기수일 때 a와 b는 기수에 대해 보수 관계에 있다고 표현한다. 2의 보수란 n비트에 대해 2^n을 기수로 한 보수이다. n이 8일 때 기수는 2^8=256이 되며 결국 8비트에서 2의 보수는 256이 되기 위해 더 필요한 수로 정의할 수 있다. a의 2의 보수 b가 있을 때 a+b=256이며 8비트에서 256은 0과 같다. 그러므로 a+b=0이 되고 a=-b, b=-a의 관계가 성립한다.

1의 보수란 2^n-1을 기수로 한 보수이며 n이 8일 때 255(11111111)가 기수이다. 1의 보수끼리는 정확하게 비트 반전 관계가 성립하며 이 값은 기계적으로 아주 쉽게 구할 수 있다. 1의 보수에 대한 기수보다 2의 보수에 대한 기수가 1 더 크므로 반전 후 1을 더하면 2의 보수가 된다.

18.1.3 바이트 순서

우리가 사용하는 정수, 실수 따위의 변수들은 모두 메모리에 저장된다. 메모리의 저장 단위는 8비트로 구성된 바이트인데 비해 실제 저장해야 할 값은 32비트나 64비트로 바이트 길이보다 훨씬 더 크다. 그래서 여러 개의 연속적인 바이트에 이 값들을 나누어 저장해야 하는데 어떻게 나누는가에 따라 두 가지 방식이 있다. 예를 들어 정수 0x12345678이라는 값을 저장한다고 해 보자. 이 값은 총 32비트이며 0x12, 0x34, 0x56, 0x78의 8비트값 4개로 구성된다. 일련의 4바이트를 여러 바이트에 나누어 저장하는 방법으로 다음 두 가지를 생각할 수 있다.

- **빅 엔디안(Big Endian : 순워드)** : 이 방식은 높은 자리수를 먼저 저장한다. 0x12가 가장 앞쪽 바이트에, 그리고 0x34가 그 다음 바이트에 저장되는 식이다. 모토롤라 계열의 CPU와 대부분의 RISC CPU가 이 방식을 사용한다. 사람들은 오랫동안 글을 읽을 때 왼쪽에서 오른쪽으로 읽어 왔으므로 읽는 순서에 맞게 4바이트를 나누어 저장한 것이다. 메모리에 나타난 순서대로 읽을 수 있고 자연스러우며 이해하기 쉽다.

- **리틀 엔디안(Little Endian : 역워드)** : 이 방식은 낮은 자리수를 먼저 저장한다. 가장 뒤쪽 바이트인 0x78이 메모리의 가장 앞쪽 바이트에 저장되며 그 다음에 0x56이, 그리고 0x12는 가장 뒤쪽에 저장된다. 인텔 계열의 CPU와 DEC의 알파칩이 이 방식을 사용한다. 메모리의 값을 읽을 때 거꾸로 읽어야 하므로 사람이 직접 읽기에는 다소 불편한 면이 있지만 기계가 값을 다루기는 더 효율적이고 몇 가지 연산에서 편리한 점이 있다.

두 방식은 앞쪽에 어떤 바이트부터 저장하는지가 다른데 빅 엔디안은 큰 값부터 리틀 엔디안은 작은 값부터 저장한다. 언뜻 보기에는 빅 엔디안이 훨씬 더 자연스러워 보이고 리틀 엔디안은 다소 이상해 보이지만 CPU가 값을 처리하는 과정을 분석해 보면 리틀 엔디안이 몇 가지 면에서 장점이 있음을 발견할 수 있다.

0x1234라는 32비트의 정수값이 메모리에 저장되어 있을 때 이 값의 하위 2바이트만 읽는다고 해 보자. int형의 값을 short형 변수에 대입한다거나 포인터를 통해 간접적으로 값을 읽을 때 이런 일이 일어나는데 다음 그림은 정수형 포인터 pi가 가리키는 32비트 값을 (short *)로 캐스팅해서 읽는 예이다.

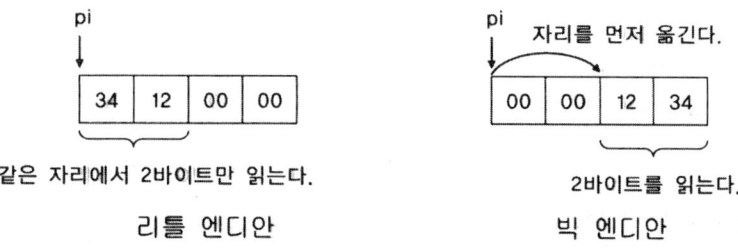

리틀 엔디안은 pi가 가리키는 원래 번지에서 2바이트만 읽어들이면 된다. 낮은 자리수가 더 앞쪽에 있기 때문에 이 위치의 값을 그대로 읽으면 바로 16비트값이 되는 것이다. 이에 비해 빅 엔디안의 0x1234 라는 값은 0x00001234로 pi가 가리키는 곳에 선행 제로 2바이트가 있다. 이 상태에서 뒤쪽의 2바이트를 읽으려면 pi 자리를 뒤쪽으로 2바이트 먼저 옮겨야 하는 번거로움이 있다.

타입의 확장이 일어날 때도 마찬가지이다. 0x1234라는 16비트 정수를 4바이트 정수로 확장해야 한다고 해 보자. 이런 경우는 늘상 일어나는데 short형 변수를 인수로 전달할 때, 수식 내에서 연산될 때, short형 값을 리턴할 때 항상 32비트로 확장된다. 32비트 환경에서는 32비트 단위로 처리하는 것이 가장 유리하며 스택의 크기가 32비트로 고정되어 있기 때문이다.

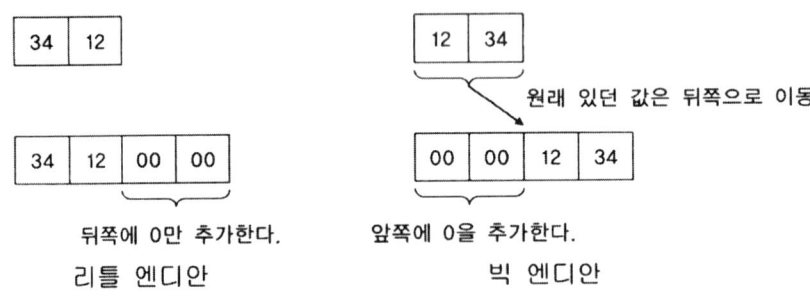

리틀 엔디안은 0x34, 0x12로 저장되어 있는 뒤쪽에 0x00, 0x00를 덧붙이기만 하면 간단하게 32비트로 확장된다. 뒤쪽에 더 높은 자리수가 있으므로 뒤에 붙이는 0값은 선행 제로가 되어 값 자체에 영향을 미치지 않기 때문이다. 이에 비해 빅 엔디안은 선행 제로가 들어갈 공간을 만들기 위해 앞쪽의 0x12, 0x34를 뒤쪽의 메모리로 이동시켜야 하므로 여분의 연산이 필요하다.

보다시피 값의 임시적인 축소나 확장이 일어날 때는 리틀 엔디안이 훨씬 더 편리하고 효율적이다. 그렇다면 리틀 엔디안이 항상 좋기만 한가하면 단점도 있다. 값을 구성하는 각 바이트를 배열처럼 다루고자 할 때는 빅 엔디안이 더 편리하다. 예를 들어 정수형 값을 8비트씩 읽어서 출력한다고 해 보자.

예제 ReadEndian

```
#include <TurboC.h>
void main()
{
    int i=0x12345678,j;
    char *p=(char *)&i;

    // 빅 엔디안
    // for (j=0;j<sizeof(int);j++) {
```

```
//          printf("%x ",p[j]);
// }

    // 리틀 엔디안
    for (j=sizeof(int)-1;j>=0;j--) {
        printf("%x ",p[j]);
    }
    putch('\n');
}
```

빅 엔디안은 높은 자리수가 앞쪽에 있으므로 순서대로 출력하기를 길이만큼만 반복하면 된다. 반면 리틀 엔디안은 앞쪽의 높은 자리수부터 출력하기 위해 배열의 뒤쪽부터 값을 읽어야 한다. 값을 출력할 때 거꾸로 읽어야 하는 것과 마찬가지로 사람이 값을 읽을 때도 이 출력 순서대로 읽어야 한다는 점이 무척 불편하다. 사람의 상식적인 생각과는 반대로 되어 있어 때로는 이것이 황당한 실수의 원인이 되기도 하고 메모리를 직접 조작할 때 항상 주의를 기울여야 한다. 한마디로 헷갈린다는 얘기다.

바이트끼리의 순서를 정하는 방식에 두 가지가 있듯이 바이트를 구성하는 8비트를 나열하는 순서도 두 가지를 생각할 수 있다. 예를 들어 0x64(십진수로 100)을 저장할 때 왼쪽에서 오른쪽으로 나열하면 01100100이 될 것이고 오른쪽에서 왼쪽으로 나열하면 00100110이 될 것이다. 두 방식은 각 이진 자리수의 가중치가 다르게 매겨진다. 그러나 다행히 현존하는 모든 CPU의 비트 순서는 빅 엔디안으로 통일되어 있어 이런 것까지는 신경쓰지 않아도 된다.

빅 엔디안과 리틀 엔디안 방식은 큰 값을 작은 단위에 나누어 저장하는 두 가지 방식 중의 하나일 뿐이며 어떤 방식이 절대적으로 우수하다고 할 수는 없다. 값의 조각을 저장하는 순서가 다른 것뿐이며 CPU 설계자들은 CPU의 구조나 설계 방식, 활용 방안 등에 따라 두 방식 중 하나를 선택한 것뿐이다.

그렇다면 개발자인 우리들은 플랫폼의 바이트 저장 순서에 관심을 가질 필요가 있을까? 사실 이런 내부적인 저장 순서는 신경쓸 필요가 거의 없다. 왜냐하면 리틀 엔디안 방식이 기록할 때 거꾸로 기록해 놓더라도 다시 읽을 때 역시 거꾸로 읽어 오기 때문에 어차피 우리가 받는 값은 최초 저장해 놓은 값이다. 0x3a991bc8을 3a, 99, 1b, c8로 저장하든 c8, 1b, 99, 3a로 저장하든 다시 읽어올 때 그 값이 0x3a991bc8이기만 하면 되는 것이다. 내부적인 저장 방식만 반대로 되어 있는 것이지 값 자체를 바꿔 버리는 것은 아니므로 고급 언어 사용자들은 이를 신경쓸 필요가 없으며 심지어 이런 것들이 있다는 것조차 몰라도 별 지장이 없다.

그러나 아주 특수한 상황에서는 이 사실을 알아야 되는 경우도 있는데 디버깅 중에 변수가 저장된 메모리 영역을 직접 들여다본다거나 아니면 변수의 값을 바이트 단위로 직접 조립해야 하는 경우 등이다. 이 외에 바이트 저장 방식이 다른 이기종 컴퓨터간의 네트워크 통신을 할 때, 구체적으로 팬티엄 PC와 매킨토시가 통신할 때 엔디안을 맞추어야 하는 번거로움이 있다. 소켓은 기본적으로 빅 엔디안으로 통일되어 있으므로 인텔 계열 CPU는 보낼 때 뒤집어 보내고 받은 값도 뒤집어야 원래 값을 제대로 읽을 수 있다.

18.1.4 부동 소수점

실수는 소수점 이하의 수를 가지기 때문에 정수에 비해 훨씬 더 복잡하다. 이런 복잡한 실수를 비트의 세계에서 어떻게 표현할 수 있을지 생각해 보자. 실수는 부호, 정수부, 소수부로 구성되므로 각 요소에 적당량의 비트를 할당하는 단순한 방법을 우선 생각해 볼 수 있다. 실수 -3.14는 음수 부호와 정수부 3, 소수부 .14로 구성되므로 이 셋을 각각의 비트에 저장하는 방식이다. 다음은 32비트 길이로 실수를 표현하는 약속의 한 예이다.

1	15	16
부호	정수부	소수부

32비트를 잘라 부호에 1비트, 정수부에 15비트, 소수부에 16비트를 할당했다. 이 구조로 일단 실수를 표현할 수는 있지만 정수부와 소수부의 자리수가 그다지 크지 않기 때문에 표현 범위가 넓지 못하다. 정수부의 최대 절대값은 기껏해야 32767 밖에 안 되어 실생활에 사용되는 수를 표현하기에는 턱도 없이 부족하며 소수부도 65535 이상을 표현할 수 없으므로 정밀도가 10진수로 소수점 이하 다섯 자리도 안 된다.

이 정도 범위와 정밀도를 가지고는 정밀한 과학, 공학용 프로그램은 물론이고 간단한 성적 처리 프로그램에도 부적합하다. 32비트가 아닌 64비트로 길이를 늘린다면 이보다 더 크고 정밀한 수를 표현할 수 있겠지만 이 역시도 충분한 크기와 정밀도를 제공하지는 못한다. 천문학이나 설계, 회계 등의 분야에서는 조 단위의 수를 다루어야 하고 소수점 이하 수십자리까지 정밀하게 표현할 수 있어야 한다.

실수를 정수부와 소수부로 분할하여 표현하는 방식은 단순하기는 하지만 전혀 치밀하지 못하고 효율적이지도 않아 질적으로 다른 방법을 필요로 하는데 그 방식이 바로 부동 소수점 방식이다. 실수는 정수부와 소수부로 구성되어 있지만 다음과 같이 가수와 지수로도 표현할 수 있다. 비트의 세계는 2진수만 쓰지만 설명의 편의상 실생활에서 사용하는 10진수를 예로 든다.

고정 소수점 방식	부동 소수점 방식
123.456	$1.2345 * 10^2$
0.0123	$1.23 * 10^{-2}$
1.2345	$1.2345 * 10^0$

가수는 실수의 실제값을 표현하며 지수는 크기를 표현하여 가수의 어디쯤에 소수점이 있는지를 나타낸다. 지수의 값에 따라 소수점이 움직이기 때문에 이 방식으로 실수를 표현하는 방법을 부동(浮動) 소수점이라고 한다. 부동 소수점 표현 방식은 C언어뿐만 아니라 모든 프로그래밍 언어, 그래픽, 공학 프로그램 등이 준수하는 국제 표준(IEEE-754)으로 지정되어 있다. 다음은 32비트 실수형인 float형의 비트 구성이다.

1	15	16
부호	정수부	소수부

부호는 음 아니면 양이므로 1비트만 있으면 되고 지수부 8비트, 가수부 23비트로 구성되어 있다. 가수부가 길기 때문에 정밀도가 비교적 충분하고 지수부가 따로 있으므로 10^{38}정도의 큰 수까지 표현할 수 있다. 물론 정밀도가 무한하지는 않기 때문에 수학에서의 실수처럼 소수점 이하 무한대까지를 기억하지는 못한다. 부동 소수점 방식은 한 가지 큰 문제점이 있는데 같은 수를 표현하는 지수와 가수의 조합이 여러 벌 나올 수 있다는 점이다. 예를 들어 다음 수식들은 모두 12.345라는 실수값을 표현한다.

$12.345*10^0$, $1.2345*10^1$, $0.12345*10^2$, $123.45*10^{-1}$, $1234.5*10^{-2}$

같은 수를 표현하는 똑같은 방법이 여럿 존재하게 되면 두 변수의 상등 비교 연산을 하기가 까다로워진다. 그래서 한 수를 표현하는 방법은 하나만 존재하도록 정규화(Normalization)를 할 필요가 있는데 가수의 정수부를 한자리로 제한하면 12.345는 $1.2345*10^1$만 가능해진다. 즉, $a.bcd*10^n$ 식으로 소수점이 항상 가수의 첫 번째와 두 번째 사이에 있도록 하는 것이다.

이상은 10진수를 기준으로 한 부동 소수점 표현 방식인데 직관적인 이해를 위해 10의 거듭승을 사용했다. 실제 컴퓨터는 2의 거듭승으로 지수를 표현하고 가수도 이진수이므로 가수가 1~2 사이의 수로 제한되어 가수는 항상 1.~~~~의 형태를 띠게 된다. 실수를 구성하는 각 요소가 어떻게 구성되고 해석되는지 요소별로 알아보자.

- 부호 : 부호는 음수 또는 양수 둘 중의 하나이므로 1비트만 있으면 된다. 0이 양수이고 1이 음수이다. 이 부호는 실수 자체의 부호만을 나타내며 지수의 부호는 아니다.

- 지수 : 지수를 n이라고 했을 때 가수부에 2^n이 곱해진다. 음수 지수도 표현해야 하므로 지수는 자체에 부호를 따로 가져야 하는데 이때는 부호 비트를 따로 쓰지 않고 127의 바이어스를 적용한다. 지수의 길이는 8비트이므로 0~255까지의 범위를 가지며 바이어스 127을 적용하면 지수의 표현 범위는 -127~128까지이다. 최소 지수 -127과 최대 지수 128은 0과 무한대를 표현하는 특별한 용도로 예약되어 있다. 그래서 float형의 최대표현 범위는 2^{127}이며 대략 10^{38}이 된다.

- 가수 : 23개의 비트로 구성되어 있으며 각 자리수에 2의 음수 거듭승으로 가중치가 부여되어 있다. 정규화 규칙에 의해 가수는 항상 이진수 1~2 사이(1.~~~)여야 하며 이 규칙을 만족하기 위해 제일 왼쪽 비트(2^0자리)는 항상 1이라고 가정한다. 이 비트를 별도로 저장하지 않는 대신 정밀도는 2배 더 높아진다.

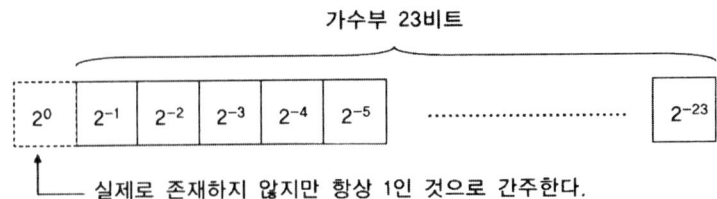

가수의 제일 왼쪽 비트부터 1/2, 1/4, 1/8, 1/16의 가중치를 가지는 셈이며 이 비트들로부터 계산된 값에 $1(2^0)$을 더하면 실제 가수가 된다. 다음 실수는 십진수로 어떤 수인지 계산해 보자.

0 01111101 10000000000000000000000

부호가 0이므로 이 값은 일단 양수이다. 지수는 125인데 바이어스 127을 빼면 −2이다. 가수는 생략된 1과 첫 번째 비트의 가중치 1/2를 더하면 3/2이 된다. 가수의 제일 왼쪽에 1이 생략되어 있다고 볼 수 있으므로 실제 가수는 (1100000~)이다. 그래서 이 값은 다음과 같이 십진수로 바꿀 수 있다.

$3/2 * 2^{-2} = 3/2 * 1/4 = 3/8 = 0.375$

모든 것이 2진수로 계산되고 바이어스, 정규화를 위한 생략치 등을 고려해서 계산해야 하므로 사람이 직접 부동 소수점 비트를 해석해서 10진수로 값을 알아내는 것은 무척이나 어렵고 복잡하다. 하지만 2진수를 잘 다루는 컴퓨터에게는 그다지 어렵지 않은 일일 것이다. 다음 예제는 부동 소수점 수의 비트 구조를 덤프해서 출력하는데 이 예제로 다양한 실수값을 분석해 보면서 float형의 구조를 연구해 보기 바란다.

예제 PrintFloat

```c
#include <Turboc.h>

void printfloat(float f)
{
    unsigned t;
    char temp[35],bin[35];

    // 비트를 다루기 쉽도록 정수형 변수에 대입한다.
    t=*(unsigned *)&f;

    // 선행 제로를 포함한 32자리의 2진수 문자열로 변환
    itoa(t,bin,2);
```

```c
    memset(temp,'0',35);
    strcpy(temp+32-strlen(bin),bin);

    // 부호, 지수 다음에 공백을 하나씩 넣음
    bin[0]=temp[0];
    bin[1]=' ';
    strncpy(bin+2,temp+1,8);
    bin[10]=' ';
    strcpy(bin+11,temp+9);

    printf("실수=%f(%s), ",f,bin);

    // 지수 출력
    printf("지수부 = %d\n",(t >> 23 & 0xff) - 127);
}

void main()
{
    printfloat(0.375f);
    printfloat(3.14f);
    printfloat(-0.5f);
    printfloat(0.1f);
}
```

부동 소수점의 각 비트를 요소별로 잘라 문자열로 조립해서 화면으로 출력하는데 길지는 않지만 비트 조작문이 다소 어려워 보일 것이다. 이 절의 주제는 실수 타입의 내부 구조이므로 PrintFloat 함수에 대한 분석은 따로 하지 않기로 한다. 비트와 문자열을 섬세하게 다루는 절묘한 꽁수를 구경할 수 있으므로 한가할 때 분석해 보아라. 실행 결과는 다음과 같다.

```
실수=0.375000(0 01111101 10000000000000000000000), 지수부 = -2
실수=3.140000(0 10000000 10010001111010111000011), 지수부 = 1
실수=-0.500000(1 01111110 00000000000000000000000), 지수부 = -1
실수=0.100000(0 01111011 10011001100110011001101), 지수부 = -4
```

이 결과에서 보다시피 부동 소수점은 10진수를 정확하게 표현하지 못하는데 0.1이라는 간단한 10진수를 2진수로 표현했을 때 굉장히 복잡한 비트열이 나온다. 근본적으로 2진수와 10진수의 수체계가 다르기 때문이다. 2진 가수부의 각 자리수는 이전 자리수의 절반 만큼인데 정확한 10진수를 표현할 수 있을 때까지 절반씩 더해 나간다. 그래도 원하는 10진수에 꼭 맞는 수가 잘 안 만들어지며 그러다 보면 아주 낮은 자리까지 더하기를 계속 반복해야 한다. 다음 코드를 실행해 보자.

```c
float f=0.1f;
printf("%.10f",f);
```

0.1을 소수점 이하 10자리까지 출력하면 0.1000000015라는 값이 나오는데 2의 음수 거듭승으로 십진수 0.1을 정확하게 표현하지 못하므로 가장 근접한 수를 유효자리 범위에서 표현한 것이다. 사실 이 정도의 오차라면 거의 무시해도 될 정도의 경미한 값이다. 그러나 이런 경미한 값이 모이면 오차가 점점 커진다. 다음 예제를 실행해 보자.

예제 FloatError

```c
#include <Turboc.h>

void main()
{
    float d=0.0f;
    int i;

    for (i=0;i<1000;i++) {
        d+=0.1f;
    }
    printf("%f",d);
}
```

0.1을 1000번 더했으므로 100.0이 되어야 하는데 실제로 실행해 보면 99.999046이 된다. 작은 오차들이 누적되다보면 이 오차들이 모여서 원하는 값과 점점 더 멀어진다. 반복 회수를 10000으로 늘리면 999.902893이 되고 100000으로 늘리면 9998.556641이 된다. 오차의 누적회수가 많을수록 문제가 점점 심각해지는 것이다. 물론 0.1f*1000을 바로 계산하면 정확하게 100.0이 계산된다.

실수는 비록 작기는 하지만 항상 어느 정도의 오차가 있다. 그러나 이런 미세한 오차가 실제 프로그램에서 말썽을 일으키는 경우는 거의 없는데 왜냐하면 연산 결과에 영향을 줄만큼 크지 않기 때문이다. 설사 정밀도를 요하는 과학 계산이라 해도 말이다. 그러나 항상 오차가 발생할 수 있다는 점은 주의해야 하는데 예를 들어 실수끼리 상등 비교 연산을 해서는 안 된다. 위 예제에서 루프를 실행한 후 if (d == 100.0) 이라고 비교하면 항상 거짓으로 평가되는데 아무리 비슷한 값이라도 비트열은 분명히 다르기 때문이다. 상등 비교 연산을 하는 대신 if (abs(d-100.0) < 0.01) 이런 식으로 부등 비교하여 차이가 오차 범위안이라면 같은 수로 봐야 한다. 실수 자체를 많이 쓰지 않으므로 비교할 일도 별로 없겠지만 혹시 있다면 주의를 할 필요가 있다.

부동 소수점 타입에 대한 또 다른 주의 사항은 범위와 정밀도가 다르다는 것이다. float형이 10^{38}까지 표현할 수 있다고 해서 10진수 38자리수를 정확하게 기억할 수 있다는 얘기는 아니다. 지수의 범위가 10진수로 38자리 정도 된다는 것이지 가수의 정밀도는 기껏해야 10진수로 7자리 정도밖에 되지 않는다.

```
float f=123456789.123456789f;
```

이 선언문은 float형 변수에 긴 실수를 대입하는데 실제 이 변수에 기억되는 값은 123456792.0이다. 8자리 이상의 값은 반올림되어 잘려 나가므로 원하는 바와 다른 오차가 발생한다. 이런 경우는 가수부가 충분히 큰 double형을 사용해야 한다. double형은 십진수로 15자리까지 유효하다. 다음 예제를 보자.

예제 FloatError2

```c
#include <Turboc.h>

void main()
{
    float f1,f2,f3;
    f1=123456.0f;
    f2=0.0001f;
    f3=f1+f2;
    printf("f1=%f\nf2=%f\nf3=%f\n",f1,f2,f3);
}
```

f1, f2 두 개의 float형 변수에 초기값을 대입한 후 두 값을 더해 f3에 대입했다. 123456.0과 0.0001을 더했으므로 f3은 당연히 123456.0001이 되어야 할 것 같지만 결과는 123456.0이 되어 f2를 더하나 마나의 결과가 나온다. f1과 f2는 float형에 적절한 정밀도를 가지지만 이 두 값의 지수차가 심해 더한 결과는 float형에 맞지 않기 때문이다. 실수끼리 더할 때는 지수부를 일치시킨 후 가수부를 더하는데 두 값의 지수차가 심할수록 덧셈 결과의 가수부가 길어져 정밀도를 초과할 확률이 높다. 실행 결과는 다음과 같다.

```
f1=123456.000000
f2=0.000100
f3=123456.000000
```

float형의 비트 구조를 분석해 보면 이 예제의 결과가 왜 이렇게 나오는지를 설명할 수 있다. 비주얼 C++ 6.0의 경우는 f3이 123456.0001으로 출력되기도 하는데 이는 컴파일러가 이어지는 출력문을 위해 float를 double로 임시 확장하여 변수의 능력치를 초과하는 불필요한 서비스를 하기 때문이다. 비주얼 C++ 7.0, Dev-C++ 등 다른 컴파일러는 제대로(?) 틀린 결과를 출력한다. 복잡한 실수 계산은 컴파일러마다 조금씩 다를 수도 있어 가급적이면 큰 타입을 사용하는 것이 좋다.

실수의 대표격으로 float형을 분석해 봤는데 64비트의 double형은 지수부 11, 가수부 52로 좀 더 큰 크기를 가지고 바이어스가 1023이라는 것 외에 float형과 구조적인 차이점은 없다. 각 요소의 크기가 크기 때문에 double형은 float형보다 훨씬 더 크고 정밀한 수를 표현할 수 있다. 무려 10^{308}승이라는 도저히 상상할 수 없는 무지막지한 수를 표현할 수 있고 10진수 15자리 정도의 정밀도를 가진다.

이상으로 실수의 구조에 대해 연구해 봤는데 제한된 비트 길이에 최대한 큰 수를 정밀도를 잃지 않으면서 저장하기 위해 무척 복잡한 구조를 가지고 있다. 그렇다면 실수의 구조를 연구해 보는 것은 과연 어떤 의미가 있을까? 수치 연산 보조 프로세서가 실수 연산을 하고 출력, 변환 등을 해 주는 함수들이 있으므로 우리가 직접 실수의 비트를 해석할 일은 거의 없다고 할 수 있다. 그러나 적어도 실수의 비트 구조가 정수와 다르므로 다음과 같은 코드가 잘못되었다는 것은 알 수 있게 될 것이다.

```
double d=123.456;
int *pi=(int *)&d;
printf("%d\n",*pi);
```

이 연산문의 결과로 123이 나오기를 기대한다면 아직도 비트의 세계를 이해하지 못했다고 보면 틀림없다. 아주 엉뚱한 숫자가 나올 것이다.

18.1.5 구조체의 정렬

구조체의 멤버들은 선언된 순서대로 인접한 번지에 배치된다. 첫 번째 멤버가 오프셋 0에 오고 두 번째 멤버가 첫 번째 멤버의 길이만큼 뒤쪽의 오프셋에 자리를 잡는 식이다. 그래서 구조체의 총 크기는 구조체에 속한 멤버들의 총 크기와 같다. 과연 그런지 다음 예제로 테스트해 보자.

예제 StructAlign

```
#include <Turboc.h>

struct tag_st1
{
    char c;
    double d;
```

```
};
tag_st1 st1={'A',1.234};

void main()
{
    printf("addr=%p, &c=%p, &d=%p, size=%d\n",&st1,&st1.c,&st1.d,sizeof(st1));
}
```

tag_st1 구조체에는 1바이트의 문자형 멤버 하나와 8바이트의 실수형 멤버 하나가 포함되어 있으며 그래서 구조체의 총 크기는 9바이트가 되어야 한다. 그러나 sizeof 연산자로 st1 구조체의 실제 크기를 조사해 보면 16바이트라는 결과가 나온다. 어째서 이런 결과가 나오는 것일까? 그 이유는 물리적인 기계의 성능을 최대한 끌어올리기 위해서 컴파일러가 구조체를 메모리에 배치할 때 두 가지 사항을 고려하여 번지를 잡기 때문이다.

첫 번째로 구조체가 시작될 번지(base)를 고를 때 가급적이면 16바이트 경계에서 시작하도록 한다. 왜냐하면 최신 CPU들은 속도 증가를 위해 캐시를 사용하는데 캐시의 단위가 16바이트로 되어 있기 때문이다. 캐시 크기의 배수 위치에 구조체를 배치하면 이 구조체를 자주 액세스할 때 캐시 용량을 덜 차지하면서도 빠르게 액세스할 수 있다. 만약 16바이트 경계의 양쪽에 걸치게 되면 캐시도 많이 차지할 뿐더러 액세스 속도도 느려질 것이다.

두 번째로 구조체의 멤버를 배치할 때 멤버의 오프셋도 액세스하기 유리한 위치로 조정한다. 별다른 지정이 없으면 멤버의 크기에 따라 자연스러운 경계 위치에 맞추도록 되어 있는데 예를 들어 int는 4바이트, double은 8바이트 경계에 맞춘다. 그래서 위 예제의 경우 c가 1바이트를 차지하고 난 후 d는 다음 8바이트 경계에 배치되므로 c와 d 사이에 7바이트는 버려지고 사용되지 않는다. 이렇게 사용되지 않고 버려지는 공간을 패딩(Padding) 이라고 한다.

설사 두 멤버의 순서를 바꾸어서 d를 먼저 배치하고 c를 뒤에 배치해도 마찬가지로 c뒤쪽의 7바이트가 버려진다. c위치에서 구조체가 끝나므로 이 경우는 굳이 패딩을 쓰지 않아도 될 것 같지만 이렇게 할 경우 구조체의 배열을 만들 때 두 번째 요소의 d가 8바이트 경계에 올 수 없을 것이다. 배열의 첨자 연산이 가능하기 위해서는 배열 요소는 인접해 있어야 한다. 그래서 요소 사이에 패딩을 넣지 못하며 구조체 내부에 패딩을 둘 수밖에 없다.

컴파일러는 CPU가 메모리를 최대한 **빠른** 속도로 액세스할 수 있도록 구조체의 베이스와 멤버의 오프셋을 조정해서 배치하는데 이를 구조체의 정렬(alignment)이라고 한다. 자료를 크기순으로 나열하는 정렬(Sort)과는 번역만 같으며 뜻은 다르다. 개발자들은 일반적으로 구조체의 정렬 방식에 대해 몰라도 별 문제가 없다. 왜냐하면 변수가 어떤 메모리에 배치되는가는 원칙적으로 컴파일러 마음이며 개발자는 변수명으로 그 번지의 내용을 읽고 쓰기 때문이다. 또한 멤버의 오프셋이 어떻게 설정되든 간에 코드에서는 st1.c, st1.d 연산문으로 멤버를 액세스할 수 있으며 . 연산자는 컴파일러가 정한 오프셋을 정확하게 찾아 준다.

구조체의 정렬 기능에 의해 액세스 속도는 빨라지지만 효율을 위해 버려지는 메모리가 있다는 점이 다소 안타까워 보일 것이다. 그러나 위의 tag_st1은 이런 효과를 극대화해서 보여주기 위해 1바이트 멤버 다음에 8바이트 멤버를 의도적으로 배치했을 뿐이지 현실적으로 구조체의 멤버들은 대부분 int, unsigned, char [ ] 등이기 때문에 걱정하는 것만큼 메모리가 낭비되지는 않는다.

만약 메모리를 꼭 절약하고 싶다면 예를 들어 tag_st1 arst[10000] 따위의 큰 배열을 만들어야 한다면 옵션을 조정하여 구조체의 정렬 방식을 변경할 수 있다. 비주얼 C++ 6.0의 경우 프로젝트 설정 대화상자의 C/C++ 탭에서 Code Generation 카테고리를 선택하면 아래쪽에 Struct member alignment라는 옵션을 볼 수 있다.

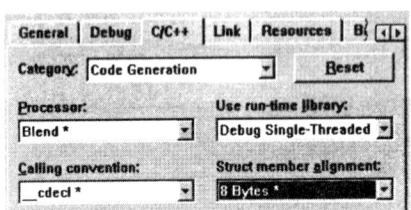

디폴트는 8바이트 단위로 정렬하도록 되어 있으며 1, 2, 4, 8, 16 등 2의 거듭승으로 정렬값을 변경할 수 있다. 비주얼 C++ 7.0의 경우도 비슷한 위치에서 이 옵션을 찾을 수 있으며 gcc 등의 명령행 컴파일러들도 관련 옵션을 모두 제공한다. 컴파일러 옵션이 한글화되어 있지만 그렇다고 해서 이 옵션들이 쉬워지지는 않는 것 같다.

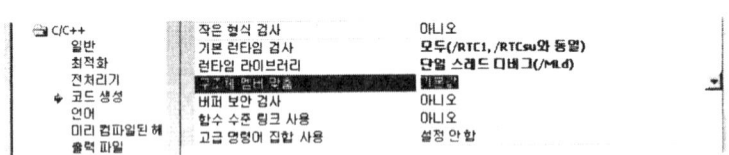

컴파일러는 이 옵션에서 지정한 정렬값 n과 멤버의 크기값 중 작은 쪽에 맞추어 두 번째 멤버 이후의 오프셋을 결정한다. 물론 첫 번째 멤버는 항상 오프셋 0인 구조체 선두 번지에서 시작한다. 이 옵션을 바꿔 가며 위 예제를 다시 컴파일해 보면 정렬값 n에 따라 구조체의 크기와 두 번째 멤버의 시작 번지가 달라지는 것을 확인할 수 있다.

정렬값	결과
1	addr=00426A30, &c=00426A30, &d=00426A31, size=9
2	addr=00426A30, &c=00426A30, &d=00426A32, size=10
4	addr=00426A30, &c=00426A30, &d=00426A34, size=12

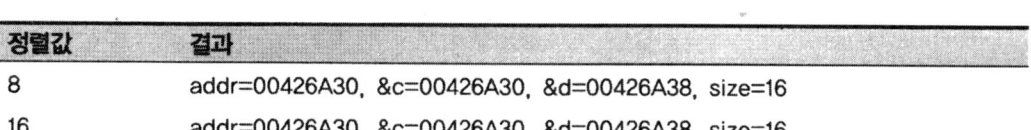

정렬값	결과
8	addr=00426A30, &c=00426A30, &d=00426A38, size=16
16	addr=00426A30, &c=00426A30, &d=00426A38, size=16

정렬값에 따라 st1 구조체가 메모리에 어떻게 배치되는지 그려 보자.

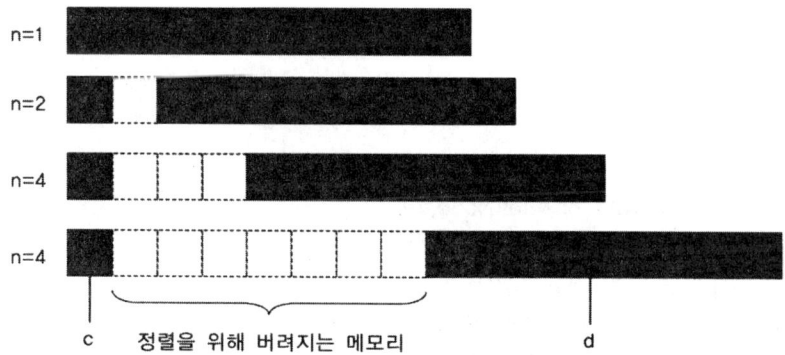

정렬값을 1로 주면 모든 멤버를 1바이트의 경계에 맞춤으로써 정렬을 하지 않게 되며 따라서 구조체의 크기는 멤버의 크기와 정확하게 같아진다. 정렬값이 2인 경우 두 번째 멤버 d가 2바이트의 배수 위치에 오도록 하기 위해 c다음의 1바이트를 버리며 4인 경우는 3바이트가 버려지고 8인 경우 7바이트를 버린다. 정렬값이 16인 경우는 정렬값보다 d의 크기 8이 더 작으므로 8의 배수에 맞춰지고 정렬값이 8인 경우와 같아진다.

구조체 정렬 기능에 의해 멤버들이 구조체 내의 어느 오프셋에 배치될지는 미리 예측하기 어렵다. 설사 계산 가능하다 하더라도 옵션을 바꾸면 오프셋이 다시 바뀔 수 있으므로 암산으로 계산한 오프셋을 사용하는 것은 바람직하지 않다. 만약 특정 멤버가 배치된 오프셋을 조사하고 싶다면 stddef.h에 다음과 같이 정의되어 있는 offsetof 매크로 함수를 사용한다.

```
#define offsetof(s,m)    (size_t)&(((s *)0)->m)
```

첫 번째 인수로 구조체, 두 번째 인수로 멤버의 이름을 주면 이 멤버가 실제로 배치된 오프셋을 리턴한다. 어째서 그렇게 되는지는 매크로 내용을 직접 분석해 보아라. 다음 예제로 이 매크로의 동작을 테스트해 보자.

예 제 offsetof

```
#include <Turboc.h>
#include <stddef.h>
```

```c
void main()
{
    struct Node {
        int a;
        double b;
        char c[16];
        Node *prev;
        Node *next;
    };
    Node A, B;

    printf("a의 오프셋 = %d\n",offsetof(Node,a));
    printf("b의 오프셋 = %d\n",offsetof(Node,b));
    printf("c의 오프셋 = %d\n",offsetof(Node,c));
    printf("prev의 오프셋 = %d\n",offsetof(Node,prev));
    printf("next의 오프셋 = %d\n",offsetof(Node,next));
}
```

실행 결과는 다음과 같다.

```
a의 오프셋 = 0
b의 오프셋 = 8
c의 오프셋 = 16
prev의 오프셋= 32
next의 오프셋= 36
```

만약 구조체 전체가 아니라 특정 멤버 앞쪽의 멤버만 복사하고 싶다면 이 멤버의 오프셋을 알아야 하는데 이때 offsetof 매크로가 유용하게 사용된다. 예를 들어 A 구조체의 링크 정보는 빼고 실제 데이터만 B로 복사하고 싶다면 memcpy(&B,&A,offsetof(Node,prev)); 하면 된다.

현대의 컴퓨터 환경에서 메모리는 아주 흔한 자원이 되어 버렸으며 그래서 속도를 위해서라면 메모리 얼마쯤을 버리는 것은 크게 문제 삼지 않는 분위기이다. 최신 컴파일러들의 최적화 옵션은 가급적 속도를 높이는 쪽으로 맞춰져 있으며 구조체를 정렬하는 것도 속도를 높이기 위한 방편 중의 하나로 이해하면 된다. 컴파일러 내부에서 일어나는 일이므로 신경쓰고 싶지 않다면 알아서 잘 하겠거니라고 생각해도 무방하되 단 sizeof(st1)이 꼭 9가 아닐 수도 있다는 것 정도는 상식적으로 알아 두도록 하자.

구조체의 크기를 꼭 알아야 하는 경우는 사실 그리 흔하지 않다. 물론 아주 가끔이기는 하지만 정렬된 크기를 정확하게 알아야 하는 경우도 있다. 이런 경우 쓰라고 만들어 놓은 연산자가 바로 sizeof 연산자이다. 구조체의 크기가 필요하면 반드시 sizeof 연산자를 사용해야 하며 구조체가 간단하다고 해서 대충 암산으로 구한 상수를 바로 쓰는 것은 지극히 위험하다.

18.2 전처리기

18.2.1 #과

#과 ##은 전처리기의 연산자로서 컴파일러가 #define 전처리 과정에서만 사용하는 특수한 연산자이다. C언어 자체의 연산자는 아니므로 우선 순위나 결합 규칙 등은 적용되지 않는다. 둘 다 사용 빈도가 높지는 않지만 잘 알아 두면 매크로의 활용도를 높여 반복되는 코드를 간단하게 작성할 수 있어 작업 효율 향상을 꾀할 수 있다.

연산자(stringizing operator)는 #define문의 인수 앞에 사용되며 피연산자를 문자열로 바꾸는 역할을 한다. 피연산자가 실인수로 치환된 후 양쪽에 따옴표를 붙여 치환된 결과 그대로 문자열 상수가 된다. 다음 예제가 이 연산자를 사용하는 가장 전형적인 예제이다.

예제 SharpOp

```
#include <Turboc.h>

#define result(exp) printf(#exp"=%d\n",exp);

void main()
{
    result(5*3);
    result(2*(3+1));
}
```

result 매크로는 인수로 전달된 수식을 printf 함수로 출력하되 수식 자체와 수식의 평가 결과를 같이 출력한다. 실행 결과는 다음과 같다.

```
5*3=15
2*(3+1)=8
```

result(5*3) 호출문은 전처리기에 의해 다음과 같이 치환된다.

> result(5*3)
>
> printf(#5*3"=%d",(5*3));   인수 치환
>
> printf("5*3""=%d",(5*3));   #다음의 인수가 문자열이 됨
>
> printf("5*3=%d",(5*3));   인접한 문자열을 합침

매크로로 전달된 5*3 수식이 # 연산자에 의해 문자열로 치환되며 인접한 문자열은 합쳐지므로 5*3이라는 수식 자체가 printf의 서식 문자열의 일부가 된다. 만약 다음과 같이 매크로의 인수 자체를 문자열 내에서 직접 쓰게 되면 이 실인수는 치환되지 않고 exp라고만 출력될 뿐 호출부의 실제 수식이 출력되지 않을 것이다.

#define result(exp) printf("exp=%d\n",exp);

요컨데 #연산자는 문자열 상수 내부의 형식 인수를 실인수로 치환시킬 때 사용하는 연산자라고 할 수 있다. #연산자는 정확한 문자열 변환을 위해 몇 가지 규칙을 적용하는데 상식 수준에서 쉽게 이해되는 규칙들이다. #과 형식 인수 사이의 공백, 형식 인수 다음의 공백은 무시되므로 #exp, # exp는 동일하다. 실인수 내의 공백은 하나만 인정되며 둘 이상의 공백은 하나만 남기고 모두 삭제된다. 실인수 내에 주석이 있으면 이 주석은 하나의 공백으로 대체된다.

호출부	치환 결과
result(5*3)	5*3=15
result(5 * 3)	5 * 3=15
result(5* 3)	5* 3=15
result(5 * 3)	5 * 3=15
result(5*/*곱하기*/3);	5* 3=15

실인수에 겹따옴표나 역슬래쉬 등 확장열로 처리해야 할 문자가 있다면 이 문자 앞에 확장열 선두 문자인 \가 자동으로 삽입된다. #define println(msg) printf(#msg"\n") 이라는 매크로가 있을 때 이 매크로의 치환 결과는 다음과 같다.

호출부	치환 결과	출력 결과
println(메시지);	printf("메시지\n")	메시지
println("메시지");	printf("\"메시지\"\n")	"메시지"
println("메""시""지");	printf("\"메\"시\"지\"\n")	"메"시"지"

#연산자를 잘 활용하면 2진수 형태의 상수를 표기할 수 있다. C++은 8진, 10진, 16진 상수 표기법은 지원하지만 2진 상수 표기법은 지원하지 않으므로 암산을 통해 16진수로 만들어야 한다. 꼭 필요할 경우 좀 색다른 방법을 동원할 수 있는데 표준 함수 중에 문자열을 수치로 변환하는 strtol 함수는 기수를 지정할 수 있다. 그래서 2진수 형태의 문자열로부터 원하는 값을 만들어 내는 것이 가능하다. 예를 들어 이진수 00110100 상수를 정의하고 싶다면 strtol("00110100",NULL,2)라고 호출하면 된다.

그런데 이 함수를 매번 호출하는 것은 무척 번거로우므로 좀 더 편리하게 사용할 수 있는 매크로 함수를 정의하고 싶다고 하자. 문제는 이 함수가 요구하는 2진 표기가 반드시 문자열이어야 한다는 점이다. 이럴 때 #연산자를 사용하면 실인수를 문자열로 바꿔 주므로 2진값을 바로 적어도 된다. 다음은 2진 상수를 표기하는 BIN 매크로이다.

예제 BinaryConst

```
#include <Turboc.h>

#define BIN(a) strtol(#a,NULL,2)

void main()
{
    printf("%x\n",BIN(00010010001101001111000001011100));
}
```

BIN 매크로의 실인수로 2진수 표기를 적기만 하면 이 표기를 문자열로 바꾼 후 strtol 함수에 의해 수치값으로 변환되어 리턴될 것이다. 출력 결과는 16진수 1234f05c이며 BIN 매크로의 2진수와 같은 값이다. 이 매크로는 문자열을 거쳐 수치를 만들어 내므로 효율은 좋지 못하지만 2진수 암산이 잘 안 되는 사람에게는 아주 유용하다.

연산자(merge operator) 역시 #define문 내에서만 사용되며 형식 인수 사이에 위치한다. 형식 인수를 분리하여 각각 치환되도록 하며 치환 후에는 주변의 공백과 함께 사라져 두 인수의 치환 결과가 하나의 토큰으로 연결될 수 있도록 한다. 다음 예제를 보자.

예제 SharpSharpOp

```
#include <Turboc.h>

#define var(a,b) (a##b)

void main()
{
    int var(Total, Score);
    TotalScore=256;
    printf("총점 = %d\n",TotalScore);
}
```

var 매크로는 두 개의 형식 인수를 받아 들여 이 두 명칭을 연결해서 하나의 명칭으로 만드는데 형식 인수 a와 b 사이에 ## 연산자가 사용되었다. 만약 ## 연산자없이 var(a,b) (ab)로 정의한다면 전처리기가 ab를 a와 b 인수가 아닌 별도의 명칭으로 인식하므로 실인수로 치환되지 못하고 그대로 ab로 남아 있을 것이다. 이 두 형식 인수가 ##에 의해 구분됨으로써 양쪽 모두 실인수로 치환되며 치환 후에 ##은 사라진다. var(Total, Score)가 치환되는 과정은 다음과 같다.

        var(Total, Score)

        Total##Score   인수 치환

        TotalScore   치환 후 ##은 사라진다.

##은 주변의 공백까지 같이 제거하므로 매크로 정의문의 ## 좌우 공백은 무시된다. (a##b)로 쓰나 (a ## b)로 쓰나 결과는 동일하다. ##은 치환 전에 두 토큰을 분리하여 각 토큰이 치환될 수 있도록 구분하는 역할을 하며 치환 후에는 주변의 공백과 함께 자폭하여 두 토큰을 하나로 연결한다. 이 연산자는 주로 일괄적인 타입 정의에 사용된다.

예제 DefineType

```
#include <Turboc.h>

#define defptype(type) typedef type *p##type

void main()
```

```
{
    defptype(int);
    defptype(double);
    defptype(char);

    pint pi;
    int i=3;
    pi=&i;
    printf("i = %d\n",*pi);
}
```

defptype 매크로는 int, double 등의 타입을 인수로 전달받으며 원래 타입 앞에 p를 붙여 포인터 타입을 새로 정의한다. 예를 들어 defptype(int)는 정수형 포인터 pint를 정의하고 defptype(double)은 실수형 포인터 pdouble을 정의한다. 형식 인수 type이 매크로 호출문으로 전달된 실인수(int, double 등)으로 먼저 치환된 후 앞에 p자를 붙이기 위해 ##이 치환을 돕고 있다. 사용자 정의 타입에 대해서도 물론 사용할 수 있다.

이런 목적으로 사용되는 ##연산자는 윈도우즈의 표준 헤더 파일과 메시지 크래커, MFC 소스 코드, COM 헤더 파일에서 흔히 발견할 수 있다. 다음이 몇 가지 예이다.

```
#define OLESTR(str)         L##str
#define MAKE_ENUM(Method, Interface)       Interface##_##Method
#define HANDLE_MSG(hwnd, message, fn)  \
    case (message): return HANDLE_##message((hwnd), (wParam), (lParam), (fn))
#define RUNTIME_CLASS(class_name) ((CRuntimeClass*)(&class_name::class##class_name))
static const AFX_DATA CRuntimeClass class##class_name; \
```

매크로 정의문들이 하나같이 무척 복잡해 보이는데 이런 매크로의 도움으로 실제 코드는 훨씬 더 간단해질 수 있는 것이다. 이 코드들은 관련 부분에서 다시 살펴볼 기회가 있을 것이며 또한 분석해봐야 한다. 당장 이 문장들의 의미를 분석할 수는 없겠지만 장래 이 매크로를 분석해야 할 때를 대비해서 여기서는 ## 연산자의 정의와 동작에 대해서만 잘 정리해 두도록 하자.

행 계속 문자로 알려진 \도 일종의 전처리 연산자이며 자신과 뒤쪽의 개행 문자를 없는 것으로 취급하여 두 줄을 하나로 연결하는 용도로 사용한다. 이 문자가 행 끝에 올 때 자신의 뒤쪽에 있는 공백들과 개행코드까지 몽땅 제거하는 역할을 한다. 그래서 다음 문장은 두 행으로 분리되어 있지만 전처리 후에 한 문장으로 합쳐진다. 초기화할 문자열이 한 행에 다 쓸 수 없을 만큼 길어질 때 줄 끝에 \를 적고 개행한 후 계속 쓰면 된다.

```
char Message[]="이 문자열은 \
아래의 문자열과 합쳐집니다.";
```

단, \ 연산자는 기계적으로 두 행을 연결할 뿐이며 다음 행의 선두에 있는 공백까지도 윗줄에 붙이기 때문에 두 번째 줄을 들여쓰기해서는 안 되는 불편함이 있다. 그래서 이 방법보다는 문자열 상수를 연속으로 적는 방법이 더 편리하다. 재미있는 것은 이 연산자가 컴파일되기 전에 처리되기 때문에 명칭의 중간에도 사용할 수 있다는 점이다. printf를 pri\까지만 쓰고 다음 행에 나머지 ntf를 적어도 잘 동작한다. 물론 이렇게 해야 할 이유는 없지만 전처리 과정이 컴파일 전에 수행된다는 것을 보여주는 명백한 증거로 볼 수 있다. 어쨌든 약간 재미있기는 하다.

18.2.2 조건부 컴파일

조건부 컴파일 지시자(Conditional Compile Directive)는 지정한 조건의 진위 여부에 따라 코드의 일정 부분을 컴파일할 것인지 아닌지를 지정한다. 전처리문이므로 컴파일되기 전에 조건을 평가하며 코드를 컴파일 대상에 포함시키거나 제외시키는 역할을 한다. 이때 조건의 형태는 여러 가지가 있지만 주로 매크로 상수의 존재 여부나 값에 대한 평가식이 사용된다. 실행 중에 결정되는 변수의 값이나 함수 호출은 당연히 조건문이 될 수 없다.

조건부 컴파일 지시자를 잘 활용하면 한벌의 코드를 조건에 따라 다르게 컴파일하여 상이한 실행 파일을 만들어낼 수 있다. 만약 조건부 컴파일 기능이 없다면 실행 파일별로 소스를 따로 유지해야 하므로 무척 번거로와진다. 조건부 컴파일 지시자는 다양한 상황과 목적에 맞게 소스를 컴파일하여 호환성과 이식성을 확보하는 수단으로 빈번하게 활용되므로 잘 알아 두도록 하자. 다음 구문이 조건부 컴파일문의 가장 전형적인 예이다.

```
#ifdef 매크로명
코드
#endif
```

#ifdef 다음에 조건이 되는 매크로명을 써 주고 #endif 사이에 조건부로 컴파일할 코드를 작성한다. 조건부 컴파일 블록에 포함된 코드는 매크로가 존재하면 컴파일될 것이고 그렇지 않다면 전처리 과정에서 삭제되어 아예 없는 것으로 취급된다. #ifdef ~ #endif 블록으로 조건부 컴파일 대상 코드를 명시하므로 { } 로 이 코드를 감쌀 필요는 없다.

실제 프로젝트에서 조건부 컴파일이 사용되는 예를 들어 보자. 워드 프로세서를 만드는데 전문가용과 일반용 두 버전을 만들고 전문가용은 좀 더 고급스럽고 강력한 기능을 지원하는 대신 가격을 좀 더 비싸게 받으려고 한다. 이런 가격 차별화 정책은 구매자의 경제적 능력에 맞는 다양한 버전을 제공함으로써 최대한의 수익을 올리는 중요한 마케팅 기법이며 소프트웨어 업계에서 흔하게 볼 수 있다.

이 경우 전문가용은 일반용 버전의 기능을 모두 가지고 추가로 고급 기능을 더 가지는 셈이므로 일반용 버전의 코드 전체를 필요로 하며 일반용은 전문가용 버전의 코드 중 일부를 빼야 한다. 대부분의 코드가 중복되므로 두 버전의 프로젝트를 따로 유지하는 것보다는 차이가 나는 부분만 조건부 컴파일하는 것이 훨씬 더 유리하다. 전문가용에만 포함되는 고급 기능은 다음과 같이 조건부 컴파일 블록에 배치한다.

```
#ifdef PROFESSIONAL
고급 기능
#endif
```

전문가용에만 포함되는 코드를 모두 이런 조건부 컴파일 블록에 포함시켜 놓으면 이 코드들은 PROFESSIONAL 매크로 상수가 정의되어 있을 때만 컴파일될 것이다. 소스 선두에 #define PROFESSIONAL 이라는 매크로 정의문을 미리 작성해 놓고 이대로 컴파일하면 전문가용 실행 파일이 생성되고 이 정의문을 주석 처리한 후 다시 컴파일하면 고급 기능은 컴파일 대상에서 제외되는 일반용 실행 파일이 생성된다. 매크로 정의문 하나로 전체 코드의 컴파일 범위를 간편하게 통제할 수 있는 것이다.

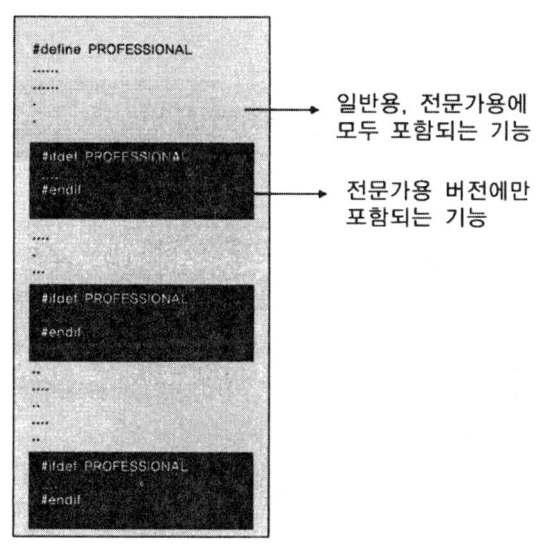

#ifndef는 #ifdef와 반대의 조건을 점검하는 지시자이다. #ifdef는 매크로가 정의되어 있을 때만 컴파일하지만 #ifndef는 반대로 매크로가 정의되어 있지 않을 때만 컴파일한다. 가령 일반용 버전에만 어떤 코드를 넣고 싶다면 #ifndef PROFESSIONAL ... #endif 블록을 구성하면 된다. 셰어웨어의 데모 버전에 시간제한 기능을 넣는다거나 실행할 때마다 등록 대화상자를 출력하여 공짜 사용자를 귀찮게 하는 기능들은 보통 조건부 컴파일로 처리한다.

#ifdef ~ #endif 사이에 #else를 넣을 수도 있는데 말 뜻 그대로 #else 이하는 그 외의 조건인 경우를 처리한다. 코드의 포함 여부뿐만 아니라 조건에 따라 코드를 바꿔가며 컴파일하고 싶다면 #ifdef와 #else를 같이 사용한다. 전문가용인 경우와 일반용인 경우 기능을 조금 다르게 작성하고 싶다면 다음과 같이 조건부 블록을 작성한다.

```
#ifdef PROFESSIONAL
전문가용의 코드
#else
일반용의 코드
#endif
```

이렇게 하면 전문가용과 일반용의 기능을 쉽게 차별화할 수 있다. 예를 들어 전문가용에는 자동 저장 기능을 넣어주고 일반용에는 수동 저장 기능을 넣는다거나 동시 편집 가능한 문서의 개수를 다르게 지정할 수 있다. 조건부 컴파일 지시자는 아주 여러 가지 용도로 사용되는데 표준 헤더 파일에도 무수히 많은 #ifdef를 볼 수 있다. 다음은 윈도우즈의 표준 헤더 파일에 있는 조건부 컴파일 블록의 예이다.

```
#ifdef UNICODE
    LPWSTR    pszValue;
#else
    LPSTR     pszValue;
#endif
```

윈도우즈용 프로그램은 ANSI 버전과 UNICODE 버전으로 각각 컴파일할 수 있는데 UNICODE 매크로가 정의되어 있을 때와 그렇지 않을 때의 변수 타입을 다르게 정의한다. 이렇게 하면 한 소스로 유니코드와 안시를 모두 지원할 수 있으며 플랫폼이나 실행 환경에 따라 매크로 정의문만 조정하면 되므로 이식성을 쉽게 확보할 수 있다. 다음 코드는 개발 중에 디버깅을 위해 흔히 사용하는 예이다.

```
#ifdef _DEBUG
printf("변수 값 확인. i=%d\n",i);
#endif
```

관심있는 변수를 화면에 출력하여 실행 중에 값을 확인해 보도록 했는데 이 출력문이 조건부 컴파일 블록에 포함되어 있으므로 _DEBUG 매크로가 정의되어 있을 때만 컴파일된다. 즉 이 코드는 개발 중에 디버깅 편의를 위해 삽입된 임시 코드이며 실제로 릴리즈할 때는 컴파일하지 말아야 한다. 만약 조건부 컴파일 지시자가 없다면 이런 임시 코드를 일일이 넣었다 뺐다 해야 하므로 무척 불편할 것이다.

조건부 컴파일 지시자의 조건으로 사용되는 매크로는 물론 #define 전처리문으로 정의하며 이 문장 자체는 소스에 작성된다. 조건을 바꾸려면 최소한 이 정의문은 편집해야 하므로 컴파일 조건을 바꾸려면 주석 처리는 수동으로 해야 한다. 소스를 전혀 수정하지 않고 한 벌의 소스로 여러 종류의 실행 파일을 빌드할 수 있다면 더 편리할 것이다. 그래서 대부분의 컴파일러는 소스가 아닌 외부에서 매크로를 정의할 수 있는 방법을 제공한다. 비주얼 C++ 6.0의 프로젝트 설정 대화상자를 보자.

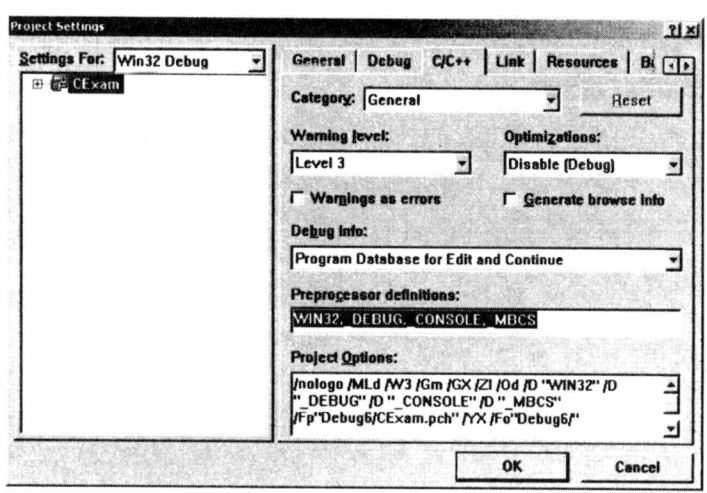

C/C++탭의 General 카테고리의 Preprocessor definitions 란에 컴파일 전에 미리 정의할 매크로 상수 목록이 있다. 여기에 원하는 매크로를 적어주면 소스는 건느리지 않고도 조건을 바꿀 수 있다. 또한 비주얼 C++은 이런 설정 상태를 여러 벌 만들고 편집할 수 있으며 배치 빌드까지 지원하므로 한 번 설정만 잘 해 놓으면 원터치로 전문가용, 일반용, 데모 버전, 한국어/영어 버전을 빌드할 수 있다. 명령행 컴파일러들은 컴파일 전에 미리 특정 매크로를 정의하는 옵션을 제공하기도 한다.

18.2.3 #if

#ifdef, #ifndef는 매크로의 존재 여부만으로 컴파일 조건을 판단하며 매크로가 어떤 값으로 정의되어 있는지는 평가하지 않는다. 이에 비해 #if는 매크로의 값을 평가하거나 여러 가지 조건을 결합하여 컴파일 여부를 결정하는 좀 더 복잡한 전처리문이다. #ifdef보다는 사용법이 조금 까다롭지만 C언어의 조건문과 유사하므로 쉽게 익힐 수 있다. 기본 형식은 다음과 같다.

```
#if 조건1
코드1                // 조건1을 만족하면 코드1을 컴파일
#elif 조건2
코드2                // 조건 2가 만족되면 코드2를 컴파일
```

```
#else
코드3                    // 둘 다 맞지 않으면 코드 3을 컴파일
#endif
```

C언어의 if .... else if .... else와 거의 유사한 구문이라고 볼 수 있다. #elif와 #else는 필요없을 경우 생략 가능하며 #elif는 얼마든지 올 수 있다. #elif를 반복적으로 계속 사용하면 C언어의 switch case 구문과 유사한 구조를 만들 수 있다. #if는 뒤의 조건을 평가해 보고 이 조건이 참이면 바로 아래의 블록을 컴파일러에게 넘기고 그렇지 않다면 삭제하여 없는 것으로 취급한다. 뜻 그대로 조건에 따라 컴파일할 블록을 선택하는 것이다.

#if와 #elif 다음에는 컴파일 여부를 결정하는 조건문이 오는데 이 조건문은 전처리 과정에서 진위 여부를 판단할 수 있는 것이어야 한다. 실행 중에 값이 결정되는 변수를 참조한다거나 함수를 호출하는 것은 안 되며 주로 매크로의 값이 평가 대상이다. 다음은 #if 전처리문의 작성 규칙인데 대부분 상식과 일치하므로 쉽게 이해할 수 있을 것이다.

❶ 매크로값을 비교할 때는 상등, 비교 연산자를 사용한다. 같다, 다르다는 ==, != 연산자를 사용하며 대소를 비교할 때는 >, <, >=, <= 비교 연산자가 사용된다. 구형 컴파일러들은 상등 연산자만 허용했었으나 최신 컴파일러는 비교 연산자도 사용할 수 있다. C언어의 상등, 비교 연산자와 모양이 완전히 일치하는 셈이다.

```
#if (LEVEL == 3)
#if (VER >= 7)
```

조건문은 꼭 괄호로 싸지 않아도 상관없지만 C의 조건문에 익숙한 개발자들은 #if에도 가급적 괄호를 붙여 주는 편이며 괄호가 있는 편이 보기에도 안정감이 느껴져 좋다. #if는 조건문이 참일 때 1로, 거짓일 때 0으로 평가하는데 결과가 0이 아니면 이어지는 코드 블록을 컴파일한다. 이 점도 C와 동일하다.

❷ 비교 대상은 정수 상수여야 하며 실수나 문자열은 매크로와 비교할 수 없다. 컴파일러에 따라 실수 비교를 허용하는 것들도 있는데 조건부 컴파일을 통제하는 매크로는 대소가 있는 값이라기보다는 주로 표식이기 때문에 실수는 별로 실용성이 없다고 할 수 있다. 정수값을 가지는 다른 매크로와 값을 비교하는 것은 가능하다.

```
#if (VER == 3.14)          // 에러
#if (NAME == "Kim")        // 에러
#if (LEVEL == BASIC)       // 가능
```

버전 번호 같은 경우에 1.0, 1.5같이 실수로 표기하지만 매크로 상수로 버전을 표시할 때는 100, 150 등과 같이 정수화해서 사용하는 것이 일반적이다.

❸ 수식 내에서 간단한 사칙 연산을 할 수 있다. 전처리기가 연산문을 평가한 후 그 결과를 비교하므로 다소 복잡한 식은 굳이 결과를 계산해 넣을 필요없이 수식을 바로 써도 상관없다.

```
#if (LEVEL*2 == 6)
#if (TIME == 365*24)
```

나머지 연산, 비트 연산 등도 가능하다. 그러나 ++, --, 포인터 연산, sizeof, 캐스트 연산 등은 사용할 수 없다. 이런 연산들은 전처리문에서 불가능하거나 의미가 없기 때문이다. 매크로는 상수이므로 좌변값이 아니며 sizeof 연산자는 컴파일시에 평가된다. 전처리는 컴파일 이전의 단계임을 명심하도록 하자.

❹ 논리 연산자로 두 개 이상의 조건을 동시에 평가할 수 있다. C언어의 논리 연산자와 같은 &&, ||, !를 그대로 사용하면 된다.

```
#if (LEVEL == 8 && VER != 3)
```

세 개 이상의 조건도 물론 평가할 수 있다. 이때 필요하다면 조건 평가의 우선 순위 지정을 위해 괄호를 사용한다.

❺ defined 연산자로 매크로의 존재 여부를 평가할 수 있다. #if defined(MACRO) 전처리문은 #ifdef MACRO와 완전히 동일한 문장이다. 그러나 다른 조건과 함께 매크로의 존재 여부를 평가할 때는 #ifdef를 쓸 수 없으므로 defined 연산자가 따로 제공된다.

```
#if (LEVEL == 8 || defined(PROFESSIONAL))
```

defined 연산자는 전처리문내에서만 사용되므로 일반 C코드에서는 사용할 수 없다.

❻ #if 다음의 조건부 컴파일 블록에는 어떤 문장이든지 올 수 있다. a=b+c; 연산문이나 함수 호출문, int i; 같은 선언문은 물론이고 struct tag_A { ~ 같은 정의문도 올 수 있다. 심지어 #include, #define 같은 다른 전처리문도 조건부 컴파일(정확하게 표현한다면 조건부 전처리) 대상이 될 수 있다. 그렇다면 #if 안에 또 다른 #if문이 올 수 있다는 얘기가 되며 즉 #if는 중첩가능한 전처리문이다.

```
#if (LEVEL == 8)
    LEVEL이 8일 때의 코드
    #if (VER > 5)
        버전이 5보다 클 때의 코드
    #endif
    LEVEL이 8일 때의 코드
#endif
```

#if 안에 #ifdef가 올 수도 있고 반대도 가능하며 중첩 깊이에 제한도 없다. 조건 속에 또 다른 조건이 있는 것은 자연스러운 것이므로 전처리기는 당연히 조건부 컴파일문의 중첩을 허용한다. 단, 전처리문이 중복될 경우 짝이 되는 #endif가 반드시 존재해야 한다는 것만 주의하면 된다. #endif는 조건부 컴파일 대상의 끝을 명시하는 중요한 역할을 한다. C 코드는 블록이 중첩될 때 적당히 들여쓰기를 하지만 조건부 컴파일 지시자가 중첩될 경우 들여쓰기는 하지 않는 것이 보통이다.

다음은 #if의 활용예를 보자. 어떤 문제를 해결하는데 세 가지(또는 그 이상) 방법이 있고 각 방법을 적용했을 때의 성능을 테스트해 보려고 한다. 이때 각 방법의 코드를 지웠다 넣었다 할 필요없이 다음과 같이 조건부 컴파일문으로 작성해 놓으면 METHOD 매크로만 변경하여 적용할 방법을 쉽게 선택할 수 있다. 이 코드가 다른 프로그램의 부품으로 사용되는 라이브러리이고 고객마다 선호하는 방법이 다르다면 모든 코드를 소스에 둔 채 고객의 주문대로 조건부 컴파일하기만 하면 된다.

```
#define METHOD 1
#if (METHOD == 1)
    방법1
#elif (METHOD == 2)
    방법2
#else
    방법3
#endif
```

#if 0도 주석 대신 흔히 사용되는 구문이다. 아주 긴 소스를 잠시 주석 처리해 놓고 싶을 때는 이 부분을 #if 0 .... #endif로 감싸 버리면 항상 거짓이므로 전처리기에 의해 이 코드는 없는 것으로 취급된다. /* */ 주석은 중첩될 수 없어 긴 소스를 주석 처리할 때 불편한 반면 #if 0는 중첩 가능하기 때문에 이런 문제가 없다.

18.2.4 #undef

#undef는 #define의 반대되는 동작을 하는 전처리문이다. #define이 매크로를 정의하는데 비해 #undef는 정의되어 있는 매크로를 삭제한다. 전처리기는 이 명령을 만나면 지정한 매크로의 정의를

취소하고 이후부터 이 명칭에 대해서는 치환을 중지한다. #undef 다음에 취소하고 싶은 매크로의 이름만 적어주면 된다.

일반적으로 매크로는 한 번 정의되면 프로젝트 전체에 걸쳐 일관된 값으로 사용되므로 이미 정의되어 있는 매크로를 취소할 경우란 그리 흔하지 않다. #undef가 꼭 필요한 경우는 사용 중인 매크로를 다른 값으로 재정의하고 싶을 때이다. 존재하는 매크로를 #define으로 다시 정의할 경우 재정의할 수 없다는 경고 메시지(컴파일러에 따라서는 에러 메시지)가 출력되므로 매크로를 먼저 지운 후 다시 정의해야 한다. 다음이 그 예이다.

예제 undef

```
#include <Turboc.h>

void main()
{
#define SIZE 10
    printf("SIZE=%d\n",SIZE);
#undef SIZE
#define SIZE 20
    printf("SIZE=%d\n",SIZE);
}
```

SIZE 매크로 상수를 최초 10으로 정의해 놓고 사용했다. 어떤 이유로 이 매크로를 다른 값으로 바꾸고 싶다면 #undef로 SIZE 매크로를 삭제한 후 #define으로 다시 정의해야 한다. 실행 결과는 다음과 같다.

SIZE=10
SIZE=20

위 예제는 #undef의 동작을 설명하기 위해 의도적으로 작성한 것이므로 다소 부자연스러운 면이 있다. 존재하는 매크로를 재정의하기보다는 두 개의 다른 매크로를 만들어 쓰면 훨씬 더 쉽게 해결될 수 있을 것이다. 실전에서는 어쩔 수 없이 매크로를 재정의해야 하는 경우도 있는데 예를 들자면 외부에서 가져온 헤더 파일의 매크로가 충돌될 때를 들 수 있다. ext1.h, ext2.h 두 헤더 파일이 모두 TIME이라는 매크로를 사용하는데 이 값이 서로 달라야 한다면 다음과 같이 헤더 파일을 포함하기 전에 매크로를 재정의하면 된다.

```
#define TIME 800
#include <ext1.h>
```

```
#undef TIME
#define TIME 1400
#include <ext2.h>
```

이렇게 하면 ext1.h를 컴파일할 때 TIME은 800이 되고 ext2.h를 컴파일할 때 TIME은 1400이 된다. 일정한 범위 내에서만 매크로의 의미를 잠시 바꾸고 싶을 때 매크로 재정의 기법이 가끔 필요하다. 또한 자신이 사용하는 매크로를 외부에서 정의하고 있더라도 자신만의 매크로를 꼭 정의하고 싶다면 조건부 컴파일 지시자와 함께 사용할 수도 있다.

```
#ifdef MACRO
#undef MACRO
#endif
#define MACRO 내가 원하는 값
```

만약 MACRO가 이미 정의되어 있다면 취소해 버리고 원하는 값으로 다시 정의하는 것이다. #define은 중복 정의를 허용하지 않는 반면 #undef는 존재하지 않는 매크로이더라도 에러로 처리되지 않는 특성이 있다. 그래서 위 코드에서 조건부 컴파일 지시자가 꼭 필요한 것은 아니다.

18.2.5 미리 정의된 매크로

미리 정의된 매크로(Predefined Macro)는 컴파일러가 제공하는 매크로이다. 주로 컴파일러가 현재 상황이나 컴파일 중에 참고할만한 정보를 알려주기 위한 용도로 사용한다. #define으로 정의하지 않아도 사용할 수 있으며 재정의할 수도 없다. 필요할 때 참조하여 정보를 조사할 수만 있는 읽기 전용 매크로 상수라고 생각하면 된다.

매크로명	설명
__DATE__	컴파일될 때의 날짜를 나타내는 문자열이다.
__TIME__	현재 소스가 최후 컴파일된 시간을 나타내는 문자열이다.
__TIMESTAMP__	현재 소스가 최후로 수정된 날짜와 시간을 나타낸다.
__FILE__	현재 소스 파일의 완전 경로이다.
__LINE__	이 매크로가 포함된 소스상의 줄 번호이다. 10진 정수이다.
__STDC__	컴파일러가 ANSI C 표준을 따를 경우 1로 정의되며 그렇지 않을 경우 정의되지 않는다. C++로 컴파일할 때는 이 매크로가 없다.

이 매크로들을 참조하면 컴파일될 때의 날짜, 시간, 소스 파일명, 줄 수 등의 여러 가지 정보들을 컴파일 중에 구해서 사용할 수 있다. 매크로를 사용하는 간단한 예제를 보자. 매크로의 값을 출력해 보기만 했다.

예제 PreDefMacro

```c
#include <Turboc.h>

void main()
{
    printf("오늘은 %s이고  최후 컴파일된 시간은 %s입니다.\n", __DATE__, __TIME__);
    printf("이 파일이 최종 수정된 시간은 %s입니다.\n", __TIMESTAMP__);
    printf("이 파일은 %s이고 이 줄은 %d입니다.\n",__FILE__, __LINE__);
#ifdef __STDC__
    printf("이 컴파일러는 ANSI C표준을 따릅니다.\n");
#else
    printf("이 컴파일러는 ANSI C표준의 확장(C++)입니다.\n");
#endif
}
```

실행 결과는 다음과 같은데 컴파일할 때의 날짜와 시간은 매번 달라질 것이다.

오늘은 Jun 16 2004이고 최후 컴파일된 시간은 09:34:50입니다.
이 파일이 최종 수정된 시간은 Wed Jun 16 09:34:50 2004입니다.
이 파일은 C:\CExam\CExam\PreDefMacro.cpp이고 이 줄은 7입니다.
이 컴파일러는 ANSI C표준의 확장(C++)입니다.

이 매크로들은 활용하기에 따라서 여러 가지 용도가 있다. 예를 들어 실행 중에 디버깅 정보를 출력하는 함수(assert)에서 __FILE__, __LINE__을 사용하면 현재 실행되고 있는 곳의 소스 파일과 그 위치를 쉽게 출력할 수 있으며 날짜나 시간 정보는 소스의 버전 관리에 활용될 수 있을 것이다. 다음은 비주얼 C++ 컴파일러가 제공하는 미리 정의된 매크로들이다. 표준은 아니므로 다른 컴파일러에서는 없을 수도 있다.

매크로명	설명
_DEBUG	디버그 모드로 컴파일 중일 때만 정의된다.
__cplusplus	C++ 모드로 컴파일 중일 때만 정의된다.
_DLL	DLL 프로젝트일 때만 정의된다.
_MSC_VER	비주얼 C++의 컴파일러 버전을 나타낸다. 6.0은 1200으로 정의되며 7.0(닷넷)은 1300으로 정의된다.
_MFC_VER	MFC 라이브러리의 버전값
__cplusplus	C++ 모드로 컴파일 중일 때만 정의된다.
_DLL	DLL 프로젝트일 때만 정의된다.

매크로명	설명
_WIN64	Win64 환경일 때 정의된다.
__COUNTER__	참조될 때마다 1씩 증가하는 정수값이다. 유일한 이름을 만들고자 할 때 이 매크로를 사용한다. 7.0 이상에서만 제공된다.
_M_ALPHA, _M_IX86, _M_IA64, _M_MPPC	CPU의 종류이다. 플랫폼에 따라 약간씩 코드가 달려져야 할 때 이 매크로를 참조한다.

이 중 일부는 이미 사용해 본 적도 있을 것이고 표준 헤더 파일에서도 심심치 않게 활용예를 볼 수 있다. 특히 _DEBUG 매크로는 디버그 버전과 릴리즈 버전의 코드를 다르게 작성할 때 흔하게 사용된다. 컴파일러 버전이나 플랫폼, 운영체제 환경에 따라 다른 코드가 필요하다면 이 매크로들을 참조하면 된다.

18.2.6 #error, #line

#error 전처리문은 지정한 에러 메시지를 출력하고 전처리 과정에서 컴파일을 중지하도록 한다. 에러 메시지는 메시지 창에 출력되는데 비주얼 C++의 경우 Output창에 나타난다. 단독으로 사용되는 경우는 없으며 주로 조건부 컴파일 지시자와 함께 사용되어 컴파일 불가능한 상황임을 개발자에게 알려 주는 역할을 한다. 다음이 그 예이다.

```
#ifndef UNICODE
#error This program require unicode environment
#endif
```

유니코드로 컴파일되고 있는 상황이 아니면 이 모듈은 컴파일을 거부하며 #error 이후는 컴파일되지 않는다. 코드 중에 반드시 유니코드가 필요한 부분이 있는데 현재 상황이 그렇지 못하다면 오동작하도록 내버려두는 것보다 컴파일을 거부하여 개발자가 환경을 맞춘 후 다시 컴파일하도록 유도하는 것이 훨씬 더 좋은 방법이다. 이 문장의 사용 위치는 어디든 상관없으나 보통 소스 선두에 둔다.

운영체제의 버전이 맞지 않다거나 개발툴이 부적합하다거나 할 때도 #error 전처리문을 사용한다. 자신이 만든 모듈을 혼자만 쓴다면 굳이 이렇게까지 할 필요는 없겠지만 불특정 다수가 사용할 예정이라면 안전을 위해 이 모듈이 컴파일될 수 있는 상황을 명확하게 알려 주는 것이 좋다. 컴파일 조건을 문서에 적어 놓거나 주석으로 기록할 수도 있겠지만 모든 개발자가 문서를 꼼꼼하게 읽어보지 않기 때문에 이런 강제적인 에러 메시지 출력문이 필요하다.

#line 전처리문은 __LINE__, __FILE__ 매크로를 재정의한다. 줄 수는 정수로 주고 파일명은 문자열 형태로 지정하되 파일명을 생략할 경우 기존의 파일명이 그대로 유지된다. #line 123 "a.cpp" 명령은 현재 줄을 123으로 바꾸고 파일명을 a.cpp로 변경한다. 이 전처리문은 사용자가 직접 사용하는 경우가 드물며 주로 컴파일러가 에러 메시지 조립을 위해 내부적으로 사용한다.

18.3 pragma 지시자

18.3.1 once

C언어의 장점 중 하나는 어느 운영체제나 플랫폼으로 쉽게 이식될 수 있는 이식성(Portability)이다. 유닉스에서 작성한 소스를 윈도우즈로 가져와 컴파일하면 똑같은 동작을 하는 실행 파일을 얻을 수 있다. 그러나 이 이식성은 어디까지나 소스 차원에서 이식 가능성을 의미하는 것이지 컴파일된 결과인 실행 파일은 그렇지 않다. C언어는 이식성이 있지만 C언어를 특정 플랫폼에 맞게 컴파일하여 고유의 실행 파일을 만들어 내는 컴파일러는 본질적으로 플랫폼에 종속적이다.

그래서 각 플랫폼에서 실행되는 컴파일러는 플랫폼의 고유한 기능을 수행하기 위한 지원을 해야 한다. 플랫폼별로 구조나 기능이 다르기 때문에 구현도 약간씩 달라질 수 있는데 예를 들어 메모리를 관리하는 방식이나 실행 파일의 특수한 구조로 인한 코드 배치 방법이 플랫폼별로 고유하다. #pragma 지시자는 플랫폼별로 다른 이런 기능에 대한 지시 사항을 컴파일러에게 전달하는 방법이다. #문자로 시작하므로 전처리 명령처럼 보이지만 컴파일러 지시자이다. #pragma 지시자의 기본 형식은 다음과 같다.

#pragma 토큰문자열

#pragma 다음에 지시 사항을 전달하는 토큰 문자열이 오는데 이 토큰의 종류는 컴파일러별로 다르다. 플랫폼에 종속적인 기능에 대한 지시자이므로 #pragma 지시자는 컴파일러에 대해서 종속적일 수밖에 없다. 그래서 특정 플랫폼을 위한 프로그램을 작성할 때만 사용해야 하며 꼭 이식성을 유지하려면 조건부 컴파일 지시자와 함께 사용해야 한다. 컴파일러는 #pragma 다음의 토큰을 인식할 수 없을 경우 단순히 무시해 버리며 컴파일은 계속 수행한다. 다음은 비주얼 C++ 6.0의 pragma 토큰들이다.

alloc_text, auto_inline, bss_seg, check_stack, code_seg, comment, component, conform
const_seg, data_seg, deprecated, function, hdrstop, include_alias, init_seg, inline_depth
inline_recursion, intrinsic, managed, message, once, optimize, pack, pointers_to_members
pop_macro, push_macro, runtime_checks, section, setlocale, unmanaged, vtordisp, warning

종류가 굉장히 많고 이 중 몇 가지는 굉장히 어렵고 복잡한 것도 있다. 우선 가장 이해하기 쉬운 once부터 구경해 보자. 이 지시자를 헤더 파일 선두에 써 두면 컴파일러는 딱 한 번만 헤더 파일을 포함하여 컴파일 시간을 절약한다. 다음과 같은 조건부 컴파일 지시자로 한 번만 포함되도록 하는 것과 효과가 동일하다.

```
#ifndef _SOME_HEADER_FILE
#define _SOME_HEADER_FILE
// 헤더 파일 내용
#endif // _SOME_HEADER_FILE
```

같은 헤더 파일을 일부러 두 번 포함하지는 않겠지만 헤더 파일끼리 서로 중첩을 하다 보면 원치 않게 두 번 포함되는 경우도 있다. 헤더 파일에 중복해도 상관없는 선언만 있다면 아무 문제가 없겠지만 중복해서는 안 되는 정의가 있는 경우는 이런 식으로 한 번만 포함하도록 해야 한다.

18.3.2 pack

pack 지시자는 이후부터 선언되는 구조체의 정렬 방식을 지정한다. 프로젝트 설정 대화상자에서 구조체 정렬 방식을 각 모듈별로 조정할 수 있지만 pack 지시자는 소스의 중간에서 원하는 구조체에 대해 정렬 방식을 변경할 수 있도록 한다는 점이 다르다. 이 지시자를 사용하면 같은 소스에 있는 두 구조체를 다른 방식으로 정렬할 수 있다. 다음 선언문을 보자.

```
#pragma pack(2)
struct st1 { short s; int i; };
#pragma pack(4)
struct st2 { short s; int i; };
```

이렇게 선언하면 st1 구조체는 2바이트 정렬되므로 6바이트를 차지하며 st2는 4바이트 정렬되므로 8바이트를 차지한다. 프로젝트 설정에 지정된 정렬값을 다른 값으로 바꾸고 싶을 때 pack(n) 지시자의 괄호 안에 원하는 값을 적어주면 된다. 정렬값의 디폴트는 8이며 n을 생략하여 pack()이라고만 적으면 디폴트 정렬값으로 돌아간다.

pack(n)으로 정렬값을 변경하면 이후부터 선언되는 구조체는 이 정렬값의 영향을 받는다. 만약 특정 구조체에 대해서만 임시적으로 원하는 정렬값을 적용한 후 원래의 정렬값으로 돌아오려면 변경하기 전에 원래 값을 보관해 두어야 하는데 이때는 push, pop 명령을 사용한다. 컴파일러는 내부에 정렬값 저장을 위한 스택을 유지하고 있으며 이 스택에 정렬 상태를 LIFO 원칙에 따라 저장하고 다시 빼내을 수 있다.

pack(push, n) 명령은 현재의 정렬 상태를 스택에 저장하면서 정렬값을 n으로 변경하는데 n을 생략하면 현재 정렬값을 스택에 저장하기만 한다. pack(pop,n)은 스택의 최상단에 있는 정렬값을 제거하고 새로운 정렬값을 n으로 변경하는데 n을 생략하면 스택에서 꺼낸 정렬값을 새로운 정렬값으로 설정한다.

push는 저장과 동시에 다른 값으로 변경하는 경우가 많으므로 보통 n과 함께 쓰며 pop은 저장된 값을 복구시킬 때 사용하는 경우가 많으므로 보통 단독으로 사용한다. push, pop은 원하는 만큼 중첩해서 사용할 수 있다. 다음 코드를 보자.

```
#pragma pack(2)
struct st1 { short s; int i; };        // 2바이트 정렬
#pragma pack(push,4)                    // 푸시하면서 4바이트 정렬로 바꿈
struct st2 { short s; int i; };        // 4바이트 정렬
#pragma pack(pop)                       // 원래 정렬값 복원
```

```
struct st3 { short s; int i; };            // 2바이트 정렬
```

최초 정렬값 2를 가지는 상태에서 4로 변경하면서 원래 정렬 상태인 2를 스택에 푸시해 두었다. 그래서 st2 구조체를 선언한 후 다시 팝하면 정렬 상태 2로 복구될 것이다. 어떤 구조체가 반드시 특정 정렬 상태를 가져야 한다면 pack(push, n) 지시자로 원래 정렬상태를 유지하면서 설정을 잠시 변경할 수 있다. 예를 들어 어떤 파일을 읽어야 하는데 이 파일의 헤더가 구조체로 되어 있고 이 구조체는 반드시 1바이트로 정렬되어야 한다면 다음과 같이 이 구조체를 선언해야 한다.

```
#pragma pack(push,1)
struct Header
{
    char Magic[2];
    int Version;
    char NumRecord;
    double xsize, ysize;
};
#pragma pack(pop)
```

구조체를 선언하기 전에 정렬 상태를 1바이트로 바꾸되 이전의 정렬 상태는 스택에 푸시해 두었으며 구조체 선언이 끝난 후 다시 원래대로 정렬값을 복구한다. 이렇게 하지 않으면 Header 구조체는 프로젝트 설정대로 정렬되어 버리므로 이 구조체로는 파일을 제대로 읽을 수 없을 것이다.

18.3.3 warning

컴파일러는 컴파일한 결과를 에러와 경고라는 진단 메시지로 출력한다. 모든 문법이 정확하다면 아무런 진단 메시지도 출력되지 않지만 사람이 컴퓨터가 아닌 한 보통은 한 두 개 정도의 메시지를 받게 된다. 이 중 에러는 명백하게 틀린 것이므로 반드시 수정한 후 재 컴파일해야 하나 경고는 경우에 따라 참고만 하고 무시해도 상관없다. 다음 예제는 별 특별한 동작은 하지 않지만 의도적으로 경고를 많이 받도록 작성해 본 것이다.

예제 Warning

```
#include <Turboc.h>

void main()
{
    int i,j,k
```

```
unsigned u,v=1234;
double d=3.14;

i=u;
if (i = 3) {
    i=d;
}
if (i == v) {
    switch (i) {
    }
}
```

컴파일하면 다음 여섯 개의 경고 메시지가 출력된다. 어디까지나 경고일 뿐이므로 컴파일은 일단 성공한다. 에러는 하나라도 있으면 실행 파일을 만들 수 없지만 경고만 있는 상태에서는 실행 파일을 만들 수 있다.

warning C4101: 'j' : unreferenced local variable
warning C4101: 'k' : unreferenced local variable
warning C4700: local variable 'u' used without having been initialized
warning C4244: '=' : conversion from 'double' to 'int', possible loss of data
warning C4018: '==' : signed/unsigned mismatch
warning C4060: switch statement contains no 'case' or 'default' labels

경고는 심각한 정도에 따라 1~4단계까지 레벨이 분류되어 있는데 비주얼 C++은 디폴트로 레벨 3까지의 경고를 출력하도록 되어 있다. 프로젝트 설정 대화상자의 C/C++ 페이지에서 경고 레벨을 4단계로 높이면 다음 추가 경고가 하나 더 발생한다.

warning C4706: assignment within conditional expression

각 경고의 의미는 영문으로 짧게 설명되어 있으며 C4101처럼 번호가 붙어 있는데 조금 더 구체적으로 설명해 보면 다음과 같다. MSDN의 인덱스창에서 C4101을 검색하면 경고가 발생한 원인에 대한 상세한 설명을 읽을 수 있다.

▫ C4101 : 사용하지도 않은 지역변수를 선언했다는 뜻이다. 쓸데없는 변수이므로 선언문을 삭제하는 것이 옳지만 컴파일하는데 지장은 없으므로 경고로 처리된다. 예제의 j, k 변수는 선언만 하고 실제 코드에서는 쓰지 않고 있다.

- C4700 : 지역변수를 초기화하지 않고 사용했다는 뜻이다. 이 경우 쓰레기값을 그대로 사용되는데 일단 가능은 하지만 대부분의 경우 말썽을 일으킨다. 예제에서 i에 초기화하지 않은 u를 대입하는데 이때 u의 값이 무엇인지는 알 수 없으므로 i도 같이 쓰레기값이 가지게 될 것이다.
- C4244 : i=d 대입문에 의해 i에 3이 대입되는데 이 과정에서 하강 변환이 발생해서 소수점 이하 0.14가 버려진다는 뜻이다. 만약 개발자가 실수값의 정수부만을 대입받고자 했다면 이것은 옳은 대입이지만 그렇지 않다면 일부 정보를 잃을 수 있으므로 경고로 처리한다.
- C4018 : 부호있는 변수와 부호없는 변수를 상등 연산했으므로 좌우의 타입이 맞지 않다는 뜻이다. i와 v는 부호 여부가 다르므로 때로는 틀린 비교를 할 수도 있다.
- C4060 : switch문의 case가 전혀 없어 이 switch 문자체가 있으나 마나한 문장이라는 뜻이다. 일부러 이런 코드를 만들지는 않겠지만 개발 중에 case를 편집하다 보면 껍데기만 남는 경우가 가끔 있는데 이런 경고를 받았으면 빈 switch 문을 삭제하든가 아니면 case를 작성해야 한다.
- C4706 : 조건문에 대입 연산자를 사용했다는 경고이다. C 문법은 조건문을 관계 연산문으로 제한하지 않으므로 대입문을 사용하는 것도 적법하다. 그러나 ==을 =로 잘못 쓰는 실수를 흔히 하기 때문에 경고로 이 사실을 알려 준다. 이 경고는 레벨 4로 일반적인 경고보다 수준이 낮다.

개발자는 이런 경고 메시지를 보고 자신의 코드가 잘못되었는지 점검해 보고 컴파일러의 경고대로 코드를 수정하거나 아니면 별 이상이 없을 경우 경고를 무시할 것이다. 컴파일러는 개발자의 실수나 또는 호환성 문제, 성능상의 문제 등을 지적하기 위해 경고 메시지로 충고를 하는 것이다. 그런데 때로는 이런 친절한 경고 메시지가 무척 귀찮을 때도 있다.

예를 들어 사용하지 않는 지역변수의 경우 있다고 해서 별다른 해를 끼치지 않으며 잠시 후 쓸 계획이라면 이런 경고가 별 도움이 되지도 않고 귀찮기만 할 뿐이다. 그냥 무시해 버릴 수도 있지만 이런 경고 때문에 정작 읽어야 할 중요한 에러 메시지를 놓칠 수도 있다. 이런 사소한 문제에 대해서는 컴파일러가 더 참견하지 말았으면 하는 생각이 들 때가 있다. 또한 반대로 어떤 경고는 아주 중요해서 경고가 아닌 에러로 분명히 알려 줬으면 하는 경우도 있을 것이다. 컴파일러가 경고를 출력하는 방법을 바꾸고 싶다면 다음 명령을 사용한다.

#pragma warning(경고제어문:경고번호)

경고 제어문의 종류는 다음과 같으며 제어문 다음에 : 과 함께 대상 경고의 번호를 적는다. 경고 번호는 공백으로 구분하여 여러 개를 나열할 수 있으면 경고 제어문도 콜론으로 구분하여 여러 개를 나열할 수 있다.

제어문	설명
once:번호	반복되는 경고를 한 번만 출력한다.
default:번호	원래 설정대로 되돌린다.
disable:번호	경고를 출력하지 않는다.

제어문	설명
error:번호	경고를 에러로 처리한다.
레벨:번호	경고의 레벨(1~4)을 변경한다.
push[,n]	모든 경고의 레벨을 저장한다. n이 있을 경우 저장과 동시에 전역 경고 레벨을 n으로 변경한다.
pop	스택에 마지막으로 저장된 경고 레벨을 복원한다.

소스의 어느 위치에나 다음 명령을 삽입하면 이후부터 컴파일러가 경고를 통제하는 방법이 바뀐다.

```
#pragma warning (disable:4101)      // 경고를 무시하도록 한다.
#pragma warning (once:4101)         // 4101경고를 한 번만 출력한다.
#pragma warning (error:4700)        // 경고 대신 에러를 출력한다.
#pragma warning (3:4706)            // 4706번 경고를 레벨 3으로 올린다.
```

disable:4101은 미사용 지역변수에 대한 경고를 아예 무시하도록 한다. 지역변수를 쓰건 말건 간섭하지 말라는 얘기다. 이 명령을 사용하면 미사용 지역변수에 대한 경고는 더 이상 출력되지 않는다. once:4101은 이 경고를 딱 한 번만 출력하라는 뜻인데 비슷한 경고가 너무 많이 반복될 때는 이 명령으로 반복된 출력을 한 번으로 제한한다. 예제에 j, k 두 개의 미사용 지역변수가 있는데 j에 대해서만 경고하고 k는 경고하지 않는다.

error:4700은 이 경고를 아예 에러처럼 취급하라는 뜻이다. 지역변수를 초기화하지 않은 상태로 쓰레기값을 바로 쓸 경우 심각한 문제가 될 수 있으므로 이런 실수를 하면 에러로 지적해서 아예 빌드를 못하도록 하라는 것이다. 에러가 있는 상태로는 컴파일을 완료할 수 없는데 이렇게 하면 개발자는 반드시 명시적으로 초기화를 하게 될 것이며 쓰레기값으로 인한 문제를 방지할 수 있다.

3:4706은 조건문에 대입 연산자를 쓸 경우를 레벨 3으로 높이는데 if (i = 3) 같은 실수는 비록 적합한 코드라 하더라도 흔하게 하는 실수이므로 이런 코드를 보면 반드시 알려 달라는 뜻이다. 4706번 경고의 레벨이 4이므로 비주얼 C++의 기본 설정으로는 이 경고가 출력되지 않는다. push와 pop 명령은 경고 레벨을 잠시만 변경하고 싶을 때 사용한다.

```
#pragma warning(push)
// 중간에 경고 레벨을 마음대로 바꾼다.
#pragma warning(pop)
```

특정 함수에 대해서만 경고 출력 방법을 바꾸고 싶고 그 외의 코드는 디폴트를 적용하고 싶을 때 이 두 명령을 사용한다. 변경하기 전의 상태를 push 하여 저장해 놓고 마음대로 옵션을 변경한 후 pop 명령으로 다시 복원하면 이 코드 바깥은 영향을 받지 않는다.

19
자료 구조

19.1 동적 배열

19.1.1 배열 요소의 삽입, 삭제

배열은 C언어가 제공하는 가장 기본적인 자료 구조이며 워낙 단순하기 때문에 누구나 쉽게 익숙해질 수 있다. 배열의 장점은 크게 두 가지가 있는데 첫 째로 구조가 단순하기 때문에 정보 자체를 기억하는 메모리 외에 추가로 소모하는 메모리가 전혀 없어 공간 효율이 좋다. 정수형 변수 100개를 저장하는 int ar[100] 배열은 정확하게 정수 100개분만큼의 메모리만을 요구한다.

둘째로 배열 크기가 아무리 커지더라도 검색 속도가 일정하다. 배열의 첨자 연산은 포인터를 통해 시작 번지에 첨자*요소크기를 더하는 간단한 동작이므로 임의의 한 요소를 참조하는 시간이 상수이다. int ar[10]에서 ar[9]를 참조하는 시간과 int ar[1000]에서 ar[999]를 참조하는 시간이 똑같다는 얘기이다. 이처럼 배열은 메모리 요구량이나 속도면에서 모두 만족할만한 성능을 보이는데 요약하자면 작고 빠른 자료구조이다. 게다가 쓰기도 쉬워 다양한 용도에 아주 요긴하게 사용된다.

그러나 이런 편리한 배열에도 한 가지 단점이 있는데 배열 요소가 연속된 메모리 공간에 배치되어 있어야 하므로 중간의 요소를 삭제하거나 새로운 요소를 삽입할 수 없다는 점이다. 배열은 일반적으로 삽입, 삭제가 안 되는 것으로 알려져 있는데 이는 일종의 고정 관념이다. 방법을 찾아보면 조금 불편하기는 하지만 전혀 불가능한 것은 아니다. 다음 예제는 문자형 배열을 대상으로 삽입, 삭제하는 방법을 보여준다.

예제 ArrayInsDel

```
#include <Turboc.h>

char ar[16]="abcdef";
```

```c
void Insert(int idx, char ch)
{
    memmove(ar+idx+1,ar+idx,strlen(ar)-idx+1);
    ar[idx]=ch;
}

void Delete(int idx)
{
    memmove(ar+idx,ar+idx+1,strlen(ar)-idx);
}

void Append(char ch)
{
    Insert(strlen(ar),ch);
}

void main()
{
    printf("최초 : %s\n",ar);
    Insert(3,'t');printf("t삽입 : %s\n",ar);
    Delete(1);printf("b삭제 : %s\n",ar);
    Append('s');printf("s추가 : %s\n",ar);
}
```

문자형 배열 ar에 "abcdef"라는 일련의 문자들(문자열)을 저장해 놓고 문자 중간에 다른 문자를 삽입하거나 삭제한다. 실행 결과를 보면 문자 중간에 다른 문자가 끼어들기도 하고 사라지기도 한다.

```
최초 : abcdef
t삽입 : abctdef
b삭제 : actdef
s추가 : actdefs
```

Insert 함수는 배열의 idx번째 요소에 ch 문자를 삽입하는데 12장에서 연구해 본 바 있는 메모리 이동 함수인 memmove를 사용한다. 이 함수로 삽입될 위치 이후의 문자들을 한 칸씩 뒤로 이동시켜 새 요소가 삽입될 공간을 만든다. 이동을 시작할 위치는 배열 선두 ar에서부터 idx 뒤쪽인 ar+idx이고 이 번지 이후부터 한 칸씩 뒤로 밀어야 하므로 ar+idx+1 번지가 이동 목적지이다.

이동할 길이는 이동 시작 번지 뒤쪽의 남은 요소 개수인데 이 개수는 전체 길이인 strlen(ar)에서 이동 시작 요소의 번호인 idx를 빼서 구하되 널 종료 문자도 포함시켜야 하므로 1을 더해 주었다. memmove 함수는 바이트 단위의 이동 길이를 요구하므로 이동할 요소 개수에 요소 타입의 크기인 sizeof(char)를 곱해야 하나 이 경우는 요소 크기가 1이므로 생략할 수 있다. Insert(3,'t') 호출의 동작을 살펴보면 다음과 같다.

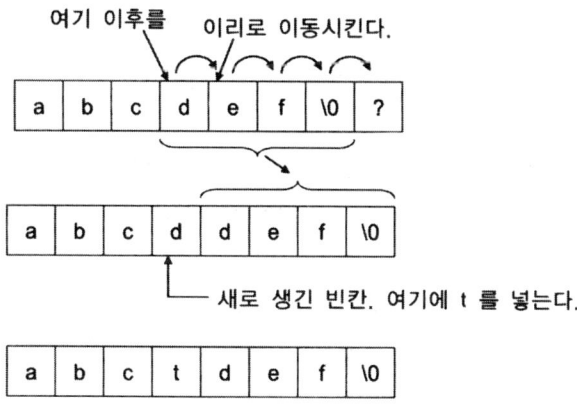

ar+3번지 이후의 내용을 ar+4번지로 이동하며 총 이동 길이는 ar+3 뒤쪽에 있는 3문자에 널 종료 문자를 더해 4바이트 만큼이다. ar+3은 ar+4로, ar+4는 ar+5로 배열 끝까지 한 칸씩 오른쪽으로 이동하는 셈이다. memmove 호출의 결과로 d가 있던 자리가 비워지는데 이 자리에 삽입하고자 하는 문자를 대입하면 된다. 배열의 첨자 연산이 단순한 곱셈과 덧셈만으로 가능하기 위해서는 배열을 구성하는 요소들이 물리적으로 연속적인 메모리 공간에 저장되어 있어야 한다는 전제 조건이 만족되어야 한다.

memmove는 삽입될 위치 이후를 뒤로 복사함으로써 삽입 후에도 배열이 이 조건을 만족하도록 한다. 또한 memmove 함수는 이동 시작 번지와 이동 목적지의 번지가 겹쳐 있을 때(overlap) 이동 방향을 조정하여 복사되기 전의 원본이 깨지지 않도록 한다. 위 예에서 ar+3을 ar+4로 복사해 버리면 다음 이동 대상인 ar+4가 파괴되어 버리므로 ar+5부터는 계속 ar+3의 값을 가지게 될 것이다. 이런 경우 똑똑한 memmove는 뒤쪽에서부터 복사를 함으로써 복사전의 원본이 파괴되지 않도록 한다. 함수 내부에서 알아서 정확한 복사를 하도록 되어 있으므로 개발자들은 어디서부터 어디까지 얼마만큼 복사하라는 최소한의 의사 표시만 하면 된다.

Delete 함수는 idx번째 요소를 삭제하는데 Insert 함수보다 훨씬 더 쉽다. 삭제할 요소의 뒤에 있는 모든 요소를 한 칸씩 앞쪽으로 이동시키기만 하면 된다. 이동할 길이는 삭제 대상 요소 이후의 남은 요소 개수에 널 종료 문자분을 더한 길이 만큼이다. 남은 요소 개수는 총 길이인 strlen(ar)에서 삭제 대상 요소 다음 번호인 idx+1을 빼고 여기에 널 종료 문자분인 1을 더하면 된다. strlen(ar)-(idx+1)+1 로 계산되는데 -1+1은 상쇄되어 사라진다.

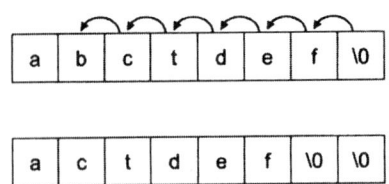

b가 있던 자리에 c가 오고 c가 있던 자리에 t가 오는 식으로 모든 요소가 한 칸씩 앞쪽으로 이동하며 b는 바로 뒤쪽 요소인 c로 덮여져 사라진다. 배열 끝에 새 요소를 추가하는 Append 동작은 배열 끝에 삽입하는 것과 같으므로 Insert를 대신 호출하되 삽입할 위치를 NULL 문자가 있는 위치인 strlen(ar)로 지정하면 된다.

이 예제로 실험해 봤다시피 배열도 요소를 앞뒤로 이동시키면 삽입과 삭제가 가능하기는 하다. 메모리를 직접 이동시켜야 하므로 삽입 속도가 다소 느린 편인데 배열이 길수록, 삽입 위치가 앞쪽일수록 이동 시간은 더 오래 걸릴 것이다. 하지만 삽입, 삭제는 읽기나 추가 동작보다 빈도가 낮고 memmove는 굉장히 고속으로 동작(초당 20억 바이트 정도)하기 때문에 우려하는만큼 느리지 않다. memmove의 내부 코드는 루프를 돌리는 C코드가 아니며 CPU가 하드웨어적으로 직접 처리하는 마이크로 코드이므로 상상을 불허할 정도로 빠르다.

19.1.2 동적 배열

앞에서 작성한 예제에서 보았다시피 배열도 메모리를 조작하면 중간에 삽입, 삭제가 가능하여 크기가 가변적인 정보를 다룰 수 있다. 그러나 새로운 요소가 삽입된다 하더라도 배열의 크기가 자동으로 늘어나는 것은 아니므로 미리 선언한 크기 이상의 요소를 추가할 수는 없다. 앞 예제의 ar 배열은 크기 16으로 선언되었으므로 최대 15개의 문자만을 저장할 수 있을 뿐이다. 설사 배열을 동적으로 할당한다 하더라도 할당할 때 필요한 크기를 지정해야 하므로 배열의 크기는 언제나 유한하다.

C언어는 중급 언어라는 특성상 배열의 범위를 전혀 점검하지 않기 때문에 배열을 넉넉한 크기로 선언하는 것만으로는 충분하지 않다. 근본적인 문제는 배열이 작은 것이 아니라 필요한 크기를 미리 예측할 수 없다는 데 있으므로 신축성 있는 관리가 필요하다. 크기가 가변적인 정보는 이론적으로 무한대까지 늘어날 수 있어야 하며 이런 정보들을 관리하기 위해서는 배열도 정보의 양에 따라 실행 중에 확장 가능해야 한다. 물론 컴퓨터의 메모리가 유한하기 때문에 실질적인 무한 배열은 불가능하지만 메모리가 허락하는 한까지(=실질적인 무한대)는 정보를 저장할 수 있어야 안전하다.

실행 중에 필요한 만큼 크기를 늘렸다 줄였다 할 수 있는 배열을 동적 배열이라고 한다. C언어 차원에서 동적 배열에 대한 지원은 전혀 없으므로 이런 배열은 직접 만들어 쓰는 수밖에 없다. 참고로 C++로 만든 라이브러리(MFC, STL 등)에는 동적 배열 클래스가 제공되는데 이런 클래스의 내부도 여기서 만드는 예제와 거의 동일한 원리를 사용한다. 그래서 이장의 예제를 이해하면 이후 고수준 라이브러리의 내부도 쉽게 이해할 수 있다.

동적 배열을 만드는 기본 원리는 최초 적당한 길이로 초기 할당하되 삽입되는 정보가 할당된 메모리양을 초과할 때 배열의 크기를 더 늘리는 것이다. 핵심 기술은 기존의 할당된 메모리를 재할당하는 realloc 함수라고 할 수 있다. 다음 예제를 통해 동적 배열을 테스트해 보자.

예제 DynArray

```c
#include <Turboc.h>

#define ELETYPE int
ELETYPE *ar;
unsigned size;
unsigned num;
unsigned growby;

void InitArray(unsigned asize, unsigned agrowby)
{
    size=asize;
    growby=agrowby;
    num=0;
    ar=(ELETYPE *)malloc(size*sizeof(ELETYPE));
}

void Insert(int idx, ELETYPE value)
{
    unsigned need;

    need=num+1;
    if (need > size) {
        size=need+growby;
        ar=(ELETYPE *)realloc(ar,size*sizeof(ELETYPE));
    }
    memmove(ar+idx+1,ar+idx,(num-idx)*sizeof(ELETYPE));
    ar[idx]=value;
    num++;
}

void Delete(int idx)
{
    memmove(ar+idx,ar+idx+1,(num-idx-1)*sizeof(ELETYPE));
    num--;
```

```c
}

void Append(ELETYPE value)
{
    Insert(num,value);
}

void UnInitArray()
{
    free(ar);
}

void DumpArray(char *sMark)
{
    unsigned i;
    printf("%16s => 크기=%02d,개수=%02d : ",sMark,size,num);
    for (i=0;i<num;i++) {
            printf("%2d ",ar[i]);
    }
    printf("\n");
}

void main()
{
    int i;

    InitArray(10,5);DumpArray("최초");
    for (i=1;i<=8;i++) Append(i);DumpArray("8개 추가");
    Insert(3,10);DumpArray("10 삽입");
    Insert(3,11);DumpArray("11 삽입");
    Insert(3,12);DumpArray("12 삽입");
    Delete(7);DumpArray("요소 7 삭제");

    UnInitArray();
}
```

효율적인 배열 관리를 위해 앞 예제보다 몇 가지 함수가 더 추가되었다. DumpArray 함수는 결과 확인을 위한 도우미 함수일 뿐이고 나머지는 동적 배열을 관리하는 함수이다. 일단 덮어놓고 실행해 보고 잘 동작하는지 점검해 보자.

```
      최초    => 크기=10,개수=00 :
   8개 추가   => 크기=10,개수=08 :  1  2  3  4  5  6  7  8
   10 삽입    => 크기=10,개수=09 :  1  2  3 10  4  5  6  7  8
   11 삽입    => 크기=10,개수=10 :  1  2  3 11 10  4  5  6  7  8
   12 삽입    => 크기=16,개수=11 :  1  2  3 12 11 10  4  5  6  7  8
   요소 7 삭제 => 크기=16,개수=10 :  1  2  3 12 11 10  4  6  7  8
```

최초 배열은 크기 10으로 초기화되었고 루프를 돌며 8개의 값을 저장했다. 이 상태에서 10, 11, 12를 차례로 삽입했는데 10, 11까지는 남은 두 요소에 저장하면 되지만 12가 삽입될 때는 초기 할당된 10개로 부족하므로 이때 재할당되어 배열은 크기 16으로 늘어난다. 더 많은 요소를 삽입하면 배열은 자동으로 필요량을 판단하여 늘어날 것이다. 어째서 이렇게 되는지 차근차근 분석해 보자.

:: 배열의 실체

이 예제에서 배열의 실체는 ar 포인터이다. int ar[1000]; 이런 식으로 배열을 선언하면 크기와 위치가 컴파일할 때 확정되어 버리므로 가변적인 크기를 다룰 수 없다. 그래서 저장하고자 하는 타입의 포인터를 선언하고 이 포인터를 동적으로 할당해야 한다. ELETYPE 매크로는 배열 요소의 타입인데 필요에 따라 변경할 수 있도록 매크로 상수로 정의했다. 이 예제는 가장 단순한 타입인 정수(int)를 배열 요소로 사용했지만 임의의 모든 타입에 대해서도 동적 배열을 만들 수 있다.

:: 배열 관리 변수

동적 배열은 컴파일할 때 그 크기가 미리 정해지지 않으며 실행 중에 언제든지 크기를 변경할 수 있어야 한다. 그래서 현재 얼마만큼 할당되어 있는지 할당 크기를 별도의 변수에 저장해 두어야 하는데 size 변수가 배열의 할당 크기를 기억한다. 또한 배열에 실제 저장된 요소의 개수도 항상 유지해야 하는데 num 변수가 이 정보를 저장한다. 배열 관리 함수들은 배열에 요소를 삽입할 때 이 두 변수값을 비교해 보고 재할당할 시점을 파악할 것이다. growby 변수는 재할당할 때의 여유분을 지정하는데 이 변수의 역할에 대해서는 잠시 후 따로 알아보도록 하자.

:: 배열 초기화

배열의 실체인 ar이 포인터 변수이므로 ar에 메모리가 할당되기 전까지 배열은 실제로 존재하지 않는다. 포인터가 실질적인 배열이 되기 위해서는 일단 메모리를 초기 할당해야 한다. InitArray 함수는 배열 관리 변수의 초기값을 설정하고 이 초기값대로 메모리를 할당하여 ar 포인터에 그 번지를 대입한다. 이 함수는 배열을 사용하는 주체가 호출하는데 이 예제의 경우 main 함수의 선두에서 호출하고 있다.

main에서 InitArray(10,5)로 호출했으므로 배열의 초기 할당치는 10이 되고 여유분은 5로 설정된다.InitArray 함수는 전달받은 인수로 관련 변수를 초기화하고 ar에 size 개수만큼의 요소를 저장할 수 있는 메모리를 할당한다. 배열이 초기화되는 상황이므로 요소의 개수 num은 0으로 초기화될 것이다. size와 num은 모두 바이트 단위가 아니라 배열 요소의 개수 단위이므로 필요한 메모리양을 구하기 위해서는 sizeof(ELETYPE)을 곱해야 한다.

초기화가 완료되면 정수형 변수 10개를 저장할 수 있는 메모리가 할당되고 이 메모리의 선두를 ar 포인터가 가리키게 된다. 그리고 size는 할당 크기 10을 기억하며 아직 배열에 값이 저장되지 않았으므로 num은 0이다. 이 상태에서 ar은 크기 10의 정수형 배열과 같아지며 10개의 정수값을 기억할 수 있다. main에서는 1~8까지 8개의 정수를 추가했으며 이때의 ar 배열을 그림으로 그려 보면 다음과 같다.

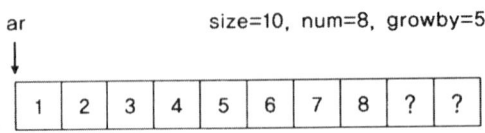

총 10개의 요소를 기억할 수 있으며 8개를 저장했으므로 아직 두 개의 여유가 남아 있는 상황이다. 물론 이 남은 칸에는 쓰레기값이 들어 있을 것이다. 배열을 다 사용한 후에는 UnInitArray 함수를 호출하여 사용하던 메모리를 해제하는데 free 함수로 ar에 동적 할당한 메모리만 회수하면 된다. main 함수의 끝에서 UnInitArray를 호출하고 있다.

:: 재할당

1~8까지 정수를 추가한 후 10, 11, 12를 요소 3의 위치에 순서대로 삽입하는데 10, 11까지 삽입되면 ar은 꽉 찬 상태가 된다. 이 상태에서 12를 더 삽입하려면 기억 공간이 부족하므로 배열의 크기를 늘려 재할당해야 한다. 배열의 크기가 늘어나는 경우는 Insert 함수에서 요소를 추가할 때뿐이므로 이 함수의 선두에서만 배열 크기를 점검하면 된다.

재할당할 조건은 아주 상식적이다. Insert가 호출되었을 때 필요한 배열 크기는 현재 요소 개수인 num에 추가될 하나를 더해 num+1이며 이 값을 need 변수에 대입했다. 원한다면 여러 개를 한꺼번에 삽입하는 것도 물론 가능하다. need가 할당된 크기인 size보다 더 클 때, 구체적으로 예를 들자면 10의 크기로 할당된 상태에서 11개의 요소를 저장하고자 할 때, 이때가 바로 배열의 크기를 늘릴 때이다.

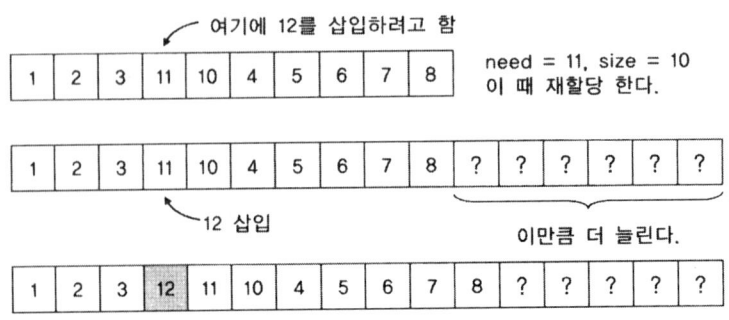

현재 크기가 부족하다는 판단이 내려졌으므로 새로운 크기를 계산하되 일단 need 이상 되어야 하고 여기에 약간의 여유분 growby를 더했다. size는 16이 되며 이 크기대로 realloc 함수를 호출하여 ar 배열을 재할당한다. realloc 함수는 ar 배열을 새로운 크기로 재할당하며 필요할 경우 번지를 옮겨 기존 메모리의 값을 복사해 주기까지 하므로 이 함수만 호출하면 ar은 내용을 유지한 채로 지정한 크기만큼 늘어나게 된다. 만약 need가 size보다 더 작다면, 즉 아직 여유분이 남아 있다면 재할당없이 기존의 방법대로 삽입한다.

:: 여유분

배열을 재할당할 때는 어느 정도의 여유분을 주는 것이 효율상 유리하다. 삽입은 보통 연속적으로 일어나므로 메모리가 부족해서 크기를 늘려야 한다면 조만간 메모리가 다시 부족해질 확률이 아주 높다. need만큼 필요해졌을 때 need만큼만 재할당하면 일단은 삽입 가능하지만 잠시 후 다시 재할당해야 할 것이다. realloc 함수는 편리하기는 하지만 번지가 바뀔 경우 굉장히 느리며 특히 배열의 크기가 클수록 속도상의 불이익이 심하기 때문에 가급적이면 호출 회수를 줄여야 한다. 그래서 이왕 재할당을 할 때 여유분을 주어 다음 번 부족한 상황을 최대한 늦추는 것이 좋다.

동적 배열은 이런 목적으로 growby라는 변수를 정의하고 재할당할 때 need에 이 값을 더한 크기로 배열을 늘린다. 여유분은 어디까지나 여유를 두기 위한 값이므로 이 값이 0이더라도 동적 배열은 제대로 동작하겠지만 성능이 떨어진다. 그렇다고 해서 여유분을 지나치게 크게 주면 남는 메모리가 많아져 공간 효율이 떨어진다. 필요에 따라 적당한 양을 주는 것이 좋으며 그래서 InitArray 함수를 호출할 때 개발자가 결정할 수 있도록 해 두었다.

예제에서는 재할당이 빨리 일어나도록 하기 위해 초기값, 여유분을 10, 5로 주었지만 실제 프로젝트에서는 배열의 삽입, 삭제 빈도에 따라 초기값과 여유분을 적당한 크기로 선택해야 한다. 100, 50 정도면 대체로 쓸만한 성능을 보일 것이며 자료의 양이 많고 삽입도 빈번하다면 1000, 500 정도로 충분한 값을 주어 성능의 향상을 꾀할 수 있다. 즉 InitArray의 인수들은 배열의 성능 파라미터이다.

:: 그 외 함수의 변화

그 외 나머지 함수들은 어떤 변화가 생겼는지 동적 할당을 하지 않는 앞의 예제와 비교해 보자. Insert 함수에는 배열 크기 점검과 재할당문이 추가되었고 배열 요소를 삽입하는 코드는 앞의 예제와 거의 비슷하다. 다만 memmove 함수의 이동 길이가 조금 달라졌다. 배열에 기억되는 값이 문자열이 아니므로 널 종료 문자를 이동 길이에 포함시킬 필요가 없으며 문자형에 대한 배열이 아닌 임의 타입에 대한 배열이므로 sizeof(ELETYPE)을 곱해야 한다.

문자열이나 포인터는 끝 표식에 사용할 수 있는 특이값이 있지만 정수형이나 실수형에는 이런 목적으로 사용할 수 있는 특이값이 따로 없다. 그래서 배열에 저장된 요소의 실제 개수를 저장하는 num이라는 별도의 변수가 필요한 것이다.

Delete 함수도 마찬가지로 이동 길이를 계산하는 식만 달라졌으며 논리는 동일하다. 만약 배열 요소가 다량 삭제되어 지나치게 남는 메모리가 많다면 배열 크기를 줄이는 것도 가능하다. 이 경우 Delete에 현재 할당 크기와 요소 개수를 비교하여 일정 기준 이하일 때, 예를 들어 num이 size의 절반도 안될 때 size를 줄이는 코드를 작성하면 된다. 그러나 늘어난 배열을 굳이 줄여야 하는 경우는 극히 드물기 때문에 이 코드는 작성하지 않았으며 현실적으로 별로 효용성이 없다. Append 함수는 앞의 예제와 완전히 동일하다.

이상으로 실행 중에 크기를 변경할 수 있는 동적 배열을 만들어 보고 간단하게 분석해 보았다. 이 예제는 완벽하게 동작하지만 예제로서의 간결성을 중요시하다 보니 몇 가지 마음에 들지 않는 면이 있다. 우선 배열 관리를 위해 전역변수가 필요하고 이 변수들을 관리하는 별도의 함수까지 있어 재활용하기가 번거로운 편이다. 그래서 여러 개의 동적 배열을 동시에 사용할 수 없다. InitArray도 수동으로 호출해야 하고 다 사용한 후 UnInitArray를 호출하여 배열을 해제하는 것도 잊어서는 안 된다.

편리하고 안전한 사용을 위해 좀 더 형식성을 갖출 필요가 있는데 이럴 때 사용하는 것이 바로 C++의 클래스이다. 배열 관리 변수와 관련 함수들을 클래스로 묶어 놓으면 객체를 선언하는 것만으로 동적 배열을 쉽게 생성하고 사용할 수 있으며 자신이 필요없어졌을 때 메모리를 자동으로 정리하도록 할 수 있다. CArray ar; ar.Insert(), ar.Delete() 식으로 편리하게 사용할 수 있다. 또한 배열의 대상 타입을 ELETYPE이라는 매크로로 바꿀 수는 있지만 동시에 여러 타입에 대한 동적 배열을 만들 수는 없다. 이 문제는 C++의 템플릿으로 해결할 수 있다.

3부에서는 클래스로 동적 배열 타입을 만들어 볼 것이고 이 클래스를 템플릿으로 만들어 일반적인 타입에 대해 범용적으로 사용할 수 있도록 실습할 것이다. 또한 활용성을 높이기 위해 검색, 복수 삽입, 배열끼리의 병합 등 좀 더 많은 기능들을 추가해 보도록 하자. 여기서는 C 수준에서 동적 배열을 작성하는 방법에 대해서만 정리하고 넘어가기로 한다.

19.1.3 동적 배열 활용

동적 배열은 주소록, 비디오 대여점 관리, 워드 프로세서 등 관리 대상이 동일 타입의 집합이면서 크기가 가변적인 모든 프로그램에 응용 가능하다. 자료의 집합을 다룰 수 있으므로 원시적인 데이터 베이스라고 할 수 있다. 다음 예제는 앞에서 만들었던 동적 배열을 사용한 간단한 주소록 프로그램이다. 한 사람의 신상을 담는 구조체를 정의하고 이 구조체를 요소로 가지는 동적 배열을 만들었다. 배열의 요소 타입만 변경되었으므로 ELETYPE 매크로만 수정하고 나머지 전역변수와 관련 함수는 그대로 사용하면 된다.

예제 **JusoArray**

```
#include <Turboc.h>

struct tag_NameCard
```

```
{
    char name[10];
    char tel[15];
    char addr[32];
};

#define ELETYPE tag_NameCard

================ 소스 생략 ================
ELETYPE *ar; ~ UnInitArray까지 DynArray 예제와 동일함

void main()
{
    char ch;
    unsigned i;
    tag_NameCard Temp;

    InitArray(10,5);
    for (;;) {
        printf("명령을 입력하세요(1:보기, 2:추가, 3:삭제, Q:종료) > ");
        ch=getch();
        printf("\n");
        if (ch == 'Q' || ch == 'q') {
            break;
        }

        switch(ch) {
        case '1':
            if (num == 0) {
                printf("등록된 내용이 없습니다.\n");
            } else {
                for (i=0;i<num;i++) {
                    printf("%d, 이름:%s, 전화:%s, 주소:%s\n",i,ar[i].name,
                        ar[i].tel,ar[i].addr);
                }
            }
            break;
        case '2':
            printf("이름을 입력하세요(9자) : ");gets(Temp.name);
```

```
                    printf("전화번호를 입력하세요(14자) : ");gets(Temp.tel);
                    printf("주소를 입력하세요(31자) : ");gets(Temp.addr);
                    Append(Temp);
                    break;
            case '3':
                    printf("삭제할 번호를 입력하세요 : ");scanf("%d",&i);
                    if (i < num) {
                            Delete(i);
                    } else {
                            printf("등록되지 않은 번호입니다.\n");
                    }
                    break;
            }
    }

    UnInitArray();
}
```

tag_NameCard가 사람 한명의 신상을 저장하는 인명 구조체이다. 예제에서는 간단하게 이름, 주소, 전화 번호 등의 기본 정보만 포함했지만 원한다면 얼마든지 더 상세한 정보들을 멤버로 포함할 수 있다. 이런 구조체 타입을 가리키는 ar은 동적 구조체 배열이며 ar이 곧 주소록 정보라고 할 수 있다.

구조체를 담는 배열 자체가 동적으로 관리되므로 얼마든지 많은 정보를 개수에 상관없이 저장할 수 있다. main 함수는 이 배열을 활용하여 입력, 삭제, 출력 등을 하는데 출력 루프, 사용자로부터의 입력 처리, 그리고 약간의 에러 처리 코드만 있을 뿐 배열 자체를 관리하는 일에 대해서는 신경쓰지 않는다. 특별히 어려운 코드는 없으므로 직접 분석해 보기 바란다.

과제 JusoArrayPtr

동적 배열의 요소 타입에는 특별한 제한이 없다. 주소록 예제를 구조체가 아닌 구조체 포인터 배열로 구현해 보아라.

19.2 연결 리스트

19.2.1 단순 연결 리스트

앞 절에서 만들었던 동적 배열은 같은 타입의 데이터 여러 개를 저장할 수 있는 가변 크기를 가지는 자료 구조이다. 이런 목적으로 사용할 수 있는 또 하나의 자료 구조가 바로 연결 리스트(Linked List)인데 이 절에서는 연결 리스트에 대해 간단하게 연구해 보기로 하자. 연결 리스트와 동적 배열은 완전히 용도가 같은 자료 구조로서 서로 대체 가능하지만 구성 원리나 관리 방법은 질적으로 다르다. 연결 리스트의 대체 자료 구조는 배열이 아니라 동적 배열임을 주의하자.

배열의 가장 큰 특징은 요소들이 물리적으로 인접한 메모리 영역에 연속적으로 배치된다는 점이다. 그래서 첨자 연산이 빠르고 메모리 요구량이 작은 대신 삽입, 삭제가 번거롭다. 첨자 연산법이 단순해지기 위해서는 요소끼리 항상 인접해야 하고 그래서 삽입, 삭제시에 요소들을 밀고 당기고 해야 하는 것이다. 연결 리스트는 요소들이 메모리의 도처에 흩어져서 존재하지만 링크에 의해 논리적으로 연결되어 있어 링크를 따라가면 이전, 이후 요소들을 찾을 수 있다. 삽입, 삭제를 할 때도 물리적인 메모리 이동없이 요소간의 링크만 조작하면 되므로 속도가 빠르다. 다음 그림으로 배열과 연결 리스트가 메모리에 구현된 모양을 비교해 보자.

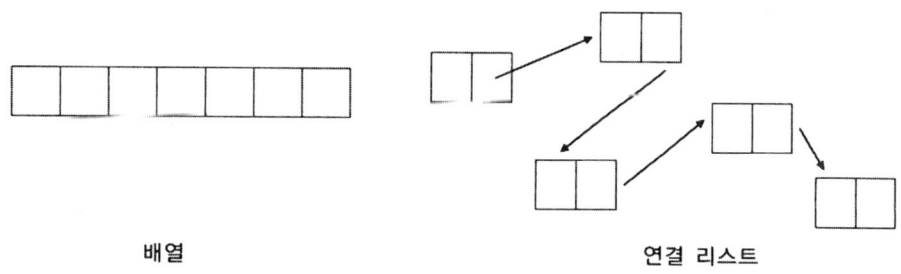

배열   연결 리스트

배열의 요소 하나는 자신이 기억할 데이터값만을 가지는데 비해 연결 리스트의 요소인 노드는 데이터 외에 연결 상태에 대한 정보인 링크를 추가로 가져야 한다. 자기 다음의 요소가 누구인지를 스스로 기억하고 있어야 흩어져 있는 노드들의 순서를 알 수 있는데 이 연결 정보를 저장하는 것이 바로 링크이다. 링크를 하나만 가지는 것을 단순 연결 리스트(Single Linked List)라고 하고 두 개의 링크를 가지는 것을 이중 연결 리스트(Double Linked List)라고 한다. 노드를 구성하는 데이터와 링크는 타입이 다르기 때문에 노드는 이형 타입의 집합인 구조체로 정의된다.

```
struct Node
{
    int value;                  // 데이터
```

```
    Node *next;              // 링크
};
```

　value 멤버는 노드가 기억하는 정보의 실체인 데이터이다. 배열 요소 타입에 제한이 없는 것처럼 연결 리스트가 저장하는 정보의 종류에도 제한이 없으므로 노드의 데이터는 임의 타입, 임의 개수로 정의할 수 있다. 여러 개의 변수들을 한꺼번에 가질 수도 있고 포인터나 배열 또는 다른 구조체를 노드에 포함시키는 것도 물론 가능하다. 예제에서는 편의상 정수값 하나만을 노드에 포함시켰다.

　next 멤버는 다음 노드에 대한 포인터를 가지는 링크이다. Node 구조체 안에 다른 Node 구조체의 번지 정보가 포함되어 있는데 자신에 대한 포인터를 멤버로 가지는 자기 참조 구조체이므로 크기가 무한대가 되지는 않는다(13.2.4 참조). 이 포인터가 가리키는 곳을 찾아가면 다음 노드가 저장된 곳을 알 수 있으며 또 다음 노드의 링크를 따라 가면 그 다음 노드를 연속적으로 찾을 수 있다. 노드들이 링크를 통해 서로의 위치를 기억함으로써 물리적으로 흩어져 있더라도 논리적으로는 한 덩어리의 정보가 될 수 있는 것이다.

　단, 어떤 노드가 연결 리스트의 첫 번째 노드인지는 따로 저장해야 하는데 시작점을 기억하는 노드를 머리(head)라고 한다. 일단 머리 노드를 알아야 연속적으로 다음 노드를 찾을 수 있으므로 머리 노드는 언제든지 참조할 수 있는 전역변수로 선언하는 것이 보통이다. 머리는 연결 리스트의 진입점이며 항상 머리부터 검색을 시작하므로 연결 리스트의 대표 노드라고 할 수 있다. 이에 비해 동적 배열은 진입점을 가리키는 포인터로 대표된다. 다음 그림은 1, 2, 3 세 개의 노드를 가지는 연결 리스트가 메모리에 구현된 모양이다.

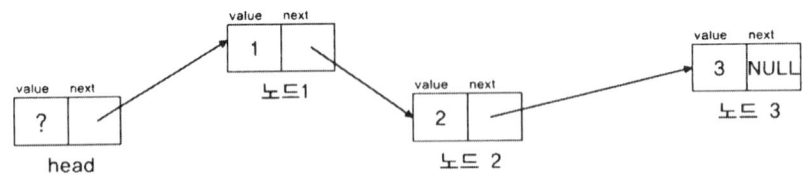

　노드들이 메모리상의 임의 위치에 불규칙적으로 생성된다는 것을 강조하기 위해 노드의 위치도 불규칙적으로 그렸다. 하지만 노드의 물리적인 위치가 어디인가는 전혀 중요하지 않으며 실제 번지에 상관없이 링크에 의해 서로 논리적으로 연결되어 있으므로 일직선으로 그리는 것이 보통이다. 머리는 노드 1을 가리키고 노드 1의 링크를 따라가면 노드 2가 있고 노드 2 다음에 노드 3이 있다. 노드 3의 링크는 NULL로 되어 있는데 다음 노드가 없다는 것은 곧 연결 리스트의 끝이라는 뜻이다.

　단순 연결 리스트로 복수 개의 정수형 데이터를 저장하는 예제를 만들어보고 분석해 보자. 초기화, 삽입, 삭제, 순회 등의 기본적인 동작을 테스트하는데 간결성을 위해 메모리 할당 실패에 대한 에러 처리는 생략했다. 32비트 환경에서는 굳이 메모리 할당 성공 여부를 점검하지 않아도 된다. 짧은 예제이지만 연결 리스트의 구조와 관리 방법 등을 연구해 보기에는 충분할 것이다.

예제 SingleList

```c
#include <Turboc.h>

// 노드 구조체
struct Node
{
    int value;
    Node *next;
};
Node *head;

// 연결 리스트 초기화 - 머리를 할당한다.
void InitList()
{
    head=(Node *)malloc(sizeof(Node));
    head->next=NULL;
}

// Target 다음에 노드를 삽입한다.
Node *InsertNode(Node *Target,Node *aNode)
{
    Node *New;

    New=(Node *)malloc(sizeof(Node));
    *New=*aNode;

    New->next=Target->next;
    Target->next=New;
    return New;
}

// Target 다음 노드를 삭제한다.
BOOL DeleteNode(Node *Target)
{
    Node *Del;

    Del=Target->next;
    if (Del==NULL) {
    return FALSE;
```

```c
        }
        Target->next=Del->next;
        free(Del);
        return TRUE;
}

// 연결 리스트의 모든 노드와 머리를 해제한다.
void UnInitList()
{
        while (DeleteNode(head)) {;}

        free(head);
        head=NULL;
}

void main()
{
        int i;
        Node *Now,Temp;

        InitList();

        // 다섯 개의 노드 삽입
        Now=head;
        for (i=1;i<=5;i++) {
                Temp.value=i;
                Now=InsertNode(Now,&Temp);
        }

        // 두 번째 노드 삭제
        DeleteNode(head->next);

        // 순회하면서 출력
        for (Now=head->next;Now;Now=Now->next) {
                printf("%d\t",Now->value);
        }
        printf("\n");

        UnInitList();
}
```

Node 구조체 정의와 연결 리스트 관리 함수가 main 이전에 모두 작성되어 있다. main에서는 연결 리스트를 초기화하고 1~5까지 다섯 개의 노드를 삽입한다. 그리고 두 번째 노드를 제거한 후 남은 노드들을 순회하면서 출력해 보았다. 결과는 1, 3, 4, 5가 되는데 예제의 각 부분을 순서대로 분석해 보자.

∷ Node 구조체

Node 구조체는 연결 리스트의 한 요소인 노드를 정의한다. 이 예제의 연결 리스트는 정수를 데이터로 가지므로 정수형 변수 value와 링크 next만을 멤버로 가진다. 더 많은 정보를 저장하고 싶다면 필요한 멤버를 얼마든지 추가할 수 있는데 예를 들어 주소록이라면 name, tel, addr 등의 멤버가 포함될 것이고 파일에 대한 정보라면 path, date, size, attr 등이 포함될 것이다.

Node형 포인터 head는 전역으로 선언되어 있는데 이 변수가 연결 리스트의 진입점이다. 설사 연결 리스트가 비어 있더라도 머리는 반드시 있어야 하며 또한 적절하게 초기화되어야 한다. InitList 함수는 head에 Node 구조체를 할당하며 최초 머리 노드만 존재하므로 head의 링크는 NULL로 초기화된다.

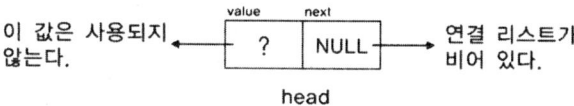

head의 링크(head->next)가 NULL이라는 것은 머리 외에 실제 데이터를 가지는 노드는 없다는 뜻이며 이는 곧 연결 리스트가 비어 있다는 것을 표시한다. 머리 노드는 시작 노드의 번지만을 가지므로 데이터는 사용하지 않는다. main에서 연결 리스트를 사용하기 전에 InitList를 호출하여 초기화했으며 이 상태에서 잠시 후면 머리 뒤쪽에 노드들이 추가될 것이다.

∷ 노드의 삽입

노드는 자신과 연결된 노드의 정보를 가지고 있으므로 물리적인 메모리 이동없이 링크만 조작하여 리스트의 중간에 새로운 노드를 쉽게 삽입할 수 있다. 1, 2, 3 세 개의 노드가 있는 상태에서 노드 2다음에 노드 4가 삽입되는 가장 일반적인 경우(두 노드 사이에 새 노드가 끼어드는 경우)의 삽입 과정을 연구해 보자.

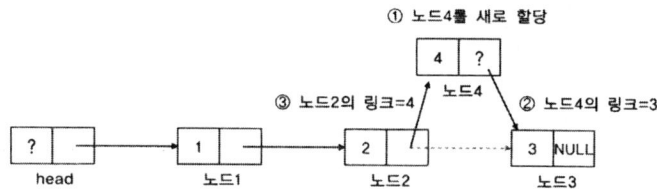

① Node 구조체를 새로 할당하여 New 노드를 만들고 이 노드의 value에 4를 대입한다. 노드 4는 메모리에 생성되어 있기만 할 뿐이지 아직 링크로 연결되지 않았으므로 연결 리스트에 포함된 것은 아니다. 노드 4의 링크인 next는 현재 쓰레기값을 가지고 있는 상태이다.

② 새로 만든 노드 4의 링크에 노드 3의 번지를 대입하여(New->next=Target->next) 노드 4가 노드 3앞에 위치하도록 연결한다. 이때 노드 3의 번지는 바로 앞에 있는 노드 2의 링크에서 구할 수 있는데 노드 2의 값을 바꾸기 전에 먼저 읽어야 한다. 순서가 바뀌면 안 된다. 여기까지 처리하면 노드 4가 노드 3앞에 연결되었지만 아직 노드 2 다음에 연결되지는 않았다.

③ 노드 2의 링크에 노드 4를 대입(Target->next=New)하여 노드 4가 노드 2 다음에 위치하도록 연결한다. 이렇게 되면 노드 2와 노드 3의 연결은 끊어지며 노드 2→노드 4→노드 3 순으로 연결 상태가 재설정되어 노드 4가 중간에 삽입된다.

이 삽입 동작을 구현하는 함수가 바로 InsertNode 함수인데 두 개의 인수를 받아들인다. Target 인수는 삽입하고자 하는 노드의 이전 노드이며 Target 다음에 새 노드를 삽입한다. 단순 연결 리스트는 다음 링크밖에 없으며 이전 노드를 알 수 없기 때문에 특정 노드의 뒤쪽으로만 새 노드를 삽입할 수 있다. 특정 노드의 앞쪽에 삽입하려면 한 칸 더 앞에 있는 노드의 링크도 변경해야 하는데 이 노드를 구할 수 없는 것이다.

두 번째 인수 aNode는 삽입 대상이 되는 노드의 데이터를 가지는 임시 노드이다. main에서 Node 구조체를 만들고 이 구조체의 value에 원하는 값을 채워 보내며 InsertNode는 aNode 자체를 New에 대입한다. value만 전달할 수도 있지만 이렇게 하면 Node 구조체가 바뀔 때마다 InsertNode 함수를 수정해야 하는 번거로움이 있어 임시 노드를 전달하는 방법을 쓴다. 구조체 대입은 메모리 복사이므로 멤버가 늘어나도 수정할 필요가 없다.

InsertNode 함수는 물리적으로 새 노드를 생성하는 부분과 논리적으로 링크를 연결하는 두 부분으로 구성되어 있다. 메모리상에 새로운 링크를 만들고 새로 만들어진 노드와 삽입될 위치의 앞, 뒤 노드의 링크를 조작한다. 그리고 새로 만들어진 노드의 포인터를 리턴함으로써 이 노드 다음에 연속적으로 다른 노드를 삽입할 수 있도록 한다.

```
Node *InsertNode(Node *Target,Node *aNode)
{
    Node *New;

    New=(Node *)malloc(sizeof(Node));        // 노드 생성. 그림의 ①번 과정에 해당
    *New=*aNode;

    New->next=Target->next;                  // 뒤쪽 노드와 연결. 그림의 ②번 과정에 해당
    Target->next=New;                        // 앞쪽 노드와 연결. 그림의 ③번 과정에 해당
    return New;
}
```

main 함수에서 루프를 돌며 InsertNode를 다섯 번 호출하는데 최초 head에서부터 삽입을 시작한다.

이 과정을 따라가 보자.

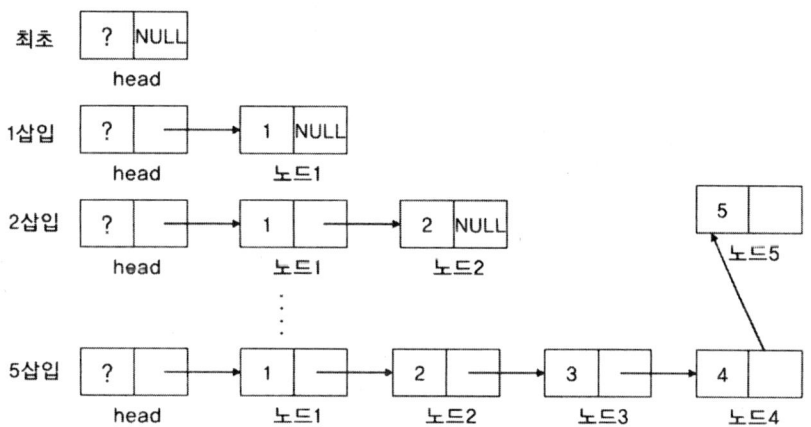

최초 머리만 있는 상태에서 머리 다음에 노드 1을 삽입했는데 이 경우는 중간에 끼어드는 것이 아니라 끝에 추가된다고 볼 수 있다. 추가되는 경우도 InsertNode 함수의 코드가 그대로 적용되는데 머리의 링크는 새로 만든 노드를 가리키고 head 링크에 저장되어 있던 NULL은 새로 만든 노드가 가져감으로써 이 노드가 머리 대신 끝 노드가 된다. 리스트의 끝에 추가되는 과정도 중간에 삽입되는 일반적인 경우와 같은 방법으로 처리하면 된다.

InsertNode는 새로 추가된 노드의 포인터를 리턴하는데 이 포인터를 받아 InsertNode의 인수로 다시 전달하면 새 노드 뒤쪽에 노드들을 연속적으로 추가할 수 있다. main에서는 InsertNode가 리턴하는 포인터를 Now로 내입 받아 Now 뒤쪽에 계속 2, 3, 4, 5를 추가했다. 그래서 여기까지 실행하면 head 이하 다섯 개의 노드가 링크로 죽 연결된 상태가 만들어진다. 노드는 실행 중에 메모리를 동적으로 할당하여 생성되므로 메모리 한계까지 얼마든지 추가할 수 있다.

:: 노드의 삭제

노드를 삭제하는 방법도 역시 링크를 조작하는 것이다. DeleteNode 함수는 인수로 주어진 Target 노드 다음의 노드를 삭제한다. 단순 연결 리스트는 앞쪽 노드를 찾지 못하므로 노드 자체를 삭제할 수는 없고 지정한 노드의 뒤쪽만 삭제할 수 있다. 그래서 삭제하고자 하는 노드의 앞 노드를 인수로 전달해야 한다. 1, 2, 3 세 개의 노드가 있는 상태에서 노드 2를 삭제하는 예를 보자.

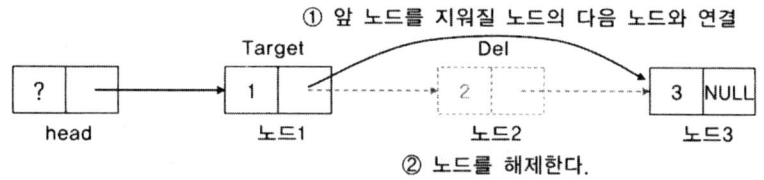

노드 2를 제거하려면 DeleteNode 함수로 노드 1을 전달해야 하는데 노드 1은 head->next로 쉽게 구할 수 있다. DeleteNode 함수는 Target->next로 삭제 대상 노드를 찾아 Del에 대입한다. 그리고 Del이 가리키고 있는 다음 노드를 Target의 다음 노드로 설정(Target->next=Del->next)함으로써 Del을 리스트에서 제외시킨다. 이렇게 되면 Del은 메모리에 아직 남아 있지만 연결 리스트에서는 논리적으로 삭제된 것이다. Del이 차지하고 있는 메모리를 free 함수로 해제하면 이 노드는 물리적으로 제거된다.

DeleteNode 함수는 한 가지 예외를 처리하고 있는데 Target으로 마지막 노드가 전달된 경우 삭제할 대상이 없으므로 에러를 리턴한다. 마지막 노드의 링크는 NULL을 가리키고 있으며 이 값은 리스트의 끝이라는 표식일 뿐 실제 노드가 아니므로 삭제할 수 없다. main에서 노드 2를 삭제했으며 이 결과 1, 3, 4, 5만 리스트에 남게 된다.

:: 순회

순회란 연결 리스트에 포함된 모든 노드를 한 번씩 읽어 보는 것이다. 순회 중에 여러 가지 작업을 할 수 있으며 일단 순회를 해야 어떤 처리라도 할 수 있다. 특정값을 가진 노드를 검색한다거나 노드 전체를 출력할 때는 머리에서부터 링크를 따라 모든 노드를 방문해 봐야 한다. 배열의 경우는 for 루프를 돌며 첨자를 증가시키는 방법으로 간단히 순회할 수 있지만 연결 리스트는 연속된 메모리 공간에 노드들이 배치되어 있지 않으므로 링크를 따라 가면서 노드를 반복적으로 읽어보는 방법밖에 없다. 노드의 총 개수를 알고 싶을 때도 순회가 필요하다.

main에서는 head->next, 즉 첫 번째 노드에서부터 시작해서 value를 출력하고 링크를 따라 다음 노드로 이동하기를 노드가 NULL이 아닐 때까지 반복함으로써 순회한다. 동작이 복잡해 보이지만 Node 형의 포인터 변수와 단순한 for문 하나면 전체 순회가 가능하다. 노드들은 연속적인 메모리 공간에 있지도 않고 생성되는 위치를 예측할 수도 없지만 머리에서부터 next링크만 따라 다니면 순서에 맞게 모든 노드를 순회할 수 있다. 노드 2가 삭제되었으므로 출력되는 결과는 1, 3, 4, 5가 될 것이다.

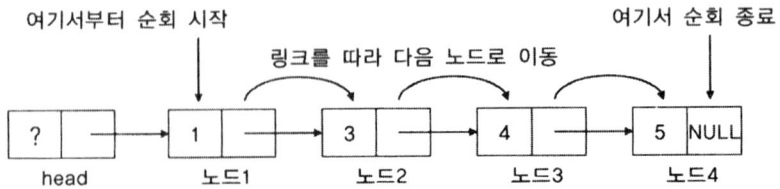

단순 연결 리스트는 뒤쪽 링크만을 가지기 때문에 순방향으로만 순회할 수 있다. 역방향 참조가 필요하다면 다음 항에서 연구해 볼 이중 연결 리스트를 사용해야 한다.

:: 해제

연결 리스트의 노드들은 실행 중에 메모리를 할당해서 생성되므로 다 사용했으면 해제해야 한다. 이 작업은 UnInitList 함수에서 담당하는데 방법은 생각보다 간단하다. head의 다음 노드인 첫 번째 노드를 삭제하기를 실패할 때까지, 즉 머리가 리스트의 끝이 될 때까지 반복하는 것이다. 마치 키보드의 Del키로 문자를 지우듯이 뒤쪽 노드들이 머리쪽으로 이동하면서 순서대로 사라진다. 머리 자체는 DeleteNode 함수로 삭제할 수 없으므로 별도로 해제해야 한다.

> **과제** FindPrevNode
>
> 단순 연결 리스트는 링크가 하나뿐이며 특정 노드의 앞쪽 노드를 알 수 있는 편리한 방법이 없다. 그래서 삽입할 때나 삭제할 때도 항상 대상 노드의 이전 노드를 지정해야 한다. 그러나 꼭 이전 노드를 알고 싶다면 조금 비효율적이기는 하지만 전혀 불가능한 것은 아니다. 머리에서부터 순회를 시작하여 자기 자신을 만날 때까지 링크를 따라 다니다가 바로 직전의 노드를 취하면 된다. 이 방법을 연구해 보고 이전 노드를 찾는 FindPrevNode 함수를 작성해 보아라. 또 이 함수를 응용하여 지정한 노드의 앞에 새 노드를 삽입하는 InsertNodeLeft 함수와 지정한 노드를 삭제하는 DeleteNodeSelf 함수를 작성해 보아라.

19.2.2 이중 연결 리스트

단순 연결 리스트는 자신의 다음 노드에 대한 링크(next)만을 가지기 때문에 뒤쪽으로만 이동할 수 있으며 앞쪽으로는 이동할 수 없다. 링크를 조작할 때도 앞쪽 노드의 링크를 액세스할 수 없기 때문에 항상 지정한 노드의 오른쪽에만 삽입할 수 있으며 특정 노드를 바로 삭제하지 못하고 다음 노드만을 삭제할 수 있다. 이에 비해 이중 연결 리스트는 전후의 노드에 대한 링크를 각각 따로 가진다.

```
struct Node
{
    int value;
    Node *prev;
    Node *next;
};
```

노드에 저장되는 데이터 외에 앞쪽 노드의 번지를 가지는 prev와 뒤쪽 노드의 번지를 가지는 next 링크가 포함되어 있다. 그래서 이중 연결 리스트의 노드는 자신의 뒤쪽 노드뿐만 아니라 앞쪽 노드도 찾을 수 있으며 링크를 조작할 때도 앞뒤의 노드를 자유롭게 액세스할 수 있다. 즉 순방향뿐만 아니라 역방향 순회도 가능한 것이다.

대신 링크가 하나 더 들어가기 때문에 기억 장소를 그만큼 더 소비하고 링크를 관리하는 코드가 조금 더 복잡해진다는 것이 단점이다. 하지만 요즘의 컴퓨터 환경에서 메모리를 조금 더 쓰는 것은 큰 부담이 아닌데다 노드 관리가 자유롭기 때문에 단순 연결 리스트보다는 이중 연결 리스트가 훨씬 더 활용성이 높다고 할 수 있다. 다음 예제는 이중 연결 리스트를 테스트하는데 앞의 예제보다 기능이 좀 더 많다.

예제 DoubleList

```c
#include <Turboc.h>

// 노드 구조체
struct Node
{
    int value;
    Node *prev;
    Node *next;
};

Node *head;

// 연결 리스트 초기화 - 머리를 할당한다.
void InitList()
{
    head=(Node *)malloc(sizeof(Node));
    head->prev=NULL;
    head->next=NULL;
}

// 지정한 노드의 오른쪽에 삽입한다.
Node *InsertNodeRight(Node *Target,Node *aNode)
{
    Node *New;
    Node *Right;

    New=(Node *)malloc(sizeof(Node));
    *New=*aNode;

    Right=Target->next;
    New->next=Right;
    New->prev=Target;
    Target->next=New;
    if (Right) {
        Right->prev=New;
    }
    return New;
```

```c
}

// 지정한 노드의 왼쪽에 삽입한다.
Node *InsertNodeLeft(Node *Target,Node *aNode)
{
    Node *Left;

    Left=Target->prev;
    if (Left) {
         return InsertNodeRight(Left,aNode);
    }
    return NULL;
}

// 제일 끝에 노드를 추가한다.
void AppendNode(Node *aNode)
{
    Node *tail;

    for (tail=head;tail->next;tail=tail->next) {;}
    InsertNodeRight(tail,aNode);
}

// 단순 연결 리스트와는 달리 자기 자신을 지울 수 있다.
BOOL DeleteNode(Node *Target)
{
    Node *Left,*Right;

    // 헤더는 지울 수 없음
    if (Target==NULL || Target==head) {
         return FALSE;
    }
    Left=Target->prev;
    Right=Target->next;

    Left->next=Right;
    if (Right) {                          // 타겟이 끝 노드일 경우
         Right->prev=Left;
    }
```

```c
    free(Target);

    return TRUE;
}

// idx번째 노드를 찾는다.
Node *FindNodeByIndex(int idx)
{
    Node *Now;
    int Index=0;

    for (Now=head->next;Now;Now=Now->next) {
        if (Index == idx) {
            return Now;
        }
        Index++;
    }
    return NULL;
}

// 노드의 순서값을 구한다.
int GetNodeIndex(Node *Target)
{
    Node *Now;
    int Index=0;

    for (Now=head->next;Now;Now=Now->next) {
        if (Now == Target) {
            return Index;
        }
        Index++;
    }
    return -1;
}

// 노드의 개수를 조사한다.
int GetListCount()
{
    Node *Now;
    int Count=0;
```

```c
    for (Now=head->next;Now;Now=Now->next) {
        Count++;
    }
    return Count;
}

// 연결 리스트의 모든 노드와 머리를 해제한다.
void UnInitList()
{
    while (DeleteNode(head->next)) {;}

    free(head);
    head=NULL;
}

void main()
{
    int i;
    Node *Now,Temp;

    InitList();
    for (i=1;i<=5;i++) {
        Temp.value=i;
        AppendNode(&Temp);
    }

    // 순회하면서 출력
    for (Now=head->next;Now;Now=Now->next) {
        printf("%d\t",Now->value);
    }
    printf("\n");

    // 개수, 데이터 3을 가진 노드와 앞뒤 노드를 조사한다.
    printf("노드 개수 = %d\n",GetListCount());
    for (Now=head->next;Now;Now=Now->next) {
        if (Now->value == 3) break;
    }
    if (Now) {
        printf("Mid=%d, 앞 노드=%d, 뒷 노드=%d\n",Now->value,
```

```
                    Now->prev->value,Now->next->value);
    }

    printf("3번 노드 = %d\n", FindNodeByIndex(3)->value);

    UnInitList();
}
```

main에서는 연결 리스트를 초기화하고 5개의 노드를 추가한 후 출력, 검색, 전후 노드 조사 등을 해 보인다. 즉, 이중 연결 리스트가 가진 모든 기능을 한 번씩 다 불러 보고 장기 자랑 대회를 한 번 해 보는 것이다. 실행 결과는 다음과 같다.

```
1       2       3       4       5
노드 개수 = 5
Mid=3, 앞 노드=2, 뒷 노드=4
3번 노드 = 4
```

데이터 3을 가지는 노드를 검색하고 이 노드의 좌우 노드를 각각 조사해서 출력했는데 이중 연결 리스트는 양쪽 링크를 다 가지고 있으므로 이런 것이 가능하다. 예제의 각 부분을 분석해 보자. 단순 연결 리스트보다 링크 조작이 조금 복잡하기는 하지만 링크를 통해 노드를 논리적으로 연결한다는 기본 개념은 비슷하다.

:: 노드의 삽입

단순 연결 리스트는 주어진 타겟 노드의 오른쪽에만 새 노드를 삽입할 수 있지만 이중 연결 리스트는 양쪽 모두 삽입할 수 있다. 그래서 삽입 함수도 Left, Right 두 개가 제공되는데 오른쪽에 삽입하는 Right를 먼저 분석해 보자. 노드 3과 노드 4 가운데에 노드 5를 새로 삽입하는 일반적인 경우를 보자. 삽입 전의 모양은 다음과 같다.

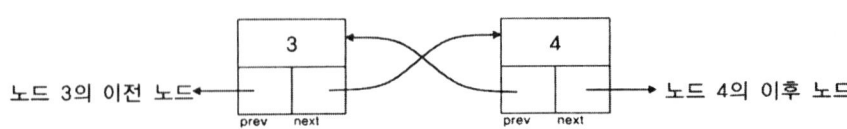

노드 3의 next 링크가 노드 4를 가리키고 있고 노드 4의 prev 링크가 노드 3을 가리키고 있어 두 노드가 서로 앞뒤에 있음을 기억하고 있다. 물론 이 두 노드의 양쪽에는 또 다른 노드들이 있고 링크로

연결되어 있을 것이다. 이 상태에서 노드 3 다음에 5의 값을 가지는 노드를 삽입한다면 이 함수는 새 노드를 메모리상에 할당하고 데이터를 5로 초기화한다.

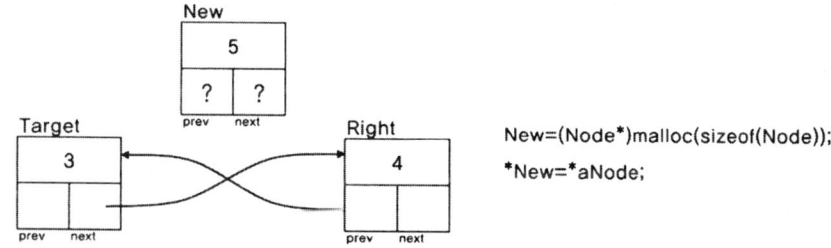

새로운 노드가 생성되기는 했지만 링크를 조정하지 않았으므로 이 노드는 홀로 존재할 뿐 아직 연결 리스트의 일원으로 포함되지는 않았다. 노드 3은 함수의 인수로 전달되었으므로 Target이 되고 Target의 오른쪽에 있는 노드 4가 Right가 되고 새로 생성된 노드는 New라는 이름을 가진다. 기존 노드의 링크를 변경하기 전에 먼저 새로 만든 노드의 링크를 수정하여 연결 리스트에 포함시킨다.

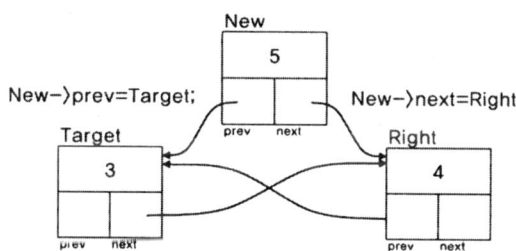

New의 다음 노드는 Right가 되고 이전 노드는 Target이 된다. 그리고 기존 노드의 링크를 변경하여 새로 생성된 노드를 앞뒤 노드로 배치하는데 New는 Target의 다음 노드이면서 Right의 이전 노드가 되어 두 노드 사이에 끼어든다. 노드 하나를 삽입하기 위해 앞뒤 및 자신의 링크까지 4개의 링크 조작이 필요하다. 링크 조작이 모두 완료된 후의 모양은 다음과 같다. 노드 5가 노드 3과 노드 4 사이에 아주 예쁘게 삽입되었다.

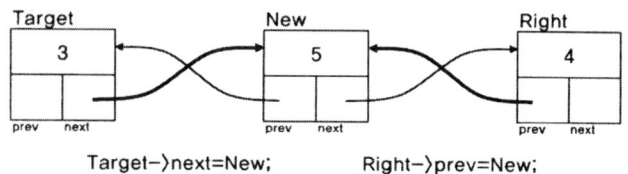

이상은 두 노드 사이에 새로운 노드가 끼어드는 일반적인 경우이고 제일 앞과 뒤에 삽입되는 경우를 위해 특별한 예외 처리가 필요하다. 제일 앞에 삽입될 경우는 Target으로 head가 주어졌을 때인데 머리

노드가 존재하므로 일반적인 경우와 동일하게 처리하면 된다. 제일 뒤에 삽입될 경우는 Target이 마지막 노드일 때인데 이때는 오른쪽 노드인 Right가 NULL이므로 Right->prev를 조작하는 코드만 제외하면 된다. NULL->prev 코드를 실행하면 프로그램은 당장 다운되어 버린다. 새로 삽입되는 노드의 next가 Target->next의 값인 NULL을 가져가므로 이 노드가 새로운 끝 노드가 될 것이다.

:: 왼쪽 삽입 및 추가

지정한 노드의 왼쪽에 삽입하는 InsertNodeLeft 함수는 굉장히 쉽다. 링크를 조작하는 코드가 모두 오른쪽 삽입 함수에 있으므로 이 함수를 대신 부르기만 하면 된다. 어떤 노드의 왼쪽이란 이전 노드의 오른쪽과 같으므로 Target->prev를 대상으로 InsertNodeRight를 호출하면 나머지는 호출된 함수가 알아서 할 것이다. Right가 본 함수이며 Left는 인수 중계만 하는 인터페이스 역할만 한다. 단, 이전 노드가 존재하지 않는 경우에 대해서는 예외 처리를 해야 하는데 Target이 head인 경우가 이에 해당한다. 머리 노드의 왼쪽에 어떤 노드를 삽입할 수는 없으므로 에러로 처리한다.

삽입과 달리 추가는 리스트의 제일 끝에 새로운 노드를 더하는 것이다. 방법은 삽입과 동일하지만 삽입 위치가 꼬리로 정해져 있다는 것만 다르다. 리스트의 중간에 노드를 삽입하는 경우보다 제일 끝에 추가하는 경우가 훨씬 더 많다. AppendNode 함수는 단순히 꼬리를 찾고 오른쪽 삽입 함수를 호출하여 꼬리 다음에 새 노드를 삽입한다. 꼬리를 찾을 때는 머리부터 순회하면서 링크가 NULL인 노드를 찾는데 for문 하나로 간단히 구현할 수 있다. 물론 리스트가 길어지면 꼬리를 찾는 시간도 그만큼 느려진다.

:: 노드의 삭제

노드 삭제 함수는 단순 연결 리스트와 마찬가지로 DeleteNode이다. 단순 연결 리스트의 경우는 이전 노드의 링크를 조작할 수 없으므로 Target의 오른쪽 노드를 삭제했지만 이중 연결 리스트는 양쪽 노드에 모두 접근할 수 있으므로 Target 자체를 삭제할 수 있다. 그러므로 삭제하고자 하는 노드를 바로 전달하면 된다. 두 노드의 중간에 있는 노드를 삭제하는 일반적인 경우를 먼저 보자. 다음과 같이 1, 2, 3 노드가 연결되어 있는 상태에서 노드 2를 삭제하려고 한다.

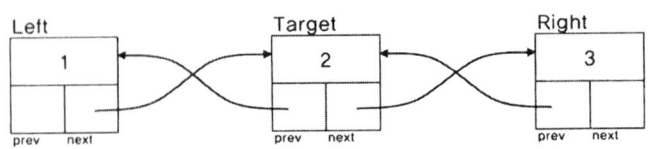

코드를 간단하게 하기 위해 타겟의 좌우 노드를 Left, Right에 구해 놓는데 Left는 Target->prev, Right는 Target->next로 쉽게 구할 수 있다. 미리 좌우 노드를 구해 놓지 않으면 Target->prev->next 따위의 복잡한 수식이 필요해지고 코드를 읽기 어려워진다. Target 자체는 잠시 후 해제될 것이므로 링크를 조작할 필요가 없으며 Left, Right가 서로 이웃할 수 있도록만 하면 된다.

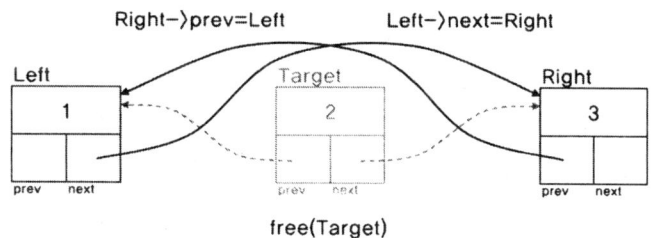

Left의 다음 노드를 Right로 지정하고 Right의 이전 노드를 Left로 지정하면 이 두 노드가 직접 연결되어 중간의 노드 2는 연결에서 제외된다. free(Target)으로 Target의 메모리를 해제하면 이 노드는 물리적으로 사라진다.

이 함수는 여러 가지 예외를 처리하는데 Target이 NULL이어서 끝 노드일 때는 삭제할 대상이 없으므로 삭제를 거부한다. 또한 Target이 head일 때도 머리를 지울 수 없으므로 이때도 삭제할 수 없다. Target 자체가 마지막 노드인 경우는 삭제는 가능하지만 오른쪽 노드인 Right가 존재하지 않으므로 Right의 prev를 조작할 필요가 없고 조작해서도 안 된다.

:: 검색

FindNodeByIndex 함수는 순서값으로부터 원하는 노드를 찾는다. 연결 리스트의 노드는 배열과 달리 첨자가 없지만 연결 순서에 따라 번호를 붙일 수 있다. 순서는 0부터 시작하며 첫 번째 노드가 0번, 두 번째 노드가 1번인 셈이다. 머리부터 순회하면서 각 노드의 번호를 세다가 지정한 번호에 이르렀을 때의 노드 포인터를 리턴한다. 만약 순서값이 총 노드 개수보다 더 크다면 검색은 실패하고 NULL이 리턴된다.

FindNodeIndex는 반대로 특정 노드의 순서값을 구하는데 순회 중에 포인터가 일치하는 노드의 순서값을 리턴한다. 순서값으로 노드를 찾는 것보다 더 실용적인 검색 함수는 내용으로 노드를 찾는 것이다. 이 예제의 경우 내용 검색 함수를 작성한다면 아마 다음과 같은 형태로 작성할 수 있을 것이다.

```
Node *FindNode(Node *Start,Node *aNode)
{
    Node *Now;

    for (Now=Start->next;Now;Now=Now->next) {
        if (Now->value == aNode->value) {
            return Now;
        }
    }
    return Now;
}
```

내용 검색을 하려면 리스트 전체를 순회하면서 원하는 값을 가진 노드를 찾아야 한다. 인수로 전달된 Start 노드 이후부터 순회를 하되 Start 자체는 검색 대상에서 제외했는데 이는 연속적인 검색을 위해서이다. 조건에 맞는 노드가 여럿 있을 경우 검색된 노드부터 다시 검색을 시작하면 리스트의 끝까지 원하는 노드를 찾을 수 있다. 이에 비해 strchr 표준 함수는 지정한 번지부터 검색을 시작하므로 검색된 문자를 제외시키기 위해 반드시 p++하여 다음 위치로 이동해야 연쇄적인 검색을 할 수 있다. 리스트 전체를 순회했는데 조건에 맞는 노드가 발견되지 않았다면 이때는 NULL를 리턴한다.

내용 검색 함수를 만드는 방법이 특별히 어렵지는 않지만 예제에는 이 함수가 작성되어 있지 않다. 왜냐하면 검색은 본질적으로 Node에 종속적이기 때문에 미리 함수로 만들어 놓을 가치가 없으며 만들어 봐야 그대로 재사용할 수도 없기 때문이다. 위의 FindNode 함수는 노드가 정수형의 value를 가진다는 가정을 하고 만든 것일 뿐이며 만약 문자열이나 포인터를 가진다면 검색 방법도 달라질 것이다. 또한 문자열의 경우 완전 일치를 검색할 것인지 부분만 일치하는 노드도 검색 대상인지, 대소문자 구분은 어떻게 할 것인지 등에 따라 노드 비교 방법도 달라진다.

만약 정 재사용 가능한 검색 함수를 작성하고자 한다면 검색 함수가 함수 포인터를 받아들이고 순회 중에 비교 함수를 불러서 프로그램이 직접 노드를 비교하는 방법을 쓸 수는 있다. 그러나 이렇게 할 바에야 그냥 프로그램이 직접 순회하면서 검색을 하는 편이 훨씬 더 간편하다. 비교 함수를 만들고 함수 포인터를 전달하는 것보다는 차라리 순회하는 게 훨씬 더 쉽다. 그래서 검색이 필요할 경우 프로그램의 필요에 맞게 FindNode 함수는 매번 수정해서 사용하거나 아니면 호출원에서 위 함수가 하는 방법대로 직접 순회하면서 찾되 if문의 조건만 노드에 맞게 수정하면 된다.

main에서는 연결 리스트를 순회하면서 3의 값을 가진 노드를 검색하였으며 이 노드의 앞, 뒤 노드값도 같이 출력해 보았다. 이중 연결 리스트이므로 prev, next를 읽으면 곧바로 전후의 노드를 조사할 수 있다. FindNodeByIndex 함수로 3번째 노드를 찾아 그 값을 출력해 보기도 한다.

:: 개수 조사

연결 리스트에 포함된 노드의 총 개수를 알고 싶다면 이때도 순회해야 한다. 머리에서부터 순회하면서 개수를 헤아리다가 끝 노드에 이르렀을 때 헤아리고 있던 개수를 리턴하면 된다. 정수값 하나를 얻기 위해 연결 리스트 전체를 순회해야 한다는 것이 조금 불만스럽기는 하지만 어쩔 수가 없다. 개수를 조사할 일이 자주 있다면 별도의 전역변수를 선언하고 삽입, 삭제시마다 이 변수를 관리해 주는 방법을 생각해 볼 수 있다.

19.2.2 그 외의 연결 리스트

이상으로 아주 간단한 예제를 통해 연결 리스트의 초기화, 삽입, 삭제, 순회, 해제를 해 보았다. 연결 리스트에 대한 이론이 정립된지는 굉장히 오래 되었고 노드를 관리하고 링크를 조작하는 방법도 거의 정형화되어 있는 편이다. 그러나 코드로 구체화하는 방법은 개발자에 따라, 필요에 따라 또는 언어에 따라 약간씩 변형이 가능하다. 여기서 만든 예제는 동작 이해를 위해 간결하게 작성했는데 좀 더 성능 향상을 바란다면 다음과 같이 다른 방식으로 코드를 작성할 수도 있다.

❶ 이 예제는 head에 Node 구조체를 할당하고 head->next가 첫 번째 노드를 가리키도록 하고 있다. 즉 머리를 위해 별도의 노드를 하나 더 만들고 이 노드를 head 포인터가 가리키고 있는 셈인데 머리 노드는 시작점의 역할만 할 뿐이지 실제로 데이터를 저장하지는 않는다. 별도의 머리 노드를 만드는 대신 head 포인터 변수가 곧바로 첫 번째 노드를 가리키도록 할 수도 있다.

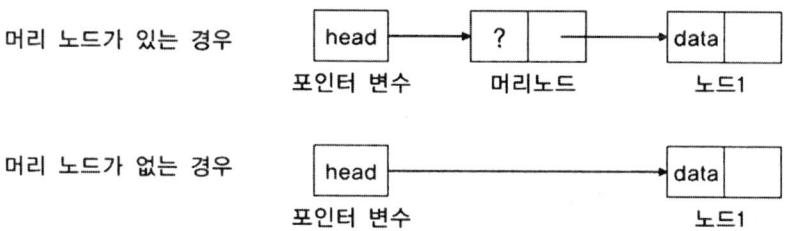

head가 첫 노드를 가리키면 머리 노드를 위한 메모리 공간을 약간 절약할 수 있고 초기화를 위해 머리 노드를 할당할 필요도 없다. 하지만 이렇게 되면 링크 관리의 일관성이 깨져 버려 head에 대해서는 특별한 예외 처리가 필요해진다. 예를 들어 노드 1 왼쪽에 새로운 노드를 삽입하려고 할 때 InsertNode 함수는 앞쪽 노드의 링크가 아닌 head 변수 자체를 조작해야 할 것이다. 머리 노드가 꼭 필요한 것은 아니지만 이 노드가 있으면 링크를 관리하는 규칙이 깔끔하게 정리되는 효과가 있다.

❷ 연결 리스트의 마지막 노드는 끝임을 나타내기 위해 링크를 NULL로 설정하는데 이 방법 대신 자기 자신을 가리키도록 할 수 있다. 자신을 가리키는 노드를 연결 리스트의 마지막 노드로 약속하는 것이다. NULL링크나 자기 자신을 가리키는 링크나 보통의 링크와는 구분되는 특징이 있기 때문에 어떤 식으로 끝 노드를 표현하든지 별 상관은 없다.

임의의 노드 N이 끝인지 확인하는 조건문이 N->next==NULL에서 N->next==N으로 바뀌는 것뿐이다. 혹시라도 버그로 인해 링크 끝을 찾지 못할 경우 엉뚱한 메모리 영역을 침범하는 대신 무한 루프에 빠지도록 함으로써 디버깅을 조금 더 쉽게 하는 것 외에는 별다른 차이점이 없다.

❸ 연결 리스트의 시작점인 head는 반드시 필요한데 이 외에 마지막 노드를 기억하는 tail노드를 별도로 유지할 수도 있다. 이 경우 빈 연결 리스트는 다음과 같아질 것이며 연결 리스트를 초기화하는 함수는 이 상태를 만들어야 한다.

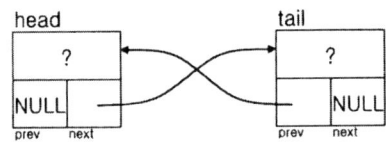

머리 노드나 꼬리 노드 모두 실제 노드는 아니므로 데이터는 가지지 않는다. 꼬리 노드가 있으면 삽입, 삭제하는 알고리즘이 조금 달라지는데 리스트의 끝에서도 중간에 삽입, 삭제하는 일반적인 규칙이 적용되어 코드가 간단해지는 효과가 있다. 또한 꼬리 노드도 전역변수로 저장되므로 이중 연결 리스트의 경우 역방향에서 순회를 시작할 수 있는 이점이 있어 꼬리 노드를 쓰는 경우가 많다.

❹ 연결 리스트에 속한 노드의 총 개수는 실행 중에 종종 참고해야 하는 정보이다. 연결 리스트의 특성상 이 개수를 실시간으로 조사하려면 순회해 보는 수밖에 없는데 노드의 개수가 아주 많다면 시간이 너무 오래 걸려 불만이다. 정수값 하나를 알기 위해 링크를 따라 노드 전체를 한 바퀴 돌면서 하나, 둘, 셋, 넷, 다섯 세어 봐야 하는 것이다.

만약 이런 방식이 정 마음에 들지 않는다면 노드의 개수를 저장하는 별도의 전역변수를 선언하고 리스트에 변화가 있을 때마다 이 값을 관리한다. 예를 들어 Count라는 전역변수를 만든 후 InitList에서 0으로 초기화하고 삽입할 때 Count++, 삭제할 때 Count-- 하면 이 변수는 항상 정확한 노드 개수를 가지게 될 것이다. 이제 더 이상 개수를 알기 위해 리스트를 순회할 필요가 없으며 언제든지 Count 변수만 읽으면 된다.

Count 변수를 사용하면 모든 것이 다 좋아질 것 같지만 항상 그런 것도 아니다. 순회해서 얻는 개수는 항상 정확한 개수(Live Data)이며 신뢰할 수 있지만 Count 변수는 그렇지 않을 수도 있다. 이 변수가 정확한 값을 가지려면 삽입, 삭제, 병합 등 리스트를 변경하는 모든 함수들이 이 변수를 정확하게 관리해야 하는데 이는 무척 큰 부담이 될 수도 있다. 이런 부담을 지고도 개수를 자주 알아야 할 필요가 있는지 또 최대 가능 크기는 얼마인지를 잘 고려하여 결정해야 하는데 만약 총 크기가 100개 정도라면 차라리 필요할 때 순회를 하는 것이 더 속편하다.

❺ InsertNode함수는 삽입할 노드의 데이터를 인수로 직접 전달받지 않고 임시 노드 객체의 포인터를 전달받는다. 새로 만든 노드에 임시 노드를 그대로 복사하는데 이때 노드의 링크를 복사하는 것은 아무 의미가 없고 데이터만 사용하는 셈이다. 임시 객체를 쓰는 대신 간단하게 정수값 하나만 인수로 넘겨 새로 삽입하거나 검색할 노드의 데이터를 전달할 수도 있다.

```
Node *InsertNodeRight(Node *Target,Node *Temp)      // 데이터를 포함한 임시 노드 전달
Node *InsertNodeRight(Node *Target,int value)       // 데이터 직접 전달
```

임시 노드를 위해 별도의 변수 선언이 필요하고 매번 value를 대입한 후 임시 노드의 포인터를 전달하는 것은 아주 번거로운 일이다. 임시 노드를 쓰는 것보다 데이터를 직접 전달하는 방법이 훨씬 더 간단하고 쓰기도 편하다. Now 노드 다음에 데이터 3을 가지는 노드를 삽입하려면 InsertNodeRight(Now, 3)이라고 호출하면 된다.

그러나 데이터를 직접 전달하는 방법은 삽입 함수가 Node 구조체에 종속되는 효과가 있어 코드의 재사용성이 좋지 못하다. 만약 Node에 value외에 rate, name 따위가 더 추가되면 삽입 함수의 원형과 코드를 모두 수정해야 할 것이다. Node가 저장하는 실제 데이터는 매번 달라지는데 그때마다 함수를 수정할 수 없기 때문에 임시 노드를 전달받는 방법을 쓴다. 삽입 함수는 임시 노드의 포인터를 받아 새로 만든 노드에 메모리 복사하므로 노드의 내부는 몰라도 되는 것이다.

이 외에 필요에 따라 여러 개의 노드를 한꺼번에 삽입하는 기능이나 일정 범위의 노드를 삭제하는 함수를 만들 수도 있다. 고급 기능으로 노드끼리의 교체, 크기순으로 노드 정렬하기, 같은 타입의 연결 리스트끼리의 병합 등도 생각해 볼 수 있다.

머리 노드와 끝 노드가 서로 연결되어 있는 원형 연결 리스트라는 것도 있는데 그림으로 그려 보자면 다음과 같다.

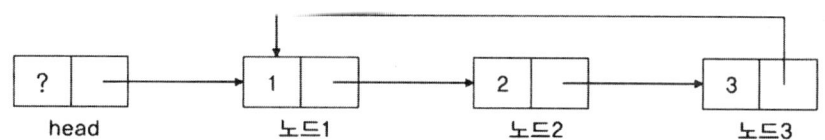

끝 노드의 링크가 첫 노드를 가리키고 있어 원 모양을 하고 있으며 링크를 따라 이동하면 노드를 계속적으로 반복 순회하게 될 것이다. 위 그림은 단순 원형 연결 리스트이며 링크를 두 개 만들면 이중 원형 연결 리스트도 물론 만들 수 있다. 크게 실용성은 없으므로 이 책에서는 다루지 않기로 한다.

19.2.4 연결 리스트의 활용

동적 배열과 연결 리스트는 구조가 조금 다르기는 하지만 같은 타입의 데이터 집합을 다룬다는 면에서 용도가 완전히 동일하며 서로 대체 가능하다. 즉, 동적 배열로 풀 수 있는 문제라면 연결 리스트로 풀 수 있고 반대의 경우도 마찬가지다. 노드나 요소의 크기, 삽입과 삭제의 빈도, 검색 속도 요구치, 메모리 소모량 등에 따라 둘 중 하나를 선택해서 사용하면 된다.

앞에서 동적 배열로 간단한 주소록을 만들어 본 적이 있는데 이번에는 똑같은 예제를 이중 연결 리스트로 작성해 보도록 하자. 자료 구조의 형태가 바뀌었을 뿐이지 프로그램 자체는 거의 동일하게 동작한다. 전체 소스는 다음과 같다.

예 제   JusoList

```c
#include <Turboc.h>

// 노드 구조체
struct Node
{
    char name[10];
    char tel[15];
    char addr[32];
    Node *prev;
    Node *next;
};

================== 소스 생략 ==================
Node *head; ~ UnInitList까지 DoubleList 예제와 동일함

// 이름으로 노드를 찾는다.
Node *FindNode(Node *Start,Node *aNode)
{
    Node *Now;

    for (Now=Start->next;Now;Now=Now->next) {
        if (strcmp(Now->name,aNode->name)==0) {
            return Now;
        }
    }
    return Now;
}

void main()
{
    char ch;
    Node *Now;
    Node Temp;
```

```c
    InitList();
    for (;;) {
        printf("명령을 입력하세요(1:보기, 2:추가, 3:삭제, Q:종료) > ");
        ch=getch();
        printf("\n");
        if (ch == 'Q' || ch == 'q') {
            break;
        }

        switch(ch) {
        case '1':
            if (head->next == NULL) {
                printf("등록된 내용이 없습니다.\n");
            } else {
                Now=head->next;
                do {
                    printf("이름:%s, 전화:%s, 주소:%s\n",Now->name,
                        Now->tel,Now->addr);
                    Now=Now->next;
                } while (Now);
            }
            break;
        case '2':
            printf("이름을 입력하세요(9자) : ");gets(Temp.name);
            printf("전화번호를 입력하세요(14자) : ");gets(Temp.tel);
            printf("주소를 입력하세요(31자) : ");gets(Temp.addr);
            AppendNode(&Temp);
            break;
        case '3':
            printf("삭제할 사람의 이름을 입력하세요 : ");gets(Temp.name);
            Now=FindNode(head,&Temp);
            if (Now != NULL) {
                DeleteNode(Now);
            } else {
                printf("등록되지 않은 사람입니다.\n");
            }
            break;
        }
    }
    UnInitList();
}
```

Node 구조체에 이름, 전화번호, 주소 등을 저장하는 name, tel, addr 등이 포함되었다. 연결 리스트를 관리하는 함수들의 코드는 DoubleList 예제와 동일하므로 앞 예제의 코드를 그대로 가져오되 다만 노드가 바뀜에 따라 검색 방법은 달라지므로 FindNode 함수만 별도로 만들었다. 이 예제의 노드는 문자열로 된 이름으로 검색해야 하므로 순회하면서 비교할 때 strcmp 함수를 사용해야 한다.

그 외의 논리는 JusoArray 예제와 거의 유사하다. 검색 함수를 한 번 써 먹어 보기 위해 삭제할 대상을 입력받을 때 번호 대신 이름을 입력하도록 했을 뿐이다. 실제로 실행해 보면 별 차이를 느낄 수 없으며 성능상의 차이도 체감하기 어렵다. 이 예제는 회원 관리, 비디오 대여점, 개인 정보 관리 등의 간단한 프로그램에 대한 원형으로 충분히 쓸만한 가치가 있으므로 잘 분석해 보기 바란다.

이 절의 마지막으로 연결 리스트라는 자료 구조의 실용성에 대해 고찰해 보자. 연결 리스트는 포인터를 사용하기는 하지만 그리 복잡하지는 않고 관리 함수들도 상식 수준에서 어렵지 않게 이해할 수 있다. 내부 구조가 직관적이며 링크를 조작하는 기법도 나름대로 재미있어서 자료 구조를 처음 접하는 사람에게는 상당히 흥미로운 주제이다. 또한 자료 구조의 가장 기본적이고도 고전적인 주제로서 학술적인 가치도 높다.

연결 리스트를 처음 배운 사람들은 다음에 실무를 할 때 한 번씩 꼭 써보고 싶다는 생각이 들 정도로 매력적이기도 하다. 그러나 사실 현대의 컴퓨터 환경에서 연결 리스트의 실용성은 거의 빵점에 가까울 정도로 형편없다. 동적 배열과 비교되는 연결 리스트의 주요 단점들을 간략하게 정리해 보면 다음과 같다.

① 읽기 속도가 형편없이 느리다. 노드간의 관계가 링크로만 저장되기 때문에 중간의 한 노드를 찾으려면 순회하는 것만이 유일한 방법이다. 10만개의 노드 중 78000번째 노드를 읽어야 한다면 정말 끔찍할 것이다. 링크에 의해 삽입, 삭제는 빨라졌지만 대신 검색 속도가 느려진 것이다. 자료를 다루는 동작의 90%는 읽기이며 삽입, 삭제는 상대적으로 흔한 동작이 아니므로 읽는 동작이 느리다는 것은 치명적인 단점이다.

② 메모리 효율이 아주 좋지 못하다. 데이터 외에 링크를 별도로 가져야 하므로 링크 분만큼의 메모리가 더 소모됨은 물론이고 개별 노드를 동적으로 할당해야 하므로 할당 헤더에 의한 메모리 소모도 만만치 않다. 게다가 삽입, 삭제를 빈번하게 할 경우 메모리 단편화가 심해져 시스템의 전체적인 성능도 떨어진다. 똑같은 양의 자료를 저장하는 배열과 비교한다면 최소한 2배, 많게는 6배 정도의 메모리가 더 필요하다.

③ 코드가 그리 어렵지는 않지만 배열과 비교했을 때 상대적으로 복잡하고 포인터 구문이 많아 개발자가 실수를 할 가능성이 많다. 링크 자체가 포인터인데다가 데이터에 포인터가 포함되어 있으면 a->next->b->data[3].c 따위의 복잡한 구문도 자주 사용된다. 이런 다단계 참조문을 다룰 때는 항상 주의해야 하며 직관적이지도 못해서 읽기 어렵고 유지, 보수비용도 증가한다. 개발 시간이 더 오래 걸리며 개발 비용도 결국 비싸진다.

④ 자료 구조의 내부적인 모양이 선형(linear)이 아닌 입체적인 모양을 하고 있어 스트림 입출력이 번거롭다. 연결 리스트를 파일로 저장하려면 링크는 빼고 데이터만 저장해야 하며 다시 불러 올 때는 일일이 링크를 복원해야 한다. 링크는 메모리상에서만 의미가 있는 값이므로 저장 대상이 아니다. 리스트 전체를 화면으로 출력하거나 네트워크로 전송할 때도 여러 모로 불편한 점이 많다.

⑤ qsort, bsearch 등의 알고리즘을 구현하는 표준 함수들은 기본적으로 배열에 대해 동작하도록 작성되어 있다. 정렬, 이분 검색은 둘 다 임의 접근을 요구하는데 연결 리스트는 임의 접근을 지원하지 않으므로 이런 표준 함수의 서비스를 받을 수 없다.

연결 리스트는 삽입과 삭제가 엄청나게 빠르다는 유일한 장점을 하나 가지고 있다. 그러나 이것조차도 항상 진실이라고 보기 어렵다. 동시에 다량의 데이터를 삽입할 때는 그야말로 내부에서 엄청난 포인터 조작을 해야 하는데 이에 비해 배열은 웬만한 대용량이라도 간단하고 빠르게 삽입된다. 동적 배열의 삽입 속도는 연결 리스트보다 확실히 느렸다. 그러나 이런 사정이 컴퓨터가 빨라지면서 달라져 현대의 컴퓨터 환경에서 수천~수만 건의 자료는 배열로 밀고 당겨도 속도 감소를 체감하지 못할 정도이며 수백 건인 경우는 오히려 배열이 훨씬 더 빠르다.

연결 리스트의 빠른 삽입 속도가 배열을 압도할 정도가 되려면 자료가 수십만 건 정도 되어야 하며 백만건 정도 된다면 배열보다 연결 리스트가 확실히 나은 성능을 보일 것이다. 그러나 이 정도의 자료라면 당연히 트리 구조를 쓰는 것이 합리적이다. 결국 연결 리스트는 중소 규모에서는 배열에게 밀리고 대규모에서는 트리에게 밀려 지금은 설 자리가 마땅치 않은 단점 투성이의 자료 구조가 된 것이다. 연결 리스트가 월등히 우월한 경우라면 PDA나 핸드폰 등 느린 프로세서를 가진 기계에서 삽입, 삭제가 아주 빈번하고 자료의 양이 많을 때 정도에 국한된다.

그러나 연결 리스트에 대한 이론적 학습은 여전히 중요하다. 연결 리스트는 동적 메모리 할당과 포인터에 대한 생생한 실습 도구로서 학술적 가치가 높고 또한 노드를 관리하는 기법은 상위 자료 구조인 트리에서 그대로 적용되므로 자료 구조의 한 과목으로서 생략할 수 없는 주제이기도 하다. 분석해 볼만한 예제들 중에 연결 리스트로 작성되어 있는 것들도 많기 때문에 이런 좋은 예제늘의 기법을 흡수하기 위해서라도 연결 리스트는 꼭 연구해야 봐야 한다.

실무에서 연결 리스트를 쓸 것인가 동적 배열을 쓸 것인가는 개인의 취향과 문제의 특수성에 따라 결정되어야 할 것이다. 사실 최근의 객체 지향 기법에서는 둘 다 객체로 포장해 버리면 외부에서 보기에는 차이점이 거의 없어 중소 용량인 경우 어떤 쪽을 선택하나 결과는 마찬가지라고 할 수 있다. 아무튼 삽입과 삭제가 필요할 때 쓸 수 있는 자료 구조는 연결 리스트뿐이며 오로지 연결 리스트만이 최선의 해결책이라는 고정관념은 버려야겠다. 10여년 전에는 사실이었지만 지금은 그렇지 않다.

과제 CharList

문자형 변수 하나를 데이터로 가지는 이중 연결 리스트를 만들고 키보드로 입력받은 문자들을 이 리스트에 저장하라. 노드를 삽입할 때 문자의 크기순으로 정렬하여 삽입해 보자. 삭제나 보기 기능은 빼고 한 문자가 입력될 때마다 리스트를 덤프하여 출력하라.

과제 JusoRok

주소록 프로그램을 작성하라. 다음과 같이 구조체를 정의하고 이구조체의 집합을 출력, 편집, 삽입, 삭제, 파일 입출력하는 기능을 작성한다. 데이터를 관리하는 방법은 이장의 내용을 참조하고 파일 입출력 방법은 17장을 참조하라.

```
struct tag_Juso {
    int Id;
    char Name[16];
    char Age;
    char Tel[15];
    char Addr[64];
};
```

이 구조체에서 Id는 중복되지 않는 일련 번호(Primary Key)이다. 자료 구조로 동적 배열과 연결 리스트 중 하나를 사용할 수 있으며 노드(동적 배열인 경우는 요소)는 구조체 또는 구조체 포인터로 작성할 수 있다.

19.3 스택

19.3.1 스택

스택은 LIFO(Last In First Out)의 원리로 동작하는 선형적인 자료 구조이다. 같은 타입의 자료 집합을 관리한다는 면에서는 배열이나 연결 리스트와 동일하지만 자료를 관리하는 방식이 미리 정해져 있다는 점이 다르다. 스택은 데이터가 들어가고 나오는 입구가 하나뿐이므로 입구로 들어간 데이터가 스택에 차곡차곡 쌓여 있다가 들어간 반대 순서로 나온다. 주로 계산 중에 잠시 기억해야 하는 임시적인 자료를 관리하는 용도로 사용된다.

CPU도 여러 가지 정보를 저장하기 위해 스택을 사용하는데 이를 시스템 스택이라 한다. 시스템 스택에는 함수로 전달되는 인수, 지역변수 등의 임시 변수들이 저장되고 함수 실행 후 돌아갈 복귀 번지도 저장된다. 이 내용은 스택 프레임을 공부할 때 이미 살펴본 적이 있다. 또한 함수 실행 중에 필요한 임시 정보들도 스택에 저장되는데 주로 레지스터값을 대피시키는 용도로 사용한다. CPU의 레지스터 개수가 많지 않기 때문에 이미 사용 중인 레지스터를 다른 용도로 쓰고 싶을 때는 스택에 잠시 저장해 두고 사용한 후 다시 원래값을 꺼내 복구한다.

시스템 스택은 CPU가 직접 사용하는 장소이므로 응용 프로그램은 여기에 자신의 데이터를 저장할 수 없다. 꼭 시스템 스택을 쓰고자 한다면 불가능한 것은 아니지만 어셈블리 코드로만 스택을 사용할 수 있고 규칙을 반드시 지켜야 하므로 무척 부담스럽다. 별도의 스택이 필요하다면 하드웨어 스택과 똑같이 동작하는 소프트웨어 스택을 만들 수 있다. 다음 예제는 배열로 정수형 스택을 구현한 것이다.

예제 Stack

```c
#include <Turboc.h>

int *Stack;
int Size;
int Top;

void InitStack(int aSize)
{
    Size=aSize;
    Stack=(int *)malloc(Size*sizeof(int));
    Top=-1;
}

void FreeStack()
{
    free(Stack);
}

BOOL Push(int data)
{
    if (Top < Size-1) {
        Top++;
        Stack[Top]=data;
        return TRUE;
    } else {
        return FALSE;
    }
}

int Pop()
{
```

```c
    if (Top >= 0) {
        return Stack[Top--];
    } else {
        return -1;
    }
}

void main()
{
    InitStack(256);
    Push(7);
    Push(0);
    Push(6);
    Push(2);
    Push(9);
    printf("%d\n",Pop());
    printf("%d\n",Pop());
    printf("%d\n",Pop());
    printf("%d\n",Pop());
    printf("%d\n",Pop());
    FreeStack();
}
```

스택을 구현하기 위해서는 세 개의 변수가 필요하다. Stack은 데이터를 저장할 저장소인데 필요한 만큼 동적으로 할당하기 위해 포인터로 선언했다. 스택에 저장할 데이터와 같은 타입의 포인터를 선언하면 이 포인터가 곧 스택이 된다. 예제에서는 정수형 포인터를 선언했으므로 이 스택은 정수를 저장하는 스택이 되는데 임의의 모든 타입에 대한 스택을 만들 수 있다. 문자, 실수는 물론이고 구조체 같은 큰 타입도 물론 가능하다. Size는 스택의 할당 크기이다. Top은 스택의 현재 위치를 가리키는 값이며 스택의 어디까지 차 있는지를 기억한다.

InitStack 함수는 스택을 초기화하는데 인수로 전달된 aSize를 Size에 대입해 놓고 Size 크기만큼 메모리를 할당하여 Stack 포인터에 대입한다. 따라서 Stack은 Size 크기의 정수형 배열이 되며 Size 개의 정수를 저장할 수 있다. 정적 배열로도 스택을 구현할 수 있지만 이렇게 하면 크기가 고정되어 버린다. 동적으로 할당하면 스택을 쓰는 쪽에서 필요한 크기를 결정할 수 있는데 필요한 최대 크기로 잡는 것이 좋다. 최초 스택에는 아무런 데이터가 들어 있지 않으므로 Top은 비어 있다는 뜻의 -1로 초기화한다.

배열이 0부터 시작하기 때문에 0은 자료가 없는 상태가 아니라 하나 들어 있는 상태이므로 비어 있는 것과는 다르다. FreeStack 함수는 스택을 파괴하는데 동적으로 할당된 메모리만 해제하면 된다.

스택에 데이터를 저장하는 동작을 푸시라고 한다. Push 함수는 데이터가 들어 있는 Top을 1 증가시킨 후 이 자리에 인수로 전달된 data를 집어넣는다. 푸시 동작은 Top 증가, 그리고 Top에 data 대입 두 동작만으로 구현된다. 나머지 코드는 에러 처리 코드인데 스택의 크기가 무한하지 않기 때문에 가득차 있는지를 점검하는 것이다.

Push는 할당된 스택 크기와 Top을 비교하여 Top이 스택의 마지막 요소보다 작을 때만 푸시한다. 스택이 가득 차서 더 데이터를 삽입할 수 없는 상태를 스택 오버플로우라고 하는데 이때는 삽입을 중지하고 에러를 리턴한다. realloc 함수로 재할당하면 필요한 만큼 스택 크기를 더 늘리는 것도 가능하지만 일반적으로 스택은 고정된 크기를 가지는 것이 보통이므로 재할당하지는 않았다. 그래서 스택은 넉넉한 크기로 충분히 여유있게 잡아야 한다. 스택 오버플로우는 기억 장소의 부족보다는 무한 루프 등의 논리적인 오류로 인해 발생하는 경우가 더 많으므로 에러를 리턴하는 편이 더 안전하다.

스택에 저장한 값을 빼 내는 것을 팝이라고 하는데 이 동작도 아주 간단하다. Top 위치의 값을 읽고 Top은 하나 감소시킨다. 스택이 텅 비어서 더 꺼낼 데이터가 없는 상태를 스택 언더플로우라고 하는데 이때는 -1이라는 에러값을 리턴하도록 했다. 이렇게 되면 스택에서 꺼낸 값이 진짜 -1인 경우와 구분되지 않는 모호함이 있으므로 에러값을 좀 더 특이한 값(예:-101092)으로 선택하거나 아니면 별도의 출력용 인수를 사용할 수도 있다. 스택은 푸시와 팝을 정확하게 맞춰야 하므로 스택 언더플로우는 절대로 발생해서는 안 되는 에러이다. 따라서 에러 처리를 하는 것보다는 assert(Top >=0)로 처리하는 것이 더 바람직하다.

푸시와 팝 동작에서 보다시피 Top은 스택의 최상단을 가리키며 최후로 삽입된 데이터를 가리키고 있다. 이 방식 외에 Top이 다음 삽입될 위치를 가리키도록 구현할 수도 있으며 이 경우 Top이 0인 상태가 빈 상태이다. 두 방식 모두 가능하므로 어떤 방식이든지 선택할 수 있되 한 번 정한 의미를 헷갈리지만 않으면 된다. 시스템 스택의 Top이 최후 데이터 위치를 가리키도록 되어 있으므로 보통은 이 방식을 따른다. 다음 그림은 스택에 1, 2, 3을 순서대로 넣었다 빼는 예이다.

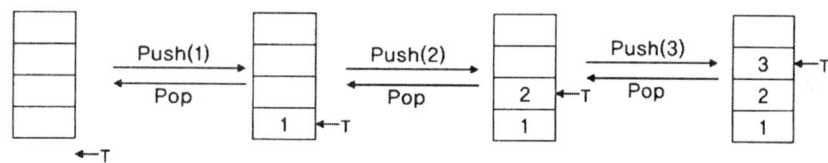

최초 Top이 -1일 때는 스택이 비어 있으며 데이터가 삽입되면 Top이 위로 이동하면서 Top 위치에 데이터가 저장된다. 푸시되는 순서대로 스택에 데이터가 차곡차곡 쌓이며 팝할 때는 푸시된 역순으로 꺼내진다. 예제에서는 7, 0, 6, 2, 9를 차례대로 넣었다가 역순으로 빼서 출력해 보았다. 위 그림에서 스택의 아래쪽이 낮은 번지(배열 선두)이고 위쪽이 높은 번지이며 시스템 스택은 이와 반대로 되어 있다.

스택은 같은 타입의 집합이므로 연결 리스트로도 만들 수 있다. 연결 리스트를 쓸 경우 스택 크기가 처음부터 고정되지 않고 필요한 만큼 얼마든지 늘릴 수 있다는 장점이 있다. 그러나 푸시, 팝 할 때마다 메모리를 할당하고 해제해야 하므로 속도가 느리고 메모리도 더 많이 소모한다. 임시적인 정보를 저장하는 용도상 스택은 굳이 길이가 가변적일 필요가 없으므로 연결 리스트로 스택을 구현하는 것은 합리적이지 않으며 배열이 더 잘 어울린다.

19.3.2 스택을 이용한 계산기

:: 수식의 계산

컴퓨터는 계산을 하는 기계이므로 당연히 복잡한 수식도 계산할 수 있다. 이때 계산식은 사람으로부터 주어지는데 키보드로 입력된 문자열에서 숫자와 연산자를 추출해서 계산해야 하는 경우가 많다. 복잡한 수식 문자열을 수치로 변환해서 계산하는 실습을 해 보자.

가장 간단한 수식으로 "1+2"가 주어졌다고 해 보자. 이 수식을 풀려면 atoi 등의 함수로 숫자 1 과 2를 추출하고 덧셈 연산자 +를 추출하여 양변의 수를 산술적으로 더해 3이라는 결과를 만들면 된다. 문자열을 순서대로 읽으려면 포인터로 왼쪽부터 문자들을 스캔해야 하는데 이 정도 수식이라면 어렵지 않게 계산할 수 있다. 조금 더 복잡한 "1+2*3" 연산식은 우선 순위를 고려해야 하므로 생각처럼 쉽지 않다. 정답은 7이되 문자열을 순서대로 읽으면서 계산하는 단순한 방법을 사용하면 9라는 오답이 나올 수도 있다.

그렇다면 더 복잡한 식 "23+35*8-(4+2)/3"을 보자. 연산 순위도 고려해야 하고 두 자리수 이상도 있고 강제로 순위를 바꾸는 괄호까지 있어 문자열 스캔 정도 수준으로는 엄두가 나지 않을 것이다. 이런 복잡한 수식을 풀려면 약간의 발상 전환이 필요하다.

:: TextCalc

문자열 형태로 주어진 수식을 계산하는 알고리즘은 많이 개발되어 있는데 여기서는 스택을 이용해서 문제를 풀어 보도록 하자. 일단 전체 소스를 보인다.

예제 TextCalc

```c
#include <Turboc.h>
#include <math.h>

char *cStack;
int cSize;
int cTop;

void cInitStack(int aSize)
```

```c
{
    cSize=aSize;
    cStack=(char *)malloc(cSize*sizeof(char));
    cTop=-1;
}

void cFreeStack()
{
    free(cStack);
}

BOOL cPush(char data)
{
    if (cTop < cSize-1) {
        cTop++;
        cStack[cTop]=data;
        return TRUE;
    } else {
        return FALSE;
    }
}

char cPop()
{
    if (cTop >= 0) {
        return cStack[cTop--];
    } else {
        return -1;
    }
}

double *dStack;
int dSize;
int dTop;

void dInitStack(int aSize)
{
    dSize=aSize;
    dStack=(double *)malloc(dSize*sizeof(double));
```

```c
    dTop=-1;
}

void dFreeStack()
{
    free(dStack);
}

BOOL dPush(double data)
{
    if (dTop < dSize-1) {
        dTop++;
        dStack[dTop]=data;
        return TRUE;
    } else {
        return FALSE;
    }
}

double dPop()
{
    if (dTop >= 0) {
        return dStack[dTop--];
    } else {
        return -1;
    }
}

int GetPriority(int op)
{
    switch (op) {
    case '(':
        return 0;
    case '+':
    case '-':
        return 1;
    case '*':
    case '/':
        return 2;
```

```c
        case '^':
            return 3;
    }
    return 100;
}

void MakePostfix(char *Post, const char *Mid)
{
    const char *m=Mid;
    char *p=Post,c;
    cInitStack(256);

    while (*m) {
        // 숫자 - 그대로 출력하고 뒤에 공백 하나를 출력한다.
        if (isdigit(*m)) {
            while (isdigit(*m) || *m=='.') *p++=*m++;
            *p++=' ';
        } else
        // 연산자 - 스택에 있는 자기보다 높은 연산자를 모두 꺼내 출력하고 자신은 푸시한다.
        if (strchr("^*/+-",*m)) {
            while (cTop!=-1 && GetPriority(cStack[cTop]) >= GetPriority(*m)) {
                *p++=cPop();
            }
            cPush(*m++);
        } else
        // 여는 괄호 - 푸시한다.
        if (*m=='(') {
            cPush(*m++);
        } else
        // 닫는 괄호 - 여는 괄호가 나올 때까지 팝해서 출력하고 여는 괄호는 버린다.
        if (*m==')') {
            for (;;) {
                c=cPop();
                if (c=='(') break;
                *p++=c;
            }
            m++;
        } else {
            m++;
```

```c
        }
    }
    // 스택에 남은 연산자들 모두 꺼낸다.
    while (cTop != -1) {
        *p++=cPop();
    }
    *p=0;
    cFreeStack();
}

double CalcPostfix(const char *Post)
{
    const char *p=Post;
    double num;
    double left,right;

    dInitStack(256);
    while (*p) {
        // 숫자는 스택에 넣는다.
        if (isdigit(*p)) {
            num=atof(p);
            dPush(num);
            for(;isdigit(*p) || *p=='.';p++) {;}
        } else {
            // 연산자는 스택에서 두 수를 꺼내 연산하고 다시 푸시한다.
            if (strchr("^*/+-",*p)) {
                right=dPop();
                left=dPop();
                switch (*p) {
                case '+':
                    dPush(left+right);
                    break;
                case '-':
                    dPush(left-right);
                    break;
                case '*':
                    dPush(left*right);
                    break;
                case '/':
```

```c
                    if (right == 0.0) {
                            dPush(0.0);
                    } else {
                            dPush(left/right);
                    }
                    break;
                case '^':
                    dPush(pow(left,right));
                    break;
                }
            }
            // 연산 후 또는 연산자가 아닌 경우 다음 문자로
            p++;
        }
    }
    if (dTop != -1) {
        num=dPop();
    } else {
        num=0.0;
    }
    dFreeStack();
    return num;
}

double CalcExp(const char *exp,BOOL *bError=NULL)
{
    char Post[256];
    const char *p;
    int count;

    if (bError!=NULL) {
        for (p=exp,count=0;*p;p++) {
            if (*p=='(') count++;
            if (*p==')') count--;
        }
        *bError=(count != 0);
    }

    MakePostfix(Post,exp);
```

```c
    return CalcPostfix(Post);
}

void main()
{
    char exp[256];
    BOOL bError;
    double result;

    char *p=strchr("^*/+-",NULL);
    strcpy(exp,"2.2+3.5*4.1");printf("%s = %.2f\n",exp,CalcExp(exp));
    strcpy(exp,"(34+93)*2-(43/2)");printf("%s = %.2f\n",exp,CalcExp(exp));
    strcpy(exp,"1+(2+3)/4*5+2^10+(6/7)*8");printf("%s = %.2f\n",exp,CalcExp(exp));

    for (;;) {
        printf("수식을 입력하세요(끝낼 때 0) : ");
        gets(exp);
        if (strcmp(exp,"0")==0) break;
        result=CalcExp(exp,&bError);
        if (bError) {
            puts("수식의 괄호짝이 틀립니다.");
        } else {
            printf("%s = %.2f\n",exp,result);
        }
    }
}
```

실행 결과는 다음과 같다. 몇 개의 예제 수식을 계산하여 출력하고 사용자로부터 입력받은 수식도 계산할 수 있다.

```
2.2+3.5*4.1 = 16.55
(34+93)*2-(43/2) = 232.50
1+(2+3)/4*5+2^10+(6/7)*8 = 1038.11
수식을 입력하세요(끝낼 때 0) : (1+2)*3
(1+2)*3 = 9.00
수식을 입력하세요(끝낼 때 0) : (((2-1)*3)+1)^2+5
(((2-1)*3)+1)^2+5 = 21.00
```

표기식 변환을 위해서 문자열 스택이 필요하고 수식 계산을 위해서 실수형 스택이 필요해 각 타입별로 두 개의 스택을 만들었다. cStack과 dStack은 저장하는 데이터의 타입이 다를 뿐 동작하는 방식은 앞에서 만든 정수형 스택과 동일하다. 타입이 다르다고 해서 함수를 완전히 새로 만들어야 하는 것이 마음에 안 드는데 C++에서는 이 문제를 해결하는 템플릿이라는 멋진 방법이 있다.

:: 후위 표기법

우리가 수식을 표기할 때 사용하는 표기법을 중위 표기법(Infix Notation)이라고 하는데 연산자가 가운데 오고 피연산자를 연산자의 양쪽에 쓰는 방식이다. 예를 들어 A와 B를 더한다면 A+B로 표기하는 형식이다. 수학에서 이 방법을 사용하고 일상생활에서도 흔히 사용되므로 이런 표기법은 사람이 보기에는 좋지만 기계가 계산하기는 어렵다. 중위식이 어려운 이유는 연산 순위를 지정하는 괄호가 반드시 필요하기 때문인데 2+(3*4)와 (2+3)*4가 다르게 계산된다. 중위식 외에도 연산자의 위치에 따라 다음 두 가지 방법을 더 생각할 수 있다.

- 전위식(Prefix Notation) : 연산자가 앞쪽에 오고 피연산자가 뒤에 온다. +AB
- 후위식(Postfix Notatio) : 피연산자가 앞쪽에 오고 연산자가 뒤에 온다. AB+

중위식에 비해 동사와 목적어의 순서가 다르다. 전위식과 후위식은 연산 우선 순위를 지정하는 괄호가 필요없다. 왜냐하면 중위식을 전, 후위식으로 바꿀 때 연산자의 위치에 따라 미리 연산 순서를 적용할 수 있기 때문이다. 예를 들어 중위식 A*B+C는 연산 순위에 따라 두 가지 경우가 있는데 이를 전, 후위식으로 바꾸면 다음과 같아진다.

중위식	전위식	후위식
(A*B)+C	+*ABC	AB*C+
A*(B+C)	*A+BC	ABC+*

연산자의 등장 순서가 곧 연산 순위이므로 괄호가 필요없다. 그래서 왼쪽에서 오른쪽으로 읽으면서 순서대로 연산하기만 하면 된다. 두 방법 중에서는 후위식이 조금 더 쉬운데 피연산자를 구해 놓고 연산자가 나올 때마다 미리 조사한 피연산자를 셈하면 된다.

:: 후위식 변환

후위식이 계산에 아무리 편리하다 하더라도 사람이 후위식으로 입력할 수는 없다. 사람은 오랫동안 중위식만 읽어왔기 때문에 후위식은 사람의 생리와는 도무지 맞지 않다. 그래서 중위식으로 입력된 연산식을 프로그램이 후위식으로 바꾸어 연산해야 한다. 중위식을 후위식으로 바꾸는 절차는 다음과 같다.

① 모든 연산문을 우선 순위에 맞게 괄호를 전부 둘러싼다. 중위식은 괄호가 없으면 어떤 식이 먼저인지 알 수 없으므로 각 부분 연산식에 괄호가 있어야 한다.
② 연산자를 자신이 속한 괄호 바깥으로 보낸다. 즉, 두 피연산자 사이에 있는 연산자를 바로 뒤쪽으로 보내는 것이다.
③ 후위식으로 바꾸면 이제 괄호는 필요가 없으므로 모두 제거한다.

A - B * C + D - E / F 중위식을 이 공식대로 후위식으로 바꿔 보자. 우선 순위에 따라 모든 연산식을 괄호로 싸면 (((A - (B * C)) + D) - (E / F)) 이런 수식이 얻어진다. 그리고 연산자를 뒤쪽으로 보낸 후 괄호를 제거하면 후위식이 완성된다.

$$(((A-(B*C))+D)-(E/F))$$

↓ 연산자 이동

$$(((A(BC)*)-D)+(EF)/)-$$

↓ 괄호 제거

$$ABC*-D+EF/-$$

결과로 나온 "ABC*-D+EF/-"가 후위식이며 이 식에 연산 순위가 이미 다 고려되어 있으므로 괄호는 필요치 않다. 괄호는 중위식의 우선 순위를 명확히 하기 위해 잠시 필요할 뿐이다. 이렇게 변환한 후 앞쪽부터 순서대로 읽으면서 연산을 수행하면 된다.

:: 스택을 이용한 후위식 변환

문자열을 바로 조작하여 후위식으로 변환하는 방법은 직관적이고 쉽기는 하지만 중위식의 괄호가 완전해야 한다는 제약 조건이 있어 현실적으로 사용하기는 어렵다. 사용자는 뻔한 수식에 대해서는 괄호를 쓰지 않으므로 괄호를 싸는 것도 프로그램이 직접 해야 하는 부담이 있다. 스택을 이용한 후위식 변환은 이에 비해 괄호가 완전하지 않고 일부 생략되어 있더라도 내부적인 우선 순위 규칙에 따라 후위식으로 변환 가능하다.

다음은 스택을 이용하여 후위식으로 변환하는 절차이다. 중위식을 입력 문자열로 사용하고 별도의 후위식 버퍼를 준비한 후 왼쪽에서 순서대로 읽으면서 공식대로 후위식 버퍼로 출력하면 된다. 중위식 형태의 문자열을 후위식 문자열로 바꾸는 것이다.

① 숫자를 만나면 버퍼로 바로 출력한다. 숫자를 구성하는 연속된 문자를 모두 추출해서 하나의 수치값을 만들어야 하는데 정수이면 연속되는 아라비아 숫자를 출력하고 실수일 경우 소수점 문자(.)도 같이 출력해야 한다. 그리고 이어지는 다른 피연산자와의 구분을 위해 공백을 하나 삽입한다. 중위식은 피연산자들 사이에 연산자가 있지만 후위식은 피연산자가 동시에 둘 이상 연속으로 나올 수 있으므로 구분을 위한 공백이 필요하다.

② 연산자를 만나면 스택을 검사하여 자신보다 우선 순위가 높은 연산자를 모두 꺼내 출력한다. 예를 들어 *가 스택에 이미 들어가 있는 상태에서 +연산자를 만났다면 *가 먼저 연산될 수 있도록 한다. 그리고 자기 자신을 스택에 푸시하여 저장한다. 연산자는 일단 스택에 저장되어 차례를 기다려야 하는데 자신보다 낮은 연산자나 닫는 괄호, 또는 수식의 끝일 때 꺼내진다.

③ 여는 괄호를 만나면 스택에 푸시한다. 여는 괄호는 닫는 괄호가 부분 수식의 시작점을 찾기 위해, 그리고 2번 규칙에서 높은 우선 순위의 연산자를 어디까지 찾을 것인가를 결정하기 위해 필요하다.

④ 닫는 괄호를 만나면 여는 괄호가 나올 때까지 스택에 쌓여 있는 모든 연산자를 꺼내 출력한다. 괄호 안에 있는 식은 우선 연산되어야 하므로 다음 차례를 기다릴 필요없이 즉시 연산해야 한다. 양쪽 괄호는 우선 순위 지정을 위한 임무를 마쳤으므로 버퍼로 보낼 필요가 없다. 닫는 괄호는 단순히 무시하고 스택에 저장된 여는 괄호는 빼서 버린다. 중위식에서는 괄호가 연산 순위 지정을 위해 필요하지만 후위식에서는 필요하지 않다.

⑤ 중위식이 끝날 때까지 ①~④의 과정을 계속 반복한다. 모든 과정을 마친 후 스택에 남아 있는 연산자를 차례대로 꺼내 버퍼로 출력한다. 남아 있는 연산자들은 우선 순위가 느린 연산자들이므로 제일 뒤쪽에 붙여야 한다.

:: 연산 우선 순위

괄호는 우선 순위를 지정하는 역할을 하므로 괄호가 있으면 괄호의 안쪽을 우선적으로 계산해야 한다. 그러나 괄호가 없는 수식에 대해서는 미리 정한 연산 순위 규칙에 따라 연산자를 배치하여 후위식으로 변환해야 한다. 후위식 변환에서 사용하는 연산 순위는 다음과 같은데 우선 순위가 높을수록 먼저 계산된다. 사칙 연산과 누승 정도만 포함했는데 그 외의 연산자도 물론 포함시킬 수 있다.

연산자	우선 순위
(	0
+, -	1
*, /	2
^(누승)	3

+, - 보다는 *, /의 순위가 높고 *, /보다는 ^의 우선 순위가 높은데 이는 수학적 정의와도 일치한다. 그런데 괄호의 우선 순위가 가장 낮게 설정되어 있는 점은 상식과 일치하지 않는데 그 이유는 ②번 규칙이 제대로 동작하기 위해서이다. 연산자를 만날 때 우선 순위가 높은 연산자를 스택에서 먼저 꺼내도록 되어 있는데 여는 괄호의 왼쪽에 있는 연산자까지는 볼 필요가 없다.

예를 들어 2^(3*4+5)에서 ^이 스택에 먼저 들어가고 다음으로 (, *가 들어가는데 +를 만났을 때 *는 우선적으로 꺼내야 하지만 괄호 바깥의 ^은 아직 꺼낼 필요가 없는 것이다. 스택에서 여는 괄호를 만났다는 것은 현재 연산자가 괄호 안에 있다는 뜻이고 괄호의 안은 바깥보다 항상 우선이므로 괄호를 만나면 자신보다 높은 연산자를 더 이상 찾지 않아도 된다.

이 규칙을 만족하기 위해 괄호의 우선 순위를 가장 낮게 설정하여 어떤 연산자든 괄호를 만날때 스택 팝을 중지하도록 했다. 사실 괄호는 연산자가 아니며 우선 순위를 지정하는 구두점일 뿐이므로 그 자체에는 연산 순위가 없다고 볼 수 있다. 다만 다른 연산자들의 우선 순위 구분을 위해 임시적으로 스택에 푸시될 뿐이며 괄호는 ③, ④번 규칙에 의해 따로 관리된다. 예제에서는 GetPriority 함수로 연산 순위를 조사하는데 단순한 switch문이다.

:: 변환의 예

변환 규칙이 무척 복잡한데 구체적인 예를 들어 보자. 다음은 아주 간단한 중위식 A+B*C를 후위식으로 바꾸는 절차이다. 종이에 입력 버퍼, 출력 버퍼, 그리고 스택을 그려 놓고 직접 변환해 보아라.

입력 문자	출력 버퍼	스택	설명
A	A		숫자는 바로 출력
+	A	+	연산자는 스택에 저장
B	AB	+	숫자는 바로 출력
*	AB	+*	스택에 푸시. +가 *보다 낮으므로 꺼내지 않음
C	ABC	+*	숫자는 바로 출력
NULL	ABC*+		스택에서 역순으로 꺼냄.

+ 연산자를 만났을 때 이 연산자를 출력 버퍼로 바로 보내지 않는 이유는 오른쪽의 피연산자(이 경우 B)를 먼저 버퍼로 보내야 하기 때문인데 후위식은 피연산자 둘이 나와야 연산자가 올 수 있다. 그래서 자신은 우변 피연산자가 나올 때까지 잠시 대기해야 하는데 그 장소가 바로 스택이다. B를 만났을 때 +를 버퍼로 보내지 않는 이유는 B가 단독으로 +의 우변인지 아니면 B를 포함한 연산식이 +의 우변인지를 아직 확신하지 못하기 때문이다. 이 시점까지 읽은 A+B가 연산 순위에 맞는지 아닌지는 뒤쪽을 좀 더 읽어 봐야 한다.

* 연산자도 마찬가지로 아직 우변이 없으므로 스택에 대기하는데 이때 앞쪽의 연산자 +보다는 자신이 우선 순위가 높으므로 앞의 +를 꺼낼 필요가 없다. 이 단계에서 곱셈 연산이 먼저 되어야 앞쪽의 덧셈 연산이 가능하다는 것을 알게 된 것이다. 즉, *는 자신의 우변을 기다리고 있는 상황이고 +는 자신의 우변인 * 연산식을 기다리고 있는 상황이다. 다음으로 C를 출력 버퍼로 보내고 입력 수식은 끝난다.

끝으로 스택에 대기하고 있던 연산자를 역순으로 팝해서 출력버퍼로 보낸다. 역순이므로 *가 먼저 팝되어 B와 C를 곱하는 연산을 하게 되며 다음으로 +가 팝되어 A와 B*C를 더하게 된다. 다음은 비슷한 수식 A*B+C를 후위식으로 바꾸어 보자.

입력 문자	출력 버퍼	스택	설명
A	A		숫자는 바로 출력
*	A	*	연산자는 스택에 저장
B	AB	*	숫자는 바로 출력
+	AB*	+	+보다 *가 높으므로 *는 먼저 꺼낸다.
C	AB*C	+	숫자는 바로 출력
NULL	AB*C+		남은 연산자를 꺼내 출력한다.

앞의 수식과는 연산 순위가 다른데 *가 먼저 오고 뒤에 +가 온다. A가 출력 버퍼로 가고 다음으로 연산자 *는 스택으로, B가 출력 버퍼로 먼저 나간다. 이 상태에서 +를 만났을 때 앞쪽에 대기하고 있던 *를 바로 출력하는데 +보다는 *가 더 우선 순위가 높기 때문이다. 즉, +를 만났을 때 이미 구해 놓은 두 개의 피연산자 A, B가 *의 피연산자임을 결정할 수 있으므로 먼저 연산되도록 하는 것이다.

+ 연산자는 뒤쪽에 자신보다 늦은 연산자가 없으므로 수식이 끝날 때까지 스택에 대기하다가 마지막으로 팝되어 제일 뒤에 붙는다. 그래서 +는 전체 연산식에서 가장 우선 순위가 느리다. 다음은 괄호가 있는 (A+B)*C식의 경우를 보자.

입력 문자	출력 버퍼	스택	설명
(		(	여는 괄호는 바로 푸시
A	A	(	숫자는 바로 출력
+	A	(+	+ 푸시. (보다 +가 높으므로 팝 할 필요없다.
B	AB	(+	숫자는 바로 출력
)	AB+		여는 괄호를 만날 때까지 모든 연산자 출력
*	AB+	*	* 푸시
C	AB+C	*	숫자는 바로 출력
NULL	AB+C*		남은 연산자를 꺼내 출력한다.

뒤쪽의 *가 +보다 우선 순위가 높지만 닫는 괄호에 의해 괄호 안쪽의 모든 연산자가 강제 출력되므로 이 경우는 +가 먼저 연산된다. 괄호는 안쪽의 연산자를 우선적으로 꺼냄으로서 괄호 바깥의 연산자보다 먼저 연산되도록 하는 역할을 한다.

∷ MakePostfix

예제에서 중위식을 후위식으로 변환하는 작업은 MakePostfix라는 함수로 구현하고 있는데 이 함수가 하는 일은 앞에서 설명한 공식을 그대로 코드로 옮긴 것뿐이다. 변환에 필요한 스택을 생성하고 입력 버퍼 포인터 m을 뒤로 진행시키면서 만나는 문자별로 규칙에 따라 처리한다.

숫자는 있는 그대로 출력 버퍼로 보내되 연속되는 숫자를 모두 보내야 한다. 이때 숫자를 구성하는 문자로는 아라비아 숫자와 소수점이 있다. 숫자를 구성하는 모든 문자를 출력 버퍼로 보낸 후 공백 하나를 더 보낸다. 그래야 다음 피연산자와 자신을 구분할 수 있다.

연산자를 만나면 자신보다 높은 우선 순위의 연산자를 모두 꺼내 출력하되, 단 스택 언더플로우는 점검해야 한다. 스택에 대기 중인 연산자가 더 없으면 이때는 아무 것도 꺼낼 필요가 없다. 그리고 자기 자신도 다음 차례를 위해 스택에 푸시된다.

여는 괄호는 단순히 푸시만 하고 닫는 괄호는 여는 괄호가 나올 때까지 모든 연산자를 팝해서 출력하고 여는 괄호는 버린다. 여는 괄호와 대응되는 닫는 괄호 사이에 있는 모든 연산자는 괄호 바깥의 연산자와는 상관없이 우선적으로 연산되도록 하는 것이다. 이 과정을 입력 문자열의 끝까지 반복 처리하고 스택에 남아 있는 연산자를 팝해서 출력하면 후위식이 완성된다. 마지막으로 후위식 문자열 끝에 널 종료 문자를 붙이고 임시 스택을 파괴한 후 리턴했다.

:: 후위식 계산

만들어진 후위식은 이제 기계적으로 연산하기만 하면 된다. 피연산자가 먼저 나오고 연산자가 나오므로 왼쪽부터 순서대로 읽어 나가다가 연산자를 만났을 때 앞쪽 두 피연산자를 연산하면 된다. 가장 간단한 식 AB+의 경우 A, B를 만날 때 이 숫자들을 기억해 두었다가 +를 만났을 때 A와 B를 더하면 된다. 그러나 이것보다는 조금 더 복잡한데 피연산자가 다른 연산식일 수도 있기 때문이다.

예를 들어 ABC+*의 경우 +는 B와 C를 더하지만 *는 A와 B+C를 곱해야 하므로 B+C의 연산 결과를 기다린 후 그 결과와 A를 연산해야 한다. 더 복잡한 수식의 경우는 연산 결과끼리 연산하거나 최종 피연산자를 구하기 전에 선행되어야 할 연산이 3중, 4중으로 중첩될 수 있다. 그래서 연산자를 읽는 족족 연산을 할 수 없고 앞쪽부터 중간 결과를 저장해 가면서 연산을 해 와야 한다.

이때 앞쪽 연산의 결과를 저장하는 곳이 바로 스택이다. 스택을 이용해서 후위식을 연산하는 절차는 비교적 간단하다. 괄호가 없으므로 왼쪽부터 순서대로 후위식을 읽어 오면 숫자이거나 연산자밖에 없으며 이 외의 문자로는 숫자끼리 구분을 위해 삽입된 공백밖에 없다. 공백은 단순히 건너뛰기만 하면 되고 두 경우만 다음과 같이 처리한다.

- 숫자 : 숫자로 인식되는 부분만큼 읽어서 스택에 푸시한다. atof 함수로 변환하면 숫자로 인정되는 부분까지 자동으로 변환되므로 이 함수로 입력 버퍼를 숫자로 바꿔 푸시하기만 하면 된다. 이렇게 저장된 숫자는 다음 연산자를 만날 때 피연산자로 사용된다. 푸시한 숫자는 건너 뛰어 입력 버퍼의 다음 위치에 맞추어 놓는다.

- 연산자 : 스택에 있는 피 연산자를 두 개 꺼내 연산한다. 입력 버퍼의 앞쪽부터 순서대로 읽어 왔다면 스택에는 최소한 두 개 이상의 숫자가 들어 있으므로 이 값을 꺼내 연산하기만 하면 된다. 먼저 꺼내는 값이 우변이고 나중에 꺼내는 값이 좌변인데 덧셈, 곱셈은 순서가 중요하지 않지만 뺄셈, 나눗셈은 순서를 잘 지켜 연산해야 한다. 연산된 결과는 다른 연산식의 피연산자가 될 수 있으므로 다시 스택에 밀어 넣어야 한다.

이런 식으로 만나는 숫자와 연산자를 순서대로 처리하다가 널 종료 문자를 만났을 때 스택에 마지막으로 남아 있는 값이 최종 연산 결과이다. 우선 순위가 제일 늦은 연산자가 끝에 남은 두 피연산자를 연산해서 스택에 다시 밀어 놓았을 것이므로 그 결과를 취하면 된다. 특수한 예외로 나누기 연산에서 나누는 수가 0인 경우는 결과를 0으로 정의했다.

이 논리를 구현한 함수가 예제의 CalcPostfix 함수이다. 후위식 연산을 위해서는 중간 과정의 피연산자를 스택에 저장해야 하므로 실수 스택을 만들고 이 스택에 숫자들을 푸시, 팝 하면서 연산했다. 예제의 두 번째 수식 "(34+93)*2-(43/2)"의 후위식 "34 93 + 2 * 43 2 / -"의 연산 과정을 보면 다음과 같다.

입력 버퍼	스택	설명
34	34	숫자 푸시
93	34 93	숫자 푸시
+	127	34+93 연산 후 푸시
2	127 2	숫자 푸시
*	254	127*2 연산 후 푸시
43	254 43	숫자 푸시
2	254 43 2	숫자 푸시
/	254 21.5	43/2 연산 후 푸시
-	232.5	254-21.5 연산 후 푸시
NULL		스택에 남은 232.5를 결과로 취함

숫자는 무조건 푸시하고 연산자를 만날 때미다 피연산자 둘을 연산하기를 끝까지 반복하는 것이다. 단, 특수한 경우로 수식이 빈 문자열일 경우에는 스택에 아무 값도 들어가지 않으므로 0을 리턴하도록 했다. 빈 수식의 결과값은 0으로 계산하는 것이 합당하다.

∷ 예제 전체 분석

TextCalc 예제는 상기 분석한 알고리즘대로 중위식을 후위식으로 바꾸고 후위식을 연산하여 결과를 출력한다. 범용적인 연산이 가능하도록 하기 위해 실수를 사용했는데 double형이면 웬만큼 정밀한 연산을 모두 할 수 있다. 만약 정수 연산만 하고 싶다면 dStack을 정수형으로 바꾸고 숫자를 읽어들이는 함수 atof 대신 atoi를 사용하면 된다. 또는 최종 결과 출력문인 printf의 서식을 %.0f로만 바꾸어도 비슷한 효과를 낼 수 있다.

중위식을 후위식으로 바꾸고 연산까지 하려면 번거롭기 때문에 중위식을 전달하면 후위식으로 바꾼 후 연산하는 랩퍼 함수 CalcExp를 작성했다. 이 함수는 연산하기 전에 기본적인 에러 점검을 하는데 괄호의 짝이 맞지 않을 경우 실패를 리턴한다. 실패 리턴값을 받고 싶으면 CalcExp에 BOOL형 변수의 포인터를 전달하여 그 결과를 받을 수 있되 실패 여부에 관심이 없으면 NULL을 전달해도 상관없다.

이 예제는 후위식 변환을 위해 그리고 변환된 후위식 계산을 위해 두 개의 스택을 사용한다. 연산자의 경우 뒤쪽을 더 읽어 봐야 정확한 연산 순위를 알 수 있으므로 자기 차례가 될 때까지 잠시 대기해야 하며 계산식의 경우 부분식의 계산 결과가 이어지는 연산자의 피연산자로 사용되기 위해 임시적으로 저장되어야 한다. 그리고 연산자와 부분식 모두 들어간 역순으로 꺼내야 하므로 스택이 가장 적절한 자료 구조이다.

스택의 크기는 두 경우 모두 256으로 설정했는데 이 크기는 계산을 위해서 아주 충분한 크기라고 할 수 있다. 연산자와 부분식은 나오는 족족 푸시되기만 하는 것이 아니라 차례가 되면 팝되어 빠져 나오므로 256이라는 스택 크기는 처리할 수 있는 최대 연산자 개수가 아니라 최대 중첩 가능 회수가 된다. 아무리 식이 복잡해 봐야 10단계 이상 중첩되는 경우는 거의 없으므로 256정도면 펑펑 남아돌 정도의 크기이다.

이상으로 스택을 이용한 간단한 계산기 예제 제작을 마친다. 알고리즘이 나름대로 복잡해서 되도록 간단하게 만들기 위해 노력했는데 그러다 보니 몇 가지 한계점이 있다. 우선 이항 연산자만을 다룸으로써 - 부호 연산자를 인식하지 않는다. 3 + -2는 1로 계산되어야 하지만 -을 이항 연산자로 인식하므로 틀린 결과가 나올 것이다.

또한 누승 연산자의 경우 우측 우선의 결합 순서를 가지지만 이 예제는 편의상 좌측 우선으로 처리했다. 그래서 두 번 연거푸 누승 연산을 할 경우 수학적인 계산과는 틀린 결과가 나온다. 2^3^4는 왼쪽 우선일 때 8^4으로 4096이지만 오른쪽 우선이면 2^81으로 엄청난 수가 된다.

19.4 큐

19.4.1 배열로 구현한 큐

큐는 스택과 반대로 FIFO(First In First Out)의 원리대로 동작하는 자료 구조이다. 동일한 자료의 집합을 다룬다는 면에 있어서는 스택과 비슷하지만 가장 먼저 들어간 자료가 가장 늦게 나온다는 점이 다르다. 넣은 순서대로 자료를 꺼내가므로 순서대로 처리해야 하는 자료를 임시적으로 저장하는 용도로 흔히 사용한다. 고속도로 톨게이트에 줄 서 있는 차들의 행렬이 큐의 대표적인 예인데 먼저 도착한 차가 먼저 빠져 나가고 늦게 도착한 차는 앞 차가 지나갈 때까지 기다려야 한다.

저장되는 자료의 타입이 동일하므로 배열 또는 연결 리스트로 큐를 구현할 수 있다. 상대적으로 간단한 배열로 큐를 먼저 구현해 보자. 일정한 크기를 가지는 배열을 만들고 여기에 자료를 저장한다. 큐는 자료가 삽입되는 곳과 삭제되는 곳의 위치가 다르기 때문에 두 개의 포인터를 관리해야 한다. 여기서 포인터라고 함은 위치를 가리키는 값(offset)이라는 뜻이지 C의 포인터 타입과는 다른 뜻이다.

- head : 다음 삭제될 위치를 가리킨다.
- tail : 다음 삽입될 위치를 가리킨다.

tail 쪽에서는 새로 도착하는 자료가 끊임없이 쌓이기만 하고 head에서는 처리할 자료를 빼내 가기만 한다. 두 포인터의 의미를 잘 정해야 하는데 이미 삽입, 삭제된 위치가 아니라 다음 삽입, 삭제 위치라는 점을 유의하도록 하자. 큐에 4개의 자료가 저장된 경우를 그려 보면 다음과 같다.

왼쪽 그림에서 tail은 다음 삽입할 위치, head는 다음 읽을 위치를 가리킨다. head, tail이 삽입, 삭제된 최후 위치를 가리키도록 한다면 오른쪽 그림처럼 될 것이다. 물론 두 방식 모두 모호하지는 않으므로 어느 쪽으로 구현해도 마찬가지이기는 하다. 데이터를 넣을 때 삽입을 먼저 하고 포인터를 증가할 것인지 아니면 포인터를 증가한 후 삽입할 것인지 순서가 달라질 뿐이다. 어떤 방식을 선택하든 상관없지만 한 번 정한 의미를 헷갈려서는 안 된다. 여기서는 다음 위치를 가리키도록 의미를 정했으므로 삽입, 삭제 전에 포인터를 먼저 증가시켜야 한다.

큐를 초기화할 때 최초 head, tail은 모두 배열 선두인 0을 가리키는데 두 포인터가 같은 위치를 가리키면 대기 중인 데이터가 없고 큐가 비어 있다는 뜻이다. 자료가 추가되면 tail 위치에 삽입되고 tail은 다음 칸으로 이동한다. 자료를 읽어서 삭제하면 head가 다음 칸으로 이동할 것이다. 이런 식으로 head와 tail은 자료가 삽입, 삭제될 때 배열의 뒤쪽으로 점점 이동하는데 다음은 다섯 개의 칸을 가진 큐에서 자료가 삽입, 삭제되는 과정이다.

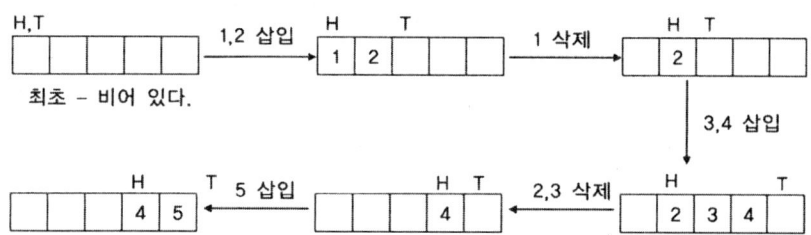

삽입될 때는 tail이 배열의 오른쪽으로 이동하고 삭제될 때는 head가 배열의 오른쪽으로 이동한다. 이런 식으로 자료를 계속 삽입, 삭제하면 head, tail은 계속 뒤쪽으로만 이동하기 때문에 배열의 뒤쪽 공간이 금방 부족해진다. 위 그림에서 5가 삽입된 후 T는 배열 경계를 넘어서며 이 상태에서는 다음 삽입 동작을 할 수 없다.

그런데 앞쪽에는 먼저 들어왔던 자료들이 삭제되었기 때문에 공간이 비어 있다. 배열의 크기만큼 자료가 들어 있지도 않은데 기억 공간이 부족해진 것이다. 큐의 자료는 빈번하게 삽입, 삭제되므로 배열 크기를 늘리는 것으로는 이 문제를 근본적으로 해결할 수 없다. 이 문제를 해결하려면 tail이 배열 끝에 닿았을 때 head의 데이터를 배열 처음으로 보내고 tail 직전까지의 모든 데이터를 앞쪽으로 복사해서 이동시킨다. 데이터가 이동하면 포인터도 따라서 이동해야 한다.

이렇게 하면 앞쪽의 남은 공간이 뒤쪽으로 이동하므로 새로운 데이터를 삽입할 수 있다. 그러나 큐가 찰 때마다 이런 식으로 매번 복사를 한다면 느리고 비효율적이다. 그래서 이 방법 대신 포인터가 배열의 끝에 닿았을 때 앞쪽으로 보내어 배열을 원형(Circular)으로 연결하는 방법을 많이 사용하는데 이는 % 연산자로 간단하게 구현할 수 있다. head와 tail은 원형의 큐를 빙글 빙글 돌아가면서 자료를 삽입하고 삭제한다.

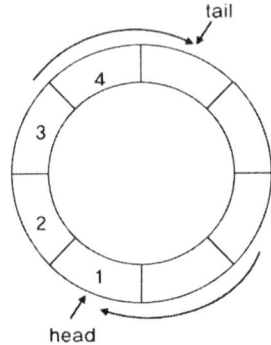

만약 삽입하는 속도가 삭제하는 속도보다 빨라 tail이 head를 따라 잡으면 큐가 가득찬 상태이다. head가 tail과 같은 상태는 큐가 빈 상태와 같으므로 두 포인터의 값만 비교해서는 큐의 정확한 상태를 알 수 없다. 그래서 head 바로 앞의 한 칸은 미사용으로 남겨 두어 tail이 head의 바로 앞쪽에 있을 때, 즉 tail이 head-1일 때를 큐가 가득찬 것으로 정의한다. 이렇게 하면 기억 장소 하나를 쓰지 못하는 약간의 낭비가 발생하기는 하지만 상태를 정확하게 판별할 수 있다.

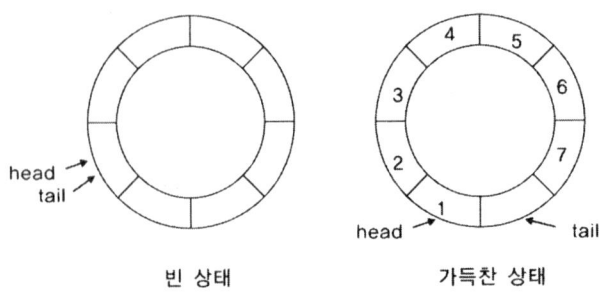

빈 상태   가득찬 상태

다음 예제는 정수형 자료를 저장하는 큐를 배열로 구현한 것이다.

예제 ArrayQueue

```c
#include <Turboc.h>

int *Queue;
int QSize;
int head,tail;

void InitQueue(int size)
{
    QSize=size;
    Queue=(int *)malloc(QSize*sizeof(int));
    head=tail=0;
}

void FreeQueue()
{
    free(Queue);
}

BOOL Insert(int data)
{
    if ((tail+1) % QSize == head) {
        return FALSE;
    }
    Queue[tail]=data;
    tail=(tail+1) % QSize;
    return TRUE;
}

int Delete()
{
    int data;

    if (head==tail) {
        return -1;
    }
```

```c
        data=Queue[head];
        head=(head+1) % QSize;
        return data;
}

void main()
{
    int i;

    InitQueue(10);
    printf("빈 상태에서 삭제할 때 = %d\n",Delete());
    for (i=0;i<9;i++) {
        Insert(i);
    }

    printf("가득찬 상태에서 삽입 %s\n",Insert(100) ? "성공":"실패");

    for (i=0;i<9;i++) {
        printf("%d  ",Delete());
    }

    FreeQueue();
}
```

    Queue 포인터가 큐이며 QSize는 큐의 크기, head, tail은 큐의 양끝 포인터이다. InitQueue 함수가 큐를 초기화하는데 인수로 전달받은 size 크기만큼 Queue 배열을 할당하고 head와 tail은 모두 0으로 초기화하여 빈 상태로 만든다. 이후 자료가 삽입, 삭제되면 head와 tail이 이동하면서 큐를 회전할 것이다. FreeQueue 함수는 동적으로 할당된 Queue 배열을 해제하여 큐를 파괴한다.

    큐에 데이터를 삽입하는 Insert 함수의 동작은 Queue[tail++]=data; 로 간단하게 설명할 수 있다. tail이 가리키는 위치에 인수로 전달된 data를 저장하고 tail은 다음 칸으로 이동하는 것이다. 이 간단한 코드에 두 가지 예외 처리가 추가되어야 한다. 먼저 tail이 배열의 끝일 때 선두로 보내기 위해 QSize와 나머지 연산을 취한다. tail의 다음 위치는 통상 tail+1이지만 배열 끝인 QSize에 이르렀을 때는 배열 선두인 0으로 다시 돌아가야 한다.

    또 큐가 가득 차서 더 이상 삽입할 수 없는 오버플로우도 처리해야 하는데 tail의 다음 위치가 head와 같으면 이때는 에러 처리하고 리턴한다. tail과 head 사이에 사용하지 않는 빈칸을 하나 둠으로써 가득 찼을 때와 비어 있을 때를 구분할 수 있다. Insert 함수의 동작을 간단하게 정리하면 큐에 여유가 있을 때 tail 위치에 데이터를 삽입하고 tail을 다음 삽입할 위치로 보낸다고 할 수 있다.

Delete 함수는 간단하게 return Queue[head++] 동작을 한다. Insert와 마찬가지로 두 가지 예외를 처리하는 head가 배열의 끝일 때 선두로 돌려보내고 큐가 비었을 때 자료가 없다는 의미의 -1을 리턴한다. 이때 에러의 신호로 사용하는 -1은 큐에 절대로 들어올 수 없는 좀 더 특이한 값을 선택하는 것이 좋다. 아니면 참조 호출로 별도의 에러 체크를 리턴할 수 있도록 해야 한다.

main은 큐가 잘 동작하는지 테스트하는데 크기 10의 큐를 생성하고 9개의 자료를 삽입했다가 다시 빼 보기만 한다. 에러를 잘 처리하는지 테스트하기 위해 빈 상태에서 괜히 삭제도 해 보고 가득찬 상태에서 더 삽입해 보기도 했다. 삽입된 자료가 순서대로 출력되며 에러 처리도 제대로 된다.

```
빈 상태에서 삭제할 때 = -1
가득찬 상태에서 삽입 실패
0 1 2 3 4 5 6 7 8
```

배열을 이용하여 간단하게 큐를 구현해 보았는데 이 예제와 다르게 작성할 수 있는 여지도 많다. head, tail의 의미를 반대로 생각할 수도 있고 head, tail 대신에 rear, front라는 용어를 사용하는 경우도 있다. 또한 가득 찬 상태와 빈 상태를 구분하기 위해 한 칸 여유를 두는 대신 별도의 플래그를 쓰는 방법도 있는데 Insert, Delete 함수에서 큐의 상태를 점검하여 head와 tail 값이 같아질 때 플래그에 상태값을 대입하는 방식이다. head와 tail이 일치하는 조건이 Insert한 후에 발생했다면 가득찬 것이고 Delete한 후에 발생했다면 빈 것이다.

19.4.2 연결 리스트로 구현한 큐

배열로 큐를 만들었을 때는 몇 가지 불편한 점이 있다. 우선 배열의 크기보다 더 많은 데이터가 삽입되면 큐가 가득 차서 더 이상 삽입할 수 없는 오버플로우가 발생한다는 점이다. 그래서 필요한 최대 크기를 잘 고려하여 충분한 크기로 할당해야 한다. 그러나 아무리 넉넉해도 무한하지는 않기 때문에 언제 부족한 상황이 발생할지 예측할 수 없다. 물론 동적 배열을 쓸 수도 있겠지만 여러 가지 상황으로 볼 때 어울리지 않는다.

또한 배열은 연속적인 메모리 공간을 차지하는 직선적인 구조를 가지기 때문에 최대 크기만큼 충분한 용량을 확보했더라도 삽입점이 금방 배열 끝에 이르게 된다. 그래서 처음과 끝을 인위적으로 연결하여 원형으로 만들어 직선의 기억 공간을 재사용해야 하는 불편함이 있다. 뿐만 아니라 원형 구조이다 보니 가득찬 경우와 빈 경우가 잘 구분되지 않아 한 칸을 버리거나 별도의 플래그를 도입하는 기법도 동원되어야 한다.

배열 대신 연결 리스트로 구현하면 이런 여러 가지 불편한 점을 해결할 수 있는데 배열이나 연결 리스트나 동일한 타입의 집합을 다룰 수 있으므로 연결 리스트로도 큐를 작성할 수 있다. 다음 예제는 앞에서 만든 배열 큐와 비슷하게 동작하는 연결 리스트로 만든 큐이다.

예제 LinkedQueue

```
#include <Turboc.h>

struct Node
{
    int value;
    Node *prev;
    Node *next;
};
Node *head;

void InitQueue()
{
    head=(Node *)malloc(sizeof(Node));
    head->prev=NULL;
    head->next=NULL;
}

void Insert(int data)
{
    Node *New;
    Node *tail;

    for (tail=head;tail->next;tail=tail->next) {;}

    New=(Node *)malloc(sizeof(Node));
    New->value=data;

    New->next=NULL;
    New->prev=tail;
    tail->next=New;
}

int Delete()
{
    int data;
    Node *Target;

    Target=head->next;
```

```
    if (Target==NULL) {
        return -1;
    }
    data=Target->value;
    head->next=Target->next;
    if (head->next) {
        head->next->prev=head;
    }
    free(Target);
    return data;
}

void FreeQueue()
{
    while (Delete()!=-1) {;}

    free(head);
    head=NULL;
}

void main()
{
    int i;

    InitQueue();
    for (i=0;i<100;i++) {
        Insert(i);
    }
    for (i=0;i<100;i++) {
        printf("%d ",Delete());
    }
    FreeQueue();
}
```

이중 연결 리스트를 사용했는데 100개의 자료를 넣었다가 빼 보았다. 연결 리스트는 데이터를 삽입할 때 노드를 동적으로 할당해서 뒤에 덧붙일 수 있으므로 이론적으로 메모리 한계까지 큐의 크기를 늘릴 수 있다. 따라서 큐가 가득차는 오버플로우가 발생하지 않으며 처음부터 큐의 크기를 미리 정할 필요도 없다. 또한 노드가 메모리의 임의 위치에 생성되었다가도 언제든지 파괴될 수 있으므로 원형으로 만들지 않아도 상관없다.

tail 쪽에서는 항상 새로 노드를 할당해서 덧붙이고 head 쪽에서는 항상 노드를 삭제하기만 한다. 배열로 만든 큐가 고정된 크기를 가지는 원형 기억 공간을 다람쥐처럼 빙글 빙글 돌아다니는 꼴이라고 한다면 연결 리스트로 만든 큐는 빈 메모리 공간을 뱀처럼 구불구불 기어다니는 모양에 비유할 수 있다. 연결 리스트를 쓸 때 오버플로우는 발생하지 않지만 큐가 빈 상태는 있을 수 있으므로 이 경우의 에러 처리는 생략할 수 없다. 큐를 만들 때는 연결 리스트가 배열에 비해서 확실히 쓰기 편하다. 그러나 삽입, 삭제가 단순히 head, tail을 옮기는 정도가 아니라 메모리를 할당하고 링크를 조작하는 번거로운 과정을 거쳐야 하므로 속도상으로는 약간의 불이익이 있다. 그리고 큐가 아주 작을 때는 꼭 필요한 만큼의 노드만 생성하므로 배열에 비해 메모리 소모량이 적지만 일정 규모 이상으로 커지면 동적 할당된 노드와 링크 정보로 인해 오히려 배열보다 더 많이 메모리를 소모하기도 한다.

오버플로우를 걱정하지 않아도 된다는 것은 장점이기는 하지만 때로는 이것이 더 위험할 수도 있다. 프로그램에 논리적인 에러가 있을 경우 시스템의 전 메모리를 다 까먹을 때까지 할당을 해 댈 것이므로 차라리 오버플로우가 발생하는 것이 더 나을지도 모른다. 사실 큐를 사용하는 실제 예도 무한대의 큐를 요구하지는 않기 때문에 때로는 오버플로우가 필요하기도 하다.

19.4.3 프린터 큐

큐는 하드웨어, 운영체제 등의 여러 곳에서 사용되는데 대표적으로 키보드의 키입력 큐를 들 수 있다. 키보드는 눌러진 키의 목록을 본체로 전송하는데 본체가 이 입력을 즉시즉시 받아들이지 못할 정도로 바쁠 수도 있으므로 입력된 키의 정보를 큐에 일단 저장한다. 그리고 본체는 큐에 쌓여진 키 코드를 입력된 순서대로 빼 내가는데 먼저 입력된 키를 먼저 가져가야 하므로 FIFO의 원리로 움직이는 큐가 적합하다. 윈도우즈 운영체제의 메시지 큐도 대표적인 큐의 활용예이다. 키보드, 마우스, 타이머 등의 메시지들이 발생한 순서대로 큐에 쌓여 있다가 메시지 루프에 의해 순서대로 꺼내져 처리된다. 입력된 순서대로 처리해야 하므로 이 경우도 큐가 필요하다. 이 외에도 큐가 사용되는 곳은 아주 많은데 응용 프로그램이 큐를 필요로 한다면 언제든지 만들어 쓸 수 있다. 앞 장의 snake 게임에서 뱀의 몸체 좌표를 기억하기 위해 이미 원형 큐를 사용해 본 적이 있다.

다음 예제는 프린터의 인쇄 시스템인 스풀러가 사용하는 큐를 시뮬레이션한다. 프린터의 문서 인쇄 속도는 일반적으로 무척 느리기 때문에 문서를 보내는 즉시즉시 인쇄하지 못한다. 그래서 인쇄할 문서 목록을 저장해 놓고 하나씩 순서대로 꺼내 인쇄해야하는데 이때도 큐가 사용된다. 소스는 다음과 같되 앞에서 만든 배열 큐 함수를 그대로 가져다 사용했다.

예제 PrintQueue

```
#include <Turboc.h>

int *Queue;
```

```c
int QSize;
int head,tail;

void InitQueue(int size)
{
    QSize=size;
    Queue=(int *)malloc(QSize*sizeof(int));
    head=tail=0;
}

void FreeQueue()
{
    free(Queue);
}

BOOL Insert(int data)
{
    if ((tail+1) % QSize == head) {
        return FALSE;
    }
    Queue[tail]=data;
    tail=(tail+1) % QSize;
    return TRUE;
}

int Delete()
{
    int data;

    if (head==tail) {
        return -1;
    }
    data=Queue[head];
    head=(head+1) % QSize;
    return data;
}

void PrintQueue()
{
```

```c
    int num;
    int x,y;

    num=tail-head;
    if (num < 0) num+=QSize;
    x=wherex();
    y=wherey();
    gotoxy(0,0);
    printf("대기 중인 문서 수 : %d",num);
    gotoxy(x,y);
}

void main()
{
    int doc=-1;
    int num;

    randomize();
    InitQueue(128);
    puts("인쇄 대기 중...");
    for (;;) {
        if (kbhit()) if (getch() == ' ') break;

        // 5초에 한 번 꼴로 문서가 들어온다. 페이지수는 2~10페이지
        if (random(5)==0) {
            num=random(9)+2;
            if (Insert(num)==TRUE) {
                printf("%d 페이지짜리 새 문서 삽입됨\n",num);
                PrintQueue();
            } else {
                puts("큐가 가득 차서 삽입 불가");
            }
        }

        if (doc==-1) {
            doc=Delete();
            if (doc!=-1) {
                clrscr();
                PrintQueue();
```

```
                gotoxy(0,5);
                printf("%d 페이지짜리 문서 인쇄 시작\n",doc);
            }
        } else {
            printf("%d 페이지 인쇄중...\n",doc);
            if (doc==1) {
                doc=-1;
            } else {
                doc--;
            }
        }
        delay(1000);
    }
    FreeQueue();
}
```

　5초에 한 번 꼴로 새로운 문서를 인쇄하는데 문서는 2~10페이지 정도의 길이를 가진다. 프린터가 초당 1페이지씩 인쇄한다고 가정하고 있으므로 인쇄하는 속도보다 문서가 쌓이는 속도가 더 빠르도록 되어 있다. 인쇄를 하는 중에라도 새로운 문서의 인쇄를 언제든지 시작할 수 있으며 그래서 대기 중인 문서의 목록을 큐에 쌓아 두고 도착한 순서대로 문서를 꺼내서 인쇄하는 시범을 보인다.

　실제 예와 최대한 비슷하게 시뮬레이션해 보려고 했는데 문서의 이름이 없고 문서 길이만 지정하도록 해서 조금 널 실감나는데 구조체를 저장하는 큐를 작성하고 구조체에 문서의 이름까지 포함시켜 두면 훨씬 더 재미있는 시뮬레이션을 할 수 있을 것이다. 실제 프린터의 스풀러가 사용하는 인쇄 큐도 이 예제와 원리상 동일하다.

　스택이나 큐 외에 양쪽 끝에서 삽입, 삭제가 가능한 데크(Dequeue : Double Ended Queue)라는 자료 구조도 있다. 데크는 원형의 배열과 두 개의 포인터로 구현하며 양 끝에서 삽입, 삭제 동작을 할 수 있다. 스택이나 큐만큼 자주 사용되지는 않으므로 여기서는 간단하게 소개만 하기로 한다.

19.5 트리

19.5.1 트리의 용어

　여기까지 알아본 배열이나 연결 리스트, 스택, 큐 등은 모두 1차원의 선형적인 구조를 가지는데 비해 트리는 2차원적인 구조를 가진다. 구조가 입체적이고 다소 복잡하기 때문에 배열이나 연결 리스트보다는 다루기 어렵고 까다롭다. 또한 스택이나 연결 리스트처럼 구현 방법이 정형화되어 있지 않고 적용하는 알고리즘에 따라 천차만별로 모양이 달라져 응용력을 필요로 하기도 한다.

그러나 입체적인 구조로 인해 자료의 삽입, 삭제 속도가 빠르면서도 검색 속도까지 만족할만하며 용량이 커지더라도 속도의 감소가 적어 대용량의 자료를 다룰 때 훨씬 더 효율적이다. 어느 정도 규모가 있고 복잡한 데이터를 다룰 때는 주로 트리가 사용되는데 상용 DB 엔진들도 트리 구조로 데이터를 관리한다. 디렉토리 구조나 기구도, 토너먼트 대진표 등과 같이 계층적인 자료들을 다룰 때도 트리가 가장 어울린다.

트리를 프로그래밍하는 방법을 배우기 전에 우선 트리에서 사용하는 용어부터 정리해 보자. 트리는 말뜻 그대로 나무를 뜻하므로 트리 구조에서 사용하는 용어들은 나무의 각 부분들인 경우가 많고 노드끼리 계층적인 관계를 이루므로 족보의 용어가 사용되기도 한다. 용어 자체는 상식적이므로 쉽게 이해되지만 같은 대상을 칭하는 동의어가 많아 조금 헷갈린다. 다음은 트리의 한 예인데 이 예를 통해 트리의 용어를 정리해 보자.

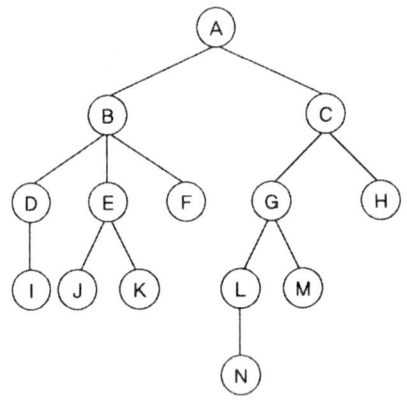

진짜 나무들은 뿌리가 밑에 있고 가지와 잎이 위로 자라지만 트리를 그릴 때는 위 그림처럼 루트를 위쪽에 그리는 것이 보통이다. 트리는 실제 데이터를 가지는 노드(Node)와 노드를 연결하는 링크(Link)로 구성된다. 위 그림에서 원으로 표현된 것이 노드이며 원을 잇는 선분들이 링크인데 노드, 링크라는 용어 대신 버텍스(Vertex), 에지(Edge)라는 용어를 사용하기도 한다. 트리의 노드들은 항상 루트로 향하는 링크를 하나씩 가지되 루트는 링크를 가지지 않으므로 링크의 개수는 항상 노드보다 하나 더 작다. 위의 트리는 노드가 14개이고 링크는 13개이다.

노드 중에 가장 기본이 되는 최상위 노드를 루트(Root)라고 부른다. 모든 트리는 단 하나의 유일한 루트를 가지며 루트 아래로 무수히 많은 노드들이 있다. 트리를 구성하는 노드끼리의 관계는 흔히 가족 관계에 비유하는데 아래쪽의 노드를 자식이라고 하며 위쪽의 노드를 부모라고 한다. 위 그림에서 B와 C는 A의 자식이며 E와 F의 부모는 B이다. 같은 부모를 가진 노드들을 형제라고 하는데 G, H는 공동의 부모 C에 소속되어 있으므로 형제 관계이다. 직속 관계가 아니더라도 아래쪽에 있으면 후손이며 위쪽에 있으면 선조라고 한다.

레벨(Level)은 루트에서의 거리를 의미하는데 루트의 레벨은 1이다. C언어는 모든 숫자를 0부터 시작하지만 트리의 레벨은 1부터 시작(One Base)한다. 위의 트리에서 B의 레벨은 2이고 E의 레벨은 3이고 M의 레벨은 4이다. 높이(Height, 또는 깊이라고도 한다.)는 트리의 최대 레벨인데 가장 아래쪽에 있는 N의 레벨이 5이므로 이 트리의 높이는 5가 된다.

경로(Path)란 특정 노드에서 다른 노드로 가는 길이다. 어떤 노드에서 다른 노드로 가려면 공동의 조상까지 올라간 후 다시 아래로 내려가야 하므로 두 노드 사이의 경로는 단 하나만 존재하는 특성이 있다. K에서 G로 가는 경로는 K-E-B-A-C-G 단 하나밖에 없다. 이에 비해 경로가 여럿 존재하는 자료 구조가 있는데 이를 그래프(Graph)라고 한다.

차수(Degree)는 자식 노드의 개수인데 B의 차수는 3, C의 차수는 2, M의 차수는 0이다. 차수가 0인 노드, 그러니까 자식이 하나도 없는 노드를 잎(Leaf) 노드 또는 외부(External) 노드라고 하며 자식이 있는 노드를 내부(Internal) 노드라고 한다. 위 트리에서 F, H, I, J, K, M, N이 트리의 마지막에 달린 잎 노드들이며 나머지는 내부 노드들이다.

노드의 자식들 사이에 순서가 있는 노드를 순서 트리(Ordered Tree)라고 하며 순서가 의미없는 노드를 비순서 트리(Oriented Tree)라고 한다. 다음 두 트리를 보자.

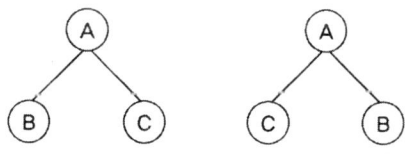

둘 다 A 밑에 B와 C가 있는데 순서 트리라면 이 둘은 다른 것이고 비순서 트리라면 같은 것이다. 순서 트리는 자식의 존재뿐만 아니라 순서도 의미가 있는 것이고 비순서 트리는 순서에 상관없이 어떤 자식이 있는가만이 중요한 트리이다.

트리를 구성하는 작은 트리를 서브 트리(Sub Tree)라고 한다. 마치 디렉토리의 계층에서 디렉토리 밑에 서브 디렉토리가 있는 것처럼 트리 아래에도 똑같은 모양의 서브 트리가 존재한다. 위 그림의 A 트리는 B 서브 트리와 C 서브 트리로 구성되어 있고 C 서브 트리는 다시 G, H 서브 트리로 구성되어 있다. 트리 여러 개가 모인 것은 포리스트(Forest)라고 하는데 나무들이 모여 숲을 이루는 것과 같다.

19.5.2 이진 트리

노드의 차수에는 제한이 없으므로 임의 개수의 자식들을 가질 수 있다. 이런 노드를 표현하려면 다음과 같은 구조체를 선언해야 한다.

```
struct Node
{
    int data;
    Node *link;
};
```

data는 이 노드가 저장할 실제 데이터이며 필요에 따라 얼마든지 더 많은 멤버들을 포함할 수 있다. link는 자식 노드들로 연결되는 링크의 배열이며 자식의 개수만큼 동적으로 할당된다. 또는 최대 차수를 미리 알 수 있다면 정적 배열로도 선언할 수 있다. 이런 노드들이 서로를 가리킴으로써 트리를 구성한다.

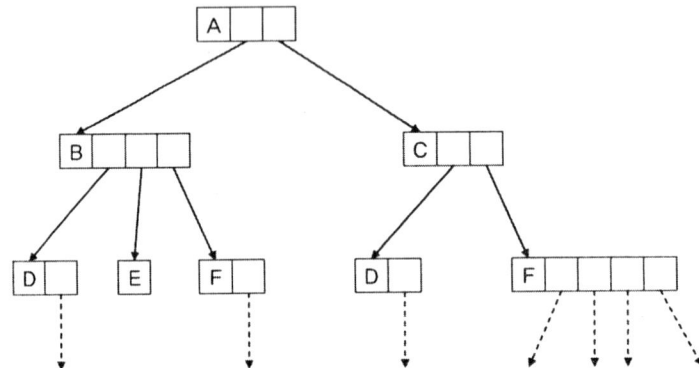

자식의 개수가 정해져 있지 않기 때문에 노드의 차수에 따라 링크의 개수가 가변적이다. 동적 할당해서 만드는 노드의 멤버가 또 동적 할당을 한다면 관리하기 무척 번거롭고 불편해진다. 그렇다고 해서 최대 차수만큼의 정적 배열을 할당하면 미사용 링크가 많아져 메모리의 낭비가 심하며 최대 차수 이상은 표현하지 못하는 한계가 있다.

그래서 임의 차수를 지원하는 트리는 잘 사용되지 않으며 차수의 최대값을 일정한 크기로 제한한다. 이진 트리(Binary Tree)는 모든 노드의 차수가 2이하인 트리이며 구조가 단순하기 때문에 현실적으로 가장 많이 사용된다. 이진 트리의 노드는 자식을 최대 2개까지만 가질 수 있으므로 다음과 같은 구조체로 간단하게 표현할 수 있다.

```
struct Node
{
    int data;
    Node *left;
    Node *right;
};
```

노드에 저장되는 데이터와 좌우 두 개의 링크를 가진다. left가 왼쪽 자식을 가리키며 right가 오른쪽 자식을 가리킨다. 물론 양쪽 자식이 모두 존재할 필요는 없으며 자식이 없는 잎 노드일 경우 링크는 모두 NULL값을 가질 것이다. 이렇게 되면 한 노드의 좌우 자식 노드는 쉽게 알 수 있는데 이 노드의 부모는 알 수 없다는 문제점이 있다. 만약 부모 노드까지도 기억하고 싶다면 parent라는 포인터를 하나 더 추가하면 된다. 이진 트리에 좀 더 엄격한 제약을 가하면 다음과 같은 트리를 정의할 수 있다.

- 포화 이진 트리(Full Binary Tree) : 트리의 높이까지 모든 노드가 가득찬 트리이다. 높이가 1이면 루트 하나만 있으므로 노드 개수는 1개이며 높이가 2이면 루트와 양쪽 자식을 합쳐 세 개의 노드가 존재한다. 높이가 3이면 7개, 4이면 15개이며 일반적으로 높이가 n인 포화 이진 트리의 노드 개수는 2^n-1개이다.
- 완전 이진 트리(Complelte Binary Tree) : 포화 이진 트리의 노드를 좌에서 우로, 위에서 아래로 번호를 붙였을 때 번호가 큰 뒤쪽 노드만 생략된 트리이다. 같은 높이의 포화 이진 트리와 대응되는 노드의 순서값이 일치한다. 다음 그림을 통해 두 이진 트리를 구분해 보자.

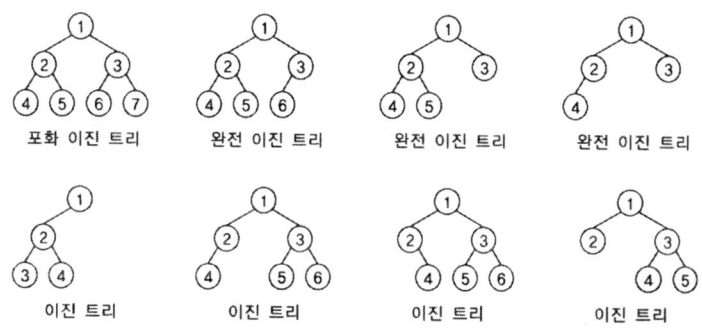

첫 번째 트리의 높이는 3인데 노드의 개수가 7(2^3-1)개이므로 이 트리는 포화 이진 트리이다. 보다시피 빈틈없이 모든 노드가 가득 차 있으며 잎 노드를 제외하고는 모두 차수가 2이다. 포화 이진 트리에서 7, 6, 5, 4를 차례대로 생략할 때 이 트리를 완전 이진 트리라고 한다. 그러나 아래쪽은 순서값이 빠른 노드가 먼저 생략되어 포화 이진 트리의 노드 순서값과 같지 않으므로 완전 이진 트리는 아니다.

정의가 조금 복잡하지만 쉽게 말하자면 포화 이진 트리에서 중간에 빠진 노드가 없는 트리를 완전 이진 트리라고 한다. 높이가 n인 완전 이진 트리의 노드 개수는 2^{n-1}보다 크거나 같고 2^n-1보다 작거나 같다. 포화 이진 트리는 물론 완전 이진 트리의 일종이다.

19.5.3 트리의 순회

트리로 어떤 작업을 하려면 트리의 모든 노드를 한 번씩 방문하는 순회를 해야 한다. 그래야 노드의 값을 출력하거나 검색, 삭제 등의 작업을 할 수 있다. 이진 트리를 구성하는 작은 서브 트리는 루트, 왼쪽, 오른쪽 세 개의 노드로 구성되어 있으므로 이 세 노드의 방문 순서에 따라 다음 여섯 가지 순회 방법을 생각할 수 있다.

① 루트-왼쪽-오른쪽 ② 루트-오른쪽-왼쪽
③ 왼쪽-루트-오른쪽 ④ 왼쪽-오른쪽-루트
⑤ 오른쪽-루트-왼쪽 ⑥ 오른쪽-왼쪽-루트

이 중 왼쪽을 반드시 오른쪽보다 먼저 순회하도록 한다면 ①, ③, ④ 세 가지만 남는다. 이 세 가지 순회 방법을 각각 전위 순회(PreOrder), 중위 순회(InOrder), 후위 순회(PostOrder)라고 하는데 루트의 방문 위치에 따라 이름을 붙인다. 전위 순회는 루트를 먼저 방문하고 좌우를 각각 방문하며 중위 순회는 왼쪽을 먼저 방문하고 루트를 중간에 방문하며 마지막으로 오른쪽을 방문하는 방식이다.

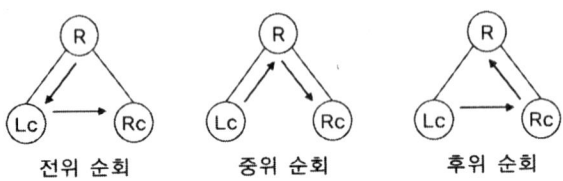

전위 순회   중위 순회   후위 순회

차일드가 또 다른 자식을 가지고 있다면 차일드의 자식을 먼저 순회하고 돌아와야 하므로 트리의 순회 함수들은 재귀적인 호출을 한다. 다음 예제는 간단한 트리를 생성하고 이 트리를 세 가지 방법으로 모두 순회하면서 노드의 값을 출력한다.

예제 TreeTraverse

```
#include <Turboc.h>

struct Node
{
    int data;
    Node *left;
    Node *right;
};
Node *Root;

void InitTree(int data)
{
    Root=(Node *)malloc(sizeof(Node));
    Root->data=data;
}

Node *AddChild(Node *Parent,int data,BOOL bLeft)
```

```c
{
    Node *New;

    New=(Node *)malloc(sizeof(Node));
    New->data=data;
    New->left=NULL;
    New->right=NULL;
    if (bLeft) {
        Parent->left=New;
    } else {
        Parent->right=New;
    }
    return New;
}

void PreOrder(Node *R)
{
    printf("%d ",R->data);
    if (R->left) PreOrder(R->left);
    if (R->right) PreOrder(R->right);
}

void InOrder(Node *R)
{
    if (R->left) InOrder(R->left);
    printf("%d ",R->data);
    if (R->right) InOrder(R->right);
}

void PostOrder(Node *R)
{
    if (R->left) PostOrder(R->left);
    if (R->right) PostOrder(R->right);
    printf("%d ",R->data);
}

void FreeTree(Node *R)
{
    if (R->left) FreeTree(R->left);
```

```
        if (R->right) FreeTree(R->right);
        free(R);
}

void main()
{
    Node *Left,*Right;

    InitTree(1);
    Left=AddChild(Root,2,TRUE);
    Right=AddChild(Root,3,FALSE);
    AddChild(Left,4,TRUE);
    AddChild(Left,5,FALSE);
    AddChild(Right,6,TRUE);

    PreOrder(Root);puts("");
    InOrder(Root);puts("");
    PostOrder(Root);puts("");

    FreeTree(Root);
}
```

트리를 초기화하고 트리에 노드를 추가하는 InitTree, AddChild 함수가 작성되어 있는데 InitTree는 루트만 생성하고 AddChild는 지정한 부모의 왼쪽이나 오른쪽에 차일드를 추가한다. AddChild의 코드는 연결 리스트의 링크 조작 코드와 비슷하게 작성되어 있다. 이 두 함수는 어디까지나 인위적인 테스트 트리를 생성하기 위해 작성한 것이며 실제 트리 생성 방법은 알고리즘에 따라 특수하게 작성되어야 한다. main에서는 정수를 데이터로 가지는 다음과 같은 트리를 생성한다.

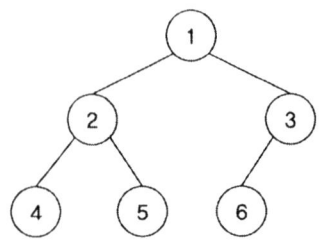

이렇게 만들어진 트리를 세 가지 방법으로 순회하면서 데이터를 출력하는데 대표적으로 루트를 먼저 방문하는 PreOrder 함수를 보자. 루트를 우선적으로 처리해야 하므로 자신의 데이터를 printf 함수로

먼저 출력했다. 여기서 printf 함수 호출은 순회 중에 하고자 하는 작업에 해당하는데 검색이라면 data를 비교하고 삭제라면 노드 제거 함수를 호출하면 될 것이다.

그리고 루트의 왼쪽, 오른쪽 각각을 출력하되 각 차일드들이 또 다른 서브 트리일 수도 있으므로 이 서브 트리에 대해서도 PreOrder 함수를 호출하여 차일드의 루트부터 모든 차일드를 출력하도록 해야 한다. 그래서 자신을 다시 호출하는 재귀 호출 구조를 가지고 있다. 위 그림에서 1을 출력할 때 왼쪽 차일드 2가 또 다른 서브 트리이므로 2에 대해서도 PreOrder 함수를 호출하였다.

PreOrder(2) 호출은 자신을 먼저 출력하고 또 4, 5번 자식에 대해 전위 순회를 하되 4, 5는 모두 차수가 0인 잎 노드이므로 더 이상 재귀를 하지 않고 자신만 출력한 후 리턴 힐 것이다. 2번 서브 트리의 출력이 끝나면 다음번 호출인 PreOrder(3)이 호출되어 오른쪽 서브 트리가 출력된다. 각 서브 트리에 대해 루트와 차일드를 모두 거치므로 트리의 모든 노드를 순회하게 된다. 중위 순회하는 InOrder, 후위 순회하는 PostOrder 함수도 루트를 처리하는 순서만 다를 뿐 재귀 구조는 동일하다.

재귀 호출을 사용하지 않으려면 자식 노드로 내려가기 전에 스택에 돌아올 번지를 푸시하면서 순회하는 방법을 사용할 수도 있다. 그러나 트리는 자료 구조 자체가 재귀적이기 때문에 재귀 호출을 사용하는 것이 가장 자연스럽다. main에서는 세 방법으로 순회한 결과를 출력하는데 순서가 틀릴 뿐이지 결국 모든 노드를 한 번씩 방문한다.

```
1 2 4 5 3 6
4 2 5 1 6 3
4 5 2 6 3 1
```

생성한 트리를 해제하는 FreeTree 함수는 각 노드를 해제하되 자식 노드를 먼저 해제한 후 루트를 해제해야 하므로 후위 순회법을 사용한다. 루트를 먼저 해제하면 자식 노드를 알 수 없게 되므로 후위 순회가 적합하다.

레벨별 순회는 레벨이 낮은 순으로 노드를 방문하는 방식이다. 전위, 중위, 후위 순회는 일단 주어진 서브 트리를 먼저 완전히 방문한 후 다음 서브 트리를 찾지만 레벨별 순회는 서브 트리를 기준으로 하지 않고 레벨을 기준으로 하므로 재귀 호출을 사용하지 않는다. 대신 노드를 만날 때마다 자신을 출력한 후 자신의 자식들을 차례대로 큐에 밀어 넣어 직계 자식들이 우선적으로 처리되도록 한다.

예제 LevelTraverse

```
#include <Turboc.h>

struct Node
{
    int data;
```

```c
    Node *left;
    Node *right;
};
Node *Root;

Node **Queue;
int QSize;
int head,tail;

void InitQueue(int size)
{
    QSize=size;
    Queue=(Node **)malloc(QSize*sizeof(Node *));
    head=tail=0;
}

void FreeQueue()
{
    free(Queue);
}

BOOL Insert(Node *data)
{
    if ((tail+1) % QSize == head) {
        return FALSE;
    }
    Queue[tail]=data;
    tail=(tail+1) % QSize;
    return TRUE;
}

Node *Delete()
{
    Node *data;

    if (head==tail) {
        return NULL;
    }
    data=Queue[head];
```

```c
        head=(head+1) % QSize;
        return data;
}

void InitTree(int data)
{
    Root=(Node *)malloc(sizeof(Node));
    Root->data=data;
}

Node *AddChild(Node *Parent,int data,BOOL bLeft)
{
    Node *New;

    New=(Node *)malloc(sizeof(Node));
    New->data=data;
    New->left=NULL;
    New->right=NULL;
    if (bLeft) {
            Parent->left=New;
    } else {
            Parent->right=New;
    }
    return New;
}

void FreeTree(Node *R)
{
    if (R->left) FreeTree(R->left);
    if (R->right) FreeTree(R->right);
    free(R);
}

void LevelOrder(Node *R)
{
    Node *tNode;

    Insert(R);
    while (head != tail) {
```

```
            tNode=Delete();
            printf("%d ",tNode->data);
            if (tNode->left) Insert(tNode->left);
            if (tNode->right) Insert(tNode->right);
        }
}

void main()
{
    Node *Left,*Right;

    InitQueue(128);
    InitTree(1);
    Left=AddChild(Root,2,TRUE);
    Right=AddChild(Root,3,FALSE);
    AddChild(Left,4,TRUE);
    AddChild(Left,5,FALSE);
    AddChild(Right,6,TRUE);

    LevelOrder(Root);puts("");

    FreeTree(Root);
    FreeQueue();
}
```

앞에서 만들었던 큐 관련 함수를 그대로 복사해 오되 큐에 들어가는 데이터가 Node * 타입이라는 점이 다르다. LevelOrder 함수는 큐에 저장된 노드를 순서대로 꺼내 출력하는데 먼저 루트부터 큐에 밀어 넣고 루프를 시작한다. 매 루프에서 큐에 최후로 저장된 노드를 꺼내 이 노드를 출력하고 자신의 차일드를 차례대로 큐에 삽입한다. 첫 번째 루프에서 1이 출력되고 1의 자식 2와 3이 차례대로 큐에 들어갔을 것이다.

다음 번 루프를 돌 때는 다음 레벨인 2와 3이 순서대로 큐에서 꺼내져 처리되는데 이때 2와 3의 각 자식인 4, 5, 6이 차례대로 큐에 삽입되어 다음 차례를 기다릴 것이다. 레벨 2의 노드들이 처리되는 과정에서 레벨 2의 자식 노드인 레벨 3의 모든 노드가 큐에 삽입되는 것이다. 그래서 다음 레벨에서는 사촌들끼리 모아서 출력되면서 레벨 4의 자식 노드들이 삽입된다. 이런 식으로 레벨별로 좌에서 우로 모든 노드를 큐에 삽입하면서 하나씩 꺼내 출력하면 레벨별 순회를 할 수 있다.

먼저 삽입된 노드가 먼저 처리되어야 하므로 이 경우는 큐가 가장 적절하다. 이때 큐의 크기는 한 레벨의 최대 노드 개수 만큼이어야 하는데 예제의 경우 128로 잡았으므로 한 레벨에 최대 128개까지의 노드가 있는 트리를 처리할 수 있다. 물론 크기를 늘리면 얼마든지 더 큰 트리도 레벨 순회를 할 수 있을 것이다.

이상으로 트리의 기본적인 용어와 많이 사용되는 이진 트리의 모양, 생성하는 방법, 그리고 순회하는 방법에 대해 알아보았다. 다소 이론적인 내용만 다루었고 실무에 바로 적용할 수 있을만한 내용은 없는 셈인데 트리는 워낙 형태가 변화무쌍해서 적용되는 알고리즘에 따라 구현 방법이 다양하므로 여기서 응용을 다루기는 어렵다.

20
알고리즘

이 장에서는 소프트웨어 공학에서 오랫동안 연구되어 온 알고리즘 중 가장 실용적이고 자주 사용되는 검색과 정렬 두 가지 알고리즘에 대해 알아본다. 각 분야별로 한권의 책으로 출판될 정도로 큰 주제이므로 이 장에서 알고리즘의 모든 것을 다루기는 현실적으로 어렵다. 그래서 이장의 목표는 알고리즘의 개념에 대한 소개와 관심을 유도하는 것이다. 더 깊고 정교한 알고리즘에 관심있는 사람은 별도의 알고리즘 서적을 참고하기 바란다.

20.1 검색

검색(Search)이란 자료의 집합(table)에서 원하는 어떤 자료(Key)가 있는지, 있다면 어디쯤에 있는지를 찾아내는 알고리즘이다. 컴퓨터는 방대한 양의 자료를 조직적으로 저장할 수 있는 기억 능력이 있으며 이 기억 능력을 활용하여 데이터 베이스를 구축한다. 데이터 베이스가 단순히 데이터를 쌓아 놓기만 한다면 종이 뭉치를 창고에 보관해 놓는 것과 별반 다를 바가 없을 것이다. 데이터 베이스가 정말 쓸모가 있으려면 쌓인 자료에서 원하는 자료를 정확하고 빠르게 검색하는 연산 기능이 필요하다.

검색은 소프트웨어 공학에서 가장 오랫동안 연구되어 온 주제이며 또한 가장 실용적인 주제이기도 하다. 원하는 자료를 빠르게 찾는 것뿐만 아니라 새로 추가되거나 삭제되는 자료들도 다음 검색을 위해 어떻게 조직할 것인지까지 포괄하는 종합 자료 관리 알고리즘이 바로 검색이다.

20.1.1 순차 검색

순차 검색(Sequential Search)은 모든 알고리즘 중에서 가장 기본적이면서 또한 상식적인 검색 방법이다. 테이블의 처음부터 순서대로 읽으면서 원하는 키와 비교하기를 검색에 성공하거나 아니면 테이블 끝에 이를 때까지 반복하는 것이다. 알고리즘이 워낙 간단해서 단순한 루프 하나로 구현할 수 있고 임의의 자료에도 적용할 수 있으며 자료를 별도로 관리할 필요도 없다. 대신 너무 간단하기 때문에 검색 효율은 별로 좋지 못하다. 다음 예제는 정수 배열에서 원하는 정수값을 찾는다.

예제 SequentailSearch

```
#include <Turboc.h>

int LinearSearch(int *ar,unsigned num,int key)
{
    unsigned i;

    for (i=0;i<num;i++) {
        if (ar[i] == key) {
            return i;
        }
    }
    return -1;
}

void main()
{
    int ar[]={23,47,19,63,57,26,75,73,82,89,47,11};
    unsigned num;
    int key,idx;

    num=sizeof(ar)/sizeof(ar[0]);
    key=75;
    idx=LinearSearch(ar,num,key);
    if (idx == -1) {
        puts("찾는 값이 없습니다.");
    } else {
        printf("찾는 값은 %d번째에 있습니다.\n",idx);
    }
}
```

이 예제에서 ar 배열이 검색 대상인 테이블이며 이 테이블에서 특정 키값이 어디쯤 있는지를 검색하는데 예제에서는 75라는 키를 찾아보았다. 물론 테스트 예제이고 테이블 길이가 짧으므로 육안으로도 금방 검색할 수 있지만 컴퓨터는 눈이 없으므로 순회하면서 키를 찾아야 한다. LinearSearch 함수는 특정 배열에서 순차 검색을 하는데 세 개의 인수를 받아들인다. ar은 테이블의 시작 번지, num은 테이블의 크기, key는 찾고자 하는 키값이다.

검색 방법은 지극히 상식적인데 배열의 선두에서 순회를 시작하여 매 배열 요소가 key 인지 비교하여 key와 같은 요소의 첨자를 리턴한다. 만약 배열 끝까지 순회를 마쳤는데 조건에 맞는 키가 없다면 -1을 리턴하여 검색에 실패했음을 알린다. 호출원에서는 리턴된 값을 보고 키가 배열의 어디쯤에 있는지를 알 수 있다. 테이블이 연결 리스트라면 첨자를 리턴하는 방법을 쓸 수는 없고 검색된 노드의 포인터를 리턴해야 한다. 물론 찾지 못했을 때는 NULL을 리턴하면 될 것이다.

키는 보통 테이블에서 다른 레코드와 중복되지 않는 유일한 값을 가지는 것을 사용하는데 예를 들어 주소록 구조체 배열이라면 주민등록번호를 키로 사용하는 것이 가장 좋다. 이처럼 레코드 간에 중복되지 않는 유일한 키를 프라이머리 키(Primary Key)라고 한다. 프라이머리 키가 없는 테이블에서는 특정 키와 일치하는 레코드가 둘 이상 존재할 수 있는데 이럴 때는 처음부터 검색을 시작하여 실패할 때까지 반복 검색하여 모든 레코드를 찾을 수 있다.

순차 검색은 검색 방법이 간단하므로 직접 만들어 쓰기도 쉽다. 대부분의 컴파일러들은 순차 검색 함수를 제공하는데 비주얼 C++은 lsearch 함수를 제공한다.

```
void *lsearch( const void *key, void *base, unsigned int *num, unsigned int width, int (__cdecl *compare)(const void *elem1, const void *elem2) );
```

인수로 키값, 테이블의 선두 번지, 요소의 개수와 크기, 그리고 비교 함수에 대한 함수 포인터를 요구한다. 임의의 타입에 대해 동작해야 하므로 비교 방법을 사용자가 함수로 직접 정의할 수 있도록 되어 있다. 비교 함수는 인수로 전달된 두 값을 비교해 보고 틀릴 경우 TRUE를, 일치할 경우 FALSE를 리턴하면 된다. lsearch 함수는 테이블의 모든 요소에 대해 비교를 수행한 후 검색된 포인터를 리턴하되 발견되지 않으면 NULL을 리턴한다. 다음 예제는 lsearch 함수로 위 예제를 다시 작성해 본 것이다.

예제 lsearch

```
#include <Turboc.h>
#include <search.h>

int compare(const void *elem1,const void *elem2)
{
    return (*(int *)elem1 != *(int *)elem2);
}

void main()
{
```

```c
int ar[]={23,47,19,63,57,26,75,73,82,89,47,11};
unsigned num;
int key;
int *ptr;

num=sizeof(ar)/sizeof(ar[0]);
key=75;
ptr=(int *)lsearch(&key,ar,&num,sizeof(int),compare);
if (ptr==NULL) {
     puts("찾는 값이 없습니다.");
} else {
     printf("찾는 값은 %d번째에 있습니다.\n",ptr-ar);
}
}
```

실행 결과는 동일하며 앞의 예제에 비해 별반 틀린 점도 없다. 또한 특별히 편리한 점도 없는데 lsearch 함수는 임의 타입에 대해 동작해야 하기 때문에 포인터와 함수 포인터를 사용하기 때문이다. 사실 이 함수는 별 실용성이 없어 ANSI C 표준에도 포함되어 있지 않으며 웬만하면 직접 만들어 쓰는 것이 더 편리하다.

순차 검색은 그 알고리즘의 단순함으로 인해 코드는 간단하지만 속도는 무척 느리다. 크기 100의 배열에서 어떤 값을 검색할 때 검색 시간은 운에 좌우되는데 찾는 키가 배열 앞쪽에 있으면 빨리 찾을 것이고 뒤쪽 끝에 있다면 앞쪽을 다 비교해 봐야 비로소 찾을 수 있을 것이다. 테이블 크기가 n이라고 할 때 원하는 키 값을 찾기 위해 평균 n의 절반만큼 비교해야 하고 키가 없을 경우는 n번 비교를 해 봐야 없다는 것을 알 수 있다. 만약 n이 백만 정도 된다면 그 검색 속도는 가히 끔찍한 수준일 것이다.

검색 속도가 워낙 느리기 때문에 검색된 자료의 순서를 앞쪽으로 옮겨 다음 번 검색에서는 좀 더 빨리 검색되도록 한다거나 자주 검색될만한 자료를 최대한 앞쪽에 배치하는 개선책이 있기는 하지만 이는 테이블의 요소 순서가 의미없을 때만 쓸 수 있는 방법이다. 그래서 일반적으로 순차 검색은 검색만 할 뿐이지 자료를 관리하는 알고리즘은 포함되지 않는다.

그러나 이렇게 무식한 순차 검색도 나름대로 장점이 있는데 자료의 상태에 대해 어떤 가정을 하지 않기 때문에 자료의 삽입, 삭제에 대한 특별한 처리가 필요없다는 점이다. 배열 또는 연결 리스트의 어디에나 자료를 삽입해 놓기만 하면 다음번 검색 대상에 포함되고 삭제한 자료는 당장 검색 대상에서 제외되므로 자료를 변경하는데 아무런 주의 사항이 없다. 반면 이분 검색이나 해쉬 등의 고급 검색 방법은 검색 속도가 빠른 대신 자료를 관리하는 것이 무척 어렵다.

또한 순차 검색의 단순 무식함은 저능스러운 컴퓨터에게는 가장 어울리는 검색 방법이기도 한데 요즘 CPU의 속도상 수만건 정도는 순식간에 찾아줄 정도다. 그리고 알고리즘의 간단함으로 인해 버그가 발생할 틈이 없어 안전성과 개발자의 편의성 면에서도 높은 점수를 줄 수 있다. 사실 순차 검색은 테이블 크기가 수백건 정도라면 다른 방법보다 오히려 효율적이며 가장 자주 사용되는 검색 방법이다.

20.1.2 이분 검색

이분 검색은 구간의 중간값과 키값의 대소를 구분하여 테이블을 절반씩 나눠 가며 비교하는 방법이다. 순차 검색이 상등 비교만 하고 순서대로 검색하는데 비해 이분 검색은 대소 비교를 통해 구간을 나눠 비교하는 좀 더 지능적인 방법이라고 할 수 있다. 한 번 비교할 때마다 테이블의 길이가 절반씩 줄어들기 때문에 검색 효율은 아주 좋으며 테이블이 웬만큼 커도 느려지지 않는다.

영한사전에서 girl이라는 단어를 찾는다고 해 보자. 순차 검색은 사전의 처음부터 a, ab, aba, abc, ace 등등의 단어를 비교하면서 girl이 나올 때까지 찾는 비효율적인 방법이다. 이분 검색은 사전의 중간 부분을 펼쳐 girl보다 더 크면 앞쪽으로, 작으면 뒤쪽으로 가면서 점점 범위를 좁혀 가며 검색하는 방법이다. 일반적으로 사전을 검색할 때 우리는 이분 검색 방법을 사용하며 그래서 사전이 아무리 커도 단어를 찾는 속도가 빠르다.

이분 검색이 가능하려면 테이블의 모든 자료가 오름차순으로 영한사전처럼 정렬되어 있어야 한다는 제약이 있다. 그래서 자료를 삽입할 때 항상 다음 검색을 위해 제 위치에 삽입해야 하는 관리상의 어려움이 있지만 그 대가로 빠른 검색 속도를 보장 받을 수 있다. 다음 예제는 오름차순으로 정렬되어 있는 정수 배열에서 중간쯤의 키값을 이분 검색으로 찾는다.

예제 BinarySearch

```
#include <Turboc.h>

int BinarySearch(int *ar,unsigned num,int key)
{
    unsigned Upper,Lower,Mid;

    Lower=0;
    Upper=num-1;
    for (;;) {
        Mid=(Upper+Lower)/2;

        if (ar[Mid]==key) return Mid;
        if (ar[Mid]>key) {
            Upper=Mid-1;
        } else {
            Lower=Mid+1;
```

```c
        }
        if (Upper < Lower) {
            return -1;
        }
    }
}

void main()
{
    int ar[]={2,6,13,19,21,21,23,29,35,48,62,89,90,95,99,102,109,208,629};
    unsigned num;
    int key,idx;

    num=sizeof(ar)/sizeof(ar[0]);
    key=29;
    idx=BinarySearch(ar,num,key);
    if (idx == -1) {
        puts("찾는 값이 없습니다.");
    } else {
        printf("찾는 값은 %d번째에 있습니다.\n",idx);
    }
}
```

ar 배열이 검색 대상 테이블이며 19개의 정수들이 크기순으로 잘 나열되어 있다. BinarySearch 함수는 이 배열에서 key를 찾는데 예제의 경우 29라는 수가 키 값으로 주어졌다. 이 함수가 ar에서 29를 찾는 과정은 다음과 같다.

2 ← L	2 ← L	2	2
6	6	6	6
13	13	13	13
19	19	19	19
21	21 ← M	21	21
21	21	21 ← L	21
23	23	23 ← M	23
29	29	29	29 ← L,M
35	35 ← U	35 ← U	35 ← U
48 ← M	48	48	48
62	62	62	62
89	89	89	89
90	90	90	90
95	95	95	95
99	99	99	99
102	102	102	102
109	109	109	109
208	208	208	208
629 ← U	629	629	629

최초 Lower가 배열의 처음, Upper가 배열의 끝을 가리키고 Mid는 이 둘의 중간인 ar[9]를 가리키고 있다. 이 상태에서 ar[9]의 값 48과 찾고 있는 키값 29를 비교해 보니 48이 훨씬 더 크다. 그러므로 찾는 값이 48보다 더 아래쪽에 있을리가 만무하며 Upper가 48의 바로 위인 ar[8]로 이동함으로써 검색 범위가 절반으로 줄어든다. 키값이 ar[9]보다 더 작으므로 ar[9]도 검색 대상에서 제외됨을 유의하도록 하자. Upper가 Mid로 가는 것이 아니라 Mid-1로 가는데 이렇게 하지 않으면 검색 범위를 빨리 좁힐 수 없음은 물론이고 키와 일치하는 값이 없을 때 무한 루프에 빠질 수도 있다.

다음 루프를 돌 때 Mid는 새로운 Lower와 Upper의 중간 지점인 ar[4]로 이동하며 이 상태에서 ar[4]의 값 21과 키값 29를 비교해 보니 키가 더 크다. 이 경우에는 ar[4] 이전에는 찾는 키가 없다는 것을 알 수 있으며 Lower가 ar[5]로 이동한다. 이런 식으로 계속 절반씩 검색 범위를 줄여 나가다 보면 언젠가는 Mid 위치에서 키값을 찾을 수 있다. 만약 찾는 키가 배열에 없다면 Lower와 Upper가 같아지거나 아니면 Lower가 더 커지는 상태가 되는데 이때는 찾지 못했다는 -1을 리턴하면 된다.

이분 검색은 범위를 계속 절반씩 줄여 가면서 검색하기 때문에 테이블이 커도 비교 회수가 많지 않은 것이 장점이다. 배열 크기가 n일 때 최악의 경우라도 $\log_2 n$번 비교하면 원하는 값을 찾을 수 있다. 극단적인 경우 n이 40억이라 하더라도 기껏 32번만 비교하면 되므로 순차 검색과는 비교할 바가 아니다. 이분 검색이 이렇게 속도가 빠른 이유는 자료가 크기순으로 정렬되어 있기 때문이다.

그래서 이분 검색에 사용할 자료는 삽입할 때도 반드시 이 조건을 지키도록 주의해야 한다. 만약 중간에 정렬되지 않은 자료가 있다면 대소 비교 연산문의 결과를 신뢰할 수 없으므로 이분 검색 알고리즘은 제대로 동작하지 않는다. 정렬되어 있지 않다면 정렬한 후 이분 검색을 하든지 아니면 처음부터 정렬 상태를 유지하도록 자료를 관리해야 하는 부담이 있다. 다행히 원래부터 정렬되어 있는 자료도 많이 있는데 이런 자료에 대해서는 바로 이분 검색 알고리즘을 쓸 수 있다.

또한 처음부터 순서대로 검색하는 것이 아니라 중간 부분을 쿡쿡 찔러보는 식이므로 키값이 중복될 경우 어떤 키가 검색될지 알 수 없는 맹점이 있다. 위 예에서 키를 21로 바꿀 경우 두 개의 21중 어떤 값이 검색될 것인가를 예측할 수 없으며 테이블 크기가 가변적일 때는 상황에 따라 검색되는 값이 달라진다. 키의 중복을 해결하든지 아니면 이분 검색으로 일단 찾은 후 아래 위의 레코드를 순차 검색하여 중복된 값 중 하나를 선택해야 한다.

이분 검색은 복잡성에 비해 효율이 굉장히 좋기 때문에 검색 알고리즘 중에는 가장 실용적이고 자주 사용된다. 그래서 C 표준은 라이브러리 차원에서 이분 검색 함수를 제공하는데 바로 다음 함수이다. 이 함수는 임의의 타입에 대해서도 사용할 수 있다.

```
void *bsearch( const void *key, const void *base, size_t num, size_t width, int ( __cdecl *compare 
) ( const void *elem1, const void *elem2 ) );
```

key는 찾고자 하는 값이고 base는 배열 선두 번지, num은 요소 개수, width는 요소의 크기이다.

그리고 compare는 사용자가 지정하는 비교 함수인데 비교 대상이 되는 두 개의 값을 전달한다. compare 함수는 이 두 값을 비교해 보고 첫 번째 인수가 더 작으면 음수, 같으면 0, 더 크면 양수를 리턴해야 한다. 임의의 타입에 대해 사용하기 위해 void *를 사용하며 타입별로 비교하는 방법이 다양하므로 비교 함수를 따로 전달한다는 점이 조금 복잡하지만 사용하기는 굉장히 쉬운 편이다. 앞의 예제를 bsearch 함수로 다시 작성해 보자.

예제 bsearch

```c
#include <Turboc.h>

int compare(const void *elem1,const void *elem2)
{
    return (*(int *)elem1 - *(int *)elem2);
}

void main()
{
    int ar[]={2,6,13,19,21,21,23,29,35,48,62,89,90,95,99,102,109,208,629};
    unsigned num;
    int key;
    int *ptr;

    num=sizeof(ar)/sizeof(ar[0]);
    key=29;
    ptr=(int *)bsearch(&key,ar,num,sizeof(int),compare);
    if (ptr==NULL) {
        puts("찾는 값이 없습니다.");
    } else {
        printf("찾는 값은 %d번째에 있습니다.\n",ptr-ar);
    }
}
```

이분 검색 알고리즘 구현은 bsearch 함수 내부에서 하며 사용자는 이 함수가 전달하는 값을 비교해서 그 결과만 리턴하면 된다. compare 함수는 두 정수의 대소 관계를 비교해야 하므로 단순히 두 값의 차를 리턴하면 된다. 만약 검색 대상이 문자열이라면 strcmp(i) 함수로 비교한 값을 리턴하면 된다.

결과는 앞의 예제와 동일하되 bsearch 함수는 어셈블리로 작성되어 있고 고도로 최적화되어 있으므로 훨씬 더 빠르고 안정적이다.

좀 더 발전된 이분 검색 방법으로 피보나치수열을 사용하거나 보간을 하는 방법이 있다. 이 방법들은 범위를 줄일 때 키가 없다고 판단되는 부분을 빠르게 건너뜀으로써 단순 이분 검색에 비해서는 속도가 조금 더 빠르다. 그러나 알고리즘이 다소 복잡하고 속도차도 많이 나는 편은 아니므로 이분 검색이 필요할 때는 표준 bsearch 함수 정도면 대체로 충분하다.

이분 검색은 중간 부분을 빠르게 액세스할 수 있어야 하므로 배열에 대해서만 사용할 수 있다. 연결 리스트는 목록상의 임의 노드로 바로 이동하는 능력이 없기 때문에 아무리 정렬되어 있더라도 이분 검색을 사용할 수 없다. 연결 리스트는 순차적으로만 값을 읽을 수 있으므로 오로지 순차 검색만 가능한 자료 구조이다.

20.1.3 해시

해시(Hash)는 자료를 입력할 때부터 검색하기 쉬운 위치에 삽입하는 방법이다. 따라서 해시는 검색 방법이라기보다는 빠른 검색을 위해 자료를 관리하는 기법이라고 볼 수 있다. 실생활에서도 해시 기법이 흔히 사용되는데 수첩에 주소록을 작성할 때 가나다순으로 페이지를 미리 분류하고 이름의 첫 글자를 기준으로 주소를 적는 방법이 바로 해싱이다.

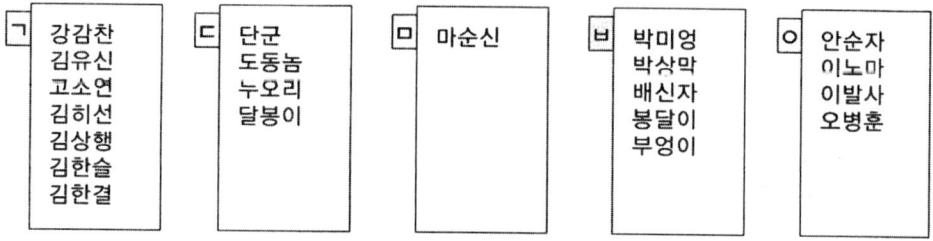

수첩에 아무렇게나 주소를 적어 놓으면 새 주소를 추가하기는 간편하지만 다음에 찾기가 무척 어려워질 것이다. 하지만 성별로 분류해 놓으면 처음에 제 위치를 찾아 적기는 좀 귀찮지만 다음에 찾아보기는 아주 쉬워진다. 김가, 강가는 ㄱ칸에서 찾고 황가, 한가는 ㅎ칸에서 찾으면 쉽게 찾을 수 있다. 이런 검색 방법이 바로 해싱이다.

자료가 저장되는 전체 저장소를 해시 테이블(Hash Table)이라고 한다. 해시 테이블은 여러 개의 버킷 (Bucket)으로 나누어지는데 주소록 예에서 ㄱ, ㄴ, ㄷ, ㄹ 각 페이지가 버킷이다. 데이터를 삽입할 때 데이터의 값으로부터 적절한 버킷을 선택해서 삽입해야 한다. 버킷은 또한 여러 개의 슬롯(Slot)으로 구성되는데 슬롯은 버킷에 데이터가 저장되는 단위이다. 주소록의 각 페이지별로 한 명만 적을 수 있는 것이 아니라 여러 명을 적을 수 있어야 하는데 이때 한 명의 주소를 적는 칸이 슬롯이다.

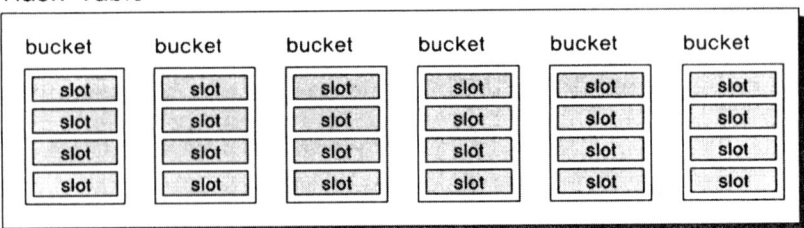

해싱의 가장 기초적인 연산은 자료가 새로 입력될 때 이 자료를 어떤 버킷에 넣을지를 결정하는 것인데 이 연산을 하는 함수를 해시 함수라고 한다. 해시 함수는 입력된 키값으로 버킷의 번호(해시값)를 찾아내는 함수인데 새로 자료를 삽입할 때 해시 함수가 리턴하는 버킷 번호에 자료를 삽입한다. 다음에 특정 자료를 검색할 때는 다시 해시 함수로 버킷 번호를 찾아 여기에 원하는 자료가 있는지를 보면 된다.

주소록 예에서 해시 함수는 이름의 첫 글자 자음으로부터 버킷 번호를 찾는다. 김 아무개는 ㄱ칸에, 장 아무개는 ㅈ칸을 찾아 선택된 버킷에 자료를 삽입하는 식이다. 이렇게 관리되는 주소록에서 "장군"이라는 사람의 주소를 알고 싶다면 "장군"을 다시 해시 함수로 넣어 ㅈ버킷을 찾고 이 페이지만 검색하면 쉽게 찾을 수 있다. 다음은 해시의 기본 동작 원리를 보여주는 아주 간단한 예제이다. 해시에 들어가는 수가 양의 정수뿐이라고 가정하고 0은 버킷이 비어 있다는 특이값으로 사용한다.

예제 Hashing

```c
#include <Turboc.h>

#define BK 10
#define SL 1
int hashtable[BK][SL];

int hash(int key)
{
    return key % 10;
}

void AddKey(int key)
{
    int bucket;

    bucket=hash(key);
    if (hashtable[bucket][0] == 0) {
        hashtable[bucket][0]=key;
```

```c
        }
    }

BOOL FindKey(int key)
{
    int bucket;

    bucket=hash(key);
    return (hashtable[bucket][0]==key);
}

void main()
{
    int i,key;

    memset(hashtable,0,sizeof(hashtable));
    for (i=0;i<5;i++) {
        printf("%d번째 값을 입력하세요 : ",i+1);scanf("%d",&key);
        AddKey(key);
    }
    printf("검색할 키를 입력하세요 : ");scanf("%d",&key);
    if (FindKey(key)) {
        puts("검색되었습니다.");
    } else {
        puts("입력하신 값은 없습니다..");
    }
}
```

해시 함수 hash는 키의 마지막 자리 수 하나만으로 해시값을 계산하는데 이는 % 연산자로 쉽게 구할 수 있다. 15는 5를, 347은 7을, 83은 3을 선택할 것이다. 10으로 나눈 나머지를 해시값으로 선택하므로 버킷은 10개를 준비하면 된다. 그래서 해시 테이블의 버킷 수는 10으로 정의했으면 충돌 현상을 쉽게 관찰하기 위해 슬롯은 일부러 1로 정의해 두었다.

AddKey 함수는 입력된 키로부터 hash 함수를 호출하여 해시값을 찾고 이 버킷이 비어 있을 때 해시 테이블에 데이터를 추가한다. 만약 이미 버킷이 점령되어 있다면 값을 추가할 수 없다. FindKey 함수는 키가 해시 테이블에 있는지만 조사하는데 해시값을 먼저 찾고 버킷에 들어있는 값과 키값을 비교한 결과를 리턴한다. 존재 여부만을 조사하도록 했는데 실제 예에서는 키가 들어있는 버킷과 슬롯 번호를 리턴하는 것이 더 실용적이다.

main 함수는 해시 테이블을 0으로 모두 초기화하여 비우는데 만약 이 테이블에 0도 입력될 수 있다면 -1 등의 다른 특이값으로 초기화해야 할 것이다. 그리고 다섯 개의 값을 입력받아 해시 테이블에 추가하고 검색할 키를 입력받은 후 FindKey 함수로 이 값이 해시 테이블에 들어 있는지 조사한다. 예제를 실행해 보자.

```
1번째 값을 입력하세요 : 7
2번째 값을 입력하세요 : 28
3번째 값을 입력하세요 : 942
4번째 값을 입력하세요 : 69
5번째 값을 입력하세요 : 33
검색할 키를 입력하세요 : 28
검색되었습니다.
```

다섯 개의 값을 입력했는데 각 입력에 의해 AddKey 함수는 뒷자리 번호에 해당하는 버킷에 값을 저장한다. 입력이 완료된 후 해시 테이블은 다음과 같은 상태가 될 것이다.

해시 테이블			942	33				7	28	69

이 상태에서 28이 있는지 검색하는 방법은 아주 간단하고 빠르다. 해시 함수로 28이 들어갈 버킷 번호를 찾고 이 버킷에 과연 28이 들어 있는지만 점검하면 된다. FindKey는 28이 들어갈 8번 버킷만 보면 이 값의 존재 유무를 쉽게 알 수 있다. 해시 테이블이 아무리 크고 데이터가 많다 하더라도 검색 시간은 상수로 항상 일정하다. 검색 시간으로만 본다면 해시는 모든 검색 알고리즘 중에 가장 빠르다.

그러나 해싱도 여러 가지 문제점이 있는데 가장 큰 문제는 버킷끼리 충돌할 수 있다는 점이다. 새로 삽입하고자 하는 키의 버킷이 이미 점령되어 있다면 이 키는 해시 테이블에 추가할 수 없다. 예를 들어 38이 8번 버킷에 이미 들어 있을 때 48이나 58이 입력되면 이 값을 저장할 버킷이 없는 것이다. 버킷이 이미 점령되어 값을 추가할 수 없는 상황을 충돌(Collision)이라고 한다. 이 충돌을 어떻게 해결할 것인가가 해싱의 관건이며 물론 다수의 합리적인 해결 방법이 있다.

:: 다중 슬롯

앞의 예제는 충돌 현상을 쉽게 목격하기 위해 슬롯 크기를 일부러 1로 설정했는데 슬롯을 충분히 크게 잡기만 해도 충돌을 많이 완화시킬 수 있다. 버킷의 슬롯이 커지면 설사 충돌이 발생하더라도 다음 슬롯에 데이터를 저장할 수 있으므로 슬롯 크기를 초과하는 데이터가 입력될 때만 문제가 발생한다. 슬롯 크기를 늘리면 데이터를 추가 및 검색하는 함수도 다중 슬롯을 지원하도록 수정해야 한다.

예제 MultiSlot

```c
#include <Turboc.h>

#define BK 10
#define SL 3
int hashtable[BK][SL];

int hash(int key)
{
    return key % 10;
}

void AddKey(int key)
{
    int i,bucket;

    bucket=hash(key);
    for (i=0;i<SL;i++) {
        if (hashtable[bucket][i]==0) {
            hashtable[bucket][i]=key;
            break;
        }
    }
}

BOOL FindKey(int key)
{
    int i,bucket;

    bucket=hash(key);
    for (i=0;i<SL;i++) {
        if (hashtable[bucket][i]==key) {
            return TRUE;
        }
    }
    return FALSE;
}
```

================== main은 동일하므로 생략 ==================

AddKey 함수는 일단 해시값을 찾은 후 슬롯 크기만큼 루프를 돌며 빈자리를 찾아 새로운 키를 삽입한다. 버킷에 이미 값이 들어 있더라도 여유 슬롯이 있다면 이 슬롯에 새 데이터를 추가할 수 있을 것이다. 12, 76, 542, 126, 96 순으로 데이터가 입력되었다면 해시 테이블은 다음과 같이 구성된다.

해시 테이블			12			76			
			542			126			
						96			

2와 6자리에 데이터가 몰리더라도 슬롯이 충분하기 때문에 일단은 충돌을 방지할 수 있다. 단, 빈 슬롯이 하나도 없다면 이때는 삽입에 실패하며 여전히 충돌이 발생한다. 위 그림에서 새로 36이 입력된다면 충돌을 면할 수 없다. 슬롯이 아무리 많아도 한 버킷에 입력되는 데이터의 양이 많으면 어쩔 수 없는 것이다.

주소록에서도 이런 현상은 쉽게 목격할 수 있다. 가나다순으로 페이지를 나누어 사람 이름을 적는데 다른 페이지는 남아돌아도 ㄱ, ㅇ 페이지는 금방 가득 차서 더 적을 데가 없게 된다. 슬롯이 충분해도 입력되는 데이터가 많으면 이 충돌은 어쩔 수 없는 것이다. 그래서 다중 슬롯은 충돌을 지연시키기는 해도 완벽하게 해결하지는 못한다. 게다가 슬롯이 많아지면 추가, 검색 함수가 복잡해지기 때문에 실제 해싱을 할 때는 슬롯은 하나만 쓰고 다른 방법을 사용하는 것이 더 일반적이다.

:: 정교한 해시 함수

해시 테이블이 아무리 커도 충돌은 발생할 수 있는데 이 충돌을 가급적 늦추고 버킷을 골고루 사용하려면 키로부터 해시값을 찾는 해시 함수가 정교해야 한다. 나머지 연산자로 끝자리만 보는 간단한 방법은 균일한 해시값을 만들어 내는데는 한계가 있다. 예를 들어 해시 테이블에 저장되는 데이터가 점수값이라고 하자. 문제가 100개가 아닌 한 점수는 보통 1단위인 경우보다 2나 4단위인 경우가 많은데 이렇게 되면 짝수 버킷에만 데이터가 몰리게 될 것이고 홀수 버킷은 텅텅 빌 것이다. 이렇게 되면 충돌이 금방 발생할 뿐만 아니라 기억 장소도 낭비된다.

주소록의 경우도 마찬가지로 첫 글자의 자음을 해시값으로 쓰면 ㄱ, ㅂ, ㅇ 버킷은 금방 바닥나고 ㄹ, ㅋ, ㅌ 버킷은 남아돌 것이다. 알다시피 우리나라에게는 김가, 이가, 박가가 특히 많다. 첫 글자의 자음보다는 중간 글자의 자음을 보는 방법이 차라리 더 합리적인 해시 함수가 될 것이며 좀 더 정교하게 만들면 문자 코드의 총합을 구해 % 연산을 취하는 방법도 생각할 수 있다.

바람직한 해시 함수는 입력되는 임의의 값으로부터 균일한 해시값을 만들어 내야 한다. 또한 삽입과 검색 속도에 직접적인 영향을 미치므로 너무 복잡해서도 안 되며 해시값을 신속하게 계산할 수 있어야 한다. 해시 함수를 만드는 여러 가지 연산 방법들이 개발되어 있는데 입력값을 제곱한다거나 쉬프트,

비트 연산으로 일부 비트만 취하는 간단한 방법에서부터 입력되는 값들의 분산, 표준 편차 등을 활용하는 수학적인 방법도 있다. 더하고 곱하고 나누고 돌리고 비틀고 꼬고 어찌하든간에 균일한 해시값만 만들어 내면 된다.

해시값은 복원 가능하지 않아도 상관없다. 즉 해시값으로부터 키를 다시 찾을 수 없더라도 문제되지 않는다. 키로부터 얻는 해시값이 일정하기만 하다면 삽입한 위치의 버킷 번호를 언제든지 찾을 수 있고 이 버킷에서 저장된 키를 읽을 수 있기 때문이다. 점수 데이터의 경우 십자리와 일자리를 더해 나머지 연산을 적용하기만 해도 훨씬 더 균일한 해시값을 얻을 수 있다.

```
int hash(int score)
{
    return (score / 10 + score % 10) % 10;
}
```

모든 경우에 대해 잘 동작하는 그런 해시 함수는 없다. 저장하는 값의 성질을 잘 분석한 후에 값들을 골고루 분산시킬 수 있는 해시 함수를 찾아야 한다. 정교한 해시 함수는 충돌을 최소화하고 기억 장소를 효율적으로 사용하는 방법 중 하나이기는 하지만 충돌을 근본적으로 해결하지는 못한다.

:: 선형 탐색

슬롯이 넉넉하고 해시 함수가 정교해도 충돌은 언제나 발생할 가능성이 있다. 그래서 충돌이 발생할 때의 대처 상황을 정의해야 하는데 선형 탐색법이 그 중 가장 간단한 방법이다. 선형 탐색법(Linear Probing)은 충돌이 발생할 경우 이 데이터를 버리지 않고 다른 버킷에라도 대신 집어넣는 방법이다. 즉, 꿩 대신 닭을 찾는 방법인데 그렇다고 해서 아무 곳에나 넣어서는 안 되며 검색 함수가 찾을 수 있는 곳이어야 한다.

대체 버킷을 찾는 가장 간단한 방법은 바로 옆 칸에 적어 놓는 것이다. 그러면 검색 함수가 버킷에서 찾지 못했을 때 옆 칸도 같이 찾아 볼 것이다. 주소록의 경우도 ㄱ칸이 모자라면 ㄴ칸을 잠시 빌려 쓸 수 있다. 이때 반드시 옆 칸에 적어야지 ㅋ, ㅌ 같은 엉뚱한 곳에 적어 놓으면 검색은 거의 불가능해질 것이다. 다음 예제는 선형 탐색의 예를 보여주는데 충돌의 재현을 쉽게 하기 위해 슬롯 크기는 다시 1로 설정했다.

예제 LinearProbe

```
#include <Turboc.h>

#define BK 10
#define SL 1
```

```c
int hashtable[BK][SL];

int hash(int key)
{
    return key % 10;
}

void AddKey(int key)
{
    int bucket;

    bucket=hash(key);
    while (hashtable[bucket][0]!=0) {
        bucket=bucket+1 % BK;
    }
    hashtable[bucket][0]=key;
}

BOOL FindKey(int key)
{
    int bucket;

    bucket=hash(key);
    while (hashtable[bucket][0]!=0) {
        if (hashtable[bucket][0]==key) return TRUE;
        bucket=bucket+1 % BK;
    }
    return FALSE;
}
```

========================= main은 동일하므로 생략 =========================

다음은 실행 결과이다.

1번째 값을 입력하세요 : 11
2번째 값을 입력하세요 : 12
3번째 값을 입력하세요 : 22
4번째 값을 입력하세요 : 66

5번째 값을 입력하세요 : 77
검색할 키를 입력하세요 : 22
검색되었습니다.

AddKey 함수는 입력된 데이터의 버킷 번호를 조사하여 여기에 데이터를 넣되 만약 이 버킷이 비어 있지 않다면 다음 버킷을 조사한다. 만약 다음 버킷도 비어 있지 않다면 그 다음 빈 버킷을 계속해서 찾아 최초로 빈 버킷에 값을 써 넣는다. 해시 테이블 전체가 가득 차지 않은 한 이 값이 들어갈 버킷을 언젠가는 찾게 될 것이다. 위 실행 예에서 11, 12까지는 제 자리를 찾아 들어 가지만 22가 들어갈 2번 버킷이 12에 의해 이미 점령당했으므로 22는 다음 칸인 3번 버킷에 들어간다.

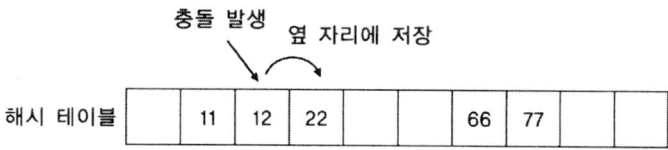

만약 3번 버킷에도 값이 들어 있다면 그 다음 버킷을 찾을 것이다. 또한 22가 3번 버킷에 들어가 있는 상태에서 53 같은 값이 입력된다면 이 값은 제 자리인 3번에 들어가지 못하고 다음 버킷에 들어가야 한다. AddKey는 이런 식으로 충돌 발생시 단순히 그 다음 칸을 사용한다. 만약 빈 칸이 하나도 없다면 무한 루프에 빠져 버리는 문제가 있는데 이 문제는 최초 버킷을 기억했다가 이 자리로 다시 돌아 왔을 때 에러 처리함으로써 일단 해결할 수 있다. 그러나 무한 루프만 해결했을 뿐이지 데이터 삽입은 실패하므로 해시 테이블을 더 크게 만들거나 아니면 해시 테이블보다 더 많은 자료를 삽입하지 않도록 하는 것이 근본적으로 옳다.

FindKey 함수는 특정 키가 있는지 검사할 때 해시값에 해당하는 버킷만 보아서는 안 되며 다음 버킷과 그 다음 버킷까지도 봐야 한다. 그래서 빈 버킷을 만날 때까지 루프를 돌며 키를 찾아보고 그래도 없을 때만 확실하게 없다는 결과를 리턴한다. 선형 탐색법은 삭제에 무척 취약한 알고리즘인데 FindKey가 빈칸을 찾을 때까지 검색을 하도록 되어 있어 삭제할 때 빈칸으로 만들어서는 안 된다. 예를 들어 12, 22, 32, 42까지 입력한 후 22를 지우고 32를 찾는다고 해 보자.

| 0 | 0 | 12 | 22 | 32 | 42 | 0 | 0 | 0 | 0 |

↓ 22 삭제 후

| 0 | 0 | 12 | 0 | 32 | 42 | 0 | 0 | 0 | 0 |

22, 32, 42를 삽입할 때 충돌이 발생하므로 그 다음 칸에 이 값들을 기록했다. 이렇게 하더라도 FindKey가 연속된 옆칸을 찾도록 되어 있으므로 일단은 문제가 없다. 그러나 22가 삭제되어 버리면

FindKey가 버킷 3에서 검색을 중지하므로 32, 42는 없는 값으로 취급되어 버릴 것이다. 그래서 삭제할 때 빈칸으로 만들어서는 안 되며 -1 등의 특이값으로 삭제된 칸임을 명시하고 FindKey는 삭제된 칸 이후도 계속 검색하도록 해야 한다.

이 예제의 선형 탐색법은 충돌 발생시 바로 오른쪽 칸을 사용하는데 반드시 그럴 필요는 없다. 왼쪽 칸을 사용할 수도 있고 일정칸씩 건너뛰면서 다음 버킷을 찾을 수도 있다. 한 버킷이 넘치면 주변 버킷도 넘칠 확률이 높으므로 몇 칸씩 건너뛰면 충돌을 좀 더 최소화할 수 있을 것이다.

:: 재해시

재해시도 선형 탐색법과 기본적으로 유사한 방법이다. 선형 탐색법은 충돌 발생시 산술적인 연산으로 다른 칸을 찾지만 재해시법은 대체 칸을 찾는 해시 함수를 별도로 하나 더 두는 방법이다. 다음 예제를 보자.

예제 ReHash

```c
#include <Turboc.h>

#define BK 10
#define SL 1
int hashtable[BK][SL];

int hash(int key)
{
    return key % 10;
}

int hash2(int key)
{
    return (key/10 + key%10) % 10;
}

void AddKey(int key)
{
    int bucket;

    bucket=hash(key);
    if (hashtable[bucket][0] != 0) {
        bucket=hash2(key);
    }
    if (hashtable[bucket][0] == 0) {
```

```
            hashtable[bucket][0]=key;
    }
}

BOOL FindKey(int key)
{
    int bucket;

    bucket=hash(key);
    if (hashtable[bucket][0]==key) {
        return TRUE;
    }
    bucket=hash2(key);
    if (hashtable[bucket][0]==key) {
        return TRUE;
    }
    return FALSE;
}
```

==================== main은 동일하므로 생략 ====================

hash2라는 함수를 하나 더 정의하고 있는데 이 함수는 일자리와 십자리수를 더한 값을 10으로 나누기 연신해시 버킷을 찾는다. 예를 들어 23은 5를, 89는 7을 찾을 것이다. AddKey 함수는 먼저 hash 함수로 해시값을 찾되 이 자리가 점령되어 있다면 hash2 함수로 대체 버킷을 찾아 여기에 값을 기록한다. 만약 재해시를 했는데도 충돌이 발생한다면 이때는 어쩔 수 없다.

AddKey 함수가 두 개의 해시 함수를 사용하므로 FindKey 함수는 두 해시 함수가 계산하는 해시값을 다 점검해야 한다. 둘 중 하나라도 값이 존재하면 있는 것이고 둘 다 없다면 키가 존재하지 않는다는 것을 알 수 있다. 재해시 방법은 선형 탐사와 마찬가지로 충돌 발생시 대체칸을 찾는 방법인데 필요하다면 해시 함수를 더 많이 둘 수도 있다. 3차, 4차 해시 함수까지 둔다면 충돌 발생 확률은 지극히 떨어질 것이다.

단, 이때 재해시 함수는 원래 해시 함수와는 가급적 다른 해시값을 계산하도록 작성해야 한다. 만약 위 예에서 hash2 함수를 키의 제곱에 대한 10의 나머지를 계산하도록 return (key*key)%10으로 작성한다면 5나 6으로 끝나는 키에 대한 재해시 결과는 원래와 같아져 버려 별 소용이 없을 것이다.

:: 동적 슬롯

동적 슬롯은 슬롯의 개수를 가변적으로 관리하는 방법이다. 선형 탐사나 재해시가 충돌을 회피하는 방법이라면 동적 슬롯은 충돌에 적극적으로 대처하는 방법이라고 할 수 있다. 최초 일정한 크기의 슬롯을 준비하되 만약 버킷이 가득찰 정도로 데이터가 들어온다면 슬롯 크기를 실행 중에 늘린다. 이렇게 하면 대체 버킷을 찾을 필요도 없고 삭제하는 방법도 번거롭지 않다.

해시 테이블	10	21	892	63	54	0	0	77	1928	69
	100	1	62	23				987	8	
		161		733				107		
								37		

슬롯은 실행 중에 크기를 늘릴 수 있어야 하므로 동적 배열이나 연결 리스트로 작성해야 한다. 동적 배열을 쓴다면 해시 테이블은 포인터 배열이 될 것이다. 연결 리스트라면 각 버킷이 슬롯 연결 리스트의 진입점인 head를 저장해야 할 것이다. 버킷 내에서의 검색은 순차 검색을 사용하되 만약 동적 슬롯의 크기가 무척 커질 수 있다면 이분 검색을 쓰는 것이 더 유리할 것이다. 이때는 물론 배열로만 작성해야 한다.

이상으로 해싱에 대해 알아 봤는데 해싱은 검색 방법이라기보다는 빠른 검색을 위한 자료 관리 알고리즘이라고 할 수 있다. 예제에서는 충돌 현상을 쉽게 목격하기 위해 해시 테이블도 작게 만들고 슬롯도 작게 만들었는데 실제 프로젝트에서는 해시 테이블을 가급적 크게 만들어야 한다. 정수를 저장한다면 버킷이 10개인 경우보다 100개인 경우 충돌이 훨씬 덜 할 것이고 1000개이면 더 좋다. 여기에 슬롯도 다섯 개 정도 준비하면 거의 충돌이 없을 것이고 혹시라도 충돌이 발생할 때를 대비해서 재해시 함수를 하나 정도 두면 된다.

해싱은 해시 함수로부터 버킷 위치를 바로 찾을 수 있으므로 검색 속도가 대단히 **빠른** 알고리즘이지만 반면 메모리는 굉장히 많이 소모한다. 크기와 속도가 항상 반비례라는 것을 잘 입증하는 알고리즘이다. 좀 더 빨라지고 싶다면 충분한 메모리를 준비해야 하고 메모리가 넉넉하지 않으면 잦은 충돌로 인해 느려질 수밖에 없다.

20.2 정렬

20.2.1 버블 정렬

정렬(Sort)이란 임의의 자료 집합을 일정한 기준에 따라 나열하는 것이다. 보통 자료의 크기순으로 나열하는데 작은 것을 먼저 나열하는 것을 오름차순(Ascending) 정렬이라고 하고 큰 것을 먼저 나열하는 것을 내림차순(Descending) 정렬이라고 한다. 이때 크기라는 기준은 자료의 형태에 따라 다른데 수치라면 값이 큰 수를 크다고 판단하며 문자열은 문자 코드의 순서로 대소를 판단한다. 문자열 형태로 된 수치나 코드값 등은 자료의 구조에 따라 대소를 판별하는 방법이 달라진다. 예를 들어 직위로 정렬할 때는 사장, 상무, 부장, 과장, 대리, 사원 순의 미리 정한 순서대로 정렬한다.

    정렬은 굉장히 오랫동안 연구되어 왔고 지금도 연구 중인 알고리즘의 하나인데 역사가 오래된 만큼 개발되어 있는 알고리즘의 수도 상당히 많다. 실제 문제에 바로 사용할 수 있는 알고리즘이 적어도 수십 개 정도 있는데 이 많은 정렬 알고리즘을 일일이 다 연구할 필요는 없다. 쓸만한 알고리즘 몇 개만 알아도 되고 아니면 표준 정렬 함수만 활용해도 정렬 기능을 쓸 수 있다. 또한 현대적인 윈도우즈 환경에서는 컨트롤들이 자동화된 정렬 기능을 제공하므로 별도로 정렬해야 할 경우도 적다.

    그림은 탐색기의 파일 목록을 표시하는 리스트 뷰 컨트롤인데 알파벳순으로 파일을 정렬하여 보여준다. 그러나 정렬은 학술적으로 중요한 의미를 가지는데 특수한 경우를 위한 최적화된 정렬을 해야 할 경우 이미 작성된 정렬 알고리즘을 바탕으로 해야 한다. 또한 더 고급한 알고리즘을 연구하거나 직접 만들어야 할 때 정렬 알고리즘의 기법들 중 일부를 재활용할 수 있을 것이다.

    정렬 대상은 보통 레코드라고 불리는 구조체인데 구조체의 멤버 중에 정렬의 기준이 되는 멤버를 키(Key)라고 한다. 정렬 알고리즘은 레코드의 키를 비교한 후 레코드를 통째로 정렬하는데 키는 정렬할 때마다 다르게 줄 수 있다. 예를 들어 주소록 데이터의 경우 이름을 키로 하여 정렬할 수도 있고 나이순으로 정렬할 수도 있다. 만약 대소가 같은 레코드가 둘 이상 있다면 이 레코드들을 정렬하는 별도의 이차키를 사용하기도 한다.

    정렬의 원리는 간단하다. 레코드의 키들을 비교해 보고 순서를 바꿀 필요가 있는 레코드를 정렬이 완료될 때까지 반복하는 것이다. 각 정렬 알고리즘은 비교할 대상을 선정하고 순서를 정하는 방법이 다를 뿐이지 원칙은 동일하다. 알고리즘별로 메모리의 사용량과 정렬 속도, 정렬 방법의 복잡성이 다르고 또한 자료의 양과 효율의 비례관계가 다르다. 어떤 알고리즘은 작은 양에 대해 효율적인 반면 어떤 알고리즘은 작은 양에 대해서는 느리지만 자료가 많아져도 일정한 속도를 유지하기도 한다. 따라서 모든 경우에 적합한 최적의 알고리즘은 없으며 자료의 형태와 용도에 맞는 알고리즘을 선택해야 한다.

정렬 알고리즘은 여러 가지 방법으로 분류할 수 있는데 메모리 내부에서만 정렬하는가 아니면 디스크의 자료를 정렬하는가에 따라 내부 정렬과 외부 정렬로 나누기도 하고 레코드를 직접 교환하는가 아니면 레코드에 대한 포인터만 교환하는가에 따라 직접 정렬과 간접 정렬로 나누기도 한다. 그리고 각 정렬 알고리즘은 같은 순서의 레코드가 정렬 후에도 순서를 유지하는가에 따라 안정성(Stability)의 여부가 다르다.

여기서는 학술적으로 의미를 가지는 알고리즘과 실제 많이 사용하는 알고리즘 4가지만 구현해 보기로 한다. 먼저 간단한 정렬 알고리즘인 버블 정렬부터 시작해 보자. 버블 정렬은 레코드의 선두부터 인접 요소를 비교하여 큰 값을 뒤로 보내는 방식으로 정렬하는데 이 과정을 끝까지 반복하면 모든 레코드가 정렬된다. 예제를 보자.

예제 | BubbleSort

```
#include <Turboc.h>

#define SWAP(a,b) { int t;t=a;a=b;b=t; }
void BubbleSort(char *ar, int num)
{
    int i,j;

    for (i=0;i<num-1;i++) {
        for (j=1;j<num-i;j++) {
            if (ar[j-1] > ar[j]) {
                SWAP(ar[j-1],ar[j]);
            }
        }
    }
}

void main()
{
    char str[]="winapi";

    printf("정렬 전의 문자열 : %s\n",str);
    BubbleSort(str,strlen(str));
    printf("정렬된 문자열 : %s\n",str);
}
```

winapi라는 짧은 문자열을 정렬한다. main에서 이 문자열과 길이를 알려 주면 BubbleSort 함수가 문자열을 정렬한다.

정렬 전의 문자열 : winapi
정렬된 문자열 : aiinpw

BubbleSort 함수는 두 개의 루프로 구성되어 있는데 i루프는 문자열 선두에서부터 뒤로 이동하고 j루프는 매 i에 대해 num-i까지 비교 및 교환을 반복한다. 버블 정렬이 레코드를 정렬하는 과정을 그림으로 그려 보면 다음과 같다.

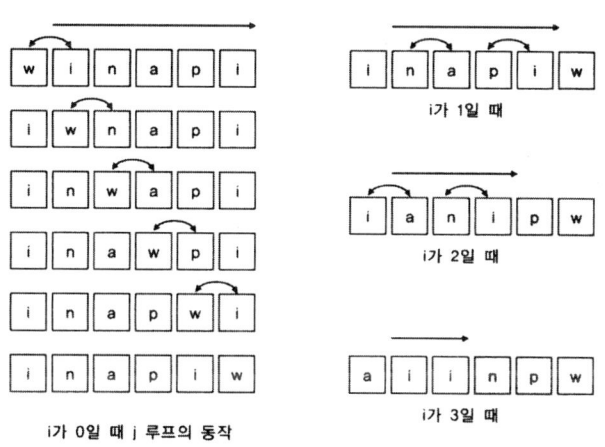

왼쪽 그림은 i가 0일 때 j루프의 동작이다. j는 1부터 문자열 끝까지 이동하면 j번째 자리의 레코드와 바로 왼쪽의 레코드를 비교하여 왼쪽이 더 크다면 두 값을 교환하여 큰 값을 뒤로 보낸다. 최초 j가 1일 때 ar[1]의 i와 ar[0]의 w를 비교하는데 w가 더 크므로 두 레코드를 교환하여 iw로 만든다. 다음 j루프에서 계속 두 레코드를 비교하여 w를 뒤쪽으로 연속적으로 이동시키는데 j루프가 끝나면 제일 큰 레코드가 가장 뒤쪽으로 이동되어 마지막 레코드의 정렬이 완료된다.

다음 i루프에서 배열 처음부터 이 과정을 반복하되 마지막 레코드는 정렬되었으므로 더 이상 정렬할 필요가 없다. 그래서 j루프는 num-i까지만 반복하도록 했다. i가 1일 때 j는 뒤쪽으로 이동하며 n과 a를 교환하고 p와 i를 교환한다. n과 a가 교환된 직후에 n과 p도 비교되는데 이때는 p가 더 크므로 두 레코드를 교환하지 않는다. i가 1일 때의 루프에서 남은 문자 중 제일 큰 p가 다시 제일 뒤쪽으로 이동한다. 버블 정렬은 이런 식으로 제일 큰 값을 뒤로 계속 보내되 중간의 인접 레코드도 대충 교환해 둔다.

i가 2일 때 j는 다시 배열 처음부터 순회하면서 i와 a를 교환하고 n과 i를 교환하여 n을 제일 뒤로 보낸다. i가 3일 때는 더 이상 바꿀 레코드가 없으므로 이 단계에서 정렬이 완료된다. 비교와 교환에 의해 작은 레코드는 배열 앞쪽에 모이고 큰 레코드는 뒤쪽으로 이동한다.

버블 정렬은 두 값을 비교할 때 왼쪽이 더 큰 경우만 교환하므로 같은 크기의 레코드는 원래의 순서를 유지하는 특성이 있다. 위 예에서 두 개의 i가 있는데 정렬된 후에도 두 i의 순서가 바뀌지 않는다는 것을 알 수 있는데 이런 특성을 안정성이라고 한다. 그러나 버블 정렬은 알고리즘이 너무 간단해서 정렬 속도는 그리 썩 좋지 못하다. 비교와 교환을 너무 자주 하기 때문에 정렬 중에 이미 정렬이 완료되는 경우도 있다. 이런 경우는 교환 플래그를 사용하여 약간의 시간 절약을 할 수 있다.

```
void BubbleSort2(char *ar, int num)
{
    int i,j;
    BOOL bChange;

    for (i=0;i<num-1;i++) {
        bChange=FALSE;
        for (j=1;j<num-i;j++) {
            if (ar[j-1] > ar[j]) {
                SWAP(ar[j-1],ar[j]);
                bChange=TRUE;
            }
        }
        if (bChange==FALSE) break;
    }
}
```

bChange라는 지역변수를 선언하고 j루프에 들어가기 전에 이 값을 FALSE로 설정한 후 값을 교환할 때 TRUE로 변경한다. 만약 j루프가 끝난 후에 bChange가 FALSE값을 유지하고 있다면 한 번도 교환이 일어나지 않았으므로 이때 정렬이 완료된 것으로 판단하여 즉시 i루프를 탈출한다.

플래그를 사용하면 비교 회수를 줄일 수 있다는 장점이 있지만 플래그 값을 대입하는 것도 시간이 들기 때문에 꼭 이 방법이 빠르다고만은 할 수 없다. 루프 끝까지 정렬되지 않는다면 플래그는 아무런 역할도 하지 못하고 시간만 까먹게 될 것이다. 하지만 거의 정렬된 레코드에 대해서는 이 플래그가 확실히 효과가 있는데 이미 정렬된 배열에 새로운 레코드가 삽입되었을 때는 루프 반복 회수를 대폭 줄일 수 있다. "abdfskz"를 이 방법으로 정렬할 경우 s와 k만 바꾸면 정렬이 완료된다.

20.2.2 선택 정렬

가장 단순한 정렬 방법인 선택 정렬은 최소값을 찾아 앞쪽으로 이동하기를 배열 크기만큼 반복하는 정렬 방법이다. 배열에서 제일 작은 값을 찾아 처음으로 일단 보낸다. 그리고 첫 번째 요소는 제외하고 남은 요소들 중 제일 작은 값을 다시 찾아 선두로 보내기를 배열 끝까지 반복한다. 작은 순서대로 계속 앞쪽으로 이동하므로 루프가 끝나면 모든 요소는 순서대로 정렬된다.

선택 정렬은 사람이 정렬을 하는 상식적인 방법과 일치하는 쉬운 알고리즘이다. 선생님이 학생들을 키순으로 정렬할 때 사용하는 방법이 바로 선택 정렬이다. 선생님은 무작위로 늘어선 학생들 중 가장 작은 학생을 골라 이 학생을 줄 처음에 세운다. 그리고 남은 학생들 중 제일 작은 학생을 찾아 그 뒤에 세우기를 모든 학생에 대해 반복하는 것이다. 예제를 보자.

예 제 SelectionSort

```c
#include <Turboc.h>

#define SWAP(a,b) { int t;t=a;a=b;b=t; }
void SelectionSort(char *ar, int num)
{
    int minidx;
    int i,j;

    // 배열 전체 순회.
    for (i=0;i<num-1;i++) {
        // i이후의 최소값을 찾는다.
        for (minidx=i,j=i+1;j<num;j++) {
            if (ar[minidx] > ar[j]) {
                minidx=j;
            }
        }
        // 최소값을 현재항과 교환.
        if (minidx != i) {
            SWAP(ar[minidx],ar[i]);
        }
    }
}

void main()
{
    char str[]="winapi";

    printf("정렬 전의 문자열 : %s\n",str);
    SelectionSort(str,strlen(str));
    printf("정렬된 문자열 : %s\n",str);
}
```

버블 정렬과 똑같은 문자열을 사용했으므로 실행 결과도 동일하다. 역시 이중 루프로 구성되어 있는데 선택 정렬의 단계별 동작을 그림으로 그려 보면 다음과 같다.

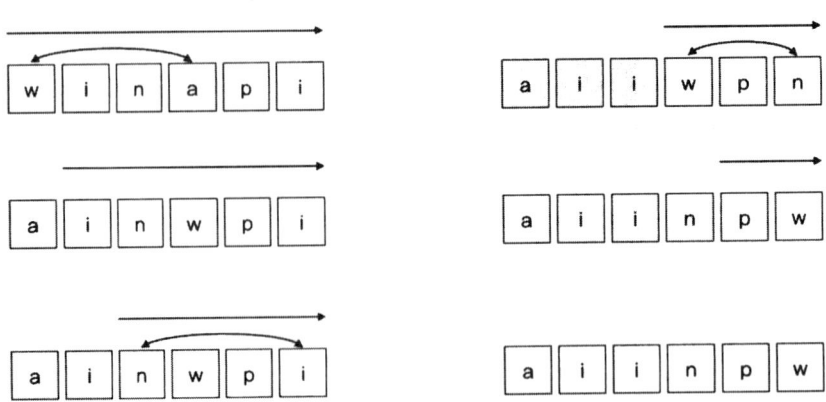

i가 0일 때 j는 i의 다음 위치에서부터 배열의 끝까지 순회하면서 가장 작은 값을 가지는 요소의 첨자를 minidx에 선택하는데 첫 번째 그림에서 가장 작은 값은 a이다. 이렇게 선택된 a와 첫 번째 요소 w의 값을 교환하면 a는 이미 제 위치를 찾았다. i의 다음 루프에서는 1번째 자리에 위치시킬 가장 작은 값을 다시 선택하는데 이때는 1번째 자리에 이미 배치되어 있는 i보다 더 작은 값이 없으므로 교환이 발생하지 않는다.

다음 i루프에서 그 다음 작은 값 i를 n과 교환하고 다음 루프에서 w와 n이 교환된다. 마지막 남은 w는 더 이상 교환할 대상이 없으므로 이 시점에서 정렬을 종료한다. 이런 식으로 루프를 끝까지 돌면 작은 값들이 순서대로 앞쪽으로 이동하면서 정렬된다. 뒤쪽의 미 정렬된 레코드에서 가장 작은 값을 선택해서 앞쪽으로 이동시키기 때문에 선택 정렬이라고 한다. 루프를 거꾸로 돌면서 큰 값을 찾아 뒤쪽으로 보내는 방법을 써도 동일하다.

선택 정렬은 작은 값을 선택하기 위해 비교를 여러 번 하지만 교환 회수가 작은 것이 장점이다. 최악의 경우라고 하더라도 레코드의 개수만큼만 교환이 발생하므로 교환 비용이 비싼 구조체 배열 등에 적합하다. 선택 정렬은 가장 작은값과 현재값을 교환하는 방식이라 현재값이 뒤쪽의 어디로 갈 지 알 수 없으므로 안정성은 없다.

20.2.3 삽입 정렬

삽입 정렬은 배열의 앞쪽부터 순회하면서 정렬해 오는데 앞쪽의 정렬된 부분에서 대상 레코드의 위치를 찾아서 삽입하는 알고리즘이다. 자기보다 더 큰 값을 계속 뒤로 보내면서 빈 칸 하나를 만든 후 자신보다 작거나 같은 값을 만날 때 그 오른쪽 위치에 삽입한다. 다음 예제는 "complete"라는 문자열을 삽입 정렬 알고리즘으로 정렬하여 "ceelmopt" 문자열을 만든다.

예제 InsertionSort

```
#include <Turboc.h>

void InsertionSort(char *ar, int num)
{
    int i,j;
    char temp;

    // 두 번째 요소부터 끝까지 순회
    for (i=1;i<num;i++) {
        // 앞쪽으로 이동하면서 자기보다 큰 값을 한 칸씩 오른쪽으로 이동한다.
        for (temp=ar[i],j=i;j>0;j--) {
            if (ar[j-1] > temp) {
                ar[j]=ar[j-1];
            } else {
                break;
            }
        }
        // 자기보다 크지 않은 최초의 칸 자리에 자신을 삽입한다.
        ar[j]=temp;
    }
}

void main()
{
    char str[]="complete";

    printf("정렬 전의 문자열 : %s\n",str);
    InsertionSort(str,strlen(str));
    printf("정렬된 문자열 : %s\n",str);
}
```

i루프로 배열 끝까지 순회하되 두 번째 요소부터 시작한다. 왜냐하면 앞쪽의 한 문자만 보면 이 부분 문자열은 이미 정렬되어 있다고 볼 수 있기 때문이다. j루프는 ar[i] 문자(temp)와 바로 왼쪽의 문자를 비교하여 왼쪽이 더 클 경우 이 값을 오른쪽으로 한 칸 이동시킨다. 자기보다 더 큰 값을 계속 이동시키다가 크지 않은 값을 만나면 이 값 다음 자리에 ar[i]를 삽입한다. 예제의 동작 단계를 그림으로 연구해 보자.

최초 i가 1일 때, 즉 ar[i]가 o일 때 왼쪽 문자와 크기를 비교해 보니 바로 왼쪽의 c가 자신보다 더 작다. 그러므로 이때는 교환을 할 필요가 없으며 이 상태에서 co까지 부분 정렬을 완료한다. i가 2일 때 m과 오른쪽의 o를 비교해 보니 o가 더 뒤쪽으로 와야 한다. 그래서 o를 뒤로 이동시키고 다음 자리와 비교하는데 c가 m보다 크지는 않으므로 이 자리에 m이 삽입된다. 여기까지 cmo가 부분적으로 정렬되었다.

다음 단계의 p문자는 앞쪽의 부분 정렬된 cmo에 끼어들 자리가 없으므로 이 자리에 가만히 있으면 된다. 왜냐하면 부분 정렬된 문자열 중 가장 큰 값 o가 자신보다 더 작기 때문이다. cmop까지 정렬이 완료되었다. i가 4일 때 l을 앞 쪽의 부분 정렬 결과인 cmop에서 l의 자리를 찾아 삽입하는데 이 과정은 좀 더 상세하게 단계별로 분석해 보자.

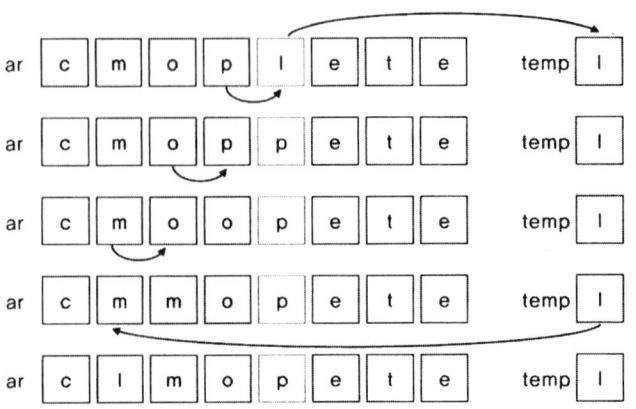

먼저 temp에 ar[i]의 값 l을 복사해 둔다. 그리고 j를 i부터 배열 앞쪽으로 이동시키면서 왼쪽 요소와 비교하는데 첫 번째 루프에서 p가 l보다 크므로 p를 오른쪽의 l자리로 이동시킨다. 다음 루프에서 l보다 더 큰 o가 p자리로 오고 m이 o자리로 온다. 다음 단계에서 c는 l보다 크지 않으므로 이때 j루프를 탈출하는데 m이 원래 있던 자리는 빈칸이 되어 있다. 이 빈칸에 temp에 저장된 l을 삽입하면 l이 제자리를 찾는다.

이런 식으로 앞쪽의 부분 문자열에서 자기보다 더 큰 값을 계속 뒤쪽으로 이동시키며 자신이 들어갈 자리를 찾아 삽입되는 것이다. 다음 i루프에서는 e가 제일 앞쪽으로 이동하고 t는 부분 정렬된 문자열 중에 제일 크므로 아무 일도 일어나지 않는다. 마지막으로 제일 끝에 있는 e가 두 번째 위치로 이동하는데 제일 처음의 e와는 같은 값이지만 같은 값을 만날 때 그 오른쪽 자리에 삽입한다. 그래서 삽입 정렬은 같은 값끼리 원래 순서가 유지되는 안정성이 있다.

삽입 정렬 속도를 개선하는 여러 가지 방법들이 연구되어 있는데 배열의 제일 첫 요소에 가장 작은 값을 미리 배치하거나 아니면 충분히 작은 더미값을 배치하여 j가 배열 범위를 벗어나지 않도록 하는 방법이 있다. 또 배열의 앞쪽은 항상 정렬되어 있으므로 새로운 값이 삽입될 위치를 이분 검색으로 찾아 일괄적으로 배열 요소를 이동하는 방법이 사용되기도 한다.

쉘 정렬(Shell Sort)은 삽입 정렬을 개선한 좀 빠른 알고리즘이다. 삽입 정렬은 인접 요소끼리 비교하여 자리를 이동하는데 비해 쉘 정렬은 일정수만큼 건너뛰면서 비교하여 교환하는 알고리즘이다. 이때 몇 칸씩 건너뛸 것인가에 따라 구현이 조금씩 달라지는데 임의의 데이터에 대해서도 항상 제 속도가 나와 퀵 정렬만큼이나 빠르다.

20.2.4 퀵 정렬

퀵 정렬(Quick Sort)은 이름 그대로 속도가 대단히 빠른 정렬 알고리즘이다. 큰 배열을 일정한 기준값을 경계로 하여 기준값보다 큰 값들과 작은 값들로 구성된 작은 두 개의 배열로 분할한다. 그리고 분할된 각 배열을 똑같은 방법으로 다시 정렬하는 점진적인 방법을 사용한다. 예제를 보자.

예제 QuickSort

```
#include <Turboc.h>

#define SWAP(a,b) { int t;t=a;a=b;b=t; }
void QuickSort(char *ar, int num)
{
    int left,right;
    char key;

    // 구간이 1이면 정렬 끝
```

```c
    if (num <= 1) return;

    // 기준값 결정 : 배열상의 제일 끝 요소
    key=ar[num-1];
    for (left=0,right=num-2;;left++,right--) {
        while (ar[left] < key) { left++; }
        while (ar[right] > key) { right--; }
        if (left >= right) break;           // 좌우가 만나면 끝
        SWAP(ar[left],ar[right]);
    }
    SWAP(ar[left],ar[num-1]);               // 기준값과 i위치의 값 교환

    QuickSort(ar,left);                      // 왼쪽 구간 정렬
    QuickSort(ar+left+1,num-left-1);         // 오른쪽 구간 정렬
}

void main()
{
    char str[]="greathuman";

    printf("정렬 전의 문자열 : %s\n",str);
    QuickSort(str,strlen(str));
    printf("정렬된 문자열 : %s\n",str);
}
```

"greatehuman"이라는 문자열을 퀵 정렬하면 "aaeghmnrtu"가 된다. 큰 배열을 분할하기 위해 먼저 기준값을 선정하는데 배열 선두나 마지막을 기준값으로 사용하는 것이 가장 쉽다. 그리고 for 루프에서 배열의 왼쪽과 오른쪽에 각각 left, right 포인터를 두고 중앙으로 이동하면서 left에 기준값보다 큰 값, right에 기준값보다 작은 값을 찾는다. 그리고 두 값을 교환하여 기준값보다 작은 값은 배열의 왼쪽으로 보내고 큰 값은 오른쪽으로 보낸다.

이 과정을 left와 right가 만날 때까지 반복하는데 이때 left는 기준값보다 큰 값을 가리킨다. left와 기준값을 교환하여 left가 가리키는 값을 배열 끝으로 보내면 기준값의 왼쪽에는 이 값보다 작은 값만 있고 오른쪽에는 더 큰 값만 있을 것이다. 기준값이 있는 위치의 왼쪽 구간과 오른쪽 구간을 똑같은 방법으로 정렬하되 구간 크기가 1이 될 때까지 이 과정을 반복하면 전체 배열이 정렬된다. 그림으로 위 예제의 동작을 관찰해 보자.

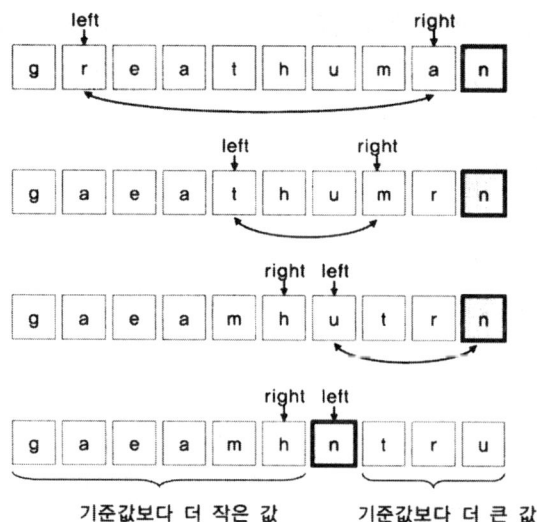

이 예에서 기준값은 배열 제일 끝에 있는 n으로 선정되었다. left는 배열 선두에서부터 뒤쪽으로 이동하면서 n보다 더 큰 값을 찾고 right는 배열 끝에서부터 앞쪽으로 이동하면서 n보다 더 작은 값을 찾는다. for문 안의 while루프가 이 검색을 수행하는데 이 예에서는 최초 left에 r이 검색되고 right에 a가 검색된다. 검색된 두 값을 교환하여 작은 값은 가급적 배열의 왼쪽으로 보내고 큰 값은 가급적 배열의 오른쪽으로 보낸다. 다음 루프에서 left와 right는 계속 중앙으로 이동하여 각각 t와 m을 찾아 두 값을 교환한다.

이 과정을 left가 right보다 더 작을 동안에 반복하는데 세 번째 단계에서 right가 h, left가 u를 가리킬 때 두 포인터는 이동을 중지한다. 그리고 기준값 n을 left 위치의 값(기준값보다는 더 크다)과 교환하면 기준값을 경계로 하여 왼쪽에는 n보다 더 작은 값만 남고 오른쪽에는 더 큰 값만 남게 된다. 이 상태를 만들면 왼쪽, 오른쪽 구간은 아직 정렬이 덜 되었지만 좌우 구간과 기준값 세 요소만 보면 정렬이 완료되었다.

남은 일은 좌우 구간을 개별적으로 다시 정렬하는 것인데 이 문제는 최초의 정렬 문제와 동일하므로 재귀 호출로 문제를 해결한다. 좌우 구간의 시작점과 길이를 적절히 계산해서 QuickSort 함수를 다시 호출한다. QuickSort 함수는 주어진 크기의 배열을 정렬하되 구간 길이가 1밖에 안될 때는 정렬이 이미 완료된 것으로 보고 곧바로 리턴한다. 그렇지 않다면 구간의 끝 값을 기준으로 다시 정렬하고 이 단계에서 생긴 또 다른 작은 구간들을 정렬하기 위해 재귀 호출이 발생할 것이다.

퀵 정렬의 성능은 기준값을 어떻게 설정하는가에 따라 결정되는데 기준값이 중간값에 가까울수록 좌우 구간이 균일하게 분할되어 더 빨리 정렬할 수 있다. 이 예제에서는 배열의 제일 끝값을 취했기 때문에 운에 따라 기준값이 결정되며 이미 정렬되어 있을 경우 항상 큰 값이 선택되어 왼쪽 구간만 커지는 문제가 있다. 그래서 기준값을 난수로 선택하여 한쪽으로 치우침을 방지하거나 아니면 적절한 중간값을 취하는 방법을 쓰기도 한다.

또 재귀 호출을 하기 때문에 배열이 아주 클 경우 스택 오버플로우가 발생할 위험이 있는데 이럴 때는 자체 스택을 만들어 비재귀하는 방식으로 개선할 수 있다. 아니면 구간이 아주 작을 때는 더 이상 재귀 호출을 하지 말고 선택 정렬이나 삽입 정렬 같은 좀 더 간단한 알고리즘을 사용하는 방법도 흔히 사용된다. 그러나 요즘은 스택 크기가 아주 넉넉하기 때문에 굳이 비재귀 방식으로 바꿀 필요까지는 없다.

퀵 소트는 다른 정렬 알고리즘에 비해 상대적으로 속도가 빠르고 큰 배열에 대해서도 잘 동작하기 때문에 가장 널리 사용되는 정렬 알고리즘이다. 그래서 C 표준 라이브러리는 퀵 소트 함수인 qsort 함수를 제공하는데 이 함수를 사용하면 임의의 배열에 대해 퀵 소트를 할 수 있다. 다음 예제는 똑같은 문자열을 표준 함수를 사용하여 퀵 소트한다.

예제 qsort

```c
#include <Turboc.h>

int compare(const void *a, const void *b)
{
    if (*(char *)a == *(char *)b) return 0;
    if (*(char *)a > *(char *)b) return 1;
    return -1;
}

void main()
{
    char str[]="greathuman";

    printf("정렬 전의 문자열 : %s\n",str);
    qsort(str,strlen(str),sizeof(char),compare);
    QuickSort(str,strlen(str));
    printf("정렬된 문자열 : %s\n",str);
}
```

출력 결과는 앞의 예와 동일하다. qsort는 퀵 소트 알고리즘대로 구간을 나누어 데이터를 교환하는데 단, 비교는 데이터 타입마다 다르므로 사용자가 직접 해야 한다. 비교하는 함수를 미리 만들어 두고 qsort 함수의 마지막 인수로 비교 함수의 포인터를 전달하면 된다. 표준 qsort 함수는 어셈블리로 고도로 최적화되어 작성되었지만 재귀 호출뿐만 아니라 비교를 위해 함수를 호출하기도 하므로 속도는 오히려 직접 만든 함수보다 더 느리다.

사실 이 함수만 사용할 수 있다면 정렬을 하는데는 별 불편함이 없을 것이다. 그러나 qsort가 아무리 임의의 타입에 대해서 잘 동작한다 하더라도 응용 프로그램의 특수성을 감안하면 이 함수로 모든 정렬을 다 할 수는 없다. 예를 들어 한글과 영문이 섞여 있는 문자열은 qsort 함수로 정렬할 수 없으며 직접 정렬 함수를 만들어 써야 한다.

부 록

부록 1 디버거

프로그램이 논리적인 오류를 가지고 있어 원하는 대로 동작하지 않는 경우는 아주 흔하다. 이때 프로그램을 이상 동작시키는 오류를 버그(Bug)라고 하며 이런 버그를 수정하는 작업을 디버깅이라고 한다. 프로그램을 작성하는 주체인 프로그래머가 실수투성이인 사람이다 보니 프로그램 개발 과정의 대부분을 차지하는 작업이 바로 디버깅이다. 육안으로 버그를 직접 찾아낼 수도 있지만 소스가 길고 복잡하면 시간이 많이 걸리고 비효율적이기 때문에 디버깅 보조툴을 사용하는 것이 보통이다.

디버거(Debugger)란 디버깅 작업을 도와주는 보조 도구로서 프로그램의 실행 흐름을 중지하고 변수값을 확인하거나 변경하는 것을 도와준다. 디버거의 도움을 받으면 줄 단위로 프로그램을 실행시켜 가며 천천히 실행 과정을 관찰할 수 있어 쉽게 버그를 잡을 수 있다. 또한 디버거는 초보자들에게 소스를 분석하면서 논리의 흐름을 파악할 수 있도록 해주는 좋은 학습 도구이다. 복잡한 소스도 한 줄씩 실행해 가며 내부적인 처리 과정과 제어 구조를 천천히 볼 수 있도록 해 준다.

1.1 VC의 디버거

비주얼 C++ 개발 환경은 디버거를 자체 내장하고 있는 통합 개발 환경이다. 지금까지 발표된 어떤 개발툴보다도 훌륭한 디버거를 내장하고 있어 별도의 다른 도구를 준비하지 않고도 내장 디버거만으로 웬만한 디버깅을 모두 수행할 수 있다. 비주얼 C++ 6.0을 기준으로 디버깅 도구를 사용하는 방법에 대해 실습해 보되 7.0 버전도 거의 사용하는 방법이 유사하다. 14장에서 만들었던 Tetris1 예제를 열어 놓고 실습해 보자.

:: 디버그/릴리즈

비주얼 C++은 프로젝트를 처음 생성할 때 Debug/Release 두 개의 구성을 생성한다. 구성(Configuration)이란 각종 컴파일 옵션의 집합에 대해 이름을 붙여 놓은 것인데 원하면 자신만의 옵션으로 새로운 구성을 만들 수도 있다. Debug 버전은 디버깅시에 참고할만한 다량의 디버깅 정보를 실행 파일에 삽입하여 프로그램을 단계 실행할 수 있도록 한다. 실행 코드 외에 디버깅을 위한 여분의 코드와 데이터가 삽입되므로 프로그램의 크기는 커지지만 이 정보들을 참조하여 섬세한 디버깅이 가능하다.

Release 버전은 디버깅 정보를 삽입하지 않고 순수한 실행 코드만 생성할뿐만 아니라 코드를 최적화하여 실행 파일의 크기를 줄이고 속도를 최대한 높인다. 이 버전으로 컴파일한 실행 파일로는 디버깅을 할 수 없지만 속도나 크기면에서 훨씬 더 빠르고 작다. 프로그램을 개발할 때는 Debug 버전으로 작업을 하고 최종 제품을 컴파일할 때는 Release 버전으로 컴파일해야 한다. 프로젝트를 처음 만들었을 때는 디버그 모드로 선택되어 있는데 이 모드는 Build 툴바에서 언제든지 변경할 수 있다.

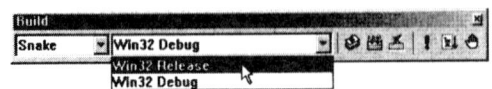

디버그 모드로 컴파일한 후 Build/Start Debug/Go 명령을 선택하거나 단축키 F5를 누르면 디버깅 상태로 프로그램을 실행하며 디버깅 명령들을 모아놓은 Debug 메뉴가 나타난다. 이 메뉴에는 중단점, 커서까지 실행, 단계 실행 등의 디버깅 명령들이 들어 있다. 디버깅 상태에서 개발 환경은 변수, 와치, 콜 스택 등의 윈도우들이 열리면서 벌레잡기 태세에 들어간다. 만약 이 창들이 보이지 않는다면 툴바의 팝업 메뉴나 View/Debug Window 메뉴에서 창을 보이도록 해야 한다.

반면 Build/Execute(Ctrl+F5) 명령을 선택하면 디버깅하지 않고 프로그램만 실행시키며 이 상태에서는 중단점 등의 장치가 동작하지 않는다. 디버깅 중에 처음부터 다시 디버깅하고 싶다면 Shift+F5를 눌러 디버깅을 즉시 중지할 수 있다. 비주얼 C++은 프로젝트 폴더 아래에 각 구성별로 서브 디렉토리를 만들어 컴파일 중에 만들어지는 임시 파일을 이 디렉토리에 저장한다. 예를 들어 Debug 버전의 컴파일 결과는 Debug 디렉토리에 Release 버전의 컴파일 결과는 Release 디렉토리에 생성된다.

:: 중단점 설정

중단점(BreakPoint)이란 프로그램 실행을 중지하고 싶은 지점이다. 프로그램의 동작을 관찰하려면 일단 실행을 멈추어야 하므로 중단점을 설정하는 것은 디버깅 작업의 시작이라고 할 수 있다. 중단점을 설정해 놓고 디버깅을 시작하면 중단점에서 프로그램 실행이 잠시 중지되고 디버깅 모드로 돌아온다. 이 상태에서 단계 실행 및 변수의 상태 확인, 변경을 할 수 있다. 의심이 가는 부분에 중단점을 설정하고 단계 실행을 통해 변수의 값이나 제어 구조의 흐름을 따라가면서 어디가 잘못되었는지를 관찰한다.

중단점을 설정할 때는 원하는 곳에 커서를 두고 단축키 F9를 누른다. 중단점으로 설정된 줄의 왼쪽에는 빨간색의 원이 그려진다. 다시 F9를 누르면 중단점이 해제되며 디버깅 중에 언제라도 중단점은 해제 및 설정 가능하다. 단, 중단점은 변수 선언문이나 함수 원형 등 실제 코드를 생성하지 않는 부분에는 설정할 수 없다. Tetris1 예제의 다음 위치에 중단점을 설정하고 F5를 눌러 보자.

```
for (;1;) {
    brick=random(sizeof(Shape)/sizeof(Shape[0]));
    nx=BW/2;
    ny=-3;
    rot=0;
    PrintBrick(TRUE);

    if (GetAround(nx,ny,brick,rot) != EMPTY) break;
    nStay=nFrame;
    for (;2;) {
```

첫 번째 벽돌이 출력된 직후에 중단점이 있는 자리에서 실행을 멈출 것이다. 이 상태에서 화면의 상태나 변수값을 확인할 수 있으며 변경하는 것도 가능하다. 다시 F5를 누르면 프로그램이 계속 실행되어 다음 중단점에서 멈출 것이다. 이 예제의 경우 벽돌이 생성된 직후에 중단점이 설정되어 있으므로 다음 벽돌이 만들어질 때까지 실행된 후 멈추게 될 것이다.

:: 단계 실행

단계 실행이란 한 줄씩 코드를 실행해 보는 기능이다. Debug/Step Over 명령이나 단축키 F10을 누르면 코드를 한 줄씩 실행한다. 빠른 디버깅 작업을 위해서는 단축키가 효율적이므로 단축키를 암기해 놓도록 하자. 다음 실행할 코드의 앞에는 노란색 화살표가 나타나는데 F10을 누르면 이 화살표가 계속 아래로 이동한다. 중단점에서 멈춘 상태일 때 단계 실행을 해 보면 프로그램이 어느 방향으로 실행되는지를 파악할 수 있다.

루프를 지정한 횟수만큼 반복하는지, 조건문이 제대로 평가되는지, switch문에 의해 정확한 위치로 분기되는지 등을 확인할 수 있으며 함수가 제대로 호출되는지, 리턴값이 정확하게 돌아오는지도 물론 감시할 수 있다. 테트리스 예제의 PrintBrick 함수에 중단점을 설정해 놓고 단계 실행해 보면 벽돌이 출력되는 과정을 직접 목격할 수 있다.

:: 함수 안으로 들어가기

Debug/Step Into(단축키 F11) 명령은 단계 실행과 비슷하되 함수 호출문일 경우 함수 안으로 파고 들어간다는 점이 다르다. GetAround 함수 호출문에서 F10을 누르면 이 함수를 호출한 후 바로 아래 줄로 이동하지만 F11을 누르면 GetAround 함수의 첫 줄로 분기한다. 함수의 동작이 의심스럽다면 F11로 함수 내부로 들어가 점검해 보고 그렇지 않다면 F10으로 건너뛴다.

함수 내부에서 또 다른 함수를 호출한다면 마찬가지로 F11을 눌러 또 함수 안으로 추적해 들어갈 수 있다. 함수 내부에 있는 상태에서 더 이상 이 함수를 점검할 필요가 없다면 Debug/Step Out(단축키 Shift+F11) 명령으로 함수의 나머지 부분을 실행하고 함수 호출원으로 돌아간다.

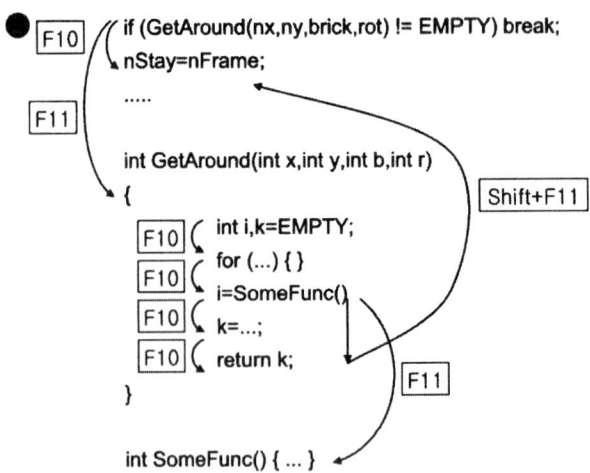

단 이 기능은 소스가 있는 함수에 대해서만 추적해 들어갈 수 있다. 사용자가 직접 만든 함수이거나 아니면 소스가 제공되는 라이브러리의 함수가 Debug 버전으로 컴파일되어 있어야만 내부로 들어간다. printf나 strcpy 같이 이미 컴파일되어 기계어 코드만 있는 함수들은 소스도 없고 디버깅 정보도 없으므로 단계 실행만 가능하다. 이런 함수에 대해 F11 명령은 F10과 동일하다.

:: 위치까지 실행

Debug/Run to Cursor(Ctrl+F10) 명령은 커서가 있는 위치까지 실행한다. 한 줄씩 단계 실행하는 방법은 섬세하게 흐름을 따라가 볼 수 있지만 디버깅 속도가 너무 느리므로 의심가지 않는 부분은 커서를 옮긴 후 Ctrl+F10을 누름으로써 빠르게 건너뛸 수 있다. 만약 커서 위치까지 오는 중에 중단점이 있다면 중단점에서 먼저 실행을 멈춘다. Ctrl+F10은 특정 위치에 임시적인 중단점을 설정하는 기능이다.

:: 변수값 확인

버그가 발생하는 가장 큰 원인은 오류로 인해 변수값이 잘못 변경되는 것이다. 그래서 단계 실행 중에 변수가 올바른 값을 가지고 있는지 주기적으로 확인해야 한다. 변수의 현재값을 확인하는 가장 간단한 방법은 프로그램이 멈추었을 때 변수 위에 마우스 커서를 올려놓는 것이다. 그러면 툴팁으로 변수의 현재값이 출력된다. 다음은 PrintBrick 함수에 중단점을 설정하고 현재 벽돌 모양을 확인해 본 것이다.

커서 아래쪽에 노란색의 조그만 창이 열려 brick이 현재 6이라는 것을 알려 준다. 이 변수값이 만약 틀렸다면 이전 단계에서 뭔가 오류가 있었다는 것을 알 수 있다. 알고 싶은 변수값이 단순 변수가 아닐 경우는 변수 표현식을 블록으로 선택한 후 커서를 올려놓는다.

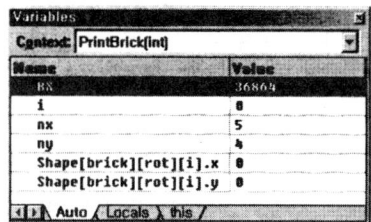

블록으로 싼 부분을 평가하여 그 결과를 툴팁에 출력한다. 변수에 일일이 커서를 갖다 대면서 확인하는 것이 귀찮다면 디버깅 중에 열리는 변수 윈도우를 참조한다.

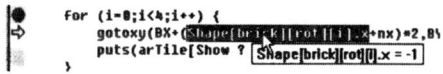

이 윈도우에는 지역변수들과 현재 코드에서 관심을 가질만한 변수값들을 개발툴이 알아서 선정하여 표시하므로 값의 변화를 쉽게 파악할 수 있다. 구조체나 배열같이 더 큰 변수의 값을 상세하게 확인하고 싶을 때는 퀵 와치 기능을 사용한다. 관심있는 대상을 블록으로 선택한 후 팝업 메뉴에서 Quick Watch 명령을 선택하면 다음과 같은 대화상자를 보여준다.

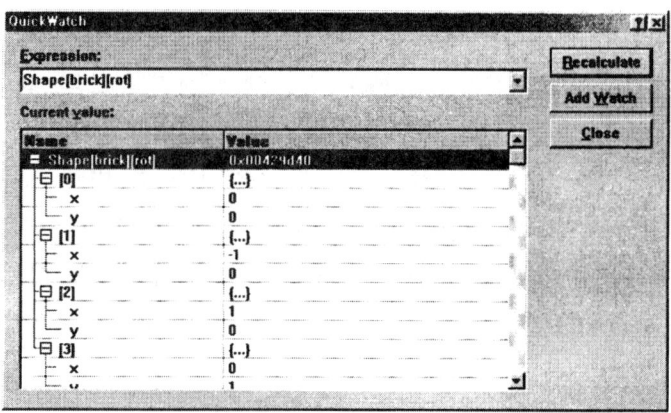

이 대화상자에서 배열의 각 요소를 펼쳐서 확인할 수 있으며 구조체인 경우 멤버 목록까지도 살펴볼 수 있다. 위쪽의 Expression에 알고 싶은 값을 직접 입력하면 그 결과를 바로 보여주기도 한다.

:: 와치 윈도우

변수 윈도우는 지역변수나 현재 실행 중인 코드에 나타난 값을 확인하기에는 편리하지만 보여주는 변수 목록이 계속 바뀌므로 변수의 변화를 지속적으로 감시하기에는 불편하다. 와치 윈도우는 관심있는 변수를 등록해 놓고 이 변수의 값을 계속 출력한다. 와치 윈도우에 값을 직접 쳐 넣거나 아니면 소스에서 변수를 드래그해서 떨어뜨리면 와치 윈도우에 변수가 등록된다. 와치 대상은 주로 프로그램 전체에 영향을 미치는 전역변수인 경우가 많다. 다음은 테트리스 예제의 주요 전역변수들을 와치 윈도우에 등록한 것이다.

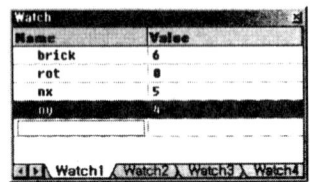

와치 윈도우는 최대 4개까지의 페이지를 가질 수 있으며 상황에 따라 관심을 가지는 변수 목록을 따로 만들어 놓고 관리할 수도 있다. 등록된 변수를 삭제할 때는 Del키를 누른다.

:: 변수값 변경

디버거는 변수값을 보여주는 것뿐만 아니라 실행 중에 변수값을 바꾸는 것도 허용한다. 변수 윈도우나 와치 윈도우 또는 퀵 와치 윈도우의 변수값을 클릭해서 원하는 값을 입력하면 된다. 변경한 변수는 즉시 효력을 발휘하여 다음 코드에서 이 변수값 대로 프로그램이 실행된다. 변수가 특정한 값을 가질 때의 상황을 일부러 만들어 보고 싶다거나 할 때 이 기능을 사용한다.

예를 들어 테트리스 예제에서 다른 벽돌들은 모두 정상적으로 잘 동작하는데 5번 벽돌인 경우만 화면 출력이 깨진다거나 배열에 정보가 잘못 기록된다고 하자. 예제에서 벽돌 번호는 random으로 난수 선택 하도록 되어 있는데 random이 5를 만들 때까지 일부러 기다릴 필요없이 brick 변수 대입문 바로 다음에 중단점을 설정한 후 이 변수값을 5로 강제로 바꾼 후 단계 실행하면 된다.

변수값 확인 윈도우들은 별도의 지정이 없으면 변수값을 10진수로 보여주는데 16진수 형태로 보고 싶다면 변수 이름 다음에 콤마와 서식 지정자로 서식을 변경할 수 있다. brick이라고만 지정하면 brick 변수의 값을 10진수로 보여주지만 brick,x라고 지정하면 이 변수를 16진수 형태로 보여준다.

:: 콜 스택

콜 스택은 함수가 호출되기까지의 모든 호출원을 보여준다. 특정 지점에서 프로그램이 이상 동작을 해서 멈추었을 때 이 함수를 누가 호출했는지 알고 싶다면 콜 스택 윈도우를 참고한다. TestFull 함수가 호출되었을 때의 콜 스택을 보면 다음과 같다.

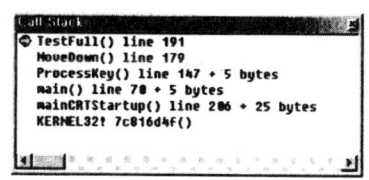

main에서 ProcessKey를 호출했고 이 함수가 MoveDown을 호출했으며 MoveDown이 다시 TestFull을 호출했음을 알 수 있다. 콜 스택의 제일 아래쪽에는 운영체제가 있어 운영체제가 main을 호출했음도 알 수 있다. 콜 스택의 함수를 더블클릭하면 함수를 호출하기 직전의 위치로 이동하여 함수가 호출될 때의 상황을 상세하게 조사해 볼 수 있다.

:: **메모리**

메모리 창은 변수가 있는 위치의 메모리 상황을 덤프하여 출력한다. 큰 배열이나 문자열, 이진 데이터처럼 일정한 형태가 없는 값 등은 메모리 창을 통해 값을 확인해야 한다. 메모리 창의 Address에 보고 싶은 번지를 기입하면 이 번지의 메모리 덤프가 그대로 출력된다. 다음은 board 배열의 메모리 상태를 그대로 출력해 본 것이다.

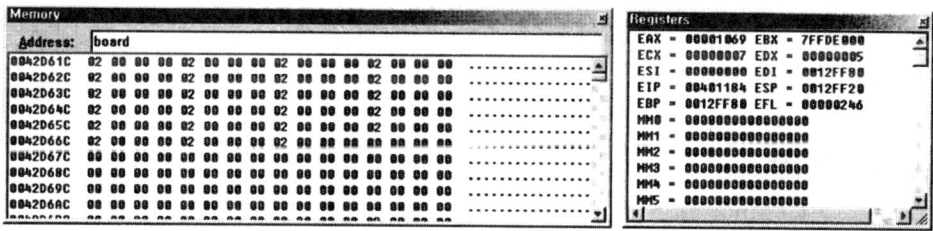

메모리 창에서 메모리의 값을 직접 변경하는 것도 물론 가능하다. 레지스터 창은 CPU의 레지스터 상태를 덤프하는데 어셈블리 코드를 디버깅할 때 이 정보를 참조한다. 코드의 어셈블 결과를 보고 싶으면 디스어셈블창에서 기계어 코드를 볼 수도 있다.

디스어셈블 결과를 통해 C 코드가 어떻게 기계어 코드로 번역되었는지를 살펴보고 기계어 코드 단위로 단계 실행하는 것도 가능하다. 물론 이 창에 출력된 코드를 읽으려면 어셈블리 언어에 대해 알고 있어야 한다.

:: 실행 지점 변경

디버깅을 빠른 속도로 하다 보면 점검해 봐야 할 문장을 지나쳐 버리거나 아니면 안으로 들어가야 할 함수를 지나치는 실수를 하는 경우가 종종 있다. 이럴 경우 처음부터 다시 디버깅을 시작할 필요없이 팝업 메뉴의 Set Next Statement 명령을 선택하면 임의의 위치로 현재 실행 코드를 옮길 수도 있다. 예를 들어 다음의 경우를 보자.

```
void TestFull()
{
    int i,x,y,ty;

    for (i=0;i<4;i++) {
        board[nx+Shape[brick][rot][i].x][ny+Shape[
    }
    for (y=1;y<BH+1;y++) {
        for (x=1;x<BW+1;x++) {
```

TestFull 함수에서 블록을 채우는 부분을 점검하고 싶은데 지나쳐 버렸다거나 아니면 한 번 더 점검하고 싶다면 앞쪽 for문 위치에서 팝업 메뉴를 열어 Set Next Statement 명령을 선택하면 된다. 단, 실행 코드를 옮기는 명령은 논리적으로 의미가 있을 때만 가능하며 또한 안전하다. 이미 변수값이 변해 버렸다면 앞으로 돌아가 봐야 변수값이 원래대로 바뀌지 않으며 엉뚱한 곳으로 제어를 옮겨 버리면 이후 동작은 보장할 수 없다.

:: 조건부 중단점

조건부 중단점 기능이란 일정한 조건이 되었을 때만 실행을 중지하는 기능이다. 보통의 경우에는 정상적으로 실행되는데 특정 조건이 만족할 때만 이상 동작을 할 때 이 기능을 사용한다. 예를 들어 테트리스 게임에서 다른 벽돌들은 다 정상적으로 출력되는데 5번 벽돌인 경우만 모양이 이상하게 나온다고 하자. 이럴 때 벽돌 출력 함수인 PrintBrick에 중단점을 설정해 놓고 이 중단점의 조건을 설정한다. Edit/Breakpoints 메뉴 항목을 선택하면 설정된 중단점 목록이 보이는데 여기서 Condition 버튼을 누르면 다음과 같은 조건을 지정할 수 있다.

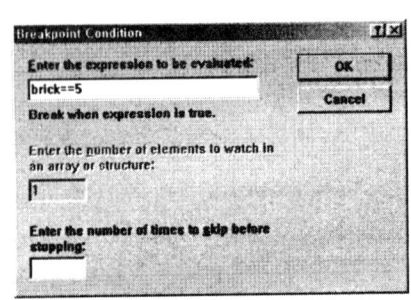

위쪽 평가식에 멈추고 싶은 조건을 C 구문으로 적는데 보통 변수값에 대한 비교 연산문을 적는다. 이 예의 경우 brick==5라고 적어 두면 이 조건이 만족할 때만 중단되고 그 외의 경우에는 중단점을 무시한다. 비교 연산문이 아닌 수식일 경우 수식의 값이 변경될 때마다 정지한다.

이상으로 비주얼 C++의 여러 가지 디버깅 장치에 대해 알아보았는데 이 외에도 원격 디버깅, 외부 디버거 등 고급 디버깅 기능들이 많이 준비되어 있다. 비주얼 C++의 디버깅 기능은 그야 말로 최적이라고 할 수 있을 정도로 잘 만들어져 있으므로 이 기능을 100% 활용하면 거의 웬만한 버그는 다 잡을 수 있다.

1.2 Dev-C++의 디버거

다음은 Dev-C++의 디버거 사용 방법에 대해 알아보자. Dev-C++은 gcc 컴파일러는 물론이고 디버거인 GDB까지도 내장하고 있어 비주얼 C++과 마찬가지로 통합 환경에서 디버깅을 할 수 있다. 그러나 비주얼 C++의 편리한 디버깅 기능에 비해서는 많이 부족하고 통합성도 완전하지 않아서 익숙해지지 않으면 사용하기 무척 어렵다. 만약 Dev-C++의 디버거에는 관심없다면 이 내용은 읽지 않아도 좋다.

Dev-C++로 프로젝트를 생성하면 기본적으로 컴파일 정보를 포함하지 않는 상태로 옵션이 맞추어진다. 디버깅을 하려면 프로젝트 옵션 대화상자의 컴파일러 페이지/링커/디버깅 정보 생성 옵션을 켜야 한다. 그리고 프로젝트를 다시 컴파일해야 디버깅을 시작할 수 있다.

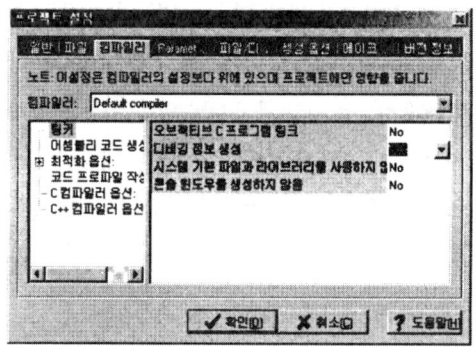

디버깅 정보를 생성한 후 먼저 중단점을 설정해야 하는데 멈추고 싶은 지점에서 Ctrl+F5를 누르거나 아니면 소스 편집창의 왼쪽 빈 영역(거터)을 마우스로 클릭한다. 중단점이 설정된 행은 빨간색으로 표시된다. 디버깅을 시작할 때는 F8키를 누른다. 디버깅 상태로 프로그램을 실행하면 최초의 중단점에서 실행을 멈출 것이다.

이 상태에서 한 줄씩 실행할 때는 F7키를 사용하며 함수 안으로 추적해 들어갈 때는 Shift+F7을, 다음 중단점까지 계속 실행할 때는 Ctrl+F7을 누른다. 단계 실행 중에는 왼쪽의 디버그 창에 관심 변수를 등록해 놓고 언제든지 값을 확인해 볼 수 있다. 변수를 등록할 때는 F4키를 눌러 나타나는 대화상자에서 변수 이름을 직접 입력한다.

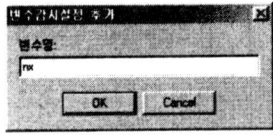

또는 미리 추가할 변수를 블록으로 선택해 놓고 F4를 누르면 별도의 질문없이 블록으로 선택된 변수를 디버그창에 추가한다. 변수를 감시 상태로 만들어 놓고 단계 실행을 하면 변수값의 현재 상태를 항상 출력해 줄 것이다. 등록한 변수를 삭제할 때는 Del키를 누르거나 팝업 메뉴에서 제거 항목을 선택한다.

그 외의 디버깅 기능으로 비주얼 C++의 콜 스택에 해당하는 역추적 기능과 CPU 레지스터 덤프 기능 등이 구비되어 있다. Dev-C++의 디버거는 기본적인 기능은 제공되지만 비주얼 C++만큼 다양하고 편리하지는 못하며 일부 기능에는 버그 또는 비직관적인 면이 있어 실제로 활용하기에는 다소 무리가 있다.

1.3 디버깅 연습

툴이 제공하는 기능이 아무리 훌륭해도 사람이 도구를 제대로 사용하지 못하면 아무 짝에도 쓸모가 없을 것이다. 디버거의 기능들을 단순히 아는 것과 손에 익숙해질 정도로 익히는 것은 별도의 문제라 빠른 시간 안에 정확하게 오류를 수정하려면 많은 연습과 경험을 필요로 한다. 여기서는 비록 간단하지만 오류가 있는 예제를 디버거를 통해 수정하는 실습을 해 보도록 하자.

다음 예제는 while 반복문을 사용하여 1~100까지 정수의 합계를 구해 출력하는데 실행해 보면 결과는 나오지 않고 무한 루프에 빠져 버린다. 짧은 소스라 소스를 대충만 훑어봐도 어디가 잘못되었는지를 금방 알 수 있겠지만 소스가 조금만 복잡해져도 바로 오류를 찾기는 쉽지 않으므로 긴 소스라 가정하고 디버거를 돌려 보도록 하자.

예제 bugwhilesum

```
#include <Turboc.h>

void main()
{
    int i,sum;

    sum=0;
```

```
    i=1;
    while (i<=100) {
         sum=sum+i;
    }
    printf("1~100까지의 합 = %d\n",sum);
}
```

어디서 무한 루프에 빠지는지를 알아보기 위해 프로그램 시작점인 sum=0; 대입문에 중단점을 설정하고 F5로 디버깅을 시작한다. 그리고 F10으로 단계 실행을 하면서 변수값을 확인해 보면 sum은 0으로, i는 1로 대입되는 것을 확인할 수 있다. while 루프로 진입한 상태에서 F10을 누르면서 sum값이 어떻게 변하는지 관찰해 보면 최초 sum=0+1이 될 것이다.

```
sum=0;
i=1;
while (i<=100) {
     sum=sum+i;
}
printf("1~100까지의 합 = %d\n",sum);
```

두 번째 루프를 실행한 후 sum을 다시 확인하면 2가 된다. 1 다음에 2를 더하면 3이 되어야 하는데 여기서 뭔가 잘못되었다는 것을 알 수 있다. 위치를 찾은 후 원인을 분석해 보면 sum에 더해지는 i값이 항상 1이라는 것을 발견할 수 있고 while문의 조건식에 사용된 i가 변하지 않고 있으므로 while 루프를 탈출하지 못하는 것이다. 결국 위 예제는 i=i+1; 승가분이 빠졌다는 것을 알 수 있으며 원인을 발견했으면 수정하는 것은 아주 쉽다.

다음 예제는 함수가 동적으로 메모리를 할당해서 호출원으로 돌려주는 이중 포인터 문제이다. InputName 함수로 문자열 포인터 변수를 넘겼고 이 함수가 동적으로 할당한 메모리를 Name에 대입했으므로 제대로 할당될 것처럼 보인다. 그러나 실제로 실행해 보면 엉뚱한 문자열이 출력될 뿐만 아니라 죽기까지 한다.

예제   bugFuncAlloc

```
#include <Turboc.h>

void InputName(char *pName)
{
    pName=(char *)malloc(12);
    strcpy(pName,"Cabin");
}
```

```
void main()
{
    char *Name;

    InputName(Name);
    printf("이름은 %s입니다\n",Name);
    free(Name);
}
```

InputName을 호출하기 직전에 중단점을 설정한 후 Name 변수를 확인해 보면 쓰레기값이 들어 있다. InputName에서 어차피 메모리를 동적으로 할당하여 Name에 대입할 것이므로 이는 문제가 되지 않을 것이다. 과연 그런지 F10으로 이 함수를 호출한 후의 Name을 다시 확인해 보면 생각과는 다르게 동작한다.

```
InputName(Name);                    InputName(Name);
printf("O| Name = 0xcccccccc '"'me);  printf("O| Name = 0xcccccccc '"'me);
free(Name);                         free(Name);
}
```

왜 그런지 좀 더 상세한 분석을 위해 처음부터 다시 디버깅하되 이번에는 F11을 눌러 InputName안으로 추적해 들어가 보자. 이 함수에서 분명히 할당을 하고 pName에 그 번지를 대입하는데 이 결과가 Name까지는 전달되지 않는다. 왜냐하면 실인수 Name의 값이 전달되었지 번지가 전달된 것이 아니기 때문인데 포인터를 참조호출하려면 이중 포인터를 넘겨야 한다는 것을 잠시 깜박한 것이다. 이런 실수는 누구나 할 수 있는데 디버그를 통해 어떤 점이 잘못되었다는 것을 쉽게 발견했다.

다음 예제는 문자열 복사 함수를 작성한 것인데 실행해 보면 복사는 되는 것 같은데 뒤에 쓰레기값이 남아 있을 것이다.

예제 bugstrcpy

```
#include <Turboc.h>

char *my_strcpy(char *dest, const char *src)
{
    char *d=dest;
    const char *s=src;
    while (*s) {
        *d++=*s++;
    }
    return dest;
```

```
}
void main()
{
    char dest[32];

    my_strcpy(dest,"abcd");
    puts(dest);
}
```

my_strcpy 함수의 while 루프 안쪽에 중단점을 설정하고 디버깅을 시작한다. 와치 윈도우에 주요 관심 대상 변수인 dest를 등록해 놓고 이 변수가 어떻게 변하는지를 관찰해 보자.

한 번씩 단계 실행을 할 때마다 dest의 앞쪽 요소가 a, b, c, d로 차례대로 변경되기는 한다. 그러나 d까지 복사하고 난 후 마지막 NULL 종료 문자를 복사하지 않고 바로 루프를 탈출해 버리는 것을 볼 수 있는데 while문의 조건이 *s로 설정되어 있기 때문이다. 문제를 해결하려면 NULL 종료 문자를 추가하도록 루프 끝에 *d=NULL 대입문을 추가하거나 아니면 제어 구조를 바꾸어 NULL문자도 복사 대상에 포함시켜야 한다.

다음 예제는 11장의 Quiz 예제의 일부를 수정한 것인데 정답을 입력받아 판정하는 부분에 버그를 가지고 있다. Quiz 예제의 해당 부분을 다음 소스로 수정한 후 실행해 보면 정답을 입력해도 틀린 것으로 오판한다. 또한 Cpas Lock키가 눌려져 있을 때는 Q키를 눌러도 프로그램이 종료되지 않는다.

예제 bugQuiz

```
========== 앞 부분 생략 ==========
    // 정답을 입력받아 판정해 준다.
    ch=getch();
    if (ch == 'q') {
        break;
    }
    gotoxy(2,15);
```

```
            if (ch == Munje[num].Answer) {
                printf("정답입니다.");
            } else {
                printf("틀렸습니다. 정답은 %d번입니다.",Munje[num].Answer);
            }
            delay(1000);
        }

        gotoxy(2,17);
        printf("수고하셨습니다.\n");
    }
```

정답을 입력받는 ch=getch(); 바로 다음 행에 중단점을 설정하고 흐름을 관찰해 보자. 단계 실행해 보면 정답 여부에 상관없이 무조건 틀렸다는 블록으로 이동할 것이다. if문의 조건문이 항상 거짓으로 평가된다는 뜻인데 이 조건문을 점검해 보자. 키보드에서 1을 눌렀을 때 ch값이 49라는 값을 가지는데 이는 문자 '1'의 코드값이다.

```
ch=getch();
if (ch == 'q') {
    break;
}
gotoxy(2,15);
if (ch == Munje[num].Answer) {
    ch = 49 '1' 정답입니다.");
```

이에 비해 Munje 구조체의 Answer 멤버에는 정수 타입의 정답이 기록되어 있으므로 '1'과 1은 항상 다른 것으로 평가되는 것이다. 키보드로 입력받은 문자를 정수로 바꾸지 않고 곧바로 비교했기 때문에 틀린 판단을 한다는 것을 알았으므로 ch - '0'와 Answer를 비교하도록 수정해야 한다. 대문자 Q를 입력했을 때는 'q'와 직접 비교되므로 이 조건도 거짓이 되는데 입력받은 ch를 잠시 소문자로 바꾸는 tolower 함수가 필요하다.

다음 예제는 테트리스의 IsFull 함수에 버그가 있다. Tetris1 예제의 이 함수를 대체해 놓고 실행하면 뭔가 이상하게 동작한다는 것을 금방 눈치챌 수 있다.

예제 bugTetris

================== 앞쪽 소스 생략 ==================

```
void TestFull()
{
    int i,x,y,ty;
```

```
for (i=0;i<4;i++) {
    board[nx+Shape[brick][rot][i].x*2][ny+Shape[brick][rot][i].y]=BRICK;
}

for (y=1;y<BH+1;y++) {
    for (x=1;x<BW+1;x++) {
        if (board[x][y] != BRICK) break;
    }
    if (x == BW) {
        for (ty=2;ty<=y;ty++) {
            for (x=1;x<BW;x++) {
                board[x][ty]=board[x][ty-1];
            }
        }
        DrawBoard();
        delay(200);
    }
}
```

우선 벽돌이 바닥에 내려앉을 때 제 위치가 아닌 엉뚱한 곳에 착륙한다. 어떤 경우는 허공에 붕 뜨기도 하고 어떤 경우는 밑의 벽돌을 뚫고 지나가 버리기도 한다.

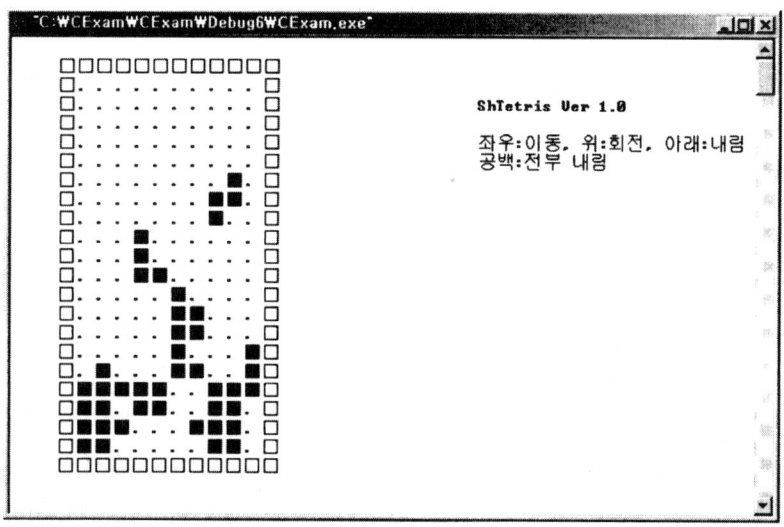

착륙 위치를 제대로 찾지 못한다는 것은 벽돌 주변에 무엇이 있는지 제대로 파악하지 못한다는 뜻이므로 일단 GetAround 함수가 수사선상에 오를 것이다. 이 함수의 동작을 잘 관찰해 보면 게임판의 현재 벽돌 착륙 상태를 저장하는 board 배열이 잘못 관리되고 있다는 것을 발견할 수 있으며 그래서 이 배열을 작성하는 TestFull 함수가 또 다른 용의자로 지목된다.

board 배열에 벽돌을 기록하는 코드를 단계 실행해 보면 x 좌표에 쓸데없이 2를 곱하고 있는데 이 연산식이 바로 에러의 원인이다. 테트리스는 콘솔 화면의 종횡비 때문에 수평으로 2문자씩 출력하도록 되어 있다. 하지만 내부적인 배열은 그렇게 되어 있지 않으며 각 칸이 배열 요소 하나에 대응된다. 배열상의 요소를 찾는 식에 2를 곱했기 때문에 내려앉은 벽돌이 제 위치를 찾지 못하는 것이다.

이 외에 한 줄이 가득 차도 제거되지 않는 문제가 있고 한 줄을 지울 때 위의 모든 벽돌이 제거되는 버그도 가지고 있다. 전자는 한 줄이 가득 찼다는 조건을 (x == BW)로 점검했기 때문인데 수평 한 줄을 다 점검해서 모두 벽돌일 때의 조건은 (x == BW+1)이 옳다. 후자는 위쪽의 벽돌을 아래로 복사할 때 복사 방향이 위에서 아래로 되어 있어 윗줄이 아래 줄을 덮어 버리는 것이다. 이런 버그는 디버거를 사용하더라도 그다지 쉽게 발견되지는 않는다. 그러나 디버거조차도 없다면 더욱 더 발견하기 어려울 것이다.

이상으로 짧으나마 실제 버그를 가진 예제로 디버깅 연습을 해 보았다. 아무래도 실제 상황이 아니다 보니 현실감 있는 경험이 되기는 어려울 것이다. 이후 소스를 분석하거나 직접 프로그램을 만들 때는 디버거를 열심히 사용하면서 디버깅 경험을 쌓도록 하자. 디버깅 실력은 해 본 시간만큼 늘게 마련이다.

1.4 assert

assert는 코드 차원에서 프로그램의 안정성을 높이는 역할을 한다. assert라는 단어를 영한사전에서 찾아보면 "단언하다, 확실히 하다"라는 뜻을 가지고 있는데 코드가 정확하게 동작할 수 있는 상황이라는 것을 확인한다. 함수는 입력과 출력을 가지는데 입력이 정확하면 출력도 항상 정확하지만 호출부에서 틀린 값을 주면 함수를 아무리 잘 만들어도 안정적인 동작을 할 수 없다. 예를 들어 다음 함수를 보자.

```
int divide(int a, int b)
{
    return a/b;
}
```

이 함수는 인수로 주어진 두 정수 a와 b의 나누기 연산을 하여 그 결과를 리턴하는데 divide(6,3)을 호출하면 당연히 2라는 결과를 리턴할 것이다. a와 b만 정확하다면 이 함수가 절대로 틀릴 수 없겠지만 만약 나누는 수 b가 0이면 이 함수는 치명적인 에러를 일으키고 다운되어 버릴 것이다. 이런 에러를 방어할 때는 통상 if문을 사용하는데 if는 어디까지나 에러를 피해 다니는 방법이지 에러를 근본적으로 수정하는 방법은 아니다.

이런 에러를 수정하려면 결국 호출부가 b로 0을 전달하지 않도록 해야 하며 개발자는 이런 상황이 발생했을 때 호출부를 수정해야 한다. divide 함수에 필요한 코드는 b가 0이 되었을 때를 적발해 내는 감시 코드인데 이럴 때 assert문을 사용한다. assert는 assert.h 헤더 파일에 정의되어 있는 매크로 함수이므로 이 헤더 파일을 인클루드해야 한다.

예제 Assert

```
#include <Turboc.h>
#include <assert.h>

int divide(int a, int b)
{
    assert(b!=0);
    return a/b;
}

void main()
{
    divide(6,3);
    divide(1,0);
}
```

assert 함수는 표현식을 인수로 전달받아 이 인수가 참인지를 점검한다. 조건이 참이면 이 함수는 아무 일도 하지 않지만 거짓이면 에러 발생 위치와 표현식 등으로 구성된 상세한 에러 메시지를 출력하고 프로그램을 강제로 종료시킨다. assert는 괄호안의 조건식이 확실히 맞는지 확인하는 역할을 하는데 assert (b!=0);문은 b가 0이 아니라는 것을 확실히 하라는 뜻이다. 특정 시점에서 반드시 참이어야 하는 조건을 assert의 인수로 작성한다. 그렇다면 다음과 같이 쓰는 것과는 무엇이 다를까?

```
int divide(int a, int b)
{
    if (b==0) exit(-1);
    return a/b;
}
```

이 코드는 b가 0일 때 프로그램을 강제로 종료함으로써 아래의 a/b 연산을 하지 않도록 하기는 하지만 왜 프로그램이 종료되었는지는 알려 주지 못한다. 반면 assert는 버그가 있다는 것뿐만 아니라 프로그램이 어디서 어떤 이유로 종료되었는지를 자세히 알려준다. 이 예제의 main에서 b로 0을 넘기고 있으므로 이대로 실행하면 다음과 같은 에러 메시지가 출력된다.

```
Assertion failed: b!=0, file C:\CExam\Assert\Assert.cpp, line 6
```

Assert.cpp의 6번째 줄에서 b!=0 조건이 맞지 않아서 프로그램이 종료되었다는 것을 표시하고 있다. 콘솔 프로젝트는 이 메시지가 stderr 표준 출력(결국 화면)으로 나타나지만 그래픽 프로젝트에서는 다음과 같은 대화상자가 나타나며 이 대화상자로 에러 위치와 원인을 정확하게 알 수 있다.

개발자는 이 메시지를 받았을 때 다시 시도 버튼을 누른 후 중단된 시점의 콜 스택과 주요 변수의 상태를 확인하여 에러의 원인을 쉽게 알 수 있다. 위치만 알면 원인과 해결책은 금방 파악된다. 디버깅은 버그를 고치는 작업이라기보다는 버그를 찾아내는 것이며 찾기만 하면 고치는 것은 아주 쉽다.

그렇다면 assert가 없을 때와는 또 무엇이 다를까? 어차피 이 예제를 실행하면 바로 다음 행의 나누기 연산식에서 에러가 발생하며 프로그램은 강제로 종료된다. 프로그램이 죽는다는 것을 알면 디버거로 단계 실행해서 죽은 위치와 원인을 알아내는 것도 가능하다. 그러나 예외가 발생하는 시점과 예외의 원인이 발생하는 시점이 이 예제처럼 인접해 있는 경우보다는 그렇지 못한 경우가 훨씬 더 많다. 다음 예제를 보자.

예제 Assert2

```
#include <Turboc.h>
#include <assert.h>

size_t getsize()
{
    int size;

    size=0;
    return size;
```

```
}
void main()
{
    char *p;
    int size;

    size=getsize();
    p=(char *)malloc(size);
    strcpy(p,"test");
    free(p);
}
```

getsize 함수는 어떤 대상의 크기를 조사하며 main은 이 함수가 조사한 크기만큼 메모리를 할당해 사용한다. 어떤 에러로 인해 getsize가 크기를 제대로 조사하지 못해 0으로 조사했다고 하자. 이럴 때 프로그램이 죽는 위치는 getsize가 아니라 이 잘못된 크기를 사용하는 곳인데 이 예제의 경우 strcpy 또는 free에서 죽을 수 있다. 에러의 원인은 getsize가 제공했지만 이 에러가 문제가 된 곳은 main인 것이다. 이럴 때 getsize에 assert 문을 작성한다.

```
size_t getsize()
{
    int size;

    size=0;
    assert(size >= 6);
    return size;
}
```

이렇게 해 두면 getsize에서 문제가 발생하는 즉시 assert가 이대로 두면 위험하다는 것을 적극적으로 알린다. 좀 더 대규모의 프로젝트에서는 최초 발생한 에러가 수천줄 이후에나 말썽을 일으키기도 하는데 이럴 때 죽은 자리의 코드만 봐서는 어디서부터 꼬였는지 찾기 대단히 어렵다. 그래서 에러의 원인이 될 만한 곳에 assert를 삽입하여 미리 오동작을 발견하고자 하는 것이다.

assert는 가급적 많이 사용하는 것이 좋다. 조금이라도 의심이 가는 부분에 대해서는 항상 assert문을 삽입하여 조건을 확실히 만족하는지 점검해야 한다. assert는 에러를 잡기 위한 일종의 덫인 셈인데 덫을 많이 놓을수록 에러가 걸려들 확률은 높아지고 프로그램의 안전성이 향상된다. assert는 또한 문서화에도 도움을 주는데 코드를 읽는 사람에게 함수가 동작하기 위한 전제 조건을 잘 설명한다. 주석보다 오히려 assert가 더 간결한 설명문이다.

assert는 아무리 많이 써도 최종 프로젝트의 성능이나 크기와는 상관이 없다. 왜냐하면 assert는 조건부 컴파일로 정의되어 있는 매크로 함수이기 때문이다. assert 매크로가 어떻게 정의되어 있는지 assert.h 헤더 파일을 보자.

```
#ifdef  NDEBUG
#define assert(exp)       ((void)0)
#else
#define assert(exp) (void)( (exp) || (_assert(#exp, __FILE__, __LINE__), 0) )
#endif  /* NDEBUG */
```

디버그 버전일 때 assert는 인수로 주어진 exp를 평가하고 이 값이 참이면 _assert 함수를 호출한다. 쇼트 서키트 기능에 의해 exp가 참이면 전체 식이 이미 참으로 판명났으므로 _assert 함수는 호출되지 않는다. _assert는 에러가 발생한 수식과 위치를 콘솔 또는 대화상자로 출력하고 프로그램을 종료하는 진짜 함수이되 exp가 거짓일 때만 호출된다.

릴리즈 버전일 때 assert는 그냥 0으로 평가되는 빈 문장이므로 프로그램의 속도를 감소시키지도 않고 크기를 늘리지도 않는다. 조건부 컴파일 지시자에 의해 assert를 한 번에 숨아낼 수 있는 장치가 마련되어 있으므로 필요한 곳에 마음껏 써도 상관없다. 그래서 완벽주의를 지향하는 개발자의 소스를 보면 코드만큼이나 assert가 많이 포함되어 있는 경우도 있다. 다음은 assert문의 주의 사항이다.

❶ assert 매크로는 디버거 버전에서만 컴파일되므로 assert의 인수로는 생략해도 상관없는 조건식만 넣어야 한다. 릴리즈 모드에서도 실행해야 하는 의미 있는 동작을 assert 문에 작성해서는 안 된다. 다음 코드를 보자.

```
assert((pSet=DoQuery())!=NULL);
pSet의 결과 출력
```

이 코드는 데이터 베이스에 질의를 보내 결과 셋을 받는데 결과 셋이 NULL이 아니라는 것을 확인하기 위해 assert문을 사용했다. 디버거 모드에서는 이 문장이 제대로 실행되지만 릴리즈 모드로 바꾸면 DoQuery 함수가 호출되지 않으므로 pSet은 쓰레기값을 가질 것이다. 이 코드가 확인하고자 하는 것은 결과 셋이 제대로 조사되었는가 아닌가이므로 DoQuery 호출문은 빼고 pSet값을 비교하는 조건문만 assert에 넣어야 한다.

```
pSet=DoQuery();
assert(pSet!=NULL);
pSet의 결과 출력
```

일단 DoQuery를 호출하여 결과를 조사하고 assert문으로 결과가 제대로 조사되었음을 확인했다. pSet!=NULL은 단순한 조건문일 뿐이므로 릴리즈 모드에서 이 조건문이 빠져도 아무 상관이 없다. assert는 어디까지나 확인용 함수일 뿐이므로 변수의 값을 바꾸거나 프로그램의 상태를 변경하는 코드는 assert 안에 둘 수 없다.

❷ assert는 절대로 발생해서는 안 되는 조건에 대해서 사용하는 것이지 정상적인 에러 상황을 처리하는 문장이 아니다. 위 예에서 DoQuery 함수는 반드시 결과를 돌려주는 것으로 가정하고 있으며 만약 질의 결과에 해당하는 레코드가 하나도 없다면 빈 결과 셋이라도 리턴할 것이다. DoQuery가 실패하는 상황도 정상적이라면 assert 대신 if문을 사용해야 한다. 다음 예를 보자.

```
ch=getch();
assert(isalphs(ch));
입력한 영문자에 따른 작업
```

이 코드는 ch로 반드시 영문자만 입력하도록 요구하며 사용자는 반드시 영문자 중 하나를 입력하도록 강요한다. 사용자가 설사 입력을 잘못했다고 해서 프로그램이 종료되어서는 안 되므로 여기에 사용된 assert문은 적합하지 않다. 잘못 입력했으면 다시 입력하라는 메시지를 출력하는 것이 정상적이지 프로그램이 종료되면 어떻게 되겠는가? 사용자는 언제나 실수할 가능성이 있으며 이런 상황은 아주 정상적인 처리 과정일 뿐 예외가 아니므로 여기에는 if문을 사용해야 한다.

❸ assert 문에 조건을 작성할 때는 가급적이면 한 조건 당 하나의 assert를 쓰는 것이 좋다. 줄 수를 줄이고자 여러 개의 조건을 하나의 assert에 넣는 것은 좋지 않다.

```
assert (a!=0 && p!=NULL && b==0);
```

이렇게 하면 셋 중 하나라도 거짓일 때 에러 메시지가 출력되기는 하지만 에러 메시지만으로는 셋 중 어떤 문제로 인해 프로그램이 정지되었는지 바로 알 수 없다. 세 개의 assert문으로 각각 분리해 놓으면 어떤 조건이 거짓인지를 바로 알 수 있다. assert는 아무리 많아도 성능에 영향을 주지 않으므로 굳이 한 줄로 압축할 필요없이 에러 메시지로부터 원인을 바로 알 수 있도록 하는 것이 좋다.

C 라이브러리가 제공하는 표준 assert 매크로 외에도 각 라이브러리나 언어, 개발툴이 제공하는 고유한 확인 함수들이 있다. 예를 들어 MFC 라이브러리는 ASSERT, _ASSERT 등의 매크로를 제공하는데 약간의 기능 차이와 출력하는 메시지의 내용이 다를 뿐 사용하는 방법이나 목적은 동일하다.

부록 2 과제 해설

이 책은 문법을 제대로 익혔고 학습한 문법을 제대로 응용할 수 있는지 점검해 볼 수 있는 적절한 난이도의 과제를 각 장의 중간 중간에 제시하고 있다. 배포 파일에는 이 과제들에 대한 소스가 포함되어 있지 않으며 과제의 의도를 파악할 수 있는 실행 파일만 포함되어 있는데 이는 동작을 잘 관찰해 보고 직접 풀어 보라는 뜻이다.

문제 하나를 푸는 데는 여러 가지 방법이 존재하므로 코드에 정답이라는 것은 없다. 여러분들이 과제를 풀어 보고 배포 파일의 실행 파일과 똑같이 동작한다면 모두 정답이라고 할 수 있다. 어떤 방법으로 문제를 풀든지 소스의 길이나 속도, 효율상의 차이는 있을지라도 문제만 풀면 일단은 정답이다. 또한 이 설명 문서에 있는 코드가 반드시 최적의 코드인 것도 아니다. 좀 더 좋은 방법이 존재할 수도 있고 가독성을 희생하더라도 더 압축할 수 있다.

과제는 학습이 제대로 되었는지 점검하고 응용력을 키우는 연습 과정이므로 반드시 스스로 풀어야 한다. 물론 과제를 푸는 과정에서 오류를 범하거나 시행착오를 겪게 되며 이 과정은 많은 고민과 시간을 요구한다. 하지만 과제를 어렵게 푸는 동안 소중한 경험이 쌓인다는 점을 명심하고 답답하다하여 섣불리 설명 문서를 보아서는 안 된다. 만약 문제를 보고 정답을 바로 본다면 예제 하나를 구경해 보는 것 이상의 의미가 없을 것이다.

과제는 do를 요구하는 것이 아니라 try를 요구한다. 잘 안 되면 어떤 부분이 취약한지 스스로 점검해 보고 필요한 부분을 복습하거나 주변 사람에게 물어본 후 다시 시도해 보아라. 나는 최초 이 문서를 공개하지 않을 생각이었으나 많은 사람들의 요구로 일단은 공개하기로 했다. 이 설명문서가 여러분의 학습에 나쁜 영향을 미치지 않기를 바라며 도전 의식이 강한 사람은 아예 이 부록을 무시하기 바란다.

::4-forsum2

forsum 예제와 거의 비슷한 코드를 사용하되 루프의 계속 조건에 사용되는 상수 100만 사용자로부터 입력받으면 된다. 입력을 요구하는 적당한 프롬프트를 출력하고 합계를 구할 범위를 입력받은 후 루프의 계속 조건에 이 값을 적용하면 입력받은 범위까지 반복할 것이다.

예제 forsum2

```c
#include <Turboc.h>

void main()
{
    int i,sum;
    int input;
```

```
    printf("합계를 구하고 싶은 범위를 입력하세요 : ");
    scanf("%d",&input);

    sum=0;
    for (i=1;i<=input;i=i+1) {
        sum=sum+i;
    }
    printf("1~%d까지의 합 = %d\n",input,sum);
}
```

합계 계산 루프에 들어가기 전에 scanf로 input 변수에 정수값 하나를 입력받았다. 루프의 상수 100이 있던 자리에 input이라는 변수가 대신 들어갔고 이 값이 사용자에 의해 실행 중에 입력된다는 점만 다르다. i가 1부터 시작해서 사용자가 입력한 input까지 반복되므로 1~input까지의 합이 계산될 것이다. 조금 더 간단하게 작성하고 싶다면 다음과 같이 변형할 수도 있다.

예제 forsum2_1

```
#include <Turboc.h>

void main()
{
    int i,sum;

    printf("합계를 구하고 싶은 범위를 입력하세요 : ");
    scanf("%d",&i);

    printf("1~%d까지의 합 = ",i);
    sum=0;
    for (;i>0;i=i-1) {
        sum=sum+i;
    }
    printf("%d\n",sum);
}
```

input이라는 별도의 변수를 선언하지 않고 i에 입력받은 후 1씩 감소하면서 0이 될 때까지 반복하는 것이다. 입력받은 값 자체가 초기값이므로 for문의 초기식은 생략되어 있다. 합계를 구할 시작값이 1로 고정되어 있으므로 끝에서부터 1까지 1씩 감소하면서 sum에 i를 누적시킨다. 실행 결과는 일단 완전히 동일하다. 그러나 입력받은 값 자체가 루프를 실행하면서 파괴되어 버렸다는 점에 있어서 두 소스는 다르다고 할 수 있다. 만약 합계를 구한 후에도 이 값이 계속 필요한 상황이라면 forsum2_1 예제는 틀린 것이다.

이 과제에서 보다시피 아주 간단한 문제임에도 불구하고 해결 방법이 여러 개 존재한다는 것을 알 수 있다. 문제를 보는 각도가 다르면 접근 방법 자체가 달라질 수도 있고 문제의 특수한 상황을 활용할 수도 있다. 그래서 코드에는 정답이 없다고 하는 것이다.

::4-Triangle4

원하는 수평 대칭 삼각형을 종이에 그려 보면 아마 다음과 같은 모양이 될 것이다. 이 그림에서 오른쪽에 출력하고 싶은 * 삼각형만 생각해서는 안 되며 왼쪽의 보이지 않는 삼각형도 생각할 수 있어야 한다. 숨어 있는 이 삼각형을 먼저 그려야 대칭 삼각형을 그릴 수 있다.

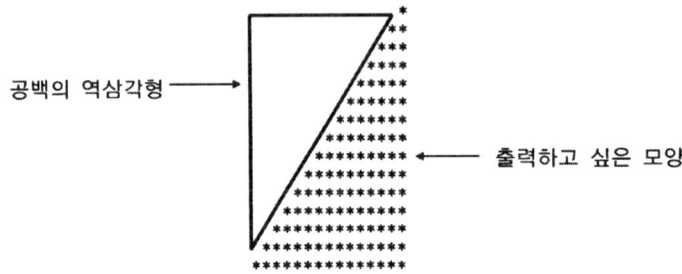

이 그림으로부터 제어 변수 i와 각 줄의 공백 개수, 그리고 그 옆에 출력할 * 문자의 개수와의 함수 관계를 도표로 그려 보면 다음과 같이 정리할 수 있다.

제어 변수(i)	왼쪽의 공백	오른쪽의 별
1	14	1
2	13	2
3	12	3
4	11	4

첫 번째 줄에는 공백 14개와 * 하나를 출력하고 두 번째 줄에는 공백 13개와 * 두 개를 출력하는 식으로 아래쪽으로 한 칸 내려갈 때마다 공백은 하나씩 적게 출력하고 *는 하나씩 더 출력하면 원하는 모양을 그릴 수 있다. 소스는 다음과 같다.

예제 Triangle4

```c
#include <Turboc.h>

void main()
{
    int i,j;

    for (i=1;i<=15;i=i+1) {
        for (j=1;j<=15-i;j=j+1) {
            printf(" ");
        }
        for (j=1;j<=i;j=j+1) {
            printf("*");
        }
        printf("\n");
    }
}
```

i루프는 1~15까지 변하는데 이 루프 안에 두 개의 j루프가 있다. 첫 번째 j루프는 15-i개만큼 공백을 출력하여 왼쪽에 여백을 출력하고 두 번째 j루프에서 i개만큼 *를 출력하였다. 위 도표에서 보다시피 공백의 개수 j=15-i의 관계가 성립하고 * 문자의 개수 j=i의 관계가 성립하므로 이 식대로 루프를 돌기만 하면 된다. 각 i루프에서 안쪽 두 j루프의 반복 회수를 더하면 정확하게 15가 된다. 매 줄을 출력할 때마다 개행해야 하므로 '\n'은 따로 출력한다.

이 예제에서 i루프에 포함되어 있는 두 개의 j루프는 중첩되어 있는 것이 아니고 동등한 레벨의 루프이므로 제어 변수를 같은 것으로 사용해도 상관없다. 첫 번째 j루프가 완전히 종료된 후 두 번째 j루프가 시작되므로 두 루프는 중첩 관계에 있는 것이 아니라 상호 독립적이다. i루프에 중첩된 두 개의 j루프로 문제를 해결했는데 다음과 같이 작성해도 결과는 마찬가지다.

예제 Triangle4_1

```c
#include <Turboc.h>

void main()
{
    int x,y;

    for (y=1;y<=15;y=y+1) {
```

```
        for (x=1;x<=15;x=x+1) {
            if (x > 15-y) {
                printf("*");
            } else {
                printf(" ");
            }
        }
        printf("\n");
    }
}
```

두 개의 루프와 한 개의 if문으로 대칭된 삼각형을 그렸다. x와 y 모두 1~15까지 루프를 돌면서 정사각형의 루프를 도는데 매 좌표마다 x와 15-y의 대소관계를 비교하여 공백을 출력할 것인지 *를 출력할 것인지를 판단한다.

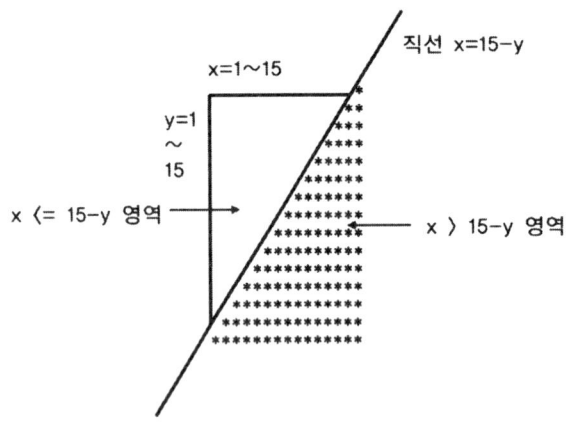

즉, 직선 x=15-y를 가정하고 이 직선의 왼쪽에 있는가 오른쪽에 있는가를 기준으로 출력할 문자를 결정하는 것이다. 다음 장에서 배울 삼항 조건 연산자를 쓰면 루프 안에 putch (x > 15-y ? '*':' '); 한 줄만 있으면 된다. gotoxy 함수를 사용한다면 이 예제를 훨씬 더 간단하게 작성할 수 있을 것이다.

::4-Triangle5

이등변 삼각형 그리기 예제도 앞 예제와 마찬가지로 제어 변수와 왼쪽 공백 그리고 각 줄마다 출력할 별의 개수의 관계를 조사하는 것이 핵심이다. 조금 번거롭더라도 종이에 원하는 모양을 그려 보고 도표로 이 관계를 정리해 보면 함수 관계를 쉽게 찾을 수 있다.

제어 변수(y)	왼쪽 공백	별의 개수
0	15	1
1	14	3
2	13	5
3	12	7
4	11	9

이 관계표에서 왼쪽 공백 x는 15-y로 정의되고 별의 개수 x는 y*2+1로 정의된다. 두 변수의 관계가 일차원적인 직선 관계라는 것만 안다면 두 점의 좌표만으로도 직선의 방정식을 쉽게 구할 수 있다. 도출한 함수 관계를 루프로 작성하기 위해 y루프를 먼저 구성하고 안쪽의 x루프는 이 공식대로 공백과 별을 출력하면 된다.

예제 Triangle5

```
#include <Turboc.h>

void main()
{
    int x,y;

    for (y=0;y<15;y++) {
        for (x=0;x<15-y;x++) putch(' ');
        for (x=0;x<y*2+1;x++) putch('*');
        puts("");
    }
}
```

한 행을 출력한 후 반드시 puts로 개행해야 한다. 지정한 개수만큼 문자를 출력하는 함수를 만든다면 좀 더 간략하게 작성할 수도 있다.

:: 4-ForMultiAdd

괄호 안에 곱셈이 있고 중간 곱셈의 결과를 누적시킨 합을 구해야 하므로 이중 루프를 구성하는 것이 좋다. 안쪽 루프에서 곱을 구하고 바깥쪽 루프에서는 구한 곱을 누적시키는 식이다.

예제 ForMultiAdd

```
#include <Turboc.h>

void main(void)
{
    int i,j;
    int sum,total;

    total=0;
    for (i=1;i<=5;i=i+1) {
        sum=1;
        for (j=1;j<=i;j=j+1) {
            sum=sum*j
        }
        total=total+sum;
    }
    printf("결과 = %d\n",total);
}
```

i루프는 1~5까지 변하며 j루프는 1~i까지 변한다. j루프는 sum에 1~j까지의 부분곱을 구하고 i루프는 total에 부분곱의 누적합을 구하면 된다. total은 전체합을 구하므로 덧셈의 항등원인 0으로 초기화했고 sum은 부분곱을 구하므로 곱셈의 항등원인 1로 초기화했다. 만약 sum을 0으로 초기화하면 어떤 값을 곱하더라도 항상 0이 되어 버리므로 원하는 값을 구할 수 없을 것이다.

이중 루프를 다 돈 후 total에 있는 최종값을 출력하면 된다. 문제 자체가 두가지 계산을 중첩하도록 되어 있으므로 이중 루프를 쓰는 것이 자연스럽지만 다음 방법을 사용하면 이중 루프를 쓰지 않고도 문제를 풀 수 있다.

예제 ForMultiAdd_1

```
#include <Turboc.h>

void main()
{
    int i;
    int sum,total;

    total=0;
```

```
    sum=1;
    for (i=1;i<=5;i=i+1) {
        sum=sum*i;
        total=total+sum;
    }
    printf("결과 = %d\n",total);
}
```

안쪽의 j루프를 제거하고 루프 하나로 부분곱을 계속 구해 나가는데 이는 어떤 수까지의 곱은 이전 수까지의 곱에 현재 제어 변수를 곱한 것과 같다는 점을 이용하는 것이다. 예를 들어 3까지의 곱을 구해 놓았다면 다음 4까지의 곱은 이전에 구해 놓은 곱에 4를 곱하기만 하면 쉽게 구할 수 있다. sum은 진행되는 i변수까지의 곱을 계속 모으고 total은 이렇게 구해진 sum의 값을 누적해서 가짐으로써 최종 결과를 계산한다.

이 과제를 풀어보면 루프가 생각만큼 쉽기만 한 것은 아니라는 것을 알 수 있는데 루프를 아는 것과 잘 적용하는 것은 별개의 문제이다. 그러나 그렇다고 해서 무작정 어렵기만 한 것은 아니다. 코딩은 패턴을 익히는 것이므로 의도적으로 패턴을 암기하다 보면 응용력이 생긴다.

::4-ReflectSharp

완성된 소스는 다음과 같다. 동작에 비해 소스 길이가 너무 짧아 보이지만 요구 사항대로 정확하게 작성한 것이다.

예제 ReflectSharp

```
#include <Turboc.h>

void main()
{
    int x=40,y=12;
    int dx=1,dy=1;

    clrscr();
    while (!kbhit()) {
        gotoxy(x,y);putch(' ');
        x=x+dx;
        y=y+dy;
        if (x==79 || x==0) {
```

```
            dx=-dx;
        }
        if (y==24 || y==0) {
            dy=-dy;
        }
        gotoxy(x,y);putch('#');
        delay(30);
    }
}
```

이 예제의 핵심은 좌표의 이동 방향을 델타로 제어한다는 점이다. 이동할 방향을 dx, dy가 가지며 이 값을 바로 x, y에 더한다. 이렇게 하면 출력 좌표인 x, y를 관리하는 코드가 간단해져서 무조건 dx, dy만큼 더하기만 하고 벽에 부딪칠 때 dx, dy의 부호만 관리하면 된다. dx, dy의 초기값은 모두 1이며 따라서 최초 #은 우하향으로 움직이다. 그러다가 x, y가 상하좌우 어느 벽에라도 부딪치면 dx, dy의 부호를 뒤집어 이후부터는 반대 방향으로 움직인다.

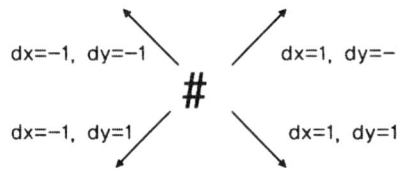

while루프가 전체를 감싸고 있으며 계속 조건에 !kbhit()문을 넣어 키입력이 없는 동안 계속 반복하도록 했다. 무한 루프로 만들고 루프 내부에서 if (kbhit()) break; 로 루프를 탈출해도 결과는 동일하다. 루프에 들어가기 전에 clrscr로 화면을 깨끗하게 지우는데 이 호출문은 생략할 수 없다. 개발 환경에서 Ctrl+F5로 실행할 때는 매번 새로운 콘솔창에서 실행되지만 명령행에서 직접 이 프로그램을 실행할 때는 이미 출력되어 있는 문자들을 지워야 한다.

루프 끝에는 delay(30)으로 약간 시간을 끌도록 하여 #이 움직이는 것을 천천히 관찰할 수 있도록 했다. 여기서 대기를 하지 않으면 너무 빨리 움직여서 사람 눈에는 아무 것도 안 보일 것이다. while 루프를 for로 바꾸면 루프 선두를 다음과 같이 조금 더 압축할 수 있다.

```
for (clrscr();!kbhit();delay(30)) {
```

초기식은 딱 한 번만 실행되고 증감식은 매번 실행되며 조건식도 매번 평가되므로 이렇게 해도 똑같다. 다음은 이 예제를 만들면서 흔하게 하는 실수들인데 C 프로그래밍을 처음 하는 초보자라면 누구나 이런 실수들을 하게 마련이다. 자신이 이런 실수를 하지 않았더라도 어떤 점을 주의해야 하는지 잘 봐두도록 하자. 그래야 같은 실수를 두 번 하지 않게 된다.

❶ # 문자가 움직이므로 이전 위치를 저장하기 위한 변수 prevx, prevy를 별도로 사용하는 경우가 많다. 즉 다음과 같이 작성하는 경우인데 동작은 동일하다.

예제 ReflectSharp_1

```
#include <Turboc.h>

void main()
{
    int x=40,y=12;
    int dx=1,dy=1;
    int prevx, prevy;

    clrscr();
    while (!kbhit()) {
        gotoxy(x,y);putch('#');
        prevx=x;
        prevy=y;
        x=x+dx;
        y=y+dy;
        if (x==79 || x==0) {
            dx=-dx;
        }
        if (y==24 || y==0) {
            dy=-dy;
        }
        delay(30);
        gotoxy(prevx,prevy);putch(' ');
    }
}
```

이전 위치를 먼저 저장해야 한다고 생각하는 이유는 새 위치에 먼저 출력한 후 지우는 작전을 선택했기 때문이다. x, y의 값을 변경하여 #을 이동해 버리면 이전 위치를 알 수 없으므로 이 값을 저장하기 위해 prevx, prevy라는 변수를 사용한 것이다. 그러나 먼저 지우고 x, y를 바꾼 후 새 위치에 출력하면 이전 위치를 저장할 필요가 없다. 결국 위 코드의 prevx, prevy는 출력과 삭제 순서를 바꾸면 사용할 필요가 없는 변수이다. 불필요한 변수 하나를 없애는 것은 단순히 코드를 짧게 만들기만 하는 정도가 아니라 프로그램의 구조를 향상시키고 훨씬 더 소스를 읽기 쉽게 만든다.

❷ dx, dy값 대신 이동 방향을 기억하기 위해 별도의 변수를 사용할 수도 있다. 예를 들어 BOOL xRight, yDown; 으로 선언하고 이 값의 진위 여부에 따라 x, y의 증감값을 결정하는 식이다.

예제 ReflectSharp_2

```c
#include <Turboc.h>

void main()
{
    int x=40,y=12;
    BOOL xRight=TRUE,yDown=TRUE;

    clrscr();
    while (!kbhit()) {
        gotoxy(x,y);putch(' ');
        if (xRight == TRUE) {
            x++;
        } else {
            x--;
        }
        if (yDown == TRUE) {
            y++;
        } else {
            y--;
        }
        if (x==79 || x==0) {
            xRight=!xRight;
        }
        if (y==24 || y==0) {
            yDown=!yDown;
        }
        gotoxy(x,y);putch('#');
        delay(30);
    }
}
```

가능한 방법이기는 하지만 이 값을 점검하기 위해 if 조건문이 필요하고 조건문의 평가 결과에 따라 각 변수의 증가 감소문을 따로 실행해야 한다는 점이 번거롭다. x, y 모두 이동할 방향은 왼쪽 아니면 오른쪽 또는 위 아니면 아래 둘 중 하나이므로 BOOL형 변수로 방향을 기억한다는 생각은 아주 자연스럽기는 하다. 그러나 BOOL형은 0 또는 0 이 외의 정수이므로 이 값 자체를 바로 연산에 사용할 수 없어 효율적이지 못하다. 1이나 -1의 값을 가지는 델타값을 사용하면 별도의 조건 점검을 할 필요 없이 x, y에 곧바로 더할 수 있으므로 훨씬 더 효율적이다.

❸ BOOL형의 변수 두 개로 방향을 기억하는 방법보다 더 최악의 경우는 #이 움직이는 방향이 우하, 우상, 좌상, 좌하 네 가지 중 하나이므로 이 방향을 기억하도록 하는 것이다. 다음 예제가 이 방법대로 작성한 것이다.

예제 ReflectSharp_3

```c
#include <Turboc.h>

void main()
{
    int x=40,y=12;
    enum tag_Dir { RB, LB, RT, LT } Dir=RB;

    clrscr();
    while (!kbhit()) {
        gotoxy(x,y);putch(' ');
        switch (Dir) {
        case RB:
            x=x+1;
            y=y+1;
            if (x == 79 && y == 24) {
                Dir=LT;
            } else {
                if (x == 79) Dir=LB;
                if (y == 24) Dir=RT;
            }
            break;
        case LB:
            x=x-1;
            y=y+1;
```

```
                if (x == 0 && y == 24) {
                    Dir=RT;
                } else {
                    if (x == 0) Dir=RB;
                    if (y == 24) Dir=LT;
                }
                break;
            case RT:
                x=x+1;
                y=y-1;
                if (x == 79 && y == 0) {
                    Dir=LB;
                } else {
                    if (x == 79) Dir=LT;
                    if (y == 0) Dir=RB;
                }
                break;
            case LT:
                x=x-1;
                y=y-1;
                if (x == 0 && y == 0) {
                    Dir=RB;
                } else {
                    if (x == 0) Dir=RT;
                    if (y == 0) Dir=LB;
                }
                break;
        }
        gotoxy(x,y);putch('#');
        delay(30);
    }
}
```

이동 가능한 4 방향을 tag_Dir 열거형으로 선언했으며 이 변수값에 따라 x, y의 증가값을 결정한다. 한 방향으로 움직이는 중에 반사될 수 있는 경우의 수는 세 가지나 되는데 이를 모두 처리해야 한다. 예를 들어 왼쪽 위인 LT 상태에서는 다음 셋 중 하나의 상태를 만날 수 있다.

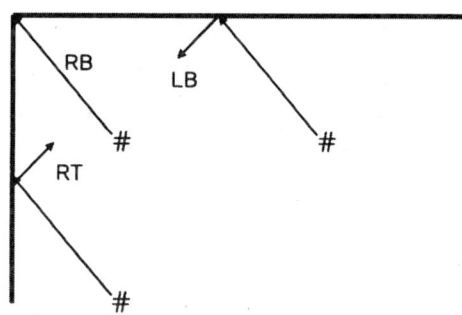

y가 0이 되면 위쪽벽에 부딪친 것이므로 왼쪽 아래(LB)로 움직여야 하고 x가 0이 되면 왼쪽벽에 부딪친 것이므로 오른쪽 위(RT)로 반사되어야 한다. 만약 x, y가 동시에 0이라면 모서리에 부딪쳤으므로 수평, 수직으로 모두 방향을 바꾸어 오른쪽 아래(RB)로 튕겨 나올 것이다. 열거형값을 비트 조작하는 것이 아니라 직접 대입해서 바꾸기 때문에 세 조건을 각각 따로 처리해야 하고 이런 처리를 4방향에 대해 각각 해야 한다.

잘 동작하기는 하지만 코드가 지나치게 길어지고 중복되는 부분이 많아져서 좋지 않다. 똑같은 동작을 하는 코드라면 가급적 짧은 것이 더 좋다. 일단 소스가 짧으면 실행 파일 크기도 작아지고 속도도 빨라진다. 자신의 소스가 지나치게 길어 보인다면 문제를 푸는 논리가 허술하다고 생각하면 거의 틀림없다.

❹ 두 개의 if문 사이에 else를 집어넣는 사람도 종종 있다. else가 필요없는데도 불구하고 if문이 두 개 연달아 있으면 왠지 else가 필요할 것 같아 보이기 때문이다. 다음과 같이 수정해 놓고 테스트해 보자.

```
if (x==79 || x==0) {
    dx=-dx;
} else
if (y==24 || y==0) {
    dy=-dy;
}
```

수평으로 반사되는 조건과 수직으로 반사되는 조건은 독립적으로 각각 평가 및 실행되어야 한다. 이 두 조건이 서로 배타적이라고 판단하기 쉬운데 잘 관찰해 보면 그렇지 않다. 두 조건이 동시에 만족할 때, 예를 들어 원점인 (0,0)에 부딪쳤을 때는 두 방향으로 모두 반사되어야 반대 방향으로 튕겨 나온다. 이 두 조건이 배타적이라고 잘못 생각하면 #이 모서리에 부딪쳤을 때 먼저 평가되는 x쪽만 방향이 바뀌므로 y좌표는 계속 감소하여 화면 위쪽으로 올라가 버릴 것이다.

(0,0)뿐만 아니라 4방향의 모서리 모두 마찬가지 증상을 보인다. 이런 버그는 프로그램의 동작을 오랫동안 관찰해 봐야 발견할 수 있는데 #을 한 두 바퀴만 돌려 봐서는 증상이 나타나지 않는다. 이런 간단한 예제도 버그를 발견하기 쉽지 않은데 큰 프로젝트의 버그를 발견하기는 얼마나 어렵겠는가? 다음은 가장 짧게 줄여 본 것이다.

예제   ReflectSharp_4

```c
#include <Turboc.h>

void main()
{
    int x=40,y=12,dx=1,dy=1;
    for (clrscr();!kbhit();delay(30)) {
        gotoxy(x,y);putch(' ');
        gotoxy(x+=dx,y+=dy);putch('#');
        dx*=(x==79 || x==0)*-2+1;
        dy*=(y==24 || y==0)*-2+1;
    }
}
```

연산자를 잘 활용하면 이렇게 짧게 문제를 해결할 수도 있다. 물론 어디까지나 재미와 학술적인 연구를 위해 만들어 본 것이지 이런 식으로 과하게 압축하는 것은 좋지 못하다. 연산자를 배운 후에 위 소스를 분석해 보기 바란다.

:: 5-ScrollChar

문제가 복잡해 보이는데 이런 문제는 한 번에 잘 해결되지 않으며 단계별로 차근차근히 해결해야 한다. 일단 움직임은 잠시 보류하고 . 문자 사이의 매 7칸마다 O를 출력해 보도록 하자. 매 단위마다 변화를 주어야 하므로 나머지 연산자를 사용해야 한다.

예제   ScrollChar_1

```c
#include <Turboc.h>

void main()
{
    int x;
    clrscr();
```

```
        gotoxy(0,10);
        for (x=0;x<80;x=x+1) {
                if (x % 7 == 0) {
                        putch('O');
                } else {
                        putch('.');
                }
        }
}
```

x를 0~79까지 반복하되 7의 배수 자리에만 O를 출력하고 나머지는 .을 출력하도록 했다. x 좌표가 7의 배수인지 알아보려면 7로 나눈 나머지가 0인지만 보면 된다. 다음 단계로 O가 한 칸씩 오른쪽으로 움직이도록 해 보자. x루프의 바깥쪽에 i루프를 작성하고 i를 0~6까지 반복하면서 x % 7이 i가 되는 위치에만 O를 출력한다.

예제 ScrollChar_2

```
#include <Turboc.h>

void main()
{
        int x;
        int i;

        clrscr();
        for (i=0;i<7;i=i+1) {
                gotoxy(0,10);
                for (x=0;x<80;x=x+1) {
                        if (x % 7 == i) {
                                putch('O');
                        } else {
                                putch('.');
                        }
                }
                delay(200);
        }
}
```

최초 x가 7로 나누어 0인 위치에 O를 출력하다가 다음 루프에서는 나머지가 1인 위치에 O를 출력하면 O가 한 칸 오른쪽으로 이동할 것이다. 한 칸 움직인 후 0.2초간 잠시 멈추고 다음 루프에서는 나머지가 2인 위치인 한 칸 더 오른쪽으로 O를 옮기며 이런 처리를 반복하면 O가 오른쪽으로 움직이는 것처럼 보인다.

```
나머지가 0인 자리들    O......O......O......O......
나머지가 1인 자리들    .O......O......O......O.....
나머지가 2인 자리들    ..O......O......O......O....
나머지가 3인 자리들    ...O......O......O......O...
```

문자들이 같은 위치에 출력되도록 하기 위해 위치를 먼저 옮겨야 하므로 gotoxy도 반복 대상에 포함된다는 점을 주의하도록 하자. i % 7과 비교되는 나머지값을 0~6까지 반복하여 O를 7칸 이동시켰는데 이중 루프를 통해 딱 한 번만 O가 이동한다. 이 과정을 계속 반복하려면 전체를 무한 루프로 감싸고 임의의 키를 누를 때까지 계속 반복하면 된다.

예제 ScrollChar_3

```c
#include <Turboc.h>

void main()
{
    int x;
    int i;

    clrscr();
    for (;;) {
        for (i=0;i<7;i=i+1) {
            if (kbhit()) {
                exit(0);
            }
            gotoxy(0,10);
            for (x=0;x<80;x=x+1) {
                if (x % 7 == i) {
                    putch('O');
                } else {
                    putch('.');
```

```
            }
        }
        delay(200);
    }
}
```

무한 루프가 되었으므로 프로그램을 끝낼 수 있는 조건을 점검해야 하는데 kbhit() 호출문을 가급적이면 안쪽 루프에 두어 누르는 즉시 종료하도록 해야 한다. 이 조건문이 for (;;) 바로 다음에 있으면 7칸을 움직인 후에 한 번 점검하므로 최대 1.4초나 기다려야 종료되어 반응성이 떨어질 것이다.

여기까지 요구사항대로 문제를 풀었지만 잘 관찰해 보면 삼중 루프씩이나 쓸 필요가 없다. i가 0~6까지 변하기를 무한히 반복하도록 했는데 그럴 필요없이 i를 무조건 증가시키면서 i값을 참조하는 곳에 i % 7을 대신 쓰면 0~6까지 순환되는 값이 만들어진다. 최종적으로 수정된 결과는 다음과 같다.

예제 ScrollChar

```c
#include <Turboc.h>

void main()
{
    int x;
    int i;

    clrscr();
    for (i=0;;i=i+1) {
        if (kbhit()) {
            break;
        }
        gotoxy(0,10);
        for (x=0;x<80;x=x+1) {
            if (x % 7 == i % 7) {
                putch('O');
            } else {
                putch('.');
            }
        }
        delay(200);
    }
}
```

i는 무조건 증가하기만 하고 매 i루프마다 x가 0~79까지 루프를 돌며 O 또는 .을 출력하되 i를 7로 나눈 나머지와 x를 7로 나눈 나머지가 일치할 때만 O를 출력한다. i가 계속 변하고 있으므로 매 루프마다 O가 출력되는 위치가 오른쪽으로 이동된다. kbhit 조건문이 제일 바깥쪽 루프에 속해 있으므로 프로그램 종료를 위해 굳이 exit(0)를 쓸 필요없이 루프만 탈출하면 쉽게 종료할 수 있다.

이 과제의 핵심 코드는 x%7 == i%7 조건문인데 사실 이 조건문이 처음부터 쉽게 떠오르지는 않는다. 단계별로 문제를 풀어 나가다 보면 이런 압축된 코드가 자연스럽게 만들어지며 이후 비슷한 문제를 풀 때는 좀 더 쉽게 적용할 수 있다.

:: 5-Over1000

단순한 루프와 break문으로 풀 수 있는 평이한 루프 문제이다.

예제 Over1000

```c
#include <Turboc.h>

void main()
{
    int i, sum=0;

    for (i=1;;i++) {
        sum+=i;
        if (sum > 1000) {
            break;
        }
    }
    printf("%d까지의 합 = %d\n",i,sum);
}
```

제어 변수 i로 1부터 루프를 돌며 sum에 합을 계속 누적하되 각 반복시마다 sum이 1000이 넘는지 검사하여 이때 break로 루프를 탈출하면 된다. 탈출 시점의 i가 최초로 1000을 넘는 수이며 이때의 합은 sum으로 구할 수 있다. 이 두 값을 화면으로 출력하고 종료한다. 누적 연산은 각 루프 반복시마다 매번 해야 하므로 증감식에 포함시킬 수 있고 탈출 조건의 역조건을 조건식에 작성하여 압축할 수 있다.

```c
for (i=0;sum<=1000;sum+=++i) {;}
```

증감식에서 제어 변수 증가, 누적을 처리하고 조건식에서 탈출 점검까지 하므로 루프 자체에서는 아무 것도 하지 않아도 된다.

::5-Float2Digit

실수에서 소수점 이하 두 자리수만 추출하기 위해서는 다음 두 식 중 하나를 쓸 수 있다. 정수부를 먼저 자르는가 소수부를 먼저 자르는가의 순서만 다르고 효과는 동일하다.

- int(f*100) % 100 : 100을 곱함으로써 소수점 이하 두 자리를 정수부로 올린 후 int 캐스트 연산자로 소수부를 자른다. 그리고 100의 나머지를 구함으로써 원래 정수부였던 값을 버려 최종적으로 소수점 이하 두 자리만 정수부로 남긴다.
- int((f-int(f))*100) : 원래 f값에서 int로 캐스팅한 정수부를 빼면 정수부가 사라지고 소수부만 남는다. 여기에 100을 곱하면 소수점 이하 두 자리수가 정수부로 올라오며 이 결과를 다시 int 캐스트 연산자로 소수점 이하를 자른다.

꼭 어떤 방법이 더 좋다고 할 수는 없으나 기계가 실행하기에는 첫 번째 방법이 더 간단해 보이고 사람의 자연스러운 사고로는 두 번째 방법이 더 인간적이라고 할 수 있다. 왜냐하면 문제의 요구 사항이 소수점 이하를 구하는 것이므로 정수부를 먼저 잘라야 한다는 생각이 들기 때문이다. 입력값이 12.3456 이라고 했을 때 두 식에 의해 34가 추출되는 과정은 다음과 같다.

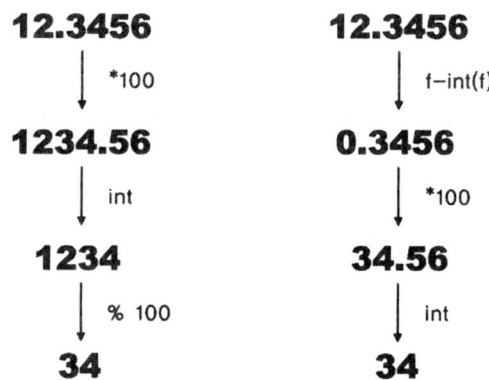

단, 두 식 모두 부호를 그대로 유지하는 특성이 있어 입력값이 음수인 경우 남은 두 자리의 부호도 음수가 된다는 문제점이 있다. 제시된 문제가 부호를 유지하라고 했다면 이대로 두는 것이 정답이겠지만 화폐 단위를 추출하라고 했으므로 부호를 제거하는 것이 논리상 맞다. 최종 결과에 abs 함수를 적용하거나 아니면 간단한 if문과 - 부호 연산자로 부호를 제거할 수 있다. 최종 완성 예제는 다음과 같다.

예제 Float2Digit

```c
#include <Turboc.h>

void main()
{
    float f;
    int i;

    printf("실수를 입력하시오 : ");
    scanf("%f",&f);

    i=abs(int((f-int(f))*100));
    //i=abs(int(f*100) % 100);
    printf("i=%d\n",i);
}
```

음수인 경우와 정수가 입력된 경우에도 잘 동작한다. 이 과제를 풀면서 흔히 하는 실수 중 하나는 f를 double로 선언하는 것인데 scanf의 %f 서식은 float와 대응되며 double과 대응되는 서식은 %lf임을 주의해야 한다. 이 방법 외에 실수를 문자열로 바꾼 후 . 문자 이후의 두 자리수만 추출하여 정수로 다시 변환하는 다소 복잡한 방법을 쓸 수도 있고 그 외 제 3의 방법도 존재할 수 있다.

::5-AsciiTable

간단한 루프 문제이되 동시에 여러 개의 제어 변수를 사용해야 한다는 점에서 다소 어렵다. 완성된 예제는 다음과 같다.

예제 AsciiTable

```c
#include <Turboc.h>

void main()
{
    int ch;
    int x,y;

    gotoxy(34,1);
    puts("ASCII Table");
```

```
    for (x=5,y=3,ch=' ';ch<=126;ch++,y++) {
        gotoxy(x,y);
        printf("%3d   %X   %c",ch,ch,ch);
        if (y == 21) {
            y=2;
            x+=15;
        }
    }
    getch();
}
```

화면 위쪽의 적당한 위치에 제목을 출력하고 대상 문자 코드인 ch를 제어 변수로 루프를 돌린다. 출력 대상 문자가 공백 문자인 32에서 시작하여 126까지이므로 ch는 이 범위 내에서 증가하면 된다. 매 루프마다 (x, y)로 커서를 옮긴 후 ch 제어 변수의 코드값, 16진 코드값 그리고 문자 그 자체를 출력하는데 똑같은 ch 변수를 사용하더라도 printf문의 대응되는 서식에 따라 다른 값이 출력된다.

출력 좌표인 x와 y도 루프를 반복하는 중에 같이 변해야 하므로 초기식, 증감식에 이 두 변수에 대한 처리문도 콤마 연산자로 포함시켜 두었다. y는 ch가 변할 때마다 매번 1씩 증가하여 아래줄에 출력되도록 하고 y가 21이 되면 다시 상단으로 옮기고 x는 15칸 더 오른쪽으로 이동한다. y에 2를 대입해 놓으면 증감식에 의해 y가 1 증가하므로 다음 출력 y좌표는 자연스럽게 3이 된다. 줄간은 1이 되고 행간은 15로 맞추는데 두 값은 적당히 보기 좋게 경험적으로 선택한 것이다.

루프가 끝난 후 getch 호출문을 넣어 잠시 대기하도록 했으므로 아스키 테이블이 필요할 때 이 실행 파일을 더블클릭해서 확인할 수 있다. 이 문제를 푸는데 꼭 이중 루프를 써야 한다고 생각할 필요는 없다. 출력할 좌표를 기준으로 루프를 돌린다면 x, y 제어 변수로 이중 루프를 구성할 수도 있다. 다음 예제도 일단은 동일한 결과를 출력하기는 한다.

예제 AsciiTable_1

```
#include <Turboc.h>

void main()
{
    int ch;
    int x,y;

    gotoxy(34,1);
    puts("ASCII Table");
```

```
        ch=' ';
        for (x=5;x<80;x+=15) {
                for (y=3;y<=21;y++) {
                        gotoxy(x,y);
                        printf("%3d   %X   %c",ch,ch,ch);
                        ch++;
                }
        }
        getch();
}
```

그러나 x의 상한값을 어디다 맞추어야 할지 결정하는 것이 무척 애매하고 출력 대상 ch의 개수가 직사각형이 아닐 경우 쓸데없이 남는 코드도 출력될 수 있어 정확하게 원하는 부분만 출력하기 어렵다. 문제 자체가 문자 코드를 출력하는 것이므로 문자 코드로 루프를 구성하는 것이 원칙적으로 옳다.

∷ 5-BaseBall

완성된 소스는 다음과 같다. 콘솔 환경이기는 하지만 그래도 하나의 완벽한 게임이므로 소스의 길이가 다소 길며 제어 구조가 복잡하다.

예제 BaseBall

```c
#include <Turboc.h>

void main()
{
    int Num;
    int n1,n2,n3;
    int input;
    int i1,i2,i3;
    int b,s;

    randomize();
    while (TRUE) {
        do {
            Num=random(900)+100;
            n1=Num%10;
            n2=Num/10%10;
```

```c
            n3=Num/100;
    } while (n1 == n2 || n1 == n3 || n2 == n3);

    do {
        for (;;) {
            printf("숫자를 입력하세요(끝낼 때 0) : ");
            scanf("%d",&input);
            if (input == 0) {
                exit(0);
            }
            if (input > 999 || input < 100) {
                puts("세 자리의 숫자를 입력해 주십시오.");
                continue;
            }
            i1=input%10;
            i2=input/10%10;
            i3=input/100;
            if (i1 == i2 || i1 == i3 || i2 == i3) {
                puts("각 자리의 숫자는 달라야 합니다.");
                continue;
            }
            break;
        }

        s=b=0;
        if (n1 == i1) s++;
        if (n2 == i2) s++;
        if (n3 == i3) s++;

        if (n1 == i2 || n1 == i3) b++;
        if (n2 == i1 || n2 == i3) b++;
        if (n3 == i1 || n3 == i2) b++;

        if (s == 3) {
            puts("축하합니다. 정답입니다.\n");
        } else {
            printf("%d 스트라이크 %d 볼입니다.\n",s,b);
        }
```

```
        } while (s != 3);
    }
}
```

사용자가 모르는 숫자를 생성하기 위해 먼저 randomize 함수로 난수 발생기를 초기화한다. 그리고 곧바로 루프로 들어가는데 전체 구조를 보면 다음과 같다.

```
while (TRUE) {
    조건에 맞는 난수를 만든다.
    do {
        규칙에 맞는 수를 입력받는다.
        볼 카운트 계산
    } while ( 맞출 때까지 )
}
```

무한 루프 안에 루프들이 또 있고 do 루프 안에 for 무한 루프가 있어 삼중 루프를 사용하는 셈이다. 무한 루프가 겹쳐 있어 복잡해 보이지만 이 루프의 구조는 상식적으로 생각하는 게임 진행 순서와 자연스럽게 일치한다. 프로그램의 전체 제어 구조를 먼저 설계한 후 루프내의 개별적인 문제들을 해결하는 코드를 작성하는데 뼈대가 만들어졌으면 살을 붙이는 것은 쉽다.

난수를 생성하는 코드부터 보자. 컴퓨터가 생성하는 난수는 100~999까지의 범위를 가지며 각 자리수가 중복되지 않을 때까지 반복해야 한다. 각 자리수는 %와 /연산자로 분리할 수 있는데 예를 들어 10자리수는 10으로 나누어 1자리를 먼저 없애고 10으로 나눈 나머지를 구해 100자리 이상을 없애면 된다. 10진 자리수는 이진수와 비트가 정확하게 대응되지 않기 때문에 비트 연산자로는 각 자리수를 추출할 수 없다.

게임 규칙에 의해 세 자리는 모두 다른 값을 가져야 하는데 이 조건을 점검하기 위해 각 자리수를 분리한 후 비교하였다. 난수로 생성한 Num을 자리수별로 n1, n2, n3로 분리하고 세 값 중 같은 값이 있는 동안 계속 반복하도록 했으므로 세 값이 모두 다를 때만 루프를 탈출한다. 이 예제는 첫 번째 자리만 제외하고는 0이 올 수 있도록 했다. 0도 숫자의 일종이므로 포함시켜도 되지만 0은 첫 번째 자리에 올 수 없다는 것이 또 다른 힌트가 된다는 약점이 되기도 한다. 만약 두 번째, 세 번째 자리에 0이 올 수 없다는 규칙이 있다면 이 조건도 while문에서 같이 검사하면 된다.

```
} while (n1 == n2 || n1 == n3 || n2 == n3 || n2 == 0 || n3 == 0);
```

Num이라는 세 자리의 10진값을 만든 후 각 자리의 수를 추출하는 방법 대신 애초부터 각 자리수를 따로 생성하는 것도 가능하다. 다음과 같이 개별 변수에 random 함수를 적용한다. 만약 0은 완전히 제외하고 싶다면 n2, n3의 범위도 random(9)+1로 지정하면 된다.

```
        do {
            n1=random(9)+1;
            n2=random(10);
            n3=random(10);
        } while (n1 == n2 || n1 == n3 || n2 == n3);
```

단순히 값을 생성한다는 목적으로만 본다면 이 방법이 훨씬 더 간단하고 편리하다. 그러나 다음에 있는 사용자 입력 루틴에서는 가 자리수를 따로 입력받을 수 없으며 10진수 세 자리를 한꺼번에 입력받은 후 자리수를 추출해야 한다. 입력 코드가 scanf("%d%d%d",&i1,&i2,&i3); 로 작성되어 있다면 사용자가 수를 입력할 때 123이라고 입력할 수 없으며 1 2 3으로 입력하거나 각 자리수 사이에 엔터를 삽입해야 하는 불편함이 있다.

사용자의 편의를 위해 세 자리수를 입력받고 컴퓨터가 그 값을 분리해서 사용하는 코드가 필요한 것이다. 사람이 컴퓨터를 위해 정확한 형식의 값을 입력하도록 요구하는 것보다는 대충 입력해도 프로그램이 알아서 꺼내 쓰는 것이 더 좋은 방식이다. 이 루틴과 대칭을 이루기 위해 컴퓨터가 생성하는 난수도 동일한 방법으로 만들었는데 세 자리 수를 한꺼번에 입력받으려면 어차피 입력받은 10진 세 자리수를 분리하는 코드가 필요하다.

난수를 생성한 후 게임 루프에 진입하는데 매 루프마다 사용자로부터 값을 입력받아야 한다. 사용자가 입력하는 값은 세 자리여야 하며 각 자리수가 서로 달라야 한다. 또한 입력값이 0일 경우 프로그램을 종료하는 조건 처리도 필요하다. 삼중 루프에 싸여 있기 때문에 루프를 탈출하기는 어렵고 exit(0)로 프로그램을 강제 종료하는 것이 더 간편하다.

세 자리가 아니라는 조건은 입력값이 100~999 사이인지를 보면 되고 중복 여부는 각 자리수를 분리한 후 난수 생성시와 같은 방법으로 비교하면 된다. 두 경우 모두 규칙에 맞지 않는 수가 입력되었다면 적당한 에러 메시지를 출력하고 continue로 루프 처음으로 보내 다시 입력받는다. 이때 사용자가 무엇을 잘못했는지 반드시 알려 주어야 원활한 게임을 진행할 수 있다. for (;;)는 사용자가 제대로 된 수를 입력할 때까지 무한히 반복하며 틀린 조건이 아닐 때 제일 마지막의 break문으로 루프를 탈출한다. 조건문을 반대로 바꿀 수도 있다.

```
for (;;) {
    printf("숫자를 입력하세요(끝낼 때 0) : ");
    scanf("%d",&input);
    if (input == 0) {
        exit(0);
    }
    if (input >= 100 && input <= 999) {
        i1=input%10;
```

```
            i2=input/10%10;
            i3=input/100%10;
            if (i1 != i2 && i1 != i3 && i2 != i3) {
                break;
            } else {
                puts("각 자리의 숫자는 달라야 합니다.");
            }
        } else {
            puts("세 자리의 숫자를 입력해 주십시오.");
        }
    }
```

무한히 반복하되 세 자리 숫자이고 각 자리수가 다를 때 break 하도록 한 것이다. 루프의 구조는 다르지만 결국 같은 동작을 한다. 전자는 잘못했을 때마다 계속 반복(continue)하도록 하는 것이고 후자는 잘할 때까지 계속 반복하며 잘했을 때 반복을 중지(break)하는 것이다.

값을 입력받았으면 컴퓨터가 생성한 난수와 사용자가 입력한 수를 비교하여 볼 카운트를 계산한다. 볼 카운트를 세는 방법은 아주 간단한데 s와 b를 0으로 초기화하고 이 변수에 스트라이크와 볼의 개수를 세면된다. 각 자리수 추출 후 대응되는 자리수끼리 값이 같으면 s를 증가시키고 대응되지 않는 나머지 자리끼리 값이 같으면 b를 증가시킨다. 비교해야할 대상이 많을 것 같지만 양쪽 모두 세자리 밖에 되지 않으므로 간단한 if문으로 작성할 수 있다. 논리식이 참일 때 1이 되는 것을 이용하면 다음과 같이 더 압축된 코드를 만드는 것도 가능하다.

```
s=(n1 == i1) + (n2 == i2) + (n3 == i3);
b=(n1 == i2 || n1 == i3) + (n2 == i1 || n2 == i3) + (n3 == i1 || n3 == i2);
```

조건식의 결과값들을 모두 더한 값을 바로 대입하므로 s와 b를 0으로 초기화할 필요도 없다. 결과는 물론 동일한데 if문을 일일이 나열하는 것보다 논리식의 결과값을 더하는 편이 훨씬 더 효율적이고 빠르다. 볼 카운트를 구한 후 s가 3이면 모든 자리수가 정확히 일치한 것이므로 축하 메시지를 출력하고 난수 발생 루틴으로 이동하며 그렇지 않은 경우 볼 카운트를 출력하고 계속 입력을 받는다.

이 예제는 숫자가 아닌 영문자를 입력할 경우 무한 루프에 빠지는 문제가 있는데 이는 scanf가 숫자만 읽고 나머지 문자는 버퍼에 그대로 남겨 두기 때문이다. 입력을 받기 전에 fflush(stdin) 호출로 버퍼를 비우면 해결된다. 볼 카운트를 스크롤하면서 출력하는 대신 출력 위치를 고정시켜 먼저 입력한 수의 평가 결과를 일목요연하게 볼 수 있도록 개선하면 훨씬 더 재미있는 게임이 될 것이다. 다음에 배열을 배우면 4자리 이상의 수로도 게임을 즐길 수 있도록 작성해 보도록 하자.

::6-power

두 개의 정수값을 입력으로 받아들이므로 인수 목록은 int a, int b로 작성하면 된다. 물론 형식 인수 이름은 원하는 대로 바꿀 수 있다. 입력받은 인수로 ab를 계산해서 다시 리턴해야 하므로 리턴 타입도 int형이다. main 함수 앞쪽에 power 함수를 다음과 같이 작성한다.

예제 power

```c
#include <Turboc.h>

int power(int a,int b)
{
    int i,sum=1;

    for (i=0;i<b;i++) {
        sum*=a;
    }
    return sum;
}

void main()
{
    printf("2의 3승=%d\n",power(2,3));
    printf("3의 4승=%d\n",power(3,4));
}
```

sum을 곱셈의 항등원인 1로 초기화하고 sum에 a를 곱하기를 b번 반복하면 된다. b가 너무 큰 경우나 음수인 경우 등의 에러 처리는 하지 않았는데 이런 경우까지 처리하려면 알고리즘이 좀 더 정교해져야 한다.

::9-AlphaNum

입력된 문자열을 처음부터 끝까지 검색하면서 각 문자별로 출현 회수를 세야 하므로 문자 개수만큼의 배열이 필요하다. 문자열을 끝까지 읽어 봐야 각 문자들의 출현 회수를 알 수 있으므로 다 읽기 전에 중간 결과를 배열에 저장해야 한다.

예제 AlphaNum

```c
#include <Turboc.h>

void main()
{
    char str[256];
    int alpha[26]={0,};
    int i,c;

    puts("영문 소문자로 된 긴 문자열을 입력하시오.");
    gets(str);

    for(i=0;i<256;i++) {
        if (str[i] == 0) break;
        if (str[i] >= 'a' && str[i] <= 'z') {
            alpha[str[i]-'a']++;
        }
    }

    for (c='a';c<='z';c++) {
        printf("%c - %d개\n",c,alpha[c-'a']);
    }
}
```

알파벳의 개수가 26개 이므로 크기 26의 alpha 배열을 선언하고 모든 요소를 0으로 초기화했다. gets로 문자열을 입력받은 후 str 배열을 처음부터 끝까지 순회하면서 각 문자의 출현 회수를 증가시킨다. alpha 배열의 첫 번째 요소 alpha[0]에는 'a'의 개수 alpha[1]에는 'b'의 개수를 저장하는데 문자 c와 이 문자가 저장될 배열 첨자 idx의 관계는 idx=c-'a'로 구할 수 있다.

문자열 끝까지 돌며 각 문자의 회수를 저장하는 alpha 배열 요소의 값을 1씩 증가시키면 모든 문자열을 다 읽었을 때 alpha 배열에는 문자들의 출현 회수가 작성된다. 마지막으로 이 배열을 끝까지 순회하면서 alpha 배열을 화면으로 출력한다.

∷ 9-PrintTomorrow2

윤년을 고려하여 다음 날짜를 계산하려면 년도에 대한 정보가 함수로 전달되어야 한다. 그래서 첫 번째 인수로 년도를 나타내는 인수 y를 전달했다.

예제 PrintTomorrow2

```c
#include <Turboc.h>

void PrintTomorrow(int y,int m, int d)
{
    static int days[]={0,31,28,31,30,31,30,31,31,30,31,30,31};
    int lastday;

    if (m < 1 || m > 12) {
        printf("월은 1~12사이여야 합니다.\n");
        return;
    }

    lastday=days[m];
    if (m == 2 && ((y%4 == 0 && y%100!=0) || y%400==0)) {
        lastday=29;
    }

    if (d > lastday) {
        printf("%d월에는 %d일이 존재하지 않습니다.\n",m,d);
        return;
    }

    d++;
    if (d > lastday) {
        d=1;
        m++;
        if (m == 13) {
            y++;
            m=1;
        }
    }
    printf("내일은 %d년 %d월 %d일입니다.\n",y,m,d);
}

void main()
{
    int year,mon,day;

    printf("오늘 날짜(년 월 일)을 공백으로 구분하여 입력해 주세요 : ");
```

```
    scanf("%d%d%d",&year,&mon,&day);

    PrintTomorrow(year,mon,day);
}
```

룩업 테이블은 원래대로 유지하되 지역변수 lastday에 해당 월의 날자 수를 대입한 후 2월인 경우 이 값을 수정하도록 했다. 윤년의 2월이라는 조건이 만족하면 lastday를 29로 수정한 후 사용하고 그렇지 않으면 룩업 테이블에서 구한 값을 그냥 사용하면 된다. 룩업 테이블의 정보는 보통 읽기 전용인 경우가 많으므로 윤년의 2월이라고 해서 룩업 테이블을 직접 수정하는 것은 좋지 못한 방법이며 사본을 뜬 후 사본을 수정해야 한다.

:: 12-RotateScroll

먼저 오른쪽으로 스크롤하면서 회전하는 예제부터 작성해 보자.

예제 RotateScroll

```
#include <Turboc.h>

void main()
{
    char *str="Scroll";
    int start=30,end=50,y=12;
    int len=strlen(str);
    int x,c;

    clrscr();
    for (x=start;;) {
        if (kbhit()) {
            break;
        }
        for (c=0;c<len;c++) {
            if (x+c >= end) {
                gotoxy(x+c-(end-start),y);
            } else {
                gotoxy(x+c,y);
            }
```

```
                putch(str[c]);
        }
        if (x == start) {
                gotoxy(end-1,y);
        } else {
                gotoxy(x-1,y);
        }
        putch(' ');
        if (x == end-1) {
                x=start;
        } else {
                x++;
        }
        delay(100);
    }
}
```

스크롤 할 문자열 str과 범위 start, end 그리고 문자열의 y 좌표는 외부에서 주어진 것으로 가정하기 위해 main 함수의 선두에 선언했다. 이 값들을 변경하면 문자열과 범위를 쉽게 조정할 수 있으며 이 값을 인수로 받는 함수를 만들 수도 있다. 문자열의 길이 len은 str로부터 쉽게 구할 수 있으므로 따로 전달하지 않아도 상관없다.

주어진 변수 외에 두 개의 지역변수를 더 사용한다. x는 문자열의 현재 출력 좌표인데 이 값을 start에서 시작해서 end 직전까지 순환시켜 스크롤을 구현한다. 출력 대상은 단순한 문자열이지만 puts 함수로 한 번에 출력할 수는 없다. 왜냐하면 문자열이 범위 끝에 걸렸을 경우 앞부분과 뒷부분의 출력 좌표가 달라지기 때문이다. 그래서 개별 문자들의 좌표를 계산하여 따로따로 출력한다.

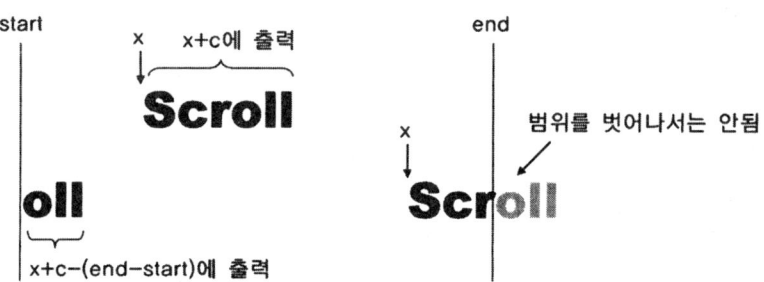

지역변수 c는 문자열의 각 문자에 대한 루프 제어 변수로 사용된다. 현재 x 좌표에 대해 각 문자의 출력 좌표는 x+c이되 단, 이 좌표가 범위 끝인 end를 벗어날 경우 범위의 앞쪽으로 출력 좌표를 옮겨야

한다. 정상적인 출력 좌표 x+c에서 범위의 길이인 (end-start)를 빼면 end 뒤쪽의 문자열은 start에서부터 순서대로 출력될 것이다.

이런 식으로 x를 증가시키면서 문자열을 출력하면 오른쪽으로 한 칸씩 이동하면서 스크롤될 것이다. 이때 이전에 출력되어 있던 문자열의 첫 문자, 즉 새로 출력되는 위치의 바로 왼쪽 문자는 지워야 한다. x가 40일 때 직전 루프에서 39 좌표에 첫 문자를 찍어 놓았으므로 이 문자를 공백으로 덮으면 된다. 바로 왼쪽 좌표는 x-1로 간단하게 구할 수 있지만 x가 start인 경우는 왼쪽이 아니라 범위의 마지막 좌표인 end-1을 지워야 한다.

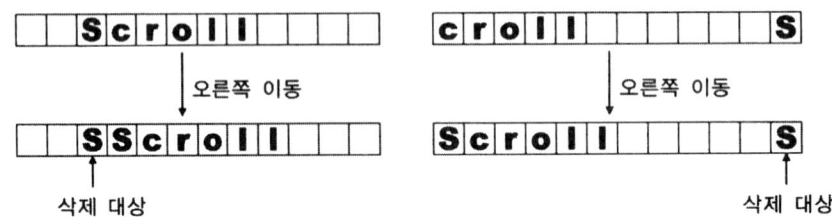

이전 출력을 지우기 위해 clrscr을 호출할 수도 있고 범위 전체를 모두 공백으로 덮을 수도 있다. 그러나 이렇게 하면 불필요하게 삭제되는 부분이 생겨 깜박거림이 생기므로 꼭 필요한 부분만 삭제하는 것이 좋다. x좌표로 문자열을 이동한 후 x를 다음 위치로 옮긴다. 오른쪽으로 스크롤되고 있으므로 x는 1 증가해야 하지만 범위 끝일 때는 start로 돌아가야 회전될 것이다. 루프의 끝에서는 적당히 시간을 끌고 루프 선두에서는 키보드의 아무 키나 누르면 루프를 탈출하여 프로그램을 종료한다.

오른쪽으로만 스크롤하는 첫 번째 버전은 설명적으로 작성하기 위해 일부러 if문으로 풀어 썼는데 이번에는 왼쪽으로도 스크롤될 수 있도록 확장해 보자. 논리는 앞 예제와 거의 동일하되 코드 길이가 너무 길므로 조금 압축했다.

예제 RotateScrollLeft

```c
#include <Turboc.h>

void main()
{
    char *str="Scroll";
    int start=30,end=50,y=12;
    bool right=false;
    int len=strlen(str);
    int x,c;

    for (clrscr(),x=start;!kbhit();) {
```

```
        for (c=0;c<len;c++) {
                gotoxy(x+c-(x+c >= end ? end-start:0),y);
                putch(str[c]);
        }
        if (right) {
                gotoxy(x == start ? end-1:x-1,y);putch(' ');
                x=(x==end-1 ? start:x+1);
        } else {
                gotoxy(x+len-(x+len >= end ? end-start:0),y);putch(' ');
                x=(x==start ? end-1:x-1);
        }
        delay(100);
    }
}
```

right변수가 추가되었는데 이 변수가 true이면 오른쪽으로 회전하고 false이면 왼쪽으로 회전한다. 변수값만 바꾸면 회전 방향이 즉시 바뀔 것이다. 방향에 따라 삭제할 문자의 좌표와 x의 회전 방향이 달라질 뿐 큰 논리는 별로 변한 것이 없다. 좌표 지정식과 x좌표 변환 부분은 삼항 조건 연산자로 대체했는데 코드가 짧아지기는 했지만 다소 읽기 어려운 코드가 되었다.

이 과제를 무사히 풀었고 이해도 되었다면 더 나아가 2바이트 문자인 한글을 스크롤한다거나 아래 위로도 스크롤하도록 수정해 볼 수도 있다. 한글은 각 글자가 2바이트로 구성되기 때문에 개별 문자를 다루기가 훨씬 더 까다롭다.

:: 12-my_strcmp

예제 my_strcmp

```
#include <Turboc.h>

int my_strcmp(const char *s1, const char *s2)
{
    const char *p1,*p2;;

    for (p1=s1,p2=s2;*p1;p1++,p2++) {
        if (*p1 != *p2) {
            break;
        }
```

```
        }
        return *p1-*p2;
}

int my_stricmp(const char *s1, const char *s2)
{
    const char *p1,*p2;;

    for (p1=s1,p2=s2;*p1;p1++,p2++) {
        if (tolower(*p1) != tolower(*p2)) {
            break;
        }
    }
    return tolower(*p1)-tolower(*p2);
}

void main()
{
    putch(my_strcmp("korea","japan")==0 ? 'O':'X');
    putch(my_strcmp("korea","KOREA")==0 ? 'O':'X');
    putch(my_strcmp("korea","korea")==0 ? 'O':'X');
    putch(my_strcmp("korean","korea")==0 ? 'O':'X');
    putch(my_strcmp("korea","korean")==0 ? 'O':'X');
    putch(my_stricmp("korea","KOREA")==0 ? 'O':'X');
}
```

두 문자열의 대응되는 위치를 같이 순회하면서 문자가 달라지거나 첫 번째 문자열의 끝에 도달했을 때 루프를 탈출한다. 루프를 탈출한 직후에 두 문자열 위치의 문자 코드의 차를 리턴하면 비교가 완료된다. 만약 두 문자열의 끝까지 일치했다면 루프 탈출 직후의 p1, p2는 둘 다 NULL이므로 두 값의 차는 0이 되어 같은 문자열임을 보고하게 될 것이다. my_strcmp 함수의 지역변수를 제거하고 루프를 좀 더 압축하면 다음 두 줄로 압축할 수도 있다.

```
for (;*s1 && *s1==*s2;s1++,s2++) {;}
return *s1-*s2;
```

대소문자를 구분하지 않는 my_stricmp 함수도 비교 절차와 방법은 동일하되 비교하기 전에 문자 코드를 모두 소문자로 바꿔서 비교한다는 점만 다르다. 물론 모두 대문자로 바꾼 후 비교해도 결과는 마찬가지다. 어쨌든 대문자로든 소문자로든 바꾼 후에 비교하므로 대소문자가 다르더라도 같은 문자열로 비교될 것이다.

:: 12-my_strncpy

예제 my_strncpy

```c
#include <Turboc.h>

char *my_strncpy(char *dest, const char *src, size_t count)
{
    size_t i;
    const char *s=src;
    char *d=dest;

    for (i=0;i<count;i++) {
        if (*s) {
            *d++=*s++;
        } else {
            *d++=NULL;
        }
    }
    return dest;
}
size_t my_strlen(const char *str)
{
    const char *p;

    for (p=str;*p;p++) {;}
    return p-str;
}
char *my_strncat(char *dest, const char *src, size_t count)
{
    int dlen=my_strlen(dest);

    my_strncpy(dest+dlen,src,count);
    dest[dlen+count]=0;
    return dest;
```

```
}

void main()
{
    char dest[128]="우리나라 대한민국";

    puts(dest);
    my_strncpy(dest+4,"조국 abcd",4);
    puts(dest);
    my_strncat(dest," 무궁화 강산",5);
    puts(dest);
}
```

문자열의 일부를 복사하는 my_strncpy 함수는 조금 쉽다. src에 있는 문자를 dest에 복사하기를 count 회수만큼만 반복하면 된다. 정확한 개수만큼 복사하면 되므로 NULL 종료 문자에 대해서는 신경 쓸 필요가 없되 단, src의 중간에 NULL을 만나면 dest의 나머지 뒷부분은 모두 NULL이 되어야 한다.

my_strncat 함수는 이미 만들어진 my_strncpy, my_strlen 함수의 조합으로 만들 수 있되 my_strncpy 함수와는 달리 끝에 NULL 종료문자를 붙여야 한다는 점이 다르다.

:: 12-strrevcase

예제 strrevcase

```
#include <Turboc.h>
#include <ctype.h>

void strrevcase(char *str)
{
    for (;*str;str++) {
        if (isalpha(*str)) {
            if (islower(*str)) {
                *str=toupper(*str);
            } else {
                *str=tolower(*str);
            }
//            *str ^= 0x20;
```

```
            }
        }
    }

    void main()
    {
        char str[256];

        strcpy(str,"abcDEF123");
        puts(str);
        strrevcase(str);
        puts(str);
    }
```

str 전체를 순회하면서 알파벳인 경우만 처리하고 숫자나 기호, 한글인 경우는 원래 문자를 그대로 유지한다. 알파벳인 경우 소문자이면 대문자로 바꿔 기록하고 그렇지 않다면 소문자로 바꿔서 기록하면 된다. isalpha 블록 안쪽은 간단하게 *str ^= 0x20 연산식으로 바꿀 수 있다. 아스키 문자 코드표를 보면 영문 대문자와 소문자의 코드값 차이는 0x20으로 되어 있는데 이 비트만 반전시키면 대문자는 소문자가 되고 소문자는 대문자가 된다.

:: 12-strtrim

예제 strtrim

```
#include <Turboc.h>

char *strtrim(char *str)
{
    char *s;

    for (s=str;isspace(*s);s++) {;}
    if (s!=str) {
        memmove(str,s,strlen(s)+1);
    }
    return str;
}
```

```
char *strrtrim(char *str)
{
    char *s;

    for (s=str+strlen(str)-1;isspace(*s);s--) {;}
    s[1]=NULL;
    return str;
}

void main()
{
    char str[256];

    strcpy(str," \tTRIM \t ");
    printf("--->%s<---\n",str);
    strltrim(str);
    printf("--->%s<---\n",str);
    strrtrim(str);
    printf("--->%s<---\n",str);

    strcpy(str," \tTRIM \t ");
    printf("--->%s<---\n",strltrim(strrtrim(str)));
}
```

strltrim은 문자열 선두에서부터 공백이 아닌 최초의 위치를 찾은 후에 그 위치를 문자열 선두로 옮긴다. 어떤 문자가 공백인가 아닌가는 *s값을 직접 비교해도 되지만 스페이스, 탭, 개행 등 여러 가지 조건을 점검해야 하므로 isspace 함수를 사용하는 것이 더 편리하다. 공백만으로 구성되어 있을 경우라도 최소한 NULL 문자는 복사해야 한다.

strrtrim은 문자열 끝에서부터 공백이 아닌 최초의 문자를 찾은 후 그 바로 뒷 자리를 NULL로 만들면 된다. s[1]은 곧 *(s+1)이므로 오른쪽에서부터 공백이 아닌 최초의 문자 바로 다음을 의미한다. 두 함수 모두 최초의 포인터를 리턴하여 연속적으로 호출해도 상관없도록 했다. 두 함수를 연이어 부르면 앞뒤의 공백이 모두 제거된다.

∷ 12-hstrrev

예제 hstrrev

```
#include <Turboc.h>

char *hstrrev(char *str)
{
    char *temp,*s,*d;

    temp=(char *)malloc(strlen(str)+1);
    d=temp+strlen(str);
    *d--=NULL;
    for (s=str;*s;) {
        if (*s & 0x80) {
            *d--=s[1];
            *d--=s[0];
            s+=2;
        } else {
            *d--=*s++;
        }
    }
    strcpy(str,temp);
    free(temp);
    return str;
}

void main()
{
    char str[256];

    printf("한글 문자열을 입력하시오. : ");
    gets(str);
    hstrrev(str);
    puts(str);
}
```

　　str과 같은 길이의 임시 버퍼 temp를 동적으로 할당하고 이 버퍼를 가리키는 포인터 d를 제일 끝으로 보내 NULL문자를 대입해 놓는다. str을 가리키는 포인터 s는 앞쪽으로 이동하되 한글인 경우 2칸 이동하고 그렇지 않을 경우 한 칸만 이동한다. s가 이동할 때마다 이 위치의 코드를 d에 복사하되 한글인 경우 앞뒤 바이트의 순서를 그대로 유지한 채로 복사해야 한다. 그렇지 않으면 한글 코드가 뒤집어져 원래 글자가 되지 못한다.

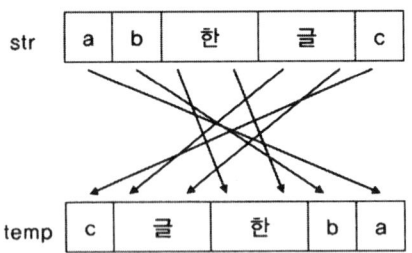

복사가 완료되면 임시 버퍼 내용을 다시 str로 복사하여 돌려준다. 요구 사항이 문자열을 뒤집어 주는 것이므로 원본 문자열에 결과를 복사해야 한다. 리턴하기 전에 다 사용한 temp는 해제한다.

:: 12-HangMan

예제 HangMan

```c
#include <Turboc.h>

#define MAXTRY 7
char *Words[]={"while","switch","continue","define","include","struct",
    "break","return","sizeof","unsigned","double","default","register"};

void main()
{
    int ch;
    int i,idx,len;
    char arInput[27];
    int nFound, nWrong;
    BOOL bFound;

    randomize();
    while (TRUE) {
        clrscr();
        gotoxy(10,5);puts("감추어진 C 키워드를 찾아 보세요(끝낼 때는 ESC)");
        gotoxy(5,10);puts("숨겨진 글자들 : ");
```

```
gotoxy(5,15);puts("  틀린 글자들 : ");

idx=random(sizeof(Words)/sizeof(Words[0]));
len=strlen(Words[idx]);
for (i=0;i<len;i++) {
    gotoxy(i*2+22,11);putch('_');
}
for (i=0;i<MAXTRY;i++) {
    gotoxy(i*2+22,16);putch('_');
}
nFound=nWrong=0;
memset(arInput,0,sizeof(arInput));

for (;;) {
    ch=getch();

    // ESC면 종료, 알파벳이 아니면 재입력, 모두 소문자로
    if (ch==27) return;
    if (ch==0xE0 || ch==0) {
        getch();
        continue;
    }
    if (!isalpha(ch)) continue;
    ch=tolower(ch);

    // 이미 시도한 문자, 또는 찾은 문자는 거부한다.
    if (strchr(arInput,ch) != NULL) {
        continue;
    }

    // 입력한 문자 목록에 기록
    arInput[strlen(arInput)]=ch;

    // 찾은 문자 출력 - 두 개 이상 가능
    for (i=0,bFound=FALSE;i<len;i++) {
        if (Words[idx][i] == ch) {
            gotoxy(i*2+22,10);putch(ch);
            nFound++;
            bFound=TRUE;
```

```
                }
            }

            // 못 찾은 문자 출력
            if (bFound==FALSE) {
                gotoxy(nWrong*2+22,15);putch(ch);
                nWrong++;
            }

            // 게임 끝 처리
            if (nFound == len || nWrong == MAXTRY) {
                gotoxy(50,10);
                if (nFound == len) {
                    puts("축하한다.");
                } else {
                    printf("정답은 %s이다.",Words[idx]);
                }
                gotoxy(50,12);puts("아무 키나 누르시오.");
                getch();
                break;
            }
        } // end for
    } // end while
}
```

전체 자료 구조는 아주 간단하게 작성되어 있다. MAXTRY는 최대 허용 가능한 시도 회수이며 Words 포인터 배열은 출제할 단어 목록이다. 이 문자열들은 실행 중에 변경되지 않으므로 문자열을 가리키는 포인터의 배열로 선언했다. 특별히 반복될 부분이 없기 때문에 별도의 함수는 작성하지 않았으며 main 함수에서 모든 처리를 다 한다. 따라서 main 함수의 지역변수들은 거의 전역변수와 같은 자격을 가진다.

ch는 입력받은 키, i는 루프 제어 변수이며 idx는 Words 배열에서 선택된 단어의 번호, len은 그 단어의 길이이다. arInput은 입력된 문자의 목록인데 이 배열에 입력된 모든 문자들이 기록된다. 단어에 포함되어 있건 아니건 이 배열에 무조건 기록해 두고 이미 맞춘 글자인지 아니면 이미 틀린 글자인지를 판별할 때만 사용한다. nFound, nWrong은 맞춘 글자 수, 틀린 글자 수이며 bFound는 입력한 글자가 단어 속에 있는지를 판별할 때 임시적으로 사용하는 변수이다.

main 함수에 모든 코드가 작성되어 있는데 전체적으로 while 무한 루프와 for 무한 루프로 작성되어 있다. while 루프는 전체 게임 루프이며 이 루프 내에서 단어 하나를 선택하고 단어의 길이만큼 밑줄을 출력한다. for 무한 루프는 이 단어에 대한 게임이 끝날 때까지의 루프이며 숨겨진 단어를 맞추거나 아니면 최대 시도 회수만큼 실패할 때까지 반복된다.

```
while (TRUE) {
    출제 단어 선택
    길이 조사 및 길이만큼 밑줄 출력
    변수 초기화
    for (;;) {
        문자 입력
        ESC는 종료, 확장키, 알파벳이 아닌 키 무시
        알파벳은 소문자로 변경
        이미 입력했던 문자는 테스트할 필요 없음
        포함된 글자 출력
        틀린 글자 출력
        게임 끝 처리
    }
}
```

while 루프에서 난수로 출제할 단어를 idx에 선택하고 len에 그 단어의 길이를 조사한다. 그리고 단어의 길이를 알려 주기 위해 단어 수만큼 밑줄을 출력하고 시도 회수에 대해서도 밑줄을 출력한다. 이 밑줄은 단어의 길이가 얼마라는 것을 표시하는 일종의 힌트 정보이다. nFound, nWrong, arInput은 모두 0으로 초기화되며 for 루프로 진입하여 게임을 진행한다.

for 루프에서는 getch로 문자를 입력받아 ESC면 종료하고 확장키나 알파벳이 아닌 모든 키에 대해서는 입력을 거부한다. 확장키의 경우 getch를 한 번 더 호출해서 버퍼의 스캔 코드를 버려야 다시 입력받을 수 있다. 알파벳이 입력되었을 경우 tolower 함수로 이 문자를 강제로 소문자로 바꾼다. 사용자가 Caps Lock 키를 누른 상태에서 입력하더라도 소문자로 변환해야 Words 배열과 비교 가능하다.

문자를 입력받은 후 이 문자가 이미 앞에서 입력했던 문자인지 arInput 배열을 검색해 본다. 만약 arInput에 이 문자가 포함되어 있다면 이 문자를 이미 찾았거나 아니면 앞 시도에서 틀렸던 문자이므로 더 이상 비교할 필요가 없다. 만약 이 비교를 생략해 버리면 이미 찾은 글자를 또 찾거나 아니면 이미 틀린 글자를 또 비교하여 시도 회수만 증가시킬 것이다. 처음 입력되는 문자라면 arInput 배열의 끝에 이 문자를 기록하여 다음 번 입력에서는 이 문자를 무시하도록 한다.

다음은 이 문자가 숨겨진 단어에 포함되어 있는지 아닌지를 검사하는데 단어 하나에 한 문자가 두 번 이상 포함될 수도 있으므로 루프를 돌면서 숨겨진 모든 글자를 찾아 출력해야 한다. struct 같은 단어에는 t가 두 번 포함되어 있으므로 한 번만 찾아서는 안 된다. 단어에서 글자가 발견되면 이 위치의 단어를 출력하고 nFound를 증가시키며 bFound에 TRUE를 대입하여 새로 발견된 글자가 있다는 것을 표시한다.

루프를 끝낸 후 bFound가 초기값 FALSE를 여전히 가지고 있다면 이 글자는 단어에 포함되지 않은 것이므로 못 찾은 문자 목록에 출력한다. 입력된 단어를 처리한 후 게임 끝 점검을 하는데 nFound가 단어 길이와 같거나 nWrong이 최대 시도 회수와 같으면 이때가 게임을 끝낼 때이다. 게임을 끝낼 때는 for 무한 루프를 탈출하여 while 루프의 처음으로 돌아가기만 하면 되는데 성공, 실패의 경우에 따라 메시지만 다르며 다시 게임을 시작하는 방법은 동일하다. 그래서 nFound와 nWrong 조건에 대해 같이 처리하되 메시지를 출력하는 코드만 따로 작성했다.

::14-Puzzle

예제 Puzzle

```c
#include <Turboc.h>

#define LEFT 75
#define RIGHT 77
#define UP 72
#define DOWN 80
#define ESC 27

void Move(char ch);
void MoveCell(int dx, int dy);
void InitGame();
BOOL DrawScreen();

int arNum[4][4];
int nx,ny;
int count;

void main()
{
    int ch;

    randomize();
    for (;1;) {
        clrscr();
        InitGame();
        for (;2;) {
            ch=getch();
            if (ch==ESC) return;
            if (ch==0xE0) {
                Move(getch());
```

```c
                }
                if (DrawScreen()) {
                    gotoxy(40,10);puts("퍼즐을 완성했습니다.");
                    gotoxy(40,11);puts("아무 키나 누르면 다시 시작합니다.");
                    getch();
                    break;
                }
            }
        }
}

void InitGame()
{
    int i;
    static char arKey[]={ LEFT,RIGHT,UP,DOWN };

    for (i=0;i<15;i++) {
        arNum[i%4][i/4]=i+1;
    }
    nx=ny=3;
    for (i=0;i<5;i++) {
        Move(arKey[random(4)]);
    }
    count=0;
    DrawScreen();
}

BOOL DrawScreen()
{
    int x,y;
    BOOL Complete=TRUE;

    for(x=0;x<4;x++) {
        for (y=0;y<4;y++) {
            gotoxy(x*4+10,y*2+6);
            if (arNum[x][y]==0) {
                printf("   ");
            } else {
                printf("%2d",arNum[x][y]);
```

```
                        if (arNum[x][y]!=x+y*4+1) {
                            Complete=FALSE;
                        }
                    }
                }
            }
    gotoxy(40,6);puts("퍼즐 Ver 1.0");
    gotoxy(40,7);puts("커서키:이동, Esc:종료");
    gotoxy(40,8);printf("이동 회수 = %d",count);
    return Complete;
}

void Move(char ch)
{
    switch (ch){
    case LEFT:
        if (nx < 3) MoveCell(1,0);
        break;
    case RIGHT:
        if (nx > 0) MoveCell(-1,0);
        break;
    case UP:
        if (ny < 3) MoveCell(0,1);
        break;
    case DOWN:
        if (ny > 0) MoveCell(0,-1);
        break;
    }
}

void MoveCell(int dx, int dy)
{
    count++;
    arNum[nx][ny]=arNum[nx+dx][ny+dy];
    nx+=dx;
    ny+=dy;
    arNum[nx][ny]=0;
}
```

전역변수와 함수 목록, 매크로 상수 등은 Couple 예제와 비슷하다. arNum 배열이 게임판의 현재 상태를 저장하는 2차원 배열이고 nx, ny가 현재 커서의 위치인데 이 게임은 움직이는 대상이 공백이므로 공백의 좌표가 곧 현재 좌표가 된다. count는 시도 회수이다.

공백을 이동시키는 Move 함수부터 분석해 보자. 이 함수는 입력된 키값에 따라 4방향으로 공백을 이동시키는데 공백의 이동이란 숫자와 공백의 자리바꿈이라 할 수 있다. 이 처리는 MoveCell 함수가 담당하며 공백이 어느 방향으로 이동할 것인지 dx, dy를 인수로 받아 (nx, ny) 좌표의 공백과 (nx+dx, ny+dy) 자리의 숫자가 교체된다. 공백과 인접한 자리의 수만 공백과 교체될 수 있으므로 dx, dy는 1 또는 -1을 가질 수 있되 둘 중 하나는 반드시 0이어야 한다.

InitGame은 게임판을 초기화하는데 arNum 배열에 1~15까지 숫자를 써 넣은 후 난수로 LEFT, RIGHT, UP, DOWN 중 하나를 선택하여 무작위로 Move 함수를 호출한다. 위 소스에는 테스트의 편의를 위해 5번만 이동하도록 했지만 100이나 1000정도의 충분한 값을 주면 완전히 섞일 것이다. Move 호출의 반복 회수는 게임의 난이도를 조정하는 수단이 된다.

arNum 배열에 별 규칙없이 난수를 마구 집어넣어 버리면 원래대로 돌아오지 못할 수도 있다. 즉, 퍼즐이 풀리지 않는 상태가 되기도 한다. 그래서 완성된 게임판을 만들어 놓고 컴퓨터가 직접 이 게임판을 섞도록 했다. 이렇게 되면 항상 게임판은 풀릴 수 있는 상태로만 섞여질 것이다. arNum 배열 초기식에서 arNum[4][4]는 별도로 초기화하지 않는데 arNum이 전역이므로 이 값은 0이며 다음번 호출될 때도 게임을 다 풀었을 때이므로 arNum[4][4]는 항상 0이기 때문이다.

게임판을 섞는 과정을 확인해 보고 싶다면 Move 함수 호출 다음에 다음 코드를 추가하면 된다. 어떤 식으로 게임판을 섞는지 볼 수 있다.

```
for (i=0;i<200;i++) {
    Move(arKey[random(4)]);
    DrawScreen();
    delay(50);
}
```

DrawScreen 함수는 Couple 예제에서와 마찬가지로 게임판을 그리는데 이 외에도 게임판이 완성되었는지를 판별하는 작업을 같이 한다. 게임판 완성 여부를 조사하는 함수만 따로 만든다면 아마 다음과 같이 작성할 수 있을 것이다.

```
BOOL IsComplete()
{
    int x,y;
    BOOL Complete=TRUE;

    for(x=0;x<4;x++) {
```

```
            for (y=0;y<4;y++) {
                if (arNum[x][y]!=0) {
                    if (arNum[x][y]!=x+y*4+1) {
                        Complete=FALSE;
                    }
                }
            }
        }
        return Complete;
}
```

규칙에 맞지 않는 자리가 발견되면 아직 완성되지 않은 것이다. 이중 루프를 돌며 완성된 게임판의 숫자와 다른 숫자가 발견되면 미완성을 리턴한다. 단 마지막 0의 자리는 테스트에서 제외이다. 완성 여부는 화면을 그릴 때마다 같이 점검해야 하고 어차피 이중 루프를 돌아야 하므로 DrawScreen 함수에 기능을 통합해 넣었다. 한 함수가 두 가지 일을 같이 하는 것이다.

:: 19-JusoArrayPtr

구조가 비슷하므로 JusoArray 예제를 그대로 읽어온 후 조금만 수정하면 된다. 배열 요소의 타입을 구조체 포인터 타입으로 바꾼다.

```
#define ELETYPE tag_NameCard *
```

이렇게 되면 ar은 구조체의 이중 포인터로 선언된다. 동적 배열은 어차피 요소를 저장하기만 하므로 관리 코드는 전혀 수정할 필요가 없다. 다만 요소 타입이 포인터가 됨으로써 동적 배열을 사용하는 코드만 약간 수정하면 된다. main 함수를 다음과 같이 수정한다.

예제 JusoArrayPtr

```
============ 앞부분 소스 생략 ============

void main()
{
    char ch;
    unsigned i;
    tag_NameCard *pTemp;

    InitArray(10,5);
```

```c
for (;;) {
    printf("명령을 입력하세요(1:보기, 2:추가, 3:삭제, Q:종료) > ");
    ch=getch();
    printf("\n");
    if (ch == 'Q' || ch == 'q') {
        break;
    }

    switch(ch) {
    case '1':
        if (num == 0) {
            printf("등록된 내용이 없습니다.\n");
        } else {
            for (i=0;i<num;i++) {
                printf("%d, 이름:%s, 전화:%s, 주소:%s\n",i,ar[i]->name,
                    ar[i]->tel,ar[i]->addr);
            }
        }
        break;
    case '2':
        pTemp=(tag_NameCard *)malloc(sizeof(tag_NameCard));
        printf("이름을 입력하세요(9자) : ");gets(pTemp->name);
        printf("전화번호를 입력하세요(14자) : ");gets(pTemp->tel);
        printf("주소를 입력하세요(31자) : ");gets(pTemp->addr);
        Append(pTemp);
        break;
    case '3':
        printf("삭제할 번호를 입력하세요 : ");scanf("%d",&i);
        if (i < num) {
            free(ar[i]);
            Delete(i);
        } else {
            printf("등록되지 않은 번호입니다.\n");
        }
        break;
    }
}

for (i=0;i<num;i++) {
```

```
        free(ar[i]);
    }
    UninitArray();
}
```

배열 요소가 포인터형이므로 이 요소의 값을 읽을 때는 . 연산자 대신 -> 연산자를 사용하고 삽입할 때는 직접 동적 할당해서 그 포인터를 Append 함수로 전달한다. 배열 요소를 삭제하기 전에 참조하고 있는 구조체 자체를 먼저 해제해야 한다. 배열 관리 함수는 배열에 직접 소속된 요소만 관리할 뿐이지 요소 포인터가 가리키는 내용까지 관리하는 것은 아니므로 main이 직접 이 작업을 해야 한다.

배열 요소의 타입이 바뀌었을 뿐 프로그램의 기능이 바뀐 것은 아니므로 실행 결과는 JusoArray 예제와 완전히 동일하다. 포인터를 사용하면 삽입, 삭제를 위한 이동 시간이 단축되는 장점이 있는 반면 동적 할당을 해야 하므로 번거롭고 메모리 소모량이 많아지며 입체적인 구조가 되므로 파일 입출력이 번거로운 단점이 있다.

::19-FindPrevNode

SingleList 예제에 다음 함수를 작성한다.

```
Node *FindPrevNode(Node *Target)
{
    Node *Now, *pPrev;

    if (Target==head) {
        return NULL;
    }

    pPrev=head;
    for (Now=head->next;Now;Now=Now->next) {
        if (Now==Target) {
            return pPrev;
        }
        pPrev=Now;
    }
    return NULL;
}
```

Target 노드를 주면 이 노드의 이전 노드를 찾아 준다. Now는 머리에서부터 순회하며 pPrev는 Now 보다 항상 이전의 노드를 저장하고 있다. Target이 발견되었을 때 Now는 이미 이전 노드를 지나쳐 왔기 때문에 이 노드를 읽어서는 원하는 노드를 찾을 수 없으며 링크가 하나밖에 없으므로 뒤쪽으로 돌아갈 수도 없다. 그래서 Now보다 한 단계 늦게 순회하는 이전 노드의 포인터인 pPrev를 취하면 이 노드가 바로 찾고자 하는 이전 노드이다. Now는 비교를 위해 연결 리스트를 순회하고 pPrev는 Now가 Target이 될 때의 직전 노드를 가리키기 위해 이전 노드를 계속 저장한다.

Target이 머리 노드이거나 아니면 리스트에 존재하지 않을 경우는 이전 노드가 없으므로 NULL을 리턴한다. 어떤 조건에 맞는 상태의 이전값을 필요로 한다면 이런 식으로 바로 앞 단계의 값을 별도의 변수에 백업하는 방법을 사용하는데 간단하지만 기억해둘만한 알고리즘이다. 이 함수를 사용하면 지정한 노드의 왼쪽에 새 노드를 삽입하는 함수를 쉽게 만들 수 있다.

```
// 지정한 노드의 왼쪽에 삽입한다.
Node *InsertNodeLeft(Node *Target,Node *aNode)
{
    Node *pPrev;

    pPrev=FindPrevNode(Target);
    if (pPrev) {
        return InsertNode(pPrev,aNode);
    }
    return NULL;
}
```

특정 노드의 왼쪽은 이전 노드의 오른쪽과 같으므로 이전 노드만 찾고 InsertNode로 나머지 처리를 넘기면 된다. 자신을 삭제하는 함수도 마찬가지 방법으로 작성할 수 있다.

```
BOOL DeleteNodeSelf(Node *Target)
{
    Node *pPrev;

    pPrev=FindPrevNode(Target);
    if (pPrev) {
        return DeleteNode(pPrev);
    }
    return NULL;
}
```

지정한 노드의 이전 노드를 찾아 DeleteNode에게 넘기면 이전 노드의 다음 노드를 삭제하므로 결국 최초 전달받은 Target이 삭제된다. 단순 연결 리스트도 순회하면서 앞 단계의 노드를 백업하는 방법을 사용하면 이전 노드를 찾을 수 있음을 확인해 보았다. 그러나 이 방법은 지극히 비효율적이므로 역방향 순회가 필요하다면 이중 연결 리스트를 사용하는 것이 더 합리적이다.

::19-CharList

JusoList 예제와 비슷하므로 이 예제의 코드를 조금만 수정하면 된다. Node 구조체에 문자형 변수 하나만 선언하고 나머지 데이터는 삭제한다. 대부분의 연결 리스트 관리 함수는 그대로 사용할 수 있지만 FindNode 함수는 노드의 데이터에 종속적이므로 문자형으로 검색하도록 수정하거나 아니면 main에서 직접 처리해야 한다. main 함수에 입력 및 정렬 코드를 작성한다.

예제 CharList

```
#include <Turboc.h>

// 노드 구조체
struct Node
{
    char m;
    Node *prev;
    Node *next;
};

================ 소스 생략 ================
Node *head; ~ UnInitList까지 DoubleList 예제와 동일함

void main()
{
    char ch;
    Node *Now;
    Node Temp;

    InitList();
    for (;;) {
        printf("문자를 입력하세요(Q:종료) > ");
        ch=getch();
        printf("\n");
        if (ch == 'Q' || ch == 'q') {
```

```
            break;
        }

        // 크기 순으로 삽입한다.
        Temp.m=ch;
        for (Now=head->next;Now;Now=Now->next) {
            if (Now->m > Temp.m) {
                InsertNodeLeft(Now,&Temp);
                break;
            }
        }
        if (Now==NULL) {
            AppendNode(&Temp);
        }

        // 삽입 후의 정렬 결과를 출력한다.
        for (Now=head->next;Now;Now=Now->next) {
            printf("%c ",Now->m);
        }
        printf("\n");
    }
    UnInitList();
}
```

입력 받은 문자를 리스트에 삽입하되 자신보다 더 큰 문자의 왼쪽에 삽입한다. 삽입 위치를 결정하기 위해 노드를 순회하면서 자신보다 큰 최초의 노드를 찾고 그 왼쪽에 삽입하면 된다. 만약 더 큰 문자가 없다면 이때는 새로 입력된 문자가 가장 큰 값을 가지므로 리스트의 끝에 추가하면 된다.

:: 19-JusoRok

구조체 포인터를 요소로 하는 동적 배열로 구현해 보았다. 포인터를 배열 요소로 사용하면 삽입, 삭제 속도가 빨라진다. 검색을 위해 FindIndex라는 새로운 함수를 추가했다.

예제 JusoRokArray

```
#include <Turboc.h>

struct tag_Juso {
```

```c
    int Id;
    char Name[16];
    char Age;
    char Tel[15];
    char Addr[64];
};

struct tag_Header {
    char desc[32];
    int ver;
    int num;
};

#define ELETYPE tag_Juso *

================== 소스 생략 ==================
ELETYPE *ar; ~ UnInitArray까지 DynArray 예제와 동일함

int FindIndex(int Id)
{
    unsigned i;

    for (i=0;i<num;i++) {
        if (ar[i]->Id == Id) {
            return i;
        }
    }
    return -1;
}

BOOL WriteJuso(char *Path)
{
    FILE *f;
    tag_Header H;
    unsigned i;

    f=fopen(Path,"wb");
    if (f == NULL) {
        return FALSE;
```

```c
    }
    strcpy(H.desc,"주소록");
    H.ver=100;
    H.num=num;
    fwrite(&H,sizeof(tag_Header),1,f);
    for (i=0;i<num;i++) {
        fwrite(ar[i],sizeof(tag_Juso),1,f);
    }
    fclose(f);
    return TRUE;
}

BOOL ReadJuso(char *Path)
{
    FILE *f=NULL;
    tag_Header H;
    unsigned i;
    tag_Juso *pTemp;

    f=fopen(Path,"rb");
    if (f == NULL) {
        goto error;
    }

    UnInitArray();
    InitArray(10,5);
    fread(&H,sizeof(tag_Header),1,f);
    if (strcmp(H.desc,"주소록") != 0) {
        goto error;
    }
    if (H.ver != 100) {
        goto error;
    }

    for (i=0;i<(unsigned)H.num;i++) {
        pTemp=(tag_Juso *)malloc(sizeof(tag_Juso));
        fread(pTemp,sizeof(tag_Juso),1,f);
        Append(pTemp);
    }
```

```c
        fclose(f);
    return TRUE;

error:
    if (f)
        fclose(f);
    return FALSE;
}

void main()
{
    int choice;
    tag_Juso *pTemp;
    unsigned i;
    int id,field;
    char Path[260];

    InitArray(10,5);
    for (;;) {
        printf("명령(1:새 주소록, 2:읽기, 3:저장, 4:추가, 5:삭제, 6:수정, 7:보기, 9:종료) > ");
        scanf("%d",&choice);
        fflush(stdin);
        if (choice == 9) {
            break;
        }
        switch (choice) {
        case 1:
            UnInitArray();
            InitArray(10,5);
            puts("주소록이 초기화되었습니다.");
            break;
        case 2:
            printf("읽어올 파일명을 입력하십시오 : ");gets(Path);
            if (ReadJuso(Path) == TRUE) {
                puts("파일을 읽어왔습니다.");
            } else {
                puts("파일 읽기 중 에러가 발생했습니다.");
            }
            break;
```

```c
        case 3:
                printf("저장할 파일명을 입력하십시오 : ");gets(Path);
                if (WriteJuso(Path) == TRUE) {
                        puts("저장했습니다.");
                } else {
                        puts("저장하지 못했습니다.");
                }
                break;
        case 4:
                pTemp=(tag_Juso *)malloc(sizeof(tag_Juso));
                for (i=0,pTemp->Id=0;i<num;i++) {
                        pTemp->Id=max(pTemp->Id,ar[i]->Id);
                }
                pTemp->Id++;
                printf("이름을 입력하세요(15자) : ");gets(pTemp->Name);
                printf("나이를 입력하세요 : ");scanf("%d",&pTemp->Age);fflush(stdin);
                printf("전화번호를 입력하세요(14자) : ");gets(pTemp->Tel);
                printf("주소를 입력하세요(63자) : ");gets(pTemp->Addr);
                Append(pTemp);
                puts("추가했습니다.");
                break;
        case 5:
                printf("삭제할 번호를 입력하세요: ");scanf("%d",&id);fflush(stdin);
                i=FindIndex(id);
                if (i == -1) {
                        puts("존재하지 않는 ID입니다.");
                } else {
                        Delete(i);
                        puts("삭제했습니다.");
                }
                break;
        case 6:
                printf("수정할 번호를 입력하세요 : ");scanf("%d",&id);fflush(stdin);
                i=FindIndex(id);
                if (i == -1) {
                        puts("존재하지 않는 ID입니다.");
                } else {
                        printf("수정할 항목을 선택하세요(1:이름, 2:나이, 3:전화번호, 4:주소) > ");
                        scanf("%d",&field);fflush(stdin);
```

```
                    pTemp=ar[i];
                    switch (field) {
                    case 1:
                        printf("이름 수정(현재 = %s ) : ",pTemp->Name);gets(pTemp->Name);
                        break;
                    case 2:
                        printf("나이 수정(현재 = %d ) : ",pTemp->Age);
                        scanf("%d",&pTemp->Age);fflush(stdin);
                        break;
                    case 3:
                        printf("전화번호 수정(현재 = %s ) : ",pTemp->Tel);gets(pTemp->Tel);
                        break;
                    case 4:
                        printf("주소 수정(현재 = %s ) : ",pTemp->Addr);gets(pTemp->Addr);
                        break;
                    }
                    puts("수정했습니다.");
                }
                break;
        case 7:
                if (num == 0) {
                    puts("출력할 내용이 없습니다.");
                } else {
                    for (i=0;i<num;i++) {
                        printf("번호:%2d, 이름:%s, 나이:%d, 전화:%s, 주소:%s\n",
                            ar[i]->Id,ar[i]->Name,ar[i]->Age,ar[i]->Tel,ar[i]->Addr);
                    }
                }
                puts("");
            }
        }
        for (i=0;i<num;i++) {
            free(ar[i]);
        }
        UnInitArray();
}
```

ReadJuso, WriteJuso 함수는 편집 중인 주소록 배열을 파일로 저장하고 읽어오는 함수이다. 17장에서 이미 실습해 본 ReadFriend, WriteFriend 함수와 구조가 거의 같다. main 함수에서는 메뉴를 운영하고 결과를 출력하는 작업을 하는데 주소록 자체를 관리하지는 않는다. ReadFile에서 파일을 읽어올 때 이미 편집 중이던 주소록을 삭제해야 하므로 배열을 재초기화해야 한다. 이 처리를 누락하면 이전 편집하던 주소록과 새로 읽혀지는 주소록이 병합되는 현상이 나타난다.

다음은 똑같이 동작하는 예제를 연결 리스트로 작성한 것이다. 배열과 연결 리스트는 완전히 대체 가능한 자료 구조이므로 같은 예제를 다른 방식으로 만들 수 있다.

예제 JusoRokList

```c
#include <Turboc.h>
#include <stddef.h>

// 노드 구조체
struct Node
{
    int Id;
    char Name[16];
    char Age;
    char Tel[15];
    char Addr[64];
    Node *prev;
    Node *next;
};

struct tag_Header {
    char desc[32];
    int ver;
    int num;
};
================== 소스 생략 ==================
Node *head; ~ UnInitList까지 DoubleList 예제와 동일함

BOOL WriteJuso(char *Path)
{
    FILE *f;
    tag_Header H;
    Node *Now;

    f=fopen(Path,"wb");
```

```
        if (f == NULL) {
              return FALSE;
        }
        strcpy(H.desc,"주소록");
        H.ver=100;
        H.num=GetListCount();
        fwrite(&H,sizeof(tag_Header),1,f);

        for (Now=head->next;Now;Now=Now->next) {
              fwrite(Now,offsetof(Node,prev),1,f);
        }
        fclose(f);
        return TRUE;
}

BOOL ReadJuso(char *Path)
{
        FILE *f=NULL;
        tag_Header H;
        Node Temp;
        unsigned i;

        f=fopen(Path,"rb");
        if (f == NULL) {
              goto error;
        }

        UnInitList();
        InitList();
        fread(&H,sizeof(tag_Header),1,f);
        if (strcmp(H.desc,"주소록") != 0) {
              goto error;
        }
        if (H.ver != 100) {
              goto error;
        }

        for (i=0;i<(unsigned)H.num;i++) {
              fread(&Temp,offsetof(Node,prev),1,f);
```

```c
            AppendNode(&Temp);
    }
    fclose(f);
    return TRUE;

error:
    if (f)
            fclose(f);
    return FALSE;
}

void main()
{
    int choice;
    Node Temp,*Now;
    int id,field;
    char Path[260];

    InitList();
    for (;;) {
            printf("명령(1:새 주소록, 2:읽기, 3:저장, 4:추가, 5:삭제, 6:수정, 7:보기, 9:종료) 〉");
            scanf("%d",&choice);
            fflush(stdin);
            if (choice == 9) {
                    break;
            }
            switch (choice) {
            case 1:
                    UnInitList();
                    InitList();
                    puts("주소록이 초기화되었습니다.");
                    break;
            case 2:
                    printf("읽어올 파일명을 입력하십시오 : ");gets(Path);
                    if (ReadJuso(Path) == TRUE) {
                            puts("파일을 읽어왔습니다.");
                    } else {
                            puts("파일 읽기 중 에러가 발생했습니다.");
                    }
```

```
            break;
    case 3:
            printf("저장할 파일명을 입력하십시오 : ");gets(Path);
            if (WriteJuso(Path) == TRUE) {
                    puts("저장했습니다.");
            } else {
                    puts("저장하지 못했습니다.");
            }
            break;
    case 4:
            for (Now=head->next,Temp.Id=0;Now;Now=Now->next) {
                    Temp.Id=max(Temp.Id,Now->Id);
            }
            Temp.Id++;
            printf("이름을 입력하세요(15자) : ");gets(Temp.Name);
            printf("나이를 입력하세요 : ");scanf("%d",&Temp.Age);fflush(stdin);
            printf("전화번호를 입력하세요(14자) : ");gets(Temp.Tel);
            printf("주소를 입력하세요(63자) : ");gets(Temp.Addr);
            AppendNode(&Temp);
            puts("추가했습니다.");
            break;
    case 5:
            printf("삭제할 번호를 입력하세요 : ");scanf("%d",&id);fflush(stdin);
            for (Now=head->next;Now;Now=Now->next) {
                    if (Now->Id==id) break;
            }
            if (Now==NULL) {
                    puts("존재하지 않는 ID입니다.");
            } else {
                    DeleteNode(Now);
                    puts("삭제했습니다.");
            }
            break;
    case 6:
            printf("수정할 번호를 입력하세요 : ");scanf("%d",&id);fflush(stdin);
            for (Now=head->next;Now;Now=Now->next) {
                    if (Now->Id==id) break;
            }
            if (Now==NULL) {
```

```c
                    puts("존재하지 않는 ID입니다.");
                } else {
                    printf("수정할 항목을 선택하세요(1:이름, 2:나이, 3:전화번호, 4:주소) > ");
                    scanf("%d",&field);fflush(stdin);
                    switch (field) {
                    case 1:
                        printf("이름 수정(현재 = %s ) : ",Now->Name);gets(Now->Name);
                        break;
                    case 2:
                        printf("나이 수정(현재 = %d ) : ",Now->Age);
                        scanf("%d",&Now->Age);fflush(stdin);
                        break;
                    case 3:
                        printf("전화번호 수정(현재 = %s ) : ",Now->Tel);gets(Now->Tel);
                        break;
                    case 4:
                        printf("주소 수정(현재 = %s ) : ",Now->Addr);gets(Now->Addr);
                        break;
                    }
                    puts("수정했습니다.");
                }
                break;
            case 7:
                if (GetListCount() == 0) {
                    puts("출력할 내용이 없습니다.");
                } else {
                    for (Now=head->next;Now;Now=Now->next) {
                        printf("번호:%2d, 이름:%s, 나이:%d, 전화:%s, 주소:%s\n",
                            Now->Id,Now->Name,Now->Age,Now->Tel,Now->Addr);
                    }
                }
                puts("");
        }
    }
    UnInitList();
}
```

노드에 구조체 포인트가 아닌 주소 정보를 바로 삽입했다. 배열과는 달리 삽입, 삭제 속도가 원래 빠르기 때문에 노드에 포인터를 넣을 필요가 없다.

부록 3 평가 문제

　1부(1~13장)의 기본적인 C문법에 대한 평가 문제이다. 문제를 풀어 본 후 어렵다고 생각되는 문제는 반드시 본문을 다시 읽고 정리하도록 하자.

1. 다음 중 C언어의 특징이 아닌 것은?
   ① C 프로그램은 항상 main 함수에서 실행을 시작한다.
   ② 형식이 엄격하므로 개행과 공백에 주의해야 한다.
   ③ 대소문자를 구분하므로 키워드나 명칭 작성시 주의해야 한다.
   ④ 문장의 끝은 세미콜론(;)으로 끝난다.

2. 다음 중 키워드가 아닌 것은?
   ① break　　　② continue　　　③ printf　　　④ static

3. 다음 중 올바른 명칭이 아닌 것은?
   ① Inch2Cm　　　　　　② Switch
   ③ _Variable　　　　　④ 2Korean

4. C언어의 기본 타입이 아닌 것은?
   ① 정수형　　　② 열거형　　　③ 문자열　　　④ 실수형

5. 다음 중 변수 선언문이 잘못된 것은?
   ① int a=3;　　　　　　　② int a,b=4,*c;
   ③ int a,double d;　　　④ char *p=NULL;

6. 다음 중 크기가 다른 타입은?
   ① long　　　② float　　　③ char *　　　④ bool

7. 열거형 선언이 잘못된 것은?
   ① enum { man, woman, child };
   ② enum tag_animal { dog=3, cat, cow, dog=100 };

③ enum A { B,C,D=5,E,F,G} alpha;

④ enum { C=1, API=3, MFC=45, CPP=1 } subject;

8. 다음 입출력 구문 중 잘못된 것은?

```
int i;
double d;
char str[128];
```

① printf("%d, %f",i,d);

② scanf("%d",i);

③ scanf("%s",str);

④ printf("결과는 %s입니다.",str);

9. (주관식)다음 코드는 포인터를 사용하여 변수 a의 값을 간접적으로 b에 대입한다. 빈칸에 맞는 코드를 써 넣어라.

```
int a=1, b=2;
int *pi;
pi=(   );
b=(   );
printf("a와 b의 값이 같아졌습니다.");
```

10. 사용자 정의형 타입 선언이 잘못된 것은?

① typedef int [10] arint;

② typedef enum { T, F } Bool;

③ typedef int *pint;

④ typedef struct { int *p; char *c; } st;

11. 다음 중 무한 루프가 아닌 것은?

① for (i=0;;i++)   ② while(TRUE)

③ do while(1)   ④ for(;i--;)

12. switch문의 특징으로 옳지 않은 것은?

① 정수형이나 실수형 등의 수치값만 평가할 수 있다.

② case문에는 상수만 올 수 있으며 변수나 범위를 지정할 수는 없다.
③ case문끼리의 순서는 아무렇게나 작성해도 상관없다.
④ 맞는 case문이 없을 경우 switch문 전체가 무시된다.

13. 다음 루프에서 continue 다음에 실행될 코드는?

```
for (i=0; ①i<100; ②i+=2) {
    if (..) continue;
        ③printf(...);
}
④ puts("The End");
```

14. C/C++언어에 존재하지 않는 연산자는?
   ① +=   ② <<=   ③ =>   ④ &

15. 다음 중 효과가 다른 연산문은?
   ① ++a   ② a++
   ③ a+=1   ④ a+1

16. 다음 중 if문의 조건식에 쓸 때 참이 아닌 식은 몇 개인가?

   1==1, 2 > 1, 0, "", 017, NULL, -1

   ① 1개   ② 2개   ③ 3개   ④ 4개

17. 다음 코드를 실행했을 때 i는 얼마가 되는가?

```
int i=3;
i=(i ? i+1:i-1);
```

   ① 1   ② 2   ③ 3   ④ 4

18. 함수 내부에서만 값을 계속 유지하면서 사용해야 할 변수의 기억 부류로 적당한 것은?
   ① auto   ② extern
   ③ register   ④ static

19. 함수의 원형을 작성하는 이유 또는 효과가 아닌 것은?

① 뒤쪽에 정의된 함수에 대한 정보를 미리 알 수 있도록 한다.

② 소스를 일괄 번역할 수 있도록 하여 컴파일 속도를 증가시킨다.

③ 컴파일러의 타입 체크 능력을 향상시킨다.

④ 함수의 호출 속도를 증가시킨다.

20. 다중 모듈 프로젝트의 장점이 아닌 것은?

① 실행 속도를 향상시킨다.

② 컴파일 속도를 증가시킨다.

③ 분할 작업이 용이하다.

④ 모듈의 재사용성을 높인다.

21. 인수의 종류에 대한 설명 중 틀린 것은?

① 입력용 인수는 호출원으로 값을 돌려줄 수 없다.

② 출력용 인수는 초기화를 하지 않아도 상관없다.

③ 입력용 인수를 초기화하지 않을 경우 경고로 처리된다.

④ 입력용으로는 좌변값만 전달할 수 있다.

22. random(30/2)+5문에 의해 발생하는 난수의 범위는? 단, random(n)은 (rand()%(n))으로 정의된 매크로 함수이다.

① 0~20

② 5~19

③ 10~25

④ 15~20

23. 실수 x를 소수점 이하에서 반올림하는 식은?

① int(x)　　② ceil(x)　　③ int(x*10%10)　　④ floor(x+0.5)

24. 다음 중 잘못된 배열 선언문은?

① int ar[5]={3};

② int ar[5]={1,,2};

③ int ar[5]={0,};

④ int ar[]={0,0,0,0,1};

25. double *ard[5]의 총 크기는?

    ① 10   ② 20   ③ 40   ④ 4

26. 1000번지에 할당된 int ar[5][3] 배열에서 ar[1]의 번지값은 얼마인가?

    ① 1000   ② 1003   ③ 1004   ④ 1012

27. 다음 포인터 연산 중 틀린 것은?

    ① p3=p1+(p2-p1)/2;

    ② p3=p1-p2;

    ③ p2=p1+3;

    ④ if (p1 == NULL)

28. *ptr++ 연산식의 동작을 바르게 설명한 것은?

    ① ptr 번지에 저장된 값을 1 증가시킨다.

    ② ptr을 먼저 1 증가시키고 ptr번지의 값을 읽는다.

    ③ ptr 번지를 읽고 ptr을 1 증가시킨다.

    ④ ptr 번지에 저장된 값을 1 증가시키고 ptr을 증가시킨다.

29. 동일한 식이 아닌 것은?

    ① a++, a+=1

    ② ar[n], *(ar+n)

    ③ a*=2, a << 2

    ④ ps->mem, (*ps).mem

30. 동적 할당을 하는 이유가 아닌 것은?

    ① 메모리 필요량을 미리 알 수 없기 때문에

    ② 임시적인 메모리가 필요할 때도 있기 때문에

③ 변수의 타입을 미리 결정할 수 없기 때문에

④ 비어 있는 메모리 중 일부에 대한 독점권을 얻기 위해

31. 문자열 상수에 대한 설명으로 틀린 것은?

① 문자열 상수는 실행 파일의 일부로 포함된다.

② 같은 문자열은 여러 번 쓰는 것보다 배열로 선언한 후 쓰는 것이 용량에 유리하다.

③ 인접한 문자열 상수는 합쳐지므로 두 행에 걸쳐서 기술해도 상관없다.

④ 문자열 상수 자체는 시작 번지를 가리키는 포인터로 평가된다.

32. 문자열을 거꾸로 뒤집고 싶을 때 사용하는 함수는?

① strset   ② strrev

③ strcpy   ④ strlen

33. (주관식) 다음 코드를 컴파일하면 에러가 발생한다. 발생 위치와 원인에 대해 기술하라.

```
void main()
{
    int ar[][5]={
            {1,2,3,4,5},
            {6,7,},
            {8,9,0,0,0},
    }

    printf("element = %d\n",ar[1][4]);
}
```

34. (주관식) 다음 코드의 오류점을 지적하라

```
#include <Turboc.h>

void main()
{
    int ar[]={2,4,6,8,10,},i=0;

    do {
            printf("%d\n",ar[i++]);
    } while (i != 5)
}
```

35. (주관식) 다음 코드의 오류점들을 있는 대로 지적하라.

```
#include <Turboc.h>

void main()
{
    int ar[]={1,2,3,4,0},br[sizeof(ar)/sizeof(ar[0])];
    int i;

    for (i=0;br[i]=ar[i];i++;) { }
    ar[sizeof(ar)/sizeof(ar[0])]=5;
}
```

36. (주관식) 다른 모듈에 있는 변수의 타입을 선언하고 싶을 때 사용하는 지정자는?

37. (주관식) 깊은 복사가 필요한 이유에 대해 서술하시오.

정답 및 해설

1. ② C언어는 프리 포맷을 지원하므로 공백이나 개행 코드를 원하는 대로 삽입할 수 있다.

2. ③ printf는 함수의 이름이므로 명칭이며 키워드가 아니다.

3. ④ 명칭은 숫자로 시작될 수 없다. Switch의 경우 키워드 switch와 철자가 같지만 첫 글자가 대문자이므로 명칭으로 사용할 수 있다.

4. ③ C언어는 문자열을 문자형의 배열로 표현한다.

5. ③ 다른 타입의 변수를 한 줄에 같이 선언할 수 없다.

6. ④ bool형의 크기는 1바이트이며 나머지 타입은 모두 4바이트이다.

7. ② dog 열거 상수가 두 번 중복되어 있어 애매하다. ④번의 경우 1의 값을 가지는 열거 상수가 C, CPP 두 개 있지만 동의어로 취급되므로 유효한 선언이다. ①번의 경우 태그도 없고 변수도 선언하지 않았지만 열거 상수가 정의되므로 매크로 선언문 대신 사용할 수 있다.

8. ② 정수형 값을 입력받을 때는 변수의 번지를 넘겨야 한다. &i로 고쳐야 옳다. 문자형 배열은 그 자체가 포인터이므로 &를 붙이지 않아도 된다.

9. pi=&a; 로 a의 번지를 대입하고 b=*pi; 로 pi 번지의 값을 읽는다.

10. ① 변수 선언문에서 변수의 이름만 타입 이름으로 바꾸면 된다. 크기 10의 정수형 배열은 int ar[10]으로 선언하므로 ar 자리에 타입의 명칭을 쓰면 된다. typedef int arint[10];이 올바른 선언이다.

11. ④ for문은 조건식이 생략될 때, while문은 조건식이 TRUE일 때 무한 루프가 된다. 상수 1은 항상 TRUE로 평가된다. i--는 언젠가는 0이 될 수 있으므로 무한 루프가 아니다.

12. ① 실수형은 switch문의 제어 변수로 사용할 수 없다. 정수 또는 정수와 호환되는 변수만 switch문의 제어 변수가 될 수 있다.

13. ② continue는 for문의 증감식으로 제어를 보내 제어 변수의 다음 값을 반복하도록 한다.

14. ③ =)는)=로 써야 한다. <<=은 복합 쉬프트 연산자이다.

15. ④ 나머지는 a의 값을 모두 1 증가시키나 a+1은 a와 1을 더한 값을 리턴할 뿐이며 a의 값을 변경시키지 않는다.

16. ② 0과 NULL이 거짓으로 평가된다. 빈 문자열 ""도 번지를 가지므로 0이 아니며 -1도 참으로 평가된다.

17. ④ i가 0이 아니므로 i 자체는 참으로 평가되고 따라서 ? : 연산식의 전체 결과는 i+1이 된다.

18. ④ 정적변수로 선언할 때는 키워드 static을 사용한다.
19. ④ 함수의 원형은 컴파일 중에만 참조되므로 호출 속도와는 아무런 상관이 없다.
20. ① 모듈을 나누면 컴파일 속도는 빨라지지만 컴파일된 실행 파일의 속도에는 아무런 영향을 미치지 못한다.
21. ④ 입력용 인수로 상수를 전달할 수도 있다.
22. ② 30/2는 15이며 random(15)는 0~14까지의 난수를 만든다. 이렇게 만들어진 난수에 5를 더하면 난수의 범위는 5~19로 평행 이동된다.
23. ④ 0.5를 더한 후 가장 가까운 좌측 정수를 찾는다.
24. ② 배열 중간 요소의 초기값은 생략할 수 없다.
25. ② 4바이트 크기의 포인터 변수 5개의 집합이다. 포인터는 항상 4바이트이다.
26. ④ ar[0] 부분 배열은 정수형 3개의 집합이므로 12바이트이며 ar[1]은 선두에서부터 ar[0]의 크기만큼 떨어져 있으므로 1012번지에 배치된다.
27. ② 포인터끼리 뺄 수 있으나 그 결과는 정수형이므로 포인터에 대입할 수 없다.
28. ③ ++ 연산자가 후위형으로 쓰여졌으므로 값을 먼저 읽고 ptr이 증가된다.
29. ③ a << 2는 a*=4와 같다.
30. ③ 동적 할당을 하더라도 필요한 변수의 타입은 미리 결정해야 한다.
31. ② 동일한 문자열은 실행 파일에 한 번만 기록되므로 굳이 배열로 먼저 선언한 후 배열을 쓸 필요가 없다.
32. ② String Reverse라는 뜻의 strrev 함수를 사용한다.
33. ar 배열 선언문 끝에 세미콜론이 누락되었다. 배열의 1차 첨자 크기를 생략하거나 배열 요소 중 일부의 초기값을 생략하는 것은 합법적이다.
34. while문 끝에 세미콜론이 누락되었다. while문도 문장이므로 반드시 세미콜론이 있어야 한다.
35. for문의 증감식 다음에 불필요한 세미콜론이 있다. ar 배열의 마지막 요소는 ar[4]이므로 ar[5]를 액세스해서는 안 된다. for문의 조건식은 대입한 후 대입 결과가 0이 아닐 때까지 반복하도록 하는 적법한 문장이다.
36. extern
37. 구조체가 포인터 멤버를 가질 경우 포인터가 가리키고 있는 곳의 내용을 따로 복사하여 복사된 사본이 자신만의 메모리를 가질 수 있도록 한다.

부록 4 찾아보기

이 책은 별도의 찾아보기(Index)를 지면으로 제공하지 않습니다. 대신 본문 전체를 검색할 수 있는 전문 검색 유틸리티를 제공합니다. HycExam의 메뉴에서 보기/본문 검색기 항목을 선택하시면 검색 유틸리티가 실행됩니다. 이 유틸리티는 "혼자 연구하는 C/C++"의 전체 텍스트를 압축하여 내장하고 있으며 입력한 검색 문자열이 포함된 모든 페이지와 위치를 찾아 줍니다.

검색어 콤보 박스에 찾고자 하는 문자열 또는 일부 문자열을 입력한 후 검색 버튼을 누르거나 Enter키를 누르면 즉시 검색되며 결과는 아래쪽의 리스트 뷰 컨트롤에 나타납니다. 검색 결과는 다음 세 개의 항목으로 구성되어 있습니다.

- 쪽 : 검색어가 발견된 본문의 페이지 번호와 페이지 내에서 검색어의 위치를 백분율로 표시합니다. 페이지의 중간쯤에 검색어가 있다면 50%라고 표시되며 페이지의 첫 부분에 있다면 0%에 가까운 위치, 페이지의 뒷부분에 있다면 100%에 가까운 위치로 표시됩니다.
- 위치 : 검색어가 발견된 목차상의 위치입니다. 이 책은 장.절.항의 계층 구조로 되어 있으며 "6.3.3"은 6장 3절 3항을 의미합니다. 웹 사이트에서 이 강좌를 참조할 때는 페이지 번호가 없으므로 위치란을 참조하십시오.
- 주변 문장 : 검색어 주변의 문장을 보여주며 검색어 앞에 ▶표식을 달아 주변 문장에서 검색어를 쉽게 구분할 수 있도록 하였습니다.

검색 결과는 최대 10000개까지 출력됩니다. 검색어 콤보 박스는 히스토리 기능을 가지고 있으며 한번 검색한 검색어를 순서대로 기억하고 있으며 반복적으로 검색할 때는 콤보 박스에서 검색어를 다시 선택할 수 있습니다. 검색어 히스토리는 최대 50개까지 레지스트리에 저장됩니다. 상단의 체크 박스를 클릭하여 대소문자 구분 및 완전한 단어 검색 옵션을 선택할 수 있으며 상기 옵션의 설정 상태도 레지스트리에 저장됩니다.

집필 후기

이상으로 혼자 연구하는 C/C++ 1, 2부(C 기본 문법, C 고급 문법)를 마칩니다. 쉽지 않은 책을 여기까지 읽느라 수고 많이 하셨습니다. 누구나 볼 수 있는 자습서로서의 소임을 완수하기 위해 최선을 다했으나 참으로 C/C++ 언어 자체가 만만치 않네요. 되도록 많은 내용을 포함하고자 욕심만 앞서다 보니 양만 늘어나고 쉽게 풀어 쓰지는 못한 것 같아 아쉽습니다. 부족한 책이나마 아무쪼록 여러 번 정성스럽게 숙독하셔서 프로그래밍의 오묘한 논리를 경험해 보시기 바랍니다. 이 책을 보신 후에는 C++ 문법편인 3부를 통해 객체 지향의 세계로 오십시오. 21~24장까지는 차후의 확장을 위한 예비로 남겨 두기로 합니다. C/C++ 언어가 계속 변하며 발전하고 있으므로 이 책도 지속적으로 수정, 보완하여 변화된 문법과 새로운 기법을 소개하기 위해 항상 노력하겠습니다. 감사합니다.